2026 합격에듀 시대에듀

KEY-PASS

지금의 노력이, 당신만의 K-Moment를 만듭니다.

12년 연속 보험전문인 부문 누적 판매량 1위

온라인 동영상 강의

보험계리사

김명규 · 류건식 · 김창영 편저

1차 | 7개년 기출문제해설

1권 문제편

제1과목 보험계약법, 보험업법 및 근로자퇴직급여보장법 제2과목 경제학원론 제3과목 보험수학 제4과목 회계원리

CBT 모의고사 2회 무료쿠폰 제공

시대에듀

KEY-PASS

보험계리사

1차 | 7개년 기출문제해설

1권 문제편

편집진행 서정인 | **표지디자인** 김도연 | **본문디자인** 장성복 · 윤준하

2026 시대에듀 보험계리사 1차
7개년 기출문제해설 한권으로 끝내기

Always **with you**

사람의 인연은 길에서 우연하게 만나거나 함께 살아가는 것만을 의미하지는 않습니다.
책을 펴내는 출판사와 그 책을 읽는 독자의 만남도 소중한 인연입니다.
시대에듀는 항상 독자의 마음을 헤아리기 위해 노력하고 있습니다. 늘 독자와 함께하겠습니다.

머리말 PREFACE

보험계리사란 보험 및 연금분야(생명보험이나 손해보험 등의 연금보험이나 농협 · 신협 · 새마을금고 등에서 운영하는 각종 공제회, 국민연금 · 공무원연금 · 국민건강보험 등 공적 연금)에서 확률이론이나 수학적인 방법을 적용해서 위험의 평가 및 분석을 통해 불확실한 사실 또는 위험을 종합적으로 해결하는 직무를 담당하는 사람을 말합니다.

보험계리사 자격을 취득하기 위해선 금융감독원에서 실시하는 보험계리사 1차 시험과 2차 시험에 합격한 후에 실무실습을 이행하고 보험계리사 등록을 하여야 합니다.

지금까지 출제된 보험계리사 1차 시험을 분석해 보면 보험계약법(상법 보험편), 보험업법 및 근로자퇴직급여보장법에서는 보험계약법(상법 보험편) 20문제, 보험업법 15문제, 근로자퇴직급여보장법 5문제로 출제되고 있으며, 이 중 보험계약법(상법 보험편)과 보험업법은 동일 시행되는 손해사정사 시험문제 중 선별된 문제로 출제됩니다. 경제학원론은 미시경제와 거시경제의 비중이 각 50%로 출제되고 있으며, 계산문제의 출제 비중이 높은 편입니다. 보험수학은 일반수학 20문제, 보험수학 20문제로 구성되어 출제되고 있습니다. 일반수학은 확률, 통계, 미적분 문제가 상당수이며, 그 외 다양한 분야의 수학 문제가 출제됩니다. 일반수학의 경우 난이도가 높아 수험생들이 가장 힘들어 하는 분야입니다. 보험수학은 난이도가 대체로 높지는 않지만 1～2문제의 난이도 높은 문제로 수험생들을 당혹스럽게 합니다. 회계원리는 재무회계와 원가관리회계로 이루어져 있으며, 난이도는 높지 않아 수험생들이 고득점을 노려야 하는 과목입니다.

보험계리사 1차 시험 기출문제집은 보험계리사 시험에서 중요한 보험수학에 비중을 두어 보험수학 POINT로 중요한 개념 및 공식을 정리할 수 있도록 구성하였으며, 최근 7개년 기출문제에 대한 자세한 해설로 수험생들이 혼자 공부해도 어렵지 않도록 구성하였습니다.

아무쪼록 본서가 보험계리사 1차 시험을 준비하는 수험생들에게 합격에 이르는 지침서가 되길 바라며, 본서를 믿고 선택해준 수험생 여러분들에게 합격의 행운이 있기를 기원합니다.

대표 편저자 씀

이 책의 구성과 특징 STRUCTURES

STEP 01 | 보험수학 POINT

▸ 보험수학의 개념을 정리하고 암기할 수 있도록 체계적으로 구성

PART 5 순보험료

01 연납순보험료와 일시납순보험료의 관계식

① 종신보험

$$A_x = 1 - d\ddot{a}_x \quad \therefore P_x = \frac{A_x}{\ddot{a}_x} = \frac{A_x}{(1-A_x)/d} = \frac{dA_x}{1-A_x}$$

② 양로보험(생사혼합보험)

$$A_{x:\overline{n}|} = 1 - d\ddot{a}_{x:\overline{n}|} \quad \therefore P_{x:\overline{n}|} = \frac{A_{x:\overline{n}|}}{\ddot{a}_{x:\overline{n}|}} = \frac{A_{x:\overline{n}|}}{(1-A_{x:\overline{n}|})/d} = \frac{dA_{x:\overline{n}|}}{1-A_{x:\overline{n}|}}$$

02 연 m회 분할순보험료

① 종신보험(종신납입)

▸ $P_x^{(m)} \cdot \ddot{a}_x^{(m)} = A_x \quad \therefore P_x^{(m)} = \frac{A_x}{\ddot{a}_x^{(m)}}$

▸ $P_x^{(m)} = P_x + \frac{m-1}{2m} P_x^{(m)}(P_x + d) \quad \therefore P_x^{(m)} = \frac{P_x}{1 - \frac{m-1}{2m}(P_x + d)}$

※ $P_x^{(m)} > P_x$ 인 이유

ⓐ 사망년도의 보험료 결손

ⓑ 분할납으로 인한 이자결손

② 정기보험

$$P_{x:\overline{n}|}^{1(m)} = \frac{A^1_{x:\overline{n}|}}{\ddot{a}^{(m)}_{x:\overline{n}|}} = P^1_{x:\overline{n}|} + \frac{m-1}{2m} P^{1(m)}_{x:\overline{n}|}(P^1_{x:\overline{n}|} + d)$$

③ 양로보험(생사혼합보험) – h년 단기납입

$${}_hP^{(m)}_{x:\overline{n}|} = \frac{A_{x:\overline{n}|}}{\ddot{a}^{(m)}_{x:\overline{h}|}} = {}_hP_{x:\overline{n}|} + \frac{m-1}{2m} {}_hP^{(m)}_{x:\overline{n}|}(P^1_{x:\overline{h}|} + d)$$

④ 그 외 주요관계식

▸ ${}_hP^{(m)} = {}_hP + \frac{m-1}{\ldots} {}_hP^{(m)}(P^1 \ldots + d)$

03 보험료 반환부 보험(이자 없이 반환하는 경우)

① 보통종신보험

$$P\ddot{a}_x = A_x + P(IA)_x \quad \therefore P = \frac{A_x}{\ddot{a}_x - (IA)_x} = \frac{M_x}{N_x - R_x}$$

② 생존보험

$$P\ddot{a}_{x:\overline{n}|} = P(IA)^1_{x:\overline{n}|} + A_{x:\overline{n}|}^{\ \ 1}$$

$$\therefore P = \frac{A_{x:\overline{n}|}^{\ \ 1}}{\ddot{a}_{x:\overline{n}|} - (IA)^1_{x:\overline{n}|}} = \frac{D_{x+n}}{(N_x - N_{x+n}) - (R_x - R_{x+n} - nM_{x+n})}$$

04 보험료 반환부 보험(이자를 감안한 경우)

n년납 종신연금, n년내 사망시 기납입보험료 부리지급

$$P\ddot{a}_{x:\overline{n}|} = P(\ddot{a}_{x:\overline{n}|} - \ddot{a}_{\overline{n}|} \cdot {}_np_x) + {}_{n|}\ddot{a}_x$$

$$\therefore P = \frac{{}_{n|}\ddot{a}_x}{\ddot{a}_{\overline{n}|} \cdot {}_np_x} = \frac{{}_nE_x \cdot \ddot{a}_{x+n}}{\ddot{s}_{\overline{n}|} \cdot {}_nE_x} = \frac{\ddot{a}_{x+n}}{\ddot{s}_{\overline{n}|}}$$

05 손실확률변수에 의한 순보험료의 기대치와 분산

① 연납평준순보험료(보험금 연말급, 종신보험)

$$L = v^{k+1} - P_x \ddot{a}_{\overline{k+1}|} = \left(1 + \frac{P_x}{d}\right)v^{k+1} - \frac{P_x}{d}, \ 0 \le k$$

수지상등원칙에 의해 $E(L) = 0 \quad \therefore P_x = \frac{A_x}{\ddot{a}_x} = \frac{M_x}{N_x}$

$$Var(L) = \left(1 + \frac{P_x}{d}\right)^2 [{}^2A_x - (A_x)^2] = \frac{{}^2A_x - (A_x)^2}{(d\ddot{a}_x)^2} = \frac{{}^2A_x - (A_x)^2}{(1-A_x)^2}$$

② 연속납순보험료(보험금 사망즉시급, 종신보험)

$$L = v^t - \bar{P}\bar{a}_{\overline{t}|} = \left(1 + \frac{\bar{P}}{\delta}\right)v^t - \frac{\bar{P}}{\delta}, \ 0 \le t$$

수지상등원칙에 의해 $E(L) = 0 \quad \therefore \bar{P}(\bar{A}_x) = \frac{\bar{A}_x}{\bar{a}_x} = \frac{\bar{M}_x}{\bar{N}_x}$

$$Var(L) = \left(1 + \frac{\bar{P}}{\delta}\right)^2 [{}^2\bar{A}_x - (\bar{A}_x)]^2 = \frac{{}^2\bar{A}_x - (\bar{A}_x)^2}{\ldots} = \frac{{}^2\bar{A}_x - (\bar{A}_x)^2}{\ldots}$$

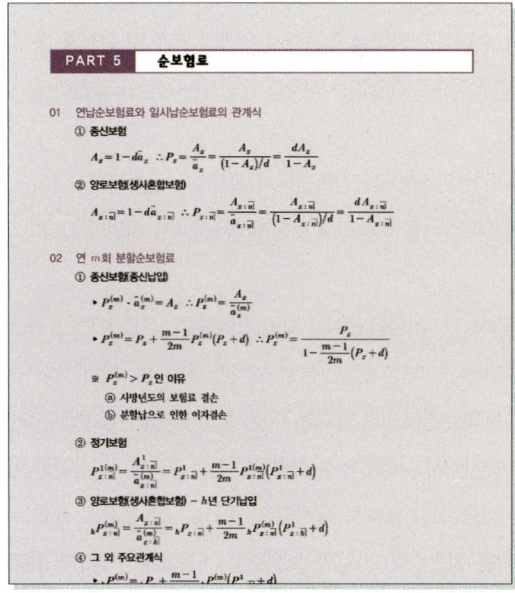

STEP 02 | 문제편과 정답 및 해설편 분리 구성

▸ 직접 문제를 풀어보며 해결할 수 있도록 문제편과 정답 및 해설편 분리 구성

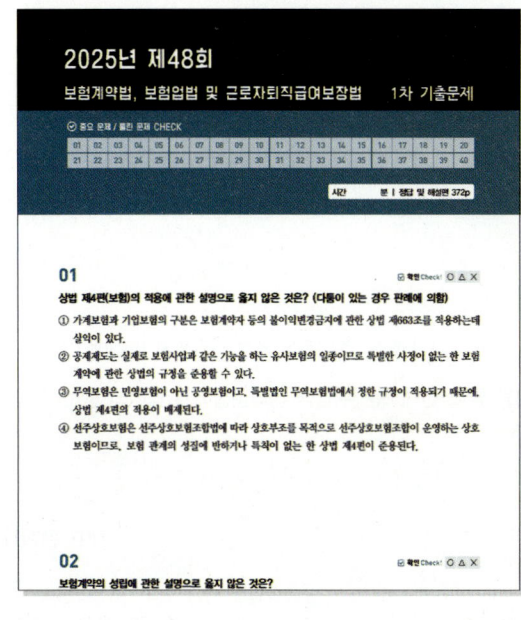

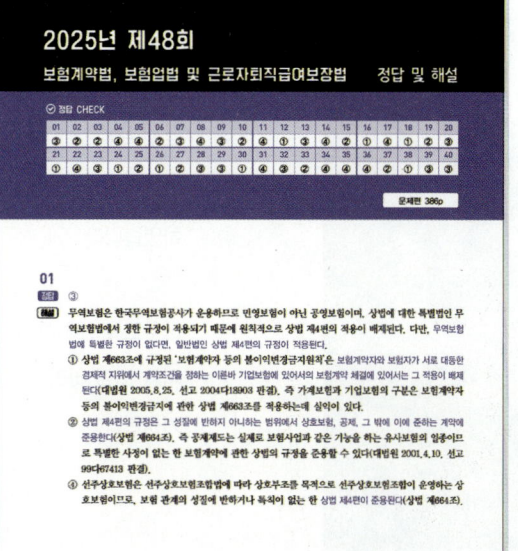

2025년 제48회

보험계약법, 보험업법 및 근로자퇴직급여보장법 1차 기출문제

⊘ 중요 문제 / 틀린 문제 CHECK

01	02	03	04	05	06	07	08	09	10	11	12	13	14	15	16	17	18	19	20
21	22	23	24	25	26	27	28	29	30	31	32	33	34	35	36	37	38	39	40

시간 　분 | 정답 및 해설편 372p

01 ☑ 확인Check! O △ X

상법 제4편(보험)의 적용에 관한 설명으로 옳지 않은 것은? (다툼이 있는 경우 판례에 의함)

① 가계보험과 기업보험의 구분은 보험계약자 등의 불이익변경금지에 관한 상법 제663조를 적용하는데 실익이 있다.

② 공제제도는 실제로 보험사업과 같은 기능을 하는 유사보험의 일종이므로 특별한 사정이 없는 한 보험계약에 관한 상법의 규정을 준용할 수 있다.

③ 무역보험은 민영보험이 아닌 공영보험이고, 특별법인 무역보험법에서 정한 규정이 적용되기 때문에, 상법 제4편의 적용이 배제된다.

④ 선주상호보험은 선주상호보험조합법에 따라 상호부조를 목적으로 선주상호보험조합이 운영하는 상호보험이므로, 보험 관계의 성질에 반하거나 특칙이 없는 한 상법 제4편이 준용된다.

02 ☑ 확인Check! O △ X

보험계약의 성립에 관한 설명으로 옳지 않은 것은?

2025년 제48회

보험계약법, 보험업법 및 근로자퇴직급여보장법 정답 및 해설

⊘ 정답 CHECK

01	02	03	04	05	06	07	08	09	10	11	12	13	14	15	16	17	18	19	20
③	②	②	④	④	②	③	④	③	②	④	①	③	④	②	①	④	①	②	③
21	22	23	24	25	26	27	28	29	30	31	32	33	34	35	36	37	38	39	40
①	④	③	①	②	①	②	③	③	①	④	③	②	④	④	④	②	①	③	③

문제편 386p

01

정답 ③

해설 무역보험은 한국무역보험공사가 운용하므로 민영보험이 아닌 공영보험이며, 상법에 대한 특별법인 무역보험법에서 정한 규정이 적용되기 때문에 원칙적으로 상법 제4편의 적용이 배제된다. 다만, 무역보험법에 특별한 규정이 없다면, 일반법인 상법 제4편의 규정이 적용된다.

① 상법 제663조에 규정된 '보험계약자 등의 불이익변경금지원칙'은 보험계약자와 보험자가 서로 대등한 경제적 지위에서 계약조건을 정하는 이른바 기업보험에 있어서의 보험계약 체결에 있어서는 그 적용이 배제된다(대법원 2005.8.25. 선고 2004다18903 판결). 즉 가계보험과 기업보험의 구분은 보험계약자 등의 불이익변경금지에 관한 상법 제663조를 적용하는데 실익이 있다.

② 상법 제4편의 규정은 그 성질에 반하지 아니하는 범위에서 상호보험, 공제, 그 밖에 이에 준하는 계약에 준용한다(상법 제664조). 즉 공제제도는 실제로 보험사업과 같은 기능을 하는 유사보험의 일종이므로 특별한 사정이 없는 한 보험계약에 관한 상법의 규정을 준용할 수 있다(대법원 2001.4.10. 선고 99다67413 판결).

④ 선주상호보험은 선주상호보험조합법에 따라 상호부조를 목적으로 선주상호보험조합이 운영하는 상호보험이므로, 보험 관계의 성질에 반하거나 특칙이 없는 한 상법 제4편이 준용된다(상법 제664조).

STEP 03 | 최근 7개년 기출문제 및 기출수정문제 수록

▸ 연도별 · 과목별로 최근 7개년 기출문제 및 개정법령을 반영한 기출수정문제 수록

2025년 제48회

보험계약법, 보험업법 및 근로자퇴직급여보장법 1차 기출문제

중요 문제 / 틀린 문제 CHECK

01	02	03	04	05	06	07	08	09	10	11	12	13	14	15	16	17	18	19	20
21	22	23	24	25	26	27	28	29	30	31	32	33	34	35	36	37	38	39	40

시간 분 | 정답 및 해설편 372p

01 확인 Check! O △ X

상법 제4편(보험)의 적용에 관한 설명으로 옳지 않은 것은? (다툼이 있는 경우 판례에 의함)

① 가계보험과 기업보험의 구분은 보험계약자 등의 불이익변경금지에 관한 상법 제663조를 적용하는데 실익이 있다.
② 공제제도는 실제로 보험사업과 같은 기능을 하는 유사보험의 일종이므로 특별한 사정이 없는 한 보험계약에 관한 상법의 규정을 준용할 수 있다.
③ 무역보험은 민영보험이 아닌 공영보험이고, 특별법인 무역보험법에서 정한 규정이 적용되기 때문에, 상법 제4편의 적용이 배제된다.
④ 선주상호보험은 선주상호보험조합법에 따라 상호부조를 목적으로 선주상호보험조합이 운영하는 상호보험이므로, 보험 관계의 성질에 반하거나 특칙이 없는 한 상법 제4편이 준용된다.

02 확인 Check! O △ X

보험계약의 성립에 관한 설명으로 옳지 않은 것은?

31 확인 Check! O △ X

보험업법상 보험회사가 지켜야 하는 재무건전성 기준에 관한 설명으로 옳지 않은 것은? 기출수정

① 보험회사는 보험금 지급능력과 경영건전성 기준을 확보하기 위하여 대출채권 등 보유자산의 건전성을 정기적으로 분류하고 대손충당금을 적립하여야 한다.
② 보험회사의 위험, 유동성 및 재보험의 관리에 관하여 금융위원회가 정하여 고시하는 기준을 충족하여야 한다.
③ 금융위원회는 보험회사가 재무건전성 기준을 지키지 아니하여 경영건전성을 해칠 우려가 있다고 인정되는 경우에는 주식 등 위험자산의 소유제한을 할 수 있다.
④ 보험회사가 적립하여야 하는 지급여력금액에는 자본금, 이익잉여금, 후순위차입금, 영업금 등을 합산한 금액이 포함된다.

32 확인 Check! O △ X

보험회사의 기초서류 작성 또는 변경에 관한 설명으로 옳은 것을 모두 고른 것은? 기출수정

가. 보험회사는 법령의 제정 · 개정에 따라 새로운 보험상품이 도입되거나 보험상품의 가입이 의무화되는 경우에는 금융위원회에 신고하여야 한다.

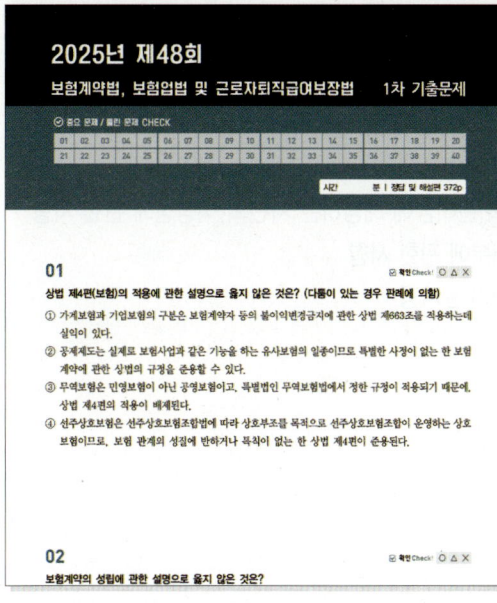

STEP 04 | 상세한 해설 & TIP

▸ 정확하고 상세한 해설&TIP으로 혼자서도 학습이 가능하도록 구성

08

정답 ④

해설 대22.8.25. 선고 2019다229202 전원합의체 판결
… 이른바 임의비급여 진료를 받은 피보험자들에게 지급한 보험금에 대하여 해당 진료비를 받은 … 을 상대로 채권자대위소송을 통해 부당이득반환을 받을 수 없다(다수의견).
대법원 2022.8.25. 선고 2019다229202 전원합의체 판결에서 대법원은 대위청구를 각하하였다.

[다수의견]
피보험자가 임의비급여 진료행위에 따라 요양기관에 진료비를 지급한 다음 실손의료보험계약상의 보험자에게 청구하여 진료비와 관련한 보험금을 지급받았는데, 진료행위가 위법한 임의비급여 진료행위로서 무효인 동시에 보험자와 피보험자가 체결한 실손의료보험계약상 진료행위가 보험금 지급사유에 해당하지 아니하여 보험자가 피보험자에 대하여 보험금 상당의 부당이득반환채권을 갖게 된 경우, 채권자인 보험자가 금전채권인 부당이득반환채권을 보전하기 위하여 채무자인 피보험자를 대위하여 제3채무자인 요양기관을 상대로 진료비 상당의 부당이득반환채권을 행사하는 형태의 채권자대위소송에서 채무자가 자력이 있는 때에는 보전의 필요성이 인정된다고 볼 수 없다. 구체적인 이유는 다음과 같다.
(가) 채무자인 피보험자가 자력이 있는 경우라면, 특별한 사정이 없는 한 채권자인 보험자가 채무자의 요양기관에 대한 부당이득반환채권을 대위하여 행사하지 않으면 자신의 채무자에 대한 부당이득반환채권의 완전한 만족을 얻을 수 없게 될 위험이 있다고 할 수 없다. 나아가 피보전채권인 보험자의 피보험자에 대한 부당이득반환채권과 대위채권인 피보험자의 요양기관에 대한 부당이득반환채권 사이에는 피보전채권의 실현 또는 만족을 위하여 대위권리의 행사가 긴밀하게 필요하다는 등의 밀접한 관련성을 인정할 수도 없다. 만약 채무자인 피보험자의 자력이 있는데도 보전의 필요성을 인정한다면, 이는 채권자인 보험자에게 사실상의 담보를 취득하게 하는 특권을 부여하고, 법적 근거 없이 직접청구권을 인정하는 위험을 야기하며, 다른 채권자보다 우선하여 보험자의 채권만족이 실현되어 채권자평등주의에 기반한 민사집행법 체제와 조화를 이루지 못할 우려가 있다.
(나) 보험자가 요양기관의 위법한 임의비급여 진료행위가 무효라는 이유로 자력이 있는 피보험자의 요양기관에 대한 권리를 대위하여 행사하는 것은 피보험자의 자유로운 재산관리행위에 대한 부당한 간섭이 될 수 있다.

[대법관 김재형, 대법관 박정화, 대법관 안철상, 대법관 이동원, 대법관 이흥구의 반대의견]
요양기관의 피보험자에 대한 진료행위가 위법한 임의비급여 진료행위에 해당하는 경우 그 계약은 효력이 없다. 이러한 경우 보험자가 피보험자에 대하여 갖는 보험금 상당의 부당이득반환채권과 피보험자가 요양기관에 대하여 갖는 진료비 상당의 부당이득반환채권 사이에는 밀접한 관련성이 있다. 채권자인 보험자가 자신의 부당이득반환채권을 보전하기 위하여 채무자인 피보험자를 대위하여 제3채무자인 요양기관을 상대로 진료비 상당의 부당이득반환채권을 청구하는 채권자대위권 행사는 채권의 현실적 이행을 위한 유효 · 적절한 수단으로서 채무자의 자유로운 재산관리행위에 대한 부당한 간섭에 해당한다

TIP 임…여 진료 사건에서 보험자의 채권자대위권 행사 가부
(대…2022.8.25. 선고 2019다229202 전원합의체 판결)

[사실관계] … 다수의 보험계약자들과 실손의료보험계약을 체결하였다. 피고 병원은 위 실손의료보험계약의 피보… 임의비급여 진료행위에 해당하는 진료를 하고 진료비를 지급받았다. 원고 보험사는 실손의료보험계약의 보험계약자 또는 피보험자의 청구에 따라 피보험자에게 진료비에 해당하는 보험금을 지급하였다.
그런데 이러한 임의비급여 진료행위는 기존 대법원 판결에 따라 무효에 해당하므로, 원고 보험사는 피고 병원에 대하여 채권자대위 소송을 제기하였는데, 이는 피보험자들에 대한 보험금상당의 부당이득반환채권을 피보전채권으로 피보험자들을 대위하여 피고 병원을 상대로 진료비 상당의 부당이득반환을 구하는 채권자대위 소송이다.

[2심법원의 판단]
이 사건 채권자대위소송의 경우에 피보전채권이 금전채권이지만 채무자의 무자력 요건을 엄격하게 적용할 필요가 없는 경우에 해당하므로 원고청구를 인용하였다. 즉 보험사의 의료기관에 대한 부당이득 반환청구를 인용하였다.

[다수의견]
채권자인 보험자가 금전채권인 부당이득반환채권을 보전하기 위하여 채무자인 피보험자를 대위하여 제3채무자인 요양기관을 상대로 진료비 상당의 부당이득반환채권을 행사하는 형태의 채권자대위소송에서 채무자가 자력이 있는 때에는 보전의 필요성이 인정된다고 볼 수 없다. 즉 원고 보험사의 청구를 받아들이지 아니한다.

[소수의견]
채권자인 보험자가 금전채권인 부당이득반환채권을 보전하기 위하여 채무자인 피보험자를 대위하여 제3채무자인 요양기관을 상대로 진료비 상당의 부당이득반환채권을 행사하는 형태의 채권자대위소송에서 채무자의 자력 유무와 관계없이 채권자대위권 행사요건인 보전의 필요성이 인정된다고 봄이 타당하다. 즉 원고 보험사의 청구를 받아들이는 것이 합당하다.

① '갑'이 '을' 보험회사와 체결한 영업용 자동차보험계약의 피보험차량인 트럭의 적재함에 화물을 싣고 운송하다가 비가 내리자 시동을 켠 상태로 운전석 지붕에 올라가 적재함에 방수비닐을 덮던 중 미끄러져 상해를 입은 사안에서, 위 사고는 전체적으로 피보험차량의 용법에 따른 사용이 사고발생의 원인이 되었으므로 보험계약이 정한 보험사고에 해당하는데도, '갑'이 차량 지붕에서 덮개작업을 한 것은 차량 지붕의 용법에 따라 사용한 것이 아니고, 방수비닐이 차량의 설비나 장치에 해당하지 아니한다는 이유 등으로 위 사고를 '갑'이 차량을 소유, 사용, 관리하는 동안 생긴 사고에 해당하지 아니한다고 본 원심판결에 법리오해 등의 잘못이 있다고 한 사례이다[대법원 2023.2.2. 선고 2022다266522 판결].
② 임대차 목적물이 화재 등으로 인하여 소멸됨으로써 임차인의 목적물 반환의무가 이행불능이 된 경우에, 임차인은 이행불능이 자기가 책임질 수 없는 사유로 인한 것이라는 증명을 다하지 못하면 목적물 반환의무의 이행불능으로 인한 손해를 배상할 책임을 지며, 화재 등의 구체적인 발생 원인이 밝혀지지 아니한 때에도 마찬가지이다. 또한 이러한 법리는 임대차 종료 당시 임대차 목적물 반환의무가 이행불

자격시험 소개 INTRODUCE

보험계리사란?

보험은 대수의 법칙과 수지상등의 원칙 등 보험수리적 원리에 기초하여 성립된 제도로서, 이러한 보험수리와 관련된 제반업무를 수행하는 자를 보험계리사라 합니다.

주요 업무

❶ 보험료 및 책임준비금 산출방법서의 작성에 관한 사항
❷ 책임준비금 · 비상위험준비금 등 준비금의 적립과 준비금에 해당하는 자산의 적정성에 관한 사항
❸ 잉여금의 배분 · 처리 및 보험계약자 배당금의 배분에 관한 사항
❹ 지급여력비율 계산중 보험료 및 책임준비금과 관련된 사항
❺ 상품 공시자료 중 기초서류와 관련된 사항

보험계리사의 구분

❶ **고용보험계리사**: 보험사업자에게 고용된 보험계리사
❷ **독립보험계리사**: 보험사업자에게 고용되지 않고 보험계리업을 독립적으로 영위하는 보험계리사
❸ **선임계리사**: 기초서류의 내용 및 보험계약에 의한 배당금계산 등 확인업무를 담당하는 보험계리사

보험계리사 자격취득 과정

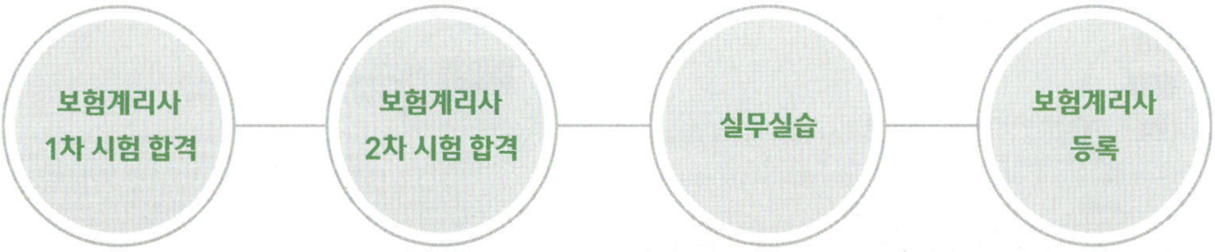

※ 금융감독원에서 실시(제23회 보험계리사 시험부터 보험개발원이 위탁받아 수행)하는 1차 및 2차 시험에 합격하고 일정기간의 수습을 필한 후 금융감독원에 등록함으로서 자격을 취득합니다.

시험시간 및 과목

구 분	시험시간	과 목
1교시	09:00~10:20(80분)	• 보험계약법(상법 보험편), 보험업법 및 근로자퇴직급여보장법 • 경제학원론
2교시	10:50~12:50(120분)	• 보험수학 • 회계원리

1차 시험 소개 INFORMATION

시험일정

보험계리사 시험은 1차와 2차 각각 연 1회 실시됩니다. 1차 시험은 그 해의 상반기(4월)에 실시하고, 2차 시험은 그 해의 하반기(8월)에 실시합니다. 매해 시험일정이 상이하므로 상세한 시험일정은 보험개발원(www.insis.or.kr)의 홈페이지에서 '시행계획공고'를 통하여 확인하시기 바랍니다.

응시자격

학력, 성별, 연령, 경력, 국적 등의 제한이 없습니다.

합격자 결정

1차 시험 합격자를 결정할 때에는 영어 과목을 제외한 나머지 과목에 대하여 매 과목 100점을 만점으로 하여 매 과목 40점 이상, 전 과목 평균 60점 이상 득점한 사람을 합격자로 결정합니다.

※ 단, 한 과목이라도 과락이 발생하면 합격할 수 없습니다.

1차 시험 접수인원 및 합격현황

구 분	접 수(명)	합 격(명)	합격률(%)
2019년 제42회	1,081	442	40.89
2020년 제43회	1,224	163	13.32
2021년 제44회	1,072	325	30.32
2022년 제45회	740	155	20.95
2023년 제46회	760	253	33.29
2024년 제47회	1,000	194	19.40
2025년 제48회	1,449	360	24.84

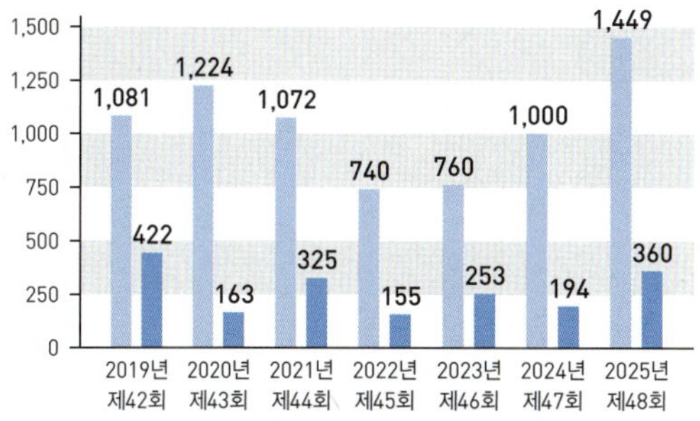

연도별 접수인원과 합격인원(명)

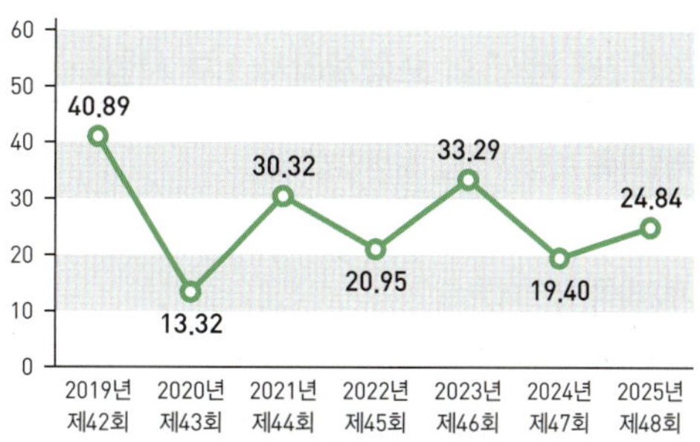

연도별 합격률(%)

이 책의 차례 1권 CONTENTS

보험수학 POINT

문제편

보험계리사 1차
기출문제해설

보험계리사 1차 7개년 기출문제해설

보험수학 POINT

보험수학 POINT

PART 1 이자론

01 종가함수, 단위종가함수, 단위현가함수

① 종가함수

$A(t)$: t시점에서의 종가 또는 원리합계

② 단위종가함수

$a(t)=\dfrac{A(t)}{A(0)}$: 원금이 1원인 종가함수

③ 단위현가함수

$a^{-1}(t)$: t년 후의 1원을 적립하기 위하여 투자하여야 하는 금액

02 이자, 연간실이율

① 이 자

- I_n : 투자일로부터 n번째 해에 부리된 이자
- $I_n = A(n) - A(n-1),\ n \geq 1$

⇒ 의미 : n번째 해의 이자 = n번째 해의 말의 종가 − n번째 해의 초의 원금

② 연간실이율

- i : 원금 1원이 투자되었을 때 부리된 이자 즉, 1년 동안 부리된 이자를 투자한 원금으로 나눈 값

$$i = a(1) - 1 = \frac{a(1)-a(0)}{a(0)} = \frac{A(1)-A(0)}{A(0)}$$

- i_n : n번째 해의 연간실이율

$$i_n = \frac{A(n)-A(n-1)}{A(n-1)} = \frac{I_n}{A(n-1)} = \frac{a(n)-a(n-1)}{a(n-1)}$$

03 단리와 복리

① 단리 : $a(t) = (1+ti),\ t \geq 0$

- 단리 : 투자기간 중에 부리된 이자는 재투자되지 않는 것으로 계산하는 방법
- 단리의 실이율 i_n은 n이 증가함에 따라 감소

$$i_n = \frac{a(n)-a(n-1)}{a(n-1)} = \frac{(1+ni)-[1+(n-1)i]}{1+(n-1)i} = \frac{i}{1+(n-1)i}$$

② 복리 : $a(t)=(1+i)^t,\ t \ge 0$

▸ 복리 : 일정기간이 끝날 때마다 이자를 원금에 전입하여 이 합계를 다음 기간의 초의 원금으로 하여 이자를 계산하는 방법

▸ 복리의 실이율 i_n은 n에 관계없이 일정

$$i_n = \frac{A(n)-A(n-1)}{A(n-1)} = \frac{I_n}{A(n-1)} = \frac{a(n)-a(n-1)}{a(n-1)}$$
$$= \frac{(1+i)^n-(1+i)^{n-1}}{(1+i)^{n-1}} = i$$

※ $0 < n < 1$에서의 실이율은 단리가 높고, $n > 1$에서의 실이율은 복리가 높다.

04 할인율, 실할인율, 이력

① 할인율

▸ d : 1원과 v의 차이

② 실할인율

▸ d_n : n번째 해의 실할인율

$$d_n = \frac{a(n)-a(n-1)}{a(n)} = \frac{A(n)-A(n-1)}{A(n)} = \frac{I_n}{A(n)}$$

▸ 복리하의 실할인율 : 시간에 대하여 일정

$$d_n = \frac{a(n)-a(n-1)}{a(n)} = \frac{(1+i)^n-(1+i)^{n-1}}{(1+i)^n} = \frac{i}{1+i} = d$$

▸ 단리하의 실할인율 : 시간에 대하여 감소함수

$$d_n = \frac{a(n)-a(n-1)}{a(n)} = \frac{(1+in)-[1+i(n-1)]}{1+in} = \frac{i}{1+in}$$

③ 이 력

▸ δ_t : t시점에서 측정되는 순간이율

$$\delta_t = \frac{DA(t)}{A(t)} = \frac{A'(t)}{A(t)} = \frac{Da(t)}{a(t)} = \frac{a'(t)}{a(t)} = \frac{d}{dt}\ln a(t)$$

▸ 복리하의 이력 : 시간에 대하여 일정

$$\delta_t = \frac{a'(t)}{a(t)} = \frac{d}{dt}\ln a(t) = \frac{d}{dt}\ln(1+i)^t = \ln(1+i) = \delta$$

▸ 단리하의 이력 : 시간에 대하여 감소함수

$$\delta_t = \frac{a'(t)}{a(t)} = \frac{i}{1+it}$$

05 연간실이율 및 명목이율, 명목할인율과의 관계식

$$\left[1+\frac{i^{(m)}}{m}\right]^{m}=1+i=(1-d)^{-1}=\left[1-\frac{d^{(m)}}{m}\right]^{-m}$$

06 이율과 할인율의 관계식

- $d=\frac{i}{1+i}$
- $\frac{d^{(m)}}{m}=\frac{i^{(m)}/m}{1+i^{(m)}/m}$
- $v\cdot i=d$
- $v^{\frac{1}{m}}\cdot\frac{i^{(m)}}{m}=\frac{d^{(m)}}{m}$
- $i-d=id$
- $\frac{i^{(m)}}{m}-\frac{d^{(m)}}{m}=\frac{i^{(m)}}{m}\cdot\frac{d^{(m)}}{m}$

07 기말급 연금, 기시급 연금

- 기말급 연금 현가 : $v+v^2+\cdots+v^n=\frac{1-v^n}{i}=a_{\overline{n|}}$
- 기말급 연금 종가 : $1+(1+i)+\cdots(1+i)^{n-1}=\frac{(1+i)^n-1}{i}=s_{\overline{n|}}$
- 기시급 연금 현가 : $1+v+\cdots+v^{n-1}=\frac{1-v^n}{d}=\ddot{a}_{\overline{n|}}$
- 기시급 연금 종가 : $(1+i)+(1+i)^2+\cdots(1+i)^n=\frac{(1+i)^n-1}{d}=\ddot{s}_{\overline{n|}}$
- 기말급 거치연금 현가 : ${}_{m|}a_{\overline{n|}}=v^m a_{\overline{n|}}=a_{\overline{m+n|}}-a_{\overline{m|}}$
- 기시급 거치연금 현가 : ${}_{m|}\ddot{a}_{\overline{n|}}=v^m\ddot{a}_{\overline{n|}}=\ddot{a}_{\overline{m+n|}}-\ddot{a}_{\overline{m|}}$
- 기말급 영구연금 현가 : $a_{\overline{\infty|}}=\lim_{n\to\infty}a_{\overline{n|}}=\lim_{n\to\infty}\frac{1-v^n}{i}=\frac{1}{i}$
- 기시급 영구연금 현가 : $\ddot{a}_{\overline{\infty|}}=\lim_{n\to\infty}\ddot{a}_{\overline{n|}}=\lim_{n\to\infty}\frac{1-v^n}{d}=\frac{1}{d}$

08 확정연금(전화기간 > 매회 지급기간)

① 연 m회 지급 확정연금 기말급

▸ $a_{\overline{n}|}^{(m)} = \frac{1}{m}\left[v^{\frac{1}{m}} + v^{\frac{2}{m}} + \cdots + v^{n-\frac{1}{m}} + v^n\right] = \frac{1-v^n}{i^{(m)}}$

▸ $s_{\overline{n}|}^{(m)} = a_{\overline{n}|}^{(m)}(1+i)^n = \frac{(1+i)^n - 1}{i^{(m)}}$

② 연 m회 지급 확정연금 기시급

▸ $\ddot{a}_{\overline{n}|}^{(m)} = \frac{1}{m}\left[1 + v^{\frac{1}{m}} + v^{\frac{2}{m}} + \cdots + v^{n-\frac{1}{m}}\right] = \frac{1-v^n}{d^{(m)}}$

▸ $\ddot{s}_{\overline{n}|}^{(m)} = \ddot{a}_{\overline{n}|}^{(m)}(1+i)^n = \frac{(1+i)^n - 1}{d^{(m)}}$

09 확정연금의 관계식

▸ $\ddot{a}_{\overline{n}|} = a_{\overline{n-1}|} + 1$

▸ $\ddot{a}_{\overline{n}|}^{(m)} = a_{\overline{n-1/m}|}^{(m)} + \frac{1}{m}$

▸ $\frac{1}{a_{\overline{n}|}} = \frac{1}{s_{\overline{n}|}} + i$

▸ $\frac{1}{a_{\overline{n}|}^{(m)}} = \frac{1}{s_{\overline{n}|}^{(m)}} + i^{(m)}$

▸ $\ddot{s}_{\overline{n}|} = s_{\overline{n+1}|} - 1$

▸ $\ddot{s}_{\overline{n}|}^{(m)} = s_{\overline{n+1/m}|}^{(m)} - \frac{1}{m}$

▸ $\frac{1}{\ddot{a}_{\overline{n}|}} = \frac{1}{\ddot{s}_{\overline{n}|}} + d$

▸ $\frac{1}{\ddot{a}_{\overline{n}|}^{(m)}} = \frac{1}{\ddot{s}_{\overline{n}|}^{(m)}} + d^{(m)}$

10 변동연금

① 누가확정연금

▸ $(Ia)_{\overline{n}|} = v + 2v^2 + 3v^3 + \cdots + nv^n = \frac{\ddot{a}_{\overline{n}|} - nv^n}{i}$

▸ $(Is)_{\overline{n}|} = (Ia)_{\overline{n}|}(1+i)^n = \frac{\ddot{s}_{\overline{n}|} - n}{i}$

▸ $(I\ddot{a})_{\overline{n}|} = 1 + 2v + 3v^2 + \cdots + nv^{n-1} = \frac{\ddot{a}_{\overline{n}|} - nv^n}{d}$

▸ $(I\ddot{s})_{\overline{n}|} = (I\ddot{a})_{\overline{n}|}(1+i)^n = \frac{\ddot{s}_{\overline{n}|} - n}{d}$

② 누감확정연금

▸ $(Da)_{\overline{n}|} = nv + (n-1)v^2 + \cdots\ v^n = \frac{n - a_{\overline{n}|}}{i}$

▸ $(Ds)_{\overline{n}|} = (Da)_{\overline{n}|}(1+i)^n = \frac{n(1+i)^n - s_{\overline{n}|}}{i}$

▸ $(D\ddot{a})_{\overline{n|}} = n + (n-1)v + \cdots + v^{n-1} = \dfrac{n - a_{\overline{n|}}}{d}$

▸ $(D\ddot{s})_{\overline{n|}} = (D\ddot{a})_{\overline{n|}}(1+i)^n = \dfrac{n(1+i)^n - s_{\overline{n|}}}{d}$

11 연속확정연금

① 연속확정연금 현가

▸ $\bar{a}_{\overline{n|}} = \lim_{m \to \infty} a_{\overline{n|}}^{(m)} = \int_0^n v^t dt = \left[\dfrac{v^t}{\ln v} \right]_0^n = \dfrac{1 - v^n}{\delta}$

② 연속확정연금 종가

▸ $\bar{s}_{\overline{n|}} = \lim_{m \to \infty} s_{\overline{n|}}^{(m)} = \int_0^n (1+i)^t\, dt = \left[\dfrac{(1+i)^t}{\ln(1+i)} \right]_0^n = \dfrac{(1+i)^n - 1}{\delta}$

12 실이자율, 명목이율, 이력, 명목할인율, 할인율의 크기관계

$i > i^{(m)} > \delta > d^{(m)} > d$

※ 위에 대소관계를 활용한 관계식

▸ $a_{\overline{n|}} < a_{\overline{n|}}^{(m)} < \bar{a}_{\overline{n|}} < \ddot{a}_{\overline{n|}}^{(m)} < \ddot{a}_{\overline{n|}}$

▸ $s_{\overline{n|}} < s_{\overline{n|}}^{(m)} < \bar{s}_{\overline{n|}} < \ddot{s}_{\overline{n|}}^{(m)} < \ddot{s}_{\overline{n|}}$

13 자산수익률의 계산

① 일반식

$I = A \cdot i + \sum n_t(1-t) \cdot i - \sum w_t(1-t) \cdot i$

$i = \dfrac{I}{A + \sum n_t(1-t) - \sum w_t(1-t)}$

$B = A + n - w + I$

(A : 연시자산, B : 연말자산, I : 연간투자수익)

② $Hardy$ 공식

$i = \dfrac{2I}{A + B - I}$ (A : 연시자산, B : 연말자산, I : 연간투자수익)

※ 연말자산 = 연초자산 + 유입액 - 유출액 + 연간투자수익

14 할부상환(원리금 균등상환) : $L=a_{\overline{n}|}$인 경우

$L=$대출금

$i=$전화기간당 이자율(대출이자율)

$n=$전화기간을 기준으로 한 상환기간

$OP_t=$대출 받은 후 t시점에서의 잔존원금

$P_t=$대출 받은 후 t시점에서의 원금상환액

$I_t=$대출 받은 후 t시점에서의 이자상환액

t	상환액	I_t	P_t	OP_t
0				$a_{\overline{n}\|}$
1	1	$ia_{\overline{n}\|}=1-v^n$	v^n	$a_{\overline{n}\|}-v^n=a_{\overline{n-1}\|}$
2	1	$ia_{\overline{n-1}\|}=1-v^{n-1}$	v^{n-1}	$a_{\overline{n-1}\|}-v^{n-1}=a_{\overline{n-2}\|}$
⋮	⋮	⋮	⋮	⋮
t	1	$ia_{\overline{n-t+1}\|}=1-v^{n-t+1}$	v^{n-t+1}	$a_{\overline{n-t+1}\|}-v^{n-t+1}=a_{\overline{n-t}\|}$
⋮	⋮	⋮	⋮	⋮
$n-1$	1	$ia_{\overline{2}\|}=1-v^2$	v^2	$a_{\overline{2}\|}-v^2=a_{\overline{1}\|}$
n	1	$ia_{\overline{1}\|}=1-v$	v	$a_{\overline{1}\|}-v=0$
합 계	n	$n-a_{\overline{n}\|}$	$a_{\overline{n}\|}$	

PART 2 생존분포와 생명표

01 생명확률

- $_{m|n}q_x = {}_m p_x - {}_{m+n}p_x = {}_m p_x \cdot {}_n q_{x+m}$
- $_{m+n}p_x = {}_m p_x \cdot {}_n p_{x+m} = {}_n p_x \cdot {}_m p_{x+n}$
- $_n p_x = p_x \cdot p_{x+1} \cdot p_{x+2} \cdot \cdots \cdot p_{x+n-1}$

02 평균여명

① 완전평균여명($\mathring{e}_x$)

- $E[T(x)] = \mathring{e}_x = \int_0^\infty t\, {}_t p_x\, \mu_{x+t}\, dt = \int_0^\infty {}_t p_x\, dt$
- $E[T(x)^2] = \int_0^\infty t^2 \cdot {}_t p_x\, \mu_{x+t}\, dt = \int_0^\infty 2t \cdot {}_t p_x\, dt$
- $Var[T(x)] = E[T(x)^2] - E[T(x)]^2 = \int_0^\infty 2t \cdot {}_t p_x\, dt - (\mathring{e}_x)^2$
- $\mathring{e}_x = e_x + \frac{1}{2}$ (UDD 가정)

② 개산평균여명(e_x)

- $E[K(x)] = e_x = \sum_{k=0}^{\infty} k\, {}_{k|}q_x = \sum_{k=1}^{\infty} {}_k p_x$
- $E[K(x)^2] = \sum_{k=0}^{\infty} k^2\, {}_{k|}q_x = \sum_{k=1}^{\infty} (2k-1)\, {}_k p_x$
- $Var[K(x)] = E[K(x)^2] - E[K(x)]^2 = \sum_{k=1}^{\infty} (2k-1)\, {}_k p_x - (e_x)^2$

③ 완전정기평균여명($\mathring{e}_{x:\overline{n}|}$)

$T_n(x) = \begin{cases} T(x), & T(x) < n \\ n, & T(x) \geq n \end{cases} = Min[T(x), n]$

- $E[T_n(x)] = \mathring{e}_{x:\overline{n}|} = \int_0^n t\, {}_t p_x\, \mu_{x+t}\, dt + \int_n^\infty n\, {}_t p_x\, \mu_{x+t}\, dt = \int_0^n {}_t p_x\, dt$
- $\mathring{e}_{x:\overline{n}|} = e_{x:\overline{n}|} + \frac{1}{2}\, {}_n q_x$ (UDD 가정)

④ 개산정기평균여명$(e_{x:\overline{n|}})$

$$K_n(x)=\begin{cases} K(x), & K(x)< n \\ n, & K(x)\geq n \end{cases}= Min[K(x), n]$$

▸ $E[K_n(x)]=e_{x:\overline{n|}}=\sum_{k=0}^{n-1} k\ _{k|}q_x+\sum_{k=n}^{\infty} n\ _{k|}q_x=\sum_{k=1}^{n} {}_kp_x$

03 생존함수의 분포 모형

① $De\ \ Moivre$ 법칙일 때

$$s(x)=1-\frac{x}{w}$$

$T(x)$의 $c.d.f$ $G(t)=\dfrac{s(x)-s(x+t)}{s(x)}=\dfrac{t}{\omega-x}={}_tq_x$

$T(x)$의 $p.d.f$ $g(t)=\dfrac{d}{dt}G(t)=\dfrac{d}{dt}\left(\dfrac{t}{\omega-x}\right)=\dfrac{1}{\omega-x}$

Tip $De\ \ Moivre$ **생존분포(한계연령 : ω, $0\leq x<\omega$)**

- $l_x=\omega-x$
- ${}_tp_x=\dfrac{l_{x+t}}{l_x}=\dfrac{\omega-x-t}{\omega-x}=1-\dfrac{t}{\omega-x}$
- $\mu_x=\dfrac{1}{\omega-x}$
- $\mu_{x+t}=\dfrac{1}{\omega-x-t}$
- $F_x(t)={}_tq_x=1-{}_tp_x=\dfrac{t}{\omega-x}$
- $f_x(t)=\dfrac{d}{dt}F_x(t)=\dfrac{1}{\omega-x}$
- $E[T(x)]=\mathring{e}_x=\dfrac{\omega-x}{2}$
- $Var[T(x)]=\dfrac{(\omega-x)^2}{12}$
- $E[K(x)]=e_x=\dfrac{\omega-x-1}{2}$
- $Var[K(x)]=\dfrac{(\omega-x)^2-1}{12}$

② CFM일 때

$s(x) = e^{-\mu x}$

$T(x)$의 $p.d.f$ $g(t) = \frac{d}{dt} G(t) = \frac{d}{dt}\left(1 - e^{-\mu t}\right) = \mu e^{-\mu t}$

> **TIP CFM가정하의 생존분포**
>
> - $\mu_{x+t} = \mu = -\ln p_x$
> - ${}_tp_x = e^{-\int_0^t \mu_{x+s} ds} = e^{-\int_0^t \mu ds} = e^{-\mu t} = (p_x)^t$
> - ${}_tq_x = 1 - {}_tp_x = 1 - (p_x)^t$
> - ${}_tp_x \mu_{x+t} = \mu e^{-\mu t} = (-\ln p_x)(p_x)^t$
> - $F_x(t) = {}_tq_x = 1 - {}_tp_x = 1 - e^{-\mu t}$
> - $f_x(t) = \frac{d}{dt} F_x(t) = \mu e^{-\mu t}$
> - $E[T(x)] = \mathring{e}_x = \frac{1}{\mu}$
> - $Var[T(x)] = \frac{1}{\mu^2}$
> - $E[K(x)] = \frac{e^{-\mu}}{1 - e^{-\mu}} = \frac{p_x}{1 - p_x} = \frac{p_x}{q_x}$
> - $Var[K(x)] = \frac{p_x}{(q_x)^2}$

04 L_x, m_x, T_x, $a(x)$

① L_x : l_x 사람들의 1년간 총 생존연수

▸ $L_x = \int_0^1 t \cdot l_{x+t} \mu_{x+t} dt + 1 \times l_{x+1} = \int_0^1 l_{x+t} dt$

▸ $\frac{d}{dx} L_x = \frac{d}{dx} \int_0^1 l_{x+t} dt = l_{x+1} - l_x = -d_x$

▸ $L_x = \int_0^1 l_{x+t} dt = l_x - \frac{1}{2} d_x$ (UDD 가정)($\because$ $l_{x+t} = l_x - t d_x$)

② m_x : x세 생존자의 1년간 총 생존연수(L_x)에 대한 1년간 사망자의 비율

▸ $m_x = \frac{d_x}{L_x} = \frac{\int_0^1 l_{x+t} \mu_{x+t} dt}{\int_0^1 l_{x+t} dt} = \frac{\int_0^1 {}_tp_x \mu_{x+t} dt}{\int_0^1 {}_tp_x dt} = \frac{l_x - l_{x+1}}{L_x} = -\frac{d}{dx} \ln L_x$

▸ $m_x = \frac{d_x}{L_x} = \frac{d_x}{l_x - \frac{1}{2} d_x} = \frac{q_x}{1 - \frac{1}{2} q_x} = \mu_{x+\frac{1}{2}}$ (UDD 가정)

▸ $\Pr[T(x) > m(x)] = \frac{s[x + m(x)]}{s(x)} = {}_{m(x)}p_x = \frac{1}{2}$

③ T_x : l_x 사람들의 x세 이후의 총 생존연수

▸ $T_x = \int_0^\infty t \cdot l_{x+t}\mu_{x+t}\,dt = \int_0^\infty l_{x+t}\,dt$

▸ $\frac{d}{dt}T_x = \frac{d}{dt}\int_0^\infty l_{x+t}\,dt = -\,l_x$

▸ $\mathring{e}_x = \frac{T_x}{l_x} = \frac{\int_0^\infty l_{x+t}\,dt}{l_x} = \int_0^\infty {}_tp_x\,dt$

④ Y_x

▸ $Y_x = \int_0^\infty T_{x+t}\,dt$

▸ $\frac{d}{dt}Y_x = \frac{d}{dt}\int_0^\infty T_{x+t}\,dt = -\,T_x$

⑤ $a(x)$: x와 $x+1$ 사이에서 사망한 사람들의 생존한 평균연수

▸ $a(x) = \frac{\int_0^1 t \cdot l_{x+t}\mu_{x+t}\,dt}{\int_0^1 l_{x+t}\mu_{x+t}\,dt} = \frac{L_x - l_{x+1}}{d_x}$

▸ $a(x) = E[T|T<1] = \int_0^1 t \cdot f_T(t|T<1)dt = \int_0^1 t \cdot \frac{{}_tp_x\,\mu_{x+t}}{q_x}\,dt$

▸ $a(x) = \int_0^1 t\,dt = \frac{1}{2}$ (UDD 가정)

05 단수부분에 대한 가정

함수 \ 가정	UDD	CFM	BA
${}_tq_x$	$t \cdot q_x$	$1-e^{-\mu t}$	$\frac{t \cdot q_x}{1-(1-t)q_x}$
${}_tp_x$	$1-t \cdot q_x$	$e^{-\mu t}$	$\frac{p_x}{1-(1-t)q_x}$
${}_yq_{x+t}$	$\frac{y \cdot q_x}{1-t \cdot q_x}$	$1-e^{-\mu y}$	$\frac{y \cdot q_x}{1-(1-y-t)q_x}$
μ_{x+t}	$\frac{q_x}{1-t \cdot q_x}$	μ	$\frac{q_x}{1-(1-t)q_x}$
${}_tp_x\,\mu_{x+t}$	q_x	$\mu e^{-\mu t}$	$\frac{p_x q_x}{[1-(1-t)q_x]^2}$

※ x : 정수, $0 \le t \le 1$, $0 \le y \le 1$, $0 \le y+t \le 1$, $\mu = -\ln p_x$

06 사망법칙의 확률밀도함수

① Z의 확률밀도함수

▸ *De Moivre* 사망법칙

$$T \sim U(0, w-x),\ f_T(t) = \frac{1}{w-x}$$

$$f_Z(z) = f_T\left(\frac{\ln z}{\ln v}\right)\left|\frac{d}{dz}\left(\frac{\ln z}{\ln v}\right)\right| = \frac{f_T\left(\frac{\ln z}{-\delta}\right)}{\delta z} = \frac{1}{w-x}\cdot\left(\frac{1}{\delta z}\right),\ Z \in \left(v^{w-x}, 1\right)$$

▸ CFM 사망법칙

$$f_Z(z) = \frac{f_T\left(\frac{\ln z}{-\delta}\right)}{\delta z} = ue^{-\left(\frac{\ln z}{-\delta}\right)}\cdot\frac{1}{\delta z} = \left(\frac{\mu}{\delta}\right)^{\left(Z^{\frac{\mu}{\delta}-1}\right)},\ Z \in (0, 1)$$

② $E(Z)$

▸ *De Moivre* 사망법칙

$$E(Z) = \int_{v^{w-x}}^{1} Z\left(\frac{1}{w-x}\right)\left(\frac{1}{\delta Z}\right)dZ = \left(\frac{1}{w-x}\right)\cdot\left(\frac{1-v^{w-x}}{\delta}\right)$$

▸ CFM 사망법칙

$$E(Z) = \int_0^1 Z\left(\frac{\mu}{\delta}\right)Z^{\frac{\mu}{\delta}-1}dZ = \frac{\mu}{\delta}\int_0^1 Z^{\frac{\mu}{\delta}}dZ = \frac{\mu}{\mu+\delta}$$

③ $\Pr\left[Z > \overline{A}_x\right]$

▸ *De Moivre* 사망법칙

$$\Pr[Z > E(Z)] = \Pr\left[Z > \overline{A}_x\right] = \int_{\overline{A}_x}^{1} f_Z(Z)dZ = \int_{\overline{A}_x}^{1}\left(\frac{1}{w-x}\right)\left(\frac{1}{\delta Z}\right)dZ$$

$$= \frac{-\ln\overline{A}_x}{(w-x)\cdot\delta}$$

▸ CFM 사망법칙

$$\Pr[Z > E(Z)] = \Pr\left[Z > \overline{A}_x\right] = \int_{\overline{A}_x}^{1} f_Z(Z)dZ = \int_{\overline{A}_x}^{1}\left(\frac{\mu}{\delta}\right)Z^{\frac{\mu}{\delta}-1}dZ = 1-\left(\overline{A}_x\right)^{\frac{\mu}{\delta}}$$

PART 3 생명보험

01 결정론적 모형

① 계산기수의 정의

생존계열	사망계열	
	연말급	즉시급(UDD)
$D_x = v^x l_x$	$C_x = v^{x+1} d_x$	$\overline{C}_x = \frac{i}{\delta} C_x$
$N_x = \sum_{t=0}^{\infty} D_{x+t}$	$M_x = \sum_{t=0}^{\infty} C_{x+t}$	$\overline{M}_x = \frac{i}{\delta} M_x$
$S_x = \sum_{t=0}^{\infty} N_{x+t}$	$R_x = \sum_{t=0}^{\infty} M_{x+t}$	$\overline{R}_x = \frac{i}{\delta} R_x$

② 일시납순보험료

보험종류	NSP	생명표	계산기수
종신보험	A_x	$\sum_{k=0}^{w-x-1} v^{k+1}\ {}_{k\|}q_x$	$\frac{M_x}{D_x}$
n년 정기보험	$A^1_{x:\overline{n\|}}$	$\sum_{k=0}^{n-1} v^{k+1}\ {}_{k\|}q_x$	$\frac{M_x - M_{x+n}}{D_x}$
n년 생존보험	$A_{x:\overline{n\|}}^{\ \ 1}$	$v^n \cdot {}_np_x$	$\frac{D_{x+n}}{D_x}$
n년 양로보험	$A_{x:\overline{n\|}}$	$\sum_{k=0}^{n-1} v^{k+1}\ {}_{k\|}q_x + v^n \cdot {}_np_x$	$\frac{M_x - M_{x+n} + D_{x+n}}{D_x}$
n년 거치 종신보험	${}_{n\|}A_x$	$\sum_{k=n}^{w-x-1} v^{k+1}\ {}_{k\|}q_x$	$\frac{M_{x+n}}{D_x}$
누가정기보험	$(IA)^1_{x:\overline{n\|}}$	$\sum_{k=0}^{n-1} (k+1) v^{k+1}\ {}_{k\|}q_x$	$\frac{R_x - R_{x+n} - nM_{x+n}}{D_x}$
누감정기보험	$(DA)^1_{x:\overline{n\|}}$	$\sum_{k=0}^{n-1} (n-k) v^{k+1}\ {}_{k\|}q_x$	$\frac{nM_x - (R_{x+1} - R_{x+n+1})}{D_x}$
적립보험비용	${}_nk_x$	$\sum_{k=0}^{n-1} v^{k+1}\ {}_{k\|}q_x / (v^n \cdot {}_np_x)$	$\frac{M_x - M_{x+n}}{D_{x+n}}$

02 확률론적 모형

① 사망보험금 즉시급 현가함수(확률변수, 기댓값, 분산)

보험종류		Z	$E(Z)$	$E(Z^2)$	$Var(Z)$
종신보험		$v^T,\ T \geq 0$	$\bar{A}_x$	${}^2\bar{A}_x$	${}^2\bar{A}_x - (\bar{A}_x)^2$
n년 정기보험		$\begin{cases} v^T & ,T \leq n \\ 0 & ,T > n \end{cases}$	$\bar{A}^1_{x:\overline{n}\vert}$	${}^2\bar{A}^1_{x:\overline{n}\vert}$	${}^2\bar{A}^1_{x:\overline{n}\vert} - \left(\bar{A}^1_{x:\overline{n}\vert}\right)^2$
n년 생존보험		$\begin{cases} 0 & ,T < n \\ v^n & ,T \geq n \end{cases}$	$A_{x:\overset{1}{\overline{n}\vert}}$	${}^2A_{x:\overset{1}{\overline{n}\vert}}$	${}^2A_{x:\overset{1}{\overline{n}\vert}} - \left(A_{x:\overset{1}{\overline{n}\vert}}\right)^2$
n년 양로보험		$\begin{cases} v^T & ,T \leq n \\ v^n & ,T > n \end{cases}$	$\bar{A}_{x:\overline{n}\vert}$	${}^2\bar{A}_{x:\overline{n}\vert}$	${}^2\bar{A}_{x:\overline{n}\vert} - \left(\bar{A}_{x:\overline{n}\vert}\right)^2$
n년 거치 종신보험		$\begin{cases} 0 & ,T \leq n \\ v^T & ,T > n \end{cases}$	${}_{n\vert}\bar{A}_x$	${}^2_{n\vert}\bar{A}_x$	${}^2_{n\vert}\bar{A}_x - \left({}_{n\vert}\bar{A}_x\right)^2$
누가 종신 보험	이산형	$[T+1]v^T$	$(I\bar{A})_x$		
	연속형	Tv^T	$(\bar{I}\bar{A})_x$		
누감 정기 보험	이산형	$\begin{cases} (n-[T])v^T & ,T \leq n \\ 0 & ,T > n \end{cases}$	$(D\bar{A})^1_{x:\overline{n}\vert}$		
	연속형	$\begin{cases} (n-T)v^T & ,T \leq n \\ 0 & ,T > n \end{cases}$	$(\bar{D}\bar{A})^1_{x:\overline{n}\vert}$		

② 사망보험금 연말급 현가함수(확률변수, 기댓값, 분산)

보험종류	Z	$E(Z)$	$E(Z^2)$	$Var(Z)$
종신보험	$v^{K+1},\ K \geq 0$	A_x	${}^2A_x$	${}^2A_x - (A_x)^2$
n년 정기보험	$\begin{cases} v^{K+1} & ,K < n \\ 0 & ,K \geq n \end{cases}$	$A^1_{x:\overline{n}\vert}$	${}^2A^1_{x:\overline{n}\vert}$	${}^2A^1_{x:\overline{n}\vert} - \left(A^1_{x:\overline{n}\vert}\right)^2$
n년 생존보험	$\begin{cases} 0 & ,K < n \\ v^n & ,K \geq n \end{cases}$	$A_{x:\overset{1}{\overline{n}\vert}}$	${}^2A_{x:\overset{1}{\overline{n}\vert}}$	${}^2A_{x:\overset{1}{\overline{n}\vert}} - \left(A_{x:\overset{1}{\overline{n}\vert}}\right)^2$
n년 양로보험	$\begin{cases} v^{K+1} & ,K < n \\ v^n & ,K \geq n \end{cases}$	$A_{x:\overline{n}\vert}$	${}^2A_{x:\overline{n}\vert}$	${}^2A_{x:\overline{n}\vert} - (A_{x:\overline{n}\vert})^2$
n년 거치 종신보험	$\begin{cases} 0 & ,K < n \\ v^{K+1} & ,K \geq n \end{cases}$	${}_{n\vert}A_x$	${}^2_{n\vert}A_x$	${}^2_{n\vert}A_x - \left({}_{n\vert}A_x\right)^2$
누가정기보험	$\begin{cases} (K+1)v^{K+1} & ,K < n \\ 0 & ,K \geq n \end{cases}$	$(IA)^1_{x:\overline{n}\vert}$		
누감정기보험	$\begin{cases} (n-K)v^{K+1} & ,K < n \\ 0 & ,K \geq n \end{cases}$	$(DA)^1_{x:\overline{n}\vert}$		

03 Doubling the force of interest

이 력	현가율	이자율	할인율	명목이자율
δ	v	i	d	$i^{(m)}$
2δ	v^2	i^2+2i	$2d-d^2$	$\frac{(i^{(m)})^2}{m}+2i^{(m)}$

04 정기보험과 적립보험 비용과의 관계식

$$A^{\ 1}_{x:\overline{n|}} = {}_nE_x \cdot {}_nk_x \quad \left(\because {}_nk_x = \frac{M_x - M_{x+n}}{D_{x+n}}\right)$$

05 CFM(사력이 일정한 경우) 가정하에서 APV(즉시급은 이력이 상수라 가정)

- $\bar{A}_x = E(Z) = \int_0^\infty v^t\,{}_tp_x\,\mu_{x+t}\,dt = \int_0^\infty e^{-\delta t}e^{-\mu t}\mu\,dt = \frac{\mu}{\delta+\mu}$
- $\bar{A}^{\ 1}_{x:\overline{n|}} = \int_0^n v^t\,{}_tp_x\,\mu_{x+t}\,dt = \int_0^n e^{-\delta t}e^{-\mu t}\mu\,dt = \frac{\mu\left[1-e^{-(\delta+\mu)n}\right]}{\delta+\mu}$
- $\bar{A}_{x:\overline{n|}}^{\ \ \ 1} = v^n\,{}_np_x = e^{-\delta n}e^{-\mu n} = e^{-(\delta+\mu)n}$
- $A_x = \sum_{k=0}^{\infty} v^{k+1}\,{}_{k|}q_x = \sum_{k=0}^{\infty} v^{k+1}({}_kp_x\,q_{x+k}) = \sum_{k=0}^{\infty} v^{k+1}e^{-\mu k}(1-e^{-\mu})$

$$= v\sum_{k=0}^{\infty}(v\cdot e^{-\mu})^k - \sum_{k=0}^{\infty}(v\cdot e^{-\mu})^{k+1} = v\frac{1}{1-v\cdot e^{-\mu}} - \frac{v\cdot e^{-\mu}}{1-v\cdot e^{-\mu}}$$

$$= \frac{1}{(1+i)-p_x} - \frac{p_x}{(1+i)-p_x} = \frac{q_x}{i+q_x}$$

06 *De Moivre* 가정하에서 APV(한계연령 : ω)

- $\bar{A}_x = \int_0^{\omega-x} v^t\,{}_tp_x\,\mu_{x+t}\,dt = \int_0^{\omega-x} v^t\cdot\frac{1}{\omega-x}\,dt = \frac{\bar{a}_{\overline{\omega-x|}}}{\omega-x}$
- $\bar{A}^{\ 1}_{x:\overline{n|}} = \int_0^n v^t\,{}_tp_x\,\mu_{x+t}\,dt = \int_0^n v^t\cdot\frac{1}{\omega-x}\,dt = \frac{\bar{a}_{\overline{n|}}}{\omega-x}$
- $A_{x:\overline{n|}}^{\ \ \ 1} = v^n\,{}_np_x = v^n\cdot\frac{\omega-x-n}{\omega-x}$
- $A_x = \sum_{k=0}^{\omega-x-1} v^{k+1}\,{}_{k|}q_x = \sum_{k=0}^{\omega-x-1} v^{k+1}\cdot\frac{1}{\omega-x} = \frac{a_{\overline{\omega-x|}}}{\omega-x}$

07 UDD 가정하에서 관계식

- $A_x^{(m)} = \frac{i}{i^{(m)}}A_x$
- $\bar{A}_x = \frac{i}{\delta}A_x$

PART 4 생명연금

01 연금관계식

- $a_{x:\overline{n|}} = \ddot{a}_{x:\overline{n|}} - 1 + v^n {}_np_x$
- $\ddot{a}_{x:\overline{n|}} = a_{x:\overline{n-1|}} + 1$
- $\ddot{a}_{x:\overline{n|}} = 1 + vp_x \cdot \ddot{a}_{x+1:\overline{n-1|}}$
- $a_{x:\overline{n|}} = vp_x \cdot \ddot{a}_{x+1:\overline{n|}}$
- $a_x = {}_1E_x \cdot \ddot{a}_{x+1} = vp_x \cdot \ddot{a}_{x+1} = vp_x + vp_x \cdot a_{x+1}$

02 기시급 유기생명연금과 생명연금종가(forborne annuity)의 관계식

$\ddot{a}_{x:\overline{n|}} = {}_nE_x \cdot \ddot{s}_{x:\overline{n|}}$

03 생명보험과 생명연금의 일시납보험료의 관계

- $C_x = vD_x - D_{x+1}$
- $M_x = vN_x - N_{x+1} = D_x - dN_x$
- $R_x = vS_x - S_{x+1}$
- $A_x = 1 - d\ddot{a}_x$
- $A_x = 1 - i(a_x + A_x)$
- $A_x = v\ddot{a}_x - a_x$
- $A_{x:\overline{n|}} = 1 - d\ddot{a}_{x:\overline{n|}}$
- $A_{x:\overline{n|}} = 1 - i\left(a_{x:\overline{n|}} + A^{1}_{x:\overline{n|}}\right)$
- $A_{x:\overline{n|}} = v\ddot{a}_{x:\overline{n|}} - a_{x:\overline{n-1|}}$
- $A^{1}_{x:\overline{n|}} = v\ddot{a}_{x:\overline{n|}} - a_{x:\overline{n|}}$

04 CFM(사력이 일정한 경우) 가정하에서 생명연금의 APV(즉시급은 이력이 상수라 가정)

▸ $\bar{a}_x = \int_0^\infty v^t \, {}_tp_x \, dt = \int_0^\infty e^{-\delta t} e^{-\mu t} dt = \frac{1}{\delta + \mu}$

▸ $\bar{a}_{x:\overline{n|}} = \int_0^n v^t \, {}_tp_x \, dt = \int_0^n e^{-\delta t} e^{-\mu t} dt = \frac{1 - e^{-(\delta+\mu)n}}{\delta + \mu}$

▸ ${}_{n|}\bar{a}_x = \int_n^\infty v^t \, {}_tp_x \, dt = \int_n^\infty e^{-\delta t} e^{-\mu t} dt = \frac{e^{-(\delta+\mu)n}}{\delta + \mu}$

▸ $\ddot{a}_x = \sum_{k=0}^{\infty} v^k \, {}_kp_x = \sum_{k=0}^{\infty} v^k e^{-\mu k} = \frac{1}{1 - ve^{-\mu}} = \frac{(1+i)}{(1+i) - p_x} = \frac{1+i}{i + q_x}$

05 *De Moivre* 가정하에서 생명연금의 APV(한계연령 : ω)

▸ $\bar{a}_x = \int_0^{\omega - x} v^t \, {}_tp_x \, dt = \int_0^{\omega - x} v^t \cdot \frac{\omega - x - t}{\omega - x} dt = \frac{(\overline{D}\bar{a})_{\overline{\omega - x|}}}{\omega - x}$

▸ $\bar{a}_{x:\overline{n|}} = \int_0^n v^t \, {}_tp_x \, dt = \int_0^n v^t \cdot \frac{\omega - x - t}{\omega - x} dt = \bar{a}_{\overline{n|}} - \frac{(\bar{I}\bar{a})_{\overline{n|}}}{\omega - x}$

$= \frac{(\overline{D}\bar{a})_{\overline{n|}} + (\omega - x - n)\bar{a}_{\overline{n|}}}{\omega - x}$

▸ $\ddot{a}_x = \sum_{k=0}^{\omega - x - 1} v^k \, {}_kp_x = \sum_{k=0}^{\omega - x - 1} v^k \cdot \frac{\omega - x - k}{\omega - x} = \frac{(\overline{D}\ddot{a})_{\overline{\omega - x|}}}{\omega - x}$

▸ $\ddot{a}_{x:\overline{n|}} = \sum_{k=0}^{n-1} v^k \, {}_kp_x = \sum_{k=0}^{n-1} v^k \cdot \frac{\omega - x - k}{\omega - x} = \ddot{a}_{x:\overline{n|}} - \frac{(\bar{I}\ddot{a})_{\overline{n|}}}{\omega - x}$

$= \frac{(D\ddot{a})_{\overline{n|}} + (\omega - x - n)\ddot{a}_{\overline{n|}}}{\omega - x}$

06 완전연금(단수기간 지급연금) 및 단수기간 반환연금 – 연 1원씩 지급하는 종신연금인 경우

① 완전연금(기말급 연금에서 발생)

▸ $\mathring{a}_x = \frac{\delta}{i} \bar{a}_x$

▸ $\overline{A}_x = 1 - \delta \mathring{a}_x$

② 단수기간 반환연금(기시급 연금에서 발생)

▸ $\ddot{a}_x^{\{1\}} = \frac{\delta}{d} \bar{a}_x$

▸ $\overline{A}_x = 1 - \delta \ddot{a}_x^{\{1\}}$

PART 5 순보험료

01 연납순보험료와 일시납순보험료의 관계식

① 종신보험

$$A_x = 1 - d\ddot{a}_x \quad \therefore P_x = \frac{A_x}{\ddot{a}_x} = \frac{A_x}{(1-A_x)/d} = \frac{dA_x}{1-A_x}$$

② 양로보험(생사혼합보험)

$$A_{x:\overline{n|}} = 1 - d\ddot{a}_{x:\overline{n|}} \quad \therefore P_{x:\overline{n|}} = \frac{A_{x:\overline{n|}}}{\ddot{a}_{x:\overline{n|}}} = \frac{A_{x:\overline{n|}}}{(1-A_{x:\overline{n|}})/d} = \frac{dA_{x:\overline{n|}}}{1-A_{x:\overline{n|}}}$$

02 연 m회 분할순보험료

① 종신보험(종신납입)

▸ $P_x^{(m)} \cdot \ddot{a}_x^{(m)} = A_x \quad \therefore P_x^{(m)} = \frac{A_x}{\ddot{a}_x^{(m)}}$

▸ $P_x^{(m)} = P_x + \frac{m-1}{2m} P_x^{(m)}(P_x + d) \quad \therefore P_x^{(m)} = \frac{P_x}{1 - \frac{m-1}{2m}(P_x + d)}$

※ $P_x^{(m)} > P_x$ 인 이유

ⓐ 사망년도의 보험료 결손

ⓑ 분할납으로 인한 이자결손

② 정기보험

$$P_{x:\overline{n|}}^{1\,(m)} = \frac{A_{x:\overline{n|}}^{1}}{\ddot{a}_{x:\overline{n|}}^{(m)}} = P_{x:\overline{n|}}^{1} + \frac{m-1}{2m} P_{x:\overline{n|}}^{1\,(m)}\left(P_{x:\overline{n|}}^{1} + d\right)$$

③ 양로보험(생사혼합보험) – h년 단기납입

$${}_hP_{x:\overline{n|}}^{(m)} = \frac{A_{x:\overline{n|}}}{\ddot{a}_{x:\overline{h|}}^{(m)}} = {}_hP_{x:\overline{n|}} + \frac{m-1}{2m}\, {}_hP_{x:\overline{n|}}^{(m)}\left(P_{x:\overline{h|}}^{1} + d\right)$$

④ 그 외 주요관계식

▸ ${}_hP_x^{(m)} = {}_hP_x + \frac{m-1}{2m}\, {}_hP_x^{(m)}\left(P_{x:\overline{h|}}^{1} + d\right)$

▸ $P_{x:\overline{n|}}^{(m)} = P_{x:\overline{n|}} + \frac{m-1}{2m} P_{x:\overline{n|}}^{(m)}\left(P_{x:\overline{n|}}^{1} + d\right)$

03 보험료 반환부 보험(이자 없이 반환하는 경우)

① 보통종신보험

$$P\ddot{a}_x = A_x + P(IA)_x \quad \therefore P = \frac{A_x}{\ddot{a}_x - (IA)_x} = \frac{M_x}{N_x - R_x}$$

② 생존보험

$$P\ddot{a}_{x:\overline{n}|} = P(IA)^1_{x:\overline{n}|} + A_{x:\overset{1}{\overline{n}|}}$$

$$\therefore P = \frac{A_{x:\overset{1}{\overline{n}|}}}{\ddot{a}_{x:\overline{n}|} - (IA)^1_{x:\overline{n}|}} = \frac{D_{x+n}}{(N_x - N_{x+n}) - (R_x - R_{x+n} - nM_{x+n})}$$

04 보험료 반환부 보험(이자를 감안한 경우)

n년납 종신연금, n년내 사망시 기납입보험료 부리지급

$$P\ddot{a}_{x:\overline{n}|} = P\left(\ddot{a}_{x:\overline{n}|} - \ddot{a}_{\overline{n}|} \cdot {}_np_x\right) + {}_{n|}\ddot{a}_x$$

$$\therefore P = \frac{{}_{n|}\ddot{a}_x}{\ddot{a}_{\overline{n}|} \cdot {}_np_x} = \frac{{}_nE_x \cdot \ddot{a}_{x+n}}{\ddot{s}_{\overline{n}|} \cdot {}_nE_x} = \frac{\ddot{a}_{x+n}}{\ddot{s}_{\overline{n}|}}$$

05 손실확률변수에 의한 순보험료의 기대치와 분산

① 연납평준순보험료(보험금 연말급, 종신보험)

$$L = v^{k+1} - P_x\ddot{a}_{\overline{k+1}|} = \left(1 + \frac{P_x}{d}\right)v^{k+1} - \frac{P_x}{d}, \quad 0 \le k$$

수지상등원칙에 의해 $E(L) = 0 \quad \therefore P_x = \dfrac{A_x}{\ddot{a}_x} = \dfrac{M_x}{N_x}$

$$Var(L) = \left(1 + \frac{P_x}{d}\right)^2 \left[{}^2A_x - (A_x)^2\right] = \frac{{}^2A_x - (A_x)^2}{(d\ddot{a}_x)^2} = \frac{{}^2A_x - (A_x)^2}{(1 - A_x)^2}$$

② 연속납순보험료(보험금 사망즉시급, 종신보험)

$$L = v^t - \bar{P}\bar{a}_{\overline{t}|} = \left(1 + \frac{\bar{P}}{\delta}\right)v^t - \frac{\bar{P}}{\delta}, \quad 0 \le t$$

수지상등원칙에 의해 $E(L) = 0 \quad \therefore \bar{P}(\bar{A}_x) = \dfrac{\bar{A}_x}{\bar{a}_x} = \dfrac{\bar{M}_x}{\bar{N}_x}$

$$Var(L) = \left(1 + \frac{\bar{P}}{\delta}\right)^2 \left[{}^2\bar{A}_x - (\bar{A}_x)\right]^2 = \frac{{}^2\bar{A}_x - (\bar{A}_x)^2}{(\delta\bar{a}_x)^2} = \frac{{}^2\bar{A}_x - (\bar{A}_x)^2}{(1 - \bar{A}_x)^2}$$

PART 6 책임준비금

01 책임준비금 관련공식

① 종신보험

ⓐ 장래법

$$_tV_x = A_{x+t} - P_x\ddot{a}_{x+t} = 1 - \frac{\ddot{a}_{x+t}}{\ddot{a}_x} = \frac{A_{x+t} - A_x}{1 - A_x} = A_{x+t}\left(1 - \frac{P_x}{P_{x+t}}\right)$$

$$= (P_{x+t} - P_x)\ddot{a}_{x+t} = \frac{P_{x+t} - P_x}{P_{x+t} + d}$$

ⓑ 과거법

$$_tV_x = P_x\ddot{s}_{x:\overline{t|}} - {}_tk_x = P_x\frac{\ddot{a}_{x:\overline{t|}}}{{}_tE_x} - \frac{A^{1}_{x:\overline{t|}}}{{}_tE_x} = \frac{P_x - P^{1}_{x:\overline{t|}}}{P_{x:\overset{1}{\overline{t|}}}}$$

② 양로보험(생사혼합보험)

ⓐ 장래법

$$_tV_{x:\overline{n|}} = A_{x+t:\overline{n-t|}} - P_{x:\overline{n|}}\ddot{a}_{x+t:\overline{n-t|}} = 1 - \frac{\ddot{a}_{x+t:\overline{n-t|}}}{\ddot{a}_{x:\overline{n|}}}$$

$$= \frac{A_{x+t:\overline{n-t|}} - A_{x:\overline{n|}}}{1 - A_{x:\overline{n|}}} = A_{x+t:\overline{n-t|}}\left(1 - \frac{P_{x:\overline{n|}}}{P_{x+t:\overline{n-t|}}}\right)$$

$$= \left(P_{x+t:\overline{n-t|}} - P_{x:\overline{n|}}\right)\ddot{a}_{x+t:\overline{n-t|}}$$

$$= \frac{P_{x+t:\overline{n-t|}} - P_{x:\overline{n|}}}{P_{x+t:\overline{n-t|}} + d}$$

ⓑ 과거법

$$_tV_{x:\overline{n|}} = P_{x:\overline{n|}}\ddot{s}_{x:\overline{t|}} - {}_tk_x = P_{x:\overline{n|}}\frac{\ddot{a}_{x:\overline{t|}}}{{}_tE_x} - \frac{A^{1}_{x:\overline{t|}}}{{}_tE_x} = \frac{P_{x:\overline{n|}} - P^{1}_{x:\overline{t|}}}{P_{x:\overset{1}{\overline{t|}}}}$$

③ 책임준비금 응용공식(과거법 책임준비금 차이를 이용해 공식 유도)

- $P_x = P^{1}_{x:\overline{n|}} + P_{x:\overset{1}{\overline{n|}}} \cdot {}_nV_x$
- $_nP_x = P^{1}_{x:\overline{n|}} + P_{x:\overset{1}{\overline{n|}}} \cdot A_{x+n}$
- $P_{x:\overline{n|}} = {}_nP_x + P_{x:\overset{1}{\overline{n|}}}(1 - A_{x+n})$

> **Tip** 과거법 책임준비금 차이 활용 응용식
>
> ${}_tV_1 = P_1\ddot{s}_{x:\overline{t|}} - {}_tk_x$ ⋯ ①
>
> ${}_tV_2 = P_2\ddot{s}_{x:\overline{t|}} - {}_tk_x$ ⋯ ②
>
> ①−② $= {}_tV_1 - {}_tV_2 = (P_1 - P_2)\ddot{s}_{x:\overline{t|}}$
>
> $\therefore P_1 = P_2 + \dfrac{{}_tV_1 - {}_tV_2}{\ddot{s}_{x:\overline{t|}}} = P_2 + P_{x:\overline{t|}}^{\ 1}({}_tV_1 - {}_tV_2)$

02 보험금 사망즉시급, 연속납보험료인 경우(보통종신보험)의 기대치와 분산

$U = (x+t)$의 장래생존기간

$${}_tL = v^U - \overline{P}(\overline{A}_x)\overline{a}_{\overline{U|}} = \left(1 + \frac{\overline{P}(\overline{A}_x)}{\delta}\right)v^U - \frac{\overline{P}(\overline{A}_x)}{\delta}$$

$$E({}_tL) = E\left(v^U - \overline{P}(\overline{A}_x)\overline{a}_{\overline{U|}}\right) = \overline{A}_{x+t} - \overline{P}(\overline{A}_x)\overline{a}_{x+t} = \frac{\overline{A}_{x+t} - \overline{A}_x}{1 - \overline{A}_x} = {}_t\overline{V}(\overline{A}_x)$$

$$Var({}_tL) = Var\left(v^U - \overline{P}(\overline{A}_x)\overline{a}_{\overline{U|}}\right) = Var\left[\left(1 + \frac{\overline{P}(\overline{A}_x)}{\delta}\right)v^U - \frac{\overline{P}(\overline{A}_x)}{\delta}\right]$$

$$= \left(1 + \frac{\overline{P}(\overline{A}_x)}{\delta}\right)^2 Var(v^U) = \left(1 + \frac{\overline{P}(\overline{A}_x)}{\delta}\right)^2 \left[{}^2\overline{A}_{x+t} - (\overline{A}_{x+t})^2\right]$$

$$= \left(\frac{1}{\delta\overline{a}_x}\right)^2 \left[{}^2\overline{A}_{x+t} - (\overline{A}_{x+t})^2\right]$$

03 보험금 연말급, 연납보험료인 경우(보통종신보험)의 기대치와 분산

$J = (x+t)$의 장래개산생존기간

$${}_kL = v^{J+1} - P_x\ddot{a}_{\overline{J+1|}} = \left(1 + \frac{P_x}{d}\right)v^{J+1} - \frac{P_x}{d}$$

$$E({}_kL) = E\left(v^{J+1} - P_x\ddot{a}_{\overline{J+1|}}\right) = A_{x+t} - P_x\ddot{a}_{x+t} = \frac{A_{x+t} - A_x}{1 - A_x} = {}_kV_x$$

$$Var({}_kL) = Var\left(v^{J+1} - P_x\ddot{a}_{\overline{J+1|}}\right) = Var\left[\left(1 + \frac{P_x}{d}\right)v^{J+1} - \frac{P_x}{d}\right] = \left(1 + \frac{P_x}{d}\right)^2 Var(v^{J+1})$$

$$= \left(1 + \frac{P_x}{d}\right)^2 \left[{}^2A_{x+t} - (A_{x+t})^2\right]$$

$$= \left(\frac{1}{d\ddot{a}_x}\right)^2 \left[{}^2A_{x+t} - (A_{x+t})^2\right]$$

04 순보험료의 분해와 재귀식

$${}_tV + P = vq_{x+t} + vp_{x+t} \cdot {}_{t+1}V$$

$$({}_tV + P)(1+i) = q_{x+t} + p_{x+t} \cdot {}_{t+1}V = {}_{t+1}V + q_{x+t}(1 - {}_{t+1}V)$$

$$P = \underbrace{vq_{x+t}(1 - {}_{t+1}V)}_{\text{위험보험료}} + \underbrace{(v \cdot {}_{t+1}V - {}_tV)}_{\text{저축보험료}} = P^r + P^s$$

※ 일반식 $\pi_t = vq_{x+t}(b_{t+1} - {}_{t+1}V) + (v \cdot {}_{t+1}V - {}_tV)$

05 책임준비금의 재귀식의 응용

$${}_kV = \underbrace{\sum_{t=0}^{k-1} \pi_t (1+i)^{k-t}}_{\text{과거납입 종가}} + \underbrace{\sum_{t=1}^{k} q_{x+t-1}(b_t - {}_tV)(1+i)^{k-t}}_{\text{과거지출 종가}}$$

06 단수경과 경우의 책임준비금

사업연도 말 책임준비금 = 보험연도 말 책임준비금의 직선보간 + 미경과보험금

$${}_{k+s}V = \underbrace{{}_kV(1-s) + {}_{k+1}V \cdot s}_{\text{직선보간(보험료적립금)}} + \underbrace{p(1-s)}_{\text{미경과보험료}}$$

07 책임준비금과 미분방정식

$${}_t\overline{V}(\overline{A}_x) = \overline{A}_{x+t} - \overline{P}_x \overline{a}_{x+t} = \int_0^\infty v^s {}_sp_{x+t}\, \mu_{x+t+s} ds - \overline{P}_x \int_0^\infty v^s {}_sp_{x+t} ds$$

▸ $$\frac{d}{dt}\overline{a}_{x+t} = \frac{d}{dt}\int_0^\infty v^s {}_sp_{x+t} ds = \int_0^\infty v^s \frac{d}{dt}({}_sp_{x+t}) ds$$

$$= \int_0^\infty v^s \{ {}_sp_{x+t}(\mu_{x+t} - \mu_{x+t+s}) \} ds$$

$$= \mu_{x+t} \int_0^\infty v^s {}_sp_{x+t} ds - \int_0^\infty v^s {}_sp_{x+t}\, \mu_{x+t+s} ds$$

$$= \mu_{x+t}\overline{a}_{x+t} - \overline{A}_{x+t} = \mu_{x+t}\overline{a}_{x+t} - (1 - \delta \overline{a}_{x+t})$$

$$= \overline{a}_{x+t}(\mu_{x+t} + \delta) - 1$$

▸ $$\frac{d}{dt}\overline{A}_{x+t} = \frac{d}{dt}\int_0^\infty v^s {}_sp_{x+t}\mu_{x+t+s} dt = \frac{d}{dt}(1 - \delta \overline{a}_{x+t})$$

$$= -\delta\{\overline{a}_{x+t}(\mu_{x+t} + \delta) - 1\}$$

$$\therefore \frac{d}{dt}{}_t\overline{V}(\overline{A}_x) = \frac{d}{dt}(\overline{A}_{x+t} - \overline{P}_x \overline{a}_{x+t}) = \overline{P}_x + (\mu_{x+t} + \delta)_t\overline{V}(\overline{A}_x) - \mu_{x+t}$$

08 초년도 정기식 책임준비금

▸ ${}_1V \geq 0 \Rightarrow {}_1V = P_1 \ddot{s}_{x:\overline{1|}} - {}_1k_x \geq 0$

$$\therefore P_1 \geq \frac{{}_1k_x}{\ddot{s}_{x:\overline{1|}}} = \frac{vq_x/vp_x}{1/vp_x} = vq_x = A^{\ 1}_{x:\overline{1|}}$$

▸ $P^N \ddot{a}_x = P_1 + P_2(\ddot{a}_x - 1)$

$$\therefore P_2 = \frac{P^N \ddot{a}_x - P_1}{\ddot{a}_x - 1} = \frac{A_x - vq_x}{\ddot{a}_x - 1} = \frac{{}_{1|}A_x}{{}_{1|}\ddot{a}_x} = P_{x+1}$$

위에서 구한 내용을 이용하여 초년도 정기식 책임준비금을 구해보면

$$\begin{aligned} {}_tV_x^{FPT} &= A_{x+t} - P_2^{FPT} \ddot{a}_{x+t} = A_{x+t} - P_{x+1} \ddot{a}_{x+t} \\ &= A_{(x+1)+(t-1)} - P_{x+1} \ddot{a}_{(x+1)+(t-1)} = {}_{t-1}V_{x+1}^N \end{aligned}$$

09 Fackler의 공식

$${}_tV + P = vq_{x+t} + vp_{x+t} \cdot {}_{t+1}V$$

$${}_{t+1}V = \frac{{}_tV + P - vq_{x+t}}{vp_{x+t}} = ({}_tV + P)\ddot{s}_{x+t:\overline{1|}} - {}_1k_{x+t}$$

10 미사용 보험료 반환부 보험(h년 납입 n년 만기 양로보험)

수입현가 : $P^{\{m\}} \ddot{a}^{\{m\}}_{x:\overline{h|}}$

지출현가 : $\bar{A}_{x:\overline{n|}}$

$$\therefore P^{\{m\}} = \frac{\bar{A}_{x:\overline{n|}}}{\ddot{a}^{\{m\}}_{x:\overline{n|}}} = \frac{\bar{A}_{x:\overline{n|}}}{\dfrac{\delta}{d^{(m)}} \bar{a}_{x:\overline{h|}}} = \frac{d^{(m)}}{\delta}\left[{}_h\bar{P}(\bar{A}_{x:\overline{n|}})\right]$$

11 미사용 보험료 반환부 보험의 책임준비금

$$\begin{aligned} {}_t\bar{V}_x^{\{m\}} &= \bar{A}_{x+t} - P_x^{\{m\}} \ddot{a}^{\{m\}}_{x+t} = \bar{A}_{x+t} - \left(\frac{\bar{A}_x}{\ddot{a}^{\{m\}}_x}\right)\ddot{a}^{\{m\}}_{x+t} \\ &= \bar{A}_{x+t} - \bar{P}\bar{a}_{x+t} = {}_t\bar{V}(\bar{A}_x) \end{aligned}$$

12 분할납 진보험료 책임준비금

$$
\begin{aligned}
{}_tV_x^{(m)} &= A_{x+t} - P_x^{(m)}\ddot{a}_{x+t}^{(m)} = A_{x+t} - P_x^{(m)}\left(\ddot{a}_{x+t} - \frac{m-1}{2m}\right) \\
&= A_{x+t} - P_x^{(m)}\left(\ddot{a}_{x+t} - \frac{m-1}{2m}\right) \\
&= A_{x+t} - P_x^{(m)}\ddot{a}_{x+t} + \frac{m-1}{2m}P_x^{(m)} \\
&= A_{x+t} - \left[P_x + \frac{m-1}{2m}P_x^{(m)}(P_x+d)\right]\ddot{a}_{x+t} + \frac{m-1}{2m}P_x^{(m)} \\
&= A_{x+t} - P_x\ddot{a}_{x+t} + \frac{m-1}{2m}P_x^{(m)}\left[1-(P_x+d)\ddot{a}_{x+t}\right] \\
&= {}_tV_x + \frac{m-1}{2m}P_x^{(m)}\,{}_tV_x
\end{aligned}
$$

PART 7 영업보험료, Zillmer식 책임준비금 및 해약환급금

예정신계약비 : α, 예정유지비 : β, 예정수금비 : γ

01 영업보험료(생사혼합보험)

① $${}_hP'_{x:\overline{n}|}=\frac{1}{1-r}\left({}_hP_{x:\overline{n}|}+\frac{\alpha}{\ddot{a}_{x:\overline{h}|}}+\beta+\beta'\cdot\frac{\ddot{a}_{x:\overline{n}|}-\ddot{a}_{x:\overline{h}|}}{\ddot{a}_{x:\overline{h}|}}\right)$$

▸ 전기납 $P'_{x:\overline{n}|}=\frac{1}{1-\gamma}\left(P_{x:\overline{n}|}+\frac{\alpha}{\ddot{a}_{x:\overline{n}|}}+\beta\right)$

▸ 일시납 $A'_{x:\overline{n}|}=\frac{1}{1-\gamma}\left(A_{x:\overline{n}|}+\alpha+\beta'\cdot\ddot{a}_{x:\overline{n}|}\right)$

② $${}_hP'^{(m)}_{x:\overline{n}|}=\frac{1}{1-\gamma}\left({}_hP^{(m)}_{x:\overline{n}|}+\frac{\alpha}{\ddot{a}^{(m)}_{x:\overline{h}|}}+\beta+\beta'\cdot\frac{\ddot{a}_{x:\overline{n}|}-\ddot{a}_{x:\overline{h}|}}{\ddot{a}^{(m)}_{x:\overline{h}|}}\right)$$

02 *Zillmer*식 책임준비금

① 전기 *Zillmer*식(생사혼합보험)

$$P_2=P_{x:\overline{n}|}+\frac{\alpha}{\ddot{a}_{x:\overline{n}|}}$$

$$P_1=P_2-\alpha=P_{x:\overline{n}|}+\frac{\alpha}{\ddot{a}_{x:\overline{n}|}}-\alpha$$

$${}_tV^{(Z)}_{x:\overline{n}|}=A_{x+t:\overline{n-t}|}-P_2\cdot\ddot{a}_{x+t:\overline{n-t}|}={}_tV_{x:\overline{n}|}-\frac{\alpha}{\ddot{a}_{x:\overline{n}|}}\cdot\ddot{a}_{x+t:\overline{n-t}|}$$

② 단기 *Zillmer*식(보통종신보험)

$P_2=P_x+\frac{\alpha}{\ddot{a}_{x:\overline{k}|}}$ (k : *Zillmer* 기간)

i) $t\le k$ 일 때 : ${}_tV^{(kZ)}_x={}_tV_x-\frac{\alpha}{\ddot{a}_{x:\overline{k}|}}\cdot\ddot{a}_{x+t:\overline{k-t}|}$

ii) $t>k$ 일 때 : ${}_tV^{(kZ)}_x={}_tV_x$

03 해약환급금

① 월단위 산출식

$${}_tW = {}_tV^N - \frac{12m - t'}{12m}\alpha$$

- ▸ t : 보험가입 후 경과월수
- ▸ t' : 월단위로 환산한 보험료 납입월수
- ▸ m : Min(7, 보험료 납입기간)
- ▸ α : Min(보험료산출시의 예정신계약비율, 보험종류별 신계약비율 한도)
- ▸ ${}_tV^N$: 가입 후 t개월 경과 후 시점의 순보험료식 보험료적립금

② 연단위 산출식

${}_tW = {}_tV^N - \left(\frac{7-N}{7}\right)\alpha$: 보험료 납입기간이 7년 이상인 경우

${}_tW = {}_tV^N - \left(\frac{5-t}{5}\right)\alpha$: 보험료 납입기간이 5년인 경우

PART 8 연합생명확률

01 동시생존 및 최종생존자 연생확률

① 2인 동시생존 연생확률

- ${}_tp_{xy} = \Pr[\,T(xy) > t\,] = {}_tp_x \cdot {}_tp_y$
- ${}_tq_{xy} = 1 - {}_tp_{xy} = 1 - {}_tp_x \cdot {}_tp_y = 1 - (1 - {}_tq_x)(1 - {}_tq_y) = {}_tq_x + {}_tq_y - {}_tq_x \cdot {}_tq_y$

② 최종생존자 연생확률

- ${}_tq_{\overline{xy}} = \Pr[\,T(\overline{xy}) \le t\,] = {}_tq_x \cdot {}_tq_y = {}_tq_x + {}_tq_y - {}_tq_{xy}$
- ${}_tp_{\overline{xy}} = 1 - {}_tq_x \cdot {}_tq_y = 1 - (1 - {}_tp_x)(1 - {}_tp_y) = {}_tp_x + {}_tp_y - {}_tp_x \cdot {}_tp_y$

02 평균여명

- $\mathring{e}_{xy} = \int_0^\infty {}_tp_{xy}\,dt$
- $\mathring{e}_{\overline{xy}} = \int_0^\infty {}_tp_{\overline{xy}}\,dt = \mathring{e}_x + \mathring{e}_y - \mathring{e}_{xy}$
- $e_{xy} = \sum_{k=1}^{\infty} {}_kp_{xy}$
- $e_{\overline{xy}} = \sum_{k=1}^{\infty} {}_kp_{\overline{xy}} = e_x + e_y - e_{xy}$
- $\mathring{e}_{xy} = e_{xy} + \frac{1}{2}$ (UDD 가정)

03 조건부 사망확률

- ${}_nq_{\overset{1}{x}y} = \int_0^n {}_tp_x \cdot \mu_{x+t} \cdot {}_tp_y\,dt = \int_0^n {}_tp_{xy} \cdot \mu_{x+t}\,dt$
- ${}_nq_{xy} = {}_nq_{\overset{1}{x}y} + {}_nq_{x\overset{1}{y}}$
- ${}_\infty q_{\overset{1}{x}y} = \int_0^\infty {}_tp_x \cdot {}_tp_y \cdot \mu_{x+t}\,dt = \int_0^\infty {}_tp_{xy} \cdot \mu_{x+t}\,dt$
- $1 = {}_\infty q_{\overset{1}{x}y} + {}_\infty q_{x\overset{1}{y}}$
- ${}_nq_{x\overset{2}{y}} = \int_0^n (1 - {}_tp_x) \cdot {}_tp_y \cdot \mu_{y+t}\,dt = {}_nq_y - {}_nq_{x\overset{1}{y}} = {}_nq_{\overset{1}{x}y} - {}_np_y \cdot {}_nq_x$

04 연합생명과 관련된 생명보험 및 연금보험

- $A_{\overline{xy}} = A_x + A_y - A_{xy}$
- $\ddot{a}_{\overline{xy}} = \ddot{a}_x + \ddot{a}_y - \ddot{a}_{xy}$
- $\overline{A}_{\overline{xy}} = \overline{A}_x + \overline{A}_y - \overline{A}_{xy}$
- $\overline{a}_{\overline{xy}} = \overline{a}_x + \overline{a}_y - \overline{a}_{xy}$

05 조건부 연생보험

- $$\overline{A}^{1}_{xy} = \int_0^\infty v^t\, {}_tp_x\, {}_tp_y\, \mu_{x+t}\, dt = \int_0^\infty v^t\, {}_tp_{xy}\, \mu_{x+t}\, dt$$
- $$\overline{A}^{2}_{xy} = \int_0^\infty v^t (1 - {}_tp_y)\, {}_tp_x\, \mu_{x+t}\, dt = \int_0^\infty v^t\, {}_tp_x\, \mu_{x+t}\, dt - \int_0^\infty v^t\, {}_tp_y\, {}_tp_x\, \mu_{x+t}\, dt = \overline{A}_x - \overline{A}^{1}_{xy}$$

PART 9 보험계약 변경

01 보험가입금액 감액

① 계약자의 사정에 의해 보험료의 계속 납입이 어려워진 경우 계약자의 신청에 의해 보험가입금액을 감액하고 이후의 보험료 납입은 없는 감액완납보험으로 변경이 가능하다.
이 경우 계약변경 당시의 책임준비금 또는 해약환급금을 일시납보험료로 충당하고 감액 후의 보험가입금액을 S'라 하면

수입현가 : ${}_tV_{x:\overline{n}|}$
지출현가 : $S' \cdot A_{x+t:\overline{n-t}|}$

수지상등원칙을 적용하면 $S' = \dfrac{{}_tV_{x:\overline{n}|}}{A_{x+t:\overline{n-t}|}}$ (단, S': 감액 후 보험가입금액)

② 사망보험금은 원래의 보험가입금액 그대로 두고 만기 보험금만을 S'으로 변경하는 완납보험으로 변경한다면

수입현가 : ${}_tV_{x:\overline{n}|}$
지출현가 : $A^{1}_{x+t:\overline{n-t}|} + S' \cdot A_{x+t:\overset{1}{\overline{n-t}|}}$

수지상등원칙을 적용하면 $S' = \dfrac{{}_tV_{x:\overline{n}|} - A^{1}_{x+t:\overline{n-t}|}}{A_{x+t:\overset{1}{\overline{n-t}|}}}$

02 보험기간 변경

x세인 사람이 n년 만기 생사혼합보험을 가입한 후 t년이 경과한 시점에서 보험기간을 n년에서 m년$(0 < t < m < n)$으로 단축하고자 할 경우 변경된 계약의 평준연납순보험료를 구할 때 변경 후 계약의 평준연납순보험료를 P라 하면

수입현가 : ${}_tV_{x:\overline{n}|} + P \cdot \ddot{a}_{x+t:\overline{m-t}|}$
지출현가 : $A_{x+t:\overline{m-t}|}$

수지상등원칙을 적용하면 $P = \dfrac{A_{x+t:\overline{m-t}|} - {}_tV_{x:\overline{n}|}}{\ddot{a}_{x+t:\overline{m-t}|}} = P_{x+t:\overline{m-t}|} - \dfrac{{}_tV_{x:\overline{n}|}}{\ddot{a}_{x+t:\overline{m-t}|}}$

위 내용을 처음부터 변경 후 보험을 가입하였다고 가정하여 계산해보면

구 분	변경 전 계약	변경 후 계약
평준연납순보험료	$P_{x:\overline{n}|}$	$P_{x:\overline{m}|}$
책임준비금	${}_tV_{x:\overline{n}|}$	${}_tV_{x:\overline{m}|}$

변경 후의 평준연납순보험료

$P = P_{x:\overline{m}|} + \dfrac{{}_tV_{x:\overline{m}|} - {}_tV_{x:\overline{n}|}}{\ddot{a}_{x+t:\overline{m-t}|}}$ (∵ 책임준비금 차액만큼 추가 납입)

03 감액완납보험(납제보험)

피보험자(x), n년 만기 양로보험에서 책임준비금 적립이 순보험료식인 경우 t년 경과 후에 감액완납보험으로 변경하는 경우

$${}_tW = S'\left(A_{x+t:\overline{n-t|}} + \beta' \cdot \ddot{a}_{x+t:\overline{n-t|}}\right)$$

$$S' = \frac{{}_tW}{A_{x+t:\overline{n-t|}} + \beta' \cdot \ddot{a}_{x+t:\overline{n-t|}}}$$

단, 상황에 따라 ${}_tW$ 대신 ${}_tV_{x:\overline{n|}}$을 사용하는 경우도 있으며, 약관대출금이 있는 경우에는 ${}_tW - {}_tL$ 적용한다.

S': 변경된 (감액완납 후) 보험금액

β': 완납 후 유지비

04 계약전환

원래계약(전환 전 계약)의 책임준비금으로부터 새로운 계약과 동일한 보험기간의 감액완납보험을 구입하고, 신계약의 보험료 계산은 신보험 금액으로부터 감액완납보험금액을 차감한 금액에 대하여 계산한다.

① 신계약의 감액완납보험의 계산

$${}_tV = S'\left(A_{x:\overline{n|}} + \beta' \cdot \ddot{a}_{x:\overline{n|}}\right)$$

$$\therefore S' = \frac{{}_tV}{A_{x:\overline{n|}} + \beta' \cdot \ddot{a}_{x:\overline{n|}}}$$

t: 원래계약의 경과연수, x: 신계약의 계약연령, n: 신계약의 보험기간

② 전환 후 계약의 영업보험료 계산

$$P' = P'_{x:\overline{n|}}\left(S - \frac{{}_tV}{A_{x:\overline{n|}} + \beta' \cdot \ddot{a}_{x:\overline{n|}}}\right)$$

2019년 제42회

보험계리사 1차 기출문제

제1과목	보험계약법, 보험업법 및 근로자퇴직급여보장법
제2과목	경제학원론
제3과목	보험수학
제4과목	회계원리

2019년 제42회

보험계약법, 보험업법 및 근로자퇴직급여보장법 1차 기출문제

중요 문제 / 틀린 문제 CHECK

01	02	03	04	05	06	07	08	09	10	11	12	13	14	15	16	17	18	19	20
21	22	23	24	25	26	27	28	29	30	31	32	33	34	35	36	37	38	39	40

시간 분 | 정답 및 해설편 004p

01

확인Check! ○ △ ×

보험약관의 해석원칙에 관한 설명으로 옳지 않은 것은?

① 보험약관의 내용은 개별적인 계약 체결자의 의사나 구체적 사정을 고려함 없이 평균적 고객의 이해가능성을 기준으로 그 문언에 따라 객관적이고 획일적으로 해석하여야 한다.

② 보험계약 당사자가 명시적으로 보험약관과 다른 개별 약정을 하였다면 그 개별약정이 보통약관에 우선한다.

③ 보험약관은 신의성실의 원칙에 따라 공정하게 해석되어야 한다.

④ 약관조항이 다의적으로 해석될 여지가 없더라도 계약자 보호의 필요성이 있을 때 우선적으로 작성자 불이익의 원칙을 적용할 수 있다.

02

확인Check! ○ △ ×

손해보험에서 손해액의 산정기준에 관한 설명으로 옳지 않은 것은?

① 보험자가 보상할 손해액은 그 손해가 발생한 때와 곳의 가액을 기준으로 한다.

② 보험자가 보상할 손해액을 산정할 때 이익금지의 원칙에 따라 신품가액에 의한 손해액은 인정되지 아니한다.

③ 손해액의 산정에 관한 비용은 보험자가 부담한다.

④ 보험가액불변경주의를 적용하여야 하는 보험에서는 상법상의 손해액의 산정기준에 관한 규정이 적용되지 아니한다.

03

☑ 확인Check! ○ △ ×

보험계약자의 보험료 지급의무에 관한 설명 중 옳지 않은 것은? (다툼이 있는 경우 판례에 의함)

① 보험계약자는 보험계약 체결 후 보험료의 전부 또는 제1회 보험료를 지급하지 아니한 경우에는 다른 약정이 없는 한 계약 성립 후 2월이 경과하면 그 계약은 해제된 것으로 본다.

② 보험자가 제1회 보험료로 선일자수표를 받고 보험료 가수증을 준 경우에 선일자수표를 받은 날로부터 보험자의 책임이 개시된다.

③ 계속보험료의 지급이 없는 경우에 상당한 기간을 정하여 보험계약자에게 최고 하지 않더라도 보험계약은 당연히 효력을 잃는다는 보험약관조항은 상법규정에 위배되어 무효이다.

④ 특정한 타인을 위한 보험의 경우에 보험계약자가 보험료의 지급을 지체한 때 보험자는 그 타인에 대하여 상당한 기간을 정하여 보험료의 지급을 최고한 후가 아니면 그 계약을 해제 또는 해지하지 못한다.

04

☑ 확인Check! ○ △ ×

甲은 자신 소유의 보험가액 1억원의 건물에 대하여 乙보험회사와 보험금액 9,000만원, 丙보험회사와 보험금액 6,000만원의 화재보험계약을 순차적으로 체결하였다. 甲은 두 보험의 보험기간중에 보험목적에 대한 화재로 인하여 5,000만원의 실손해를 입었다. 다음은 각 보험자의 책임액과 그 한도에 관한 설명이다. (   )안에 들어갈 금액을 ㉠, ㉡, ㉢, ㉣의 순서에 따라 올바르게 묶인 것은? (단, 당사자간에 중복보험과 일부보험에 관하여 다른 약정이 없다고 가정함)

> 乙은 (㉠), 丙은 (㉡)의 보상책임을 지고,
> 乙은 (㉢), 丙은 (㉣)의 한도 내에서 연대책임을 진다.

	㉠	㉡	㉢	㉣
①	3,000만원	2,000만원	4,500만원	3,000만원
②	3,000만원	2,000만원	9,000만원	6,000만원
③	5,000만원	4,000만원	9,000만원	6,000만원
④	4,500만원	3,000만원	4,500만원	3,000만원

05

☑ 확인 Check! ○ △ ×

책임보험에서의 피해자 직접청구권에 관한 설명으로 옳지 않은 것은? (다툼이 있는 경우 판례에 의함)

① 직접청구권의 법적성질에 관하여 최근 대법원은 보험자가 피보험자의 피해자에 대한 손해배상채무를 병존적으로 인수한 것으로 본다.

② 보험자는 피보험자가 사고에 대하여 가지는 항변사유로써 제3자(피해자)에게 대항할 수 있다.

③ 보험자가 피보험자에 대해 보험금을 지급하면 피해자의 직접청구권은 발생하지 아니하므로 보험자가 피보험자와의 관계에서 보험금 상당액을 집행공탁 하였다면 피해자의 직접청구권은 소멸된다.

④ 공동불법행위자의 보험자중 일부가 피해자의 손해 배상금을 보험금으로 모두 지급함으로써 공동으로 면책되었다면, 그 손해배상금을 지급한 보험자가 다른 공동 불법행위자의 보험자에게 직접구상권을 행사할 수 있다.

06

☑ 확인 Check! ○ △ ×

손해보험계약에서 손해방지의무와 관련된 설명으로 옳지 않은 것은? (다툼이 있는 경우 판례에 의함)

① 손해보험계약에서 보험계약자와 피보험자는 보험사고발생 후에 손해의 방지와 경감을 위하여 노력하여야 한다.

② 보험계약자 또는 피보험자가 손해경감을 위해 지출한 필요, 유익한 비용은 보험금액의 범위 내에서 보험자가 부담한다.

③ 보험사고의 발생 전에 사고발생 자체를 미리 방지하기 위해 지출한 비용은 손해방지비용에 포함되지 않는다.

④ 책임보험에서 피보험자가 제3자로부터 청구를 방지하기 위해 지출한 방어비용은 손해방지비용과 구별되는 것이므로 약관에 손해방지비용에 관한 별도의 규정을 두더라도 그 규정이 당연히 방어비용에 적용된다고 할 수 없다.

07

☑ 확인 Check! ○ △ ✕

보험자의 보조자에 관한 설명으로 옳지 않은 것은? (다툼이 있는 경우 판례에 의함)

① 보험목적인 건물에서 영위하고 있는 업종이 변경된 경우 보험설계사가 업종변경사실을 알았다고 하더라도 보험자가 이를 알았다거나 보험계약자가 보험자에게 업종변경사실을 통지한 것으로 볼 수 없다.

② 자동차보험의 체약대리상이 계약의 청약을 받으면서 보험료를 대납하기로 약정한 경우 이 약정일에 보험계약이 체결되었다 하더라도 보험자가 보험료를 수령한 것으로는 볼 수 없다.

③ 보험자의 대리상이 보험계약자와 보험계약을 체결하고 그 보험료수령권에 기하여 보험계약자로부터 1회분 보험료를 받으면서 2, 3회분 보험료에 해당하는 약속어음을 교부받은 경우 그 대리상이 해당 약속어음을 횡령하였다 하더라도 그 변제수령은 보험자에게 미치게 된다.

④ 보험설계사는 특정 보험자를 위하여 보험계약의 체결을 중개하는 자일 뿐 보험자를 대리하여 보험계약을 체결할 권한이 없고 보험계약자 또는 피보험자가 보험자에 대하여 하는 고지를 수령할 권한이 없다.

08

☑ 확인 Check! ○ △ ✕

보험계약과 관련된 설명으로 옳지 않은 것은? (다툼이 있는 경우 판례에 의함)

① 보험모집종사자가 설명의무를 위반하여 고객이 보험계약의 중요사항에 관하여 제대로 이해하지 못한 채 착오에 빠져 보험계약을 체결한 경우, 그러한 착오가 동기의 착오에 불과하더라도 그러한 착오를 일으키지 않았더라면 보험계약을 체결하지 않았을 것이 명백하다면, 이를 이유로 보험계약을 취소할 수 있다.

② 타인을 위한 생명보험이나 상해보험계약은 제3자를 위한 계약의 일종으로 보며, 이 경우 특별한 사정이 없는 한 보험자가 이미 제3자에게 급부한 것이 있더라도 보험자는 계약무효 등에 기한 부당이득을 원인으로 제3자를 상대로 그 반환을 청구할 수 있다.

③ 생명보험계약에서 보험계약자의 지위를 변경하는데 보험자의 승낙이 필요하다고 정하고 있는 경우 보험계약자는 보험자의 승낙 없이 일방적인 의사표시인 유증을 통하여 보험계약상의 지위를 이전할 수 있다.

④ 보험금의 부정취득을 목적으로 다수의 보험계약이 체결된 경우에 민법 제103조 위반으로 인한 보험계약의 무효와 고지의무위반을 이유로 한 보험계약의 해지나 취소가 각각의 요건을 충족하는 경우, 보험자가 보험계약의 무효, 해지 또는 취소를 선택적으로 주장할 수 있다.

09

☑ 확인 Check! ○ △ ✕

甲은 乙을 피보험자, 자신을 보험수익자로 하는 생명보험계약을 보험자 丙과 체결하였다. 乙의 서면동의가 필요 없다는 보험모집인 丁의 설명을 듣고 乙의 서면동의 없이 보험자와 이 생명보험계약을 체결하였다. 아래의 설명 중 옳은 것만으로 묶인 것은? (다툼이 있는 경우 판례에 의함)

㉠ 丁의 잘못된 설명은 보험계약의 내용으로 편입되어 당해 생명보험계약은 유효하다.
㉡ 乙의 서면동의가 없으므로 당해 보험계약은 무효이다.
㉢ 만약 乙이 사망한다면 甲은 보험자 丙에게 보험금 지급청구를 할 수 있다.
㉣ 甲은 丙에 대하여 丁의 불법행위로 인한 손해배상청구를 할 수 있다.

① ㉠, ㉢
② ㉡, ㉣
③ ㉠, ㉢, ㉣
④ ㉡

10

☑ 확인 Check! ○ △ ✕

상해보험에 관한 설명 중 옳은 설명으로만 묶인 것은? (다툼이 있는 경우 판례에 의함)

㉠ 실손보장형(비정액형) 상해보험에 대하여 중복보험의 원리를 적용할 것인지 여부에 논란이 있으나, 판례는 중복보험의 법리를 준용하고 있다.
㉡ 상해를 보험사고로 하는 상해보험계약에서 사고가 보험계약자 또는 피보험자나 보험수익자의 중대한 과실로 인하여 발생한 경우에 보험자는 보험금지급 책임이 없다.
㉢ 상해보험은 인보험에 속하기 때문에 보험자대위권을 인정하는 당사자간의 약정은 무효이다.
㉣ 만 15세 미만자, 심신상실자 또는 심신박약자의 상해를 보험사고로 하는 상해보험계약은 유효이다.

① ㉠, ㉣
② ㉡, ㉢
③ ㉠, ㉢
④ ㉡, ㉣

11

☑ 확인 Check! ○ △ ×

甲은 배우자 乙을 피보험자로, 피보험자의 법정상속인을 보험수익자로 지정한 생명보험계약을 체결하였다. 다음의 설명 중 옳지 않은 것은?

① 甲이 乙의 서면동의 없이 생전증여의 대용수단으로 '법정상속인'을 보험수익자로 한 생명보험계약의 체결은 무효이다.

② 甲은 보험존속 중에 보험수익자를 변경할 수 있다.

③ 법정상속인 중 1인의 고의로 피보험자 乙이 사망한 경우에 보험자는 다른 법정상속인(수익자)에게 보험금지급을 거부할 수 있다.

④ 甲이 보험사고발생 전에 보험수익자를 법정상속인이 아닌 제3자로 변경하였으나, 이를 보험자에게 통지하지 아니하였다면 보험자가 법정상속인에게 보험금을 지급하였다 하더라도 보험계약자는 보험자에 대하여 대항하지 못한다.

12

☑ 확인 Check! ○ △ ×

보증보험에 관한 설명으로 옳지 않은 것은? (다툼이 있는 경우 판례에 의함)

① 보증보험계약의 보험자는 보험계약자가 피보험자에게 계약상의 채무불이행 또는 법령상의 의무불이행으로 입힌 손해를 보상할 책임이 있다.

② 보증보험이 담보하는 채권이 양도되면 당사자 사이에 다른 약정이 없는 한 보험금청구권도 그에 수반하여 채권양수인에게 함께 이전된다.

③ 보증보험계약에 관하여는 보험계약자의 사기, 고의 또는 중대한 과실로 인한 고지의무위반이 있는 경우에도 이에 대하여 피보험자의 책임이 있는 사유가 없으면 보험자는 고지의무위반을 이유로 보험계약의 해지권을 행사할 수 없다.

④ 보증보험의 보험자는 보험계약자에 대하여 민법 제441조의 구상권을 행사할 수 없다.

13

☑ 확인 Check! ○ △ ×

손해보험과 인보험에 공통으로 적용되는 보험원리의 설명으로 옳지 않은 것은?

① 보험사고가 발생한 경우 보험자는 보험계약자가 실제로 입은 손해를 보상하여야 한다는 원칙으로 고의사고 유발을 방지하기 위한 수단적 원리

② 위험단체의 구성원이 지급한 보험료의 총액과 보험자가 지급하는 보험금 총액이 서로 일치하여야 한다는 원리

③ 동일한 위험에 놓여있는 다수의 경제주체가 하나의 공동준비재산을 형성하여 구성원 중에 우연하고도 급격한 사고를 입은 자에게 경제적 급부를 행한다는 원리

④ 보험사고의 발생을 장기간 대량 관찰하여 발견한 일정한 법칙에 따라 위험을 측정하여 보험료를 산출하는 기술적 원리

14

☑ 확인 Check! ○ △ ×

인보험에서 단체보험에 대한 설명으로 옳지 않은 것은? (다툼이 있는 경우 판례에 의함)

① 단체보험의 경우 보험계약자가 회사인 경우 그 회사에 대하여만 보험증권을 교부한다.

② 단체 구성원의 전부를 피보험자로 하는 단체보험을 체결하는 경우 규약에 따라 타인의 서면동의를 받지 않아도 된다.

③ 단체보험계약에서 보험계약자가 피보험자 또는 그 상속인이 아닌 자를 보험수익자로 지정할 때에는 단체규약에서 정함이 없어도 그 피보험자의 동의를 받을 필요가 없다.

④ 단체보험에 관한 상법규정은 단체생명보험뿐만 아니라 단체상해보험에도 적용된다.

15

☑ 확인 Check! ○ △ ×

보험계약법상 고지의무에 대한 설명으로 옳지 않은 것은?

① 고지의무는 간접의무에 해당한다.

② 고지의무를 위반한 경우에 보험자는 그 이행을 강제할 수 없다.

③ 고지의무를 위반한 경우에 보험자는 손해배상청구권을 행사할 수 있다.

④ 고지의무를 위반한 경우에 보험자는 보험계약을 해지할 수 있다.

16

☑ 확인 Check! ○ △ ×

해상보험에 있어서 적하의 매각으로 인한 손해보상과 관련하여 옳은 것은?

① 항해 도중에 송하인의 고의 또는 중과실로 적하를 매각한 경우 보험자는 그 대금에서 운임 기타 필요비용을 공제한 금액과 보험가액과의 차액을 보상하여야 한다.

② 항해 도중에 송하인의 지시에 따라 적하를 매각한 경우 보험자는 그 대금에서 운임 기타 필요비용을 공제한 금액과 보험가액과의 차액을 보상하여야 한다.

③ 항해 도중에 불가항력으로 적하를 매각한 경우 보험자는 그 대금에서 운임 기타 필요비용을 공제한 금액과 보험가액과의 차액을 보상하여야 한다.

④ 항해 도중에 적하의 가격폭락 우려가 있어 적하를 매각한 경우 보험자는 그 대금에서 운임 기타 필요비용을 공제한 금액과 보험가액과의 차액을 보상하여야 한다.

17

☑ 확인 Check! ○ △ ×

보험약관의 교부 · 설명의무에 관한 설명으로 옳지 않은 것은? (다툼이 있는 경우 판례에 의함)

① 보험자가 약관의 설명의무를 위반한 경우 보험계약자는 일정한 기간 내에 보험계약을 취소할 수 있다.

② 설명의무위반시 보험자가 일정한 기간 내에 취소를 하지 아니하면 보험약관에 있는 내용이 계약의 내용으로 편입되는 것으로 본다.

③ 보험자는 보험계약 체결시 보험계약자에게 해당 보험약관을 교부하는 동시에 설명해야 할 의무를 부담한다.

④ 보험약관을 보험계약자에게 설명해야 할 부분은 약관 전체를 의미하는 것이 아니라 약관의 중요한 내용을 설명하는 것으로 족하다.

18

☑ 확인 Check! ○ △ ×

생명보험계약상 보험계약자의 보험수익자 지정 · 변경권을 설명한 것으로 옳지 않은 것은? (다툼이 있는 경우 판례에 의함)

① 보험수익자는 그 지정행위 시점에 반드시 특정되어 있어야 하는 것은 아니고 보험사고발생시에 특정될 수 있으면 충분하다.

② 사망보험에서 보험수익자를 지정 또는 변경하는 경우 타인의 서면동의를 받지 않으면, 해당 보험계약은 무효가 된다.

③ 보험수익자가 보험 존속 중에 사망한 때에 보험계약자는 다시 보험수익자를 지정할 수 있지만, 피보험자가 사망하면 재지정권을 행사할 수 없다.

④ 보험계약자가 타인을 피보험자로 하고 자신을 보험수익자로 지정한 상태에서 보험 존속 중에 보험수익자가 사망한 경우 보험수익자의 상속인이 보험수익자로 된다.

19

☑ 확인 Check! ○ △ ×

보험계약의 부활에 관한 설명으로 옳지 않은 것은?

① 보험계약의 부활은 계속보험료의 불지급으로 인하여 계약이 해지된 경우에 발생한다.
② 보험계약자가 부활을 청구할 경우 연체보험료에 약정이자를 보험자에게 지급하여야 한다.
③ 보험계약이 부활되면 부활시점부터 계약의 효력이 발생한다.
④ 고지의무위반으로 보험계약이 해지된 경우에도 부활이 인정된다.

20

☑ 확인 Check! ○ △ ×

무보험자동차에 의한 상해보험에 관한 설명이다. 옳지 않은 것은? (다툼이 있는 경우 판례에 의함)

① 무보험자동차에 의한 상해보험은 상해보험으로서의 성질과 함께 손해보험으로서의 성질도 갖고 있는 손해보험형 상해보험이다.
② 무보험자동차에 의한 상해보험에서 보험금 산정기준과 방법은 보험자의 설명의무의 대상이다.
③ 무보험자동차에 의한 상해보험은 손해보험형 상해보험이므로 당사자 사이에 다른 약정이 있으면 보험자는 피보험자의 권리를 해하지 아니하는 범위 안에서 피보험자의 배상의무자에 대한 손해배상청구권을 대위 행사 할 수 있다.
④ 하나의 사고에 대해 수 개의 무보험자동차에 의한 상해보험계약이 체결되고 그 보험금액의 총액이 피보험자가 입은 실손해액을 초과하는 때에는 중복보험조항이 적용된다.

21

☑ 확인 Check! ○ △ ×

금융위원회는 보험업법 제5조에 따른 허가신청을 받았을 때는 (㉠)[보험업법 제7조에 따른 예비허가를 받았을 때는 (㉡)] 이내에 이를 심사하여 신청인에게 허가 여부를 통지해야 한다. 괄호 안에 들어갈 것으로 알맞은 것은? 기출수정

① ㉠ 2개월, ㉡ 1개월
② ㉠ 3개월, ㉡ 2개월
③ ㉠ 4개월, ㉡ 3개월
④ ㉠ 6개월, ㉡ 5개월

22

☑ 확인 Check! ○ △ ×

보험회사가 다른 금융업무 또는 부수업무(직전 사업년도 매출액이 해당 보험회사 수입보험료의 1천분의 1 또는 10억원 중 많은 금액에 해당하는 금액을 초과하는 업무만 해당)를 하는 경우에는 해당 업무에 속하는 자산·부채 및 수익·비용은 보험업과 구분하여 회계처리를 하여야 하는데, 그 대상을 모두 고른 것은?

> 가. 「한국주택금융공사법」에 따른 채권유동화자산의 관리업무
> 나. 「자본시장과 금융투자업에 관한 법률」 제6조 제4항에 따른 집합투자업
> 다. 「자본시장과 금융투자업에 관한 법률」 제6조 제6항에 따른 투자자문업
> 라. 「자본시장과 금융투자업에 관한 법률」 제6조 제7항에 따른 투자일임업
> 마. 「자본시장과 금융투자업에 관한 법률」 제6조 제8항에 따른 신탁업
> 바. 「자본시장과 금융투자업에 관한 법률」 제9조 제21항에 따른 집합투자증권에 대한 투자매매업
> 사. 「자본시장과 금융투자업에 관한 법률」 제9조 제21항에 따른 집합투자증권에 대한 투자중개업
> 아. 「외국환거래법」 제3조 제16호에 따른 외국환업무

① 가, 다, 라, 마
② 나, 라, 마, 바
③ 다, 바, 사, 아
④ 라, 바, 사, 아

23

☑ 확인 Check! ○ △ ×

보험회사인 주식회사(이하 "주식회사"라 한다)의 조직변경에 대한 설명으로 옳은 것은 몇 개 인가?

기출수정

> 가. 주식회사가 보험업법 제22조(조직변경의 결의의 공고와 통지) 제1항에 따른 공고를 한 날 이후에 보험계약을 체결하려면 보험계약자가 될 자에게 조직변경 절차가 진행 중임을 알리고 그 승낙을 받아야 하며, 승낙을 한 자는 승낙을 한 때로부터 보험계약자가 된다.
> 나. 주식회사에서 상호회사로의 조직변경에 따른 기금 총액은 300억원 미만으로 하거나 설정하지 아니할 수는 있으나, 손실 보전을 충당하기 위하여 금융위원회가 필요하다고 인정하는 금액을 준비금으로 적립하여야 한다.
> 다. 주식회사의 상호회사로의 조직변경을 위한 주주총회의 결의는 주주의 과반수 출석과 그 의결권의 4분의 3의 동의를 얻어야 한다.
> 라. 주식회사가 상호회사로 조직변경을 하는 경우에는 그 결의를 한 날로부터 2주 이내에 결의의 요지와 재무상태표를 공고하고, 주주명부에 적힌 질권자에게는 개별적으로 알려야 한다.
> 마. 주식회사의 보험계약자는 상호회사로의 조직변경에 따라 해당 상호회사의 사원이 된다.

① 1개
② 2개
③ 3개
④ 4개

24

☑ 확인 Check! ○ △ ×

보험업법상 자기자본을 산출할 때 빼야 할 항목에 해당하는 것은?

① 영업권
② 납입자본금
③ 자본잉여금
④ 이익잉여금

25

☑ 확인 Check! ○ △ ×

전문보험계약자 중 "대통령령으로 정하는 자"가 일반보험계약자와 같은 대우를 받겠다는 의사를 보험회사에 서면으로 통지하는 경우 보험회사는 정당한 사유가 없으면 이에 동의하여야 하며, 보험회사가 동의하면 일반보험계약자로 보게 된다. 다음 중 "대통령령으로 정하는 자"를 모두 고른 것은?

가. 지방자치단체	나. 주권상장법인
다. 한국산업은행	라. 한국수출입은행
마. 외국금융기관	바. 외국정부
사. 해외 증권시장에 상장된 주권을 발행한 국내법인	

① 가, 나, 마, 사
② 가, 다, 라, 바
③ 나, 다, 라, 사
④ 다, 라, 마, 바

26

☑ 확인 Check! ○ △ ×

금융기관보험대리점 등에게 금지되어 있는 행위를 모두 고른 것은? 기출수정

가. 대출 등 해당 금융기관이 제공하는 용역을 받는 자의 동의를 미리 받지 아니하고 보험료를 대출 등의 거래에 포함시키는 행위
나. 해당 금융기관의 임・직원(보험업법 제83조에 따라 모집할 수 있는 자는 제외)에게 모집을 하도록 하거나 이를 용인하는 행위
다. 모집에 종사하는 자 외에 소속 임직원으로 하여금 보험상품의 구입에 대한 상담 또는 소개를 하게 하거나 상담 또는 소개의 대가를 지급하는 행위
라. 해당 금융기관의 점포 내에서 모집을 하는 행위
마. 모집과 관련이 없는 금융거래를 통하여 취득한 개인정보를 미리 그 개인의 동의를 받고 모집에 이용하는 행위

① 가, 나, 라
② 나, 다, 마
③ 가, 나, 다
④ 다, 라, 마

27

☑ 확인Check! ○ △ ✕

보험안내자료에 필수적으로 기재하여야 할 사항을 모두 고른 것은?

가. 보험약관으로 정하는 보장에 관한 사항 나. 해약환급금에 관한 사항 다. 보험금 지급확대 조건에 관한 사항 라. 보험 가입에 따른 권리·의무에 관한 주요 사항 마. 보험계약자에게 유리한 사항 바. 「예금자보호법」에 따른 예금자 보호와 관련한 사항

① 가, 나, 라, 바
② 가, 나, 다
③ 나, 마
④ 라, 마, 바

28

☑ 확인Check! ○ △ ✕

보험업법상 설명의무에 관한 내용으로 옳지 않은 것은? 기출수정

① 보험회사는 일반보험계약자가 설명을 거부한 경우를 제외하고는 보험계약의 체결시부터 보험금 지급시까지의 주요 과정을 대통령령으로 정하는 바에 따라 일반보험계약자에게 설명하여야 한다.

② 보험회사는 일반보험계약자가 보험금 지급을 요청한 경우에는 대통령령으로 정하는 바에 따라 보험금의 지급절차 및 지급내역 등을 설명하여야 한다.

③ 보험금을 감액하여 지급하거나 지급하지 아니하는 경우에는 특별한 사유가 없는 한 그 사유를 설명할 필요가 없다.

④ 보험회사는 중요 사항을 항목별로 일반보험계약자에게 설명해야 하며, 보험계약 체결 단계(보험계약 승낙 거절시 거절사유로 한정), 보험금 청구 단계 또는 보험금 심사·지급 단계의 경우 일반보험계약자가 계약 체결 전에 또는 보험금 청구권자가 보험금 청구 단계에서 동의한 경우에 한정하여 서면, 문자메시지, 전자우편 또는 팩스 등으로 중요 사항을 통보하는 것으로 설명의무를 대신할 수 있다.

29

☑ 확인Check! ○ △ ✕

보험업법상 보험계약의 체결 또는 모집과 관련하여 금지되는 행위에 해당하는 것을 모두 고른 것은?

기출수정

> 가. 보험설계사는 보험계약자나 피보험자에게 보험상품의 내용을 사실과 다르게 고지하였다.
> 나. 보험대리점은 보험계약자나 피보험자의 자필서명이 필요한 경우에 보험계약자 또는 피보험자로부터 자필서명을 받지 아니하였다.
> 다. 보험중개사는 실제 명의인이 아닌 보험계약을 모집하였다.
> 라. 보험설계사는 보험계약자에게 중요한 사항을 고지하도록 설명하였다.
> 마. 보험회사는 정당한 이유를 들어 장애인의 보험가입을 거부하였다.

① 가, 나, 다
② 나, 다, 라
③ 가, 다, 라
④ 나, 라, 마

30

☑ 확인Check! ○ △ ✕

수수료 지급 등의 금지에 관한 설명으로 옳지 않은 것은?

기출수정

① 보험회사는 모집할 수 있는 자 이외의 자에게 모집을 위탁하거나 모집에 관하여 수수료, 보수, 그 밖의 대가를 지급하지 못한다.
② 보험중개사는 보수나 그 밖의 대가를 청구하려는 경우에는 해당 서비스를 제공하기 전에 제공할 서비스별 내용이 표시된 보수명세표를 보험계약자에게 알려야 한다.
③ 보험중개사는 대통령령으로 정하는 경우 이외에는 보험계약 체결의 중개와 관련한 수수료나 그 밖의 대가를 보험계약자에게 청구할 수 없다.
④ 보험회사는 기초서류에서 정하는 방법에 따른 경우에도 모집할 수 있는 자 이외의 자에게 모집을 위탁할 수 없다.

31

☑ 확인Check! ○ △ ✕

보험회사가 보험금 지급능력과 경영건전성을 확보하기 위하여 지켜야 할 재무건전성 기준이 아닌 것은?

① 지급여력비율 100분의 100 이상 유지
② 대출채권 등 보유자산의 건전성을 정기적으로 분류하고 대손충당금을 적립
③ 보험회사의 위험, 유동성 및 재보험의 관리에 관하여 금융위원회가 정하여 고시하는 기준을 충족
④ 재무건전성 확보를 위한 경영실태 및 위험에 대한 평가 실시

32

☑ 확인Check! ○ △ ×

보험회사가 상호협정 체결의 인가에 필요한 서류를 제출하는 경우 금융위원회가 그 인가 여부를 결정하기 위하여 심사하여야 할 사항은?

가. 상호협정의 내용이 보험회사간의 공정한 경쟁을 저해하는지 여부 나. 상호협정의 효력 발생 기간이 적정한지 여부 다. 상호협정의 내용이 보험계약자의 이익을 침해하는지 여부 라. 상호협정에 외국보험회사가 포함되는지 여부

① 가, 나
② 가, 다
③ 나, 다
④ 다, 라

33

☑ 확인Check! ○ △ ×

금융위원회가 기초서류의 변경을 명하는 경우에 관한 설명으로 옳지 않은 것은?

① 보험회사 기초서류에 법령을 위반하거나 보험계약자에게 불리한 내용이 있다고 인정되는 경우이어야 한다.
② 법령의 개정에 따라 기초서류의 변경이 필요한 때를 제외하고는 반드시 행정절차법이 정한 바에 따라 청문을 거쳐야 한다.
③ 금융위원회는 보험계약자 등의 이익을 보호하기 위하여 특히 필요하다고 인정하면 이미 체결된 보험계약에 대하여 그 변경된 내용을 소급하여 효력이 미치게 할 수 있다.
④ 금융위원회는 변경명령을 받은 기초서류 때문에 보험계약자 등이 부당한 불이익을 받을 것이 명백하다고 인정되는 경우에는 이미 체결된 보험계약에 따라 납입된 보험료의 일부를 되돌려주도록 할 수 있다.

34

☑ 확인Check! ○ △ ×

보험업법이 규정하는 주식회사인 보험회사의 보험계약의 임의이전에 관한 설명으로 옳지 않은 것은?

기출수정

① 보험계약의 이전에 관한 결의는 의결권 있는 발행주식 총수의 3분의 2 이상의 주주의 출석과 출석주주 의결권의 과반수 이상의 수로써 하여야 한다.
② 보험회사는 계약의 방법으로 책임준비금 산출의 기초가 같은 보험계약의 전부를 포괄하여 다른 보험회사에 이전할 수 있으나, 1개인 동종 보험계약의 일부만 이전할 수는 없다.
③ 보험계약의 이전의 공고 및 통지에는 보험계약자가 이의 할 수 있다는 뜻과 1개월 이상의 이의기간이 포함되어야 한다.
④ 보험계약을 이전하려는 보험회사는 주주총회의 결의가 있었던 때부터 보험계약을 이전하거나 이전하지 아니하게 될 때까지 그 이전하려는 보험계약과 같은 종류의 보험계약을 하지 못한다.

35

☑ 확인Check! ○ △ ×

과징금에 관한 설명으로 옳지 않은 것은?

① 과징금은 행정상 제재금으로 형벌인 벌금이 아니므로 과징금과 벌금을 병과하여도 이중처벌금지원칙에 반하지 않는다.

② 과징금을 부과하는 경우 그 금액은 위반행위의 내용 및 정도, 위반행위의 기간 및 횟수, 위반행위로 인하여 취득한 이익의 규모를 고려하여야 한다.

③ 소속보험설계사가 보험업법상의 설명의무를 위반한 경우에도 그 위반행위를 막기 위하여 상당한 주의와 감독을 게을리 하지 않은 보험회사에게는 과징금을 부과할 수 없다.

④ 과징금의 부과 및 징수절차 등에 관하여는 국세징수법의 규정을 준용하며, 과징금 부과 전에 미리 당사자 또는 이해관계인 등에게 의견을 제출할 기회를 주어야 한다.

36

☑ 확인Check! ○ △ ×

「근로자퇴직급여보장법」 상 퇴직급여제도에 관한 다음의 설명 중 옳은 것은 몇 개인가? (다툼이 있으면 판례에 따름)

가. 둘 이상의 사업을 영위하는 사용자가 퇴직급여제도를 설정하는 경우, 급여 및 부담금 산정방법의 적용 등에 관하여 두 사업 사이에 차등을 두어서는 아니 된다.
나. 2019.1.1. 사업을 새로 성립한 사용자는 근로자 대표의 동의를 받아 사업 성립 후 1년 이내에 확정급여형퇴직연금제도나 확정기여형퇴직연금제도를 설정하여야 한다.
다. 주식회사의 대표이사로서 근로기준법상 근로자가 아닌 A가 그 회사의 사업에 설정된 확정기여형퇴직연금에 가입한 경우, A가 이 퇴직연금제도에 의한 급여를 받을 권리는 양도하거나 담보로 제공할 수 없다.
라. 퇴직금제도를 설정하려는 사용자는, 계속근로기간 1년에 대하여 45일분의 평균임금을 퇴직금으로 퇴직근로자에게 지급할 수 있는 제도를 설정할 수 있다.
마. 사용자에게 지급의무가 있는 확정급여형퇴직연금제도의 급여 중 최종 3년간의 급여는 사용자의 총 재산에 대하여 질권 또는 저당권에 의하여 담보된 채권보다 우선변제되어야 한다.

① 1개
② 2개
③ 3개
④ 4개

37

☑ 확인 Check! ○ △ ×

다음 중 「근로자퇴직급여보장법」상 확정기여형퇴직연금제도 규약에 반드시 포함하여야 하는 사항이 아닌 것은?

① 퇴직연금사업자 선정에 관한 사항
② 적립금의 운용에 관한 사항
③ 급여수준에 관한 사항
④ 부담금의 납입에 관한 사항

38

☑ 확인 Check! ○ △ ×

다음 중 「근로자퇴직급여보장법」상 개인형퇴직연금제도에 대한 설명으로 옳지 않은 것은? 기출수정

① 상시 5명의 근로자를 사용하는 사업의 사용자가 근로자 대표와 협의하여 개인형퇴직연금제도를 설정한 경우 해당 사업에 퇴직급여제도를 설정한 것으로 본다.
② 확정급여형퇴직연금제도, 확정기여형퇴직연금제도 또는 중소기업퇴직연금기금제도의 가입자로서 자기의 부담으로 개인형퇴직연금제도를 추가로 설정할 수 있다.
③ 상시 10명 미만을 사용하는 사업에 대한 특례로 설정된 경우가 아니라면, 개인형퇴직연금제도의 급여는 연금과 일시금을 불문하고 55세 이상의 가입자에게만 지급된다.
④ 계속근로기간이 1년 미만인 근로자도 개인형퇴직연금제도를 설정할 수 있다.

39

☑ 확인 Check! ○ △ ×

다음 중 「근로자퇴직급여보장법」상 개인형퇴직연금제도의 가입자가 가입한 적립금을 중도인출할 수 있는 사유로 옳지 않은 것은?

① 중도인출 신청일로부터 역산하여 5년 이내에 가입자가 「채무자 회생 및 파산에 관한 법률」에 따라 개인회생 절차개시 결정을 받은 경우
② 6개월 이상 요양을 필요로 하는 가입자의 배우자의 질병에 대한 요양 비용을 가입자가 부담하는 경우
③ 가입자와 그의 배우자가 무주택자인 경우 가입자 본인 또는 그의 배우자 명의로 주택을 구입하는 경우
④ 무주택자인 가입자가 주거를 목적으로 민법 제303조에 따른 전세금을 부담하는 경우

40

☑ 확인Check! ○ △ ×

다음 중 「근로자퇴직급여보장법」상 퇴직급여제도를 설정한 사용자의 책무에 대한 설명으로 옳지 않은 것은? 기출수정

① 확정급여형퇴직연금제도 또는 확정기여형퇴직연금제도를 설정한 사용자는 매년 1회 이상 가입자에게 해당 사업의 퇴직연금제도 운영상황 등에 관한 교육을 하여야 한다.

② 간사기관의 선정 또는 변경시 그 사실을 그 선정일 또는 변경일부터 7일 이내에 운용관리업무를 수행하는 퇴직연금사업자에게 알려야 한다.

③ 사용자는 퇴직연금사업자에게 부담금 산정에 필요한 취업규칙 등의 자료를 제공하여야 하지만, 가입자의 개인정보 보호를 위해 가입자의 근로계약서나 급여명세서를 제공하여서는 아니 된다.

④ 사용자는 퇴직연금제도의 적절한 운영을 방해하는 행위로서 퇴직연금사업자로부터 약관 등에서 정해진 부가서비스 외의 경제적 가치가 있는 서비스를 제공받아서는 아니 된다.

중요 문제 / 틀린 문제 CHECK

01	02	03	04	05	06	07	08	09	10	11	12	13	14	15	16	17	18	19	20
21	22	23	24	25	26	27	28	29	30	31	32	33	34	35	36	37	38	39	40

시간 분 | 정답 및 해설편 021p

01

확인 Check! ○ △ ×

소비자 갑의 X재에 대한 수요곡선 $Q_d = \frac{B}{2P}$이다. 시장가격 $P = 10$, 소비자 갑의 소득 $B = 200$일 때, X재 수요의 소득탄력성은?

① 0.25
② 0.5
③ 1
④ 1.5

02

확인 Check! ○ △ ×

소비자 갑은 X재와 Y재만을 소비하여 예산 범위 내에서 효용을 극대화하였다. 이때 X재의 가격은 10원, Y재의 가격은 2원, 예산은 50원, X재의 한계효용은 100, Y재의 한계효용은 20이다. 예산 1원이 추가적으로 증가할 때, 소비자 갑의 효용 증가분은?

① 5
② 10
③ 20
④ 500

03

확인 Check! ○ △ ×

재화의 분류에 관한 설명으로 옳지 않은 것은?

① 정상재의 경우, 수요의 소득탄력성은 0보다 크다.
② 사치재의 경우, 수요의 소득탄력성은 1보다 크다.
③ 열등재의 경우, 가격이 하락하면 언제나 수요량이 증가한다.
④ 정상재의 경우, 가격이 상승할 때의 소득효과는 수요량을 감소시킨다.

04

☑ 확인 Check! ○ △ ×

수요곡선은 우하향하고 공급곡선은 우상향할 때, 단위당 조세 또는 보조금을 부과하는 정책의 결과로 옳은 것을 모두 고르면? (단, 외부효과는 없다)

> 가. 조세 부과로 균형가격은 상승한다.
> 나. 보조금을 지급하면 사회후생은 증가한다.
> 다. 조세부과로 인한 부담은 궁극적으로 소비자와 생산자가 나누어지게 된다.

① 가
② 나
③ 가, 다
④ 나, 다

05

☑ 확인 Check! ○ △ ×

소국 개방경제 A국에서 X재의 국내수요함수는 $Q_d = 2{,}000 - P$, 국내기업들의 공급함수는 $Q_s = P$이다. 현재 국제가격 $P = 1{,}200$일 때, X시장에 대한 설명으로 옳은 것은?

① A국은 X재를 수입하고 있다.
② A국이 대외무역을 중지하면 X재의 국내생산은 감소한다.
③ A국에서 X재 국내생산에 대해 보조금을 지급하면 국내소비가 증가한다.
④ A국에서 X재 국내생산에 대해 보조금을 지급하면 사회후생이 증가한다.

06

☑ 확인 Check! ○ △ ×

X재에 대한 수요곡선은 $Q_s = 10{,}000 - P$, 공급곡선은 $Q_s = -2{,}000 + P$이다. 현재의 시장균형에서 정부가 최저가격을 8,000으로 정하는 경우 최저가격제 도입으로 인한 거래량 감소분과 초과공급량은? (P는 X재의 가격이다)

	거래량 감소분	초과공급량
①	2,000	2,000
②	2,000	4,000
③	4,000	4,000
④	4,000	6,000

07

☑ 확인 Check! ○ △ ✕

두 재화 X, Y를 소비하는 갑의 효용함수 $U(X, Y) = XY$일 때, 이에 대한 설명으로 옳지 못한 것은?

① 서로 다른 무차별곡선은 교차하지 않는다.
② 한 무차별곡선상의 두 점은 동일한 효용을 준다.
③ 무차별곡선은 우하향하는 직선이다.
④ X재의 한계효용은 X재 소비가 증가함에 따라 일정하다.

08

☑ 확인 Check! ○ △ ✕

A 기업의 상품시장과 노동시장은 완전경쟁시장이고, 생산함수는 $Q = \sqrt{L}$ 이다. 이윤극대화를 추구하는 A 기업의 비용에 관한 설명으로 옳지 않은 것은? (단, Q는 생산량, L은 노동이다)

① 비용은 생산량의 제곱에 비례한다.
② 생산량이 증가하면 한계비용은 증가한다.
③ 임금이 상승하면 이윤극대화 생산량은 감소하지만 총임금은 증가한다.
④ 상품가격이 상승하면 이윤극대화 생산량은 증가하고 총임금도 증가한다.

09

☑ 확인 Check! ○ △ ✕

독점적 경쟁시장에 관한 설명으로 옳지 않은 것은?

① 수많은 공급자가 가격수용자로 행동한다.
② 장기균형에서 기업들의 경제학적 이윤은 0이다.
③ 장기균형에서는 평균비용곡선의 최저점보다 더 적은양을 생산한다.
④ 수많은 공급자가 서로 차별화된 상품을 공급하지만 공급된 상품들의 대체성이 높다.

10

☑ 확인 Check! ○ △ ✕

공유자원의 비극에 관한 설명으로 옳지 않은 것은?

① 공유자원의 비극은 자원의 독점 때문에 발생한다.
② 공유자원의 사용은 다른 사람에게 부정적 외부효과를 발생시킨다.
③ 공유자원의 사용에 있어 사적 유인과 사회적 유인의 괴리가 발생한다.
④ 공유자원에 대해 재산권을 부여하는 것이 해결책이 될 수 있다.

11

☑ 확인Check! ○ △ ×

X재의 가격은 P, 수요곡선은 $Q_d = 1,000 - P$, 공급곡선은 $Q_s = P$이다. 소비자에게 개당 100의 세금을 부과했다. 세금으로 인한 경제적 순손실(deadweight loss)은?

① 2,000
② 2,500
③ 3,000
④ 3,500

12

☑ 확인Check! ○ △ ×

상품시장과 노동시장이 완전경쟁시장인 경우, 이윤극대화를 추구하는 기업의 노동수요와 임금에 관한 설명으로 옳지 않은 것은?

① 노동의 한계생산가치곡선이 노동수요를 결정한다.
② 노동의 한계수입생산곡선이 노동수요를 결정한다.
③ 노동의 한계생산체감의 법칙이 성립하면, 노동수요곡선은 우하향 한다.
④ 이윤극대화의 최적 고용량 수준에서 임금은 노동의 한계생산가치보다 높게 결정된다.

13

☑ 확인Check! ○ △ ×

조세부과와 공공요금 책정의 원칙에 관한 설명으로 옳지 않은 것은?

① 수직적 평등의 원칙에 따르면 소득이 많을수록 더 많은 세금을 부담한다.
② 수평적 평등의 원칙에 따르면 동일한 소득이라도 소득의 종류에 따라 세금이 달라진다.
③ 수익자 부담의 원칙에 따르면 정부정책의 편익을 많이 받을수록 더 많은 세금을 부담해야 한다.
④ 수익자 부담의 원칙에 따르면 지하철 운영에서 적자가 발생하면 지하철 요금을 인상해야 한다.

14

☑ 확인Check! ○ △ ×

A기업의 공급곡선은 $Q_s^A = P$이고 B기업의 공급곡선은 $Q_s^B = 2P$이다. 가격 P의 변화에 따른 공급의 가격탄력성에 관한 설명으로 옳지 않은 것은?

① P가 상승하면 A기업의 공급의 가격탄력성은 상승한다.
② $P = 100$에서 A기업의 공급의 가격탄력성은 1이다.
③ B기업의 공급의 가격탄력성은 공급량 수준과 관련 없이 항상 동일하다.
④ $P = 100$에서 A기업의 가격탄력성과 $P = 200$에서 B기업의 가격탄력성은 동일하다.

15

☑ 확인 Check! ○ △ ×

A기업은 한 가지의 재화를 생산하여 두 개의 분리된 시장에 공급하는 독점기업이다. 첫 번째 시장의 수요곡선 $Q_1 = -P_1 + 5$, 두 번째 시장의 수요곡선은 $Q_2 = -2P_2 + 10$, A기업의 비용함수는 $C = 1 + 2(Q_1 + Q_2)$이다. A기업의 이윤극대화 결과에 관한 설명 중 옳지 않은 것은? (단, P_1, Q_1은 각각 첫 번째 시장의 가격과 공급량, P_2, Q_2은 각각 두 번째 시장의 가격과 공급량이다)

① 기업의 한계비용은 2이다.

② 첫 번째 시장에 공급하는 이윤극대화 생산량은 $\frac{3}{2}$이다.

③ 두 번째 시장에 공급하는 이윤극대화 생산량은 3이다.

④ 가격차별을 하지 않았을 때보다 가격차별을 하면 이윤은 더 커진다.

16

☑ 확인 Check! ○ △ ×

비용함수가 $C = Q^2 + 10$일 때, 비용에 관한 설명 중 옳은 것을 모두 고르면? (단, Q는 생산량이다)

가. 고정비용은 10이다. 나. 한계비용곡선은 원점을 지나는 직선이다. 다. 평균고정비용은 생산량이 증가함에 따라 증가한다. 라. 평균가변비용은 생산량이 증가함에 따라 감소한다.

① 가, 나 ② 가, 다
③ 나, 라 ④ 다, 라

17

☑ 확인 Check! ○ △ ×

소득재분배 철학에 관한 설명으로 옳지 않은 것은?

① 공리주의자들은 한계효용이 체감할 경우 소득재분배 정책을 옹호할 수 있다.

② 자유주의자(libertarian)들은 결과보다 과정을 중요하게 여기고 기회평등을 주장한다.

③ 롤즈(John Rawls)는 무지의 베일 속에서 최소극대화 기준(maximin criterion)을 주장한다.

④ 노직(Robert Nozick)은 정부의 적극적인 소득재분배 정책을 주장한다.

18

☑ 확인Check! ○ △ ×

A국은 대표적 소비자 갑과 두 재화, X, Y가 있다. 갑의 효용함수는 $U(X, Y) = XY^2$이고, 생산가능곡선은 $X^2 + Y^2 = 12$이다. A국의 자원배분을 최적으로 만들어주는 X는?

① 1
② 2
③ 3
④ 4

19

☑ 확인Check! ○ △ ×

위험회피자인 갑은 기대수익률이 증가하면 효용이 증가하나 위험이 증가하면 효용이 감소한다. 가로축에 기대수익률, 세로축에 위험을 표시한 평면에서 갑의 무차별곡선은?

① 우하향한다.
② 수직이다.
③ 우상향한다.
④ 수평이다.

20

☑ 확인Check! ○ △ ×

표는 음원시장을 양분하고 있는 A기업과 B기업의 전략(저가요금제와 고가요금제)에 따른 보수행렬이다. A기업과 B기업이 전략을 동시에 선택하는 일회성 비협조 게임에 관한 설명으로 옳지 않은 것은? (단, 괄호 속의 왼쪽은 A기업의 보수, 오른쪽은 B기업의 보수이다)

		B기업	
		저가요금제	고가요금제
A기업	저가요금제	(5, 5)	(9, 4)
	고가요금제	(3, 8)	(7, 6)

① A기업은 B기업의 전략과 무관하게 저가요금제를 선택하는 것이 합리적이다.
② A기업과 B기업의 전략적 선택에 따른 결과는 파레토효율적이지 않다.
③ 내쉬균형(Nash equilibrium)이 두개 존재한다.
④ B기업에게는 우월전략이 존재한다.

21

☑ 확인Check! ○ △ ✕

표는 소비의 배제성과 경합성의 존재 유무에 따라 재화를 분류하고 있다. 재화와 분류가 옳게 짝지어진 것은?

		경합성 있 음	경합성 없 음
배제성	있 음	A	B
	없 음	C	D

① 공해(公海) 상의 어류 – C

② 국방서비스 – B

③ 민자 유료도로 – C

④ 유료 이동통신 – D

22

☑ 확인Check! ○ △ ✕

표는 연도별 X재와 Y재의 생산수량과 가격을 표시한다. 2018년도의 GDP디플레이터와 소비자물가지수(CPI)를 이용하여 계산한 각각의 물가상승률은? (단, 기준연도는 2017년이며 소비자물가지수의 품목 구성은 GDP 구성과 동일하다)

구 분	X재		Y재	
	수 량	가 격	수 량	가 격
2017년	20	1,000	40	500
2018년	50	1,005	30	600

① 5%, 10.00%

② 5%, 10.25%

③ 7%, 10.00%

④ 7%, 10.25%

23

☑ 확인Check! ○ △ ✕

소비자물가지수 산정의 문제점이 아닌 것은?

① 신규상품을 즉시 반영하기 어렵다.

② 상품의 질적 변화를 완전히 통제하기 어렵다.

③ 소득수준 변화를 반영하기 어렵다.

④ 상대가격의 변화로 인한 상품 구성 대체를 반영하기 어렵다.

24

☑ 확인 Check! ○ △ ×

생산활동가능인구(만 15세 이상 인구)가 3,000만명인 경제에서 경제활동참가율이 60%, 실업률이 3%인 경우, 취업자수는?

① 1,716만명
② 1,726만명
③ 1,736만명
④ 1,746만명

25

☑ 확인 Check! ○ △ ×

폐쇄경제에서 국민소득 균형식에 따른 민간저축과 이자율은?

$$C = 100 + 0.6Y$$
$$I = 300 - 20r$$
$$Y = 1{,}000$$
$$G = 100$$
$$T = 110$$

(단, Y : 소득 G : 정부지출, T : 조세, C : 민간소비, I : 투자, r : 이자율(%))

① 180, 5%
② 180, 6%
③ 190, 5%
④ 190, 6%

26

☑ 확인 Check! ○ △ ×

생산요소시장이 완전경쟁시장일 때, 생산함수 $F(L, K) = AK^{\alpha}L^{1-\alpha}$에 관한 설명으로 옳은 것은? (단, $0 < \alpha < 1$, K : 자본, L : 노동, A : 생산기술)

① 1인당 자본재가 두 배가 되면 1인당 생산량도 두 배가 된다.
② 자본 및 노동에 대한 대가는 각각의 평균생산성에 의해 결정된다.
③ 자본소득분배율은 α, 노동소득분배율은 $1-\alpha$이다.
④ 한계생산이 체감하기 때문에 자본과 노동을 모두 두 배로 증가시키면 생산 증가는 두 배에 미치지 못한다.

27

☑ 확인 Check! ○ △ ✕

통화 공급에 관한 설명으로 옳은 것은?

① 중앙은행의 은행에 대한 대출금리가 상승하면 통화 공급이 증가한다.
② 지급준비율이 인상되면 통화 공급이 증가한다.
③ 민간부분의 요구불예금 대비 현금보유 비중이 상승하면 통화 공급이 증가한다.
④ 중앙은행이 공개시장운영을 통해 채권시장에서 채권을 매입하면 통화 공급이 증가한다.

28

☑ 확인 Check! ○ △ ✕

$IS-LM$ 모형에서 IS곡선에 관한 설명으로 옳지 않은 것은?

① 저축과 투자를 일치시켜 주는 이자율과 소득의 조합이다.
② 정부지출이 외생적으로 증가하면 IS곡선이 오른쪽으로 이동한다.
③ 투자가 금리에 민감할수록 IS곡선 기울기의 절대값은 작아진다.
④ 투자가 케인즈의 주장대로 동물적 본능(animal spirit)에 의해서만 이루어진다면 IS곡선은 수평이 된다.

29

☑ 확인 Check! ○ △ ✕

유동성함정에 관한 설명으로 옳은 것은?

① 유동성함정에서는 LM곡선이 수직으로 나타난다.
② 유동성함정은 채권가격이 매우 낮은 상황에서 발생한다.
③ 유동성함정에서 소득을 증가시키기 위해서는 통화정책보다 재정정책이 더 효과적이다.
④ 유동성함정에서 빠져나오기 위해서는 LM곡선을 오른쪽으로 이동시켜야 한다.

30

☑ 확인 Check! ○ △ ✕

총수요곡선(AD)–총공급곡선(AS) 모형에 관한 설명으로 옳은 것을 모두 고르면?

> 가. 총공급곡선은 단기에서는 수직이며 장기에서는 수평이다.
> 나. 물가가 상승하면 실질통화량이 감소하여 총수요량이 감소한다.
> 다. 총수요곡선은 개별 재화시장의 수요곡선을 수평으로 합한 것이다.

① 가 ② 나
③ 가, 다 ④ 나, 다

31

☑ 확인Check! ○ △ ×

기대인플레이션율은 2%, 자연실업률은 5%, 성장률은 잠재성장률보다 1%p 낮다. 오쿤의 법칙과 필립스 곡선이 다음과 같을 때, 실업률과 인플레이션율은?

> • 오쿤의 법칙 : $u-u^n=-0.3(Y-\overline{Y})$
> • 필립스 곡선 : $\pi=E(\pi)-0.5(u-u^n)$
> (단, u : 실업률, u^n : 자연실업률, Y : 성장률, $\overline{Y}$: 잠재성장률, π : 인플레이션, $E(\pi)$: 기대인플레이션)

① 4.7%, 2.15%
② 4.7%, 1.85%
③ 5.3%, 2.15%
④ 5.3%, 1.85%

32

☑ 확인Check! ○ △ ×

소비이론에 관한 설명으로 옳지 않은 것은?

① 절대소득가설에 의하면 소비의 이자율탄력성은 0이다.
② 항상소득가설에 의하면 현재소득의 증가 중에서 임시소득이 차지하는 비중이 높을수록 현재소비가 크게 증가한다.
③ 상대소득가설에 의하면 소비지출에 톱니효과가 존재한다.
④ 생애주기가설에 의하면 사람들은 일생에 걸친 소득 변화를 고려하여 적절한 소비수준을 결정한다.

33

☑ 확인Check! ○ △ ×

시간간 소비선택 모형에서 현재소비와 미래소비를 선택하는 가계에 관한 설명으로 옳지 않은 것은? (단, 가로축에 현재소비, 세로축에 미래소비를 표시하고, 현재소비와 미래소비는 정상재이며 무차별곡선은 원점에 대해 볼록한 우하향하는 곡선이다)

① 저축자는 금리가 상승하는 경우 항상 현재소비를 증가시킨다.
② 차입자는 금리가 상승하는 경우 항상 현재소비를 감소시킨다.
③ 현재소비와 미래소비는 예산 제약선과 무차별곡선이 접하는 점에서 결정된다.
④ 가계가 미래소비에 비해 현재소비를 선호할수록 무차별곡선의 기울기는 급해진다.

34

☑ 확인 Check! ○ △ ✕

화폐수요 $M_d = kPY$이다. k는 5, 인플레이션율은 3%, 경제성장률은 4%일 때 화폐수요 증가율은? (단, k : 상수, P : 물가수준, Y : 생산량)

① 7%
② 12%
③ 35%
④ 60%

35

☑ 확인 Check! ○ △ ✕

1년 만기 채권 금리가 5%, 2년 만기 채권 금리가 4%이고, 1년 만기 대비 2년 만기 채권의 유동성프리미엄이 1%이다. 이자율 기간구조 이론 중 유동성프리미엄 이론에 따르면, 1년 뒤 1년 만기 채권에 대한 기대금리는?

① 1%
② 2%
③ 3%
④ 4%

36

☑ 확인 Check! ○ △ ✕

효율성임금(efficiency-wage) 이론에 관한 설명으로 옳지 않은 것은?

① 균형수준보다 높은 임금은 이직률을 낮출 수 있다.
② 근로자의 평균 자질은 기업이 지불하는 임금수준에 의존한다.
③ 임금이 높을수록 종업원의 노력을 증대시킬 수 있다.
④ 균형수준보다 높은 임금을 지급하면 역선택의 가능성이 증가한다.

37

☑ 확인 Check! ○ △ ✕

대국 개방경제 모형의 대부자금시장 및 외환시장에서 국내 금리와 환율(국내통화/외국통화) 결정에 관한 설명으로 옳은 것은?

① 국내 정치 상황이 불안정해지면 금리와 환율이 상승한다.
② 국내 투자 수요가 증가하면 금리와 환율이 상승한다.
③ 수입 쿼터 부과로 수입이 감소하면 금리는 상승하고 환율은 하락한다.
④ 해외 투자의 예상 수익률이 상승하면 금리와 환율이 하락한다.

38

☑ 확인Check! ○ △ ✕

현재 한국에서 햄버거 가격이 5,000원이고 미국에서 햄버거 가격이 4달러이며 외환시장에서 환율이 1,200원/달러이다. 장기적으로 구매력평가설이 성립한다면 다음 중 옳은 것은? (단, 각국의 햄버거 국내 가격은 변화가 없다고 가정한다)

① 향후 환율 하락이 예상된다.
② 달러에 대한 수요가 증가할 것이다.
③ 거래비용이 없다면 현재 재정(arbitrage) 거래의 기회는 존재하지 않는다.
④ 실질구매력으로 평가한 원화 가치는 현재 저평가 되어 있다.

39

☑ 확인Check! ○ △ ✕

피셔방정식이 성립할 때, 이자율과 인플레이션율에 관한 설명으로 옳은 것은?

① 실질이자율은 인플레이션율에서 명목이자율을 뺀 것이다.
② 예상보다 낮은 인플레이션율은 채무자에게 유리하고 채권자에게는 불리하다.
③ 예상 인플레이션율이 상승하면 예상 실질이자율이 상승한다.
④ 예상 인플레이션율이 상승하면 명목이자율이 상승한다.

40

☑ 확인Check! ○ △ ✕

실물경기변동(real business cycle)이론과 신케인지언(new Keynesian) 경제학에 관한 설명으로 옳지 않은 것은?

① 실물경기변동이론은 가격이 신축적이라고 가정한다.
② 실물경기변동이론은 경기변동에서 공급충격이 중요하다고 주장한다.
③ 신케인지언 경제학에서는 화폐의 중립성이 성립하지 않는다.
④ 신케인지언 경제학은 경제주체의 최적화 행태를 가정하지 않는다.

중요 문제 / 틀린 문제 CHECK

01	02	03	04	05	06	07	08	09	10	11	12	13	14	15	16	17	18	19	20
21	22	23	24	25	26	27	28	29	30	31	32	33	34	35	36	37	38	39	40

시간 분 | 정답 및 해설편 032p

※ 제시된 보기 중에서 가장 가까운 것을 고르시오.

01

확인Check! ○ △ ×

양수 x에 대해 $\log x$의 지표를 $f(x)$라 하자. 등식 $3f(m)-f(3m)=1$을 만족시키는 100 이하인 자연수 m의 개수를 구하시오. (단, $\log$는 상용로그)

① 62
② 64
③ 66
④ 68

02

확인Check! ○ △ ×

수열 $\{a_k\}$가 자연수 n에 대해 $\sum_{k=1}^{n}(-1)^k a_k = n^4$을 만족시킬 때, $\lim_{n\to\infty}\frac{a_{2n}}{n^3}$의 값을 구하시오.

① 30
② 32
③ 34
④ 36

03

☑ 확인 Check! ○ △ ×

함수 $f(x)$가 다음 조건을 만족할 때 $\lim_{x\to2}\frac{f(f(x))}{3x^2-5x-2}$의 값을 구하시오.

(가) $\lim_{x\to2}\frac{x-2}{f(x)}=2$

(나) $\lim_{x\to0}\frac{x}{f(x)}=\frac{1}{7}$

① $\frac{1}{2}$
② $\frac{1}{3}$
③ $\frac{1}{4}$
④ $\frac{1}{5}$

04

☑ 확인 Check! ○ △ ×

행렬 $\begin{pmatrix}1 & 0\\1 & 2\end{pmatrix}$는 일차변환 f를 나타낸다. 일차변환 g는 두 점 $(1, 1)$과 $(0, 1)$을 각각 두 점 $(1, 3)$과 $(2, 1)$로 이동시킨다. 합성변환 $g\circ f$에 의해 점 $(1, 2)$가 점 (a, b)로 이동될 때, ab의 값을 구하시오.

① 35
② 40
③ 54
④ 63

05

☑ 확인 Check! ○ △ ×

실수에서 정의되는 연속함수 $f(x)$가 모든 실수 t에 대하여 $3\int_0^{4t}xf(x)dx=8t^4$을 만족할 때, $9f(2)$의 값을 구하시오.

① 0.5
② 1.5
③ 2.5
④ 3.5

06

☑ 확인Check! ○ △ ×

함수 $f(x) = x^4$에 대해, $x=1$에서 전개한 테일러 2차 근사다항식은 다음과 같다.

$$g(x) = a(x-1)^2 + b(x-1) + c$$

이때, $a+b+c$의 값을 구하시오.

① 10 ② 11

③ 12 ④ 13

07

☑ 확인Check! ○ △ ×

두 함수 $f(x)$와 $g(x)$가 다음과 같이 정의된다.

(가) $f(x) = \dfrac{1}{2x+3}$

(나) $g(x) = 2\sin\left(x - \dfrac{\pi}{6}\right)$

$0 \le x \le \pi$에서 합성함수 $(f \circ g)(x)$의 최솟값을 구하시오.

① $\dfrac{1}{3}$ ② $\dfrac{1}{5}$

③ $\dfrac{1}{7}$ ④ $\dfrac{1}{9}$

08

☑ 확인Check! ○ △ ×

실수 전체의 집합에서 정의된 연속함수 $f(x)$가 모든 양수 x에 대하여 다음 식을 만족한다.

$$\int_0^x (x-t)\{f(t)\}^2 dt = 12x^2 + 24x + 5$$

곡선 $y = f(x)$와 직선 $x=1$, x축 및 y축으로 둘러싸인 도형을 x축의 둘레로 회전시켜 생기는 회전체의 부피를 $a\pi$라 할 때, a의 값을 구하시오.

① 36 ② 40

③ 44 ④ 48

09

☑ 확인 Check! ○ △ ×

다음 분수방정식의 근을 α라 할 때, 2α의 값을 구하시오.

$$\frac{2}{x+1}-\frac{3}{x^2-x+1}=\frac{2x+8}{x^3+1}$$

① 5 ② 9
③ 13 ④ 17

10

☑ 확인 Check! ○ △ ×

다음 식을 만족하는 a를 구하시오.

$$\lim_{x\to\infty} x^{\frac{a}{3}} \ln\left(1+\frac{4}{x^2}\right)=4$$

① 4 ② 6
③ 8 ④ 10

11

☑ 확인 Check! ○ △ ×

다음과 같은 주사위 게임을 한 번 한다고 했을 때, 이 게임에서 A가 이길 확률을 구하시오.

(가) 1에서 6까지 숫자가 쓰여 있는 공정한 주사위가 있다.
(나) A는 주사위를 한 번 던져 나온 숫자를 점수로 얻는다.
(다) B는 주사위를 두 번 던져 나온 숫자들 중 큰 수를 점수로 얻는다.
(라) 이 게임의 규칙은 두 사람이 서로 다른 점수를 얻으면 더 큰 점수를 얻은 사람이 이기는 것이고, 두 사람이 같은 점수를 얻으면 비기는 것이다.

① 0.20 ② 0.25
③ 0.30 ④ 0.35

12

☑ 확인 Check! ○ △ ✕

다음 조건하에서 X와 Y의 공분산 $Cov(X, Y)$를 구하시오.

(가) 서로 독립인 확률변수 U, V, Z가 각각 구간 $[0, 2]$에서 정의된 균등분포를 따른다. (나) 두 확률변수 X와 Y를 $X = U + Z$, $Y = V + Z$로 정의한다.

① $\frac{1}{3}$
② $\frac{2}{3}$
③ $\frac{4}{3}$
④ $\frac{5}{3}$

13

☑ 확인 Check! ○ △ ✕

확률변수 X가 기댓값 2이고 표준편차가 0.2158인 정규분포를 따른다. 표준정규분포의 누적분포함수를 Φ로 나타낼 때, $P(\Phi(X) \leq 0.95)$를 구하시오. (단, $\Phi(1.645) = 0.95$)

① 0.05
② 0.10
③ 0.90
④ 0.95

14

☑ 확인 Check! ○ △ ✕

다음 조건하에서 $f(2)$를 구하시오. (단, $\ln 2 = 0.6931$)

(가) 확률변수 X는 구간 $[0, 4]$에서 정의된 균등분포를 따른다. (나) $Y = \exp(X)$로 정의한다. (다) Y의 확률밀도함수(probability density function)를 f로 나타낸다.

① $\frac{1}{8}$
② $\frac{3}{8}$
③ $\frac{5}{8}$
④ $\frac{7}{8}$

15

☑ 확인Check! ○ △ ×

어떤 기계가 다음과 같은 시행을 한다.

(가) 동전 1개를 넣으면 구슬 1개를 준다.
(나) 이 기계에서 파란 구슬이 나올 확률과 빨간 구슬이 나올 확률은 각각 $\frac{1}{3}$과 $\frac{2}{3}$이다.

파란 구슬이 나올 때까지 이 시행을 독립적으로 반복할 때, 사용될 동전 개수의 평균을 구하시오.

① 3.0
② 3.5
③ 4.0
④ 4.5

16

☑ 확인Check! ○ △ ×

확률변수 X의 확률밀도함수(probability density function)가 다음과 같을 때 $E(X)$를 구하시오.

$$f(x)=\begin{cases} kexp(-x) & , x \geq 1 \\ 0 & , x < 1 \end{cases}$$ (단, k는 상수)

① 1.5
② 2.0
③ 2.5
④ 3.0

17

☑ 확인Check! ○ △ ×

1에서 5까지의 숫자가 하나씩 적혀 있는 카드가 숫자별로 2장씩 총 10장이 있다. 이 중 4장을 무작위로 복원추출하였을 때 4장의 카드가 모두 다른 숫자일 확률을 구하시오.

① $\frac{8}{21}$
② $\frac{10}{21}$
③ $\frac{11}{21}$
④ $\frac{13}{21}$

18

☑ 확인 Check! ○ △ ✕

확률변수 N은 평균이 2인 포아송 분포를 따른다. $a = E[N3^N]$ 이라고 할 때, $\ln\left(\frac{a}{6}\right)$의 값을 구하시오.

① 2 ② 3
③ 4 ④ 5

19

☑ 확인 Check! ○ △ ✕

모집인원이 1명인 어떤 회사의 입사 시험에 A씨를 포함하여 총 5명이 응시하였다. 응시자의 점수는 서로 독립이고, 평균은 200, 표준편차는 20인 정규분포를 따른다. A씨의 점수가 225.64일 때 A씨가 이 시험에 합격할 확률을 구하시오.

z	1.282	1.645	1.960	2.257	2.576
$P(0 \le Z \le z)$	0.400	0.450	0.475	0.488	0.495

① 0.10 ② 0.44
③ 0.66 ④ 0.90

20

☑ 확인 Check! ○ △ ✕

확률변수 X_1과 X_2가 독립이고, 기댓값이 1인 지수분포를 따른다. $P(X_1 < 2X_2)$를 구하시오.

① $\frac{1}{3}$ ② $\frac{7}{12}$
③ $\frac{2}{3}$ ④ $\frac{3}{4}$

21

☑ 확인Check! ○ △ ×

A는 매년 말에 연이율 i의 복리로 이자가 적립되는 계좌이며, B는 이력 δ로 연속적으로 이자가 적립되는 계좌이다. A와 B에 각각 1을 입금한 뒤 10년이 지나 두 계좌의 금액이 모두 e가 되었다. $\frac{i}{\delta}$를 구하시오. (단, $e^{0.1} = 1.105$)

① 1.02
② 1.05
③ 1.08
④ 1.11

22

☑ 확인Check! ○ △ ×

다음 조건을 만족하는 10년 만기 연속변동금액의 $t=0$시점의 가치를 구하시오.

> (가) t시점 지급률(rate of payment) : $b_t = (1-0.1t)e^{0.1t}$, $0 \le t \le 10$
> (나) $\delta = 0.1$

① 2.0
② 3.5
③ 5.0
④ 7.0

23

☑ 확인Check! ○ △ ×

다음 표와 같이 지급하는 연금이 있다.

t(년)	0.5	1	1.5	2	2.5	3
지급액	B	B	kB	kB	k^2B	k^2B

$t=0$ 시점에서 이 연금의 가치가 100이고, 연이율(annual effective rate of interest) $i = (1.03)^2 - 1$이며, $k = (1+i)^2$이다. B를 구하시오.

① 15.80
② 16.40
③ 16.52
④ 16.67

24

☑ 확인Check! ○ △ ×

이력이 $\delta = 0.1$일 때, $\ddot{a}^{(2)}_{\overline{1}|}$ 값을 구하시오. (단, $e^{-0.05} = 0.9512$)

① 0.976
② 0.982
③ 0.988
④ 0.994

25

☑ 확인Check! ○ △ ×

$2y$년 후에 104.305를 마련하기 위해, 복리로 이자가 적립되는 계정에 납입을 한다. 현재부터 y년까지는 1을 매년 말에 납입하고, y년부터 $2y$년까지는 2를 매년 말에 납입한다. $(1+i)^y = 3$일 때, 연이율 i를 구하시오.

① 9.59%
② 10.43%
③ 11.20%
④ 12.93%

26

☑ 확인Check! ○ △ ×

A는 매년 초에 30을 지급하는 영구연금(perpetuity)이다. B는 매년 말에 지급하는 영구연금이며, 첫 지급액은 23이고 그 후로 매년 1씩 지급액이 증가한다. A와 B의 현재가치가 같을때. 연이율 i를 구하시오.

① 5%
② 10%
③ 15%
④ 20%

27

☑ 확인 Check! ○ △ ×

다음 조건을 가지는 채권의 듀레이션(Macaulay duration)을 구하시오.

(가) 액면가가 100
(나) 이표율 10%로 매년 말에 이표를 지급
(다) 만기는 2년
(라) $v = 0.8$

① 1.7 ② 1.8
③ 1.9 ④ 2.0

28

☑ 확인 Check! ○ △ ×

모든 나이 x에 대하여 사망률 $q_x = 0.3$이다. 나이가 80세인 사람의 3년 정기개산평균여명(3-year temporary curtate expected future lifetime) $e_{80:\overline{3|}}$을 구하시오.

① 1.53 ② 1.67
③ 1.81 ④ 1.95

29

☑ 확인 Check! ○ △ ×

모든 나이 x에 대하여 사망률 $q_x = 0.3$이다. 나이가 80세인 사람의 3년 정기개산미래생존기간(3-year temporary curtate future lifetime) $\min(K_{80}, 3)$의 분산을 구하시오.

① 0.94 ② 1.12
③ 1.36 ④ 1.53

30

☑ 확인 Check! ○ △ ✕

피보험자 (x)에 대하여 사력이 다음과 같다.

$$\mu_x = \frac{1}{100-x}, \quad 0 \le x < 100$$

피보험자 (60)의 완전미래생존기간(complete future lifetime) 확률변수가 T_{60}일 때, $\Pr(T_{60} > t) = \frac{3}{4}$인 t값을 구하시오.

① 10 ② 15
③ 20 ④ 30

31

☑ 확인 Check! ○ △ ✕

피보험자 (x)에 대하여 사력이 다음과 같다.

$$\mu_x = A + Bx, \quad x \ge 0$$

이로부터 얻은 생존함수 $_tp_0$가 다음 두 조건을 만족할 때, A를 구하시오.

(가) $_2p_0 = e^{-0.6}$

(나) $\left.\left(-\frac{1}{_tp_x}\frac{d}{dt}\,_tp_0\right)\right|_{t=2} = 0.5$

① 0.10 ② 0.30
③ 0.50 ④ 0.70

32

☑ 확인Check! ○ △ ✕

다음 중 성립하지 않은 것을 고르시오.

① $\frac{d}{dt}{}_tq_x = {}_tp_x\,\mu_{x+t}$

② $A^{\ 1}_{x:\overline{1|}} = vq_x$

③ $\mathring{e}_x = p_x(1+\mathring{e}_{x+1})$

④ ${}_2p_x = p_x\,p_{x+1}$

33

☑ 확인Check! ○ △ ✕

피보험자 (80)이 다음과 같은 3년 만기 정기보험에 가입하였다. P를 구하시오.

(가) 사망연도 말에 사망보험금 1,000을 지급
(나) 생존시 순보험료는 1차연도 초에 P, 2차연도 초에 $2P$를 각각 납입
(다) $q_{80}=q_{81}=q_{82}=0.1$
(라) $v=0.9$

① 85

② 90

③ 95

④ 100

34

☑ 확인Check! ○ △ ✕

다음 중 $\frac{1}{d\ddot{a}_{x:\overline{n|}}} - \frac{1}{d\ddot{s}_{x:\overline{n|}}}$과 같은 것을 고르시오.

① i

② $\frac{i}{d}$

③ $\frac{i}{{}_nE_x}$

④ $\frac{\ddot{a}_{x:\overline{n|}} - a_{x:\overline{n|}}}{1-A_{x:\overline{n|}}}$

35

☑ 확인Check! ○ △ ×

나이가 50세인 피보험자가 2019년 1월 1일 종신보험에 가입하였다. 이 보험은 피보험자가 사망한 경우, 다가오는 짝수 해의 말에 보험금 1을 지급한다. 예를 들어, 2019년 또는 2020년 사망시 모두 2020년 말에 보험금을 지급한다. 생존모형은 종국연령(ultimate age)이 60세인 $De\ Moivre$의 법칙을 따른다. $v=\sqrt{0.9}$ 일 때, 이 보험의 일시납순보험료를 구하시오.

① 0.54
② 0.64
③ 0.74
④ 0.84

36

☑ 확인Check! ○ △ ×

2017년 초, 피보험자 X가 연금기간이 4년이고 매년 말 생존시 1씩 지급하는 정기연금에 가입하였다. A/B를 구하시오.

(가) A는 X가 2019년 초인 현재까지 이미 수령한 지급액(총 2번)의 종가
(나) B는 X가 2019년 초인 현재부터 향후에 지급받을 것으로 예상되는 지급액(총 2번)의 현가
(다) 사력은 $\mu=\ln(10/9)$인 상수사력(CFM) 가정을 따름
(라) $v=0.9$

① 0.85
② 1.00
③ 1.36
④ 1.44

37

☑ 확인Check! ○ △ ×

선택기간이 $d=2$인 다음의 생명표를 이용하여 $v=0.9$일 때 $A^{\ 1}_{[51]:\overline{3|}}$을 구하시오.

x	$l_{[x]}$	$l_{[x]+1}$	l_{x+2}	$x+2$
50	800	600	400	52
51	700	500	350	53
52	600	450	300	54
53	500	400	250	55

① 0.48
② 0.53
③ 0.58
④ 0.63

38

☑ 확인 Check! ○ △ ×

다음 조건 하에서 ${}_{0.5}q_x^{CFM} - {}_{0.5}q_x^{UDD}$를 구하시오. (단, $e = 2.72$)

(가) x는 정수 연령이고 $p_x = e^{-1}$
(나) ${}_1q_x^{CFM}$은 연령 $[x, x+1)$에서 단수부분에 대해 사력이 일정하다(CFM)고 가정할 때 (x)가 t년 이내에 사망할 확률
(다) ${}_tq_x^{UDD}$는 연령 $[x, x+1)$에서 단수부분에 대해 사망자 수의 균등분포(UDD)를 가정할 때 (x)가 t년 이내에 사망할 확률

① 0.055
② 0.077
③ 0.099
④ 0.122

39

☑ 확인 Check! ○ △ ×

피보험자 (x)가 사망연도 말 1을 지급하는 종신보험에 가입하였다. 다음 조건하에서 제2보험연도 말 순보험료식 책임준비금 ${}_2V$를 구하시오.

(가) $A_x = 0.5$
(나) $A_{x+2} = 0.6$

① 0
② 0.1
③ 0.2
④ 0.3

40

☑ 확인 Check! ○ △ ×

피보험자 (x)가 사망연도 말 1을 지급하는 3년 만기 정기보험에 가입하였다. 다음 조건하에서 제 2보험연도 말 순보험료식 책임준비금을 구하시오.

(가) $q_x = q_{x+1} = q_{x+2} = 0.1$
(나) 일시납순보험료 $P = 0.2468$을 납입
(다) 제1보험연도 말 순보험료식 책임준비금 ${}_1V = 0.1769$
(라) $i = 5\%$

① 0
② 0.047
③ 0.095
④ 0.281

중요 문제 / 틀린 문제 CHECK

01	02	03	04	05	06	07	08	09	10	11	12	13	14	15	16	17	18	19	20
21	22	23	24	25	26	27	28	29	30	31	32	33	34	35	36	37	38	39	40

시간 분 | 정답 및 해설편 049p

※ 아래 문제들에서 특별한 언급이 없는 한, 보고주체는 계속해서 한국채택국제회계기준(K-IFRS)을 적용해오고 있으며, 보고기간은 매년 1월 1일부터 12월 31일까지이며, 법인세 효과는 고려하지 않는다. 또한 자료에서 제시한 모든 항목과 금액은 중요하며, 자료에서 제시한 것 외의 사항은 고려하지 않고 답한다. 정답선택에 있어서 문항 중 질문에 가장 합당한 것을 선택하고, 주어진 문항 중 최 근사치를 선택한다.

01

확인Check! ○ △ ×

재무제표 표시에 대한 설명으로 옳지 않은 것은?

① 상이한 성격이나 기능을 가진 항목은 통합하여 표시 하지만, 중요하지 않은 항목은 성격이나 기능이 유사한 항목과 구분하여 표시할 수 있다.

② 한국채택국제회계기준에서 요구하거나 허용하지 않는 한 자산과 부채 그리고 수익과 비용은 상계하지 아니한다.

③ 한국채택국제회계기준이 달리 허용하거나 요구하는 경우를 제외하고는 당기 재무제표에 보고되는 모든 금액에 대해 전기 비교정보를 공시한다.

④ 재무제표가 계속기업의 기준하에 작성되지 않는 경우에는 그 사실과 함께 재무제표가 작성된 기준 및 그 기업을 계속기업으로 보지 않는 이유를 공시하여야 한다.

02

☑ 확인 Check! ○ △ ×

포괄손익계산서에 대한 설명으로 옳지 않은 것은?

① 한 기간에 인식되는 모든 수익과 비용 항목은 한국채택국제회계기준이 달리 정하지 않는 한 당기손익으로 인식한다.

② 비용을 기능별로 분류하는 기업은 감가상각비, 기타 상각비와 종업원급여비용을 포함하여 비용의 성격에 대한 추가 정보를 공시한다.

③ 수익과 비용의 어느 항목도 당기손익과 기타포괄손익을 표시하는 보고서 또는 주석에 특별손익 항목으로 표시 할 수 없다.

④ 기업은 수익에서 매출원가 및 판매비와관리비를 차감한 경상이익을 포괄손익계산서에 구분하여 표시한다.

03

☑ 확인 Check! ○ △ ×

다음 중 고객과의 계약으로 회계처리하기 위한 충족 기준에 해당되지 않는 것은?

① 계약 당사자들이 계약을 서면으로, 구두로, 그 밖의 사업 관행에 따라 승인하고 각자의 의무를 수행하기로 확약한다.

② 이전할 재화나 용역의 지급조건을 식별할 수 있다.

③ 고객에게 이전할 재화나 용역에 대하여 받을 권리를 갖게 될 대가의 회수 가능성이 높다.

④ 계약 당사자들이 그 활동이나 과정에서 생기는 위험과 효익을 공유한다.

04

☑ 확인 Check! ○ △ ×

(주)한국은 20x1년 초에 고객과의 계약을 체결하였다. 계약에 따르면 (주)한국은 20x1년 초에 고객으로부터 ₩200,000을 수령하고 20x2년 말에 재고자산을 인도한다. 재고자산의 인도와 동시에 통제권이 이전되며 수행의무도 이행된다. 20x2년 말에 인도한 재고자산의 원가가 ₩150,000인 경우, 20x2년 (주)한국이 인식할 매출총이익은 얼마인가? (단, 해당 거래에 적용되는 할인율(이자율)은 연 5%이다)

① ₩50,000　　② ₩55,125

③ ₩60,000　　④ ₩70,500

05

☑ 확인 Check! ○ △ ×

다음은 문구 제조업체인 (주)한국의 20x1년 거래 자료이다. (주)한국이 20x1년에 인식할 수익은?

> • (주)한국은 소매체인점인 A고객에게 ₩100,000의 제품을 판매하였고, 계약 개시시점에 ₩5,000(환불불가)을 지급하였다. 동 지급액은 A고객이 (주)한국의 제품을 선반에 올리는데 필요한 변경에 대해 A고객에게 보상하는 것이다.
> • (주)한국은 제품을 판매하면서 B고객으로부터 공정가치 ₩100,000의 차량운반구와 현금 ₩20,000을 수령하였다.

① ₩195,000
② ₩200,000
③ ₩215,000
④ ₩220,000

06

☑ 확인 Check! ○ △ ×

(주)한국은 20x1년 6월 1일 액면금액 ₩100,000인 상품권 10매를 10% 할인한 금액으로 발행하였다. 상품권의 만기는 발행일로부터 3년이며, 고객은 상품권 액면금액의 80% 이상 사용하면 잔액을 현금으로 돌려받을 수 있다. 20x1년 12월 말까지 회수된 상품권은 7매이며, 판매한 상품의 가격에 맞추기 위해 잔액 ₩20,000을 고객에게 현금으로 지급하였다. (주)한국이 상품권과 관련하여 20x1년에 인식할 수익은 얼마인가?

① ₩610,000
② ₩630,000
③ ₩680,000
④ ₩700,000

07

☑ 확인 Check! ○ △ ×

20x1년 12월 31일 (주)한국의 장부상 당좌예금 잔액은 ₩100,000이다. (주)한국의 당좌예금 잔액과 거래은행으로부터 통지받은 예금 잔액에 대한 차이의 원인이 다음과 같을 때, 수정전 은행측 잔액은 얼마인가?

> • 추심을 의뢰한 어음 ₩20,000이 20x1년 12월 31일에 추심되었으나 (주)한국의 장부에는 기입되지 않았다.
> • 당좌예금 수수료 ₩5,000을 은행이 인출하였으나, (주)한국의 회계담당자는 이를 알지 못했다.
> • (주)한국이 거래처에 ₩15,000의 당좌수표를 발행하였으나, 아직 은행에서 인출되지 않았다.
> • (주)한국이 20x1년 12월 31일에 ₩40,000을 당좌예금계좌에 예입하였으나 은행은 20x2년 1월 1일에 기록하였다.

① ₩85,000
② ₩90,000
③ ₩115,000
④ ₩140,000

08

☑ 확인Check! ○ △ ×

(주)한국은 20x1년 3월 1일 보유하던 받을어음을 다음과 같은 조건으로 할인받았다. 어음할인일에 (주)한국이 수령한 현금은 얼마인가? (단, 이자는 월할 계산한다)

- 어음 액면금액 : ₩200,000
- 표시이자율 : 연 6%
- 발행일 : 20x1년 1월 1일
- 만기일 : 20x1년 6월 30일
- 이자지급시기 : 만기일
- 할인율 : 9%

① ₩194,000
② ₩199,820
③ ₩201,880
④ ₩204,820

09

☑ 확인Check! ○ △ ×

(주)한국은 20x1년 초에 영업을 개시하여 단일 제품만을 생산·판매하고 있다. (주)한국의 기말재고자산과 관련된 자료가 다음과 같을 경우, (주)한국이 20x1년에 인식할 재고자산평가손실은 얼마인가?

구 분	수 량	단위당 원가				
		취득원가	현행대체원가	판매가격	추가완성원가	판매비용
원재료	10	110	105	–	–	–
재공품	5	200	–	250*	50	5
제 품	20	240	–	250	–	5

* 재공품의 판매가격은 추가 가공 후 완제품으로 시장에서 판매되는 가격임

① ₩0
② ₩25
③ ₩50
④ ₩75

10

☑ 확인 Check! ○ △ ×

다음 중 기말재고자산에 포함되지 않는 항목은?

① 상품에 대한 점유가 이전되었으나 고객이 매입의사를 아직 표시하지 않은 시송상품
② 목적지에 아직 도착하지 않은 도착지 인도기준의 판매상품
③ 고객에게 재고자산을 인도하였지만 대금의 일부가 아직 회수되지 않은 할부판매상품
④ 자금을 차입하고 그 담보로 제공한 상품으로 아직 저당권이 실행되지 않은 저당상품

11

☑ 확인 Check! ○ △ ×

(주)한국은 20x1년 12월 31일 창고에 화재가 발생하여 재고자산의 80%가 소실되었다. (주)한국의 장부를 검토하여 다음과 같은 정보를 확인하였다. 재고자산 추정손실금액은 얼마인가? (단, (주)한국의 매출과 매입은 모두 신용거래이며, 최근 3년간 평균매출총이익률은 30%이다)

- 기초매입채무 : ₩30,000
- 기말매입채무 : ₩20,000
- 기초재고자산 : ₩10,000
- 기초매출채권 : ₩60,000
- 기말매출채권 : ₩40,000
- 당기매출채권 현금회수액 : ₩50,000
- 당기매입채무 현금지급액 : ₩40,000

① ₩8,000
② ₩10,000
③ ₩15,200
④ ₩19,000

12

☑ 확인 Check! ○ △ ×

(주)한국은 20x1년 초 건물을 ₩100,000에 구입하면서 정부발행 채권을 액면가액(₩50,000)으로 의무매입하였다. 동 채권은 3년 만기이며, 액면이자율은 5%이고, 이자는 매년 말에 후급한다. (주)한국은 취득한 채권을 상각후원가측정 금융자산으로 분류하였으며, 구입 당시 시장이자율은 8%이다. 20x1년 초에 인식할 건물의 취득원가는 얼마인가? (단, 8%, 3기간의 단일금액 ₩1의 현재가치는 0.79, 정상연금 ₩1의 현재가치는 2.58이다)

① ₩104,050
② ₩106,450
③ ₩139,500
④ ₩145,950

13

☑ 확인Check! ○ △ ×

(주)한국은 본사 건물 신축공사를 20x1년 2월 1일에 개시하여 20x1년 12월 31일에 완공하였다. 신축공사에 지출된 금액은 다음과 같으며, 건물 신축을 위한 목적으로 20x1년 2월 1일 특정차입금 ₩120,000을 은행으로부터 연 10% 이자율로 차입하였다(만기일 : 20x1년 12월 31일). 이 중에서 ₩30,000은 20x1년 2월 1일부터 2개월간 연 8% 수익률로 일시투자하였다. 20x1년 (주)한국이 특정차입금과 관련하여 자본화할 차입원가는 얼마인가? (단, 연평균지출액과 이자비용은 월할로 계산한다)

날 짜	지출액
20x1년 2월 1일	₩90,000
20x1년 4월 1일	₩60,000
20x1년 12월 31일	₩40,000

① ₩8,250
② ₩10,500
③ ₩10,600
④ ₩11,000

14

☑ 확인Check! ○ △ ×

(주)한국은 20x1년 1월 1일 기계장치를 ₩100,000에 취득하였다. 동 기계장치의 내용연수는 5년이며, 잔존가치는 ₩0이다. (주)한국은 기계장치에 대해 원가모형을 적용하고, 정액법으로 감가상각하고 있다. 20x2년 말에 기계장치에 대하여 손상징후가 있어 회수가능액을 추정하였는데 순공정가치는 ₩43,000, 사용가치는 ₩45,000이었다. 장부금액과 회수가능액의 차이는 중요하며 자산의 손상사유에 해당한다. 20x2년에 (주)한국이 인식할 손상차손은 얼마인가?

① ₩0
② ₩15,000
③ ₩17,000
④ ₩35,000

15

☑ 확인 Check! ○ △ ×

(주)한국은 20x1년 1월 1일 액면금액 ₩1,000,000(액면이자율 연 5%, 이자지급 매년 말, 만기 20x3년 12월 31일)의 사채를 발행하였으며, 동 사채의 발행시점 유효이자율은 연 7%이다. (주)한국은 20x2년 6월 30일 동 사채를 ₩990,000(액면이자 포함)에 조기상환하였다. 사채상환손익은 얼마인가? (단, 계산금액은 소수점 첫째자리에서 반올림하며, 단수차이로 인한 오차가 있으면 가장 근사치를 선택한다)

할인율	단일금액 ₩1의 현재가치			정상연금 ₩1의 현재가치		
	1기간	2기간	3기간	1기간	2기간	3기간
5%	0.9524	0.9070	0.8638	0.9524	1.8594	2.7232
7%	0.9346	0.8734	0.8163	0.9346	1.8080	2.6243

① 상환이익 ₩7,575
② 상환이익 ₩17,425
③ 상환손실 ₩7,575
④ 상환손실 ₩17,425

16

☑ 확인 Check! ○ △ ×

(주)한국은 20x1년 1월 1일 액면금액 ₩100,000(액면이자율 연 3%, 이자지급 매년 말, 만기 20x3년 12월 31일)의 사채를 발행하였으며, 동 사채의 발행시점 유효이자율은 연 4%이다. 다음 설명 중 옳지 않은 것은? (단, 계산금액은 소수점 첫째자리에서 반올림하며, 단수차이로 인한 오차가 있으면 가장 근사치를 선택한다)

할인율	단일금액 ₩1의 현재가치			정상연금 ₩1의 현재가치		
	1기간	2기간	3기간	1기간	2기간	3기간
3%	0.9709	0.9426	0.9151	0.9709	1.9135	2.8286
4%	0.9615	0.9246	0.8890	0.9615	1.8861	2.7751

① 사채발행금액은 ₩97,225이다.
② 20x1년 사채 이자비용은 ₩3,889이다.
③ 20x2년 12월 31일 사채 장부금액은 ₩98,114이다.
④ 사채발행기간 동안의 총 이자비용은 ₩11,775이다.

17

☑ 확인 Check! ○ △ ✕

다음은 (주)한국이 20x1년에 연구개발 프로젝트와 관련하여 지출한 내역이다. 20x1년에 (주)한국이 인식할 무형자산의 취득원가는 얼마인가? (단, 개발단계에서 발생한 지출은 무형자산의 인식요건을 충족하는 것으로 가정한다)

- 연구결과나 기타 지식을 평가 및 최종 선택하는 활동 : ₩100,000
- 생산이나 사용 전의 시제품과 모형을 제작하는 활동 : ₩150,000
- 새로운 기술과 관련된 금형을 설계하는 활동 : ₩210,000
- 개발된 제품의 대량생산을 위해 필요한 기계장치의 취득 : ₩600,000
- 개발 후 해당 자산을 운용하는 직원에 대한 교육훈련비 : ₩32,000

① ₩360,000
② ₩392,000
③ ₩460,000
④ ₩960,000

18

☑ 확인 Check! ○ △ ✕

무형자산에 대한 설명으로 옳지 않은 것은?

① 내용연수가 유한한 무형자산은 정액법으로만 상각한다.
② 내부적으로 창출한 영업권은 무형자산으로 인식하지 않는다.
③ 최초에 비용으로 인식한 무형항목에 대한 지출은 그 이후에 무형자산의 원가로 인식할 수 없다.
④ 무형자산도 유형자산과 마찬가지로 재평가모형을 선택할 수 있다.

19

☑ 확인 Check! ○ △ ✕

(주)한국은 퇴직급여제도로 확정급여제도를 운영하고 있다. 확정급여채무 계산시 적용하는 할인율은 연 5%이며, 퇴직금의 지급은 20x1년 12월 31일에 이루어졌다. (주)한국의 20x1년 퇴직금 지급액은 얼마인가? (단, 확정급여채무에서 발생하는 재측정요소는 없다고 가정한다)

- 20x1년 1월 1일 확정급여채무 : ₩500,000
- 당기근무원가 : ₩50,000
- 퇴직금 지급액 : ₩ ?
- 20x1년 12월 31일 확정급여채무 : ₩400,000

① ₩50,000
② ₩75,000
③ ₩150,000
④ ₩175,000

20

☑ 확인Check! ○ △ ×

퇴직급여제도에 대한 설명으로 옳지 않은 것은?

① 확정기여제도에서 기업의 의무는 기업이 기금에 출연하기로 약정한 금액으로 한정된다.
② 확정기여제도에서 기업의 초과 기여금은 미래 지급액을 감소시키거나 환급된다면 자산으로 인식한다.
③ 기타포괄손익으로 인식되는 순확정급여부채의 재측정 요소는 후속기간에 당기손익으로 재분류하지 않는다.
④ 확정급여제도에서 보험수리적위험과 투자위험은 실질적으로 종업원만 부담한다.

21

☑ 확인Check! ○ △ ×

(주)한국은 20x1년 7월 1일 자기주식 100주(1주당 액면 ₩500)을 1주당 ₩800에 취득하였다. (주)한국은 동 자기주식 중 50주를 20x1년 10월 1일 1주당 ₩1,000에 처분하였다. 다음 설명 중 옳은 것은?

① 20x1년 7월 1일 자기주식의 장부금액은 ₩50,000이다.
② 20x1년 7월 1일 자기주식 취득 거래로 인해 자본총액이 ₩80,000 증가한다.
③ 20x1년 10월 1일 자기주식 처분 거래로 인해 당기순이익이 ₩20,000 증가한다.
④ 20x1년 10월 1일 자기주식 처분 거래로 인해 자본총액이 ₩50,000 증가한다.

22

☑ 확인Check! ○ △ ×

(주)한국의 20x1년 1월 1일 자본의 내역은 다음과 같다. (주)한국은 20x1년 3월 15일 20x0년 재무제표를 확정하고 20x0년 12월 28일을 배당기준일로 하여 1주당 ₩200의 현금배당을 결의하였다. (주)한국은 현금배당의 10%를 이익준비금으로 적립하고 있으며, 20x1년 당기순이익은 ₩50,000이다. 20x1년 12월 31일 미처분이익잉여금은 얼마인가?

- 보통주 자본금(100주×₩500) : ₩50,000
- 주식발행초과금 : ₩32,000
- 이익준비금 : ₩20,000
- 미처분이익잉여금 : ₩100,000

① ₩78,000
② ₩128,000
③ ₩130,000
④ ₩150,000

23

☑ 확인Check! ○ △ ×

다음 중 리스에 대한 설명으로 옳지 않은 것은?

① 리스이용자는 기초자산의 소유에 따른 위험과 보상의 대부분이 이전되는지 여부와 관계없이 운용리스로 분류한다.
② 리스기간 종료시점 이전에 기초자산의 소유권이 리스이용자에게 이전되는 경우 리스제공자는 금융리스로 분류한다.
③ 리스이용자가 인식하는 사용권자산에는 리스이용자가 부담하는 리스개설직접원가가 포함된다.
④ 금융리스의 경우 리스제공자는 자신의 리스순투자 금액에 일정한 기간수익률을 반영하는 방식으로 리스기간에 걸쳐 금융수익을 인식한다.

24

☑ 확인Check! ○ △ ×

(주)한국은 투자 목적으로 A사채와 B주식을 취득하였다. (주)한국은 A사채로부터 원리금 수취와 매매차익 모두를 기대하고 있으며, B주식의 공정가치 변동액을 기타포괄손익으로 인식하도록 선택하였다. 다음 설명 중 옳지 않은 것은?

① (주)한국은 A사채의 공정가치 변동액을 기타포괄손익으로 인식한다.
② (주)한국이 A사채를 당기손익-공정가치 측정 범주로 재분류하는 경우 재분류 전에 인식한 기타포괄손익 누계액은 당기손익으로 재분류한다.
③ (주)한국은 B주식으로 인해 수령한 배당금을 당기손익으로 인식한다.
④ (주)한국이 B주식을 처분할 때 기 인식한 기타포괄손익 누계액을 당기손익으로 재분류할 수 있다.

25

☑ 확인 Check! ○ △ ×

(주)한국은 20x1년 1월 1일 전환사채(액면금액 ₩1,000,000)을 액면금액으로 발행하였다. 전환사채의 표시이자율은 연 5%(매년 말 후급), 3년 만기이며, 발행당시 유효이자율은 연 10%이다. 전환권 청구가 없을 경우 상환기일에 액면금액의 109.74%를 일시 상환한다. (주)한국이 전환사채와 관련하여 20x1년에 인식할 이자비용은 얼마인가? (단, 계산금액은 소수점 첫째자리에서 반올림하며, 단수차이로 인한 오차가 있으면 가장 근사치를 선택한다)

할인율	단일금액 ₩1의 현재가치			정상연금 ₩1의 현재가치		
	1기간	2기간	3기간	1기간	2기간	3기간
5%	0.9524	0.9070	0.8638	0.9524	1.8594	2.7232
10%	0.9091	0.8265	0.7513	0.9091	1.7356	2.4869

① ₩85,142
② ₩87,565
③ ₩94,882
④ ₩100,000

26

☑ 확인 Check! ○ △ ×

다음은 20x1년 중 (주)한국이 발행한 주식의 변동에 대한 자료이다. (주)한국의 20x1년 당기순이익이 ₩10,000,000일 때 20x1년의 기본주당순이익은 얼마인가? (단, 가중평균 유통보통주식수와 주당순이익은 소수점 첫째자리에서 반올림하고, 제시된 자료 이외의 주식 변동은 없다고 가정하며, 가중평균유통보통주식수는 월할 계산한다)

- 1월 1일 : 유통보통주식수 5,000주
- 4월 1일 : 보통주 2,000주를 시장가격으로 발행
- 5월 1일 : 보통주 1주를 2주로 주식분할 실시
- 9월 1일 : 자기주식 2,000주 취득

① ₩732
② ₩769
③ ₩811
④ ₩857

27

☑ 확인Check! ○ △ ✕

(주)한국의 20x1년 말과 20x2년 말 이연법인세자산 · 부채 내역은 다음과 같다. (주)한국이 20x2년 과세소득에 대하여 납부할 법인세가 ₩320,000이라면, 20x2년 포괄손익계산서에 계상될 법인세비용은 얼마인가?

구 분	20x1년 말	20x2년 말
이연법인세자산	₩100,000	₩0
이연법인세부채	₩0	₩80,000

① ₩300,000
② ₩320,000
③ ₩340,000
④ ₩500,000

28

☑ 확인Check! ○ △ ✕

다음 중 현금흐름표상 재무활동현금흐름에 해당하는 것은?

① 판매목적으로 보유하는 재고자산을 제조하거나 취득하기 위한 현금의 유출
② 보험회사의 경우 보험금과 관련된 현금의 유출
③ 유형자산의 취득 및 처분에 따른 현금의 유・출입
④ 주식 등의 지분상품 발행에 따른 현금의 유입

29

☑ 확인Check! ○ △ ✕

(주)한국이 보고한 20x1년의 당기순이익은 ₩1,000,000이다. 다음과 같은 사항이 20x1년에 발생하였을 때, (주)한국의 20x1년 간접법에 의한 영업활동현금흐름을 계산하면 얼마인가? (단, 법인세는 무시한다)

- 매출채권(순액) 증가액 : ₩300,000
- 재고자산(순액) 감소액 : ₩200,000
- 매입채무 증가액 : ₩100,000
- 감가상각비 : ₩120,000
- 유형자산처분이익 : ₩150,000

① ₩960,000
② ₩970,000
③ ₩980,000
④ ₩990,000

30

☑ 확인 Check! ○ △ ×

(주)한국의 영업주기는 상품의 매입시점부터 판매 후 대금의 회수시점까지의 기간으로 정의된다. 다음은 (주)한국의 20x1년 재무자료의 일부이다. 주어진 자료를 이용하여 (주)한국의 평균영업주기를 계산하면 얼마인가? (단, 매출은 전액 신용매출이며, 1년은 360일로 간주한다)

- 매출액 : ₩180,000
- 매출원가 : ₩105,000
- 연평균매출채권 : ₩30,000
- 연평균재고자산 : ₩35,000

① 120일
② 150일
③ 180일
④ 210일

31

☑ 확인 Check! ○ △ ×

다음은 20x1년 말 (주)한국이 보유한 자산의 일부 내역이다. 20x1년 말 (주)한국의 현금 및 현금성자산 합계액이 ₩150,000일 때 지폐 및 주화의 금액은 얼마인가?

- 지폐 및 주화 : ?
- 보통예금 : ₩54,000
- 선일자수표 : ₩13,000
- 타인발행수표 : ₩20,000
- 수입인지 : ₩7,000
- 환매조건부채권(취득일 20x1년 9월 1일, 만기일 20x2년 1월 12일) : ₩40,000
- 양도성예금증서(취득일 20x1년 12월 1일, 만기일 20x2년 2월 1일) : ₩50,000

① ₩13,000
② ₩23,000
③ ₩26,000
④ ₩36,000

32

☑ 확인Check! ○ △ ×

다음 자료에 의하여 (주)한국의 매출액을 계산하면 얼마인가?

- 기초재공품 : ₩100,000
- 기말재공품 : ₩500,000
- 기초제품 : ₩300,000
- 기말제품 : ₩200,000
- 당기총제조원가 : ₩2,400,000
- 매출총이익 : ₩800,000

① ₩2,900,000
② ₩3,000,000
③ ₩3,200,000
④ ₩3,400,000

33

☑ 확인Check! ○ △ ×

(주)한국은 정상개별원가계산을 사용하며 기계작업시간을 기준으로 제조간접원가를 배부하고 있다. 20x1년 연간 제조간접원가 예산은 ₩3,960,000이다. 20x1년 실제 발생한 제조간접원가는 ₩3,800,000이고 실제 기계작업시간은 20,000시간이다. 20x1년 제조간접원가 과소배부액이 ₩200,000이라고 할 때, 20x1년 제조간접원가 예정배부액은 얼마인가?

① ₩3,400,000
② ₩3,600,000
③ ₩3,760,000
④ ₩4,160,000

34

☑ 확인Check! ○ △ ×

다음 중 보조부문원가의 배부에 대한 설명으로 옳은 것은?

① 보조부문원가는 제조부문에 배부하지 않고 기간비용으로 처리해야 한다.
② 단계배부법은 보조부문의 배부순서가 달라져도 배부 금액에 차이가 나지 않는다.
③ 상호배부법은 보조부문 상호간의 용역수수관계가 중요하지 않을 때 적용하는 것이 타당하다.
④ 직접배부법은 보조부문 상호간의 용역수수관계를 고려하지 않는 방법이다.

35

☑ 확인Check! ○ △ ×

(주)한국은 종합원가계산을 사용하고 있으며, 가중평균법을 적용하여 완성품환산량을 계산하고 있다. 다음 자료에 의하여 기말재공품의 완성도를 계산하면 몇 %인가?

- 기초재공품 가공원가 : ₩150,000
- 당기투입 가공원가 : ₩350,000
- 기말재공품 가공원가 : ₩100,000
- 당기완성품 수량 : 800개
- 기말재공품 수량 : 400개

① 35%
② 40%
③ 45%
④ 50%

36

☑ 확인Check! ○ △ ×

(주)한국은 20x1년 전부원가계산을 사용하여 ₩250,000의 영업이익을 보고하였다. 20x1년 1월 1일의 재고는 4,000단위, 20x1년 12월 31일의 재고는 5,000단위였다. 제품 단위당 고정제조간접원가 배부율은 전기에 ₩5 당기에 ₩6이었다. 변동원가계산에 의한 영업이익은 얼마인가? (단, 기초재고는 당기에 모두 판매되었다고 가정한다)

① ₩230,000
② ₩240,000
③ ₩250,000
④ ₩260,000

37

☑ 확인Check! ○ △ ×

(주)한국은 제품 A를 100,000단위 판매할 것을 계획하고 있다. 현재 (주)한국의 고정원가 총액은 ₩3,000,000이고 변동원가는 판매가격의 60%이다. (주)한국이 ₩4,500,000의 목표이익을 달성하고자 한다면 단위당 판매가격은 얼마가 되어야 하는가? (단, 법인세는 무시한다)

① ₩125
② ₩135
③ ₩187.5
④ ₩197.5

38

☑ 확인Check! ○ △ ×

(주)한국의 직접재료원가에 대한 자료가 다음과 같다면, (주)한국의 직접재료원가 수량(능률)차이는 얼마인가?

- 직접재료 표준사용량 : 3,000kg
- 직접재료 실제사용량 : 3,500kg
- 직접재료 kg당 표준가격 : ₩100
- 직접재료 kg당 실제가격 : ₩120

① ₩50,000(유리한 차이)
② ₩50,000(불리한 차이)
③ ₩70,000(유리한 차이)
④ ₩70,000(불리한 차이)

39

☑ 확인Check! ○ △ ×

종합예산에 관한 설명으로 옳지 않은 것은?

① 종합예산은 판매・생산・구매・재무 등의 기업 전체를 대상으로 편성된 예산을 말한다.
② 종합예산은 변동예산의 일종이다.
③ 예산편성시 종업원의 참여정도에 따라 권위적 예산, 참여적 예산, 자문적 예산 등으로 나눌 수 있다.
④ 종합예산의 편성은 크게 운영예산과 재무예산으로 나누어진다.

40

☑ 확인Check! ○ △ ×

(주)한국은 이익중심점인 A사업부와 B사업부를 운영하고 있다. 현재 B사업부가 모터를 외부에서 단위당 ₩5,000에 10,000단위를 구입하고 있는데, 이를 A사업부로부터 대체받을 것을 고려하고 있다. A사업부가 생산하는 모터의 변동제조원가는 단위당 ₩4,000이고 고정제조원가 총액은 ₩400,000이며, 외부판매가격과 판매비는 단위당 각각 ₩6,000과 ₩200이다. A사업부는 B사업부가 필요로 하는 모터의 수요를 충족시킬 유휴생산능력을 보유하고 있으며, 사내대체하는 경우 판매비가 발생하지 않는다. A사업부가 사내대체를 수락할 수 있는 최소 사내대체가격은?

① ₩4,000
② ₩4,400
③ ₩5,000
④ ₩6,000

2020년 제43회

보험계리사 1차 기출문제

제1과목	보험계약법, 보험업법 및 근로자퇴직급여보장법
제2과목	경제학원론
제3과목	보험수학
제4과목	회계원리

2020년 제43회
보험계약법, 보험업법 및 근로자퇴직급여보장법 1차 기출문제

중요 문제 / 틀린 문제 CHECK

01	02	03	04	05	06	07	08	09	10	11	12	13	14	15	16	17	18	19	20
21	22	23	24	25	26	27	28	29	30	31	32	33	34	35	36	37	38	39	40

시간 분 | 정답 및 해설편 064p

01

확인Check! ○ △ X

다음 중 甲이 보험금의 지급을 청구할 수 있는 경우로서 옳은 것은?

① 甲이 무진단계약의 청약과 함께 월납보험료 10만원 중 9만원을 지급하고 보험자의 승낙을 기다렸으나 30일 내에 낙부통지를 받지 못한 상태에서 31일째 되는 날에 보험사고가 발생한 경우
② 甲이 화재보험계약의 청약을 하면서 보험료 전액을 지급하고 7일만에 인수거절의 통지를 받은 상태에서 10일째 되는 날에 화재가 발생한 경우
③ 甲이 신체검사가 필요한 질병보험에 가입하면서 월납보험료 전액을 지급하였으나 신체검사를 받지 않은 상태에서 청약일로부터 90일이 경과하고 암 진단을 받은 경우
④ 甲이 자동차보험계약의 청약을 하며 보험료 전액을 지급하였으나 보험자가 낙부통지를 하지 않은 상태에서 청약 다음 날 보험사고가 발생하고 보험자가 특히 청약을 거절할 사유가 없는 경우

02

확인Check! ○ △ X

상법상 약관의 중요사항에 대한 명시·설명의무가 면제되는 경우가 아닌 것은? (다툼이 있는 경우 판례에 의함)

① 자동차보험계약의 보험계약자가 해당 약관상 주운전자의 나이나 보험경력 등에 따라 보험요율이 달라진다는 사실을 잘 알고 있는 경우
② 보험계약자 또는 피보험자가 보험금청구에 관한 서류 또는 증거를 위조하거나 변조한 경우 보험금청구권이 상실된다는 약관조항
③ 보험가입 후 피보험자가 이륜자동차를 사용하게 된 경우에 보험계약자 또는 피보험자가 지체 없이 이를 보험자에게 알릴 의무가 있다는 약관조항
④ 상법 제726조의4가 규정하는 자동차의 양도로 인한 보험계약상의 권리·의무의 승계조항을 풀어서 규정한 약관조항

03

☑ 확인Check! ○ △ ×

상법상 보험금청구권자에게 입증책임이 있는 경우가 아닌 것은? (다툼이 있는 경우 판례에 의함)

① 위험변경 증가시의 통지의무위반에 있어서 위험변경 증가가 보험사고의 발생에 영향을 미치지 아니하였다는 사실

② 보험계약자나 그 대리인이 약관내용을 충분히 알지 못하므로 계약 체결시 보험자가 약관내용을 설명하여야 한다는 사실

③ 상해보험계약에 있어서 피보험자가 심신상실 등 자유로운 의사결정을 할 수 없는 상태에서 스스로 사망의 결과를 초래한 사실

④ 상해보험계약에 있어서 사고가 우연하게 발생하였다는 점 및 사고의 외래성과 상해라는 결과와의 사이에 인과관계가 있다는 사실

04

☑ 확인Check! ○ △ ×

상법상 고지의무에 관한 설명으로 옳지 않은 것은? (다툼이 있는 경우 판례에 의함)

① 생명보험계약의 피보험자가 직업을 속인 경우, 지급할 보험금은 실제 직업에 따라 가입이 가능하였던 한도 이내로 자동감축된다는 약관조항은 상법상 고지의무위반시의 해지권 행사요건을 적용하지 않는 취지라면 무효이다.

② 한 건의 보험계약에서 보험금부정취득목적 · 고지의무위반 · 사기행위가 경합하는 경우 보험자는 어떤 권한을 행사할지를 선택할 수 있다.

③ 고지의무를 완전히 이행하였더라도 약관의 계약 전 발병 부담보조항에 의하여 보험금 지급이 거절될 수 있다.

④ 냉동창고건물을 화재보험에 가입시킬 당시 보험의 목적인 건물이 완성되지 않아 잔여공사를 계속하여야 한다는 사실은 고지할 필요가 없다.

05

☑ 확인 Check! ○ △ ✕

다음 예문의 해석으로 옳은 것은? (다툼이 있는 경우 판례에 의함)

> 사망 또는 제1급 장해의 발생을 보험사고로 하는 보험계약의 피보험자 甲은 보험계약 체결 직전에 이미 근긴장성 근이양증 진단을 받았다. 이 병은 제1급 장해발생을 필연적으로 야기하고 또한 건강상태가 일반적인 자연적 속도 이상으로 급격히 악화되어 사망에 이를 개연성이 매우 높다.

① 보험사고는 계약 체결시에 불확정적이어야 하는데 甲은 필연적으로 사망 또는 제1급 장해로 이어질 질병의 확정진단을 이미 받았으므로 보험계약은 무효이다.

② 甲은 자신의 병에 대하여 알았으나 보험자가 피보험자의 질병사실을 알지 못하였다면 보험사고의 주관적 불확정으로 소급보험이 인정된다.

③ 보험계약 체결시에 보험사고 그 자체가 발생한 것은 아니므로 보험계약은 유효하고, 다만 고지의무위반만 문제될 수 있다.

④ 甲의 질병은 보험기간 중에 진행되었으므로 보험자는 보험사고가 보험기간 경과 후에 발생한 때에도 보험금 지급책임을 진다.

06

☑ 확인 Check! ○ △ ✕

다음 설명 중 옳은 것은? (다툼이 있는 경우 판례에 의함)

① 당사자간에 보험금 지급의 약정기간이 있는 경우에는 그 기간이 경과한 다음 날부터 소멸시효가 진행한다.

② 보험자가 보험금청구권자의 청구에 대하여 보험금 지급책임이 없다고 잘못 알려 준 경우에는 사실상의 장애가 소멸한 때부터 시효기간이 진행한다.

③ 보험사고발생 여부가 분명하지 아니하여 보험금청구권자가 과실없이 보험사고의 발생을 알 수 없었던 때에는 보험사고의 발생을 알았거나 알 수 있었던 때로부터 소멸시효가 진행한다.

④ 책임보험에서 약관이 달리 정한 경우가 아니라면 피보험자가 제3자로부터 손해배상청구를 받은 시점에서 보험금청구권의 소멸시효가 진행한다.

07

☑ 확인 Check! ○ △ ×

타인의 사망을 보험사고로 하는 보험계약에서 타인의 동의서면에 포함되는 전자문서의 요건으로서 옳지 않은 것은?

① 전자문서에 보험금 지급사유, 보험금액, 보험수익자의 신원, 보험기간이 적혀 있을 것
② 전자서명을 하기 전에 전자서명을 할 사람을 직접 만나서 전자서명을 하는 사람이 보험계약에 동의하는 본인임을 확인하는 절차를 거쳐 작성될 것
③ 전자문서 및 전자서명의 위조·변조 여부를 확인할 수 있을 것
④ 전자문서에 전자서명을 한 후에 그 전자서명을 한 사람이 보험계약에 동의한 본인임을 확인할 수 있도록 공인전자서명 등 금융위원장이 고시하는 요건을 갖추어 작성될 것

08

☑ 확인 Check! ○ △ ×

다음 중 약관대출(또는 보험계약대출)에 관한 설명으로 옳은 것은 몇 개 인가? (다툼이 있는 경우 판례에 의함)

- 대출은 보험계약자가 낸 지급보험료 합계액 범위 내에서 실행될 수 있다.
- 현행 생명보험표준약관의 약관대출규정은 상법규정을 그대로 수용한 것이다.
- 약관대출의 법적 성질은 소비대차가 아니라 장차 지급할 보험금 등의 선급으로 본다.
- 보험자의 약관대출금채권은 양도·입질·압류·상계의 대상이 된다.

① 1개
② 2개
③ 3개
④ 4개

09

☑ 확인 Check! ○ △ ×

甲은 자기가 소유한 보험가액 1000만원인 도자기의 파손에 대하여 乙보험회사와 400만원, 丙보험회사와 600만원, 丁보험회사와 1000만원을 보험금액으로 하여 각각 손해보험계약을 체결하였다. 이후 도자기가 사고로 전부 파손되어 보험금을 청구하였다. 아래 설명 중 옳지 않은 것은? (단, 당사자간에 중복보험과 일부보험에 관하여 다른 약정이 없다고 가정함)

① 乙보험회사는 200만원의 보상책임을 진다.
② 丙보험회사는 600만원의 한도 내에서 연대책임을 진다.
③ 丁보험회사는 500만원의 보상책임을 진다.
④ 甲이 丁보험회사에 대한 보험금 청구를 포기한 경우 乙보험회사와 丙보험회사는 각각 400만원, 600만원의 보상책임을 진다.

10

☑ 확인Check! ○ △ ✕

상법상 각종 비용의 부담에 관한 설명으로 옳지 않은 것은?

① 보험계약자가 보험자에 대하여 보험증권의 재교부를 청구한 경우 그 증권작성의 비용은 보험계약자의 부담으로 한다.

② 손해보험계약의 보험계약자와 피보험자가 손해의 방지와 경감을 위하여 지출한 필요 또는 유익하였던 비용은 보험금액을 초과한 경우라도 보험자가 이를 부담한다.

③ 해상보험자는 보험계약자와 피보험자가 보험의 목적의 안전이나 보존을 위하여 지급할 특별비용을 보험금액의 한도 내에서 보상할 책임이 있다.

④ 책임보험계약에서 피보험자가 제3자의 청구를 방어하기 위하여 지출한 재판상 또는 재판 외의 필요비용은 그 행위가 보험자의 지시에 의하지 아니한 경우에도 그 금액에 손해액을 가산한 금액이 보험금액을 초과하는 때에도 보험자가 이를 부담하여야 한다.

11

☑ 확인Check! ○ △ ✕

상법상 집합보험에 관한 설명으로 옳지 않은 것은?

① 집합보험에 관한 규정은 손해보험 통칙에 규정되어 있다.

② 집합된 물건을 일괄하여 보험의 목적으로 한 때에는 피보험자의 가족과 사용인의 물건도 보험의 목적에 포함된 것으로 한다.

③ 집합보험계약은 피보험자의 가족 또는 사용인을 위하여서도 체결한 것으로 본다.

④ 집합된 물건을 일괄하여 보험의 목적으로 한 때에는 그 목적에 속한 물건이 보험기간 중에 수시로 교체된 경우에도 보험사고의 발생시에 현존한 물건은 보험의 목적에 포함한 것으로 한다.

12

☑ 확인Check! ○ △ ✕

상법상 해상보험의 면책사유에 관한 설명으로 옳지 않은 것은?

① 선박이 보험계약에서 정하여진 발항항이 아닌 다른 항에서 출항한 때에는 보험자는 책임을 지지 아니한다.

② 선박이 보험계약에서 정하여진 도착항이 아닌 다른 항을 향하여 출항한 때에는 보험자는 책임을 지지 아니한다.

③ 선박이 정당한 사유 없이 보험계약에서 정하여진 항로를 이탈한 경우에는 보험자는 그때부터 책임을 지지 아니한다. 다만, 선박이 손해발생 전에 원항로로 돌아온 경우에는 그러하지 아니하다.

④ 피보험자가 정당한 사유 없이 발항 또는 항해를 지연한 때에는 보험자는 발항 또는 항해를 지체한 이후의 사고에 대하여 책임을 지지 아니한다.

13

☑ 확인Check! ○ △ ×

책임보험계약의 보험자와 제3자와의 관계에 관하여 상법상 명시적으로 규정하고 있지 않은 것은?

① 보험자는 피보험자가 책임을 질 사고로 인하여 생긴 손해에 대하여 제3자가 그 배상을 받기 전에는 보험금액의 전부 또는 일부를 피보험자에게 지급하지 못한다.

② 제3자는 피보험자가 책임을 질 사고로 입은 손해에 대하여 보험금액의 한도 내에서 보험자에게 직접 보상을 청구할 수 있다.

③ 제3자가 보험자에게 직접 보상을 청구할 경우 보험자는 피보험자가 그 사고에 관하여 가지는 항변으로써 제3자에게 대항할 수 있다.

④ 제3자가 보험자에게 직접 보상을 청구할 경우 보험자는 피보험자에 대하여 가지는 항변으로써 제3자에게 대항할 수 있다.

14

☑ 확인Check! ○ △ ×

甲은 배우자 乙을 피보험자로, '상속인'을 보험수익자로 하여 보험자 丙과 생명보험계약을 체결하였다. 그 후 甲은 乙을 살해하였다. 이 경우에 관한 설명 중 옳은 것은? (다툼이 있는 경우 판례에 의함)

① 甲이 보험수익자를 '상속인'과 같이 추상적으로 지정하는 경우에는 보험수익자의 보험금청구권은 상속재산이나, 상속인 중 일부를 구체적으로 성명을 특정하여 지정하는 경우에는 고유재산이 된다.

② 丙은 甲을 포함한 모든 상속인에게 보험금 전액을 지급하여야 한다.

③ 丙은 지급보험금의 범위 내에서 甲에 대하여 보험대위를 행사할 수 있다.

④ 丙은 甲을 제외한 나머지 상속인에 대한 보험금 지급책임을 면하지 못한다.

15

☑ 확인Check! ○ △ ×

동일인이 다수의 보험계약을 체결한 경우에 관한 설명으로 옳지 않은 것은? (다툼이 있는 경우 판례에 의함)

① 보험계약자가 다수의 보험계약을 통하여 보험금을 부정취득할 목적으로 생명보험계약을 체결하였다면 선량한 풍속 기타 사회질서에 반하여 무효이다.

② 보험자가 생명보험계약을 체결하면서 다른 보험계약의 존재 여부를 청약서에 기재하여 질문하였다 하더라도 다른 보험계약의 존재 여부 등 계약적 위험은 고지의무의 대상이 아니다.

③ 손해보험계약에 있어서 동일한 보험계약의 목적과 동일한 사고에 관하여 수 개의 보험계약을 체결하는 경우에 보험계약자는 각 보험자에 대하여 각 보험계약의 내용을 통지하여야 한다.

④ 손해보험계약에 있어서 중복보험계약을 체결한 사실은 고지의무의 대상인 중요한 사항에 해당되지 않는다.

16

☑ 확인Check! ○ △ ×

보험사고의 우연성에 관한 설명으로 옳은 것은? (다툼이 있는 경우 판례에 의함)

가. 피보험자가 술에 취한 상태에서 출입이 금지된 지하철역 승강장의 선로로 내려가 전동열차에 부딪혀 사망한 사안에서 피보험자에게 중과실이 있더라도 보험약관상의 우발적 사고에 해당한다.
나. 피보험자가 자유로운 의사결정을 할 수 없는 상태에서 자살로 사망한 경우에 그 사망은 고의에 의하지 않은 우발적 사고라고 할 수 있다.
다. 급격하고 우연한 외래의 사고를 보험사고로 하는 상해보험에 가입한 피보험자가 술에 취하여 자다가 구토로 인한 구토물이 기도를 막음으로써 사망한 경우에 보험약관상의 급격과 우연성은 충족되므로 보험자로서는 보험금을 지급할 의무가 있다.
라. 암으로 인한 사망 및 상해로 인한 사망을 보험사고로 하는 보험계약에서 "피보험자가 보험계약일 이전에 암 진단이 확정되어 있었던 경우 보험계약을 무효로 한다"는 약관조항은 피보험자가 상해로 사망한 경우에도 유효하다.

① 가, 다
② 나, 라
③ 가, 나, 다
④ 가, 나, 다, 라

17

☑ 확인Check! ○ △ ×

상법상 보험수익자 지정 · 변경에 관한 설명으로 옳지 않은 것은?

① 보험계약자는 보험수익자 지정 또는 변경할 권리를 가지고, 이 권리는 형성권으로서 보험자의 동의를 요하지 않는다.
② 사망보험에서 보험수익자를 지정 또는 변경할 때에는 보험자에게 통지하지 않으면 이로써 보험자에게 대항하지 못하고, 피보험자의 서면동의를 얻어야 한다.
③ 보험계약자가 보험수익자를 지정하고 변경권을 행사하지 않은 채 사망하면 특별한 약정이 없는 한 보험수익자로서의 권리가 확정된다.
④ 보험수익자가 보험존속 중에 사망한 때에는 보험수익자의 상속인이 보험수익자로 확정되며, 이때에 보험수익자의 상속인의 지위는 승계취득이 아니라 원시취득이다.

18

☑ 확인 Check! ○ △ ✕

단체생명보험에 관한 설명으로 옳지 않은 것은? (다툼이 있는 경우 판례에 의함)

① 단체생명보험은 단체가 구성원의 전부 또는 일부를 피보험자로 하여 체결하는 생명보험이다.
② 보험계약자가 회사인 경우 보험증권은 회사에 대하여만 교부되지만, 회사는 보험수익자가 되지 못한다.
③ 구성원이 단체를 퇴사하면 보험료를 계속 납입하였더라도 피보험자의 지위는 상실한다.
④ 회사의 규약에 따라 단체생명보험계약이 체결되면 피보험자의 개별적 서면동의가 필요 없지만, 규약이 갖추어지지 않으면 피보험자인 구성원의 서면동의를 갖추어야 보험계약으로서 효력이 발생한다.

19

☑ 확인 Check! ○ △ ✕

재보험에 관한 설명으로 옳지 않은 것은? (다툼이 있는 경우 판례에 의함)

① 원보험계약과 재보험계약은 법률상 독립된 별개의 계약이므로 재보험계약은 원보험계약의 효력에 영향을 미치지 아니한다.
② 책임보험에 관한 규정은 그 성질에 반하지 아니하는 범위 내에서 재보험계약에 준용한다.
③ 재보험자가 원보험자에게 재보험금을 지급하면 그 지급한 금액의 범위 내에서 원보험자의 보험자대위권이 재보험자에 이전한다.
④ 보험자대위에 의하여 취득한 제3자에 대한 권리는 재보험자가 이를 직접 자기 명의로 그 권리를 행사하며 이를 통하여 회수한 금액을 원보험자와 비율에 따라 교부하는 방식으로 이루어지는 것이 상관습이다.

20

☑ 확인 Check! ○ △ ✕

보험계약의 해지에 관한 설명으로 옳은 것은?

① 보험계약 당사자는 보험사고가 발생하기 전에는 언제든지 보험계약을 해지할 수 있다.
② 보험자가 보험계약자 등의 고지의무위반을 이유로 보험계약을 해지하는 경우, 보험사고가 발생한 후에는 보험계약을 해지할 수 없다.
③ 보험사고의 발생으로 보험자가 보험금액을 지급한 때에도 보험금액이 감액되지 아니하는 보험의 경우에는 보험계약자는 그 사고발생 후에도 보험계약을 해지할 수 있다.
④ 보험기간 중에 사고발생의 위험이 현저하게 변경 또는 증가된 사실을 보험계약자가 보험자에게 지체 없이 통지한 경우에는 보험자는 보험계약을 해지할 수 없다.

21

☑ 확인 Check! ○ △ ×

보험업법상 자기자본의 합산항목을 모두 고른 것은?

가. 납입자본금	나. 이익잉여금
다. 자본잉여금	라. 자본조정
마. 영업권	

① 가, 나
② 가, 나, 다
③ 나, 다, 라
④ 다, 라, 마

22

☑ 확인 Check! ○ △ ×

보험업법상 손해보험의 허가 종목을 모두 고른 것은?

가. 연금보험	나. 화재보험
다. 해상보험(항공・운송보험)	라. 자동차보험
마. 상해보험	바. 보증보험

① 가, 나, 다
② 나, 다, 라
③ 가, 라, 마, 바
④ 나, 다, 라, 바

23

☑ 확인 Check! ○ △ ×

외국보험회사 등의 국내사무소의 금지행위에 관한 사항을 모두 고른 것은?

가. 보험업을 경영하는 행위
나. 보험계약의 체결을 중개하거나 대리하는 행위
다. 국내 관련 법령에 저촉되지 않는 방법에 의하여 보험시장의 조사 및 정보의 수집을 하는 행위
라. 그 밖에 국내사무소의 설치 목적에 위반되는 행위로서 대통령령으로 정하는 행위

① 가, 나
② 나, 다
③ 가, 나, 라
④ 나, 다, 라

24

☑ 확인 Check! ○ △ ✕

보험업법상 상호회사의 정관 기재사항을 모두 고른 것은?

가. 취급하려는 보험종목과 사업의 범위 나. 명 칭 다. 회사의 성립연월일 라. 기금의 총액 마. 기금의 갹출자가 가질 권리 바. 발기인의 성명·주민등록번호 및 주소

① 가, 나, 라, 마
② 나, 다, 라, 마
③ 다, 라, 마, 바
④ 가, 나, 마, 바

25

☑ 확인 Check! ○ △ ✕

보험업법상 상호회사의 입사청약서에 관한 설명으로 옳지 않은 것은?

① 상호회사가 성립한 후 사원이 되려는 자를 제외하고, 발기인이 아닌 자가 상호회사의 사원이 되려면 입사청약서 2부에 보험의 목적과 보험금액을 적고 기명날인하여야 한다.
② 발기인은 입사청약서에 정관의 인증 연월일과 그 인증을 한 공증인의 이름을 포함하여 작성하고 이를 비치하여야 한다.
③ 기금 갹출자의 이름·주소와 그 각자가 갹출하는 금액, 발기인의 이름과 주소 등도 상호회사의 입사청약서에 기재할 사항에 속한다.
④ 상호회사 성립 전의 입사청약의 경우, 청약의 상대방이 표의자의 진의 아님을 알았거나 이를 알 수 있었을 경우에는 무효로 한다.

26

☑ 확인 Check! ○ △ ✕

보험중개사에 관한 설명으로 옳지 않은 것은?

① 보험중개사는 보험회사의 임직원이 될 수 없으며, 보험계약의 체결을 중개하면서 보험회사·보험설계사·보험대리점·보험계리사 및 손해사정사의 업무를 겸할 수 없다.
② 법인보험중개사는 보험계약자 보호를 위한 업무지침을 정하여야 하며, 그 업무지침의 준수 여부를 점검하고 위반사항을 조사하기 위한 임원 또는 직원을 2인 이상 두어야 한다.
③ 보험중개사가 소속 보험설계사와 보험모집을 위한 위탁을 해지한 경우에는 금융위원회에 신고하여야 한다.
④ 보험중개사는 보험계약 체결의 중개행위와 관련하여 보험계약자에게 손해를 입힌 경우에는 영업보증금예탁기관에서 보험계약자 측에 지급하는 금액만큼 손해배상책임을 면한다.

27

☑ 확인Check! ○ △ ✕

손해보험계약의 제3자 보호에 관한 설명 중 옳지 않은 것은? 기출수정

① 손해보험회사는 예금자보호법 제2조 제8호의 사유로 손해보험계약의 제3자에게 보험금을 지급하지 못하게 된 경우에는 즉시 그 사실을 손해보험협회의 장에게 보고하여야 한다.

② 보험업법에 따라 손해보험계약의 제3자가 보험사고로 입은 손해에 대한 보험금의 지급을 보장하는 것은 법령에 의하여 가입이 강제되는 손해보험계약만을 대상으로 한다.

③ 손해보험회사는 손해보험계약의 제3자에 대한 보험금의 지급을 보장하기 위하여 수입보험료 및 책임준비금을 고려하여 대통령령으로 정하는 비율을 곱한 금액을 손해보험협회에 출연하여야 한다.

④ 손해보험협회는 규정에 의하여 보험금을 지급한 때에는 해당 손해보험회사에 대하여 구상권을 가진다.

28

☑ 확인Check! ○ △ ✕

보험업법상 모집 관련 준수사항에 관한 설명으로 옳지 않은 것은? 기출수정

① 전화・우편・컴퓨터통신 등 통신수단을 이용하여 모집을 하는 자는 보험업법 제83조에 따라 모집을 할 수 있는 자이어야 하며, 다른 사람의 평온한 생활을 침해하는 방법으로 모집을 하여서는 아니 된다.

② 보험중개사를 포함하는 보험계약의 체결 또는 모집에 종사하는 자가 부당한 계약전환을 한 경우 보험계약자는 그 보험회사에 대하여 기존 계약의 체결일로부터 6월 이내에 계약의 부활을 청구할 수 있다.

③ 보험회사는 보험계약자가 계약을 해지하기 전에 안전성 및 신뢰성이 확보되는 방법을 이용하여 보험계약자 본인임을 확인받은 경우에 한정하여 통신수단을 이용한 계약해지를 허용할 수 있다.

④ 보험안내자료에는 금융위원회가 따로 정하는 경우를 제외하고는 보험회사의 장래의 이익 배당 또는 잉여금 분배에 대한 예상에 관한 사항을 적지 못한다.

29

☑ 확인Check! ○ △ ✕

보험업법상 보험회사의 자산운용에 대한 내용으로 옳지 않은 것은?

① 보험업법에 따른 자산운용한도의 제한을 피하기 위하여 다른 금융기관 또는 회사의 의결권 있는 주식을 서로 교차하여 보유하거나 신용공여를 하는 행위를 할 수 없다.

② 보험회사는 그 보험회사의 대주주와 대통령령으로 정하는 금액 이상의 신용공여를 한 경우에는 7일 이내에 그 사실을 공정거래위원회에 보고하고, 인터넷 홈페이지 등을 이용하여 공시하여야 한다.

③ 보험회사는 신용공여 계약을 체결하려는 자에게 재산 증가나 신용평가등급 상승 등으로 신용상태의 개선이 나타난 경우에는 금리인하를 요구할 수 있음을 알려야 한다.

④ 보험회사는 그 자산운용을 함에 있어 안정성·유동성·수익성 및 공익성이 확보되도록 하여야 하며, 선량한 관리자의 주의로써 그 자산을 운용하여야 한다.

30

☑ 확인Check! ○ △ ✕

보험업법상 보험회사가 자회사를 소유함에 있어서 금융위원회에 신고하고 자회사를 소유할 수 있는 업무를 모두 고른 것은? 기출수정

가. 보험계약의 유지·해지·변경 또는 부활 등을 관리하는 업무
나. 보험수리업무
다. 보험대리업무
라. 보험계약 체결 및 대출업무
마. 보험사고 및 보험계약 조사업무
바. 손해사정업무
사. 기업의 후생복지에 관한 상담 및 사무처리 대행업무

① 가, 나, 다, 마
② 나, 다, 마, 바
③ 다, 라, 바, 사
④ 가, 마, 바, 사

31

☑ 확인Check! ○ △ ×

보험업법상 보험회사가 지켜야 하는 재무건전성 기준에 관한 설명으로 옳지 않은 것은? 기출수정

① 보험회사는 보험금 지급능력과 경영건전성 기준을 확보하기 위하여 대출채권 등 보유자산의 건전성을 정기적으로 분류하고 대손충당금을 적립하여야 한다.

② 보험회사의 위험, 유동성 및 재보험의 관리에 관하여 금융위원회가 정하여 고시하는 기준을 충족하여야 한다.

③ 금융위원회는 보험회사가 재무건전성 기준을 지키지 아니하여 경영건전성을 해칠 우려가 있다고 인정되는 경우에는 주식 등 위험자산의 소유제한을 할 수 있다.

④ 보험회사가 적립하여야 하는 지급여력금액에는 자본금, 이익잉여금, 후순위차입금, 영업금 등을 합산한 금액이 포함된다.

32

☑ 확인Check! ○ △ ×

보험회사의 기초서류 작성 또는 변경에 관한 설명으로 옳은 것을 모두 고른 것은? 기출수정

> 가. 보험회사는 법령의 제정·개정에 따라 새로운 보험상품이 도입되거나 보험상품의 가입이 의무화되는 경우에는 금융위원회에 신고하여야 한다.
> 나. 보험회사는 보험계약자 보호 등을 위하여 대통령령으로 정하는 경우에는 금융위원회에 신고하여야 한다.
> 다. 금융위원회는 보험계약자 보호 등을 위하여 필요하다고 인정되면 보험회사에 대하여 기초서류에 관한 자료 제출을 요구할 수 있다.
> 라. 금융위원회는 보험회사가 기초서류를 제출할 때 보험료 및 해약환급금 산출방법서에 대하여 금융감독원의 검증확인서를 첨부하도록 할 수 있다.

① 가, 나, 다
② 나, 다, 라
③ 나, 다
④ 가, 라

33

☑ 확인 Check! ○ △ ✕

보험업법상 선임계리사의 의무에 관한 설명으로 옳지 않은 것은?

① 선임계리사는 보험회사가 기초서류관리기준을 지키는지를 점검하고 이를 위반하는 경우에는 조사하여 그 결과를 금융위원회에 보고하여야 한다.

② 선임계리사는 보험회사가 금융위원회에 제출하는 서류에 기재된 사항 중 기초서류의 내용 및 보험계약에 의한 배당금의 계산 등이 정당한지 여부를 최종적으로 검증하고 이를 확인하여야 한다.

③ 선임계리사는 기초서류의 내용 및 보험계약에 따른 배당금의 계산 등이 정당한지 여부를 검증하고 확인하여야 한다.

④ 선임계리사는 보험회사의 기초서류에 법령을 위반한 내용이 있다고 판단하는 경우에는 금융위원회에 보고하여야 한다.

34

☑ 확인 Check! ○ △ ✕

보험업법상 보험요율산출기관에 관한 설명으로 옳지 않은 것은?

① 보험회사는 금융위원회의 인가를 받아 보험요율산출기관을 설립할 수 있다.

② 보험요율산출기관은 정관으로 정하는 바에 따라 업무와 관련하여 보험회사로부터 수수료를 받을 수 있다.

③ 보험요율산출기관은 보유정보를 활용하여 주행거리 정보를 제외한 자동차사고 이력 및 자동차 기준가액 정보를 제공할 수 있다.

④ 보험회사 등으로부터 제공받은 보험정보 관리를 위한 전산망 운영업무를 할 수 있다.

35

☑ 확인 Check! ○ △ ✕

보험업법상 미수범 처벌규정에 따라 처벌받는 경우로서 옳지 않은 것은?

① 보험회사 대주주가 보험회사의 이익에 반하여 개인의 이익을 위하여 부당하게 압력을 행사하여 보험회사에게 외부에 공개되지 않은 자료 제공을 요구하는 행위

② 보험계리사가 그 임무를 위반하여 재산상의 이익을 취득하거나 제3자로 하여금 재산상 이익을 취득하게 하여 보험회사에 재산상의 손해를 입히는 행위

③ 상호회사의 청산인이 재산상의 이익을 취득하거나 제3자로 하여금 재산상 이익을 취득하게 하여 보험회사에 재산상의 손해를 입히는 행위

④ 보험계약자 총회 대행기관을 구성하는 자가 그 임무를 위반하여 재산상의 이익을 취득하거나 제3자로 하여금 재산상 이익을 취득하게 하여 보험계약자나 사원에게 손해를 입히는 행위

36

☑ 확인Check! ○ △ ×

A회사에는 각각 다음과 같은 약정을 체결한 사람이 일하고 있다. 이들이 각 약정만료일에 퇴직하는 경우 A회사가 「근로자퇴직급여보장법」에 따라 퇴직급여제도를 설정할 의무를 부담하는 사람은 몇 명인가?

> 가. 갑은 2019.2.1.부터 2019.12.31.까지 주 40시간을 근로하기로 약정하였다.
> 나. 을은 2018.10.1.부터 2019.12.31.까지 주 40시간을 근로하기로 약정하였으나, 2019.2.1.에야 비로소 고용보험 자격취득신고가 이루어졌다.
> 다. 병은 2018.11.1.부터 2019.12.31.까지 월요일부터 금요일은 하루 2시간, 토요일 4시간을 근로하기로 약정하였으나, 매주 평균 2시간 정도씩 연장근로를 하였다.
> 라. 정은 주 40시간씩 2018.10.1.부터 2019.7.1.까지 근무하다가 퇴직한 후, A회사가 낸 공개채용공고에 응시해 합격한 다음 2019.9.1.부터 2020.3.31.까지 주 40시간씩 근로하기로 약정하였다.
> 마. 무는 A회사의 최대주주로서, 주주총회에서 대표이사로 선임되어 2017.1.1.부터 2019.12.31.까지 재임하기로 약정하였다.

① 0명
② 1명
③ 2명
④ 3명

37

☑ 확인Check! ○ △ ×

B회사 인사담당자는 2020년도 신입사원 오리엔테이션에서 「근로자퇴직급여보장법」상 퇴직급여제도와 관련하여 다음과 같은 취지의 발언을 하였다. 이 중 옳지 않은 발언은 무엇인가?

> 가. 사용자는 하나의 사업장에 확정급여형퇴직연금제도와 확정기여형퇴직연금제도 중 하나만 설정할 수 있다.
> 나. 두 제도에 의한 급여의 종류는 연금 또는 일시금으로 동일하다.
> 다. 어느 제도에 의하건 연금으로 지급할 때에는 연금의 최소지급기간은 5년 이상이다.
> 라. 확정기여형퇴직연금제도와 달리 확정급여형퇴직연금제도는 근로자가 적립금의 운용방법을 스스로 결정할 수 있다.

① 가, 나
② 나, 다
③ 다, 라
④ 가, 라

38

☑ 확인 Check! ○ △ ✕

다음 중 「근로자퇴직급여보장법」상 퇴직연금제도를 설정한 사용자에게 금지되는 행위가 아닌 것은?

① 운용관리업무 또는 자산관리업무를 수행하는데 필요한 단체협약, 근로계약서 등의 자료를 과실로 누락하여 퇴직연금사업자에게 제공하는 행위

② 퇴직연금사업자에게 확정되지 않은 운용방법의 수익을 확정적으로 제시할 것을 요구하거나 제공받는 행위

③ 자기 또는 제3자의 이익을 도모할 목적으로 운용관리 업무 및 자산관리업무의 수행계약을 체결하는 행위

④ 퇴직연금사업자에게 약관 등에서 정해진 부가서비스 외의 경제적 가치가 있는 서비스의 제공을 요구하거나 제공받는 행위

39

☑ 확인 Check! ○ △ ✕

다음 중 「근로자퇴직급여보장법」상 퇴직연금사업자의 책무에 대한 설명 중 옳은 것은?

① 퇴직연금사업자는 「근로자퇴직급여보장법」을 준수하고 사용자를 위하여 성실하게 그 업무를 하여야 한다.

② 퇴직연금사업자는 정당한 사유 없이 사용자 또는 가입자에게 특정한 운용방법의 선택을 권유하는 행위를 하여서는 아니 된다.

③ 개인형퇴직연금제도를 운영하는 퇴직연금사업자는 해당 사업의 퇴직연금제도 운영 상황 등에 대하여 반기마다 1회 이상 가입자에게 교육을 하여야 한다.

④ 퇴직연금사업자는 정당한 사유 없이 퇴직연금제도의 운용관리업무 및 자산관리업무의 수행계약 체결을 거부하여서는 아니 된다.

40

☑ 확인 Check! ○ △ ✕

다음 중 「근로자퇴직급여보장법」상 확정기여형퇴직연금제도에 대한 설명으로 옳은 것은? 기출수정

① 확정기여형퇴직연금제도를 설정하려는 사용자는 퇴직연금규약을 작성하여 금융위원회에 신고하여야 한다.

② 확정기여형퇴직연금제도의 퇴직연금사업자는 반기마다 1회 이상 위험과 수익구조가 서로 다른 세 가지 이상의 적립금 운용방법을 제시하여야 한다.

③ 확정기여형퇴직연금제도를 설정한 사용자는 가입자의 연간 임금총액의 12분의 1에 해당하는 부담금을 현금으로 가입자의 확정기여형퇴직연금제도 계정에 납입하여야 한다.

④ 확정기여형퇴직연금제도를 설정하려는 사용자 또는 가입자는 퇴직연금사업자와 연금제도의 설계 및 연금 회계처리 업무에 관한 사항이 포함된 운용관리업무 계약을 체결하여야 한다.

중요 문제 / 틀린 문제 CHECK

01	02	03	04	05	06	07	08	09	10	11	12	13	14	15	16	17	18	19	20
21	22	23	24	25	26	27	28	29	30	31	32	33	34	35	36	37	38	39	40

시간 분 | 정답 및 해설편 081p

01

확인 Check! ○ △ ×

표는 갑이 X재와 Y재의 소비로 얻는 한계효용을 나타낸다. X재와 Y재의 가격은 각각 개당 3과 10이다. 갑이 14의 예산으로 두 재화를 소비함으로써 얻을 수 있는 최대의 소비자잉여는?

수 량	X재 한계효용	Y재 한계효용
1	18	10
2	12	8
3	6	6
4	3	4
5	1	2
6	0.6	1

① 8
② 14
③ 52
④ 66

02

확인 Check! ○ △ ×

X재의 수요곡선은 $Q^d = 150 - P$이고, 공급곡선은 $Q^s = P$이다. 시장 균형에서 수요의 가격탄력성과 공급의 가격탄력성은? (단, P는 가격이다)

① 0, 0
② 1, 1
③ 5, 1
④ 5, 5

03

☑ 확인 Check! ○ △ ×

완전경쟁시장에서 X재를 생산하는 A기업의 총비용함수는 $TC = 10,000 + 100Q + 10Q^2$ 이고, X재의 시장가격은 단위당 900이다. 이 기업의 극대화 된 이윤(profit)은? (단, Q는 생산량이다)

① 0　　② 6,000
③ 12,000　　④ 16,000

04

☑ 확인 Check! ○ △ ×

그림은 A국과 B국의 생산가능곡선이다. 비교우위에 특화해서 교역할 때 양국 모두에게 이득을 주는 교환은?

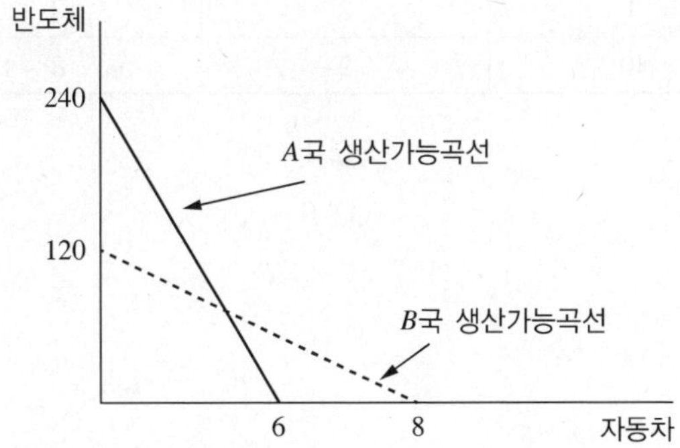

① A국의 자동차 1대와 B국의 반도체 50개
② A국의 자동차 1대와 B국의 반도체 40개
③ A국의 반도체 20개와 B국의 자동차 1대
④ A국의 반도체 14개와 B국의 자동차 1대

05

☑ 확인 Check! ○ △ ×

X재의 사적 한계비용곡선(MC)은 $MC = 0.1Q + 2$ 이고, 한계편익곡선은 $P = 14 - 0.1Q$ 이다. X재의 공급에 부정적 외부효과가 존재하여 경제적 순손실이 발생하였다. 이에 정부가 공급자에게 단위당 2의 세금을 부과하여 사회적 최적을 달성했다면 정부개입 이전의 경제적 순손실은? (단, P는 가격, Q는 수량이다)

① 10　　② 20
③ 30　　④ 40

06

☑ 확인 Check! ○ △ ✕

X재의 수요함수는 $Q^d = 100 - P$이고, 공급함수는 $Q^s = P$이다. 소비자에게 단위당 10의 세금이 부과될 경우 소비자에게 귀착되는 세금의 총액은? (단, P는 가격이다)

① 225
② 250
③ 450
④ 500

07

☑ 확인 Check! ○ △ ✕

표는 A기업의 판매자료이다. 판매량이 2에서 3으로 증가할 때 한계수입(marginal revenue)은?

판매량	1	2	3	4
가 격	10	9	8	7

① −1
② 1
③ 3
④ 6

08

☑ 확인 Check! ○ △ ✕

그림은 A기업과 B기업의 전개형 게임이다. 기업 A와 기업 B는 각각 전략 X와 전략 Y에 따라 다른 보수를 얻는다. 이 전개형 게임의 완전균형은?

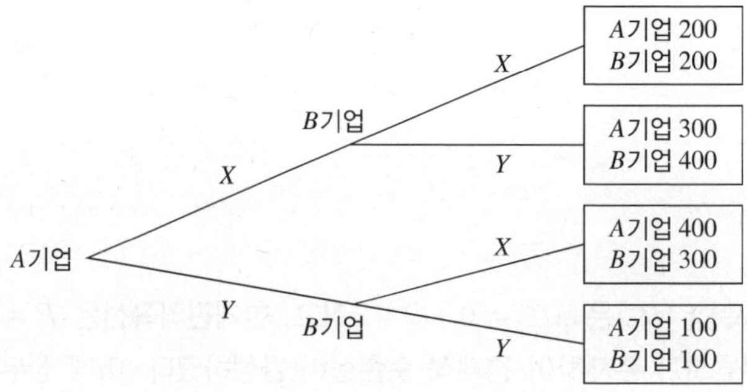

① A기업은 전략 X를, B기업은 전략 Y를 선택
② A기업은 전략 Y를, B기업은 전략 X를 선택
③ 두 기업 모두 전략 X를 선택
④ 두 기업 모두 전략 Y를 선택

09

☑ 확인 Check! ○ △ ×

(   )안에 들어갈 용어를 옳게 짝지은 것은?

> (A)는 비경합적이지만 배제가능한 재화이며, (B)는 경합적이지만 비배제적인 재화이다.

	A	B
①	공유자원	클럽재
②	공유자원	공공재
③	클럽재	공공재
④	클럽재	공유자원

10

☑ 확인 Check! ○ △ ×

X재와 Y재를 소비하는 갑의 효용함수는 $U(X, Y) = \min(X, Y)$이다. 갑이 예산제약하에서 효용을 극대화할 때, 이에 관한 설명으로 옳지 않은 것은?

① X재의 가격이 상승하면 Y재의 소비량이 증가한다.

② X재의 소비량만 증가시키면 효용이 증가하지 않는다.

③ Y재의 소비량만 증가시키면 효용이 증가하지 않는다.

④ 소득이 증가하면 X재와 Y재의 소비량은 동일한 비율로 증가한다.

11

☑ 확인 Check! ○ △ ×

독점시장에서 이윤극대화를 추구하는 A기업의 수요곡선은 $Q^d = 10 - P$이고 총비용곡선은 $C = 4Q + 6$이다. 이에 관한 설명으로 옳지 않은 것은? (단, P는 가격, Q는 생산량이다)

① 시장균형 가격은 7이다.

② 생산량 3에서 최대이윤을 얻는다.

③ 정부가 가격을 3으로 규제하면 생산량은 증가한다.

④ 시장균형에서 수요의 가격탄력성은 1보다 크다.

12

☑ 확인Check! ○ △ ×

A기업의 수요곡선은 $Q^d = 100 - N - P$이고 비용곡선은 $C = 4Q$이다. A기업이 이윤극대화를 할 때 이에 관한 설명으로 옳지 않은 것은? (단, P는 가격, Q는 생산량, N은 기업의 수이다)

① 기업의 수가 60이면 최적 생산량은 18이다.
② 기업의 이윤이 0이 되는 기업의 수는 95이다.
③ 기업의 수가 증가함에 따라 균형가격은 하락한다.
④ 기업의 수가 증가함에 따라 A기업의 생산량은 감소한다.

13

☑ 확인Check! ○ △ ×

완전경쟁시장에서 이윤극대화를 추구하는 기업들의 장기비용곡선은 $C = 4Q$로 동일하다. 이에 관한 설명으로 옳지 않은 것은? (단, Q는 생산량이다)

① 규모의 경제가 존재한다.
② 장기균형에서 균형가격은 4이다.
③ 한계비용곡선은 4에서 수평인 직선이다.
④ 평균비용곡선과 한계비용곡선은 일치한다.

14

☑ 확인Check! ○ △ ×

상품시장과 생산요소시장이 완전경쟁시장이고, 상품의 가격은 1이다. 기업들의 생산함수는 $F(K, L) = AK^{0.4}L^{0.6}$으로 동일하다. 균형에서 1,000개의 기업이 존재하고 각 기업의 자본에 대한 지출은 10이다. 균형에 관한 설명으로 옳은 것을 모두 고르면? (단, A는 생산기술, K는 자본, L은 노동이다)

가. 생산은 25,000이다. 나. 노동소득분배율은 60%이다. 다. 개별기업의 노동에 대한 지출은 15이다.

① 가, 나　　② 가, 다
③ 나, 다　　④ 가, 나, 다

15

☑ 확인 Check! ○ △ ×

갑의 효용함수는 $U(m, l) = ml$이고, 예산제약식은 $w(24-l) + A = m$이다. 갑이 효용을 극대화할 때 이에 관한 설명으로 옳지 않은 것은? (단, m은 소득, l은 여가, $(24-l) \geq 0$는 근로시간, A는 보조금, w는 시간당 임금이다)

① 보조금이 증가하면 근로시간은 감소한다.
② 보조금이 시간당 임금의 두 배이면 최적 여가는 13이다.
③ 보조금이 존재할 때, 시간당 임금이 상승하면 여가는 감소한다.
④ 보조금이 없을 때 근로시간은 시간당 임금에 비례하여 증가한다.

16

☑ 확인 Check! ○ △ ×

갑의 우하향하는 선형 수요곡선에 관한 설명으로 옳은 것을 모두 고르면?

가. 모든 구간에서 호탄력성은 다르다. 나. 모든 점에서 점탄력성은 다르다. 다. 모든 점에서 한계효용은 다르다.

① 가, 나　　② 가, 다
③ 나, 다　　④ 가, 나, 다

17

☑ 확인 Check! ○ △ ×

생산함수 $Y = F(K, L)$의 등량곡선(isoquant curve)에 관한 설명으로 옳지 않은 것은? (단, K는 자본, L은 노동이다)

① 생산요소간 대체탄력성이 커질수록 등량곡선은 직선에 가까워진다.
② 두 생산요소의 한계생산이 모두 0보다 크면 등량곡선은 우하향한다.
③ 한계기술대체율 체증의 법칙이 성립하면 등량곡선은 원점에 대해 볼록하다.
④ 등량곡선은 원점에서 멀어질수록 더 많은 산출량을 나타낸다.

18

☑ 확인Check! ○ △ ×

피셔(I. Fisher)의 2기간 소비효용극대화 모형에서 저축자의 경우 이자율 상승시 발생하는 현상으로 옳지 않은 것은? (단, 가로축에 현재소비, 세로축에 미래소비를 표시하고, 현재소비와 미래소비는 정상재이며, 무차별곡선은 원점에 대해 볼록한 우하향하는 곡선이다)

① 소득효과에 의해 미래소비는 증가한다.
② 소득효과에 의해 현재소비는 증가한다.
③ 대체효과에 의해 미래소비는 감소한다.
④ 대체효과에 의해 현재소비는 감소한다.

19

☑ 확인Check! ○ △ ×

독점기업 A의 수요함수는 $Q^d = P^{-\theta}$이다. 이 기업이 이윤극대화를 할 때 마크업(가격/한계비용)은? (단, $\theta > 1$이다)

① $\theta - 1$
② $\frac{1}{\theta - 1}$
③ $\frac{\theta}{\theta - 1}$
④ $\frac{\theta - 1}{\theta}$

20

☑ 확인Check! ○ △ ×

역선택의 사례로 옳지 않은 것은?

① 의료실손보험에는 건강하지 않은 사람이 가입할 확률이 높다.
② 안정적인 직장에 취업한 사람은 열심히 일하지 않을 확률이 높다.
③ 종신연금에는 사망 확률이 낮은 건강한 사람이 가입 할 확률이 높다.
④ 중고차 시장에서는 가격보다 질이 낮은 자동차가 거래될 확률이 높다.

21

☑ 확인Check! ○ △ ×

기펜재에 관한 설명으로 옳은 것을 모두 고르면?

가. 정상재이다.	나. 열등재이다.
다. 소득효과가 대체효과보다 크다.	라. 소득효과가 대체효과보다 작다.

① 가, 다
② 가, 라
③ 나, 다
④ 나, 라

22

☑ 확인 Check! ○ △ ×

A국의 생산함수는 $Y = K^{\alpha}(EL)^{1-\alpha}$이다. 효율적 노동당 자본$(K/EL)$의 한계생산은 0.14이고, 자본의 감가상각률은 0.04이며, 인구증가율은 0.02이다. 만약 이 경제가 황금률 균제상태(golden-rule steady state)라면 노동효율성(E) 증가율은? (단, Y는 총생산, K는 총자본, E는 노동효율성, L은 총노동을 나타내며 $0 < \alpha < 1$이다)

① 0.08
② 0.10
③ 0.12
④ 0.14

23

☑ 확인 Check! ○ △ ×

아래와 같은 $IS-MP$ 모형을 이용한 총수요-총공급 분석에서 현재 A국의 명목금리가 0이고, 경기침체로 기대인플레이션이 하락할 때 이에 관한 설명으로 옳은 것을 모두 고르면?

MP곡선 : $i > 0$경우 $r = \bar{r} + \lambda\pi$, $i = 0$일 경우 $r = -\pi$
IS곡선 : $Y = a - br$
단기총공급곡선 : $\pi = \pi^e + \delta(Y - Y^*)$
(단, i는 명목금리, r은 실질금리, $\bar{r}$는 정책목표실질금리, π는 인플레이션, Y는 생산, π^e는 기대인플레이션, Y^*는 잠재생산, a, b, λ, δ는 각각 0보다 크다.)

가. 단기총공급곡선이 우측으로 이동한다.
나. 단기총공급곡선이 좌측으로 이동한다.
다. 생산은 현재보다 증가한다.
라. 생산은 현재보다 감소한다.

① 가, 다
② 가, 라
③ 나, 다
④ 나, 라

24

☑ 확인 Check! ○ △ ×

소규모 개방경제모형에서 무역수지 적자 확대의 원인으로 옳은 것은?

① 세금 증가
② 정부지출 증가
③ 해외금리 상승
④ 투자세액 감면 종료

25

☑ 확인Check! ○ △ ✕

A국 경제는 총수요-총공급 모형에서 현재 장기 균형상태에 있다. 부정적 충격과 관련한 설명으로 옳은 것은?

① 부정적 단기공급 충격시 정부의 개입이 없을 경우 장기적으로 물가는 상승한다.
② 부정적 단기공급 충격시 확장적 재정정책으로 단기에 충격 이전 수준과 동일한 물가와 생산으로 돌아갈 수 있다.
③ 부정적 수요 충격시 정부의 개입이 없을 경우 장기적으로 충격 이전 수준과 동일한 물가로 돌아간다.
④ 부정적 수요 충격시 확장적 통화정책으로 단기에 충격 이전 수준과 동일한 물가와 생산으로 돌아갈 수 있다.

26

☑ 확인Check! ○ △ ✕

경기변동에 관한 설명으로 옳지 않은 것은?

① 확장국면과 수축국면이 반복되어 나타나는 현상이다.
② 확장국면과 수축국면의 기간과 강도가 다르다.
③ 루카스(R. Lucas)는 거시 경제변수들이 공행성(comovement)을 보인다고 했다.
④ 케인즈(J. Keynes)는 경기변동의 주기적인 규칙성을 강조했다.

27

☑ 확인Check! ○ △ ✕

토빈의 q에 관한 설명으로 옳지 않은 것은?

① 1보다 클수록 신규 투자가 증가한다.
② 기업보유자본 시장가치와 기업보유자본 대체비용의 비율이다.
③ 투자시 요구되는 실질수익률과 물가상승률의 비율로도 계산될 수 있다.
④ 주식시장에서 평가되는 기업발행주식 가치와 기업부채의 합을 자본재시장에서 평가되는 기업보유자본 가치로 나눈 값으로도 계산될 수 있다.

28

☑ 확인 Check! ○ △ ✕

완전자본이동하의 소규모 개방경제에서 먼델-플레밍 모형에 관한 설명으로 옳지 않은 것은?

① 국내이자율은 해외 이자율에 의해 결정된다.
② 변동환율제 하에서는 확장적 재정정책으로 총수요를 증가시킬 수 없다.
③ 변동환율제 하에서는 확장적 통화정책으로 총수요를 증가시킬 수 있다.
④ 변동환율제 하에서는 수입할당과 관세 등의 무역정책으로 총수요를 증가시킬 수 있다.

29

☑ 확인 Check! ○ △ ✕

리카디언 등가(Ricardian Equivalence)에 관한 설명으로 옳지 않은 것은?

① 정부부채를 통해 조세삭감의 재원을 충당하는 정책은 소비를 변화시키지 않는다.
② 정부부채는 미래의 조세와 같기 때문에 민간이 미래를 충분히 고려한다면 민간의 소득에는 변화가 없다.
③ 정부가 장래의 정부구매를 축소하기 위해 조세를 삭감했을 경우에도 민간은 소비를 증가시키지 않는다.
④ 리카도(D. Ricardo)는 정부 재정을 부채를 통해 확보하는 것이 조세를 통해 확보하는 것과 같다고 주장했다.

30

☑ 확인 Check! ○ △ ✕

솔로우(R. Solow) 경제성장모형에 관한 설명으로 옳지 않은 것은?

① 저축과 투자는 항상 균형을 이룬다.
② 생산함수가 규모에 대한 수확불변이라고 가정한다.
③ 저축률이 상승하면 균제상태의 일인당 소득은 증가한다.
④ 인구증가율이 하락하면 균제상태의 일인당 소득은 감소한다.

31

☑ 확인Check! ○ △ ×

표는 A국의 통계자료이다. A국의 생산함수가 $Y = AK^{\alpha}L^{1-\alpha}$일 때, 성장회계(growth accounting)에 따른 노동생산성(Y/L)의 증가율은? (단, A는 총요소생산성, K는 자본, L은 노동, $0 < \alpha < 1$이다)

지 표	값
자본–노동비율(K/L) 증가율	4%
총요소생산성 증가율	1%
노동소득 분배율	0.75
자본소득 분배율	0.25

① 1.75%
② 2.00%
③ 3.25%
④ 4.00%

32

☑ 확인Check! ○ △ ×

실업자 중 직장을 구하는 비율(구직률)이 23%이고 취업자 중 직장을 잃는 비율(실직률)은 2%일 때, 구직자수와 실직자수가 일치하는 균제상태(steady state)에서의 실업률은?

① 5%
② 6%
③ 7%
④ 8%

33

☑ 확인Check! ○ △ ×

표는 A국의 전년도 실질GDP관련 지표이다. 전년대비 소비 증가율은 1%, 투자 증가율은 3%, 정부지출 증가율은 2%일 때, A국의 금년도 경제성장률은? (단, C는 소비, I는 투자, G는 정부지출이다)

지 표	값
실질GDP	1,000
민간소비(C)	500
투자(I)	300
정부지출(G)	200

① 1.2%
② 1.8%
③ 2%
④ 2.2%

34

☑ 확인Check! ○ △ ×

이자율 평형가설은 $i = \frac{\Delta s^e}{s} + i^f$ 이다. 이에 관한 설명으로 옳은 것은? (단, i는 국내 명목이자율, i^f는 해외 명목이자율, s는 명목환율, $\Delta s^e = s^e_{t+1} - s^e_t$는 예상 명목환율 변화이다)

① $i = i^f$이고 $\Delta s^e > 0$이면 해외자본 유출이 발생한다.
② 예상환율 s^e_{t+1}가 주어져 있을 때 이자율과 현재환율은 비례 관계를 갖는다.
③ 해외투자자가 국내에 투자할 때 수익률은 $(i - i^f) + \frac{\Delta s^e}{s}$이다.
④ $i > i^f$일 때 국내화폐의 가치는 미래에 상승할 것으로 예측된다.

35

☑ 확인Check! ○ △ ×

통화승수를 상승시키는 것으로 옳지 않은 것은?

① 법정지급준비율 하락
② 은행자기자본비율 하락
③ 초과지급준비율 하락
④ 민간현금보유율 하락

36

☑ 확인Check! ○ △ ×

총수요-총공급 분석에서 긍정적 단기공급 충격에 따른 새로운 단기균형에 관한 설명으로 옳지 않은 것은?

① 소비는 증가한다.
② 고용은 증가한다.
③ 명목이자율은 상승한다.
④ 실질화폐공급은 증가한다.

37

☑ 확인Check! ○ △ ×

합리적 기대하의 총공급곡선은 $Y = Y^* + r(\pi - \pi^e)$이고, 중앙은행은 π를 이용하여 정책목표함수 $W = (Y - Y^*) - \frac{1}{2}a\pi^2$을 극대화한다. $\pi^e = \pi$일 때와 $\pi^e = 0$일 때 각각 최적 인플레이션은? (단, Y는 생산, Y^*는 잠재생산, π는 인플레이션, π^e는 기대인플레이션, α, γ는 각각 0보다 큰 상수이다)

① 0, 0
② γ/a, 0
③ 0, γ/a
④ γ/a, γ/a

38

☑ 확인 Check! ○ △ ✕

합리적 기대 모형에 관한 설명으로 옳지 않은 것은?

① 주식시장에 대해 효율적 시장가설이 성립한다.
② 완전예견(perfect foresight)이 가능한 것은 아니다.
③ 적응적 기대 모형과 달리 예측에 있어 체계적 오류를 범하지 않는다.
④ 불완전정보 하에서 단기에 인플레이션과 실업률 사이에 상충관계가 존재하지 않는다.

39

☑ 확인 Check! ○ △ ✕

현재가치법을 이용해 t기의 주택가격을 나타내면 $P_t = \sum_{k=1}^{\infty} \frac{fD_t}{(1+i)^k} + b_t$ 이다. 이에 관한 설명으로 옳은 것은? (단, P_t는 주택가격, f는 전월세 전환율, D_t는 전세가격, i는 시장이자율, b_t는 거품이다)

① 거품이 없을 때 전월세 전환율이 시장이자율과 같다면 주택가격은 전세가격보다 높다.
② 주택의 투자가치는 전월세 전환율에 전세가격을 곱한 것이다.
③ 거품이 생기면 전세가격은 상승한다.
④ 시장이자율이 전월세 전환율보다 빠르게 상승하면 주택가격은 하락한다.

40

☑ 확인 Check! ○ △ ✕

채권의 만기와 수익률의 관계를 나타내는 수익률곡선에 관한 설명으로 옳지 않은 것은?

① 언제나 양의 기울기를 갖는다.
② 신용위험은 수익률곡선에 반영되지 않는다.
③ 향후 경기 방향에 대한 정보로 활용될 수 있다.
④ 인플레이션 위험은 장기수익률이 단기수익률보다 높아지는 원인의 하나이다.

2020년 제43회 보험수학 1차 기출문제

중요 문제 / 틀린 문제 CHECK

01	02	03	04	05	06	07	08	09	10	11	12	13	14	15	16	17	18	19	20
21	22	23	24	25	26	27	28	29	30	31	32	33	34	35	36	37	38	39	40

시간 분 | 정답 및 해설편 094p

※ 제시된 보기 중에서 가장 가까운 것을 고르시오.

01

확인Check! ○ △ ×

k가 실수일 때 2차 방정식 $x^2+(k-1)x-k^2=0$의 두 근 α, β에 대해 $\alpha^2+\beta^2$의 최솟값을 구하시오.

① $\frac{1}{3}$
② $\frac{2}{3}$
③ 1
④ $\frac{4}{3}$

02

확인Check! ○ △ ×

x, y에 대한 연립방정식 $\begin{cases}(1-k)x+2y=3k \\ 2x+(1-k)y=-3k\end{cases}$가 무수히 많은 근을 가지게 되는 모든 k들의 합을 구하시오.

① 1
② 2
③ 3
④ 4

03

☑ 확인 Check! ○ △ ×

$f(x, y) = (x^2 - y^2, 2xy)$으로 주어진 변환 f에 대해, $(x_1, y_1) = \left(\frac{\sqrt{3}}{2}, \frac{1}{2}\right)$, $(x_{n+1}, y_{n+1}) = f(x_n, y_n)$으로 정의된 점열 (x_n, y_n)에서 $x_{2020} + y_{2020}$을 구하시오.

① $\frac{1+\sqrt{3}}{2}$　　② $\frac{1-\sqrt{3}}{2}$

③ $\frac{-1+\sqrt{3}}{2}$　　④ $\frac{-1-\sqrt{3}}{2}$

04

☑ 확인 Check! ○ △ ×

자연수 n에 정의된 함수 $f_n(x) = \begin{cases} \frac{(1+x)^n - a_n - b_n x}{x^2} & , x \neq 0 \\ c_n & , x = 0 \end{cases}$이 연속이 되도록 하는 수열 a_n, b_n, c_n에 대해 $\lim_{n \to \infty} \frac{a_n^2 b_n^2}{c_n}$을 구하시오.

① 1　　② 2

③ 3　　④ 4

05

☑ 확인 Check! ○ △ ×

곡선 $\sqrt{x} + \sqrt{y} = 1$ 위의 점 $\left(\frac{1}{9}, \frac{4}{9}\right)$에서 접선과 x축, y축으로 둘러싸인 삼각형의 넓이를 구하시오.

① $\frac{1}{18}$　　② $\frac{1}{9}$

③ $\frac{1}{6}$　　④ $\frac{1}{3}$

06

☑ 확인 Check! ○ △ ×

모든 실수 x에 대해 정의된 함수 $f(x)=(1+\cos x)(1+\sin x)$의 최댓값을 구하시오.

① $\dfrac{2+\sqrt{2}}{2}$　② $\dfrac{2+2\sqrt{2}}{2}$

③ $\dfrac{3+\sqrt{2}}{2}$　④ $\dfrac{3+2\sqrt{2}}{2}$

07

☑ 확인 Check! ○ △ ×

밑변의 반지름이 r이고 높이가 h인 원기둥 모양의 통조림 깡통을 만든다고 하자. 일정한 넓이의 철판을 사용하여 부피를 최대로 하려면 높이 h가 반지름 r의 몇 배이어야 하는지 구하시오.

① 1　② $\sqrt{2}$

③ $\dfrac{3}{2}$　④ 2

08

☑ 확인 Check! ○ △ ×

세 직선 $x=0$, $x=1$, $y=-1$과 함수 $y=\sqrt{x}$의 그래프로 둘러싸인 영역을 직선 $y=-1$ 둘레로 회전시켜 얻어지는 입체의 부피를 구하시오.

① $\dfrac{7}{6}\pi$　② $\dfrac{11}{6}\pi$

③ $\dfrac{13}{6}\pi$　④ $\dfrac{17}{6}\pi$

09

☑ 확인 Check! ○ △ ×

극한 $\lim_{n\to\infty}\dfrac{1}{n^3}\sum_{i=1}^{n}\sum_{j=i+1}^{n+i}(i+j)$를 구하시오.

① $\dfrac{1}{2}$　② 1

③ $\dfrac{3}{2}$　④ 2

10

☑ 확인 Check! ○ △ ×

모든 3차 다항식 $f(x)$에 대해 $\int_{-1}^{1} f(x)dx = af(b) + cf(d)$가 성립하도록 하는 상수 a, b, c, d의 곱을 구하시오. (단, $b < d$)

① -1
② $-\frac{1}{2}$
③ $-\frac{1}{3}$
④ $-\frac{1}{4}$

11

☑ 확인 Check! ○ △ ×

1부터 6까지 숫자가 쓰여 있는 공정한 주사위가 있다. 이 주사위를 3번 던져 나오는 숫자를 차례로 a, b, c라 할 때, $\frac{c}{a+b}$가 자연수일 확률을 구하시오.

① $\frac{15}{216}$
② $\frac{17}{216}$
③ $\frac{19}{216}$
④ $\frac{21}{216}$

12

☑ 확인 Check! ○ △ ×

서로 독립인 확률변수 X와 Y는 표준정규분포를 따른다. $T = X^2 + Y^2$의 확률밀도함수(p.d.f) $f_T(t)$에 대하여 $f_T(1)$의 값을 구하시오. (표준정규분포의 확률밀도함수(p.d.f) $f_Z(z) = \frac{1}{\sqrt{2\pi}} e^{-\frac{z^2}{2}}$)

① $\frac{1}{2\sqrt{e}}$
② $\frac{1}{\sqrt{e}}$
③ $\frac{1}{2e}$
④ $\frac{1}{e}$

13

☑ 확인 Check! ○ △ ×

두 확률변수 X, Y의 결합밀도함수(joint p.d.f.)가

$f_{XY}(x,y)=\begin{cases}\frac{4}{7}\left(x^2+\frac{xy}{3}\right) & ,0\le x\le 1, 0\le y\le 3 \\ 0 & ,\text{그 외}\end{cases}$ 일 때, $E\left[Y|X=\frac{1}{2}\right]$을 구하시오.

① $\frac{1}{4}$
② $\frac{3}{4}$
③ $\frac{5}{4}$
④ $\frac{7}{4}$

14

☑ 확인 Check! ○ △ ×

확률변수 T의 확률밀도함수(p.d.f.)가 모든 실수 t에 대해 $f_T(t)=\frac{e^{-t}}{(1+e^{-t})^2}$ 일 때, 사분위수 범위(interquartile range) Q_3-Q_1을 구하시오. (단, $\ln 3 \simeq 1.099$)

① 2.2
② 2.8
③ 3.3
④ 4.4

15

☑ 확인 Check! ○ △ ×

앞면이 나올 확률이 0.3인 동전이 있다. 앞면이 3회 나오기 이전에 뒷면이 3회 이상 나올 확률을 구하시오.

① 0.61
② 0.84
③ 0.90
④ 0.97

16

☑ 확인 Check! ○ △ ×

3과목 중 2과목 이상을 합격하면 자격증이 주어지는 시험이 있다. 응시자 중 절반은 A집단에 속하고 나머지는 B집단에 속한다. 각 과목의 합격여부는 서로 독립이고, A집단 응시자의 과목별 합격률이 0.8이며 B집단 응시자의 과목별 합격률이 0.5이다. 시험 후 무작위로 추출한 응시자가 합격자일 때, 이 응시자가 A집단에 속할 확률을 구하시오.

① 0.45
② 0.64
③ 0.70
④ 0.75

17

☑ 확인Check! ○ △ ✕

확률변수 X는 $[0,\ 10]$에서 균등분포를 따르고 확률변수 Y는 $Y=x$일 때 $[0,\ x]$에서 균등분포를 따른다. $Cov(X,\ X-Y)$를 구하시오.

① $\frac{25}{6}$

② $\frac{28}{5}$

③ $\frac{20}{3}$

④ $\frac{15}{2}$

18

☑ 확인Check! ○ △ ✕

COVID-19에 감염된 후 회복하기까지 걸리는 시간을 나타내는 확률변수 T의 누적분포함수(c.d.f.)가 $F(t)=\begin{cases} 1-\left(\frac{8}{t}\right)^{1/3} & ,\ t \geq 8 \\ 0 & ,\ \text{그 외} \end{cases}$ 이다. 발생비용이 $U=T^{2/3}$일 때, U의 확률밀도함수(p.d.f.) $g(u)$에 대하여 $g(9)$를 구하시오.

① $\frac{1}{81}$

② $\frac{1}{64}$

③ $\frac{1}{49}$

④ $\frac{1}{27}$

19

☑ 확인Check! ○ △ ✕

앞면이 나올 확률이 0.8인 동전을 한 사람이 두 번 던져서 모두 앞면이 나오면 이기는 게임이 있다. 두 사람 A와 B가 다음의 규칙에 따라 게임을 진행할 때 A가 받을 우승상금의 기댓값을 구하시오.

(가) A와 B가 번갈아 게임을 시행해서 먼저 이기는 사람이 우승상금을 갖게 된다.
(나) A가 먼저 게임을 시작한다.
(다) A가 첫 번째 시행에서 이기는 경우 우승상금이 1이며, 다음 사람에게 차례가 넘어갈 때마다 우승상금이 직전에 비해 $\sqrt{2}$ 배씩 증가한다.

① 0.70

② 0.86

③ 1.41

④ 4.00

20

☑ 확인 Check! ○ △ ✕

사고 A와 사고 B의 한 달간 발생 횟수를 각각 N_A와 N_B로 나타낸다. N_A와 N_B는 독립이고,

각 확률변수의 확률질량함수(p.m.f.)가 $\begin{cases} P(N_A = n) = \dfrac{1}{2^{n+1}} & , n = 0, 1, 2, \cdots \\ P(N_B = n) = \dfrac{3}{4^{n+1}} & , n = 0, 1, 2, \cdots \end{cases}$ 이다.

$P(N_A = 2 | N_A + N_B = 3)$을 구하시오.

① $\frac{1}{15}$ ② $\frac{2}{15}$

③ $\frac{4}{15}$ ④ $\frac{6}{15}$

21

☑ 확인 Check! ○ △ ✕

1년 전에 투자한 27의 현재시점 종가와 1년 후에 지급받을 20의 현가를 더하면 48이다. 연할인율 (annual effective rate of discount) d를 구하시오. (단, $d > 0$)

① 2% ② 6%

③ 10% ④ 14%

22

☑ 확인 Check! ○ △ ✕

다음 조건을 만족하는 10년 만기 연속변동연금의 종가를 구하시오.

(가) t시점의 지급률(rate of payment) : $b_t = \begin{cases} 0 & , 0 \le t < 5 \\ t^2 - 25 & , 5 \le t \le 10 \end{cases}$

(나) t시점의 이력 $\delta_t = \dfrac{1}{t+5}$

① 125 ② 150

③ 167.5 ④ 187.5

23

☑ 확인 Check! ○ △ ×

다음 중 단리 $[a(t)=1+it]$ 하에서 옳지 않은 것을 고르시오. (단, $i>0$)

① $\delta_t = \dfrac{i}{1-dt}$

② $\dfrac{1}{d} - \dfrac{1}{i} = t$

③ $d_n = \dfrac{i}{1+in}$ (단, d_n은 n차연도 할인율)

④ $\left.\dfrac{da(t)}{dt}\right|_{t=10} = i$

24

☑ 확인 Check! ○ △ ×

2021년 1월 1일부터 1년간 어떤 펀드계정과 관련한 정보가 다음 표와 같다.

날 짜	인출 또는 납입 전 가치	중도인출	추가납입
2021년 1월 1일	100		
2021년 4월 1일	110	20	
2021년 7월 1일	100		10
2021년 10월 1일	120	W	
2022년 1월 1일	110		

2021년 1월 1일부터 1년간에 대하여 시간가중이자율(time-weighted rates of interest) 방식으로 평가한 연투자수익률(annual yield rate)이 25%일 때, 중도인출금 W를 구하시오.

① 2.67
② 10.53
③ 11.67
④ 20

25

☑ 확인 Check! ○ △ ×

첫 지급액이 2이고 그 이후 매년 2씩 지급액이 증가하는 5년 만기 기말급 누가확정연금이 있다. $v=0.9$일 때, 이 연금의 만기 시점 종가를 구하시오.

① 20.57
② 34.83
③ 36.12
④ 40.79

26

☑ 확인 Check! ○ △ ×

어떤 보험회사의 1년 만기 부채가 15, 2년 만기 부채가 20이다. 시장에서 거래가능한 투자자산은 다음과 같은 무이표 채권뿐이다.

채 권	만기(년)	연투자수익률(annual yield rate, %)	액면가
A	1	5	5
B	1.5	7	5
C	2	8	5
D	3	9	5

ALM 전략상, 만기별 부채와 자산을 정확히 일치시키기 위하여 이 보험회사가 보유해야 하는 자산포트폴리오의 현재가치를 구하시오.

① 30.58　② 31.04
③ 31.43　④ 32.43

27

☑ 확인 Check! ○ △ ×

다음 중 복리 $\left[a(t)=(1+t)^t=e^t\right]$ 하에서 옳지 않은 것을 고르시오. (단, $i>0$)

① $d_n=\dfrac{i}{1+i}$ (단, d_n은 n차연도 할인율)

② $\dfrac{d(id)}{d\delta}=\dfrac{1}{v}-v$

③ $\dfrac{d}{(1-v)^2v}=\dfrac{i^3}{(i-d)^2}$

④ $i^{(m)}=m\sum_{k=1}^{\infty}\dfrac{1}{k}\left(\dfrac{\delta}{m}\right)^k$

28

☑ 확인 Check! ○ △ ×

어떤 사람이 대출금 100을 매년 말 일정금액 C씩 3년 동안 감채기금 방식(sinking fund method)으로 상환한다. 대출금에 적용되는 연이율(annual effective rate of interest)은 10%이고, 감채기금 적립시 적용되는 연이율은 5%이다. C를 구하시오.

① 35.21　② 41.72
③ 43.21　④ 46.72

29

☑ 확인Check! ○ △ ✕

어떤 사람이 n년 전 다음과 같은 확정연금에 가입하였다. n을 구하시오.

(가) 매년 1씩 $2n$년간 기말에 지급
(나) x는 현재까지 n회 수령한 연금지급액의 현재시점 종가의 합
(다) y는 향후 n회 수령할 연금지급액의 현가의 합
(라) $x = 1.4641y$
(마) $i = 21\%$

① 1
② 2
③ 3
④ 4

30

☑ 확인Check! ○ △ ✕

피보험자 (x)가 가입하려고 하는 다음과 같은 10년 만기 보험의 가치를 구하시오.

(가) 사망연도 말에 사망보험금 1을 지급
(나) 가입 후 짝수차연도 말에 생존시 생존보험금 1을 지급
(다) 모든 x에 대하여 $q_x = 0.1$
(라) $v = 0.9$

① 1.50
② 1.81
③ 2.09
④ 3.54

31

☑ 확인Check! ○ △ ✕

다음과 같은 생명표가 주어져 있다.

x	l_x	d_x	$_{(x-60)\mid}q_{60}$
60	1,000		
61		100	
62			0.07
63	780		

q_{60}의 값을 구하시오.

① 0.05
② 0.06
③ 0.07
④ 0.08

32

☑ 확인 Check! ○ △ ✕

아래 조건이 주어질 때, A_{65}의 값을 구하시오.

(가) $A_{85}-A_{65}=0.15$
(나) $A_{65:\overline{20|}}=0.7$
(다) $A_{65:\overset{\ \ 1}{\overline{20|}}}=0.5$

① 0.45
② 0.55
③ 0.65
④ 0.75

33

☑ 확인 Check! ○ △ ✕

아래 조건이 주어질 때, A_x+A_{x+1}의 값을 구하시오.

(가) $A_{x+1}-A_x=0.015$
(나) $i=0.06$
(다) $q_x=0.05$

① 1.18
② 2.18
③ 3.18
④ 4.18

34

☑ 확인 Check! ○ △ ✕

아래의 조건이 주어질 때, A_x의 값을 구하시오.

(가) $A_{x:\overline{n|}}=u$
(나) $A^{1}_{x:\overline{n|}}=y$
(다) $A_{x+n}=z$

① $(1-z)y+uz$
② $(1-z)u+yz$
③ $(1+z)y-uz$
④ $(1+z)u-yz$

35

☑ 확인Check! ○ △ ✕

피보험자 (x)에 대한 3종류의 완전이산 보험상품 조건이 다음과 같다.

(가) Z_1은 보험금이 50인 20년 만기 정기보험(term insurance)의 현가를 나타내는 확률변수
(나) Z_2는 보험금이 100인 20년 거치 종신보험(deferred whole life insurance)의 현가를 나타내는 확률변수
(다) Z_3은 보험금이 100인 종신보험(whole life insurance)의 현가를 나타내는 확률변수
(라) $E(Z_1)=1.65$, $E(Z_2)=10.75$
(마) $Var(Z_1)=46.75$, $Var(Z_2)=50.78$

$Var(Z_3)$의 값을 구하시오.

① 62
② 109
③ 167
④ 202

36

☑ 확인Check! ○ △ ✕

다음은 신생아에 대한 생존함수이다.

$$S_0(x)=\begin{cases}1-\left(\dfrac{x}{250}\right) & , 0 \le x < 40 \\ 1-\left(\dfrac{x}{100}\right)^2 & , 40 \le x \le 100\end{cases}$$

피보험자 (30)의 20년 정기완전평균여명(20-year temporary complete expected future lifetime) $\mathring{e}_{30:\overline{20|}}$을 구하시오.

① 16.57
② 17.64
③ 18.83
④ 19.17

37

☑ 확인Check! ○ △ ✕

아래와 같이 연령별 사망률이 주어져 있다.

x	40	41	42	43	44
q_x	0.01	0.03	0.05	0.07	0.09

피보험자 (40)이 2년에서 5년 사이에 사망할 확률을 구하시오.

① 0.188
② 0.210
③ 0.245
④ 0.287

38

☑ 확인Check! ○ △ ×

피보험자 (40)에 대하여 사력이 다음과 같다.

$$\mu_{40+t} = \begin{cases} 0.01 & , 0 \le t < 5 \\ 0.02 & , 5 \le t \end{cases}$$

이 사람의 $_{20}p_{40}$의 값을 구하시오. (단, $e^{-0.1} = 0.9048$, $e^{-0.05} = 0.9512$)

① 0.70
② 0.75
③ 0.80
④ 0.85

39

☑ 확인Check! ○ △ ×

다음 두 조건을 만족하는 q_{50}의 값을 구하시오.

(가) $_{0.2}q_{50.6} = 0.1$
(나) 연령 $[x, x+1)$에서 단수부분에 대해 사망자수가 균등분포(UDD)를 따름

① 0.370
② 0.375
③ 0.380
④ 0.385

40

☑ 확인Check! ○ △ ×

피보험자 (x)의 완전이산 2년 만기 정기보험이 다음과 같은 조건을 만족한다.

(가) $q_x = 0.01$
(나) $q_{x+1} = 0.02$
(다) $i = 0.05$
(라) 초년도 사망보험금은 100,000
(마) 사망보험금과 보험료는 매년 1%씩 증가
(바) 사망보험금은 기말급

초년도 연납순보험료를 구하시오.

① 1,410
② 1,417
③ 1,424
④ 1,431

2020년 제43회 회계원리

1차 기출문제

중요 문제 / 틀린 문제 CHECK

01	02	03	04	05	06	07	08	09	10	11	12	13	14	15	16	17	18	19	20
21	22	23	24	25	26	27	28	29	30	31	32	33	34	35	36	37	38	39	40

시간 분 | 정답 및 해설편 108p

※ 아래 문제들에서 특별한 언급이 없는 한, 보고주체는 계속해서 한국채택국제회계기준(K-IFRS)을 적용해오고 있고, 보고기간은 매년 1월 1일부터 12월 31일까지이며, 법인세 효과는 고려하지 않는다. 또한 자료에서 제시한 모든 항목과 금액은 중요하며, 자료에서 제시한 것 외의 사항은 고려하지 않고 답한다. 정답선택에 있어서 문항 중 질문에 가장 합당한 것을 선택하고, 주어진 문항 중 최 근사치를 선택한다.

01

확인 Check! ○ △ ×

재무제표 요소의 측정에 관한 설명으로 옳지 않은 것은?

① 공정가치가 활성시장에서 직접 관측되지 않는 경우에는 현금흐름기준 측정법 등을 사용하여 간접적으로 결정된다.

② 가격 변동이 유의적일 경우, 현행원가를 기반으로 한 이익은 역사적 원가를 기반으로 한 이익보다 미래이익을 예측하는데 더 유용할 수 있다.

③ 사용가치와 이행가치는 미래현금흐름에 기초하기 때문에 자산을 취득하거나 부채를 인수할 때 발생하는 거래원가는 포함하지 않는다.

④ 역사적 원가는 자산의 손상이나 손실부담에 따른 부채와 관련되는 변동과 같은 가치의 변동을 반영하지 않는다.

02

☑ 확인Check! ○ △ ×

재무상태표에 관한 설명으로 옳지 않은 것은?

① 보고기간 후 재무제표 발행승인일 전에 장기로 차환하는 약정이 체결된 경우라 하더라도 금융부채가 보고기간 후 12개월 이내에 결제일이 도래하면 이를 유동부채로 분류한다.

② 유동자산과 비유동자산, 유동부채와 비유동부채로 구분하는 표시 방법이 신뢰성 있고 더욱 목적적합한 정보를 제공하는 경우를 제외하고는 자산과 부채는 유동성 순서에 따라 표시한다.

③ 기업은 재무제표에 표시된 개별항목을 기업의 영업활동을 나타내기에 적절한 방법으로 세분류하고, 그 추가적인 분류 내용을 재무상태표 또는 주석에 공시한다.

④ 유동자산은 보고기간 후 12개월 이내에 실현될 것으로 예상되지 않는 경우에도 재고자산과 매출채권과 같이 정상영업주기의 일부로서 판매, 소비 또는 실현되는 자산을 포함한다.

03

☑ 확인Check! ○ △ ×

다음 중 기간에 걸쳐 수익을 인식하기 위한 기준에 포함되지 않는 것은?

① 기업이 수행의무를 이행하거나 구별되는 재화나 용역을 이전하는 기업의 노력과 변동 지급조건이 명백하게 관련되어 있다.

② 고객은 기업이 수행하는 대로 기업의 수행에서 제공하는 효익을 동시에 얻고 소비한다.

③ 기업이 수행하여 만들어지거나 가치가 높아지는 대로 고객이 통제하는 자산을 기업이 만들거나 그 자산가치를 높인다.

④ 기업이 수행하여 만든 자산이 기업 자체에는 대체용도가 없고, 지금까지 수행을 완료한 부분에 대해 집행 가능한 지급청구권이 기업에 있다.

04

☑ 확인Check! ○ △ ×

(주)한국은 20x1년 제품 A, B, C를 인도하고 거래가격 ₩1,000의 대가를 받는 계약을 체결하였고, 고객과의 계약에서 생기는 수익을 인식하기 위한 모든 조건을 충족하였다. 제품 A와 제품 B는 20x1년 11월 1일에 인도하였고, 제품 C는 20x2년 2월 1일에 인도하였다. 20x1년 말에 제품의 개별판매가격이 변동하여 거래가격도 ₩900으로 변경되었다. 개별판매가격의 자료가 다음과 같을 때, (주)한국이 20x1년에 인식할 수익은 얼마인가?

구 분	제품 A	제품 B	제품 C
20x1년 계약 개시시점 개별판매가격	₩360	₩240	₩600
20x1년 말 개별판매가격	₩350	₩200	₩450

① ₩450
② ₩495
③ ₩500
④ ₩550

05

☑ 확인Check! ○ △ ×

(주)한국은 20x1년 11월 1일 고객에게 상품을 20x2년 3월 1일에 인도하는 취소가 불가능한 확정계약을 체결하였다. 계약에 따르면 고객은 20x1년 12월 31일에 대가 ₩2,000을 미리 지급해야 하지만, 당일 ₩500을 지급하였다. (주)한국의 20x1년 말 재무상태표에 인식될 계약부채는 얼마인가?

① ₩500
② ₩1,500
③ ₩2,000
④ ₩2,500

06

☑ 확인Check! ○ △ ×

(주)한국은 제품 A를 3개월 이내 반품가능 조건으로 판매하고 있다. 20x1년 말에 200개를 개당 ₩40에 판매하였고, 반품률은 10%로 예상하고 있다. 제품의 원가율이 80%일 경우, 해당 판매가 (주)한국의 20x1년 당기순이익에 미치는 영향은?

① ₩800 증가
② ₩1,440 증가
③ ₩1,600 증가
④ ₩2,240 증가

07

☑ 확인Check! ○ △ ×

(주)한국은 20x1년 2월 1일 액면 ₩1,000의 매출채권을 아래와 같은 조건으로 A사에게 양도하였다. 동 거래가 금융자산의 제거요건을 만족할 경우, (주)한국이 인식할 매출채권처분손실과 20x1년 3월 1일 수취할 현금은 각각 얼마인가?

- A사는 매출채권 액면가의 4%를 금융비용으로 부과하고, 매출에누리 · 환입 및 매출할인에 대비해 액면가의 10%를 유보하고 나머지 금액을 (주)한국에 지급하였다.
- 매출에누리 · 환입 및 매출할인에 대한 유보액은 이후 실제 발생액에 따라 (주)한국과 A사 양자간에 정산하기로 하였다.
- 20x1년 2월 중 매출채권과 관련하여 매출에누리 · 환입 ₩30과 매출할인 ₩40이 발생하였으며, 나머지는 20x1년 3월 1일 현금으로 회수되었다.

	매출채권처분손실	현금 수취액
①	₩40	₩30
②	₩40	₩70
③	₩140	₩30
④	₩140	₩70

08

☑ 확인Check! ○ △ ×

다음은 (주)한국의 매출채권 및 대손에 대한 자료이다. 기말 매출채권 잔액에 대한 미래 현금흐름을 추정하여 ₩4,500이 회수될 것으로 예상하였다. 20x1년 (주)한국이 매출채권에 대해 인식할 손상차손(대손상각비)은 얼마인가?

• 20x1년 1월 1일	대손충당금 기초잔액 ₩2,000
• 20x1년 3월 1일	회수불능으로 판단된 매출채권 ₩3,000
• 20x1년 7월 1일	전기 대손처리된 ₩1,500 매출채권 회수
• 20x1년 10월 1일	당기 대손처리된 매출채권 중 ₩500 회수
• 20x1년 12월 31일	기말수정분개 이전 매출채권 잔액 ₩8,000

① ₩2,000
② ₩2,500
③ ₩3,000
④ ₩3,500

09

☑ 확인Check! ○ △ ×

다음은 (주)한국의 당기 재고자산 관련 자료이다. 저가기준 선입선출 소매재고법을 적용해 재고자산의 원가를 측정할 경우 (주)한국의 20x1년 매출총이익은 얼마인가? (단, 원가율(%) 계산시 소수점 이하 셋째자리에서 반올림하며, 단수차이로 인한 오차가 있으면 가장 근사치를 선택한다)

구 분	원 가	매 가
기초재고자산	₩12,000	₩20,000
당기매입액	₩117,800	₩180,000
매출액		₩160,000
순인상액		₩10,000
순인하액		₩30,000

① ₩42,560
② ₩42,600
③ ₩44,620
④ ₩44,920

10

☑ 확인 Check! ○ △ ×

(주)한국은 20x1년 말에 ₩100,000의 재고를 창고에 보관하고 있다. 재고와 관련된 아래의 자료를 고려할 경우 올바른 기말재고는 얼마인가? (단, 재고자산감모손실 및 평가손실은 없다)

- 수탁자에게 적송한 상품(원가 ₩30,000)이 20x1년 말까지 판매가 되지 않았다.
- 상품이 인도되었으나 매입자가 구입의사를 표시하지 않은 시송상품(원가 ₩50,000)이 있다.
- 도착지 인도조건으로 상품(원가 ₩40,000)을 주문하였으나 20x1년 말 현재 운송 중이다.
- 담보로 제공한 상품(원가 ₩20,000)이 타처에 보관중이며 저당권은 실행되지 않았다.
- 1개월 후 확정가격 재구매 조건으로 20x1년 12월 15일에 상품(원가 ₩10,000)을 인도하였다.

① ₩150,000
② ₩180,000
③ ₩210,000
④ ₩240,000

11

☑ 확인 Check! ○ △ ×

20x1년 초에 영업을 개시한 (주)한국은 매출원가 산정을 위해 수량파악은 계속기록법을, 원가흐름은 가중평균법을 적용한다. 상품매입과 매출 관련 자료가 다음과 같을 경우, 20x1년 매출총이익은 얼마인가? (단, 재고자산감모손실 및 평가손실은 없으며, 재고자산의 단위당 원가는 소수점 둘째자리에서 반올림한다)

일 자	거 래	수 량	단 가
4월 1일	매 입	20개	₩30
6월 1일	매 입	10개	₩33
8월 1일	매 출	15개	₩40
10월 1일	매 입	10개	₩35
12월 1일	매 출	20개	₩42

① ₩310
② ₩320
③ ₩323
④ ₩335

12

☑ 확인 Check! ○ △ ×

재고자산의 회계처리에 관한 설명으로 옳지 않은 것은?

① 표준원가법이나 소매재고법 등의 원가측정방법은 그러한 방법으로 평가한 결과가 실제원가와 유사한 경우에 편의상 사용할 수 있다.

② 생물자산에서 수확한 농림어업 수확물로 구성된 재고자산은 공정가치에서 처분부대원가를 뺀 금액으로 측정하여 수확시점에 최초로 인식한다.

③ 통상적으로 상호 교환될 수 없는 재고자산항목의 원가와 특정 프로젝트별로 생산되고 분리되는 재화 또는 용역의 원가는 개별법을 사용하여 결정한다.

④ 완성될 제품이 원가 이상으로 판매될 것으로 예상하는 경우에도 그 생산에 투입하기 위해 보유하는 원재료 및 기타 소모품을 감액한다.

13

☑ 확인 Check! ○ △ ×

다음은 (주)한국이 채택하고 있는 확정급여제도와 관련된 20x1년 자료이다. 순확정급여부채(자산) 계산 시 적용할 할인율은 연 5%이며, 퇴직금의 지급과 사외적립자산 기여는 모두 연말에 이루어진다. (주)한국의 확정급여제도 적용이 20x1년 포괄손익계산서의 총포괄이익에 미치는 영향은?

• 기초확정급여채무의 현재가치	₩1,100
• 기초사외적립자산의 공정가치	₩1,000
• 당기근무원가	₩1,400
• 퇴직급여지급액	₩200
• 사외적립자산 기여액	₩1,300
• 기말순확정급여부채	₩300

① ₩200 감소
② ₩1,405 감소
③ ₩1,455 감소
④ ₩1,500 감소

14

☑ 확인 Check! ○ △ ×

운송업체인 (주)한국은 20x1년 초 수송기로 사용되던 중고 항공기 A(공정가치 ₩500, 잔존 내용연수 4년, 잔존가치 ₩200)와 신형 여객용 항공기 B(공정가치 ₩1,000, 내용연수 12년, 잔존가치 ₩200)를 ₩1,200에 일괄 매입하였다. (주)한국은 항공기 A를 수리 등을 거쳐 여객용으로 교체(자산인식요건 충족, 내용연수 및 잔존가치 변화 없음)하고, 항공기 B는 시운전 등을 거쳐, 두 항공기 모두 20x1년 초부터 영업에 사용하였다. 20x1년 초 취득한 두 항공기와 관련된 다음 자료를 이용할 때, (주)한국의 20x1년 말 항공기 A의 장부가액은 얼마인가? [단, (주)한국은 유형자산의 감가상각방법으로 연수합계법을 사용한다]

• 항공기 A 취득과정운반비	₩100 [(주)한국이 부담]
• 항공기 A 기내설비 여객용으로 교체	₩200
• 항공기 B 시운전비	₩100
• 항공기 A 취등록세	₩100
• 항공기 B 취등록세	₩250

① ₩540 ② ₩560
③ ₩620 ④ ₩680

15

☑ 확인 Check! ○ △ ×

(주)한국은 영업활동에 사용할 목적으로 20x1년 1월 1일 기계장치 A(취득원가 ₩100, 내용연수 5년, 잔존가치 ₩0)를 취득했으며, 감가상각방법으로 정액법을 사용한다. 기계장치 A 관련 측정 자료가 다음과 같을 때, (주)한국이 인식할 20x2년 말 기계장치 A 관련 손상차손 또는 손상차손환입은 얼마인가? (단, 회수가능액의 변동은 기계장치의 손상 또는 그 회복에 의한 것이다)

시 점	공정가치	처분부대원가	사용가치
20x1년 말	₩55	₩15	₩60
20x2년 말	₩80	₩10	₩40

① 손상차손 ₩5 ② 손상차손 ₩10
③ 손상차손환입 ₩15 ④ 손상차손환입 ₩25

16

☑ 확인 Check! ○ △ ×

유형자산의 손상 인식과 비교할 때, 유형자산의 재평가에 대한 설명으로 옳지 않은 것은?

① 주기적으로 수행하기 때문에 변동이 크지 않은 경우, 3년 또는 5년마다 수행도 가능하다.

② 하락뿐만이 아닌 상승시에도 기존의 장부금액과의 중요한 차이금액을 인식한다.

③ 손상차손 인식은 의무사항이지만 자산재평가 모형의 적용은 선택사항이다.

④ 해당자산이 포함된 유형자산의 유형 전체를 재평가 할 필요는 없다.

17

☑ 확인 Check! ○ △ ×

(주)한국의 20x1년 지출 자료가 다음과 같을 때, (주)한국이 무형자산으로 인식할 수 없는 항목들의 합계는 얼마인가? (단, 개발활동 관련 지출은 자산 인식요건을 충족한다)

• 연구결과나 기타 지식을 응용	₩50
• 사용 전 시제품과 모형의 시험	₩100
• 개선된 시스템에 대한 여러 가지 대체안 설계	₩150
• 신규 판매 확정 제품에 대한 사내 개발부서 직원들의 브랜드 개발	₩50
• 상업적 생산 목적으로 실현가능한 경제적 규모가 아닌 시험공장의 건설	₩100

① ₩250
② ₩300
③ ₩350
④ ₩400

18

☑ 확인 Check! ○ △ ×

(주)대한은 20x1년 말 (주)민국을 인수하면서 (주)민국의 발행주식 중 60%를 ₩1,000에 취득하고 영업권 ₩100을 인식하였다. (주)민국에 대한 20x1년 말 실사자료가 아래와 같을 때, (주)민국의 20x1년 말 자산의 공정가치는 얼마인가?

- 자산의 장부가치 ₩1,500(공정가치 ₩?)
- 부채의 장부가치 ₩1,000(공정가치 ₩500)
- 자본금 ₩100, 자본잉여금 ₩200, 이익잉여금 ₩500

① ₩1,000
② ₩1,400
③ ₩1,800
④ ₩2,000

19

☑ 확인 Check! ○ △ ×

(주)한국의 20x1년 말 재무상태표상의 자산 항목이 다음과 같을 때, 투자부동산으로 분류되는 항목들의 합계는 얼마인가?

• 금융리스로 제공한 토지	₩100
• 처분예정인 자가사용 건물	₩200
• 미래 자가사용 목적으로 개발 중인 토지	₩250
• 직접소유하고 운용리스로 제공하고 있는 건물	₩100
• 운용리스 제공목적으로 보유중인 미사용 건물	₩150
• 장래 용도 미결정인 보유중 토지	₩100

① ₩350 ② ₩400
③ ₩450 ④ ₩500

20

☑ 확인 Check! ○ △ ×

(주)한국은 20x1년 중 증권시장에서 주식 A와 주식 B를 취득한 후, 20x3년 중 모두 처분하였다. 주식 거래가액 및 보유 기간 중 공정가치가 다음과 같을 때, 두 주식을 모두 당기손익공정가치측정(FVPL)금융자산으로 분류한 경우와 기타포괄손익공정가치측정(FVOCI)금융자산으로 분류한 경우, 각 분류 방법에 따른 (주)한국의 20x3년 당기손익의 차이는 얼마인가?

구 분	20x1년 중 취득원가	20x1년 말 공정가치	20x2년 말 공정가치	20x3년 중 처분가액 (공정가치)
주식 A	₩100	₩80	₩120	₩130
주식 B	₩200	₩300	₩250	₩180

① ₩40 ② ₩50
③ ₩60 ④ ₩70

21

☑ 확인 Check! ○ △ ×

리스제공자인 (주)한국의 리스약정일 현재 리스자산 관련 자료가 다음과 같을 때, 일반적으로 금융리스자산으로 분류될 수 있는 리스자산들의 장부가액 합계는 얼마인가?

리스자산	리스계약 및 리스자산의 특성	장부가액
A	리스기간 종료시점, 해당 자산의 공정가치에 해당하는 금액을 수령하고 소유권을 리스이용자에게 이전	₩150
B	리스약정일 현재, 리스료의 현재가치 ₩120	₩100
C	리스기간 4년, 리스자산의 경제적 내용연수 10년	₩150
D	주문에 의해 제작된 리스이용자전용 리스자산	₩100

① ₩200
② ₩250
③ ₩300
④ ₩400

22

☑ 확인 Check! ○ △ ×

충당부채의 측정에 관한 설명으로 옳지 않은 것은?

① 화폐의 시간가치 효과가 중요한 경우 충당부채는 의무를 이행하기 위하여 예상되는 지출액의 현재가치로 평가한다.
② 현재가치 평가에 사용되는 할인율은 부채의 특유위험과 화폐의 시간가치에 대한 현행 시장의 평가를 반영한 세전 이율이다.
③ 현재가치 평가에 사용되는 할인율에 반영되는 위험에는 미래 현금흐름을 추정할 때 고려된 위험까지 반영한다.
④ 충당부채 금액에 영향을 미치는 미래사건이 발생할 것이라는 충분하고 객관적인 증거가 있는 경우에는 그러한 미래사건을 감안하여 충당부채 금액을 추정한다.

23

☑ 확인 Check! ○ △ ×

사채의 발행과 관련한 설명으로 옳은 것은?

① 유효이자율법에 의해 사채발행차금을 상각할 때, 할인발행이나 할증발행의 경우 모두 기간이 경과할수록 사채발행차금의 상각액은 증가한다.
② 할인발행은 사채의 표시이자율보다 시장이 기업에게 자금 대여의 대가로 요구하는 수익률이 낮은 상황에서 발생한다.
③ 할인발행의 경우 발행 기업이 인식하는 이자비용은 기간이 경과할수록 매기 감소한다.
④ 할증발행의 경우 발행 기업은 매기 현금이자 지급액보다 많은 이자비용을 인식한다.

24

☑ 확인Check! ○ △ ×

(주)한국은 발행일자 20x1년 4월 1일인 사채를 당일 발행하였다. 사채관련 자료가 다음과 같을 때, 20x2년 말 재무상태표상의 사채 장부가액은 얼마인가? (단, 현재가치 계산은 주어진 현재가치표를 이용하고, 계산과정에서 현가계수 외의 소수점 이하는 소수점 첫째자리에서 반올림하며, 단수 차이는 사채상환연도에 조정한다)

- 액면 ₩10,000
- 액면이자율 6%
- 유효이자율 12%
- 만기 3년
- 매년 3월 31일 이자지급(발생이자 인식은 월할 계산)

기 간	6%		12%	
	단일금액	연 금	단일금액	연 금
3년	0.84	2.67	0.71	2.40

① ₩8,540 ② ₩8,859
③ ₩8,965 ④ ₩9,322

25

☑ 확인Check! ○ △ ×

(주)한국이 발행한 주식의 액면금액은 ₩5이고, 자본항목이 다음과 같을 때, (주)한국의 주식 1주당 현금배당 가능한 최대 금액은 얼마인가?

- 자본금 ₩100
- 재무구조개선적립금 ₩300
- 주식발행초과금 ₩200
- 사업확장적립금 ₩200
- 이익준비금 ₩300
- 감채적립금 ₩100

① ₩30 ② ₩60
③ ₩600 ④ ₩900

26

☑ 확인 Check! ○ △ ×

(주)한국의 20x1년의 재무자료가 다음과 같을 때, (주)한국의 20x1년 말 자기자본 대비 부채비율은?

- 자산 ₩1,000
- 자산회전율 2회
- 매출액순이익률 5%
- 자기자본이익률(ROE) 25%
- 자산과 자본의 각각 기초와 기말금액은 동일

① 100%
② 150%
③ 200%
④ 300%

27

☑ 확인 Check! ○ △ ×

(주)한국은 20x1년 1월 1일, 만기가 3년인 전환사채 ₩2,000,000을 액면금액으로 발행하였다. 전환사채의 표시이자율은 연 2%로 이자지급일은 매년 12월 31일이다. 전환사채의 보유자가 전환권을 행사하지 않는다면 (주)한국은 보유자에게 만기까지 연 6%의 수익률을 보장한다. 전환사채 발행시 계상되는 사채상환할증금은 얼마인가? (단, 금액은 소수점 첫째자리에서 반올림한다)

① ₩254,688
② ₩354,688
③ ₩349,969
④ ₩449,969

28

☑ 확인 Check! ○ △ ×

(주)한국의 20x1년 당기순이익은 ₩10,000,000이고, 20x1년 초 보통주 주식수는 8,000주이다. 회사는 20x1년 7월 1일에 20%의 무상증자를 하여 1,600주의 보통주식을 발행하였다. (주)한국은 20x1년 11월 1일에 자기주식 600주를 취득하여 20x1년 12월 31일 현재 보유중이다. 20x1년 우선주배당금은 ₩1,450,000이다. (주)한국의 20x1년 기본주당순이익은 얼마인가? (단, 금액은 소수점 첫째자리에서 반올림한다)

① ₩800
② ₩850
③ ₩900
④ ₩950

29

☑ 확인 Check! ○ △ ✕

법인세 회계처리에 대한 다음 설명으로 옳지 않은 것은?

① 이연법인세자산과 부채는 보고기간 말까지 제정 되었거나 실질적으로 제정된 세율(및 세법)에 근거하여 당해 자산이 실현되거나 부채가 결제될 회계기간에 적용될 것으로 기대되는 세율을 사용하여 측정한다.

② 미사용 세무상결손금과 세액공제가 사용될 수 있는 미래 과세소득의 발생가능성이 높은 경우 그 범위 안에서 이월된 미사용 세무상결손금과 세액공제에 대하여 이연법인세자산을 인식한다.

③ 모든 가산할 일시적차이에 대하여 이연법인세부채를 인식하므로 영업권을 최초로 인식하는 경우에도 이연법인세부채를 인식한다.

④ 이연법인세자산과 부채는 현재가치로 할인하지 않는다.

30

☑ 확인 Check! ○ △ ✕

다음은 (주)한국의 20x1년도 재무제표에서 발췌한 자료이다. (주)한국이 배당금의 지급을 재무활동으로 분류할 경우, 20x1년 말 재무상태표에 보고된 현금 및 현금성자산은 얼마인가? [단, (주)한국의 자사주 거래는 없었다]

• 기초 현금 및 현금성자산	₩500
• 영업활동 순현금유입액	₩600
• 기초자본	₩1,600
• 투자활동 순현금유출액	₩450
• 기말자본	₩1,800
• 당기순이익	₩500
• 당기유상증자액	₩250

① ₩350　　② ₩450

③ ₩550　　④ ₩600

31

☑ 확인 Check! ○ △ ✕

(주)한국은 현재 당좌비율 100%, 부채비율(총부채/총자본) 200%이다. 이러한 상태에서 (주)한국은 재고자산을 ₩100,000 구입하면서 ₩50,000은 현금으로 결제하고 나머지 ₩50,000은 외상으로 하였다. 이러한 거래가 당좌비율과 부채비율에 미치는 영향은?

	당좌비율	부채비율
①	증 가	증 가
②	감 소	증 가
③	증 가	감 소
④	감 소	감 소

32

☑ 확인Check! ○ △ ×

다음 자료를 이용하여 당기 총제조원가 중 기초(기본)원가를 계산하면 얼마인가?

- 기초재공품은 기말재공품의 200%
- 매출원가 ₩20,000, 기초제품 ₩5,000, 기말제품 ₩3,000
- 직접재료원가 발생액은 ₩6,000
- 제조간접원가는 직접노무원가 발생액의 1/2만큼 발생
- 기말재공품은 ₩3,000

① ₩8,000　　② ₩9,000
③ ₩12,000　　④ ₩15,000

33

☑ 확인Check! ○ △ ×

(주)한국은 정상개별원가계산을 사용하며 직접노무시간을 기준으로 제조간접원가를 배부하고 있다. 20x1년 연간 제조간접원가 예산은 ₩5,000,000이다. 20x1년 실제 발생한 제조간접원가는 ₩3,800,000이고 실제 직접노무시간은 20,000시간이다. 20x1년 중 제조간접원가 과대배부액이 ₩200,000이라고 할 때 연간 예산(예상)직접노무시간은?

① 20,000시간　　② 22,000시간
③ 24,000시간　　④ 25,000시간

34

☑ 확인Check! ○ △ ×

(주)한국은 제조부문 A, B와 보조부문 X, Y를 보유하고 있다. 각 보조부문의 서비스용역수수관계는 다음과 같다.

용역제공 부문	용역사용부문				
	X	Y	A	B	합 계
X	–	150시간	150시간	200시간	500시간
Y	80kW	100kW	120kW	200kW	500kW

(주)한국은 보조부문 Y를 폐쇄하고 외부에서 전력을 공급받으려 할 경우, 외부에서 공급받을 전력량은?

① 320kW　　② 376kW
③ 400kW　　④ 500kW

문제편 1차 2020년 제43회

35

☑ 확인 Check! ○ △ ×

다음 중 결합원가계산에 대한 설명으로 옳지 않은 것은?

① 물량기준법은 제품의 판매가격을 알 수 없을 때 유용하게 사용될 수 있다.
② 부산물의 회계처리방법에 따라 연산품에 배분될 결합원가의 금액은 달라진다.
③ 분리점판매가치법은 분리점에서 연산품의 매출총이익률을 같게 만든다.
④ 균등이익률법에서는 조건이 같다면 추가가공원가가 높은 제품에 더 많은 결합원가가 배분된다.

36

☑ 확인 Check! ○ △ ×

(주)한국은 종합원가계산제도를 채택하고 있다. 원재료는 공정의 초기에 전량 투입되며, 가공원가는 공정 전반에 걸쳐서 완성도에 따라 균등하게 발생한다. 재료원가의 경우 평균법에 의한 완성품환산량은 85,000단위이고, 선입선출법에 의한 완성품환산량은 70,000단위이다. 또한 가공원가의 경우 평균법에 의한 완성품환산량은 65,500단위이고, 선입선출법에 의한 완성품환산량은 61,000단위이다. 이 경우 기초재공품의 완성도는? (단, 공손 및 감손은 없다)

① 20% ② 25%
③ 30% ④ 35%

37

☑ 확인 Check! ○ △ ×

다음 중 전부원가계산, 변동원가계산 및 초변동원가계산에 대한 설명으로 옳지 않은 것은?

① 전부원가계산의 영업이익은 일반적으로 생산량과 판매량에 의해 영향을 받는다.
② 변동원가계산에서는 원가를 기능에 따라 구분하여 변동원가와 고정원가로 분류한다.
③ 변동원가계산은 전부원가계산보다 손익분기점분석에 더 적합하다.
④ 초변동원가계산에서는 직접재료원가만을 재고가능원가로 본다.

38

☑ 확인 Check! ○ △ ×

(주)한국은 X, Y의 두 제품을 생산하여 판매한다. X의 단위당 판매가격은 ₩800이고, 단위당 변동비는 ₩400이다. Y의 단위당 판매가격은 ₩1,000이고, 단위당 변동비는 ₩400이다. (주)한국의 사용가능한 재료는 760kg인데, X는 단위당 4kg, Y는 단위당 10kg이 각각 소요된다. 또한, 사용가능한 기계시간은 720시간인데, X는 단위당 6시간, Y는 단위당 8시간이 각각 소요된다. (주)한국의 최대공헌이익은 얼마인가?

① ₩45,600 ② ₩48,000
③ ₩52,000 ④ ₩54,000

39

☑ 확인 Check! ○ △ ×

(주)한국은 제품생산에 필요한 부품 K를 생산한다. 1,000단위 생산과 관련된 원가자료는 다음과 같다.

	총원가
직접재료원가	₩320,000
직접노무원가	₩560,000
변동제조간접원가	₩380,000
고정제조간접원가	₩400,000
	₩1,660,000

(주)대한이 부품 K 1,000단위를 단위당 ₩1,600에 공급하겠다는 제안을 하였다. 만약 (주)한국이 외부에서 구입하는 경우에는 공장시설을 매년 ₩80,000에 임대할 수 있으며, 단위당 고정제조간접원가 ₩300은 회피가 가능해진다. 위 제안을 수락하는 경우 이익에 미치는 영향은?

① ₩40,000 증가
② ₩40,000 감소
③ ₩60,000 증가
④ ₩60,000 감소

40

☑ 확인 Check! ○ △ ×

다음 중 내부대체가격의 결정에 대한 설명으로 옳지 않은 것은?

① 회사 전체에 이익이 되도록 내부대체가격제도를 운영하기 위해서는 최종사업부가 중간제품을 외부로부터 구입하는 것을 허용해야 한다.
② 제품의 원가를 기준으로 내부대체가격을 결정하는 경우에는 제품원가의 계산방법과 공급부문의 유휴생산능력 등을 고려할 필요가 있다.
③ 내부대체가격은 공급부문과 구매부문의 성과평가에 영향을 미치며, 각 부문의 자율적인 내부대체가격의 결정은 기업 전체의 이익을 최대화하지 못하는 결과를 초래할 수 있다.
④ 기업 외부의 시장이 매우 경쟁적이고 기업 내부의 사업부서간에 상호의존도가 적을 경우 원가에 기초하여 사내대체가격을 결정하는 것이 합리적이다.

MEMO

2021년 제44회

보험계리사 1차 기출문제

제1과목	보험계약법, 보험업법 및 근로자퇴직급여보장법
제2과목	경제학원론
제3과목	보험수학
제4과목	회계원리

2021년 제44회

보험계약법, 보험업법 및 근로자퇴직급여보장법 1차 기출문제

⊘ 중요 문제 / 틀린 문제 CHECK

01	02	03	04	05	06	07	08	09	10	11	12	13	14	15	16	17	18	19	20
21	22	23	24	25	26	27	28	29	30	31	32	33	34	35	36	37	38	39	40

시간 분 | 정답 및 해설편 120p

01

☑ 확인 Check! ○ △ ✕

보험계약의 성립에 대한 설명으로 옳지 않은 것은?

① 보험계약의 성립은 보험계약자의 보험료 지급과는 직접적인 관계가 없다.
② 보험자가 낙부통지의무를 해태한 경우 그 보험계약은 정상적으로 체결된 것으로 추정한다.
③ 손해보험계약의 경우 보험자가 보험계약자로부터 보험계약의 청약과 함께 보험료 상당액의 전부 또는 일부를 지급받은 경우에는 특별히 다른 약정이 없는 한 보험자는 30일 내에 보험계약자에게 낙부통지를 발송하여야 한다.
④ 보험계약의 청약을 받은 보험자가 승낙하였다고 하더라도 당사자 간에 다른 약정이 없으면 보험계약자가 최초보험료를 납부할 때까지 보험자의 책임은 개시되지 않는다.

02

☑ 확인 Check! ○ △ ✕

타인을 위한 보험계약에 대한 설명으로 옳지 않은 것은? (다툼이 있는 경우 판례에 의함)

① 타인을 위한 손해보험계약의 경우, 타인의 위임이 없더라도 성립할 수 있다.
② 보험계약자가 체결한 단기수출보험의 보험약관이 보험계약자의 수출대금회수불능에 따른 손실만을 보상하는 손실로 규정하고 있을 뿐이고 보험금수취인이 입은 손실의 보상에 대해서는 아무런 규정이 없다면 그 보험계약은 타인을 위한 보험계약으로 볼 수 없다.
③ 손해보험계약에서 보험의 목적물과 위험의 종류만 정해져 있을 뿐 피보험자와 피보험이익이 명확하지 않은 경우, 보험계약서 및 당사자가 보험계약의 내용으로 삼은 약관의 내용, 보험계약 체결 경위와 과정, 보험회사의 실무처리 관행 등을 전반적으로 참작하여 타인을 위한 보험계약인지 여부를 결정하여야 한다.
④ 타인을 위한 손해보험계약에서 보험계약자는 청구권 대위의 제3자가 될 수 없다.

03

☑ 확인 Check! ○ △ ×

손해보험계약에서 보험의 목적이 확장되는 경우에 대한 설명으로 옳지 않은 것은?

① 보험자의 책임이 개시될 때의 선박가액을 보험가액으로 하는 선박보험에서 선박의 속구, 연료, 양식 기타 항해에 필요한 모든 물건은 보험의 목적에 포함된 것으로 한다.

② 집합된 물건을 일괄하여 보험의 목적으로 한 때에는 피보험자의 가족과 사용인의 물건도 보험의 목적에 포함된 것으로 한다.

③ 피보험자가 경영하는 사업에 관한 책임을 보험의 목적으로 한 경우에는 그 사업감독자의 제3자에 대한 책임도 보험의 목적에 포함되나 피보험자의 대리인의 제3자에 대한 책임은 보험의 목적에 포함되지 않는다.

④ 책임보험에서 피보험자가 제3자의 청구를 방어하기 위하여 지출한 재판상 또는 재판 외의 필요비용은 보험의 목적에 포함된 것으로 한다.

04

☑ 확인 Check! ○ △ ×

상법상 보험계약의 부활에 대한 설명으로 옳지 않은 것은? (다툼이 있는 경우 판례에 의함)

① 보험계약이 부활될 경우 해지 또는 실효되기 전의 보험계약은 효력을 회복하여 보험계약이 유효하게 존속하게 된다. 이 경우 만약 보험계약이 해지되고 부활되기 이전에 보험사고가 발생하였다면 보험자는 보험금을 지급하여야 한다.

② 보험계약자는 일정한 기간 내에 보험자에게 연체보험료에 약정이자를 붙여 지급하고 해당 보험계약의 부활을 청구할 수 있다.

③ 보험계약상의 일부 보험금에 관한 약정지급사유가 발생한 후에 그 보험계약이 계속보험료 미납으로 해지 또는 실효되었다는 보험회사 직원의 말만 믿고 해지환급금을 수령하였다면 보험계약의 부활을 청구할 수 있다.

④ 보험계약의 부활은 계속보험료를 납입하지 않아 보험계약이 해지되었으나 해지환급금은 지급되지 않은 경우에 인정되는 제도이다.

05

☑ 확인Check! ○ △ ×

상법상 보험계약자 등의 불이익변경금지의 원칙에 대한 설명으로 옳지 않은 것은? (다툼이 있는 경우 판례에 의함)

① 이 원칙은 사적자치의 원칙에 대한 예외 규정으로 보아야 한다.
② 보험계약자 등의 불이익변경금지의 원칙에 위반하여 체결된 보험계약은 불이익하게 변경된 약관조항에 한해서 무효가 된다.
③ 수협중앙회가 실시하는 비영리공제사업의 하나인 어선공제사업은 소형 어선을 소유하며 연안어업 또는 근해어업에 종사하는 다수의 영세어민들을 주된 가입대상으로 하고 있다면 불이익변경금지의 원칙의 적용대상이 될 수 있다.
④ 불이익변경금지의 원칙은 재보험에도 적용이 된다.

06

☑ 확인Check! ○ △ ×

상법상 위험변경·증가에 대한 설명으로 옳지 않은 것은? (다툼이 있는 경우 판례에 의함)

① 보험기간 중에 보험계약자 또는 피보험자가 사고발생의 위험이 현저하게 변경 또는 증가된 사실을 안 때에는 지체 없이 보험자에게 통지하여야 하는데, 만약 이를 해태한 경우에는 보험자는 그 사실을 안 날로부터 1월 내에 보험계약을 해지할 수 있다.
② 보험기간 중에 보험계약자, 피보험자 또는 보험수익자의 고의 또는 중과실로 인하여 사고발생의 위험이 현저하게 증가한 때에는 보험자는 그 사실을 안 날부터 1월 내에 보험계약을 해지할 수 있다.
③ 화재보험계약을 체결한 후에 피보험건물의 구조와 용도에 상당한 변경을 가져오는 증축 또는 개축공사를 하였다면 이는 위험변경·증가에 해당된다.
④ 생명보험계약에 다수 가입하였다는 사실은 상법 제652조 소정의 사고발생의 위험이 현저하게 변경 또는 증가된 경우에 해당된다.

07

☑ 확인 Check! ○ △ ✕

손해보험계약에서 실손보상의 원칙을 구현하기 위한 내용으로 옳은 것을 모두 묶은 것은?

가. 선의의 중복보험에서 비례주의 나. 신가보험 다. 손해보험계약에서 잔존물대위 라. 선의의 초과보험 마. 기평가보험

① 가, 다
② 가, 나, 라
③ 가, 다, 라
④ 가, 다, 라, 마

08

☑ 확인 Check! ○ △ ✕

상법상 보험계약에 대한 설명으로 옳지 않은 것은?

① 소급보험계약에서는 보험기간이 보험계약기간보다 장기이다.
② 승낙전 보호제도가 적용될 경우 보험기간이 보험계약기간보다 장기이다.
③ 보험계약에서는 보험기간과 보험계약기간이 반드시 일치하여야 할 필요가 없다.
④ 소급보험계약에서는 다른 약정이 없는 한 초회보험료가 납입되기 전에도 청약 이전에 발생한 사고에 대해서 보상할 책임이 있다.

09

☑ 확인 Check! ○ △ ✕

상법상 보험계약자의 간접의무에 대한 설명으로 옳지 않은 것은?

① 직접의무와 구별되는 의무에 해당한다.
② 간접의무를 위반한 경우에 상대방은 그 이행을 강제할 수 없다.
③ 간접의무를 위반한 경우에 상대방은 손해배상청구권을 행사할 수 있다.
④ 간접의무를 위반한 경우에 보험자는 계약 관계를 종료시킬 수 있다.

10

☑ 확인Check! ○ △ ×

공동불법행위자에 대한 구상권 행사와 관련한 설명으로 옳지 않은 것은? (다툼이 있는 경우 판례에 의함)

① 공동불법행위자 중의 1인에 대한 보험자로서 자신의 피보험자에게 손해방지비용을 모두 상환한 보험자는 다른 공동불법행위자의 보험자가 부담하여야 할 부분에 대해 직접구상권을 행사할 수 있다.

② 공동불법행위자들과 각각 보험계약을 체결한 보험자들은 각자 그 피보험자 또는 보험계약자에 대한 관계뿐 아니라 그와 보험계약관계가 없는 다른 공동불법행위자에 대한 관계에서도 그들이 지출한 손해방지비용의 상환의무를 부담한다.

③ 보험자들 상호간의 손해방지비용의 상환의무는 진정연대채무의 관계에 있다.

④ 피보험자인 차량 소유자의 관리상의 과실과 그 차량의 무단운전자의 과실이 경합하여 교통사고가 발생한 경우, 차량소유자인 피보험자의 보험자가 무단운전자의 부담부분을 배상하면 보험자는 그 부담부분의 비율에 따라 무단운전자에게 구상권을 행사할 수 있다.

11

☑ 확인Check! ○ △ ×

피보험자의 감항능력 주의의무에 대한 설명으로 옳지 않은 것은? (다툼이 있는 경우 판례에 의함)

① 보험증권에 영국의 법률과 관습에 따르기로 하는 규정과 아울러 감항증명서 발급을 담보한다는 내용의 명시적 규정이 있는 경우, 이 규정에 따라야 한다.

② 당사자들이 약정을 통해 감항능력 주의의무위반과 손해 사이에 인과관계가 없더라도 보험자가 면책된다고 합의하였다면, 그 합의 내용은 효력을 갖는다.

③ 선박 또는 운임을 보험에 붙인 경우, 보험자는 발항 당시에 안전하게 항해를 하기에 필요한 준비를 하지 않거나 필요한 서류를 비치하지 않음으로써 발생한 손해에 대해 면책된다.

④ 적하보험의 경우, 보험자는 선박의 감항능력 주의의무위반으로 생긴 손해에 대해 면책된다.

12

☑ 확인Check! ○ △ ×

총괄보험에 관한 설명으로 옳은 것은?

① 보험의 목적의 전부 또는 일부가 보험기간 중에 교체될 것이 예정된 특정보험이다.

② 보험계약 체결시 보험가액을 정하지 않는 것이 일반적이다.

③ 보험기간 중에 보험금액을 변경하지 않는 것이 원칙이다.

④ 보험사고의 발생 시에 현존하지 않는 물건도 보험의 목적에 포함될 수 있다.

13

☑ 확인Check! ○ △ ×

다음 설명으로 옳지 않은 것은?

① 재보험계약은 손해보험계약이지만 그 재보험계약의 원보험계약은 생명보험계약일 수 있다.

② 자동차 운행에 따르는 위험을 담보하는 보험은 기업보험일 수도 있고 가계보험일 수도 있다.

③ 강제보험은 사업자의 배상자력을 확보하기 위한 것으로 모두 책임보험이며 기업보험이다.

④ 사망보험은 정액보험이며 변액보험도 자산운용성과에 따라 지급보험금이 달라질 뿐이므로 비정액보험은 아니다.

14

☑ 확인Check! ○ △ ×

대법원 판례의 설명으로 옳지 않은 것은?

① 평균적 고객의 이해가능성을 기준으로 객관적이고 획일적으로 해석한 결과 약관조항이 일의적으로 해석되는 경우, 작성자불이익의 원칙이 적용되지 않는다.

② 자동차손해배상보장법 제3조의 '다른 사람'의 범위에 자동차를 운전하거나 운전의 보조에 종사한 자는 이에 해당하지 않는다.

③ 무보험자동차에 의한 상해담보특약은 상해보험의 성질과 함께 손해보험의 성질도 갖고 있는 손해보험형 상해보험이므로 하나의 사고에 관하여 여러 개의 무보험 상해담보특약이 체결되고 그 보험금액의 총액이 피보험자의 손해액을 초과하더라도 상법 제672조 제1항은 준용되지 아니한다.

④ 보험자는 피보험자와 체결한 상해보험의 특별약관에 "피보험자의 동일 신체 부위에 또 다시 후유장해가 발생하였을 경우에는 기존 후유장해에 대한 후유장해보험금이 지급된 것으로 보고 최종 후유장해상태에 해당되는 후유장해보험금에서 이미 지급받은 것으로 간주한 후유장해보험금을 차감한 나머지 금액을 지급한다"는 사안에서 정액보험인 상해보험에서는 기왕장해가 있는 경우에도 약정 보험금 전액을 지급하는 것이 원칙이며, 예외적으로 감액규정이 있는 경우에만 보험금을 감액할 수 있다.

15

☑ 확인Check! ○ △ ✕

약관조항의 효력에 관한 설명으로 옳지 않은 것은? (다툼이 있는 경우 판례에 의함)

① 재해로 인한 사망사고와 암 진단의 확정 및 그와 같이하는 보험계약에서 피보험자가 보험계약일 이전에 암 진단이 확정되어 있는 경우에는 보험계약이 무효라는 약관조항은 유효하다.

② 보험기간 개시 전 사고로 신체장해가 있었던 피보험자에게 동일 부위에 상해사고로 새로운 후유장해가 발생한 경우에 최종 후유장해보험금에서 기존 신체장해에 대한 후유장해보험금을 차감하고 지급하기로 하는 약관조항은 유효하다.

③ 전문직업인 배상책임보험약관에서 해당 보험계약에 따른 보험금 지급의 선행조건으로서 피보험자가 제3자로부터 손해배상청구를 받은 경우 소정 기간 이내에 그 사실을 보험자에게 서면으로 통지하여야 한다는 약관조항은 약관의 규제에 관한 법률 제7조 제2호에 의하여 무효이다.

④ 계속보험료의 지급지체가 있는 경우에 상법 제650조상의 해지절차 없이 보험자가 보험계약에 대하여 실효처리하는 실효예고부최고 약관규정은 무효이다.

16

☑ 확인Check! ○ △ ✕

보험수익자 지정·변경에 관한 설명으로 옳지 않은 것은? (다툼이 있는 경우 판례에 의함)

① 보험계약자가 보험수익자를 지정하는 경우에 지정시점에 보험수익자가 특정되어야 하는 것은 아니고 보험사고발생 당시에 특정될 수 있는 것으로 충분하다.

② 보험계약자는 특정인을 지정할 수 있을 뿐만 아니라 불특정인을 지정할 수도 있다.

③ 보험수익자 변경권은 형성권으로서 보험계약자가 보험자나 보험수익자의 동의를 받지 않고 자유로이 행사할 수 있고, 그 행사에 의해 변경의 효력이 즉시 발생한다.

④ 보험수익자 변경행위는 상대방 있는 단독행위이므로, 보험수익자 변경의 의사표시가 보험자에게 도달하여야 보험수익자 변경의 효과는 발생한다.

17

☑ 확인 Check! ○ △ ×

인보험에 관한 설명이다. 사망보험, 상해보험 모두에 해당 하는 경우로 옳은 것은? (다툼이 있는 경우 판례에 의함)

① 도덕적 위험, 보험의 도박화 등에 대처하기 위하여 피보험자가 보험목적에 대하여 일정한 경제적 이익을 가질 것을 요한다.

② 보험계약자 또는 피보험자나 보험수익자의 중대한 과실로 인하여 보험사고가 발생한 경우에 보험자는 보험금 지급책임이 있다.

③ 보험계약 당사자간에 보험자대위에 관한 약정이 유효하다.

④ 중복보험의 규정을 준용할 수 있다.

18

☑ 확인 Check! ○ △ ×

보험금반환 또는 보험료반환청구 등에 관한 설명이다. 옳지 않은 것은? (다툼이 있는 경우 판례에 의함)

① 보험계약의 전부 또는 일부가 무효인 경우에 보험계약자와 피보험자가 선의이며 중대한 과실이 없는 때에는 보험자에 대하여 보험료의 전부 또는 일부의 반환을 청구할 수 있다. 보험계약자와 보험수익자가 선의이며 중대한 과실이 없는 때에도 같다.

② 보험계약자는 보험사고발생 전에는 언제든지 보험계약을 해지할 수 있는데, 이 경우에 보험계약자는 당사자간에 다른 약정이 없으면 미경과보험료의 반환을 청구할 수 있다.

③ 상법 제731조 제1항을 위반하여 무효인 보험계약에 따라 납부한 보험료에 대한 반환청구권은 특별한 사정이 없는 한 보험료를 납부한 때에 발생하여 행사할 수 있다고 할 것이므로, 이 보험료 반환청구권의 소멸시효는 특별한 사정이 없는 한 각 보험료를 납부한 때부터 진행한다.

④ 보험계약자가 다수의 보험계약을 통하여 보험금을 부정취득할 목적으로 보험계약을 체결한 경우, 보험수익자가 타인인 때에는 이미 보험수익자에게 급부한 보험금의 반환을 구할 수 없다.

19

☑ 확인Check! ○ △ ×

책임보험에 관한 설명으로 옳은 것은? (다툼이 있는 경우 판례에 의함)

① 책임보험에서 배상청구가 보험기간 내에 발생하면 배상청구의 원인인 사고가 보험기간 개시 전에 발생하더라도 보험자의 책임을 인정하는 배상청구기준 약관은 유효하다.

② 책임보험계약에서는 보험가액을 정할 수 없으므로 수 개의 책임보험계약이 동시 또는 순차적으로 체결된 경우에 그 보험금액의 총액이 피보험자의 제3자에 대한 손해배상액을 초과한 경우라도 중복보험의 법리를 적용할 수 없다.

③ 보험사고에 관한 학설 중 손해사고설에 따르면 제3자에 대해 책임지는 원인사고를 보험사고로 보기 때문에 피보험자가 제3자로부터 배상청구를 받을 때에는 보험자에게 통지를 발송할 필요가 없다.

④ 책임보험의 목적은 피보험자의 제3자에 대한 손해배상책임에 한하므로 제3자의 청구를 막기 위한 방어비용은 보험의 목적에 포함되지 않는다.

20

☑ 확인Check! ○ △ ×

책임보험에서 피해자 직접청구권에 관한 설명으로 옳지 않은 것은? (다툼이 있는 경우 판례에 의함)

① 직접청구권의 법적 성질은 보험자가 피보험자의 피해자에 대한 손해배상채무를 병존적으로 인수한 것으로서 피해자가 보험자에 대하여 가지는 손해배상청구권이고, 이에 대한 지연손해금에 관하여는 상사법정이율이 아닌 민사법정이율이 적용된다.

② 책임보험에서 보험자의 채무인수는 피보험자의 부탁에 따라 이루어지는 것이므로 보험자의 손해배상채무와 피보험자의 손해배상채무는 연대채무관계에 있다.

③ 피해자의 직접청구권에 따라 보험자가 부담하는 손해배상채무는 보험계약을 전제로 하는 것으로서 보험계약에 따른 보험자의 책임한도액의 범위 내에서 인정되어야 한다.

④ 피해자의 직접청구권에 따라 보험자가 부담하는 손해배상채무는 보험계약을 전제로 하는 것으로서 피해자의 손해액을 산정함에 있어서도 약관상의 지급기준에 구속된다.

21

☑ 확인Check! ○ △ ×

보험업법상 제3보험업의 허가종목을 모두 고른 것은?

가. 연금보험	나. 상해보험	다. 질병보험
라. 퇴직보험	마. 간병보험	바. 보증보험

① 가, 다, 라
② 다, 마, 바
③ 나, 다, 마
④ 가, 나, 다

22

☑ 확인Check! ○ △ ×

보험업의 허가를 받으려는 자가 허가신청시에는 제출하여야 하나, 보험회사가 취급하는 종목을 추가하려는 경우에 제출하지 아니할 수 있는 서류는?

① 정 관
② 업무 시작 후 3년간의 사업계획서(추정재무제표 포함)
③ 경영하려는 보험업의 보험종목별 사업방법서
④ 보험약관

23

☑ 확인Check! ○ △ ×

보험회사는 경영건전성을 해치거나 보험계약자 보호 및 건전한 거래질서를 해칠 우려가 없는 금융업무를 할 수 있는데, 금융위원회에 신고 후 보험회사가 수행할 수 있는 금융업무에 해당하는 것을 모두 고른 것은?

가. 자산유동화에 관한 법률에 따른 유동화자산의 관리 업무
나. 한국주택금융공사법에 따른 채권유동화자산의 관리 업무
다. 신용정보의 이용 및 보호에 관한 법률에 따른 본인 신용정보 관리업
라. 은행법에 따른 은행업
마. 주택저당채권 유동화회사법에 따른 유동화자산의 관리업무

① 가, 나, 다
② 가, 나, 다, 마
③ 다, 라, 마
④ 나, 다, 라, 마

24

☑ 확인Check! ○ △ ✕

상호회사에 관한 설명으로 옳지 않은 것은?

① 상호회사의 발기인은 정관을 작성하여 법에서 정한 일정한 사항을 적고 기명날인하여야 한다.
② 상호회사는 그 명칭 중에 상호회사라는 글자를 포함하여야 한다.
③ 상호회사의 기금은 금전 이외의 자산으로 납입할 수 있다.
④ 상호회사는 100명 이상의 사원으로써 설립한다.

25

☑ 확인Check! ○ △ ✕

보험업법상 보험을 모집할 수 없는 자에 해당하는 것은?

① 보험중개사
② 보험회사의 사외이사
③ 보험회사의 직원
④ 보험설계사

26

☑ 확인Check! ○ △ ✕

보험설계사의 모집 제한의 예외에 해당하는 것을 모두 고른 것은?

가. 생명보험회사에 소속된 보험설계사가 소속 이외의 1개의 생명보험회사를 위하여 모집하는 경우 나. 손해보험회사에 소속된 보험설계사가 1개의 생명보험회사를 위하여 모집하는 경우 다. 제3보험업을 겸업으로 하는 보험회사에 소속된 보험설계사가 1개의 손해보험회사를 위하여 모집을 하는 경우 라. 생명보험회사에 소속된 보험설계사가 1개의 손해보험회사를 위하여 모집을 하는 경우

① 가, 나
② 다, 라
③ 가, 다
④ 나, 라

27

☑ 확인Check! ○ △ ✕

보험중개사에 관한 설명으로 옳지 않은 것은?

① 부채가 자산을 초과하는 법인은 보험중개사 등록이 제한된다.
② 등록한 보험중개사는 보험계약자에게 입힌 손해의 배상을 보장하기 위하여 은행법상의 은행에 영업보증금을 예탁하여야 한다.
③ 보험중개사의 영업보증금은 개인은 1억원 이상, 법인은 3억원 이상이지만, 금융기관보험중개사에 대해서는 영업보증금 예탁의무가 면제된다.
④ 보험중개사는 개인보험중개사와 법인보험중개사로 구분하고, 각각 생명보험중개사·손해보험중개사 및 제3보험중개사로 구분한다.

28

☑ 확인Check! ○ △ ✕

보험업법상 보험계약의 모집 등에 있어서 모집종사자 등의 금지행위에 관한 설명으로 옳은 것은?

① 모집종사자 등은 다른 모집종사자의 동의가 있다 하더라도 다른 모집종사자의 명의를 이용하여 보험계약을 모집하는 행위를 하여서는 아니 된다.
② 모집종사자 등은 기존보험계약이 소멸된 날부터 1개월이 경과하지 않는 한 그 보험계약자가 손해발생 가능성을 알고 있음을 자필로 서명하더라도 그와 새로운 보험계약을 체결할 수는 없다.
③ 모집종사자 등은 실제 명의인의 동의가 있다 하더라도 보험계약청약자와 보험계약을 체결하여서는 아니 된다.
④ 모집종사자 등은 피보험자의 자필서명이 필요한 경우에 그 피보험자로부터 자필서명을 받지 아니하고 서명을 대신하여 보험계약을 체결할 수 있다.

29

☑ 확인Check! ○ △ ✕

보험업법상 자기계약의 금지에 관한 설명으로 괄호 안에 들어갈 내용이 순서대로 연결된 것은?

> 보험대리점 또는 보험중개사가 모집한 자기 또는 자기를 고용하고 있는 자를 보험계약자나 피보험자로 하는 보험의 보험료누계액이 그 보험대리점 또는 보험중개사가 모집한 보험의 보험료의 (　　)을 초과하게 된 경우에는 그 보험대리점 또는 보험중개사는 자기 또는 자기를 고용하고 있는 자를 보험계약자 또는 피보험자로 하는 보험을 모집하는 것을 그 주된 목적으로 한 것으로 (　　)한다.

① 100분의 50 – 간주
② 100분의 50 – 추정
③ 100분의 70 – 간주
④ 100분의 70 – 추정

30

☑ 확인 Check! ○ △ ✕

보험업법상 재무제표 등에 관한 설명으로 괄호 안에 들어갈 내용이 순서대로 연결된 것은?

보험업법상 보험회사는 매년 (   )에 그 장부를 폐쇄하여야 하고 장부를 폐쇄한 날부터 (   ) 이내에 금융위원회가 정하는 바에 따라 재무제표(부속명세서를 포함한다) 및 사업보고서를 (   )에 제출하여야 한다.

① 3월 31일 - 1개월 - 금융감독원
② 3월 31일 - 3개월 - 금융위원회
③ 12월 31일 - 1개월 - 금융감독원
④ 12월 31일 - 3개월 - 금융위원회

31

☑ 확인 Check! ○ △ ✕

보험회사의 정관 및 기초서류 변경에 관한 설명으로 옳지 않은 것은?

① 보험회사가 정관을 변경한 경우에는 변경한 날로부터 7일 이내에 금융위원회에 알려야 한다.
② 보험회사가 기초서류를 변경하고자 하는 경우에는 미리 금융위원회의 인가를 받아야 한다.
③ 금융위원회는 기초서류의 변경에 대한 금융감독원의 확인을 거치도록 할 수 있다.
④ 보험회사는 기초서류를 변경할 때 보험업법 및 다른 법령에 위반되는 내용을 포함하지 않아야 한다.

32

☑ 확인 Check! ○ △ ✕

보험회사가 금융위원회에 그 사유가 발생한 날로부터 5일 이내에 보고하여야 하는 사항을 모두 고른 것은?

가. 본점의 영업을 중지하거나 재개한 경우 나. 대주주가 소유하고 있는 주식 총수가 의결권 있는 발행주식 총수의 100분의 1 이상만큼 변동된 경우 다. 보험회사의 주주 또는 주주였던 자가 제기한 소송의 당사자가 된 경우 라. 조세 체납처분을 받은 경우 또는 조세에 관한 법령을 위반하여 형벌을 받은 경우

① 가, 나, 다, 라
② 가, 나, 다
③ 나, 다, 라
④ 가, 나, 라

33

☑ 확인Check! ○ △ ×

보험업법상 보험조사협의회에 관한 설명으로 옳은 것은 모두 몇 개인가?

> 가. 금융위원회는 보험관계자에 대한 조사실적, 처리결과 등을 공표할 수 있다.
> 나. 금융위원회는 해양경찰청장이 지정하는 소속 공무원 1명을 조사위원으로 위촉할 수 있다.
> 다. 보험조사협의회 위원의 임기는 2년으로 한다.
> 라. 금융위원회는 조사를 방해한 관계자에 대한 문책 요구권을 갖지 않는다.

① 1개　　② 2개
③ 3개　　④ 4개

34

☑ 확인Check! ○ △ ×

보험업법상 보험계리업자의 등록 및 업무에 관한 설명으로 옳지 않은 것은? 기출수정

① 보험계리업자는 책임준비금, 비상위험준비금 등 준비금의 적립과 준비금에 관한 업무를 수행할 수 있다.
② 보험계리업자는 잉여금의 배분·처리 및 보험계약자 배당금의 배분에 관한 업무를 수행할 수 있다.
③ 보험계리업자는 지급여력비율 계산 중 보험료 및 책임준비금과 관련된 업무를 처리할 수 있다.
④ 보험계리업자가 되려는 자는 총리령으로 정하는 수수료를 내고 금융감독원에 등록하여야 한다.

35

☑ 확인Check! ○ △ ×

손해사정에 관한 설명으로 괄호 안에 들어갈 내용이 순서대로 연결된 것은?

> 가. 손해사정을 업으로 하려는 법인은 (　　)명 이상의 상근 손해사정사를 두어야 한다.
> 나. 금융위원회는 손해사정사 또는 손해사정업자가 그 직무를 게을리하거나 직무를 수행하면서 부적절한 행위를 하였다고 인정되는 경우에는 (　　)개월 이내의 기간을 정하여 업무의 정지를 명하거나 해임하게 할 수 있다.
> 다. 손해사정업자는 등록일부터 (　　)개월 내에 업무를 시작하여야 한다. 다만, 불가피한 사유가 있다고 금융위원회가 인정하는 경우에는 그 기간을 연장할 수 있다.

① 2 － 6 － 1
② 2 － 3 － 2
③ 5 － 6 － 2
④ 5 － 3 － 1

36

☑ 확인Check! ○ △ ×

「근로자퇴직급여보장법」에 관한 설명으로 옳지 않은 것은? 기출수정

① 확정급여형퇴직연금제도의 급여 종류는 연금 또는 일시금이며, 이 중 연금의 최소 수급연령은 55세이고 가입기간은 10년 이상이다.

② 확정급여형퇴직연금규약에는 적립금의 중도인출에 관한 사항이 포함되지 않는다.

③ 퇴직급여제도는 확정급여형퇴직연금제도, 확정기여형퇴직연금제도, 퇴직금제도로 구성된다.

④ 퇴직금을 받을 권리는 3년간 행사하지 아니하면 시효로 소멸한다.

37

☑ 확인Check! ○ △ ×

「근로자퇴직급여보장법」에 관한 설명으로 옳지 않은 것은?

① 퇴직연금제도의 급여를 받을 권리는 그 2분의 1에 한하여 압류가 금지된다는 것이 대법원 판례의 입장이다.

② 무주택자인 가입자가 본인 명의로 주택을 구입하는 경우 가입자별 적립금의 100분의 50을 한도로 하여 퇴직연금제도의 급여를 받을 권리를 담보로 제공할 수 있다.

③ 최종 3년간의 퇴직급여 등은 사용자의 총재산에 대하여 질권 또는 저당권에 의하여 담보된 채권, 조세·공과금 및 다른 채권에 우선하여 변제되어야 한다.

④ 4주간을 평균하여 1주간의 소정근로시간이 15시간 미만인 근로자에 대하여는 계속근로기간이 1년 이상인 경우라도 퇴직급여제도를 설정하지 않아도 된다.

38

☑ 확인Check! ○ △ ×

「근로자퇴직급여보장법」상 확정급여형퇴직연금제도에 관한 설명으로 옳지 않은 것은?

① 2021년 4월에 성립된 사업의 사용자가 사업 성립 후 1년 내에 확정급여형퇴직연금제도를 설정하려고 하면 근로자대표의 의견을 들어서 하면 된다.

② 확정급여형퇴직연금제도의 가입기간은 해당 퇴직연금 제도의 설정 전에 해당 사업에서 제공한 근로기간에 대하여도 가입기간으로 할 수 있지만, 주택구입 등 대통령령이 정하는 사유로 해당 근로자가 계속근로기간에 대해 퇴직금을 미리 정산한 기간은 제외한다.

③ 확정급여형퇴직연금규약에는 부담금의 산정 및 납입에 관한 사항이 포함될 필요는 없다.

④ 확정급여형퇴직연금제도를 운영하는 퇴직연금사업자는 매년 1회 이상 적립금액 및 운용수익률 등을 고용노동부령이 정하는 바에 따라 가입자에게 알려야 한다.

39

☑ 확인Check! ○ △ ✕

「근로자퇴직급여보장법」상 확정기여형퇴직연금제도의 중도인출 사유에 속하지 않는 것은?

① 무주택자인 가입자가 본인 명의로 주택을 구입하는 경우
② 무주택자인 가입자가 주거를 목적으로 「민법」 제303조에 따른 전세금 또는 「주택임대차보호법」 제3조의2에 따른 보증금을 부담하는 경우(이 경우 가입자가 하나의 사업 또는 사업장에 근로하는 동안 1회로 한정)
③ 중도인출을 신청한 날로부터 거꾸로 계산하여 5년 이내에 가입자가 「채무자 회생 및 파산에 관한 법률」에 따라 파산선고를 받은 경우
④ 사업주의 휴업 실시로 근로자의 임금이 감소한 경우로서 고용노동부장관이 정하여 고시하는 사유와 요건에 해당하는 경우

40

☑ 확인Check! ○ △ ✕

「근로자퇴직급여보장법」상 퇴직금의 중간정산 사유에 해당하는 것으로 바르게 고른 것은?

가. 무주택자인 근로자가 배우자 명의로 주택을 구입하는 경우
나. 사용자가 근로자의 임금체계를 호봉제에서 직무급제로 변경하는 경우
다. 사용자가 기존의 정년을 연장하거나 보장하는 조건으로 단체협약 및 취업규칙 등을 통하여 일정나이, 근속시점 또는 임금액을 기준으로 임금을 줄이는 제도를 시행하는 경우
라. 재난으로 피해를 입은 경우로서 고용노동부장관이 정하여 고시하는 사유에 해당하는 경우

① 가, 나
② 나, 다
③ 다, 라
④ 가, 다

2021년 제44회
경제학원론 1차 기출문제

중요 문제 / 틀린 문제 CHECK

01	02	03	04	05	06	07	08	09	10	11	12	13	14	15	16	17	18	19	20
21	22	23	24	25	26	27	28	29	30	31	32	33	34	35	36	37	38	39	40

시간 분 | 정답 및 해설편 136p

01

확인Check! ○ △ ×

독점기업 A가 당면하고 있는 시장수요는 $Q = 100 - P$이다. 다음 설명 중 옳은 것을 모두 고르면? (단, Q는 수요량, P는 가격이다)

ㄱ. 수요량이 50일 때 수요의 가격탄력성은 1/3이다.
ㄴ. 수요의 가격탄력성이 1인 점에서의 한계수입은 0이다.
ㄷ. 판매수입이 극대화되는 점에서 수요의 가격탄력성은 1이다.
ㄹ. 수요의 가격탄력성이 1보다 클 때, 가격이 상승하면 판매수입이 증가한다.

① ㄱ, ㄴ
② ㄴ, ㄷ
③ ㄱ, ㄷ, ㄹ
④ ㄴ, ㄷ, ㄹ

02

확인Check! ○ △ ×

주어진 예산으로 효용극대화를 추구하는 소비자 A의 효용함수 $U(X, Y) = X^{0.3}Y^{0.7}$일 때, A의 수요에 관한 설명 중 옳지 않은 것은?

① X재의 가격이 상승하면 X재의 수요량은 감소한다.
② Y재 수요는 Y재 가격에 대해 단위탄력적이다.
③ X재의 소득탄력성은 1이다.
④ X재 가격이 상승하면 Y재의 수요량은 감소한다.

03

☑ 확인Check! ○ △ ×

X재의 가격이 10% 상승할 때 X재의 매출액은 전혀 증가하지 않는 반면, Y재의 가격이 10% 상승할 때 Y재의 매출액은 6% 증가하였다면 각 재화의 수요의 가격탄력성으로 옳은 것은?

	X재	Y재
①	완전탄력적	단위탄력적
②	단위탄력적	탄력적
③	단위탄력적	비탄력적
④	완전비탄력적	단위탄력적

04

☑ 확인Check! ○ △ ×

A 기업의 총비용함수는 $TC = 20Q^2 - 15Q + 4,500$ 이다. 다음 설명 중 옳지 않은 것은? (단, Q는 생산량이다)

① 평균가변비용을 최소화하는 생산량은 4이다.
② 총고정비용은 4,500이다.
③ 한계비용은 우상향한다.
④ 평균비용을 최소화하는 생산량은 15이다.

05

☑ 확인Check! ○ △ ×

이윤을 극대화하는 甲은 동네에서 사진관을 독점적으로 운영하고 있다. 사진을 찍으려는 수요자 8명, A~H의 유보가격은 다음과 같으며 사진의 제작비용은 1명당 12로 일정하다. 다음 중 옳지 않은 것은? (단, 甲은 단일가격을 책정한다)

수요자	A	B	C	D	E	F	G	H
유보가격	50	46	42	38	34	30	26	22

① 甲은 5명까지 사진을 제작한다.
② 8명의 사진을 제작하는 것이 사회적으로 최적이다.
③ 이윤을 극대화하기 위해 甲이 책정하는 가격은 34이다.
④ 甲이 이윤을 극대화할 때 소비자잉여는 45이다.

06

☑ 확인Check! ○ △ ✕

노동을 수요독점하고 있는 A기업의 노동의 한계생산물가치는 $VMP_L = 38 - 4L$이고 노동공급곡선은 $w = 2 + L$이다. A기업의 이윤을 극대화하기 위한 임금은? (단, 생산물시장은 완전경쟁적이며 A기업은 생산요소로 노동만 사용하고, L은 노동, w는 임금이다)

① 4
② 6
③ 8
④ 10

07

☑ 확인Check! ○ △ ✕

세계적인 기상이변으로 전 세계 포도의 수확량이 감소하여 포도주의 국제 가격이 상승하였다. 포도주 수입국인 A국의 포도주 시장에서 발생하는 현상으로 옳은 것은? (단, A국은 소국개방경제이고, A국의 포도주 수요곡선과 공급곡선은 각각 우하향, 우상향하며 기상이변으로 인해 이동하지 않았다고 가정한다)

① 소비자잉여 증가
② 생산자잉여 감소
③ 총잉여 감소
④ 국내생산 감소

08

☑ 확인Check! ○ △ ✕

수요곡선은 $Q^D = 400 - 2P$이고 공급곡선은 $Q^S = 100 + 3P$이다. 종량세를 소비자에게 부과하여 발생한 사회적 후생손실(Deadweight Loss)이 135라면, 부과한 종량세의 크기는 얼마인가?

① 15
② 32
③ 44
④ 50

09

☑ 확인 Check! ○ △ ×

여가시간 R과 소비재 C로부터 효용을 얻는 노동자 A의 효용함수는 $U(R, C) = R^{1/2}C^{1/2}$이다. 소비재 C의 가격은 1, 시간당 임금은 w, 총 가용시간은 24시간일 때, 효용을 극대화하는 A의 노동공급에 관한 설명 중 옳지 않은 것은?

① 비근로소득이 0이라면, 임금이 상승하더라도 노동공급은 변화하지 않는다.
② 비근로소득이 증가할 때 노동공급은 감소한다.
③ 후방굴절형 노동공급곡선을 갖는다.
④ 정부의 정액 소득지원은 노동공급을 감소시킨다.

10

☑ 확인 Check! ○ △ ×

주어진 예산에서 효용을 극대화하는 소비자 甲의 효용함수가 $U(X, Y) = \ln X + Y$이다. 甲의 수요에 관한 설명으로 옳지 않은 것은?

① Y재의 가격이 상승하면 X재의 수요량이 증가한다.
② 甲의 소득이 증가하더라도 X재의 수요량은 변화가 없다.
③ 甲의 소득이 증가하면 Y재의 수요량은 증가한다.
④ X재의 가격소비곡선은 우상향한다.

11

☑ 확인 Check! ○ △ ×

노동수요는 $E^D = 1{,}000 - 50w$이고 노동공급은 $E^S = 100w - 800$이다. 최저임금을 16으로 설정할 경우에 발생하는 경제적 순손실은 얼마인가? (단, w는 임금이다)

① 200
② 400
③ 600
④ 1,400

12

☑ 확인Check! ○ △ ×

이윤을 극대화하는 A기업의 생산함수가 $Q=5L^{1/2}K^{1/2}$이다. A기업은 생산을 시작하기 전에 이미 자본재 1단위당 2의 임대료에 4단위의 자본재를 임대하였고, 이윤극대화 생산을 위해 노동투입을 결정하려고 한다. 임금이 2일 때 다음 설명 중 옳은 것은? (단, Q는 생산량, L은 노동, K는 자본, 생산물시장과 생산요소시장은 모두 완전경쟁적이다)

① 총고정비용은 2이다.

② 평균가변비용은 $\frac{2}{25}Q$이다.

③ 한계비용은 $\frac{Q}{25}$이다.

④ 평균비용은 $\frac{2}{25}Q+2$이다.

13

☑ 확인Check! ○ △ ×

역선택과 도덕적 해이에 대한 설명으로 옳지 않은 것은?

① 비대칭정보로 인해 발생하는 문제이다.
② 역선택의 발생원인은 은폐된 행동이고, 도덕적 해이의 발생원인은 은폐된 특성이다.
③ 단체보험, 강제보험은 역선택의 문제를 완화시킨다.
④ 성과에 대한 유인부여는 도덕적 해이의 문제를 완화시킨다.

14

☑ 확인Check! ○ △ ×

X재에 대한 수요곡선은 $P^D=10-2Q$이고 공급곡선은 $P^S=5+3Q$이다. 소비자잉여와 생산자잉여는? (단, P^D는 소비자가 지불하는 가격, P^S는 생산자가 받는 가격이고, Q는 수량이다)

① 1, $\frac{1}{2}$

② 2, $\frac{1}{2}$

③ 1, $\frac{3}{2}$

④ 2, $\frac{3}{2}$

15

☑ 확인Check! ○ △ ×

A지역에 두 명의 소비자 甲과 乙이 살고 있다. 공기의 질을 Q, 공기질에 대한 한계지불의사를 P라고 할 경우, 공기질에 대한 甲의 수요는 $Q_{甲} = 1 - P$, 乙의 수요는 $Q_{乙} = 2 - 2P$이다. 공기질 Q를 공급할 때의 한계비용이 $MC = Q$라고 할 때, 사회적 최적 공기질은?

① $\frac{4}{5}$

② $\frac{3}{5}$

③ $\frac{2}{5}$

④ $\frac{1}{5}$

16

☑ 확인Check! ○ △ ×

소비자 甲의 효용함수 $U(X, Y) = X^{\alpha} Y^{1-\alpha}$이다. $X = 2$, $Y = 4$일 때, 소비자 甲의 한계대체율(X재 1단위를 얻기 위해 포기할 용의가 있는 Y재 단위)이 4라고 하면, α의 크기는?

① $\frac{1}{3}$

② $\frac{1}{2}$

③ $\frac{2}{3}$

④ 1

17

☑ 확인Check! ○ △ ×

기업 A와 기업 B가 경쟁하고 있는 복점시장의 수요함수는 $P = 150 - Q_M = 150 - (Q_A + Q_B)$, 각 기업의 한계비용은 $MC_A = MC_B = 30$이다. 쿠르노 균형생산량과 이때 A와 B의 이윤을 구하면? (단, P는 시장가격, Q_M은 시장 전체 수요량, Q_A는 A의 생산량, Q_B는 B의 생산량이다)

① 20, 800, 800

② 40, 800, 1,600

③ 60, 1,600, 800

④ 80, 1,600, 1,600

18

☑ 확인 Check! ○ △ ×

바이오 기업인 甲은 상용화가 가능한 치매치료 신약을 개발하였고, 이를 자신이 직접 생산하여 판매하려는 계획을 갖고 있다. 그런데 이를 알게 된 기업 乙은 甲에게 신약 제조방법을 포함한 일체의 권리를 매입하겠다고 제안하였다. 현재 甲은 식품의약관리청의 승인을 기다리고 있으며, 승인 여부 및 甲의 선택에 따른 甲의 이윤 크기는 다음과 같다. 甲이 기대이윤을 극대화할 때, 甲의 합리적 선택과 기대이윤은?

구 분		甲의 의사결정	
승인 여부	확 률	乙에 권리매도	甲이 생산판매
승 인	10%	100억원	1,000억원
거 절	90%	100억원	−20억원

① 乙에 권리매도, 100억원
② 甲이 생산판매, 82억원
③ 乙에 권리매도, 90억원
④ 甲이 생산판매, 1,000억원

19

☑ 확인 Check! ○ △ ×

공공재에 대한 소비자 A, B, C의 수요함수는 각각 $P_A = 20 - Q$, $P_B = 40 - Q$, $P_C = 60 - Q$이다. 공공재 공급에 따른 한계비용이 90일 때, 공공재의 최적공급량 수준은? (단, P는 가격, Q는 수량이다)

① 5
② 10
③ 15
④ 20

20

☑ 확인 Check! ○ △ ×

기업 A의 단기총비용함수는 $STC = 3K + 12Q^2K^{-1}$이다. 시장은 경쟁적이고 시장가격은 3이다. 이때 A의 자본이 $K = 40$이라면, 극대화된 이윤은? (단, Q는 산출량, K는 자본이다)

① −102.5
② −112.5
③ −122.5
④ −132.5

21

☑ 확인Check! ○ △ ×

현금예금비율(민간보유 현금통화/요구불예금)이 0.6이고 지급준비율(지급준비금/요구불예금)이 0.2라면, M1 통화승수는?

① 1 ② 2

③ 3 ④ 4

22

☑ 확인Check! ○ △ ×

통화량 목표제와 이자율 목표제에 대한 설명으로 옳은 것은?

① 화폐수요함수가 명목국민소득만의 함수라면 이자율 조절이 용이해진다.

② 화폐수요가 이자율에 민감할수록 통화량 조절을 통한 경기안정화 정책의 유효성이 커진다.

③ 중앙은행은 기준금리를 통해 장기 실질이자율을 통제할 수 있다.

④ 화폐수요함수가 외부충격으로 변동하면 통화량과 이자율 목표를 동시에 달성하기 어렵다.

23

☑ 확인Check! ○ △ ×

다음은 A국가의 경제를 나타낸다. 총생산 갭을 제거하기 위해 정부지출을 얼마나 변화시켜야 하는가?

$C=3{,}000+0.5(Y-T)$, $I=1{,}500$, $G=2{,}500$, $NX=200$, $T=2{,}000$, $Y^{*}=12{,}000$
(단, C는 소비, Y는 소득, T는 조세, I는 투자, G는 정부지출, NX는 순수출, Y^{*}는 잠재생산량이다)

① 200 증가

② 400 증가

③ 200 감소

④ 400 감소

24

☑ 확인Check! ○ △ ×

화폐수요함수가 $\frac{M^d}{P} = 5,000 - 5,000i$ 이고, 기대물가 상승률은 10%, 화폐공급은 8,000, 물가수준은 2이다. 피셔효과가 성립할 때 균형실질이자율은 얼마인가? (단, M^d는 화폐수요, P는 물가수준, i는 소수로 표시된 명목이자율이다)

① 8%
② 9%
③ 10%
④ 11%

25

☑ 확인Check! ○ △ ×

A경제의 지급준비율이 실질이자율의 함수로서 $0.4 - 2r$ 이고, 현금/요구불예금 비율이 0.2, 물가수준은 1로 고정되어 있다고 한다. 본원통화는 100이고, 화폐수요함수는 $L(Y, r) = 0.5Y - 10r$ 이다. 실질이자율이 10%인 경우, 화폐시장이 균형을 이루는 소득수준은 얼마인가? (단, Y는 실질소득, r은 소수로 표시한 실질이자율이다)

① 302
② 402
③ 502
④ 602

26

☑ 확인Check! ○ △ ×

솔로우(Solow) 성장모형이 다음과 같이 주어진 경우, 균제상태(steady state)에서 자본 1단위당 산출량은? (단, 기술진보는 없다)

> • 총생산함수 : $Y = 2L^{1/2}K^{1/2}$ (단, Y는 총산출량, K는 총자본량이다)
> • 감가상각률 5%, 인구증가율 5%, 저축률 20%

① 0.2
② 0.4
③ 0.5
④ 0.8

27

☑ 확인Check! ○ △ ×

*A*국에서 2019년에 실업자가 일자리를 구할 확률은 20%이며, 취업자가 일자리를 잃고 실업자가 될 확률은 4%이다. 2019년 초의 실업자수가 500만명인 경우 2020년 초의 실업률은? (단, *A*국 경제의 생산가능인구는 4,000만명, 경제활동참가율은 75%이다. 또한 생산가능인구와 경제활동참가율은 불변이며, 경제활동인구와 비경제활동인구 사이의 이동은 없다고 가정한다)

① 11.1%

② 14.5%

③ 15.5%

④ 16.7%

28

☑ 확인Check! ○ △ ×

다음 채권 중 만기수익률(Yield to Maturity)이 가장 높은 것은?

① 95원에 구입한 액면가 100원인 무이표 1년 만기 채권

② 100원에 구입한 연이자 5원인 무한 만기 채권

③ 100원에 구입한 액면가 100원, 연이자 5원인 1년 만기 채권

④ 100원에 구입한 액면가 100원, 연이자 5원인 2년 만기 채권

29

☑ 확인Check! ○ △ ×

기대인플레이션 상승이 채권시장에 미치는 영향으로 옳은 것은?

① 채권 공급이 감소한다.

② 채권 수요가 증가한다.

③ 채권 거래량이 증가한다.

④ 채권 가격이 하락한다.

30

☑ 확인Check! ○ △ ✕

폐쇄경제 거시경제모형이 다음과 같이 주어져 있다. $\alpha = 0.8$, $\beta = 0$ 일 때 다음 중 옳은 것은?

- 소비함수 : $C = a + \alpha Y_d$, $Y_d = Y - T$
- 투자함수 : $I = b - \beta r$
- 정부재정 : $G = \overline{G}$, $T = \overline{T}$
- 화폐수요함수 : $l^d = v + \gamma Y_d - \eta r$
- 화폐공급함수 : $l^s = \overline{l^s}$
- 시장청산조건 : $Y = C + I + G$ 및 $l^d = l^s$

(단, C는 소비, Y_d는 가처분소득, Y는 생산, T는 조세, I는 투자, r은 실질이자율, G는 정부지출, l^d는 화폐수요, l^s는 화폐공급, a, b, v, α, β, γ, η, $\overline{G}$, $\overline{T}$, $\overline{l^s}$는 양의 상수이다)

① 정부지출승수는 4이다.
② 균형재정승수는 1이다.
③ 통화량을 늘리면 생산이 증가한다.
④ 통화량을 늘리면 이자율이 상승한다.

31

☑ 확인Check! ○ △ ✕

다음 중 시계열 차원의 거시건전성 정책수단으로서 금융의 경기순응성을 완화하기 위한 정책으로 옳지 않은 것은?

① 호황기에 은행의 의무 자기자본비율을 높인다.
② 불황기에 LTV(Loan-to-Value)를 높인다.
③ 호황기에 대손충당금 적립의무를 높인다.
④ 불황기에 은행 자산에 은행세(bank levy)를 부과한다.

32

☑ 확인Check! ○ △ ✕

국민계정에서 투자가 전년도와 동일할 때 다음 설명 중 옳은 것은?

① 국민저축이 증가했다면 순자본 유입이 증가했을 것이다.
② 균형재정 하에서 민간저축이 증가했다면 순자본 유출이 감소했을 것이다.
③ 경상수지 균형하에서 민간저축이 증가했다면 재정수지가 악화되었을 것이다.
④ 민간저축은 변화가 없고 재정수지가 악화되었다면 경상수지가 개선되었을 것이다.

33

☑ 확인 Check! ○ △ ×

자본, 노동 및 총요소생산성이 성장에 기여한 정도를 측정하는 성장회계식이 다음과 같다. $\alpha = 0.4$, $\frac{\Delta Y}{Y} = 2\%$ 일 때 성장률에 대한 자본의 성장 기여율이 80%라면 $\frac{\Delta K}{K}$ 는?

> $\frac{\Delta Y}{Y} = \frac{\Delta z}{z} + \alpha \frac{\Delta K}{K} + (1-\alpha)\frac{\Delta L}{L}$
> (단, Y는 총생산, z는 총요소생산성, K는 자본, L은 노동, $0 < \alpha < 1$, Δ는 변수의 증가분을 의미한다)

① 2%
② 4%
③ 6%
④ 8%

34

☑ 확인 Check! ○ △ ×

소비자물가지수에 관한 설명으로 옳은 것을 모두 고르면?

> ㄱ. 재화가 질적으로 개선되는 경우 생활비용이 과소평가될 가능성이 있다.
> ㄴ. 특정 재화 가격이 상승하여 소비재 사이의 대체가 발생하는 경우 생활비용이 과대평가될 가능성이 있다.
> ㄷ. 재화 가격에 부여되는 가중치가 매년 조정되어 체감 생활비용의 변화를 반영할 수 있다.

① ㄱ
② ㄴ
③ ㄱ, ㄴ
④ ㄱ, ㄴ, ㄷ

35

☑ 확인 Check! ○ △ ×

실업률 u와 인플레이션 π 사이의 관계식이 다음과 같다. 다음의 설명 중 옳은 것은?

> $\pi = \pi^e + h(u - u_n)$
> (단, π^e는 기대인플레이션, u_n은 자연실업률, 함수 $h(\cdot)$는 $h(0) = 0$, $h'(\cdot) < 0$이다)

① 적응적 기대를 가정하는 경우 장기에서도 화폐의 초중립성이 성립하지 않는다.
② 합리적 기대를 가정하는 경우 $\pi > \pi^e$이면 $u < u_n$이 될 수 있다.
③ 합리적 기대하에서 통화정책이 예상 가능한 경우에도 화폐의 초중립성이 성립하지 않는다.
④ 적응적 기대를 가정하는 경우 단기에 인플레이션과 실업률은 상충(trade off)관계가 존재하지 않는다.

36

☑ 확인Check! ○ △ ✕

금융상품 A의 기대수익률은 3%, 표준편차는 2%, 금융상품 B의 기대수익률은 5%, 표준편차는 2%이다. 위험을 최소화하기 위해 A와 B에 분산투자할 때, 다음 중 옳지 않은 것은?

① A와 B에 같은 비율로 투자하면 기대수익률은 4%이다.

② A와 B의 수익률 사이의 상관계수가 −1이면 헤지(hedge) 투자가 가능하다.

③ A와 B의 수익률 사이의 상관계수가 0이면 분산투자의 위험 감소 효과가 없다.

④ A와 B의 수익률 사이의 상관계수가 −1보다 크면 위험회피 투자자는 A보다 B에 더 높은 비중으로 투자한다.

37

☑ 확인Check! ○ △ ✕

이자율 평형조건(Interest Parity Condition)에 대한 설명으로 옳지 않은 것은?

① 국내와 해외 금융자산이 완전대체재임을 가정한다.

② 국내 이자율이 해외 이자율보다 높으면 국내 통화가치가 하락할 것으로 기대된다.

③ 이자율 평형조건 하에서 국내외 금리차는 기대 환율 변화율과 같다.

④ 이자율 평형조건을 따르는 환율은 구매력평가설이 제시하는 균형 환율에 수렴한다.

38

☑ 확인Check! ○ △ ✕

국내와 해외에서 화폐교환방정식 $MV=PY$와 $M_f V_f = P_f Y_f$에 따른 화폐수량설이 성립하고 환율이 구매력평가설 $e=\frac{P}{P_f}$에 따라 결정되는 경우 다음 중 옳은 것은?

① 국내 이자율이 해외 이자율보다 높으면 환율이 상승한다.

② 국내 통화량이 증가하면 환율이 하락한다.

③ 국내 국민소득이 증가하면 환율이 하락한다.

④ 국내 화폐유통속도가 상승하면 환율이 하락한다.

39

☑ 확인 Check! ○ △ ×

피셔효과가 성립하는 경제에서 실질이자율이 4%, 기대인플레이션율이 6%이다. 이자소득세율이 20%인 경우 세후 명목이자율과 세후 기대실질이자율은?

	세후 명목이자율	세후 기대실질이자율
①	6%	2%
②	8%	2%
③	6%	4%
④	8%	4%

40

☑ 확인 Check! ○ △ ×

다음 중 기대효용 이론에 대한 설명으로 옳지 않은 것은?

① 한계효용이 체감하는 효용함수를 가진 투자자는 위험회피 성향을 보인다.
② 한계효용이 일정한 효용함수를 가진 투자자는 기대수익에 따른 의사결정과 기대효용에 따른 의사결정이 동일하다.
③ 한계효용이 체감하는 효용함수에서 기대수익과 확실성등가 수익의 차이를 위험 프리미엄이라고 한다.
④ 한계효용이 체증하는 효용함수를 가진 투자자는 위험-기대수익 평면에 표시한 무차별 곡선이 우상향한다.

2021년 제44회
보험수학 1차 기출문제

✓ 중요 문제 / 틀린 문제 CHECK

01	02	03	04	05	06	07	08	09	10	11	12	13	14	15	16	17	18	19	20
21	22	23	24	25	26	27	28	29	30	31	32	33	34	35	36	37	38	39	40

시간 분 | 정답 및 해설편 153p

※ 제시된 보기 중에서 가장 가까운 것을 고르시오.

01

☑ 확인 Check! ○ △ ✕

이차방정식 $x^2 - \sqrt{a_n}\,x + \left(\frac{1}{2}a_{n+1} - \frac{1}{4}\right) = 0$이 모든 자연수 n에 대하여 중근을 가질 때, $\lim_{n\to\infty} a_n$의 값을 구하시오. (단, $a_1 = 2$)

① $\frac{1}{4}$

② $\frac{1}{2}$

③ 1

④ $\frac{3}{2}$

02

☑ 확인 Check! ○ △ ✕

$\lim_{x\to3}\frac{x^3 - 9ax + 54}{(x-3)^2} = b$를 만족하는 상수 a, b에 대하여 $b-a$의 값을 구하시오.

① 3

② 4

③ 5

④ 6

03

☑ 확인 Check! ○ △ ×

$\lim_{x\to 0}\frac{1}{x}\ln\frac{e^x+e^{2x}+e^{3x}+\cdots+e^{nx}}{n}=20$일 때, 자연수 n의 값을 구하시오.

① 38
② 39
③ 40
④ 41

04

☑ 확인 Check! ○ △ ×

수열 $a_n=\sqrt{4n^2+3}-2n$에 대해 $\lim_{n\to\infty}4n\cdot a_n$의 값을 구하시오.

① 2
② 3
③ 4
④ 5

05

☑ 확인 Check! ○ △ ×

$\lim_{n\to\infty}\frac{1}{n}\sum_{k=1}^{n}\left(e^{\frac{k}{n}}+1\right)$의 값을 구하시오.

① 1
② e
③ $e+1$
④ $e-1$

06

☑ 확인 Check! ○ △ ✕

함수 $f(x)=\int_{-2}^{x}\left(\frac{1}{e^t+1}\right)dt$에 대하여 $f(a)=2$가 성립할 때, 정적분 $\int_{-2}^{a}\frac{\ln\{f(x)+1\}}{e^x+1}dx$의 값을 구하시오.

① ln3

② 3ln3

③ ln3 + 2

④ 3ln3 − 2

07

☑ 확인 Check! ○ △ ✕

연속함수 $f(x)$가 $f(0)=0$, $f'(x)=x+|x-1|$을 만족시킬 때, $\int_0^2 f(x)dx$의 값을 구하시오.

① $\frac{5}{2}$

② $\frac{7}{2}$

③ $\frac{5}{3}$

④ $\frac{7}{3}$

08

☑ 확인 Check! ○ △ ✕

수직선상의 한 점에서 출발하여 $v(t)=15-5t$의 속도로 움직이는 물체가 있다. 이 물체가 $t=0$에서 $t=6$까지 실제로 움직인 거리를 구하시오.

① 0

② 22.5

③ 45

④ 90

09

☑ 확인Check! ○ △ ✕

COVID-19 진단 검사시 확진판정이 날 확률이 p라고 하자. 임의로 100명을 뽑아서 검사를 실시할 경우 2명이 확진판정을 받을 확률이 $g(p)$라고 할 때, $g(p)$가 최대가 되는 p의 값을 구하시오.

① $\frac{1}{49}$

② $\frac{1}{50}$

③ $\frac{1}{99}$

④ $\frac{1}{100}$

10

☑ 확인Check! ○ △ ✕

어떤 선별진료소에서 COVID-19를 검사하기 위해 PCR 진단 키트를 수급하였다. 진단 키트의 정확도는 COVID-19에 걸린 사람을 걸렸다고 진단할 확률이 98%이고, COVID-19에 걸리지 않은 사람을 걸렸다고 진단할 확률이 4%라고 한다. 만약 해당 선별진료소가 운영되는 지역에서 0.1%의 주민이 COVID-19에 걸려있다면, 이 PCR 진단법에 의해 COVID-19에 걸렸다고 진단받은 사람이 실제 COVID-19에 걸렸을 확률을 구하시오.

① 0.1%

② 2.4%

③ 4.6%

④ 6.4%

11

☑ 확인Check! ○ △ ✕

어떤 기업이 A, B, C 세 대의 기계를 가지고 제품을 생산하는데, 각각 전체 생산량의 25%, 35%, 40%를 담당한다. 지난해 이 회사가 생산한 제품들을 검수한 결과, 각 기계가 생산한 제품 중 각각 5%, 3%, 2%의 불량품이 나온다고 한다. 무작위로 추출한 제품이 불량품이라면, 이것이 기계 B가 생산한 제품일 확률을 구하시오.

① 18.2%

② 25.8%

③ 33.9%

④ 40.3%

12

☑ 확인 Check! ○ △ ×

어떤 손해보험회사의 자동차 보험에서 보험금 청구 건수는 매 시간마다 평균 1건의 포아송분포를 따른다고 한다. 앞으로 4시간 동안 3건 이상의 보험금 청구가 발생할 확률을 구하시오. (단, $e = 2.7183$)

① 0.7619

② 0.7802

③ 0.8352

④ 0.9084

13

☑ 확인 Check! ○ △ ×

확률변수 N은 평균이 λ인 포아송분포를 따른다. $\lim_{\lambda \to 0} E[N \mid N \geq 1]$을 구하시오.

① 1

② 2

③ e

④ $2e$

14

☑ 확인 Check! ○ △ ×

확률변수 N이 공정한 동전을 앞면이 두 번 연속으로 나올 때까지 던진 횟수라고 할 때, $E[N]$을 구하시오.

① 4

② 5

③ 6

④ 7

15

☑ 확인Check! ○ △ ×

두 학생 A와 B의 과거 모의고사 점수의 분포를 살펴보았다. A의 점수는 평균 425점, 표준편차 30점인 정규분포를 따르고, B의 점수는 평균 412점, 표준편차 16점인 정규분포를 따른다. 두 학생의 점수가 상관계수 0.5를 가질 때, 아래 표준정규분포표를 이용하여 다음 모의고사에서 B가 A보다 높은 점수를 받을 확률을 구하시오.

z	$P(0 \le Z \le z)$
0.5	0.192
1.0	0.341
1.5	0.433
2.0	0.477

① 2.3%

② 6.7%

③ 15.9%

④ 30.8%

16

☑ 확인Check! ○ △ ×

평균이 100이고, 분산이 25인 정규분포를 따르는 모집단에서 크기가 16인 확률표본을 추출한다. 표본평균 $\overline{X}$의 표본분포에서 제10백분위수(percentile)를 구하시오. [단, Z가 표준정규분포를 따를 때, $P(Z \le 1.28) = 0.9$]

① 96.8

② 98.4

③ 101.6

④ 103.2

17

☑ 확인 Check! ○ △ ×

확률변수 X의 적률생성함수가 $M_X(t)=\frac{1}{8}+\frac{3}{8}e^t+\frac{3}{8}e^{2t}+\frac{1}{8}e^{3t}$라고 할 때, X의 분산을 구하시오.

① $\frac{1}{3}$

② $\frac{1}{2}$

③ $\frac{2}{3}$

④ $\frac{3}{4}$

18

☑ 확인 Check! ○ △ ×

확률변수 U는 구간 $(1, 2)$에서 정의된 균등분포를 따른다. 다음 중 평균이 1인 지수분포에 따르는 것을 고르시오.

① $\ln(U-1)$

② $-\ln(U-1)$

③ e^{U-1}

④ e^{1-U}

19

☑ 확인 Check! ○ △ ×

거리가 500km 떨어진 두 도시 A, B의 내일 날씨에 대한 확률변수 X_A, X_B가 아래 표와 같은 확률분포를 갖는다. 다음 설명 중 옳은 것을 고르시오.

X_A \ X_B	0(맑음)	1(흐림)	2(비)
0(맑음)	0.25	0.05	0.05
1(흐림)	0.15	0.2	0.05
2(비)	0.05	0.1	0.1

① A 도시의 날씨가 맑을 확률은 35%이며, 두 확률변수는 독립이다.

② B 도시의 날씨가 흐릴 확률은 35%이며, 두 확률변수는 종속이다.

③ A 도시의 날씨가 흐릴 때, B 도시의 날씨는 맑을 확률이 37.5%이며, 두 확률변수는 독립이다.

④ B 도시에 비가 올 때, A 도시에도 비가 올 확률은 40%이며, 두 확률변수는 종속이다.

20

☑ 확인Check! ○ △ ✕

확률변수 X와 Y의 결합확률밀도함수가 $f_{X,Y}(x,y)=\begin{cases} kxy^2 & ,0<x<y<1(\text{단}, k\text{는 상수}) \\ 0 & ,\text{그 외} \end{cases}$라고 할 때, $E[X^2|Y=y]$을 구하시오.

① $\frac{y}{2}$

② $\frac{y^2}{2}$

③ $\frac{2y}{3}$

④ $\frac{2y^2}{3}$

21

☑ 확인Check! ○ △ ✕

$t=0$ 시점에 계좌를 개설한 직후 적립된 1이 이력 $\delta_t=\frac{1}{5}\left(\frac{2t}{1+t^2}\right)$로 부리될 때, 이력이 최대가 되는 시점의 잔액을 구하시오.

① $\sqrt[5]{2}$

② 1.4

③ 2

④ $\sqrt{5}$

22

☑ 확인Check! ○ △ ✕

어떤 사람이 가입 후 짝수 번째 해의 말에 1을 지급하는 $3n$년 만기 확정연금에 가입하였다. 가입 후 n년 동안 수령하는 지급액의 현가 합을 x, 가입 후 $2n$년 동안 수령하는 지급액의 현가 합을 y라고 할 때, $y=1.5x$이다. 이 연금의 마지막 지급액의 현가를 구하시오. (단, n은 짝수)

① 0.750

② 0.500

③ 0.250

④ 0.125

23

☑ 확인Check! ○ △ ×

어떤 사람이 대출금 100을 3년 동안 매년 말 일정금액 C씩 할부상환 방식(amortization method)으로 상환한다. 대출금에 적용되는 연이율(annual effective rate of interest)은 10%이다. C를 구하시오.

① 33.33
② 36.54
③ 40.21
④ 42.98

24

☑ 확인Check! ○ △ ×

액면가 100, 5년 만기, 이표율(coupon rate) 10%로 매년 말에 이표(coupon)를 지급하는 할증부 매입채권(bond purchased at premium)의 연투자수익률(annual yield rate)이 7%이다. 네 번째 이표 지급액에서 이자에 해당하는 부분을 구하시오.

① 7.38
② 8.98
③ 9.52
④ 10.00

25

☑ 확인Check! ○ △ ×

현재 잔액이 10인 계좌 A에서 10년 동안 매년 말 1이 인출된다. 이 계좌의 매년 초 잔액에 대해 매년 말 연이율 7%로 이자가 지급되며, 이 이자액은 지급되자마자 인출되어 연이율 5%로 이자가 부리되는 계좌 B에 재투자(reinvest)된다. 10년 후 B의 종가를 구하시오.

① $0.05s_{\overline{10}|0.07}$

② $\dfrac{0.07\left(\ddot{s}_{\overline{10}|0.05}-10\right)}{0.05}$

③ $\dfrac{0.07\left\{11(1.05)^{11}-\ddot{s}_{\overline{11}|0.05}\right\}}{0.05}$

④ $\dfrac{0.07\left\{10(1.05)^{10}-s_{\overline{10}|0.05}\right\}}{0.05}$

26

☑ 확인 Check! ○ △ ×

사망이 드므아브르 법칙(de Moivre's law)을 따를 때, $\mathring{e}_{40} = 30$이라면 $Var[T(60)]$을 구하시오. [단, $T(x)$는 (x)의 장래생존기간]

① 33.3

② 75

③ 133.3

④ 208.3

27

☑ 확인 Check! ○ △ ×

연령 $[x, x+1)$에서 단수부분에 대해 사망자수가 균등하게 분포한다(UDD)고 가정할 때, 다음의 생명표를 이용하여 $\mathring{e}_{90}$을 구하시오.

x	90	91	92	93	94
l_x	1,100	900	650	350	0

① 2.23

② 2.57

③ 2.83

④ 3.12

28

☑ 확인 Check! ○ △ ×

${}_tq_x$가 t에 관해 미분 가능할 때, $\lim_{h \to 0+} \frac{{}_hq_x}{h}$를 구하시오.

① μ_x

② p_x

③ q_x

④ $p_x \mu_x$

29

☑ 확인 Check! ○ △ ✕

확률변수 X가 신행아의 수명을 나타낼 때, X의 생존함수가 $s_X(x) = \left(1 - \frac{x}{100}\right)^2$, $0 \le x \le 100$이다. X의 분포에서 제3사분위수(quartile)를 구하시오.

① 25
② 40
③ 50
④ 75

30

☑ 확인 Check! ○ △ ✕

2021년 COVID-19가 유행 중인 상황에서 피보험자 (x)의 사력은 $\mu_x = kx$이고, 나이가 20세인 피보험자 A가 10년 내에 사망할 확률은 0.1이다. 2022년에 유행이 종료한 후 사력이 $\mu_x^* = \frac{5}{6}kx$로 감소한다고 할 때, 2022년에 나이가 20세인 피보험자 B가 20년 내에 사망할 확률을 구하시오. (단, k는 상수)

① 0.14
② 0.19
③ 0.25
④ 0.33

31

☑ 확인 Check! ○ △ ✕

다음 중 옳지 않은 것을 고르시오. (단, $i > 0$)

① ${}_{n|}A_x = v^2 \cdot {}_2p_x \cdot {}_{n-2|}A_{x+2}$ $(n \ge 2)$
② $a_x < a_x^{(2)} < \bar{a}_x < \ddot{a}_x^{(3)} < \ddot{a}_x$
③ ${}_tV^1_{x:\overline{n|}} = P^{\;\;1}_{x+t:\overline{n-t|}} \cdot \ddot{a}_{x+t:\overline{n-t|}}$
④ $\frac{1}{\ddot{a}_x} = d + P_x$

32

☑ 확인 Check! ○ △ ×

피보험자 (x)가 가입하려고 하는 2년 만기 생존보험이 아래 조건을 만족할 때, 연이율 i를 구하시오.

(가) 만기에 생존시 보험금 1을 지급
(나) Z는 보험금 현가를 나타내는 확률변수
(다) $E(Z)=9\,Var(Z)$
(라) ${}_2p_x=\frac{55}{64}$

① 5.0%
② 7.5%
③ 10.0%
④ 12.5%

33

☑ 확인 Check! ○ △ ×

피보험자 (40)이 사망연도 말에 보험금 1을 지급하는 20년 만기 정기보험에 가입하였다. 사망보험금의 현재가치를 Z라 할 때, $Var(Z)$를 구하시오. (단, $v^{10}=0.6$)

x	A_x	${}^2A_x$	${}_{20}p_x$
40	0.16	0.05	0.9
60	0.37	0.18	0.5

① 0.015
② 0.027
③ 0.039
④ 0.051

34

☑ 확인 Check! ○ △ ×

$A_x \cdot P_{x:\overline{n|}}+(1-A_x)\cdot P_x$와 같은 것을 고르시오.

① $P^{1}_{x:\overline{n|}}$
② $P_{x:\overset{1}{\overline{n|}}}$
③ ${}_nP_x$
④ $P({}_{n|}\ddot{a}_x)$

35

☑ 확인Check! ○ △ ×

피보험자 (20)이 다음과 같은 5년 만기 보험에 가입하였다. 연납평준순보험료를 구하시오.

(가) 보험기간 동안 매년 초에 평준순보험료를 납입
(나) 사망시 사망연도 말에 사망보험금 1과 기납입된 보험료를 이자 없이 지급
(다) 만기에 생존시 1을 지급
(라) $\ddot{a}_{20:\overline{5}|}=3.362$
(마) $A^{1}_{20:\overline{5}|}=0.299$, $A_{20:\overset{1}{\overline{5}|}}=0.328$
(바) $(IA)^{1}_{20:\overline{5}|}=0.766$

① 0.242
② 0.374
③ 0.502
④ 0.667

36

☑ 확인Check! ○ △ ×

피보험자 (x)가 다음과 같은 10년 만기 정기보험에 가입하였다. 평준순보험료를 구하시오.

(가) 사망 즉시 사망보험금 $b_t=100e^{0.03t}$를 지급
(나) 보험료는 전기 연속납
(다) $\delta=0.03$
(라) $\mu_x=0.02$
(마) $e^{-0.2}=0.8187$, $e^{-0.5}=0.6065$

① 2.3
② 2.6
③ 2.9
④ 3.2

37

☑ 확인 Check! ○ △ ✕

피보험자 (x)가 다음과 같은 3년 만기 정기보험에 가입하였다.

(가) 사망연도 말에 사망보험금 100을 지급
(나) 매년 초 평준순보험료 납입
(다) ${}_2L$는 제2보험연도 말 시점에서 보험사의 손실현가 확률변수
(라) $v = 0.95$
(마) $q_x = 0.1$, $q_{x+1} = 0.15$, $q_{x+2} = 0.2$

$Var({}_2L)$을 구하시오.

① 1,111
② 1,222
③ 1,333
④ 1,444

38

☑ 확인 Check! ○ △ ✕

피보험자 (x)가 다음과 같은 10년 만기 생사혼합보험에 가입하였다.

(가) 제k보험연도 말에 사망시 사망보험금 $(11-k)$를 지급(단, $k = 1, 2, \cdots, 10$)
(나) 만기 생존보험금은 1
(다) 매년 초 평준순보험료를 납입
(라) $q_{x+5} = 0.05$
(마) $v = 0.95$
(바) 제9보험연도 말 순보험료식 책임준비금 ${}_9V = 0.67$
(사) 제5보험연도 말 순보험료식 책임준비금 ${}_5V = 0.14$

제6보험연도 말 순보험료식 책임준비금 ${}_6V$를 구하시오.

① 0.15
② 0.20
③ 0.25
④ 0.30

39

☑ 확인Check! ○ △ ×

피보험자 (x)가 사망보험금 1,000을 지급하는 완전이산(fully discrete) 종신보험에 가입하였다. 다음 조건을 이용하여 $\ddot{a}_x$를 구하시오.

> (가) 제1보험연도 말 순보험료식 책임준비금 ${}_1V = 19$
> (나) $v = 0.95$
> (다) $q_x = 0.01$

① 12.9
② 13.5
③ 14.1
④ 14.7

40

☑ 확인Check! ○ △ ×

30세 동갑인 한 부부가 각각 앞으로 20년간 생존할 확률이 60%이고, 10년 안에 사망할 확률은 10%이다. 두 사람 중 적어도 한 사람이 40세에서 50세 사이에 사망할 확률을 구하시오. (단, 두 사람의 사망은 독립)

① 45%
② 49%
③ 51%
④ 55%

2021년 제44회 회계원리

1차 기출문제

중요 문제 / 틀린 문제 CHECK

01	02	03	04	05	06	07	08	09	10	11	12	13	14	15	16	17	18	19	20
21	22	23	24	25	26	27	28	29	30	31	32	33	34	35	36	37	38	39	40

시간 분 | 정답 및 해설편 171p

※ 아래 문제들에서 특별한 언급이 없는 한, 보고주체는 계속해서 한국채택국제회계기준(K-IFRS)을 적용해오고 있으며, 보고기간은 매년 1월 1일부터 12월 31일까지이다. 또한 자료에서 제시한 모든 항목과 금액은 중요하며, 자료에서 제시한 것 외의 사항은 고려하지 않고 답한다. 정답선택에 있어서 문항 중 질문에 가장 합당한 것을 선택하고, 계산문제는 다양한 풀이방법에 의해 차이가 발생할 수 있으며, 주어진 문항 중 최 근사치를 선택한다.

01

확인 Check! ○ △ ×

다음은 (주)한국의 상품에 대한 매입·매출의 수정 전 내역이다. 기초상품 ₩100,000, 기말상품 ₩120,000일 때, 상품매출에 대한 올바른 매출총이익은?

- 상품매입 ₩368,000, 매입운임 ₩15,000(판매관리비 계상)
- 상품매출 ₩1,000,000, 판매운임 ₩60,000(판매관리비 계상), 판매상품 하자로 인한 매출대금 할인금액 ₩50,000(영업외비용 계상)

① ₩587,000
② ₩602,000
③ ₩637,000
④ ₩652,000

02

☑ 확인Check! ○ △ ×

(주)한국의 4월 중 상품수불부 내역은 다음과 같다. 선입선출법에 따른 4월 말 재고자산 금액은?

구 분	일 자	수량(개)	매입단가	금 액
기초재고	4월 1일	200	₩100	₩20,000
매 입	4월 10일	700	₩110	₩77,000
판 매	4월 15일	(800)		
매 입	4월 20일	100	₩120	₩12,000
기말재고	4월 30일	200	?	?

① ₩20,000 ② ₩22,000
③ ₩23,000 ④ ₩24,000

03

☑ 확인Check! ○ △ ×

(주)한국은 실지재고조사법을 적용하며 저가법 적용에 따른 평가손실 및 평가손실환입을 매출원가에 반영하고 있다. (주)한국의 20x1년 상품 매입금액은 ₩100,000이며, 20x0년 말과 20x1년 말 상품재고는 아래와 같을 때, 20x1년 상품매출원가는 얼마인가?

구 분	20x0년 말	20x1년 말
상 품	₩25,000	₩30,000
상품평가충당금	₩(5,000)	₩(2,000)

① ₩90,000 ② ₩92,000
③ ₩95,000 ④ ₩97,000

04

☑ 확인Check! ○ △ ×

(주)한국의 당기 말 재고자산은 전기 말 대비 ₩30,000 증가하였고 당기 말 매입채무는 전기 말 대비 ₩18,000 증가하였다. 당기 매입채무 현금지급액은 ₩150,000이고, 매출총이익률이 20%일 때, (주)한국의 당기 매출액은 얼마인가?

① ₩127,500 ② ₩165,600
③ ₩172,500 ④ ₩247,500

05

☑ 확인Check! ○ △ ×

(주)한국은 20x1년 초 (주)대한으로부터 토지(공정가치 ₩600,000, (주)대한의 장부금액 ₩500,000)와 기계장치(공정가치 ₩400,000, (주)대한의 장부금액 ₩500,000)를 ₩800,000에 일괄 구입하였다. 또한, (주)한국은 20x1년 초에 동 기계장치 취득을 위하여 불가피하게 공정가치 ₩70,000의 채권을 ₩85,000에 구입하였다. 기계장치의 취득원가는 얼마인가?

① ₩320,000

② ₩335,000

③ ₩400,000

④ ₩485,000

06

☑ 확인Check! ○ △ ×

다음 중 유형자산 취득원가에 포함되는 것은?

① 유형자산의 매입 또는 건설과 직접적으로 관련되어 발생한 종업원급여

② 경영진이 의도하는 방식으로 가동될 수 있으나 아직 실제로 사용되지는 않는 상황에서 발생하는 원가

③ 유형자산과 관련된 산출물에 대한 수요가 형성되는 과정에서 발생하는 초기 가동손실

④ 기업의 영업 전부 또는 일부를 재배치하는 과정에서 발생하는 원가

07

☑ 확인Check! ○ △ ×

(주)한국은 20x1년 초 토지를 ₩100,000에 취득하였으며, 20x1년부터 20x4년까지 매년 말 토지의 공정가치는 다음과 같다. (주)한국은 토지에 대하여 재평가모형을 적용하고 있으며, 매년 말 재평가를 실시한다. 토지 공정가치 하락이 손상발생의 증거는 아니며 20x1년 이후 토지의 추가 취득이나 처분은 없었다고 가정할 때, (주)한국의 토지 재평가가 재무제표에 미치는 영향으로 옳지 않은 것은?

구 분	20x1년 말	20x2년 말	20x3년 말	20x4년 말
토지 공정가치	₩90,000	₩94,000	₩99,000	₩105,000

① 토지 재평가로 20x1년 당기순이익이 ₩10,000 감소한다.

② 토지 재평가로 20x2년 당기순이익이 ₩4,000 증가한다.

③ 토지 재평가로 20x3년 당기순이익이 ₩5,000 증가한다.

④ 토지 재평가로 20x4년 당기순이익이 ₩6,000 증가한다.

08

☑ 확인Check! ○ △ ×

(주)한국은 20x1년 초에 리스기간 종료 후 반납조건으로 기계장치(내용연수 5년)를 리스하였다. 리스관련 내용이 아래와 같을 때, 20x1년 기계장치 감가상각비는 얼마인가? 단, (주)한국은 기계장치를 정액법(잔존가치 없음) 상각하고, 소액 기초자산 리스에 해당하지 않으며, 현가계수는 아래 표를 이용한다.

- 리스기간 : 20x1.1.1. ~ 20x4.12.31.
- 연간 고정리스료 : ₩1,000,000(매년 말 지급)
- 할인율 : 연 4%

할인율	정상연금 ₩1의 현재가치	
	4기간	5기간
4%	3.63	4.45

① ₩726,000
② ₩890,000
③ ₩907,500
④ ₩1,112,500

09

☑ 확인Check! ○ △ ×

(주)한국은 20x1년 초 영업을 개시하였으며, 판매상품에 대하여 3년 동안 무상으로 수리해주고 있다. (주)한국은 매출액의 5%만큼 제품보증비용이 발생할 것으로 예상하고 있으며, 20x1년~20x2년 동안 매출액과 실제 지출된 제품보증비용은 다음과 같다. 다음 중 옳은 것은?

구 분	20x1년	20x2년
매출액	₩500,000	₩600,000
제품보증비 지출액	₩7,600	₩15,300

① 20x1년 손익계산서의 제품보증비용은 ₩7,600이다.
② 20x1년 말 재무상태표의 제품보증충당부채는 ₩25,000이다.
③ 20x2년 손익계산서의 제품보증비용은 ₩30,000이다.
④ 20x2년 말 재무상태표의 제품보증충당부채는 ₩14,700이다.

10

☑ 확인Check! ○ △ ✕

다음 중 재무보고를 위한 개념체계에 대한 설명으로 옳은 것은?

① 재무제표는 여러 이해관계자 중에서 주주의 관점을 우선적으로 고려하여 작성한다.
② 과거 평가를 확인하거나 변경시킴으로써 과거 평가에 대한 피드백을 제공하는 역할은 회계정보의 목적적합성과 관련이 높다.
③ 자산이나 수익을 인식하기 위해서는 부채나 비용을 인식할 때보다 더욱 설득력 있는 증거가 뒷받침되어야 한다.
④ 이용자들이 미래 결과를 예측하기 위해 사용하는 절차의 투입요소로 회계정보가 사용되는 역할은 회계정보의 표현충실성과 관련이 높다.

11

☑ 확인Check! ○ △ ✕

(주)한국은 당기 중 보통주 20주(1주당 액면금액 ₩5,000)를 1주당 ₩8,000에 발행하였으며, 보통주 발행과 관련하여 총 ₩2,000의 발행비용이 발생하였다. 상기 보통주 발행으로 증가하는 자본총액은 얼마인가?

① ₩98,000
② ₩100,000
③ ₩158,000
④ ₩160,000

12

☑ 확인Check! ○ △ ✕

(주)한국의 20x0년 말 자본 내역은 다음과 같다. 20x1년 중 자기주식의 50%를 ₩100,000에 처분하였으며, 20x1년 당기순이익은 ₩85,000이었다. 자본에 영향을 미치는 다른 거래가 없었다고 가정할 때, (주)한국의 20x1년 말 자본총계는 얼마인가?

구 분	금 액
보통주자본금	₩1,000,000
주식발행초과금	₩300,000
자기주식	₩(150,000)
이익잉여금	₩450,000
자본총계	₩1,600,000

① ₩1,685,000
② ₩1,710,000
③ ₩1,760,000
④ ₩1,785,000

13

☑ 확인Check! ○ △ ✕

(주)한국은 20x1년 초 건설계약(공사기간 4년)을 체결하였다. (주)한국은 동 건설계약의 수익을 진행기준으로 인식하며, 20x2년까지 연도별 공사 관련 정보는 다음과 같다. (주)한국이 20x2년에 인식할 공사수익은 얼마인가? 단, (주)한국은 공사원가에 기초한 투입법으로 진행률을 측정하고 있으며, 진행률은 신뢰성 있게 측정 가능한 것으로 가정한다.

구 분	20x1년	20x2년
연도별 공사원가 발생액	₩300,000	₩500,000
완성시까지 추가 공사원가 예상액	₩1,200,000	₩800,000
도급금액	₩2,000,000	₩2,200,000

① ₩600,000
② ₩660,000
③ ₩700,000
④ ₩1,100,000

14

☑ 확인Check! ○ △ ✕

한국채택국제회계기준의 연구개발비 회계처리에 의하면 내부적으로 창출한 무형자산은 연구단계와 개발단계로 구분하여 판단하도록 규정하고 있다. 다음 중 개발단계의 예로 옳지 않은 것은?

① 생산이나 사용 전의 시제품과 모형을 설계, 제작, 시험하는 활동
② 새롭거나 개선된 재료, 장치, 제품, 공정, 시스템이나 용역에 대한 여러 가지 대체안을 제안, 설계, 평가, 최종 선택하는 활동
③ 상업적 생산 목적으로 실현가능한 경제적 규모가 아닌 시험공장을 설계, 건설, 가동하는 활동
④ 신규 또는 개선된 재료, 장치, 제품, 공정, 시스템이나 용역에 대하여 최종적으로 선정된 안을 설계, 제작, 시험하는 활동

15

☑ 확인Check! ○ △ ✕

다음 중 금융자산에 대한 설명으로 옳지 않은 것은?

① 금융자산은 거래상대방에게서 현금 등 금융자산을 수취할 계약상 권리를 포함한다.
② 당기손익-공정가치 측정 금융자산의 최초인식은 공정가치로 한다.
③ 기대신용손실모형을 적용하는 경우 채무불이행이나 연체 같은 계약 위반을 신용의 손상으로 볼 수 있다.
④ 계약상 현금흐름의 수취와 금융자산의 매도 둘 다를 통해 목적을 이루는 사업모형의 경우 금융자산을 상각후원가 측정으로 분류한다.

16

☑ 확인 Check! ○ △ ×

재무제표 표시에 관한 다음 설명 중 옳지 않은 것은?

① 확정급여제도의 재측정요소는 당기손익으로 재분류 할 수 있다.
② 자산과 부채는 서로 상계하지 않으나 평가충당금을 차감한 관련 자산은 순액으로 측정이 가능하다.
③ 이연법인세자산(부채)은 유동자산(부채)으로 분류하지 아니한다.
④ 보고기간 후 12개월 이내에 결제하기로 되어 있다면 유동부채로 분류한다.

17

☑ 확인 Check! ○ △ ×

다음 중 사채 전체기간의 총이자비용이 표시이자 총액보다 큰 상황을 설명하는 것은?

① 사채장부가액이 매년 증가하는 경우
② 사채발행가액이 액면가액보다 큰 경우
③ 표시이자율이 유효이자율보다 큰 경우
④ 사채이자비용이 매년 감소하는 경우

18

☑ 확인 Check! ○ △ ×

(주)한국은 공장건물 신축공사를 20x1년 4월 1일에 개시하여 20x2년 9월 30일에 완료하였다. 신축공사를 위해 지출된 금액과 차입금 관련 정보는 다음과 같으며, 특정차입금은 신축공사를 위한 목적으로 차입하였다. (주)한국이 공장건물 신축공사와 관련하여 20x1년에 자본화할 차입원가를 계산하시오. 단, 연평균 지출액과 이자비용은 월할로 계산한다.

날 짜	지출액
20x1년 4월 1일	₩150,000
20x1년 10월 1일	₩80,000
20x2년 1월 1일	₩61,500

차입금의 구분	차입금액	차입기간	연이자율
특정차입금	₩120,000	20x1년 4월 1일 ~20x2년 9월 30일	5%
일반차입금	₩80,000	20x1년 7월 1일 ~20x2년 9월 30일	10%

① ₩7,500　　② ₩8,500
③ ₩8,750　　④ ₩17,500

19

☑ 확인 Check! ○ △ ×

(주)한국은 확정급여제도를 운영하고 있으며, 관련자료는 다음과 같다. 확정급여채무 계산시에 적용하는 할인율은 연 10%이며 이 할인율은 변동이 없다.

- 20x1년 1월 1일 사외적립자산의 공정가치 : ₩100,000
- 20x1년 1월 1일 확정급여채무의 현재가치 : ₩110,000
- 20x1년 중 당기근무원가 : ₩30,000
- 20x1년 중 퇴직금 지급(사외적립자산으로부터) : ₩20,000
- 20x1년 말 사외적립자산에 기여 : ₩15,000

(주)한국의 20x1년 말 재무상태표에 표시될 순확정급여부채는 얼마인가? (단, 확정급여채무와 사외적립자산에서 발생하는 재측정요소는 없다고 가정한다)

① ₩15,000
② ₩26,000
③ ₩100,000
④ ₩105,000

20

☑ 확인 Check! ○ △ ×

다음은 (주)한국의 20x1년 말 수정전시산표이다. 결산수정분개가 20x1년 당기순이익에 미치는 영향을 계산하시오.

시산표(수정전)

현 금	₩40,000	미지급금	₩20,000
매출채권	₩30,000	차입금	₩15,000
소모품	₩20,000	선수수익	₩30,000
선급보험료	₩24,000	자본금	₩10,000
광고선전비	₩15,000	이익잉여금	₩9,700
·	·	·	·
·	·	·	·
합 계	₩150,000	합 계	₩150,000

〈결산수정사항〉
- 소모품의 기말 잔액은 ₩15,000이다.
- 선급보험료 ₩24,000 중 ₩13,000은 20x2년의 보험료이다.
- 선수수익 ₩30,000 중 20x1년의 수익으로 인식할 금액은 ₩28,000이다.

① ₩4,000 감소
② ₩1,000 증가
③ ₩8,000 증가
④ ₩12,000 증가

21

☑ 확인Check! ○ △ ×

(주)한국은 20x1년 1월 1일에 다음과 같은 조건의 사채를 발행하였다. 20x1년 포괄손익계산서의 사채이자비용을 계산하시오. (단, 계산금액은 소수점 첫째자리에서 반올림하며, 단수차이로 인한 오차가 있으면 가장 근사치를 선택한다)

- 액면금액 : ₩1,000,000
- 만기일 : 20x3년 12월 31일
- 표시이자율 : 연 8%
- 유효이자율 : 연 10%
- 이자지급일 : 매년 12월 31일

할인율	단일금액 ₩1의 현재가치			정상연금 ₩1의 현재가치		
	1기간	2기간	3기간	1기간	2기간	3기간
8%	0.9259	0.8573	0.7938	0.9259	1.7833	2.5771
10%	0.9091	0.8265	0.7513	0.9091	1.7356	2.4869

① ₩98,180
② ₩96,528
③ ₩95,025
④ ₩80,000

22

☑ 확인Check! ○ △ ×

(주)한국은 20x1년 1월 1일에 다음과 같은 조건의 사채를 발행하였다. 20x3년 1월 1일에 ₩90,000(경과이자 불포함)을 지급하고 이 사채를 조기상환 하였다. 동 사채의 상환과 관련한 상환손익을 계산하시오. (단, 계산금액은 소수점 첫째자리에서 반올림하며, 단수차이로 인한 오차가 있으면 가장 근사치를 선택한다)

- 액면금액 : ₩100,000
- 만기일 : 20x3년 12월 31일
- 표시이자율 : 연 10%
- 유효이자율 : 연 8%
- 이자지급일 : 매년 12월 31일

할인율	단일금액 ₩1의 현재가치			정상연금 ₩1의 현재가치		
	1기간	2기간	3기간	1기간	2기간	3기간
8%	0.9259	0.8573	0.7938	0.9259	1.7833	2.5771
10%	0.9091	0.8265	0.7513	0.9091	1.7356	2.4869

① ₩1,715 손실
② ₩3,563 이익
③ ₩8,285 손실
④ ₩11,848 이익

23

☑ 확인 Check! ○ △ ✕

(주)한국은 20x1년 1월 1일에 다음과 같은 조건의 신주인수권부사채를 액면발행하였다. 20x2년 12월 31일에 신주인수권의 70%가 행사되었으며, (주)한국은 신주인수권의 행사시 신주인수권대가를 주식발행초과금으로 대체한다. 20x2년 12월 31일 신주인수권의 행사시 증가하는 주식발행초과금을 계산하시오. (단, 계산금액은 소수점 첫째자리에서 반올림하며, 단수차이로 인한 오차가 있으면 가장 근사치를 선택한다)

- 액면금액 : ₩100,000(비분리형)
- 만기일 : 20x3년 12월 31일(상환할증금 없음)
- 신주인수권 행사기간 : 발행일로부터 6개월이 경과한 날부터 상환기일 30일 전까지
- 행사조건 : 사채 액면금액 ₩2,000당 보통주(주당 액면금액 : ₩500) 1주 인수(행사가격 : ₩2,000)
- 표시이자율 : 연 5%
- 일반사채의 시장수익률 : 연 10%
- 이자지급일 : 매년 12월 31일

할인율	단일금액 ₩1의 현재가치			정상연금 ₩1의 현재가치		
	1기간	2기간	3기간	1기간	2기간	3기간
5%	0.9524	0.9070	0.8638	0.9524	1.8594	2.7232
10%	0.9091	0.8265	0.7513	0.9091	1.7356	2.4869

① ₩8,705 ② ₩17,500
③ ₩52,500 ④ ₩61,205

24

☑ 확인 Check! ○ △ ✕

(주)한국은 제조업을 영위하는 기업으로 20x1년 말 ₩3,000,000에 해당하는 매출채권 포트폴리오를 갖고 있으며 한 지역에서만 영업한다. (주)한국의 고객들은 다수의 작은 고객들로 구성되어 있으며 유의적인 금융요소가 없다. 20x1년 초 손실충당금(대손충당금) 잔액은 ₩20,000이다. 20x1년 중 회수가 불가능하게 되어 장부에서 제거한 매출채권은 ₩7,500이고, 20x0년에 회수불능으로 장부에서 제거한 매출채권 ₩3,000을 20x1년 중에 다시 회수하였다. (주)한국은 매출채권의 기대신용손실을 결정하기 위하여 충당금 설정률표를 이용한 결과 20x1년 말의 손실충당금 잔액을 ₩58,500으로 추정하였다. (주)한국의 매출채권과 관련한 회계처리가 당기순이익에 미치는 영향을 계산하시오.

① ₩15,500 감소 ② ₩38,500 감소
③ ₩43,000 감소 ④ ₩58,500 감소

25

☑ 확인Check! ○ △ ×

(주)한국은 20x1년 12월 15일에 공정가치가 ₩10,000인 채무상품을 매입하고 기타포괄손익-공정가치(FVOCI)로 측정하였으며, 동 채무상품은 취득시 신용이 손상되어 있는 금융자산으로 보지 아니하였다. 20x1년 12월 31일 동 채무상품의 공정가치가 ₩9,500으로 하락하였다. (주)한국은 동 채무상품에 대해 최초인식 후에 신용위험이 유의적으로 증가하지 않았다고 판단하고 12개월 기대신용 손실에 해당하는 금액인 ₩300으로 기대신용손실을 측정하였다. (주)한국은 20x2년 1월 1일 동 채무상품을 그 시점의 공정가치인 ₩9,500에 처분하였다. 동 채무상품의 처분이 (주)한국의 20x2년 당기순이익에 미치는 영향을 계산하시오. (단, 이자수익 등은 없는 것으로 가정한다)

① ₩200 감소
② ₩300 감소
③ ₩400 감소
④ ₩500 감소

26

☑ 확인Check! ○ △ ×

(주)한국은 20x1년 10월 1일 A회사 주식을 ₩1,050,000에 취득하였다. 동 주식의 공정가치는 각 회계기간별로 다음과 같이 변동하였으며, (주)한국은 20x3년 2월 1일 A회사 주식을 모두 처분하였다. (주)한국이 동 주식을 당기손익-공정가치측정(FVPL)금융자산으로 분류한 경우, 20x3년 포괄손익계산서의 당기손익에 미치는 영향은 얼마인가?

구 분	20x1년 말 공정가치	20x2년 말 공정가치	20x3년 2월 1일 처분가액(공정가치)
A회사 주식	₩1,100,000	₩1,200,000	₩1,100,000

① ₩50,000 이익
② ₩100,000 이익
③ ₩50,000 손실
④ ₩100,000 손실

27

☑ 확인Check! ○ △ ×

(주)한국은 20x1년 1월 1일에 기계장치(내용연수 5년, 잔존가치 ₩14,000)를 ₩150,000에 취득하여 정률법(상각률 40%)으로 상각해 왔다. (주)한국은 20x3년 초에 동 기계장치에 대해서 잔존내용연수가 2년 연장되었다고 판단하였으며, 상각방법은 정액법으로 변경하였다. (주)한국의 20x3년 감가상각비를 계산하시오. (단, 추정치의 변경은 모두 정당한 회계변경으로 가정한다)

① ₩8,000
② ₩10,800
③ ₩12,960
④ ₩21,600

28

☑ 확인Check! ○ △ ×

주당이익 회계처리에 대한 다음 설명으로 옳지 않은 것은?

① 기본주당이익은 보통주 귀속 당기순손익을 가중평균 유통보통주식수로 나누어 계산한다.
② 기업은 보통주로 전환될 수 있는 전환우선주, 전환사채, 신주인수권 등을 발행하기도 하는데, 이러한 금융상품을 잠재적 보통주라고 한다.
③ 조건부발행보통주는 모든 필요조건이 충족(사건의 발생)된 날에 발행된 것으로 보아 기본주당이익을 계산하기 위한 보통주식수에 포함한다.
④ 20x0년 발행주식에 대하여 20x1년 3월 1일에 무상증자가 발생한 경우 유통보통주식수는 20x1년 3월 1일부터 가중평균한다.

29

☑ 확인Check! ○ △ ×

다음 중 현금흐름표상 투자활동 현금흐름에 해당하는 것은?

① 재화의 판매와 용역 제공에 따른 현금유입
② 단기매매목적으로 보유하는 계약에서 발생하는 현금유입
③ 유형자산, 무형자산 및 기타 장기성 자산의 취득에 따른 현금유출
④ 리스이용자의 리스부채 상환에 따른 현금유출

30

☑ 확인Check! ○ △ ×

다음은 (주)한국의 20x1년 재무자료의 일부이다. 주어진 자료를 이용하여 (주)한국의 매출채권평균회수기간을 계산하면 얼마인가? (단, 매출은 전액 신용매출이며, 1년은 360일로 간주한다)

• 매출액	₩36,000
• 매출원가	₩24,000
• 기초매출채권	₩4,000
• 기말매출채권	₩8,000

① 60일
② 70일
③ 80일
④ 90일

31

☑ 확인 Check! ○ △ ×

다음은 (주)한국의 20x1년 기초 및 기말재고자산 관련 자료이다.

구 분	20x1년 1월 1일	20x1년 12월 31일
직접재료	₩44,000	₩20,000
재공품	₩47,000	₩30,000
제 품	₩20,000	₩58,000

20x1년 중 직접재료 매입액은 ₩66,000이고, 가공원가는 ₩600,000이다. (주)한국의 20x1년 매출원가는 얼마인가?

① ₩660,000
② ₩669,000
③ ₩690,000
④ ₩707,000

32

☑ 확인 Check! ○ △ ×

(주)한국은 정상개별원가계산을 사용하고 있다. 20x1년 한 해 동안 제조간접원가는 ₩62,500이 실제 발생하였으며, 기계시간당 ₩50으로 제조간접원가를 예정 배부한 결과 ₩2,500만큼 과소배부되었다. 20x1년 실제조업도가 예정조업도의 120%인 경우, (주)한국의 제조간접원가 예산액은 얼마인가?

① ₩50,000
② ₩52,500
③ ₩55,000
④ ₩60,000

33

☑ 확인 Check! ○ △ ×

(주)한국은 종합원가계산을 채택하고 있다. 직접재료는 공정 초에 전량 투입되고, 가공원가(전환원가)는 전체 공정에 걸쳐 균등하게 발생한다. 20x1년 기초재공품은 6,000단위(가공원가 완성도 : 40%), 완성품은 20,000단위, 기말재공품은 5,000단위(가공원가 완성도 : 80%)이다. 평균법과 선입선출법을 적용하여 완성품환산량을 계산하는 경우 20x1년 가공원가 완성품환산량 차이는?

① 평균법이 2,400단위 더 작다.
② 평균법이 2,400단위 더 크다.
③ 선입선출법이 3,600단위 더 작다.
④ 선입선출법이 3,600단위 더 크다.

34

☑ 확인Check! ○ △ ×

(주)한국은 단일의 원재료를 결합공정에 투입하여 두 가지 결합제품 A와 B를 생산하고 있으며, 균등이익률법을 사용하여 결합원가를 배부한다. 관련 자료가 다음과 같을 때 결합제품 A에 배부되는 결합원가는 얼마인가? (단, 균등매출총이익률은 20%이며, 기초 및 기말재공품은 없는 것으로 가정한다)

제 품	생산량	단위당 판매가격	추가가공원가(총액)
A	500단위	₩60	₩8,000
B	400단위	₩50	₩6,000

① ₩10,000

② ₩12,000

③ ₩14,000

④ ₩16,000

35

☑ 확인Check! ○ △ ×

(주)한국은 보조부문 X와 제조부문 A, B를 보유하고 있다. 20x1년 부문별로 발생한 제조간접원가와 제조부문이 사용한 전력의 실제사용량과 최대사용가능량은 다음과 같다. X부문의 제조간접원가 ₩450,000은 변동원가가 ₩200,000이고, 고정원가는 ₩250,000이다.

구 분	X부문	A부문	B부문	합 계
제조간접원가	₩450,000	₩400,000	₩600,000	₩1,450,000
실제사용량	–	400kW	600kW	1,000kW
최대사용가능량	–	600kW	600kW	1,200kW

(주)한국이 이중배부율법을 적용하여 보조부문 원가를 제조부문에 배부할 때, A부문에 배부되는 X부문의 원가는 얼마인가?

① ₩180,000

② ₩200,000

③ ₩205,000

④ ₩225,000

36

☑ 확인 Check! ○ △ ×

(주)한국의 1월부터 5월까지의 원가관련 자료는 다음과 같다.

월	생산량	제조원가
1월	20단위	₩170,000
2월	40단위	₩235,000
3월	80단위	₩365,000
4월	100단위	₩430,000
5월	60단위	₩300,000

위 자료에 의하여 6월 예상 생산량이 120단위일 경우 제조원가를 추정하면 얼마인가? (단, 고저점법을 이용한다)

① ₩480,000
② ₩485,000
③ ₩490,000
④ ₩495,000

37

☑ 확인 Check! ○ △ ×

(주)한국은 단일제품을 생산 · 판매하고 있으며 제품 단위당 판매가격은 ₩50이고 단위당 변동원가는 ₩35이다. 연간 고정원가는 ₩75,000일 때, 원가-조업도-이익 분석에 대한 설명으로 옳지 않은 것은?

① 공헌이익률은 70%이다.
② 손익분기점 판매량은 5,000단위이다.
③ 고정원가가 10% 감소하면, 손익분기점 판매량은 10% 감소한다.
④ 매출액이 ₩255,000이면, 안전한계는 ₩5,000이다.

38

☑ 확인 Check! ○ △ ×

(주)한국은 고정제조간접원가를 기계시간으로 배부한다. 기준조업도는 1,000시간이며, 표준기계시간은 제품 단위당 2시간이다. 제품의 실제생산량은 450단위이고 고정제조간접원가의 실제발생액은 ₩120,000이다. 고정제조간접원가의 조업도차이가 ₩10,000(불리)일 경우 고정제조간접원가 예산(소비)차이는 얼마인가?

① ₩20,000(유리)
② ₩20,000(불리)
③ ₩30,000(유리)
④ ₩30,000(불리)

39

☑ 확인Check! ○ △ ×

(주)한국은 A제품을 생산하여 단위당 ₩1,000에 20,000단위 판매하는 계획을 수립하였다. 단위당 변동원가는 ₩520이고 총고정원가는 ₩5,000,000이다. (주)한국은 5월 중 단위당 ₩700에 9,000단위의 특별주문을 받았다. 특별주문에 필요한 여유생산능력은 충분하며 추가판매비는 발생하지 않는다. (주)한국이 특별주문을 수락하면 영업이익은 어떻게 변화하는가?

① ₩900,000 증가
② ₩900,000 감소
③ ₩1,620,000 증가
④ ₩1,620,000 감소

40

☑ 확인Check! ○ △ ×

원가 및 원가행태에 관한 설명으로 옳지 않은 것은?

① 관련범위 내에서 단위당 변동원가는 생산량이 증가함에 따라 일정하다.
② 관련범위 내에서 단위당 고정원가는 생산량이 증가함에 따라 일정하다.
③ 제조기업의 제품배달용 트럭의 감가상각비는 판매관리비이다.
④ 제품의 생산과 관련하여 비정상적으로 발생한 경제적 자원의 소비는 제조원가에 포함하지 아니한다.

2022년 제45회

보험계리사 1차 기출문제

제1과목	보험계약법, 보험업법 및 근로자퇴직급여보장법
제2과목	경제학원론
제3과목	보험수학
제4과목	회계원리

2022년 제45회

보험계약법, 보험업법 및 근로자퇴직급여보장법 1차 기출문제

중요 문제 / 틀린 문제 CHECK

01	02	03	04	05	06	07	08	09	10	11	12	13	14	15	16	17	18	19	20
21	22	23	24	25	26	27	28	29	30	31	32	33	34	35	36	37	38	39	40

시간 분 | 정답 및 해설편 184p

01

확인 Check! ○ △ ✕

보험계약자, 피보험자, 보험수익자에 관한 설명으로 옳지 않은 것은?

① 보험계약자가 대리인에 의하여 보험계약을 체결한 경우에 대리인이 안 사유는 그 본인이 안 것과 동일한 것으로 한다.

② 만 15세인 미성년자를 피보험자로 하는 사망보험계약은 그의 서면동의를 받은 경우에도 당연 무효이다.

③ 타인을 위한 손해보험계약에서 피보험자는 원칙적으로 보험료 지급의무를 지지 아니하지만, 보험계약자가 파산선고를 받거나 보험료의 지급을 지체한 때에는 피보험자가 보험계약상 권리를 포기하지 아니하는 한 그 보험료를 지급할 의무가 있다.

④ 타인을 위한 생명보험계약에서 보험수익자는 원칙적으로 보험료 지급의무를 지지 아니하지만, 보험계약자가 파산선고를 받거나 보험료의 지급을 지체한 때에는 보험수익자가 보험계약상 권리를 포기하지 아니하는 한 그 보험료를 지급할 의무가 있다.

02

확인 Check! ○ △ ✕

보험계약의 성립에 관한 설명으로 옳은 것은?

① 보험계약의 체결을 원하는 보험계약자는 청약서를 작성하여 이를 보험자에게 제출하여야 하므로 보험계약은 요식계약성을 가진다.

② 보험자가 보험계약자로부터 보험계약의 청약을 받은 경우 보험료의 지급 여부와 상관없이 30일 내에 보험계약자에 대하여 그 청약에 대한 낙부의 통지를 발송하여야 한다.

③ 보험자가 청약에 대한 낙부통지의무를 부담하는 경우 정해진 기간 내에 낙부의 통지를 해태한 때에는 승낙한 것으로 추정된다.

④ 보험계약자가 보험자에게 보험료의 전부 또는 제1회 보험료를 지급하는 것은 보험자의 책임개시요건에 불과할 뿐 보험계약의 성립요건은 아니다.

03

☑ 확인 Check! ○ △ ✕

보험약관의 해석에 관한 설명으로 옳지 않은 것은? (다툼이 있는 경우 판례에 의함)

① 보험자가 약관의 내용과 다른 설명을 하였다면 그 설명내용이 구두로 합의된 개별약정으로서 개별약정 우선의 원칙에 따라 보험계약의 내용이 된다.

② 약관의 내용은 획일적으로 해석할 것이 아니라 개별적인 계약체결자의 의사나 구체적인 사정을 고려하여 주관적으로 해석해야 한다.

③ 약관조항의 의미가 명확하게 일의적으로 표현되어 있어 다의적인 해석의 여지가 없을 때에는 작성자 불이익의 원칙이 적용될 여지가 없다.

④ 면책약관의 해석에 있어서는 제한적이고 엄격하게 해석하여 그 적용범위가 확대적용 되지 않도록 하여야 한다.

04

☑ 확인 Check! ○ △ ✕

보험증권에 관한 설명으로 옳지 않은 것은?

① 보험자는 보험계약이 성립한 때에는 지체 없이 보험증권을 작성하여 보험계약자에게 교부하여야 하며 보험계약자가 보험료의 전부 또는 최초의 보험료를 지급하지 아니한 때에도 그러하다.

② 기존의 보험계약을 연장하거나 변경한 경우에는 보험자는 그 보험증권에 그 사실을 기재함으로써 보험증권의 교부에 갈음할 수 있다.

③ 보험계약의 당사자는 보험증권의 교부가 있은 날로부터 일정한 기간내에 한하여 그 증권내용의 정부에 관한 이의를 할 수 있음을 약정할 수 있다. 이 기간은 1월을 내리지 못한다.

④ 보험증권을 멸실 또는 현저하게 훼손한 때에는 보험계약자는 보험자에 대하여 증권의 재교부를 청구할 수 있다. 그 증권작성의 비용은 보험계약자의 부담으로 한다.

05

☑ 확인 Check! ○ △ ✕

보험약관의 교부・설명의무에 관한 설명으로 옳지 않은 것은?

① 보험자는 보험약관의 교부・설명의무를 부담하며, 보험자의 보험대리상도 이 의무를 부담한다.

② 보험계약자의 대리인과 보험계약을 체결한 경우에도 보험약관의 교부・설명은 반드시 보험계약자 본인에 대하여 하여야 한다.

③ 상법에 규정된 보험계약자의 통지의무와 동일한 내용의 보험약관에 대해서는 보험자가 별도로 설명할 필요가 없다.

④ 보험약관의 교부・설명의무를 부담하는 시기는 보험계약을 체결할 때이다.

06

☑ 확인Check! ○ △ ✕

고지의무위반의 효과에 관한 설명으로 옳지 않은 것은?

① 고지의무위반이 있는 경우 보험자는 그 사실을 안 날로부터 1월 내에, 계약을 체결한 날로부터 3년 내에 한하여 계약을 해지할 수 있다.
② 고지의무를 위반한 사실이 보험사고발생에 영향을 미치지 아니하였음이 증명된 경우 보험자는 보험금을 지급할 책임이 있다.
③ 고지의무를 위반한 사실이 보험사고발생에 영향을 미치지 아니하였음이 증명된 경우 보험자는 계약을 해지할 수 없다.
④ 판례에 따르면 보험자가 보험약관의 교부・설명의무를 위반한 경우에는 보험계약자 또는 피보험자의 고지의무위반을 이유로 보험계약을 해지할 수 없다고 한다.

07

☑ 확인Check! ○ △ ✕

보험료에 관한 설명으로 상법상 명시된 규정이 있지 않은 것은?

① 보험계약의 당사자가 특별한 위험을 예기하여 보험료의 액을 정한 경우에 보험기간 중 그 예기한 위험이 소멸한 때에는 보험계약자는 그 후의 보험료의 감액을 청구할 수 있다.
② 보험계약의 전부 또는 일부가 무효인 경우에 보험계약자와 피보험자가 선의이며 중대한 과실이 없는 때에는 보험자에 대하여 보험료의 전부 또는 일부의 반환을 청구할 수 있다.
③ 보험사고가 발생하기 전 보험계약자가 보험계약을 임의해지하는 경우 당사자간에 다른 약정이 없으면 보험계약자는 미경과보험료의 반환을 청구할 수 있다.
④ 보험계약자 또는 피보험자가 고지의무를 위반하여 이를 이유로 보험자가 보험계약을 해지하는 경우 보험사고가 발생하기 전이라면 보험계약자는 보험료의 전부 또는 일부의 반환을 청구할 수 있다.

08

☑ 확인Check! ○ △ ✕

상법상 보험계약자의 임의해지권에 관한 설명으로 옳지 않은 것은?

① 보험사고가 발생하기 전에는 보험계약자는 언제든지 계약의 전부 또는 일부를 해지할 수 있다.
② 타인을 위한 보험계약의 경우에는 보험계약자는 그 타인의 동의를 얻지 아니하거나 보험증권을 소지하지 아니하면 그 계약을 해지하지 못한다.
③ 보험사고의 발생으로 보험자가 보험금을 지급한 후에 보험금액이 감액되는 보험의 경우에는 그 보험사고가 발생한 후에도 임의해지권을 행사할 수 있다.
④ 보험계약자가 임의해지권을 행사하는 경우에 당사자간에 다른 약정이 없으면 미경과보험료의 반환을 청구할 수 있다.

09

☑ 확인Check! ○ △ ✕

손해보험계약에서 실손보상원칙에 관한 설명으로 옳지 않은 것은? (다툼이 있는 경우 판례에 의함)

① 손해보험계약에서는 피보험자가 이중이득을 얻는 것을 막기 위해 실손보상원칙이 철저히 준수된다.
② 약정보험금액을 아무리 고액으로 정한다 하더라도 지급되는 보험금은 보험가액을 초과할 수 없다.
③ 손해보험계약에 있어 제3자의 행위로 인하여 생긴 손해에 대하여 제3자의 손해배상에 앞서 보험자가 먼저 보험금을 지급한 때에는 피보험자의 제3자에 대한 손해배상청구권은 소멸되지 아니하고 지급된 보험금액의 한도에서 보험자에게 이전된다.
④ 보험계약을 체결할 당시 당사자 사이에 미리 보험가액에 대해 합의를 하지 않은 미평가보험이나 신가보험 등은 실손보상원칙의 예외에 해당한다.

10

☑ 확인Check! ○ △ ✕

중복보험에 관한 설명으로 옳지 않은 것은? (다툼이 있는 경우 판례에 의함)

① 중복보험이란 수 개의 보험계약의 보험계약자가 동일할 필요는 없으나 피보험자는 동일해야 하며, 각 보험계약의 기간은 전부 공통될 필요는 없고 중복되는 기간에 한하여 중복보험으로 본다.
② 보험목적의 양수인이 그 보험목적에 대한 1차 보험계약과 피보험이익이 동일한 보험계약을 체결한 사안에서 1차 보험계약에 따른 보험금청구권에 질권이 설정되어 있어 보험사고가 발생할 경우에 보험금이 그 질권자에게 귀속될 가능성이 많아 1차 보험을 승계할 이익이 거의 없다면, 양수인이 체결한 보험은 중복보험에 해당하지 않는다.
③ 중복보험은 동일한 목적과 동일한 사고에 관하여 수 개의 보험계약이 체결된 경우를 말하므로, 산업재해보상보험과 자동차종합보험(대인배상보험)은 보험의 목적과 보험사고가 동일하다고 볼 수 없는 것이어서 사용자가 산업재해보상보험과 자동차종합보험에 가입하였다고 하더라도 중복보험에 해당하지 않는다.
④ 수 개의 손해보험계약이 동시 또는 순차로 체결된 경우에 그 보험금액의 총액이 보험가액을 초과한 때에는 중복보험 규정에 따라 보험자는 각자의 보험금액의 한도에서 연대책임을 지는데, 이러한 보험자의 보상책임 원칙은 강행규정으로 보아야 한다.

11

☑ 확인 Check! ○ △ ×

손해보험계약에서 보험자는 보험사고로 인하여 생긴 피보험자의 재산상의 손해를 보상할 책임이 있으며, 보험사고와 피보험자가 직접 입은 재산상의 손해사이에는 상당인과관계가 있어야 한다는 것이 판례와 통설의 견해이다. 이때 상당인과관계에 관한 설명으로 옳지 않은 것은? (다툼이 있는 경우 판례에 의함)

① 화재보험에 가입한 경우 화재가 발생하여 이를 진압하기 위해 뿌려진 물에 의해 보험의 목적물에 손해가 생긴 경우 보험사고와 손해 사이에는 상당인과관계가 인정되므로 보험자는 보상의무가 있다.

② 보험자가 벼락 등의 사고로 특정 농장 내에 있는 돼지에 대하여 생긴 손해를 보상하기로 하는 손해보험계약을 체결한 경우, 벼락으로 인해 농장에 전기 공급이 중단되어 돼지들이 질식사 하더라도 벼락에 의한 손해 발생의 확률은 현저히 낮으므로 위 벼락과 돼지들의 질식사 사이에 상당한 인과관계가 있다고 인정하기 힘들다.

③ 화재로 인한 건물 수리시에 지출한 철거비와 폐기물처리비는 화재와 상당인과관계가 있는 건물수리비에 포함된다.

④ 근로자가 평소 누적된 과로와 연휴동안의 과도한 음주 및 혹한기의 노천작업에 따른 고통 등이 복합적인 원인이 되어 심장마비를 일으켜 사망하였다면 그 사망은 산업재해보상보험법상 소정의 업무상 사유로 인한 사망에 해당한다.

12

☑ 확인 Check! ○ △ ×

甲은 자신소유의 보험가액 10억원 건물에 대해 보험료의 절감을 위해 보험금액을 5억원으로 정하고 특약으로 1차 위험담보조항(실손보상특약)을 내용으로 보험자인 乙과 화재보험계약을 체결하였다. 그런데 화재보험기간 중 보험목적물에 화재가 발생하였고 4억원의 손해가 발생하였다. 이때 乙이 甲에게 지급하여야 하는 보험금은 얼마인가?

① 5억원

② 4억원

③ 2억 5천만원

④ 2억원

13

☑ 확인Check! ○ △ ✕

해상보험의 워런티(warranty)에 관한 설명으로 옳지 않은 것은? (다툼이 있는 경우 판례에 의함)

① 선박이 발항 당시 감항능력을 갖추고 있을 것을 조건으로 하여 보험자가 해상위험을 인수하였다는 것이 명백한 경우, 보험사고가 그 조건의 결여 이후에 발생한 경우에는 보험자는 조건 결여의 사실, 즉 발항 당시의 불감항 사실만을 입증하면 그 조건 결여와 손해발생 사이의 인과관계를 입증할 필요 없이 보험금 지급책임이 없다.

② 보험증권에 그 준거법을 영국의 법률과 관습에 따르기로 하는 규정과 아울러 감항증명서의 발급을 담보한다는 내용의 명시적 규정이 있는 경우, 부보 선박이 특정 항해에 있어서 그 감항성을 갖추고 있음을 인정하는 감항증명서는 매 항해시마다 발급받아야 하는 것이 아니라, 첫 항차를 위해 출항하는 항해시 발급받으면 그 담보조건이 충족된다.

③ 2015년 영국보험법(The Insurance Act 2015)에 따르면 보험자는 워런티 위반일로부터 장래를 향해 자동적으로 보험자의 보상책임이 면제되는 것이 아니라 위반 내용의 치유시까지만 면책된다.

④ 2015년 영국보험법(The Insurance Act 2015)에 따르면 보험자는 보험계약자가 워런티의 불이행과 보험사고발생 사이에 인과관계가 없었음을 증명한 때에는 보험금 지급책임이 있다.

14

☑ 확인Check! ○ △ ✕

보험자의 면책사유에 관한 설명으로 옳지 않은 것은? (다툼이 있는 경우 판례에 의함)

① 법정면책사유가 약관에 규정되어 있는 경우는 그 내용이 법령에 규정되어 있는 것을 반복하거나 부연하는 정도에 불과하더라도 이는 설명의무의 대상이 된다.

② 보험사고발생 전에 보험자가 비록 보험금청구권 양도 승낙시나 질권설정 승낙시에 면책사유에 대한 이의를 보류하지 않았다 하더라도 보험자는 보험계약상의 면책사유를 양수인 또는 질권자에게 주장할 수 있다.

③ 영국해상보험법상 선박기간보험에 있어 감항능력 결여로 인한 보험자의 면책요건으로서 피보험자의 '악의(privity)'는 영미법상의 개념으로서 감항능력이 없다는 것을 적극적으로 아는 것뿐 아니라, 감항능력이 없을 수도 있다는 것을 알면서도 이를 갖추기 위한 조치를 하지 않고 그대로 내버려두는 것까지 포함한 개념이다.

④ 소손해면책은 분손의 경우에만 적용되며 그 손해가 면책한도액을 초과하는 경우 보험자는 손해의 전부를 보상해야 한다.

15

☑ 확인 Check! ○ △ ×

책임보험계약상 제3자의 직접청구권의 소멸시효에 관한 설명으로 옳지 않은 것은? (다툼이 있는 경우 판례에 의함)

① 피해자가 보험자에게 갖는 직접청구권은 피해자가 보험자에게 가지는 손해배상청구권이므로 민법 제766조에 따라 피해자 또는 그 법정대리인이 그 손해 및 가해자를 안 날로부터 3년간 이를 행사하지 아니하면 시효로 소멸한다.

② 보험사고가 발생한 것인지의 여부가 객관적으로 분명하지 아니하여 보험금청구권자가 과실없이 보험사고의 발생을 알 수 없었던 경우에는 보험금청구권자가 보험사고의 발생을 알았거나 알 수 있었던 때로부터 소멸시효가 진행한다.

③ 불법행위로 인한 손해배상청구권의 단기소멸시효의 기산점인 '손해 및 가해자를 안 날'이란 손해의 발생, 위법한 가해행위의 존재, 가해행위와 손해의 발생과의 상당인과관계가 있다는 사실을 인식한 것으로 족하고, 현실적이고 구체적인 인식까지 요하는 것은 아니다.

④ 제3자가 보험자에 대하여 직접청구권을 행사한 경우에 보험자가 제3자와 손해배상금액에 대하여 합의를 시도하였다면 보험자는 그 때마다 손해배상채무를 승인한 것이므로 제3자의 직접청구권의 소멸시효는 중단된다.

16

☑ 확인 Check! ○ △ ×

타인을 위한 생명보험계약에 관한 설명으로 옳지 않은 것은? (다툼이 있는 경우 판례에 의함)

① 타인을 위한 생명보험계약은 보험계약자가 생명보험계약을 체결하면서 자기 이외의 제3자를 보험수익자로 지정한 계약을 말한다.

② 보험수익자를 수인의 상속인으로 지정한 경우 각 상속인은 균등한 비율에 따라 보험금청구권을 가진다.

③ 보험수익자를 상속인으로 지정한 경우 그 보험금청구권은 상속인의 고유재산에 속하게 된다.

④ 보험수익자를 상속인으로 기재하였다면 그 상속인이란 피보험자의 민법상 법정상속인을 의미한다.

17

☑ 확인 Check! ○ △ ×

인보험계약에서 보험자대위에 관한 설명으로 옳지 않은 것은? (다툼이 있는 경우 판례에 의함)

① 생명보험계약의 보험자는 보험사고로 인해 발생한 보험계약자의 제3자에 대한 권리를 대위하여 행사하지 못한다.

② 인보험계약에서 피보험자 등은 자신이 제3자에 대해서 가지는 권리를 보험자에게 양도할 수 없다.

③ 인보험계약에서는 잔존물대위가 인정되지 않는다.

④ 상해보험계약의 경우 당사자 간에 별도의 약정이 있는 경우에는 피보험자의 권리를 해하지 않는 범위 안에서 보험자에게 청구권대위가 인정된다.

18

☑ 확인 Check! ○ △ ✕

보험수익자의 지정 · 변경에 관한 설명으로 옳지 않은 것은?

① 보험수익자의 지정 · 변경권은 보험계약자가 자유롭게 행사할 수 있는 형성권이며, 상대방 없는 단독행위이다.

② 보험계약자가 보험수익자의 지정권을 행사하지 아니하고 사망한 경우에는 특별한 약정이 없는 한 피보험자가 보험수익자가 된다.

③ 보험계약자가 보험수익자의 지정권을 행사하기 이전에 피보험자가 사망한 경우에는 보험계약자의 상속인이 보험수익자가 된다.

④ 보험수익자가 사망한 후 보험계약자가 보험수익자를 지정하지 아니하고 사망한 경우에는 보험수익자의 상속인을 보험수익자로 한다.

19

☑ 확인 Check! ○ △ ✕

상해보험계약에서 보험자의 보험금 지급의무가 발생하지 않는 경우에 해당하는 것을 모두 고른 것은? (다툼이 있는 경우 판례에 의함)

> 가. 피보험자가 욕실에서 페인트칠 작업을 하다가 평소 가지고 있던 고혈압 증세가 악화되어 뇌교출혈을 일으켜 장애를 입게 된 보험사고
> 나. 피보험자가 만취된 상태에서 건물에 올라갔다가 구토 중에 추락하여 발생한 보험사고
> 다. 자동차상해보험계약에서 피보험자의 중대한 과실로 해석되는 무면허로 인하여 발생한 보험사고
> 라. 자동차상해보험계약에서 피보험자의 중대한 과실로 해석되는 안전띠 미착용으로 인하여 발생한 보험사고

① 가
② 가, 나
③ 가, 나, 다
④ 가, 나, 다, 라

20

☑ 확인 Check! ○ △ ✕

단체생명보험에 관한 설명으로 옳지 않은 것은? (다툼이 있는 경우 판례에 의함)

① 피보험자인 직원이 퇴사한 이후에 사망한 경우, 만약 회사가 그 직원의 퇴사 후에도 보험료를 계속 납입하였다면 피보험자격은 유지된다.

② 단체의 규약에 따라 구성원을 피보험자로 하는 생명보험계약을 체결한 때에는 보험자는 보험계약자에게만 보험증권을 교부하면 된다.

③ 단체규약에 단순히 근로자의 채용 및 해고, 재해부조 등에 관한 사항만 규정하고 있고, 보험가입에 관하여는 별다른 규정이 없는 경우에는 피보험자의 동의를 받아야 한다.

④ 단체생명보험은 타인의 생명보험계약이다.

21

☑ 확인Check! ○ △ ×

보험업법상 전문보험계약자 중 보험회사의 동의에 의하여 일반보험계약자로 될 수 있는 자에 해당하지 않는 것은?

① 한국은행
② 지방자치단체
③ 주권상장법인
④ 해외 증권시장에 상장된 주권을 발행한 국내법인

22

☑ 확인Check! ○ △ ×

보험업법상 보험업의 예비허가 및 허가에 관한 내용으로 옳지 않은 것은?

① 금융위원회는 보험업의 허가에 대하여도 조건을 붙일 수 있다.
② 예비허가의 신청을 받은 금융위원회는 2개월 이내에 심사하여 예비허가 여부를 통지하여야 하며, 총리령으로 정하는 바에 따라 그 기간을 연장할 수 있다.
③ 예비허가를 받은 자가 예비허가의 조건을 이행한 후 본허가를 신청하면, 금융위원회는 본허가의 요건을 심사하고 허가하여야 한다.
④ 제3보험업에 관하여 허가를 받은 자는 대통령령으로 정하는 기준에 따라 제3보험의 보험종목에 부가되는 보험을 취급할 수 있다.

23

☑ 확인Check! ○ △ ×

보험업법상 보험회사인 주식회사의 자본감소에 관한 내용으로 옳지 않은 것은?

① 자본감소를 결의한 경우에는 그 결의를 한 날부터 2주 이내에 결의의 요지와 재무상태표를 공고하여야 한다.
② 주식 금액 또는 주식 수의 감소에 따른 자본금의 실질적 감소를 한 때에는 금융위원회의 사후 승인을 받아야 한다.
③ 자본감소에 대하여 이의가 있는 보험계약자는 1개월 이상의 기간으로 공고된 기간 동안 이의를 제출할 수 있다.
④ 자본감소는 이의제기 기간 내에 이의를 제기한 보험계약자에 대하여도 그 효력이 미친다.

24

☑ 확인 Check! ○ △ ×

보험업법상 주식회사가 그 조직을 변경하여 상호회사로 되는 경우, 이에 관한 내용으로 옳은 것은?

① 상호회사는 기금의 총액을 300억원 미만으로 할 수는 있지만 이를 설정하지 않을 수는 없다.

② 주식회사의 조직변경은 출석한 주주의 의결권의 과반수와 발행주식 총수의 4분의 1 이상의 수로써 하여야 한다.

③ 주식회사의 보험계약자는 조직변경을 하더라도 해당 상호회사의 사원이 되는 것은 아니다.

④ 주식회사는 상호회사로 된 경우에는 7일 이내에 그 취지를 공고해야 하고, 상호회사로 되지 않은 경우에도 또한 같다.

25

☑ 확인 Check! ○ △ ×

보험업법상 상호협정에 관한 내용으로 옳은 것은? (대통령령으로 정하는 경미한 사항을 변경하려는 경우는 제외함)

① 보험회사가 그 업무에 관한 공동행위를 하기 위하여 다른 보험회사와 상호협정을 체결하려는 경우에는 대통령령으로 정하는 바에 따라 금융위원회의 허가를 받아야 한다.

② 금융위원회는 공익 또는 보험업의 건전한 발전을 위하여 특히 필요하다고 인정되는 경우에는 보험회사에 대하여 상호협정의 체결 및 변경을 명할 수 있지만, 폐지를 명할 수는 없다.

③ 금융위원회는 보험회사에 대하여 상호협정에 따를 것을 명하려면 미리 공정거래위원회와 협의하여야 한다.

④ 금융위원회는 상호협정 체결을 위한 신청서를 받았을 때에는 그 내용이 보험회사 간의 공정한 경쟁을 저해하는지와 보험계약자의 이익을 침해하는지를 심사하여 그 허가 여부를 결정하여야 한다.

26

☑ 확인 Check! ○ △ ×

보험업법상 소속 임직원이 아닌 자로 하여금 모집이 가능하도록 한 금융기관보험대리점에 해당하는 것은?

① 「상호저축은행법」에 따라 설립된 상호저축은행

② 「중소기업은행법」에 따라 설립된 중소기업은행

③ 「자본시장과 금융투자업에 관한 법률」에 따른 투자중개업자

④ 「여신전문금융업법」에 따라 허가를 받은 신용카드업자로서 겸영여신업자가 아닌 자

27

☑ 확인Check! O △ X

보험업법상 법인이 아닌 보험대리점이나 보험중개사의 정기교육에 관한 내용이다. 괄호 안의 내용이 순서대로 연결된 것은?

> 법인이 아닌 보험대리점 및 보험중개사는 보험업법에 따라 등록한 날부터 (　　)이 지날 때마다 (　　)이 된 날부터 (　　) 이내에 보험업법에서 정한 기준에 따라 교육을 받아야 한다.

① 1년 - 1년 - 3월
② 1년 - 1년 - 6월
③ 2년 - 2년 - 3월
④ 2년 - 2년 - 6월

28

☑ 확인Check! O △ X

보험업법상 모집을 위하여 사용하는 보험안내자료의 기재사항을 모두 고른 것은?

> 가. 보험금 지급제한 조건에 관한 사항
> 나. 해약환급금에 관한 사항
> 다. 변액보험계약에 최고로 보장되는 보험금이 설정되어 있는 경우에는 그 내용
> 라. 다른 보험회사 상품과 비교한 사항
> 마. 보험금이 금리에 연동되는 경우 적용금리 및 보험금 변동에 관한 사항
> 바. 보험안내자료의 제작자, 제작일, 보험안내자료에 대한 보험회사의 심사 또는 관리번호

① 가, 나, 마, 바
② 가, 다, 라, 마
③ 나, 다, 마, 바
④ 나, 라, 마, 바

29

☑ 확인Check! ○ △ ×

보험업법상 통신수단을 이용하여 모집 · 철회 및 해지 등을 하는 자가 준수해야 할 사항에 관한 내용으로 옳은 것은?

① 전화 · 우편 · 컴퓨터통신 등 통신수단을 이용하여 보험업법에 따라 모집을 할 수 있는 자는 금융위원회로부터 별도로 이에 관한 허가를 받아야 한다.

② 보험회사는 보험계약자가 통신수단을 이용하여 체결한 계약을 해지하고자 하는 경우, 그 보험계약자가 계약을 해지하기 전에 안정성 및 신뢰성이 확보되는 방법을 이용하여 보험계약자 본인임을 확인받은 경우에 한하여 이용하도록 할 수 있다.

③ 사이버몰을 이용하여 모집하는 자는 보험계약자가 보험약관 또는 보험증권을 전자문서로 볼 수 있도록 하고, 보험계약자의 요청이 없더라도 해당 문서를 우편 또는 전자메일로 발송해 주어야 한다.

④ 보험회사는 보험계약자가 전화를 이용하여 계약을 해지하려는 경우에는 상대방의 동의 여부와 상관없이 보험계약자 본인인지를 확인하고 그 내용을 음성녹음을 하는 등 증거자료를 확보 · 유지해야 한다.

30

☑ 확인Check! ○ △ ×

보험업법상 보험회사가 자회사를 소유하게 된 날부터 15일 이내에 금융위원회에 제출하여야 하는 서류에 해당하지 않는 것은?

① 업무의 종류 및 방법을 적은 서류

② 자회사가 발행주식총수의 100분의 10을 초과하여 소유하고 있는 회사의 현황

③ 재무상태표 및 손익계산서 등의 재무제표와 영업보고서

④ 자회사와의 주요거래 상황을 적은 서류

31

☑ 확인 Check! ○ △ ✕

보험업법상 금융위원회가 금융감독원장으로 하여금 조치를 할 수 있도록 한 제재는 모두 몇 개인가?

> 가. 보험회사에 대한 주의・경고 또는 그 임직원에 대한 주의・경고・문책의 요구
> 나. 임원(「금융회사의 지배구조에 관한 법률」에 따른 업무집행책임자는 제외)의 해임권고・직무정지의 요구
> 다. 6개월 이내의 영업의 일부정지
> 라. 해당 위반행위에 대한 시정명령

① 없 음 ② 1개
③ 2개 ④ 3개

32

☑ 확인 Check! ○ △ ✕

보험업법상 주식회사인 보험회사가 해산결의 인가신청서에 첨부하여 금융위원회에 제출하여야 하는 서류를 모두 고른 것은?

> 가. 주주총회 의사록
> 나. 청산 사무의 추진계획서
> 다. 보험계약자 및 이해관계인의 보호절차 이행을 증명하는 서류
> 라. 「상법」 등 관계 법령에 따른 절차의 이행에 흠이 없음을 증명하는 서류

① 가, 나
② 가, 나, 다
③ 나, 다, 라
④ 가, 나, 다, 라

33

☑ 확인 Check! ○ △ ✕

보험업법상 보험계리사의 업무 대상에 해당하지 않는 것은? 기출수정

① 책임준비금, 비상위험준비금 등 준비금의 적립에 관한 사항
② 잉여금의 배분・처리 및 보험계약자 배당금의 배분에 관한 사항
③ 지급여력비율 계산 중 보험료 및 책임준비금과 관련된 사항
④ 상품 공시자료 중 기초서류와 관련이 없는 사항

34

☑ 확인Check! ○ △ ✕

보험업법상 선임계리사에 관한 내용으로 옳지 않은 것은? 기출수정

① 보험회사는 선임계리사를 선임하거나 해임하려는 경우 이사회의 의결을 거쳐 금융위원회에 보고하거나 신고하여야 한다.

② 선임계리사가 사임하려는 경우 이사회는 선임계리사의 의견을 들을 수 있다.

③ 금융위원회는 선임계리사에게 그 업무범위에 속하는 사항에 관하여 의견을 제출하게 할 수 있다.

④ 선임계리사는 보험상품 개발업무(기초서류 등을 검증 및 확인하는 업무는 제외)를 직접 수행하는 직무를 담당하여서는 아니 된다.

35

☑ 확인Check! ○ △ ✕

보험업법상 금융위원회의 허가 사항이 아닌 것은?

① 보험영업의 양도·양수

② 보험업의 개시

③ 보험계약 이전시 예외적 자산의 처분

④ 재평가적립금의 보험계약자에 대한 배당 처분

36

☑ 확인Check! ○ △ ✕

다음은 「근로자퇴직급여보장법」상 퇴직금 중간정산 사유들 중 몇 가지인데 빈칸에 들어갈 숫자의 합은 얼마인가?

- 무주택자인 근로자가 주거를 목적으로 「민법」 제303조에 따른 전세금 또는 「주택임대차보호법」 제3조의2에 따른 보증금을 부담하는 경우. 이 경우 근로자가 하나의 사업에 근로하는 동안 □회로 한정한다.
- 근로자가 □개월 이상 요양을 필요로 하는 다음 각 목의 어느 하나에 해당하는 사람의 질병이나 부상에 대한 의료비를 해당 근로자가 본인 연간 임금총액의 1천분의□를 초과하여 부담하는 경우
  가. 근로자 본인
  나. 근로자의 배우자
  다. 근로자 또는 그 배우자의 부양가족
- 퇴직금 중간정산을 신청하는 날부터 거꾸로 계산하여 □년 이내에 근로자가 「채무자 회생 및 파산에 관한 법률」에 따라 파산선고를 받은 경우

① 132 ② 135
③ 137 ④ 139

37

☑ 확인 Check! ○ △ ✕

다음 보기 중 「근로자퇴직급여보장법」상 퇴직급여제도에 관한 설명으로 옳은 것은?

가. A는 자동차 정비소를 운영하고 있는데 직원은 배우자 B와 동거하는 아들 C, D 뿐이다. 이 경우 퇴직급여제도를 설정하여야 한다.
나. 편의점을 운영하는 甲은 乙을 직원으로 고용하여 일을 시키고 있는데, 乙은 4주간을 평균하여 1주간의 소정근로시간이 16시간이다. 甲은 乙에 관하여 퇴직급여제도 중 하나 이상의 제도를 설정하여야 한다.
다. K는 브레이크 패드 제조라는 하나의 사업을 운영하고 있으면서 확정기여형퇴직연금제도를 설정하였는데 이 경우 사무직과 생산직 간에 부담금 산정방법의 적용을 서로 다르게 해도 된다.
라. 사업체를 운영하는 丙은 확정급여형퇴직연금제도를 확정기여형퇴직연금제도로 변경하려고 하는데, 만일 이 사업체에 노동조합이 결성되어 있지 않은 경우 丙은 전체 근로자들에게 사전 공지하고 변경하면 된다.
마. 1980년에 성립된 S상사는 퇴직금제도를 설정해 두고 있었는데, 2022년 3월 15일 S상사가 T상사와 U상사로 분할되었다. 이 경우 T상사와 U상사는 확정급여형퇴직연금제도나 확정기여형퇴직연금제도를 설정하지 않아도 된다.
바. 비데를 제조하는 C기업은 확정급여형퇴직연금제도를 설정하고 있었는데 경기가 좋지 않아서 사용자 부담금을 조금이라도 줄여보고자 가입자의 급여 수준을 낮추고자 한다. 이 경우 근로자대표의 동의를 받아야 한다.

① 가, 나
② 나, 마, 바
③ 다, 라
④ 라, 마, 바

38

☑ 확인 Check! ○ △ ✕

다음 보기 중 「근로자퇴직급여보장법」상 확정기여형퇴직연금규약에 포함되어야 하는 사항으로 옳은 것은 몇 개인가?

가. 퇴직연금사업자 선정에 관한 사항
나. 가입자에 관한 사항
다. 가입기간에 관한 사항
라. 급여의 종류 및 수급요건 등에 관한 사항
마. 급여 지급능력 확보에 관한 사항
바. 운용관리업무 및 자산관리업무의 수행에 대한 수수료의 부담에 관한 사항
사. 가입자에 대한 교육의 방법 및 절차 등에 관한 사항

① 4개 ② 5개
③ 6개 ④ 7개

39

☑ 확인 Check! ○ △ ×

다음 중 「근로자퇴직급여보장법」상 개인형퇴직연금제도를 설정할 수 있는 사람으로 옳은 것은?

가. 퇴직급여제도의 일시금을 수령한 사람
나. 자영업자
다. 퇴직급여제도가 설정되어 있지 아니한 경우로서 계속근로기간이 1년 미만인 근로자
라. 「공무원연금법」의 적용을 받는 공무원
마. 「군인연금법」의 적용을 받는 군인

① 가, 나
② 가, 나, 다
③ 가, 나, 라, 마
④ 가, 나, 다, 라, 마

40

☑ 확인 Check! ○ △ ×

다음 중 「근로자퇴직급여보장법」상 퇴직연금사업자가 그 책무를 위반하는 경우 금융위원회의 조치로서 옳은 것은 몇 개인가?

가. 고용노동부장관으로 하여금 퇴직연금사업을 다른 사업자에게 이전할 것을 명하도록 요청할 수 있다.
나. 퇴직연금사업자로 하여금 그 소속 임원에 대해 감봉을 하도록 요구할 수 있다.
다. 해당 위반행위에 대한 시정명령을 할 수 있다.
라. 국세청장으로 하여금 퇴직연금사업자에 대해 세무조사를 하도록 요청할 수 있다.
마. 6개월 이내의 영업의 일부정지를 할 수 있다.

① 0개
② 1개
③ 2개
④ 4개

2022년 제45회
경제학원론 1차 기출문제

✓ 중요 문제 / 틀린 문제 CHECK

01	02	03	04	05	06	07	08	09	10	11	12	13	14	15	16	17	18	19	20
21	22	23	24	25	26	27	28	29	30	31	32	33	34	35	36	37	38	39	40

시간 분 | 정답 및 해설편 201p

01

확인Check! ○ △ ×

재화 X, Y에 대한 소비자 갑의 예산제약선이 $P_X X + P_Y Y = M$이다. 정부가 소득에 대해 정액세(lump-sum tax) u를 X에 대해 단위당 종량세(quantity tax) t를 부과하고, Y에 대해 단위당 보조금(subsidy) s를 지급할 때, 새로운 예산제약선으로 옳은 것은? (단, P_X, P_Y는 재화 X, Y의 가격이며, M은 소비자 갑의 소득이다)

① $(P_X - t)X + (P_Y + s)Y = M - u$

② $(P_X - t)X + (P_Y + s)Y = M + u$

③ $(P_X + t)X + (P_Y - s)Y = M - u$

④ $(P_X + t)X + (P_Y - s)Y = M + u$

02

확인Check! ○ △ ×

재화 X, Y에 대한 소비자 갑의 효용함수가 $u(X, Y) = \sqrt{X + Y}$이다. X의 가격은 2, Y의 가격은 1, 갑의 소득은 10이다. 효용을 극대화하는 X의 수요량은?

① 0

② $\sqrt{5}$

③ 5

④ $\sqrt{10}$

03

☑ 확인Check! ○ △ ✕

소비자 갑은 두 재화 X, Y만을 소비하고 있다. X, Y재의 가격이 각각 4, 3이며, 갑은 현재 X재 8단위, Y재 6단위를 소비하고, 이때 한계효용이 각각 12, 9이다. 이에 관한 설명으로 옳은 것은? [단, 소비자 갑의 선호는 강볼록성(strict convexity)을 만족한다]

① X재 소비를 1단위 늘리고 Y재 소비를 1단위 줄이면 효용이 극대화된다.

② Y재 소비를 1단위 늘리고 X재 소비를 1단위 줄이면 효용이 극대화된다.

③ X재 소비만 1단위 줄이면 효용이 극대화된다.

④ 현재 효용을 극대화하고 있다.

04

☑ 확인Check! ○ △ ✕

소비자 갑은 모든 소득을 이용해 두 재화 X, Y만을 소비하고 있다. 아래 그림과 같이 가격체계 P_1에서 소비묶음 A, P_2에서 B, 그리고 P_3에서 C를 소비한다. 이에 관한 설명으로 옳지 않은 것은?

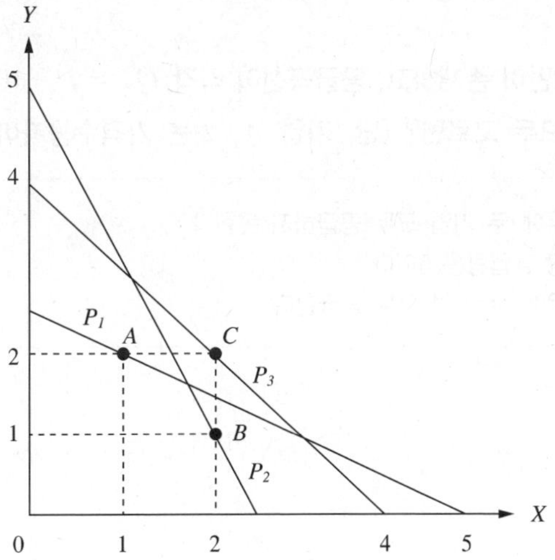

① 가격체계 P_3에서 소비묶음 C는 A 또는 B보다 직접 현시선호되고 있다.

② 가격체계 P_1에서 소비묶음 A와 가격체계 P_2에서 소비묶음 B는 현시선호의 약공리를 충족하고 있다.

③ 가격체계 P_2에서 소비묶음 B와 가격체계 P_3에서 소비묶음 C는 현시선호의 약공리를 충족하고 있다.

④ 가격체계 P_3에서 소비묶음 C와 가격체계 P_1에서 소비묶음 A는 현시선호의 약공리를 충족하고 있다.

05

☑ 확인 Check! ○ △ ×

기업 A의 비용함수가 생산량 Q에 대해 $c(Q)=10Q^2+1,000$일 때, 평균비용을 최소화하는 생산량은?

① 10
② 15
③ 20
④ 25

06

☑ 확인 Check! ○ △ ×

노동(L) 1단위의 가격 20, 자본(K) 1단위의 가격이 80일 때, 기업 A가 생산함수 $Q=4K^2+L^2$을 이용하여 최소비용으로 $Q=100$을 생산하는 경우, 노동과 자본의 최적 투입량 (L, K)로 옳은 것은?

① (0, 5)
② $(2\sqrt{5},\ 2\sqrt{5})$
③ $(2\sqrt{5},\ 10)$
④ (10, 0)

07

☑ 확인 Check! ○ △ ×

X재 시장에 두 기업 A, B만이 존재하고, 공급곡선이 각각 $Q_A=P-10$, $Q_B=P-15$일 때, 이에 관한 설명으로 옳은 것을 모두 고르면? (단, 기업 A, B는 가격수용자이고, P는 X재 가격이다)

ㄱ. 가격이 10보다 낮은 경우에 두 기업 모두 공급하지 못한다.
ㄴ. 가격이 15인 경우에 시장 공급량은 5이다.
ㄷ. 가격이 15보다 높은 경우에 두 기업 모두 공급한다.

① ㄱ
② ㄱ, ㄷ
③ ㄴ, ㄷ
④ ㄱ, ㄴ, ㄷ

08

☑ 확인 Check! ○ △ ×

독점기업 A가 직면한 시장수요곡선이 $Q_d=10P^{-3}$이고 비용함수가 $c(Q)=2Q$일 때, 이윤을 극대화하는 생산량은? (단, Q_d는 시장수요량, P는 가격, Q는 생산량이다)

① 10
② 10×2^{-3}
③ 10×3^{-3}
④ 10×5^{-3}

09

☑ 확인 Check! ○ △ ×

독점기업 A는 한 가지 재화를 생산하여 현재 두 개의 분리된 시장에 공급하고 있다. 첫 번째 시장의 수요곡선은 $Q_1 = 100 - P_1$, 두 번째 시장의 수요곡선은 $Q_2 = 100 - 2P_2$이며, A 기업의 한계비용은 20이다. 두 시장에 대해 현재와 같이 분리 공급하여 가격차별하는 방식을 새로이 통합 공급하여 동일 가격을 설정하는 방식으로 변경하고자 한다. A 기업의 이윤극대화 결과에 관한 설명 중 옳지 않은 것은? (단, P_1, Q_1은 각각 첫 번째 시장의 가격과 공급량, P_2, Q_2는 각각 두 번째 시장의 가격과 공급량이다)

① 분리 공급할 때, 첫 번째 시장의 공급량이 두 번째 시장의 공급량보다 크다.
② 분리 공급할 때, 첫 번째 시장의 가격이 두 번째 시장의 가격보다 높다.
③ 통합 공급할 때의 공급량이 분리 공급할 때의 두 시장의 공급량 합보다 크다.
④ 통합 공급할 때의 가격이 분리 공급할 때의 두 번째 시장의 가격보다 높다.

10

☑ 확인 Check! ○ △ ×

(　　)안에 들어갈 내용으로 옳은 것은?

아래 그림은 기업 A의 단기생산함수이다. 노동 10을 투입할 때, 한계생산량과 평균생산량이 같다. 노동 투입량을 10보다 늘리면 평균생산량은 (가)하고, 줄이면 평균생산량은 (나)한다.

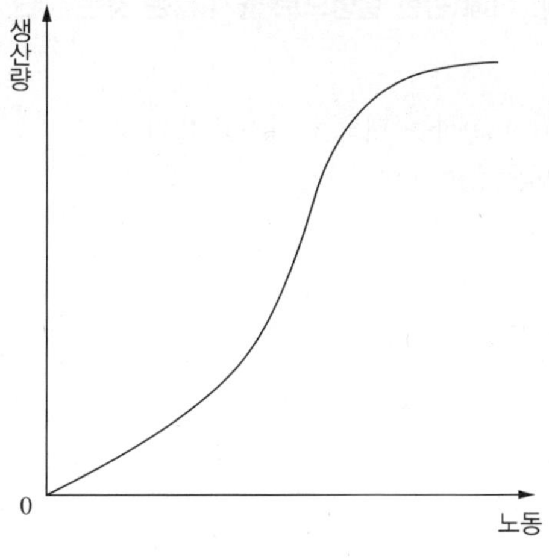

	(가)	(나)
①	감 소	감 소
②	감 소	증 가
③	증 가	감 소
④	증 가	증 가

11

☑ 확인Check! ○ △ ✕

아래 표는 기업 A의 노동 투입의 증가에 따른 생산량 변화를 나타내고 있다. ( )안에 들어갈 내용으로 옳지 않은 것은?

노동 투입량	총생산량	평균생산량	한계생산량
0	0	0	–
1	180	180	(①)
2	(②)	(③)	140
3	420	140	(④)
⋮	⋮	⋮	⋮

① 180　　② 320

③ 160　　④ 120

12

☑ 확인Check! ○ △ ✕

갑은 을에게 내기를 제안하였다. 내기에서 을이 이길 확률은 2/3이며 이때 갑으로부터 13을 받는다. 내기에서 을이 질 확률은 1/3이며 이때 갑에게 11을 주어야 한다. 을의 효용함수 $U_{을} = \sqrt{M_{을}}$ 이고, 을의 현재 보유 금액은 36이다. 이에 관한 설명으로 옳지 않은 것은? (단, 을은 기대효용을 극대화하며, $M_{을}$은 을의 보유 금액이다)

① 을은 위험을 회피(risk – averse)하는 태도를 가지고 있다.

② 내기에 대한 을의 기대효용은 19/3이다.

③ 을이 내기를 거절할 때 효용은 7이다.

④ 을은 내기를 수락한다.

13

☑ 확인Check! ○ △ ✕

완전경쟁시장에서 기업 A의 한계비용 $MC = 2Q$, 평균가변비용 $AVC = Q$이다. 시장가격이 12일 때, 기업 A의 이윤이 0이 되는 고정비용은? (단, Q는 양의 생산량이다)

① 6　　② 12

③ 24　　④ 36

14

☑ 확인 Check! ○ △ ×

3명의 친구 갑, 을, 병은 유럽으로 여름휴가를 가려고 한다. 이들의 선호가 아래 표와 같을 때, 이에 대한 설명으로 옳지 않은 것은?

구 분	갑	을	병
제1선택	영 국	프랑스	독 일
제2선택	프랑스	독 일	영 국
제3선택	독 일	영 국	프랑스

① 영국과 프랑스에 대해 투표하고, 여기서 선택된 대안을 독일과 투표하면 독일이 다수결로 결정된다.

② 독일과 프랑스에 대해 투표하고, 여기서 선택된 대안을 영국과 투표하면 영국이 다수결로 결정된다.

③ 독일과 영국에 대해 투표하고, 여기서 선택된 대안을 프랑스와 투표하면 프랑스가 다수결로 결정된다.

④ 콩도르세의 역설(Condorcet Paradox)이 나타나지 않는다.

15

☑ 확인 Check! ○ △ ×

버트란드(Bertrand) 복점 기업 A, B가 직면한 시장수요곡선은 $P=56-2Q$이다. 두 기업의 한계비용이 각각 20일 때, 균형가격과 기업 A의 생산량은?

	균형가격	기업 A의 생산량
①	20	9
②	20	12
③	32	9
④	32	12

16

☑ 확인 Check! ○ △ ×

X재 시장의 수요함수와 공급함수는 각각 $Q^D=100-3P$, $Q^S=2P$이다. 정부가 수요자에게 개당 10의 세금을 부과하는 경우와 공급자에게 개당 10의 세금을 부과하는 경우, 이에 대한 설명으로 옳지 않은 것은? (단, Q^D는 수요량, Q^S는 공급량, P는 가격이다)

① 과세로 인해 균형거래량이 감소한다.

② 과세로 인한 수요자의 조세부담이 공급자의 조세부담보다 크다.

③ 수요자에게 개당 10의 세금을 부과하는 경우 수요자가 내는 가격은 상승하고, 공급자가 받는 가격은 하락한다.

④ 공급자에게 개당 10의 세금을 부과하는 경우 수요자가 내는 가격은 상승하고, 공급자가 받는 가격은 하락한다.

17

☑ 확인Check! ○ △ ✕

아래 표는 통신 시장을 양분하고 있는 기업 A와 기업 B의 보수 행렬이다. 기업 A와 기업 B가 전략을 동시에 선택하는 일회성 비협조 게임에 관한 설명으로 옳지 않은 것은? (단, 괄호 속의 왼쪽은 기업 A의 보수, 오른쪽은 기업 B의 보수이다)

		기업 B 저가요금제	기업 B 고가요금제
기업 A	저가요금제	(4, 4)	(2, 5)
	고가요금제	(5, 2)	(α, α)

① $0 < \alpha < 2$일 때, 기업 A에게 우월전략이 존재하지 않는다.
② $0 < \alpha < 2$일 때, 내쉬균형(Nash equilibrium)이 2개 존재한다.
③ $2 < \alpha < 4$일 때, 기업 B에게 우월전략이 존재한다.
④ $2 < \alpha < 4$일 때, 내쉬균형이 파레토 효율적이다.

18

☑ 확인Check! ○ △ ✕

(　　)안에 들어갈 내용으로 옳은 것은?

> 납세자의 소득에 따른 세율은 비례세(proportional tax)의 경우 한계세율과 평균세율이 동일하다. 그러나 누진세(progressive tax)는 (가)세율이 (나)세율보다 높고, 역진세(regressive tax)는 (다)세율이 (라)세율보다 높다.

	(가)	(나)	(다)	(라)
①	한 계	평 균	한 계	평 균
②	한 계	평 균	평 균	한 계
③	평 균	한 계	한 계	평 균
④	평 균	한 계	평 균	한 계

19

☑ 확인Check! ○ △ ×

롤즈(J. Rawls)의 사회후생함수에 관한 설명으로 옳은 것을 모두 고르면?

ㄱ. 사회후생함수는 개인의 분배와 상관없다.
ㄴ. 사회후생함수는 개인 효용의 합에 의해 결정된다.
ㄷ. 사회후생함수는 레온티에프 함수와 같은 형태이다.
ㄹ. 평등주의적 가치관을 담고 있다.

① ㄱ, ㄴ
② ㄴ, ㄷ
③ ㄷ, ㄹ
④ ㄱ, ㄹ

20

☑ 확인Check! ○ △ ×

노동수요독점기업이 직면하는 노동공급은 $L = 20W$이고, 노동의 한계수입생산물 함수는 $L = 400 - 10MRP_L$이다. 최저임금이 15일 때 고용량은? (단, L은 노동, W는 임금, MRP_L은 노동의 한계수입생산물이다)

① 200
② 250
③ 800/3
④ 300

21

☑ 확인Check! ○ △ ×

통화량(M)이 현금통화(C)와 예금통화(D)의 합계로 정의되고, 본원통화(H)는 현금통화와 은행의 지급준비금(R)으로 구성된다. 또한 민간의 현금－통화비율$\left(c = \dfrac{C}{M}\right)$이 0.2이고, 총지급준비율$\left(z = \dfrac{R}{D}\right)$이 0.25이다. 중앙은행이 10조원의 본원통화를 증가시킬 때, 통화량의 증가는?

① 15조원
② 20조원
③ 25조원
④ 30조원

22

☑ 확인 Check! ○ △ ×

우리나라 국채의 명목이자율이 3%이고, 미국 국채의 명목이자율이 2%일 때, 투자자 갑은 미국 국채에 투자하기로 결정하였다. 두 국채 모두 신용위험이 없다면 환율(원화/달러화)에 대한 투자자 갑의 예상으로 옳은 것은?

① 1% 이상 평가절상
② 1% 이상 평가절하
③ 0.5% 이상 1% 미만 평가절상
④ 0.5% 이상 1% 미만 평가절하

23

☑ 확인 Check! ○ △ ×

IS곡선과 LM곡선이 아래와 같을 때 AD곡선으로 옳은 것은?

- IS곡선 : $0.4Y + 20r = 600$
- LM곡선 : $600 + 0.2Y - 50r = \frac{300}{P}$

(단, Y는 소득, r은 이자율, P는 물가이다)

① $1.2Y = 900 + \frac{300}{P}$

② $1.2Y = 900 + \frac{200}{P}$

③ $Y = 600 + \frac{300}{P}$

④ $Y = 600 - \frac{300}{P}$

24

☑ 확인 Check! ○ △ ×

잔여 생애가 50년인 노동자 A는 앞으로 은퇴까지 30년간 매년 4,000만원의 소득을 얻을 것으로 예상한다. 현재 A가 보유하고 있는 자산은 없으며 2억원의 부채를 지고 있다. 생애주기가설을 따를 때 A의 잔여 생애 동안의 연간 소비액은? (단, 이자율은 항상 0이고, A가 사망하는 시점에서 순자산은 0이다)

① 1,500만원 ② 2,000만원
③ 2,500만원 ④ 3,000만원

25

☑ 확인 Check! ○ △ ✕

아래는 개인 갑과 을로만 구성된 경제의 화폐수요이다. 이 경제 전체의 마샬 k(Marshallian k)는?

- 갑의 마샬 k : 0.3
- 을의 마샬 k : 0.4
- 갑의 소득 : 120
- 을의 소득 : 80

① 0.3

② 0.34

③ 0.35

④ 0.43

26

☑ 확인 Check! ○ △ ✕

아래 표는 A국의 고용통계이다. 생산가능인구의 크기는 변화가 없을 때, A국 노동시장 변화에 관한 설명으로 옳은 것은?

(단위 : 만명)

구 분	2021년	⇒	2022년
취업자수	850		800
비경제활동인구수	300		350

① 경제활동 참가율은 상승하였다.

② 실업자 수는 증가하였다.

③ 고용률은 변화가 없다.

④ 실업률은 상승하였다.

27

☑ 확인Check! ○ △ ×

폐쇄경제인 A국의 거시 경제 상황이 아래와 같을 때, 민간저축과 GDP의 크기를 옳게 짝지은 것은?

- 조세 = 10,000
- 민간투자 = 15,000
- 민간소비 = 80,000
- 재정수지 = 2,000

	민간저축	GDP
①	4,000	94,000
②	8,000	98,000
③	9,000	99,000
④	13,000	103,000

28

☑ 확인Check! ○ △ ×

아래 표와 같이 환율 변동이 발생했다면, 이에 따른 효과에 관한 설명으로 〈보기〉에서 옳은 것을 모두 고르면? (단, 계약은 현지 화폐로 이루어진다)

구 분	원 / 달러	엔 / 달러
과 거	1,050	100
현 재	1,100	110

〈보 기〉

ㄱ. 달러 표시 외채를 가진 한국 기업의 상환 부담이 감소하였다.
ㄴ. 부품을 한국에서 수입하는 일본 기업의 생산비가 상승하였다.
ㄷ. 한국에 수출하는 미국 제품의 가격 경쟁력이 하락하였다.
ㄹ. 미국에 수출하는 일본 제품의 달러 표시 가격이 상승하였다.

① ㄱ, ㄹ
② ㄴ, ㄷ
③ ㄴ, ㄹ
④ ㄷ, ㄹ

29

☑ 확인 Check! ○ △ ✕

이자소득세율이 25%, 명목이자율이 4%이다. 예상 물가상승률이 3%에서 6%로 상승하였을 때, 세후 실질이자율이 이전과 같은 수준이 되기 위해서 필요한 명목이자율 수준은?

① 5%
② 6%
③ 7%
④ 8%

30

☑ 확인 Check! ○ △ ✕

A국과 B국에서 X재, Y재 각 1단위를 생산하는데 필요한 노동 투입 시간은 아래와 같다.

구 분	X재	Y재
A국	100시간	50시간
B국	20시간	40시간

양국은 노동만을 투입하여 생산하며, 가용 노동시간은 1,000시간으로 동일하다. 무역은 양국 사이에서만 자유롭게 이루어지며 거래 비용은 없다. X재와 Y재의 1 : 1의 교역조건으로, 비교우위론에 따른 자유무역 후 B국이 소비하는 X재와 Y재의 조합으로 옳은 것은?

	X재	Y재
①	10	10
②	10	40
③	40	10
④	40	40

31

☑ 확인 Check! ○ △ ✕

만기가 1년이고, 이자는 만기에 한 번 8만원을 지급하는 액면가 100만원인 이표채권이 있다. 현재 이표채권의 가격이 90만원이라고 할 때, 이에 관한 설명으로 옳지 않은 것은?

① 만기수익률은 20%이다.
② 표면이자율(coupon rate)은 경상수익률(current yield)보다 더 높다.
③ 경상수익률은 약 8.9%이다.
④ 만기수익률과 채권의 가격은 역(−)의 관계에 있다.

32

☑ 확인 Check! ○ △ ✕

두 재화 X와 Y만 생산하고 소비하는 A국 경제의 생산량과 가격이 아래와 같다. 2022년을 기준연도로 하여 2021년 실질GDP는?

구 분		2020년	2021년	2022년
재화 X	수 량	100	105	110
	가 격	10	12	12
재화 Y	수 량	100	110	105
	가 격	10	11	14

① 2,150
② 2,600
③ 2,800
④ 2,790

33

☑ 확인 Check! ○ △ ✕

솔로우 경제성장모형에서 생산함수가 $Q = L^{0.5}K^{0.5}$이고 연간 감가상각률은 10%, 저축률은 10%일 때 균제상태(steady state)에서 노동자 1인당 산출량, 자본, 소비에 관한 설명으로 옳은 것을 모두 고르면? (단, Q는 산출량, L은 노동자수, K는 자본이다)

ㄱ. 노동자 1인당 소비는 0.9이다.
ㄴ. 노동자 1인당 산출량과 자본은 1이다.
ㄷ. 저축률이 20%로 상승할 때, 노동자 1인당 소비는 1.8이다.
ㄹ. 저축률이 20%로 상승할 때, 노동자 1인당 산출량과 자본은 2배로 증가한다.

① ㄱ, ㄴ
② ㄴ, ㄷ
③ ㄴ, ㄹ
④ ㄷ, ㄹ

34

☑ 확인 Check! ○ △ ✕

케인즈가 제시한 소비함수에 관한 설명으로 옳지 않은 것은?

① 한계소비성향은 0과 1 사이의 값을 갖는다.
② 소득이 증가함에 따라 평균소비성향은 감소한다.
③ 소비는 현재의 소득에 의존한다.
④ 소비는 소비자가 생애 동안 기대하는 총소득에 의존한다.

35

☑ 확인Check! ○ △ ✕

통화공급 감소 요인으로 옳은 것은?

① 본원통화량 증가
② 재할인율 인하
③ 현금 – 예금 비율의 하락
④ 은행의 초과지급준비금의 증가

36

☑ 확인Check! ○ △ ✕

단기 및 장기필립스곡선의 이동을 초래하는 요인으로 옳지 않은 것은?

① 자연실업률의 상승
② 수입 원유가격의 하락
③ 정부지출의 증가
④ 예상 인플레이션의 하락

37

☑ 확인Check! ○ △ ✕

화폐수량설에 의하면, 물가상승률이 통화량 증가율보다 낮을 때 이에 관한 이유로 옳은 것은?

① 산출량 증가 또는 화폐유통속도 증가
② 산출량 증가 또는 화폐유통속도 감소
③ 산출량 감소 또는 화폐유통속도 증가
④ 산출량 감소 또는 화폐유통속도 감소

38

☑ 확인Check! ○ △ ✕

단기총공급곡선이 우상향하는 이유를 설명하는 이론으로 옳지 않은 것은?

① 상대가격 착각 이론
② 화폐의 중립성 이론
③ 임금의 경직성 이론
④ 가격의 경직성 이론

39

☑ 확인Check! ○ △ ✕

중앙은행이 물가상승률을 2% 포인트 낮출 때, 실업률이 4%에서 5%로 상승하였다. 자연실업률은 4%, 잠재성장률은 2%이다. 아래와 같은 오쿤(Okun)의 법칙을 이용하여 성장률의 관점에서 희생률(sacrifice ratio)을 구하면?

$$u = u^{*} - 0.5(y - y^{*})$$

(단, u는 실업률, u^{*}는 자연실업률, y는 성장률, y^{*}는 잠재성장률이다)

① 0
② 1
③ 2
④ 3

40

☑ 확인Check! ○ △ ✕

1년 만기 채권의 수익률이 8%이고 향후 1년간 예상되는 물가상승률은 3%이다. 동일한 금액의 채권과 화폐를 1년간 보유할 때, 채권 실질수익률과 화폐 실질수익률의 차이는?

① 0%
② 3%
③ 5%
④ 8%

2022년 제45회
보험수학 1차 기출문제

중요 문제 / 틀린 문제 CHECK

01	02	03	04	05	06	07	08	09	10	11	12	13	14	15	16	17	18	19	20
21	22	23	24	25	26	27	28	29	30	31	32	33	34	35	36	37	38	39	40

시간 분 | 정답 및 해설편 217p

※ 제시된 보기 중에서 가장 가까운 것을 고르시오.

01

확인 Check! ○ △ ×

방정식 $|3^x - 3| = k$가 서로 다른 두 실근을 가질 때, 실수 k의 범위를 구하시오.

① $0 \leq k < 1$

② $0 < k < 2$

③ $0 < k < 3$

④ $k \geq 3$

02

확인 Check! ○ △ ×

$\lim_{x \to 0} \dfrac{\ln(a+3x)}{x^2+x} = b$를 만족하는 상수 a, b를 구하시오.

① $a=0,\ b=1$

② $a=0,\ b=3$

③ $a=1,\ b=1$

④ $a=1,\ b=3$

03

☑ 확인Check! ○ △ ×

미분 가능한 함수 $f(x)$에 대하여 $\lim_{x\to 2}\frac{e^x f(x)-6}{x-2}=3e$일 때, $f(2)+f'(2)$를 구하시오.

① $\frac{1}{e}$

② $\frac{3}{e}$

③ e

④ $3e$

04

☑ 확인Check! ○ △ ×

함수 $f(x)=\ln(e^x+1)$의 역함수가 $g(x)$일 때, 양수 a에 대하여 $\frac{1}{f'(a)}+\frac{1}{g'(a)}$을 구하시오.

① 1

② 2

③ 3

④ 4

05

☑ 확인Check! ○ △ ×

함수 $f(x)=\sqrt{(2x-1)^3}$과 실수 전체에서 미분 가능한 함수 $g(x)$에 대하여, 함수 $h(x)$를 $h(x)=(g \circ f)(x)$라고 하자. $h'(1)=9$일 때, $g'(1)$을 구하시오

① 1 ② 2

③ 3 ④ 4

06

☑ 확인Check! ○ △ ✕

정적분 $\int_0^{\ln 5} \frac{e^x}{e^x + e^{-x}} dx$를 구하시오.

① $\frac{1}{2}\ln 5$

② $\frac{1}{2}\ln 7$

③ $\frac{1}{2}\ln 11$

④ $\frac{1}{2}\ln 13$

07

☑ 확인Check! ○ △ ✕

함수 $f(x)$가 등식 $f(x) = x - \int_1^e \frac{f(t)}{t} dt$를 만족할 때, $f(e)$를 구하시오.

① $\frac{e+1}{2}$

② $\frac{e+1}{3}$

③ $\frac{e+1}{4}$

④ $\frac{e+1}{5}$

08

☑ 확인Check! ○ △ ✕

$x > 0$일 때, 함수 $f(x) = \int_1^x (1 - \ln t) dt$는 $x = a$에서 극댓값 b를 갖는다. $a - b$를 구하시오.

① 1 ② 2

③ 3 ④ 4

09

☑ 확인 Check! ○ △ ×

$a_0 = e$, $a_n = e^3$인 양의 등비수열 $\{a_n\}$에서 a_1부터 a_n까지의 산술평균 M_n에 대해 $\lim_{n \to \infty} M_n$을 구하시오.

① $\frac{1}{2}(e-1)$
② $\frac{e}{2}(e-1)$
③ $\frac{1}{2}(e^2-1)$
④ $\frac{e}{2}(e^2-1)$

10

☑ 확인 Check! ○ △ ×

함수 $F(x)$에 대하여 등식 $F'(x) = \frac{\ln x}{(x+1)^2}$, $F(1) = -\ln 2$일 때, $F(e)$를 구하시오.

① $\frac{1}{e+1} - \ln(e+1)$
② $\frac{1}{e+1} + \ln(e+1)$
③ $\frac{e}{e+1} - \ln(e+1)$
④ $\frac{e}{e+1} + \ln(e+1)$

11

☑ 확인 Check! ○ △ ×

공정한 주사위를 6이 나올 때까지 던질 때, 주사위를 던진 횟수를 확률변수 N이라고 하자. $E(N)$를 구하시오.

① 6
② 7
③ 8
④ 9

12

☑ 확인 Check! ○ △ ✕

$P(A)=0.2$, $P(B)=0.39$, $P(B^c|A)=0.05$일 때, $P(B|A^c)$을 구하시오.

① 0.20
② 0.25
③ 0.30
④ 0.35

13

☑ 확인 Check! ○ △ ✕

확률변수 X, Y, Z의 결합확률질량함수 $p(x, y, z)$가 $p(1,1,1)=\frac{1}{16}$, $p(1,1,2)=\frac{1}{8}$, $p(2,1,1)=\frac{1}{8}$, $p(2,1,2)=\frac{1}{16}$, $p(1,2,1)=\frac{1}{8}$, $p(1,2,2)=\frac{1}{4}$, $p(2,2,1)=\frac{1}{4}$, $p(2,2,2)=0$일 때, $E[X|Y=2]$를 구하시오.

① $\frac{7}{5}$
② $\frac{4}{3}$
③ $\frac{9}{7}$
④ $\frac{5}{4}$

14

☑ 확인 Check! ○ △ ✕

확률변수 X는 평균이 2인 지수분포를 따른다. $Y=3X+1$일 때, Y의 적률생성함수를 구하시오.

① $\frac{e^t}{1-3t}$
② $\frac{e^t}{1-6t}$
③ $\frac{e^{2t}}{1-3t}$
④ $\frac{e^{2t}}{1-6t}$

15

☑ 확인Check! ○ △ ×

확률변수 X와 Y는 서로 독립이며 동일한 분포를 따른다. $X+Y$의 적률생성함수가 $M_{X+Y}(t)=(0.2e^{-t}+0.5+0.3e^{t})^2$일 때, $P(X \geq 0)$을 구하시오.

① 0.6
② 0.7
③ 0.8
④ 0.9

16

☑ 확인Check! ○ △ ×

확률변수 X와 Y는 서로 독립이며, $P\left(X \leq \frac{1}{2}\right)=P\left(Y \leq \frac{1}{2}\right)=\frac{1}{4}$이다. $P\left[\max(X, Y) > \frac{1}{2}\right]$을 구하시오.

① $\frac{9}{16}$
② $\frac{11}{16}$
③ $\frac{13}{16}$
④ $\frac{15}{16}$

17

☑ 확인Check! ○ △ ×

확률변수 X는 구간 $(0, 5)$에서 균등분포를 따른다. $Y=\min(X, 4)$라고 정의할 때, $E(Y^2)$을 구하시오.

① 7.47
② 7.97
③ 8.47
④ 8.97

18

☑ 확인 Check! ○ △ ×

확률변수 X와 Y의 결합확률밀도함수가 $f(x, y)= \begin{cases} 2e^{-(x+2y)} & , x>0, y>0 \\ 0 & ,\text{그 외} \end{cases}$ 일 때, 조건부 기댓값 $E[Y|X>3, Y>3]$을 구하시오.

① 0.5
② 1.5
③ 2.5
④ 3.5

19

☑ 확인 Check! ○ △ ×

확률변수 X, Y, Z는 서로 독립이며, 평균이 1, 2, 3인 포아송분포를 따른다. $P(X+Y+Z \le 1)$을 구하시오.

① e^{-6}
② $6e^{-6}$
③ $7e^{-6}$
④ $8e^{-6}$

20

☑ 확인 Check! ○ △ ×

확률변수 X는 구간 $(0, 2)$에서 균등분포를 따른다. $Y=X^2+1$일 때, Y의 확률밀도함수 $f_Y(y)$를 구하시오. 단, $1<y<5$이다.

① $f_Y(y)=\dfrac{5}{4y^2}$
② $f_Y(y)=\dfrac{1}{(\ln 5)y}$
③ $f_Y(y)=\dfrac{3}{2(y+1)^2}$
④ $f_Y(y)=\dfrac{1}{4\sqrt{y-1}}$

21

☑ 확인Check! ○ △ ×

서로 독립인 확률변수 X와 Y는 평균이 각각 1, 2인 지수분포를 따른다. $Z = X + Y$일 때, Z의 확률밀도함수 $f_Z(z)$를 구하시오. (단, $z > 0$이다)

① $3e^{-3z}$

② $\frac{1}{3}e^{-\frac{z}{3}}$

③ $3e^{-z} - e^{-\frac{z}{2}}$

④ $e^{-\frac{z}{2}} - e^{-z}$

22

☑ 확인Check! ○ △ ×

처음 5년 동안 연이율이 5%, 그 이후에 연이율이 4%일 때, 매년 초에 100씩 10년 동안 지급되는 기시급 연금의 현재가치를 구하시오. [단, $(1.05)^{-5} = 0.7835$, $(1.04)^{-5} = 0.8219$]

① 817.4

② 822.6

③ 829.8

④ 838.5

23

☑ 확인Check! ○ △ ×

$s_{\overline{2|}}s_{\overline{n|}} - \ddot{s}_{\overline{n-1|}}$을 간단히 하면?

① $s_{\overline{n-1|}}$

② $\ddot{s}_{\overline{n|}}$

③ $s_{\overline{n+1|}}$

④ $\ddot{s}_{\overline{n+2|}}$

24

☑ 확인Check! ○ △ ×

다음과 같은 현금흐름에서 0시점의 현재가치와 같지 않은 것을 고르시오.

시점	0	1	2	3	4	5	6	7	8	9	10
현금흐름		1	2	3	4	5	5	5	5	5	

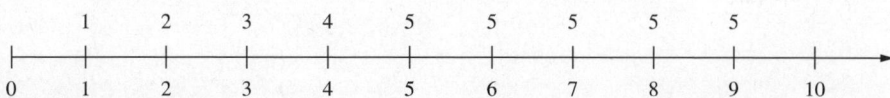

① $(Ia)_{\overline{5|}} + 5v^5 a_{\overline{4|}}$

② $\sum_{t=0}^{5} v^t a_{\overline{9-t|}}$

③ $5a_{\overline{9|}} - (Da)_{\overline{4|}}$

④ $(Ia)_{\overline{9|}} - v^5 (Ia)_{\overline{4|}}$

25

☑ 확인Check! ○ △ ×

대출금 100에 대하여 10년 동안 매년 말 일정금액으로 원리금을 분할상환한다. 처음 5년간 상환된 원금의 총합을 구하시오. (단, $v^5 = \frac{2}{3}$ 이다)

① 35

② 40

③ 45

④ 50

26

☑ 확인Check! ○ △ ×

2021년 1월 1일부터 1년 동안 어떤 계정과 관련한 정보는 다음 표와 같다.

날 짜	인출 또는 납입전 가치	추가납입
2021년 1월 1일	70	
2021년 9월 1일	70	X
2022년 1월 1일	$140 - X$	

시간가중(time-weighted) 방식으로 평가한 연수익률(annual yield rate)이 10%일 때, 달러가중(dollar-weighted) 방식으로 평가한 연수익률을 구하시오.

① 11.5%

② 12.0%

③ 12.5%

④ 13.0%

27

☑ 확인 Check! ○ △ ×

$\lim_{h \to 0+} \frac{_{k|h}q_x}{h}$ 를 구하시오.

① $_kp_x$

② μ_{x+k}

③ p_{x+k}

④ $_kp_x\mu_{x+k}$

28

☑ 확인 Check! ○ △ ×

$q_x = 0.1$ 이고 UDD($_tq_x = t \cdot q_x$, x는 정수, $0 \le t \le 1$)를 가정할 때, $_{0.2|0.3}q_x$를 구하시오.

① 0.020
② 0.025
③ 0.030
④ 0.035

29

☑ 확인 Check! ○ △ ×

선택기간이 2년인 선택종국표는 아래와 같다.

x	$l_{[x]}$	$l_{[x]+1}$	l_{x+2}
80	1,000	950	900
81	−	920	−
82	−	−	860

$q_{[80]+1} = q_{[81]+1}$ 일 때, $_{1|}q_{[80]+1}$ 을 구하시오.

① 0.02872
② 0.02916
③ 0.02992
④ 0.03003

30

☑ 확인Check! ○ △ ×

$A_{x+2:\overline{8|}} = 0.7$, $p_x = 0.96$, $p_{x+1} = 0.94$, $v = 0.95$ 일 때 $A_{x:\overline{10|}}$ 을 구하시오.

① 0.54
② 0.58
③ 0.62
④ 0.66

31

☑ 확인Check! ○ △ ×

이력 $\delta = 0.02$ 이고 사력이 $\mu_x = \begin{cases} 0.02 & ,x < 50 \\ 0.03 & ,x \geq 50 \end{cases}$ 일 때, $\overline{A}_{40}$ 을 구하시오. 단, $e^{-0.4} = 0.67$ 이다.

① 0.567
② 0.617
③ 0.667
④ 0.717

32

☑ 확인Check! ○ △ ×

사망즉시보험금 b_t 가 지급되는 종신보험에 피보험자 (x) 가 가입하였다.

(가) Z는 보험금의 현재가치를 나타내는 확률변수임
(나) $b_t = e^{0.01t}$, $t > 0$
(다) 모든 연령에 대해 사력은 0.02임
(라) 이력 $\delta = 0.03$

$Var(Z)$를 구하시오.

① $\frac{1}{12}$
② $\frac{1}{6}$
③ $\frac{1}{4}$
④ $\frac{1}{3}$

33

☑ 확인Check! ○ △ ×

$\ddot{a}_x = 12$, $\ddot{a}_{x+3} = 10$일 때 ${}_3V_x$를 구하시오.

① $\frac{1}{6}$

② $\frac{1}{5}$

③ $\frac{1}{4}$

④ $\frac{1}{3}$

34

☑ 확인Check! ○ △ ×

피보험자 (60)이 다음과 같은 20년 정기보험에 가입하였다.

(가) 사망즉시보험금 1을 지급함
(나) Z는 사망보험금의 현재가치를 나타내는 확률변수임
(다) (60)의 장래생존기간은 구간 $(0, 40)$에서 균등분포를 따름
(라) 이력 $\delta = 0.05$임
(마) $e^{-1} = 0.3679$, $\ln 2 = 0.6931$

$P(Z \le 0.5)$을 구하시오.

① 0.61 ② 0.63
③ 0.65 ④ 0.67

35

$v\ddot{a}_{x:\overline{n|}} - a_{x:\overline{n-1|}}$과 같은 것을 다음 보기 중 고르시오.

① $A^{\ 1}_{x:\overline{n|}}$

② $A_{x:\overset{\ 1}{\overline{n|}}}$

③ $A_{x:\overline{n|}}$

④ ${}_{n|}A_x$

36

☑ 확인 Check! ○ △ ×

아래의 조건을 이용하여 $\bar{a}_{50}$ 을 구하시오.

(가) $\bar{a}_{50:\overline{20|}} = 12$
(나) $x \geq 70$에 대하여 사력 $\mu_x = 0.03$임
(다) 이력 $\delta = 0.05$
(라) ${}_{20}p_{50} = 0.8$
(마) $e^{-1} = 0.3679$

① 15.68
② 15.81
③ 16.03
④ 16.74

37

☑ 확인 Check! ○ △ ×

아래의 조건을 이용하여 ${}_{10|}\ddot{a}_x$ 를 구하시오.

(가) $A_{x:\overline{10|}} = 0.62$
(나) $A^{1}_{x:\overline{10|}} = 0.03$
(다) $A_x = 0.15$
(라) $i = 0.05$

① 8.68
② 9.87
③ 10.61
④ 12.02

38

☑ 확인Check! ○ △ ×

피보험자 (x)에 대하여 n년 기말급 정기연금의 현재가치를 Y라고 하고 아래 조건을 이용하여 Y의 분산을 구하시오.

(가) $A_{x:\overline{n}|}=0.76$, $A_{x:\overline{n+1}|}=0.75$
(나) ${}^2A_{x:\overline{n}|}=0.59$, ${}^2A_{x:\overline{n+1}|}=0.58$
(다) $i=0.05$

① 5.47
② 6.68
③ 7.72
④ 8.14

39

☑ 확인Check! ○ △ ×

피보험자 (x)에 대하여 다음과 같은 2년 만기 생명보험의 연납평준 순보험료를 구하시오.

(가) 사망시 사망연도 말에 사망보험금 1,000을 지급함
(나) 보험기간 동안 생존시 기납입된 보험료를 이자 없이 만기에 지급함
(다) $q_x=0.02$, ${}_{1|}q_x=0.03$, ${}_{2|}q_x=0.06$
(라) $v=0.9$

① 117.76
② 119.32
③ 121.55
④ 123.32

40

☑ 확인Check! ○ △ ×

피보험자 (40)에 대하여 완전 이산(fully discrete) 20년납, 30년 만기 생사혼합보험의 제10보험연도 말 순보험료식 책임준비금을 구하시오.

(가) 사망보험금과 생존보험금은 1,000임
(나) $d=0.05$
(다)

n	$\ddot{a}_{40:\overline{n}|}$	$\ddot{a}_{50:\overline{n}|}$
10	7.7	7.5
20	11.9	11.5
30	13.9	13.3

① 203
② 213
③ 223
④ 233

2022년 제45회 회계원리

1차 기출문제

중요 문제 / 틀린 문제 CHECK

01	02	03	04	05	06	07	08	09	10	11	12	13	14	15	16	17	18	19	20
21	22	23	24	25	26	27	28	29	30	31	32	33	34	35	36	37	38	39	40

시간 분 | 정답 및 해설편 231p

※ 아래 문제들에서 특별한 언급이 없는 한, 보고주체는 계속해서 한국채택국제회계기준(K-IFRS)을 적용해오고 있고, 보고기간은 매년 1월 1일부터 12월 31일까지이며, 법인세 효과는 고려하지 않는다. 또한 자료에서 제시한 모든 항목과 금액은 중요하며, 자료에서 제시한 것 외의 사항은 고려하지 않고 답한다. 정답선택에 있어서 문항 중 질문에 가장 합당한 것을 선택하고, 주어진 문항 중 최 근사치를 선택한다.

01

확인 Check! ○ △ ×

(주)한국은 20x1년 초에 상품을 판매하기로 고객과 계약을 체결하였다. 상품에 대한 통제는 3년 경과 후에 고객에게 이전되며, 수행의무는 한 시점에 이행된다. 계약에 따르면 (주)한국은 20x1년 초에 ₩1,000을 수령하고 20x3년 말에 재화를 이전한다. 해당 거래에 적용되는 내재이자율은 연 5%이다. (주)한국이 20x3년에 이전할 상품의 원가가 ₩500인 경우, 동 거래가 20x3년 당기순이익에 미치는 영향은 얼마인가? (단, 계산금액은 소수점 첫째자리에서 반올림하며, 단수차이로 인해 오차가 있으면 가장 근사치를 선택한다)

① ₩500
② ₩579
③ ₩603
④ ₩658

02

확인 Check! ○ △ ×

(주)한국은 20x1년 12월 15일에 사업을 개시하면서 2개월 내에 반품가능 조건으로 100개의 상품을 현금 판매하였다. 개당 판매가격은 ₩500이며, 개당 원가는 ₩400이다. 반품률은 15%로 예상되며, 반품재고와 관련되어 회수원가와 손상차손으로 각각 ₩200과 ₩300이 예상된다. 20x1년 말까지 추가 판매와 반품된 상품이 없을 경우, 20x1년 말 재무상태표에 표시될 반환재고회수권은 얼마인가? (단, 반품 관련 예상원가는 별도 비용으로 인식한다)

① ₩3,000
② ₩5,500
③ ₩6,000
④ ₩6,500

03

☑ 확인 Check! ○ △ ✕

(주)한국은 상품을 ₩6,000에 고객에게 판매하고, 고객으로부터 경비용역을 2개월간 제공받는 계약을 20x1년 9월 1일에 체결하였다. (주)한국은 경비용역의 대가로 ₩4,000을 지급하기로 했으며, 경비용역의 공정가치는 ₩2,000이다. (주)한국은 20x1년 10월 1일 제품을 인도하고 ₩6,000을 수령하였고, 고객으로부터 20x1년 10월 1일부터 11월 30일까지 경비용역을 제공받고 ₩4,000을 지급하였다. (주)한국이 상품 판매와 관련하여 인식할 수익은 얼마인가?

① ₩2,000
② ₩4,000
③ ₩8,000
④ ₩10,000

04

☑ 확인 Check! ○ △ ✕

(주)한국의 20x1년 초 매출채권 잔액(총액)은 ₩1,000이고 대손충당금(손실충당금) 대변잔액은 ₩50이다. 다음은 매출채권 및 대손과 관련된 자료이다. 20x1년에 인식할 대손상각비(손상차손)는 얼마인가?

- 20x1년 4월 1일 전기 대손처리된 ₩16을 회수하였다.
- 20x1년 8월 1일 매출채권 ₩60이 회수불능으로 대손확정되었다.
- 20x1년 중 외상매출액은 ₩5,000이며, 현금회수액은 ₩4,640이다.
- 20x1년 12월 31일 예상 미래현금흐름을 분석해 매출채권 잔액(총액)의 5%를 회수불확실한 것으로 추정하였다.

① ₩50
② ₩59
③ ₩62
④ ₩65

05

☑ 확인 Check! ○ △ ✕

다음은 20x1년 결산시 (주)한국이 보유한 자산 내역이다. 20x1년 말 현금 및 현금성자산은 얼마인가?

당좌예금	₩2,000	우편환증서	₩1,000
당좌개설보증금	₩1,000	타인발행약속어음	₩2,000
배당금지급통지표	₩2,000	선일자수표	₩1,000
정기예금 (만기 : 20x2년 9월)	₩2,000	지점 전도금	₩2,000

① ₩5,000
② ₩7,000
③ ₩9,000
④ ₩10,000

06

☑ 확인 Check! ○ △ ×

(주)한국은 20x1년 4월 1일 액면 ₩100,000의 어음을 연 12%의 이자율로 할인받았다. 어음의 발행일은 20x1년 3월 1일이며, 어음의 표시이자율은 연 9%이다. 이자지급일은 만기일인 20x1년 8월 31일이다. 이 거래가 금융자산제거요건을 충족하는 경우 어음할인일에 (주)한국이 인식할 매출채권 처분손실은 얼마인가? (단, 이자는 월할 계산한다)

① ₩169
② ₩725
③ ₩1,045
④ ₩1,475

07

☑ 확인 Check! ○ △ ×

다음 중 퇴직급여 회계처리에 대한 설명으로 옳지 않은 것은?

① 기타포괄손익에 인식되는 순확정급여부채(자산)의 재측정요소는 후속기간에 당기손익으로 재분류한다.
② 확정급여채무의 현재가치와 당기근무원가를 결정하기 위해서는 예측단위적립방식을 사용한다.
③ 퇴직급여채무를 할인하기 위해 사용하는 할인율은 보고기간 말 현재 우량회사채의 시장수익률을 참조하여 결정한다.
④ 사외적립자산의 공정가치는 과소적립액이나 초과적립액을 결정할 때 확정급여채무의 현재가치에서 차감한다.

08

☑ 확인 Check! ○ △ ×

다음 중 금융자산의 양도자가 소유에 따른 위험과 보상의 대부분을 이전하는 경우에 해당하는 것은?

① 양도자가 매도한 금융자산을 재매입시점의 공정가치로 재매입할 수 있는 권리를 보유하고 있는 경우
② 시장위험 익스포저를 양도자에게 다시 이전하는 총수익 스왑 체결과 함께 금융자산을 매도한 경우
③ 양도자가 발생 가능성이 높은 신용손실의 보상을 양수자에게 보증하면서 단기 수취채권을 매도한 경우
④ 양도자가 매도한 금융자산에 대한 콜옵션을 보유하고 있으며, 해당 콜옵션이 현재까지 깊은 내가격 상태이기 때문에 만기 이전에 해당 옵션이 외가격 상태가 될 가능성이 매우 낮은 경우

09

☑ 확인 Check! ○ △ ×

(주)한국은 다른 회사가 발행한 사채를 20x1년 1월 1일 공정가치로 취득하고 상각후원가 측정(AC) 금융자산으로 분류하였다. 취득한 사채에 대한 정보가 다음과 같을 때 (주)한국이 20x1년 인식할 손상차손은 얼마인가? (단, 계산금액은 소수점 첫째자리에서 반올림하며, 단수차이로 인해 오차가 있으면 가장 근사치를 선택한다)

- 사채 발행일은 20x1년 1월 1일이며, 액면금액은 ₩100,000이다.
- 사채 표시이자율은 연 10%이며 매년 12월 31일에 이자를 지급한다.
- 만기일은 20x3년 12월 31일이며 액면금액을 만기에 일시 상환한다.
- 사채 발행시점의 유효이자율은 12%이며, 20x1년 말 현재 유효이자율은 14%이다.
- (주)한국은 20x1년 12월 31일 이자를 정상적으로 수령하였다.
- 20x1년 말 사채 발행회사의 신용이 손상되어 (주)한국은 20x2년 1월 1일 이후 이자를 수령하지 못하고 만기에 액면금액만 수령할 것으로 추정된다.

기 간	단일금액 ₩1의 현재가치		정상연금 ₩1의 현재가치	
	12%	14%	12%	14%
1년	0.8928	0.8772	0.8928	0.8772
2년	0.7972	0.7695	1.6900	1.6467
3년	0.7118	0.6750	2.4018	2.3217

① ₩16,902
② ₩21,492
③ ₩25,442
④ ₩29,122

10

☑ 확인 Check! ○ △ ×

(주)한국은 20x1년 1월 1일 (주)대한의 주식 10주를 ₩100,000에 취득하고, 당기손익 – 공정가치 측정(FVPL) 금융자산으로 분류하였다. 해당 주식 관련 자료는 다음과 같다. 주식 관련 거래가 (주)한국의 20x1년 당기순이익에 미치는 영향은 얼마인가?

- (주)대한은 20x1년 3월 20일 주당 ₩500의 현금배당을 결의하였고, 3월 31일에 지급하였다.
- (주)한국은 20x1년 6월 1일 (주)대한 주식 5주를 주당 ₩9,000에 처분하였다.
- 20x1년 말 (주)대한 주식의 1주당 주가는 ₩13,200이다.

① ₩9,000 증가
② ₩11,000 증가
③ ₩12,000 증가
④ ₩16,000 증가

11

☑ 확인 Check! ○ △ ✕

(주)한국의 20x1년 이자지급 관련 자료는 다음과 같다. 20x1년도 이자지급으로 인한 현금유출액은 얼마인가?

- (주)한국은 사채를 액면발행하였고, 사채이자는 현금 지급하고 있다. 이와 관련하여 포괄손익계산서에 인식된 이자비용은 ₩1,200이다.
- 재무상태표에 인식된 이자 관련 계정과목의 기초 및 기말잔액은 다음과 같다.

계정과목	기초잔액	기말잔액
미지급이자	₩460	₩660
선급이자	₩200	₩260

① ₩940
② ₩1,060
③ ₩1,340
④ ₩1,460

12

☑ 확인 Check! ○ △ ✕

(주)한국의 20x1년 건물 관련 자료는 다음과 같다. (주)한국은 당기 중 건물을 ₩2,000에 취득하였고, 포괄손익계산서에 건물처분이익 ₩100과 건물감가상각비 ₩700이 보고되었다. 건물 취득 및 처분 거래는 모두 현금으로 이루어졌다. 건물 관련 거래가 20x1년 투자활동 현금흐름(순액)에 미치는 영향은 얼마인가?

계정과목	기초잔액	기말잔액
건 물	₩6,000	₩6,400
감가상각누계액	₩1,100	₩1,200

① ₩400 유출
② ₩800 유출
③ ₩900 유출
④ ₩1,000 유출

13

☑ 확인 Check! ○ △ ✕

다음 중 차입원가 회계처리에 대한 설명으로 옳지 않은 것은?

① 적격자산에 대한 적극적인 개발활동을 중단한 기간에는 차입원가의 자본화를 중단한다.
② 적격자산을 의도된 용도로 사용(또는 판매) 가능하게 하는데 필요한 대부분의 활동이 완료된 시점에 차입원가의 자본화를 종료한다.
③ 적격자산의 장부금액 또는 예상최종원가가 회수가능액 또는 순실현가능가치를 초과하는 경우 다른 한국채택국제회계기준서의 규정에 따라 자산손상을 기록한다.
④ 일반적인 목적으로 차입한 자금의 경우 회계기간 동안 그 차입금으로부터 실제 발생한 차입원가에서 당해 차입금의 일시적 운용에서 생긴 투자수익을 차감한 금액을 자본화가능차입원가로 결정한다.

14

☑ 확인 Check! ○ △ ✕

개념체계에 제시되어 있는 보고기업에 대한 설명으로 옳지 않은 것은?

① 보고기업은 재무제표를 작성해야 하거나 작성하기로 선택한 기업이다.
② 보고기업이 지배기업과 종속기업으로 구성된다면 그 보고기업의 재무제표는 '연결재무제표'이다.
③ 보고기업이 지배 – 종속관계로 모두 연결되어 있지는 않은 둘 이상 실체들로 구성된다면 그 보고기업의 재무제표는 '결합재무제표'이다.
④ 보고기업은 단일의 실체이거나 어떤 실체의 일부일 수 있으며 둘 이상의 실체로 구성될 수도 있으나, 반드시 법적 실체를 갖추고 있어야 한다.

15

☑ 확인 Check! ○ △ ✕

20x1년 초 (주)한국은 복구의무가 존재하는 기계장치를 취득하였으며, 동 기계장치의 취득과 관련하여 발생된 비용은 다음과 같다. 복구가 예상되는 시점의 복구비용은 ₩35,000이며, 동 복구비용의 현재가치는 20x1년 초 현재 ₩15,000으로 추정된다. 20x1년 초 (주)한국이 인식할 동 기계장치의 취득원가는 얼마인가?

구입가격	₩100,000
운반비 및 설치비	₩20,000
시운전비	₩20,000

① ₩140,000
② ₩155,000
③ ₩175,000
④ ₩205,000

16

☑ 확인 Check! ○ △ ×

(주)한국은 20x1년 1월 1일 구축물을 ₩1,000,000에 취득하였으며, 동 구축물의 내용연수는 5년, 잔존가치는 ₩0으로 예상되며 정액법으로 감가상각하였다. 20x2년 초 (주)한국의 회계담당자는 20x1년에는 존재하지 않던 원상복구 의무가 발생될 것을 확인하였으며, 20x5년 말 복구비용 ₩400,000이 지출될 것으로 추정하였다. 복구비용은 충당부채의 인식요건을 충족하며, 복구비용의 현재가치 계산에 적용할 할인율은 5%로 예상하였다. 다음 설명 중 옳지 않은 것은 무엇인가? (단, 계산금액은 소수점 첫째자리에서 반올림하며, 단수차이로 인해 오차가 있으면 가장 근사치를 선택한다)

단일금액 ₩1의 현재가치

할인율	1기간	2기간	3기간	4기간	5기간
5%	0.95238	0.90703	0.86384	0.82270	0.78353

① 20x2년 초 동 구축물과 관련해 인식할 복구충당부채는 ₩329,080이다.
② 20x2년 말 동 복구충당부채와 관련해 인식할 이자비용은 ₩16,454이다.
③ 20x2년 말 동 구축물과 관련해 인식할 감가상각비는 ₩282,270이다.
④ 20x2년 말 동 구축물의 장부금액은 ₩917,730이다.

17

☑ 확인 Check! ○ △ ×

다음 중 유형자산에 대한 회계처리 내용으로 옳지 않은 것은?

① 자산의 사용을 포함하는 활동에서 창출되는 수익은 일반적으로 자산의 경제적 효익의 소비 외의 요소를 반영하기 때문에 수익에 기초한 감가상각방법을 적용하는 것은 적절하다.
② 유형자산의 공정가치가 장부금액을 초과하더라도 잔존가치가 장부금액을 초과하지 않는 한 감가상각액을 계속 인식한다.
③ 유형자산의 감가상각대상금액을 내용연수 동안 체계적으로 배부하기 위해 다양한 방법을 사용할 수 있으며, 이러한 감가상각방법에는 정액법, 체감잔액법과 생산량 비례법이 있다.
④ 유형자산의 감가상각방법은 적어도 매 회계연도 말에 재검토하며, 자산에 내재된 미래경제적효익의 예상되는 소비형태가 유의적으로 달라졌다면, 달라진 소비형태를 반영하기 위하여 감가상각방법을 변경한다.

18

☑ 확인 Check! ○ △ ×

(주)한국은 20x1년 초 업무용 차량을 ₩1,000,000에 취득하면서 추가로 취득세 ₩300,000, 등록세 ₩200,000, 자동차 보험료 ₩50,000을 부담하였다. 동 차량은 내용연수 5년, 잔존가치 ₩0 정액법으로 감가상각하고 있으며, 동 차량과 관련된 연도별 순공정가치와 사용가치는 다음과 같다. (주)한국이 동 업무용 차량에 대하여 원가모형을 적용하는 경우 20x2년 말 동 업무용 차량의 장부금액은 얼마인가? 단, 회수가능액의 변동은 차량운반구의 손상 또는 그 회복에 의한 것이다.

항 목	순공정가치	사용가치
20x1년 말	₩900,000	₩1,000,000
20x2년 말	₩1,100,000	₩800,000

① ₩800,000
② ₩900,000
③ ₩1,000,000
④ ₩1,100,000

19

☑ 확인 Check! ○ △ ×

(주)한국은 20x1년 초 무형자산을 ₩3,000,000에 취득하였으며, 동 무형자산의 내용연수는 10년, 잔존가치는 ₩0으로 하여 정액법으로 상각하고 있다. (주)한국의 회계담당자는 동 무형자산의 활성시장이 존재하고 있어 재평가모형을 적용하기로 하였다. 동 무형자산에 대한 20x1년 공정가치와 회수가능액이 아래와 같을 때 다음 설명 중 옳지 않은 것은? (단, 재평가잉여금은 이익잉여금으로 대체하는 방법을 선택하지 않았다)

항 목	공정가치	회수가능액
20x1년 말	₩2,800,000	₩2,850,000

① 20x1년 인식할 재평가잉여금은 ₩150,000이다.
② 20x1년 동 무형자산은 손상이 발생하지 않는다.
③ 20x1년 인식할 무형자산 상각비는 ₩300,000이다.
④ 20x1년 말 동 무형자산의 장부금액은 ₩2,800,000이다.

20

☑ 확인Check! ○ △ ×

(주)한국은 20x2년 (주)대한에게 보통주 10주(1주당 액면금액 ₩5,000)를 발행하였으며, 그 대가로 (주)대한이 소유한 토지를 취득하였다. 유상증자일 현재 (주)대한이 제공한 토지의 장부가치는 ₩120,000, 공정가치는 ₩150,000이다. 동 유상증자와 관련하여 (주)한국이 인식할 주식발행초과금은 얼마인가? [단, (주)대한의 토지는 신뢰성 있게 측정되었으나, (주)한국 주식의 공정가치는 신뢰성 있게 측정할 수 없다고 가정한다]

① ₩50,000

② ₩70,000

③ ₩90,000

④ ₩100,000

21

☑ 확인Check! ○ △ ×

(주)한국은 20x1년 1월 1일 다음과 같은 조건의 사채를 발행하였다. 동 사채는 당기손익－공정가치 측정(FVPL) 금융부채로 분류되지 않으며, (주)한국의 회계담당자는 동 사채발행과 직접 관련된 거래원가를 발행가액에서 차감하였다. 동 사채발행으로 인한 영향으로 옳은 것은 무엇인가?

- 액면금액 : ₩1,000,000
- 만기일 : 20x5년 12월 31일
- 표시이자율 : 7%
- 시장이자율 : 5%
- 이자지급일 : 매년 12월 31일
- 사채발행비 : ₩100,000

할인율	단일금액 ₩1의 5기간 현재가치	정상연금 ₩1의 5기간 현재가치
5%	0.7835	4.3295
7%	0.7130	4.1002

① 동 사채의 이자비용 인식을 위해 적용해야 하는 유효이자율은 5%이다.

② 동 사채의 발행과 관련하여 5년간 인식하는 이자비용은 총 ₩350,000이다.

③ 20x1년 1월 1일 동 사채의 발행으로 인한 현금 유입액(순액)은 총 ₩986,565이다.

④ 20x1년 1월 1일 동 사채의 발행과 관련된 사채할증발행차금은 ₩86,565이다.

22

☑ 확인Check! ○ △ ×

다음은 20x1년 초 설립한 (주)한국의 결산수정이 필요한 사항을 나열한 것이다. 다음 거래로 인한 수정후 시산표의 영향으로 옳지 않은 것은 무엇인가?

> • 20x1년 중 선급임차료로 회계처리한 ₩1,200,000에서 ₩900,000은 20x1년분 임차료이다.
> • 12월분 공과금 ₩200,000이 누락된 것을 발견하였다. 공과금 납부일은 익월 15일이다.
> • 20x1년 중 선수수익으로 회계처리한 ₩500,000에서 40%는 20x1년 수익으로 인식한다.

① 자산 ₩900,000 감소
② 부채 ₩200,000 증가
③ 비용 ₩1,100,000 증가
④ 수익 ₩200,000 증가

23

☑ 확인Check! ○ △ ×

다음 중 금융부채의 제거에 대한 설명으로 옳지 않은 것은?

① 기존 차입자와 대여자가 실질적으로 다른 조건으로 채무상품을 교환한 경우에 기존 금융부채는 유지한 상태에서 새로운 금융부채를 공정가치로 인식한다.
② 소멸하거나 제3자에게 양도한 금융부채의 장부금액과 지급한 대가의 차액은 당기손익으로 인식한다.
③ 금융부채는 계약상 의무가 이행, 취소, 만료 등으로 소멸된 경우에만 재무상태표에서 제거한다.
④ 금융부채의 일부를 재매입하는 경우에 종전 금융부채의 장부금액은 계속 인식하는 부분과 제거하는 부분에 대해 재매입일 현재 각 부분의 상대적 공정가치를 기준으로 배분한다.

24

☑ 확인Check! ○ △ ×

다음 중 경제적 효익을 창출할 잠재력을 지닌 권리로 볼 수 없는 것은?

① 지적재산 사용권
② 리스제공자산의 잔존가치에서 효익을 얻을 권리
③ 기업이 발행한 후 재매입하여 보유하고 있는 자기주식
④ 유리한 조건으로 다른 당사자와 경제적 자원을 교환할 권리

25

☑ 확인 Check! ○ △ ×

다음 중 충당부채로 인식 가능한 것은?

① 자원 유출이 필요할 가능성이 높은 현재의무가 존재한다.
② 자원 유출 가능성이 희박한 잠재적 의무 또는 현재의무가 존재한다.
③ 경제적 효익의 유입이 거의 확실하며, 현재의 권리가 명백하게 존재한다.
④ 자원 유출이 필요할 수는 있지만, 그렇지 않을 가능성이 높은 잠재적 의무 또는 현재의무가 존재한다.

26

☑ 확인 Check! ○ △ ×

다음은 (주)한국의 20x1년 재무자료의 일부이다. 주어진 자료를 이용하여 (주)한국의 재고자산회전기간을 계산하면 얼마인가? (단, 1년은 360일로 가정한다)

- 기초재고 : 30,000
- 당기매입재고 : 500,000
- 매출액 : 800,000
- 매출원가율 : 60%

① 15일　② 30일
③ 45일　④ 60일

27

☑ 확인 Check! ○ △ ×

(주)한국은 20x1년 초 다음과 같은 조건으로 기계장치를 리스하였다. (주)한국이 20x1년 초 인식할 리스부채의 최초 측정금액은 얼마인가? [단, 내재이자율은 쉽게 산정할 수 없으며, (주)한국의 증분차입이자율은 연 5%이다]

- 리스기간 : 20x1년 1월 1일 ~ 20x5년 12월 31일
- 리스료 : 연간 고정리스료 ₩1,000,000
- (주)한국이 부담한 리스개설직접원가는 ₩100,000이며, 20x1년 초 현금지급함
- 리스료는 매년 12월 31일 지급하기로 하였음
- 5%, 5기간 정상연금 ₩1의 현가계수는 4.3295임

① ₩3,546,000　② ₩3,646,000
③ ₩4,329,500　④ ₩4,429,500

28

☑ 확인Check! ○ △ ×

소매재고법을 사용하는 (주)한국의 20x1년 재고자산 자료는 다음과 같다.

구 분	원가기준	매출가격기준
기초재고	₩26,000	₩42,000
당기매입	₩168,000	₩295,000
매입환출	₩2,000	₩5,000
매출액		₩220,000
매출환입	₩3,400	₩15,000
종업원할인		₩5,000
순인하액		₩12,000

원가흐름에 대한 가정으로 가중평균법을 사용한다면 (주)한국의 20x1년 기말재고자산(원가)은 얼마인가? (단, 계산된 원가율은 소수점 셋째자리에서 반올림 한다)

① ₩69,000

② ₩72,000

③ ₩66,000

④ ₩67,200

29

☑ 확인Check! ○ △ ×

20x1년 말 화재로 인하여 (주)한국이 보유하고 있던 재고자산이 모두 소실되었다. 다음 자료를 이용하여 (주)한국의 20x1년 말 재고자산을 추정하면 얼마인가? 단, 총자산회전율은 기초 총자산을 기준으로 계산하며, 화재이외의 원인으로 재고자산감모손실과 재고자산평가손실은 없다고 가정한다.

기초총자산	₩120,000
기초재고자산	₩30,000
당기재고자산 매입액	₩320,000
매출총이익률	30%
총자산회전율(기초총자산 기준)	2.5회

① ₩260,000

② ₩300,000

③ ₩210,000

④ ₩140,000

30

☑ 확인 Check! ○ △ ×

20x1년 말 (주)한국의 재고자산 평가와 관련된 자료는 다음과 같다. (주)한국은 단일 품목의 재고자산을 판매하고 있다.

구 분	수 량	단위당 취득원가	단위당 판매가	단위당 판매비용
재고자산	800개	₩500	₩600	₩50

재고자산 중 500개는 단위당 ₩400에 확정판매계약이 체결되어 있다. 확정판매계약에서는 판매비용이 발생하지 않는다. 20x1년 말 (주)한국의 재고자산 장부금액은 얼마인가?

① ₩400,000
② ₩440,000
③ ₩365,000
④ ₩350,000

31

☑ 확인 Check! ○ △ ×

정상개별원가계산을 사용하는 (주)한국은 직접노무시간을 기준으로 제조간접원가를 배부하고 있다. 20x1년 (주)한국의 연간 제조간접원가 예산은 ₩10,000이다. 20x1년 실제 발생한 제조간접원가는 ₩8,200이고, 실제직접노무시간은 800시간이다. 20x1년 중 제조간접원가 과소배부액이 ₩200이라고 할 때 연간 예산직접노무시간은?

① 800시간
② 1,000시간
③ 1,100시간
④ 1,240시간

32

확인Check! ○ △ ×

(주)한국은 단일제품을 생산하여 판매하는데 제조간접원가 배부에 활동기준원가계산을 사용한다. 다음은 (주)한국의 20x1년 활동원가 예산자료이다.

활 동	활동원가	원가동인	원가동인 수량
작업준비	₩1,800	작업준비횟수	120회
조 립	₩4,000	기계작업시간	400시간
검 사	₩2,500	직접노무시간	500시간
포 장	₩4,000	제품생산량	200단위

20x1년 4월 중 생산자료는 다음과 같다.

기계작업시간	30시간
직접노무시간	40시간
제품생산량	20단위

20x1년 4월 중 제품에 배부한 활동원가 금액이 ₩1,050이라면 동 기간 중 발생한 작업준비횟수는?

① 8회
② 9회
③ 10회
④ 12회

33

확인Check! ○ △ ×

(주)한국은 평균법에 의한 종합원가계산을 이용하여 제품원가를 계산한다. 다음은 20x1년 4월 말 기말재공품에 대한 자료이다.

구 분	물 량	완성도
직접재료원가	1,000단위	80%
가공원가	1,000단위	60%

기말재공품 원가가 20,000이고 완성품환산량 단위당 직접재료원가가 10이라면, 20x1년 4월 말 완성품환산량 단위당 가공원가는 얼마인가? (단, 재료원가와 가공원가는 공정 전반에 걸쳐 완성도에 따라 균등하게 발생한다)

① ₩15　② ₩20
③ ₩22　④ ₩30

34

☑ 확인 Check! ○ △ ✕

(주)한국은 표준원가제도를 채택하고 있다. 20x1년 직접재료원가와 관련된 자료가 다음과 같을 때, (주)한국의 20x1년 실제 제품생산량은?

실제 발생 직접재료원가	1,200
직접재료단위당 실제구입원가	30
제품단위당 표준재료투입량	2개
직접재료원가 가격차이	200 불리
직접재료원가 수량차이	200 유리

① 20단위
② 22단위
③ 24단위
④ 30단위

35

☑ 확인 Check! ○ △ ✕

아래는 (주)한국의 20x1년 4월 중 제품 A의 원가자료이다. 4월 중 제품 A는 300단위 판매하였다.

판매단가	₩50
단위당 변동제조원가	₩10
고정제조원가	₩3,200
단위당 변동판매관리비	₩4
고정판매관리비	₩1,200

(주)한국의 20x1년 4월 중 전부원가계산의 영업이익이 변동원가계산의 영업이익에 비해 ₩800 많다면 제품 A의 생산량은? (단, 제품 A의 월초재고는 없다고 가정한다)

① 300단위
② 320단위
③ 400단위
④ 500단위

36

☑ 확인 Check! ○ △ ✕

(주)한국은 전기자동차용 특수장비 A를 개발하여 첫 20단위를 생산하였는데, 이와 관련된 원가자료는 다음과 같다. 변동제조간접원가는 직접노무원가의 50%로 배부된다.

직접재료원가	₩10,000
직접노무원가(100시간 @₩100)	₩10,000
변동제조간접원가	₩5,000

(주)한국은 직접노무시간이 80% 누적평균시간 학습곡선을 따른다고 예상하고 있다. (주)한국이 특수장비 A를 60단위 추가로 생산하는 경우 발생하는 제조원가는 얼마인가? (단, 고정제조간접원가는 없다고 가정한다)

① ₩53,400

② ₩75,000

③ ₩68,400

④ ₩72,400

37

☑ 확인 Check! ○ △ ✕

(주)한국은 제품 X, 제품 Y, 제품 Z를 생산 · 판매하는데 20x1년 1분기 각 제품의 원가자료는 다음과 같다.

구 분	제품 X	제품 Y	제품 Z
단위당 판매가격	₩50	₩30	₩20
단위당 변동원가	₩20	₩10	₩10
고정원가	₩4,000		

20x1년 1분기 제품 X, 제품 Y, 제품 Z의 매출수량비율이 1 : 2 : 3이면, 제품 Z의 손익분기점 매출액은 얼마인가? (단, 법인세율은 40%이다)

① ₩2,000

② ₩1,800

③ ₩1,200

④ ₩2,400

38

☑ 확인Check! ○ △ ×

(주)한국은 반도체 검사장비를 생산 · 판매하는데 검사장비 주요부품 중의 하나인 이온발생기를 자가제조하고 있다. 이온발생기 100개를 자가제조할 때 단위당 제품원가는 다음과 같다.

직접재료원가	₩40
직접노무원가	₩20
변동제조간접원가	₩10
이온발생 검사장비 감가상각비	₩10
공통 제조간접원가 배부액	₩30
합 계	₩110

최근 (주)민국이 이온발생기 100개를 단위당 ₩90에 (주)한국에 공급할 것을 제안하였다. (주)한국이 (주)민국의 공급제안을 수용하면 이온발생기 생산을 위해 사용하던 이온발생 검사장비는 다른 용도로의 사용 및 처분이 불가능하며, 이온발생기에 배부된 공통 제조간접원가의 50%를 절감할 수 있다. (주)한국이 (주)민국의 제안을 수용하여 이온발생기를 외부에서 조달한다면 자가제조하는 것 보다 얼마나 유리 또는 불리한가?

① ₩1,000 유리
② ₩1,000 불리
③ ₩500 유리
④ ₩500 불리

39

☑ 확인Check! ○ △ ×

(주)한국 전장부문은 전장장치를 생산 · 판매하고 있다. 전장부문의 20x1년 영업활동과 관련한 자료는 다음과 같다.

매출액	₩40,000
변동원가	₩12,000
고정원가	₩20,000
영업이익	₩8,000
평균영업자산	₩20,000

전장부문장은 20x2년의 성과와 평균영업자산은 20x1년과 동일한 수준을 유지할 것으로 보고 있다. 그러나 20x2년에 전장부문에 새로운 투자안이 제안되었는데 투자안의 예상 영업실적 관련 자료는 다음과 같다.

매출액	₩10,000
연간 평균투자액	₩5,000
영업이익률	12%

(주)한국은 투자안의 채택 여부를 결정할 때 최저 필수수익률을 20%로 정하고 있다. 전장부문이 제안된 투자안을 채택한다면, 전장부문의 20x2년 예상되는 잔여이익(residual income)은 얼마인가?

① ₩200
② ₩3,600
③ ₩4,200
④ ₩5,500

40

☑ 확인Check! ○ △ ×

전략적 원가관리와 성과평가에 사용되는 원가관리방법의 설명으로 옳지 않은 것은?

① 원가기획(Target Costing)은 시장의 수요에 기반하여 제품의 수익성이 확보될 수 있도록 원가를 결정하고 관리하는 방법으로, 재무적 관점, 고객 관점, 프로세스 관점 및 학습과 성장 관점으로 전략을 실행하게 하여 각 관점마다 원가를 절감할 수 있도록 한다.
② 수명주기원가계산(Life Cycle Costing)은 연구개발에서 폐기에 이르기까지 제품의 수명주기 전체를 대상으로 원가를 집계하는 원가관리 방법으로, 제품의 수명주기 동안 발생하는 원가들 간의 상호관계를 분석하여 경영자로 하여금 제품 전체수명주기 원가를 기획하고 통제할 수 있도록 한다.
③ 카이젠원가관리(Kaizen Costing)는 제품의 수명주기 중 생산주기에 중점을 두어 제품을 생산하면서 원가를 관리하는 방법으로, 이미 설계된 제품설계에 따라 지속적인 개선을 통해 원가절감을 추구한다.
④ 제약이론(Theory of Constraints)은 산출물의 생산과정에서 병목공정을 파악하여 이를 집중적으로 관리하고 개선해서 기업의 성과를 높이는 원가관리방법이다.

2023년 제46회

보험계리사 1차 기출문제

제1과목	보험계약법, 보험업법 및 근로자퇴직급여보장법
제2과목	경제학원론
제3과목	보험수학
제4과목	회계원리

2023년 제46회

보험계약법, 보험업법 및 근로자퇴직급여보장법 1차 기출문제

✓ 중요 문제 / 틀린 문제 CHECK

01	02	03	04	05	06	07	08	09	10	11	12	13	14	15	16	17	18	19	20
21	22	23	24	25	26	27	28	29	30	31	32	33	34	35	36	37	38	39	40

시간 분 | 정답 및 해설편 244p

01

☑ 확인Check! ○ △ ×

보험계약에 대한 설명 중 옳지 않은 것은? (다툼이 있는 경우 판례에 의함)

① 소급보험에서 보험계약 체결일 이전 보험기간 중에 발생한 보험사고에 대하여 보험자는 최초보험료를 지급받기 전에도 보상할 책임이 있다.

② 보험자의 보험계약상 책임은 당사자간에 다른 약정이 없으면 최초의 보험료의 지급을 받은 때로부터 개시한다.

③ 가계보험의 경우 상법 보험편의 규정은 당사자간의 특약으로 보험계약자 또는 피보험자나 보험수익자의 불이익으로 변경하지 못한다.

④ 보험계약은 청약과 승낙에 의한 합의만으로 성립하는 불요식의 낙성계약이다.

02

☑ 확인Check! ○ △ ×

보험 관련 판례에 대한 설명으로 옳은 것은?

① 자동차종합보험계약을 체결하는 경우 피보험자동차의 양도에 따른 통지의무를 규정한 보험약관은 거래상 일반인들이 보험자의 개별적인 설명 없이도 충분히 예상할 수 있는 사항이라고 할 수 없으므로 그 내용을 개별적으로 명시・설명하여야 한다.

② 상법 제680조 제1항 본문에서 정한 피보험자의 손해방지의무에서 손해는 피보험이익에 대한 구체적인 침해의 결과로 생기는 손해뿐만 아니라 보험자의 구상권과 같이 보험자가 손해를 보상한 후에 취득하게 되는 이익을 상실함으로써 결과적으로 보험자에게 부담되는 손해까지 포함한다.

③ 보험계약자 측이 입원치료를 사유로 보험금을 청구하여 이를 지급받았으나 그 입원치료의 전부 또는 일부가 필요하지 않은 것으로 밝혀져 보험계약의 기초가 되는 신뢰관계가 파괴되었다면, 보험자는 보험계약을 해지할 수 있다.

④ 보험계약자가 피보험자의 상속인을 보험수익자로하여 체결한 생명보험계약에서 보험수익자로 지정된 상속인 중 1인이 자신에게 귀속된 보험금청구권을 포기한 경우 그 포기한 부분은 다른 상속인에게 귀속된다.

03

☑ 확인 Check! ○ △ ×

보험약관에 "보험금청구권자가 보험금을 청구하면서 증거를 위조 또는 변조하는 등 사기 기타 부정한 행위를 한 때에는 보험자는 보험금을 지급할 책임이 없다"라는 조항이 있는 경우 이에 대한 설명으로 옳지 않은 것은? (다툼이 있는 경우 판례에 의함)

① 보험목적의 가치에 대한 견해 차이 등으로 보험계약자가 보험목적의 가치를 다소 높게 신고한 경우 보험자는 면책되지 않는다.

② 보험계약자가 화재로 9억원 상당의 수의와 삼베가 소실되었다고 주장하면서 상당한 양의 허위 증거서류를 제출한 경우 실제로 9억원 상당의 수의와 삼베에 손해가 있었더라도 보험자는 면책된다.

③ 보험목적이 수 개이고 보험금청구권자가 동일인인 경우 그중 하나의 보험목적에 대하여 사기적인 방법으로 보험금을 청구하더라도 다른 보험목적에는 그 면책의 효력이 미치지 않는다.

④ 보험자는 보험계약자에게 보험약관을 교부하고 그 약관의 중요한 내용을 설명하여야 하는데, 위 약관 조항은 설명의무의 대상이 아니다.

04

☑ 확인 Check! ○ △ ×

보험자의 면책사유에 관한 설명 중 옳지 않은 것은? (다툼이 있는 경우 판례에 의함)

① 사망을 보험사고로 한 보험계약에서 사고가 보험계약자 또는 피보험자나 보험수익자의 고의로 인하여 발생한 경우에 보험자는 면책되는데, 보험자의 책임이 개시된 시점부터 2년이 경과한 이후 자살에 대하여 보험자가 보상책임을 진다는 보험약관은 무효이다.

② 보험사고가 전쟁 기타의 변란으로 인하여 생긴 때에는 당사자간에 다른 약정이 없으면 보험자는 보험금을 지급할 책임이 없다.

③ 손해보험에서 보험목적의 성질, 하자 또는 자연소모로 인한 손해는 보험자가 이를 보상할 책임이 없다.

④ 보험약관상 약정면책사유는 원칙적으로 보험약관의 교부・설명의무의 대상이다.

05

☑ 확인 Check! ○ △ ×

상법상 보험계약자 등은 보험기간 중 고의 또는 중대한 과실로 사고발생의 위험을 현저하게 변경 또는 증가시키지 않을 의무를 부담하는데, 이에 관한 설명으로 옳지 않은 것은? (다툼이 있는 경우 판례에 의함)

① 사고발생의 위험이 현저하게 변경 또는 증가된 사실이라 함은 그 변경 또는 증가된 위험이 보험계약의 체결 당시에 존재하고 있었다면 보험자가 보험계약을 체결하지 않았거나 적어도 그 보험료로는 보험을 인수하지 않았을 것으로 인정되는 정도의 것을 말한다.

② 보험수익자가 이 의무를 위반한 경우 상법 제653조에 따라 지체 없이 보험자에게 통지하여야 한다.

③ 보험계약자 등이 이 의무위반이 있는 경우 보험자는 그 사실을 안 날로부터 1월 내에 보험료의 증액을 청구하거나 계약을 해지할 수 있다.

④ 피보험자의 직종에 따라 보험금 가입한도에 차등이 있는 생명보험계약에서 피보험자가 위험이 현저하게 증가된 직종으로 변경한 경우 이는 상법 제653조상의 위험의 현저한 변경・증가에 해당한다.

06

☑ 확인 Check! ○ △ ×

상법상 보험계약자 등이 보험사고발생을 안 때에는 지체 없이 보험자에게 그 통지를 발송할 의무가 있는데 이에 관한 설명으로 옳지 않은 것은?

① 보험계약자 또는 피보험자나 보험수익자 중 어느 한 사람이라도 통지하면 의무를 이행한 것으로 본다.

② 보험계약자 등이 통지의무를 해태함으로써 손해가 증가된 경우에는 보험자는 그 증가된 손해를 보상할 책임이 없다.

③ 보험계약자 등이 통지의무를 해태한 경우 보험자는 그 사실을 안 날로부터 1월 내에 계약을 해지할 수 있다.

④ 보험자는 보험금액의 지급에 관하여 약정기간이 없는 경우에는 상법 제657조 제1항의 통지를 받은 후 지체 없이 지급할 보험금액을 정하고 그 정하여진 날부터 10일 내에 피보험자 또는 보험수익자에게 보험금을 지급하여야 한다.

07

☑ 확인 Check! ○ △ ×

보험계약자의 고지의무위반 사실이 보험사고발생에 영향을 미치지 아니하였음이 증명된 경우에 대한 설명으로 옳지 않은 것은? (다툼이 있는 경우 판례에 의함)

① 보험자는 고지의무위반을 이유로 보험사고발생 후에도 보험계약을 해지할 수 있다.

② 보험자는 이미 발생한 보험사고에 대한 보험금을 지급하여야 한다.

③ 보험자는 보험사고발생시까지의 보험료를 청구할 수 없다.

④ 생명보험약관에서 보험자가 인과관계의 존재를 입증한다고 정하는 경우 그 약정은 유효하다.

08

☑ 확인 Check! ○ △ ×

타인을 위한 보험계약에 관한 설명으로 옳지 않은 것은? (다툼이 있는 경우에는 판례에 의함)

① 보험계약자는 타인의 위임이 없더라도 그 타인을 위하여 보험계약을 체결할 수 있다.

② 손해보험에서 보험계약자는 청구권대위의 제3자의 범위에서 배제되지 않는다.

③ 손해보험에서 보험계약자가 그 타인에게 보험사고의 발생으로 생긴 손해의 배상을 한 때에는 보험계약자는 그 타인의 권리를 해하지 아니하는 범위 안에서 보험자에게 보험금액의 지급을 청구할 수 있다.

④ 보험계약자가 타인의 생활상 부양을 목적으로 타인을 보험수익자로 하는 생명보험계약을 체결하였는데, 위 보험계약이 민법 제103조 소정의 선량한 풍속 기타 사회질서에 반하여 무효로 되더라도, 보험자가 이미 보험수익자에게 보험금을 급부한 경우에는 그 반환을 청구할 수 없다.

09

☑ 확인 Check! ○ △ ×

손해보험계약상 보험의 목적에 대한 설명으로 옳지 않은 것은? (다툼이 있는 경우 판례에 의함)

① 영업책임보험에서 피보험자의 대리인의 제3자에 대한 책임은 보험의 목적에 해당하지 않는다.

② 선박보험에서 선박의 속구, 연료, 양식 기타 항해에 필요한 모든 물건은 보험의 목적에 포함된 것으로 한다.

③ 책임보험에서 피보험자가 제3자의 청구를 방어하기 위해 지출한 재판상 또는 재판 외의 필요비용은 보험의 목적에 포함된 것으로 한다.

④ 화재보험에서 집합된 물건을 일괄하여 보험의 목적으로 한 때에는 피보험자의 가족과 사용인의 물건도 보험의 목적에 포함된 것으로 한다.

10

☑ 확인Check! ○ △ ×

손해방지비용에 대한 설명으로 옳지 않은 것은? (다툼이 있는 경우 판례에 의함)

① 손해방지의무의 이행을 위해 필요 또는 유익하였던 비용과 보험계약에 따른 보상액의 합계액이 보험금액을 초과한 경우라도 보험자는 이를 부담한다.

② 보험사고발생 이전에 손해의 발생을 방지하기 위해 지출된 비용은 손해방지비용에 포함되지 않는다.

③ 보험사고발생시 또는 보험사고가 발생한 것과 같이 볼 수 있는 경우에 피보험자의 법률상 책임 여부가 판명되지 아니한 상태에서 피보험자가 손해확대방지를 위해 긴급한 행위로서 필요 또는 유익한 비용을 지출하였다면 이는 보험자가 부담하여야 한다.

④ 보험계약에 적용되는 보통약관에 손해방지비용과 관련한 별도의 규정이 있다면, 그 규정은 당연히 방어비용에 대하여도 적용된다고 할 수 있다.

11

☑ 확인Check! ○ △ ×

예정보험에 대한 설명으로 옳지 않은 것은? (다툼이 있는 경우 판례에 의함)

① 예정보험이란 계약 체결 당시에 보험계약의 주요 원칙에 대해서만 일단 합의를 하고 적하물의 종류나 이를 적재할 선박, 보험금액 등 보험증권에 기재되어야 할 보험계약 내용의 일부가 확정되지 않은 보험을 말한다.

② 화물을 적재할 선박이 미확정된 상태에서 보험계약을 체결한 후 보험계약자 또는 피보험자가 당해 화물이 선적되었음을 안 때에는 이를 지체 없이 보험자에 대하여 선박의 명칭, 국적과 화물의 종류, 수량과 가액의 통지를 발송하여야 한다.

③ 선박미확정의 적하예정보험에 있어 보험계약자 등이 통지의무를 위반한 때에 보험자는 그 사실을 안 날로부터 1월 내에 계약을 해지할 수 있다.

④ 포괄적 예정보험은 일정한 기간 동안 일정한 조건에 따라 정해지는 다수의 선적화물에 대해 포괄적·계속적으로 보험의 목적으로 하므로 화주는 개개 화물의 운송의 경우라 하더라도 그 명세를 보험자에게 통지할 필요가 없다.

12

☑ 확인 Check! ○ △ ×

자동차보험에 있어 승낙피보험자에 대한 설명으로 옳지 않은 것은? (다툼이 있는 경우 판례에 의함)

① 렌터카 회사로부터 차량을 빌린 경우 차량을 빌린 사람은 승낙피보험자이다.

② 자동차를 매수하고 소유권이전등록을 마치지 아니한 채 자동차를 인도받아 운행하면서 매도인과의 합의 아래 그를 피보험자로 한 자동차종합보험계약을 체결하였다 하더라도 매수인은 기명피보험자의 승낙을 얻어 자동차를 사용 또는 관리하는 승낙피보험자로 볼 수 없다.

③ 승낙피보험자는 기명피보험자로부터 명시적・개별적 승낙을 받아야만 하는 것이 아니고, 묵시적・포괄적인 승낙이어도 무방하다.

④ 보험계약의 체결 후에 매매가 이루어져 기명피보험자인 매도인이 차량을 인도하고 소유권이전등록을 마친 경우 그 기명피보험자는 운행지배를 상실한 것이므로, 매수인이 기명피보험자의 승낙을 얻어서 자동차를 사용 또는 관리 중인 승낙피보험자로 볼 수 없다.

13

☑ 확인 Check! ○ △ ×

보증보험에 있어 보상책임에 대한 설명으로 옳지 않은 것은? (다툼이 있는 경우 판례에 의함)

① 보증보험자는 보험계약자의 채무불이행 등으로 인하여 피보험자가 입은 모든 손해를 보상하는 것이 아니라 약관에서 정한 절차에 따라 보험금액의 한도 내에서 피보험자가 실제로 입은 손해를 보상한다. 단, 정액보상에 대한 합의가 당사자 사이에 있는 경우에는 약정된 정액금을 지급한다.

② 보증보험계약 체결 당시에 이미 주계약상의 채무불이행 발생이 불가능한 경우에는 보증보험계약은 무효이므로 선의의 제3자라 하더라도 보증보험계약의 유효를 주장할 수 없다.

③ 보증보험에 있어서의 보험사고는 불법행위 또는 채무불이행 등으로 발생하는 것이고 불법행위나 채무불이행 등은 보험계약자의 고의 또는 과실을 그 전제로 하나, 보험계약자에게 고의 또는 중대한 과실이 있는 경우 보험자의 면책을 규정한 상법의 규정은 보증보험에도 적용된다.

④ 피보험자가 정당한 이유 없이 사고발생을 통지하지 않거나 보험자의 협조요구에 응하지 않음으로 인해 손해가 증가되었다면 보험자는 이러한 사실을 입증함으로써 증가된 손해에 대한 책임을 면할 수 있다.

14

☑ 확인 Check! ○ △ ×

피보험이익과 관련한 설명으로 옳지 않은 것은? (다툼이 있는 경우 판례에 의함)

① 피보험이익이란 보험의 목적에 대하여 보험사고의 발생 여부에 따라 피보험자가 가지게 되는 경제적 이익 또는 이해관계를 의미한다.

② 무보험자동차에 의한 상해를 담보하는 보험은 상해보험의 성질을 가지고 있으므로, 이 경우에는 중복보험의 법리가 적용되지 않는다.

③ 상법상 생명보험에서는 피보험이익 및 보험가액은 존재하지 않기 때문에 중복보험의 문제가 발생하지 않는다.

④ 상법은 손해보험에 관하여 피보험이익을 인정하는 규정을 두고 있는 반면, 인보험에서는 별도의 규정이 없다.

15

☑ 확인 Check! ○ △ ×

인보험에서 보험자대위에 관한 설명으로 옳은 것은? (다툼이 있는 경우 판례에 의함)

① 인보험에서 보험자는 보험사고로 인하여 생긴 보험계약자 또는 보험수익자의 제3자에 대한 권리를 대위하여 행사할 수 있다.

② 자기신체사고 자동차보험은 그 성질상 상해보험에 속한다고 할 것이므로, 그 보험계약상 타 차량과의 사고로 보험사고가 발생하여 피보험자가 상대차량이 가입한 자동차보험 또는 공제계약의 대인배상에 의한 보상을 받을 수 있는 경우에 자기신체사고에 대하여 약관에 정해진 보험금에서 대인배상으로 보상받을 수 있는 금액을 공제한 액수만을 지급하기로 약정되어 있어 결과적으로 보험자대위를 인정하는 것과 같은 결과가 초래하는 바, 이 계약은 제3자에 대한 보험대위를 금지한 상법 제729조를 피보험자에게 불이익하게 변경한 것이다.

③ 상해보험의 경우 보험자와 보험계약자 또는 피보험자 사이에 피보험자의 제3자에 대한 권리를 대위하여 행사할 수 있다는 취지의 약정이 없는 한, 피보험자가 제3자로부터 손해배상을 받더라도 이에 관계없이 보험자는 보험금을 지급할 의무가 있고, 피보험자의 제3자에 대한 권리를 대위하여 행사할 수도 없다.

④ 제3자에 대한 보험대위를 금지한 상법 제729조 본문의 규정 취지상 정액보상 방식의 인보험에서 피보험자 등은 보험자와의 다른 원인관계나 대가관계 등에 의하여 자신의 제3자에 대한 권리를 보험자에게 양도하는 것은 불가능하다.

16

☑ 확인Check! ○ △ ✕

타인의 생명보험계약에서 피보험자의 동의의 철회에 관한 설명으로 옳지 않은 것은? (다툼이 있는 경우 판례에 의함)

① 피보험자는 계약 성립 전까지 동의를 철회할 수 있다.

② 보험수익자와 보험계약자의 동의가 있을 경우 계약의 효력이 발생한 후에도 피보험자는 동의를 철회할 수 있다.

③ 계약 성립 이후에는 피보험자가 서면동의를 할 때 전제가 되었던 사정에 중대한 변경이 있는 경우에도 피보험자는 동의를 철회할 수 없다.

④ 동의 행위 자체에 흠결이 있었다면 민법의 원칙에 따라 그 동의에 대해 무효 또는 취소를 주장할 수 있다.

17

☑ 확인Check! ○ △ ✕

보험자의 면책에 관한 설명으로 옳지 않은 것은? (다툼이 있는 경우 판례에 의함)

① 사망을 보험사고로 한 보험계약에서는 사고가 보험계약자 또는 피보험자나 보험수익자의 중대한 과실로 인하여 발생한 경우 보험자는 면책되지 않는다.

② 생명보험에서 보험계약자가 처음부터 피보험자를 살해하여 보험금을 편취할 목적으로 보험계약을 체결한 경우라면 이러한 보험계약은 반사회질서 법률행위로서 무효가 된다.

③ 둘 이상의 보험수익자 중 일부가 고의로 피보험자를 사망하게 한 경우에는 다른 보험수익자에 대한 보험금 지급책임도 면책된다.

④ 피보험자가 타인의 졸음운전으로 인하여 중상해를 입고 병원에 후송되었으나 피보험자가 수혈을 거부함으로써 사망에 이른 경우, 수혈거부 행위가 사망의 유일한 원인 중 하나였다는 점만으로는 보험자가 그 보험금의 지급책임을 면할 수는 없다.

18

☑ 확인 Check! ○ △ ✕

상해보험계약에서 보험자의 책임에 관한 설명으로 옳지 않은 것은? (다툼이 있는 경우 판례에 의함)

① 상해사망보험계약에서 면책약관으로 "선박승무원, 어부, 사공, 그 밖에 선박에 탑승하는 것을 직무로 하는 사람이 직무상 선박에 탑승하고 있는 동안 상해 관련 보험금 지급사유가 발생한 때에는 보험금을 지급하지 않는다."는 내용을 규정하고 있다면, 선원인 피보험자가 선박에 기관장으로 승선하여 조업차 출항하였다가 선박의 스크루에 그물이 감기게 되자 선장의 지시에 따라 잠수장비를 착용하고 바다에 잠수하여 그물을 제거하던 중 사망한 경우 보험자는 면책된다.

② 후유장해보험금의 청구권 소멸시효는 후유장해로 인한 손해가 발생한 때로부터 진행하고, 그 발생시기는 소멸시효를 주장하는 자가 입증하여야 한다.

③ 상해보험에 있어 계약 체결 전에 이미 존재하였던 기왕증 또는 체질의 영향에 따라 상해가 중하게 된 때에는 보험자는 약관에 별도의 규정이 없다 하더라도 피보험자의 체질 또는 소인 등이 보험사고의 발생 또는 확대에 기여하였다는 사유를 들어 보험금을 감액할 수 있다.

④ 상해보험에서 기여도에 따른 감액조항이 보험약관에 명시되어 있는 경우 그 사고가 후유증이라는 결과발생에 대하여 기여하였다고 인정되는 기여도에 따라 그에 상응한 배상액을 가해자에게 부담시켜야 할 것이므로 그 기여도를 정함에 있어서는 기왕증의 원인과 정도, 기왕증과 후유증과의 상관관계, 피해자의 연령과 직업 및 건강상태 등 제반사정을 종합적으로 고려하여 합리적으로 판단하여야 한다.

19

☑ 확인 Check! ○ △ ✕

인보험계약에서 중과실면책에 관한 설명으로 옳지 않은 것은? (다툼이 있는 경우 판례에 의함)

① 피보험자가 비록 음주운전 중 보험사고를 당하였다고 하더라도 그 사고가 고의에 의한 것이 아닌 이상 보험자는 음주운전 면책약관을 내세워 보험금 지급을 거절할 수 없다.

② 사망보험의 중과실면책 조항은 상해보험계약과 질병보험계약에도 준용된다.

③ 인보험계약 당사자가 보험계약자 등의 중과실로 인한 보험사고에 대해 보험자가 면책되도록 하는 약정을 하였다면 이러한 약정은 상법 제663조 불이익변경금지 위반으로 무효이다.

④ 무면허운전은 고의적인 범죄행위이고, 그 고의는 직접적으로 사망이나 상해에 관한 것이어서 보험자는 면책된다.

20

☑ 확인 Check! ○ △ ✕

소멸시효에 관한 설명으로 옳지 않은 것은? (다툼이 있는 경우 판례에 의함)

① 보험계약자가 다수의 계약을 통하여 보험금을 부정 취득할 목적으로 체결한 보험계약이 민법 제103조에 의하여 무효인 경우, 보험금에 대한 부당이득반환청구권에 대하여는 2년의 소멸시효기간이 적용된다.

② 무효인 보험계약에 따라 납부한 보험료에 대한 반환청구권은 특별한 사정이 없는 한 각 보험료를 납부한 시점부터 소멸시효가 진행된다.

③ 보험료채권의 지급확보를 위하여 수표를 받은 경우, 수표에 대한 소송상의 청구는 보험료채권의 소멸시효 중단의 효력이 있다.

④ (구)상법 제662조에서 보험금청구권에 대하여 2년의 단기소멸시효를 규정하면서 그 기산점을 별도로 정하지 않은 것은 보험금청구권자의 재산권을 침해하지 않는다.

21

☑ 확인 Check! ○ △ ✕

보험업법상 보험회사는 '제3보험의 보험종목에 부가되는 보험'으로서, 질병을 원인으로 하는 사망을 제3보험의 특약 형식으로 담보하는 보험에 대하여는 보험업을 겸영할 수 있는데, 이러한 보험에 관한 요건으로 옳지 않은 것은?

① 보험의 만기는 80세 이하이어야 한다.

② 보험기간은 2년 이내의 기간이어야 한다.

③ 보험금액의 한도는 개인당 2억원 이내이어야 한다.

④ 만기시에 지급하는 환급금은 납입보험료 합계액의 범위 내이어야 한다.

22

☑ 확인 Check! ○ △ ✕

보험업법상 주식회사의 조직변경에서 보험계약자 총회에 관한 설명으로 옳지 않은 것은?

① 주식회사는 조직변경을 결의할 때 보험계약자 총회를 갈음하는 기관에 관한 사항을 정할 수 있다.

② 보험계약자 총회는 보험계약자 과반수의 출석과 그 의결권의 4분의 3 이상의 찬성으로 결의한다.

③ 주식회사의 감사는 조직변경에 관한 사항을 보험계약자 총회에 보고하여야 한다.

④ 조직변경을 위한 주주총회의 특별결의는 주식회사의 채권자의 이익을 해치지 않는 한, 보험계약자 총회의 결의로 변경할 수 있다.

23

☑ 확인Check! ○ △ ×

보험업법상 금융위원회가 외국보험회사국내지점에 대하여 영업정지의 조치를 할 수 있는 사유가 아닌 것은?

① 이 법에 따른 명령이나 처분을 위반한 경우
② 외국보험회사의 본점이 그 본국의 법령을 위반한 경우
③ 외국보험회사국내지점의 보험업 수행이 어렵다고 인정되는 경우
④ 외국보험회사의 본점이 위법행위로 인하여 외국감독기관으로부터 영업 전부의 정지 조치를 받은 경우

24

☑ 확인Check! ○ △ ×

보험업법상 금융기관보험대리점이 될 수 없는 것은?

① 「은행법」에 따라 설립된 은행
② 「농업협동조합법」에 따라 설립된 조합
③ 「상호저축은행법」에 따른 상호저축은행
④ 「자본시장과 금융투자업에 관한 법률」에 따른 신탁업자

25

☑ 확인Check! ○ △ ×

보험업법상 보험모집을 할 수 있는 자에 관한 설명으로 옳지 않은 것은?

① 보험중개사(금융기관보험중개사는 제외)는 생명보험중개사와 손해보험중개사, 제3보험중개사로 구분된다.
② 간단손해보험대리점(금융기관보험대리점은 제외)의 영업범위는 개인 또는 가계의 일상생활 중 발생하는 위험을 보장하는 보험종목으로서, 간단손해보험대리점을 통하여 판매・제공・중개되는 재화 또는 용역과의 관련성 등을 고려하여 금융위원회가 정하여 고시하는 보험종목으로 한다.
③ 보험회사의 대표이사・사외이사는 업무집행기관이라는 점에서 보험모집을 할 수 없으나, 감사・감사위원은 감독기관이기 때문에 보험모집이 가능하다.
④ 금융기관보험대리점은 그 금융기관 소속 임직원이 아닌 자로 하여금 모집을 하게 하거나 보험계약 체결과 관련한 상담 또는 소개를 하게하고 상담 또는 소개의 대가를 지급하여서는 아니 된다.

26

☑ 확인Check! ○ △ ×

보험업법상 보험중개사(금융기관보험중개사는 제외)에 관한 설명으로 옳지 않은 것은?

① 금고 이상의 실형을 선고받고 그 집행이 끝나거나 집행이 면제된 날로부터 3년이 지나지 아니한 자는 법인인 보험중개사의 임원이 되지 못한다.

② 금융위원회는 보험중개사가 보험계약 체결 중개와 관련하여 보험계약자에게 입힌 손해의 배상을 보장하기 위하여 보험중개사로 하여금 금융위원회가 지정하는 기관에 영업보증금을 예탁하게 하거나 보험가입 등을 하게 할 수 있다.

③ 금융위원회는 보험모집에 관한 이 법의 규정을 위반한 보험중개사에 대하여 6개월 이내의 기간을 정하여 그 업무의 정지를 명하거나 그 등록을 취소할 수 있다.

④ 보험중개사는 보험계약의 체결을 중개할 때 그 중개와 관련된 내용을 장부에 적고 보험계약자에게 알려야 하나, 그 수수료에 관한 사항을 비치할 필요는 없다.

27

☑ 확인Check! ○ △ ×

보험업법상 통신수단을 이용한 모집·철회 및 해지 등에 관한 설명으로 옳지 않은 것은?

① 보험회사는 보험계약을 청약한 자가 청약의 내용을 확인·정정 요청하거나 청약을 철회하고자 하는 경우 통신수단을 이용할 수 있도록 하여야 한다.

② 통신수단을 이용한 모집은 통신수단을 이용한 모집에 대하여 동의를 한 자를 대상으로 하여야 한다.

③ 사이버몰을 이용하여 모집하는 자는 보험약관 또는 보험증권을 전자문서로 발급한 경우, 해당 문서를 수령하였는지 확인한 후에는 보험계약자가 서면으로 발급해줄 것을 요청하더라도 이를 거절할 수 있다.

④ 보험회사는 보험계약을 청약한 자가 전화를 이용하여 청약을 철회하려는 경우에는 상대방의 동의를 받아 청약내용, 청약자 본인인지를 확인하고 그 내용을 음성·녹음하는 등 증거자료를 확보·유지하여야 한다.

28

☑ 확인Check! ○ △ ×

보험업법상 보험회사의 중복계약 체결 확인의무에 관한 설명으로 옳지 않은 것은?

① 중복계약 체결 확인의무와 관련된 실손의료보험계약이란 실제 부담한 의료비만 지급하는 제3보험상품계약을 말한다.

② 보험회사는 실손의료보험계약을 모집하기 전에 보험계약자가 되려는 자의 동의를 얻어 모집하고자 하는 보험계약과 동일한 위험을 보장하는 보험계약을 체결하고 있는지를 확인하여야 한다.

③ 보험의 모집에 종사하는 자가 실손의료보험계약을 모집하는 경우에는 피보험자가 되려는 자가 이미 다른 실손의료보험계약의 피보험자로 되어 있는지를 확인하여야 한다.

④ 보험회사는 국외여행, 연수 또는 유학 등 국외체류 중 발생한 위험을 보장하는 보험계약에 대하여 중복계약 체결 확인의무를 부담한다.

29

☑ 확인Check! ○ △ ✕

보험업법상 상호협정에 관한 설명으로 옳지 않은 것은?

① 보험회사는 대통령령으로 정하는 경미한 사항의 변경이 아닌 한, 그 업무에 관한 공동행위를 하기 위하여 금융위원회의 인가를 받아 다른 보험회사와 상호협정을 체결할 수 있다.
② 금융위원회는 공익 또는 보험업의 건전한 발전을 위하여 특히 필요하다고 인정되는 경우에는 보험회사에 대하여 상호협정의 체결・변경 또는 폐지를 명할 수 있다.
③ 금융위원회는 공익 또는 보험업의 건전한 발전을 위하여 특히 필요하다고 인정되는 경우에는 보험회사에 대하여 상호협정의 전부 또는 일부에 따를 것을 명할 수 있다.
④ 금융위원회가 보험회사의 신설로 상호협정의 구성원이 변경되어 상호협정의 변경을 인가하는 경우 미리 공정거래위원회와 협의하여야 한다.

30

☑ 확인Check! ○ △ ✕

보험업법상 보험회사가 취급하려는 보험상품에 관한 기초서류의 신고에 관한 설명으로 옳지 않은 것은?

① 법령의 제정・개정에 따라 새로운 보험상품이 도입되거나 보험상품 가입이 의무가 되는 경우, 보험회사는 그 보험상품에 관한 기초서류를 작성하여 이를 미리 금융위원회에 신고하여야 한다.
② 금융위원회는 보험회사가 기초서류를 신고할 때 금융감독원의 확인을 받도록 하여야 한다.
③ 금융위원회는 보험회사가 신고한 기초서류의 내용이 이 법의 기초서류 작성・변경 원칙을 위반하는 경우에는 대통령령으로 정하는 바에 따라 기초서류의 변경을 권고할 수 있다.
④ 금융위원회는 보험회사가 기초서류를 신고하는 경우 보험료 및 해약환급금 산출방법서에 대하여 이 법에 따른 보험요율산출기관 또는 대통령령으로 정하는 보험계리업자의 검증확인서를 첨부하도록 할 수 있다.

31

☑ 확인Check! ○ △ ✕

보험업법상 보험요율산출의 원칙에 관한 설명으로 옳지 않은 것은?

① 보험요율이 보험금과 그 밖의 급부에 비하여 지나치게 높지 않아야 한다.
② 보험요율이 보험회사의 재무건전성을 크게 해칠 정도로 낮지 않아야 한다.
③ 자동차보험의 보험요율인 경우 보험금과 그 밖의 급부와 비교할 때 공정하고 합리적인 수준이어야 한다.
④ 보험회사가 보험요율산출의 원칙을 위반한 경우, 금융위원회는 그 위반사실로 과징금을 부과할 수 있다.

32

☑ 확인Check! ○ △ ×

보험업법상 보험회사의 파산 등 보험계약자의 이익을 크게 해칠 우려가 있다고 인정되는 경우 금융위원회가 명할 수 있는 조치가 아닌 것은?

① 보험계약 전부의 이전
② 보험금 전부의 지급정지
③ 보험금 일부의 지급정지
④ 보험계약 체결의 제한

33

☑ 확인Check! ○ △ ×

보험업법상 주식회사인 보험회사의 보험계약 이전에 관한 설명으로 옳지 않은 것은?

① 보험회사는 계약의 방법으로 책임준비금 산출의 기초가 같은 보험계약의 전부를 포괄하여 다른 보험회사에 이전할 수 있으며, 이는 금융위원회의 인가를 받아야 한다.
② 보험계약을 이전하려는 보험회사는 그 이전 결의를 한날부터 2주 이내에 계약 이전의 요지와 각 보험회사의 재무상태표를 공고하고, 대통령령으로 정하는 방법에 따라 보험계약자에게 통지하여야 한다.
③ 보험계약을 이전하려는 보험회사에 대하여 이의제기 기간 내에 이의를 제기한 보험계약자가 이전될 보험계약자 총수의 10분의 1을 초과하거나 그 보험금액이 이전될 보험금 총액의 10분의 1을 초과하는 경우에는 보험계약을 이전하지 못한다.
④ 보험회사는 해산한 후에도 6개월 이내에는 보험계약 이전을 결의할 수 있다.

34

☑ 확인Check! ○ △ ×

보험업법상 보험협회의 업무에 해당하지 않는 것은?

① 보험 관련 정보의 수집·제공 및 통계의 작성
② 차량수리비 실태 점검 업무
③ 모집 관련 전문자격제도의 운영·관리 업무
④ 보험설계사에 대한 보험회사의 불공정한 모집위탁행위를 막기 위하여 보험회사가 지켜야 할 규약의 제정

35

☑ 확인 Check! ○ △ ×

보험업법상 금융위원회의 손해사정업자에 대한 감독 등에 관한 설명으로 옳지 않은 것은?

① 손해사정업자가 그 직무를 게을리하였다고 인정되는 경우, 6개월 이내의 기간을 정하여 업무의 정지를 명하거나 해임하게 할 수 있다.

② 손해사정업자의 자산상황이 불량하여 보험계약자 등의 권익을 해칠 우려가 있다고 인정되는 경우, 불건전한 자산에 대한 적립금의 보유를 명할 수 있다.

③ 손해사정업자가 이 법을 위반하여 손해사정업의 건전한 경영을 해친 경우, 금융감독원장의 건의에 따라 업무집행 방법의 변경을 하게 할 수 있다.

④ 손해사정업자가 그 업무를 할 때 고의 또는 과실로 타인에게 손해를 발생하게 한 경우, 금융위원회는 그 손해배상을 보장하기 위하여 손해사정업자에게 금융위원회가 지정하는 기관에의 자산 예탁을 하게 할 수 있다.

36

☑ 확인 Check! ○ △ ×

다음 중 「근로자퇴직급여보장법」상 중소기업퇴직연금기금제도에 관한 설명으로 옳은 것으로 바르게 짝지어진 것은?

가. 중소기업퇴직연금기금제도의 대상이 되는 중소기업은 상시 50명 이하의 근로자를 사용하는 사업에 한정된다.
나. 중소기업 사용자만 부담금을 납입한다.
다. 중소기업퇴직연금기금제도는 근로복지공단에서 운영한다.
라. 중소기업퇴직연금기금제도의 급여를 받을 권리는 양도 또는 압류는 불가능하지만 담보로 제공할 수는 있다.
마. 중소기업퇴직연금기금표준계약서에는 적립금 운용현황의 기록・보관・통지 업무에 관한 사항이 기재되어야 한다.

① 가, 마
② 나, 다, 라
③ 다, 마
④ 다, 라, 마

37

☑ 확인 Check! ○ △ ×

다음 중 「근로자퇴직급여보장법」 상 확정기여형퇴직연금제도에 관한 설명으로 옳은 것은 몇 개인가? (다툼이 있는 경우 판례에 의함)

> 가. 확정기여형퇴직연금제도를 설정한 사용자는 가입자의 연간 임금총액의 12분의 1 이상에 해당하는 부담금을 현금으로 가입자의 확정기여형퇴직연금제도 계정에 납입하여야 한다.
> 나. 확정기여형퇴직연금제도가 설정된 사업 또는 사업장에서 사용자가 퇴직한 가입자에 대하여 가입기간 동안 매년 납입한 부담금이 연간 임금총액의 12분의 1(부담금의 액수를 연간 임금총액의 12분의 1을 넘는 금액으로 정한 경우에는 그 금액)에 미치지 못하는 경우, 가입자인 근로자는 특별한 사정이 없는 한 퇴직일로부터 14일이 지난 후에는 사용자에게 직접 정당한 부담금액과 이미 납입된 부담금액의 차액 및 그에 대한 「근로자퇴직급여보장법」에서 정한 지연이자를 지급할 것을 청구할 수 있을 뿐, 퇴직금제도에 따라 평균임금의 재산정을 통해 계산하는 방식으로 추가 퇴직금의 지급을 청구할 수는 없다.
> 다. 퇴직연금사업자는 반기마다 1회 이상 위험과 수익구조가 서로 다른 세 가지 이상의 적립금 운용방법을 제시하여야 한다.
> 라. 운용관리업무를 수행하는 퇴직연금사업자는 사전지정운영방법에 적립금의 원리금이 보장되는 운용유형을 반드시 포함하여 고용노동부장관의 승인을 받아야 한다.
> 마. 사전지정운용방법으로 적립금을 운용하는 가입자의 경우 적립금의 운용방법을 스스로 선정할 수 없다.

① 1개　　② 2개
③ 3개　　④ 4개

38

☑ 확인 Check! ○ △ ×

다음 중 「근로자퇴직급여보장법」 상 퇴직급여제도의 설정에 관한 설명으로 틀린 것은? (다툼이 있는 경우 판례에 의함)

① '4주간을 평균하여 1주간의 소정근로시간이 15시간 미만인 근로자'에게 퇴직급여제도를 적용하지 않는 것은 헌법상 '근로조건 법정주의'(헌법 제32조 제3항) 및 평등원칙에 위반되지 않는다.
② 근로자가 2022년 1월 3일에, 그날부터 2023년 3월 31일까지 주 40시간을 근로하기로 약정하고 근로를 시작하였으나 실제 고용보험 피보험자격 취득신고가 2022년 5월 1일자로 이루어진 경우 사용자는 이 근로자에 대하여 퇴직급여제도를 설정할 의무가 있다.
③ 사용자가 가입자에 대하여 확정급여형퇴직연금제도 및 확정기여형퇴직연금제도를 함께 설정하는 것도 가능하다.
④ 1990년에 설립된 A회사와 2000년에 설립된 B회사가 2023년 4월 4일에 합병되어 새로이 C회사가 신설된 경우 C회사는 1년 이내에 확정급여형퇴직연금제도나 확정기여형퇴직연금제도를 설정하여야 한다.

39

☑ 확인Check! ○ △ ×

다음 중 「근로자퇴직급여보장법」상 퇴직금의 개인형퇴직연금제도 계정 등으로의 이전에 대한 예외사유에 해당하는 것이 아닌 것은?

① 근로자가 50세에 퇴직하여 급여를 받는 경우
② 급여가 고용노동부장관이 정하여 고시하는 금액 이하인 경우
③ 근로자가 사망한 경우
④ 다른 법령에서 급여의 전부를 공제하도록 한 경우

40

☑ 확인Check! ○ △ ×

다음 중 「근로자퇴직급여보장법」상 퇴직연금사업자에 대한 설명으로 옳지 않은 것은?

① 「자본시장과 금융투자업에 관한 법률」에 따른 투자매매업자, 투자중개업자 또는 집합투자업자는 재무건전성 및 인적·물적 요건 등 대통령령으로 정하는 요건을 갖추어 고용노동부장관에게 등록하는 경우 퇴직연금사업자가 될 수 있다.
② 퇴직연금사업자가 해산한 경우 및 거짓이나 그 밖의 부정한 방법으로 퇴직연금사업자의 등록을 한 경우 고용노동부장관은 그 등록을 취소하여야 한다.
③ 퇴직연금제도를 설정하려는 사용자 또는 가입자가 퇴직연금사업자와 운용관리업무를 하는 것을 내용으로 하는 계약을 체결할 때 퇴직연금제도의 종류를 불문하고 '연금제도 설계 및 연금 회계처리'에 관한 내용을 포함하여야 한다.
④ 퇴직연금제도 모집인이 모집업무를 수행하면서 사용자 또는 가입자에게 손해를 끼친 경우 퇴직연금사업자는 「민법」 제756조에 따라 배상책임을 지게 된다.

2023년 제46회
경제학원론 1차 기출문제

중요 문제 / 틀린 문제 CHECK

01	02	03	04	05	06	07	08	09	10	11	12	13	14	15	16	17	18	19	20
21	22	23	24	25	26	27	28	29	30	31	32	33	34	35	36	37	38	39	40

시간　　　　분 | 정답 및 해설편 267p

01

확인Check! ○ △ ×

두 재화 X, Y만을 소비하는 갑의 소득은 90이고 X재의 단위당 가격은 6이다. 갑이 소득을 모두 사용해 X재 9단위와 Y재 4단위를 소비할 때, 갑의 예산제약식으로 옳은 것은?

① $2X+3Y=30$

② $6X+11Y=90$

③ $6X+13Y=92$

④ $8X+9Y=90$

02

확인Check! ○ △ ×

두 재화 X, Y에 대한 소비자 갑의 효용함수가 $U(X, Y)=X^2+6XY+9Y^2$일 때, 갑의 무차별곡선으로 옳은 것은?

①
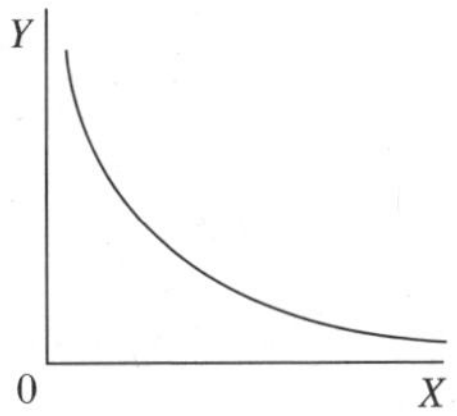

②
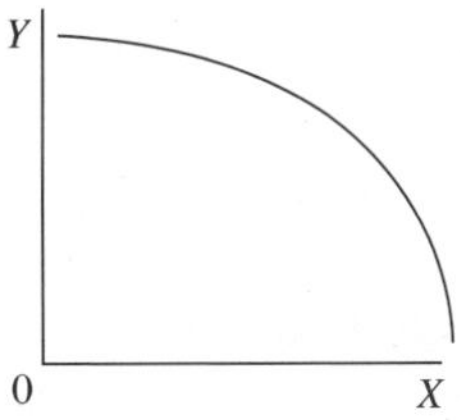

③
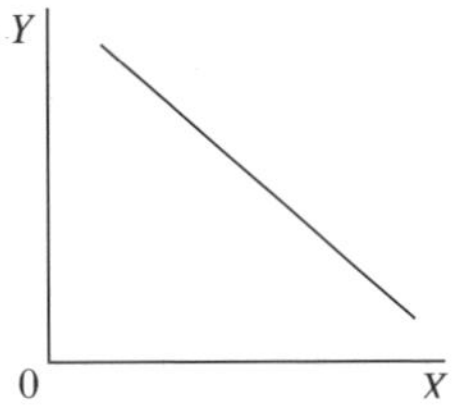

④
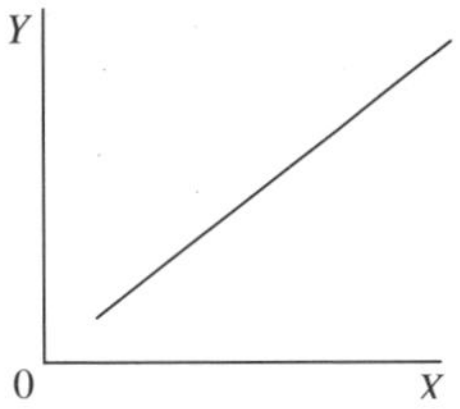

03

☑ 확인 Check! ○ △ ×

효용을 극대화하는 갑의 효용함수는 $U(X, Y) = \max\{4X - Y, 4Y - X\}$ 이다. 이에 대한 설명으로 옳은 것은?

① 두 재화 X, Y는 완전대체재이다.
② 갑은 항상 두 재화가 적은 것보다 많은 것을 선호한다.
③ Y재보다 X재가 더 많을 때, X재 소비의 감소는 갑의 효용을 높인다.
④ Y재보다 X재가 더 많을 때, Y재 소비의 증가는 갑의 효용을 낮춘다.

04

☑ 확인 Check! ○ △ ×

효용을 극대화하는 갑과 을의 효용함수는 각각 $U_{갑}(X, Y) = XY$, $U_{을}(X, Y) = -\frac{1}{(10 + 2XY)}$ 이다. X재의 가격 P_x와 Y재의 가격 P_y는 주어져 있으며, 갑과 을의 소득은 같다. 이에 대한 설명으로 옳은 것은?

① 갑과 을의 X재 수요는 같다.
② 갑의 Y재 수요는 을보다 크다.
③ 갑은 항상 자신의 선택보다 을의 선택을 선호한다.
④ 을은 항상 자신의 선택보다 을의 선택을 선호한다.

05

☑ 확인 Check! ○ △ ×

두 재화 X, Y만을 소비하는 갑의 효용함수는 $U(X, Y) = \min\{X + 2Y, 2X + Y\}$ 이다. X재의 가격이 1일 때, 효용을 극대화하는 갑은 X재 10단위와 Y재 20단위를 선택하였다. 갑의 소득은?

① 10
② 20
③ 30
④ 40

06

☑ 확인 Check! ○ △ ×

(　　)안에 들어갈 내용으로 옳은 것은?

> 효용을 극대화하는 갑의 효용함수는 $U(X, Y) = XY$이다. 현재 갑의 소득은 40, X재와 Y재 가격이 각각 1과 20이다. 소득이나 Y재 가격의 변화 없이 X재 가격만이 5로 변화할 때, 대체효과로 인한 X재 수요는 (가)하고, 가격효과로 인한 Y재 수요는 (나)한다.

	(가)	(나)
①	감소	증가
②	감소	불변
③	불변	증가
④	불변	불변

07

☑ 확인 Check! ○ △ ×

갑, 을, 병은 X재의 소비자이며 갑, 을, 병의 수요함수는 각각 $Q_{갑} = 440 - 11P$, $Q_{을} = 120 - 3P$, $Q_{병} = 360 - 9P$이다. X재의 시장수요가 갑, 을, 병의 수요만으로 구성될 때, 시장수요의 가격탄력성이 (절댓값으로) 1인 경우에 시장가격은? (단, P는 X재의 가격이다)

① 15　　② 20
③ 25　　④ 30

08

☑ 확인 Check! ○ △ ×

(　　)안에 들어갈 내용으로 옳은 것은?

> 재화 X의 시장공급곡선은 선형으로 수평이며, 시장수요곡선은 우하향한다. 현재 정부는 X재 단위당 $t > 0$의 세금을 부과하고, X재 이외에는 세금을 부과하지 않고 있다. X재 단위당 세금을 $2t$로 인상한다면, 자중손실(deadweight loss)은 (　　)

① 이전과 같다.
② 이전에 비해 2배 증가한다.
③ 이전에 비해 2배보다 더 감소한다.
④ 이전에 비해 2배보다 더 증가한다.

09

☑ 확인Check! ○ △ ×

생산요소 L, K를 이용한 기업 A의 생산함수는 $Q_A(L, K) = L + 2K$이다. 비용극소화를 추구하는 기업 A의 비용함수는? (단, w, r은 L, K의 가격이다)

① $\min\left\{w, \frac{r}{2}\right\}Q_A$

② $\min\left\{\frac{w}{2}, r\right\}Q_A$

③ $\left(w + \frac{r}{2}\right)Q_A$

④ $\left(\frac{w}{2} + r\right)Q_A$

10

☑ 확인Check! ○ △ ×

기업 A의 생산함수는 $Q(L, K) = L^{0.5}K^{0.5}$이고, 생산요소 L, K의 가격이 각각 3, 6일 때, 이윤을 극대화하기 위한 생산요소 L, K의 투입비율로 옳은 것은?

① $L = \frac{1}{2}K$

② $L = 2K$

③ $L = \frac{1}{4}K$

④ $L = 4K$

11

☑ 확인Check! ○ △ ×

완전경쟁시장에서 기업 A의 단기비용함수는 $C(Q) = Q^3 - 8Q^2 + 64Q + 50$이다. 단기에서 이윤을 극대화하는 기업 A의 생산량이 양(+)이 되는 시장가격은 얼마보다 커야 하는가? (단, Q는 생산량이다)

① 32
② 48
③ 64
④ 96

12

☑ 확인 Check! ○ △ ✕

완전경쟁시장에서 이윤극대화를 추구하는 기업 A의 생산함수는 $Q = 8L^{0.5}$이다. 생산물의 가격은 24, 생산요소의 가격은 8일 때, 기업 A의 생산요소 수요는? (단, Q는 생산량, L은 생산요소이다)

① 110

② 128

③ 144

④ 156

13

☑ 확인 Check! ○ △ ✕

독점기업 A의 비용함수는 $C(Q) = 100 + 10Q$이고, 수요곡선은 $Q_d = 10,000 - 100P$이다. 정부는 독점기업의 이윤에 대해 50% 세율을 부과할 때, 이윤극대화를 추구하는 기업 A의 선택으로 옳은 것은? (단, Q는 생산량, Q_d는 수요량, P는 가격이다)

① 생산량을 50% 감축한다.

② 생산물 가격을 50% 인상한다.

③ 생산물 가격을 50% 인하한다.

④ 생산물 가격이나 생산량에 변화가 없다.

14

☑ 확인 Check! ○ △ ✕

독점기업 A의 한계비용은 2로 일정하며, 고정비용은 없다. 분리된 두 지역 1, 2의 수요함수는 각각 $Q_1 = 7,000 - 700P_1$, $Q_2 = 1,200 - 200P_2$이다. 지역 1, 2에 각각 서로 다른 가격 P_1과 P_2를 설정하여 이윤을 극대화할 때, 이에 대한 설명으로 옳은 것은?

① P_1은 P_2보다 2 낮다.

② P_1은 P_2보다 4 낮다.

③ P_1은 P_2보다 2 높다.

④ P_1은 P_2보다 4 높다.

15

☑ 확인Check! ○ △ ×

아래 자료에 대한 설명으로 옳은 것은?

> 갑과 을은 주말에 함께 축구나 야구 관람을 논의 중이다. 갑은 축구보다 야구를, 을은 야구보다 축구를 좋아한다. 스포츠 관람으로부터 얻는 갑과 을의 보수는 다음과 같다.
> • 갑과 을이 함께 야구를 보면, 갑과 을의 보수가 각각 3과 2이다.
> • 갑과 을이 함께 축구를 보면, 갑과 을의 보수가 각각 2와 3이다.
> • 갑과 을이 함께 축구나 야구를 보러 가지 못하게 되면, 갑과 을의 보수는 모두 0이다.

① 우월전략균형(dominant strategy equilibrium)이 하나만 존재한다.
② 순수전략 내쉬균형(Nash equilibrium in pure strategies)이 존재하지 않는다.
③ 순수전략 내쉬균형(Nash equilibrium in pure strategies)이 하나만 존재한다.
④ 순수전략 내쉬균형(Nash equilibrium in pure strategies)이 두 개 존재한다.

16

☑ 확인Check! ○ △ ×

X재 시장의 역수요함수는 $P=20-Q$이다. X재 생산기술은 규모수익불변이며, 단위당 비용은 8이다. X재 시장의 기업이 이윤극대화를 추구할 때, X재 시장에 대한 설명으로 옳지 않은 것은? (단, P는 가격, Q는 수요량이다)

① 스타겔버그 모형의 복점이면, 추종 기업(Stackelberg follower) 생산량은 4이다.
② 스타겔버그 모형의 복점이면, 선도 기업(Stackelberg leader) 생산량은 6이다.
③ 버트란드(Bertrand) 모형의 복점이면, 한 기업의 생산량은 6이다.
④ 독점이면, 생산량은 6이다.

17

☑ 확인Check! ○ △ ×

복점시장에서 기업 A와 B의 비용함수는 각각 $C_A(Q_A)=3Q_A+500$, $C_B(Q_B)=3Q_B+200$이다. 복점시장의 수요곡선은 우하향하는 직선이며, 두 기업의 생산량은 모두 양(+)인 꾸르노 균형상태에 있다. 이에 대한 설명으로 옳은 것은? (단, Q_A, Q_B는 각각 기업 A와 B의 생산량이다)

① 두 기업의 생산량은 같다.
② 고정비용이 큰 기업이 더 많이 생산한다.
③ 고정비용이 작은 기업이 더 많이 생산한다.
④ 복점시장의 공급량은 두 기업이 담합하는 경우의 공급량보다 작다.

18

☑ 확인Check! ○ △ ×

기업 A의 장기총비용곡선은 $LTC(Q) = Q^3 - 12Q^2 + 20Q$이다. 규모의 경제가 나타나는 생산량 Q의 범위는? (단, LTC는 장기총비용, Q는 생산량이다)

① $0 < Q \leq 3$
② $0 < Q \leq 4$
③ $0 < Q \leq 5$
④ $0 < Q \leq 6$

19

☑ 확인Check! ○ △ ×

완전경쟁시장의 단기균형 조건으로 옳은 것은?

① 가격 = 한계비용
② 한계수입 = 평균비용
③ 한계비용 = 평균비용
④ 한계비용 = 평균고정비용

20

☑ 확인Check! ○ △ ×

2기간 소비선택모형에서 차입이 가능한 소비자 갑의 효용함수는 아래 그림과 같다. 1기의 소득(Y_1)은 100, 2기의 소득(Y_2)은 220, 시장이자율은 10%이다. 효용극대화를 추구하는 갑의 소비에 대한 설명으로 〈보기〉에서 옳은 것을 모두 고른 것은? (단, C_1는 1기의 소비, C_2는 2기의 소비이다)

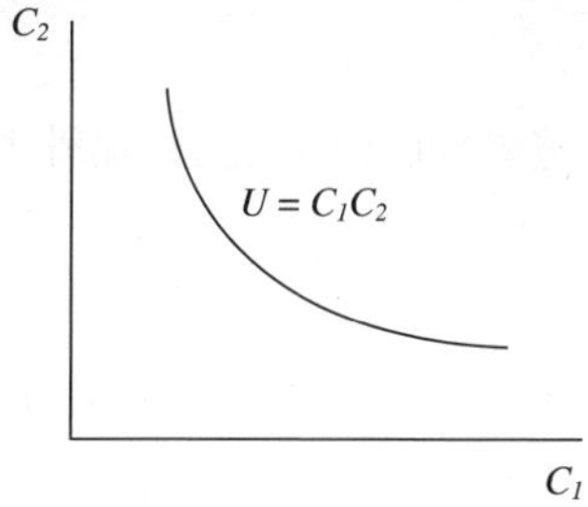

〈보 기〉
ㄱ. 두 기간 한계대체율이 1.1일 때 효용이 극대화된다.
ㄴ. C_1이 Y_1보다 크게 되어 갑은 차입한다.
ㄷ. 효용이 극대화될 때 C_2는 165이다.
ㄹ. 시장이자율이 20%로 상승하면 대체효과로 인해 이자율이 10%일 때 비해 C_1이 커진다.

① ㄱ, ㄴ
② ㄴ, ㄷ
③ ㄱ, ㄴ, ㄷ
④ ㄱ, ㄴ, ㄹ

21

☑ 확인 Check! ○ △ ×

아래 표는 A국과 B국의 노동자 1인당 1일 평균생산량이다. 비교우위론에 따를 때 A, B 양국이 교역을 통하여 모두 이익을 얻을 수 있는 교역조건에 해당하는 것은?

구 분	X재	Y재
A국	8	10
B국	1	4

① A국의 X재 1단위 : B국의 Y재 1단위
② A국의 Y재 1단위 : B국의 X재 0.5단위
③ B국의 X재 1단위 : A국의 Y재 2단위
④ B국의 Y재 1단위 : A국의 X재 0.3단위

22

☑ 확인 Check! ○ △ ×

아래와 같은 폐쇄경제에서 국민소득 균형식에 따른 민간소비와 투자는?

- $C = 240 + 0.75(Y - T) - 10r$
- $I = 1,000 - 20r$
- $Y = 5,000$
- $G = T = 1,000$
- $Y = C + I + G$

(단, Y는 소득, G는 정부지출, T는 조세, C는 민간소비, I는 투자, r은 이자율이다)

	민간소비	투 자
①	2,160	840
②	2,160	640
③	3,160	840
④	3,160	640

23

☑ 확인Check! ○ △ ×

아래는 A은행의 재무상태표이다. 법정지급준비율이 8%라면 A은행이 보유하고 있는 초과지급준비금은?

자 산		부 채	
지급준비금	1,000만원	요구불예금	5,000만원
대 출	4,000만원		

① 600만원

② 700만원

③ 800만원

④ 950만원

24

☑ 확인Check! ○ △ ×

아래와 같은 개방경제에서 내부시장이 균형일 때 이자율 수준은?

- $S_D = 1{,}200 + 1{,}000r$
- $I = 1{,}600 - 500r$
- $K_I = -400 + 2{,}500r$

(단, S_D는 국내저축, I는 투자, K_I는 순자본유입, r은 이자율이다)

① 15%

② 20%

③ 25%

④ 30%

25

☑ 확인Check! ○ △ ×

잔여 생애가 60년인 갑은 앞으로 은퇴까지 40년간 매년 5,000만원의 소득을 얻을 것으로 예상하고 있다. 현재 갑이 보유하고 있는 자산은 없으며 5억원의 부채를 지고 있다. 갑의 소비가 생애주기가설을 따를 때 갑이 은퇴하는 시점에서 순자산(자산 부채)은? (단, 이자율은 항상 0이고, 갑이 사망하는 시점에서 순자산은 0이다)

① 4억원

② 5억원

③ 6억원

④ 7억원

26

☑ 확인Check! ○ △ ×

인플레이션에 대한 설명으로 옳지 않은 것은?

① 인플레이션율이 정확히 예상되는 경우에도 구두창 비용은 발생한다.
② 프리드먼(M. Friedman)에 따르면 인플레이션은 언제나 화폐적 현상이다.
③ 비용인상 인플레이션은 총수요관리를 통한 단기 경기안정화 정책을 쉽게 만든다.
④ 예상하지 못한 인플레이션은 고정이자를 지급받는 채권소유자를 불리하게 만든다.

27

☑ 확인Check! ○ △ ×

시장이자율이 연 4%에서 연 3%로 하락하는 경우, 매년 120만원씩 영원히 지급받을 수 있는 채권의 현재가치의 변화는?

① 960만원 증가
② 1,000만원 증가
③ 1,200만원 증가
④ 1,440만원 증가

28

☑ 확인Check! ○ △ ×

2001년에 공무원이 된 갑의 2023년 연봉은 5,000만원이다. 갑의 2023년 연봉을 2001년 기준으로 환산하면? (단, 2001년 물가지수는 40이고, 2023년 물가지수는 160이다.)

① 1,000만원
② 1,250만원
③ 1,500만원
④ 1,800만원

29

☑ 확인Check! ○ △ ✕

한국과 미국간의 현물시장 환율이 1달러당 1,000원이고, 180일 만기 선물시장 환율이 1달러당 1,200원일 때, 한국과 미국의 금융시장에 관한 설명으로 옳은 것은?

① 양 국가의 무위험 이자율에는 차이가 없다.
② 한국의 물가수준이 미국의 물가수준보다 높다.
③ 한국의 무위험 이자율이 미국의 무위험 이자율보다 높다.
④ 미국의 무위험 이자율이 한국의 무위험 이자율보다 높다.

30

☑ 확인Check! ○ △ ✕

A국의 수입액이 수출액을 초과할 때 발생하는 현상이 아닌 것은?

① 순자본유출 > 0
② $GDP <$ (소비 + 투자 + 정부구입)
③ 국내투자 $>$ 국내저축
④ 순수출 < 0

31

☑ 확인Check! ○ △ ✕

아래는 X재와 Y재만 생산하는 A국의 거시경제 자료이다. 2020년 GDP디플레이터의 값은? (단, 기준연도는 2018년이다)

연 도	X재 가격	Y재 생산량	Y재 가격	Y재 생산량
2018	2	100	1	100
2019	2	120	2	150
2020	3	150	3	200
2021	4	180	3	220

① 210
② 220
③ 230
④ 240

32

☑ 확인Check! ○ △ ✕

소비자물가지수의 문제점에 대한 설명으로 옳지 않은 것은?

① 상품간 대체성을 무시한다.
② 실제보다 물가변화를 과소평가할 수 있다.
③ 상품의 질적 향상을 무시한다.
④ 상품 구입 장소간 대체성을 무시한다.

33

☑ 확인Check! ○ △ ✕

모든 시장이 완전경쟁적인 A국의 총생산함수는 $Y = AL^{0.7}K^{0.3}$일 때, 이 경제에 대한 설명으로 옳은 것은? (단, Y는 총생산량, L은 노동투입량, K는 자본투입량이고, $A > 0$, 생산물가격은 1이다)

① 총생산량이 200일 때 자본에 귀속되는 자본소득은 140이다.
② A는 일정하고 노동투입량이 3% 증가하고 자본투입량이 5% 증가하면, 총생산량은 3% 증가한다.
③ $A = 10$이고 노동과 자본 투입량이 각각 2% 증가할 때 총생산량은 2% 증가한다.
④ 이 경제는 규모수익체증 현상을 나타낸다.

34

☑ 확인Check! ○ △ ✕

내생적 성장이론(endogenous growth theory)에 대한 설명으로 옳은 것은?

① 교육은 인적자본의 축적을 통해 경제성장을 촉진한다.
② 균제상태에서 경제성장률은 외생적 기술진보율과 일치한다.
③ 중앙은행의 통화긴축정책은 투자를 감소시켜 경제성장을 저해한다.
④ 고소득 국가에 비해 저소득 국가의 성장 속도가 빠르기 때문에 저소득국가의 소득 수준이 고소득국가에 수렴한다.

35

☑ 확인 Check! ○ △ ✕

아래는 화폐수량설이 성립하는 A국 경제의 2011년과 2021년 명목 GDP와 GDP디플레이터 자료이다. 2011년부터 2021년까지 화폐유통속도는 3으로 일정하다. 2011년 대비 2021년의 통화량 변화로 옳은 것은?

연 도	명목 GDP	GDP디플레이터
2011	1,500조원	80
2021	1,800조원	110

① 50조원 증가
② 100조원 증가
③ 150조원 증가
④ 200조원 증가

36

☑ 확인 Check! ○ △ ✕

솔로우 성장모형에 관한 설명으로 〈보기〉에서 옳은 것을 모두 고른 것은?

〈보 기〉
ㄱ. 인구증가율이 감소하면, 균제상태에서 1인당 국민소득이 증가한다.
ㄴ. 저축률이 높아지면, 균제상태에서 1인당 국민소득이 증가한다.
ㄷ. 생산함수는 자본의 한계생산이 체감하는 특성을 갖는다.
ㄹ. 황금률은 경제성장률을 극대화하는 조건이다.

① ㄱ, ㄴ
② ㄴ, ㄷ
③ ㄱ, ㄴ, ㄷ
④ ㄱ, ㄴ, ㄹ

37

☑ 확인 Check! ○ △ ✕

명목환율(원/달러 환율)이 8% 상승하고, 한국과 미국의 물가상승률이 각각 4%, 6%이다. 실질환율의 변화와 이에 따른 한국의 수출 변화는?

	실질환율	한국의 수출
①	불 변	불 변
②	10% 감소	불 변
③	10% 감소	증 가
④	10% 증가	증 가

38

☑ 확인 Check! ○ △ ×

소비이론에 대한 설명으로 〈보기〉에서 옳은 것을 모두 고른 것은?

〈보 기〉

ㄱ. 항상소득가설에 따르면, 평균소비성향은 항상소득과 실제소득 사이의 비율에 의존한다.

ㄴ. 리카르도 대등정리(Ricardian equivalence theorem)에 의하면, 정부지출이 일정할 때 현재의 조세인하는 현재소비를 증가시킨다.

ㄷ. 생애주기가설에 의하면, 현재소득이 증가할 때 현재소비와 평균소비성향이 증가한다.

ㄹ. 상대소득가설은 소비의 비가역성과 상호의존성을 가정한다.

① ㄱ, ㄴ

② ㄴ, ㄷ

③ ㄷ, ㄹ

④ ㄱ, ㄹ

39

☑ 확인 Check! ○ △ ×

A국의 노동시장에서 고용률은 40%이고, 경제활동참가율은 50%이다. 이 경제의 실업률은?

① 5.5%

② 10%

③ 20%

④ 25%

40

☑ 확인 Check! ○ △ ×

투자이론에 대한 설명으로 옳지 않은 것은?

① Tobin－q 이론에 의하면 실질이자율의 하락은 주식가격을 상승시켜 투자가 증가한다.

② 신고전학파 이론에 의하면 자본량이 증가할 때 자본의 한계생산물은 감소한다.

③ 신고전학파 이론에 의하면 실질이자율이 하락할 때 자본의 사용자비용이 감소하여 기업의 투자가 증가한다.

④ 신고전학파 이론에 의하면 자본의 한계생산물이 자본 1단위당 비용보다 작을 때 기업은 자본량을 증가시킨다.

중요 문제 / 틀린 문제 CHECK

01	02	03	04	05	06	07	08	09	10	11	12	13	14	15	16	17	18	19	20
21	22	23	24	25	26	27	28	29	30	31	32	33	34	35	36	37	38	39	40

시간 분 | 정답 및 해설편 282p

※ 제시된 보기 중에서 가장 가까운 것을 고르시오.

01

확인 Check! ○ △ ×

직선 $y = x + k$와 원 $x^2 + y^2 = 8$이 서로 다른 두 점에서 만나기 위한 k값의 모든 범위로서 옳은 것을 고르시오.

① $|k| < 4$

② $|k| > 4$

③ $0 < k < 4$

④ $-4 < k < 0$

02

확인 Check! ○ △ ×

극한값 $\lim_{x \to 0}(1 + 4x - 6x^2)^{(3/x)}$을 구하시오.

① e^{12}

② 1

③ e^{-12}

④ e^{-18}

03

☑ 확인Check! ○ △ ×

함수 $z=f(x,y)$는 아래의 식들을 만족할 때 $\frac{dz}{dt}$를 구하시오.

(가) $\frac{\partial z}{\partial x}=y+1$
(나) $\frac{\partial z}{\partial y}=x+y$
(다) $x=t^2$
(라) $y=1-t$

① $-3t^2+5t+1$
② $-3t^2+5t-1$
③ $-t^2+5t+1$
④ $-t^2+5t-1$

04

☑ 확인Check! ○ △ ×

2차원 평면에서 정의된 곡선 $y^2=2x+5$와 직선 $y=x-5$에 의해 둘러싸인 닫힌 영역의 면적을 구하시오.

① $\frac{74}{3}$
② $\frac{98}{3}$
③ $\frac{122}{3}$
④ $\frac{128}{3}$

05

☑ 확인Check! ○ △ ×

적분 $\int_0^1\int_x^1 \frac{1}{1+y^2}dydx$ 값을 구하시오.

① $\frac{1}{2}\ln 2$
② $\frac{\pi}{4}$
③ $\frac{1}{2}+\ln 2$
④ $\frac{\pi}{2}-\frac{1}{2}\ln 2$

06

☑ 확인 Check! ○ △ ×

3차원 공간에서 정의된 곡면 $z=9-x^2-y^2$과 평면 $z=0$에 의해 둘러싸인 닫힌 영역의 부피를 구하시오.

① $\frac{27}{4}\pi$

② $\frac{27}{2}\pi$

③ $\frac{81}{4}\pi$

④ $\frac{81}{2}\pi$

07

☑ 확인 Check! ○ △ ×

급수 $\sum_{x=0}^{\infty} \frac{1}{x^2+5x+4}$ 값을 구하시오.

① $\frac{11}{18}$

② $\frac{19}{32}$

③ $\frac{16}{45}$

④ $\frac{37}{90}$

08

☑ 확인 Check! ○ △ ×

3차원 공간의 점 $(2,\ 3,\ 4)$에서 평면 $5x+y-z=1$까지의 최단거리를 구하시오.

① $\frac{7}{3\sqrt{3}}$

② $\frac{8}{3\sqrt{3}}$

③ $\frac{9}{3\sqrt{3}}$

④ $\frac{10}{3\sqrt{3}}$

09

☑ 확인 Check! ○ △ ×

음이 아닌 정수에서 정의된 이산확률변수 N이 아래의 식을 만족할 때 확률 $\Pr(N=0)$ 값을 구하시오.

> (가) $\Pr(N=0)=\Pr(N=1)$
>
> (나) $\Pr(N=k+1)=\frac{1}{k}\Pr(N=k)$, $k=1, 2, 3, \cdots$

① $\frac{e}{2}-1$

② $\frac{1}{e+1}$

③ $\frac{1}{e}$

④ $\frac{1}{2(e-1)}$

10

☑ 확인 Check! ○ △ ×

확률변수 X의 적률생성함수가 $M_X(t)=\frac{1}{1+t}$ 일 때 $E\left[(X-2)^3\right]$ 값을 구하시오.

① -38

② -56

③ -75

④ -93

11

☑ 확인 Check! ○ △ ×

확률변수 X가 구간 $(0, 10)$에서 정의된 균등분포를 따를 때 확률 $\Pr\left(X+\frac{10}{X}>7\right)$ 값을 구하시오.

① $\frac{7}{10}$

② $\frac{3}{10}$

③ $\frac{39}{70}$

④ $\frac{31}{70}$

12

☑ 확인 Check! ○ △ ×

이산확률변수 X와 Y의 결합확률질량함수 $f(x,y)$가 아래와 같을 때 $E\left[\frac{X}{Y}\right]$ 값을 구하시오.

$$f(x,y)=\begin{cases}\frac{2^{x+1-y}}{9} & ,x=1,2,\ y=1,2\\ 0 & ,\text{그 외}\end{cases}$$

① $\frac{8}{9}$
② $\frac{5}{4}$
③ $\frac{4}{3}$
④ $\frac{25}{18}$

13

☑ 확인 Check! ○ △ ×

연속확률변수 X와 Y의 결합확률밀도함수 $f(x,y)$와 기댓값이 아래와 같을 때 공분산 $Cov(X,\ Y)$ 값을 구하시오.

(가) $f(x,y)=\begin{cases}6x & ,0<x<y<1\\ 0 & ,\text{그 외}\end{cases}$

(나) $E(X)=\frac{1}{2}$

(다) $E(Y)=\frac{3}{4}$

① $\frac{1}{40}$
② $\frac{1}{20}$
③ $\frac{1}{10}$
④ $\frac{1}{5}$

14

☑ 확인 Check! ○ △ ✕

확률변수 X와 Y의 결합확률밀도함수 $f(x, y)$가 다음과 같을 때 확률 $\Pr(X+Y<1)$ 값을 구하시오.

$$f(x,y)=e^{-(x+y)},\ x>0,\ y>0$$

① $1-e^{-1}$

② $1-\frac{4}{3}e^{-1}$

③ $1-\frac{3}{2}e^{-1}$

④ $1-2e^{-1}$

15

☑ 확인 Check! ○ △ ✕

곡선 $y=\frac{1}{x}$과 두 직선 $x=1$, $x=2$ 및 x축으로 둘러싸인 부분의 넓이를 S라 하자. 곡선 $y=\frac{1}{x}$과 두 직선 $x=1$, $x=a$ 및 x축으로 둘러싸인 부분의 넓이가 $2S$가 되도록 하는 모든 양수 a값의 곱을 구하시오.

① $\frac{1}{4}$　② $\frac{1}{2}$

③ 1　④ 2

16

☑ 확인 Check! ○ △ ✕

미분가능한 함수 $f(x)$, $g(x)$에 대하여 $f(x)$는 $g(x)$의 역함수이다. $f(1)=g(1)=3$일 때, 다음 식의 값을 구하시오.

$$\int_1^3\left\{\frac{f(x)}{f'(g(x))}+\frac{g(x)}{g'(f(x))}\right\}dx$$

① 2　② 8

③ -2　④ -8

17

☑ 확인Check! ○ △ ×

적률생성함수 $M_X(t)=\dfrac{e^{at}}{1-bt^2}$, $-0.5<t<0.5$에 대하여 $E(X)=Var(X)=6$일 때 $a+b$를 구하시오.

① 6
② 7
③ 8
④ 9

18

☑ 확인Check! ○ △ ×

X_1과 X_2가 확률밀도함수 $f(x)=e^{-x}$. $0<x<\infty$를 만족하고 서로 독립일 때, $\Pr(X_1<X_2 | X_1<2X_2)$를 구하시오.

① $\dfrac{1}{8}$
② $\dfrac{1}{4}$
③ $\dfrac{3}{4}$
④ $\dfrac{5}{8}$

19

☑ 확인Check! ○ △ ×

확률밀도함수 $f_X(x)=xe^{-\frac{x^2}{2}}$, $x>0$를 만족하는 확률변수 X에 대해 $Y=\ln X$의 확률밀도함수 $f_Y(y)$를 구하시오.

① $f_Y(y)=e^{2y-\frac{e^{2y}}{2}}$, $-\infty<y<\infty$

② $f_Y(y)=(\ln y)e^{-\frac{(\ln y)}{2}}$, $y>0$

③ $f_Y(y)=e^{y-\frac{e^{2y}}{2}}$, $-\infty<y<\infty$

④ $f_Y(y)=ye^{-\frac{y^2}{2}}$, $-\infty<y<\infty$

20

☑ 확인Check! ○ △ ×

아래의 조건을 만족하는 확률변수 X와 Y에 대하여 $\Pr(X>2)$를 구하시오.

$$\Pr(X \le x,\ Y \le y) = \frac{1}{250}\left(20xy - x^2y - xy^2\right) \text{ 단, } 0 \le x \le 5,\ 0 \le y \le 5$$

① $\frac{9}{25}$

② $\frac{12}{25}$

③ $\frac{14}{25}$

④ $\frac{16}{25}$

21

☑ 확인Check! ○ △ ×

다음과 같은 현금흐름을 가지는 영구연금의 듀레이션(Macaulay duration)을 구하시오. 단, 연이율은 10%이다.

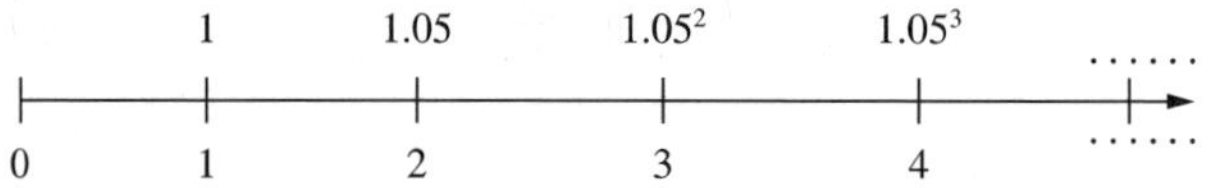

① 18

② 20

③ 22

④ 24

22

☑ 확인Check! ○ △ ×

매년 말 X를 지급하는 영구연금에 대해, A는 처음 n년간의 연금을 받고, B는 다음 n년간의 연금을 받으며, C는 남은 기간의 연금을 모두 받기로 하였다. A가 받는 금액의 현재가치가 전체 영구연금 현재가치의 45%를 차지할 때, C가 받는 금액의 현재가치가 전체 영구연금의 현재가치에서 차지하는 비중을 구하시오.

① 28.75%

② 30.25%

③ 34.25%

④ 38.75%

23

☑ 확인Check! ○ △ ×

확정연금의 비율 $\dfrac{a_{\overline{5|}}}{a_{\overline{6|}}}$ 과 동일한 것을 고르시오.

① $\dfrac{a_{\overline{2|}}+a_{\overline{3|}}}{2a_{\overline{3|}}}$

② $\dfrac{a_{\overline{2|}}+a_{\overline{3|}}}{1+a_{\overline{3|}}+s_{\overline{2|}}}$

③ $\dfrac{a_{\overline{2|}}+s_{\overline{3|}}}{a_{\overline{3|}}+s_{\overline{3|}}}$

④ $\dfrac{1+a_{\overline{2|}}+s_{\overline{2|}}}{1+a_{\overline{3|}}+s_{\overline{2|}}}$

24

☑ 확인Check! ○ △ ×

이력 $\delta_t=\dfrac{1}{15-t}$, $0\le t<15$일 때 $s_{\overline{5|}}$를 구하시오.

① 6
② 8
③ 10
④ 12

25

☑ 확인Check! ○ △ ×

대출금이 10년간 매 6개월마다 한번씩 균등상환된다. 이때 t번째에 상환되는 금액 중 원금상환액을 Q_t로 나타내기로 한다. $Q_1=30$, $Q_{20}=120$일 때, 연이율을 구하시오. (단, $4^{1/19}=1.0758$이다)

① 9.6%
② 11.2%
③ 13.4%
④ 15.7%

26

☑ 확인Check! ○ △ ×

아래의 조건을 이용하여 $\bar{A}_{x:\overline{10|}}$을 구하시오.

(가) 모든 $x \geq 0$에 대하여 사력 $\mu_x = \mu$로 상수
(나) $\mathring{e}_x = 45$
(다) $\bar{A}_x = \frac{1}{4}$
(라) $e^{-\frac{8}{9}} = 0.4111$

① 0.3872
② 0.4023
③ 0.5583
④ 0.6057

27

☑ 확인Check! ○ △ ×

아래의 조건을 이용하여 피보험자 (x)의 ${}_5P_x$를 구하시오.

(가) $P_{x:\overline{5|}} = 0.0724$
(나) $P_{x:\overline{5|}}^{\ \ 1} = 0.0702$
(다) $P({}_{5|}\ddot{a}_x) = 0.8$
(라) $i = 0.05$

① 0.0161
② 0.0212
③ 0.0343
④ 0.0427

28

☑ 확인 Check! ○ △ ×

아래의 연금공식 중에서 옳은 것을 모두 고르시오.

(가) $(Da)_{\overline{n|}} = \dfrac{n - a_{\overline{n|}}}{i}$

(나) $(Ia)_{\overline{n|}} = \dfrac{\ddot{a}_{\overline{n|}} - nv^n}{i}$

(다) $(Is)_{\overline{n|}} = \dfrac{\ddot{s}_{\overline{n|}} - n}{i}$

(라) $(D\ddot{s})_{\overline{n|}} = \dfrac{n(1+i)^n - s_{\overline{n|}}}{d}$

① (가)
② (가), (나)
③ (가), (나), (다)
④ (가), (나), (다), (라)

29

☑ 확인 Check! ○ △ ×

선택기간이 3년인 선택종국표를 이용하여 $A^{\ 1}_{[30]:\overline{3|}}$ 을 구하시오. (단, $v = 0.9$ 이다)

x	$l_{[x]}$	$l_{[x]+1}$	$l_{[x]+2}$	l_{x+3}	$x+3$
30	1,000	910	900	860	33
31	900	890	850	820	34
32	880	850	810	790	35
33	840	800	780	760	36

① 0.118
② 0.125
③ 0.135
④ 0.145

30

☑ 확인Check! ○ △ ×

사력 $\mu_x = \dfrac{1}{3+x}$, $x \geq 0$일 때 ${}_4p_0$를 구하시오.

① $\dfrac{1}{7}$

② $\dfrac{2}{9}$

③ $\dfrac{3}{7}$

④ $\dfrac{4}{9}$

31

☑ 확인Check! ○ △ ×

피보험자 (30)이 아래의 조건으로 2년 만기 정기보험에 가입하였다.

(가) 보험료는 기시연납
(나) 사망보험금은 기말급
(다) 사망률

t	p_{30+t-1}
1	0.97
2	0.94

(라) $i = 4\%$일 때 연납평준순보험료는 25.70

이자율 i가 5%일 때 연납평준순보험료를 구하시오.

① 24.81

② 25.11

③ 25.41

④ 25.71

32

☑ 확인Check! ○ △ ✕

피보험자 (x)가 사망보험금 1,000인 종신보험에 가입하였다. 제4보험연도 말 순보험료식 책임준비금을 구하시오.

(가) 보험료는 기시연납
(나) 사망보험금은 기말급
(다) $A_{x+5}=0.398$
(라) 제5보험연도 말 순보험료식 책임준비금은 77.27
(마) 연납평준순보험료는 25.43
(바) $q_{x+4}=0.008$

① 54.8
② 55.2
③ 55.8
④ 56.1

33

☑ 확인Check! ○ △ ✕

아래의 조건을 이용하여 $\ddot{a}_{30:\overline{3}|}$을 구하시오.

(가) 사망률

x	q_x
30	0.10
31	0.13
32	0.16

(나) $i=0.05$

① 2.47
② 2.57
③ 2.66
④ 2.76

34

☑ 확인 Check! ○ △ ✕

아래의 조건을 이용하여 ${}_{5}E_{40}$을 구하시오.

(가) $a_{40:\overline{5|}} = 3.8$
(나) $A^{1}_{40:\overline{5|}} = 0.06$
(다) $d = 0.05$

① 0.74
② 0.76
③ 0.78
④ 0.80

35

☑ 확인 Check! ○ △ ✕

다음의 생명표에서 ${}_{2}p_{10}$을 구하시오.

x	l_x	d_x	p_x
10		70	
11			0.98
12	810		

① 0.9219
② 0.9175
③ 0.9140
④ 0.9035

36

☑ 확인 Check! ○ △ ✕

사력 $\mu_x = \dfrac{1}{120-x}$, $0 < x < 120$일 때, ${}_{4|5}q_{40}$을 구하시오.

① $\dfrac{1}{15}$
② $\dfrac{1}{16}$
③ $\dfrac{1}{17}$
④ $\dfrac{1}{18}$

37

☑ 확인Check! ○ △ ✕

아래의 연금공식 중에서 옳은 것을 모두 고르시오.

(가) $\ddot{a}_x = vp_x \cdot \ddot{a}_{x+1} + 1$
(나) $a_x = vp_x \cdot a_{x+1} + vp_x$
(다) $\ddot{a}_{x:\overline{n|}} = vp_x \cdot \ddot{a}_{x+1:\overline{n-1|}} + 1$
(라) ${}_{n|}\ddot{a}_x = vp_x \cdot {}_{n-1|}\ddot{a}_{x+1}$

① (가)
② (가), (나)
③ (가), (나), (다)
④ (가), (나), (다), (라)

38

☑ 확인Check! ○ △ ✕

피보험자 (x)가 가입한 2년 만기 완전이산(fully discrete) 생사혼합보험의 제1보험연도 말 순보험료식 책임준비금을 구하시오.

(가) 보험료는 기시연납
(나) 사망보험금은 기말급
(다) 만기 생존보험금은 2,000
(라)

t	사망보험금	q_{x+t-1}
1	1,000	0.1
2	1,500	0.1

(마) $v = 0.95$

① 929.43
② 937.37
③ 945.43
④ 947.44

39

☑ 확인 Check! ○ △ ✕

아래의 조건을 이용하여 $A^{\ \ 1}_{40:\overline{10|}}$ 을 구하시오.

(가) ${}_{10}E_{40} = 0.45$
(나) $a_{40:\overline{9|}} = 5.30$
(다) $i = 0.05$

① 0.20
② 0.25
③ 0.30
④ 0.35

40

☑ 확인 Check! ○ △ ✕

피보험자 (x)는 아래와 같은 3년 만기 생사혼합보험에 가입하였다. 연납평준순보험료(P)를 구하시오.

(가) 보험료는 기시납, 납입기간은 3년납
(나) 사망보험금은 기말급으로 1,000, 만기생존보험금은 이미 납입한 연납평준순보험료의 합$(3P)$을 만기 생존시 에 지급
(다) $q_x = 0.01$, ${}_{1|}q_x = 0.02$, ${}_{2|}q_x = 0.03$
(라) $i = 0.05$

① 132.17
② 135.35
③ 138.57
④ 141.21

2023년 제46회 회계원리

1차 기출문제

⊙ 중요 문제 / 틀린 문제 CHECK

01	02	03	04	05	06	07	08	09	10	11	12	13	14	15	16	17	18	19	20
21	22	23	24	25	26	27	28	29	30	31	32	33	34	35	36	37	38	39	40

시간 분 | 정답 및 해설편 296p

※ 아래 문제들에서 특별한 언급이 없는 한, 보고주체는 계속해서 한국채택국제회계기준(K-IFRS)을 적용해오고 있고, 보고기간은 매년 1월 1일부터 12월 31일까지이며, 법인세 효과는 고려하지 않는다. 또한 자료에서 제시한 모든 항목과 금액은 중요하며, 자료에서 제시한 것 외의 사항은 고려하지 않고 답한다. 정답선택에 있어서 문항 중 질문에 가장 합당한 것을 선택하고, 주어진 문항 중 최 근사치를 선택한다.

01

☑ 확인 Check! ○ △ ×

재무회계와 경영자의 수탁책임과 관련한 설명으로 옳지 않은 것은?

① 소유경영기업은 대리인비용이 발생하지 않아 외부에 회계정보를 제공할 필요가 없다.
② 기업목적 달성을 위해 노력한 기업의 성과를 보고할 책임은 경영자에게 있다.
③ 경영자의 책임은 소극적 책임에서 적극적 책임으로 확대되는 추세이다.
④ 경영자의 수탁책임의 범위와 기업이 외부에 제공하는 회계정보량은 비례 관계이다.

02

☑ 확인 Check! ○ △ ×

기업의 자본조달과 관련된 설명으로 옳은 것은?

① 기업의 위험에 변화가 없고, 투자수익률이 차입이자율보다 높은 경우, 차입을 통해서 투자규모를 확대하는 것은 기업가치 증대 측면에서 불리하다.
② 시장이자율이 차입금의 만기시까지 지속적인 상승이 예상될 때, 차입시점에 동일한 이자율이라면, 고정금리보다는 변동금리로 차입하는 것이 유리하다.
③ 시장이자율보다 회사채의 액면이자율이 낮을 때 회사채는 할증발행되고, 할증발행차금이 인식된다.
④ 환율이 차입금의 만기시까지 지속적인 하락이 예상될 때, 차입시점에 동일한 이자율이라면, 자국환보다는 외화로 차입하는 것이 유리하다.

03

☑ 확인Check! ○ △ ×

다음의 20x1년도 (주)한국의 재무제표와 거래 자료 중 일부를 이용할 때, 20x1년도 손익계산서상 당기 매출원가는? (단, 모든 거래는 외상거래이다)

기초 상품재고	₩300	기말 상품재고	₩350
기초 매입채무	₩500	기말 매입채무	₩600
매출총이익	₩200	매입채무 상환액	₩800

① ₩800　　② ₩850

③ ₩900　　④ ₩950

04

☑ 확인Check! ○ △ ×

'개념체계'에서 제시한 '일반목적재무보고'에 관한 설명으로 옳지 않은 것은?

① 일반목적재무보고의 목적은 정보이용자가 기업에 자원을 제공하는 것과 관련된 의사결정을 할 때 유용한 보고기업 재무정보를 제공하는 것이다.

② 일반목적재무보고 이용자의 의사결정은 지분상품 및 채무상품을 매수, 매도 또는 보유하는 것과 대여 및 기타 형태의 신용을 제공 또는 결제하는 것을 포함한다.

③ 일반목적재무보고서는 보고기업의 가치를 보여주기 위해 고안된 것이 아니기 때문에, 정보이용자가 보고기업의 가치를 추정하는데 도움이 되는 정보를 제공하지는 않는다.

④ 일반목적재무보고서는 이용자들이 필요로 하는 모든 정보를 제공할 수 없기 때문에, 그 이용자들은 정치적 사건과 정치 풍토 등과 같은 다른 원천에서 입수한 관련 정보를 고려할 필요가 있다.

05

☑ 확인Check! ○ △ ×

'개념체계'에서 제시한 유용한 재무정보의 질적 특성에 대한 설명으로 옳지 않은 것은?

① 보강적 질적 특성은 만일 어떤 두 가지 방법이 모두 현상에 대하여 동일하게 목적적합한 정보이고 동일하게 충실한 표현을 제공하는 것이라면 이 두 가지 방법 가운데 어느 방법을 그 현상의 서술에 사용해야 할지를 결정하는 데에도 도움을 줄 수 있다.

② 재무정보의 비교가능성은 비슷한 것을 달리 보이게 하여 보강되지 않는 것처럼, 비슷하지 않은 것을 비슷하게 보이게 한다고 해서 보강되지 않는다.

③ 비교가능성은 한 보고기업 내에서 기간간 또는 같은 기간 동안에 기업간, 동일한 항목에 대해 동일한 방법을 적용하는 것을 말한다. 일관성은 목표이고 비교가능성은 그 목표를 달성하는데 도움을 준다.

④ 목적적합한 경제적 현상에 대한 표현충실성은 다른 보고기업의 유사한 목적적합한 경제적 현상에 대한 표현충실성과 어느 정도의 비교가능성을 자연히 가져야 한다.

06

☑ 확인Check! ○ △ ×

'재무제표의 표시'에서 제시한 '일반사항'에 대한 설명으로 옳은 것은?

① 회계기준의 요구에 따라 공시되는 정보가 중요하지 않다면 그 공시를 제공할 필요는 없다.
② 경영활동을 중단할 의도를 가진 경우에도 재무제표는 계속기업을 전제로 작성된다.
③ 일반적으로 인정된 회계 관습에 따라 작성된 재무제표는 공정하게 표시된 재무제표로 본다.
④ 기업은 현금흐름 정보를 포함하여 발생기준 회계를 사용하여 재무제표를 작성한다.

07

☑ 확인Check! ○ △ ×

재무상태표의 기타포괄손익누계액 항목 중 후속적으로 당기손익으로 재분류조정 될 수 있는 항목은?

① 기타포괄손익-공정가치측정(FVOCI)으로 선택한 지분상품평가손익
② 기타포괄손익-공정가치측정(FVOCI) 채무상품 평가손익
③ 확정급여제도의 재측정요소
④ 자산재평가손익

08

☑ 확인Check! ○ △ ×

포괄손익계산서에 대한 설명으로 옳지 않은 것은?

① 당기손익과 기타포괄손익은 단일의 포괄손익계산서에 두 부분으로 나누어 표시할 수 있다.
② 수익과 비용의 어느 항목도 당기손익과 기타포괄손익을 표시하는 보고서 또는 주석에 특별손익 항목으로 표시할 수 없다.
③ 기타포괄손익의 항목(재분류조정 포함)과 관련한 법인세비용 금액은 포괄손익계산서나 주석에 공시한다.
④ 비용의 기능에 대한 정보가 미래현금흐름을 예측하는데 유용하기 때문에, 비용을 성격별로 분류하는 경우에는 추가 공시가 필요하다.

09

☑ 확인 Check! ○ △ ×

다음 자료를 이용할 때, 실물자본유지개념 관점에서 (주)한국의 당기손익은?

> • (주)한국은 기초 설립자산인 현금 ₩500으로 영업을 시작하였다.
> • 기초에 상품A를 단위당 ₩100에 5개를 매입하고, 기중에 4개를 단위당 ₩125에 판매하였다.
> • 당기 말 자산은 현금 ₩500과 상품A 1개이다.
> • 당기 말 상품A의 현행원가는 ₩150이다.

① 손실 ₩50
② 손실 ₩100
③ 이익 ₩150
④ 이익 ₩200

10

☑ 확인 Check! ○ △ ×

자산과 부채의 평가와 관련한 설명으로 옳지 않은 것은?

① 역사적원가와 현행원가는 유입가치이고, 공정가치와 사용가치는 유출가치이다.
② 역사적원가는 검증가능성이 높다는 장점이 있지만, 현재시점의 가치를 반영하지 못한다는 단점이 있다.
③ 모든 자산을 현행원가로 평가한다면, 미실현보유손익을 인식하지 않기 때문에 영업이익과 보유손익을 구분할 수 없다.
④ 모든 자산을 공정가치로 평가한다면, 현재시점의 가치를 반영하여 재무상태 정보는 유용할 수 있지만, 미실현보유손익의 반영으로 경영성과 정보는 왜곡될 수 있다.

11

☑ 확인 Check! ○ △ ×

수익인식단계 중 거래가격 산정에 관한 설명으로 옳지 않은 것은?

① 고객과의 계약에서 약속한 대가는 고정금액, 변동금액 또는 둘 다를 포함할 수 있다.
② 거래가격은 고객에게 약속한 재화나 용역을 이전하고 그 대가로 기업이 받을 권리를 갖게 될 것으로 예상하는 금액이며, 제삼자를 대신해서 회수한 금액은 제외한다.
③ 고객이 약속한 대가의 특성, 시기, 금액은 거래가격의 추정치에 영향을 미친다.
④ 계약에서 가능한 결과치가 두 가지뿐일 경우 '기댓값'은 변동대가(금액)의 적절한 추정치일 수 있다.

12

☑ 확인 Check! ○ △ ×

'고객과의 계약에서 생기는 수익' 중 재매입약정에 대한 설명으로 옳지 않은 것은?

① 기업이 자산을 다시 사야 하는 의무나 다시 살 수 있는 권리(선도나 콜옵션)가 있다면, 기업은 자산을 통제하지 못한다.

② 재매입약정은 자산을 판매하고, 그 자산을 다시 사기로 약속하거나 다시 살 수 있는 선택권을 갖는 계약이다.

③ 선도나 콜옵션의 재매입약정의 경우, 기업은 리스계약이나 금융약정으로 회계처리한다.

④ 기업이 자산을 원래 판매가격 이상의 금액으로 다시 살 수 있거나 다시 사야 하는 경우, 금융약정으로 회계처리한다.

13

☑ 확인 Check! ○ △ ×

(주)한국은 20x1년 초 제품을 판매하고 고객으로부터 아래와 같은 받을어음을 수령하였다.

- 액면금액 ₩1,000, 무이자부 어음
- 발행일 20x1년 1월 1일, 6개월 만기

(주)한국이 만기를 2개월 앞둔 4월말 운영자금 조달을 위해 상기 어음을 할인율 12%에 할인하여 금융기관에 처분할 경우 현금수령액은? 단, 이자율계산은 월할 계산한다.

① ₩960 ② ₩970

③ ₩980 ④ ₩990

14

☑ 확인 Check! ○ △ ×

(주)한국은 20x1년 초 영업을 개시하였으며, 저가법에 의해 기말재고를 평가한다. 다음 자료를 이용할 때, (주)한국이 20x1년 인식할 재고자산 평가손실은?

- (주)한국의 장부상 기말상품의 수량은 10개이고, 단위당 취득원가는 ₩100이다.
- 기말실사결과 도난으로 인하여 기말상품은 7개만 남아있다.
- 시장가격의 변동으로 인하여 상품의 기말 시장가격은 ₩80이고 매출을 위해 단위당 ₩10의 판매비용이 발생한다.

① ₩140 ② ₩200

③ ₩210 ④ ₩300

15

☑ 확인Check! ○ △ ×

다음은 (주)한국의 기계장치 취득과 관련된 자료이다. 취득원가로 계상될 금액은?

- 기계장치 구입가격 : ₩1,000
- 매입과 직접 관련되어 발생한 종업원 급여 : ₩1,000
- 기계장치의 설치장소 준비원가 : ₩1,000
- 정상 작동 여부를 시험하는 과정에서 발생한 원가 : ₩1,000
- 관련된 산출물에 대한 수요가 형성되는 과정에서 발생하는 초기 가동손실 : ₩1,000
- 새로운 고객층을 대상으로 영업하는데 소요되는 원가 : ₩1,000

① ₩3,000　② ₩4,000

③ ₩5,000　④ ₩6,000

16

☑ 확인Check! ○ △ ×

(주)한국은 20x1년 초에 사무용 건물을 ₩1,300,000에 취득하였다. 또한 취득을 위해 3년 만기 국채를 액면가액인 ₩400,000으로 의무매입하였다. 취득한 국채와 관련된 정보가 다음과 같을 때, 건물의 취득원가는? (단, 계산금액은 소수점 첫째자리에서 반올림한다)

- 액면이자율 : 6%, 액면이자는 매년 말 후급
- 취득시 국채에 적용된 시장이자율 : 12%
- 취득한 국채는 상각후원가측정(AC)금융자산으로 분류
- 12%, 3기간의 일시금현가계수와 연금현가계수는 각각 0.71178과 2.40183

① ₩1,057,644

② ₩1,342,356

③ ₩1,357,644

④ ₩1,642,356

17

☑ 확인 Check! ○ △ ×

(주)한국은 20x1년 초에 기계장치를 ₩800,000에 취득하고 원가모형을 적용하고 있다. 기계장치와 관련된 자료가 다음과 같을 때, 기계장치 관련 회계처리가 20x1년도 포괄손익계산서의 당기손익에 미치는 영향은?

- 기계장치의 내용연수는 5년이며, 잔존가치는 없고, 감가상각방법은 정액법이다.
- 20x1년 말에 보유중인 기계장치에 대해 손상징후가 존재하여 이를 회수가능액으로 감액하고 손상차손을 인식하였다.
- 20x1년 말 기계장치의 순공정가치는 ₩240,000이며, 사용가치는 ₩231,847으로 추정된다.

① ₩400,000 감소
② ₩408,153 감소
③ ₩560,000 감소
④ ₩568,153 감소

18

☑ 확인 Check! ○ △ ×

다음 중 유형자산의 재평가모형에 대한 회계처리 내용으로 옳지 않은 것은?

① 최초 인식 후에 공정가치를 신뢰성 있게 측정할 수 있는 유형자산은 재평가일의 공정가치에서 이후의 감가상각누계액과 손상차손누계액을 차감한 재평가금액을 장부금액으로 한다.
② 자산의 장부금액이 재평가로 인하여 감소된 경우에 그 감소액은 당기손익으로 인식한다. 그러나 그 자산에 대한 재평가잉여금의 잔액이 있다면 그 금액을 한도로 재평가감소액을 기타포괄손익으로 인식한다.
③ 재평가는 보고기간 말에 자산의 장부금액이 공정가치와 중요하게 차이가 나지 않도록 주기적으로 수행하며, 특정 유형자산을 재평가할 때, 해당 자산이 포함되는 유형자산의 유형 전체를 재평가한다.
④ 어떤 유형자산 항목과 관련하여 자본에 계상된 재평가잉여금은 그 자산이 제거될 때 이익잉여금으로 직접 대체하거나 기업이 그 자산을 사용함에 따라 재평가잉여금의 일부를 당기손익으로 재분류할 수도 있다.

19

☑ 확인Check! ○ △ ×

(주)한국은 20x1년 4월 1일부터 건물 신축을 시작하여 20x2년 10월 31일에 공사를 완료하였다. 동 건물은 차입원가를 자본화하는 적격자산이다. 신축공사와 관련된 정보는 다음과 같으며, 특정차입금은 신축공사를 위해 차입하였다. (주)한국이 20x2년에 자본화할 차입원가는? (단, 전기 이전에 자본화한 차입원가는 연평균 지출액 계산시 포함하지 아니하며, 연평균 지출액, 이자비용은 월할 계산한다)

구 분	20x1.4.1.	20x2.1.1.	20x2.10.31.
공사대금 지출액	₩12,000	₩6,000	₩2,400

차입금	특정차입금	일반차입금
차입액	₩4,800	₩3,600
차입일	20x1.4.1.	20x1.4.1.
상환일	20x2.10.31.	20x2.12.31.
연 이자율	4%	6%

① ₩340

② ₩376

③ ₩400

④ ₩416

20

☑ 확인Check! ○ △ ×

다음 중 무형자산에 대한 회계처리 내용으로 옳지 않은 것은?

① 컴퓨터로 제어되는 기계장치가 특정 컴퓨터소프트웨어가 없으면 가동이 불가능한 경우에는 그 기계장치를 관련된 소프트웨어의 일부로 보아 무형자산으로 회계처리한다.

② 연구와 개발활동으로 인하여 물리적 형체(예 : 시제품)가 있는 자산이 만들어지더라도, 그 자산의 물리적 요소는 무형자산 요소 즉, 그 자산이 갖는 지식에 부수적인 것으로 본다.

③ 내용연수가 비한정인 무형자산은 상각하지 아니하며, 매년 혹은 무형자산의 손상을 시사하는 징후가 있을때 회수가능액과 장부금액을 비교하여 손상검사를 수행하여야 한다.

④ 사업결합 전에 그 자산을 피취득자가 인식하였는지 여부에 관계없이, 취득자는 취득일에 피취득자의 무형자산을 영업권과 분리하여 인식한다.

21

☑ 확인Check! ○ △ ×

(주)한국은 20x1년 1월 1일에 액면금액 ₩1,000,000의 사채를 발행하였다. 사채의 만기일은 20x3년 12월 31일이며, 이자지급일은 매년 12월 31일이다. 사채의 표시이자율은 10%이며, 유효이자율은 5%이다. 20x1년 포괄손익 계산서에 계상될 사채의 이자비용은? (단, 계산금액은 소수점 첫째자리에서 반올림한다)

할인율	단일금액의 ₩1의 현재가치			정상연금의 ₩1의 현재가치		
	1기간	2기간	3기간	1기간	2기간	3기간
5%	0.9524	0.9070	0.8638	0.9524	1.8594	2.7232
10%	0.9091	0.8265	0.7513	0.9091	1.7356	2.4869

① ₩43,194
② ₩50,000
③ ₩56,806
④ ₩113,612

22

☑ 확인Check! ○ △ ×

(주)한국은 20x1년 1월 1일 액면금액 ₩1,000,000의 사채를 발행하였다. 사채의 표시이자율은 10%, 이자는 매년 말 후급조건이며, 사채발행일의 시장이자율은 12%이다. (주)한국은 20x3년 1월 1일 ₩1,000,000을 지급하고 사채를 전액 상환하였다. (주)한국이 20x3년 1월 1일에 인식할 사채상환손익은? (단, 계산금액은 소수점 첫째자리에서 반올림한다)

할인율	단일금액의 ₩1의 현재가치			정상연금의 ₩1의 현재가치		
	1기간	2기간	3기간	1기간	2기간	3기간
10%	0.90909	0.82645	0.75131	0.90909	1.73554	2.48685
12%	0.89286	0.79719	0.71178	0.89286	1.69005	2.40183

① ₩90,718 상환이익
② ₩71,432 상환이익
③ ₩43,372 상환손실
④ ₩17,857 상환손실

23

☑ 확인 Check! ○ △ ×

다음은 20x1년에 발생한 사건으로 금액은 모두 신뢰성있게 측정되었다. (주)한국이 20x1년 말 재무상태표에 계상할 충당부채 금액은?

- 판매 제품의 문제로 기업에 손해배상을 청구하는 절차가 시작되었으며, 법률전문가는 기업에 책임이 있다고 밝혀질 가능성이 높다고 조언하였다. 배상비용으로 ₩200,000이 예상된다.
- 신축한 폐기물 처리장의 내용연수가 종료되면 이를 철거하고 구축물이 있던 토지를 원상 복구해야 한다. 복구비용은 ₩300,000으로 추정되며 현재가치 금액은 ₩250,000이다.
- 해외사업부를 폐쇄하는 구조조정 계획이 이사회에서 수립되었으며 이를 수행하는데 ₩150,000의 비용이 발생할 것으로 추정하였다. 이러한 의사결정의 영향을 받는 대상자들에게 그 결정을 알리지 않았고 실행을 위한 절차도 착수하지 않았다.

① ₩350,000

② ₩450,000

③ ₩500,000

④ ₩650,000

24

☑ 확인 Check! ○ △ ×

(주)한국의 확정급여제도와 관련된 자료는 다음과 같다. 확정급여채무를 계산할 때 적용되는 할인율은 연 10%이며, 퇴직금의 지급과 사외적립자산의 기여는 모두 연말에 이루어진다. (주)한국의 확정급여제도 적용이 20x1년 포괄손익계산서의 기타포괄손익에 미치는 영향은?

- 기초사외적립자산 공정가치 : ₩36,000
- 기초확정급여채무 현재가치 : ₩45,000
- 사외적립자산 기여액 : ₩15,000
- 퇴직급여지급액 : ₩9,000
- 당기근무원가 : ₩12,000
- 기말순확정급여부채 : ₩12,600

① ₩5,700 감소

② ₩6,900 감소

③ ₩12,900 감소

④ ₩18,600 감소

25

☑ 확인 Check! ○ △ ×

(주)한국은 A회사 주식을 취득하고, 이를 당기손익－공정가치측정(FVPL)금융자산으로 분류하였다. A회사 주식 거래와 관련된 정보가 다음과 같을 때, 옳은 설명은?

구 분	20x1년 기중	20x1년 기말	20x2년 기말	20x3년 기말
회계처리	취 득	후속평가	후속평가	처 분
공정가치	₩100,000	₩120,000	₩95,000	₩97,000
거래원가	₩5,000	–	–	₩2,000

① 20x1년 기중 당기손익－공정가치측정금융자산의 취득원가는 ₩105,000이다.
② 20x1년 기말 당기손익－공정가치측정금융자산의 평가이익은 ₩20,000이다.
③ 20x2년 기말 당기손익－공정가치측정금융자산의 평가손실은 ₩10,000이다.
④ 20x3년 처분시 당기손실은 ₩2,000이다.

26

☑ 확인 Check! ○ △ ×

(주)한국은 20x1년 1월 1일에 발행된 다른 회사 사채를 동 일자에 공정가치로 취득하고 기타포괄손익－공정가치측정(FVOCI)금융자산으로 분류하였다. 취득시에 신용이 손상되어 있지 않았으며, 취득 사채와 관련된 정보는 다음과 같다. (주)한국의 동 금융자산이 20x1년 포괄손익계산서의 기타포괄손익에 미치는 영향은? (단, 계산금액은 소수점 첫째자리에서 반올림한다)

- 사채의 액면금액은 ₩1,000,000이며, 매년 12월 31일에 이자를 지급한다.
- 사채 만기일은 20x3년 12월 31일이며, 만기일에 액면금액을 일시 상환한다.
- 사채 표시이자율은 8%이며, 사채 발행시점의 유효이자율은 12%이다.
- 20x1년 말 현재 사채의 공정가치는 ₩850,000이다.

구 분	8%		12%	
	일시금현가	연금현가	일시금현가	연금현가
1기간	0.9259	0.9259	0.8929	0.8929
2기간	0.8574	1.7833	0.7972	1.6901
3기간	0.7938	2.5771	0.7118	2.4018

① ₩26,156 증가
② ₩28,461 증가
③ ₩82,417 감소
④ ₩133,844 감소

27

☑ 확인Check! ○ △ ×

(주)한국은 20x1년 1월 1일 전환사채를 액면금액으로 발행하였다. 전환사채와 관련된 정보가 다음과 같을 때, 전환사채 발행시 계상되는 상환할증금은? (단, 계산금액은 소수점 첫째자리에서 반올림한다)

- 전환사채의 액면금액은 ₩1,000,000이며, 만기는 20x3년 12월 31일이다.
- 액면이자율은 연 6%이며, 이자지급일은 매년 12월 31일이다.
- 전환권이 행사되지 않으면 만기에 일정금액의 상환할증금이 추가로 지급된다.
- 만기보장수익률은 연 8%이다.

① ₩64,928

② ₩66,200

③ ₩129,856

④ ₩132,400

28

☑ 확인Check! ○ △ ×

(주)한국의 20x1년 재무자료 일부인 다음 자료를 이용할 때, 재고자산회전기간은? 단, 매출총이익률은 매출액 대비 60%이며, 1년은 360일로 간주한다.

- 기초재고자산 : ₩300,000
- 당기매입 재고자산 : ₩800,000
- 매출액 : ₩1,750,000

① 90일

② 135일

③ 180일

④ 215일

29

☑ 확인Check! ○ △ ×

다음 중 영업활동 현금흐름으로 볼 수 없는 것은?

① 주식 발행에 따른 현금유입

② 재화의 판매와 용역 제공에 따른 현금유입

③ 로열티, 수수료, 중개료 및 기타수익에 따른 현금유입

④ 단기매매목적으로 보유하는 계약에서 발생하는 현금유출

30

☑ 확인 Check! ○ △ ×

회계기준에서는 지수나 요율의 변동에 따른 변동리스료는 리스부채의 측정에 포함하도록 규정하고 있으며, 변동리스료는 처음에는 리스개시일의 지수나 요율(이율)을 사용하여 측정하도록 하고 있다. 회계기준에서 제시하는 변동리스료에 해당하지 않는 것은?

① 벤치마크 이자율에 연동되는 지급액
② 지급액이 변동리스료의 구조를 가지고 있으나, 실제 변동성이 없는 지급액
③ 소비자물가지수에 연동되는 지급액
④ 시장 대여요율의 변동을 반영하기 위하여 변동되는 지급액

31

☑ 확인 Check! ○ △ ×

다음은 (주)한국의 20x1년 원가자료의 일부이다. 주어진 자료를 이용할 때, (주)한국의 당기제품제조원가는?

구 분	1월 1일	12월 31일
직접원재료	₩700,000	?
재공품	₩1,000,000	₩1,500,000

• 당기직접원재료 매입액은 ₩1,200,000이며, 당기직접노무원가는 ₩1,500,000이다.
• (주)한국의 20x1년 기본원가는 ₩2,800,000, 제조간접원가는 가공원가의 50%이다.

① ₩2,700,000
② ₩3,300,000
③ ₩3,800,000
④ ₩4,300,000

32

☑ 확인 Check! ○ △ ×

20x1년 설립된 (주)한국은 #101, #102 두 개의 작업을 수행하고 있으며, 정상원가계산을 통해 제조간접원가를 배부하고 있다. (주)한국의 원가담당자는 제조간접원가 예정배부율을 직접노동시간당 ₩200으로 추정하였으며, 20x1년 실제 발생한 제조간접원가는 ₩270,000이었다. (주)한국의 원가자료가 다음과 같을 때, 제조간접원가 배부차이는?

구 분	#101	#102
직접재료원가	₩160,000	₩340,000
직접노무원가	₩300,000	₩400,000
직접노동시간	400시간	800시간

① ₩30,000 과소
② ₩30,000 과대
③ ₩40,000 과소
④ ₩40,000 과대

33

☑ 확인 Check! ○ △ ×

(주)한국은 제조간접원가 배부시 활동기준원가계산을 사용하고 있으며, 고객별 수익성을 정확하게 판단하기 위해 고객유형에 따른 판매관리비용의 활동별 원가동인분석을 다음과 같이 실시하였다.

□ 고객유형별 1인당 평균자료

구 분	고객유형 1	고객유형 2	고객유형 3
총매출액	₩600,000	₩800,000	₩1,000,000
매출원가	₩450,000	₩600,000	₩750,000
연간 주문수	9회	16회	10회

□ 활동별 원가동인 내역

활 동	원가동인당 배부율
주 문	주문횟수당 ₩200
배 송	배송횟수당 ₩2,500

주문에 대한 배송은 모두 완료되었으며, 반품은 없었다. 아래 설명 중 옳지 않은 것은? 단, 계산금액은 소수점 첫째자리에서 반올림한다.

① 고객유형 1의 활동기준원가계산에 따른 판매관리비용 배부액은 ₩24,300이다.
② 고객유형 2의 활동기준원가계산에 따른 원가동인 중 주문활동 배부액은 ₩3,200이다.
③ 고객유형 3의 활동기준원가계산에 따른 고객유형별 이익은 ₩223,000이다.
④ 활동기준원가계산에 따른 매출액순이익률이 가장 높은 고객유형은 고객유형 2이다.

34

☑ 확인 Check! ○ △ ×

다음 공손유형에 따른 회계처리 방법으로 옳지 않은 것은?

① 정상공손수량은 '당기검사합격물량 × 정상공손비율'로 계산한다.
② 정상공손은 발생시점 매출원가에 포함하여 비용화한다.
③ 비정상공손은 공손수량에서 정상공손수량을 차감하여 계산한다.
④ 비정상공손은 발생시점 영업외비용 처리한다.

35

☑ 확인Check! ○ △ ✕

(주)한국은 A원재료를 투입하여 제품B와 제품C를 각각 3 : 1의 비율로 생산하고 있다. 20x1년 (주)한국의 원재료 투입량은 8,000㎏이었으며, 분리점 이전에 발생한 제조원가는 다음과 같다.

- 직접재료원가 : ₩100,000
- 기본원가 : ₩400,000
- 가공원가 : ₩800,000

제품B와 제품C의 단위(kg)당 판매가격은 각각 ₩100과 ₩200이다. 상대적 판매가치법에 따른 제품B와 제품C의 결합원가배부액은? (단, 공손은 없다)

	제품B	제품C
①	₩675,000	₩225,000
②	₩650,000	₩250,000
③	₩630,000	₩270,000
④	₩540,000	₩360,000

36

☑ 확인Check! ○ △ ✕

(주)한국의 20x1년 3월 기계시간은 4,000시간이었으며, 제조간접원가의 계정과목별 세부내역은 다음과 같다.

- 전력비 : ₩200,000(기계시간에 비례하여 발생하는 변동원가)
- 인건비 : ₩300,000 (고정원가)
- 수선유지비 : ₩100,000(준변동원가로 고정원가는 50%이며, 나머지 50%는 기계시간에 비례하여 발생하는 변동원가)

4월 예상기계시간이 6,000시간인 경우, 계정분석법에 의한 4월 예상제조간접원가는? (단, 계산금액은 소수점 둘째자리에서 반올림한다)

① ₩725,000

② ₩750,000

③ ₩800,000

④ ₩900,000

37

☑ 확인Check! ○ △ ×

다음은 원가함수의 추정방법에 대한 장점과 단점을 제시한 것이다. 제시된 지문에서 의미하는 원가함수 추정방법은?

□ 장 점
- 객관적이며, 고저점법보다 원가추정의 정확성이 높다.
- 정상적인 원가자료를 모두 이용하기 때문에 추정된 원가함수가 모든 원가자료를 대표한다.
- 다른 원가함수의 추정방법에 의해서는 얻을 수 없는 다양한 통계자료를 제공해준다.

□ 단 점
- 적용이 복잡하고 이해하기 어렵다.
- 통계적 가정이 충족되지 않을 경우 결과에 대해 의미를 부여하기 어렵다.

① 공학적 방법
② 계정분석법
③ 산포도법
④ 회귀분석법

38

☑ 확인Check! ○ △ ×

다음은 (주)한국의 90%의 학습곡선에 대한 학습지수를 나타낸 것이다. (주)한국이 마지막 5번째 제품을 생산하는데 소요되는 직접노무시간은? [단, (주)한국의 첫 단위 생산에 소요된 직접노무시간은 1,000시간이었으며, 90%의 증분단위시간 학습곡선이 적용되고 있다]

[학습률 90%일 경우 학습지수]

누적생산량	누적생산량$^{-0.1520}$(학습지수)
1	1.000
2	0.900
3	0.846
4	0.810
5	0.783

① 27시간
② 424시간
③ 675시간
④ 783시간

39

☑ 확인 Check! ○ △ ×

20x1년 초 설립된 (주)한국은 단위당 판매가격 ₩1,000, 단위당 변동원가 ₩700, 연간 고정원가 ₩100,000인 제품을 생산하고 있다. (주)한국이 이익 ₩50,000을 달성하기 위한 목표 판매량은?

① 400개

② 450개

③ 500개

④ 550개

40

☑ 확인 Check! ○ △ ×

다음은 (주)한국의 표준원가계산에 대한 내용 중 일부이며, 실제 4,000단위를 생산하였다. 아래 설명 중 옳지 않은 것은?

□ 표준원가
- 단위당 직접재료원가 : 9kg × ₩15 = ₩135
- 단위당 직접노무원가 : 6시간 × ₩20 = ₩120

□ 실제발생원가
- 직접재료원가 : 35,000kg × ₩14 = ₩490,000
- 직접노무원가 : 25,000시간 × ₩25 = ₩625,000

① 직접재료원가 가격차이는 ₩35,000(유리)이다.

② 직접재료원가 능률차이는 ₩15,000(불리)이다.

③ 직접노무원가 가격차이는 ₩125,000(불리)이다.

④ 직접노무원가 능률차이는 ₩20,000(불리)이다.

MEMO

2024년 제47회

보험계리사 1차 기출문제

제1과목	보험계약법, 보험업법 및 근로자퇴직급여보장법
제2과목	경제학원론
제3과목	보험수학
제4과목	회계원리

2024년 제47회

보험계약법, 보험업법 및 근로자퇴직급여보장법 1차 기출문제

중요 문제 / 틀린 문제 CHECK

01	02	03	04	05	06	07	08	09	10	11	12	13	14	15	16	17	18	19	20
21	22	23	24	25	26	27	28	29	30	31	32	33	34	35	36	37	38	39	40

시간 분 | 정답 및 해설편 308p

01

확인 Check! ○ △ ×

소급보험에 관한 설명으로 옳은 것은?

① 보험계약자가 소급기간 내에 사고가 발생한 것을 알고서 계약을 체결한 경우라도 보험계약의 효력은 발생한다.
② 소급보험의 경우 보험료 선급의 원칙이 적용되지 않는다.
③ 소급보험은 보험계약기간이 보험기간보다 장기이다.
④ 소급보험은 보험계약의 성립 이전의 일정한 시기를 보험기간의 시기로 한다.

02

확인 Check! ○ △ ×

보험자의 보험약관에 대한 설명의무의 대상에 해당하는 것을 모두 고른 것은? (다툼이 있는 경우 판례에 의함)

가. 상해보험에서 외과적 수술 그 밖의 의료처치로 인한 손해를 보장하지 아니한다는 내용의 면책규정
나. 업무용자동차보험에 있어서 피보험자동차의 양도에 관한 통지의무규정
다. 상해보험에서 기왕장해에 대한 감액규정
라. 화물자동차 운수사업에 따라 반드시 가입하여야 하는 적재물배상책임보험약관에서 차량이 육상운송과정이 아닌 선박으로 해상구간을 이동하는 경우의 사고는 보험사고에서 제외된다는 규정
마. 주택보증보험계약에서 입주자 모집공고 승인이 취소된 경우 보증계약을 취소하고 잔여 보증기간에 대한 보증료를 환불한다는 규정
바. 연금보험에서 연금액의 변동가능성에 관한 규정

① 가, 나, 다
② 가, 다, 바
③ 나, 마, 바
④ 다, 마, 바

03

☑ 확인Check! ○ △ ×

보험계약자 등의 고지의무에 관한 설명으로 옳지 않은 것은? (다툼이 있는 경우 판례에 의함)

① 보험자가 서면으로 질문한 사항은 중요한 사항으로 추정한다.
② 현저한 부주의로 중요한 사항임을 알지 못한 것에 대하여도 고지의무위반이 된다.
③ 고지의무위반으로 인하여 해지하는 경우 인보험자는 보험수익자를 위하여 적립한 금액을 지급하여야 한다.
④ 다른 사정이 없는 한 보험자가 보험수익자에게 해지의 통지를 한 경우 그 효력이 있다.

04

☑ 확인Check! ○ △ ×

보험료의 감액 또는 증액 청구에 관한 설명으로 옳은 것은?

① 보험기간 중 특별하게 예기한 위험이 소멸한 경우라도 보험계약자는 보험료의 감액을 청구할 수 없다.
② 손해보험계약에서 보험금액이 보험가액을 현저하게 초과하거나 보험가액이 보험기간 중에 현저하게 감소된 경우 보험계약자만이 보험료의 감액을 청구할 수 있다.
③ 보험기간 중에 사고발생의 위험이 현저하게 변경・증가된 경우에는 보험자는 그 사실을 안 날로부터 1월 내에 보험료의 증액을 청구할 수 있다.
④ 보험사고가 발생하기 전에 보험계약자는 언제든지 보험료의 감액을 청구하거나 보험계약을 해지할 수 있다.

05

☑ 확인Check! ○ △ ×

타인을 위한 보험계약에 관한 설명으로 옳은 것은?

① 타인을 위한 보험계약의 경우 타인은 보험계약자의 동의 없이는 보험금청구권을 행사할 수 없다.
② 타인을 위한 손해보험의 경우 타인의 위임이 없는 때에는 보험계약자는 이를 보험자에게 고지하지 않아도 된다.
③ 보험계약자가 보험료의 지급을 지체한 때에는 보험수익자는 그 권리를 포기하지 아니하는 한 보험료를 지급할 의무가 있다.
④ 타인을 위한 인보험의 경우 그 타인을 구체적으로 특정하여야 한다.

06

☑ 확인Check! ○ △ ×

계약 성립 전에 보험사고가 발생한 경우 보험계약의 청약자를 보호하기 위한 상법 제683조의2의 규정에 관한 설명으로 옳은 것은?

① 승낙기간의 경과 전에 보험사고가 발생한 경우에는 보험자의 승낙이 의제되지 않는다.
② 약관상 청약철회규정을 둔 경우에 보험계약자가 청약을 철회하더라도 보험자는 낙부통지의무를 부담한다.
③ 신체검사가 필요한 인보험계약의 경우에는 신체검사를 받은 날부터 통지기간이 기산된다.
④ 승낙기간의 경과로 보험자의 승낙이 의제되기 위해서는 보험계약자와 보험자간에 상시 거래관계를 요건으로 한다.

07

☑ 확인Check! ○ △ ×

다음 설명 중 옳지 않은 것은? (다툼이 있는 경우 판례에 의함)

① 상해보험에 가입한 피보험자가 오토바이 운행사실을 알리지 않은 것은 상법상 위험변경・증가시의 통지의무위반에 해당한다고 명시한 약관조항은 법령에 정해진 것을 되풀이한 것에 불과하므로 보험자는 해당 약관조항에 대하여 설명할 의무가 없다.
② 장해분류표에서 "심한 추간판탈출증"을 "추간판을 2마디 이상 수술하고 … 하지의 현저한 마비 또는 대소변의 장해가 있는 경우"라고 정의한 경우 피보험자가 추간판을 2마디 이상 수술하였다는 사정만으로 "심한 추간판탈출증"에 해당한다고 본 것은 잘못이다.
③ 보험계약자가 보험금 부정취득 목적으로 체결한 다수 보험계약이 선량한 풍속 기타 사회질서에 반하여 무효인 경우 보험자의 지급보험금에 대한 부당이득반환청구권의 소멸시효는 5년이다.
④ 모텔 투숙객의 방에서 화재가 발생한 경우 객실의 지배는 투숙객이 아닌 숙박업자에게 있으므로 발생원인이 불명한 화재로 인하여 객실에 발생한 손해는 숙박업자에게 귀속되고 숙박업자에게 보험금을 지급한 보험자가 투숙객의 배상책임보험자에게 구상권을 행사할 수는 없다.

08

☑ 확인 Check! ○ △ ×

다음 설명 중 옳지 않은 것은? (다툼이 있는 경우 판례에 의함)

① 피보험자가 소형트럭 차량 운행 중 비가 내리자 시동을 켠 채 운전석 지붕에 올라가 적재함에 방수비닐을 덮다가 미끄러져 추락하는 사고로 후유장애를 입은 경우 피보험자동차의 운행으로 인한 자기신체사고로 보아야 한다.

② 원인불명의 화재사고에서 화재로 인한 임차인의 임차목적물 부분의 손해에 대하여는 임차인이 귀책사유 없음을 입증하여야 한다.

③ 원인불명의 화재사고에서 화재가 임차목적물에서 발생하여 임차하지 않은 목적물까지 타버린 경우에 임차하지 않은 부분의 손해에 대하여는 임대인에게 입증책임이 있다.

④ 보험자는 이른바 임의비급여 진료를 받은 피보험자들에게 지급한 보험금에 대하여 해당 진료비를 받은 병원을 상대로 채권자대위소송을 통해 부당이득반환을 받을 수 있다.

09

☑ 확인 Check! ○ △ ×

복수의 무보험자동차 상해보험이 중복보험에 해당하는 경우의 구상관계에 관한 설명으로 옳지 않은 것은? (다툼이 있는 경우 판례에 의함)

① 중복보험의 합계금의 총액이 피보험자가 입은 하나의 사고로 인한 손해액을 초과하는 경우 보험자는 각자의 보험금액 한도에서 '부진정'연대책임을 지고 각 보험자는 각자의 보험금액에 따른 보상책임을 진다.

② 중복보험자 가운데 하나가 단독으로 피보험자에게 보험약관에서 정한 보험금 지급기준에 따라 정당하게 산정된 보험금을 지급하였다면 다른 보험자를 상대로 각자의 보험금액비율에 따른 분담금의 지급을 청구할 수 있다.

③ 단독으로 보험금을 지급한 보험자는 당사자간에 보험자대위에 동의하는 약정이 있는 때에 한하여 피보험자의 권리를 해하지 아니하는 범위 안에서 그 권리를 대위하여 행사할 수 있다.

④ 단독으로 보험금을 지급한 보험자는 보험자대위청구권과 중복보험분담금청구권이 그 요건을 모두 갖춘 경우라도 분담금청구권을 먼저 행사하여야 한다.

10

☑ 확인 Check! ○ △ ×

상법상 피보험이익에 관한 설명으로 옳은 것은? (다툼이 있는 경우 통설 · 판례에 의함)

① 보험계약의 유효를 전제로 보험료를 받은 보험자가 보험사고발생 후에 비로소 피보험이익이 없다는 이유로 보험계약의 무효를 주장하여도 특별한 사정이 없는 한 신의칙위반은 아니다.
② 창고보험처럼 보험기간 중에 물건의 수시 교체가 이루어지는 총괄보험의 경우는 사고발생시에도 피보험이익의 객체를 확정할 수 없지만, 화재나 도난에 대한 대비책으로 적법한 보험제도이다.
③ 피보험이익은 보험계약 성립의 절대적 요건이므로 피보험이익이 없어 보험계약이 무효가 되는 경우라면 보험자는 보험계약자에게 고의가 있어도 보험료를 반환하여야 한다.
④ 조건부 이익은 보험계약 체결시에 확정할 수 있어야 피보험이익으로 인정된다는 점에서 장래의 이익과 다르다.

11

☑ 확인 Check! ○ △ ×

상법상 일부보험에 관한 설명으로 옳지 않은 것은?

① 당사자간에 다른 약정이 없는 때에는 보험자는 보험금액의 보험가액에 대한 비율에 따라 보상할 책임을 진다.
② 분손의 경우에 다른 약정이 없는 때에는 손해액에 부보비율을 곱하여 산출되는 금액을 지급한다.
③ 보험계약 체결 이후 보험의 목적의 물가 상승으로 보험금액이 보험가액에 미달하는 자연적 일부보험의 경우는 일부보험으로 다룰 수 없다는 견해가 있다.
④ 비율보험에는 일부보험에 관한 상법 규정이 준용된다.

12

☑ 확인 Check! ○ △ ×

잔존물대위와 보험위부를 설명한 것으로 옳지 않은 것은?

① 잔존물대위는 보험의 목적에 현실전손이 발생하여야 하며 손해에 대하여 전부 보상한 보험자가 법률상 당연히 대위권을 취득한다.
② 보험위부는 피보험자의 특별한 의사표시가 있어야 하며 위부권은 형성권이다.
③ 잔존물대위와 달리 보험위부는 해상보험에서 인정되며 두 가지 모두 인보험에 적용될 수 없다.
④ 보험자가 위부를 승인하지 아니한 때에도 피보험자는 위부의 원인을 증명하지 않고 보험금액의 지급을 청구할 수 있다.

13

☑ 확인 Check! ○ △ ×

해상보험에 관한 설명으로 옳은 것은?

① 선박이 정당한 사유 없이 보험계약에서 정한 항로를 이탈한 경우라도 손해발생 전에 원항로로 돌아온 경우에는 보험자는 그 후에 발생한 보험사고에 대하여 보상하여야 한다.

② 적하를 보험에 붙인 경우에 보험계약자 또는 피보험자의 책임 있는 사고로 인하여 선박을 변경한 때에는 그 변경 후의 사고에 대하여 책임을 지지 아니한다.

③ 항해 도중에 불가항력으로 보험의 목적인 적하를 매각한 때에는 매수인이 그 대금을 지급하는 한 보험자는 따로 보상할 책임이 없다.

④ 보험자는 보험의 목적의 안전이나 보존을 위하여 지급할 특별비용이 보험금액의 한도를 넘더라도 보상할 책임이 있다.

14

☑ 확인 Check! ○ △ ×

책임보험계약상 피해자의 직접청구권에 관한 설명으로 옳지 않은 것은?

① 직접청구권을 인정한 상법 제724조 제2항은 강행규정이므로 직접청구권을 부인하거나 그 행사를 어렵게 하는 약관조항은 무효이다.

② 피해자는 피보험자에 대한 손해배상청구권을 전제로 직접청구권을 가지므로 직접청구권은 부종성이 있으며, 보험자는 피해자에게 책임관계상 항변을 원용할 수 있다.

③ 피해자가 피보험자로부터 배상을 받지 못한 상태에서 보험자가 보험금을 임의로 지급한 경우에 그 지급 자체는 유효하고 보험자는 피해자에게 보험금 지급 사실을 들어 항변할 수 있다.

④ 다수의 피해자가 존재하고 총 피해액의 합계가 책임보험 한도액을 초과하는 경우, 다수의 직접청구권자들 사이에는 권리의 우선순위가 없으므로 피해자 각자가 자기 권리의 전부를 주장할 수 있고 보험자는 누구에게라도 유효한 변제를 할 수 있다.

15

☑ 확인 Check! ○ △ ×

동일인이 다수의 생명보험계약을 체결한 경우 그 사실에 대한 고지 또는 통지에 관한 설명으로 옳지 않은 것은? (다툼이 있는 경우 판례에 의함)

① 보험자가 생명보험계약을 체결하면서 다른 보험계약의 존재 여부를 청약서에 기재하여 질문하였다고 하더라도 다른 보험계약의 존재 여부는 고지의무의 대상이 아니다.

② 생명보험계약을 체결한 후 다른 생명보험계약을 다수 가입하였다는 사정만으로 보험계약자 또는 피보험자에게 위험변경증가에 대한 통지의무가 있다고 볼 수 없다.

③ 보험계약 체결 후 동일한 위험을 담보하는 보험계약을 체결할 경우에 이를 통지하도록 하고 이 통지의무를 위반한 경우에 보험자는 그 보험계약을 해지할 수 있다는 약정은 유효하다.

④ 보험자가 다른 보험계약의 존재 여부에 관한 고지의무위반을 이유로 보험계약을 해지하려면 보험계약자 또는 피보험자가 다른 보험계약의 존재를 알고 있는 것 외에 그것이 고지를 요하는 중요한 사항에 해당한다는 사실을 알고도 또는 중대한 과실로 알지 못하여 고지의무를 다하지 아니한 사실을 입증하여야 한다.

16

☑ 확인 Check! ○ △ ×

甲은 남편 乙을 피보험자로, 아들 丙을 보험수익자로 하는 생명보험계약을 보험자와 체결하였다. 이 보험계약의 보험수익자에 관한 설명으로 옳지 않은 것은? (다른 약정이나 가정은 전제하지 않고, 상법 제733조만 적용함)

① 甲이 丙을 보험수익자로 지정하고 변경권을 행사하지 아니하고, 사망하면 丙의 보험수익자로서의 권리가 확정된다.

② 丙이 보험 존속 중에 사망하고, 甲이 재지정권을 행사하지 아니하고 사망하면 丙의 상속인이 보험수익자가 된다.

③ 丙이 보험 존속 중에 사망한 때에는 丙의 상속인이 보험수익자로 확정된다.

④ 丙이 보험 존속 중에 사망하고 甲이 재지정권을 행하하기 전에 乙이 사망한 경우에는 丙의 상속인이 보험수익자가 된다.

17

☑ 확인 Check! ○ △ ✕

甲이 남편 乙을 피보험자로, 자신을 보험수익자로 하는 사망보험계약을 체결하였다. 이 과정에서 보험설계사는 약관상의 피보험자의 서면동의조항(상법 제731조)에 관하여 설명하지 않은채 乙의 동의 없이 서명을 위조하였다. 이 보험계약에 관한 설명으로 옳지 않은 것은? (다툼이 있는 경우 판례에 의함)

① 타인의 사망을 보험사고로 하는 보험계약에 있어서 보험계약 체결시 그 乙의 서면동의를 얻어야 한다는 상법규정은 강행법규로서 이 규정을 위반한 보험계약은 무효이다.

② 서면동의조항을 위반하여 계약을 체결한 자가 스스로 무효를 주장한다고 해도 이러한 주장이 신의성실의 원칙 또는 금반언의 원칙에 반하는 것은 아니다.

③ 甲이 모집과정에서 보험설계사의 주의의무 해태 내지 불법행위로 인하여, 보험사고에도 불구하고 보험금을 지급받지 못하게 되었다면, 보험자는 보험계약자에게 그 보험금 상당의 손해를 배상할 책임이 있다.

④ 乙이 보험계약 성립 이후에 이 계약을 추인한다면 그 보험계약이 유효하고 甲은 보험사고발생시 보험자에 대하여 보험금청구권을 행사할 수 있다.

18

☑ 확인 Check! ○ △ ✕

생명보험자의 면책사유에 관한 설명으로 옳지 않은 것은? (다툼이 있는 경우 판례에 의함)

① 사망보험계약에서 자살을 면책사유로 규정한 경우, 그 자살은 사망자가 자기의 생명을 끊는다는 것을 의식하고 그것을 목적으로 의도적으로 자기 생명을 절단하여 사망의 결과를 발생케 한 행위를 의미한다.

② 생명보험에서 피보험자가 정신질환 등으로 자유로운 의사결정을 할 수 없는 상태에서 사망의 결과를 발생케 한 경우에는 보험자는 면책되지 않는다.

③ 보험사고의 발생에 기여한 복수의 원인이 존재하는 경우 그중 하나가 피보험자 등의 고의행위임을 주장하여 보험자가 면책되기 위해서는 그 행위가 공동원인의 하나이었다는 점을 증명하면 족하다.

④ 생명보험약관에서 '피보험자가 고의로 자신을 해친 경우'를 보험자의 면책사유로 규정하고 있는 경우, 보험자가 보험금 지급책임을 면하기 위해서는 면책사유에 해당하는 사실을 입증할 책임이 있다.

19

☑ 확인 Check! ○ △ ×

단체생명보험에 관한 설명으로 옳지 않은 것은? (다툼이 있는 경우 판례에 의함)

① 피보험자가 보험사고 이외의 사고로 사망하거나 퇴직 등으로 단체의 구성원으로서 자격을 상실하면 그에 대한 단체보험계약에 의한 보호는 종료된다.

② 단체보험계약은 단체 구성원이 보험수익자가 되는 타인을 위한 보험계약이어야 한다.

③ 단체규약으로 피보험자 또는 그 상속인이 아닌 자를 보험수익자로 지정한다는 명시적인 정함이 없는 경우 피보험자의 서면동의 없이 피보험자 또는 그 상속인이 아닌 자를 보험수익자로 지정하였다면 그 지정은 무효이다.

④ 단체보험계약자인 회사의 직원이 퇴사 후 사망하는 보험사고가 발생한 경우, 회사가 그 직원에 대한 보험료를 퇴직 후 계속 납입하였더라도 퇴사와 동시에 단체보험의 피보험자의 지위가 종료되는데 영향을 미치지 아니한다.

20

☑ 확인 Check! ○ △ ×

보험계약과 관련된 통지의무에 관한 설명으로 옳지 않은 것은?

① 보험계약자 또는 피보험자나 보험수익자는 보험사고의 발생을 안 때에 지체 없이 보험자에게 그 통지를 발송하여야 한다.

② 보험사고 통지의무를 해태함으로 인하여 손해가 증가된 때에는 보험자는 그 증가된 손해를 보상할 책임이 없다.

③ 책임보험에서 피보험자가 제3자로부터 배상청구를 받은 때에도 그 통지를 발송하여야 하고, 통지를 게을리하여 손해가 증가된 경우에도 보험자는 그 증가된 손해를 보상할 책임이 있다.

④ 책임보험에서 피보험자가 제3자에 대하여 변제, 승인, 화해 또는 재판으로 인하여 채무가 확정된 때에는 지체 없이 보험자에게 그 통지를 발송하여야 한다.

21

☑ 확인 Check! ○ △ ✕

보험업법상 다음 보기의 ( )에 들어갈 내용으로 옳은 것은?

전문보험계약자 중 ( )가 이 일반보험계약자와 같은 대우를 받겠다는 의사를 보험회사에 서면으로 통지하는 경우 보험회사는 정당한 사유가 없으면 이에 동의하여야 하며, 보험회사가 동의한 경우에는 해당 보험계약자는 일반보험계약자로 본다.

① 국 가
② 지방자치단체
③ 한국은행
④ 신용보증기금

22

☑ 확인 Check! ○ △ ✕

보험업법상 다음의 보기 중 소액단기전문보험회사가 모집할 수 있는 보험상품의 종류를 모두 고른 것은?

가. 생명보험계약	나. 연금보험계약
다. 화재보험계약	라. 자동차보험계약
마. 책임보험계약	바. 동물보험계약
사. 질병보험계약	아. 간병보험계약

① 가, 다, 라, 아
② 가, 마, 바, 사
③ 나, 다, 마, 바
④ 나, 라, 사, 아

23

☑ 확인 Check! ○ △ ✕

보험업법상 보험회사는 대통령령으로 정하는 금융 관련 법령에서 정하고 있는 금융업무로서 해당 법령에서 보험회사가 할 수 있도록 한 업무를 겸영할 수 있다. 이에 해당하는 업무가 아닌 것은?

① 「자산유동화에 관한 법률」에 따른 유동화자산의 관리업무
② 「한국주택금융공사법」에 따른 채권유동화자산의 관리업무
③ 「주택저당채권유동화회사법」에 따른 유동화자산의 관리업무
④ 「신용정보의 이용 및 보호에 관한 법률」에 따른 본인신용정보관리업

24

☑ 확인Check! ○ △ ×

보험업법상 다음의 보기 중 보험회사의 자산운용 방법으로 허용되는 것을 모두 고른 것은?

가. 저당권의 실행으로 인한 비업무용 부동산의 소유 나. 유가증권에 대한 투기를 목적으로 하는 자금의 대출 다. 간접적으로 해당 보험회사의 주식을 사도록 하기 위한 대출 라. 간접적인 정치자금의 대출 마. 해당 보험회사의 임직원에 대한 보험약관에 따른 대출

① 가, 다
② 가, 마
③ 나, 라
④ 나, 다, 마

25

☑ 확인Check! ○ △ ×

보험업법상 보험회사의 재무제표 등의 제출에 관한 설명으로 옳지 않은 것은?

① 보험회사는 매년 12월 31일에 그 장부를 폐쇄하여야 한다.
② 보험회사는 장부를 폐쇄한 날부터 3개월 이내에 금융위원회가 정하는 바에 따라 재무제표 및 사업보고서를 금융위원회에 제출하여야 한다.
③ 보험회사는 매월의 업무 내용을 적은 보고서를 다음 달 말일까지 금융위원회가 정하는 바에 따라 금융위원회에 제출하여야 한다.
④ 보험회사는 재무제표 또는 월간업무보고서 등 제출서류를 대통령령으로 정하는 바에 따라 전자문서로 제출하여야 한다.

26

☑ 확인 Check! ○ △ ✕

보험업법상 보험회사인 주식회사의 자본감소에 관한 설명으로 옳지 않은 것은?

① 자본감소를 결의한 경우에는 그 결의를 한 날로부터 2주 이내에 결의의 요지와 재무상태표를 공고하여야 한다.

② 자본감소의 결의를 할 때 주식 금액 또는 주식 수의 감소에 따른 자본금의 실질적 감소를 하려면 미리 금융위원회에 신고하여야 한다.

③ 자본감소의 결의에 따른 공고에는 보험계약자로서 자본감소에 이의가 있는 자는 1개월 이상의 이의신청 기간과 이 기간 동안에 이의를 제출할 수 있다는 내용을 포함해야 한다.

④ 자본감소는 이의를 제기한 보험계약자나 그 밖에 보험계약으로 발생한 권리를 가진 자에 대하여도 효력이 미친다.

27

☑ 확인 Check! ○ △ ✕

보험업법상 외국보험회사국내지점에 관한 설명으로 옳지 않은 것은?

① 금융위원회는 외국보험회사의 본점이 합병 영업양도 등으로 소멸하는 경우 그 외국보험회사국내지점에 대하여 청문을 거쳐 보험업의 허가를 취소할 수 있다.

② 외국보험회사국내지점의 대표자는 퇴임한 후에도 후임 대표자의 이름 및 주소에 관하여 상법에 따른 등기가 있을 때까지는 계속하여 대표자의 권리와 의무를 가진다.

③ 외국보험회사국내지점은 그 외국보험회사의 본점이 휴업하거나 영업중지한 경우에는 그 사유가 발생한 날부터 2주 이내에 그 사실을 금융위원회에 알려야 한다.

④ 보험업의 허가를 받은 외국보험회사의 본점이 보험업을 폐업하거나 해산한 경우에는 금융위원회가 필요하다고 인정하면 잔무처리를 할 자를 선임하거나 해임할 수 있다.

28

☑ 확인 Check! ○ △ ✕

보험업법상 보험설계사에 관한 설명으로 옳지 않은 것은?

① 보험설계사는 생명보험설계사 손해보험설계사(간단손해보험설계사를 포함), 제3보험설계사로 구분한다.

② 보험회사·보험대리점 및 보험중개사는 보험설계사가 되려는 자를 금융위원회에 등록하여야 한다.

③ 보험설계사가 교차모집을 하려는 경우에는 교차모집을 하려는 보험회사의 명칭 등 금융위원회가 정하여 고시하는 사항을 적은 서류를 금융위원회에 제출해야 한다.

④ 보험회사는 소속 보험설계사에게 최초로 유효한 등록을 한 날부터 2년이 지날 때마다 2년이 된 날부터 6개월 이내에 보험업법에 정해진 기준에 따라 교육을 해야 한다.

29

☑ 확인Check! ○ △ ×

보험업법상 다음 보기의 ( )에 들어갈 내용을 순서대로 나열한 것은?

> 보험계약의 체결 또는 모집에 종사하는 자가 기존 보험계약이 소멸된 날로부터 ( ) 이내에 새로운 보험계약을 청약하거나 새로운 보험계약을 청약하게 한 날로부터 ( ) 이내에 기존보험계약을 소멸하게 하는 행위를 하는 경우 기존보험계약을 부당하게 소멸시키거나 소멸하게 하는 행위를 한 것으로 본다. 다만 보험계약자가 기존 보험계약 소멸 후 새로운 보험계약 체결시 손해가 발생할 가능성이 있다는 사실을 알고 있음을 자필로 서명하는 등 대통령령으로 정하는 바에 따라 본인의 의사에 따른 행위임이 명백히 증명되는 경우에는 그러하지 아니하다.

① 1개월 - 1개월
② 1개월 - 3개월
③ 3개월 - 3개월
④ 6개월 - 6개월

30

☑ 확인Check! ○ △ ×

보험업법상 간단손해보험대리점이 준수해야 할 사항이 아닌 것은?

① 소비자에게 재화 또는 용역의 판매・제공・중개를 조건으로 보험가입을 강요하지 아니할 것
② 판매・제공・중개하는 재화 또는 용역과 별도로 소비자가 보험계약을 체결 또는 취소하거나 보험계약의 피보험자가 될 수 있는 기회를 보장할 것
③ 재화・용역을 구매하면서 동시에 보험계약을 체결하는 경우와 보험계약만 체결하는 경우간에 보험료, 보험금의 지급조건 및 보험금의 지급규모 등에 차이가 발생하지 않도록 할 것
④ 보험계약자에게 피보험이익이 없으면서 보험계약자가 보험료 전부를 부담하는 단체보험계약을 체결하는 경우 사전에 서면, 문자메세지, 전자우편 또는 팩스 등의 방법으로 보험업법에서 정하는 내용이 포함된 안내자료를 피보험자가 되려는 자에게 제공할 것

31

☑ 확인Check! ○ △ ✕

보험업법상 다음의 보기 중 보험상품공시위원회의 위원 가운데 보험협회의 장의 위촉이 필요하지 않은 당연직 위원은 모두 몇 명인가?

가. 금융감독원 상품담당 부서장 나. 보험협회의 상품담당 임원 다. 보험요율산출기관의 상품담당 임원 라. 보험회사의 상품담당 임원 마. 보험회사의 선임계리사 바. 소비자단체에서 추천하는 사람

① 2명
② 3명
③ 4명
④ 5명

32

☑ 확인Check! ○ △ ✕

보험업법상 보험회사에 대한 금융위원회의 제재로서 다음 보기의 (　　)에 들어가는 조치로 옳은 것은?

금융위원회는 보험회사(그 소속 임직원을 포함한다)가 이 법 또는 이 법에 따른 규정·명령 또는 지시를 위반하여 보험회사의 건전한 경영을 해치거나 보험계약자, 피보험자, 그 밖의 이해관계인의 권익을 침해할 우려가 있다고 인정되는 경우에는 금융감독원장으로 하여금 (　　)의 조치를 하게 할 수 있다.

① 해당 위반행위에 대한 시정명령
② 6개월 이내의 영업의 일부정지
③ 보험회사에 대한 주의·경고 또는 그 임직원에 대한 주의·경고·문책의 요구
④ 임원(「금융회사의 지배구조에 관한 법률」 제2조 제5호의 업무집행책임자는 제외)의 해임권고·직무정지

33

☑ 확인 Check! ○ △ ✕

보험업법상 보험요율산출기관에 관한 설명으로 옳은 것은?

① 보험요율산출기관은 보험회사가 적용할 수 있는 순보험요율을 산출하여 금융위원회에 신고하여야 한다.
② 보험회사는 이 법에 따라 금융위원회에 제출하는 기초서류를 보험요율산출기관으로 하여금 확인하게 할 수 있다.
③ 보험요율산출기관은 이 법 또는 이 법에 따른 명령에 특별한 규정이 없으면 「민법」 중 재단법인에 관한 규정을 준용한다.
④ 보험요율산출기관이 그 업무와 관련하여 정관으로 정하는 바에 따라 보험회사로부터 수수료를 받기 위해서는 금융위원회의 승인이 있어야 한다.

34

☑ 확인 Check! ○ △ ✕

보험업법상 선임계리사의 임면에 관한 설명으로 옳지 않은 것은?

① 선임계리사를 해임하려는 경우에는 선임계리사의 해임 전에 이사회의 의결을 거쳐 금융위원회에 신고해야 하지만, 외국보험회사의 국내지점의 경우에는 이사회의 의결을 거치지 아니할 수 있다.
② 보험회사는 선임계리사가 업무정지 명령을 받은 경우에는 업무정지 기간 중 그 업무를 대행할 사람을 선임하여 금융위원회에 보고하여야 한다.
③ 금융위원회는 선임계리사가 그 직무를 게을리 하거나 직무를 수행하면서 부적절한 행위를 하였다고 인정되는 경우에는 6개월 이내의 기간을 정하여 업무의 정지를 명하거나 해임하게 할 수 있다.
④ 보험회사가 선임계리사를 선임한 경우에는 금융위원회의 해임 요구가 있는 때에도 그 선임일이 속한 사업연도의 다음 사업연도부터 연속하는 3개 사업연도가 끝나는 날까지 그 선임계리사를 해임할 수 없다.

35

☑ 확인 Check! ○ △ ✕

보험업법상 선임계리사는 수행할 수 없고, 보험계리사 및 보험계리업자만 수행할 수 있는 업무는?

① 기초서류 내용의 적정성에 관한 사항
② 잉여금의 배분・처리 및 보험계약자 배당금의 배분에 관한 사항
③ 지급여력비율 계산 중 보험료 및 책임준비금과 관련된 사항
④ 상품 공시자료 중 기초서류와 관련된 사항

36

☑ 확인 Check! ○ △ ✕

다음 중 「근로자퇴직급여보장법」상 사전지정운용제도에 관한 설명으로 옳지 않은 것은 모두 몇 개인가?

가. "사전지정운용제도"란 가입자가 적립금의 운용방법을 스스로 선정하지 아니한 경우 사전에 지정한 운용방법으로 적립금을 운용하는 제도를 말한다. 나. 운용관리업무를 수행하는 퇴직연금사업자는 금융위원회의 승인을 받아 사전지정운용방법을 변경할 수 있다. 다. 운용관리업무를 수행하는 퇴직연금사업자는 사전지정운용방법을 사용자에게 우편 발송, 서면 교부, 정보통신망에 의한 전송, 그 밖에 이에 준하는 방법으로서 당사자가 합의한 방법에 따라 제시하여야 한다. 라. 운용관리업무를 수행하는 퇴직연금사업자는 사전지정운용방법에 적립금의 안정적 수익을 보장하는 운용유형을 반드시 포함시켜야 한다. 마. 「근로자퇴직급여보장법」이 정한 방법에 따라 사전지정운용방법을 제시받은 사용자는 사업 또는 사업장 단위로 사전지정운용방법을 설정하여 근로자 대표와 협의하여 확정기여형퇴직연금규약에 반영하여야 한다.

① 없다.
② 1개
③ 2개
④ 3개

37

☑ 확인 Check! ○ △ ✕

다음 중 「근로자퇴직급여보장법」상 확정급여형퇴직연금제도에 관한 설명으로 옳지 않은 것은?

① 확정급여형퇴직연금제도란 근로자가 받을 급여의 수준이 사전에 결정되어 있는 퇴직연금제도를 말한다.
② 확정급여형퇴직연금제도에 따른 가입기간은 해당 퇴직연금제도의 설정 전후에 걸쳐 해당 사업에서 제공한 근로기간을 모두 합한 기간으로 하여야 한다.
③ 확정급여형퇴직연금제도의 급여 수준은 가입자의 퇴직일을 기준으로 산정한 일시금이 계속근로기간 1년에 대하여 30일분 이상의 평균임금이 되도록 하여야 한다.
④ 매 사업연도 말 적립금이 기준책임준비금의 100분의 150을 초과하고 사용자가 반환을 요구하는 경우 퇴직연금사업자는 그 초과분을 사용자에게 반환할 수 있다.

38

☑ 확인Check! ○ △ ×

다음 중 「근로자퇴직급여보장법」상 개인형퇴직연금제도에 대한 설명으로 옳지 않은 것은?

① 상시 10명 미만의 근로자를 사용하는 사업의 사용자는 근로자 대표와 협의하여 퇴직급여제도의 설정에 갈음하여 개인형퇴직연금제도를 설정할 수 있다.

② 상시 10명 미만의 근로자를 사용하는 사업의 사용자가 퇴직급여제도에 갈음하여 개인형퇴직연금제도를 설정한 경우 사용자는 가입자별로 연간 임금 총액의 12분의 1 이상에 해당하는 부담금을 현금으로 가입자의 개인형퇴직연금제도 계정에 납입하여야 한다.

③ 개인형퇴직연금제도의 급여를 연금으로 수령하기 위해서는 가입자의 연령이 55세 이상이어야 하고 연금의 지급기간은 5년 이상이어야 한다.

④ 「사립학교교직원 연금법」의 적용을 받는 교직원도 안정적인 노후소득 확보를 위해 개인형퇴직연금제도를 설정할 수 있다.

39

☑ 확인Check! ○ △ ×

다음 중 「근로자퇴직급여보장법」상 확정급여형퇴직연금제도의 적립금운용위원회에 관한 설명으로 옳지 않은 것은?

① 상시 300명 이상의 근로자를 사용하는 사업의 사용자는 퇴직연금제도 적립금의 합리적인 운용을 위하여 적립금운용위원회를 구성하여야 한다.

② 적립금운용위원회의 위원장은 해당 사업에서 퇴직연금업무를 담당하는 부서장으로 한다.

③ 적립금운용위원회의 회의는 연 1회 이상 개최해야 한다.

④ 상시 300명 이상의 근로자를 사용하는 사업의 사용자는 적립금운용위원회의 심의를 거친 적립금운용계획서에 따라 적립금을 운용하여야 한다.

40

☑ 확인Check! ○ △ ✕

다음 사례 중 퇴직연금사업자로부터 퇴직연금제도를 설정하거나 가입할 자를 모집하는 업무를 위탁받은 자의 준수사항을 위반한 사례는 모두 몇 개인가? (갑, 을, 병, 정, 무는 모두 적법한 퇴직연금제도 모집인 자격을 보유하고 있음을 전제함)

> 가. A 퇴직연금사업자와 모집업무 위탁계약을 체결한 갑은 B 퇴직연금사업자와 모집업무 위탁계약을 체결하고 모집업무를 수행하였다.
> 나. 을은 C에게 퇴직연금제도 모집업무를 다시 위탁하였다.
> 다. 병은 퇴직연금제도에 가입하려는 D에게 퇴직연금제도 및 운영에 관한 사항을 설명하였다.
> 라. 정은 모집업무를 수행하면서 퇴직연금제도 설정 예정인 E 사업장의 사용자를 대리하여 퇴직연금사업자와 계약을 체결하였다.
> 마. 무는 퇴직연금제도 가입자 F로부터 적립금 운영방법에 대한 지시를 받아 퇴직연금사업자에게 전달하였다.

① 1개
② 2개
③ 3개
④ 4개

2024년 제47회
경제학원론 1차 기출문제

중요 문제 / 틀린 문제 CHECK

01	02	03	04	05	06	07	08	09	10	11	12	13	14	15	16	17	18	19	20
21	22	23	24	25	26	27	28	29	30	31	32	33	34	35	36	37	38	39	40

시간 분 | 정답 및 해설편 330p

01

확인 Check! ○ △ ×

두 재화 X, Y만을 소비하는 갑은 주어진 소득을 모두 사용하여 X재와 Y재 조합 $(X,\ Y)=(4,\ 3)$을 소비할 수도 있고, $(X,\ Y)=(1,\ 9)$를 소비할 수도 있다. 갑의 예산선으로 옳은 것은?

① $X+Y=7$

② $X+Y=10$

③ $\frac{1}{2}X+Y=5$

④ $2X+Y=11$

02

확인 Check! ○ △ ×

노동시장에서 임금이 균형임금보다 높게 유지되는 요인으로 옳지 않은 것은?

① 후방굴절 노동공급곡선

② 최저임금제

③ 시장지배력이 있는 노동조합

④ 효율임금(efficiency wages)

03

☑ 확인Check! ○ △ ×

10명으로 이루어진 마을에서 공공재인 X재에 대한 개인 i의 수요곡선이 $Q_i = 12 - P_i (i = 1, 2, \cdots, 10)$으로 서로 동일할 때, 공공재 공급을 위한 비용곡선이 $C(Q) = 10 + Q^2$이면 최적생산량은? (단, Q_i, P_i, Q는 각각 i의 수요량, i가 부담하는 가격, 공공재 생산량이다)

① 4
② 6
③ 10
④ 12

04

☑ 확인Check! ○ △ ×

도덕적 해이에 관한 설명으로 옳지 않은 것은?

① 본인 – 대리인 문제는 도덕적 해이의 한 예이다.
② 중고차 보증제도는 도덕적 해이의 해결 방안이다.
③ 평판과 상표 이미지를 통해 상품시장의 도덕적 해이가 완화될 수 있다.
④ 도덕적 해이를 방지하기 위한 장치를 고안하는 일을 유인설계(incentive design)라고 한다.

05

☑ 확인Check! ○ △ ×

파레토 효율성을 만족하는 사례로 옳은 것은?

① 공공재 시장
② 독점기업의 제1급 가격차별
③ 규모에 대한 수익 체증 생산기술에 의한 독점시장
④ 긍정적 외부효과를 발생시키는 민간기업의 생산활동

06

☑ 확인 Check! ○ △ ×

아래 그림은 두 재화 X, Y만을 생산하는 갑국과 을국의 생산곡선이다. 이에 관한 설명으로 옳지 않은 것은? (단, 갑국과 을국의 생산요소는 부존량이 동일하다)

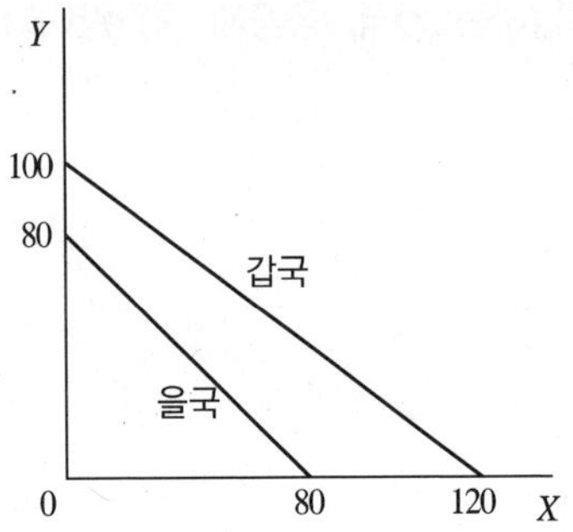

① 갑국의 경우 X재 1단위 생산의 기회비용은 Y재 $\frac{5}{6}$단위이다.

② 을국의 경우 Y재 1단위 생산의 기회비용은 X재 1단위이다.

③ 갑국은 을국에 비해 Y재 생산에 절대우위가 있다.

④ 을국은 갑국에 비해 X재 생산에 비교우위가 있다.

07

☑ 확인 Check! ○ △ ×

재화 X의 시장수요곡선은 $Q_d = 20 - 3P$, 시장공급곡선은 $Q_s = 5 + 2P$이다. 정부가 $P = 4$에서 실효성이 있는 가격하한제를 시행할 때, 자중손실(deadweight loss)은? (단, Q_d는 수요량, Q_s는 공급량, P는 가격이다)

① 0

② $\frac{15}{2}$

③ $\frac{15}{4}$

④ $\frac{15}{7}$

08

☑ 확인 Check! ○ △ ×

사과에 대한 수요의 가격탄력성은 2, 공급의 가격탄력성은 0.5로 일정하다. 사과 수요에 대한 소득탄력성이 2로 일정할 때, 소득이 5% 증가한다면 새로운 균형가격은? (단, 수요곡선은 우하향, 공급곡선은 우상향하고, 교차탄력성은 0이다)

① 2% 상승
② 4% 상승
③ 5% 상승
④ 10% 상승

09

☑ 확인 Check! ○ △ ×

두 재화 X, Y에 대해 효용을 극대화하는 갑의 효용함수는 $U(X, Y) = 5X^2 + 2Y^2$이다. X재 가격은 16, Y재 가격은 10이며, 갑의 소득이 27일 때, 갑의 선택에 관한 설명으로 옳은 것은?

① X재만을 선택한다.
② Y재만을 선택한다.
③ X재를 Y재보다 더 많이 선택한다.
④ X재와 Y재를 선택하는 수량은 같다.

10

☑ 확인 Check! ○ △ ×

두 재화 X, Y에 대해 효용을 극대화하는 갑의 효용함수는 $U(X, Y) = XY$이고, 소득은 m이다. X재와 Y재의 가격이 각각 P_X, P_Y일 때, X재에 대한 갑의 수요함수는?

① $\frac{m}{P_X}$
② $\frac{m}{2P_X}$
③ $\frac{m}{P_X + P_Y}$
④ $\frac{m}{2P_X + P_Y}$

11

☑ 확인Check! ○ △ ×

두 재화 X, Y의 가격이 각각 5, 1일 때, 갑은 두 재화 X, Y의 조합 $(X, Y)=(6, 3)$을 선택했다. 두 재화 X, Y의 새로운 가격 P_X, P_Y에서 갑이 두 재화 X, Y의 조합 $(X, Y)=(5, 7)$을 선택할 때, 갑의 선택이 현시선호의 약공리(the weak axiom of revealed preference)를 만족하는 조건은?

① $P_X > 4P_Y$

② $P_X < 4P_Y$

③ $P_X > 5P_Y$

④ $5P_X = P_Y$

12

☑ 확인Check! ○ △ ×

생산요소 L, K를 이용한 기업 A의 생산함수는 $Q=[\min(L, 3K)]^{1/2}$이다. L, K의 가격이 각각 1일 때, 기업 A가 Q를 생산하는 최소비용은?

① $\frac{3}{4}Q^{1/2}$

② $\frac{3}{4}Q^2$

③ $\frac{4}{3}Q^{1/2}$

④ $\frac{4}{3}Q^2$

13

☑ 확인 Check! ○ △ ×

제품 A를 생산하는 완전경쟁시장에서 서로 다른 생산기술 S, T에 대한 비용함수는 아래와 같다.

$$C_S(Q) = 1{,}000 + 600Q - 40Q^2 + Q^3$$
$$C_T(Q) = 200 + 145Q - 10Q^2 + Q^3$$

제품 A의 가격이 190일 때, 단기에서 생산기술 S, T를 사용하여 이윤을 극대화하는 기업에 관한 설명으로 옳은 것은? (단, Q는 제품 A의 생산량이다)

① S기술을 사용하는 기업과 T기술을 사용하는 기업이 모두 생산한다.
② S기술을 사용하는 기업은 생산하고, T기술을 사용하는 기업은 조업 중단한다.
③ S기술을 사용하는 기업은 조업 중단하고, T기술을 사용하는 기업은 생산한다.
④ S기술을 사용하는 기업과 T기술을 사용하는 기업이 모두 조업 중단한다.

14

☑ 확인 Check! ○ △ ×

완전경쟁시장에서 기업 A는 생산요소 L만을 투입하여 X재를 생산, 공급하고 있다. 생산요소 가격은 수량할인이 적용되어 $\frac{25}{L} + 4$이다. X재 가격이 1이고, 기업의 생산함수가 $Q_X = 60L - L^2$일 때, 이윤을 극대화하는 생산요소 투입량은?

① 0
② 28
③ 42
④ 56

15

☑ 확인 Check! ○ △ ×

이윤을 극대화하는 독점기업 A가 직면하는 수요곡선은 $Q = 100 - 3P$이다. 이 기업의 한계비용은 단위당 20인데, 정부가 단위당 10의 종량세를 부과할 때, 종량세 부과 이전과 비교하여 이 기업의 선택으로 옳은 것은? (단, Q는 수요량, P는 가격이다)

① 생산량은 15 줄이고, 가격은 5 인상한다.
② 생산량은 20 줄이고, 가격은 5 인상한다.
③ 생산량은 15 줄이고, 가격은 10 인상한다.
④ 생산량은 20 줄이고, 가격은 10 인상한다.

16

☑ 확인Check! ○ △ ×

복점시장에서 기업 A, B의 비용함수는 각각 $C_A(Q_A) = 2Q_A + 500$, $C_B(Q_B) = 2Q_B + 400$이다. 이 시장의 수요곡선이 우하향하는 직선이고, 꾸르노 균형(Cournot equilibrium)에서 기업 A, B의 생산량이 양(+)일 때, 이에 관한 설명으로 옳은 것은? (단, Q_A는 기업 A의 생산량, Q_B는 기업 B의 생산량이다)

① 고정비용이 높은 기업 A가 더 많이 생산한다.
② 고정비용이 낮은 기업 B가 더 많이 생산한다.
③ 두 기업 A, B의 생산량은 동일하다.
④ 두 기업 A, B의 생산량의 합은 두 기업이 담합하는 경우보다 적다.

17

☑ 확인Check! ○ △ ×

노동수요곡선 자체를 이동시키는 요인으로 옳지 않은 것은?

① 임 금
② 노동의 한계생산
③ 기술진보
④ 다른 생산요소 가격의 변화

18

☑ 확인Check! ○ △ ×

아래 표는 통신시장을 양분하고 있는 기업 A, B의 보수행렬이다. 통신요금을 인하, 유지, 인상하는 전략을 기업 A, B가 동시에 선택하는 일회성 비협조 게임의 순수전략 내쉬균형(Nash equilibrium in pure strategies)은? (단, 괄호 안의 왼쪽은 기업 A의 보수, 오른쪽은 기업 B의 보수이다)

		기업 B 인 하	기업 B 유 지	기업 B 인 상
기업 A	인 하	(−20, −20)	(−40, 0)	(−40, 0)
	유 지	(0, −40)	(5, 5)	(10, 0)
	인 상	(0, −40)	(0, 10)	(30, 30)

① (인하, 인하), (유지, 유지)
② (유지, 유지), (인상, 인상)
③ (인하, 인하), (유지, 유지), (인상, 인상)
④ 순수전략 내쉬균형이 존재하지 않는다.

19

☑ 확인 Check! ○ △ ✕

갑은 하루에 4시간의 노동으로 두 재화 X, Y를 생산하여 소비하고 있다. 갑은 X재를 시간당 2개 또는 Y재를 시간당 3개를 생산하며, 생산한 두 재화 X, Y의 소비로부터 얻는 갑의 효용은 $U(X, Y) = XY$이다. 갑이 효용을 극대화할 때, X재 생산(소비)량은?

① 1
② 2
③ 4
④ 6

20

☑ 확인 Check! ○ △ ✕

인접한 두 편의점 X, Y는 광고를 통해 고객의 관심을 끌고 있다. 편의점 X, Y의 이윤함수는 각각 $\pi_X = (45 + y)x - 2x^2$, $\pi_Y = (75 + x)y - 2y^2$이다. 이윤을 극대화하는 편의점 X, Y가 내쉬균형에서처럼 독립적으로 광고비를 결정한다면, 이에 관한 설명으로 옳은 것은? (단, x, y는 각각 편의점 X, Y의 광고비이다)

① 편의점 X의 광고비는 편의점 Y보다 크다.
② 편의점 X와 편의점 Y의 광고비는 같다.
③ 편의점 X의 광고비는 편의점 Y보다 작다.
④ 편의점 X의 광고비는 편의점 Y의 이윤에 부정적 외부효과를 주고 있다.

21

☑ 확인 Check! ○ △ ✕

다음 사례 중 경제활동참가율과 실업률을 동시에 높이는 것은?

① 직장이 없고 구직활동을 하지 않던 사람이 새로 구직활동을 시작하였다.
② 취업자였던 사람이 실직한 후 더 이상 구직활동을 하지 않고 있다.
③ 취업자였던 사람이 실직한 후 구직활동을 시작하였다.
④ 구직활동을 하던 사람이 구직을 단념하고 구직활동을 하지 않고 있다.

22

☑ 확인 Check! ○ △ ×

물가지수에 관한 설명으로 옳지 않은 것은?

① GDP디플레이터는 매년 재화 구성이 바뀌지만, 소비자물가지수는 일정 기간 재화 구성이 고정되어 있다.

② 수입 소비재의 가격 변화는 GDP디플레이터에 직접 영향을 미치지 않지만, 소비자물가지수에는 직접 영향을 미친다.

③ 근원물가지수에는 소비자물가를 구성하는 재화 중에서 단기 변동성이 큰 식료품 및 에너지를 제외한 지수가 있다.

④ GDP디플레이터가 상승하였다면 실질GDP 증가율이 GDP디플레이터 상승률보다 낮다.

23

☑ 확인 Check! ○ △ ×

A국 경제가 아래와 같은 국민소득계정 구성항목을 가질 때, 국민저축률은?

소 비	1,000	수 입	400
민간재고투자	20	민간고정투자	180
정부소비지출	150	정부투자지출	50
조세수입	100	이전지출	50
수 출	500		

① 15%

② 20%

③ 25%

④ 40%

24

☑ 확인Check! ○ △ ✕

통화승수에 관한 설명으로 옳은 것을 모두 고르면?

ㄱ. 민간보유현금/요구불예금 비율이 상승하면 통화승수가 작아진다.
ㄴ. 재할인 대출이 증가하면 통화승수가 작아진다.
ㄷ. 요구불예금에 대한 지급준비율보다 저축성예금에 대한 지급준비율이 낮을 때, 저축성예금/요구불예금 비율이 높아지면 M2 통화승수가 커진다.
ㄹ. 공개시장매입은 통화승수를 커지게 한다.

① ㄱ, ㄴ
② ㄱ, ㄷ
③ ㄴ, ㄹ
④ ㄴ, ㄷ, ㄹ

25

☑ 확인Check! ○ △ ✕

아래와 같이 총공급($\overline{Y}$)이 고정되어 있는 경제에서 정책의 효과에 관한 설명으로 옳지 않은 것은? (단, C, T, r, I, G, NX는 각각 소비, 조세, 이자율, 투자, 정부지출, 순수출이다)

$\overline{Y}=1,000$
$C=100+0.8(\overline{Y}+T)-3,000r$
$I=300-2,000r$
$G=210$
$T=200$
$NX=0$

① 정부지출의 증가는 이자율을 상승시킨다.
② 정부지출의 증가는 소비를 감소시킨다.
③ 정부지출의 증가는 완전히 구축된다.
④ 정부지출을 x만큼 증가시키는 정책의 이자율 상승폭과 조세를 x만큼 감면하는 정책의 이자율 상승폭은 같다.

26

☑ 확인Check! ○ △ ✕

2022년 4월 15일에 액면가 1,000만원, 이표금리 5%인 3년 만기 국채 A가 액면가에 발행되었다. 2024년 4월 15일에 국채 A의 이표이자를 지급 받은 후 이를 매도할 때, 당일 이표금리 3%인 1년 만기국채 B가 액면가로 신규 발행된다면, 국채 A의 가격은? (단, 소수점 둘째 자리에서 반올림하여 첫째자리로 계산한다)

① 1,050.0만원

② 1,029.4만원

③ 1,019.4만원

④ 1,002.0만원

27

☑ 확인Check! ○ △ ✕

투자에 관한 설명으로 옳지 않은 것은?

① 총수요가 증가할 때 투자가 증가하면 독립지출의 승수효과가 커진다.

② 자본재 대체비용 대비 주식의 시장가치가 증가하면 토빈의 q가 상승하여 투자가 증가한다.

③ 연말 재고는 연초 재고와 관계없이 국민소득계정의 투자 항목으로 계상된다.

④ 기술진보는 자본의 한계생산을 증가시켜 투자수요를 증가시킨다.

28

☑ 확인Check! ○ △ ✕

아래와 같은 국민소득결정모형에서 정부지출승수는? (단, Y, C, I, G, EX, IM, T는 각각 소득, 소비, 투자, 정부지출, 수출, 수입, 조세이다)

$$Y = C + I + G + EX - IM$$
$$C = 500 + 0.5(Y - T)$$
$$I = 100 + 0.4Y$$
$$G = 200$$
$$T = 0.2Y$$
$$EX = 400$$
$$IM = 0.2Y$$

① 2.5

② 4

③ 4.5

④ 5

29

☑ 확인Check! ○ △ ×

요구불예금에 대한 법정지급준비율이 8%, 초과지급준비금이 5조원이고, 요구불예금/민간보유현금 비율은 5이다. 민간보유현금이 50조원일 때, M1 통화승수는?

① 2.5

② 4

③ 5

④ 5.5

30

☑ 확인Check! ○ △ ×

$IS-LM$모형을 이용하여 경제정책의 효과를 비교한 설명으로 옳은 것을 모두 고르면? (단, IS곡선은 우하향, LM곡선은 우상향한다)

ㄱ. 투자가 이자율에 탄력적으로 반응할수록 확장적 통화정책의 총수요 증가효과가 커진다.
ㄴ. 투자가 이자율에 탄력적으로 반응할수록 확장적 재정정책의 총수요 증가효과가 커진다.
ㄷ. 화폐수요가 이자율에 탄력적으로 반응할수록 확장적 재정정책의 총수요 증가효과가 커진다.
ㄹ. 화폐수요가 이자율에 탄력적으로 반응할수록 확장적 통화정책의 총수요 증가효과가 커진다.

① ㄱ, ㄷ

② ㄱ, ㄹ

③ ㄴ, ㄷ

④ ㄴ, ㄹ

31

☑ 확인Check! ○ △ ×

아래와 같이 거시경제균형이 결정되는 모형에 관한 설명으로 옳지 않은 것은? (단, $\hat{y}$, π, π^e, r, r^*, θ, π^T는 각각 총생산갭, 인플레이션율, 기대인플레이션율, 실질이자율, 장기균형 실질이자율, 지출충격, 목표인플레이션율이며, α, β, λ는 양$(+)$의 상수이다)

단기총공급곡선 : $\hat{y}=\alpha(\pi-\pi^e)$ IS곡선 : $\hat{y}=-\beta(r-r^*)+\theta$ 중앙은행 금리준칙 : $r=r^*+\lambda(\pi-\pi^T)$

① 고정된 기대인플레이션율에서 목표인플레이션율을 높이는 정책은 총생산갭을 증가시킨다.
② 고정된 기대인플레이션율에서 목표인플레이션율을 높이는 정책은 인플레이션율을 상승시킨다.
③ 통화정책의 신뢰성이 높아 기대인플레이션율이 목표인플레이션율과 같다면 디스인플레이션 정책의 경기침체 효과는 없다.
④ 고정된 기대인플레이션율에서 양$(+)$의 지출충격은 인플레이션율을 하락시킨다.

32

☑ 확인Check! ○ △ ×

자본이동이 완전히 자유롭고 변동환율제를 채택하고 있는 소규모 개방경제모형인 먼델–플레밍(Mundell–Fleming) 모형에서 옳은 것을 모두 고르면?

ㄱ. 정부지출이 증가하면 국내 통화가치가 상승한다. ㄴ. 정부지출이 증가하면 순수출이 감소한다. ㄷ. 통화량이 증가하면 국내 통화가치가 상승한다. ㄹ. 통화량이 증가하면 순수출이 감소한다.

① ㄱ, ㄴ
② ㄷ, ㄹ
③ ㄱ, ㄴ, ㄹ
④ ㄴ, ㄷ, ㄹ

33

☑ 확인Check! ○ △ ×

아래와 같은 솔로우 경제성장모형을 따르는 경제가 현재 균제상태(steady state)에 있을 때, 이에 관한 설명으로 옳은 것은? (단, y_t, A, k_t, s, d는 각각 t기의 노동투입 단위당 총생산, 총요소생산성 t기의 노동투입 단위당 자본, 저축률, 감가상각률이며, 노동투입의 증가율은 0이다)

$$y_t = Ak_t^{0.5}$$
$$s = 0.4,\ d = 0.1,\ A = 1$$

① 노동투입 단위당 자본량은 4이다.
② 이자율은 5%이다.
③ 저축률을 0.5로 높이면 새롭게 달성되는 균제상태의 노동투입 단위당 자본은 현재보다 감소한다.
④ 저축률을 0.5로 높이면 새롭게 달성되는 균제상태의 노동투입 단위당 소비는 현재보다 증가한다.

34

☑ 확인Check! ○ △ ×

화폐수량설, 이자율평가설, 구매력평가설, 피셔효과가 성립하는 두 국가 A, B의 주요 경제지표가 아래와 같을 때, B국의 실질이자율이 2%이면 A국의 명목이자율은?

구 분	A국	B국
통화증가율	10%	8%
경제성장률	5%	4%

① 5%
② 6%
③ 7%
④ 8%

35

☑ 확인Check! ○ △ ×

수익률곡선에 관한 설명으로 옳은 것은?

① 기대이론에서는 장기금리 변동성이 단기금리 변동성보다 크다.
② 유동성선호이론에서는 수익률곡선이 항상 우상향한다.
③ 기대이론에서는 수익률곡선의 기울기가 우상향할 경우 미래에 단기금리가 하락할 것으로 예상된다.
④ 유동성선호이론에서는 단기금리가 경기순응적이면, 수익률곡선이 우하향할 경우 미래에 경기침체가 예상된다.

36

☑ 확인Check! ○ △ ×

다음 중 경상수지와 자본수지의 합으로 정의된 국제수지의 흑자 요인이 될 수 있는 사례는?

① 국내 거주자의 해외 상품 구입
② 국내 은행의 해외 차입에 대한 이자 지출
③ 해외은행으로부터 국내 기업의 차입
④ 국내 은행이 보유한 달러를 유로화로 환전

37

☑ 확인Check! ○ △ ×

국가경제의 총생산함수가 다음과 같이 주어져 있다.

$$Y_t = z_t K_t^{0.2} (h_t L_t)^{0.8}$$

생산 증가율은 3%, 자본투입 증가율은 1%, 인적자본 증가율은 1%, 노동투입 증가율은 −0.5%일 때 총요소생산성 증가율은? (단, Y_t, z_t, K_t, h_t, L_t는 각각 t기의 생산, 총요소생산성, 자본투입, 인적자본, 노동투입이다)

① 2.4%
② 2.8%
③ 3.2%
④ 3.6%

38

☑ 확인Check! ○ △ ×

유동성함정에 관한 설명으로 옳은 것은?

① LM곡선은 수직이 된다.
② 실질금리는 음(−)이 될 수 없다.
③ 채권에 대한 수요가 무한대가 된다.
④ 실질잔고 효과가 없다면 확장적 통화정책의 생산증가 효과가 없다.

39

☑ 확인Check! ○ △ ×

합리적 기대 가설에 관한 설명으로 옳은 것은?

① 현재시점에서 미래에 대한 정보를 사용하지 않는다.
② 체계적 오차를 일으키지 않아 완전 예견이 가능하다.
③ 효율적 시장가설의 기초가 된다.
④ 예측 가능한 통화정책이 효과를 가진다는 주장의 근거가 된다.

40

☑ 확인Check! ○ △ ×

현재 취업자가 다음기에 실업자가 될 확률은 0.05, 현재 실업자가 다음기에 취업자가 될 확률은 0.75, 경제활동인구은 10,000명일 때, 장기균형 취업자수는? (단, 경제활동인구와 비경제활동인구 사이의 이동은 없다)

① 9,300명
② 9,325명
③ 9,350명
④ 9,375명

2024년 제47회
보험수학 1차 기출문제

중요 문제 / 틀린 문제 CHECK

01	02	03	04	05	06	07	08	09	10	11	12	13	14	15	16	17	18	19	20
21	22	23	24	25	26	27	28	29	30	31	32	33	34	35	36	37	38	39	40

시간 분 | 정답 및 해설편 345p

※ 제시된 보기 중에서 가장 가까운 것을 고르시오.

01

확인 Check! ○ △ ×

방정식 $\log_2 x + \log_x 8 = 4$의 해를 모두 더한 값을 구하시오.

① 4
② 6
③ 8
④ 10

02

확인 Check! ○ △ ×

$\lim_{x \to 0} \frac{\ln(x^2 + ax + b)}{x^2 + x} = 1$을 만족하는 상수 a, b에 대해 $a + b$의 값을 구하시오.

① 1
② 2
③ 3
④ 4

03

☑ 확인 Check! ○ △ ✕

다음 함수가 모든 실수에 대해 미분 가능할 때, a와 b를 곱한 값을 구하시오.

$$f(x)=\begin{cases}-x^2+ax & ,x \le 0 \\ e^x+b & ,x>0\end{cases}$$

① $-e$

② -1

③ 1

④ e

04

☑ 확인 Check! ○ △ ✕

타원 $\frac{x^2}{9}+\frac{y^2}{4}=1$ 위의 점 $\left(\frac{3}{\sqrt{2}}, \sqrt{2}\right)$에서 접선의 기울기를 구하시오.

① $-\frac{4}{5}$

② $-\frac{3}{4}$

③ $-\frac{2}{3}$

④ $-\frac{1}{2}$

05

☑ 확인 Check! ○ △ ✕

적분 $\int_1^{\sqrt{2}} \sqrt{2-x^2}\,dx$ 의 값을 구하시오.

① $\frac{\pi}{4}$

② $\frac{\pi-1}{4}$

③ $\frac{\pi-2}{4}$

④ $\frac{\pi-3}{4}$

06

☑ 확인 Check! ○ △ ×

적분 $\int_a^{a^2} \frac{1}{x\ln x}dx$의 값을 구하시오. (단, $a>1$)

① $\ln 2$

② a

③ $a\ln 2$

④ $a^2\ln 2$

07

☑ 확인 Check! ○ △ ×

극한 $\lim_{n\to\infty}\sum_{k=1}^{n}\frac{n+k}{3n^2+2kn+k^2}$의 값을 구하시오.

① $\frac{1}{2}\ln 2$

② $\frac{1}{2}\ln 3$

③ $\frac{1}{3}\ln 2$

④ $\frac{1}{3}\ln 3$

08

☑ 확인 Check! ○ △ ×

함수 값이 양수인 함수 $f(x)$가 모든 실수 x에 대해 $\int_0^x (x-t)\{f(t)\}^2dt = e^x + x^2 - 1$을 만족할 때, $f(0)$을 구하시오.

① 1

② $\sqrt{2}$

③ $\sqrt{3}$

④ e

09

☑ 확인 Check! ○ △ ✕

함수 $f(x)=\dfrac{e^x\sqrt{x^4+2}}{(x-1)^2(x^2+1)^3}$에 대해 $f'(0)$을 구하시오.

① 1
② $\sqrt{2}$
③ 3
④ $3\sqrt{2}$

10

☑ 확인 Check! ○ △ ✕

수열 $a_n=\lim_{h\to 0}\left(\dfrac{1+nh}{1+2nh}\right)^{\frac{1}{h}}$에 대해 $\sum_{n=1}^{\infty}a_n$을 구하시오.

① $\dfrac{1}{e-1}$
② $\dfrac{1}{e+1}$
③ $\dfrac{e}{e-1}$
④ $\dfrac{e}{e+1}$

11

☑ 확인 Check! ○ △ ✕

확률변수 X의 확률밀도함수가 $f(x)=\begin{cases} kxe^{-x^2} & , x\ge 0 \\ 0 & , \text{그 외}\end{cases}$일 때, $P(X>1)$을 구하시오. (단, k는 상수)

① e^{-4}
② e^{-3}
③ e^{-2}
④ e^{-1}

12

☑ 확인 Check! ○ △ ×

두 개의 상자 A와 B에 각각 4개의 공(붉은 공과 푸른 공이 각각 2개씩)이 들어있다. A 상자에서 두 개의 공을 비복원으로 추출하여 B 상자로 옮긴 뒤, B 상자에서 한 개의 공을 뽑는다. B 상자에서 뽑힌 공이 붉은 공이었을 때, 처음 A 상자에서 뽑힌 두 개의 공이 같은 색이었을 확률을 구하시오.

① $\frac{1}{4}$

② $\frac{1}{3}$

③ $\frac{2}{3}$

④ $\frac{3}{4}$

13

☑ 확인 Check! ○ △ ×

공정한 동전을 1개 던져서 앞면이 나오면 구간 [0, 2]에서 무작위로 한 개의 값을 뽑아 확률변수 X의 값으로 정의하고, 뒷면이 나오면 구간 [1, 5]에서 무작위로 한 개의 값을 뽑아 확률변수 X의 값으로 정의한다. 이때 $E(X)$를 구하시오.

① 1

② 2

③ 3

④ 4

14

☑ 확인 Check! ○ △ ×

확률변수 X의 적률생성함수가 $M(t)=\left(\frac{1}{3}e^{2t}+\frac{1}{3}e^{t}+\frac{1}{3}\right)^{10}$일 때, $Var(X)$를 구하시오.

① $\frac{20}{3}$

② $\frac{23}{3}$

③ $\frac{26}{3}$

④ $\frac{29}{3}$

15

☑ 확인 Check! ○ △ ×

확률변수 X는 평균이 0이고, 분산이 4인 정규분포를 따른다. 이때 $Var(X^2)$을 구하시오.

① 4
② 8
③ 16
④ 32

16

☑ 확인 Check! ○ △ ×

확률변수 X, Y의 결합확률질량함수 $p(x, y)$가 $p(0, 0) = \frac{1}{8}$, $p(1, 0) = \frac{1}{8}$, $p(2, 0) = \frac{2}{8}$, $p(0, 1) = \frac{1}{8}$, $p(1, 1) = \frac{3}{8}$, $p(2, 1) = 0$일 때, $E(Y|X > 0)$을 구하시오.

① 0.25
② 0.50
③ 0.75
④ 1.00

17

☑ 확인 Check! ○ △ ×

서로 독립인 확률변수 X와 Y는 각각 평균이 1인 포아송분포를 따른다. 이때 $P[\min(X, Y) = 1]$을 구하시오.

① $e^{-1} - 2e^{-2}$
② $2e^{-1} - 2e^{-2}$
③ $2e^{-1} - 3e^{-2}$
④ $3e^{-1} - 3e^{-2}$

18

☑ 확인 Check! ○ △ ×

서로 독립인 확률변수 X와 Y가 각각 구간 [0, 1]과 [0, 2]에서 균등분포를 따른다. 이때 $P(X+Y<2)$를 구하시오.

① $\frac{1}{2}$

② $\frac{2}{3}$

③ $\frac{3}{4}$

④ $\frac{4}{5}$

19

☑ 확인 Check! ○ △ ×

확률변수 X의 확률밀도함수가 $f(x)=\begin{cases} p & , -1 \le x \le 0 \\ 1-p & , 0 < x \le 1 \\ 0 & , \text{그 외} \end{cases}$ 이다. $Var(X)=\frac{1}{4}$을 만족하는 p값들의 곱을 구하시오.

① $\frac{1}{6}$

② $\frac{1}{3}$

③ $\frac{1}{2}$

④ $\frac{2}{3}$

20

☑ 확인 Check! ○ △ ✕

서로 독립인 확률변수 X와 Y가 각각 평균이 1인 지수분포를 따른다. 이때 $P(|X-Y|>1)$을 구하시오.

① $\frac{1}{\sqrt{e}}$

② $\frac{1}{e}$

③ $\frac{1}{e\sqrt{e}}$

④ $\frac{1}{e^2}$

21

☑ 확인 Check! ○ △ ✕

확률변수 X는 구간 [−1, 2]에서 균등분포를 따르고, $Y=X^2$이다. Y의 확률밀도함수를 $f(y)$라 할 때 $f(0.5)$를 구하시오.

① $\frac{\sqrt{2}}{3}$

② $\frac{\sqrt{2}}{5}$

③ $\frac{2\sqrt{2}}{3}$

④ $\frac{2\sqrt{2}}{5}$

22

☑ 확인Check! ○ △ ×

확률변수 X_1, ⋯, X_5는 서로 독립이며, 평균이 1인 지수분포를 따른다. $Y = \min\{X_1, \cdots, X_5\}$일 때, $E(e^{-Y})$을 구하시오.

① $\frac{3}{4}$

② $\frac{4}{5}$

③ $\frac{5}{6}$

④ $\frac{6}{7}$

23

☑ 확인Check! ○ △ ×

이력이 $\delta_t = \frac{1}{10-t}$, $0 < t < 10$일 때, $t=0$에서 투자된 원금의 가치가 $t=7$에서 2이다. $t=1$에서 이 원금의 가치를 구하시오.

① $\frac{1}{3}$

② $\frac{2}{3}$

③ 1

④ $\frac{4}{3}$

24

☑ 확인Check! ○ △ ×

다음과 같은 현금흐름에 대해 0시점에서의 가치는 $c_1 a_{\overline{4|}} + c_2 a_{\overline{4|}}^{(2)} + c_3 \dfrac{a_{\overline{4|}}}{s_{\overline{2|}}}$ 로 주어진다. 이때 $c_1 + c_2 + c_3$ 을 구하시오.

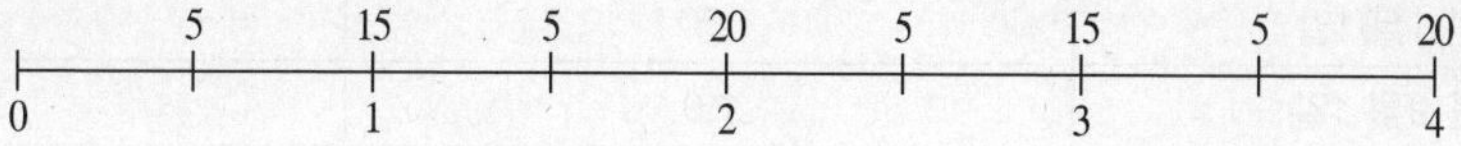

① 10
② 15
③ 20
④ 25

25

☑ 확인Check! ○ △ ×

연이율 5%일 때, 다음과 같은 현금흐름의 듀레이션(Macaulay duration)을 구하시오.

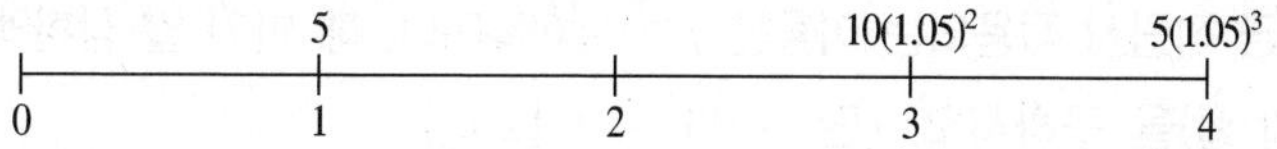

① 2.00
② 2.25
③ 2.50
④ 2.75

26

☑ 확인Check! ○ △ ×

2023년 1월 1일부터 1년동안 어떤 계정과 관련한 정보는 다음 표와 같다. 시간가중(time-weighted)방식으로 평가한 연수익률을 구하시오.

날 짜	인출 또는 납입 전 가치	추가납입
2023년 1월 1일	100	
2023년 9월 1일	110	20
2024년 1월 1일	140	

① 17.39%

② 18.46%

③ 18.76%

④ 19.05%

27

☑ 확인Check! ○ △ ×

대출금을 연이율 5%로 매년 말 200씩 균등 분할 상환한다. 다섯 번째 할부금 중 이자 상환액 $I_5 = 89.75$일 때, 세 번째 할부금 중 이자 상환액 I_3을 구하시오.

① 94

② 96

③ 98

④ 100

28

☑ 확인Check! ○ △ ×

대출금 100을 2년 동안 감채기금방법에 의하여 6개월마다 상환하려고 한다. 대출금에 적용되는 이율은 $i^{(2)} = 10\%$, 감채기금 적립시 적용되는 이율은 $j^{(2)} = 6\%$이다. 매 반기 말 상환액(원금에 대한 이자와 감채기금의 적립액의 합)을 구하시오. (단, $1.03^4 = 1.1255$)

① 28.90

② 29.30

③ 29.95

④ 30.45

29

☑ 확인 Check! ○ △ ✕

아래의 조건을 이용하여 나이가 40세인 흡연자가 금연하지 않을 경우 20년 이내에 사망할 확률을 구하시오.

> (가) 비흡연자인 경우
>
> $${}_tp_x = \left(1 - \frac{t}{100-x}\right)^2,\ 0 \le t \le 100-x$$
>
> (나) 모든 나이에서 흡연자의 사력은 비흡연자의 2배임

① 0.5

② 0.6

③ 0.7

④ 0.8

30

☑ 확인 Check! ○ △ ✕

아래의 생명표를 이용하여 $e_{40:\overline{2|}}$를 구하시오.

x	l_x	d_x	q_x	p_x
40	1,000			
41			0.1	
42		171		
43	684			

① 1.705

② 1.765

③ 1.805

④ 1.855

31

☑ 확인Check! ○ △ ×

선택기간이 1년인 선택종국모형에 대해 다음을 가정할 때, $e_{[90]}$을 구하시오.

(가) $l_x = 100 - x,\ 0 \le x \le 100$

(나) $q_{[x]} = \frac{1}{2} q_x$

① 4.00
② 4.25
③ 4.50
④ 4.75

32

☑ 확인Check! ○ △ ×

아래의 조건을 이용하여 $E\left[K^*\right]$를 구하시오.

(가) $l_x = 100 - x,\ 0 \le x \le 100$

(나) $K(40)$은 40세인 사람의 장래개산생존기간(curtate future lifetime)을 나타내는 확률변수임

(다) $K^* = \begin{cases} 20 & , K(40) = 0, 1, \ldots, 19 \\ K(40) & , K(40) = 20, 21, 22, \ldots \end{cases}$

① 33
② 34
③ 35
④ 36

33

☑ 확인Check! ○ △ ×

사망은 한계연령이 100인 드므와브르(De Moivre)의 법칙을 따르고 이력 $\delta = 0.05$일 때, ${}_{30|}\overline{A}_{40}$을 구하시오. (단, $e^{-1.5} = 0.2231$)

① 0.0532
② 0.0549
③ 0.0561
④ 0.0578

34

☑ 확인Check! ○ △ ×

$q_x = q_{x+1} = \cdots = 0.03$ 이고, $v = 0.95$ 일 때, $(IA)^1_{x:\overline{10|}}$ 을 구하시오. (단, $0.97^{10} = 0.7374$, $v^{10} = 0.5987$)

① 0.92
② 0.94
③ 0.96
④ 0.98

35

☑ 확인Check! ○ △ ×

피보험자 (x)가 사망즉시보험금 1을 지급하는 종신보험에 가입하였다. 아래의 조건을 이용하여 $P(Z \geq 0.9)$를 구하시오.

(가) Z는 보험금의 현재가치를 나타내는 확률변수임 (나) $\delta = 0.05$ (다) $q_x = 0.1$, $q_{x+1} = 0.2$, $q_{x+2} = 0.3$ (라) UDD(${}_tq_x = t \cdot q_x$, x는 정수, $0 \leq t \leq 1$)를 가정함 (마) $\ln 0.9 = -0.105$

① 0.30
② 0.32
③ 0.34
④ 0.36

36

☑ 확인Check! ○ △ ✕

아래의 조건을 이용하여 $\ddot{a}_x$ 를 구하시오.

(가) $p_x = 0.95$
(나) $v = 0.9$
(다) $A_{x+1} = 0.25$

① 6.58
② 7.06
③ 7.41
④ 7.83

37

☑ 확인Check! ○ △ ✕

아래의 조건을 이용하여 $P(Y > 10)$을 구하시오.

(가) Y는 연액 1을 연속 지급하는 10년 보증기간부 종신연금의 현재가치임
(나) $\mu = 0.02$
(다) $\delta = 0.05$

① $\left(\frac{1}{2}\right)^{0.2}$
② $\left(\frac{1}{2}\right)^{0.3}$
③ $\left(\frac{1}{2}\right)^{0.4}$
④ $\left(\frac{1}{2}\right)^{0.5}$

38

☑ 확인Check! ○ △ ×

${}_{k|}q_x = c(0.95)^k$, $k = 0.1, \dots$ 이고, $i = 0.03$ 일 때, $1{,}000P_x$ 를 구하시오. (단, c는 상수)

① 45.1
② 46.7
③ 48.5
④ 50.3

39

☑ 확인Check! ○ △ ×

아래의 조건을 이용하여 A_{x+10} 을 구하시오.

(가) $P_{x:\overline{10|}} = 0.079$
(나) $P^{1}_{x:\overline{10|}} = 0.008$
(다) $P({}_{10|}\ddot{a}_x) = 0.825$
(라) $d = 0.05$

① 0.36
② 0.42
③ 0.48
④ 0.51

40

☑ 확인Check! ○ △ ×

피보험자 (x)가 보험금 1, 전기납입 완전 연속 종신보험에 가입하였다. 아래의 조건을 이용하여 $\dfrac{Var({}_0L)}{Var(Z)}$ 을 구하시오.

(가) Z는 사망보험금의 현재가치를 나타내는 확률변수임
(나) ${}_0L$은 보험사의 순미래손실의 현재가치를 나타내는 확률변수임
(다) $\mu = 0.03$
(라) $\delta = 0.06$

① 2.00
② 2.25
③ 2.50
④ 2.75

2024년 제47회 회계원리

1차 기출문제

✓ 중요 문제 / 틀린 문제 CHECK

01	02	03	04	05	06	07	08	09	10	11	12	13	14	15	16	17	18	19	20
21	22	23	24	25	26	27	28	29	30	31	32	33	34	35	36	37	38	39	40

시간 분 | 정답 및 해설편 359p

※ 아래 문제들에서 특별한 언급이 없는 한, 보고주체는 계속해서 한국채택국제회계기준 을 적용해오고 있고, 보고기간은 매년 1월 1일부터 12월 31일까지이며, 법인세 효과는 고려하지 않는다. 또한 자료에서 제시한 모든 항목과 금액은 중요하며, 자료에서 제시한 것 외의 사항은 고려하지 않고 답한다. 정답선택에 있어서 문항 중 질문에 가장 합당한 것을 선택하고, 주어진 문항 중 최 근사치를 선택한다.

01

확인 Check! ○ △ ×

재무보고를 위한 개념체계에서 연결재무제표와 비연결재무제표에 관한 설명으로 옳은 것은?

① 연결재무제표는 특정 종속기업의 자산, 부채, 자본, 수익 및 비용에 대한 별도의 정보를 제공하도록 만들어졌다.

② 비연결재무제표는 지배기업에 대해서가 아닌 종속기업의 자산, 부채, 자본, 수익 및 비용에 대한 정보를 제공하도록 만들어졌다.

③ 비연결재무제표에 제공되는 정보는 일반적으로 지배기업의 현재 및 잠재적 투자자, 대여자와 그 밖의 채권자의 정보수요를 충족하기에 충분하지 않다.

④ 연결재무제표의 정보는 지배기업과 관계기업의 현재 및 잠재적 투자자, 대여자와 그 밖의 채권자가 지배기업과 관계기업에 유입될 미래현금흐름에 대한 전망을 평가하는데 유용하다.

02

☑ 확인 Check! ○ △ ×

다음 중 기업회계기준서 제1001호의 재무제표 표시에 관한 설명으로 옳은 것은?

① 기업은 발생기준 회계를 사용하여 모든 재무제표를 작성한다.

② 재무제표(비교정보를 포함)는 적어도 1년마다 작성하며, 보고기간 종료일을 변경하면서 재무제표의 보고기간이 1년을 초과할 수는 없다.

③ 매입채무, 미지급비용과 같은 유동부채는 기업의 정상영업주기 내에 사용되는 운전자본의 일부이나, 이러한 항목이 보고기간 후 12개월 후에 결제일이 도래하는 경우에는 비유동부채로 분류해야 한다.

④ 유사한 항목은 중요성 분류에 따라 재무제표에 구분하여 표시하며, 상이한 성격이나 기능을 가진 항목은 구분하여 표시한다. 다만, 중요하지 않은 항목은 성격이나 기능이 유사한 항목과 통합하여 표시할 수 있다.

03

☑ 확인 Check! ○ △ ×

(주)한국은 20x1년 초 복귀의무가 존재하는 신규 유형자산을 취득하였고, 취득과 관련된 자료는 다음과 같다. 동 자산에 대한 복귀의무는 5년 후 발생될 것으로 예상되며, 5년 후 복귀원가는 ₩1,000,000으로 추정된다. (주)한국이 20x1년 초 인식할 유형자산의 취득원가는 얼마인가? (단, 복귀원가는 충당부채의 인식요건을 충족하며, 복귀원가의 현재가치 계산시 현가계수는 0.86261을 적용한다)

유형자산 구입가격	₩4,000,000
유형자산 설치장소 준비원가	₩300,000
유형자산 정상작동 시험 관련 발생원가	₩500,000
유형자산 도입 관련 광고비	₩400,000

① ₩5,362,610

② ₩5,662,610

③ ₩5,912,610

④ ₩6,062,610

04

☑ 확인Check! ○ △ ×

(주)한국은 20x1년 초 취득원가 ₩1,000,000, 잔존가치 ₩100,000, 내용연수 4년인 기계장치를 취득하였다. (주)한국은 동 기계장치를 연수합계법으로 감가상각하고 있으며, 회계연도 말 공정가치로 재평가를 실시하고 있다. 20x1년 말 동 기계장치의 공정가치가 ₩672,000인 경우 20x1년 말 재무상태표에 표시될 감가상각누계액은 얼마인가? [단, (주)한국은 재평가시 감가상각누계액을 비례수정법에 따라 수정하고 있다]

① ₩303,200
② ₩328,000
③ ₩378,000
④ ₩403,200

05

☑ 확인Check! ○ △ ×

(주)한국은 20x1년 7월 1일 취득원가 ₩1,500,000인 기계장치를 취득하였으며, 동 기계장치의 잔존가치는 ₩300,000, 내용연수는 5년, 총 생산가능량은 100,000개로 추정된다. (주)한국은 20x1년 기계장치의 가동을 통해 25,000개를 생산하였다. (주)한국이 생산량비례법으로 감가상각할 경우와 연수합계법으로 감가상각할 경우 20x1년에 인식할 감가상각비는 각각 얼마인가? (단, 감가상각비는 월할 계산한다)

	생산량비례법	연수합계법
①	₩150,000	₩200,000
②	₩300,000	₩200,000
③	₩150,000	₩400,000
④	₩300,000	₩400,000

06

☑ 확인 Check! ○ △ ✕

다음은 (주)한국의 20x1년 재고자산 관련 자료이다. (주)한국의 20x1년 매출원가를 계산하면 얼마인가? (단, 재고자산과 관련된 평가손실과 감모손실은 없다)

기초재고자산	₩450,000
재고자산 매입가격	₩2,500,000
재고자산 매입 관련 운임	₩150,000
재고자산 판매 관련 보관료	₩200,000
재고자산 보관창고 화재보험료	₩150,000
기말재고자산	₩300,000

① ₩2,800,000
② ₩3,050,000
③ ₩3,150,000
④ ₩3,400,000

07

☑ 확인 Check! ○ △ ✕

다음은 20x1년 초에 설립되어 단일제품을 판매하는 (주)한국의 20x1년 기말재고자산 평가와 관련된 자료이다. (주)한국은 평가손실과 정상감모는 매출원가로 기록하고 있으며, 비정상감모는 영업외비용으로 기록하고 있다. 20x1년 (주)한국의 당기매입 재고자산은 ₩4,000,000이며, 매출액은 ₩8,000,000, 판매비와 관리비는 ₩3,000,000인 경우 (주)한국의 20x1년 영업이익과 당기순이익을 계산하면 각각 얼마인가? (단, 재고자산 감모 중 60%는 정상적인 감모이다)

기말장부수량	기말실제수량	취득단가	기말 단위당 순실현가능가치
1,500개	1,450개	₩500	₩490

	영업이익	당기순이익
①	₩1,720,500	₩1,710,500
②	₩1,750,000	₩1,740,000
③	₩1,765,000	₩1,755,000
④	₩1,789,500	₩1,783,700

08

☑ 확인 Check! ○ △ ✕

다음 중 재고자산의 인식 및 측정에 관한 설명으로 옳은 것은?

① 재고자산의 취득원가는 매입원가로 한정하며, 전환원가 및 재고자산을 현재의 장소에 현재의 상태로 이르게 하는데 발생한 기타 원가는 제외한다.
② 통상적으로 상호 교환될 수 없는 재고자산 항목의 원가와 특정 프로젝트별로 생산되고 분리되는 재화 또는 용역의 원가는 선입선출법이나 가중평균법을 사용하여 결정한다.
③ 재고자산은 외부에서 매입하여 재판매하기 위해 보유하는 상품, 토지와 그 밖의 자산을 포함하며, 생산 중인 재공품이나 생산에 투입되는 원재료와 소모품은 재고자산에서 제외한다.
④ 소매재고법에서 재고자산의 원가는 재고자산의 판매가격을 적절한 총이익률을 반영하여 환원하는 방법으로 결정하며, 이때 적용되는 이익률은 일반적으로 판매부문별 평균이익률을 사용한다.

09

☑ 확인 Check! ○ △ ✕

(주)한국은 은행계정조정표 작성을 통해 당좌예금을 통제하고 있으며, 20x1년 말 (주)한국과 대한은행의 당좌예금 장부상 조정 전 잔액은 각각 ₩2,500,000과 ₩2,550,000이다. (주)한국과 대한은행의 당좌예금 잔액에 대한 불일치 원인이 다음과 같을 때 (주)한국과 대한은행의 조정액 합계금액(순액)은 각각 얼마인가?

(1) (주)한국이 20x1년 12월 31일 ₩150,000을 당좌예금 계좌에 입금하였으나 대한은행은 이를 20x2년 1월 2일 입금처리 하였다.
(2) (주)한국이 받을어음 ₩200,000을 대한은행에 추심의뢰 하였다. 대한은행은 정상적으로 어음결제일에 어음발행인으로부터 어음지급액을 수취하여 (주)한국의 당좌예금 계좌에 20x1년 12월 31일 입금처리 하였으나 (주)한국은 이를 장부에 기록하지 않았다.
(3) 대한은행이 어음추심료에 대한 수수료 ₩150,000을 20x1년 12월 31일에 (주)한국의 당좌예금 계좌에서 출금하였으나 회사는 이를 장부에 기록하지 않았다.
(4) 20x1년 12월 31일에 (주)한국이 (주)민국에게 ₩200,000의 당좌수표를 발행하면서 회사의 당좌예금 장부에 출금처리 하였으나 (주)민국은 20x2년 1월 3일 동 당좌수표를 대한은행에 지급제시 하였다.
(5) 20x1년 12월 31일에 (주)한국이 거래처로부터 당좌수표 ₩300,000을 받아 장부에 기록하고 이를 입금하였는데 동 당좌수표가 부도수표로 판명되어 대한은행에 최종 입금처리 되지 않았다.
(6) 20x1년 12월 31일에 (주)한국의 당좌예금에 거래대금 ₩250,000이 입금되었으나 (주)한국의 회계담당자는 이를 인지하지 못하여 장부에 반영되지 않았다.

	회사측	은행측
①	(−) ₩50,000	(−) ₩100,000
②	₩50,000	₩0
③	₩0	(−) ₩50,000
④	₩100,000	₩50,000

10

☑ 확인Check! ○ △ ✕

(주)한국은 화재로 인하여 원장의 일부가 손상되었다. 손상된 원장이 다음과 같을 때, 다음 중 (   )의 계정과목으로 적절한 것은?

(   )

차 변		대 변	
날 짜	금 액	날 짜	금 액
1/1	₩15,000	1/9	₩20,000
1/5	₩8,000	1/15	₩20,000
1/10	₩20,000	1/19	₩26,000
1/17	₩25,000		
1/22	₩20,000		
잔 액	₩22,000		

① 상 품

② 선수수익

③ 이자수익

④ 지급수수료

11

☑ 확인Check! ○ △ ✕

다음은 20x1년 초에 (주)한국이 취득한 기계장치의 운영과 관련된 사항이다. 동 기계장치의 취득원가는 ₩6,000,000, 잔존가치는 ₩0, 내용연수는 5년인 경우, 20x1년 (주)한국이 인식할 감가상각비는 얼마인가? [단, (주)한국은 감가상각시 정액법을 적용하고 있으며, 월할 계산한다]

(1) 20x1년 1월 1일 : 기계장치의 취득 및 설치
(2) 20x1년 1월 1일 ~ 20x1년 2월 28일 : 시운전 실시
(3) 20x1년 3월 1일 : 가동 준비는 완료되었으나, 기계장치 미가동
(4) 20x1년 5월 1일 : 기계장치 가동 시작
(5) 20x1년 10월 1일 : 제품 미판매에 따른 기계장치 가동 중지
(6) 20x1년 11월 1일 : 매각예정비유동자산으로 분류

① ₩500,000

② ₩800,000

③ ₩1,000,000

④ ₩1,200,000

12

☑ 확인 Check! ○ △ ×

20x1년 초 (주)한국은 보유 중인 장부금액 ₩3,000,000의 토지를 매각하면서 매각대금 ₩4,000,000을 20x5년 말에 수취하기로 하였다. 자산 매각에 적용할 유효이자율이 5%인 경우, 동 토지의 처분에 따른 20x1년 유형자산 처분손익은? (단, 단일금액 ₩1의 현재가치는 아래 표의 값을 사용하고, 계산금액은 소수점 첫째자리에서 반올림한다)

할인율	1기간	2기간	3기간	4기간	5기간
5%	0.95238	0.90703	0.86384	0.82270	0.78353

① 처분이익 ₩134,120
② 처분이익 ₩290,800
③ 처분손실 ₩531,900
④ 처분손실 ₩649,410

13

☑ 확인 Check! ○ △ ×

(주)한국은 자사가 소유한 저작권을 (주)대한이 소유한 특허권과 교환하기로 하였다. (주)한국과 (주)대한이 교환하려는 저작권과 특허권의 장부금액과 공정가치가 다음과 같을 때, (주)한국과 (주)대한이 교환에 따라 인식할 무형자산처분손익은? [단, (주)대한이 소유한 특허권의 공정가치가 (주)한국이 소유한 저작권의 공정가치보다 더 명백하며, 동 거래와 관련된 현금 수수는 없었다]

구 분	(주)한국의 저작권	(주)대한의 특허권
장부금액	₩800,000	₩850,000
공정가치	?	₩750,000

	(주)한국	(주)대한
①	처분이익 ₩50,000	처분손실 ₩100,000
②	처분이익 ₩100,000	처분이익 ₩50,000
③	처분손실 ₩50,000	처분손실 ₩100,000
④	처분손실 ₩100,000	처분이익 ₩50,000

14

☑ 확인 Check! ○ △ ×

다음은 20x1년 초 설립된 (주)한국의 1월 거래내역에 관한 정보이다. (주)한국이 회계순환과정에 따라 결산을 실시한 경우, 결산결과에 관한 설명으로 옳지 않은 것은?

> (1) 1월 1일 자본금 ₩5,000을 출자하여 (주)한국을 설립하였다.
> (2) 은행에서 ₩3,000을 차입하였다.
> (3) 사무실 보증금 ₩3,000을 현금으로 지급하였다.
> (4) 상품 ₩8,000을 매입하면서 현금 ₩4,000을 지급하고, 나머지 금액은 다음 달에 지급하기로 하였다.
> (5) 원가 ₩4,000의 상품을 ₩10,000에 판매하면서 현금 ₩5,000을 받고, 나머지 금액은 다음 달에 받기로 하였다.
> (6) 1월 급여 ₩2,000을 다음 달에 지급하기로 하였다.

① 1월 순이익은 ₩4,000이다.
② 1월 말 재무상태표상 부채총계는 ₩9,000이다.
③ 1월 말 재무상태표상 자본총계는 ₩9,000이다.
④ 1월 말 재무상태표상 재고자산은 ₩8,000이다.

15

☑ 확인 Check! ○ △ ×

거래가격을 수행의무에 배분하는 수익인식 단계에 대한 설명으로 옳지 않은 것은?

① 할인액 전체가 계약상 하나 이상의 일부 수행의무에만 관련된다는 관측 가능한 증거가 있는 때 외에는 할인액을 계약상 모든 수행의무에 비례하여 배분한다.
② 계약 개시시점에 계약상 각 수행의무의 대상인 구별되는 재화나 용역의 개별 판매가격을 산정하고 이 개별 판매가격에 비례하여 거래가격을 배분한다.
③ 거래가격의 후속 변동은 변동 시점 판매가격을 기준으로 계약상 수행의무에 배분하므로 계약을 개시한 후의 개별 판매가격 변동을 반영하기 위해 거래가격을 다시 배분한다.
④ 계약에서 약속한 변동대가는 계약 전체에 기인할 수 있고 계약의 특정 부분에 기인할 수도 있으므로 계약의 모든 수행의무에 변동대가를 배분하는 것이 적절하지 않을 수 있다.

16

☑ 확인 Check! ○ △ ×

(주)한국은 상품을 판매하기로 고객과 계약을 체결하였다. 계약에 따르면 20x1년 초에 ₩20,000을 수령하고, 상품에 대한 통제는 20x4년 말에 고객에게 이전한다. 해당 거래에 적용되는 내재이자율은 10%이다. 20x4년 말에 이전하는 상품의 원가가 ₩17,000인 경우, 20x4년에 인식할 매출총이익은 얼마인가? (단, 10%, 4기간, 단일금액 ₩1의 미래가치계수는 1.4641이다. 계산금액은 소수점 첫째자리에서 반올림하며, 단수차이로 인한 오차가 있으면 가장 근사치를 선택한다)

① ₩3,000
② ₩8,389
③ ₩9,620
④ ₩12,282

17

☑ 확인 Check! ○ △ ×

(주)한국은 20x1년 초에 1매당 액면금액 ₩100,000인 상품권 5매를 할인발행하면서 ₩450,000을 수령하였다. 상품권의 만기는 발행일로부터 5년이며, 유효기간이 경과되면 액면금액의 30%를 환급해준다. 20x1년 말까지 3매의 상품권이 회수되었으며 판매한 상품의 가격에 맞추기 위해 고객에게 ₩20,000을 환불하였다. 상품권과 관련하여 20x1년에 인식할 수익과 20x1년 말에 인식할 부채(순액)는 각각 얼마인가?

	20x1년 수익	20x1년 말 부채
①	₩250,000	₩180,000
②	₩270,000	₩200,000
③	₩290,000	₩220,000
④	₩300,000	₩250,000

18

☑ 확인Check! ○ △ ×

(주)한국은 20x1년 초에 다른 회사가 발행한 사채를 ₩95,000에 취득하면서, 당기손익-공정가치측정(FVPL) 금융자산으로 분류하였다. 취득한 사채의 조건은 다음과 같으며, 20x1년 말 사채의 공정가치는 ₩110,000이다. (주)한국은 20x2년 1월 31일에 기간경과 표시이자를 포함하여 공정가치인 ₩118,000에 처분하였다. 금융자산의 보유와 처분이 (주)한국의 20x2년 당기손익에 미치는 영향은 얼마인가? (단, 이자수익은 표시이자로 인식한다)

- 발행일 : 20x1년 1월 1일
- 액면금액 : ₩100,000
- 표시이자율 : 12%
- 만기일 : 20x3년 12월 31일
- 이자는 매년 말 지급

① ₩5,000 증가
② ₩7,000 증가
③ ₩8,000 증가
④ ₩10,000 증가

19

☑ 확인Check! ○ △ ✕

(주)한국은 다른 회사가 발행한 사채를 20x1년 초에 공정가치로 취득하고 상각후원가측정(AC)금융자산으로 분류하였다. 취득한 사채와 관련된 자료는 다음과 같다. 20x1년 말 사채 이자는 정상적으로 수취하였으나, 사채 발행회사의 신용이 손상되어 20x2년 1월 1일 이후 이자를 수령하지 못하고 만기일에 액면금액만 수취할 것으로 추정된다. (주)한국이 20x2년에 이자수익으로 인식할 금액은 얼마인가? (단, 20x1년 말 현재 시장이자율은 12%이며, 계산금액은 소수점 첫째자리에서 반올림하고, 단수차이로 인한 오차가 있으면 가장 근사치를 선택한다)

- 발행일 : 20x1년 1월 1일
- 액면금액 : ₩2,000,000
- 표시이자율 : 8%
- 만기일 : 20x3년 12월 31일
- 이자는 매년 말 지급
- 발행시 시장이자율 : 10%

기 간	단일금액 ₩1의 현재가치		정상연금 ₩1의 현재가치	
	10%	12%	10%	12%
1년	0.9091	0.8929	0.9091	0.8929
2년	0.8265	0.7972	1.7355	1.6901
3년	0.7513	0.7118	2.4869	2.4018

① ₩142,360

② ₩150,260

③ ₩159,440

④ ₩165,300

20

☑ 확인 Check! ○ △ ✕

(주)한국은 20x1년 기중에 다른 회사 주식을 공정가치로 취득하고, 기타포괄손익-공정가치측정(FVOCI) 금융자산으로 분류하였다. 취득한 금융자산과 관련된 자료가 다음과 같은 경우, 금융자산의 처분이 20x2년 당기손익에 미치는 영향은 얼마인가?

구 분	20x1년 기중	20x1년 기말	20x2년 기중
회계처리	취 득	후속평가	처 분
공정가치	₩2,000	₩2,150	₩2,500
거래원가	₩100	–	₩300

① ₩100 감소
② ₩100 증가
③ ₩200 증가
④ ₩300 감소

21

☑ 확인 Check! ○ △ ✕

(주)한국은 20x1년 초에 사채를 다음과 같은 조건으로 발행하였다. 사채발행 기간 동안 인식할 총 이자비용은 얼마인가? (단, 계산금액은 소수점 첫째자리에서 반올림하며, 단수차이로 인한 오차가 있으면 가장 근사치를 선택한다)

- 발행일 : 20x1년 1월 1일
- 액면금액 : ₩1,000,000
- 표시이자율 : 12%
- 만기일 : 20x3년 12월 31일
- 이자는 매년 말 지급
- 발행시 시장이자율 : 10%

기 간	단일금액 ₩1의 현재가치		정상연금 ₩1의 현재가치	
	10%	12%	10%	12%
1년	0.9091	0.8929	0.9091	0.8929
2년	0.8265	0.7972	1.7355	1.6901
3년	0.7513	0.7118	2.4869	2.4018

① ₩310,272
② ₩348,020
③ ₩360,000
④ ₩408,020

22

☑ 확인 Check! ○ △ ×

(주)한국은 20x1년 초에 액면금액 ₩3,000,000의 연속 상환사채를 발행하였다. 사채와 관련된 자료가 다음과 같을 경우, 20x2년에 인식할 이자비용은 얼마인가? (단, 계산금액은 소수점 첫째자리에서 반올림하며, 단수차이로 인한 오차가 있으면 가장 근사치를 선택한다)

- 표시이자율 : 10%
- 만기일 : 20x3년 12월 31일
- 이자는 매년 말 후급
- 발행시 유효이자율 : 12%
- 매년 말 액면금액 ₩1,000,000씩 상환하는 연속상환사채

기 간	단일금액 ₩1의 현재가치	
	10%	12%
1년	0.9091	0.8929
2년	0.8265	0.7972
3년	0.7513	0.7118

① ₩223,096

② ₩233,812

③ ₩263,660

④ ₩347,842

23

☑ 확인 Check! ○ △ ×

충당부채의 회계처리에 관한 설명으로 옳지 않은 것은?

① 화폐의 시간가치 영향이 중요한 경우에 충당부채는 의무를 이행하기 위하여 예상되는 지출액의 현재가치로 평가한다.

② 현재의무를 이행하기 위하여 필요한 지출 금액에 영향을 미치는 미래 사건이 일어날 것이라는 충분하고 객관적인 증거가 있는 경우에는 그 미래 사건을 고려하여 충당부채 금액을 추정한다.

③ 충당부채와 관련하여 포괄손익계산서에 인식한 비용은 제삼자의 변제와 관련하여 인식한 금액과 상계하여 표시할 수 있다.

④ 예상되는 자산 처분이 충당부채를 생기게 한 사건과 밀접하게 관련되었다면 예상되는 자산 처분이익은 충당부채에 반영하여 순액으로 측정한다.

24

☑ 확인Check! ○ △ ✕

단기종업원급여의 회계처리와 관련된 설명으로 옳지 않은 것은?

① 종업원이 회계기간에 근무용역을 제공할 때 그 대가로 지급이 예상되는 단기종업원급여를 할인하지 않은 금액으로 인식한다.

② 누적 유급휴가의 예상원가는 보고기간 말 현재 미사용 유급휴가가 누적되어 기업이 지급할 것으로 예상하는 추가 금액으로 측정한다.

③ 종업원이 특정 기간 계속 근무하는 조건으로 이익을 분배받는 이익분배제도의 경우 관련된 원가는 당기비용이 아닌 잔여 이익배당으로 인식한다.

④ 기업이 별도의 상여금을 지급할 법적의무가 없음에도 관행적으로 상여금을 지급하는 경우에는 기업은 상여금을 지급하는 방법 외에 다른 현실적인 대안이 없으므로 의제의무를 부담한다.

25

☑ 확인Check! ○ △ ✕

다음은 (주)한국이 채택하고 있는 확정급여제도와 관련된 자료이다. 확정급여제도의 적용이 20x1년 총포괄손익에 미치는 영향은 얼마인가?

- 20x1년 초 사외적립자산의 공정가치는 ₩9,200이고, 확정급여채무의 현재가치는 ₩10,000이다.
- 20x1년 말에 퇴직종업원에게 ₩800의 현금이 사외적립자산에서 지급되었으며, 사외적립자산에 ₩7,600이 현금으로 출연되었다.
- 확정급여채무 계산시 적용한 할인율은 6%이며, 20x1년 당기근무원가는 ₩13,000이다.
- 20x1년 말 사외적립자산의 공정가치는 ₩17,000이며, 보험수리적가정의 변동을 반영한 확정급여부채는 ₩23,000이다.

① ₩12,600 감소

② ₩12,800 감소

③ ₩13,048 감소

④ ₩13,352 감소

26

☑ 확인Check! ○ △ ×

(주)한국은 20x1년 3월 1일에 창고건물 신축을 시작하여 20x2년 7월 1일에 공사를 완료하였다. 신축공사와 관련된 자료는 다음과 같다. 창고건물 신축과 관련하여 20x1년에 자본화할 차입원가는 얼마인가? (단, 연평균지출액과 이자비용은 월할 계산한다)

• 신축 관련 공사비 지출내역

20x1년 3월 1일	20x1년 9월 1일	20x2년 5월 1일
₩6,000	₩15,000	₩17,000

• 창고건물 신축을 위해 직접 차입한 자금은 없으며, 20x1년 회계기간 동안 일반목적차입금의 이자비용은 ₩960이고 일반목적차입금의 연평균액은 ₩12,000이다.

① ₩720
② ₩800
③ ₩960
④ ₩1,000

27

☑ 확인Check! ○ △ ×

(주)한국은 20x1년 초에 다음과 같은 조건의 신주인수권부사채를 액면발행하였다. 신주인수권부사채 발행시 인식되는 신주인수권대가는 얼마인가? (단, 계산금액은 소수점 첫째자리에서 반올림하며, 단수차이로 인한 오차가 있으면 가장 근사치를 선택한다)

• 액면금액 : ₩1,000,000
• 표시이자율 : 4%
• 만기일 : 20x3년 12월 31일
• 이자지급일 : 매년 12월 31일
• 일반사채 시장이자율 : 6%
• 신주인수권 미행사시 상환기일에 액면금액의 105% 일시상환

기 간	단일금액 ₩1의 현재가치		정상연금 ₩1의 현재가치	
	4%	6%	4%	6%
1년	0.9615	0.9434	0.9615	0.9434
2년	0.9246	0.8900	1.8861	1.8334
3년	0.8890	0.8396	2.7751	2.6730

① ₩11,500
② ₩36,664
③ ₩41,980
④ ₩53,480

28

☑ 확인Check! ○ △ ×

다음은 20x1년 (주)한국의 자본과 관련된 자료이다. 20x1년 말 재무상태표에 표시될 이익잉여금 잔액은? (단, 배당금은 배당선언 직후 지급되었다)

이익잉여금 기초잔액	₩450,000
매출액	₩2,000,000
매출원가	₩1,400,000
감가상각비	₩300,000
신주발행금액	₩500,000
배당금 지급액	₩100,000

① ₩650,000

② ₩750,000

③ ₩950,000

④ ₩1,150,000

29

☑ 확인Check! ○ △ ×

다음은 (주)한국의 20x1년 현금흐름표와 관련된 자료의 일부이다. 재무활동으로 인한 순현금흐름을 계산하면 얼마인가? (단, 배당금 지급은 재무활동현금흐름으로 분류한다)

종업원에게 급여 지급	₩300,000
종업원에게 자금 대여	₩400,000
기계장치 처분	₩500,000
신주발행	₩700,000
대여금에 대한 이자 수령	₩30,000
배당금 지급	₩50,000
단기차입금 차입	₩600,000
사채 상환	₩800,000

① ₩420,000 유입

② ₩450,000 유입

③ ₩480,000 유입

④ ₩500,000 유입

30

☑ 확인Check! ○ △ ×

영업주기는 상품의 매입시점부터 판매 후 대금의 회수시점까지의 기간으로 정의된다. 다음에 제시된 (주)한국의 20x1년 재무자료를 이용하여 계산한 영업주기는? (단, 매출액은 전액 신용매출이며, 1년은 360일로 간주한다)

연평균 매출채권	₩50,000
연평균 재고자산	₩40,000
매출액	₩300,000
매출원가	₩200,000

① 60일
② 72일
③ 120일
④ 132일

31

☑ 확인Check! ○ △ ×

제조원가의 분류에 대한 설명으로 옳은 것은?

① 제조원가를 구성하는 항목의 발생행태에 따라 직접원가와 간접원가로 분류할 수 있다.
② 기초원가란 원재료를 가공하는 과정에서 발생하는 직접노무원가와 제조간접원가를 합한 금액이다.
③ 가공원가란 제품생산에 추적이 용이한 직접재료원가와 직접노무원가를 합한 금액이다.
④ 제조원가를 생산요소에 따라 분류한다면 재료원가, 노무원가, 제조경비로 분류된다.

32

☑ 확인Check! ○ △ ×

(주)한국은 실제개별원가계산을 적용하고 있다. 다음의 20x1년 자료를 이용하여 계산한 제조간접원가는?

당기제품제조원가	₩2,500,000
기본원가(기초원가)	₩2,000,000
가공원가(전환원가)	₩1,800,000
기초재공품	₩300,000
기말재공품	₩400,000

① ₩400,000
② ₩500,000
③ ₩600,000
④ ₩800,000

33

☑ 확인Check! ○ △ ×

(주)한국은 정상개별원가계산을 사용하고 있으며 직접노무시간을 기준으로 제조간접원가를 배부하고 있다. 20x1년 실제 발생한 제조간접원가는 ₩360,000이고, 실제 직접노무시간은 500시간이다. 20x1년 중 제조간접원가 과소배부액이 ₩10,000이라면 제조간접원가 예정배부율은?

① ₩680

② ₩700

③ ₩720

④ ₩740

34

☑ 확인Check! ○ △ ×

(주)한국은 종합원가계산을 사용하고 있다. 원재료는 공정이 시작되는 시점에 전량 투입되며, 가공원가는 공정 전체에 걸쳐 균등하게 발생한다. 20x1년 생산에 관련된 자료는 다음과 같다.

기초재공품	2,000단위(완성도 ?%)
당기 착수량	8,000단위
당기 완성량	6,000단위
기말재공품	4,000단위(완성도 80%)

가공원가의 경우 평균법에 의한 완성품환산량이 9,200단위이고, 선입선출법에 의한 완성품환산량이 8,600단위라면, 기초재공품의 가공원가 완성도는?

① 20%

② 30%

③ 40%

④ 50%

35

☑ 확인 Check! ○ △ ✕

(주)한국은 결합생산공정으로부터 주산품 A, B와 부산품 C를 생산하며, 부산품 C의 회계처리는 생산시점에서 순실현가치로 인식한다. 당기의 결합원가 발생액은 ₩10,000이며, 20x1년 각 제품에 관한 자료는 다음과 같다.

제 품	분리점 이후 추가가공원가	최종 판매가격	생산량	판매량
A	₩3,000	₩50	300단위	250단위
B	₩2,000	₩40	250단위	220단위
C	₩200	₩10	120단위	80단위

(주)한국이 순실현가치를 기준으로 결합원가를 배부한다면, 주산품 A의 당기 매출총이익은? (단, 기초재고자산은 없다)

① ₩3,872

② ₩4,400

③ ₩5,500

④ ₩6,600

36

☑ 확인 Check! ○ △ ✕

부문별 원가계산에 대한 설명으로 옳지 않은 것은?

① 단계배부법은 보조부문의 배부순서가 달라져도 배부금액은 차이가 나지 않는다.

② 상호배부법은 보조부문간의 상호배부를 모든 방향으로 반영한다.

③ 공장 전체 제조간접원가 배부율을 사용하는 경우에는 보조부문의 원가를 제조부문에 배분할 필요가 없다.

④ 이중배부율법은 변동원가와 고정원가를 구분해서 변동원가는 실제사용량을 기준으로 배분하고 고정원가는 서비스의 최대사용가능량을 기준으로 배분한다.

37

☑ 확인Check! ○ △ ✕

20x1년 초에 설립된 (주)한국은 단일제품을 생산 · 판매하며, 20x1년 영업활동에 관한 자료는 다음과 같다.

생산량	4,000단위
판매량	3,700단위
고정제조간접원가	₩360,000

전부원가계산을 적용하였을 때 기말제품의 단위당 제품원가는 ₩900이다. 변동원가계산을 적용할 경우 기말제품재고액은? [단, (주)한국은 실제원가계산을 적용하며, 재공품은 없다]

① ₩213,000

② ₩220,000

③ ₩243,000

④ ₩270,000

38

☑ 확인Check! ○ △ ✕

(주)한국의 20x1년 4월과 5월의 예상 상품매출액은 다음과 같다.

월	예상 상품매출액
4월	₩700,000
5월	₩600,000

상품의 매출총이익률은 30%이며, 매월 기말재고액은 다음 달 예상 매출원가의 40%이다. (주)한국의 4월 예상 상품매입액은?

① ₩388,000

② ₩392,000

③ ₩448,000

④ ₩462,000

39

☑ 확인Check! ○ △ ×

다음 중 전략적 원가관리에 대한 설명으로 옳지 않은 것은?

① 적시생산시스템은 재고관리를 중요하게 생각하며 다른 생산시스템보다 안전재고의 수준을 높게 설정한다.

② 카이젠원가계산은 제조단계에서의 원가절감에 초점을 맞추고 있다.

③ 품질원가계산은 예방원가, 평가원가, 실패원가간의 상충관계에 주목한다.

④ 활동기준경영은 활동분석을 통하여 파악된 정보를 토대로 활동과 프로세스의 개선을 통한 가치창출능력 증대에 초점을 두고 있다.

40

☑ 확인Check! ○ △ ×

(주)한국은 부품 50,000단위(최대생산량)를 생산하여 외부시장에 전량 판매하고 있다. 다음은 생산 및 판매와 관련된 자료이다.

단위당 외부판매가격	₩150
단위당 변동제조원가	₩90
단위당 변동판매관리비	₩15
단위당 고정제조원가	₩20

단위당 고정제조원가는 최대생산량 50,000단위 기준의 수치이다. 부품 생산부문의 이익을 극대화시키기 위해 사내대체를 허용할 수 있는 단위당 최소사내대체가격은? (단, 사내대체에 대해서는 변동판매관리비가 발생하지 않는다)

① ₩90

② ₩105

③ ₩110

④ ₩135

2025년 제48회

보험계리사 1차 기출문제

제1과목	보험계약법, 보험업법 및 근로자퇴직급여보장법
제2과목	경제학원론
제3과목	보험수학
제4과목	회계원리

2025년 제48회

보험계약법, 보험업법 및 근로자퇴직급여보장법 1차 기출문제

중요 문제 / 틀린 문제 CHECK

01	02	03	04	05	06	07	08	09	10	11	12	13	14	15	16	17	18	19	20
21	22	23	24	25	26	27	28	29	30	31	32	33	34	35	36	37	38	39	40

시간 분 | 정답 및 해설편 372p

01

확인 Check! ○ △ ×

상법 제4편(보험)의 적용에 관한 설명으로 옳지 않은 것은? (다툼이 있는 경우 판례에 의함)

① 가계보험과 기업보험의 구분은 보험계약자 등의 불이익변경금지에 관한 상법 제663조를 적용하는데 실익이 있다.

② 공제제도는 실제로 보험사업과 같은 기능을 하는 유사보험의 일종이므로 특별한 사정이 없는 한 보험계약에 관한 상법의 규정을 준용할 수 있다.

③ 무역보험은 민영보험이 아닌 공영보험이고, 특별법인 무역보험법에서 정한 규정이 적용되기 때문에, 상법 제4편의 적용이 배제된다.

④ 선주상호보험은 선주상호보험조합법에 따라 상호부조를 목적으로 선주상호보험조합이 운영하는 상호보험이므로, 보험 관계의 성질에 반하거나 특칙이 없는 한 상법 제4편이 준용된다.

02

확인 Check! ○ △ ×

보험계약의 성립에 관한 설명으로 옳지 않은 것은?

① 보험자가 보험계약자의 청약에 대한 낙부통지의무가 있음에도 불구하고 그 의무를 해태한 때에는 당해 청약에 대하여 승낙한 것으로 본다.

② 보험계약은 별도의 서면 작성을 필요로 하기 때문에 낙성계약으로 볼 수 없다.

③ 신체검사를 받아야 하는 인보험에서 피보험자가 신체검사를 받지 아니한 경우, 보험자의 승낙 전에 보험사고가 발생하더라도 보험자는 보험계약상의 책임을 지지 않는다.

④ 보험계약자가 청약 이후 보험료의 전부나 일부를 지급하지 아니한 경우, 손해보험자는 다른 약정이 없는 한 낙부통지의무를 부담하지 않는다.

03

☑ 확인 Check! ○ △ ×

상법상 보험계약에서 증명책임에 관한 설명으로 옳지 않은 것은? (다툼이 있는 경우 판례에 의함)

① 보험계약자나 피보험자의 고의 또는 중과실로 보험사고가 발생하였다는 사실은 보험자가 증명하여야 한다.

② 다른 약정이 없는 한 고지의무위반과 보험사고와의 인과관계의 존부에 대한 증명책임은 보험자가 부담한다.

③ 보험계약자가 이미 알고 있는 약관 내용과 같이 설명의무 등이 적용되지 않는 예외적 사항에 해당한다는 증명책임은 보험자가 부담한다.

④ 승낙 전 보험보호의 경우(상법 제638조의2), 청약을 거절할 사유의 존재에 대한 증명책임은 보험자가 부담한다.

04

☑ 확인 Check! ○ △ ×

상법상 고지의무의 대상이 되는 중요한 사항에 관한 설명으로 옳지 않은 것은? (다툼이 있는 경우 판례에 의함)

① 중요한 사항이란, 객관적으로 보험자가 그 사실을 안다면 그 계약을 체결하지 아니하든가 또는 적어도 동일한 조건으로는 계약을 체결하지 아니하리라고 평가되는 사항을 말한다.

② 자동차임대업자가 피보험차량을 지입차주로 하여금 자신의 감독을 받지 않고 유상운송에 제공하도록 허용한 것은 중요한 사실에 해당하지 않는다.

③ 질문표가 아닌 보험청약서에 일정한 사항에 대한 답변을 구하는 취지가 포함되어 있다면 그 사항도 중요한 사항으로 추정된다.

④ 동일한 보험목적에 대하여 체결된 다른 보험계약의 존재는 손해보험이든 인보험이든 보험의 종류를 불문하고 고지의무의 대상이 되는 중요한 사항이다.

05

☑ 확인Check! ○ △ ×

상법상 손해보험에서 보험자의 면책사유로서 보험계약자 등의 고의 또는 중과실에 관한 설명으로 옳지 않은 것은? (다툼이 있는 경우 판례에 의함)

① 자동차대여업자가 무면허운전자에 대하여 위조된 면허증의 복사본을 제시받고 그 원본이나 주민등록증을 확인하지 아니한 것은 중과실에 해당한다.

② 중과실이란, 보험계약자 또는 피보험자가 통상인에게 요구되는 정도의 상당한 주의를 하지 아니하더라도 약간의 주의를 한다면 손쉽게 위법, 유해한 결과를 예견할 수 있음에도 불구하고 이를 간과한 경우로 고의에 가까운 현저한 주의를 결여한 상태를 말한다.

③ 피보험자의 심신미약 상태에서 발생한 사고로 인한 손해는 피보험자의 고의로 인한 손해라 할 수 없다.

④ 고의는 자신의 행위에 의하여 일정한 결과가 발생하리라는 것을 알면서 이를 행하는 심리상태를 말하며, 특별한 사정이 없는 한 미필적 고의를 포함하지 않는다.

06

☑ 확인Check! ○ △ ×

상법상 보험계약자 등의 위험변경증가 통지의무에 관한 설명으로 옳지 않은 것은? (다툼이 있는 경우 판례에 의함)

① 화재보험계약 체결 후 피보험건물의 구조와 용도에 상당한 변경을 가져오는 증·개축공사가 시행된 경우에는 위험의 현저한 변경 또는 증가에 해당한다.

② 보험계약자가 고지의무를 위반함으로써 보험계약 성립시 고지된 위험과 보험기간 중 객관적으로 존재하게 된 위험에 차이가 생기게 되었다는 사정만으로 보험기간 중 위험이 새롭게 변경 또는 증가된 것으로 볼 수 있다.

③ 보험설계사가 통지의무의 대상인 보험사고의 위험이 현저하게 변경 또는 증가된 사실을 알게 된 경우 보험자가 안 것으로 볼 수 없다.

④ 자동차보험계약이 체결된 후 피보험자동차의 구조가 현저히 변경된 사실은 통지의무의 대상이 된다.

07

☑ 확인 Check! ○ △ ✕

상법상 보험자의 보험계약 해지사유는 모두 몇 개인가?

> 가. 미납된 계속보험료에 대한 납입 최고 후 최고에서 정한 상당한 기간 내에 그 보험료의 납입이 없는 때
> 나. 보험계약자나 피보험자가 고의 또는 중과실로 고지의무를 위반한 때
> 다. 초과보험이 보험계약자의 사기로 인하여 체결된 때
> 라. 보험계약자 또는 피보험자가 위험변경증가 통지의무를 해태한 때
> 마. 선박미확정의 적하예정보험에서 보험계약자가 선박의 명칭 등에 관한 통지의무를 해태한 때

① 2개
② 3개
③ 4개
④ 5개

08

☑ 확인 Check! ○ △ ✕

다음의 사례에서 상법상 중복보험에 관한 설명으로 옳은 것은? (다른 약정이 없으며, 다툼이 있는 경우 판례에 의함)

> 甲은 자신이 소유하는 보험가액 20억원의 가옥에 대하여, A보험회사와 보험금액 16억원, B보험회사와 보험금액 14억원, C보험회사와 보험금액 10억원으로 하는 화재보험계약을 순차적으로 체결하였는데, 이후 위 가옥이 화재로 인하여 전소하자 甲은 위 보험회사들에게 보험금을 청구하려고 한다.

① 甲이 C회사를 기망하여 보험에 가입한 경우, 甲과 C회사 사이의 보험계약만 무효가 되므로, C회사는 그 사실을 안 때까지 납입받은 보험료를 반환해야 한다.
② 甲이 B회사에게 20억원을 청구한 경우, B회사는 일단 20억원을 보상하고 A회사와 C회사에게 각각의 부담 부분인 8억원과 5억원을 구상할 수 있다.
③ 甲이 A회사에 대한 권리를 포기하면, 보험가액 20억원에 대하여 B회사와 C회사가 7 : 5의 비율로 보상할 책임이 있다.
④ B회사가 파산하여 무자력이 된 경우, 보험가액 20억원에 대하여 A회사와 C회사는 각각 16억원과 10억원의 한도 내에서 연대책임을 진다.

09

☑ 확인Check! ○ △ ×

상법상 보험계약자와 피보험자의 손해방지의무에 관한 설명으로 옳은 것은? (다툼이 있는 경우 판례에 의함)

① 보험자는 고의 또는 과실로 손해방지의무를 위반한 자에 대하여 이와 상당인과관계 있는 손해의 배상을 청구하거나, 또는 지급할 보험금과 상계하여 이를 공제한 나머지 금액만을 보험금으로 지급할 수 있다.

② 손해방지의무는 보험사고의 발생을 전제로 손해 확대의 방지를 위한 것이므로, 보험사고가 발생한 것과 같게 볼 수 있는 상태가 생겼을 때에는 손해방지의무를 부담하지 않는다.

③ 손해방지비용에는 손해를 경감할 목적으로 행하는 행위에 필요하거나 유익한 비용이 모두 포함되므로, 배상책임보험에서 추가적 누수를 방지하기 위한 방수공사 비용 및 누수 정밀검진 비용도 이에 해당한다.

④ 여기서 손해는 피보험이익에 대한 구체적인 침해의 결과로 생기는 손해는 물론이고, 보험자의 구상권과 같이 보험자가 손해를 보상한 후에 취득한 이익을 상실함으로써 보험자에게 부담되는 손해까지 포함된다.

10

☑ 확인Check! ○ △ ×

손해가 제3자의 중과실로 인하여 발생한 경우에 보험금을 지급한 보험자는 그 지급한 금액의 한도에서 그 제3자에 대한 보험계약자 또는 피보험자의 권리를 취득하는데, 다음의 보기 중 이러한 제3자에 해당하는 자는 모두 몇 명인가? (다툼이 있는 경우 판례에 의함)

가. 배상책임보험에서 피보험자의 업무에 종사하는 피용자 나. 자동차보험의 기명피보험자를 위하여 자동차를 운전하는 자 다. 자동차보험의 기명피보험자로부터 승낙을 얻어 자동차를 사용・관리하는 자 라. 건물 소유자의 화재보험에서 그 소유자와 생계를 같이 하는 형제 마. 건물 소유자의 화재보험에서 그 건물의 임차인 바. 건물 임차인이 건물 소유자를 위한 화재보험계약을 체결한 경우 그 임차인

① 1명
② 2명
③ 3명
④ 4명

11

☑ 확인Check! ○ △ ×

상법상 화재보험에 관한 설명으로 옳은 것은? (다른 약정은 없으며, 다툼이 있는 경우 판례에 의함)

① 집합보험의 경우 피보험자의 가족과 사용인의 물건도 보험의 목적에 포함된 것으로 하고, 이러한 보험은 그 가족 또는 사용인을 위하여서도 체결한 것으로 추정한다.

② 집합보험의 목적에 속한 물건이 보험기간 중에 수시로 교체된 경우, 그 물건은 보험사고의 발생 시점에 현존하더라도 보험의 목적에 포함되지 않는다.

③ 양도담보권자는 양도담보의 목적물이 화재로 소실된 경우, 양도담보 설정자의 화재보험금청구권에 대하여 압류 및 추심명령으로 추심권을 행사할 수 없다.

④ 화재의 소방 또는 손해의 감소에 필요한 조치를 하는 자에 대한 제한이 없으므로, 보험자는 소방관의 이러한 조치로 인하여 생긴 손해도 보상해야 한다.

12

☑ 확인Check! ○ △ ×

상법상 적하보험에 관한 설명으로 옳은 것은?

① 보험기간은 하물(荷物)의 선적에 착수한 시점부터 개시하지만, 출하지를 정한 때에는 그 곳에서 운송에 착수한 때에 개시한다.

② 하물(荷物)의 선적에 착수한 후에 보험계약이 체결된 경우, 보험기간은 그 계약이 성립되고 운항을 시작한 때로부터 개시한다.

③ 보험계약의 체결 당시 선박이 확정되지 않았을 경우에도 보험계약의 예약으로서 선박미확정의 적하예정보험계약을 체결할 수 있다.

④ 보험계약 체결시 보험가액을 미리 정하지 않은 경우, 사고가 발생한 때와 곳의 적하의 가액과 선적 및 보험에 관한 비용을 보험가액으로 한다.

13

확인 Check! ○ △ ×

상법상 해상보험에서 보험위부에 관한 설명으로 옳지 않은 것은?

① 선박의 존부가 2월간 분명하지 아니한 때에는 그 선박의 행방이 불명한 것으로 하며, 이러한 경우에는 전손(全損)으로 추정한다.

② 보험의 목적 전부에 대하여 위부를 해야 하지만, 위부의 원인이 그 일부에 대하여 생긴 때에는 그 부분에 대하여서만 위부할 수 있다.

③ 선박이 보험사고로 심하게 훼손되어 그 수선비용이 수선 후의 가액을 초과할 것으로 예상되는 경우, 선장이 지체 없이 다른 선박으로 그 적하의 운송을 계속한 때라도 피보험자는 그 적하를 위부할 수 있다.

④ 보험자가 위부를 승인하지 아니한 때에는 피보험자는 위부의 원인을 증명하여 보험금액의 지급을 청구할 수 있다.

14

확인 Check! ○ △ ×

상법상 책임보험에서 제3자의 직접청구권에 관한 설명으로 옳지 않은 것은? (다툼이 있는 경우 판례에 의함)

① 피보험자가 책임을 질 사고로 입은 손해에 대하여 제3자가 보험자에게 직접 보상을 청구하는 경우, 보험자는 피보험자가 그 사고에 관하여 가지는 항변으로써 제3자에게 대항할 수 있다.

② 제3자는 피보험자에 대한 손해배상청구권과 책임보험자에 대한 직접청구권을 임의로 선택하여 행사할 수 있다.

③ 보험약관의 보험금 지급기준이 보험자의 책임한도액을 정한 것이 아니라 보험금 지급기준에 불과한 경우에는 보험자는 직접청구권을 행사하는 제3자에게 이 약관 조항을 이유로 대항할 수 없다.

④ 특별한 기간의 약정이 없는 한 보험자는 피보험자로부터 제3자에 대한 채무확정의 통지를 받은 때 지체 없이 보험금을 지급하여야 한다.

15

☑ 확인 Check! ○ △ ✕

자동차손해배상보장법 제3조의 '운행'에 관한 설명으로 옳지 않은 것은? (다툼이 있는 경우 판례에 의함)

① 추운 겨울에 승용차의 시동을 켜놓고 잠을 자다가 뒷좌석 부근에서 발화된 화재로 사망한 사고는 운행 중의 사고에 해당하지 않는다.

② 불법주차된 덤프트럭 뒤에서 길을 횡단하려고 갑자기 뛰어나온 피해자를 주행 중인 자동차가 충격하여 상해를 입힌 경우, 덤프트럭 운전자의 불법주차는 운행성이 인정되지 않는다.

③ 구급차로 환자를 병원에 후송한 후 구급차에 비치된 간이침대로 환자를 하차시키던 중 이를 잘못 조작하여 환자를 땅에 떨어뜨려 상해를 입게 한 경우, 자동차의 운행으로 인한 사고에 해당한다.

④ 인부가 정차 중인 화물차량에 통나무를 내려놓는 충격으로 인하여 지면과 적재함 후미 사이에 걸쳐 설치된 발판이 떨어지는 바람에 발판을 딛고 적재함으로 올라가던 다른 인부가 땅에 떨어져 입은 상해는 운행 중 사고에 해당하지 않는다.

16

☑ 확인 Check! ○ △ ✕

상법상 타인의 생명보험에서 피보험자의 동의에 관한 설명으로 옳지 않은 것은? (다툼이 있는 경우 판례에 의함)

① 보험자의 직원으로 근무하며 영업실적을 올리려고 자신의 배우자의 동의 없이 그를 보험계약자이자 피보험자로 하고 동료 직원으로 하여금 배우자를 대신하여 서명하게 하여 체결한 생명보험계약은 타인의 생명보험계약이 아니다.

② 타인의 생명보험계약에서 사망보험금 청구권을 피보험자가 아닌 자에게 양도하는 경우에는 피보험자의 서면동의를 얻어야 한다.

③ 피보험자인 타인의 서면동의는 그 타인이 보험청약서에 자필서명하는 것만을 의미하지는 않으므로, 타인으로부터 특정한 보험계약에 관하여 서면동의를 할 권한을 구체적・개별적으로 수여받았음이 분명한 사람이 권한 범위 내에서 타인을 대행하여 서면동의를 한 경우 그 서면동의는 유효하다.

④ 보험계약자가 15세 미만인 타인의 사망을 보험사고로 하는 보험계약을 체결하는 경우 그 타인의 서면동의가 있더라도 그 보험계약은 무효이다.

17

☑ 확인Check! ○ △ ×

보험계약에서 보험자대위권 및 구상권에 관한 설명으로 옳지 않은 것은? (다툼이 있는 경우 판례에 의함)

① 책임보험에서 구상권을 가지는 공동불법행위자는 구상권 행사의 상대방인 다른 공동불법행위자의 보험자에 대하여 상법 제724조 제2항에 의하여 직접 구상권을 행사할 수 있다.

② 보증보험은 보증의 실질을 갖기 때문에 구상에 관한 특별한 약정이 없더라도 보험자는 공동보증인으로서 민법 제448조에 따라 구상권을 행사할 수 있다.

③ 재보험계약의 경우 원보험자가 제3자에 대해서 보험자대위권을 갖고 있을 때, 재보험자가 원보험자에게 재보험금을 지급하면 그 지급한 금액의 범위 내에서 보험자대위권이 재보험자에게 이전한다.

④ 인보험계약의 보험자는 보험자대위권을 가지지 않으며, 불이익변경금지의 원칙상 당사자간에 다른 약정이 있는 경우에도 마찬가지이다.

18

☑ 확인Check! ○ △ ×

상법상 생명보험에서 보험자의 면책사유에 관한 설명으로 옳지 않은 것은? (다툼이 있는 경우 판례에 의함)

① 보험사고발생에 기여한 복수의 원인이 존재하는 경우 그 중 하나가 피보험자 등의 고의행위임을 주장하여 보험자가 면책되기 위해서는, 그 고의행위가 공동원인의 하나이었다는 점을 입증하면 되고 보험사고발생의 유일하거나 결정적 원인이었음을 입증할 필요는 없다.

② 둘 이상의 보험수익자 중에서 일부가 고의로 피보험자를 사망하게 한 경우 보험자는 다른 보험수익자에 대하여 보험금 지급책임을 부담한다.

③ 사망보험계약에서 보험사고가 보험계약자 또는 피보험자나 보험수익자의 중대한 과실로 인하여 발생한 경우 보험자는 면책되지 않는다.

④ 피보험자의 정신질환을 독립된 면책사유로 규정한 보험약관에 의해 생명보험계약이 체결된 경우, 피보험자가 정신질환에 의하여 자유로운 의사결정을 할 수 없는 상태에 이르렀고 이로 인하여 보험사고가 발생하였다면 이 면책조항에 의하여 보험자는 보험금 지급의무를 면한다.

19

☑ 확인Check! ○ △ ✕

상법상 타인을 위한 생명보험에서 보험수익자의 지정 · 변경에 관한 설명으로 옳지 않은 것은? (다툼이 있는 경우 판례에 의함)

① 타인의 사망보험에서 보험수익자를 지정 또는 변경하려면 그 타인의 서면동의를 얻어야 한다.
② 보험수익자 변경의 의사표시가 객관적으로 확인되더라도 그러한 의사표시가 보험자나 보험수익자에게 도달하지 않았다면 보험수익자 변경의 효과는 발생하지 않는다.
③ 보험수익자가 보험존속 중에 사망하였고 보험계약자도 지정권을 행사하지 아니하고 사망한 때에는 보험수익자의 상속인을 보험수익자로 한다.
④ 보험계약자가 보험수익자 지정권을 행사하지 아니하고 사망한 때에는 피보험자를 보험수익자로 한다.

20

☑ 확인Check! ○ △ ✕

상법상 상해보험에 관한 설명으로 옳지 않은 것은? (다툼이 있는 경우 판례에 의함)

① 외래의 사고와 피보험자의 기왕증이 공동원인이 되어 상해에 영향을 미친 경우에도 사고로 인한 상해와 그 결과인 후유장해 사이에 인과관계가 있다고 인정되면 보험금을 지급할 의무가 발생한다.
② 피보험자가 술을 마시고 잠을 자다가 구토를 하여 기도폐색으로 질식해서 사망한 경우 사고의 외래성이 인정된다.
③ 정액보험형 상해보험의 보험계약자가 보험수익자를 지정한 결과 피보험자와 보험수익자가 일치하지 않게 되었다면 보험수익자의 지정행위는 무효가 된다.
④ 사고의 급격성, 우연성, 외래성 및 사고와 신체 손상과의 인과관계에 대한 증명책임은 보험금을 청구하는 자가 부담한다.

21

☑ 확인Check! ○ △ ✕

보험업법상 보험업의 허가를 받으려는 자는 신청서에 일정한 서류를 첨부하여 금융위원회에 제출하여야 하는데, 보험회사가 취급하는 보험종목을 추가하려는 경우 제출하지 아니할 수 있는 서류에 해당하는 것은?

① 정 관
② 업무 시작 후 3년간의 사업계획서
③ 업무 시작 후 3년간의 추정재무제표
④ 경영하려는 보험업의 보험종목별 사업방법서

22

☑ 확인 Check! ○ △ ✕

보험업법상 금융위원회가 보험회사에 대해 부수업무를 하는 것을 제한하거나 시정할 것을 명할 수 있는 경우를 모두 고른 것은?

가. 보험회사의 경영건전성을 해치는 경우 나. 보험계약자 보호에 지장을 가져오는 경우 다. 금융시장의 안정성을 해치는 경우

① 가, 나
② 나, 다
③ 가, 다
④ 가, 나, 다

23

☑ 확인 Check! ○ △ ✕

보험업법상 보험회사인 주식회사에 관한 설명으로 옳지 않은 것은?

① 자본감소를 결의한 경우에는 그 결의를 한 날부터 2주 이내에 결의의 요지와 재무상태표를 공고하여야 한다.
② 자본감소를 결의할 때 대통령령으로 정하는 자본감소를 하려면 미리 금융위원회의 승인을 받아야 한다.
③ 주식회사는 그 조직을 변경하여 상호회사로 할 수 없다.
④ 주식회사의 조직변경은 주주총회의 결의를 거쳐야 한다.

24

☑ 확인 Check! ○ △ ✕

보험업법상 보험계약자 등의 우선취득권과 예탁자산의 우선변제권에 관한 설명으로 옳지 않은 것은?

① 보험계약자나 보험금을 취득할 자는 피보험자를 위하여 적립한 금액을 다른 법률의 특별한 규정이 있는 경우에도 불구하고 주식회사의 자산에서 우선하여 취득한다.
② 보험업법 제108조에 따라 특별계정이 설정된 경우에는 우선취득권은 특별계정과 그 밖의 계정을 구분하여 적용한다.
③ 보험계약자나 보험금을 취득할 자는 피보험자를 위하여 적립한 금액을 주식회사가 보험업법에 따른 금융위원회의 명령에 따라 예탁한 자산에서 다른 채권자보다 우선하여 변제를 받을 권리를 가진다.
④ 보험업법 제108조에 따라 특별계정이 설정된 경우에는 우선변제권은 특별계정과 그 밖의 계정을 구분하여 적용한다.

25

☑ 확인Check! ○ △ ×

보험업법상 상호회사의 사원의 권리와 의무에 관한 설명으로 옳지 않은 것은?

① 상호회사의 사원은 회사의 채권자에 대하여 직접적인 의무를 지지 아니한다.

② 상호회사의 사원은 보험료의 납입에 관하여 상계(相計)로써 회사에 대항할 수 있다.

③ 상호회사의 채무에 관한 사원의 책임은 보험료를 한도로 한다.

④ 상호회사는 정관으로 보험금액의 삭감에 관한 사항을 정하여야 한다.

26

☑ 확인Check! ○ △ ×

보험업법상 보험설계사의 등록 제한에 관한 설명으로 옳지 않은 것은?

① 보험업법 또는 「금융소비자 보호에 관한 법률」에 따라 벌금 이상의 형을 선고받고 그 집행이 끝나거나(집행이 끝난 것으로 보는 경우를 포함) 집행이 면제된 날부터 3년이 지나지 아니한 자는 보험설계사가 될 수 없다.

② 이전에 모집과 관련하여 받은 보험료, 대출금 또는 보험금을 다른 용도에 유용(流用)한 후 3년이 지나지 아니한 자는 보험설계사가 될 수 없다.

③ 보험업법 또는 「금융소비자 보호에 관한 법률」에 따라 금고 이상의 형의 집행유예를 선고받고 그 유예기간 중에 있는 자는 보험설계사가 될 수 없다.

④ 보험업법에 따라 보험설계사·보험대리점 또는 보험중개사 등록취소 처분을 2회 이상 받은 경우 최종 등록취소 처분을 받은 날부터 3년이 지나지 아니한 자는 보험설계사가 될 수 없다.

27

☑ 확인Check! ○ △ ×

보험업법상 보험안내자료에 관한 설명으로 옳지 않은 것은?

① 보험안내자료에 보험회사의 자산과 부채에 관한 사항을 적는 경우에는 보험업법 제118조에 따라 금융위원회에 제출한 서류에 적힌 사항과 다른 내용의 것을 적지 못한다.

② 보험계약자의 이익을 위해 필요하다고 보험회사가 판단하는 경우에는 보험안내자료에 보험회사의 장래의 이익 배당 또는 잉여금 분배에 대한 예상에 관한 사항을 적을 수 있다.

③ 보험안내자료에는 보험회사의 상호나 명칭 또는 보험설계사·보험대리점 또는 보험중개사의 이름·상호나 명칭에 관한 사항을 명백하고 알기 쉽게 적어야 한다.

④ 보험안내자료에는 보험금 지급제한 조건에 관한 사항을 명백하고 알기 쉽게 적어야 한다.

28

☑ 확인 Check! ○ △ ✕

보험업법상 실손의료보험계약의 서류 전송을 위한 전산시스템의 구축·운영 등에 관한 설명으로 옳지 않은 것은?

① 보험회사는 실손의료보험계약의 보험금 청구를 위한 서류 전송에 따른 업무를 수행하기 위하여 필요한 전산시스템을 구축·운영하여야 한다.
② 보험회사는 전산시스템의 구축·운영에 관한 업무를 공공성·보안성·전문성 등을 고려하여 대통령령으로 정하는 전송대행기관에 위탁하거나 직접 수행할 수 있다.
③ 전산시스템의 구축·운영에 관한 비용은 보험회사와 요양기관이 공동으로 부담한다.
④ 보험회사 또는 전송대행기관은 요양기관 등과 전산시스템의 구축·운영에 관한 사항을 협의하기 위하여 대통령령으로 정하는 바에 따라 위원회를 구성·운영할 수 있다.

29

☑ 확인 Check! ○ △ ✕

보험업법상 보험회사와 그 대주주와의 거래제한 등에 관한 설명으로 옳은 것은?

① 대주주가 다른 회사에 출자하는 것을 지원하기 위한 신용공여는 허용된다.
② 보험회사는 그 보험회사의 대주주에 대하여 대통령령으로 정하는 금액 이상의 신용공여를 할 경우에는 미리 이사회의 의결을 거쳐야 하며, 재적이사 3분의 2 이상의 찬성으로 의결하여야 한다.
③ 보험회사는 해당 보험회사의 대주주에 대한 신용공여나 그 보험회사의 대주주가 발행한 채권 또는 주식의 취득에 관한 사항을 대통령령으로 정하는 바에 따라 분기별로 금융위원회에 보고하고, 인터넷 홈페이지 등을 이용하여 공시하여야 한다.
④ 보험회사는 해당 보험회사의 대주주가 발행한 주식에 대한 의결권을 행사하는 행위를 하였을 때에는 10일 이내에 그 사실을 금융위원회에 보고하고 인터넷 홈페이지 등을 이용하여 공시하여야 한다.

30

☑ 확인 Check! ○ △ ✕

보험업법상 보험회사의 자산운용 제한의 적용 예외 사유에 해당하지 않는 것은?

① 보험회사의 경영능력 혁신으로 자산상태가 변동된 경우
② 보험회사에 적용되는 회계처리기준의 변경으로 보험회사의 자산 또는 자기자본 상태가 변동된 경우
③ 보험회사가 재무건전성 기준을 지키기 위하여 필요한 경우로서 금융위원회의 승인을 받은 경우
④ 보험회사가 「기업구조조정 촉진법」에 따른 출자전환 또는 채무재조정 등 기업의 구조조정을 지원하기 위하여 필요한 경우로서 금융위원회의 승인을 받은 경우

31

☑ 확인 Check! ○ △ ×

다음 중 보험회사가 보험계약자를 보호하기 위하여 즉시 공시하여야 할 사항을 모두 고른 것은?

가. 재무 및 손익에 관한 사항 나. 자금의 조달 및 운용에 관한 사항 다. 보험약관 및 사업방법서, 보험료 및 해약환급금, 공시이율 등 보험료 비교에 필요한 자료 라. 보험회사가 재무건전성 기준을 지키지 아니하여 금융위원회로부터 제재조치를 받은 경우 그 내용

① 가, 나
② 가, 나, 다
③ 가, 나, 라
④ 가, 나, 다, 라

32

☑ 확인 Check! ○ △ ×

보험업법상 상호협정에 관한 설명으로 옳지 않은 것은?

① 보험회사는 금융위원회의 인가를 받아 그 업무에 관한 공동행위를 하기 위하여 다른 보험회사와 상호협정을 체결할 수 있다.
② 기존 상호협정의 구성원인 보험회사의 상호가 변경되는 경우에는 금융위원회의 인가를 받지 아니하고, 신고로써 갈음할 수 있다.
③ 금융위원회는 상호협정의 체결・변경 또는 폐지의 인가를 하거나 협정에 따를 것을 명할 경우 미리 공정거래위원회와 협의할 수 있다.
④ 금융위원회는 공익 또는 보험업의 건전한 발전을 위하여 특히 필요하다고 인정되는 경우에는 보험회사에 대하여 상호협정의 체결・변경 또는 폐지를 명하거나 그 협정의 전부 또는 일부에 따를 것을 명할 수 있다.

33

☑ 확인 Check! ○ △ ×

보험약관 등의 이해도 평가에 관한 설명으로 옳지 않은 것은?

① 금융위원회는 보험약관 등의 이해도를 평가하고 그 결과를 대통령령으로 정하는 바에 따라 공시할 수 있다.
② 금융위원회는 보험약관 등의 이해도를 평가하기 위해 평가대행기관을 지정하여야 한다.
③ 이해도 평가의 대상자는 보험소비자와 보험의 모집에 종사하는 자 등 대통령령으로 정하는 자이다.
④ 이해도 평가의 대상자에는 보험요율산출기관의 장이 추천하는 보험 관련 전문가 1명이 포함된다.

34

☑ 확인Check! ○ △ ✕

금융위원회가 공익 또는 건전한 보험거래질서의 확립을 위하여 필요한 경우에 일정한 자를 대상으로 조사를 할 수 있는데, 이에 해당되는 자를 모두 고른 것은?

가. 보험회사 나. 보험계약자, 피보험자 다. 보험금을 취득할 자 라. 보험계약에 관하여 이해관계가 있는 자

① 가
② 나, 다
③ 가, 나, 다
④ 가, 나, 다, 라

35

☑ 확인Check! ○ △ ✕

보험업법상 손해보험계약의 제3자 보호에 관한 설명으로 옳지 않은 것은?

① 손해보험회사는 법령에 따라 가입이 강제되는 손해보험 계약으로서 대통령령으로 정하는 손해보험계약의 제3자가 보험사고로 입은 손해에 대한 보험금의 지급을 보험업법에서 정하는 바에 따라 보장하여야 한다.
② 자동차보험계약의 경우에는 법령에 따라 가입이 강제되지 아니하는 보험계약의 경우에도 손해보험회사는 제3자가 보험사고로 입은 손해에 대한 보험금의 지급을 보험업법에서 정하는 바에 따라 보장하여야 한다.
③ 대통령령으로 정하는 법인을 계약자로 하는 손해보험 계약의 경우 제3자 보호규정이 적용되지 아니한다.
④ 손해보험회사는 「예금자보호법」 제2조 제8호의 사유로 손해보험계약의 제3자에게 보험금을 지급하지 못하게 된 경우에는 즉시 그 사실을 금융위원회에게 보고하여야 한다.

36

☑ 확인 Check! ○ △ ×

2025.4.13.을 기준으로 「근로자퇴직급여보장법」상 퇴직연금제도의 급여를 받을 권리를 담보로 제공할 수 있는 가입자를 모두 고른 것은?

가. 무주택자인 가입자가 무주택자인 그의 배우자 명의로 주택을 구입하는 경우 나. 무주택자인 가입자가 입사 후 처음으로 주거를 목적으로 「민법」 제303조에 따른 전세금 또는 「주택임대차보호법」 제3조의2에 따른 보증금을 부담하는 경우 다. 2018.4.13. 「채무자 회생 및 파산에 관한 법률」에 따라 개인회생절차개시 결정을 받은 가입자가 대출을 받는 경우 라. 가입자가 그 배우자의 부양가족의 대학등록금을 부담하는 경우

① 가, 나
② 가, 다
③ 다, 라
④ 나, 라

37

☑ 확인 Check! ○ △ ×

중소기업퇴직연금기금제도에 관한 설명으로 옳은 것은? (이하에서 '중소기업'은 상시 30명 이하의 근로자를 사용하는 사업에 한정한다)

① 중소기업퇴직연금기금제도는 중소기업의 사용자 및 근로자의 안정적인 노후생활 보장을 지원하는데 목적이 있다.
② 중소기업퇴직연금기금제도는 둘 이상의 중소기업 사용자 및 근로자가 납입한 부담금 등으로 공동의 기금을 조성·운영하여 근로자에게 급여를 지급하는 제도이다.
③ 중소기업의 사용자는 중소기업퇴직연금기금표준계약서에서 정하고 있는 사항에 관하여 개별 근로자의 동의를 얻거나 의견을 들어 근로복지공단에 신고함으로써 중소기업퇴직연금기금제도를 설정할 수 있다.
④ 근로복지공단은 중소기업퇴직연금기금표준계약서를 작성함에 있어 사전지정운용제도에 관한 사항을 기재하여야 한다.

38

☑ 확인 Check! ○ △ ×

「근로자퇴직급여보장법」상 퇴직급여수급권에 관한 설명으로 옳은 것은?

① 사용자에게 지급의무가 있는 최종 3년간의 확정기여형퇴직연금제도의 부담금 중 미납입 부담금 및 미납입 부담금에 대한 지연이자는 사용자의 총재산에 대하여 질권 또는 저당권에 의하여 담보된 채권, 조세·공과금 및 다른 채권에 우선하여 변제되어야 한다.

② 4주간을 평균하여 1주간의 실근로시간이 15시간 미만인 근로자는 계속근로기간이 1년 이상인 경우라도 퇴직급여를 청구할 수 없다.

③ 확정급여형퇴직연금제도의 급여 수준은 가입자의 퇴직일을 기준으로 하여 산정한 일시금이 계속근로기간 1년에 대하여 1개월분 이상의 평균임금이 되도록 하여야 한다.

④ 퇴직연금제도의 급여를 받을 권리는 그 반액에 관하여 양도 또는 압류하거나 담보로 제공할 수 있다.

39

☑ 확인 Check! ○ △ ×

「근로자퇴직급여보장법」상 퇴직연금제도를 설정한 사용자의 책무에 관한 설명으로 옳은 것은?

① 퇴직연금제도를 설정한 사용자는 자기의 이익을 도모할 목적으로 운용관리업무 및 자산관리업무의 수행계약을 체결할 수 있다.

② 확정기여형퇴직연금제도를 설정한 사용자는 반기 1회 이상 가입자에게 해당 사업의 퇴직연금제도 운영 상황 등에 관한 교육을 하여야 한다.

③ 사용자가 단체협약 및 취업규칙 등을 통하여 일정한 연령, 근속시점 또는 임금액을 기준으로 근로자의 임금을 조정하고 근로자의 정년을 연장하거나 보장하는 제도를 시행하려는 경우 확정급여형퇴직연금제도를 설정한 사용자는 근로자에게 퇴직급여가 감소할 수 있음을 미리 알려야 한다.

④ 퇴직연금제도를 설정한 사용자는 퇴직연금사업자에게 약관 등에서 정해진 부가서비스에 따른 경제적 가치가 있는 서비스의 제공을 요구하거나 제공 받는 행위를 하여서는 아니 된다.

40

☑ 확인 Check! ○ △ ×

다음 중 운용관리업무를 수행하는 퇴직연금사업자가 사전지정운용제도를 설정한 사업의 가입자에게 제공하여야 하는 정보는 모두 몇 개인가?

> 가. 해당 사전지정운용방법의 자산배분 현황 및 위험 · 수익 구조
> 나. 사전지정운용방법의 위험등급, 손실가능성 및 과거 수익률
> 다. 사용자의 부담금 수준, 납입시기 및 납입 현황
> 라. 수수료 등 가입자가 부담하는 비용에 관한 사항
> 마. 예금자 보호 한도 등 가입자의 보호에 관한 사항
> 바. 사전지정운용방법의 적용에 따른 퇴직연금자산의 위험도 변경 가능성

① 3개
② 4개
③ 5개
④ 6개

2025년 제48회 경제학원론

1차 기출문제

중요 문제 / 틀린 문제 CHECK

01	02	03	04	05	06	07	08	09	10	11	12	13	14	15	16	17	18	19	20
21	22	23	24	25	26	27	28	29	30	31	32	33	34	35	36	37	38	39	40

시간 분 | 정답 및 해설편 393p

01

확인 Check! ○ △ ×

X재는 개당 2천원이고, Y재는 개당 3천원일 때, 소비자 A는 2만원의 예산으로 X재 4개와 Y재 4개를 구매하였다. 이때 X, Y재에 대한 한계효용은 각각 1.4만원, 1.8만원이다. 효용을 극대화하기 위한 A의 선택으로 옳은 것은?

① X재를 더 적게 구매하고, Y재를 더 많이 구매한다.
② X재를 더 많이 구매하고, Y재를 더 적게 구매한다.
③ X재와 Y재 모두 더 많이 구매한다.
④ 소비조합에 변화가 없다.

02

확인 Check! ○ △ ×

두 재화 X와 Y에 대해 효용을 극대화하는 소비자의 효용함수는 $U(X, Y)= X^2+ Y^2$이고, X재 가격은 5, Y재 가격은 7이다. 이 소비자의 소득소비곡선으로 옳은 것은?

① $X=0$
② $Y=0$
③ $Y=\frac{7}{5}X$
④ $Y=\frac{5}{7}X$

03

☑ 확인Check! ○ △ ✕

생선과 옥수수 각 1단위를 생산하는데 필요한 소비자 A와 B의 노동 투입 시간이 아래와 같을 때 다음 중 옳은 것은?

구 분	생 선	옥수수
A	2시간	5시간
B	1시간	3시간

① A는 생선 생산에 절대우위가 있다.

② A에게 생선 1단위 생산의 기회비용은 옥수수 $\frac{5}{2}$단위이다.

③ B는 옥수수 생산에 비교우위가 있다.

④ B에게 옥수수 1단위 생산의 기회비용은 생선 3단위이다.

04

☑ 확인Check! ○ △ ✕

기펜재(Giffen goods)에 대한 설명으로 옳지 않은 것은?

① 열등재다.

② 수요곡선이 우상향한다.

③ 대체효과가 소득효과보다 크다.

④ 엥겔곡선(Engel curve)이 우하향한다.

05

☑ 확인Check! ○ △ ✕

아래 그림에서 수요의 가격탄력성의 크기에 대한 설명으로 옳은 것은? (단, 두 수요곡선은 평행하며, 탄력성은 절댓값으로 비교한다)

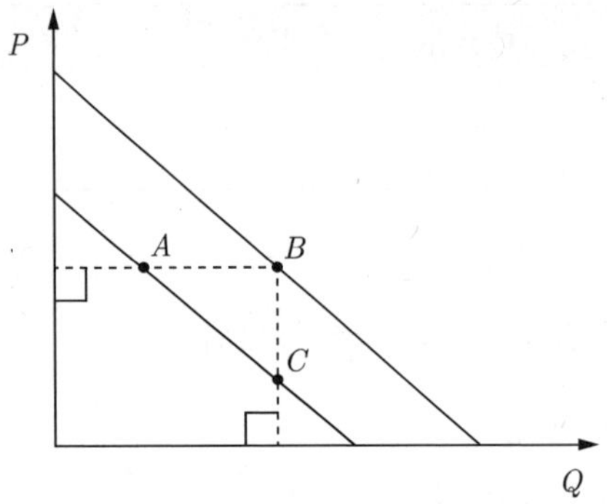

① $A > B > C$

② $A > C > B$

③ $B > A > C$

④ $B > C > A$

06

☑ 확인Check! ○ △ ✕

토마토 시장의 수요곡선은 $Q_d = 100 - 2P$이고 공급곡선은 $Q_s = 2P - 20$이었다. 풍년으로 토마토 생산량이 추가적으로 20개가 증가하자 정부는 농민을 보호하기 위해 하한가격을 30으로 설정하였다. 이 경우 자중손실(deadweight loss)은? (단, Q_d는 수요량, Q_s는 공급량, P는 가격이다)

① 25

② 50

③ 75

④ 100

07

☑ 확인Check! ○ △ ×

소비자 A의 효용함수는 $U(I)=\sqrt{I}$ 이다. 소득(I)은 1,600이고, 20%의 확률로 중증질환이 발생하여 소득이 400으로 감소할 수 있다. 보험회사가 A의 감소한 소득을 보상해 주는 보험을 판매할 때 기대효용에 따른 A의 최대 지불용의 보험료는?

① 240
② 277
③ 304
④ 320

08

☑ 확인Check! ○ △ ×

위험회피적(risk averse)인 효용함수로 옳은 것은?

① $U(X)=\sqrt{e^X}$
② $U(X)=3X$
③ $U(X)=\ln X^3$
④ $U(X)=X-\sqrt{X}$

09

☑ 확인Check! ○ △ ×

페인트 시장에서의 한계비용곡선은 $MC=0.5Q_x+100$이고, 페인트를 생산할 때 한계피해액 $MD=0.5Q_s$이 발생한다. 페인트의 시장수요곡선은 $Q_d=700-P$일 때 정부가 아무런 조치를 하지 않으면 발생하는 자중손실(deadweight loss)은? (단, Q_s는 생산량, Q_d는 소비량, P는 가격이다)

① 7,500
② 10,000
③ 17,500
④ 30,000

10

확인Check! ○ △ ×

아래 표는 일회성 비협조게임을 하는 기업 A, B의 보수행렬이다. 두 기업이 순수전략만을 사용할 때 이에 대한 설명으로 옳은 것은? (단, 괄호 안의 왼쪽은 기업 A의 보수, 오른쪽은 기업 B의 보수이며, $x > 0$이다)

		기업 B	
		가격인상	가격인하
기업 A	가격인상	(100, 100)	$(80-x,\ 80+x)$
	가격인하	(120, 120)	(50, 50)

① $x > 30$일 때, 기업 A와 B의 우월전략이 없고, 내쉬균형은 존재하지 않는다.

② $20 < x < 30$일 때, 기업 B의 우월전략만 존재하고, 유일한 내쉬균형은 기업 A 가격인상, 기업 B 가격인하이다.

③ $20 < x < 30$일 때, 기업 A의 우월전략만 존재하고, 유일한 내쉬균형은 기업 A, B 모두 가격인하이다.

④ $x < 20$일 때, 기업 A와 B 모두 우월전략이 있고, 유일한 내쉬균형은 기업 A, B 모두 가격인하이다.

11

확인Check! ○ △ ×

완전경쟁시장에서 기업 A의 총비용함수가 $TC = 2Q^3 - 4Q^2 + 8Q + 100$일 때, 단기조업중단가격은?

① 2

② 4

③ 6

④ 8

12

확인Check! ○ △ ×

단위당 비용이 5인 노동(L)과 20인 자본(K)을 이용해 청소기를 만들고 있는 기업의 생산함수는 $Q(L, K) = LK$인데, 추가 R&D 투자비용 200으로 생산함수를 $Q(L, K) = L^2K^2$로 바꿀 수 있다. 청소기 256개를 생산하고자 할 때 이 기업의 의사결정으로 옳은 것은? (단, $L > 0$, $K > 0$)

① 생산비의 감소가 투자비용보다 크기 때문에 투자해야 한다.

② 생산비의 감소가 투자비용보다 작기 때문에 투자하지 않아야 한다.

③ 생산비의 감소와 투자비용이 동일하기 때문에 관계없다.

④ 단기적으로는 투자하는 것이 좋지만, 장기적으로는 투자하지 않는 것이 좋다.

13

☑ 확인 Check! ○ △ ×

소비자 A와 B로 구성된 사회에 사용재(private goods) X와 공공재 Y가 있다. 현재 소비와 생산수준에서 X재와 Y재의 한계대체율과 한계변환율은 각각 $MRS_{XY}^{A} = 12$, $MRS_{XY}^{B} = 13$, $MRT_{XY} = 20$이다. 공공재의 최적 공급을 위한 방법으로 옳은 것은? (단, MRS_{XY}^{A}는 A의 한계대체율, MRS_{XY}^{B}는 B의 한계대체율, MRT_{XY}는 한계변화율, $MRS_{XY} = \dfrac{MU_X}{MU_Y}$, $MRT_{XY} = \dfrac{MC_X}{MC_Y}$이며, MU는 한계효용, MC는 한계비용이다)

① X를 늘리고 Y를 줄여야 한다.
② X를 줄이고 Y를 늘려야 한다.
③ X와 Y 모두 늘려야 한다.
④ X와 Y 모두 줄여야 한다.

14

☑ 확인 Check! ○ △ ×

소비자 A와 B의 수요곡선은 각각 $Q_A = 12 - 2P$, $Q_B = 9 - P$이다. 가격이 4에서 2로 하락할 때 중간점(midpoint)을 이용한 시장수요의 가격탄력성에 대한 설명으로 옳은 것은? (단, Q_A는 A의 수요량, Q_B는 B의 수요량, P는 가격이다)

① 완전탄력적이다.
② 탄력적이다.
③ 단위탄력적이다.
④ 비탄력적이다.

15

☑ 확인 Check! ○ △ ×

이윤극대화를 추구하는 기업 A와 B가 농구공을 생산하고 있는 복점시장에서 두 기업의 한계비용은 20으로 동일하다. 농구공의 시장수요곡선은 $Q = 100 - P$이고, 수요자에게 두 기업이 생산하는 농구공은 동질적이다. 기업 A가 먼저 생산량을 결정할 때 시장가격은? (단, Q_A는 수요량, P는 가격이다)

① 40
② 50
③ 60
④ 80

16

☑ 확인Check! ○ △ ✕

독점기업 A의 한계비용은 2, 총고정비용은 50이다. 시장수요곡선이 $P=8-0.04Q$일 때, 이윤극대화를 추구하는 A기업의 이윤은? (단, P, Q는 각각 가격과 수량이다)

① 125
② 150
③ 175
④ 200

17

☑ 확인Check! ○ △ ✕

아래 자료로부터 도출된 결과로 옳지 않은 것은?

> • ㉠A국 의료시장의 수요곡선은 $Q=200-P$이고 공급곡선은 $P=100$이다(단, Q는 수요량, P는 가격이다).
> • A국 정부는 의료비 부담을 완화하기 위해 국민이 부담하는 의료비의 60%를 보장해 주는 ㉡공적건강보험을 도입했고, 의료비 보장에 필요한 재원은 보험료로 충당한다. 공적건강보험이 도입된 이후에도 의료비 부담이 높다고 생각한 보험회사는 본인부담금의 절반을 보장하는 ㉢민영건강보험을 도입했다.

① ㉠에서 총의료비는 10,000이다.
② ㉡에 따라 총의료비는 6,000이 증가한다.
③ ㉡에 따라 정부가 부과하는 보험료는 총 9,600이다.
④ ㉢으로 인해 공적건강보험에는 2,000의 적자가 발생한다.

18

☑ 확인Check! ○ △ ✕

A, B만이 있는 사회에서 A의 효용함수는 $U_A=\sqrt{I_A}$, 소득은 $I_A=100$이며, B의 효용함수는 $U_B=\sqrt{I_B}+0.5U_A$, 소득은 $I_B=625$이다. 정부가 B의 소득 중 96을 A에게 재분배할 때 다음 중 옳은 것은?

① 공리주의 기준으로 바람직하며, 롤스(Rawls)주의 기준으로 바람직하지 않다.
② 공리주의 기준으로 바람직하지 않으며, 롤스주의 기준으로 바람직하다.
③ 공리주의 및 롤스주의 기준으로 바람직하다.
④ 공리주의 및 롤스주의 기준으로 바람직하지 않다.

19

☑ 확인 Check! ○ △ ×

오염을 배출하는 기업이 오염을 감소시키고자 할 때 한계비용은 $MC = 10 + \frac{5}{4}Q$이다. 정부는 오염 감소에 따른 사회적 한계편익을 $MB = 40 - Q$, 기업의 오염 감소에 따른 한계비용을 $MC = 10 + Q$로 추정하고 있다. 이러한 추정에 기초하여 정부가 배출되는 오염 한 단위당 세금을 부과할 때 감소하는 오염의 수량은? (단, Q는 오염 감소량이다)

① 8
② 12
③ 15
④ 18

20

☑ 확인 Check! ○ △ ×

장기총비용함수 $TC(Q) = 50Q - 8Q^2 + Q^3$일 때 옳은 것은? (단, Q는 생산량이다)

① $Q = 3$일 때 규모의 경제이고, 한계비용은 감소추세에 있다.
② $Q = 3$일 때 규모의 불경제이고, 한계비용은 감소추세에 있다.
③ $Q = 5$일 때 규모의 경제이고, 한계비용은 증가추세에 있다
④ $Q = 5$일 때 규모의 불경제이고, 한계비용은 증가추세에 있다.

21

☑ 확인 Check! ○ △ ×

정부와 해외 부문을 포함하는 경제에서 국민소득에 대한 설명으로 옳은 것은?

① 국민소득은 가계의 소득처분 관점에서 소비, 가계저축, 조세로 구성된다.
② 균형국민소득 수준에서 총투자는 국내저축에 순수출을 더한 값과 일치한다.
③ 균형국민소득 수준에서 경상수지가 흑자이면 총투자가 국내저축보다 작다.
④ 균형국민소득 수준에서 재정수지가 흑자이면 총투자가 국내저축보다 크다.

22

☑ 확인Check! ○ △ ×

2023년, 2024년 소비자물가지수가 각각 100, 150이고, 2024년 명목임금이 600이다. 2024년 실질임금이 전년 대비 2% 감소했다면, 2023년 명목임금은? (단, 소수점 첫째자리에서 반올림한다)

① 392
② 408
③ 882
④ 918

23

☑ 확인Check! ○ △ ×

고전학파 거시경제이론에 대한 설명으로 옳지 않은 것은?

① 화폐수량설에 따라 화폐의 중립성을 주장한다.
② 세이의 법칙에 따라 균형국민소득은 잠재GDP와 일치한다.
③ 실질이자율은 화폐시장에서 수요와 공급에 의해 결정된다.
④ 노동시장에서 가격 신축성을 가정하여 비자발적 실업이 존재하지 않는다.

24

☑ 확인Check! ○ △ ×

아래와 같은 폐쇄경제모형에서 균형실질금리는?

- $Y = 5{,}000$
- $C = 500 + 0.6(Y - T)$
- $I = 2{,}160 - 100r$
- $T = 600$

(단, Y는 총생산, C는 민간소비, I는 투자, T는 세금, G는 정부지출, r은 실질금리(%)이다)

① 5
② 8
③ 10
④ 13

25

☑ 확인 Check! ○ △ ×

아래와 같은 국민소득결정모형에서 잠재적 국민소득수준 $Y^*=2,500$을 달성하기 위한 추가적인 정부지출은?

- $Y=C+I+G$
- $C=500+0.6(Y-T)$
- $I=200$
- $G=100$
- $T=200$

(단, Y는 총생산, C는 민간소비, I는 투자, G는 정부지출, T는 조세수입이다)

① 80
② 100
③ 120
④ 200

26

☑ 확인 Check! ○ △ ×

아래 밑줄 친 괄호 안에 들어갈 내용으로 옳은 것은?

$IS-LM$ 모형에서 정부지출의 변화는 (________) 균형생산량에 더 큰 영향을 미친다.

① LM곡선이 수평일수록
② 한계소비성향이 작을수록
③ 금리변화에 대한 화폐수요의 민감도가 작을수록
④ 소득변화에 대한 화폐수요의 민감도가 클수록

27

☑ 확인 Check! ○ △ ×

아래와 같은 거시경제 모형에서 음(−)의 기울기를 갖는 IS곡선이 평탄해지는 경우를 〈보기〉에서 모두 고르면?

> · $Y = C + I + \overline{G} + (\overline{X} - M)$
> · $C = c(1-t)Y$
> · $I = \overline{I} - br$
> · $M = qY$
> (단, Y는 총생산, C는 소비, I는 투자, $\overline{G}$는 고정 정부지출, $\overline{X}$는 고정 수출, M은 수입, $\overline{I}$는 고정 투자, r은 이자율, $0 < c, t, b, q < 1$이며, IS곡선은 수평축이 Y, 수직축이 r인 평면에 그려진다)

> 〈보기〉
> ㄱ. c가 클수록
> ㄴ. t가 클수록
> ㄷ. b가 클수록
> ㄹ. q가 클수록

① ㄱ, ㄴ
② ㄱ, ㄷ
③ ㄴ, ㄷ
④ ㄴ, ㄹ

28

☑ 확인 Check! ○ △ ×

총수요－총공급 분석하에서 거시경제정책으로 경기안정과 물가안정을 동시에 추구할 수 없는 경우를 〈보기〉에서 모두 고르면?

> 〈보기〉
> ㄱ. 단기총공급충격 발생시
> ㄴ. 장기총공급충격 발생시
> ㄷ. 수요충격 발생시

① ㄱ
② ㄴ
③ ㄷ
④ ㄱ, ㄴ, ㄷ

29

☑ 확인 Check! ○ △ ×

아래와 같은 폐쇄경제모형에서 균형총생산(Y)과 인플레이션율(π)은?

- $C = 100 + 0.5(Y - T)$
- $I = 70 - 10r$
- $T = G = 0$
- $r = 4 + 0.5\pi$
- $Y = 10 + 40\pi$

(단, C는 민간소비, I는 투자, T는 세금, G는 정부지출, r은 실질금리이다)

① $(Y, \pi) = (90, 2)$
② $(Y, \pi) = (130, 3)$
③ $(Y, \pi) = (170, 4)$
④ $(Y, \pi) = (210, 5)$

30

☑ 확인 Check! ○ △ ×

A국 경제는 초기에 장기균형상태에 있고 이력현상(hysteresis)은 발생하지 않는다. 총수요 – 총공급 분석에서 부정적인(negative) 수요충격과 부정적인 단기총공급충격이 동시에 발생할 때 균형생산량과 인플레이션에 미치는 장기적인 영향은?

① 인플레이션율과 생산량은 초기 균형과 동일한 수준으로 돌아간다.
② 초기 균형에 비해 인플레이션율은 상승하고 생산량은 감소한다.
③ 인플레이션율은 하락하나 생산량은 초기 균형 수준으로 돌아간다.
④ 인플레이션율의 변화는 불확실하나 생산량은 초기 균형에 비해 감소한다.

31

☑ 확인 Check! ○ △ ×

중앙은행의 대차대조표에 대한 설명으로 옳지 않은 것은?

① 지급준비금은 중앙은행의 부채이다.
② 화폐발행액은 중앙은행의 부채이다.
③ 본원통화는 화폐발행액과 지급준비금으로 구성된다.
④ 시중은행이 보유하고 있는 시재금은 중앙은행의 자산이다.

32

☑ 확인 Check! ○ △ ×

수익률곡선에 대한 기대가설 이론에 따를 때 현재 1년 만기, 2년 만기, 3년 만기 국채 수익률이 각각 4%, 5%, 6%이다. 2년 뒤 1년 만기 국채 기대수익률은?

① 5%
② 6%
③ 7%
④ 8%

33

☑ 확인 Check! ○ △ ×

거시건전성정책 수단의 활용 방식으로 옳은 것을 〈보기〉에서 모두 고르면?

〈보기〉
ㄱ. 호황기에 경기대응 완충자본금(countercyclical capital buffer)을 늘린다.
ㄴ. 불황기에 담보할인율(haircuts)을 높인다.
ㄷ. 호황기에 시중은행의 비예금성 부채에 대해 은행세(bank levy)를 부과한다.
ㄹ. 불황기에 소득 대비 부채상환 비율(debt service to income ratio)을 낮춘다.

① ㄱ, ㄴ
② ㄱ, ㄷ
③ ㄴ, ㄹ
④ ㄴ, ㄷ, ㄹ

34

☑ 확인 Check! ○ △ ×

새고전학파 이론에 대한 설명으로 옳지 않은 것은?

① 예상하지 못한 정부의 갑작스러운 정책은 장단기 모두 효과가 없다고 주장하였다.
② 정부 정책 변화에 따른 경제주체의 행동 변화를 고려하지 않는 거시경제모형으로는 정책효과를 분석할 수 없다고 비판하였다.
③ 합리적 기대와 시장청산 가정하에 일반균형 거시경제모형을 제시하였다.
④ 대표적 새고전학파 이론인 실물경기변동이론은 화폐정책의 역할을 생략하였다.

35

☑ 확인Check! ○ △ ×

1인당 생산함수가 $y_t = z_t k_t^{\alpha}$일 때, 솔로우(Solow) 성장모형에서 균제상태(steady state)의 황금률 자본량에 대한 설명으로 옳지 않은 것은? (단, y_t는 1인당 생산량, z_t는 기술수준, k_t는 1인당 자본량, $0 < \alpha < 1$이다)

① 인구성장률과 기술진보율이 0%라면 황금률 자본량에서 자본의 한계생산성은 자본 감가상각률과 일치한다.

② 생산에서 저축을 뺀 값은 황금률 자본량에서 최대화된다.

③ 균제상태의 1인당 자본량이 황금률 자본량보다 작을 때 저축률의 상승은 1인당 자본량을 증가시킨다.

④ 균제상태의 1인당 자본량이 황금률 자본량보다 작을 때 저축률의 상승은 1인당 소비량을 감소시킨다.

36

☑ 확인Check! ○ △ ×

솔로우(Solow) 경제성장모형에서 총생산함수는 $Y_t = K_t^{\alpha}(E_t L_t)^{1-\alpha}$이다. 인구증가율은 n, 노동효율성 증가율이 g, 감가상각률이 δ, 저축률이 s일 때 균제상태(steady state)에서 L_t / Y_t의 성장률은? (단, $0 < \alpha < 1$, Y_t는 총생산, K_t는 총자본, L_t은 총인구, E_t는 노동의 효율성이다)

① $-n$

② $-g$

③ $\frac{1}{n}$

⑤ $\frac{1}{g}$

37

☑ 확인Check! ○ △ ×

생산함수 $Y = zK^{0.3}L^{0.7}$에서 총요소생산성에 대한 설명으로 옳은 것은? (단, Y는 생산량, z는 총요소생산성, K는 자본량, L은 노동량이다)

① 자본과 노동의 상대적인 부존 상태에 따라 결정된다.

② 자본과 노동이 2배 증가하면 총요소생산성도 2배 증가한다.

③ AI 기술진보는 총요소생산성에 영향을 주지 않는다.

④ 경제제도의 변화는 총요소생산성을 변화시킨다.

38

☑ 확인 Check! ○ △ ✕

경기변동에 대한 설명으로 옳지 않은 것은?

① 투자는 경기순응적이다.

② 신용스프레드는 경기역행적이다.

③ 소비변동성이 GDP 변동성보다 크게 나타나는 현상을 '소비변동성 퍼즐'이라고 한다.

④ 실물경기변동이론은 경기변동의 주요 원인으로 총수요 측면을 강조한다.

39

☑ 확인 Check! ○ △ ✕

경상수지 흑자 요인으로 옳은 것은?

① 외국인이 국내에 현지법인을 설립하고 공장을 건설하였다.

② 국내 거주 부모가 외국에 있는 자녀에게 생활비를 송금하였다.

③ 국내 항공사가 외국인에게 항공권을 판매하였다.

④ 국내 기업이 외국인 노동자에게 임금을 지급하였다.

40

☑ 확인 Check! ○ △ ✕

트럼프 2기에서는 수입제품 관세부과를 통한 MAGA(Make America Great Again)를 주장하고 있다. 트럼프 2기의 관세 정책이 미국의 경제에 미치는 장기적인 영향에 대해 다음 중 먼델-플레밍(Mundell-Fleming) 모형의 예측으로 옳은 것은?

① 미국의 수입제품 가격의 상승으로 수입이 감소하고 순수출이 증가하여 총소득을 증가시킨다.

② 상대국의 보복조치로 인하여 미국의 수출을 감소시켜 미국의 순수출 및 총소득에 미치는 영향은 불확실하다.

③ 변동환율제하에서 미국의 순수출 및 총소득에 영향을 주지 않는다.

④ 고정환율제하에서 미국의 순수출 및 총소득에 영향을 주지 않는다.

2025년 제48회
보험수학

1차 기출문제

중요 문제 / 틀린 문제 CHECK

01	02	03	04	05	06	07	08	09	10	11	12	13	14	15	16	17	18	19	20
21	22	23	24	25	26	27	28	29	30	31	32	33	34	35	36	37	38	39	40

시간 분 | 정답 및 해설편 409p

※ 제시된 보기 중에서 가장 가까운 것을 고르시오.

01

확인 Check! ○ △ ×

부등식 $\log_{35}(n^2-12n+35)<1$을 만족시키는 모든 자연수 n의 합을 구하시오.

① 66

② 55

③ 48

④ 39

02

확인 Check! ○ △ ×

함수 f와 역함수 f^{-1}가 아래의 식을 만족할 때, $f(x)$로서 알맞은 것을 고르시오.

$$f(x)=f^{-1}(x)$$

① $\dfrac{1}{x}$

② $\dfrac{1}{2^x}$

③ 1

④ 2^x

03

☑ 확인Check! ○ △ ✕

실수 x에 대하여 x를 넘지 않는 가장 큰 정수를 $[x]$라고 할 때, 정적분 $\int_0^2 [x^2]\,dx$를 구하시오.

① $4-\sqrt{2}-\sqrt{3}$
② $5-\sqrt{2}-\sqrt{3}$
③ $6-\sqrt{2}-\sqrt{3}$
④ $7-\sqrt{2}-\sqrt{3}$

04

☑ 확인Check! ○ △ ✕

아래와 같은 수열의 극한값을 구하시오.

$$\sqrt{2},\ \sqrt{2\sqrt{2}},\ \sqrt{2\sqrt{2\sqrt{2}}},\ \sqrt{2\sqrt{2\sqrt{2\sqrt{2}}}},\ \cdots$$

① 2
② e
③ 4
④ ∞

05

☑ 확인Check! ○ △ ✕

실수 평면 $\{(x, y)\}$의 한 점 $(1, 4)$로부터 같은 평면 위의 곡선 $\{(x, y): y^2 = 2x\}$까지의 최단거리를 구하시오.

① $1+\sqrt{2}$
② $1+\sqrt{3}$
③ $\sqrt{5}$
④ $\sqrt{7}$

06

☑ 확인Check! ○ △ ×

함수 $f(x)=e^{2x+1}$의 테일러급수 전개식을 $x=-1$에서 구하시오.

① $\sum_{n=0}^{\infty}\frac{2^n(x+1)^n}{en!}$

② $\sum_{n=0}^{\infty}\frac{(2x+1)^n}{en!}$

③ $\sum_{n=0}^{\infty}\frac{2^n(x+1)^n}{e^n n!}$

④ $\sum_{n=0}^{\infty}\frac{(2x+1)^n}{e^n n!}$

07

☑ 확인Check! ○ △ ×

실수 구간 $\{-2 \le x \le 2\}$에서 정의된 함수 $f(x)=2x^3-3x^2-5$의 최댓값과 최소값의 합을 구하시오.

① -34

② -35

③ -38

④ -39

08

☑ 확인Check! ○ △ ×

실수에서 정의된 함수 $f(x)$의 도함수 $h(x)=\frac{d}{dx}f(x)$가 연속함수일 때, 정적분 $\int_a^b h(3x)dx$ 값을 고르시오.

① $\frac{1}{3}(f(3b)-f(3a))$

② $\frac{1}{3}(h(3b)-h(3a))$

③ $f(3b)-f(3a)$

④ $h(3b)-h(3a)$

09

☑ 확인Check! ○ △ ✕

실수에서 정의된 함수 $f(x)$의 도함수와 함수값이 아래와 같을 때, 함수값 $f(2)$를 구하시오. (단, $\sqrt{2}=1.414$)

$$\frac{d}{dx}f(x)=x\sqrt{x}\,,\ f(1)=2$$

① 3.462
② 3.862
③ 4.262
④ 4.662

10

☑ 확인Check! ○ △ ✕

$\left(3x+\dfrac{a}{x}\right)^6$ 의 전개식에서 x^4의 계수가 54일 때, 양수 a의 값을 구하시오.

① $\dfrac{1}{6}$
② $\dfrac{1}{9}$
③ $\dfrac{1}{18}$
④ $\dfrac{1}{27}$

11

☑ 확인Check! ○ △ ✕

동일한 모자 6개를 세 명의 학생에게 남김없이 나누어 주려고 한다. 각 학생이 적어도 한 개의 모자를 받도록 나누어 주는 경우의 수를 구하시오.

① 9
② 10
③ 11
④ 12

12

☑ 확인Check! ○ △ ×

확률변수 X의 누적분포함수가 아래와 같을 때, 최빈값(모드, mode)을 구하시오.

$$F(x)=\begin{cases} 0 & , x<0 \\ \frac{1}{9}\left(2x^2-\frac{x^3}{3}\right) & , 0 \le x \le 3 \\ 1 & , x>3 \end{cases}$$

① $\frac{1}{3}$

② 2

③ $\frac{7}{3}$

④ 3

13

☑ 확인Check! ○ △ ×

한 해에 국내로 상륙하는 태풍의 개수는 평균이 2인 포아송 분포를 따르며 서로 다른 해의 태풍의 개수는 독립이다. 2026년과 2027년의 두 해 동안 국내로 상륙하는 태풍의 총 개수가 적어도 2개 이상일 확률을 구하시오. (단, $e=2.718$)

① 0.828

② 0.854

③ 0.881

④ 0.908

14

☑ 확인Check! ○ △ ×

항공우주국은 성공할 때까지 매년 한 번씩 인공위성을 발사할 계획이다. 매년 인공위성 발사가 성공할 확률은 0.25이며 서로 다른 해의 발사 성공 여부는 독립이다. 인공위성 발사가 성공할 때까지 실패한 횟수를 확률변수 X라고 할 때, $Var(X)$를 구하시오.

① 9

② 12

③ 16

④ 27

15

☑ 확인Check! ○ △ ×

확률변수 X의 누적분포함수가 아래와 같을 때, 적률생성함수를 구하시오.

$$F(x)=\begin{cases}0 & ,x<0 \\ 1-0.6e^{-x} & ,x\geq 0\end{cases}$$

① $\frac{1}{0.4(t-1)}$, $t<1$

② $-\frac{3}{5(t-1)}$, $t<1$

③ $0.4-\frac{3}{5(t-1)}$, $t<1$

④ $0.6-\frac{1}{2(t-1)}$, $t<1$

16

☑ 확인Check! ○ △ ×

확률변수 X가 $[0,10]$의 구간에서 균등분포(uniform distribution)를 따를 때, $Var(X|X>5)$를 구하시오.

① $\frac{19}{12}$

② $\frac{21}{13}$

③ $\frac{24}{13}$

④ $\frac{25}{12}$

17

☑ 확인 Check! ○ △ ×

아래의 조건을 이용하여 $P(\overline{X} \geq 3.65)$를 구하시오.

(가) 확률변수 X는 정규분포를 따른다.
(나) 확률변수 Z는 표준정규분포를 따른다.
(다) $P(X \geq 3.4) = 0.5$
(라) $P(X \leq 3.9) + P(Z \leq -1) = 1$
(마) $\overline{X}$는 크기가 25인 표본의 평균이다.
(바) 누적표준정규분포표

z	$P(0 \leq Z \leq z)$
0.5	0.1915
1.0	0.3413
1.5	0.4332
2.0	0.4772
2.5	0.4938

① 0.0062
② 0.0228
③ 0.0668
④ 0.1587

18

☑ 확인 Check! ○ △ ×

확률변수 X_1과 X_2가 서로 독립이며 아래의 확률분포를 따를 때, X_1과 X_2의 최댓값이 0.5보다 크거나 같을 확률을 구하시오.

$$f(x) = \begin{cases} 2x & , 0 < x < 1 \\ 0 & , \text{그 외} \end{cases}$$

① 0.9245
② 0.9375
③ 0.9485
④ 0.9575

19

☑ 확인 Check! ○ △ ×

확률변수 X와 Y의 결합확률밀도함수가 아래와 같을 때, $E(XY)$를 구하시오.

$$f(xy)=\begin{cases} xy & ,0 \le x \le 1,\ x \le y \le 3x \\ 0 & ,\text{그 외} \end{cases}$$

① $\frac{5}{9}$

② $\frac{7}{9}$

③ $\frac{11}{9}$

④ $\frac{13}{9}$

20

☑ 확인 Check! ○ △ ×

보험회사에 보고되는 i번째 보험금 청구금액 X_i는 서로 독립이며 아래와 같은 분포를 따른다.

$$f(x)=\begin{cases} 3x^{-4} & ,x > 1 \\ 0 & ,x \le 1 \end{cases}$$

올해 두 건의 보험금 청구 X_1, X_2가 보고되었을 때, $P(X_2 > 2X_1)$을 구하시오.

① $\frac{1}{9}$

② $\frac{1}{12}$

③ $\frac{1}{15}$

④ $\frac{1}{16}$

21

☑ 확인 Check! ○ △ ×

확률변수 X의 확률밀도함수가 아래와 같다.

$$f_X(x) = xe^{\frac{-x^2}{2}},\ 0 < x < \infty$$

확률변수 $Y = X^2$의 누적분포함수를 $F_Y(y)$라고 할 때, $F_Y(2)$를 구하시오. (단, $e = 2.718$)

① 0.865
② 0.816
③ 0.632
④ 0.368

22

☑ 확인 Check! ○ △ ×

이력이 $\delta_t = \dfrac{2t}{t^2+4}$ $(t > 0)$일 때, 세 번째 해의 실효할인율(effective rate of discount) d_3을 구하시오.

① $\dfrac{4}{13}$
② $\dfrac{5}{13}$
③ $\dfrac{6}{13}$
④ $\dfrac{7}{13}$

23

☑ 확인 Check! ○ △ ×

이력이 $\delta_t = \dfrac{1}{5+t}$ $(t > 0)$일 때, $7Ds_{\overline{3|}}$을 구하시오.

① 47
② 49
③ 51
④ 53

24

☑ 확인 Check! ○ △ ×

다음 중 옳지 않은 것을 고르시오.

① $a_{\overline{n|}}^{(m)} = s_{\overline{1|}}^{(m)} a_{\overline{n|}}$

② $\ddot{a}_{\overline{n|}} = 1 + a_{\overline{n-1|}}$

③ $d^{(m)} = i^{(m)} v^{\frac{1}{m}}$

④ $a_{\overline{n|}}^{(m)} = \frac{1}{m} \sum_{t=1}^{m} v^{\frac{t}{m}} a_{\overline{n|}}$

25

☑ 확인 Check! ○ △ ×

아래 채권의 분할상환표(amortization schedule)를 만드는 경우 일곱 번째 이표액 중 이자상환액이 차지하는 비율을 구하시오.

(가) 액면가는 1,000
(나) 연 이표율(coupon rate)은 8%이며 이표는 1년에 한 번 지급
(다) 만기수익률은 6%

① 76%
② 78%
③ 80%
④ 82%

26

☑ 확인 Check! ○ △ ×

무이표채(zero coupon bond)의 가격이 아래와 같을 때, 2년 후 시점에서 향후 1년 동안의 선도이자율을 구하시오.

만 기	가 격
1	0.961538
2	0.921010
3	0.878817

① 0.048
② 0.050
③ 0.052
④ 0.054

27

☑ 확인Check! ○ △ ✕

아래의 식 중 $_tp_x$와 같은 것을 고르시오. (단, $u>0$)

① $_{t|u}q_x - {}_{t+u}p_x$

② $_{t+u}q_x - {}_tq_x + {}_{t+u}p_x$

③ $_tq_x - {}_{t+u}q_x + {}_tp_{x+u}$

④ $_tq_x - {}_{t+u}q_x - {}_tp_{x+u}$

28

☑ 확인Check! ○ △ ✕

사망률 $_{t|}q_x = 0.10$ $(t=0,\ 1,\ \cdots,\ 9)$일 때, $_3p_{x+5}$를 구하시오.

① 0.40

② 0.60

③ 0.72

④ 0.80

29

☑ 확인Check! ○ △ ✕

아래의 조건을 이용하여 q_{50}을 구하시오.

(가) $_{0.2}q_{50.6} = 0.10$ (나) 각 연령구간별 사망자수가 균등하게 분포됨을 가정한다(UDD가정).

① 0.370

② 0.375

③ 0.380

④ 0.385

30

☑ 확인 Check! ○ △ ×

선택기간이 3년인 선택종국표를 이용하여 ${}_3q_{[70]+1}$을 구하시오.

x	$q_{[x]}$	$q_{[x-1]+1}$	$q_{[x-2]+2}$	q_x
70	0.004	0.007	0.008	0.013
71	0.005	0.008	0.010	0.015
72	0.006	0.009	0.012	0.018
73	0.007	0.011	0.015	0.022

① 0.041
② 0.052
③ 0.057
④ 0.061

31

☑ 확인 Check! ○ △ ×

연이율 $i=0$일 때, ${}_{10|}A_x$와 같은 것을 고르시오.

① 0
② ${}_{10}p_x$
③ ${}_{10}q_x$
④ ${}_{10|}q_x$

32

☑ 확인 Check! ○ △ ×

아래의 식 중에서 옳은 것을 모두 고르시오.

(가) $A^{1}_{x:\overline{1|}}=vq_x$
(나) $A_x=v(q_x+p_xA_{x+1})$
(다) $A^{1}_{x:\overline{1|}}=vq_x+v^2{}_{1|}q_x+v^3{}_{2|}q_x+\cdots+v^n{}_{n-1|}q_x$
(라) ${}_{m|}A_{x:\overline{n|}}=A_{x:\overline{m|}}^{\ \ 1}A_{x+m:\overline{n|}}$

① (가), (나)
② (가), (다)
③ (나), (다), (라)
④ (가), (나), (다), (라)

33

☑ 확인 Check! ○ △ ×

아래의 조건을 이용하여 A_{50}을 구하시오.

(가) $A_{35:\overline{15|}}=0.39$ (나) $A^{1}_{35:\overline{15|}}=0.25$ (다) $A_{35}=0.32$

① 0.35
② 0.40
③ 0.45
④ 0.50

34

☑ 확인 Check! ○ △ ×

아래의 조건을 이용하여 $i=0.045$일 때, $A_{60:\overline{3|}}$을 구하시오.

(가) $q_{60}=0.01$ (나) $i=0.05$일 때, $A_{60:\overline{3|}}=0.86545$

① 0.866
② 0.878
③ 0.890
④ 0.902

35

☑ 확인 Check! ○ △ ×

모든 $i \geq 0$에 대해서 아래 식 중 옳은 것을 고르시오.

① $\ddot{a}_x \leq \ddot{a}_x^{(4)} \leq \bar{a}_x \leq a_x^{(4)} \leq a_x$

② $\ddot{a}_x^{(4)} \leq \ddot{a}_x \leq \bar{a}_x \leq a_x^{(4)} \leq a_x$

③ $a_x \leq a_x^{(4)} \leq \bar{a}_x \leq \ddot{a}_x^{(4)} \leq \ddot{a}_x$

④ $a_x^{(4)} \leq a_x \leq \bar{a}_x \leq \ddot{a}_x^{(4)} \leq \ddot{a}_x$

36

☑ 확인Check! ○ △ ×

피보험자 (30)이 최초 10년 동안은 10을, 이후 10년 동안은 20을, 마지막 10년 동안은 30의 연금을 기시급으로 받는다. 이 연금의 기대현가로서 옳은 것을 고르시오.

① $20\ddot{a}_{30:\overline{30|}} + 10\ddot{a}_{50:\overline{10|}}(1 - {}_{20}E_{30})$

② $10\ddot{a}_{30:\overline{10|}} + 20\ddot{a}_{30:\overline{30|}} + 10\ddot{a}_{50:\overline{10|}}$

③ $10\ddot{a}_{30:\overline{10|}} + 20\ddot{a}_{30:\overline{30|}} - 10{}_{20}E_{30}\,\ddot{a}_{50:\overline{10|}}$

④ $-10\ddot{a}_{30:\overline{10|}} + 20\ddot{a}_{30:\overline{30|}} + 10{}_{20}E_{30}\,\ddot{a}_{50:\overline{10|}}$

37

☑ 확인Check! ○ △ ×

아래의 조건을 이용하여 $a_{x:\overline{n|}}$을 구하시오.

(가) $A_x = 0.30$
(나) $A_{x+n} = 0.40$
(다) $A^{\ 1}_{x:\overline{n|}} = 0.35$
(라) $i = 0.05$

① 9.31
② 9.64
③ 9.89
④ 10.01

38

☑ 확인Check! ○ △ ×

피보험자 (x)가 기말급 1,000인 3년 만기 완전이산(fully discrete) 정기보험에 가입하였다. 아래의 조건을 이용하여 p_{x+2}를 구하시오.

(가) $p_x = 0.975$
(나) $i = 0.06$
(다) $1{,}000A^{\ 1}_{x:\overline{3|}} = 152.85$
(라) $1{,}000P^{\ 1}_{x:\overline{3|}} = 56.05$

① 0.870
② 0.880
③ 0.895
④ 0.910

39

☑ 확인Check! ○ △ ×

피보험자 (75)가 15년 만기 생사혼합보험에 가입하였다. 아래의 조건을 이용하여 연납평준순보험료를 구하시오.

(가) 사망보험금은 기말급 1,000
(나) 만기보험금은 기납입순보험료의 합(이자는 없음)
(다) $d=0.04$
(라) $A_{75:\overline{15|}}=0.70$
(마) $A_{75:\overset{1}{\overline{15|}}}=0.11$

① 80.35
② 90.75
③ 100.85
④ 110.25

40

☑ 확인Check! ○ △ ×

피보험자 (x)가 완전이산(fully discrete) 종신보험에 가입하였다. 아래의 조건을 이용하여 이자율 i를 구하시오.

(가) $P_x=\dfrac{4}{11}$
(나) ${}_tV_x=0.5$
(다) $\ddot{a}_{x+t}=1.1$

① 0.04
② 0.05
③ 0.10
④ 0.25

2025년 제48회 회계원리

1차 기출문제

중요 문제 / 틀린 문제 CHECK

01	02	03	04	05	06	07	08	09	10	11	12	13	14	15	16	17	18	19	20
21	22	23	24	25	26	27	28	29	30	31	32	33	34	35	36	37	38	39	40

시간 분 | 정답 및 해설편 421p

※ 아래 문제들에서 특별한 언급이 없는 한, 보고주체는 계속해서 한국채택국제회계기준(K-IFRS)을 적용해오고 있고, 보고기간은 매년 1월 1일부터 12월 31일까지이며, 법인세 효과는 고려하지 않는다. 또한 자료에서 제시한 모든 항목과 금액은 중요하며, 자료에서 제시한 것 외의 사항은 고려하지 않고 답한다. 정답선택에 있어서 문항 중 질문에 가장 합당한 것을 선택하고, 주어진 문항 중 최 근사치를 선택한다.

01

확인 Check! ○ △ ×

자본시장과 회계정보에 관한 설명으로 옳지 않은 것은?

① 자본시장에서 기업의 주가는 회계정보와 유의한 관련이 없다.
② 기업에 대한 어떠한 정보도 외부에 제공되지 않는다면 자본시장은 존립할 수 없다.
③ 재무제표 공시 규정 등 자본시장 관련 법률 등의 규제가 없더라도 기업은 자발적으로 회계정보를 외부에 공시할 유인이 있다.
④ 외부감사인의 재무제표에 대한 감사의견 중 적정의견은 자본시장에서 투자자들에게 해당 기업에 대한 투자가 적정하다는 것을 의미하는 것이 아니다.

02

확인 Check! ○ △ ×

회계정보의 생산체계에 있어서 단식부기체계와 비교할 때, 복식부기체계에 대한 설명으로 옳지 않은 것은?

① 수시로 분개와 전기 등의 다양한 단계를 수행하기 때문에 각 단계에서 오류 발생 가능성이 높다.
② 분개장과 원장의 분리 등 업무분장으로 인해 상호 통제되어 장부 조작이 어렵다.
③ 재화의 발생과 원천을 동시에 기록함으로 인해 회계정보 생산자의 장부 유지 관리 노력이 증가한다.
④ 시점별 재무상태 파악이 가능하고 기간별 성과 검증이 가능하여 경영의사결정에 유용하다.

03

☑ 확인Check! ○ △ ×

자본 및 자본유지개념과 관련된 설명으로 옳지 않은 것은?

① 재무자본유지 개념하에서 이익은 해당 기간 동안 소유주에게 배분하거나 소유주가 출연한 부분을 제외하고 기말 순자산의 재무적 측정금액(화폐금액)이 기초 순자산의 재무적 측정금액(화폐금액)을 초과하는 경우에만 발생한다.

② 재무제표 이용자의 주된 관심이 기업의 조업능력 유지에 있다 하더라도 실무적으로 적용하는 데는 측정의 어려움이 있기 때문에 재무적 개념의 자본을 사용하여야 한다.

③ 자본을 조업능력으로 보는 자본의 실물적 개념하에서는 자본은 예를 들어, 1일 생산수량과 같은 기업의 생산능력으로 간주된다.

④ 재무자본유지는 명목화폐단위 또는 불변구매력단위를 이용하여 측정할 수 있다.

04

☑ 확인Check! ○ △ ×

일반목적재무보고서가 제공하는 정보에 관한 설명으로 옳지 않은 것은?

① 보고기업의 경제적 자원 및 청구권의 성격 및 금액에 대한 정보는 이용자들이 보고기업의 재무적 강점과 약점을 식별하는데 도움을 줄 수 있다.

② 보고기업의 경제적 자원 및 청구권의 변동은 그 기업의 재무성과, 그리고 채무상품이나 지분상품의 발행과 같은 그 밖의 사건이나 거래에서 발생한다.

③ 한 기간의 보고기업의 현금흐름에 대한 정보는 이용자들이 기업의 미래 순현금유입 창출 능력을 평가하고 기업의 경제적 자원에 대한 경영진의 수탁책임을 평가하는 데에도 도움이 된다.

④ 현금기준 회계는 거래와 그 밖의 사건 및 상황이 보고 기업의 경제적 자원 및 청구권에 미치는 영향을, 비록 그 결과로 발생하는 현금의 수취와 지급이 다른 기간에 이루어지더라도, 그 영향이 발생한 기간에 보여준다.

05

☑ 확인Check! ○ △ ×

재무정보의 질적특성 중 이해가능성에 대한 설명으로 옳지 않은 것은?

① 정보를 명확하고 간결하게 분류하고, 특징지으며, 표시하는 것은 정보를 이해가능하게 한다.

② 재무보고서는 사업활동과 경제활동에 대해 합리적인 지식이 있고, 부지런히 정보를 검토하고 분석하는 이용자들을 위해 작성된다.

③ 때로는 박식하고 부지런한 이용자들도 복잡한 경제적 현상에 대한 정보를 이해하기 위해 자문가의 도움을 받는 것이 필요할 수 있다.

④ 일부 현상은 본질적으로 복잡하여 이해하기 쉽지 않기 때문에 해당 정보를 재무보고서에서 제외하는 것이 재무보고서의 정보를 더 이해하기 쉽게 할 수 있다. 따라서 이해하기 어려운 복잡한 현상을 제외하는 것이 정보이용자에게 도움이 될 수 있다.

06

☑ 확인Check! ○ △ ×

다음에 해당하는 금액의 항목이 존재한다면, 재무상태표에 필수적으로 구분 표시해야 하는 항목만을 옳게 고른 것은?

ㄱ. 수취채권	ㄴ. 유가증권
ㄷ. 무형자산	ㄹ. 지분법 회계처리 투자자산
ㅁ. 재고자산	ㅂ. 가상자산
ㅅ. 수권주식	ㅇ. 자본에 표시된 비지배지분

① ㄱ, ㄴ, ㄷ, ㄹ

② ㄴ, ㄷ, ㅁ, ㅂ

③ ㄷ, ㄹ, ㅁ, ㅇ

④ ㄹ, ㅁ, ㅂ, ㅅ, ㅇ

07

☑ 확인Check! ○ △ ×

포괄손익계산서에 대한 설명으로 옳지 않은 것은?

① 기타포괄손익의 구성요소와 관련된 재분류조정을 공시한다.

② 재평가잉여금의 변동은 자산이 사용되는 후속 기간 또는 자산이 제거될 때 재분류조정될 수 있다.

③ 한 기간에 인식되는 모든 수익과 비용 항목은 한국채택국제회계기준이 달리 정하지 않는 한 당기손익으로 인식한다.

④ 기업의 재무성과를 이해하는데 목적적합한 경우에는 당기손익과 기타포괄손익을 표시하는 보고서에 항목, 제목 및 중간합계를 추가하여 표시한다.

08

☑ 확인Check! ○ △ ×

자본변동표에 대한 설명으로 옳지 않은 것은?

① 기업의 자산에서 모든 부채를 차감한 후의 잔여지분의 변동을 나타내는 재무제표이다.
② 지배기업의 소유주와 비지배지분에게 각각 귀속되는 금액으로 구분하여 해당 기간의 총포괄손익을 표시한다.
③ 자본의 각 구성요소별로, 회계변경이나 오류수정에 따라 인식된 소급적용이나 소급재작성의 영향을 표시한다.
④ 자본의 각 구성요소별로 기초시점과 기말시점의 장부금액 조정내역을 표시할 때, 소유주와의 거래를 제외하고, 당기순손익과 기타포괄손익 각 항목에 따른 변동액을 구분하여 표시한다.

09

☑ 확인Check! ○ △ ×

(주)한국은 20x1년 1월 1일 현금 ₩1,000으로 설립되었으며, 계속기록법을 사용하여 재고자산을 평가하며, 당기 중 아래와 같은 거래나 사건이 발생하였다. (주)한국은 명목화폐 단위로 측정된 재무자본유지개념으로 자본을 정의하고, 자산을 현행(대체)원가로 평가한다고 할 때, 당기순이익은?

(1) 1월 1일 상품매입(현금매입) : 50개 @₩20
(2) 7월 1일 상품판매(현금판매) : 40개 @₩30
(3) 기말재고 : 10개

상품의 시기별 시장가격		
일 자	매입가격	판매가격
1월 1일	₩20	₩25
7월 1일	₩25	₩30
12월 31일	₩30	₩40

① ₩300
② ₩400
③ ₩500
④ ₩600

10

☑ 확인Check! ○ △ ✕

수행의무의 이행에 있어서, 기간에 걸쳐 수행의무를 이행하는 것으로 간주되는 조건으로 옳지 않은 것은?

① 기업은 자산에 대해 현재 지급청구권이 있다.
② 고객은 기업이 수행하는 대로 기업의 수행에서 제공하는 효익을 동시에 얻고 소비한다.
③ 기업이 수행하여 만들어지거나 가치가 높아지는 대로 고객이 통제하는 자산을 기업이 만들거나 그 자산가치를 높인다.
④ 기업이 수행하여 만든 자산이 기업 자체에는 대체용도가 없고, 지금까지 수행을 완료한 부분에 대해 집행 가능한 지급청구권이 기업에 있다.

11

☑ 확인Check! ○ △ ✕

(주)한국의 20x1년 비교재무상태표 일부내용과 보충자료가 다음과 같을 때, (주)한국의 20x1년도 영업순환기간(= 재고자산보유기간 + 매출채권회수기간)은? 단, 1년은 360일로 가정한다.

	20x1년	20x0년
…	…	…
매출채권	?	₩100
재고자산	₩200	?
…	…	…

• 20x1년 당기 매출원가 ₩1,500, 재고자산 매입액 ₩1,400
• 매출은 재고자산의 원가에 20%를 가산한 금액으로 인식
• 당기 중 매출 및 매출채권 관련 현금회수액 ₩1,600

① 98일
② 100일
③ 120일
④ 132일

12

☑ 확인 Check! ○ △ ✕

20x1년 초에 설립된 (주)한국은 20x1년도 배당은 없었으며, 20x3년 초에 주주총회의 결의로 ₩10,000의 배당금을 최초로 지급한 경우, 아래 자료를 이용한 우선주 1주당 배당금액은?

- 20x2년 말 현재 발행주식 관련 자료(최초 설립 이후 자본변동 없음)
  - 보통주 : 1주당 액면가액 ₩500, 발행주식수 40주
  - 우선주 : 1주당 액면가액 ₩200, 발행주식수 50주
- 우선주는 누적적 · 완전참가적 권리를 가진 배당우선주
- 우선주의 배당우선권 내용 : 보통주식의 배당보다 액면금액을 기준으로 하여 연 5%에 해당하는 금액을 더 배당받을 권리

① ₩60

② ₩73

③ ₩80

④ ₩150

13

☑ 확인 Check! ○ △ ✕

회계기준 제1117호 보험계약의 내용에 대한 설명으로 옳지 않은 것은?

① 보험계약이란 계약당사자 일방이 특정한 미래의 불확실한 사건으로 계약상대방(보험계약자)에게 불리한 영향이 발생한 경우에 보험계약자에게 보상하기로 약정함으로써 보험계약자로부터 유의적 보험위험을 인수하는 계약이다.

② 보장기간이란 보험계약서비스가 제공되는 기간으로서 보험계약의 경계 내에 있는 모든 보험료와 관련된 보험계약서비스를 포함한다.

③ 보험계약마진이란 보험계약집합에 대한 자산 또는 부채장부금액의 구성요소로서, 집합 내 보험계약에 따라 보험계약서비스를 제공하면서 인식한 실현이익을 나타낸다.

④ 이행현금흐름이란 보험계약을 이행함에 따라 발생할 미래현금유출액의 현재가치에서 미래현금유입액의 현재가치를 차감한 것에 대한 명시적이고 중립적인 확률가중추정치로서 비금융위험에 대한 위험조정을 포함한다.

14

☑ 확인Check! ○ △ ✕

(주)한국의 20x1년 말 재무상태표에 표시될 재고자산 금액은? (단, 재고자산감모손실 및 재고자산평가손실은 없다고 가정한다)

(1) (주)한국이 20x1년 말 창고에 보관 중인 재고자산은 ₩150,000이다.
(2) (주)한국이 20x1년 12월 21일 A회사에 FOB 선적지 조건으로 판매한 제품(원가 ₩25,000)은 20x1년 말 현재 운송 중이다.
(3) (주)한국은 20x1년 12월 1일 수탁자인 B회사에 상품(원가 ₩40,000)을 적송하였으며, B회사는 20x1년 말까지 이 중 70%를 판매하였다.
(4) (주)한국이 20x1년 12월 29일 C회사로부터 FOB 선적지 조건으로 구입한 원재료 ₩17,000은 20x1년 말 현재 운송 중이다.

① ₩179,000
② ₩187,000
③ ₩195,000
④ ₩204,000

15

☑ 확인Check! ○ △ ✕

다음은 20x1년 초에 설립된 (주)한국이 20x1년 말 보유한 원재료 내역이다. 철근을 이용하여 생산하는 제품K는 원가 이상으로 판매가 예상되지만, 알루미늄을 이용하여 생산하는 제품T는 원가가 순실현가능가치를 ₩10,000 초과할 것으로 예상된다. (주)한국이 20x1년 말에 인식할 원재료 평가손실은?

원재료	취득원가	현행(대체)원가
철 근	₩80,000	₩78,000
알루미늄	₩47,000	₩40,000

① ₩0
② ₩2,000
③ ₩7,000
④ ₩9,000

16

☑ 확인 Check! ○ △ ✕

(주)한국은 선입선출 소매재고법을 적용하고 있다. 재고자산 관련 자료가 다음과 같을 때, 기말재고(원가)는? (단, 원가율은 소수점 이하 셋째자리에서 반올림한다)

구 분	원가기준	매출가격기준
기초재고	₩120,000	₩240,000
당기매입	₩138,000	₩230,000
매출액		₩192,000

① ₩142,800
② ₩152,604
③ ₩162,000
④ ₩166,800

17

☑ 확인 Check! ○ △ ✕

개발활동에서 발생한 비용에 해당하는 것은?

① 새로운 지식을 얻고자 하는 활동 관련 비용
② 제품이나 공정에 대한 대체안을 탐색하는 비용
③ 연구 결과를 최종 선택하는 과정에서 지출된 비용
④ 새로운 기술과 관련된 금형을 설계하는 비용

18

☑ 확인 Check! ○ △ ✕

(주)한국의 20x3년 말 재무제표 일부는 아래와 같고, 기계장치는 정률법(상각률 45%), 차량운반구는 정액법으로 감가상각한다. 기계장치와 차량운반구 모두 내용연수는 4년이며, 잔존가치는 취득원가의 10%일 때, 옳지 않은 것은? (단, 계산금액은 소수점 첫째 자리에서 반올림한다)

구 분	기계장치	차량운반구
취득일	20x2.1.1.	20x2.9.1.
취득원가	₩100,000	₩50,000
감가상각누계액	₩69,750	₩15,000

① 기계장치의 20x4년 감가상각비는 ₩13,613이다.
② 기계장치의 20x5년 말 감가상각누계액은 ₩90,850이다.
③ 차량운반구의 20x4년 감가상각비는 ₩11,250이다.
④ 차량운반구의 20x5년 말 감가상각누계액은 ₩37,500이다.

19

☑ 확인Check! ○ △ ×

금융자산으로 분류될 금액은?

구 분	금 액	구 분	금액
선급금	₩10,000	대여금	₩16,300
미수금	₩13,000	당기법인세자산	₩6,800

① ₩29,300

② ₩36,100

③ ₩39,300

④ ₩46,100

20

☑ 확인Check! ○ △ ×

(주)한국은 20x1년 초 A회사 지분 20%를 ₩10,000에 취득한 후 지분법을 적용하여 회계처리한다. A회사는 20x1년 8월 중간배당금 ₩5,000을 현금으로 지급하였으며, 20x1년 당기순이익은 ₩4,000이다. (주)한국이 20x1년 말 재무상태표에 표시할 A회사 지분법주식의 장부금액은?

① ₩9,800

② ₩10,000

③ ₩10,800

④ ₩14,000

21

☑ 확인Check! ○ △ ×

(주)한국의 20x1년 말 재무상태표에 표시된 전환사채 내역은 다음과 같다. 전환 조건은 전환사채 액면 ₩10,000당 보통주 1주(주당 액면 ₩5,000)이며, 20x2년 초 전환사채의 60%가 전환되었다. 20x2년 초 전환사채 전환으로 증가하는 주식발행초과금의 최대 금액은?

구 분	20x1년 말
전환사채(액면)	₩1,000,000
전환권조정	₩(80,000)
전환권대가	₩120,000
상환할증금	₩60,000

① ₩252,000

② ₩288,000

③ ₩324,000

④ ₩360,000

22

☑ 확인 Check! ○ △ ×

(주)한국은 20x1년 1월 1일 액면금액 ₩1,000,000(액면이자율 연 4%, 만기일 20x3년 12월 31일, 액면이자 매년 말 후급)의 사채를 발행하려고 하였으나, 20x1년 4월 1일에서야 동 사채를 A사에 판매(발행)하였다. 유효이자율이 연 5%일 때, (주)한국이 20x1년 4월 1일 인식할 사채의 발행금액은?

할인액	단일금액 ₩1의 현재가치			정상연금 ₩1의 현재가치		
	1기간	2기간	3기간	1기간	2기간	3기간
4%	0.9615	0.9246	0.8890	0.9615	1.8861	2.7751
5%	0.9524	0.9070	0.8638	0.9524	1.8594	2.7232

① ₩972,728

② ₩974,887

③ ₩982,728

④ ₩984,887

23

☑ 확인 Check! ○ △ ×

(주)한국은 20x0년 초 설립되었으며, 판매 상품에 대하여 2년 동안 무상 보증을 시행하고 있다. (주)한국은 제품보증활동에 관한 수익을 별도로 인식하지 않고 제품보증비용을 인식한다. 보증비용은 매출액의 3%로 추정되며, (주)한국의 최근 2년 동안 매출액과 실제 지출한 보증비용은 다음과 같다. (주)한국이 20x1년 말에 인식할 제품보증충당부채는?

구 분	매출액	보증비 지출
20x0년	₩300,000	₩6,000
20x1년	₩350,000	₩5,500
합 계	₩650,000	₩11,500

① ₩5,000

② ₩8,000

③ ₩10,500

④ ₩19,500

24

☑ 확인 Check! ○ △ ✕

퇴직급여에 대한 설명으로 옳지 않은 것은?

① 확정기여제도(DC형)에서 기업의 의무는 기금에 출연하기로 약정한 금액으로 한정된다.
② 확정기여제도(DC형)에서 종업원이 받을 퇴직급여액은 기여금의 투자수익에 따라 달라진다.
③ 확정급여제도(DB형)에서 기업의 의무는 약정한 급여를 종업원에게 지급하는 것이다.
④ 확정급여제도(DB형)에서 보험수리적 가정의 변동에 따른 위험은 실질적으로 종업원이 부담한다.

25

☑ 확인 Check! ○ △ ✕

(주)한국의 20x0년과 20x1년 말 이연법인세 내역은 다음과 같다. (주)한국의 20x1년 당기법인세부담액이 ₩31,600일 때, (주)한국의 20x1년도 포괄손익계산서에 인식될 법인세 비용은?

구 분	20x0년 말	20x1년 말
이연법인세자산	₩12,000	₩0
이연법인세부채	₩0	₩7,800

① ₩11,800
② ₩27,400
③ ₩35,800
④ ₩51,400

26

☑ 확인 Check! ○ △ ✕

(주)한국은 20x1년 11월 1일 $500의 외상 매출을 하였으며, $200는 20x1년 11월 30일에, $300는 20x2년 1월 31일에 각각 회수하였다. (주)한국의 기능통화는 원화이고, $1에 대한 원화의 환율이 다음과 같을 때, (주)한국이 20x1년에 외화매출채권과 관련하여 인식할 외환 관련 손익은?

일 자	20x1.11.1.	20x1.11.30.	20x1.12.31.	20x2.1.31.
환 율	₩1,000	₩1,020	₩970	₩1,010

① ₩15,000 손실
② ₩5,000 손실
③ ₩5,000 이익
④ ₩15,000 이익

27

☑ 확인 Check! ○ △ ×

(주)한국리스는 20x1년 1월 1일 (주)대한에게 기계장치(내용연수 7년, 정액법 감가상각)를 5년간 금융리스하고 매년 말 리스료를 ₩200,000씩 수취하기로 하였다. 리스기간 종료시 동 기계장치는 (주)한국리스에 반환하는 조건이고, 보증잔존가치는 ₩30,000이며, 종료시 추정잔존가치는 ₩40,000이다. 잔존가치 보증으로 인하여 (주)대한이 지급할 것으로 예상되는 금액은 없다. 동 금융리스에 적용되는 유효이자율(내재이자율)은 연 10%이다. (주)한국리스가 20x1년도 포괄손익계산서에 금융리스와 관련하여 인식할 이자수익은 얼마인가? (단, 5기간 10% 단일금액의 현가계수는 0.62, 연금의 현가계수는 3.79이다)

① ₩75,800
② ₩77,660
③ ₩78,280
④ ₩80,000

28

☑ 확인 Check! ○ △ ×

(주)한국은 20x1년 기말재고자산을 ₩60,000만큼 과소계상하였고, 20x2년 기말재고자산을 ₩40,000만큼 과대계상하였음을 20x2년 말 장부마감 전에 발견하였다. 20x2년 오류수정 전 당기순이익이 ₩300,000이라면, 오류수정 후 당기순이익은?

① ₩200,000
② ₩240,000
③ ₩260,000
④ ₩280,000

29

☑ 확인 Check! ○ △ ×

재무활동으로 인한 현금흐름으로 볼 수 없는 것은?

① 장기차입금의 차입 및 상환
② 주식의 발행 및 자기주식의 취득
③ 전환사채의 발행
④ 장기대여금의 대여 및 회수

30

☑ 확인 Check! ○ △ ✕

(주)한국의 현금흐름표 작성을 위한 20x1년 자료가 다음과 같을 때, 20x1년도 투자활동 순현금흐름과 재무활동 순현금흐름은? [단, (주)한국은 이자의 지급, 이자 및 배당금의 수입은 영업활동으로, 배당금의 지급은 재무활동으로 분류하고 있다]

- 유상증자로 ₩350,000, 단기차입금으로 ₩400,000을 조달하였다.
- 20x0년 경영성과에 대해 20x1년 3월 주주총회 결의를 통해 주주들에게 배당금으로 ₩300,000을 지급하였다.
- 당기에 유형자산을 총원가 ₩2,500,000에 취득하였으며, 이 중에서 ₩1,800,000은 할부로 취득하였고 나머지 ₩700,000은 현금으로 지급하였다. 할부금 상환은 20x2년 초부터 이루어진다.
- 취득원가가 ₩900,000이고 감가상각누계액이 ₩600,000인 기계장치를 현금매각하고, 유형자산처분이익 ₩100,000을 인식하였다.

	투자활동 순현금흐름	재무활동 순현금흐름
①	₩300,000 유출	₩450,000 유출
②	₩300,000 유출	₩450,000 유입
③	₩400,000 유입	₩450,000 유출
④	₩400,000 유입	₩450,000 유입

31

☑ 확인 Check! ○ △ ✕

다음은 (주)한국의 20x1년 원가자료이다. 주어진 자료를 이용할 때 (주)한국의 당기제품제조원가는?

- 직접재료원가는 ₩60,000이며 당기총제조원가의 20%이다.
- 제조간접원가는 당기에 투입된 가공원가의 40%를 차지한다.
- 기초재공품은 당기총제조원가의 15%이고 기말재공품은 기초재공품의 1.5배이다.

① ₩240,500

② ₩277,500

③ ₩300,500

④ ₩322,500

32

☑ 확인Check! ○ △ ×

(주)한국은 직접노무시간을 기준으로 제조간접원가를 예정배부하는 정상원가계산을 적용한다. 20x1년 제조간접원가 예정배부율은 직접노무시간당 ₩50이고, 예정 배부한 결과 ₩200,000만큼 과대배부 되었다. 20x1년 실제 발생한 제조간접원가는 ₩2,000,000이었고, 20x1년 실제조업도는 예정(예산)조업도의 80%였다. 20x1년 제조간접원가 예산액은?

① ₩2,000,000

② ₩2,250,000

③ ₩2,500,000

④ ₩2,750,000

33

☑ 확인Check! ○ △ ×

활동기준원가계산 시스템에 대한 설명으로 옳은 것을 모두 고른 것은?

ㄱ. 활동기준원가계산은 발생한 원가를 활동중심점별로 집계하여 발생한 활동원가동인수로 배부하는 일종의 사후원가계산제도이다.
ㄴ. 생산과정에서 거액의 간접원가가 발생하는 경우 활동기준원가계산이 전통적 원가계산보다 원가관리에 효과적이다.
ㄷ. 활동기준원가계산에서는 제품의 생산수량과 직접 관련이 없는 비단위기준 원가동인을 사용하지 않는다.
ㄹ. 활동기준원가계산은 전통적인 간접원가 배부방법에 비해 인과관계를 반영하는 배부기준을 찾아내는데 많은 노력이 투입되지 않는다.

① ㄱ, ㄴ

② ㄱ, ㄷ

③ ㄱ, ㄷ, ㄹ

④ ㄴ, ㄷ, ㄹ

34

☑ 확인 Check! ○ △ ×

(주)한국은 선입선출법에 의한 종합원가계산을 적용하고 있으며, 당기원가계산에 대한 자료는 다음과 같다.

- 기초재공품 500단위(완성도 20%)
- 당기착수량 4,300단위
- 당기완성품 2,500단위
- 기말재공품 1,500단위(완성도 70%)
- 공손품 800단위

공손품은 모두 정상공손으로 간주하며, 공손품의 처분가치는 없다. 기초재공품과 기말재공품 모두 당기에 품질검사를 받은 것으로 판명되었고, 직접재료원가와 가공원가는 모두 공정 전반에 걸쳐 균등하게 발생한다. 당기의 완성품환산량 단위당 원가(= 직접재료원가 + 가공원가)는 ₩150이고, 기말재공품에 배부된 정상공손원가는 ₩22,500이었다. 품질검사는 완성도 몇 % 시점에 받았는가?

① 30%

② 40%

③ 50%

④ 60%

35

☑ 확인 Check! ○ △ ×

(주)한국은 표준원가계산제도를 채택하고 있다. 제품 1단위를 생산하기 위한 표준직접재료원가는 ₩1,200(6kg × @₩200)이다. 당월 초에 원재료 5,800kg을 매입하였고, 당월에 생산한 제품은 1,000단위이며, 직접재료원가 능률(수량)차이는 ₩60,000(유리)이다. 직접재료원가 가격차이는 구입시점에서 파악한다. 직접재료 월초 재고가 600kg일 때 직접재료 월말 재고는 몇 kg인가?

① 100kg

② 300kg

③ 500kg

④ 700kg

36

☑ 확인Check! ○ △ ×

(주)한국은 최근에 신제품 A의 개발을 완료하고 시험적으로 1단위를 생산하였다. 회사가 처음 1단위의 신제품 A를 생산하는데 50시간의 직접노무시간이 소요되었고, 추가로 3단위를 생산하는데 78시간이 소요되었다. 직접노무시간이 누적평균시간학습모형을 따를 경우의 학습률은?

① 60%

② 70%

③ 80%

④ 90%

37

☑ 확인Check! ○ △ ×

단일제품을 생산하는 (주)한국은 4월 중 제품 12,000단위를 판매하여 ₩8,000,000의 영업이익을 보고하였는데 이 때의 손익분기점 판매량은 10,000단위이다. 다른 조건은 모두 동일하고 5월 중 판매가격을 단위당 ₩1,000 인상하려 한다면, 5월 중 손익분기점 판매량은?

① 7,500단위

② 8,000단위

③ 8,500단위

④ 9,000단위

38

☑ 확인Check! ○ △ ×

(주)한국의 5월 예상매출액은 ₩800,000이다. 과거 경험에 의하면 매출액 중 당월에 60%, 다음 월에 30%, 그 다음 월에 7%가 회수되며, 나머지 3%는 회수불능이다. 5월 초의 매출채권은 ₩240,000이고, 이 가운데 ₩40,000은 3월 매출에 대한 미회수분이며, 나머지 ₩200,000은 4월 매출에 대한 미회수분이다. 5월에 매출채권 회수로 인한 현금유입액은?

① ₩658,000

② ₩665,000

③ ₩670,000

④ ₩708,000

39

☑ 확인 Check! ○ △ ×

(주)한국은 A제품을 생산하여 단위당 ₩500에 판매하고 있다. A제품과 관련된 단위당 변동원가는 ₩300이고, 총 고정원가는 매월 ₩70,000이 발생한다. (주)한국은 A제품을 매월 평균 800단위를 생산 · 판매하고 있다. (주)한국의 판매담당 관리자는 매월 광고비를 ₩20,000 증가시키면 매출액이 매월 ₩60,000 증가할 것으로 기대하고 있다. 매월 광고비를 ₩20,000 증가시킬 경우 영업이익이 매월 얼마 증가(혹은 감소)하는가?

① ₩2,000 증가
② ₩2,000 감소
③ ₩4,000 증가
④ ₩4,000 감소

40

☑ 확인 Check! ○ △ ×

(주)한국은 두 개의 사업부 A와 B로 구성되어 있다. A사업부의 부품을 생산하여 B사업부와 기업외부에 판매할 수 있다. 다음은 A사업부의 생산 및 판매에 관한 자료이다.

- 단위당 시장판매가격 ₩6,000
- 단위당 변동제조원가 ₩4,000
- 총 고정제조원가 ₩3,000,000
- 최대생산량 연 20,000단위

A사업부가 기업외부에 연 16,000단위를 판매할 수 있는 상황에서 B사업부가 연 8,000단위의 부품을 내부 대체해 줄 것을 요청하였다. 이 상황에서 A사업부가 요구해야 할 최소한의 단위당 대체가격은? 단, B사업부가 이를 기업외부에서 구입하는 경우에는 단위당 ₩6,000을 지급하고 전량을 구입해야 한다.

① ₩4,000
② ₩5,000
③ ₩5,500
④ ₩6,000

MEMO

실패하는 길은 여럿이나 성공하는 길은 오직 하나다.

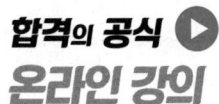

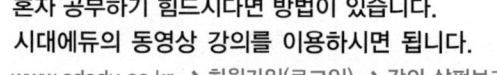

– 아리스토텔레스 –

KEY-PASS

보험계리사

1차 | 7개년 기출문제해설

2권 정답 및 해설편

시대에듀

이 책의 차례 2권 CONTENTS

정답 및 해설편

보험계리사 1차 기출문제해설

보험계리사 1차 7개년 기출문제해설

2019년 제42회

보험계리사 1차 기출문제 정답 및 해설

제1과목	보험계약법, 보험업법 및 근로자퇴직급여보장법
제2과목	경제학원론
제3과목	보험수학
제4과목	회계원리

2019년 제42회

보험계약법, 보험업법 및 근로자퇴직급여보장법 정답 및 해설

정답 CHECK

01	02	03	04	05	06	07	08	09	10	11	12	13	14	15	16	17	18	19	20
④	②	②	①	③	②	②	③	②	①	③	④	①	③	③	③	②	②	④	②
21	22	23	24	25	26	27	28	29	30	31	32	33	34	35	36	37	38	39	40
①	①	③	①	①	③	①	③	①	④	④	②	③	①	④	②	③	①	③	③

문제편 002p

01

정답 ④

해설 약관의 뜻이 명백하지 아니한 경우에는 고객에게 유리하게 해석되어야 한다(약관의 규제에 관한 법률 제5조 제2항). 즉 약관조항 중 **다의적으로 해석될 여지가 있을 경우** 계약자 보호를 위하여 우선적으로 작성자불이익의 원칙에 의해 해석한다.

판례 대법원 2019.3.14. 선고 2018다260930 판결

보험약관은 신의성실의 원칙에 따라 해당 약관의 목적과 취지를 고려하여 공정하고 합리적으로 해석하되, 개개 계약 당사자가 기도한 목적이나 의사를 참작하지 않고 평균적 고객의 이해가능성을 기준으로 보험단체 전체의 이해관계를 고려하여 객관적·획일적으로 해석하여야 하며, 위와 같은 해석을 거친 후에도 **약관조항이 객관적으로 다의적으로 해석되고 그 각각의 해석이 합리성이 있는 등 해당 약관의 뜻이 명백하지 아니한 경우에는 고객에게 유리하게 해석하여야 한다.**

① 약관은 신의성실의 원칙에 따라 공정하게 해석되어야 하며, 고객에 따라 다르게 해석되어서는 아니 된다(약관의 규제에 관한 법률 제5조 제1항).
② 약관에서 정하고 있는 사항에 관하여 사업자와 고객이 약관의 내용과 다르게 합의한 사항이 있을 때에는 그 합의 사항은 약관보다 우선한다(약관의 규제에 관한 법률 제4조).
③ 약관은 신의성실의 원칙에 따라 공정하게 해석되어야 한다(약관의 규제에 관한 법률 제5조 제1항).

02

정답 ②

해설 ①·② 보험자가 보상할 손해액은 그 손해가 발생한 때와 곳의 가액에 의하여 산정한다. 그러나 당사자 간에 다른 약정이 있는 때에는 그 신품가액에 의하여 손해액을 산정할 수 있다(상법 제676조 제1항).
③ 상법 제676조 제2항
④ 보험가액불변경주의를 적용하여야 하는 보험(운송보험, 선박보험, 적하보험 등)에서는 상법상의 손해액의 산정기준(상법 제676조)을 적용하지 아니하고, 별도로 상법에서 정한 규정을 적용한다.

03

정답 ②

해설 선일자수표는 대부분의 경우 당해 발행일자 이후의 제시기간 내의 제시에 따라 결제되는 것이라고 보아야 하므로 선일자수표가 발행 교부된 날에 액면금의 지급효과가 발생된다고 볼 수 없으니, 보험약관상 보험자가 제1회 보험료를 받은 후 보험청약에 대한 승낙이 있기 전에 보험사고가 발생한 때에는 제1회 보험료를 받은 때에 소급하여 그때부터 보험자의 보험금 지급책임이 생긴다고 되어 있는 경우에 있어서 보험모집인이 청약의 의사표시를 한 보험계약자로부터 **제1회 보험료로서 선일자수표를 발행받고 보험료가 수증을 해주었더라도 그가 선일자수표를 받은 날을 보험자의 책임발생 시점이 되는 제1회 보험료의 수령일로 보아서는 안 된다**(대법원 1989.11.28. 선고 88다카33367 판결).

① 상법 제650조 제1항

③ 상법 제650조 제2항은 "계속보험료가 약정한 시기에 지급되지 아니한 때에는 보험자는 상당한 기간을 정하여 보험계약자에게 최고하고 그 기간 내에 지급되지 아니한 때에는 그 계약을 해지할 수 있다."라고 규정하고, 같은 법 제663조는 위의 규정은 당사자간의 특약으로 보험계약자 또는 피보험자나 보험수익자의 불이익으로 변경하지 못한다고 규정하고 있으므로, 분납 보험료가 소정의 시기에 납입되지 아니하였음을 이유로 그와 같은 절차를 거치지 아니하고 곧바로 보험계약을 해지할 수 있다거나 보험계약이 실효됨을 규정한 약관은 상법의 위 규정에 위배되어 무효라 할 것이다(대법원 1997.7.25. 선고 97다18479 판결).

④ 상법 제650조 제3항

04

정답 ①

해설 주어진 문제에서 화재로 인하여 5,000만원의 실손해가 발생하였으므로

- 일부보험의 경우 보험자는 보험금액의 보험가액에 대한 비율에 따라 보상할 책임을 지므로(상법 제674조),

  乙보험회사의 보상한도액은 $5{,}000\text{만원} \times \dfrac{9{,}000\text{만원}}{1\text{억원}}$=**4,500만원**

  丙보험회사의 보상한도액은 $5{,}000\text{만원} \times \dfrac{6{,}000\text{만원}}{1\text{억원}}$=**3,000만원**이다.

- 중복보험의 경우 보험자는 각자의 보험금액의 한도에서 연대책임을 지고, 각 보험자의 보상책임은 각자의 보험금액의 비율에 따라 보상책임을 지므로(상법 제672조 제1항),

  乙보험회사의 보상책임액은 $5{,}000\text{만원} \times \dfrac{4{,}500\text{만원}}{(4{,}500\text{만원}+3{,}000\text{만원})}$=**3,000만원**

  丙보험회사의 보상책임액은 $5{,}000\text{만원} \times \dfrac{3{,}000\text{만원}}{(4{,}500\text{만원}+3{,}000\text{만원})}$=**2,000만원**이다.

05

정답 ③

해설 상법 제724조 제1항은, 피보험자가 상법 제723조 제1항, 제2항의 규정에 의하여 보험자에 대하여 갖는 보험금청구권과 제3자가 상법 제724조 제2항의 규정에 의하여 보험자에 대하여 갖는 직접청구권의 관계에 관하여, 제3자의 직접청구권이 피보험자의 보험금청구권에 우선한다는 것을 선언하는 규정이므로, 보험자로서는 제3자가 피보험자로부터 배상을 받기 전에는 피보험자에 대한 보험금 지급으로 직접청구권을 갖는 피해자에게 대항할 수 없다. 그런데 피보험자가 보험계약에 따라 보험자에 대하여 가지는 보험금청구권에 관한 가압류 등의 경합을 이유로 한 **집행공탁은 피보험자에 대한 변제공탁의 성질을 가질 뿐이므로, 이러한 집행공탁에 의하여 상법 제724조 제2항에 따른 제3자의 보험자에 대한 직접청구권이 소멸된다고 볼 수는 없으며**, 따라서 집행공탁으로써 상법 제724조 제1항에 의하여 직접청구권을 가지는 제3자에게 대항할 수 없다(대법원 2014.9.25. 선고 2014다207672 판결).

① 상법 제724조 제2항에 의하여 피해자가 보험자에게 갖는 직접청구권은 보험자가 피보험자의 피해자에 대한 손해배상채무를 병존적으로 인수한 것으로서 피해자가 보험자에 대하여 가지는 손해배상청구권이므로 민법 제766조 제1항에 따라 피해자 또는 그 법정대리인이 그 손해 및 가해자를 안 날로부터 3년간 이를 행사하지 아니하면 시효로 인하여 소멸한다(대법원 2005.10.7. 선고 2003다6774 판결).

② 상법 제724조 제2항

④ 공동불법행위자의 보험자들 상호간에 있어서는 공동불법행위자 중의 1인과 사이에 보험계약을 체결한 보험자가 피해자에게 손해배상금을 보험금으로 모두 지급함으로써 공동불법행위자들의 보험자들이 공동면책 되었다면 그 손해배상금을 지급한 보험자는 다른 공동불법행위자들의 보험자들이 부담하여야 할 부분에 대하여 직접구상권을 행사할 수 있다(대법원 1998.7.10. 선고 97다17544 판결).

06

정답 ②

해설 ①·② 보험계약자와 피보험자는 손해의 방지와 경감을 위하여 노력하여야 하며, 이를 위하여 필요 또는 유익하였던 비용과 보상액이 보험금액을 초과한 경우라도 보험자가 이를 부담한다(상법 제680조 제1항).

③ 상법 제680조 제1항이 규정한 손해방지비용이라 함은 보험자가 담보하고 있는 보험사고가 발생한 경우에 보험사고로 인한 손해의 발생을 방지하거나 손해의 확대를 방지함은 물론 손해를 경감할 목적으로 행하는 행위에 필요하거나 유익하였던 비용을 말하는 것으로서, 이는 원칙적으로 보험사고의 발생을 전제로 한다(대법원 2002.6.28. 선고 2002다22106 판결). 따라서 **보험사고의 발생 전에 사고발생 자체를 미리 방지하기 위해 지출한 비용**은 손해방지비용에 포함되지 않는다.

④ 상법 제680조 제1항에 규정된 '손해방지비용'은 보험자가 담보하고 있는 보험사고가 발생한 경우에 보험사고로 인한 손해의 발생을 방지하거나 손해의 확대를 방지함은 물론 손해를 경감할 목적으로 행하는 행위에 필요하거나 유익하였던 비용을 말하는 것이고, 같은 법 제720조 제1항에 규정된 '방어비용'은 피해자가 보험사고로 인적·물적 손해를 입고 피보험자를 상대로 손해배상청구를 한 경우에 그 방어를 위하여 지출한 재판상 또는 재판 외의 필요비용을 말하는 것으로서, 위 두 비용은 서로 구별되는 것이므로, 보험계약에 적용되는 보통약관에 손해방지비용과 관련한 별도의 규정을 두고 있다고 하더라도, 그 규정이 당연히 방어비용에 대하여도 적용된다고 할 수는 없다(대법원 2006.6.30. 선고 2005다21531 판결).

07

정답 ②

해설 보험회사 대리점이 평소 거래가 있는 자로부터 그 구입한 차량에 관한 자동차보험계약의 청약을 받으면서 그를 위하여 그 보험료를 대납하기로 전화상으로 약정하였고, 그 다음 날 실제 보험료를 지급받으면서는 그 전날 이미 보험료를 납입받은 것으로 하여 보험약관에 따라 보험기간이 그 전날 24:00 이미 시작된 것으로 기재된 보험료영수증을 교부한 경우 위 약정일에 보험계약이 체결되어 보험회사가 보험료를 영수한 것으로 보아야 할 것이다(대법원 1991.12.10. 선고 90다10315 판결).

① 보험설계사가 통지의무의 대상인 '보험사고발생의 위험이 현저하게 변경 또는 증가된 사실'을 안 것만으로는 보험자가 보험사고발생의 위험이 현저하게 변경 또는 증가된 사실을 알았다거나 보험계약자 또는 피보험자가 보험자에게 통지의무를 이행한 것으로 볼 수 없다(대법원 2006.6.30. 선고 2006다19672, 2006다19689 판결).

③ 보험자의 대리인이 보험회사를 대리하여 보험계약자와 사이에 보험계약을 체결하고 그 보험료수령권에 기하여 보험계약자로부터 회분 보험료를 받으면서 2, 3회분 보험료에 해당하는 약속어음을 함께 교부받았다면 위 대리인이 그 약속어음을 횡령하였다고 하더라도 그 변제수령의 효과는 보험자에 미친다고 할 것이다. 위 어음이 지급결제 됨으로써 보험료납부의 효과가 생긴다(대법원 1987.12.8. 선고 87다카1793, 87다카1794 판결).

④ 보험설계사는 특정 보험자를 위하여 보험계약의 체결을 중개하는 자일뿐 보험자를 대리하여 보험계약을 체결할 권한이 없고 보험계약자 또는 피보험자가 보험자에 대하여 하는 고지나 통지를 수령할 권한도 없다(대법원 2006.6.30. 선고 2006다19672, 2006다19689 판결).

08

정답 ③

해설 생명보험계약에서 보험계약자의 지위를 변경하는데 보험자의 승낙이 필요하다고 정하고 있는 경우, 보험계약자가 보험자의 승낙이 없는데도 일방적인 의사표시만으로 보험계약상의 지위를 **이전할 수는 없다**. 보험계약자의 지위 변경은 피보험자, 보험수익자 사이의 이해관계나 보험사고 위험의 재평가, 보험계약의 유지 여부 등에 영향을 줄 수 있다. 이러한 이유로 생명보험의 보험계약자 지위 변경에 보험자의 승낙을 요구한 것으로 볼 수 있다.

유증은 유언으로 수증자에게 일정한 재산을 무상으로 주기로 하는 단독행위로서 유증에 따라 보험계약자의 지위를 이전하는 데에도 보험자의 승낙이 필요하다고 보아야 한다. 보험계약자가 보험계약에 따른 보험료를 전액 지급하여 보험료 지급이 문제되지 않는 경우에도 마찬가지이다. 유언집행자는 유증의 목적인 재산의 관리 기타 유언의 집행에 필요한 행위를 할 권리·의무가 있다. 유언집행자가 유증의 내용에 따라 보험자의 승낙을 받아서 보험계약상의 지위를 이전할 의무가 있는 경우에도 보험자가 승낙하기 전까지는 보험계약자의 지위가 변경되지 않는다(대법원 2018.7.12. 선고 2017다235647 판결).

① 보험회사 또는 보험모집종사자가 설명의무를 위반하여 고객이 보험계약의 중요사항에 관하여 제대로 이해하지 못한 채 착오에 빠져 보험계약을 체결한 경우, 그러한 착오가 동기의 착오에 불과하다고 하더라도 그러한 착오를 일으키지 않았더라면 보험계약을 체결하지 않았거나 아니면 적어도 동일한 내용으로 보험계약을 체결하지 않았을 것이 명백하다면, 위와 같은 착오는 보험계약의 내용의 중요부분에 관한 것에 해당하므로 이를 이유로 보험계약을 취소할 수 있다(대법원 2018.4.12. 선고 2017다229536 판결).

09

정답 ②

해설 ㉡ (O) 보험계약자가 타인의 사망을 보험사고로 하는 보험계약에는 계약 체결시에 그 타인의 서면에 의한 동의를 얻어야 한다(상법 제731조 제1항). 이는 강행규정으로서 이에 위반한 보험계약은 무효이다.

㉣ (O) 타인의 사망을 보험사고로 하는 보험계약의 체결에 있어서 보험설계사는 보험계약자에게 피보험자의 서면동의 등의 요건에 관하여 구체적이고 상세하게 설명하여 보험계약자로 하여금 그 요건을 구비할 수 있는 기회를 주어 유효한 보험계약이 성립하도록 조치할 주의의무가 있고, 보험설계사가 위와 같은 설명을 하지 아니하는 바람에 위 요건의 흠결로 보험계약이 무효가 되고 그 결과 보험사고의 발생에도 불구하고 보험계약자가 보험금을 지급받지 못하게 되었다면 보험자는 보험업법 제102조 제1항에 기하여 보험계약자에게 그 보험금 상당액의 손해를 배상할 의무를 진다(대법원 2008.8.21. 선고 2007다76696 판결).

㉠ (×) 타인의 생명보험계약 성립 당시 피보험자의 서면동의가 없다면 그 보험계약은 확정적으로 무효가 되고, 피보험자가 이미 무효가 된 보험계약을 추인하였다고 하더라도 그 보험계약이 유효로 될 수는 없다(대법원 2006.9.22. 선고 2004다56677 판결).

㉢ (×) 피보험자의 동의가 없는 타인의 생명보험계약은 무효이고, 보험계약의 보험수익자로 되어 있는 피고이든 망인의 상속인인 원고들이든 보험금을 받을 권리를 취득할 수 없다(대법원 1992.11.24. 선고 91다47109 판결).

10

정답 ①

해설 ㉠ (O) 상해보험은 보험의 객체가 자연인이라는 점에서 생명보험과 공통점이 있고, 상법의 규정상 인보험으로 분류되지만 실제로는 손해보험적인 성격이 강조되는 추세이다. 판례에 따를 때 무보험자동차특약보험의 경우에는 약관규정의 존재여부와 관계없이 중복보험의 법리가 준용된다.

판례 대법원 2006.11.10. 선고 2005다35516 판결

피보험자가 무보험자동차에 의한 교통사고로 인하여 상해를 입었을 때에 그 손해에 대하여 배상할 의무자가 있는 경우 보험자가 약관에 정한 바에 따라 피보험자에게 그 손해를 보상하는 것을 내용으로 하는 무보험자동차에 의한 상해담보특약(이하 '무보험자동차특약보험'이라 한다)은 상해보험의 성질과 함께 손해보험의 성질도 갖고 있는 손해보험형 상해보험이므로(대법원 2000.2.11. 선고 99다50699 판결, 대법원 2003.12.26. 선고 2002다61958 판결), 하나의 사고에 관하여 여러 개의 무보험자동차특약보험계약이 체결되고 그 보험금액의 총액이 피보험자가 입은 손해액을 초과하는 때에는 손해보험에 관한 상법 제672조 제1항이 준용되어 보험자는 각자의 보험금액의 한도에서 연대책임을 지고, 이 경우 각 보험자 사이에서는 각자의 보험금액의 비율에 따른 보상책임을 진다.

㉣ (O) 상해보험에 관하여는 '15세 미만자, 심신상실자 또는 심신박약자의 사망을 보험사고로 한 보험계약은 무효로 한다(상법 제732조)'는 규정을 제외하고 나머지 생명보험에 관한 규정을 준용한다(상법 제739조). 즉 15세 미만자, 심신상실자 또는 심신박약자의 상해를 보험사고로 한 보험계약은 유효하다.

㉡ (×) 보험사고가 보험계약자 또는 피보험자나 보험수익자의 고의 또는 중대한 과실로 인하여 생긴 때에는 보험자는 보험금액을 지급할 책임이 없다(상법 제659조 제1항). 하지만 상해를 보험사고로 한 보험계약에서는 사고가 보험계약자 또는 피보험자나 보험수익자의 중대한 과실로 인하여 발생한 경우에도 보험자는 보험금을 지급할 책임을 면하지 못한다(상법 제732의2 제1항).

㉢ (×) 보험자는 보험사고로 인하여 생긴 보험계약자 또는 보험수익자의 제3자에 대한 권리를 대위하여 행사하지 못한다. 그러나 상해보험계약의 경우에 당사자간에 다른 약정이 있는 때에는 보험자는 피보험자의 권리를 해하지 아니하는 범위 안에서 그 권리를 대위하여 행사할 수 있다(상법 제729조 단서).

11

정답 ③

해설 둘 이상의 보험수익자 중 일부가 고의로 피보험자를 사망하게 한 경우 보험자는 다른 보험수익자에 대한 보험금 지급 책임을 면하지 못한다(상법 제732조의2 제2항). 즉 **다른 법정상속인인 보험수익자에게 보험금지급을 거부할 수 없다**.

① 상법 제731조 제1항에 의하면 타인의 생명보험에서 피보험자가 서면으로 동의의 의사표시를 하여야 하는 시점은 '보험계약 체결시까지'이고, 이는 강행규정으로서 이에 위반한 보험계약은 무효이다.
② 상법 제733조 제1항
④ 상법 제734조 제1항

12

정답 ④

해설 보험계약자인 채무자의 채무불이행으로 인하여 채권자가 입게 되는 손해의 전보를 보험자가 인수하는 것을 내용으로 하는 보증보험계약은 손해보험으로, 형식적으로는 채무자의 채무불이행을 보험사고로 하는 보험계약이나 실질적으로는 보증의 성격을 가지고 보증계약과 같은 효과를 목적으로 하므로, 민법의 보증에 관한 규정, 특히 민법 제441조 이하에서 정한 보증인의 구상권에 관한 규정이 보증보험계약에도 적용된다(대법원 1997.10.10. 선고 95다46265 판결).

TIP 민법 제441조(수탁보증인의 구상권)

주채무자의 부탁으로 보증인이 된 자가 과실 없이 변제 기타의 출재로 주채무를 소멸하게 한 때에는 주채무자에 대하여 구상권이 있다.

① 상법 제726조의5
② 보증보험은 채무자의 채무불이행으로 인하여 채권자가 입게 될 손해의 전보를 보험자가 인수하는 것을 내용으로 하는 손해보험으로서 형식적으로는 채무자의 채무불이행을 보험사고로 하는 보험계약이나 실질적으로는 보증의 성격을 가지고 보증계약과 같은 효과를 목적으로 하므로 민법의 보증에 관한 규정이 준용되고, 따라서 보증보험이 담보하는 채권이 양도되면 당사자 사이에 다른 약정이 없는 한 보험금청구권도 그에 수반하여 채권양수인에게 함께 이전된다고 보아야 한다(대법원 1999.6.8. 선고 98다53707 판결).
③ 상법 제726조의6 제2항

13

정답 ①

해설 실손보상의 원칙(=이득금지의 원칙)으로 인보험에서는 원칙적으로 적용되지 않고, 손해보험 특유의 원리이다.

② 수지상등의 원칙에 대한 설명이다.

③ 보험의 원리 중 위험의 분담에 대한 설명이다.

④ 대수의 법칙에 대한 설명이다.

14

정답 ③

해설 단체보험계약에서 보험계약자가 피보험자 또는 그 상속인이 아닌 자를 보험수익자로 지정할 때에는 단체의 규약에서 명시적으로 정하는 경우 외에는 그 피보험자의 서면 동의를 받아야 한다(상법 제735조의3 제3항).

① 상법 제735조의3 제2항

② 상법 제735조의3 제1항

④ 단체보험이란 회사, 공장 등 일정한 단체의 구성원의 전부 또는 일부를 포괄적으로 피보험자로 하여 그의 생명・신체에 관한 사고를 보험사고로 하는 생명보험 또는 상해보험을 말하므로, 단체보험에 관한 상법규정은 단체생명보험뿐만 아니라 단체상해보험에도 적용된다.

15

정답 ③

해설 고지의무는 피보험자나 보험계약자가 해지에 의한 불이익을 피하기 위하여 부담하는 일종의 간접의무이다. 따라서 고지의무를 위반한 경우 보험자가 그 이행을 강제하거나 불이행에 대하여 손해배상을 청구할 수 있는 것이 아니라, 단지 보험계약을 해지할 수 있을 뿐이다.

16

정답 ③

해설 항해 도중에 불가항력으로 보험의 목적인 적하를 매각한 때에는 보험자는 그 대금에서 운임 기타 필요한 비용을 공제한 금액과 보험가액과의 차액을 보상하여야 한다(상법 제709조 제1항).

17

정답 ②

해설 **보험자**가 일정한 기간 내에 취소를 하지 아니하면(×) → **보험계약자**가 일정한 기간 내에 취소를 하지 아니하면(○)

즉, 상법 제638조의3 제2항은 보험자의 설명의무 위반의 효과를 보험계약의 효력과 관련하여 **보험계약자에게 계약의 취소권을 부여**하는 것으로 규정하고 있다.

따라서 **보험자의 설명의무 위반시 보험계약자가 일정한 기간 내에 취소를 하지 아니하면 보험약관에 있는 내용이 계약의 내용으로 편입되는 것으로 볼 수 없다.**

판례 대법원 1998.11.27. 선고 98다32564 판결

[1] 상법 제638조의3 제2항은 보험자의 설명의무 위반의 효과를 보험계약의 효력과 관련하여 보험계약자에게 계약의 취소권을 부여하는 것으로 규정하고 있으나, 나아가 보험계약자가 그 취소권을 행사하지 아니한 경우에 설명의무를 다하지 아니한 약관이 계약의 내용으로 되는지 여부에 관하여는 아무런 규정도 하지 않고 있을 뿐만 아니라 일반적으로 계약의 취소권을 행사하지 아니하였다고 바로 계약의 내용으로 되지 아니한 약관 내지 약관조항의 적용을 추인 또는 승인하였다고 볼 근거는 없다고 할 것이므로, 결국 상법 제638조의3 제2항은 약관의 규제에 관한 법률 제16조에서 약관의 설명의무를 다하지 아니한 경우에도 원칙적으로 계약의 효력이 유지되는 것으로 하되 소정의 사유가 있는 경우에는 예외적으로 계약 전체가 무효가 되는 것으로 규정하고 있는 것과 모순·저촉이 있다고 할 수 있음은 별론으로 하고, 약관에 대한 설명의무를 위반한 경우에 그 약관을 계약의 내용으로 주장할 수 없는 것으로 규정하고 있는 약관의 규제에 관한 법률 제3조 제3항과의 사이에는 아무런 모순·저촉이 없으므로, 따라서 상법 제638조의3 제2항은 약관의 규제에 관한 법률 제3조 제3항과의 관계에서는 그 적용을 배제하는 특별규정이라고 할 수가 없으므로 보험약관이 상법 제638조의3 제2항의 적용 대상이라 하더라도 약관의 규제에 관한 법률 제3조 제3항 역시 적용이 된다.

[2] 일반적으로 보험자 및 보험계약의 체결 또는 모집에 종사하는 자는 보험계약의 체결에 있어서 보험계약자 또는 피보험자에게 보험약관에 기재되어 있는 보험상품의 내용, 보험료율의 체계 및 보험청약서상 기재사항의 변동사항 등 보험계약의 중요한 내용에 대하여 구체적이고 상세한 명시·설명의무를 지고 있으므로 보험자가 이러한 보험약관의 명시·설명의무에 위반하여 보험계약을 체결한 때에는 **그 약관의 내용을 보험계약의 내용으로 주장할 수 없다.**

① 보험자가 보험약관의 교부·설명의무를 위반한 경우 보험계약자는 보험계약이 성립한 날부터 3개월 이내에 그 계약을 취소할 수 있다(상법 제638조의3 제2항).

③·④ 보험자는 보험계약을 체결할 때에 보험계약자에게 보험약관을 교부하고 그 약관의 중요한 내용을 설명하여야 한다고 규정하고 있다(상법 제638조의3 제1항). 여기서 설명의무의 이행시점이 문제될 수 있으나, 보험계약을 체결하려는 소비자 입장에서는 면책사유나 담보범위 등 약관의 중요한 내용에 관한 설명을 청약을 하려는 단계에서 설명을 듣고, 이를 참작하여 계약체결 여부를 결정하고자 하므로 보험자의 설명의무는 계약의 청약시 동시에 이루어지는 것이 바람직하다.

〈자료출처〉 보험자의 보험약관 설명의무에 관한 고찰, 장정애

18

정답 ②

해설 타인의 사망보험에서 보험수익자를 지정 또는 변경하는 경우 타인의 서면동의를 받지 않으면, 해당 보험계약이 무효가 되는 것이 아니라 **보험수익자 지정행위만 무효**가 된다.

> **판례** 울산지방법원 2014.9.4. 선고 2013가합4186 판결
>
> 보험계약자가 계약 체결 후에 보험수익자를 지정 또는 변경할 때, 그것이 타인의 사망을 보험사고로 하는 보험계약인 때에는 피보험자의 서면에 의한 동의를 얻어야 하고(상법 제734조 제2항, 제1항, 제731조 제1항), 이는 상해보험에도 준용된다(상법 제739조). 그런데, 상법 제731조 제1항을 강행규정으로 보는 근거들은(대법원 2003.7.22. 선고 2003다24451 판결) 위 조항을 준용하는 타인의 사망을 보험사고로 하는 보험계약의 보험수익자 변경 시에도 공통하여 고려되어야 하는 내용들이라서 그 경우에 피보험자의 서면동의를 얻도록 하는 위 조항들 역시 모두 강행규정이라고 볼 것이다. 그러므로 이러한 동의 없이 이루어진 보험수익자 변경은 무효이다.

① 타인을 위한 상해보험에서 보험수익자는 그 지정행위 시점에 반드시 특정되어 있어야 하는 것은 아니고 보험사고 발생시에 특정될 수 있으면 충분하므로, 보험계약자는 이름 등을 통하여 특정인을 보험수익자로 지정할 수 있음은 물론 '배우자' 또는 '상속인'과 같이 보험금을 수익할 자의 지위나 자격 등을 통하여 불특정인을 보험수익자로 지정할 수도 있고, 후자와 같이 보험수익자를 추상적 또는 유동적으로 지정한 경우에 보험계약자의 의사를 합리적으로 추측하여 보험사고발생시 보험수익자를 특정할 수 있다면 그러한 지정행위는 유효하다(대법원 2006.11.9. 선고 2005다55817 판결).
③ 상법 제733조 제3항
④ 상법 제733조 제4항

19

정답 ④

해설 계속보험료가 약정한 시기에 지급되지 아니한 경우 보험계약이 해지되고, 해지환급금이 지급되지 아니한 경우에 보험계약자는 일정한 기간 내에 연체보험료에 약정이자를 붙여 보험자에게 지급하고 그 계약의 부활을 청구할 수 있다(상법 제650의2조). 보험계약의 부활시에도 고지의무에 관한 규정이 준용되고, 부활 전의 고지의무위반에 관한 사항도 원칙적으로 부활 후에도 그대로 존속하므로 고지의무위반으로 보험계약이 해지된 경우에는 부활이 인정되지 않는다.

20

정답 ②

해설 무보험자동차에 의한 상해보상특약의 보험자는 피보험자의 실제 손해액을 기준으로 위험을 인수한 것이 아니라 보통약관에서 정한 보험금 지급기준에 따라 산정된 금액만을 제한적으로 인수하였을 뿐이다. **무보험자동차에 의한 상해보상특약에 있어서 보험금액의 산정기준이나 방법은 보험약관의 중요한 내용이 아니어서 명시·설명의무의 대상에 해당하지 아니한다**(대법원 2004.4.27. 선고 2003다7302 판결).

①·③ 피보험자가 무보험자동차에 의한 교통사고로 인하여 상해를 입었을 때에 그 손해에 대하여 배상할 의무자가 있는 경우 보험자가 약관에 정한 바에 따라 피보험자에게 그 손해를 보상하는 것을 내용으로 하는 **무보험자동차에 의한 상해담보특약은 손해보험으로서의 성질과 함께 상해보험으로서의 성질도 갖고 있는 손해보험형 상해보험**으로서, 상법 제729조 단서의 규정에 의하여 **당사자 사이에 다른 약정이 있는 때에는 보험자는 피보험자의 권리를 해하지 아니하는 범위 안에서 피보험자의 배상의무자에 대한 손해배상청구권을 대위행사할 수 있다**(대법원 2003.12.26. 선고 2002다61958 판결).

④ 하나의 사고에 관하여 여러 개의 무보험자동차에 의한 상해담보특약보험(이하 '무보험자동차특약보험'이라 한다)이 체결되고 그 보험금액의 총액이 피보험자가 입은 손해액을 초과하는 때에는, **중복보험에 관한 상법 제672조 제1항의 법리가 적용**되어 보험자는 각자의 보험금액의 한도에서 연대책임을 지고 피보험자는 각 보험계약에 의한 보험금을 중복하여 청구할 수 없다(대법원 2007.10.25. 선고 2006다25356 판결).

21

정답 ①

해설 금융위원회는 보험업법 제5조에 따른 허가신청을 받았을 때에는 (**2개월**)[보험업법 제7조에 따라 예비허가를 받은 경우에는 (**1개월**)] 이내에 이를 심사하여 신청인에게 허가 여부를 통지해야 한다(보험업법 시행령 제9조 제4항).

22

정답 ①

해설 **겸영업무·부수업무의 회계처리(보험업법 시행령 제17조 제1항)**

보험회사가 다음의 업무 및 부수업무(직전 사업연도 매출액이 해당 보험회사 수입보험료의 1천분의 1 또는 10억원 중 많은 금액에 해당하는 금액을 초과하는 업무만 해당한다)를 하는 경우에는 해당 업무에 속하는 자산·부채 및 수익·비용을 보험업과 구분하여 회계처리하여야 한다.

1. 「자산유동화에 관한 법률」에 따른 유동화자산의 관리업무
2. 「주택저당채권 유동화회사법」에 따른 유동화자산의 관리업무 〈2023.5.16. 삭제〉
3. 「한국주택금융공사법」에 따른 채권유동화자산의 관리업무 (가)
4. 「자본시장과 금융투자업에 관한 법률」 제6조 제6항에 따른 투자자문업 (다)
5. 「자본시장과 금융투자업에 관한 법률」 제6조 제7항에 따른 투자일임업 (라)
6. 「자본시장과 금융투자업에 관한 법률」 제6조 제8항에 따른 신탁업 (마)

23

정답 ③

해설 가. (×) 주식회사가 보험업법 제22조(조직변경의 결의의 공고와 통지) 제1항에 따른 공고를 한 날 이후에 보험계약을 체결하려면 보험계약자가 될 자에게 조직변경 절차가 진행 중임을 알리고 그 승낙을 받아야 하며, **승낙을 한 보험계약자는 조직변경 절차를 진행하는 중에는 보험계약자가 아닌 자로 본다**(보험업법 제23조 제1항, 제2항).

나. (○) 주식회사에서 상호회사로의 조직변경에 따른 기금 총액은 300억원 미만으로 하거나 설정하지 아니할 수는 있으나, 손실 보전을 충당하기 위하여 금융위원회가 필요하다고 인정하는 금액을 준비금으로 적립하여야 한다(보험업법 제20조).

다. (×) 주식회사의 상호회사로의 조직변경을 위한 주주총회의 결의는 **출석한 주주의 의결권의 3분의 2 이상의 수와 발행주식 총수의 3분의 1 이상의 수**로써 하여야 한다(보험업법 제21조 제2항, 상법 제434조).

라. (○) 주식회사가 상호회사로 조직변경을 하는 경우에는 그 결의를 한 날로부터 2주 이내에 결의의 요지와 재무상태표를 공고하고, 주주명부에 적힌 질권자에게는 개별적으로 알려야 한다(보험업법 제22조 제1항).

마. (○) 주식회사의 보험계약자는 상호회사로의 조직변경에 따라 해당 상호회사의 사원이 된다(보험업법 제30조).

24

정답 ①

해설 **자기자본의 범위(보험업법 시행령 제4조)**

자기자본을 산출할 때 합산하여야 할 항목 및 빼야 할 항목은 다음 각 호의 기준에 따라 금융위원회가 정하여 고시한다.

1. 합산하여야 할 항목 : 납입자본금, 자본잉여금 및 이익잉여금 등 보험회사의 자본 충실에 기여하거나 영업활동에서 발생하는 손실을 보전(補塡)할 수 있는 것
2. 빼야 할 항목 : **영업권** 등 실질적으로 자본 충실에 기여하지 아니하는 것

25

정답 ①

해설 전문보험계약자 중 "대통령령으로 정하는 자"가 일반보험계약자와 같은 대우를 받겠다는 의사를 보험회사에 서면으로 통지하는 경우 보험회사는 정당한 사유가 없으면 이에 동의하여야 하며, 보험회사가 동의한 경우에는 해당 보험계약자는 일반보험계약자로 본다. "대통령령으로 정하는 자"란 다음 각 호의 자를 말한다(보험업법 제2조 제19호 단서, 동법 시행령 제6조의2 제1항).

1. **지방자치단체**
2. **주권상장법인**
3. "대통령령으로 정하는 금융기관(보험업법 시행령 제6조의2 제2항)"에 준하는 **외국금융기관**

4. 법률에 따라 설립된 기금(「기술보증기금법」에 따른 기술보증기금과 「신용보증기금법」에 따른 신용보증기금은 제외한다) 및 그 기금을 관리·운용하는 법인
5. **해외 증권시장에 상장된 주권을 발행한 국내법인**
6. 그 밖에 보험계약에 관한 전문성, 자산규모 등에 비추어 보험계약의 내용을 이해하고 이행할 능력이 있는 자로서 금융위원회가 정하여 고시하는 자

26

정답 ③

해설 **금융기관보험대리점 등의 금지행위 등(보험업법 제100조 제1항, 동법 시행령 제48조 제1항 제1호)**

금융기관보험대리점 등은 모집을 할 때 다음 각 호의 어느 하나에 해당하는 행위를 하여서는 아니 된다.
1. 대출 등 해당 금융기관이 제공하는 용역(이하 "대출 등"이라 한다)을 받는 자의 동의를 미리 받지 아니하고 보험료를 대출 등의 거래에 포함시키는 행위
2. 해당 금융기관의 임직원(보험업법 제83조에 따라 모집할 수 있는 자는 제외한다)에게 모집을 하도록 하거나 이를 용인하는 행위
3. 해당 금융기관의 **점포 외의 장소**에서 모집을 하는 행위
4. 모집과 관련이 없는 금융거래를 통하여 취득한 개인정보를 미리 그 **개인의 동의를 받지 아니하고** 모집에 이용하는 행위
5. 그 밖에 제1호부터 제5호까지의 행위와 비슷한 행위로서 대통령령으로 정하는 행위(**모집에 종사하는 자 외에 소속 임직원으로 하여금 보험상품의 구입에 대한 상담 또는 소개를 하게 하거나 상담 또는 소개의 대가를 지급하는 행위)**

27

정답 ①

해설 다. 보험금 지급확대 조건에 관한 사항(×) → 보험금 지급제한 조건에 관한 사항(○)

마. 보험계약자에게 유리한 내용만을 골라 안내하거나 다른 보험회사 상품과 비교한 사항을 적어서는 아니 된다(보험업법 시행령 제42조 제2항 제3호).

TIP 보험안내자료(보험업법 제95조 제1항)

모집을 위하여 사용하는 보험안내자료에는 다음 각 호의 사항을 명백하고 알기 쉽게 적어야 한다.
1. 보험회사의 상호나 명칭 또는 보험설계사·보험대리점 또는 보험중개사의 이름·상호나 명칭
2. **보험 가입에 따른 권리·의무에 관한 주요 사항**
3. **보험약관으로 정하는 보장에 관한 사항**
4. 보험금 지급제한 조건에 관한 사항
5. **해약환급금에 관한 사항**
6. **「예금자보호법」에 따른 예금자보호와 관련된 사항**
7. 그 밖에 보험계약자를 보호하기 위하여 대통령령으로 정하는 사항

28

정답 ③

해설 ②·③ 보험회사는 일반보험계약자가 보험금 지급을 요청한 경우에는 대통령령으로 정하는 바에 따라 보험금의 지급절차 및 지급내역 등을 설명하여야 하며, **보험금을 감액하여 지급하거나 지급하지 아니하는 경우에는 그 사유를 설명하여야 한다**(보험업법 제95조의2 제4항).

① 보험업법 제95조의2 제3항

④ 보험업법 시행령 제42조의2 제3항

29

정답 ①

해설 **보험계약의 체결 또는 모집에 관한 금지행위(보험업법 제97조 제1항)**

가. (○) 보험계약자나 피보험자에게 보험상품의 내용을 사실과 다르게 알리거나 그 내용의 중요한 사항을 알리지 아니하는 행위

나. (○) 보험계약자 또는 피보험자의 자필서명이 필요한 경우에 보험계약자 또는 피보험자로부터 자필서명을 받지 아니하고 서명을 대신하거나 다른 사람으로 하여금 서명하게 하는 행위

다. (○) 실제 명의인이 아닌 자의 보험계약을 모집하거나, 실제 명의인의 동의가 없는 보험계약을 모집하는 행위

라. (×) 보험계약자나 피보험자가 **중요한 사항을 보험회사에 알리는 것을 방해하거나 알리지 아니할 것을 권유하는 행위**

마. (×) **정당한 이유 없이** 「장애인차별금지 및 권리구제 등에 관한 법률」 제2조에 따른 장애인의 보험가입을 거부하는 행위.

30

정답 ④

해설 보험회사는 기초서류에서 정하는 방법에 따른 경우 모집할 수 있는 자 이외의 자에게 모집을 위탁할 수 **있다**(보험업법 제99조 제1항 제1호).

① 보험업법 제99조 제1항

② 보험업법 시행령 제47조 제2항

③ 보험업법 제99조 제3항

31

정답 ④

해설 **보험회사가 지켜야 하는 재무건전성 기준(보험업법 시행령 제65조 제2항)**

1. 지급여력비율은 100분의 100 이상을 유지할 것
2. 대출채권 등 보유자산의 건전성을 정기적으로 분류하고 대손충당금을 적립할 것
3. 보험회사의 위험, 유동성 및 재보험의 관리에 관하여 금융위원회가 정하여 고시하는 기준을 충족할 것

32

정답 ②

해설 금융위원회는 신청서를 받았을 때에는 다음 각 호의 사항을 심사하여 그 인가 여부를 결정하여야 한다(보험업법 시행령 제69조 제2항).

1. 상호협정의 내용이 보험회사간의 공정한 경쟁을 저해하는지 여부
2. 상호협정의 내용이 보험계약자의 이익을 침해하는지 여부

33

정답 ③

해설 금융위원회는 기초서류의 변경을 명하는 경우 보험계약자・피보험자 또는 보험금을 취득할 자의 이익을 보호하기 위하여 특히 필요하다고 인정하면 이미 체결된 보험계약에 대하여도 **장래에 향하여** 그 변경의 효력이 미치게 할 수 있다(보험업법 제131조 제3항).

①・② 보험업법 제131조 제2항

④ 보험업법 제131조 제4항

34

정답 ①

해설 보험계약의 이전에 관한 결의는 **출석한 주주의 의결권의 3분의 2 이상의 수와 발행주식 총수의 3분의 1 이상의 수**로써 하여야 한다(보험업법 제138조, 상법 제434조).

② 보험업법 제140조 제1항

③ 보험업법 제141조 제2항

④ 보험업법 제142조

35

정답 ④

해설 과징금의 부과 및 징수 절차 등에 관하여는 「은행법」 제65조의4부터 제65조의8까지의 규정을 준용한다(보험업법 제196조 제4항).

① 보험업법 제196조 제3항

② 은행법 제65조의4 제1항

③ 보험업법 제196조 제2항 단서

TIP 과징금의 부과(은행법 제65조의4 제1항)

금융위원회는 과징금을 부과하는 경우에는 다음 각 호의 사항을 고려하여야 한다.
1. 위반행위의 내용 및 정도
2. 위반행위의 기간 및 횟수
3. 위반행위로 인하여 취득한 이익의 규모

36

정답 ②

해설 가. (×) 퇴직급여제도를 설정하는 경우에 하나의 사업에서 급여 및 부담금 산정방법의 적용 등에 관하여 차등을 두어서는 아니 된다. 따라서, 둘 이상의 사업을 영위하는 사용자가 두 사업 사이에 차등을 두는 것은 가능하다(근로자퇴직급여보장법 제4조 제2항).

나. (×) 근로자퇴직급여보장법 전부개정법률 시행일(2012.7.26.) 이후 새로 성립(합병・분할된 경우는 제외한다)된 사업의 사용자는 근로자대표의 의견을 들어 사업의 성립 후 1년 이내에 확정급여형퇴직연금제도나 확정기여형퇴직연금제도를 설정하여야 한다(근로자퇴직급여보장법 제5조).

다. (×) 퇴직연금제도의 급여를 받을 권리는 양도하거나 담보로 제공할 수 없다고 규정한 근로자퇴직급여보장법 제7조 제1항은 근로기준법에 따른 근로자에게만 적용되고, 근로기준법상의 근로자에 해당하지 않는 주식회사의 대표이사에게는 적용되지 않는다(대법원 2016.12.1. 선고 2015다244333 판결).

라. (○) 퇴직금제도를 설정하려는 사용자는 계속근로기간 1년에 대하여 30일분 이상의 평균임금을 퇴직금으로 퇴직근로자에게 지급할 수 있는 제도를 설정하여야 한다(근로자퇴직급여보장법 제8조 제1항). 따라서, 라 보기는 30일분 이상이기에 45일분의 평균임금을 퇴직금으로 퇴직근로자에게 지급할 수 있는 제도를 설정할 수 있다.

마. (○) 최종 3년 간의 퇴직급여등은 사용자의 총재산에 대하여 질권 또는 저당권에 의하여 담보된 채권, 조세・공과금 및 다른 채권에 우선하여 변제되어야 한다(근로자퇴직급여보장법 제12조 제2항).

37

정답 ③

해설 급여수준과 급여 지급능력 확보에 관한 사항은 확정기여형퇴직연금제도에 포함되지 아니한다.

확정급여형퇴직연금규약
1. 퇴직연금사업자 선정에 관한 사항
2. 가입자에 관한 사항
3. 가입기간에 관한 사항
4. 급여수준에 관한 사항
5. 급여 지급능력 확보에 관한 사항
6. 급여의 종류 및 수급요건 등에 관한 사항
7. 제28조에 따른 운용관리업무 및 제29조에 따른 자산관리업무의 수행을 내용으로 하는 계약의 체결 및 해지와 해지에 따른 계약의 이전(移轉)에 관한 사항
8. 운용현황의 통지에 관한 사항
9. 가입자의 퇴직 등 급여 지급사유 발생과 급여의 지급절차에 관한 사항
10. 퇴직연금제도의 폐지・중단 사유 및 절차 등에 관한 사항
11. 부담금의 산정 및 납입에 관한 사항
12. 그 밖에 확정급여형퇴직연금제도의 운영을 위하여 대통령령으로 정하는 사항

확정기여형퇴직연금규약
1. 부담금의 부담에 관한 사항
2. 부담금의 산정 및 납입에 관한 사항
3. 적립금의 운용에 관한 사항

4. 적립금의 운용방법 및 정보의 제공 등에 관한 사항
5. 적립금의 중도인출에 관한 사항
6. **퇴직연금사업자 선정에 관한 사항**
7. 가입자에 관한 사항
8. 가입기간에 관한 사항
9. 급여의 종류 및 수급요건 등에 관한 사항
10. 제28조에 따른 운용관리업무 및 제29조에 따른 자산관리업무의 수행을 내용으로 하는 계약의 체결 및 해지와 해지에 따른 계약의 이전(移轉)에 관한 사항
11. 운용현황의 통지에 관한 사항
12. 가입자의 퇴직 등 급여 지급사유 발생과 급여의 지급절차에 관한 사항
13. 퇴직연금제도의 폐지·중단 사유 및 절차 등에 관한 사항
14. 그 밖에 확정기여형퇴직연금제도의 운영에 필요한 사항으로서 대통령령으로 정하는 사항

38

정답 ①

해설 상시 10명 미만의 근로자를 사용하는 사업의 경우 사용자가 개별 근로자의 동의를 받거나 근로자의 요구에 따라 개인형퇴직연금제도를 설정하는 경우에는 해당 근로자에 대하여 퇴직급여제도를 설정한 것으로 본다(근로자퇴직급여보장법 제25조 제1항). 근로자대표와 협의가 아니라 개별 근로자의 동의나 근로자의 요구에 따라야 한다.

② 근로자퇴직급여보장법 제24조 제2항 제2호

③ 개인형퇴직연금제도에서 연금은 55세 이상인 가입자에게 지급하고, 일시금은 55세 이상으로서 일시금 수급을 원하는 가입자에게 지급한다(근로자퇴직급여보장법 시행령 제18조 제1항). 따라서, 연금과 일시금을 불문하고 55세 이상의 가입자에게만 급여가 지급되는 것은 맞는 지문이다.

④ 계속근로기간이 1년 미만인 근로자나 4주간을 평균하여 1주간의 소정근로시간이 15시간 미만인 근로자도 개인형퇴직연금제도의 설정 대상에 해당한다(근로자퇴직급여보장법 시행령 제16조의2 제2호).

39

정답 ③

해설 무주택자인 가입자가 본인 명의로 주택을 구입하는 경우에는 중도인출이 가능하지만 배우자명의로 주택을 구입하는 경우는 해당하지 아니한다.

퇴직금의 중간정산 사유
1. 본인명의로 주택 구입 2. 무주택자가 전세금, 보증금을 마련(1회에 한정) 3. 본인, 배우자, 부양가족이 질병 또는 부상으로 6개월 이상 요양(본인이 요양비를 부담하는 경우) 4. 중간정산을 신청한 날부터 역산하여 5년 이내에 가입자가 파산선고를 받은 경우 5. 중간정산을 신청한 날부터 역산하여 5년 이내에 가입자가 개인회생절차 개시결정을 받은 경우 6. 정년을 연장하거나, 보장하는 조건으로 단체협약이나 취업규칙 등을 통하여 일정나이, 근속시점 또는 임금액을 기준으로 임금을 줄이는 제도를 시행하는 경우 7. 소정근로시간을 1일 1시간 또는 1주 5시간 이상 변경하고, 그에 따라 근로자가 3개월 이상 근로하기로 한 경우 8. 법률 제15513호 근로기준법 일부개정법률의 시행에 따른 근로시간의 단축으로 근로자의 퇴직금이 감소되는 경우 9. 재난으로 피해를 입은 경우로서 고용노동부장관이 정하여 고시하는 사유

40

정답 ③

해설 사용자는 퇴직연금사업자에게 단체협약, 취업규칙, 근로계약서, 급여명세서 등 부담금 산정 및 급여지급 능력 확보 여부 등을 확인하는데 필요한 자료를 제공하여야 한다(근로자퇴직급여보장법 시행령 제31조 제3호).

① 근로자퇴직급여보장법 제32조 제2항
② 근로자퇴직급여보장법 시행령 제31조 제5호
④ 근로자퇴직급여보장법 제33조 제4항 제2호

2019년 제42회 경제학원론

정답 및 해설

정답 CHECK

01	02	03	04	05	06	07	08	09	10	11	12	13	14	15	16	17	18	19	20
③	②	③	③	②	②	③	③	①	①	②	④	②	①	④	①	④	②	③	③
21	**22**	**23**	**24**	**25**	**26**	**27**	**28**	**29**	**30**	**31**	**32**	**33**	**34**	**35**	**36**	**37**	**38**	**39**	**40**
①	②	③	④	③	③	④	④	③	②	④	②	①	①	①	④	①	②	④	④

문제편 019p

01

정답 ③

해설 수요의 소득탄력성$=\dfrac{dQ}{dB}\times\dfrac{B}{Q}=\dfrac{1}{2P}\times\dfrac{B}{Q}=\dfrac{1}{(2\times10)}\times\dfrac{200}{[200/(2\times10)]}=1$

02

정답 ②

해설 재화 1원당 한계효용을 구해보면

$\dfrac{MU_X}{P_X}=\dfrac{100}{10}=10$, $\dfrac{MU_Y}{P_Y}=\dfrac{20}{2}=10$으로 X재와 Y재 모두 동일하게 10으로 같다.

따라서 예산 1원 증가시 소비자의 효용증가분은 10이 된다.

03

정답 ③

해설 열등재는 가격이 상승할 때 수요량이 증가하고 가격이 하락할 때 수요량이 감소한다.

①・② 정상재 중 필수재의 수요의 소득탄력성은 0보다 크고 1보다 작으며 정상재 중 사치재의 수요의 소득탄력성은 1보다 크다.

④ 정상재는 가격이 상승하면 실질소득의 감소로 수요량이 감소한다.

04

정답 ③

해설 가. 조세부과로 공급곡선이 상방으로 이동하여 재화의 균형가격은 상승한다.

다. 수요곡선이 우하향하고 공급곡선이 우상향하므로 소비자와 생산자 모두 완전탄력성이 아님을 알 수 있다. 따라서 조세부과로 인한 부담은 소비자와 생산자가 나누어지게 된다.

나. 보조금을 지급시 사회후생이 증가하지 않을 수 있다.

05

정답 ②

해설 국제가격이 1,200인 현재 A국의 공급량은 1,200, 수요량은 800으로 400만큼 초과공급이 발생하며 400 초과공급은 무역을 통해 수출하고 있다. 따라서 A국이 대외무역을 중지하면 A국의 기업들은 초과공급량을 수출하지 못하게 되므로 공급량 1,200에서 국내의 균형 수요량인 800만큼 생산하게 된다.

① A국은 초과공급으로 수입하고 있지 않다.

③ 국내생산에 대한 보조금 지급은 국내소비에 영향을 주지 않는다.

④ 국내생산에 대한 보조금 지급은 국내소비에 영향을 주지 않기에 사회후생 증가에 영향을 주지 않는다.

06

정답 ②

해설 수요곡선과 공급곡선을 연립하여 균형가격과 균형생산량을 구해보면

$10,000 - P = -2,000 + P \quad \therefore P = 6,000, \quad Q = 4,000$

정부가 설정한 최저가격 8,000에서의 공급량과 수요량을 구해보면

수요량 : 10,000−8,000=2,000

공급량 : −2,000+8,000=6,000

따라서 최저가격 설정으로 인한 거래량 감소분은 2,000, 초과공급량은 4,000이 된다.

07

정답 ③

해설 무차별곡선은 우하향하는 원점에 대해 볼록한 곡선이다.

① 두 무차별곡선은 서로 교차하지 않는다.

② 한 무차별곡선상에서의 효용은 모두 동일하다.

④ X재의 한계효용은 $MU_X = \frac{dU}{dX} = Y$로 X재 소비에 관계없이 일정하다.

TIP 무차별곡선

1. 개 념
   동일한 효용이나 만족을 나타내는 곡선

2. 특 징
   ① 원점에서 멀리 있는 무차별곡선이 더 선호된다.
   ② 무차별곡선은 우하향한다.
   ③ 두 무차별곡선은 서로 교차하지 않는다.
   ④ 무차별곡선은 원점에 대해서 볼록하다.

08

정답 ③

해설 임금이 상승하면 한계비용이 상승하게 되어 이윤극대화 생산량은 감소하며 이윤극대화 생산량의 감소로 노동수요가 감소하게 되어 총임금은 감소하게 된다.

① 비용함수 $C=wL=wQ^2$이므로 비용은 생산량 제곱에 비례한다.

② $MC=\frac{dC}{dQ}=2Qw$이므로 생산량이 증가하면 한계비용은 증가한다.

④ 상품가격이 상승으로 이윤극대화 생산량은 증가하며 이윤극대화 생산량의 증가로 노동수요가 증가하여 총임금은 증가한다.

09

정답 ①

해설 독점적 경쟁시장에서 공급자는 가격수용자가 아니라 가격설정자로서 행동한다.

② 독점적 경쟁시장에 기업들은 정상이윤만 획득하기에 경제학적 이윤은 0이 된다.

③ 독점적 경쟁시장에서 장기균형조건은 $P=SAC=LAC>MR=SMC=LMC$이므로 생산량은 평균비용곡선의 최저점보다 적은양을 생산한다.

④ 차별화된 상품들이 재화에 근본적인 차이가 날 정도로 차이가 존재하지 않아 공급된 상품들의 대체성이 높다.

10

정답 ①

해설 공유자원의 비극은 배제성이 없기 때문에 발생한다.

② 공유자원은 배제할 수 없으나 경합성이 있어 고갈되는 특성이 있는 자원으로 공유자원 사용으로 다른 사람이 사용하지 못하게 되는 부정적 외부효과가 발생한다.

③ 공유자원의 사용은 사적으로 유용하지만 사회 전체적으로는 유용하지 않기에 사적 유인과 사회적 유인에 괴리가 발생한다.

④ 공유자원에 재산권을 부여하면 공유자원의 비극 문제를 해결할 수 있다.

11

정답 ②

해설 세금부과 전 균형생산량과 균형가격을 구하면

$1{,}000 - P = P$

$\therefore P = 500,\ Q = 500$

소비자에게 개당 100의 세금 부과시 균형생산량과 균형가격을 구하면 $900 - P = P$

$\therefore P = 450,\ Q = 450$

따라서 세금으로 인한 경제적 순손실은

$100 \times 50 \times \frac{1}{2} = 2{,}500$이다.

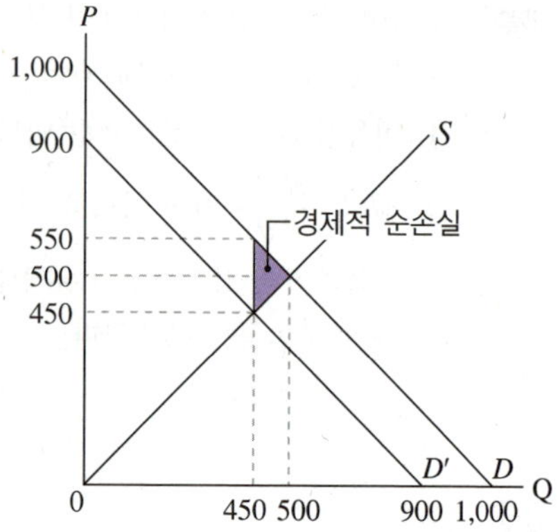

12

정답 ④

해설 이윤극대화의 최적 고용량은 $w = VMP_L = MRP_L$인 수준에서 결정된다.

①·② 이윤극대화를 추구하는 기업의 노동수요량의 결정은 임금과 한계수입생산물이 일치하는 수준에서 결정된다. 만약 생산물시장이 완전경쟁시장이면 가격과 한계수입이 일치하기에 임금이 한계생산가치와 일치하는 수준에서 결정된다고 할 수 있다.

③ 한계생산체감의 법칙이 성립한다면 노동수요가 증가시 한계생산물이 감소하기에 노동수요곡선은 우하향한다.

13

정답 ②

해설 수평적 평등은 동일 여건에 대해 동일하게 대우하는 것으로 동일한 소득이라면 동일한 세금이 부과되어야 한다.

① 수직적 평등은 다른것은 다르게 취급되어야 한다는 생각에서 출발한 것으로 소득이 많을수록 더 많은 세금을 납부하여야 한다.

③ 수익자 부담이란 이익을 받은 사람에게 부담을 지우는 것으로 수익자 부담의 원칙에 의해 편익을 많이 받을수록 세금의 부담이 더 커야 한다.

④ 수익자 부담의 원칙에 의해 지하철 운영에 적자가 발생하면 편익을 받는 소비자가 적자 부담을 져야 하므로 지하철 요금을 인상해야 한다.

14

정답 ①

해설 공급곡선이 원점을 통과하는 모형이면 공급의 가격탄력성은 공급량 수준에 관계없이 1이다. 따라서 A기업과 B기업 모두 공급곡선이 원점을 통과하므로 공급의 가격탄력성은 1이다.

15

정답 ④

해설 • A기업의 총생산량 : $Q_T = Q_1 + Q_2$

• A기업의 비용함수 : $C = 1 + 2(Q_1 + Q_2) = 1 + 2Q_T$

• **A기업의 한계비용 :** $MC = \frac{dC}{dQ_T} = 2$

• 첫 번째 시장의 수요곡선 : $P_1 = -Q_1 + 5$

• 첫 번째 시장의 한계수입 : $MR_1 = -2Q_1 + 5$

• **첫 번째 시장의 이윤극대화 공급량($MC = MR_1$)** : $-2Q_1 + 5 = 2$, $\therefore Q_1 = 1.5$

• **첫 번째 시장의 이윤극대화 공급량시 가격 :** $P_1 = -1.5 + 5 = 3.5$

• 두 번째 시장의 수요곡선 : $P_2 = -\frac{1}{2}Q_2 + 5$

• 두 번째 시장의 한계수입 : $MR_2 = -Q_2 + 5$

• **두 번째 시장의 이윤극대화 공급량($MC = MR_2$)** : $-Q_2 + 5 = 2$, $\therefore Q_2 = 3$

• **두 번째 시장의 이윤극대화 공급량시 가격 :** $P_2 = -\left(\frac{1}{2} \times 3\right) + 5 = 3.5$

• 이윤극대화 공급량시 첫 번째 시장과 두 번째 시장의 가격은 동일하다. 따라서 가격차별을 하지 않는 경우가 가격차별을 하는 경우보다 이윤이 더 크다고 할 수 있다.

16

정답 ①

해설 (가) 비용은 고정비용과 가변비용의 합으로 비용함수 $C = Q^2 + 10$에서 고정비용은 10이고 가변비용은 Q^2이다.

(나) 한계비용(MC) $= \frac{dC}{dQ} = 2Q$로 한계비용곡선은 원점을 지나는 직선이다.

(다) 평균고정비용(AFC) $= \frac{TFC}{Q} = \frac{10}{Q}$으로 생산량($Q$)이 증가함에 따라 평균고정비용은 감소한다.

(라) 평균가변비용(AVC) $= \frac{TVC}{Q} = \frac{Q^2}{Q} = Q$로 생산량($Q$)이 증가함에 따라 평균가변비용은 증가한다.

17

정답 ④

해설 노직은 정부가 개인의 자유로운 활동을 제한하면 안된다고 주장하였다. 노직은 정부의 역할을 인정하면서 최소한의 국가를 지향하였다.

① 공리주의자들은 가치판단의 기준을 최대다수의 최대행복으로 봄으로써 한계효용이 체감할 경우 소득재분배를 통해 효용이 극대화된다고 주장하였다.

② 자유주의자들은 결과보다 과정을 또한 기회의 평등을 중시한다.

③ 롤즈는 극빈층의 후생수준에 의해 사회 전체의 후생수준이 결정된다고 보는 최소극대화 기준을 주장하였다.

18

정답 ②

해설 최적 자원배분은 $MRS_{XY} = MRT_{XY}$일때 나타난다.

$$MRS_{XY} = \frac{MU_X}{MU_Y} = \frac{Y^2}{2XY} = \frac{Y}{2X},\ MRT_{XY} = \frac{MC_X}{MC_Y} = \frac{2X}{2Y} = \frac{X}{Y}$$

따라서 $\frac{Y}{2X} = \frac{X}{Y}$ $\therefore 2X^2 = Y^2$

위에서 구한 값을 생산가능곡선에 대입하면 $X^2 + Y^2 = X^2 + 2X^2 = 3X^2 = 12$

$\therefore X = 2$($\because X$는 항상 0 이상)

19

정답 ③

해설 무차별곡선은 개인의 동일한 만족이나 효용을 나타내는 곡선을 말한다. 따라서 위험회피자인 갑의 동일한 효용을 주는 무차별곡선은 양(+)의 효용요소인 가로축 기대수익률이 증가시 음(−)의 효용요소인 세로축 위험도 커지는 우상향의 모형이 된다.

20

정답 ③

해설 내쉬균형은 A기업과 B기업 모두 저가요금제를 선택하는 한개 존재한다.

① 내쉬균형인 A기업과 B기업 모두 저가요금제를 선택하는것이 합리적이다.

② 파레토효율적인 전략은 A기업과 B기업 모두 고가요금제를 선택하는 것이다.

④ 우월전략은 상대방이 전략과 상관없이 자신의 보수를 더욱 크게 만드는 전략으로 우월전략은 내쉬균형과 일치한다. 따라서 B기업은 저가요금제를 선택하는 우월전략이 존재한다.

21

정답 ①

해설 공해(公海)는 국제법상 어느 나라의 영역에도 속하지 않고 모든 국가에 개방된 해역으로 공해(公海)상의 어류는 소유권이 없으므로 배제성은 없지만 자원이 한정적이므로 경합성은 존재한다. 따라서 C에 속한다.

② 국방서비스는 배제성과 경합성이 없으므로 D에 속한다.

③ 민자 유료도로는 배제성과 경합성이 있으므로 A에 속한다.

④ 유료 이동통신은 배제성은 있지만 경합성이 없으므로 B에 속한다.

22

정답 ②

해설 [2018년도 물가상승률－ GDP디플레이터 이용시]

• 2017년도 GDP디플레이터=100 (∵ 기준연도의 GDP디플레이터는 100)

• 2018년도 GDP디플레이터 $= \frac{\text{명목}GDP}{\text{실질}GDP} \times 100$

$$= \frac{(50\times1{,}005)+(30\times600)}{(50\times1{,}000)+(30\times500)}\times100=105$$

• 2018년도 물가상승률$= \frac{105-100}{100} = 0.05 = 5\%$

[2018년도 물가상승률－소비자물가지수(CPI) 이용시]

• 2017년 소비자물가지수(CPI)=100 (∵ 기준연도 CPI는 100)

• 2018년 소비자물가지수(CPI)$= \frac{(20\times1{,}005)+(40\times600)}{(20\times1{,}000)+(40\times500)}\times100=110.25$

• 2018년도 물가상승률$= \frac{110.25-100}{100} = 0.1025 = 10.25\%$

23

정답 ③

해설 소비자물가지수는 소비자가 구입하는 상품의 가격변동을 측정하지만 소득수준의 변화는 측정하지 않는다.

① 소비자물가지수는 모든 상품의 가격 조사하지 않기에 신규상품은 즉시 반영하기 어렵다.

② 소비자물가지수는 소비자가 구입하는 상품의 가격변동을 나타내는 지수로 상품의 질적 변화 통제와 관련이 없다.

④ 소비자물가지수는 상대가격의 변화로 인한 상품 구성에 영향을 주지 않는다.

24

정답 ④

해설 • 경제활동인구 = 생산활동가능인구 × 경제활동참가율 = 3,000만명 × 0.6 = 1,800만명

• 실업자수 = 경제활동인구 × 실업률 = 1,800만명 × 0.03 = 54만명

• 취업자수 = 경제활동인구 － 실업자수 = 1,800만명 － 54만명 = 1,746만명

25

정답 ③

해설 • 균형국민소득 항등식을 이용하여 이자율을 구해보면

$Y = C + I + G = (100 + 0.6Y) + (300 - 20r) + 100 = 500 + 0.6Y - 20r$

따라서 $0.4Y = 500 - 20r$

$Y = 1{,}000$을 대입하여 r을 구하면 $400 = 500 - 20r$

$\therefore r = 5\%$

• 소득에서 조세와 민간소비를 차감하여 민간저축을 구해보면

민간저축$= Y - (T + C) = 1{,}000 - [110 + (100 + 0.6 \times 1{,}000)] = 190$

26

정답 ③

해설 생산요소시장이 완전경쟁이라 하였기에 생산함수 $F(L, K) = AK^{\alpha}L^{1-\alpha}$일 때 각 생산요소는 한계생산물에 해당하는 보수를 받게 되므로 자본소득분배율은 α, 노동소득분배율은 $1-\alpha$가 된다.

① 평균생산물을 구해보면 $AP_L = \dfrac{Q}{L} = \dfrac{AK^{\alpha}L^{1-\alpha}}{L} = A\left(\dfrac{K}{L}\right)^{\alpha}$가 된다. 따라서 자본재를 두 배 증가시키면 평균생산물의 크기는 증가하나 α값이 $0 < \alpha < 1$이므로 평균생산물은 두 배보다 적게 증가한다.

② 생산요소시장이 완전경쟁이기에 생산요소는 평균생산성이 아닌 한계생산물에 해당하는 보수를 받게 된다.

④ 생산함수 $F(L, K) = AK^{\alpha}L^{1-\alpha}$는 1차 동차의 콥-더글라스 생산함수 이므로 자본과 노동의 투입량을 두 배로 증가시키면 총생산량도 두 배로 증가한다.

27

정답 ④

해설 중앙은행이 채권시장에서 채권을 매입하면 본원통화의 증가로 통화 공급이 증가한다.

① 중앙은행의 은행에 대한 대출금리가 상승하면 시중은행의 차입 감소로 통화 공급이 감소한다.

② 지급준비율이 인상되면 은행의 현금보유 증가로 통화 공급이 감소한다.

③ 요구불예금 대비 현금보유 비중이 상승하면 통화 공급이 감소한다.

28

정답 ④

해설 투자가 동물적 본능에 의해서만 이루어 진다는 것은 이자율의 변화에 상관없이 투자가 이루어진다는 의미로 투자가 동물적 본능에 이루어 진다면 투자의 이자율탄력성의 크기는 0으로 IS곡선의 기울기는 수직이 된다.

① 투자와 저축이 일치하는 생산물시장의 균형에서의 이자율과 소득의 조합을 IS곡선이라 한다.

② 정부지출이 증가시 IS곡선은 우측으로 이동한다.

③ 투자의 이자율탄력성이란 이자율변화율에 따른 투자의 변화율로 투자의 이자율탄력성이 클수록 IS곡선의 기울기는 완만해진다. 따라서 투자가 금리에 민감할수록 IS곡선의 기울기는 작아진다.

29

정답 ③

해설 유동성함정 구간에서는 LM곡선이 수평선이므로 통화정책보다는 재정정책이 더 효과적이다.

① 유동성함정 구간에서는 화폐수요의 이자율탄력성이 무한대이므로 LM곡선은 수평으로 나타난다.

② 유동성함정 구간에서는 이자율이 낮아 채권 가격은 높게 나타난다.

④ 유동성함정에서 벗어나기 위해선 IS곡선을 오른쪽으로 이동시켜야 한다.

30

정답 ②

해설 실질통화량은 명목통화량을 물가로 나눈 것으로 물가 상승시 실질통화량은 감소하며 실질통화량 감소시 수요량은 감소한다.

가. 일반적으로 총공급곡선은 단기에는 우상향, 장기에는 수직이다.

다. 총수요곡선은 재화시장과 화폐시장에서의 균형을 나타낸 $IS-LM$곡선으로부터 유도된다.

31

정답 ④

해설
- 주어진 조건을 오쿤의 법칙을 대입하여 실업률을 구해보면
  $u-5=-0.3\times(-1)$ (※ $Y-\overline{Y}$이 -1인 이유는 성장률이 잠재성장률보다 1%p 낮기 때문에)
  $\therefore u$(실업률)$=5.3(\%)$
- 위에서 구한 실업률과 주어진 조건을 필립스 곡선에 대입하여 인플레이션율을 구해보면
  π(인플레이션)$=2-0.5(5.3-5)=1.85(\%)$

32

정답 ②

해설 항상소득가설은 현재소득의 증가 중에서 항상소득이 차지하는 비중이 높을수록 현재소비가 증가한다.

① 절대소득가설에 의하면 소비는 현재소득에 의해서만 결정되므로 이자율과 관련이 없다. 따라서 절대소득가설의 이자율탄력성은 0이다.

③ 상대소득가설에서는 개인의 소비는 습관성이 있어 소득의 변화가 소비의 변화로 바로 나타나지 않는 톱니효과가 존재한다고 한다.

④ 생애주기가설은 현재소비가 현재소득 뿐만 아니라 평생소득에 달려있다는 것으로 사람들의 소비수준은 현재소득이 아닌 일생에 걸친 소득에 의해 결정된다.

33

정답 ①

해설 저축자는 금리가 상승하는 경우 현재소비를 감소시키고 저축을 늘린다.

② 차입자는 금리가 상승하는 경우 차입금의 부담 증가로 현재소비를 감소시킨다.

③ 소비자균형은 예산제약선과 무차별곡선이 접하는 점에서 이루어진다.

④ 가계가 미래소비에 비해 현재의 소비를 선호한다는 것은 현재소비의 효용이 미래소비의 효용보다 크다는 것이므로 무차별곡선의 기울기인 한계대체율은 커진다.

34

정답 ①

해설 k가 5로 일정하므로 화폐수요는 인플레이션과 경제성장률에 의해 결정된다. 따라서 화폐수요의 증가율은 인플레이션율과 경제성장률의 합인 7%가 된다.

35

정답 ①

해설 1년 만기 대비 2년 만기 채권의 유동성프리미엄이 1%이므로

$(1.04)^2=(1.05+0.01)(1+x+0.01)$

$\therefore\ x=0.01=1\%$

TIP 유동성프리미엄 이론

기대이론의 장기채권이자율은 각 연도의 단기이자율의 기하평균과 같지만 시장의 투자자들은 단기적인 입장에서의 기대치에만 입각하여 행동하지 않고 위험회피성향이나 유동성선호의 특징을 지니고 있어 장기채권수익률은 단기이자율에 유동성프리미엄을 가산한 값의 기하평균과 같다는 이론

TIP 기하평균

기하평균은 곱의 평균으로써 n개의 양수값을 모두 곱한 수에 대해 n제곱근을 한 것을 말한다.

36

정답 ④

해설 균형수준보다 높은 임금을 지급하면 이직률 감소와 직장을 잃지 않기 위해 열심히 일 할 것이기에 역선택의 가능성은 줄어든다.

37

정답 ①

해설 국내 정치 상황이 불안정해지면 해외로 자본이 유출되므로 금리와 환율이 상승한다.
② 국내 투자 수요가 증가하면 국내로 자본이 유입되므로 금리와 환율이 하락한다.
③ 수입이 감소하면 자본 유출이 감소한다. 자본 유출의 감소로 금리와 환율이 하락한다.
④ 해외 투자의 예상 수익률이 상승하면 자본 유출이 발생하여 금리와 환율은 상승한다.

38

정답 ②

해설 한국의 햄버거는 5,000원 미국의 햄버거는 4달러로 시장에서의 환율은 1달러에 1,250원이다. 따라서 현재 환율 1달러에 1,200원은 1,250원으로 상승할 것이라 예상되므로 환율 상승에 대한 수익을 위해 달러에 대한 수요가 증가할 것이다.
① 향후 환율은 상승하리라 예상된다.
③ 거래비용이 환율상승 폭보다 작다면 재정 거래는 존재한다.
④ 실질구매력으로 평가한 원화 가치는 현재 고평가 되어 있다.

39

정답 ④

해설 피셔방정식에 의하면 명목이자율은 실질이자율과 예상 인플레이션의 합으로 예상 인플레이션이 상승하면 명목이자율은 상승하게 된다.
① 실질이자율은 명목이자율에서 예상 인플레이션을 뺀 값이다.
② 예상보다 인플레이션율이 낮다면 상환 받을 채무금액의 실질가치의 상승으로 채권자에게 유리하고 채무자에게 불리하다.
③ 예상 인플레이션이 상승하면 실질이자율은 낮아지게 된다.

40

정답 ④

해설 신케인지언 경제학에 의하면 경제주체의 최적화 행태를 가정하였다.
① 실물경기변동이론에서는 가격과 임금이 신축적이라 가정한다.
② 실물경기변동이론은 신고전학파의 방법론에 기초를 둔 것으로 실물요인의 불규칙한 변화 특히 기술변화 등 공급측면의 변화에 따라 경기변동이 일어난다고 본다.
③ 실물경기변동이론에서는 화폐의 중립성이 성립한다고 보았지만 신케인지언 경제학에서는 화폐의 중립성이 성립하지 않는다고 보았다.

2019년 제42회
보험수학

정답 및 해설

정답 CHECK

01	02	03	04	05	06	07	08	09	10	11	12	13	14	15	16	17	18	19	20
③	②	①	④	②	②	③	④	②	②	②	①	①	①	①	②	①	③	③	③
21	22	23	24	25	26	27	28	29	30	31	32	33	34	35	36	37	38	39	40
②	③	②	①	①	②	③	①	④	①	①	③	①	④	③	④	①	②	③	③

문제편 031p

01

정답 ③

해설 $\log m = f(m) + \alpha$ $(0 \le \alpha \le 1)$이라 하면

$\log 3m = \log m + \log 3 = f(m) + \alpha + \log 3$

$\therefore x = 3m$일 때 즉, $\log 3m$의 지표는 $f(m)$ 또는 $f(m)+1$이다.

$\log 3m$의 지표가 $f(m)$일 때 $3\log m - \log 3m$의 지표를 구하면

$3f(m) - f(3m) = 3f(m) - f(m) = 2f(m) = 1$

$\therefore f(m) = \frac{1}{2}$

$f(m)$은 정수가 아니기에 $\log 3m$의 지표는 $f(m)$이 아니다.

$\log 3m$의 지표가 $f(m)+1$일 때 $3\log m - \log 3m$의 지표를 구하면

$3f(m) - f(3m) = 3f(m) - [f(m)+1] = 1$

$\therefore f(m) = 1$

따라서 $\log 3m$의 지표는 $f(m)+1$이다.

$\therefore \alpha + \log 3 \ge 1$

$\alpha \ge 1 - \log 3 = \log \frac{10}{3}$

$\log m = f(m) + \alpha = 1 + \alpha \ge 1 + \log \frac{10}{3} = \log \frac{100}{3}$

따라서 $m \ge \frac{100}{3} \fallingdotseq 33.33$을 만족시키는 100이하의 자연수 m은 34부터 99까지 총 66개이다.

* 주의 : m이 100이 될 경우 $3f(m) - f(3m) = 1$의 등식이 성립하지 않으므로 m의 개수 산출시 m의 최댓값을 100이 아닌 99로 하여 계산해야 한다.

02

정답 ②

해설

$$S_n = \sum_{k=1}^{n}(-1)^k a_k = n^4$$

$$S_{n-1} = \sum_{k=1}^{n-1}(-1)^k a_k = (n-1)^4$$

따라서 $S_n - S_{n-1} = (-1)^n a_n = n^4 - (n-1)^4$

$$a_n = \frac{n^4-(n-1)^4}{(-1)^n} = (-1)^n[n^2-(n-1)^2][n^2+(n-1)^2]$$

$$= (-1)^n[n-(n-1)][n+(n-1)](2n^2-2n+1)$$

$$= (-1)^n(2n-1)(2n^2-2n+1)$$

$$\therefore a_{2n} = (-1)^{2n}(4n-1)(8n^2-4n+1)$$

$$\therefore \lim_{n\to\infty}\frac{a_{2n}}{n^3} = \lim_{n\to\infty}\frac{(-1)^{2n}(4n-1)(8n^2-4n+1)}{n^3} = 32$$

03

정답 ①

해설

- 조건 (가)는 $\frac{0}{0}$ 꼴로 $f(2)=0$이다. 또한 로피탈 정리로 조건 (가)를 계산하게 되면 $f'(2)=\frac{1}{2}$ 임을 알 수 있다.
- 조건 (나)는 $\frac{0}{0}$ 꼴로 $f(0)=0$이다. 또한 로피탈 정리로 조건 (나)를 계산하게 되면 $f'(0)=7$임을 알 수 있다.

위에서 구해진 내용을 이용하여 $\lim_{x\to2}\frac{f(f(x))}{3x^2-5x-2}$을 계산해보면

$$\lim_{x\to2}\frac{f(f(x))}{3x^2-5x-2} = \lim_{x\to2}\frac{f'(f(x))\cdot f'(x)}{6x-5} = \frac{f'(f(2))\cdot f'(2)}{(6\times2)-5} = \frac{7\times\frac{1}{2}}{7} = \frac{1}{2}$$

04

정답 ④

해설

$$\begin{pmatrix}1&1\\0&1\end{pmatrix}\circ g = \begin{pmatrix}1&3\\2&1\end{pmatrix}$$

$$g = \frac{1}{1-0}\begin{pmatrix}1&-1\\0&1\end{pmatrix}\begin{pmatrix}1&3\\2&1\end{pmatrix} = \begin{pmatrix}-1&2\\2&1\end{pmatrix}$$

$$\therefore g\circ f = \begin{pmatrix}-1&2\\2&1\end{pmatrix}\begin{pmatrix}1&0\\1&2\end{pmatrix} = \begin{pmatrix}1&4\\3&2\end{pmatrix}$$

따라서 합성변환 $g \circ f$에 의해 점 $(1, 2)$의 이동하는 점을 알아보면

$\begin{pmatrix} 1 & 4 \\ 3 & 2 \end{pmatrix}\begin{pmatrix} 1 \\ 2 \end{pmatrix} = (9 \ \ 7)$

$\therefore a=9, \ b=7$

$\therefore ab=9\times 7=63$

05

정답 ②

해설 $3\int_0^{4t} xf(x)dx=8t^4$

$xf(x)=g(x)$라 하면 $3\int_0^{4t} g(x)dx=8t^4$

양변을 t에 대해 미분하면

$3g(4t)\cdot 4=32t^3$

$3\cdot 4tf(4t)\cdot 4=48t\cdot f(4t)=32t^3$

$\therefore f(4t)=\frac{2}{3}t^2$

위에서 구한 $f(4t)$식에 $t=\frac{1}{2}$을 대입하면

$f(2)=\frac{2}{3}\times\left(\frac{1}{2}\right)^2=\frac{1}{6}$

$\therefore 9f(2)=9\times\frac{1}{6}=1.5$

06

정답 ②

해설 $f(x)=x^4, \quad \therefore f(1)=1$

$f'(x)=4x^3, \quad \therefore f'(1)=4$

$f''(x)=12x^2, \quad \therefore f''(1)=12$

위에서 구한 값을 이용하여 테일러 2차 근사다항식을 구해보면

$$g(x)=f(1)+f'(1)(x-1)+\frac{1}{2!}f''(1)(x-1)^2$$

$$=1+4(x-1)+\frac{1}{2}\cdot 12(x-1)^2$$

$$=6(x-1)^2+4(x-1)+1$$

$\therefore a=6, \ b=4, \ c=1$

$\therefore a+b+c=6+4+1=11$

07

정답 ③

해설 $Min(f \circ g)(x) = \dfrac{1}{2\left[2\sin\left(x-\dfrac{\pi}{6}\right)\right]+3} = \dfrac{1}{4\sin\left(x-\dfrac{\pi}{6}\right)+3} = \dfrac{1}{(4\times 1)+3} = \dfrac{1}{7}$

$\because x-\dfrac{\pi}{6}=\theta$라 하면 x의 범위 $0 \le x \le \pi$이므로 θ의 범위는 $-\dfrac{\pi}{6} \le \theta \le \dfrac{5}{6}\pi$가 된다.

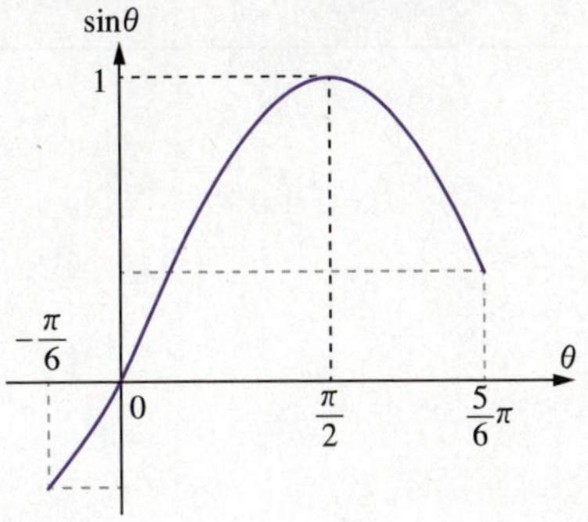

$\sin\theta$가 최대일 때 $(f \circ g)(x)$의 값이 최소가 되므로 $\theta = \dfrac{\pi}{2}$일 때 $\sin\theta = 1$이 되는 $(f \circ g)(x)$가 최소가 된다.

08

정답 ④

해설 $\int_0^x (x-t)\{f(t)\}^2 dt = x\int_0^x \{f(t)\}^2 dt - \int_0^x t\{f(t)\}^2 dt$

$x\int_0^x \{f(t)\}^2 dt - \int_0^x t\{f(t)\}^2 dt = 12x^2 + 24x + 5$

양변을 x에 대해 미분하면

$\int_0^x \{f(t)\}^2 dt + x \cdot \{f(x)\}^2 - x \cdot \{f(x)\}^2 = 24x + 24$

$\therefore \int_0^x \{f(t)\}^2 dt = 24x + 24$

위에서 구한 값을 이용하여 직선 $x=1$, x축 및 y축으로 둘러싸인 도형을 x축의 둘레로 회전시켜 생기는 회전체의 부피를 구해보면

$V = \pi\int_0^1 \{f(x)\}^2 dx = \pi(24\times 1 + 24) = 48\pi$

$\therefore a = 48$

TIP 회전체의 부피 구하기

① 구간 $[a, b]$에서 곡선 $y=f(x)$를 x축 둘레로 회전시킨 회전체의 부피

$$V=\pi\int_a^b\{f(x)\}^2dx$$

② 구간 $[a, b]$에서 곡선 $x=g(y)$를 y축 둘레로 회전시킨 회전체의 부피

$$V=\pi\int_a^b\{g(y)\}^2dy$$

09

정답 ②

해설

$$\frac{2}{x+1}-\frac{3}{x^2-x+1}=\frac{2x+8}{x^3+1}$$

$$\frac{2(x^2-x+1)-3(x+1)}{(x+1)(x^2-x+1)}=\frac{2x+8}{x^3+1}$$

$$2x^2-5x-1=2x+8$$

$$2x^2-7x-9=0$$

$$(2x-9)(x+1)=0$$

$$\therefore x=\frac{9}{2},\ -1$$

그러나 근이 -1이 되면 문제의 식에서 분모가 0이 된다. 따라서 근이 -1이 되어서는 안 된다.

$\therefore$ 근 $\alpha=\frac{9}{2}$

$$\therefore 2\alpha=2\times\frac{9}{2}=9$$

10

정답 ②

해설

$$\lim_{x\to\infty}x^{\frac{a}{3}}\ln\left(1+\frac{4}{x^2}\right)=\lim_{x\to\infty}\ln\left(1+\frac{4}{x^2}\right)^{x^{\frac{a}{3}}}=4$$

위 식에서 $\frac{1}{x^2}=A$라 하면

$$\lim_{A\to0}\ln(1+4A)^{x^{\frac{a}{3}}}=4$$

위 식이 성립하기 위해선 $x^{\frac{a}{3}}=\frac{1}{A}=x^2$가 되어야 한다.

$$\therefore a=6$$

TIP e의 정의

$$e=\lim_{h\to0}(1+h)^{\frac{1}{h}}=\lim_{h\to\infty}\left(1+\frac{1}{h}\right)^h$$

11

정답 ②

해설 A가 이기는 경우를 나타내보면

- A가 1이 나올 때
  A가 이기는 경우 수 없음
- A가 2가 나올 때
  B가 (1, 1)이 나올 때 A가 승리
- A가 3이 나올 때
  B가 (1, 1), (1, 2), (2, 1), (2, 2)가 나올 때 A가 승리
- A가 4가 나올 때
  B가 (1, 1), (1, 2), (1, 3), (2, 1), (2, 2), (2, 3), (3, 1), (3, 2), (3, 3)이 나올 때 A가 승리
- A가 5가 나올 때
  B가 (1, 1), (1, 2), (1, 3), (1, 4), (2, 1), (2, 2), (2, 3), (2, 4), (3, 1), (3, 2), (3, 3), (3, 4), (4, 1), (4, 2), (4, 3). (4, 4)가 나올 때 A가 승리
- A가 6이 나올 때
  B가 (1, 1), (1, 2), (1, 3), (1, 4), (1, 5), (2, 1), (2, 2), (2, 3), (2, 4), (2, 5), (3, 1), (3, 2), (3, 3), (3, 4), (3, 5), (4, 1), (4, 2), (4, 3). (4, 4), (4, 5), (5, 1), (5, 2), (5, 3), (5, 4), (5, 5)가 나올 때 A가 승리

총 55가지의 경우 수 발생

A, B의 주사위 게임에서 발생하는 총 경우 수는 216($\because 6\times6^2=216$)

$\therefore$ A가 게임에서 이길 확률$=\frac{55}{216}\fallingdotseq0.25$

12

정답 ①

해설
• $E(Z)=\int_0^2 Z\frac{1}{2}dz=\frac{1}{2}\left[\frac{1}{2}Z^2\right]_0^2=\frac{1}{2}\times 2=1$

• $E(Z^2)=\int_0^2 Z^2\frac{1}{2}dz=\frac{1}{2}\left[\frac{1}{3}Z^3\right]_0^2=\frac{1}{2}\times\frac{8}{3}=\frac{4}{3}$

$Cov(X, Y)=Cov(U+Z, V+Z)=Cov(U+Z, V)+Cov(U+Z, Z)$

$=Cov(U, V)+Cov(Z, V)+Cov(U, Z)+Cov(Z, Z)$

$=Cov(Z, Z)$ ($\because$ U, V, Z는 독립 따라서 $Cov(U, V)$, $Cov(Z, V)$, $Cov(U, Z)$은 0)

$=Var(Z)=E(Z^2)-E(Z)^2=\frac{4}{3}-1=\frac{1}{3}$

13

정답 ①

해설 $X\sim N(2, 0.2158^2)$

$X=1.645$일 때 $\Phi(X)=0.95$이므로 $P(X\le 1.645)=P(\Phi(X)\le 0.95)$

따라서 $P(X\le 1.645)=P\left(Z\le\frac{1.645-2}{0.2158}=-1.645\right)=0.05$

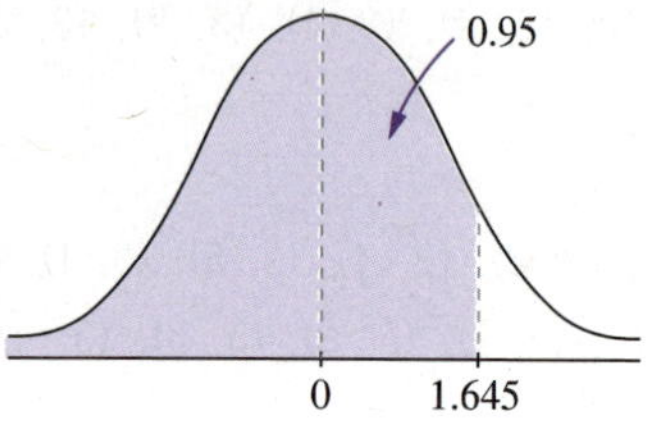

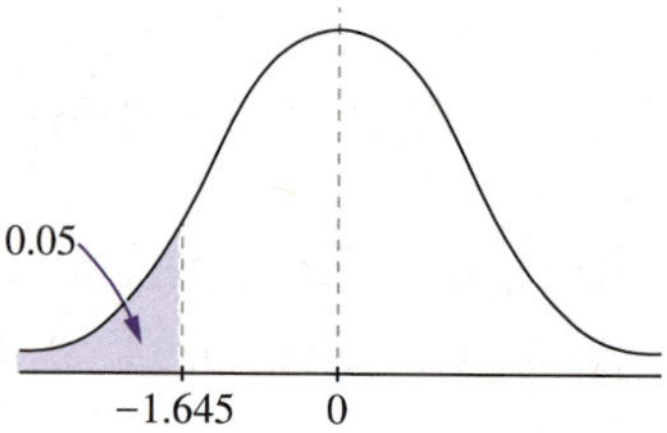

14

정답 ①

해설 $F_Y(y)=P(Y\le y)=P(e^X\le y)=P(X\le \ln y)$

$=\frac{1}{4}\ln y$

$\frac{d}{dy}F_Y(y)=f(y)=\frac{1}{4y}$

$\therefore f(2)=\frac{1}{4\times 2}=\frac{1}{8}$

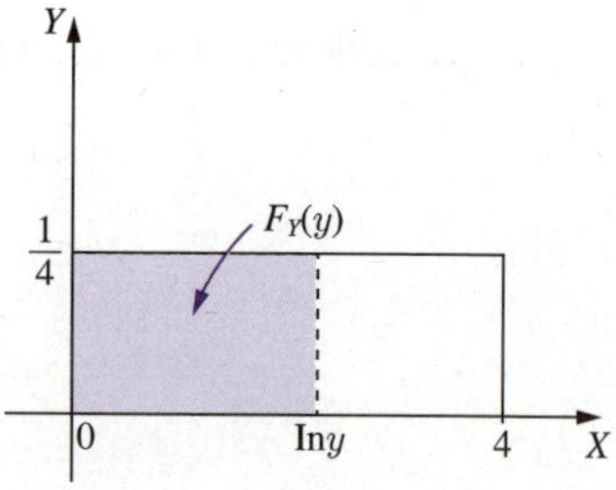

15

정답 ①

해설 파란 구슬이 나오는 시행 횟수와 확률(X : 시행횟수, P : 확률)

X	1	2	3	4	…
P	$\frac{1}{3}$	$\frac{1}{3}\cdot\frac{2}{3}$	$\frac{1}{3}\left(\frac{2}{3}\right)^2$	$\frac{1}{3}\left(\frac{2}{3}\right)^3$	…

$$E(X)=1\cdot\frac{1}{3}+2\left(\frac{1}{3}\right)\left(\frac{2}{3}\right)+3\left(\frac{1}{3}\right)\left(\frac{2}{3}\right)^2+4\left(\frac{1}{3}\right)\left(\frac{2}{3}\right)^3+\cdots$$

$$\frac{2}{3}E(X)=1\cdot\left(\frac{1}{3}\right)\left(\frac{2}{3}\right)+2\left(\frac{1}{3}\right)\left(\frac{2}{3}\right)^2+3\left(\frac{1}{3}\right)\left(\frac{2}{3}\right)^3+4\left(\frac{1}{3}\right)\left(\frac{2}{3}\right)^4+\cdots$$

$$E(X)-\frac{2}{3}E(X)=\frac{1}{3}E(X)=\frac{1}{3}+\left(\frac{1}{3}\right)\left(\frac{2}{3}\right)+\left(\frac{1}{3}\right)\left(\frac{2}{3}\right)^2+\left(\frac{1}{3}\right)\left(\frac{2}{3}\right)^3+\cdots=\frac{\frac{1}{3}}{1-\frac{2}{3}}=1$$

$$\therefore E(X)=3$$

16

정답 ②

해설

- $\int_1^{\infty}ke^{-x}dx=k\left[-e^{-x}\right]_1^{\infty}=ke^{-1}=1$

  $\therefore k=e$

- $E(X)=\int_1^{\infty}xe\cdot e^{-x}dx=e\int_1^{\infty}xe^{-x}dx=e\left(\left[-xe^{-x}\right]_1^{\infty}+\int_1^{\infty}e^{-x}dx\right)$

  $=e\left(e^{-1}+\left[-e^{-x}\right]_1^{\infty}\right)=e\left(e^{-1}+e^{-1}\right)=2$

17

정답 ①

해설 $\frac{10}{10}\times\frac{8}{9}\times\frac{6}{8}\times\frac{4}{7}=\frac{8}{21}$

⇒ 비복원추출이므로 카드수는 시행할 때마다 1장씩 줄어들게 되므로 분모는 10에서 1씩 줄어든다. 또한 추출하는 4장의 카드가 모두 다른 숫자 이어야 하기에 같은 카드가 두장씩 있으므로 비복원추출을 시행할 때마다 분자는 2씩 줄어든다.

18

정답 ③

해설 확률변수 N은 평균이 2인 포아송 분포의 확률분포는 $f(N)=\dfrac{e^{-2}\cdot 2^N}{N!}$

$$\therefore a=E[N3^N]=\sum_{N=1}^{\infty} N\cdot 3^N\cdot f(N)$$

$$=1\cdot 3\cdot \frac{e^{-2}\cdot 2}{1!}+2\cdot 3^2\cdot \frac{e^{-2}\cdot 2^2}{2!}+2\cdot 3^3\cdot \frac{e^{-2}\cdot 2^3}{3!}+\cdots$$

$$=\frac{e^{-2}\cdot 6}{1!}+2\cdot \frac{e^{-2}\cdot 6^2}{2!}+3\cdot \frac{e^{-2}\cdot 6^3}{3!}+\cdots$$

$$=e^4\left(\frac{e^{-6}\cdot 6}{1!}+2\cdot \frac{e^{-6}\cdot 6^2}{2!}+3\cdot \frac{e^{-6}\cdot 6^3}{3!}+\cdots\right)$$

$=e^4\cdot E(M)$ (* M은 평균인 6인 포아송 분포의 확률변수)

$=6e^4$

$$\therefore \ln\left(\frac{a}{6}\right)=\ln\frac{6e^4}{6}=\ln e^4=4$$

19

정답 ③

해설 모집인원은 1명 따라서 A가 합격하기 위해선 나머지 4명이 A보다 점수가 낮아야 한다.
나머지 4명 모두가 A보다 점수가 낮을 확률을 구하면

$$[P(\alpha<225.64)]^4=\left[P\left(Z<\frac{225.64-200}{20}\right)\right]^4=[P(Z<1.282)]^4$$

$$=(0.9)^4=0.6561\fallingdotseq 0.66$$

20

정답 ③

해설 $P(X_1 < 2X_2)$

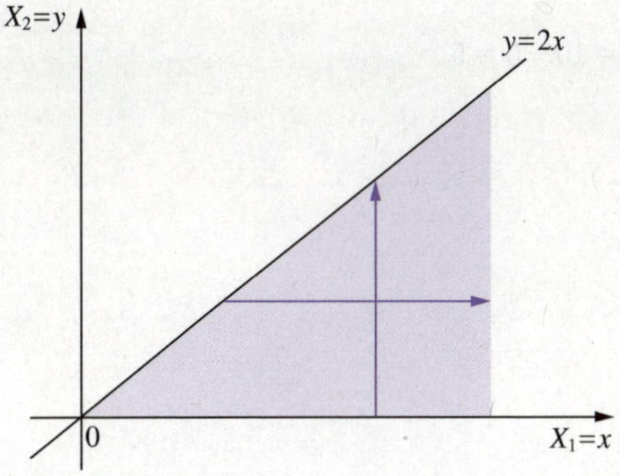

$$\int_0^\infty \int_0^{2x} f(x,y)\,dy\,dx = \int_0^\infty \int_0^{2x} e^{-x}\cdot e^{-y}\,dydx = \int_0^\infty e^{-x}\left[-e^{-y}\right]_0^{2x} dx$$

$$= \int_0^\infty e^{-x}(1-e^{-2x})\,dx = \int_0^\infty e^{-x} - e^{-3x} dx$$

$$= \left[-e^{-x} + \frac{1}{3}e^{-3x}\right]_0^\infty = 1-\frac{1}{3} = \frac{2}{3}$$

21

정답 ②

해설 • A의 경우

$(1+i)^{10} = e$

$1+i = e^{0.1}$

$\therefore i = e^{0.1} - 1 = 1.105 - 1 = 0.105$

• B의 경우

$(e^{\delta})^{10} = e$

$\therefore \delta = 0.1$

따라서 $\frac{i}{\delta} = \frac{0.105}{0.1} = 1.05$

22

정답 ③

해설 10년 만기 연속변동금액의 현가$=\int_0^{10} v^t \cdot b_t\,dt=\int_0^{10} e^{-0.1t}\cdot(1-0.1t)e^{0.1t}dt$

$=\left[t-0.05t^2\right]_0^{10}=10-5=5$

23

정답 ②

해설

• $v=\dfrac{1}{1+i}=\dfrac{1}{1+\left[(1.03)^2-1\right]}=(1.03)^{-2}$

• $k=(1+i)^2=\left[1+(1.03)^2-1\right]^2=(1.03)^4$

연금의 현가$=v^{0.5}B+vB+v^{1.5}kB+v^2kB+v^{2.5}k^2B+v^3k^2B$

$=\left[(1.03)^{-2}\right]^{0.5}B+(1.03)^{-2}B+\left[(1.03)^{-2}\right]^{1.5}(1.03)^4B$

$+\left[(1.03)^{-2}\right]^2(1.03)^4B+\left[(1.03)^{-2}\right]^{2.5}\left[(1.03)^4\right]^2B+\left[(1.03)^{-2}\right]^3\left[(1.03)^4\right]^2B$

$=(1.03)^{-1}B+(1.03)^{-2}B+(1.03)B+B+(1.03)^3B+(1.03)^2B$

$=\dfrac{(1.03)^{-2}B\left[1-(1.03)^6\right]}{1-(1.03)}=6.097B=100$

$\therefore B=\dfrac{100}{6.097}\fallingdotseq 16.40$

24

정답 ①

해설 $\ddot{a}^{(2)}_{\overline{1|}}=\dfrac{1-v}{d^{(2)}}=\dfrac{1-e^{-\delta}}{2(1-e^{-0.5\delta})}=\dfrac{1-e^{-0.1}}{2(1-e^{-0.05})}=\dfrac{1-(e^{-0.05})^2}{2(1-e^{-0.05})}=\dfrac{1-(0.9512)^2}{2(1-0.9512)}$

$=0.9756\fallingdotseq 0.976$

TIP 연간실이율 및 명목이율, 명목할인율과의 관계식

$$\left[1+\frac{i^{(m)}}{m}\right]^m=1+i=(1-d)^{-1}=\left[1-\frac{d^{(m)}}{m}\right]^{-m}=e^{\delta}$$

25

정답 ①

해설 $s_{\overline{2y|}} + s_{\overline{y|}} = 104.305$

$$\frac{(1+i)^{2y}-1}{i} + \frac{(1+i)^{y}-1}{i} = \frac{(3^2-1)+(3-1)}{i} = \frac{10}{i} = 104.305$$

$$\therefore i = \frac{10}{104.305} \fallingdotseq 9.59\%$$

26

정답 ②

해설 $30\ddot{a}_{\overline{\infty|}} = 22a_{\overline{\infty|}} + (Ia)_{\overline{\infty|}}$

$$30\frac{1}{d} = 22\frac{1}{i} + \frac{1}{id}$$

$$30\frac{1+i}{i} = \frac{22}{i} + \frac{1+i}{i^2}$$

양변에 i^2를 곱하면

$30(1+i)i = 22i + (1+i)$

$30i^2 + 7i - 1 = 0$

$(10i-1)(3i+1) = 0$

$\therefore i = 0.1,\ -\frac{1}{3}$

하지만 i는 음수가 될 수 없으므로 $i = 0.1$ 즉, 10%가 된다.

27

정답 ③

해설 위 조건의 채권의 현금 회수액을 구해보면
1년 후 현금 회수액은 이자 : $100 \times 10\% = 10$
2년 후 현금 회수액은 이자와 원금 : $100 + (100 \times 10\%) = 110$

따라서 채권의 현금회수액을 이용하여 채권의 듀레이션을 구해보면

$$D = \frac{v \cdot 10 + 2v^2 \cdot 110}{v \cdot 10 + v^2 \cdot 110} = \frac{(0.8 \times 10) + (2 \times 0.8^2 \times 110)}{(0.8 \times 10) + (0.8^2 \times 110)} = \frac{148.8}{78.4} \fallingdotseq 1.9$$

28

정답 ①

해설 $e_{80:\overline{3|}} = p_{80} + {}_2p_{80} + {}_3p_{80} = 0.7 + (0.7)^2 + (0.7)^3 = 1.533$

TIP 정기개산평균여명 계산

$$e_{x:\overline{n|}} = \sum_{k=0}^{n-1} k\,{}_{k|}q_x + \sum_{k=n}^{\infty} n\,{}_{k|}q_x = \sum_{k=1}^{n} {}_kp_x$$

29

정답 ④

해설

• $E[\min(K_{80}, 3)] = \sum_{k=0}^{2} k \cdot {}_{k|}q_{80} + \sum_{k=3}^{\infty} 3 \cdot {}_{k|}q_{80}$

$= (0 \times 0.3) + (1 \times 0.7 \times 0.3) + (2 \times 0.7^2 \times 0.3) + (3 \times 0.7^3) = 1.533$

• $E[\min(K_{80}, 3)^2] = \sum_{k=0}^{2} k^2 \cdot {}_{k|}q_{80} + \sum_{k=3}^{\infty} 3^2 \cdot {}_{k|}q_{80}$

$= (0^2 \times 0.3) + (1^2 \times 0.7 \times 0.3) + (2^2 \times 0.7^2 \times 0.3) + (3^2 \times 0.7^3)$

$= 3.885$

$\therefore Var[\min(K_{80}, 3)] = E[\min(K_{80}, 3)^2] - E[\min(K_{80}, 3)]^2 = 3.885 - 1.533^2$

$= 1.534911 \fallingdotseq 1.53$

30

정답 ①

해설 $\mu_x = \dfrac{1}{100-x}$, $0 \le x < 100$은 한계연령이 100인 *De Moivre*의 법칙임을 나타낸다.

따라서 *De Moivre*의 법칙을 이용하여 $\Pr(T_{60} > t) = \dfrac{3}{4}$을 구해보면

$\Pr(T_{60} > t) = {}_tp_{60} = \dfrac{100-60-t}{100-60} = \dfrac{40-t}{40} = \dfrac{3}{4}$

$\therefore t = 10$

31

정답 ①

해설

- ${}_2p_0 = e^{-\int_0^2 (A+Bt)dt} = e^{-[At+0.5Bt^2]_0^2} = e^{-(2A+2B)} = e^{-0.6}$

$\therefore A+B=0.3$

- $\left(-\frac{1}{{}_tp_0}\frac{d}{dt}{}_tp_0\right)\Big|_{t=2} = -\frac{1}{{}_tp_0}(-{}_tp_0\mu_t)\Big|_{t=2} = \mu_2 = A+2B=0.5$

$A+B=0.3$과 $A+2B=0.5$를 연립하면 $A=0.1$, $B=0.2$가 된다.

32

정답 ③

해설 ③ $\mathring{e}_x = \mathring{e}_{x:\overline{1}|} + {}_1p_x \cdot \mathring{e}_{x+1} \neq p_x(1+\mathring{e}_{x+1})$

33

정답 ①

해설

- 지출현가 : $1{,}000A^{\,1}_{30:\overline{3}|}$
- 수입현가 : $P+vp_{80}\cdot 2P$

- $1{,}000A^{\,1}_{30:\overline{3}|} = 1{,}000(vq_{80}+v^2p_{80}q_{81}+v^3{}_2p_{80}q_{82})$

$= 1{,}000[(0.9\times0.1)+(0.9^2\times0.9\times0.1)+(0.9^3\times0.9^2\times0.1)]$

$= 221.949$

- $P+vp_{80}\cdot 2P = P+(0.9\times0.9)2P = 2.62P$

수지상등원칙에 의해 보험료를 구해보면

$P = \frac{221.949}{2.62} \fallingdotseq 84.7 \fallingdotseq 85$

34

정답 ④

해설 $$\frac{1}{d\ddot{a}_{x:\overline{n}|}}-\frac{1}{d\ddot{s}_{x:\overline{n}|}}=\frac{1}{d}\left(\frac{1}{\ddot{a}_{x:\overline{n}|}}-\frac{1}{\ddot{s}_{x:\overline{n}|}}\right)=\frac{1}{d}\times d=1$$

② $\frac{i}{d}=\frac{i}{i/(1+i)}=1+i$

③ $\frac{i}{{}_nE_x}=\frac{i}{v^n\,{}_np_x}$

④ $\frac{\ddot{a}_{x:\overline{n}|}-a_{x:\overline{n}|}}{1-A_{x:\overline{n}|}}=\frac{1-v^n}{d\ddot{a}_{x:\overline{n}|}}=\frac{1-v^n}{d\times\frac{1-v^n}{d}}=1$

35

정답 ③

해설 한계연령이 60세인 *De Moivre*의 법칙임을 이용하여 일시납순보험료를 구해보면

$$NSP=v^2({q_{50}}+{}_{1|}q_{50})+v^4({}_{2|}q_{50}+{}_{3|}q_{50})+\cdots+v^{10}({}_{8|}q_{50}+{}_{9|}q_{50})$$

$$=v^2\left(\frac{1}{10}+\frac{1}{10}\right)+v^4\left(\frac{1}{10}+\frac{1}{10}\right)+\cdots+v^{10}\left(\frac{1}{10}+\frac{1}{10}\right)$$

$$=\frac{1}{5}\left[\frac{v^2(1-v^{10})}{1-v^2}\right]=\frac{1}{5}\left[\frac{(\sqrt{0.9})^2[1-(\sqrt{0.9})^{10}]}{1-(\sqrt{0.9})^2}\right]\fallingdotseq 0.74$$

36

정답 ④

해설

- $v=\frac{1}{1+i}=0.9$
- $i=v^{-1}-1=0.9^{-1}-1\fallingdotseq 0.111$
- ${}_tp_x=e^{-\mu t}$ (∵ CFM가정)

위 조건들을 이용하여 A, B를 구해보면

$$A=s_{\overline{2}|}=\frac{(1+i)^2-1}{i}=\frac{v^{-2}-1}{v^{-1}-1}\fallingdotseq 2.11$$

$$B=a_{x+2:\overline{2}|}=vp_{x+2}+v^2\,{}_2p_{x+2}=(0.9\times e^{-\ln(10/9)})+(0.9^2\times(e^{-\ln(10/9)})^2)$$

$$=0.9^2+0.9^4=1.4661$$

$\therefore A/B=2.11/1.4661\fallingdotseq 1.44$

37

정답 ①

해설 $A^{1}_{[51]:\overline{3|}}=vq_{[51]}+v^2p_{[51]}q_{[51]+1}+v^3{}_2p_{[51]}q_{53}$

$$=v\cdot\frac{l_{[51]}-l_{[51]+1}}{l_{[51]}}+v^2\cdot\frac{l_{[51]+1}}{l_{[51]}}\cdot\frac{l_{[51]+1}-l_{53}}{l_{[51]+1}}+v^3\cdot\frac{l_{53}}{l_{[51]}}\cdot\frac{l_{53}-l_{54}}{l_{53}}$$

$$=0.9\times\frac{700-500}{700}+0.9^2\times\frac{500}{700}\times\frac{500-350}{500}+0.9^3\times\frac{350}{700}\times\frac{350-300}{350}$$

$$=0.4828\fallingdotseq 0.48$$

38

정답 ②

해설 ${}_{0.5}q_x^{CFM}=1-{}_{0.5}p_x^{CFM}=1-(p_x)^{0.5}=1-e^{-0.5}$

${}_{0.5}q_x^{UDD}=\frac{1}{2}\cdot q_x=\frac{1}{2}(1-e^{-1})$

$\therefore\ {}_{0.5}q_x^{CFM}-{}_{0.5}q_x^{UDD}=(1-e^{-0.5})-\frac{1}{2}(1-e^{-1})\fallingdotseq 0.077$

TIP 단수부분에 대한 가정

가 정 / 함 수	UDD	CFM	BA
${}_tq_x$	$t\cdot q_x$	$1-e^{-\mu t}$	$\frac{t\cdot q_x}{1-(1-t)q_x}$
${}_tp_x$	$1-t\cdot q_x$	$e^{-\mu t}$	$\frac{p_x}{1-(1-t)q_x}$
${}_yq_{x+t}$	$\frac{y\cdot q_x}{1-t\cdot q_x}$	$1-e^{-\mu y}$	$\frac{y\cdot q_x}{1-(1-y-t)q_x}$
μ_{x+t}	$\frac{q_x}{1-t\cdot q_x}$	μ	$\frac{q_x}{1-(1-t)q_x}$
${}_tp_x\,\mu_{x+t}$	q_x	$\mu e^{-\mu t}$	$\frac{p_x\,q_x}{[1-(1-t)q_x]^2}$

* x : 정수, $0\le t\le 1$, $0\le y\le 1$, $0\le y+t\le 1$, $\mu=-\ln p_x$

39

정답 ③

해설 $${}_{2}V=\frac{A_{x+2}-A_x}{1-A_x}=\frac{0.6-0.5}{1-0.5}=0.2$$

TIP 종신보험 책임준비금 관련 공식

(1) 장래법

$${}_{t}V_x=A_{x+t}-P_x\ddot{a}_{x+t}=1-\frac{\ddot{a}_{x+t}}{\ddot{a}_x}=\frac{A_{x+t}-A_x}{1-A_x}=A_{x+t}\left(1-\frac{P_x}{P_{x+t}}\right)$$

$$=(P_{x+t}-P_x)\ddot{a}_{x+t}=\frac{P_{x+t}-P_x}{P_{x+t}+d}$$

(2) 과거법

$${}_{t}V_x=P_x\ddot{s}_{x:\overline{t}|}-{}_{t}k_x=P_x\frac{\ddot{a}_{x:\overline{t}|}}{{}_{t}E_x}-\frac{A^1_{x:\overline{t}|}}{{}_{t}E_x}=\frac{P_x-P^1_{x:\overline{t}|}}{P_{x:\overset{1}{\overline{t}|}}}$$

40

정답 ③

해설 $${}_{1}V^1_{x:\overline{3}|}=vq_{x+1}+vp_{x+1}\cdot{}_{2}V^1_{x:\overline{3}|}$$

$$0.1769=\left(\frac{1}{1.05}\times0.1\right)+\left(\frac{1}{1.05}\times0.9\times{}_{2}V^1_{x:\overline{3}|}\right)$$

$$\therefore {}_{2}V^1_{x:\overline{3}|}\fallingdotseq 0.095$$

TIP 순보험료의 분해와 재귀식

$${}_{t}V+P=vq_{x+t}+vp_{x+t}\cdot{}_{t+1}V$$

$$({}_{t}V+P)(1+i)=q_{x+t}+p_{x+t}\cdot{}_{t+1}V={}_{t+1}V+q_{x+t}(1-{}_{t+1}V)$$

$$P=\underbrace{vq_{x+t}(1-{}_{t+1}V)}_{\text{위험보험료}}+\underbrace{(v\cdot{}_{t+1}V-{}_{t}V)}_{\text{저축보험료}}=P^r+P^s$$

* 일반식 $\pi_t=vq_{x+t}(b_{t+1}-{}_{t+1}V)+(v\cdot{}_{t+1}V-{}_{t}V)$

2019년 제42회 회계원리

정답 및 해설

✓ 정답 CHECK

01	02	03	04	05	06	07	08	09	10	11	12	13	14	15	16	17	18	19	20
①	④	④	④	③	①	②	②	②	③	③	①	③	②	①	③	①	①	④	④
21	22	23	24	25	26	27	28	29	30	31	32	33	34	35	36	37	38	39	40
④	②	①	④	③	③	④	④	②	③	③	①	②	④	④	②	③	②	②	①

문제편 045p

01

정답 ①

해설 유사한 항목은 중요성 분류에 따라 재무제표에 구분하여 표시하며 상이한 성격이나 기능을 가진 항목은 구분하여 표시하며, 중요하지 않은 항목은 성격이나 기능이 유사한 항목과 통합하여 표시할 수 있다.

② 한국채택국제회계기준에서 요구하지 않는 한 자산과 부채 그리고 수익과 비용은 상계하지 아니하는 것이 원칙이다. 왜냐하면 상계표시는 미래현금흐름을 분석하는 재무제표 이용자의 능력을 저해하기 때문이다.

③ 한국채택국제회계기준이 달리 허용하거나 요구하는 경우를 제외하고는 당기 재무제표에 보고되는 모든 금액에 대해 전기 비교정보를 공시한다. 또한 당기 재무제표를 이해하는데 목적적합하다면 서술형 정보의 경우에도 비교정보를 포함한다. 이때 최소한 두 개의 재무상태표와 두 개의 포괄손익계산서, 두 개의 별개 손익계산서, 두 개의 현금흐름표, 두 개의 자본변동표 그리고 관련 주석을 표시해야 한다.

④ 경영진은 재무제표를 작성할 때 계속기업으로서의 존속가능성을 평가해야한다. 따라서 경영진이 기업을 청산하거나 경영활동을 중단할 의도를 가지고 있지 않거나, 청산 또는 경영활동의 중단 외에 다른 현실적 대안이 없는 경우가 아니면 계속기업을 전제로 재무제표를 작성한다.

또한 계속기업으로서의 존속능력에 유의적인 의문이 제기될 수 있는 사건이나 상황과 관련된 중요한 불확실성을 알게 된 경우, 경영진은 그러한 불확실성을 공시하여야 하며 재무제표가 계속기업의 기준하에 작성되지 않는 경우에는 그 사실과 함께 재무제표가 작성된 기준 및 그 기업을 계속기업으로 보지 않는 이유를 공시하여야 한다.

02

정답 ④

해설 경상이익은 한국채택국제회계기준 도입 이전의 기업회계기준에서 사용되던 항목으로, 현재의 한국채택국제회계기준에서는 경상이익이 표시되지 않는다. 현재의 포괄손익계산서에서 수익에서 매출원가 및 판매비와관리비를 차감한 이익을 영업이익이라고 표시한다.

① 한 기간에 인식되는 모든 수익과 비용 항목은 한국채택국제회계기준이 달리 정하지 않는 한 당기손익으로 인식한다.

② 한국채택국제회계기준은 신뢰성 있고 보다 목적적합한 표시방법을 경영진이 선택하도록 하고 있다. 그러나 비용의 성격에 대한 정보가 미래현금흐름을 예측하는데 유용하기 때문에, 비용을 기능별로 분류하는 경우에는 비용의 성격에 의한 손익계산서의 추가 공시가 필요하다.

③ 수익과 비용의 어느 항목도 당기손익과 기타포괄손익을 표시하는 보고서 또는 주석에 특별손익 항목으로 표시할 수 없다.

03

정답 ④

해설 계약 당사들이 그 활동이나 과정에서 생기는 위험과 효익을 공유하는 것은 고객과의 계약으로 회계처리하기 위한 충족 기준이 되지 않는다.

04

정답 ④

해설
- 상품판매수익=₩200,000−₩150,000=₩50,000
- 20x1년 말 이자수익=₩200,000×0.05=₩10,000
- 20x2년 말 이자수익=₩210,000×0.05=₩10,500

∴ 매출총이익=₩50,000+₩10,000+₩10,500=₩70,500

05

정답 ③

해설
- A고객에 대한 수익=₩100,000−₩5,000(환불불가)=₩95,000
- B고객에 대한 수익=₩100,000+₩20,000=₩120,000

∴ (주)한국의 총수익=₩95,000+₩120,000=₩215,000

06

정답 ①

해설 〈상품권 매출시〉

현 금	₩900,000	선수금	₩1,000,000
상품권 할인액	₩100,000		

〈상품권 회수시〉

선수금	₩700,000	매출액	₩680,000
		현 금	₩20,000
매출에누리	₩70,000	상품권 할인액	₩70,000

∴ (주)한국 20x1년에 인식할 상품권 수익=매출액−매출에누리
=₩680,000−₩70,000=₩610,000

07

정답 ②

해설
- (주)한국의 수정 후 장부상 당좌예금 잔액=수정 전 당좌예금잔액+추심어음−당좌예금 수수료
=₩100,000+₩20,000−₩5,000=₩115,000
- (주)한국의 수정 후 장부상 당좌예금 잔액=은행 측의 수정 후 잔액
- 은행 측의 수정 후 잔액=은행 측의 수정 전 잔액−당좌수표 인출액+거래일 이후 예입한 금액
=은행 측의 수정 전 잔액−₩15,000+₩40,000=₩115,000

∴ 은행 측의 수정 전 잔액=₩90,000

08

정답 ②

해설
- 만기가 6개월인 어음을 만기까지 보유할 경우 이자수익=₩200,000×0.06×$\frac{6}{12}$=₩6,000
- 어음을 만기까지 보유할 경우 가치=액면금액+이자수익
=₩200,000+₩6,000=₩206,000
- 어음 2개월 보유 후 할인시 할인액=₩206,000×0.09×$\frac{4}{12}$=₩6,180

∴ 현금수령액=어음의 만기시 가치−할인액=₩206,000−₩6,180=₩199,820

09

정답 ②

해설 제품의 판매가격이 ₩250이고 취득원가가 ₩240으로 판매가격이 취득원가보다 더 크기 때문에 평가손실을 인식하지 않고 원재료도 평가손실을 인식하지 아니한다. 따라서 평가손실은 재공품에서만 발생한다. 재공품에서 발생한 수량 1개당 평가손실 금액이 ₩200－(₩250－₩50－₩5)＝₩5이므로 수량이 5개인 (주)한국의 총평가손실액은 ₩25가 된다.

10

정답 ③

해설 할부판매의 경우 대금의 일부가 아직 회수되지 않았더라도, 고객에게 상품을 인도한 시점에 판매된 것으로 하기 때문에 기말재고자산에 포함하지 않는다.

① 상품의 점유는 이전되었으나 고객이 매입의사를 표시하지 않은 경우에는 판매된 것으로 보지 않기 때문에 기말재고자산에 포함된다.

② 도착지 인도기준의 판매상품은 목적지에 도착하기 전에는 기말재고자산에 포함된다.

④ 저당상품은 형식적인 소유권을 넘긴것 뿐이고 경제적 실질은 제공자에 있기 때문에 기말재고자산에 포함된다.

11

정답 ③

해설 기말자산을 구하기 위해서는 매출원가＝기초재고자산＋매입재고자산－기말재고자산이기에 매출원가를 알아야 기말재고자산을 구할 수 있다. 매출원가를 도출하기 위해 문제에 주어진 외상매입과 매출채권을 이용하여 외상 매입금과 외상 매출액을 구해보면

외상매입

기말매입채무	₩20,000	기초매입채무	₩30,000
매입채무 현금지급액	₩40,000	외상매입금	₩30,000

매출채권

기초매출채권	₩60,000	기말매출채권	₩40,000
외상매출액	₩30,000	매출채권 현금회수액	₩50,000

• 매출원가율＝1－평균매출총이익률＝1－0.3＝0.7
• 매출원가＝외상매출액×매출원가율＝₩30,000×0.7＝₩21,000
• 기말재고자산＝기초재고자산＋외상매입금－매출원가
＝₩10,000＋₩30,000－₩21,000＝₩19,000

∴ 재고자산의 추정손실금액＝기말재고자산×재고자산 손실률＝₩19,000×0.8＝₩15,200

12

정답 ①

해설 유형자산 취득시 불가피하게 구입하여야 하는 국공채는 일반적으로 공정가치보다 높은 가격이다. 이 경우 국공채의 매입가액과 공정가치의 차액은 취득부대비용으로 분류하며 해당 유형자산의 원가에 가산한다.

- 정부발행 채권 공정가치=(₩50,000×0.79)+(₩2,500×2.58)=₩45,950
- 정부발행 채권 매입가액=₩50,000
- 정부발행 채권의 차액으로 인한 취득부대비용=₩50,000−₩45,950=₩4,050

∴ 20x1년 초에 인식할 건물의 취득원가=₩100,000+₩4,050=₩104,050

13

정답 ③

해설 특정차입금과 관련하여 자본화할 차입원가

$=₩120,000\times\frac{11}{12}\times0.1-₩30,000\times\frac{2}{12}\times0.08=₩10,600$

14

정답 ②

해설 자산의 회수가능액이 장부금액에 못 미치는 경우에 자산의 장부금액을 회수가능액으로 감액하는데, 해당 감소금액을 손상차손이라 한다. 손상차손 금액을 구하기 위해 먼저 자산의 장부금액부터 구해야 한다.

기계장치의 취득원가가 ₩100,000이고 잔존가치는 없으며, 내용연수가 5년이므로 연간 감가상각비는 ₩20,000(=₩100,000÷5)이다. 기계장치를 취득하고 2년째에 손상사유가 발생하였으므로, 20x2년 말 기계장치의 장부금액은 ₩60,000[=₩100,000−(₩20,000×2)]이다.

유형자산은 보고기간 말마다 자산손상 징후를 검토하고 징후가 있다면 이를 반영하여 해당 자산의 회수가능액을 추정하며 손상발생시 유형자산의 회수가능액은 순공정가치와 사용가치 중 큰 금액으로 한다. 따라서 순공정가치 ₩43,000과 사용가치 ₩45,000 중 큰 ₩45,000이 기계장치 회수가능액이 된다. 따라서 20x2년 말 장부금액이 ₩60,000인 기계장치가 손상이 발생하여 ₩45,000으로 감액하였으므로 손상차손은 ₩15,000이다.

15

정답 ①

해설
- 20x1년 1월 1일 사채의 공정가치=(₩1,000,000×0.8163)+(₩50,000×2.6243)=₩947,515
- 20x1년 12월 31일 사채의 공정가치=(₩947,515×1.07)−₩50,000=₩963,841
- 20x2년 6월 30일 사채의 공정가치=₩963,841+(₩963,841×0.07×$\frac{6}{12}$)=₩997,575

∴ 사채상환손익=상환시 사채의 공정가치−상환금액=₩997,575−₩990,000=₩7,575

16

정답 ③

해설 • 20x1년 12월 31일 사채의 장부금액=(₩97,225×1.04)−₩3,000=₩98,114
• 20x2년 12월 31일 사채의 장부금액=(₩98,114×1.04)−₩3,000=₩99,038
① 사채의 발행금액=(₩100,000×0.8890)+(₩3,000×2.7751)=₩97,225
② 20x1년 사채의 이자비용=₩97,225×0.04=₩3,889
④ 사채발행기간 동안의 총이자비용=액면이자율 연 3%의 3년간 이자+사채할인발행차금
=(₩3,000×3)+(₩100,000−₩97,225)
=₩11,775

17

정답 ①

해설 무형자산 취득원가=₩150,000+₩210,000=₩360,000
* 직원에 대한 교육훈련비는 무형자산의 정의 중 통제가능성을 충족하지 못하기 때문에 무형자산으로 인식하지 아니한다.

TIP 무형자산

1. 정 의
물리적 실체는 없지만 식별할 수 있는 비화폐성자산을 무형자산이라고 한다.

2. 무형자산 충족 요건
무형자산으로 인식하기 위해서는 아래의 조건을 모두 충족해야한다.
① 무형자산의 정의를 충족(식별가능성, 통제가능성, 미래경제적 효익의 가능성)한다.
② 미래경제적 효익의 유입가능성이 높다.
③ 자산의 취득원가를 신뢰성 있게 측정이 가능하여야 한다.

3. 내부적으로 창출한 무형자산
내부적으로 창출한 무형자산은 연구단계와 개발단계로 구분하는데 연구단계에서 발생한 지출은 비용으로 인식하고, 개발단계에서 발생한 지출은 무형자산으로 인식한다.
① 연구활동의 사례
• 새로운 지식을 얻고자하는 활동
• 연구결과나 기타 지식을 평가 및 최종 선택하는 활동
• 재료, 장치, 제품, 공정, 시스템이나 용역에 대한 여러 가지 대체안을 탐색하는 활동
② 개발활동의 사례
• 생산이나 사용 전의 시제품과 모형을 제작하는 활동
• 새로운 기술과 관련된 공구, 지그, 주형, 금형 등을 설계하는 활동
• 상업적 생산목적으로 실현가능한 경제적 규모가 아닌 시험공장을 설계, 건설, 가동하는 활동
• 최종적으로 선정된 안을 설계, 제작, 시험하는 활동

18

정답 ①

해설 무형자산의 회계처리는 내용연수에 따라 다르다. 내용연수가 유한한 무형자산은 상각하고, 내용연수가 비한정인 무형자산은 상각하지 아니한다. 내용연수가 유한한 무형자산의 감가상각방법은 해당 자산의 경제적 효익이 소비될 것으로 예상되는 형태를 반영한 방법이어야 하며, 그 방법을 신뢰성 있게 결정할 수 없는 경우에는 정액법을 사용하여야 한다. 그 외에는 다양한 상각방법을 허용한다.

② 내부적으로 창출한 영업권은 취득원가를 신뢰성 있게 측정할 수 없고, 통제 및 식별이 불가능하므로 무형자산으로 인식하지 않는다.

③ 무형자산의 원가는 무형자산의 인식기준을 최초로 충족시킨 이후에 발생한 지출금액의 합이며, 이미 비용으로 인식한 지출은 무형자산의 원가로 인식할 수 없다.

④ 무형자산은 유형자산과 마찬가지로 원가모형 또는 재평가모형 중 한 가지를 선택할 수 있다. 하지만 유형자산과는 다르게 무형자산에 재평가모형을 적용하기 위해서는 해당 무형자산에 대한 활성시장이 존재하여야만 가능하다.

19

정답 ④

해설 1월 1일 확정급여채무 ₩500,000+당기근무원가 ₩50,000−퇴직금 지급액+이자원가 ₩25,000
=12월 31일 확정급여채무 ₩400,000
∴ 퇴직금 지급액=₩175,000

20

정답 ④

해설 확정급여제도는 기업이 초기에 일정한 금액을 적립해 놓고 후에 손실이 발생하여 적립금이 부족하게 되었을 경우 적립자산의 부족분을 보충하여 종업원의 일정한 퇴직급여 수령을 책임지는 제도이다. 따라서 보험수리적위험과 투자위험은 실질적으로 기업이 부담한다.

① 기업이 사전에 정한 기여금만 적립하는 형태의 제도가 확정기여제도이다.

② 확정기여제도를 선택한 기업이 초과하여 기여금을 지급한 경우에는 미래 납부할 기여금이 차감되거나 환급되는 만큼 선급비용 항목 자산으로 인식한다.

③ 기타포괄손익 중 후속기간에 당기손익으로 재분류 되지 않는 항목으로는 기타포괄손익−공정가치 선택 금융자산 평가손익, 당기손익−공정가치 지정 금융부채의 신용위험변동에 따른 평가손익, 확정급여부채의 재측정 요소 등이 있다.

21

정답 ④

해설 20x1년 10월 1일 보유하고 있는 자기주식 중 50주를 1주당 ₩1,000에 처분하였으므로 자본총액이 ₩50,000(=₩1,000×50) 증가한다.

① 20x1년 7월 1일 자기주식 100주을 1주당 ₩800에 취득하였으므로, 자기주식의 장부금액은 ₩80,000(=₩800×100)이다.

② 20x1년 7월 1일 자기주식 취득 거래로 인해 자본총액이 ₩80,000(=₩800×100) 감소한다.

③ 자기주식 처분 거래는 당기손익 항목이 아니다. 20x1년 10월 1일 자기주식 처분 거래로 인해 자본잉여금이 ₩25,000(=₩500×50) 증가한다.

22

정답 ②

해설

20x1년 1월 1일 미처분이익잉여금	+₩100,000
당기순이익	+₩50,000
현금배당	−₩20,000
이익준비금	−₩2,000
20x1년 12월 31일 미처분이익잉여금	₩128,000

23

정답 ①

해설 리스이용자는 기초자산의 소유에 따른 위험과 보상의 대부분이 이전될 경우 금융리스로 분류한다.

② 금융리스는 리스자산 소유에 따른 위험과 보상이 리스이용자에게 이전되는 리스계약으로 기초자산의 소유권이 임차인에게 이전 된다. 금융리스이용자는 금융리스제공자에게 리스료를 지급할 의무가 있다.

③ 리스이용자의 사용권자산은 리스개시일에 취득원가를 측정하여 인식한다. 사용권자산은 리스부채+선지급 리스료−인센티브 수령액+리스개설직접원가+복구충당부채로 구성된다.

④ 리스제공자는 리스순투자 금액에 대하여 일정한 기간이자율이 산출되는 방식을 적용하여 이자수익으로 인식한다.

24

정답 ④

해설 지분상품의 경우 자산이 제거되면서 기타포괄손익을 후속적으로 당기손익으로 재분류하지 않으며, 자본 내에서 다른 항목으로 대체할 수 있다. 이 경우 기타포괄손익 누계액은 미처분 이익잉여금으로 대체된다.

① A사채는 기타포괄손익-공정가치 측정 금융자산으로 볼 수 있는데, 유효이자율법으로 이자수익을 당기손익으로 인식한 후, 공정가치변동으로 인한 평가손익을 기타포괄손익으로 인식한다.

② 기타포괄손익-공정가치 측정 금융자산을 당기손익-공정가치 측정 금융자산으로 재분류하는 경우 공정가치로 측정하며, 재분류 전에 인식한 기타포괄손익 누계액은 재분류일에 당기손익으로 재분류한다.

③ 배당수익은 지급받을 권리가 발생하는 시점에 당기손익으로 인식한다.

25

정답 ③

해설
- 사채의 현재가치=(₩1,000,000×0.7513)+(₩50,000×2.4869)=₩876,645
- 상환할증금 현재가치=₩97,400×0.7513=₩73,176
- 전환사채 현재가치=₩875,645+₩73,176=₩948,822

∴ 20x1년에 인식할 이자비용=₩948,822×0.1=₩94,882

26

정답 ③

해설
- 1월 1일 유통주식수=5,000주
- 4월 1일 보통주 발행=2,000주×$\frac{9}{12}$=1,500주
- 5월 1일 주식분할시 보통주=(5,000주+1,500주)×2=13,000주
- 9월 1일 자기주식취득 보통주=2,000주×$\frac{4}{12}$=667주

∴ 가중유통보통주식수=13,000주−667주=12,333주

기본주당순이익=$\frac{\text{당기순이익}-\text{우선주배당금}}{\text{가중평균유통보통주식수}}=\frac{₩10,000,000}{12,333}$≒₩811

27

정답 ④

해설 • 법인세비용=당기법인세부담액+이연법인세자산 감소+이연법인세부채 증가
• 법인세비용=당기법인세부담액−이연법인세자산 증가−이연법인세부채 감소

당기법인세부담액	₩320,000
+이연법인세부채 증가	+₩80,000
+이연법인세자산 감소	+₩100,000
법인세비용	₩500,000

28

정답 ④

해설 주식이나 기타 지분상품의 발행에 따른 현금유입은 재무활동현금흐름으로 분류된다.
① 재고자산과 영업활동에 관련되었으므로 영업활동현금흐름이다.
② 보험회사의 경우 수입보험료, 보험금, 연금 및 기타 급부금과 관련된 활동은 영업활동현금흐름이다.
③ 유형자산, 무형자산 및 기타 장기성 자산의 취득과 처분에 따른 현금유출입은 투자활동현금흐름으로 분류된다.

29

정답 ②

해설

당기순이익	₩1,000,000
감가상각비	+₩120,000
매출채권(순액) 증가액	−₩300,000
재고자산(순액) 감소액	+₩200,000
매입채무 증가액	+₩100,000
유형자산처분이익	−₩150,000
영업에서 창출된 현금	₩970,000

30

정답 ③

해설

• $\text{매출채권회전율}=\frac{\text{매출액}}{\text{평균매출채권}}=\frac{₩180,000}{₩30,000}=6$

• $\text{매출채권평균회수기간}=\frac{360\text{일}}{\text{매출채권회전율}}=60\text{일}$

• $\text{재고자산회전율}=\frac{\text{매출원가}}{\text{평균재고자산}}=\frac{₩105,000}{₩35,000}=3$

• $\text{재고자산평균회수기간}=\frac{360\text{일}}{\text{재고자산회전율}}=\frac{360\text{일}}{3}=120\text{일}$

∴ 평균영업주기=매출채권평균회수기간+재고자산평균회수기간=60일+120일=180일

31

정답 ③

해설

• 선일자수표는 현금 및 현금성자산으로 분류하지 아니하고 매출채권으로 분류하는 것에 주의한다.
• 우표, 수입인지는 소모품이나 선급비용으로 분류한다.
• 환매조건부채권은 만기가 취득일로부터 3개월 이내에 도래하지 않기 때문에 현금 및 현금성자산으로 분류하지 않는다.

• 현금 및 현금성자산 합계액=지폐 및 주화+보통예금+타인발행수표+양도성예금증서
• ₩150,000=지폐 및 주화+₩54,000+₩20,000+₩50,000
∴ 지폐 및 주화=₩26,000

TIP 현금 및 현금성자산

현 금	통 화	지폐 및 주화
	통화대용증권	타인발행당좌수표, 자기앞수표, 송금환, 우편환, 만기가 도래한 국공채의 이자표, 기한이 도래한 어음
	요구불예금	보통예금, 당좌예금
현금성자산		현금 전환이 용이하고, 취득 당시 만기가 3개월 이내에 도래 금융상품

32

정답 ①

해설

• 매출원가=당기총제조원가+기초재공품−기말재공품+기초제품−기말제품
• 매출원가=₩2,400,000+₩100,000−₩500,000+₩300,000−₩200,000=₩2,100,000
• 매출액=매출총이익+매출원가
• 매출액=₩800,000+₩2,100,000=₩2,900,000

33

정답 ②

해설 • 실제 발생한 제조간접원가=₩3,800,000
• 제조간접원가 과소배부액=₩200,000
∴ 제조간접원가 예정배부액=₩3,800,000－₩200,000=₩3,600,000

TIP	제조간접원가 배부차이의 조정

• 제조간접원가 배부차이=실제제조간접원가－제조간접원가배부액
• 과대배부 : 실제발생액 < 예정배부액
• 과소배부 : 실제발생액 > 예정배부액

34

정답 ④

해설 직접배분법은 보조부문 상호간의 용역수수관계를 완전히 무시하고, 제조부분의 상대적 비율에 따라 직접 배분을 하는 방법이다. 따라서 보조부문원가를 다른 보조부문에는 전혀 배분하지 않고, 제조부문에만 배분하기 때문에 직접배분법은 간단하다는 장점은 있으나, 보조부문 상호간의 용역수수관계를 전혀 고려하지 않기 때문에 정확성이 떨어진다는 단점이 있다.

① 보조부문의 활동은 제조부문의 제품 생산활동을 보조하기 위한 것이기 때문에, 보조부문에서 발생하는 비용도 제조간접원가를 구성하는 것이다. 그러나 보조부문의 제조간접원가는 제품과 직접적으로 추적할 수 없기 때문에 제품원가를 집계할 때 제조부문으로 배분하여야 한다.

② 단계배분법은 보조부문 상호간의 용역수수관계를 일부만 고려하는 방법이다. 보조부문 중 다른 부문에 용역을 가장 많이 제공한 부문부터 다른 보조부문에 배분하고, 일단 배분한 부문은 다른 보조부문으로부터 제공받은 용역을 무시하는 방법이다. 단계배분법에 있어서 배분순서 결정이 중요한데, 그 이유는 배분순서에 따라 배부 금액이 달라지기 때문이다.

③ 상호배분법은 보조부문 상호간의 용역수수관계를 완전히 고려하여 보조부문원가를 제조부문과 보조부문 상호간에 배분하는 방법이다. 따라서 상호배분법은 보조부문 상호간의 용역수수관계가 중요할 때 적용하는 하는 것이 타당하다.

35

정답 ④

해설 • 총투입원가(기초재공품 가공원가+당기투입 가공원가)=완성품원가+기말재공품원가
• ₩150,000+₩350,000=완성품원가+₩100,000
∴ 완성품원가=₩400,000

• 단위당 원가=$\frac{\text{완성품원가}}{\text{당기완성품 수량}}=\frac{₩400,000}{800}$=₩500
• 기말재공품 가공원가=기말재공품 수량×단위당 원가×기말재공품의 완성도
• ₩100,000=400×₩500×기말재공품의 완성도
∴ 기말재공품의 완성도=50%

36

정답 ②

해설 • 변동원가계산이익=기초재고자산 고정제조간접원가−기말재고자산 고정제조간접원가+전부원가계산이익
• 기초재고자산 고정제조간접원가=₩4,000×5=₩20,000
• 기말재고자산 고정제조간접원가=₩5,000×6=₩30,000
∴ 변동원가계산이익=₩20,000−₩30,000+₩250,000=₩240,000

37

정답 ③

해설 목표이익=(판매가격−변동원가)×판매수량−고정원가
=[{판매가격−(판매가격×0.6)}×100,000]−₩3,000,000=₩4,500,000
∴ 판매가격=₩187.5

38

정답 ②

해설

실제사용량×실제가격	실제사용량×표준가격	표준사용량×표준가격
3,500kg×₩120/kg =₩420,000	3,500kg×₩100/kg =₩350,000	3,000kg×₩100/kg =₩300,000

가격차이 ₩70,000 불리한 차이 / 수량차이 ₩50,000 불리한 차이

39

정답 ②

해설 종합예산은 기업전체를 대상으로 일정기간 동안의 각 분야별 예산을 종합하여 집계한 예산편성으로 예상판매량이라는 고정된 조업도 수준에 맞게 편성되므로 고정예산의 일종이다.

① 종합예산은 기업전체의 세부단위의 대상들을 요약하여 판매, 생산, 구매, 재무 등 기능별로 작성한 예산을 의미한다.

③ • **권위적 예산** : 상위부서에서 하위부서로 하달하는 방식
  • **참여적 예산** : 일선 종업원의 현장지식과 정보를 반영한 예산 방식
  • **자문적 예산** : 경영자가 종업원의 생각은 청해 듣지만 최종예산은 경영자가 혼자서 결정하는 방식

④ 종합예산은 판매·생산·구매 등 영업활동에 관한 예산인 운영예산과 영업활동을 뒷받침해주기 위한 투자 및 재무활동에 관한 예산인 재무예산으로 나누어진다.

40

정답 ①

해설 사내대체 수락시 고정원가는 고려하지 않으며 판매비 등이 발생하지 않기 때문에 변동제조원가인 ₩4,000이 최소대체가격이 된다.

2020년 제43회

보험계리사 1차 기출문제 정답 및 해설

제1과목	보험계약법, 보험업법 및 근로자퇴직급여보장법
제2과목	경제학원론
제3과목	보험수학
제4과목	회계원리

2020년 제43회

보험계약법, 보험업법 및 근로자퇴직급여보장법 정답 및 해설

정답 CHECK

01	02	03	04	05	06	07	08	09	10	11	12	13	14	15	16	17	18	19	20
④	③	②	④	③	③	④	①	④	④	①	③	④	④	②	④	④	②	④	③
21	22	23	24	25	26	27	28	29	30	31	32	33	34	35	36	37	38	39	40
②	④	③	①	④	②	②	②	②	②	④	①	①	③	①	②	④	①	④	②

문제편 062p

01

정답 ④

해설 보험자는 청약과 함께 보험료의 일부 또는 전부를 받은 때에는 다른 약정이 없으면 30일 이내에 그 청약의 승낙 여부를 통지해야 하며, 통지를 하지 않고 30일이 경과하면 승낙한 것으로 간주한다. 위 조건을 충족하는 경우 **보험자가 승낙하기 전에 보험사고가 발생하더라도 보험자가 그 청약을 거절할 만한 사유가 없는 한 보상책임을 진다**.

① 청약과 함께 보험료의 일부(월납 보험료 전액) 또는 전부(일시납 전액)를 지급해야 하는데 월납보험료 10만원 중 9만원을 지급하였으므로, **승낙의제 조건에 충족되지 않아서 보험금의 지급을 청구할 수 없다**.

② 보험자로부터 인수거절의 통지를 받으면 **보험계약이 성립되지 않으므로** 그 이후 보험사고가 발생한 경우 보험자는 보상책임이 없다.

③ 신체검사가 필요한 질병보험에 가입한 경우 보험계약자가 보험계약 청약시에 월납보험료 전액을 지급하였다 할지라도 **신체검사를 받기 전에는 보험자는 보험인수 절차를 밟을 수 없기 때문에** 청약일로부터 90일이 경과하고 암 진단을 받은 경우에도 보험자는 보상책임이 없다.

02

정답 ③

해설 보험약관조항에서 보험계약 체결 후 이륜자동차를 사용하게 된 경우에 보험계약자 또는 피보험자는 지체 없이 이를 보험자에게 알릴 의무를 규정하고 있는 사안에서, 위 약관조항의 내용이 단순히 법령에 의하여 정하여진 것을 되풀이하거나 부연하는 정도에 불과하다고 볼 수 없으므로, 위 **약관조항에 대한 보험자의 명시 · 설명의무가 면제된다고 볼 수 없다**(대법원 2010.3.25. 선고 2009다91316, 91323 판결).

① 상법 제638조의3에서 보험자의 약관설명의무를 규정한 것은 보험계약이 성립되는 경우에 각 당사자를 구속하게 될 내용을 미리 알고 보험계약의 청약을 하도록 함으로써 보험계약자의 이익을 보호하자는데 입법취지가 있고, 보험약관이 계약 당사자에 대하여 구속력을 갖는 것은 보험계약 당사자 사이에 그것을 계약 내용에 포함시키기로 합의하였기 때문이라는 점 등을 종합하여 보면, **보험계약자나 그 대리인이 약관의 내용을 충분히 잘 알고 있는 경우에는 그 약관이 바로 계약 내용이 되어 당사자에 대하여 구속력을 갖는다고 할 것이므로, 보험자로서는 보험계약자 또는 그 대리인에게 약관의 내용을 따로이 설명할 필요가 없다**고 보는 것이 상당하다(대법원 1998.4.14. 선고 97다39308 판결).

② 계약자 또는 피보험자가 손해의 통지 또는 보험금청구에 관한 서류에 고의로 사실과 다른 것을 기재하였거나 그 서류 또는 증거를 위조하거나 변조한 경우 보험금청구권이 상실된다는 내용을 일반인들이 거래상 당연히 예상할 수 있는 내용이므로, **보험금청구권의 상실사유로 정한 보험약관이 설명의무의 대상이 아니다**(대법원 2003.5.30. 선고 2003다15556 판결).

④ 피보험자동차의 양도에 관한 통지의무를 규정한 보험약관은 **거래상 일반인들이 보험자의 개별적인 설명 없이도 충분히 예상할 수 있었던 사항인 점 등에 비추어 보험자의 개별적인 명시·설명의무의 대상이 되지 않는다**(대법원 2007.4.27. 선고 2006다87453 판결).

03

정답 ②

해설 보험계약자나 그 대리인이 약관내용을 충분히 알지 못하므로 계약 체결시 보험자가 약관내용을 설명하여야 하며, 그 **설명의무를 이행하였다는 입증책임은 보험자 측에 있다.**

① 고지의무에 위반한 사실 또는 위험의 현저한 변경이나 증가된 사실과 보험사고발생과의 사이에 인과관계가 부존재한다는 점에 관한 주장·입증책임은 **보험계약자 측에 있다**(대법원 1997.9.5. 선고 95다25268 판결).

③ 피보험자 자신이 사망의 결과를 발생하게 하였다고 하더라도, 피보험자가 자유로운 의사결정을 할 수 없는 상태에서 사망의 결과를 발생하게 하였고, 그 직접적인 원인행위가 외래의 요인에 의한 것이라면 그로 인한 피보험자의 사망은 피보험자의 고의에 의하지 않은 우발적인 사고로서 보험사고인 사망에 해당할 수 있다(대법원 2006.3.10. 선고 2005다49713 판결 / 대법원 2008.8.21. 선고 2007다76696 판결 / 대법원 2014.4.10. 선고 2013다18929 판결). 이러한 사고의 우연성에 관해서는 **보험금청구자에게 그 입증책임이 있다**(대법원 2010.8.19. 선고 2008다78491 판결 / 대법원 2001.11.9. 선고 2001다55499, 55505 판결).

④ 보험약관에서 정한 보험사고의 요건인 '급격하고도 우연한 외래의 사고' 중 '외래의 사고'라는 것은 상해 또는 사망의 원인이 피보험자의 신체적 결함, 즉 질병이나 체질적 요인 등에 기인한 것이 아닌 외부적 요인에 의해 초래된 모든 것을 의미하고, 이러한 사고의 외래성 및 상해 또는 사망이라는 결과와 사이의 인과관계에 관하여는 **보험금청구자에게 그 증명책임이 있다**(대법원 2010.9.30. 선고 2010다12241, 12258 판결).

04

정답 ④

해설 甲이 손해보험업을 영위하는 乙 주식회사와 냉동창고건물에 관한 보험계약을 체결하였는데, 체결 당시 보험의 목적인 건물이 완성되지 않아 잔여공사를 계속하여야 한다는 사정을 乙 회사에 고지하지 않은 사안에서, 위 냉동창고건물은 형식적 사용승인에도 불구하고 냉동설비공사 등 주요 공사가 완료되지 아니하여 잔여공사를 계속하여야 할 상황이었고, 이러한 공사로 인하여 완성된 냉동창고건물에 비하여 현저히 높은 화재 위험에 노출되어 있었으며, 위험의 정도나 중요성에 비추어 甲은 보험계약을 체결할 때 이러한 사정을 고지하여야 함을 충분히 알고 있었거나 적어도 현저한 부주의로 인하여 이를 알지 못하였다고 봄이 타당하다는 이유로, 고지의무의 위반에 정당한 이유가 있다(대법원 2012.11.29. 선고 2010다38663, 38670 판결).

① 피보험자의 직업이나 직종에 따라 보험금 가입한도나 보상비율에 차등이 있는 생명보험계약에서 그 피보험자의 직업이나 직종에 관한 사항에 대하여 고지의무위반이 있어 실제의 직업이나 직종에 따른 보험금 가입한도나 보상비율을 초과하여 보험계약이 체결된 경우에 보험회사가 보험금 지급사유의 발생 여부와 관계없이 보험금을 피보험자의 실제 직업이나 직종에 따른 보험금 가입한도나 보상비율 이내로 감축하는 것은 실질적으로 당사자가 의도하였던 보험금 가입한도나 보상비율 중에서 실제 직업이나 직종에 따른 보험금 가입한도나 보상비율을 초과하는 부분에 관한 보험계약을 자동 해지하는 것이라고 할 것이므로, 그 해지에 관하여는 상법 제651조에서 규정하고 있는 해지기간, 고지의무위반 사실에 대한 보험자의 고의나 중과실 여부, 상법 제655조에서 규정하고 있는 고지의무위반 사실과 보험사고발생 사이의 인과관계 등에 관한 규정이 여전히 적용되어야 하고, 만일 이러한 규정이 적용될 여지가 없이 자동적으로 원래 실제 직업이나 직종에 따라 가능하였던 가입한도나 보상비율 범위 이내로 지급하여야 할 보험금을 감축하는 취지의 약정이 있다면 이는 당사자의 특약에 의하여 보험계약자나 피보험자, 보험수익자에게 불리하게 위 상법의 규정을 변경한 것으로서 상법 제663조에 의하여 허용되지 않는다고 할 것이며, 이러한 결론은 비록 보험회사가 보험계약자 측의 직업 또는 직종에 대한 고지의무위반이 있는 경우에 이로 인한 계약해지권을 포기하고 있다고 하여도 달리 볼 것은 아니다(대법원 2000.11.24. 선고 99다42643 판결).

② 보험계약을 체결하면서 중요한 사항에 관한 보험계약자의 고지의무위반이 사기에 해당하는 경우에는 보험자는 상법의 규정에 의하여 계약을 해지할 수 있음은 물론 보험계약에서 정한 취소권 규정이나 민법의 일반원칙에 따라 보험계약을 취소할 수 있다. 따라서 보험금을 부정취득할 목적으로 다수의 보험계약이 체결된 경우에 민법 제103조 위반으로 인한 보험계약의 무효와 고지의무위반을 이유로 한 보험계약의 해지나 취소는 그 요건이나 효과가 다르지만, 개별적인 사안에서 각각의 요건을 모두 충족한다면 위와 같은 구제수단이 병존적으로 인정되고, 이 경우 보험자는 보험계약의 무효, 해지 또는 취소를 선택적으로 주장할 수 있다(대법원 2017.4.7. 선고 2014다234827 판결).

③ 대부분의 보험계약자나 피보험자들은 보험계약 체결시 고지의무를 이행하면 자신의 건강・장애 등에 대하여 알릴 의무를 모두 이행한 것으로 이해한다. 그럼에도 불구하고 사고발생 후 보험금을 청구하면, 보험자는 이른바 '계약 전 발병부담보조항'을 내세워 지급을 거절하는 경우가 종종 있다. 대다수 보험계약자는 이 조항의 존재를 알지 못하고 있어 보험금을 받으리라는 기대가 깨져버린 후에 보험자와 다투는 사례가 실무상 많이 일어난다. 상법 제638조의 보험계약의 정의와 대법원도 인정하듯 계약 전 발병부담보조항을 잘못된 것이라고 하기는 어려우며, 또한 고지의무와는 전혀 다른 제도이다.

05

정답 ③

해설 ①·③ 본 예문은 보험계약 체결 당시 피보험자가 이미 근긴장성 근이양증(이하 '근이양증'이라고 함)의 증세를 보였고, 근이양증이 발병한 이상 보험사고인 제1급 장해의 발생을 피할 수 없으며, 근이양증으로 인하여 건강상태가 일반적인 자연속도 이상으로 급격히 악화되어 사망에 이를 개연성이 매우 높다는 이유로 보험계약이 무효라고 판단한 원심을 파기한 사례로서, 보험금 지급이 뻔히 예상되더라도 **실제 사고가 나기 전에 보험계약을 맺었다면 계약은 유효한 것이다**(대법원 2010.12.21. 2010다66835 판결).

상법 제644조는 "보험계약 당시 보험사고가 이미 발생한 때에 그 계약을 무효로 한다"고 규정하고 있으므로, 설사 시간의 경과에 따라 보험사고의 발생이 필연적으로 예견된다고 하더라도 보험계약 체결 당시 이미 보험사고가 발생하지 않은 이상 상법 제644조를 적용하여 보험계약을 무효로 할 것은 아니라는 취지로 해석된다.

② 소급보험이 인정되기 위해서는 **보험계약을 체결할 당시에 보험계약자와 보험자 및 피보험자 모두가 이미 보험사고의 발생 또는 불발생을 알고 있어서는 안 된다**(상법 제644조 참조).

④ 질병은 보험기간 중에 진행되었더라도 **보험사고가 보험기간 경과 후에 발생한 때에는 보험자는 보험금지급책임을 지지 않는다**.

06

정답 ③

해설 보험금청구권은 보험사고가 발생하기 전에는 추상적인 권리에 지나지 않고 보험사고가 발생하면 구체적인 권리가 되어 그때부터 권리를 행사할 수 있으므로, 보험금청구권의 소멸시효는 특별한 다른 사정이 없는 한 보험사고가 발생한 때부터 진행하는 것이 원칙이다. 그러나 객관적으로 보험사고가 발생한 사실을 확인할 수 없는 사정이 있는 경우에는 보험금청구권자가 보험사고의 발생을 알았거나 알 수 있었던 때부터 보험금청구권의 소멸시효가 진행한다(대법원 2008.11.13. 선고 2007다19624 판결).

① 보험자는 보험금액의 지급에 관하여 약정기간이 있는 경우에는 그 기간 내에, 약정기간이 없는 경우에는 통지를 받은 후 지체 없이 지급할 보험금액을 정하고, 그 정하여진 날부터 10일 내에 피보험자 또는 보험수익자에게 보험금액을 지급하여야 한다(상법 제658조).

상법 제658조에서 보험금 지급유예기간을 정하고 있더라도 보험금청구권의 소멸시효는 보험사고가 발생한 때로부터 진행하고, 위 **지급유예기간이 경과한 다음날부터 진행한다고 볼 수는 없다**(대법원 2005.12.23. 선고 2005다59383 판결).

② 피해자가 스스로 자동차를 운전하다가 사망한 사고에 관해 보험회사가 보험금청구권자에게 그 사고는 면책 대상이어서 보험금을 지급할 수 없다는 내용의 잘못된 통보를 하였다고 하더라도 그와 같은 사유는 보험금청구권을 행사하는데 있어서 법률상의 장애사유가 될 수 없고, 또 이로 인하여 보험금청구권자가 보험사고가 발생하였다는 것을 알 수 없게 되었다고 볼 수도 없으므로 보험회사의 보험계약상의 보험금 지급채무는 사고발생시로부터 2년의 기간이 경과함으로써 시효소멸한다(대법원 1997.11.11. 선고 97다36521 판결).

따라서 보험자가 보험금청구권자의 청구에 대하여 보험금지급책임이 없다고 잘못 알려 준 경우에도 **보험사고가 발생한 때부터 소멸시효가 진행한다**.

④ 책임보험의 성질에 비추어 피보험자가 보험자에게 보험금청구권을 행사하려면 적어도 피보험자가 제3자에게 손해배상금을 지급하였거나 상법 또는 보험약관이 정하는 방법으로 피보험자의 제3자에 대한 채무가 확정되어야 할 것이고, 상법 제662조가 보험금의 청구권은 2년간 행사하지 아니하면 소멸시효가 완성한다는 취지를 규정하고 있을 뿐, 책임보험의 보험금청구권의 소멸시효의 기산점에 관하여는 상법상 아무런 규정이 없으므로, "소멸시효는 권리를 행사할 수 있는 때로부터 진행한다." 고 소멸시효의 기산점에 관하여 규정한 민법 제166조 제1항에 따를 수밖에 없는 바, 약관에서 책임보험의 보험금청구권의 발생시기나 발생요건에 관하여 달리 정한 경우 등 특별한 다른 사정이 없는 한 원칙적으로 책임보험의 보험금청구권의 소멸시효는 피보험자의 제3자에 대한 법률상의 손해배상책임이 상법 제723조 제1항이 정하고 있는 **변제, 승인, 화해 또는 재판의 방법 등에 의하여 확정됨으로써 그 보험금청구권을 행사할 수 있는 때로부터 진행된다**고 봄이 상당하다(대법원 2002.9.6. 선고 2002다 30206 판결).

07

정답 ④

해설 타인의 사망을 보험사고로 하는 보험계약에는 보험계약 체결시에 그 타인의 서면(「전자서명법」 제2조 제2호에 따른 전자서명이 있는 경우로서 대통령령으로 정하는 바에 따라 본인 확인 및 위조·변조 방지에 대한 신뢰성을 갖춘 전자문서를 포함한다)에 의한 동의를 얻어야 한다(상법 제731조 제1항).

상법 제731조 제1항에 따른 본인 확인 및 위조·변조 방지에 대한 신뢰성을 갖춘 전자문서는 다음 각 호의 요건을 모두 갖춘 전자문서로 한다(상법 시행령 제44조의2).

1. 전자문서에 보험금 지급사유, 보험금액, 보험계약자와 보험수익자의 신원, 보험기간이 적혀 있을 것
2. 전자문서에 법 제731조 제1항에 따른 전자서명을 하기 전에 전자서명을 할 사람을 직접 만나서 전자서명을 하는 사람이 보험계약에 동의하는 본인임을 확인하는 절차를 거쳐 작성될 것
3. **전자문서에 전자서명을 한 후에 그 전자서명을 한 사람이 보험계약에 동의한 본인임을 확인할 수 있도록 지문정보를 이용하는 등 법무부장관이 고시하는 요건을 갖추어 작성될 것**
4. 전자문서 및 전자서명의 위조·변조 여부를 확인할 수 있을 것

08

정답 ①

해설

- (×) 생명보험계약의 약관에 보험계약자는 보험계약의 해약환급금의 범위 내에서 보험회사가 정한 방법에 따라 대출을 받을 수 있다.
- (×) 현행 생명보험표준약관 제33조에 약관대출규정이 있으나, 상법에는 규정이 없다.
- (○) 약관대출은 일반적인 대출과는 달리 소비대차로서의 법적 성격을 가지는 것은 아니라, 보험회사가 장차 지급하여야 할 보험금이나 해약환급금을 미리 지급하는 선급금과 같은 성격이라고 보아야 한다(**다수의견**).
- (×) 보험자의 약관대출금채권이 별도로 존재하지 않으므로, 양도·입질·압류·상계의 대상이 되지 않는다(**다수의견**).

〈출처〉 보험약관대출의 법적 성격에 관한 연구, 한기정, 2008

판례 **보험금(대법원 2007.9.28. 선고 2005다15598 전원합의체 판결)**

생명보험계약의 약관에 보험계약자는 **보험계약의 해약환급금의 범위 내에서 보험회사가 정한 방법에 따라 대출**을 받을 수 있고, 이에 따라 대출이 된 경우에 보험계약자는 그 대출 원리금을 언제든지 상환할 수 있으며, 만약 상환하지 아니한 동안에 보험금이나 해약환급금의 지급사유가 발생한 때에는 위 대출 원리금을 공제하고 나머지 금액만을 지급한다는 취지로 규정되어 있다면, 그와 같은 약관에 따른 대출계약은 약관상의 의무의 이행으로 행하여지는 것으로서 보험계약과 별개의 독립된 계약이 아니라 보험계약과 일체를 이루는 하나의 계약이라고 보아야 하고, **보험약관대출금의 경제적 실질은 보험회사가 장차 지급하여야 할 보험금이나 해약환급금을 미리 지급하는 선급금과 같은 성격**이라고 보아야 한다. 따라서 위와 같은 약관에서 비록 '대출'이라는 용어를 사용하고 있더라도 이는 **일반적인 대출과는 달리 소비대차로서의 법적 성격을 가지는 것은 아니며**, 보험금이나 해약환급금에서 대출 원리금을 공제하고 지급한다는 것은 보험금이나 해약환급금의 선급금의 성격을 가지는 위 대출 원리금을 제외한 나머지 금액만을 지급한다는 의미이므로 **민법상의 상계와는 성격이 다르다.**

09

정답 ④

해설 동일한 보험계약의 목적과 동일한 사고에 관하여 수 개의 보험계약이 동시에 또는 순차로 체결된 경우에 그 보험금액의 총액이 보험가액을 초과한 때에는 중복보험에 해당된다(상법 제672조 제1항). 중복보험의 경우 보험자는 각자의 보험금액의 한도에서 연대책임을 지며, 각 보험자의 보상책임은 각자의 보험금액의 비율에 따른다. 또한 보험자 1인에 대한 권리의 포기는 다른 보험자의 권리의무에 영향을 미치지 아니한다(상법 제673조).

따라서, 甲이 丁보험회사에 대한 보험금 청구를 포기한 경우 乙보험회사와 丙보험회사의 보상책임은 변함이 없다.

즉, 乙보험회사의 보상책임액 $= 1{,}000\text{만원} \times \dfrac{400\text{만원}}{400\text{만원} + 600\text{만원} + 1{,}000\text{만원}} =$ **200만원**

丙보험회사의 보상책임액 $= 1{,}000\text{만원} \times \dfrac{600\ \text{원}}{400\text{만원} + 600\text{만원} + 1{,}000\text{만원}} =$ **300만원**

참고로, 丁보험회사에 대한 보험금 청구를 포기하지 않은 경우

丁보험회사의 보상책임액 $= 1{,}000\text{만원} \times \dfrac{1{,}000\text{만원}}{400\text{만원} + 600\text{만원} + 1{,}000\text{만원}} =$ **500만원**

10

정답 ④

해설 피보험자가 제3자의 청구를 방어하기 위하여 지출한 재판상 또는 재판 외의 필요비용은 그 행위가 **보험자의 지시에 의한 것인 경우에는** 그 금액에 손해액을 가산한 금액이 보험금액을 초과하는 때에도 보험자가 이를 부담하여야 한다(상법 제720조 제1항, 제3항).

① 보험증권을 멸실 또는 현저하게 훼손한 때에는 보험계약자는 보험자에 대하여 증권의 재교부를 청구할 수 있다. 그 증권작성의 비용은 보험계약자의 부담으로 한다(상법 제642조).

② 보험계약자와 피보험자는 손해의 방지와 경감을 위하여 노력하여야 한다. 그러나 이를 위하여 필요 또는 유익하였던 비용과 보상액이 보험금액을 초과한 경우라도 보험자가 이를 부담한다(상법 제680조).
③ 보험자는 보험의 목적의 안전이나 보존을 위하여 지급할 특별비용을 보험금액의 한도 내에서 보상할 책임이 있다(상법 제694조의3).

11

정답 ①

해설 집합보험에 관한 규정은 **손해보험 통칙이 아니라 화재보험에 규정**되어 있다(상법 제686조).
집합된 물건을 일괄하여 보험의 목적으로 한 때에는 피보험자의 가족과 사용인의 물건도 보험의 목적에 포함된 것으로 한다. 이 경우에는 그 보험은 그 가족 또는 사용인을 위하여서도 체결한 것으로 본다(상법 제686조). 집합된 물건을 일괄하여 보험의 목적으로 한 때에는 그 목적에 속한 물건이 보험기간 중에 수시로 교체된 경우에도 보험사고의 발생 시에 현존한 물건은 보험의 목적에 포함된 것으로 한다(상법 제687조).

12

정답 ③

해설 선박이 정당한 사유 없이 보험계약에서 정하여진 항로를 이탈한 경우에는 보험자는 그때부터 책임을 지지 아니한다. **선박이 손해발생 전에 원항로로 돌아온 경우에도 같다**(상법 제701조의2).
① 상법 제701조 제1항
② 상법 제701조 제2항
④ 상법 제702조

13

정답 ④

해설 상법 제724조 제2항에 "제3자는 피보험자가 책임을 질 사고로 입은 손해에 대하여 보험금액의 한도 내에서 보험자에게 직접 보상을 청구할 수 있다. 그러나 **보험자는 피보험자가 그 사고에 관하여 가지는 항변으로써 제3자에게 대항할 수 있다**"고 규정하고 있다. 즉 피해자(제3자)는 가해자인 피보험자에 대한 손해배상청구권을 전제로 직접청구권을 가지므로(판례), 보험자는 피보험자가 제3자에 항변으로써 제3자에게 대항할 수 있다. 그런데, **보험자는 피보험자에 대하여 가지는 항변으로써 제3자에게 대항 할 수 있다**는 규정은 상법에 명시적으로 없지만 보험이론상 인정되는 항변사유이다. 여기서, 항변사유란 피보험자에게 보험금청구권이 발생하였지만 보험자가 보험금 지급을 거절하거나 감액할 수 있는 사유로서 계약상의 하자, 조건의 미성취, 면책사유 등이다.
① 상법 제724조 제1항
②·③ 상법 제724조 제2항

14

정답 ④

해설 ②·④ 보험사고가 보험계약자 또는 피보험자나 보험수익자의 고의 또는 중대한 과실로 인하여 생긴 때에는 보험자는 보험금액을 지급할 책임이 없다(상법 제659조 제1항). 그러나 사망을 보험사고로 한 보험계약에서는 **사고가 보험계약자 또는 피보험자나 보험수익자의 중대한 과실로 인하여 발생한 경우에도 보험자는 보험금을 지급할 책임을 면하지 못한다**(상법 제732조의2 제1항). 이는 중과실 여부에 대한 입증이 곤란하므로 보험수익자의 이익을 보호하기 위하여 고의로 인한 보험사고만을 면책사유로 한 것이다. 또한, 둘 이상의 보험수익자 중 일부가 고의로 피보험자를 사망하게 한 경우 보험자는 다른 보험수익자에 대한 보험금 지급책임을 면하지 못한다(상법 제732조의2 제2항)고 규정하고 있는데 이는 피보험자의 사망과 관계없는 다른 보험수익자에 대해서는 보험자의 보험금 지급책임을 인정한 것이다.

① 보험수익자의 지정에 관한 상법 제733조는 상법 제739조에 의하여 상해보험에도 준용되므로, 결국 상해의 결과로 사망한 때에 사망보험금이 지급되는 상해보험에 있어서 보험수익자가 지정되어 있지 않아 위 법률규정에 의하여 피보험자의 상속인이 보험수익자가 되는 경우에도 보험수익자인 상속인의 보험금청구권은 상속재산이 아니라, **상속인의 고유재산으로 보아야 한다**(대법원 2004.7.9. 선고 2003다29463 판결).

③ 생명보험계약에서 보험자는 보험사고로 인하여 생긴 보험계약자 또는 보험수익자의 제3자에 대한 권리를 대위하여 행사하지 못한다(상법 제729조). 즉 **甲에 대하여 보험대위를 행사할 수 없다**.

15

정답 ②

해설 보험자가 생명보험계약을 체결함에 있어 다른 보험계약의 존재 여부를 청약서에 기재하여 질문하였다면 이는 그러한 사정을 보험계약을 체결할 것인지의 여부에 관한 판단자료로 삼겠다는 의사를 명백히 한 것으로 볼 수 있고, 그러한 경우에는 **다른 보험계약의 존재 여부가 고지의무의 대상이 된다고 할 것이다**. 그러나 그러한 경우에도 보험자가 다른 보험계약의 존재 여부에 관한 고지의무위반을 이유로 보험계약을 해지하기 위하여는 보험계약자 또는 피보험자가 그러한 사항에 관한 고지의무의 존재와 다른 보험계약의 존재에 관하여 이를 알고도 고의로 또는 중대한 과실로 인하여 이를 알지 못하여 고지의무를 다하지 않은 사실이 입증되어야 할 것이다(대법원 2001.11.27. 선고 99다33311 판결).

① 보험계약자가 다수의 보험계약을 통하여 보험금을 부정취득할 목적으로 보험계약을 체결한 경우, 이러한 목적으로 체결된 보험계약에 의하여 보험금을 지급하게 하는 것은 보험계약을 악용하여 부정한 이득을 얻고자 하는 사행심을 조장함으로써 사회적 상당성을 일탈하게 될 뿐만 아니라, 합리적인 위험의 분산이라는 보험제도의 목적을 해치고 위험발생의 우발성을 파괴하며 다수의 선량한 보험가입자들의 희생을 초래하여 보험제도의 근간을 해치게 되므로, 이와 같은 보험계약은 민법 제103조 소정의 **선량한 풍속 기타 사회질서에 반하여 무효라고 할 것이다**(대법원 2018.9.13. 선고 2016다255125 판결).

③ 손해보험계약에 있어서 동일한 보험계약의 목적과 동일한 사고에 관하여 수 개의 보험계약을 체결하는 경우에 보험계약자는 각 보험자에 대하여 각 보험계약의 내용을 통지하여야 한다(상법 제672조 제2항).

④ 상법 제672조 제2항에서 손해보험에 있어서 동일한 보험계약의 목적과 동일한 사고에 관하여 수 개의 보험계약을 체결하는 경우에는 보험계약자는 각 보험자에 대하여 각 보험계약의 내용을 통지하도록 규정하고 있으므로, 이미 보험계약을 체결한 보험계약자가 동일한 보험목적 및 보험사고에 관하여 다른 보험계약을 체결하는 경우 기존의 보험계약에 관하여 고지할 의무가 있다고 할 것이나, 손해보험에 있어서 위와 같이 보험계약자에게 다수의 보험계약의 체결사실에 관하여 고지 및 통지하도록 규정하는 취지는, 손해보험에서 중복보험의 경우에 연대비례보상주의를 규정하고 있는 상법 제672조 제1항과 사기로 인한 중복보험을 무효로 규정하고 있는 상법 제672조 제3항, 제669조 제4항의 규정에 비추어 볼 때, 부당한 이득을 얻기 위한 사기에 의한 보험계약의 체결을 사전에 방지하고 보험자로 하여금 보험사고 발생시 손해의 조사 또는 책임의 범위의 결정을 다른 보험자와 공동으로 할 수 있도록 하기 위한 것일 뿐, 보험사고발생의 위험을 측정하여 계약을 체결할 것인지 또는 어떤 조건으로 체결할 것인지 판단할 수 있는 자료를 제공하기 위한 것이라고 볼 수는 없으므로 **중복보험을 체결한 사실은 상법 제651조의 고지의무의 대상이 되는 중요한 사항에 해당되지 아니한다**(대법원 2003.11.13. 선고 2001다49623 판결).

16

정답 ④

해설 가. (○) 피보험자가 술에 취한 상태에서 출입이 금지된 지하철역 승강장의 선로로 내려가 지하철역을 통과하는 전동열차에 부딪혀 사망한 경우, 피보험자에게 판단능력을 상실 내지 미약하게 할 정도로 과음을 한 **중과실이 있더라도 보험약관상의 보험사고인 우발적인 사고에 해당한다**(대법원 2001.11.9. 선고 2001다55499, 55505 판결).

나. (○) 사망을 보험사고로 하는 보험계약에서 자살을 보험자의 면책사유로 규정하고 있는 경우에, 자살은 자기의 생명을 끊는다는 것을 의식하고 그것을 목적으로 의도적으로 자기의 생명을 절단하여 사망의 결과를 발생케 한 행위를 의미하고, 피보험자가 정신질환 등으로 자유로운 의사결정을 할 수 없는 상태에서 사망의 결과를 발생케 한 경우까지 포함하는 것은 아니므로, **피보험자가 자유로운 의사결정을 할 수 없는 상태에서 사망의 결과를 발생케 한 직접적인 원인행위가 외래의 요인에 의한 것이라면, 그 사망은 피보험자의 고의에 의하지 않은 우발적인 사고로서 보험사고인 사망에 해당할 수 있다**(대법원 2015.6.23. 선고 2015다5378 판결).

다. (○) '급격하고도 우연한 외래의 사고'를 보험사고로 하는 상해보험에 가입한 **피보험자가 술에 취하여 자다가 구토로 인한 구토물이 기도를 막음으로써 사망한 경우, 보험약관상의 급격성과 우연성은 충족**되고, 나아가 보험약관상의 '외래의 사고'란 상해 또는 사망의 원인이 피보험자의 신체적 결함, 즉 질병이나 체질적 요인 등에 기인한 것이 아닌 외부적 요인에 의해 초래된 모든 것을 의미한다고 보는 것이 상당하므로, 위 사고에서 피보험자의 술에 만취된 상황은 피보험자의 신체적 결함, 즉 질병이나 체질적 요인 등에서 초래된 것이 아니라, 피보험자가 술을 마신 외부의 행위에 의하여 초래된 것이어서, 이는 외부적 요인에 해당한다고 할 것이고, 따라서 위 사고는 위 보험약관에서 규정하고 있는 '외래의 사고'에 해당하므로 보험자로서는 수익자에 대하여 위 보험계약에 따른 보험금을 지급할 의무가 있다(대법원 1998.10.13. 선고 98다28114 판결).

라. (○) 보험사고의 객관적 확정의 효과에 관하여 규정하고 있는 상법 제644조는 사고발생의 우연성을 전제로 하는 보험계약의 본질상 이미 발생이 확정된 보험사고에 대한 보험계약은 허용되지 아니한다는 취지에서 **보험계약 당시 이미 보험사고가 발생하였을 경우에는 그 보험계약을 무효로 한다고 규정**하고 있고, 암 진단의 확정 및 그와 같이 확진이 된 암을 직접적인 원인으로 한 사망을 보험사고의 하나로 하는 보험계약에서 피보험자가 보험계약일 이전에 암 진단이 확정되어 있는 경우에는 보험계약을 무효로 한다는 약관조항은 보험계약을 체결하기 이전에 그 보험사고의 하나인 암 진단의 확정이 있었던 경우에 그 보험계약을 무효로 한다는 것으로서 상법 제644조의 규정 취지에 따른 것이라고 할 것이므로, 상법 제644조의 규정 취지나 보험계약은 원칙적으로 보험가입자의 선의를 전제로 한다는 점에 비추어 볼 때, 그 **약관조항은 그 조항에서 규정하고 있는 사유가 있는 경우에 그 보험계약 전체를 무효로 한다는 취지라고 보아야 할 것**이지, 단지 보험사고가 암과 관련하여 발생한 경우에 한하여 보험계약을 무효로 한다는 취지라고 볼 수는 없다(대법원 1998.8.21. 선고 97다50091 판결).

17

정답 ④

해설 보험수익자가 보험존속 중에 사망한 때에는 **보험수익자의 상속인이 보험수익자로 바로 확정되는 것이 아니라**, 보험계약자가 다시 보험수익자를 지정할 수 있으며, 이 경우에 보험계약자가 지정권을 행사하지 아니하고 사망한 때에 보험수익자의 상속인을 보험수익자로 한다(상법 제733조 제3항).

18

정답 ②

해설 단체보험의 경우 단체(회사) 또는 그 대표자가 보험계약자이므로, 보험증권은 보험계약자에게만 교부된다(상법 제735조의3 제2항). 또한 회사의 대표자가 구성원의 복리후생을 위하여 보험료를 부담하고 보험계약을 체결하므로 '타인을 위한 보험계약' 형태가 일반적이다. 그러나 **보험계약자 자신을 보험수익자로 하여 '자기를 위한 보험계약'으로도 체결**할 수 있다.

① 상법 제735조의3 제1항

③ 단체보험 계약자 회사의 직원이 퇴사한 후에 사망하는 보험사고가 발생한 경우, 회사가 퇴사 후에도 계속 위 직원에 대한 보험료를 납입하였더라도 **퇴사와 동시에 단체보험의 해당 피보험자 부분이 종료**되는데 영향을 미치지 아니한다(대법원 2007.10.12. 선고 2007다42877 판결).

④ 상법 제735조의3은 단체가 규약에 따라 구성원의 전부 또는 일부를 피보험자로 하는 생명보험계약을 체결하는 경우에는 제731조를 적용하지 아니한다고 규정하고 있으므로, 위와 같은 단체보험에 해당하려면 위 법조 소정의 규약에 따라 보험계약을 체결한 경우이어야 하고, 그러한 규약이 갖추어지지 아니한 경우에는 강행법규인 상법 제731조의 규정에 따라 피보험자인 구성원들의 **서면에 의한 동의를 갖추어야 보험계약으로서의 효력이 발생**한다(대법원 2006.4.27. 선고 2003다60259 판결).

19

정답 ④

해설 재보험자가 보험자대위에 의하여 취득한 제3자에 대한 권리의 행사는 **재보험자가 이를 직접 하지 아니하고, 원보험자가 재보험자의 수탁자의 지위에서 자기 명의로 권리를 행사**하여 그로써 회수한 금액을 재보험자에게 재보험금의 비율에 따라 교부하는 방식에 의하여 이루어지는 것이 상관습이다(대법원 2015.6.11., 선고 2012다10386 판결).

① 상법 제661조 후단

② 상법 제726조

③ 보험자가 피보험자에게 보험금을 지급하면 보험자대위의 법리에 따라 피보험자가 보험사고의 발생에 책임이 있는 제3자에 대하여 가지는 권리는 지급한 보험금의 한도에서 보험자에게 당연히 이전되고(상법 제682조), 이는 재보험자가 원보험자에게 재보험금을 지급한 경우에도 마찬가지이다. 따라서 재보험관계에서 재보험자가 원보험자에게 재보험금을 지급하면 원보험자가 취득한 제3자에 대한 권리는 지급한 재보험금의 한도에서 다시 재보험자에게 이전된다(대법원 2015.6.11. 선고 2012다10386 판결).

20

정답 ③

해설 보험사고의 발생으로 보험자가 보험금액을 지급한 때에도 보험금액이 감액되지 아니하는 보험의 경우에는 보험계약자는 그 사고발생 후에도 보험계약을 해지할 수 있다(상법 제649조 제2항).

① 보험계약 당사자 중 **보험계약자는 보험사고가 발생하기 전에는 언제든지 보험계약을 해지할 수 있지만**, 보험자는 임의해지 할 수 없다(상법 제649조 제1항).

② 보험자가 보험계약자 등의 고지의무위반을 이유로 보험계약을 해지하는 경우, **보험사고가 발생한 후라도 보험계약을 해지할 수 있고**, 보험자는 보험금을 지급할 책임이 없다. 또한 이미 지급한 보험금의 반환을 청구할 수 있다(상법 제655조).

④ 보험기간 중에 보험계약자 또는 피보험자가 사고발생의 위험이 현저하게 변경 또는 증가된 사실을 안 때에는 지체 없이 보험자에게 통지하여야 한다. 보험자가 위험변경증가의 통지를 받은 때에는 **1월 내에 보험료의 증액을 청구하거나 계약을 해지할 수 있다**(상법 제652조 제1항, 제2항).

21

정답 ②

해설 자기자본을 산출할 때 합산하여야 할 항목 및 빼야 할 항목은 다음 각 호의 기준에 따라 금융위원회가 정하여 고시한다(보험업법 시행령 제4조).

1. **합산하여야 할 항목 : 납입자본금, 자본잉여금** 및 **이익잉여금** 등 보험회사의 자본 충실에 기여하거나 영업활동에서 발생하는 손실을 보전(補塡)할 수 있는 것
2. **빼야 할 항목** : 영업권 등 실질적으로 자본 충실에 기여하지 아니하는 것

22

정답 ④

해설 가. 연금보험은 생명보험업의 허가 종목이고, 마. 상해보험은 제3보험업의 허가 종목이다.

> **TIP 손해보험업의 보험종목(보험업법 제4조 제1항 제2호)**
>
> 가. 화재보험
> 나. 해상보험(항공 · 운송보험을 포함한다)
> 다. 자동차보험
> 라. 보증보험
> 마. 재보험(再保險)
> 바. 그 밖에 대통령령으로 정하는 보험종목

23

정답 ③

해설 외국보험회사 등의 국내사무소는 다음 각 호의 어느 하나에 해당하는 행위를 하여서는 아니 된다(보험업법 제12조 제3항).

1. 보험업을 경영하는 행위
2. 보험계약의 체결을 중개하거나 대리하는 행위
3. 국내 관련 법령에 저촉되는 방법에 의하여 보험시장의 조사 및 정보의 수집을 하는 행위
4. 그 밖에 국내사무소의 설치 목적에 위반되는 행위로서 대통령령으로 정하는 행위

24

정답 ①

해설 **상호회사의 정관 기재사항(보험업법 제34조)**

상호회사의 발기인은 정관을 작성하여 다음 각 호의 사항을 적고 기명날인하여야 한다.

1. 취급하려는 보험종목과 사업의 범위
2. 명 칭
3. 사무소 소재지
4. 기금의 총액
5. 기금의 갹출자가 가질 권리
6. 기금과 설립비용의 상각 방법
7. 잉여금의 분배 방법
8. 회사의 공고 방법
9. 회사 성립 후 양수할 것을 약정한 자산이 있는 경우에는 그 자산의 가격과 양도인의 성명
10. 존립시기 또는 해산사유를 정한 경우에는 그 시기 또는 사유

25

정답 ④

해설 상호회사 성립 전의 입사청약에 대하여는 「민법」 제107조 제1항 단서(상대방이 표의자의 진의 아님을 알았거나 이를 알 수 있었을 경우에는 무효로 한다)를 적용하지 아니한다(보험업법 제38조 제3항).

① 보험업법 제38조 제1항

② 보험업법 제38조 제2항 제1호

③ 보험업법 제38조 제2항 제3호, 제4호

26

정답 ②

해설 법인보험중개사는 보험계약자 보호를 위한 업무지침을 정하여야 하며, 그 업무지침의 준수 여부를 점검하고 위반사항을 조사하기 위한 임원 또는 직원을 1인 이상 두어야 한다(보험업법 시행령 제36조 제1항 제1호, 제2호).

① 보험업법 제92조 제2항

③ 보험업법 제93조 제1항 제7호

④ 보험업법 시행령 제38조 제1항, 제3항

27

정답 ②

해설 자동차보험계약의 경우에는 법령에 따라 가입이 강제되지 아니하는 보험계약도 그 대상으로 한다(보험업법 제166조).

① 보험업법 제167조 제1항

③ 보험업법 제168조 제1항

④ 보험업법 제173조

28

정답 ②

해설 보험계약자는 보험계약의 체결 또는 모집에 종사하는 자(보험중개사는 제외한다)가 기존보험계약을 소멸시키거나 소멸하게 하였을 때에는 그 보험계약의 체결 또는 모집에 종사하는 자가 속하거나 모집을 위탁한 보험회사에 대하여 그 보험계약이 소멸한 날부터 6개월 이내에 소멸된 보험계약의 부활을 청구하고 새로운 보험계약은 취소할 수 있다(보험업법 제97조 제4항).

① 보험업법 제96조 제1항

③ 보험업법 제96조 제2항 제3호

④ 보험업법 제95조 제3항

29

정답 ②

해설 보험회사는 그 보험회사의 대주주와 대통령령으로 정하는 금액 이상의 신용공여를 하였을 때에는 7일 이내에 그 사실을 **금융위원회에 보고**하고 인터넷 홈페이지 등을 이용하여 공시하여야 한다(보험업법 제111조 제3항 제1호).

① 보험업법 제110조 제1항 제1호

③ 보험업법 제110조의3 제2항

④ 보험업법 제104조 제1항, 제2항

30

정답 ②

해설 가. **금융위원회의 승인**을 받아 자회사로 소유할 수 있는 경우(보험업법 제115조 제1항 제3호)

라. 보험계약 및 **대출 등과 관련된 상담업무**(보험업법 시행령 제59조 제3항 제8호)

사. **금융위원회의 승인**을 받아 자회사로 소유할 수 있는 경우(보험업법 시행령 제59조 제2항 제2호)

TIP 금융위원회에 신고하고 자회사를 소유할 수 있는 업무(보험업법 제115조 제2항, 동법 시행령 제59조 제3항)

보험회사는 보험업의 경영과 밀접한 관련이 있는 업무 등으로서 **대통령령으로 정하는 업무**를 주로 하는 회사를 미리 금융위원회에 신고하고 자회사로 소유할 수 있다.

1. 보험회사의 사옥관리업무
2. **보험수리업무**
3. **손해사정업무**
4. **보험대리업무**
5. **보험사고 및 보험계약 조사업무**
6. 보험에 관한 교육・연수・도서출판・금융리서치・경영컨설팅 업무
7. 보험업과 관련된 전산시스템・소프트웨어 등의 대여・판매 및 컨설팅 업무
8. **보험계약 및 대출 등과 관련된 상담업무**
9. 보험에 관한 인터넷 정보서비스의 제공업무
10. 자동차와 관련된 긴급출동・차량관리・운행정보 등 부가서비스 업무
11. 보험계약자 등에 대한 위험관리 업무
12. 건강・장묘・장기간병・신체장애 등의 사회복지사업 및 이와 관련된 조사・분석・조언 업무
13. 「노인복지법」 제31조에 따른 노인복지시설의 설치・운영에 관한 업무 및 이와 관련된 조사・분석・조언 업무
14. 건강 유지・증진 또는 질병의 사전 예방 등을 위해 수행하는 업무
15. 외국에서 하는 보험업, 보험수리업무, 손해사정업무, 보험대리업무, 보험에 관한 금융리서치 업무, 투자자문업, 투자일임업, 집합투자업 또는 부동산업

31

정답 ④

해설 보험회사가 적립하여야 하는 지급여력금액에는 자본금, 이익잉여금, 후순위차입금, 그 밖에 이에 준하는 것으로서 금융위원회가 정하여 고시하는 금액을 합산한 금액에서 영업권, 그 밖에 이에 준하는 것으로서 금융위원회가 정하여 고시하는 금액을 뺀 금액을 말한다(보험업법 시행령 제65조 제1항 제1호).

① 보험업법 시행령 제65조 제2항 제2호

② 보험업법 시행령 제65조 제2항 제3호

③ 보험업법 제123조 제2항

32

정답 ①

해설 가. (○) 보험업법 제127조 제2항 제1호

나. (○) 보험업법 제127조 제2항 제3호

다. (○) 보험업법 제127조 제3항

라. (×) 금융위원회는 보험회사가 기초서류를 신고하는 경우 보험료 및 해약환급금 산출방법서에 대하여 보험요율산출기관 또는 대통령령으로 정하는 보험계리업자(이하 "독립계리업자"라 한다)의 검증확인서를 첨부하도록 할 수 있다(보험업법 제128조 제2항).

33

정답 ①

해설 선임계리사는 보험회사가 기초서류관리기준을 지키는지를 점검하고, 이를 위반하는 경우에는 조사하여 그 결과를 이사회에 보고하여야 하며, 기초서류에 법령을 위반한 내용이 있다고 판단하는 경우에는 금융위원회에 보고하여야 한다(보험업법 제184조 제2항).

34

정답 ③

해설 보험요율산출기관은 보유정보의 활용을 통한 자동차사고 이력, 자동차 기준가액 및 자동차 주행거리의 정보 제공 업무를 할 수 있다(보험업법 시행령 제86조 제1호).

① 보험업법 제176조 제1항

② 보험업법 제176조 제8항

④ 보험업법 시행령 제86조 제2호

35

정답 ①

해설 보험회사 대주주가 보험회사의 이익에 반하여 개인의 이익을 위하여 부당하게 압력을 행사하여 보험회사에게 외부에 공개되지 않은 자료 제공을 요구하는 행위는 **5년 이하의 징역 또는 5천만원 이하의 벌금에 처하며, 미수금 처벌 규정 대상이 아니다**(보험업법 제111조 제5항 제1호, 제200조 제5호)

② 보험업법 제197조 제1항에 따른 미수범은 처벌한다(보험업법 제205조).

③ 보험업법 제197조 제2항에 따른 미수범은 처벌한다(보험업법 제205조).

④ 보험업법 제198조에 따른 미수범은 처벌한다(보험업법 제205조).

36

정답 ②

해설 사용자는 퇴직하는 근로자에게 급여를 지급하기 위하여 퇴직급여제도 중 하나 이상의 제도를 설정하여야 한다. 다만, 계속근로기간이 1년 미만인 근로자, 4주간을 평균하여 1주간의 소정근로시간이 15시간 미만인 근로자에 대하여는 그러하지 아니하다(근로자퇴직급여보장법 제4조 제1항).

가. (×) 계속근로기간이 1년 미만인 근로자이므로 퇴직급여 지급대상이 아니다.

나. (×) 고용보험 자격취득신고가 늦어져 고용보험가입기간이 1년 미만이다. 따라서 퇴직급여 지급대상이 아니다.

다. (×) 소정근로시간이 주 14시간으로 퇴직급여 지급대상이 아니다.

라. (×) 9개월 근무 후 퇴직한 다음 공개채용공고 합격하여 6개월 근무한 경우 총 근로시간이 1년 이상이라 할지라도 정의 퇴직사유가 회사의 불가피한 사정으로 인한 경우가 아니므로 퇴사 전 근로기간을 계속근로기간 인정하지 않아 퇴직급여 지급대상이 아니다.

37

정답 ④

해설 가. (×) 2017년 7월 26일 이전에는 사업장에 확정급여형퇴직연금제도와 확정기여형퇴직연금제도 중 하나만 설정할 수 있었으나 2017년 7월 26일 이후에는 사업장에 확정급여형퇴직연금제도와 확정기여형퇴직연금제도 모두 설정할 수 있다.

나. (○) 확정급여형퇴직연금제도와 확정기여형퇴직연금제도의 급여의 종류는 모두 연금 또는 일시금으로 동일하다.

다. (○) 연금은 55세 이상으로서 가입기간이 10년 이상인 가입자에게 지급할 것. 이 경우 연금의 지급기간은 5년 이상이어야 한다(근로자퇴직급여보장법 제17조 제1항 제1호).

라. (×) 확정기여형퇴직연금제도와 달리 확정급여형퇴직연금제도는 사용자가 적립금의 운용방법을 스스로 결정할 수 있다.

38

정답 ①

해설 운용관리업무 또는 자산관리업무를 수행하는데 필요한 단체협약, 근로계약서 등의 자료를 **고의로 누락하여** 퇴직연금사업자에게 제공하는 행위가 금지된다(근로자퇴직급여보장법 시행령 제33조 단서).

39

정답 ④

해설 퇴직연금사업자는 정당한 사유 없이 퇴직연금제도의 운용관리업무 및 자산관리업무의 수행계약 체결을 거부하여서는 아니 된다(근로자퇴직급여보장법 제33조 제3항).

① 퇴직연금사업자는 「근로자퇴직급여보장법」을 준수하고 **가입자**를 위하여 성실하게 그 업무를 하여야 한다(근로자퇴직급여보장법 제33조 제1항).

② 퇴직연금사업자는 정당한 사유 없이 **특정 퇴직연금사업자와 계약을 체결할 것을 강요하는 행위**를 하여서는 아니 된다(근로자퇴직급여보장법 제33조 제3항 제3호).

③ 확정급여형퇴직연금제도 또는 확정기여형퇴직연금제도를 설정한 사용자는 매년 1회 이상 가입자에게 해당 사업의 퇴직연금제도 운영 상황 등 대통령령으로 정하는 사항에 관한 교육을 하여야 한다(근로자퇴직급여보장법 제32조 제2항).

40

정답 ②

해설 퇴직연금사업자는 반기마다 1회 이상 위험과 수익구조가 서로 다른 세 가지 이상의 적립금 운용방법을 제시하여야 한다(근로자퇴직급여보장법 제21조 제2항).

① **확정급여형퇴직연금제도**를 설정하려는 사용자는 근로자대표의 동의를 얻거나 의견을 들어 확정급여형퇴직연금규약을 작성하여 **고용노동부장관에게 신고**하여야 한다(근로자퇴직급여보장법 제13조).

③ 확정기여형퇴직연금제도를 설정한 사용자는 가입자의 연간 임금총액의 **12분의 1 이상**에 해당하는 부담금을 현금으로 가입자의 확정기여형퇴직연금제도 계정에 납입하여야 한다(근로자퇴직급여보장법 제20조 제1항).

④ **확정급여형퇴직연금제도**를 설정하려는 사용자 또는 가입자는 퇴직연금사업자와 연금제도의 설계 및 연금 회계처리 업무에 관한 사항이 포함된 운용관리업무 계약을 체결하여야 한다(근로자퇴직급여보장법 제28조 제1항 제2호).

2020년 제43회
경제학원론

정답 및 해설

✓ 정답 CHECK

01	02	03	04	05	06	07	08	09	10	11	12	13	14	15	16	17	18	19	20
③	②	②	③	①	①	④	②	④	①	③	②	①	④	④	④	③	③	③	②
21	22	23	24	25	26	27	28	29	30	31	32	33	34	35	36	37	38	39	40
③	①	②	②	④	④	③	④	③	④	②	④	②	①	②	③	③	④	④	①

문제편 078p

01

정답 ③

해설
- 소비자잉여=소비자가 지불할 수 있는 최대 금액−실제지불금액
- 한계효용 균등의 원리 : $\frac{MU_X}{P_X}=\frac{MU_Y}{P_Y}$
- 예산제약 : $P_X \cdot X+P_Y \cdot Y=M$
- 예산제약 조건하에서의 X재와 Y재의 수량은 (1, 3), (2, 4), (3, 5), (4, 6)이다.
- 예산제약 조건하에서 구한 수량 중 한계효용 균등의 원리를 성립하는 수량은 (3, 5)이다.
- X재 3개일 때 한계효용=18+12+6=36
- Y재 5개일 때 한계효용=10+8+6+4+2=30
- 소비자가 지불할 수 있는 최대금액은 X재와 Y재의 한계효용 합이므로 66
- 소비자가 실제 지불한 금액은 14
- 소비자잉여=66−14=52

02

정답 ②

해설
- 공급의 가격탄력성은 공급곡선이 원점을 통과하는 직선이므로 1이다.
- 수요의 가격탄력성$=-\frac{dP}{dQ}\times\frac{Q}{P}=-(-1)\times\frac{75}{75}=1$

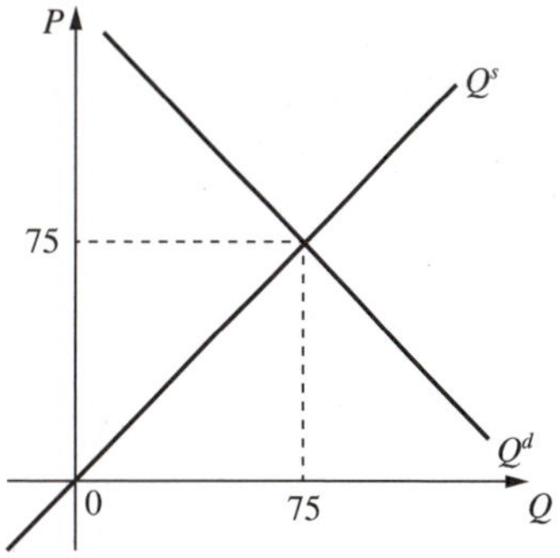

03

정답 ②

해설
- $TC = 10{,}000 + 100Q + 10Q^2$
- $MC = \dfrac{dTC}{dQ} = 100 + 20Q$
- $MC = MR = P$ ($\because$ 완전경쟁시장)
- $100 + 20Q = 900$, $\therefore Q = 40$
- $TR = P \times Q = 900 \times 40 = 36{,}000$
- $TC = 10{,}000 + 100Q + 10Q^2 = 10{,}000 + (100 \times 40) + (10 \times 40^2) = 30{,}000$
- 이윤$= TR - TC = 36{,}000 - 30{,}000 = 6{,}000$

04

정답 ③

해설
- 생산가능곡선의 기울기 절댓값은 자동차 생산의 기회비용이다.
- A국 생산가능곡선의 기울기 절댓값은 40, B국 생산가능곡선 기울기 절댓값은 15이다.
- 자동차 생산의 기회비용은 B국이 더 낮기 때문에 B국이 자동차 생산에 우위를 갖는다.
- A국과 B국의 교역으로 인한 이득은 양국의 기회비용 사이에서 결정할 때 발생한다.
- 따라서 B국의 자동차 1대와 A국의 반도체 15개 초과 40개 미만 사이에서 결정될 때 이득이 발생한다.

05

정답 ①

해설
- 사적 한계비용곡선(MC)$= 0.1Q + 2$
- $SMC = 0.1Q + 2 + 2 = 0.1Q + 4$
- 한계편익(MB)$= 14 - 0.1Q$
- 경제적 순손실$= (60 - 50) \times (10 - 8) \times 0.5 = 10$

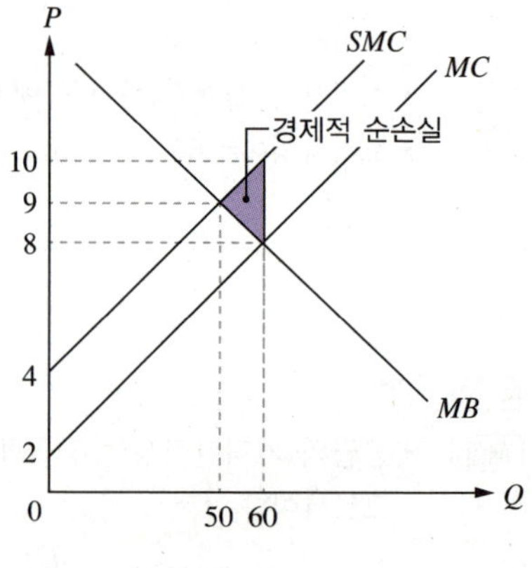

06

정답 ①

해설
- X재 수요함수 $Q^d = 100 - P$와 공급함수 $Q^s = P$를 연립해서 풀면 수량은 50, 가격은 50이 된다.
- 수량 50, 가격 50에서의 수요의 가격탄력성과 공급의 가격탄력성은 모두 1이다.
- 수요의 가격탄력성과 공급의 가격탄력성의 크기가 동일하므로 소비자와 공급자 각각 단위당 5의 세금의 귀착이 발생한다.
- 소비자에게 단위당 10의 세금이 부여되면 수요함수는 $Q^d = 100 - P$에서 $Q^{d'} = 90 - P$로 변경된다. 변경된 수요함수 $Q^{d'} = 90 - P$와 공급함수 $Q^s = P$를 연립해서 풀면 수량은 45, 가격은 45가 된다.
- 소비자에게 귀착되는 세금 $= 5 \times 45 = 225$

07

정답 ④

해설
- 판매량 2일 때 : $TR = P \times Q = 9 \times 2 = 18$
- 판매량 3일 때 : $TR = P \times Q = 8 \times 3 = 24$

∴ 한계수입 $= 24 - 18 = 6$

08

정답 ②

해설
- A기업이 전략 X를 선택하게 되면 B기업은 전략 Y를 선택한다.
- A기업이 전략 Y를 선택하게 되면 B기업은 전략 X를 선택한다.
- 위 두 개의 경우 중 A기업은 전략 Y를 선택할 때의 이득이 더 크므로, A기업은 전략 Y를, B기업은 전략 X를 선택한다.

09

정답 ④

해설
- 클럽재(요금재)는 비경합적이지만 배제가능한 재화이다.
- 공유자원은 경합적이지만 비배제적인 재화이다.
- 사용재(민간재)는 배제가능하며 경합적인 재화이다.
- 순수공공재는 비경합적이며 비배제적인 재화이다.

10

정답 ①

해설
- 효용함수 $U(X, Y) = \min(X, Y)$는 완전보완재 효용함수로 두 재화는 동일하게 소비한다.
- 두 재화의 소비는 동일하므로 X재 가격이 상승하면 X재와 Y재 모두 소비가 감소한다.

11

정답 ③

해설

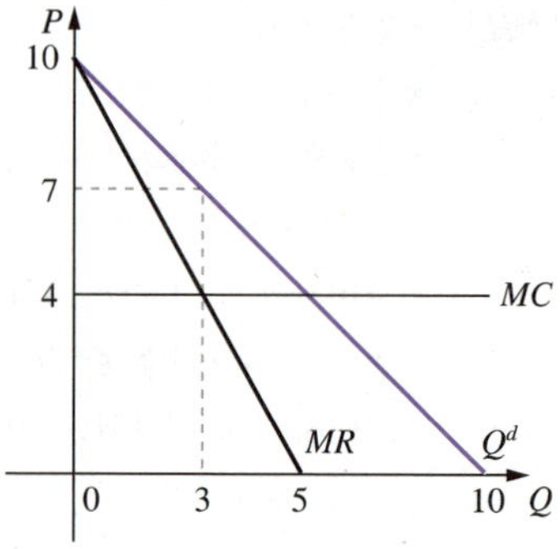

- 수요곡선 : $P=10-Q$
- $MR=10-2Q$ (∵ 독점시장)
- 총비용곡선 : $C=4Q+6$
- $MC=\frac{C}{dQ}=4$
- $MR=MC$
- $10-2Q=4$, ∴ $Q=3$, $P=7$
- $Q=3$, $P=7$일 때

  수요의 가격탄력성$=-\frac{dQ}{dP}\times\frac{P}{Q}=-(-1)\times\frac{7}{3}=\frac{7}{3}$
- 정부의 규제가격 3이 평균가변비용 4보다 작기에 정부가 가격을 3으로 규제하면 A기업은 생산을 중단할 것이다.

12

정답 ②

해설

- $\pi=TR-TC=P\cdot Q-4Q=(100-N-Q)Q-4Q$

  $=-Q^2+(96-N)Q=-Q(Q-96+N)$
- 이윤(π)이 0이 되기 위해선 기업수는 $96-Q$이다. … ②
- 이윤(π)이 극대화되는 최적산출량 Q를 구하면 $\frac{d\pi}{dQ}=-2Q+(96-N)=0$, ∴ $Q=48-\frac{N}{2}$
- 기업수 60일때 최적 생산량은 $48-\frac{60}{2}=18$이다. … ①
- $P=100-N-Q^d$이므로 기업수가 증가하면 균형가격은 하락한다. … ③
- $Q^d=100-N-P$이므로 기업수가 증가하면 생산량은 감소한다. … ④

13

정답 ①

해설

장기평균비용 $LAC=\frac{4Q}{Q}=4$로 일정하다. 따라서 규모의 경제가 발생하지 않는다.

② 완전경쟁시장의 장기균형가격은 장기한계비용과 일치한다. 장기한계비용은 $4\left(LMC=\frac{dC}{dQ}=4\right)$이므로 장기균형가격은 4이다.

③ 장기한계비용은 4로 일정하다. 따라서 한계비용곡선은 4에서 수평인 직선이다.

④ 장기평균비용과 장기한계비용은 4로 동일하다.

14

정답 ④

해설 • $\pi = TR - TC = P \cdot Q - (wL + rK) = P \cdot AK^{0.4}L^{0.6} - (wL + rK)$

• $\frac{\partial \pi}{\partial L} = 0.6P \cdot AK^{0.4}L^{-0.4} - w = 0, \ \therefore w = 0.6P \cdot AK^{0.4}L^{-0.4}$

• $\frac{\partial \pi}{\partial K} = 0.4P \cdot AK^{-0.6}L^{0.6} - r = 0, \ \therefore r = 0.4P \cdot AK^{-0.6}L^{0.6}$

• $MP_L = \frac{dF(K, L)}{dL} = 0.6AK^{0.4}L^{-0.4}$

• $MP_K = \frac{dF(K, L)}{dK} = 0.4AK^{-0.6}L^{0.6}$

• $MRTS_{LK} = \frac{MP_L}{MP_K} = \frac{0.6AK^{0.4}L^{-0.4}}{0.4AK^{-0.6}L^{0.6}} = \frac{0.6K}{0.4L} = \frac{w}{r}, \ \therefore 0.6rK = 0.4wL$

• 기업의 자본에 대한 지출은 10이므로 $rK = 10$

• $0.6 \times 10 = 0.4wL, \ \therefore wL$(개별기업 노동에 대한 지출)$=15$ ⋯ 다

• 생산요소시장이 완전경쟁이므로 이윤은 0이다.

• $\pi = TR - TC = P \cdot Q - (wL + rK) = P \cdot Q - (15 + 10) = 0, \ \therefore P \cdot Q = 25$

• 상품의 가격은 1이므로 각 기업의 생산량은 25이다.

• 1,000개의 기업이 존재하므로 총생산은 25,000개이다. ⋯ 가

• 노동소득분배비율$= \frac{wL}{rK + wL} = \frac{15}{25} = 0.6$ ⋯ 나

15

정답 ④

해설 • $MU_l = M, \ MU_m = l$

• $MRS_{l,m} = \frac{MU_l}{MU_m} = \frac{m}{l} = \frac{P_l}{P_m} = w, \ \therefore m = lw$

• $lw = w(24 - l) + A$

• $2lw = 24w + A$

• $l = 12 + \frac{A}{2w}$

④ 보조금 유무는 시간당 임금에 영향을 주지 않는다.

① $l = 12 + \frac{A}{2w}$ 을 확인해보면 보조금 증가시 여가가 증가함을 알 수 있다. 여가의 증가는 근로시간의 감소를 가져온다.

② $l = 12 + \frac{A}{2w} = 12 + \frac{2w}{2w} = 13$

③ $l = 12 + \frac{A}{2w}$ 을 확인해보면 시간당 임금이 상승하면 여가가 감소됨을 알 수 있다.

16

정답 ④

해설 가·나. 우하향하는 선형 수요곡선의 경우 수량이 증가할수록 호탄력성과 점탄력성의 크기는 감소한다.
다. 한계효용체감의 법칙에 의해 수량 증가시 한계효용도 증가하다가 일정 수량을 넘어서면 한계효용은 감소한다.

17

정답 ③

해설 등량곡선이 원점에 대해 볼록한 것은 한계기술대체율 체감의 법칙 때문이다.

18

정답 ③

해설 대체효과에 의해 미래소비는 증가하고 현재소비는 감소한다.

TIP 이자율 상승에 따른 소비변화

저축자의 경우

	대체효과	소득효과	총효과
현재소비	↓	↑	?
미래소비	↑	↑	↑

차입자의 경우

	대체효과	소득효과	총효과
현재소비	↓	↓	↓
미래소비	↑	↓	?

19

정답 ③

해설

- Amoroso-Robinson 공식 : $MR = P\left(1 - \frac{1}{\epsilon}\right)$
- $\epsilon = -\frac{dQ}{dP}\frac{P}{Q} = -(-\theta)P^{-\theta-1} \cdot \frac{P}{P^{-\theta}} = \theta$
- $MR = MC$ (∵ 독점기업)
- 마크업(가격/한계비용)$= \frac{P}{MC} = \frac{P}{MR} = \frac{P}{P\left(1-\frac{1}{\epsilon}\right)} = \frac{\epsilon}{\epsilon-1} = \frac{\theta}{\theta-1}$

20

정답 ②

해설 ②은 도덕적 해이에 관한 사례이다.

TIP 역선택 & 도덕적 해이

- 역선택 : 시장에서 거래를 할 때 경제주체간 정보 비대칭으로 인하여 부족한 정보를 가지고 있는 쪽이 불리한 선택을 하게 되어 경제적 비효율이 발생하는 상황
- 도덕적 해이 : 감추어진 행동이 문제가 되는 상황에서 정보를 가진 측이 정보를 가지지 못한 측의 이익에 반하는 행동을 취하는 경향

21

정답 ③

해설 가·나. 기펜재는 열등재이다.

다·라. 일반적으로 열등재는 대체효과가 소득효과보다 크지만 기펜재는 소득효과가 대체효과보다 크다.

22

정답 ①

해설
- 기술진보(노동효율성)가 있을 경우 균제상태에서 효율노동 1인당 소비
  $C=f(k)-(n+d+g)k$ [n : 인구증가율, d : 감가상각률, g : 기술진보율(노동효율성 증가율)]
- 효율노동 1인당 소비가 극대가 되는 황금률 균제상태(golden-rule steady state)
  $MP_K=n+d+g$
- $0.14=0.02+0.04+g$, $\therefore$ g(노동효율성 증가율)$=0.08$

23

정답 ②

해설 MP곡선과 IS곡선을 결합하여 단기총수요곡선을 구해보면 다음과 같다.

- $i>0$경우 : $Y=a-b(\bar{r}+\lambda\pi)$ ➔ $\pi=-\dfrac{Y}{b\lambda}+\dfrac{a-b\bar{r}}{b\lambda}$: 기울기가 (−)인 우하향 형태
- $i=0$경우 : $Y=a-b(-\pi)=a+b\pi$ ➔ $\pi=\dfrac{Y}{b}-\dfrac{a}{b}$: 기울기가 (+)인 우상향 형태

$-\dfrac{Y}{b\lambda}+\dfrac{a-b\bar{r}}{b\lambda}$와 $\dfrac{Y}{b}-\dfrac{a}{b}$이 동일한 π를 π_Z라 하고 그때의 생산을 Y_Z라 할 경우 단기수요곡선과 단기총공급곡선의 그래프는 다음과 같다.

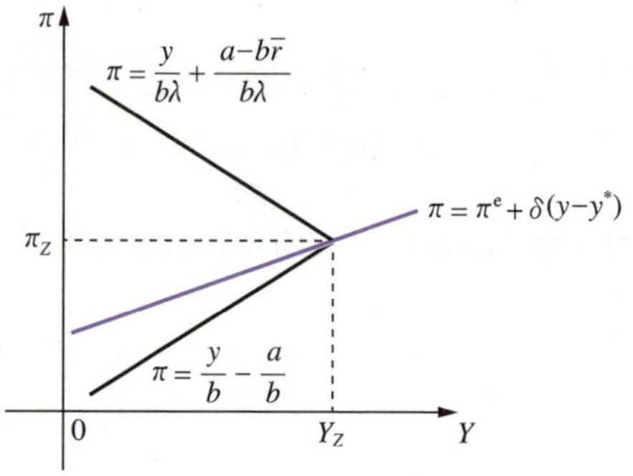

위 그래프에서 단기총공급곡선 $\pi=\pi^e+\delta(Y-Y^*)$가 경기침체로 기대인플레이션이 하락하게 되면 단기총공급곡선은 우측이동하면 생산(Y)은 현재보다 감소한다.

24

정답 ②

해설 정부지출의 증가는 국내 소비뿐만 아니라 해외 소비 또한 증가하기 때문에 수입 증가 요인으로 무역수지 적자 확대 원인이라 할 수 있다.

① 세금 증가로 사용 가능한 소득의 크기가 감소하게 되면 국민들의 소비는 감소하게 된다. 따라서 세금 증가로 인한 소비 감소는 수입 감소로 이어져 무역수지 적자의 축소 요인이 된다.

③ 해외금리가 상승하면 해외에 대한 투자 증가로 외화가 해외로 유출되어 환율이 상승한다. 환율상승은 수출의 증가 요인으로 무역수지 적자의 축소 요인이 된다.

④ 투자세액 감면 종료가 되면 투자 요인이 없어져 총소득의 감소로 이어지고 총소득의 감소는 소비 감소로 이어져 수입 감소가 발생하여 무역수지 적자의 축소 요인이 된다.

25

정답 ④

해설 부정적 수요 충격으로 단기공급곡선이 좌측으로 이동한 상태에서 확장적 통화정책을 시행함으로 인해 단기공급곡선이 우측으로 이동하게 되어 충격 이전과 동일한 물가와 생산으로 돌아간다.

① 부정적 단기공급 충격이 발생하면 단기공급곡선이 좌측으로 이동하여 물가 상승과 생산량 감소가 발생한다. 이러한 상황에서 정부의 개입이 없으면 실업률 증가로 임금 및 생산 비용이 하락하여 단기공급곡선이 점점 우측으로 이동하여 결국 장기에는 장기 균형상태로 돌아온다.

② 부정적 단기공급 충격시 확장적 재정정책을 시행하면 생산량은 단기 충격 이전과 동일 하나 물가는 상승한다.

③ 부정적 수요 충격이 발생하면 단기수요곡선이 좌측으로 이동하여 물가와 생산량 모두 하락한다. 이러한 상황에서 정부의 개입이 없으면 실업률 증가로 임금 및 생산 비용이 하락하여 단기공급곡선이 점점 우측으로 이동하여 장기에는 생산량은 충격 이전과 동일하나 물가는 여전히 충격 이전보다 낮은 상태이다.

26

정답 ④

해설 케인즈(J. Keynes)는 경기변동이 주기적이지 않는 것으로 보았다.

27

정답 ③

해설 투자시 요구되는 실질수익률과 물가상승률의 비율로도 계산될 수 있는 것은 토빈의 q가 아닌 한계 q에 대한 설명이다.

28

정답 ④

해설 변동환율제하에서는 수입할당과 관세 등의 무역정책으로 총수요를 증가시킬 수 없다.

TIP 자본이동이 완전한 경우

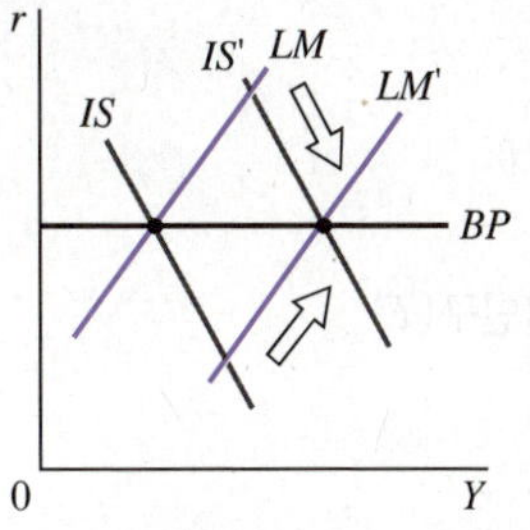

〈고정환율제도 재정정책〉

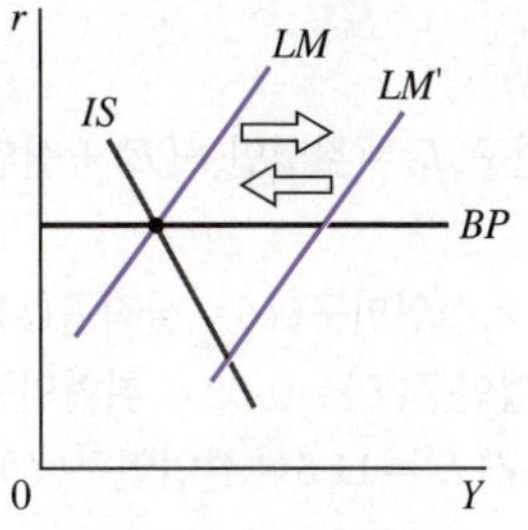

〈고정환율제도 금융정책〉

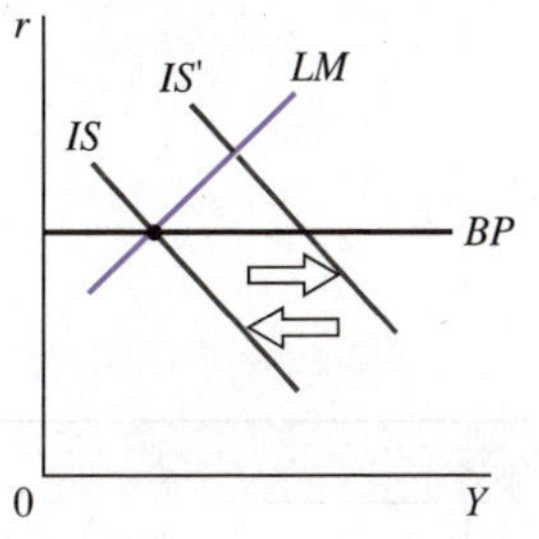

〈변동환율제도 재정정책〉

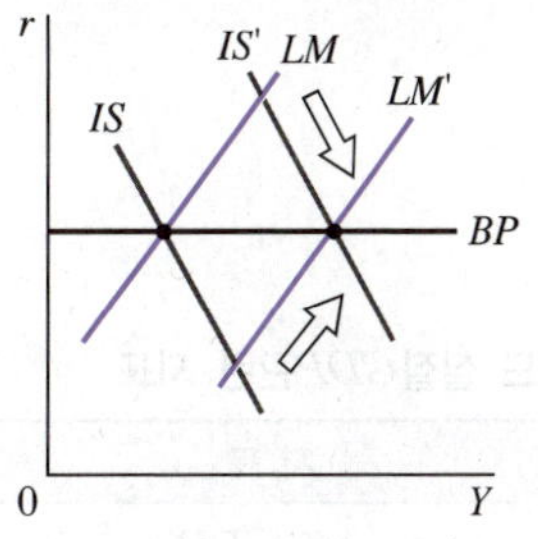

〈변동환율제도 금융정책〉

29

정답 ③

해설 정부가 장래의 정부구매를 축소하기 위해 조세를 삭감했을 경우에는 다음에 조세 증세 요인이 없기 때문에 민간은 소비를 증가시킨다.

30

정답 ④

해설 인구증가율이 하락하면 균제상태의 일인당 소득은 증가한다.

31

정답 ②

해설 $Y = AK^{\alpha}L^{1-\alpha}$

양변을 L로 나누면

$\frac{A}{L} = A\left(\frac{K}{L}\right)^{\alpha}$

미분하여 증가율로 표시하면

$\Delta\left(\frac{A}{L}\right) = \Delta A + \alpha \times \Delta\left(\frac{K}{L}\right) = 1\% + (0.25 \times 4\%) = 2\%$ ($\because$ α는 자본소득 분배율로 0.25)

32

정답 ④

해설
- 경제활동인구(L) = 취업인구(E) + 실업인구(U)
- 균제상태

  구직률(f) × 실업인구(U) = 실직률(s) × 취업인구(E)

  0.23 × 실업인구(U) = 0.02 × 취업인구(E)

  ∴ 취업인구(E) = 11.5 × 실업인구(U)
- 실업률 $= \frac{\text{실업인구}}{\text{경제활동인구}} = \frac{\text{실업인구}}{\text{취업인구} + \text{실업인구}} = \frac{\text{실업인구}}{12.5 \times \text{실업인구}} = 0.08$

33

정답 ②

해설 **A국의 금년도 실질GDP관련 지표**

지 표	값
실질 GDP	505+309+204=1,018
민간소비(C)	500×(1.01)=505
투자(I)	300×(1.03)=309
정부지출(G)	200×(1.02)=204

∴ A국의 금년도 경제성장률 $= \frac{1{,}018 - 1{,}000}{1{,}000} = 0.018 = 1.8\%$

34

정답 ①

해설 $i = i^f$이고 $\Delta s^e > 0$이면 해외 투자시 수익이 더 좋기 때문에 해외에 투자 하고자 하는 투자자의 증가로 해외자본 유출이 발생한다.

② 예상환율 s_{t+1}^e가 주어져 있을 때 이자율과 현재환율은 반비례 관계를 갖는다.

③ 해외 투자자가 국내에 투자할 때 수익률은 $i - \frac{\Delta s^e}{s}$이다.

④ $i > i^f$일 때 국내 화폐의 가치는 상황에 따라 상승할 수도 있고 하락할 수도 있다.

35

정답 ②

해설 은행자기자본비율 하락은 가계대출과 같은 위험가중자산이 증가되었다는 의미가 되므로 민간현금보유율이 상승하게 되어 통화승수가 하락하게 된다.

36

정답 ③

해설 긍정적 단기공급충격이 기대인플레션과 실질이자율에 영향을 주지 않기 때문에 실질이자율과 기대인플레이션의 합인 명목이자율은 변하지 않는다.

①·② 긍정적 단기공급충격으로 물가는 하락하고 생산량은 증가한다. 따라서 총소득 증가에 따른 소비증가와 생산량 증가에 따른 고용증가가 발생한다.

④ 실질화폐공급은 통화량을 물가로 나눈 것으로 긍정적 단기공급충격으로 물가가 하락함에 따라 실질화폐공급은 증가한다.

37

정답 ③

해설 • $\pi^e = \pi$일 때

$Y = Y^* + r(\pi - \pi^e) = Y^*$ 따라서 $W = (Y - Y^*) - \frac{1}{2}a\pi^2 = -\frac{1}{2}a\pi^2$이다.

$W = -\frac{1}{2}a\pi^2$의 극대값을 알기 위해 π로 미분하여 0이 되는 π값을 구해보면 $\frac{dW}{d\pi} = -a\pi = 0$으로 $\pi = 0$이다.

• $\pi^e = 0$일 때

$Y = Y^* + r(\pi - \pi^e) = Y^* + r\pi$ 따라서 $W = (Y - Y^*) - \frac{1}{2}a\pi^2 = r\pi - \frac{1}{2}a\pi^2$이다.

$W = r\pi - \frac{1}{2}a\pi^2$의 극대값을 알기 위해 π로 미분하여 0이 되는 π값을 구해보면 $\frac{dW}{d\pi} = r - a\pi = 0$으로 $\pi = \frac{r}{a}$이다.

38

정답 ④

해설 불완전정보하에서 단기에 인플레이션과 실업률 사이에 상충관계가 존재하기도 한다.

TIP 합리적 기대

① 개 념

이용가능한 정보들을 이용하여 경제변수 및 경제상황을 예상하는것을 말한다.

② 특 징

- 예측오류가 발생하며 예측오류의 평균은 0이다.
- 체계적 오류를 범하지 않는다.
- 이용가능한 정보를 활용하며 예측오차를 즉각 기대치에 반영한다.

39

정답 ④

해설

t기의 주택가격 $P_t = \sum_{k=1}^{\infty} \frac{fD_t}{(1+i)^k} + b_t$에서 분자인 전월세 전환율보다 분모인 시장이자율이 더 빠르게 상승하면 주택가격은 하락한다.

① 거품이 없을 때의 주택가격 $P_t = \sum_{k=1}^{\infty} \frac{fD_t}{(1+i)^t} = \frac{\frac{fD_t}{1+i}}{1-\frac{1}{1+i}} = \frac{fD_t}{i}$로 전월세 전환율과 시장이자율이 같다면 주택가격은 $P_t = D_t$가 될 것이다.

② 주택의 투자가치는 주택가격에 거품을 뺀 $\sum_{k=1}^{\infty} \frac{fD_t}{(1+i)^t} = \frac{fD_t}{i}$로 전월세 전환율에 전세가격을 곱한 값에 시장이자율로 나눈 것이다.

③ 거품과 전세가격간의 상관관계는 t기의 주택가격 $P_t = \sum_{k=1}^{\infty} \frac{fD_t}{(1+i)^k} + b_t$에서 확인할 수 없다.

TIP	전월세 전환율
	• 보증금을 월세로 전환할 때의 비율 • 전월세 전환율$(f) = \frac{\text{월세} \times 12}{\text{전세보증금} - \text{월세보증금}} \times 100$

40

정답 ①

해설

①·③ 향후 경기가 좋아져 예상되는 수익률이 상승할 것이라 여겨지면 만기가 증가함에 따라 수익률이 상승하는 양의 기울기가 될 것이고 향후 경기가 좋지 않아 예상되는 수익률이 하락할 것이라 여겨지면 만기가 증가함에 따라 수익률이 감소하는 음의 기울기가 될 것이다.

② 채무불이행 위험과 같은 신용위험은 수익률곡선에 반영되지 않는다.

④ 인플레이션이 발생하면 명목이자율의 상승이 발생하기 때문에 인플레이션의 위험이 장기수익률이 단기수익률보다 높아지는 원인이 된다.

2020년 제43회
보험수학 정답 및 해설

정답 CHECK

01	02	03	04	05	06	07	08	09	10	11	12	13	14	15	16	17	18	19	20
②	③	④	②	②	④	④	④	③	③	③	①	④	①	②	②	①	④	②	③
21	22	23	24	25	26	27	28	29	30	31	32	33	34	35	36	37	38	39	40
③	④	①	①	②	③	④	②	②	③	①	②	①	①	③	③	①	①	④	②

문제편 091p

01

정답 ②

해설
- $\alpha+\beta=-(k-1)$
- $\alpha\beta=-k^2$
- $\alpha^2+\beta^2=(\alpha+\beta)^2-2\alpha\beta=[-(k-1)]^2-2(-k^2)=3k^2-2k+1$
- $\frac{d}{dk}(\alpha^2+\beta^2)=6k-2$
- $\frac{d}{dk}(\alpha^2+\beta^2)=0$이 되는 $k=\frac{1}{3}$에서 $\alpha^2+\beta^2$는 최솟값

$\therefore$ $\alpha^2+\beta^2$의 최솟값$=\left[3\times\left(\frac{1}{3}\right)^2\right]-\left[2\times\left(\frac{1}{3}\right)\right]+1=\frac{2}{3}$

02

정답 ③

해설

연립방정식 $\begin{cases}(1-k)x+2y=3k \\ 2x+(1-k)y=-3k\end{cases}$의 우변을 k로 정리하면 $\begin{cases}\frac{(1-k)}{3}x+\frac{2}{3}y=k \\ -\frac{2}{3}x+-\frac{(1-k)}{3}y=k\end{cases}$이다.

$\therefore$ $\frac{(1-k)}{3}=-\frac{2}{3}$, $\frac{2}{3}=-\frac{(1-k)}{3}$

$\therefore$ $k=3$

03

정답 ④

해설

$$(x_2, y_2) = f(x_1, y_1) = f\left(\frac{\sqrt{3}}{2}, \frac{1}{2}\right) = \left(\left(\frac{\sqrt{3}}{2}\right)^2 - \left(\frac{1}{2}\right)^2 = \frac{1}{2}, 2\times\frac{\sqrt{3}}{2}\times\frac{1}{2} = \frac{\sqrt{3}}{2}\right)$$

$$(x_3, y_3) = f(x_2, y_2) = f\left(\frac{1}{2}, \frac{\sqrt{3}}{2}\right) = \left(\left(\frac{1}{2}\right)^2 - \left(\frac{\sqrt{3}}{2}\right)^2 = -\frac{1}{2}, 2\times\frac{1}{2}\times\frac{\sqrt{3}}{2} = \frac{\sqrt{3}}{2}\right)$$

$$(x_4, y_4) = f(x_3, y_3) = f\left(-\frac{1}{2}, \frac{\sqrt{3}}{2}\right) = \left(\left(-\frac{1}{2}\right)^2 - \left(\frac{\sqrt{3}}{2}\right)^2 = -\frac{1}{2}, 2\times-\frac{1}{2}\times\frac{\sqrt{3}}{2} = -\frac{\sqrt{3}}{2}\right)$$

$$(x_5, y_5) = f(x_4, y_4) = f\left(-\frac{1}{2}, -\frac{\sqrt{3}}{2}\right) = \left(\left(-\frac{1}{2}\right)^2 - \left(-\frac{\sqrt{3}}{2}\right)^2 = -\frac{1}{2}, 2\times-\frac{1}{2}\times-\frac{\sqrt{3}}{2} = \frac{\sqrt{3}}{2}\right)$$

$\therefore$ (x_n, y_n)에서 $n \geq 3$에서 n이 홀수인 경우에는 $\left(-\frac{1}{2}, \frac{\sqrt{3}}{2}\right)$이고, n이 짝수인 경우에는 $\left(-\frac{1}{2}, -\frac{\sqrt{3}}{2}\right)$이다. 따라서 (x_{2020}, y_{2020})은 n이 짝수이므로 $(x_{2020}, y_{2020}) = \left(-\frac{1}{2}, -\frac{\sqrt{3}}{2}\right)$ 이다.

$\therefore$ $x_{2020} + y_{2020} = \frac{-1-\sqrt{3}}{2}$

04

정답 ②

해설

$\lim_{x\to 0}\frac{(1+x)^n - a_n - b_n x}{x^2}$이 수렴하기 위해선 분모에 $x=0$ 대입시 분모의 값은 0이므로 분자에 $x=0$ 대입시 분자의 값도 0이어야 한다. 따라서 분자에 $x=0$을 대입하면 분자는 $1-a_n$으로 분자가 0이 되기 위해선 $a_n = 1$이다.

$\lim_{x\to 0}\frac{(1+x)^n - a_n - b_n x}{x^2}$이 $\frac{0}{0}$꼴이므로 로비탈 정리를 이용하면 $\lim_{x\to 0}\frac{n(1+x)^{n-1} - b_n}{2x}$이다.

$\lim_{x\to 0}\frac{n(1+x)^{n-1} - b_n}{2x}$이 수렴하기 위해선 분모에 $x=0$ 대입시 분모의 값이 0이므로 분자에 $x=0$ 대입시 분자의 값도 0이어야 한다. 따라서 분자에 $x=0$을 대입하면 분자는 $n-b_n$으로 분자가 0이 되기 위해선 $b_n = n$이다.

$\lim_{x\to 0}\frac{n(1+x)^{n-1} - b_n}{2x}$이 $\frac{0}{0}$꼴이므로 로비탈 정리를 이용하면

$\lim_{x\to 0}\frac{n(n-1)(1+x)^{n-2}}{2} = \frac{n(n-1)}{2} = c_n$이다.

$$\therefore \lim_{n\to\infty}\frac{a_n^2 b_n^2}{c_n} = \lim_{n\to\infty}\frac{n^2}{\frac{n(n-1)}{2}} = 2$$

05

정답 ②

해설 $\frac{d}{dx}(\sqrt{x}+\sqrt{y})=\frac{1}{2}x^{-\frac{1}{2}}+\frac{1}{2}y^{-\frac{1}{2}}\cdot y'=0,\quad \therefore\ y'=-\frac{\sqrt{y}}{\sqrt{x}}$

$y'=-\frac{\sqrt{y}}{\sqrt{x}}$에 $\left(\frac{1}{9},\frac{4}{9}\right)$을 대입하면 $y'=-\frac{\sqrt{\frac{4}{9}}}{\sqrt{\frac{1}{9}}}=-2$

따라서 접선의 방정식은 $y-\frac{4}{9}=-2\left(x-\frac{1}{9}\right)$으로 $y=-2x+\frac{2}{3}$

$\therefore$ x축, y축으로 둘러싸인 삼각형의 넓이$=\frac{1}{3}\times\frac{2}{3}\times\frac{1}{2}=\frac{1}{9}$

06

정답 ④

해설
- $f(x)=(1+\cos x)(1+\sin x)$
- $f'(x)=-\sin x(1+\sin x)+(1+\cos x)\cos x=-\sin x-\sin^2 x+\cos x+\cos^2 x$
  $=(\cos^2 x-\sin^2 x)+(\cos x-\sin x)=(\cos x+\sin x)(\cos x-\sin x)+(\cos x-\sin x)$
  $=(\cos x-\sin x)(\cos x+\sin x+1)$
- $f'(x)=0$은 $\cos x=\sin x=\frac{\sqrt{2}}{2}$, $\cos x=-1$과 $\sin x=0$, $\sin x=-1$과 $\cos x=0$일 때이다.
- $\cos x=\sin x=\frac{\sqrt{2}}{2}$일 때 $f(x)=\left(1+\frac{\sqrt{2}}{2}\right)\left(1+\frac{\sqrt{2}}{2}\right)=\frac{3+2\sqrt{2}}{2}$
- $\cos x=-1$과 $\sin x=0$일 때 $f(x)=(1+(-1))(1+0)=0$
- $\sin x=-1$과 $\cos x=0$일 때 $f(x)=(1+0)(1+(-1))=0$

$\therefore$ $f(x)=(1+\cos x)(1+\sin x)$의 최댓값은 $\cos x=\sin x=\frac{\sqrt{2}}{2}$일 때 $\frac{3+2\sqrt{2}}{2}$이다.

07

정답 ④

해설 원기둥의 겉넓이$(S)=\pi r^2+\pi r^2+2\pi r=2\pi(r^2+rh)$

$r^2+rh=A$라 하면

원기둥의 부피$(V)=\pi r^2 h=\pi r\cdot rh=\pi r(A-r^2)=\pi(rA-r^3)$

$rA-r^3$을 r에 대해서 미분하여 0이 되는 r을 구하면 $A-3r^2=0,\quad \therefore\ r=\sqrt{\frac{A}{3}}$

위에서 구한 $r=\sqrt{\frac{A}{3}}$을 $r^2+rh=A$에 대입하면 $\frac{A}{3}+h\sqrt{\frac{A}{3}}=A,\quad \therefore\ h=2\sqrt{\frac{A}{3}}$

따라서 h는 r의 2배이다.

08

정답 ④

해설

$$\int_0^1 \pi(\sqrt{x}+1)^2dx=\pi\int_0^1(x+2\sqrt{x}+1)dx=\pi\left[\frac{1}{2}x^2+2\cdot\frac{2}{3}x^{\frac{3}{2}}+x\right]_0^1=\frac{17}{6}\pi$$

09

정답 ③

해설

$$\lim_{n\to\infty}\frac{1}{n^3}\sum_{i=1}^{n}\sum_{j=i+1}^{n+i}(i+j)=\lim_{n\to\infty}\frac{1}{n^3}\sum_{i=1}^{n}\sum_{j=1}^{n}(2i+j)=\lim_{n\to\infty}\frac{1}{n^3}\sum_{i=1}^{n}\left[2n\cdot i+\frac{n(n+1)}{2}\right]$$

$$=\lim_{n\to\infty}\frac{1}{n^3}\left[2n\cdot\frac{n(n+1)}{2}+n\cdot\frac{n(n+1)}{2}\right]=\frac{3}{2}$$

10

정답 ③

해설

$f(x)=px^3+qx^2+rx+s$ 라 하면

$$\int_{-1}^1 f(x)dx=\int_{-1}^1(px^3+qx^2+rx+s)dx=\left[\frac{1}{4}px^4+\frac{1}{3}qx^3+\frac{1}{2}rx^2+sx\right]_{-1}^1=\frac{2}{3}q+2s$$

$$af(b)+cf(d)=a(pb^3+qb^2+rb+s)+c(pd^3+qd^2+rd+s)$$

$$=p(ab^3+cd^3)+q(ab^2+cd^2)+r(ab+cd)+s(a+c)=\frac{2}{3}q+2s$$

따라서 $ab^3+cd^3=0$, $ab^2+cd^2=\frac{2}{3}$, $ab+cd=0$, $a+c=2$이다.

$ab^3+cd^3=ab^3+cd\cdot d^2=ab^3-ab\cdot d^2=ab(b^2-d^2)=0$

$\therefore\ b^2=d^2$에서 $b<d$이므로 $b=-d$

$ab^2+cd^2=ab^2+cb^2=b^2(a+c)=2b^2=\frac{2}{3}$

따라서 $b^2=\frac{1}{3}$, $\therefore\ b=-\frac{1}{\sqrt{3}}$, $d=\frac{1}{\sqrt{3}}$

$ab+cd=ab-cb=b(a-c)=0$

$\therefore\ a=c=1$ ($\because\ a+c=2$)

$\therefore\ abcd=1\times\left(-\frac{1}{\sqrt{3}}\right)\times1\times\left(\frac{1}{\sqrt{3}}\right)=-\frac{1}{3}$

11

정답 ③

해설 • a, b, c의 전체 경우수 $=6^3=216$

• $\frac{c}{a+b}$가 자연수가 되기 위해선 $a+b$가 c의 약수이어야 한다.

• $c=2$일 때 $a+b$가 c의 약수 2가 되는 순서쌍은 (1, 1)

• $c=3$일 때 $a+b$가 c의 약수 3이 되는 순서쌍은 (1, 2), (2, 1)

• $c=4$일 때 $a+b$가 c의 약수 2가 되는 순서쌍은 (1, 1)

• $c=4$일 때 $a+b$가 c의 약수 4가 되는 순서쌍은 (1, 3), (3, 1), (2, 2)

• $c=5$일 때 $a+b$가 c의 약수 5가 되는 순서쌍은 (1, 4), (2, 3), (3, 2), (4, 1)

• $c=6$일 때 $a+b$가 c의 약수 2가 되는 순서쌍은 (1, 1)

• $c=6$일 때 $a+b$가 c의 약수 3이 되는 순서쌍은 (1, 2), (2, 1)

• $c=6$일 때 $a+b$가 c의 약수 6이 되는 순서쌍은 (1, 5), (2, 4), (3, 3), (4, 2), (5, 1)

• $\frac{c}{a+b}$가 자연수가 되는 경우수는 19

$\therefore$ $\frac{c}{a+b}$가 자연수일 확률$=\frac{19}{216}$

12

정답 ①

해설 • $f_{XY}(x,y)=f_X(x)f_Y(y)$ ($\because$ 독립)

• $F_T(t)=P(T\le t)=P(X^2+Y^2\le t)$

$$=\int_{x^2+y^2\le t} f_{XY}(x,y)dxdy=\int_{x^2+y^2\le t} f_X(x)f_Y(y)dxdy$$

$$=\int_{x^2+y^2\le t}\frac{1}{\sqrt{2\pi}}e^{-\frac{x^2}{2}}\cdot\frac{1}{\sqrt{2\pi}}e^{-\frac{y^2}{2}}dxdy$$

$x=rcos\theta$, $y=rsin\theta$라 하면

$$=\frac{1}{2\pi}\int_0^{2\pi}\int_0^{\sqrt{t}}e^{-\frac{1}{2}r^2}rdrd\theta=\frac{1}{2\pi}\int_0^{\sqrt{t}}\int_0^{2\pi}r\cdot e^{-\frac{1}{2}r^2}d\theta dr=\int_0^{\sqrt{t}}r\cdot e^{-\frac{1}{2}r^2}dr$$

$r^2=k$라 하면 $2rdr=dk$

$$=\frac{1}{2}\int_0^t e^{-\frac{1}{2}k}dk=1-e^{-\frac{1}{2}t}$$

$\therefore$ $F_t(t)=1-e^{-\frac{1}{2}t}$

• $f_T(t)=\frac{dF_T(t)}{dt}=\frac{1}{2}e^{-\frac{1}{2}t}$

$\therefore$ $f_T(1)=\frac{1}{2}e^{-\frac{1}{2}}=\frac{1}{2\sqrt{e}}$

13

정답 ④

해설

- $f_{Y|X}\left(y|\frac{1}{2}\right)=\dfrac{f_{XY}\left(\frac{1}{2},y\right)}{f_X\left(\frac{1}{2}\right)}=\dfrac{\frac{4}{7}\left(\frac{1}{4}+\frac{1}{6}y\right)}{\int_0^3\frac{4}{7}\left(\frac{1}{4}+\frac{1}{6}y\right)dy}=\dfrac{3+2y}{18}$

- $E\left[Y|X=\frac{1}{2}\right]=\int_0^3 y\cdot f_{Y|X}\left(y|\frac{1}{2}\right)dy=\int_0^3 y\cdot\frac{3+2y}{18}dy=\frac{1}{18}\left[\frac{3}{2}y^2+\frac{2}{3}y^3\right]_0^3=\frac{7}{4}$

14

정답 ①

해설

- $\dfrac{e^{-t}}{(1+e^{-t})^2}=\dfrac{e^{-t}}{1+2e^{-t}+e^{-2t}}=\dfrac{e^{-t}\cdot e^{2t}}{(1+2e^{-t}+e^{-2t})e^{2t}}=\dfrac{e^t}{e^{2t}+2e^t+1}=\dfrac{e^t}{(1+e^t)^2}$

- $f_T(-t)=\dfrac{e^t}{(1+e^t)^2}=\dfrac{e^{-t}}{(1+e^{-t})^2}=f_T(t)$, $\therefore$ $f_T(t)$는 y축 대칭

- $0.25=\int_{Q_3}^{\infty}f_T(-t)dt=\int_{Q_3}^{\infty}\dfrac{e^t}{(1+e^t)^2}dt$

  $1+e^t=s$라 하면 $e^t dt=ds$

  $=\int_{1+e^{Q_3}}^{\infty}\dfrac{1}{s^2}ds=\left[-s^{-1}\right]_{1+e^{Q_3}}^{\infty}=\dfrac{1}{1+e^{Q_3}}$

  $\therefore$ $1+e^{Q_3}=4$ 따라서 $Q_3=\ln 3=1.099$

- $Q_3-Q_1=2Q_3=2\times1.099 \fallingdotseq 2.2$ ($\because$ $f_T(t)$는 y축 대칭)

15

정답 ②

해설

- 앞면이 3번 연속으로 나올 확률$=(0.3)^3=0.027$
- 앞면이 3번 나올때 뒷면이 1번 나올 확률$=\dfrac{3!}{2!}\times(0.3)^3\times0.7=0.0567$
- 앞면이 3번 나올때 뒷면이 2번 나올 확률$=\dfrac{4!}{2!2!}\times(0.3)^3\times(0.7)^2=0.07938$

$\therefore$ 앞면이 3회 나오기 이전에 뒷면이 3회 이상 나올 확률$=1-$앞면이 3회 나오기 이전에 뒷면이 3회 미만 나올 확률$=1-(0.027+0.0567+0.07938)=0.83692 \fallingdotseq 0.84$

16

정답 ②

해설 • A집단 시험 합격할 확률$=(0.8)^3+3(0.8)^2(0.2)=0.896$

• B집단 시험 합격할 확률$=(0.5)^3+3(0.5)^2(0.5)=0.5$

• 무작위로 추출한 응시자가 합격자일 때, 이 응시자가 A집단에 속할 확률$=\dfrac{0.896}{0.896+0.5}\fallingdotseq 0.64$

17

정답 ①

해설

• $Var(X)=\dfrac{(10-0)^2}{12}=\dfrac{100}{12}=\dfrac{25}{3}$ ($\because$ [0, 10]에서 균등분포)

• $E(X)=\dfrac{10-0}{2}=5$ ($\because$ [0, 10]에서 균등분포)

• $f_{XY}(x,y)=f_X(x)\cdot f_{Y|X}(y|x)=\dfrac{1}{10}\cdot\dfrac{1}{x}=\dfrac{1}{10x}$

• $E(XY)=\int\int xyf_{XY}(x,y)dxdy=\int_0^{10}\int_0^x xy\cdot\dfrac{1}{10x}dydx$

$=\int_0^{10}\left[\dfrac{y^2}{20}\right]_0^x dx=\int_0^{10}\dfrac{x^2}{20}dx=\left[\dfrac{x^3}{60}\right]_0^{10}=\dfrac{50}{3}$

• $E(Y)=\int\int yf_{XY}(x,y)dxdy=\int_0^{10}\int_0^x\dfrac{y}{10x}dydx=\int_0^{10}\left[\dfrac{y^2}{20x}\right]_0^x dx=\int_0^{10}\dfrac{x}{20}dx$

$=\left[\dfrac{x^3}{60}\right]_0^{10}=\dfrac{5}{2}$

• $Cov(X,\ Y)=E(XY)-E(X)E(Y)=\dfrac{50}{3}-\left(5\times\dfrac{5}{2}\right)=\dfrac{25}{6}$

• $Cov(X,\ X-Y)=Var(X)-Cov(X,\ Y)=\dfrac{25}{3}-\dfrac{25}{6}=\dfrac{25}{6}$

18

정답 ④

해설

• $U=T^{2/3}\rightarrow T=U^{\frac{3}{2}}$

• $G(u)=P(U\le u)=P\left(T\le u^{\frac{3}{2}}\right)=1-\left(\dfrac{8}{u^{\frac{3}{2}}}\right)^{\frac{1}{3}}=1-\dfrac{2}{u^{\frac{1}{2}}}$

• $g(u)=\dfrac{dG(u)}{du}=u^{-\frac{3}{2}}$

• $g(9)=9^{-\frac{3}{2}}=\dfrac{1}{27}$

19

정답 ②

해설

	A	$A \to B \to A$	$A \to B \to A \to B \to A$	⋯
확 률	0.64	$(0.36)^2 \cdot 0.64$	$(0.36)^4 \cdot 0.64$	⋯
상 금	1	$1 \times (\sqrt{2})^2 = 2$	$1 \times (\sqrt{2})^4 = 4$	⋯
기댓값	0.64	$2 \cdot (0.64) \cdot (0.36)^2$	$4 \cdot (0.64) \cdot (0.36)^4$	⋯

∴ A가 받을 우승상금의 기댓값$= \dfrac{0.64}{1-2\cdot(0.36)^2} \fallingdotseq 0.86$

20

정답 ③

해설

N_A \ N_B	0	1	2	3
0				D
1			C	
2		B		
3	A			

확률변수의 확률질량함수(p.m.f.)가 $\begin{cases} P(N_A = n) = \dfrac{1}{2^{n+1}} & , n = 0, 1, 2, \cdots \\ P(N_B = n) = \dfrac{3}{4^{n+1}} & , n = 0, 1, 2, \cdots \end{cases}$ 임을 활용하여

A, B, C, D를 구해보면

- $A = \dfrac{1}{2^4} \cdot \dfrac{3}{4} = \dfrac{3}{64}$
- $B = \dfrac{1}{2^3} \cdot \dfrac{3}{4^2} = \dfrac{3}{128}$
- $C = \dfrac{1}{2^2} \cdot \dfrac{3}{4^3} = \dfrac{3}{256}$
- $D = \dfrac{1}{2} \cdot \dfrac{3}{4^4} = \dfrac{3}{512}$

$$\therefore\ P(N_A = 2 | N_A + N_B = 3) = \frac{P(N_A = 2, N_B = 1)}{P(N_A + N_B = 3)} = \frac{\frac{3}{128}}{\frac{3}{64} + \frac{3}{128} + \frac{3}{256} + \frac{3}{512}} = \frac{4}{15}$$

21

정답 ③

해설 $48=27(1+i)+\frac{20}{1+i}$ 에서 $i>0$ 인 $i=\frac{1}{9}$

$$\therefore\ d=\frac{i}{1+i}=\frac{\frac{1}{9}}{1+\frac{1}{9}}=0.1=10\%$$

22

정답 ④

해설

• $a(t)=e^{\int_0^t \frac{1}{s+5}ds}=e^{[\ln s+5]_0^t}=\frac{t+5}{5}$

• 연금의 현가(PV) $=\int_5^{10} b_t\cdot a^{-1}(t)dt=\int_5^{10}(t^2-25)\left(\frac{5}{t+5}\right)dt=\int_5^{10}5(t-5)dt$

$$=5\left[\frac{1}{2}t^2-5t\right]_5^{10}=\frac{125}{2}$$

• 연금의 종가(FV) = 연금의 현가(PV) $\times a(10)=\frac{125}{2}\times 3=187.5$

23

정답 ①

해설

• $a(t)=(1-dt)^{-1}=1+it$

• $\frac{da(t)}{dt}=i$ ⋯ ④

• $\delta_t=\frac{\frac{d}{dt}a(t)}{a(t)}=\frac{i}{1+it}$ ⋯ ①

• $d_n=\frac{a(n)-a(n-1)}{a(n)}=\frac{(1+in)-[1+i(n-1)]}{1+in}=\frac{i}{1+in}$ ⋯ ③

• $d=\frac{i}{1+it}\rightarrow d(1+it)=i\rightarrow d-i=-dit\rightarrow \frac{1}{d}-\frac{1}{i}=t$ ⋯ ②

24

정답 ①

해설

	2021.1.1.	2021.4.1.	2021.7.1.	2021.10.1.	2022.1.1.
인출 또는 납입 전 가치	100	110	100	120	110
인출 또는 추가 납입		(20)	10	(W)	
인출 또는 납입 후 가치	100	90	110	120− W	110

$$1.25 = \frac{110}{100} \times \frac{100}{90} \times \frac{120}{110} \times \frac{110}{120-W}$$

$\therefore\ W = 2.67$

25

정답 ②

해설

$$2(IS)_{\overline{5|}} = 2\frac{\ddot{s}_{\overline{5|}}-5}{i} = 2\frac{\dfrac{(1+i)^5-1}{d}-5}{i} = 2\frac{\dfrac{\left[\left(\frac{1}{v}\right)^5-1\right]}{1-v}-5}{\dfrac{1}{v}-1} \fallingdotseq 34.83$$

26

정답 ③

해설

- ALM 전략상, 만기별 부채와 자산을 정확히 일치시키기는 보험회사의 1년 만기 부채가 15는 만기가 1년인 액면가 5인 채권 A 3개이다.
- ALM 전략상, 만기별 부채와 자산을 정확히 일치시키기는 보험회사의 2년 만기 부채가 20은 만기가 2년인 액면가 5인 채권 C 4개이다.

$\therefore$ 3개의 채권 A와 4개의 채권 C의 현재가치 $= \left(3 \times \frac{5}{1.05}\right) + \left(4 \times \frac{5}{1.08^2}\right) \fallingdotseq 31.43$

27

정답 ④

해설 $\left[1+\dfrac{i^{(m)}}{m}\right]^m=e^{\delta}$

$$i^{(m)}=m\left[e^{\frac{\delta}{m}}-1\right]=m\left[\left\{1+\left(\frac{\delta}{m}\right)+\frac{1}{2!}\left(\frac{\delta}{m}\right)^2+\frac{1}{3!}\left(\frac{\delta}{m}\right)^3+\cdots\right\}-1\right]=m\left[\left\{\sum_{k=0}^{\infty}\frac{1}{k!}\left(\frac{\delta}{m}\right)^k\right\}-1\right]$$

① $d_n=\dfrac{a(n)-a(n-1)}{a(n)}=\dfrac{(1+i)^n-(1+i)^{n-1}}{(1+i)^n}=\dfrac{i}{1+i}$

② $\dfrac{d(id)}{d\delta}=\dfrac{d\left[(e^{\delta}-1)\dfrac{(e^{\delta}-1)}{e^{\delta}}\right]}{d\delta}=\dfrac{d\left(\dfrac{e^{2\delta}-2e^{\delta}+1}{e^{\delta}}\right)}{d\delta}=\dfrac{d(e^{\delta}-2+e^{-\delta})}{d\delta}=e^{\delta}-e^{-\delta}$

$\quad=(1+i)-\dfrac{1}{(1+i)}=\dfrac{1}{v}-v$

③ $\dfrac{d}{(1-v)^2v}=\dfrac{d}{d^2v}=\dfrac{1}{vd}=\dfrac{i}{(1+i)^2}=\dfrac{i}{\left(\dfrac{i}{1+i}\right)^2}=\dfrac{i}{d^2}=\dfrac{i^3}{d^2i^2}=\dfrac{i^3}{[i(1-v)]^2}=\dfrac{i^3}{(i-d)^2}$

28

정답 ②

해설
- 매년 상환하는 원금을 A라 하면 상환하는 원금 A의 종가는 대출금 100
  $100=A(1.05+1.05^2+1.05^3)$
  $\therefore\ A\fallingdotseq 31.72$
- 대출금 100에 대한 매년 이자 지급액$=100\times0.1=10$
- 따라서 3년 동안 감채기금 방식(sinking fund method)으로 상환하는 C는 원금과 이자의 합이므로
  $C=31.72+10=41.72$이다.

29

정답 ②

해설
- x=현재까지 n회 수령한 연금지급액의 현재시점 종가의 합$=s_{\overline{n|}}$
- y=향후 n회 수령할 연금지급액의 현가의 합$=a_{\overline{n|}}$
- $x=s_{\overline{n|}}=(1+i)^n a_{\overline{n|}}=(1.21)^n a_{\overline{n|}}=(1.21)^n y=1.4641y$

$\therefore\ n=2$

30

정답 ③

해설 • 사망연도 말에 사망보험금 1을 지급 현가

$$= A^{1}_{x:\overline{10|}} = \sum_{k=0}^{9} v^{k+1} {}_{k|}q_x = \sum_{k=0}^{9} v^{k+1} \cdot {}_{k}p_x \, q_{x+k} = \sum_{k=0}^{9} (0.9)^{k+1} \cdot (0.9)^k \cdot 0.1$$

$$= 0.1 \times \frac{(0.9)^4[1-(0.9)^{20}]}{1-(0.9)^4} \fallingdotseq 0.42$$

• 가입 후 짝수차연도 말에 생존시 생존보험금 1을 지급 현가

$$= \sum_{k=1}^{5} v^{2k} \cdot {}_{2k}p_x = \sum_{k=1}^{5} (0.9)^{2k} \cdot (0.9)^{2k} = \frac{(0.9)^4[1-(0.9)^{20}]}{1-(0.9)^4} \fallingdotseq 1.67$$

∴ 피보험자 (x)가 가입하려고 하는 다음과 같은 10년 만기 보험의 가치 $\fallingdotseq 0.42 + 1.67 = 2.09$

31

정답 ①

해설

• ${}_3p_{60} = \dfrac{l_{63}}{l_{60}} = \dfrac{780}{1,000} = 0.78$

• ${}_{2|}q_{60} = {}_2p_{60} - {}_3p_{60} = {}_2p_{60} - 0.78 = 0.07$, ∴ ${}_2p_{60} = 0.85$

• ${}_2p_{60} = \dfrac{l_{62}}{l_{60}} = \dfrac{l_{62}}{1,000} = 0.85$, ∴ $l_{62} = 850$

• $l_{61} = l_{62} + d_{61} = 850 + 100 = 950$

• $q_{60} = \dfrac{l_{60} - l_{61}}{l_{60}} = \dfrac{1,000 - 950}{1,000} = 0.05$

32

정답 ②

해설 • $A_{65:\overset{1}{\overline{20|}}} = A_{65:\overline{20|}} - A_{65:\overset{1}{\overline{20|}}} = 0.7 - 0.5 = 0.2$

• $A_{65} = A^{1}_{65:\overline{20|}} + A_{65:\overset{1}{\overline{20|}}} A_{85}$

• $A_{85} - A_{65} = A_{85} - (A^{1}_{65:\overline{20|}} + A_{65:\overset{1}{\overline{20|}}} A_{85})$

$= A_{85}(1 - A_{65:\overset{1}{\overline{20|}}}) - A^{1}_{65:\overline{20|}} = 0.5A_{85} - 0.2 = 0.15$

• $A_{85} = \dfrac{0.15 + 0.2}{0.5} = 0.7$

• $A_{85} - A_{65} = 0.7 - A_{65} = 0.15$

∴ $A_{65} = 0.55$

33

정답 ①

해설
- $A_x = vq_x + vp_x A_{x+1}$
- $vq_x = \frac{1}{1+i} q_x = \frac{1}{1.06} \times 0.05 \fallingdotseq 0.047$
- $vp_x = \frac{1}{1+i}(1-q_x) = \frac{1}{1.06} \times (1-0.05) \fallingdotseq 0.896$
- $A_{x+1} - A_x = A_{x+1} - (vq_x + vp_x A_{x+1}) = A_{x+1}(1-vp_x) - vq_x$
  $= A_{x+1}(1-0.896) - 0.047 = 0.015$
- $A_{x+1} = \frac{0.015+0.047}{1-0.896} \fallingdotseq 0.596$
- $A_x + A_{x+1} = vq_x + vp_x A_{x+1} + A_{x+1} = A_{x+1}(1+vp_x) + vq_x = 0.0596(1+0.896) + 0.047$
  $= 1.177016 \fallingdotseq 1.18$

34

정답 ①

해설 $A_x = A^{1}_{x:\overline{n}|} + A_{x:\overline{n}|}^{\ \ \ 1} A_{x+n} = y + (u-y)z = y + uz - yz = (1-z)y + uz$

35

정답 ③

해설
- $Z_3 = 2Z_1 + Z_2$
- $Var(Z_3) = Var(2Z_1 + Z_2) = 4\,Var(Z_1) + Var(Z_2) + 4\,Cov(Z_1, Z_2)$
  $= 4\,Var(Z_1) + Var(Z_2) + 4[E(Z_1Z_2) - E(Z_1)E(Z_2)]$
  $= (4 \times 46.75) + 50.78 + [4 \times (-1.65 \times 10.75)] = 166.83 \fallingdotseq 167$

36

정답 ③

해설 $\mathring{e}_{30:\overline{20}|} = \frac{1}{S_0(30)} \int_{30}^{50} S_0(x)dx = \frac{1}{1-\frac{30}{250}} \left(\int_{30}^{40} \left(1 - \frac{x}{250}\right) dx + \int_{40}^{50} \left(1 - \left(\frac{x}{100}\right)^2\right) dx \right)$

$= \frac{25}{22} \left(\left[x - \frac{x^2}{500} \right]_{30}^{40} + \left[x - \frac{x^3}{30{,}000} \right]_{40}^{50} \right) \fallingdotseq 18.83$

37

정답 ①

해설 $_{2|3}q_{40} = {}_2p_{40} - {}_5p_{40} = p_{40} \cdot p_{41} - p_{40} \cdot p_{41} \cdot p_{42} \cdot p_{43} \cdot p_{44}$

$= (1-q_{40})(1-q_{41}) - (1-q_{40})(1-q_{41})(1-q_{42})(1-q_{43})(1-q_{44}) \fallingdotseq 0.188$

38

정답 ①

해설 $_{20}p_{40} = {}_5p_{40}\,{}_{15}p_{45} = (e^{-0.01})^5 \cdot (e^{-0.02})^{15} = e^{-0.35} = (0.9048)^3 \cdot (0.9512) \fallingdotseq 0.7046 \fallingdotseq 0.70$

39

정답 ④

해설

$_{0.2}q_{50.6} = \dfrac{0.2q_{50}}{1-0.6q_{50}} = 0.1$

$0.2q_{50} = 0.1 - 0.06q_{50}$

$0.26q_{50} = 0.1$

$\therefore\ q_{50} \fallingdotseq 0.385$

40

정답 ②

해설

• 지출현가 : $100{,}000vq_x + 100{,}000(1.01)v^2\,{}_{1|}q_x$

$= \left(100{,}000 \times \dfrac{1}{1.05} \times 0.01\right) + \left[100{,}000 \times 1.01 \times \left(\dfrac{1}{1.05}\right)^2 \times 0.99 \times 0.02\right]$

$\fallingdotseq 2{,}766.2587$

• 수입현가 : $P + P(1.01)vp_x = P + \left[P(1.01) \times \dfrac{1}{1.05} \times 0.99\right] \fallingdotseq 1.9523P$

$\therefore$ 수지상등원칙에 의해 P를 구하면 $P \fallingdotseq 1{,}417$

2020년 제43회 회계원리

정답 및 해설

정답 CHECK

01	02	03	04	05	06	07	08	09	10	11	12	13	14	15	16	17	18	19	20
④	②	①	①	③	②	①	②	②	③	③	④	④	②	③	④	①	④	①	③
21	**22**	**23**	**24**	**25**	**26**	**27**	**28**	**29**	**30**	**31**	**32**	**33**	**34**	**35**	**36**	**37**	**38**	**39**	**40**
①	③	①	④	모두 정답	②	①	③	③	①	②	③	④	②	④	③	②	③	①	④

문제편 104p

01

정답 ④

해설 역사적 원가는 자산의 손상이나 손실부담에 따른 **부채와 관련되는 변동을 제외하고는** 가치의 변동을 반영하지 않는다.

02

정답 ②

해설 유동성 순서에 따른 표시방법이 신뢰성 있고 더욱 목적적합한 정보를 제공하는 경우를 제외하고는 유동성, 비유동성 구분법에 따라 유동자산과 비유동자산, 유동부채와 비유동부채로 재무상태표에 구분하여 표시하며, 유동성 순서에 따른 표시방법이 신뢰성 있고 더욱 목적적합한 정보를 제공하는 경우에는 유동성 순서에 따른 표시방법을 적용하여 모든 자산과 부채를 유동성 순서에 따라 표시한다.

03

정답 ①

해설 보기 ①번은 변동대가 배분에 관한 내용이다.

TIP 기간에 걸쳐 수익을 인식하기 위한 기준

다음 기준 중 어느 하나를 충족하면, 기업은 재화나 용역에 대한 통제를 기간에 걸쳐 이전하므로, 기간에 걸쳐 수행의무를 이행하는 것이고 기간에 걸쳐 수익을 인식한다.

① 고객은 기업이 수행하는 대로 기업의 수행에서 제공하는 효익을 동시에 얻고 소비한다.
② 기업이 수행하여 만들어지거나 가치가 높아지는 대로 고객이 통제하는 자산(예 재공품)을 기업이 만들거나 그 자산 가치를 높인다.
③ 기업이 수행하여 만든 자산이 기업 자체에는 대체 용도가 없고, 지금까지 수행을 완료한 부분에 대해 집행 가능한 지급청구권이 기업에 있다.

04

정답 ①

해설 20x1년에 인식할 수익

=20x1년 말에 제품의 개별판매가격 ₩900 − 제품 C 20x1년 말 개별판매가격 ₩450 = ₩450

05

정답 ③

해설 20x1년 말 재무상태표에 인식될 계약부채는 선급금 ₩2,000이다.

06

정답 ②

해설 20x1년 당기순이익 = 판매량 × (1 − 반품률) × 판매액 × (1 − 원가율)

= 200개 × (1 − 0.1) × ₩40/개 × (1 − 0.8) = ₩1,440

07

정답 ①

해설
- 매출채권처분손실은 매출채권 액면가의 4%를 금융비용으로 부과한 금액 ₩40
- 20x1년 3월 1일 수취할 현금은 매출에누리·환입 및 매출할인에 대비해 액면가의 10%를 유보한 금액 ₩100에서 실제 발생한 ₩70(매출에누리·환입 ₩30 + 매출할인 ₩40)을 제외한 금액

08

정답 ②

해설

• 20x1년 3월 1일	대손충당금	2,000	매출채권	3,000
	대손상각비	1,000		
• 20x1년 7월 1일	현금	1,500	대손충당금	1,500
• 20x1년 10월 1일	현금	500	대손충당금	500
• 20x1년 12월 31일	대손상각비	1,500	대손충당금	1,500

→ 20x1년에 매출채권에 대해 인식할 손상차손(대손상각비)는 20x1년 3월 1일 ₩1,000과 20x1년 12월 31일 ₩1,500으로 총 ₩2,500이다.

09

정답 ②

해설 • 기말재고자산 매가
= (매가)기초재고자산 + (매가)당기매입액 − (매가)매출액 + (매가)순인상액 − (매가)순인하액
= ₩20,000 + ₩180,000 − ₩160,000 + ₩10,000 − ₩30,000 = ₩20,000

• 저가기준 선입선출 소매재고법 원가율

$$= \frac{\text{(원가)기초재고} + \text{(원가)당기매입}}{\text{(매가)기초재고} + \text{(매가)당기매입} + \text{(매가)순인상액}}$$

$$= \frac{₩12,000 + ₩117,800}{₩20,000 + ₩180,000 + ₩10,000} = 0.62$$

• 기말재고자산 원가 = ₩20,000 × 0.62 = ₩12,400

• 매출원가 = (원가)기초재고자산 + (원가)당기매입액 − (원가)기말재고자산
= ₩12,000 + ₩117,800 − ₩12,400 = ₩117,400

• 매출총이익 = ₩160,000 − ₩117,400 = ₩42,600

10

정답 ③

해설 기말재고 = 창고 ₩100,000 + 적송품 ₩30,000 + 시송상품 ₩50,000 + 담보상품 ₩20,000
+ 재구매약정 ₩10,000 = ₩210,000

11

정답 ③

해설 4월 1일 단위당 원가 ₩30

$$\text{6월 1일 단위당 원가} = \frac{(20 \times ₩30) + (10 \times ₩33)}{30} = ₩31$$

8월 1일 매출총이익 = 15 × (₩40 − ₩31) = ₩135

$$\text{10월 1일 단위당 원가} = \frac{(15 \times ₩31) + (10 \times ₩35)}{25} = ₩32.6$$

12월 1일 매출총이익 = 20 × (₩42 − ₩32.6) = 188

∴ 20x1년 매출총이익 = ₩135 + ₩188 = ₩323

12

정답 ④

해설 완성될 제품이 원가 이상으로 판매될 것으로 예상하는 경우에는 그 생산에 투입하기 위해 보유하는 원재료 및 기타 소모품을 감액하지 아니한다. 그러나 원재료 가격이 하락하여 제품의 원가가 순실현가능가치를 초과할 것으로 예상된다면 해당 원재료를 순실현가능가치로 감액한다. 이 경우 원재료의 현행대체원가는 순실현가능가치에 대한 최선의 이용가능한 측정치가 될 수 있다.

13

정답 ④

해설

	사외적립자산	확정급여채무	퇴직급여	재측정요소 기타포괄손익
기초 금액	1,000	1,100		
당기근무원가 지급		1,400	(1,400)	
퇴직급여 지급	(200)	(200)		
소 계	800	2,300		
역산한 금액	500			500
역산한 금액		(2,000)		(2,000)
기말 금액	1,300	300		

14

정답 ②

해설 20x1년 말 항공기 A의 장부가액

$$=\{[(₩1,200\times\frac{₩500}{₩500+₩1,000})+₩200]\times(1-\frac{4}{10})\}+₩100+₩100=₩560$$

15

정답 ③

해설 • **20x1년**

20x1년 감가상각비 $=₩100\times\frac{1}{5}=₩20$

20x1년 말 장부금액 = ₩100 − ₩20 = ₩80

20x1년 말 회수가능금액 = max(순공정가치 ₩40, 사용가치 ₩60) = ₩60

20x1년 말 손상차손 = 20x1년 말 장부금액 − 20x1년 말 회수금액 = ₩20

• **20x2년**

20x2년 감가상각비 $=₩60\times\frac{1}{4}=₩15$

20x2년 말 장부금액 = ₩60 − ₩15 = ₩45

20x2년 말 회수가능금액 = max(순공정가치 ₩70, 사용가치 ₩40) = ₩70

20x2년 말 손상차손환입 한도 = min(회수가능금액 ₩70, 손상이 없을 경우 감가상각 후 장부금액 ₩60)
= ₩60

20x2년 말 손상차손환입 = 20x2년 말 손상차손환입 한도 − 20x2년 말 장부금액 = ₩15

16

정답 ④

해설 특정 유형자산을 재평가할 때, 해당 자산이 포함되는 유형자산의 유형 전체를 재평가한다.

17

정답 ①

해설 무형자산으로 인식할 수 없는 항목들의 합계
= 연구결과나 기타 지식을 응용 ₩50 + 개선된 시스템에 대한 여러 가지 대체안 설계 ₩150 + 신규 판매 확정 제품에 대한 사내 개발부서 직원들의 브랜드 개발 ₩50 = ₩250

18

정답 ④

해설 자산의 공정가치를 x라 하면

취득시점 영업권 = 취득원가 − 관계기업 순자산 공정가치 × 지분율

= ₩1,000 − [(x − ₩500) × 60%] = ₩100

∴ 자산의 공정가치(x) = ₩2,000

19

정답 ①

해설
- 투자부동산으로 분류되는 항목들의 합계
  = 직접소유하고 운용리스로 제공하고 있는 건물 ₩100 + 운용리스 제공목적으로 보유중인 미사용 건물 ₩150 + 장래 용도 미결정인 보유중 토지 ₩100 = ₩350
- 금융리스로 제공한 토지 ₩100 : 금융리스채권
- 처분예정인 자가사용 건물 ₩200 : 매각예정비유동자산
- 미래 자가사용 목적으로 개발 중인 토지 ₩250 : 유형자산

20

정답 ③

해설 • 당기손익공정가치측정(FVPL)금융자산으로 분류한 경우 20x3년 처분시 분개

20x3년 처분시	(차) 현 금	310	(대) FVPL 금융자산 A	120
	금융자산처분손실 (당기손익)	60	FVPL 금융자산 B	250

∴ 당기손익은 손실 ₩60

• 기타포괄손익공정가치측정(FVOCI)금융자산 분류한 경우 20x3년 처분시 분개

20x3년 처분시	(차) FVOCI 금융자산 A	10	(대) FVOCI 금융자산 B	70
	금융자산평가이익 (기타포괄손익)	60		
	(차) 현 금	310	(대) FVOCI 금융자산 A	130
			FVOCI 금융자산 B	180

∴ 당기손익은 ₩0

따라서 당기손익공정가치측정(FVPL)금융자산으로 분류한 경우와 기타포괄손익공정가치측정(FVOCI)금융자산으로 분류한 경우의 당기손익 차이는 ₩60이다.

21

정답 ①

해설 금융리스자산으로 분류될 수 있는 리스자산들의 장부가액 합계＝B ₩100＋D ₩100＝₩200

TIP 금융리스 인식 조건

① 리스기간 종료시점까지 기초자산의 소유권이 리스이용자에게 이전되는 리스
② 리스이용자가 선택권 행사일의 공정가치보다 충분히 낮을 것으로 예상되는 가격으로 기초자산을 매수할 수 있는 선택권을 가지고 있으며, 그 선택권을 행사할 것이 리스약정일 현재 상당히 확실한 경우
③ 기초자산의 소유권이 이전되지 않더라도 리스기간이 기초자산의 경제적 내용연수의 상당 부분을 차지하는 경우
④ 리스약정일 현재, 리스료의 현재가치가 적어도 기초자산 공정가치의 대부분에 해당하는 경우
⑤ 기초자산이 특수하여 해당 리스이용자만이 중요한 변경 없이 사용할 수 있는 경우

22

정답 ③

해설 할인율은 부채의 특유한 위험과 화폐의 시간가치에 대한 현행 시장의 평가를 반영한 세전 이율이다. 이 할인율에 반영되는 위험에는 미래 현금흐름을 추정할 때 고려한 위험은 반영하지 아니한다.

23

정답 ①

해설 ② 할인발행은 사채의 표시이자율보다 시장이 기업에게 자금 대여의 대가로 요구하는 수익률이 높은 상황에서 발생한다.

③ 할인발행을 하는 경우 상각후 원가가 매기 증가하기 때문에 이자비용과 상각액은 매기 증가한다.

④ 할증발행을 하는 경우 상각후 원가가 매기 감소하기 때문에 이자비용은 매기 감소하나 상각액은 매기 증가한다. 따라서 현금이자 지급액보다 적은 이자비용을 인식한다.

24

정답 ④

해설
- 20x1년 4월 1일 장부가액 = (₩10,000 × 0.06 × 2.4) + (₩10,000 × 0.71) = ₩8,540
- 20x2년 4월 1일 장부가액 = ₩8,540 + (₩8,540 × 0.12) − (₩10,000 × 0.06) = ₩8,965
- 20x2년 12월 31일 장부가액 = ₩8,956 + $(₩8,956 \times 0.12 \times \frac{9}{12}) - (₩10,000 \times 0.06 \times \frac{9}{12})$

  = ₩9,322

25

정답 모두 정답

해설 상법상 이익준비금은 현금배당액의 최소 10% 이상을 적립하여야 하며, 자본금의 1/2까지 적립한도가 존재하는데 이 문제의 경우 자본금의 50%인 ₩50을 초과하여 적립하였습니다. 따라서 이번 현금배당 시에는 이익준비금을 적립할 이유가 없습니다.

₩50을 초과하여 적립한 이익준비금의 경우 상법의 요구사항을 초과하여 적립한 것이므로 임의적립금의 성격이 존재하는 것으로 볼 수 있는데 이를 고려하여 배당가능이익을 결정하는 경우에는 제시된 정답이 없으므로 문제 불성립입니다.

26

정답 ②

해설
- 자산회전율 2회 → $\frac{\text{매출액}}{\text{자 산}} = 2$, 즉 매출액은 자산의 2배
- 매출액순이익률 5% → $\frac{\text{순이익}}{\text{매출액}} \times 100 = 5$, 즉 매출액은 순이익의 20배
- 매출액이 순이익의 20배이므로 자산은 순이익의 10배
- 자기자본이익률(ROE) 25% → $\frac{\text{당기순이익}}{\text{자 본}} \times 100 = 25$, 즉 자본은 순이익의 4배
- 자본이 순이익의 4배이므로 부채는 순이익의 6배 (∵ 부채 = 자산 − 자본)
- 자기자본 대비 부채비율 = $\frac{\text{부 채}}{\text{자기자본}} \times 100 = \frac{6 \times \text{순이익}}{4 \times \text{순이익}} \times 100 = 150\%$

27

정답 ①

해설 • 보장수익률에 미달하게 지급된 이자
= 보장수익률에 따른 연간 이자 ₩120,000 − 연간 액면이자 ₩ 40,0000 = ₩80,000

• 상환할증금 = ₩80,000 × $(1.06)^2$ + ₩80,000 × (1.06) + ₩80,000 = ₩254,688

28

정답 ③

해설 • 가중평균주식수 = (8,000주 + 1,600주) × $\frac{10}{12}$ + (9,600주 − 600주) × $\frac{2}{12}$ = 9,500주

• 20x1년 기본주당순이익 = $\frac{₩10,000,000 - ₩1,450,000}{9,500주}$ = ₩900

29

정답 ③

해설 모든 가산할 일시적차이에 대하여 이연법인세부채를 인식하지만 영업권을 최초로 인식한 경우에는 이연법인세부채를 인식하지 아니한다.

30

정답 ①

해설 • 배당금 지급액 = 기초자본 ₩1,600 + 당기순이익 ₩500 + 당기유상증자 ₩250 − 기말자본 ₩1,800
= ₩550

• 재무활동 순현금유출액 = 배당금 지급액 ₩550 − 당기유상증자액 ₩250 = ₩300

• 20x1년 말 재무상태표에 보고된 현금및현금성자산
= 기초현금및현금성자산 ₩500 + 영업활동 순현금유입액 ₩600 − 투자활동 순현금유출액 ₩450
− 재무활동 순현금유출액 ₩300 = ₩350

31

정답 ②

해설

• 당좌비율 = $\frac{\text{유동자산} - \text{재고자산}}{\text{유동부채}}$

재고자산 구입으로 재고자산 ₩100,000 증가, 현금 ₩50,000 감소, 매입채무(유동부채) ₩50,000 증가한다. 따라서 유동자산만 생각하면 현금, 재고자산 모두 유동자산이므로 ₩50,000 증가한다. 유동자산 ₩50,000 증가하고 재고자산이 ₩100,000 증가하였으므로 분자의 수치는 ₩50,000 감소하게 된다.

따라서 당좌비율의 분자는 ₩50,000 감소하고, 분모는 ₩50,000 증가하여 당좌비율은 감소하게 된다.

• 부채비율 = $\frac{\text{부 채}}{\text{자 본}}$

재고자산의 구입으로 자본은 변함없지만 외상으로 인한 부채의 증가로 부채비율은 증가한다.

32

정답 ③

해설

• 당기제품제조원가 = 매출원가 ₩20,000 + 기말제품 ₩3,000 − 기초제품 ₩5,000
= ₩ 18,000

• 기초재공품 = 기말재공품 ₩3,000 × 2 = ₩6,000

재공품

기초재공품	₩6,000	당기제품제조원가	₩18,000
직접재료원가	₩6,000	기말재공품	₩3,000
직접노무원가	x		
제조간접원가	$0.5x$		
	₩21,000		₩21,000

∴ $1.5x$ = ₩9,000 따라서 x = ₩6,000

∴ 기초(기본)원가 = 직접재료원가 ₩6,000 + 직접노무원가 ₩6,000 = ₩12,000

33

정답 ④

해설

• 배부액 = 제조간접원가는 ₩3,800,000 + 제조간접원가 과대배부액 ₩200,000 = ₩4,000,000

• 예정배부율 = $\frac{\text{배부액}}{\text{실제직접노무시간}} = \frac{₩4,000,000}{20,000\text{시간}}$ = ₩200/시간

• 예산(예상)직접노무시간 = $\frac{\text{예 산}}{\text{예정배부액}} = \frac{₩5,000,000}{₩200/\text{시간}}$ = 25,000시간

34

정답 ②

해설

	X	Y	A	B	외부 공급 전략량
전력량	$80kW \times \left(1 - \frac{150시간}{500시간}\right) = 56kW$	0	120kW	200kW	376kW

35

정답 ④

해설 균등이익률법은 모든 개별제품의 매출총이익률이 같도록 결합원가를 배부하는 방법으로 조건이 같다면 추가가공원가가 높은 제품에 결합원가가 작게 배부된다.

36

정답 ③

해설
- 기초재공품＝재료원가 평균법－재료원가 선입선출법
  ＝85,000단위－70,000단위＝15,000단위
- 기초재공품× 완성도＝평균법－가공원가 선입선출법
  ＝65,500단위－61,000단위＝4,500단위

∴ 완성도＝30%

37

정답 ②

해설 변동원가계산에서는 **원가를 형태에 따라** 구분하여 변동원가와 고정원가로 분류한다.

38

정답 ③

해설
- X의 단위당 공헌이익＝₩800－₩400＝₩400
- Y의 단위당 공헌이익＝₩1,000－₩400＝₩600
- 최대공헌이익 목적함수＝400X＋600Y
- 사용가능한 재료 관계식 : 4X＋10Y ≤ 760
- 사용가능한 기계시간 관계식 : 6X＋8Y ≤ 720
- 사용가능한 재료 관계식과 사용가능한 재료 관계식의 적합한 순서쌍 (0, 76), (120, 0), (40, 60)이다.
- 적합한 순서쌍 중 최대공헌이익 목적함수를 가장 크게 하는 순서쌍은 (40, 60)
- 최대공헌이익＝(₩400× 40)＋(₩600× 60)＝₩52,000

39

정답 ①

해설
- 단위당 고정제조간접원가 = ₩400,000/1,000단위 = ₩400/단위
- 제안 수락시 총원가 = (1,000단위 × ₩1,600/단위) + 1,000단위 × (₩400/단위 − ₩300/단위)
  − ₩80,000 = ₩1,620,000
- 제안을 수락하는 경우 이익에 미치는 영향 = ₩1,660,000 − ₩1,620,000 = ₩40,000 증가

40

정답 ④

해설 기업 외부의 시장이 매우 경쟁적이고 기업 내부의 사업부서간에 상호의존도가 높을 경우 사내대체가격을 결정하는 것이 합리적이다.

2021년 제44회

보험계리사 1차 기출문제 정답 및 해설

제1과목	보험계약법, 보험업법 및 근로자퇴직급여보장법
제2과목	경제학원론
제3과목	보험수학
제4과목	회계원리

2021년 제44회

보험계약법, 보험업법 및 근로자퇴직급여보장법 정답 및 해설

정답 CHECK

01	02	03	04	05	06	07	08	09	10	11	12	13	14	15	16	17	18	19	20
②	④	③	①	④	④	③	④	③	③	④	②	③	③	③	④	②	④	①	④
21	22	23	24	25	26	27	28	29	30	31	32	33	34	35	36	37	38	39	40
③	①	②	③	②	④	②	①	①	④	②	①	②	④	①	③	①	③	④	③

문제편 122p

01

정답 ②

해설 보험자는 청약과 함께 보험료의 일부 또는 전부를 받은 때에는 다른 약정이 없으면 30일 이내에 그 청약의 승낙 여부를 통지해야 하며, 통지를 하지 않고 30일이 경과하면 승낙한 것으로 간주한다. **즉 '~추정한다.'가 아니라 '~간주한다.'가 옳은 표현이다.**

① 보험계약은 낙성・불요식 계약으로 보험계약자의 청약과 보험자의 승낙이 있으면 성립하고, 특별한 방식을 필요로 하지 않는다(상법 제638조의2). 따라서 보험료의 선지급이 없어도 보험계약은 유효하게 성립된다. 즉, 최초의 보험료 지급은 보험자의 책임이 개시되는 시기를 정한 것이고, 보험계약의 성립과는 관계없다.

③ 상법 제638조의2 제1항

④ 상법 제656조

02

정답 ④

해설 타인을 위한 손해보험계약은 타인의 이익을 위한 계약으로서 그 타인(피보험자)의 이익이 보험의 목적이지 여기에 당연히(특약없이) 보험계약자의 보험이익이 포함되거나 예정되어 있는 것은 아니므로, 피보험이익의 주체가 아닌 보험계약자는 비록 보험자와의 사이에서는 계약 당사자이고, 약정된 보험료를 지급할 의무자이지만 그 지위의 성격과 보험자대위 규정의 취지에 비추어 보면 보험자대위에 있어서 보험계약자와 제3자를 구별하여 취급할 법률상의 이유는 없는 것이며, 따라서 **타인을 위한 손해보험계약자가 당연히 제3자의 범주에서 제외되는 것은 아니다**(대법원 1989.4.25. 선고 87다카1669 판결).

① 타인을 위한 손해보험계약의 경우, 타인의 위임이 없더라도 성립할 수 있으며, 타인의 위임이 없으면 보험계약자는 이를 보험자에게 고지하여야 한다(상법 제639조 제1항 단서).

② 보험계약자가 체결한 단기수출보험의 보험약관이 보험계약자의 수출대금회수불능에 따른 손실만을 보상하는 손실로 규정하고 보험금수취인의 손실에 대해서는 아무런 언급이 없다면, 보험약관에 의한 보험계약으로 보험에 붙여진 피보험이익은 보험계약자의 이익, 즉 보험계약자가 수출계약 상대방의 채무불이행 등의 보험사고로 자신에게 귀속되는 수출물품의 대금채권이 멸손되어 장차 손해를 받을 지위에 있으나, 아직 손해를 받지 아니하는데 대하여 가지는 이익이 될 뿐, 보험금수취인의 이익은 그 피보험이익이 아니므로, 그 보험계약은 보험금수취인을 위한 타인을 위한 보험계약으로 볼 수 없다(대법원 1999.6.11. 선고 99다489 판결).

③ 대법원 2003.1.24. 선고 2002다33496 판결

03

정답 ③

해설 피보험자가 경영하는 사업에 관한 책임을 보험의 목적으로 한 때에는 피보험자의 **대리인 또는 그 사업감독자**의 제3자에 대한 책임도 보험의 목적에 포함된 것으로 한다(상법 제721조).

① 상법 제696조 제2항

② 상법 제686조

④ 상법 제720조 제1항

04

정답 ①

해설 보험계약 해지 후 보험사고의 발생에 관하여 보험자는 보상책임이 없다.

② 상법 제650조의2

③ 보험계약상의 일부 보험금에 관한 약정 지급사유가 발생한 이후에 그 보험계약이 해지, 실효되었다는 보험회사 직원의 말만을 믿고 해지환급금을 수령한 경우, 이를 보험계약을 해지하는 의사로써 한 행위라고 할 수 없다(대법원 2002.7.26. 선고 2000다25002 판결).

④ 계속보험료가 지급되지 않는 경우 보험자의 계약해지에 의하여 보험계약이 해지되고 해약환급금이 지급되지 아니한 경우에 보험계약자는 일정한 기간 내에 연체보험료에 약정이자를 붙여 보험자에게 지급하고 그 계약의 부활을 청구할 수 있다(상법 제650조의2).

05

정답 ④

해설 보험계약자 등의 불이익변경금지의 원칙은 재보험 및 해상보험 기타 이와 유사한 보험의 경우에는 적용하지 않는다(상법 제663조 단서).

① 보험계약법을 강행규정화하는 것은 사적자치의 원칙에 제한을 둠으로써 보험에 대해서 잘 알지 못하는 보험가입자의 이익을 보호하기 위한 것이다.

② 상법 제663조는 보험계약자 등의 불이익변경금지의 원칙이라는 상대적 강행법규성을 인정하여 약관의 내용이 상법의 규정보다 보험계약자 등에게 불이익한 조항을 두게 되면 그 한도 안에서 약관의 규정은 무효가 된다.

③ 수산업협동조합중앙회에서 실시하는 어선공제사업은 항해에 수반되는 해상위험으로 인하여 피공제자의 어선에 생긴 손해를 담보하는 것인 점에서 해상보험에 유사한 것이라고 할 수 있으나, 그 어선공제는 수산업협동조합중앙회가 실시하는 비영리 공제사업의 하나로 소형 어선을 소유하며 연안어업 또는 근해어업에 종사하는 다수의 영세어민들을 주된 가입대상자로 하고 있어 공제계약 당사자들의 계약교섭력이 대등한 기업보험적인 성격을 지니고 있다고 보기는 어렵고 오히려 공제가입자들의 경제력이 미약하여 공제계약 체결에 있어서 공제가입자들의 이익보호를 위한 법적 배려가 여전히 요구된다 할 것이므로, 상법 제663조 단서의 입법취지에 비추어 그 어선공제에는 불이익변경금지원칙의 적용을 배제하지 아니함이 상당하다(대법원 1996.12.20. 선고 96다23818 판결).

06

정답 ④

해설 생명보험계약 체결 후 다른 생명보험에 다수 가입하였다는 사정만으로 상법 제652조 소정의 사고발생의 위험이 현저하게 변경 또는 증가된 경우에 해당한다고 할 수 없다(대법원 2001.11.27. 선고 99다33311 판결).

① 상법 제652조 제1항(위험변경증가의 통지와 계약해지)

② 상법 제653조 제1항(보험계약자 등의 고의나 중과실로 인한 위험증가와 계약해지)

③ 화재보험에 있어서는 피보험 건물의 구조와 용도뿐만 아니라, 그 변경을 가져오는 증・개축에 따라 보험의 인수 여부와 보험료율이 달리 정하여지는 것이므로 화재보험계약의 체결 후에 건물의 구조와 용도에 상당한 변경을 가져오는 증・개축공사가 시행된 경우에는 그러한 사항이 계약 체결 당시에 존재하고 있었다면 보험자가 보험계약을 체결하지 않았거나 적어도 그 보험료로는 보험을 인수하지 않았을 것으로 인정되는 사실에 해당하여 상법 제652조 제1항 및 화재보험보통약관에서 규정한 통지의무의 대상이 된다고 할 것이고, 따라서 보험계약자나 피보험자가 이를 해태할 경우 보험자는 위 규정들에 의하여 보험계약을 해지할 수 있다(대법원 2000.7.4. 선고 98다62909 판결).

07

정답 ③

해설 **가. 중복보험에서 비례주의** : 중복보험 가입시 보험자는 보험금액의 한도 내에서 연대책임과 비례주의에 의해 이중으로 보상되지 않도록 하고 있다(이득금지원칙의 실현).

나. 신가보험 : 신가보험은 감가상각이 반영된 실제 손해를 보상하는 것이 아니고, 재조달가 전액을 보상하게 되므로 실손보상원칙의 예외가 된다.

다. 잔존물대위 : 상법에서는 보험자가 보험의 목적에 대해 권리를 취득하는 잔존물대위와 보험계약자 또는 피보험자가 제3자에 갖는 권리를 취득하는 청구권대위를 통해서 이중의 이득을 얻지 못하도록 하고 있다(이득금지원칙의 실현).

라. 선의의 초과보험 : 선의의 초과보험의 경우 보험금액 및 보험료 감액청구권을 인정하고 이러한 감액하기 전에 사고가 발생한 경우 보험금은 보험금액이 아니라, 보험가액을 기준하여 산정하는 것도 실손보상원칙의 실현이다.

마. 기평가보험 : 기평가보험계약에서는 협정보험가액이 사고발생시의 가액을 초과하더라도 사고발생시의 가액을 기준으로 하여 손해액을 산정하지 아니하고, 협정보험가액을 기준으로 손해액을 산정하므로, 실손보상원칙의 예외가 된다.

08

정답 ④

해설 소급보험은 보험계약이 성립하기 이전의 어느 시점부터 보험기간이 시작되는 것으로 소급하여 정한 보험을 말한다(상법 제643조). 보험자의 책임은 최초의 보험료의 지급을 받은 때로부터 개시하는 것이 원칙이므로, 소급보험의 경우도 보험계약이 체결되었다고 하더라도 최초보험료가 납입되기 전에 발생한 사고에 대해서는 보상할 책임이 없다.

09

정답 ③

해설 간접의무는 보험자가 그 이행을 강제하거나 불이행에 대하여 손해배상을 청구할 수 있는 것이 아니라, 단지 보험계약을 해지를 통해 보험계약 관계를 종료시킬 수 있는 의무를 말한다.

예 고지의무, 위험변경증가의 통지의무, 위험유지의무 등

10

정답 ③

해설 ①·②·③ 공동불법행위로 말미암아 공동불법행위자 중 1인이 손해의 방지와 경감을 위하여 비용을 지출한 경우에 손해방지비용은 자신의 보험자뿐 아니라, 다른 공동불법행위자의 보험자에 대하여도 손해방지비용에 해당하므로, 공동불법행위자들과 각각 보험계약을 체결한 보험자들은 각자 그 피보험자 또는 보험계약자에 대한 관계뿐만 아니라, 그와 보험계약관계가 없는 다른 공동불법행위자에 대한 관계에서도 그들이 지출한 손해방지비용의 상환의무를 부담한다. 또한 이러한 관계에 있는 보험자들 상호간에는 손해방지비용의 상환의무에 관하여 공동불법행위에 기한 손해배상채무와 마찬가지로 부진정연대채무의 관계에 있다고 볼 수 있으므로, 공동불법행위자 중의 1인과 보험계약을 체결한 보험자가 그 피보험자에게 손해방지비용을 모두 상환하였다면, 그 손해방지비용을 상환한 보험자는 다른 공동불법행위자의 보험자가 부담하여야 할 부분에 대하여 직접 구상권을 행사할 수 있다(대법원 2007.3.15. 선고 2004다64272 판결).

④ 교통사고에 있어서 차량소유자의 차량 관리상의 과실과 그 차량 무단운전자의 과실이 경합된 경우, 보험자가 그 자동차 소유자와 체결한 보험계약에 따라 피해자들에게 그 손해배상금을 보험금액으로 모두 지급함으로써 차량소유자와 무단운전자가 공동면책이 되었다면, **그 소유자는 무단운전자의 부담부분에 대하여 구상권을 행사할 수 있고, 보험자는 상법 제682조 소정의 보험자대위의 제도에 따라 차량소유자의 무단운전자에 대한 구상권을 취득한다**(대법원 1995.9.29. 선고 94다61410 판결).

11

정답 ④

해설 선박보험, 운임보험에서 감항능력 주의의무위반으로 생긴 손해의 경우 보험자는 면책되지만(상법 제706조 제1호), 적하보험의 경우에는 적용되지 않는다.

① 대법원 1996.10.11. 선고 94다60332 판결

② 상법 제663조 단서 규정에 의하면 해상보험에 있어서는 보험계약자 등의 불이익변경금지의 원칙이 적용되지 아니하여 해상보험 약관으로 상법의 규정과 달리 규정하더라도 그와 같은 약관규정은 유효하다(대법원 1995.9.29 선고 93다53078 판결).

③ 보험자는 선박 또는 운임을 보험에 붙인 경우에는 발항 당시 안전하게 항해를 하기에 필요한 준비를 하지 아니하거나 필요한 서류를 비치하지 아니함으로 인하여 생긴 손해와 비용을 보상할 책임이 없다(상법 제706조 제1호).

12

정답 ②

해설 총괄보험은 보험의 목적(객체)의 전부 또는 일부가 특정되지 않고, 보험기간 중 수시로 교체되는 것을 예상하고 체결하는 보험이다. 따라서 보험계약 체결시 보험가액을 정하지 않는다.

① 총괄보험은 특정보험이 아니라 예정보험의 일종이며, 특정보험은 보험의 목적이 특정된 보험이다.

③ 총괄보험은 집합된 보험의 목적이 보험기간 중 수시로 교체되는 것을 예상하고 체결하므로, 보험금액을 변동하는 것이 원칙이다.

④ 보험사고의 발생 시에 현존하지 않은 물건은 보험의 목적에 포함될 수 없다.

13

정답 ③

해설 강제보험은 보험가입이 법률에 의해 강제되는 것으로서 책임보험이며, 대부분의 공보험이 여기에 속한다.

> **TIP 배상자력(financial responsibility)**
>
> • 타인에 대하여 손해를 끼칠 위험이 수반되는 행위를 수행하려는 자는 충분한 손해배상능력이 있음을 증명할 의무가 있다.
>
> • 손해배상능력을 증명하기 위해 반드시 보험을 가입할 필요는 없으나, 거래비용의 감소를 통해 사회의 효율성을 증진시킨다는 측면에서 의무보험의 논거로 사용될 수 있다.

① 원보험계약과 재보험계약은 법률적으로 각각 독립된 보험계약이므로, 재보험계약은 손해보험계약이지만, 그 재보험계약의 원보험계약은 생명보험계약일 수도 있다.

② 자동차 운행에 따르는 위험을 담보하는 보험에 가입하는 자가 일반개인이면 가계보험이고, 기업이면 기업보험이다.

④ 생명보험은 정액 보상을 원칙으로 하며, 지급되는 보험금의 확정 여부에 따라 크게 정액보험과 변액보험 두 가지로 구분할 수 있다. 사망보험과 같은 정액보험은 일반적으로 보장금액이 가입 당시 정해져 있으며, 변액보험은 자산운용성과에 따라 지급되는 보험금이 달라지는 것이 특징이다.

14

정답 ③

해설 하나의 사고에 관하여 여러 개의 무보험자동차에 의한 상해담보특약보험이 체결되고, 그 보험금액의 총액이 피보험자가 입은 손해액을 초과하는 때에는, **중복보험에 관한 상법 제672조 제1항의 법리가 적용**되어 보험자는 각자의 보험금액의 한도에서 연대책임을 지고 피보험자는 각 보험계약에 의한 보험금을 중복하여 청구할 수 없다(대법원 2007.10.25. 선고 2006다25356 판결).

① 보험약관은 신의성실의 원칙에 따라 약관의 목적과 취지를 고려하여 공정하고 합리적으로 해석하되, 개개 계약 당사자가 기도한 목적이나 의사를 참작하지 않고 평균적 고객의 이해가능성을 기준으로 보험단체 전체의 이해관계를 고려하여 객관적·획일적으로 해석하여야 하며, 위와 같은 해석을 거친 후에도 약관조항이 객관적으로 다의적으로 해석되고 각각의 해석이 합리성이 있는 등 약관의 뜻이 명백하지 아니한 경우에는 고객에게 유리하게 해석하여야 한다. 즉 약관조항 중 다의적으로 해석될 여지가 있을 경우 계약자 보호를 위하여 우선적으로 작성자불이익의 원칙에 의해 해석한다(대법원 2016.5.12. 선고 2015다243347 판결).

② 자동차손해배상보장법 제3조의 '다른 사람'이란 **자기를 위하여 자동차를 운행하는 자 및 당해 자동차의 운전자를 제외한 그 이외의 자**를 지칭하는 것이다(대법원 2004.4.28. 선고 2004다10633 판결).

④ 甲 보험회사와 乙이 체결한 상해보험의 특별약관에 '특별약관의 보장개시 전의 원인에 의하거나 그 이전에 발생한 후유장해로서 후유장해보험금의 지급사유가 되지 않았던 후유장해가 있었던 피보험자의 동일 신체 부위에 또다시 후유장해가 발생하였을 경우에는 기존 후유장해에 대한 후유장해보험금이 지급된 것으로 보고 최종 후유장해상태에 해당되는 후유장해보험금에서 이미 지급받은 것으로 간주한 후유장해보험금을 차감한 나머지 금액을 지급한다'고 정한 사안에서, **정액보험인 상해보험에서는 기왕장해가 있는 경우에도 약정 보험금 전액을 지급하는 것이 원칙이고, 예외적으로 감액규정이 있는 경우에만 보험금을 감액할 수 있으므로,** 위 기왕장해 감액규정과 같이 후유장해보험금에서 기왕장해에 해당하는 보험금 부분을 감액하는 것이 거래상 일반적이고 공통된 것이어서 보험계약자가 별도의 설명 없이도 충분히 예상할 수 있는 내용이라거나, 이미 법령에 정하여진 것을 되풀이하거나 부연하는 정도에 불과한 사항이라고 볼 수 없어, 보험계약자나 대리인이 내용을 충분히 잘 알고 있지 않는 한 보험자인 甲 보험회사는 기왕장해 감액규정을 명시·설명할 의무가 있다(대법원 2015.3.26. 선고 2014다229917, 229924 판결).

15

정답 ③

해설 甲 회계법인과 乙 보험회사가 체결한 회계사 전문직업배상책임 보험계약의 약관에서 보험금 지급조건으로 정한 '피보험자인 甲 법인에 대한 제3자의 손해배상청구는 보험기간 중 행해져야 한다'는 내용의 손해배상청구 조항과 '이러한 손해배상청구는 보험기간 중 보험자인 乙 회사에 서면으로 통지되어야 한다'는 내용의 서면통지 조항이 약관의 규제에 관한 법률 제7조 제2호에 따라 무효인지 문제된 사안에서, 위 보험금 지급조건은 모두 상당한 이유 없이 보험자의 손해배상 범위를 제한한 것으로 볼 수 없으므로, **약관의 규제에 관한 법률 제7조 제2호에 따라 무효라고 볼 수 없다**(대법원 2020.9.3. 선고 2017다245804 판결).

TIP **면책조항의 금지(약관의 규제에 관한 법률 제7조)**

계약 당사자의 책임에 관하여 정하고 있는 약관의 내용 중 다음 각 호의 어느 하나에 해당하는 내용을 정하고 있는 조항은 무효로 한다.

1. 사업자, 이행 보조자 또는 피고용자의 고의 또는 중대한 과실로 인한 법률상의 책임을 배제하는 조항
2. **상당한 이유 없이 사업자의 손해배상 범위를 제한하거나 사업자가 부담하여야 할 위험을 고객에게 떠넘기는 조항**
3. 상당한 이유 없이 사업자의 담보책임을 배제 또는 제한하거나 그 담보책임에 따르는 고객의 권리행사의 요건을 가중하는 조항
4. 상당한 이유 없이 계약목적물에 관하여 견본이 제시되거나 품질·성능 등에 관한 표시가 있는 경우 그 보장된 내용에 대한 책임을 배제 또는 제한하는 조항

① 보험사고의 객관적 확정의 효과에 관하여 규정하고 있는 상법 제644조는 사고발생의 우연성을 전제로 하는 보험계약의 본질상 이미 발생이 확정된 보험사고에 대한 보험계약은 허용되지 아니한다는 취지에서 보험계약 당시 이미 보험사고가 발생하였을 경우에는 그 보험계약을 무효로 한다고 규정하고 있고, 암 진단의 확정 및 그와 같이 확진이 된 암을 직접적인 원인으로 한 사망을 보험사고의 하나로 하는 보험계약에서 피보험자가 보험계약일 이전에 암 진단이 확정되어 있는 경우에는 보험계약을 무효로 한다는 약관조항은 보험계약을 체결하기 이전에 그 보험사고의 하나인 암 진단의 확정이 있었던 경우에 그 보험계약을 무효로 한다는 것으로서 상법 제644조의 규정 취지에 따른 것이라고 할 것이므로, 상법 제644조의 규정 취지나 보험계약은 원칙적으로 보험가입자의 선의를 전제로 한다는 점에 비추어 볼 때, 그 약관조항은 그 조항에서 규정하고 있는 사유가 있는 경우에 그 보험계약 전체를 무효로 한다는 취지라고 보아야 할 것이지, 단지 보험사고가 암과 관련하여 발생한 경우에 한하여 보험계약을 무효로 한다는 취지라고 볼 수는 없다(대법원 1998.8.21. 선고 97다50091 판결).

② '특별약관의 보장개시 전의 원인에 의하거나 그 이전에 발생한 후유장해로서 후유장해보험금의 지급사유가 되지 않았던 후유장해가 있었던 피보험자의 동일 신체 부위에 또다시 후유장해가 발생하였을 경우에는 기존 후유장해에 대한 후유장해보험금이 지급된 것으로 보고 최종 후유장해상태에 해당되는 후유장해보험금에서 이미 지급받은 것으로 간주한 후유장해보험금을 차감한 나머지 금액을 지급한다'고 정한 약관조항은 유효하다(대법원 2015.3.26. 선고 2014다229917, 229924 판결).

④ 상법 제650조 제2항은 "계속보험료가 약정한 시기에 지급되지 아니한 때에는 보험자는 상당한 기간을 정하여 보험계약자에게 최고하고 그 기간 내에 지급되지 아니한 때에는 그 계약을 해지할 수 있다"라고 규정하고, 같은 법 제663조는 위의 규정은 당사자간의 특약으로 보험계약자 또는 피보험자나 보험수익자의 불이익으로 변경하지 못한다고 규정하고 있으므로, 분납 보험료가 소정의 시기에 납입되지 아니하였음을 이유로 그와 같은 절차를 거치지 아니하고 곧바로 보험계약을 해지할 수 있다거나 보험계약이 실효됨을 규정한 약관은 상법의 위 규정에 위배되어 무효라 할 것이다(대법원 1997.7.25. 선고 97다18479 판결).

16

정답 ④

해설 ③·④ 보험계약자는 보험수익자를 변경할 권리가 있다(상법 제733조 제1항). 이러한 **보험수익자 변경권은 형성권으로서 보험계약자가 보험자나 보험수익자의 동의를 받지 않고 자유로이 행사할 수 있고, 그 행사에 의해 변경의 효력이 즉시 발생한다.** 다만, 보험계약자는 보험수익자를 변경한 후 보험자에 대하여 이를 통지하지 않으면 보험자에게 대항할 수 없다(상법 제734조 제1항). 이와 같은 보험수익자 변경권의 법적 성질과 상법규정의 해석에 비추어 보면, **보험수익자 변경은 상대방 없는 단독행위라고 봄이 타당하므로, 보험수익자 변경의 의사표시가 객관적으로 확인되는 이상 그러한 의사표시가 보험자나 보험수익자에게 도달하지 않았다고 하더라도 보험수익자 변경의 효과는 발생한다**(대법원 2020.2.27. 선고 2019다204869 판결).

①·② 보험계약자는 자유롭게 특정 또는 불특정의 타인을 보험수익자로 지정할 수 있다. 보험수익자는 그 지정행위 시점에 반드시 특정되어야 하는 것은 아니고, 보험사고발생시에 특정될 수 있으면 충분하므로, 보험계약자는 이름 등을 통해 특정인을 보험수익자로 지정할 수 있음은 물론 배우자 또는 상속인과 같이 보험금을 수익할 자의 지위나 자격 등을 통해 불특정인을 보험수익자로 지정할 수 있다(대법원 2006.11.9. 선고 2005다55817 판결).

17

정답 ②

해설 상해보험은 상법 제732조(15세 미만인 자 등의 사망보험계약금지)를 제외하고는 생명보험규정이 준용된다. 또한 중과실로 인한 사고의 경우에도 보험금을 지급하여야 하는 조항(제732조의2 제1항) 및 다수의 보험수익자 중 일부가 피보험자를 사망하게 한 경우 다른 보험수익자에 대해서는 보험금을 지급하여야 하는 조항(제732조의2 제2항)도 준용된다.

① 인보험에서는 원칙적으로 경제적 이익(피보험이익)의 관념이 존재하지 않는다.

③ 상법 제729조에서 제3자에 대한 보험대위를 금지하고 있으나, 상해보험계약의 경우 "당사자간에 다른 약정이 있는 때에는 보험자는 피보험자의 권리를 해하지 않는 범위에서 그 권리를 대위하여 행사할 수 있다"고 하여 보험자대위에 관한 약정이 유효하다.

④ 사망보험은 중복보험조항이 준용되지 않지만, 무보험자동차특약보험(= 손해보험형 상해보험)'의 경우 중복보험조항이 준용된다. 즉 최근의 판례는 무보험자동차특약보험을 '손해보험형 상해보험'이라고 정의하면서, 약관에 중복보험에 관한 규정이 존재하지 않는 경우에도 손해보험에 관한 상법의 중복보험 규정이 적용가능하다고 판시하고 있다.

판례 대법원 2016.12.29. 선고 2016다217178 판결

피보험자가 무보험자동차에 의한 교통사고로 인하여 상해를 입었을 때에 손해에 대하여 배상할 의무자가 있는 경우 보험자가 약관에 정한 바에 따라 피보험자에게 손해를 보상하는 것을 내용으로 하는 무보험자동차에 의한 상해담보특약은 상해보험의 성질과 함께 손해보험의 성질도 갖고 있는 손해보험형 상해보험이므로, 하나의 사고에 관하여 여러 개의 무보험자동차특약보험계약이 체결되고 보험금액의 총액이 피보험자가 입은 손해액을 초과하는 때에는 손해보험에 관한 상법 제672조 제1항(중복보험)이 준용되어 보험자는 각자의 보험금액의 한도에서 연대책임을 지고, 이 경우 각 보험자 사이에서는 각자의 보험금액의 비율에 따른 보상책임을 진다.

18

정답 ④

해설 보험계약자가 다수의 보험계약을 통하여 보험금을 부정취득할 목적으로 보험계약을 체결한 경우, 이러한 목적으로 체결된 보험계약에 의하여 보험금을 지급하게 하는 것은 보험계약을 악용하여 부정한 이득을 얻고자 하는 사행심을 조장함으로써 사회적 상당성을 일탈하게 될 뿐만 아니라, 합리적인 위험의 분산이라는 보험제도의 목적을 해치고 위험발생의 우발성을 파괴하며, 다수의 선량한 보험가입자들의 희생을 초래하여 보험제도의 근간을 해치게 되므로, 이와 같은 보험계약은 민법 제103조 소정의 선량한 풍속 기타 사회질서에 반하여 무효라고 할 것이다(대법원 2018.9.13. 선고 2016다255125 판결). 따라서 이미 보험수익자에게 급부한 보험금의 반환을 청구할 수 있다.

① 상법 제648조(보험계약의 무효로 인한 보험료반환청구)

② 상법 제649조 제1항, 제3항

③ 대법원 2011.3.24. 선고 2010다92612 판결

19

정답 ①

해설 배상청구기준약관은 소급담보일자(Retroactive date)와 보고기간연장(Extended Reporting Period)으로 보험자의 책임기간을 확장할 수 있다. 소급담보일자기준의 경우, 보험사고가 보험기간 안에 발생하여야 하며, 추가로 소급담보일자를 지정하여 소급담보일자 이후에 발생한 보험사고도 보험기간 중에 배상청구가 이루어진 경우 보상하도록 하고 있다.

② 피보험자가 동일한 사고로 제3자에게 배상책임을 짐으로써 입은 손해를 보상하는 수 개의 책임보험계약이 동시 또는 순차로 체결된 경우에 그 보험금액의 총액이 피보험자의 제3자에 대한 손해배상액을 초과하는 때에는 **중복보험의 규정을 준용한다**(상법 제725조의2).

③ 손해사고설은 피보험자가 제3자에 대하여 배상책임을 부담하는 원인이 되는 사고가 발생한 때를 보험사고로 보는 입장이다(다수설). 피보험자가 제3자로부터 배상청구를 받은 때(상법 제722조)에는 **지체 없이 보험자에게 그 통지를 발송하여야 한다**.

④ 피보험자가 제3자의 청구를 방어하기 위하여 지출한 재판상 또는 재판 외의 필요비용은 **보험의 목적에 포함된 것으로 한다**(상법 제720조 제1항).

20

정답 ④

해설 상법 제724조 제2항에 의하여 피해자에게 인정되는 **직접청구권의 법적 성질은 보험자가 피보험자의 피해자에 대한 손해배상채무를 병존적으로 인수한 것으로서 피해자가 보험자에 대하여 가지는 손해배상청구권**이고, 피보험자의 보험자에 대한 보험금청구권의 변형 내지는 이에 준하는 권리는 아니다. 이러한 피해자의 직접청구권에 따라 **보험자가 부담하는 손해배상채무는 보험계약을 전제로 하는 것으로서 보험계약에 따른 보험자의 책임한도액의 범위 내에서 인정되어야 한다**는 취지일 뿐, **법원이 보험자가 피해자에게 보상하여야 할 손해액을 산정하면서 자동차종합보험약관의 지급기준에 구속될 것을 의미하는 것은 아니다**(대법원 2019.4.11. 선고 2018다300708 판결).

21

정답 ③

해설 **제3보험업의 보험종목(보험업법 제4조 제1항 제3호)**

1. 상해보험
2. 질병보험
3. 간병보험
4. 그 밖에 대통령령으로 정하는 보험종목

22

정답 ①

해설 **허가신청서 등의 제출(보험업법 제5조)** 〈2022.12.31. 개정〉

보험업의 허가를 받으려는 자는 신청서에 다음 각 호의 서류를 첨부하여 금융위원회에 제출하여야 한다. 다만, 보험회사가 취급하는 보험종목을 추가하려는 경우에는 **정관은 제출하지 아니할 수 있다**.

1. 정 관
2. 업무 시작 후 3년간의 사업계획서(추정재무제표를 포함한다)
3. 경영하려는 보험업의 보험종목별 사업방법서, 보험약관, 보험료 및 책임준비금의 산출방법서(이하 "기초서류"라 한다) 중 대통령령으로 정하는 서류
4. 제1호부터 제3호까지의 규정에 따른 서류 이외에 대통령령으로 정하는 서류

23

정답 ②

해설 **보험회사가 수행할 수 있는 금융업무(보험업법 제11조 제2호, 동법 시행령 제16조 제1항)**

1. 「자산유동화에 관한 법률」에 따른 유동화자산의 관리업무
2. 「주택저당채권 유동화회사법」에 따른 유동화자산의 관리업무 〈2023.5.16. 개정〉
3. 「한국주택금융공사법」에 따른 채권유동화자산의 관리업무
4. 「전자금융거래법」 제28조 제2항 제1호에 따른 전자자금이체업무(같은 법 제2조 제6호에 따른 결제중계시스템의 참가기관으로서 하는 전자자금이체업무와 보험회사의 전자자금이체업무에 따른 자금정산 및 결제를 위하여 결제중계시스템에 참가하는 기관을 거치는 방식의 전자자금이체업무는 제외한다)
5. 「신용정보의 이용 및 보호에 관한 법률」에 따른 본인 신용정보관리업

24

정답 ③

해설 상호회사의 기금은 금전 이외의 자산으로 **납입하지 못한다**(보험업법 제36조 제1항).

① 보험업법 제34조
② 보험업법 제35조
④ 보험업법 제37조

25

정답 ②

해설 보험회사의 임원 중 대표이사 · 사외이사 · 감사 및 감사위원은 모집할 수 없다(보험업법 제83조 제1항 제4호).

26

정답 ④

해설 **보험설계사의 모집 제한의 예외사항(보험업법 제85조 제3항)**

1. 생명보험회사 또는 제3보험업을 전업(專業)으로 하는 보험회사에 소속된 보험설계사가 1개의 손해보험회사를 위하여 모집을 하는 경우
2. 손해보험회사 또는 제3보험업을 전업으로 하는 보험회사에 소속된 보험설계사가 1개의 생명보험회사를 위하여 모집을 하는 경우
3. 생명보험회사나 손해보험회사에 소속된 보험설계사가 1개의 제3보험업을 전업으로 하는 보험회사를 위하여 모집을 하는 경우

27

정답 ②

해설 금융위원회는 등록을 한 보험중개사가 보험계약 체결 중개와 관련하여 보험계약자에게 입힌 손해의 배상을 보장하기 위하여 보험중개사로 하여금 금융위원회가 지정하는 기관에 영업보증금을 예탁하게 하거나 보험가입, 그 밖에 필요한 조치를 하게 할 수 있다(보험업법 제89조 제3항).

① 보험업법 제89조 제2항 제5호
③ 보험업법 시행령 제37조 제1항
④ 보험업법 시행령 제34조 제1항

28

정답 ①

해설 ① 보험업법 제97조 제1항 제8호
② 보험계약자가 기존 보험계약 소멸 후 새로운 보험계약 체결시 손해가 발생할 가능성이 있다는 사실을 알고 있음을 자필로 서명하는 등 대통령령으로 정하는 바에 따라 본인의 의사에 따른 행위임이 명백히 증명되는 경우에는 새로운 보험계약을 체결할 수 있다(보험업법 제97조 제3항 제1호 단서).
③ 모집종사자 등은 실제 명의인의 동의가 있는 경우 보험계약 청약자와 보험계약을 체결할 수 있다(보험업법 제97조 제1항 제6호).
④ 모집종사자 등은 피보험자의 자필서명이 필요한 경우에 그 피보험자로부터 자필서명을 받지 아니하고, 서명을 대신하여 보험계약을 체결할 수 없다(보험업법 제97조 제1항 제7호).

29

정답 ①

해설 보험대리점 또는 보험중개사가 모집한 자기 또는 자기를 고용하고 있는 자를 보험계약자나 피보험자로 하는 보험의 보험료 누계액(累計額)이 그 보험대리점 또는 보험중개사가 모집한 보험의 보험료의 (100분의 50)을 초과하게 된 경우에는 그 보험대리점 또는 보험중개사는 자기 또는 자기를 고용하고 있는 자를 보험계약자 또는 피보험자로 하는 보험을 모집하는 것을 그 주된 목적으로 한 것으로 (본다)(보험업법 제101조 제2항).

보험업법문상 '~본다'는 '~간주한다'와 같은 의미이다.

TIP '~추정한다'와 '~본다(간주한다)'의 의미

'~추정한다'는 명확하지 않은 사실을 일단 존재하는 것으로 정하여 법률효과를 발생시키는 것을 말한다. 그러나 당사자는 반증을 들어서 그 추정을 번복시킬 수 있다. 이점에 있어서 법규상의 '~본다(간주한다)'와 다른 의미이다. 즉 '~본다(간주한다)'는 반증을 들어도 일단 발생한 법률효과는 번복되지 아니하나, 추정의 경우에는 반증에 의하여 법률효과도 번복된다.

30

정답 ④

해설 보험회사는 매년 대통령령으로 정하는 날(12월 31일)에 그 장부를 폐쇄하여야 하고, 장부를 폐쇄한 날부터 (3개월) 이내에 금융위원회가 정하는 바에 따라 재무제표(부속명세서를 포함한다) 및 사업보고서를 (금융위원회)에 제출하여야 한다(보험업법 제118조 제1항, 동법 시행령 제61조).

31

정답 ②

해설 보험회사는 기초서류를 작성하거나 변경하려는 경우 그 내용이 다음 각 호의 어느 하나에 해당하는 경우에 한정하여 미리 금융위원회에 신고하여야 한다(보험업법 제127조 제2항).

1. 법령의 제정・개정에 따라 새로운 보험상품이 도입되거나 보험상품 가입이 의무가 되는 경우
2. 보험계약자 보호 등을 위하여 대통령령으로 정하는 경우

① 보험업법 제126조
③ 보험업법 제128조 제1항
④ 보험업법 제128조의3 제1항 제1호

32

정답 ①

해설 **보고사항(보험업법 제130조, 동법 시행령 제72조)**

보험회사는 다음 각 호의 어느 하나에 해당하는 사유가 발생한 경우에는 그 사유가 발생한 날부터 5일 이내에 금융위원회에 보고하여야 한다.

1. 상호나 명칭을 변경한 경우
2. **본점의 영업을 중지하거나 재개(再開)한 경우** (가)
3. 최대주주가 변경된 경우
4. **대주주가 소유하고 있는 주식 총수가 의결권 있는 발행주식 총수의 100분의 1 이상만큼 변동된 경우** (나)
5. 그 밖에 해당 보험회사의 업무 수행에 중대한 영향을 미치는 경우로서 **대통령령으로 정하는 경우**
   - 자본금 또는 기금을 증액한 경우
   - 조직 변경의 결의를 한 경우
   - 법 제13장에 따른 처벌을 받은 경우
   - **조세 체납처분을 받은 경우 또는 조세에 관한 법령을 위반하여 형벌을 받은 경우** (라)
   - 「외국환 거래법」에 따른 해외투자를 하거나 외국에 영업소, 그 밖의 사무소를 설치한 경우
   - **보험회사의 주주 또는 주주였던 자가 제기한 소송의 당사자가 된 경우** (다)

33

정답 ②

해설 가. (○) 금융위원회는 보험관계자에 대한 조사실적, 처리결과 등을 공표할 수 있다(보험업법 제164조).

나. (○) 금융위원회는 해양경찰청장이 지정하는 소속 공무원 1명을 조사위원으로 위촉할 수 있다(보험업법 시행령 제76조 제1항 제4호).

다. (×) 보험조사협의회 위원의 임기는 **3년**으로 한다(보험업법 시행령 제76조 제3항).

라. (×) 금융위원회는 관계자가 조사를 방해하거나 제출하는 자료를 거짓으로 작성하거나 그 제출을 게을리한 경우에는 관계자가 소속된 단체의 장에게 관계자에 대한 **문책 등을 요구할 수 있다**(보험업법 제162조 제4항).

34

정답 ④

해설 보험계리업자가 되려는 자는 총리령으로 정하는 수수료를 내고 **금융위원회에 등록**하여야 한다(보험업법 제183조 제1항).

① 보험업법 시행규칙 제44조 제2호 〈2023.6.30. 개정〉

② 보험업법 시행규칙 제44조 제3호

③ 보험업법 시행규칙 제44조 제4호

35

정답 ①

해설 가. 손해사정을 업으로 하려는 법인은 (2)명 이상의 상근 손해사정사를 두어야 한다(보험업법 시행령 제98조 제1항).

나. 금융위원회는 손해사정사 또는 손해사정업자가 그 직무를 게을리하거나 직무를 수행하면서 부적절한 행위를 하였다고 인정되는 경우에는 (6)개월 이내의 기간을 정하여 업무의 정지를 명하거나 해임하게 할 수 있다(보험업법 제192조 제1항).

다. 손해사정업자는 등록일부터 (1)개월 내에 업무를 시작하여야 한다. 다만, 불가피한 사유가 있다고 금융위원회가 인정하는 경우에는 그 기간을 연장할 수 있다(보험업법 시행령 제98조 제6항).

36

정답 ③

해설 퇴직급여제도란 확정급여형퇴직연금제도, 확정기여형퇴직연금제도, 중소기업퇴직연금기금제도 및 제8조에 따른 퇴직금제도를 말한다(근로자퇴직급여보장법 제2조 제6항).

① 근로자퇴직급여보장법 제17조 제1항

② 중도인출에 관한 사항은 확정기여형퇴직연금제도와 중소기업퇴직연금제도에는 포함되어 있으나 확정급여형퇴직연금제도에는 포함되어 있지 않다.

④ 근로자퇴직급여보장법 제10조

37

정답 ①

해설 퇴직연금제도(중소기업퇴직연금기금제도를 포함한다)의 급여를 받을 권리는 양도 또는 압류하거나 담보로 제공할 수 없다(근로자퇴직급여보장법 제7조 제1항).

② 근로자퇴직급여보장법 시행령 제2조

③ 근로자퇴직급여보장법 제12조 제2항

④ 근로자퇴직급여보장법 제4조 제1항

38

정답 ③

해설 확정급여형퇴직연금제와 확정기여형퇴직연금제도 모두 부담금 산정 및 납입에 관한 사항이 있다.

① 근로자퇴직급여보장법 제5조

② 근로자퇴직급여보장법 제8조 제2항

④ 근로자퇴직급여보장법 제18조

39

정답 ④

해설 사업주의 휴업 실시로 근로자의 임금이 감소한 경우로서 고용노동부장관이 정하여 고시하는 사유와 요건에 해당하는 경우는 확정기여형퇴직연금제도의 중도인출 사유가 아니다.

① 근로자퇴직급여보장법 시행령 제2조 제1항 제1호

② 근로자퇴직급여보장법 시행령 제2조 제1항 제1호의2

③ 근로자퇴직급여보장법 시행령 제14조 제1항 제2호

TIP 확정기여형퇴직연금제도의 중도인출 사유(근로자퇴직급여보장법 시행령 제14조)

① 법 제22조에서 "주택구입 등 대통령령으로 정하는 사유"란 다음 각 호의 어느 하나에 해당하는 경우를 말한다.

1. 제2조 제1항 제1호ㆍ제1호의2 또는 제5호(재난으로 피해를 입은 경우로 한정한다)에 해당하는 경우

1의2. 제2조 제1항 제2호에 해당하는 경우로서 가입자가 본인 연간 임금총액의 1천분의 125를 초과하여 의료비를 부담하는 경우

2. 중도인출을 신청한 날부터 거꾸로 계산하여 5년 이내에 가입자가 「채무자 회생 및 파산에 관한 법률」에 따라 파산선고를 받은 경우

3. 중도인출을 신청한 날부터 거꾸로 계산하여 5년 이내에 가입자가 「채무자 회생 및 파산에 관한 법률」에 따라 개인회생절차개시 결정을 받은 경우

4. 법 제7조 제2항 후단에 따라 퇴직연금제도의 급여를 받을 권리를 담보로 제공하고 대출을 받은 가입자가 그 대출 원리금을 상환하기 위한 경우로서 고용노동부장관이 정하여 고시하는 사유에 해당하는 경우

② 제1항 제4호에 해당하는 사유로 적립금을 중도인출하는 경우 그 중도인출 금액은 대출 원리금의 상환에 필요한 금액 이하로 한다.

40

정답 ③

해설 가. (×) 무주택자인 근로자가 본인의 명의로 주택을 구입한 경우
나. (×) 직무급제로의 변경과 퇴직금의 중간정산은 연관이 없다.
다. (○) 근로자퇴직급여보장법 시행령 제3조 제1항 제6호
라. (○) 근로자퇴직급여보장법 시행령 제3조 제1항 제7호

TIP 퇴직금의 중간정산(근로자퇴직급여보장법 시행령 제3조)

① 법 제8조 제2항 전단에서 "주택구입 등 대통령령으로 정하는 사유"란 다음 각 호의 어느 하나에 해당하는 경우를 말한다.
1. 무주택자인 근로자가 본인 명의로 주택을 구입하는 경우
2. 무주택자인 근로자가 주거를 목적으로 「민법」 제303조에 따른 전세금 또는 「주택임대차보호법」 제3조의2에 따른 보증금을 부담하는 경우. 이 경우 근로자가 하나의 사업에 근로하는 동안 1회로 한정한다.
3. 근로자가 6개월 이상 요양을 필요로 하는 다음 각 목의 어느 하나에 해당하는 사람의 질병이나 부상에 대한 의료비를 해당 근로자가 본인 연간 임금총액의 1천분의 125를 초과하여 부담하는 경우
가. 근로자 본인
나. 근로자의 배우자
다. 근로자 또는 그 배우자의 부양가족
4. 퇴직금 중간정산을 신청하는 날부터 거꾸로 계산하여 5년 이내에 근로자가 「채무자 회생 및 파산에 관한 법률」에 따라 파산선고를 받은 경우
5. 퇴직금 중간정산을 신청하는 날부터 거꾸로 계산하여 5년 이내에 근로자가 「채무자 회생 및 파산에 관한 법률」에 따라 개인회생절차개시 결정을 받은 경우
6. 사용자가 기존의 정년을 연장하거나 보장하는 조건으로 단체협약 및 취업규칙 등을 통하여 일정나이, 근속시점 또는 임금액을 기준으로 임금을 줄이는 제도를 시행하는 경우
6의2. 사용자가 근로자와의 합의에 따라 소정근로시간을 1일 1시간 또는 1주 5시간 이상 변경하여 그 변경된 소정근로시간에 따라 근로자가 3개월 이상 계속 근로하기로 한 경우
6의3. 법률 제15513호 근로기준법 일부 개정법률의 시행에 따른 근로시간의 단축으로 근로자의 퇴직금이 감소되는 경우
7. 재난으로 피해를 입은 경우로서 고용노동부장관이 정하여 고시하는 사유에 해당하는 경우

② 사용자는 제1항 각 호의 사유에 따라 퇴직금을 미리 정산하여 지급한 경우 근로자가 퇴직한 후 5년이 되는 날까지 관련 증명 서류를 보존하여야 한다.

2021년 제44회
경제학원론

정답 및 해설

정답 CHECK

01	02	03	04	05	06	07	08	09	10	11	12	13	14	15	16	17	18	19	20
②	④	③	①	④	③	③	①	③	모두 정답	③	③	②	③	①	③	④	①	②	②
21	**22**	**23**	**24**	**25**	**26**	**27**	**28**	**29**	**30**	**31**	**32**	**33**	**34**	**35**	**36**	**37**	**38**	**39**	**40**
②	④	③	③	④	③	④	①	④	②	④	③	②	②	②	③	④	③	②	④

문제편 138p

01

정답 ②

해설 ㄱ. (×) 수요량 50일 때 가격은 50이며 이때의 가격탄력성을 구해보면

$$가격탄력성=-\frac{dQ}{dP}\cdot\frac{P}{Q}=-(-1)\cdot\frac{50}{50}=1$$

ㄴ. (○) 독점기업의 한계수입은 다음과 같다.

$$MR=P\left(1-\frac{1}{\epsilon}\right)$$ (ϵ : 수요의 가격탄력성)

위 공식에 의하면 수요의 가격탄력성이 1인 경우 한계수입은 0이 됨을 알 수 있다.

ㄷ. (○) 독점기업의 수요의 가격탄력성, 한계수입, 총수입 간의 관계는 다음과 같다.

- $\epsilon>1 \rightarrow MR>0 \rightarrow TR$ 증가
- $\epsilon=0 \rightarrow MR=0 \rightarrow TR$ 극대
- $\epsilon<1 \rightarrow MR<0 \rightarrow TR$ 감소

ㄹ. (×) 수요의 가격탄력성이 1보다 클 때, 가격이 상승하면 판매량이 가격 상승폭보다 훨씬 더 큰 폭으로 감소하기에 판매수입이 감소하게 된다.

TIP 독점기업의 총수입과 한계수입

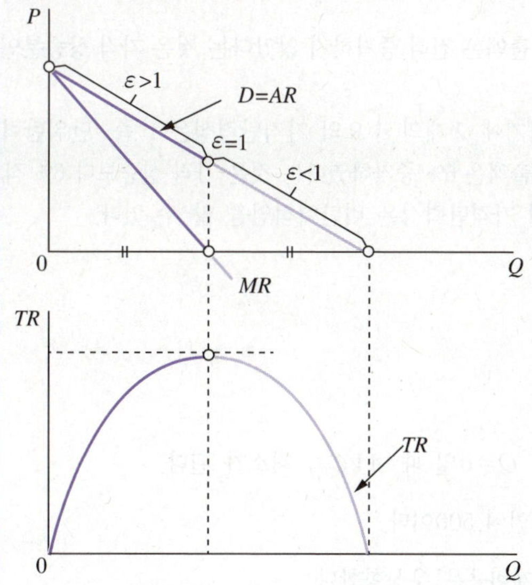

02

정답 ④

해설

- $MU_X = \frac{dU}{dX} = 0.3X^{-0.7} \cdot Y^{0.7}$
- $MU_Y = \frac{dU}{dY} = 0.7X^{0.3} \cdot Y^{-0.3}$
- $MRS_{XY} = \frac{MU_X}{MU_Y} = \frac{0.3X^{-0.7} \cdot Y^{0.7}}{0.7X^{0.3} \cdot Y^{-0.3}} = \frac{3Y}{7X} = \frac{P_X}{P_Y}$

  $\therefore 3Y \cdot P_Y = 7X \cdot P_X$
- 예산제약 : $P_X \cdot X + P_Y \cdot Y = M$

예산제약 공식을 이용하여 X재, Y재 수요함수를 각각 구해보면

X재 수요함수 도출	Y재 수요함수 도출
$P_X \cdot X + P_Y \cdot Y = M$ $P_X \cdot X + \frac{7X \cdot P_X}{3Y} \cdot Y = M$ $X = \frac{3M}{10P_X}$	$P_X \cdot X + P_Y \cdot Y = M$ $\frac{3Y \cdot P_Y}{7X} \cdot X + P_Y \cdot Y = M$ $Y = \frac{7M}{10P_Y}$

Y재 수요함수에는 X재 가격이 포함되어 있지 않으므로 X재 가격 변화에 Y재 수요량은 변하지 않는다.

① X재 수요함수에 의하면 X재 가격이 상승하면 X재의 수요량은 감소함을 알 수 있다.

② X재, Y재 수요함수 모두 직각쌍곡선 형태로 수요의 가격탄력성은 항상 1이다.

③ X재, Y재 수요함수 모두 소득에 정비례 관계이므로 소득탄력성이 항상 1이다.

03

정답 ③

해설
- X재의 가격이 10% 상승할 때 X재의 매출액은 전혀 증가하지 않았다는 것은 가격 상승분인 10%만큼 판매량이 감소하였다는 것이다.
  가격 상승분과 판매량 감소분이 동일하기에 X재의 수요의 가격탄력성은 1 즉, 단위탄력적이다.
- Y재의 가격이 10% 상승할 때 Y재의 매출액은 6% 증가하였다는 것은 가격 상승보다 6% 적게 판매량이 감소하였다는 것으로 Y재의 수요의 가격탄력성은 비탄력적임을 알 수 있다.

04

정답 ①

해설

$AVC = \dfrac{20Q^2 - 15Q}{Q} = 20Q - 15$ 따라서 $Q=0$일 때 AVC가 최소가 된다.

② 총고정비용은 총비용함수의 상수부분인 4,500이다.

③ $MC = \dfrac{dTVC}{dQ} = 40Q - 15$ 따라서 한계비용은 우상향한다.

④ $AC = \dfrac{TVC}{Q} = \dfrac{20Q^2 - 15Q + 4{,}500}{Q} = 20Q - 15 + \dfrac{4{,}500}{Q}$

$\dfrac{dAC}{dQ} = 20 - \dfrac{4{,}500}{Q^2} = 0$이 되는 양수 Q는 15이다.

∴ 생산량이 15일 때 평균비용이 최소가 된다.

05

정답 ④

해설
- **유보가격** : 소비자가 재화를 소비할 때 얻는 한계편익

수요자	A	B	C	D	E	F	G	H
유보가격	50	46	42	38	34	30	26	22
총수입	50	46×2 = 92	42×3 = 126	38×4 = 152	34×5 = 170	30×6 = 180	26×7 = 182	22×8 = 186
한계수입	50	42	34	26	18	10	2	−6

※ 가격은 단일가격으로 책정되므로 최종소비자의 유보가격에 의해 가격이 책정됨

사회적으로는 유보가격이 제작비용보다 모두 크기 때문에 8명의 사진을 제작하는 것이 최적이지만 甲은 한계수입이 제작비용보다 크게 되는 경우만 사진을 제작할 것이므로 5명 까지만 제작할 것이며 5번 소비자인 E의 유보가격이 최종가격이 된다.
가격이 34인 경우에 E까지의 소비자잉여를 구해보면
소비자잉여 = (50 − 34) + (46 − 34) + (42 − 34) + (38 − 34) + (34 − 34) = 40
따라서 甲이 이윤을 극대화할 때 소비자잉여는 40이다.

06

정답 ③

해설

- $TFC_L = w \cdot L = (2+L) \cdot L = 2L + L^2$
- $MFC_L = \dfrac{dTFC_L}{dL} = 2L + 2$
- $VMP_L = MFC_L$

  $38 - 4L = 2L + 2$

  $\therefore\ L = 6$
- $w = 2 + L = 2 + 6 = 8$

07

정답 ③

해설

- 기상이변으로 전 세계 포도 수확량이 감소하면 포도주의 국제가격은 상승한다.
- 포도주의 국제가격이 상승하면 포도주의 수입가격도 상승한다.
- 수입가격이 상승하면 수입량이 줄어들고 **국내생산량이 증가**한다.
- 수입량 감소로 **소비자잉여는 감소**하지만 국내생산량 증가로 **생산자잉여는 증가**한다.
- 감소하는 소비자잉여의 크기가 증가하는 생산자잉여보다 크므로 **총잉여는 감소**한다.

08

정답 ①

해설

종량세 부과전 균형가격과 균형거래량을 구하면

$400 - 2P = 100 + 3P$

$\therefore\ P = 60,\ Q = 280$

- **조세 부과전 수요곡선** : $P = 200 - \dfrac{1}{2}Q$
- **단위당 조세 T 부과에 따른 수요곡선** : $P = (200 - T) - \dfrac{1}{2}Q$

단위당 조세 T 부과에 따른 수요곡선과 공급곡선을 연립하면

$400 - 2T - 2P = 100 + 3P$

$5P = 300 - 2T$

$\therefore\ P = 60 - \dfrac{2}{5}T$

위에서 구한 가격을 단위당 조세 T 부과에 따른 수요곡선에 대입하면

$60 - \dfrac{2}{5}T = (200 - T) - \dfrac{1}{2}Q$

$\therefore\ Q = 280 - \dfrac{2}{5}T$

위에서 구한 가격과 거래량을 그래프로 그려보면 다음과 같다.

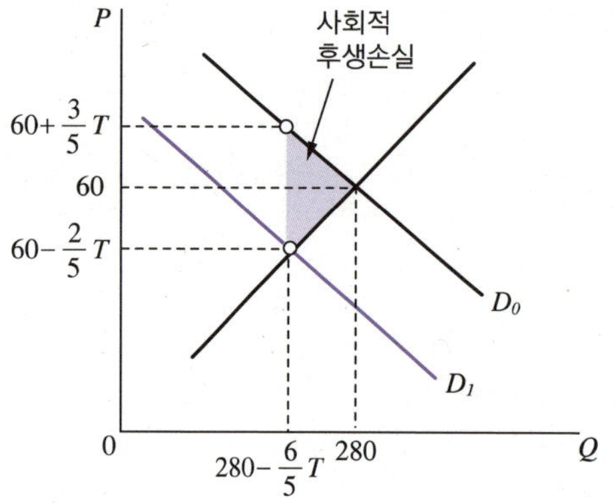

사회적 후생손실(Deadweight Loss)$=\frac{1}{2}\times T\times\frac{6}{5}T=\frac{3}{5}T^2=135$

$\therefore\ T=15$

09

정답 ③

해설

- $MU_C=\frac{dU}{dC}=\frac{1}{2}R^{\frac{1}{2}}C^{-\frac{1}{2}}$
- $MU_R=\frac{dU}{dR}=\frac{1}{2}R^{-\frac{1}{2}}C^{\frac{1}{2}}$
- $MRS_{RC}=\frac{M_R}{M_C}=\frac{\frac{1}{2}R^{-\frac{1}{2}}C^{\frac{1}{2}}}{\frac{1}{2}R^{\frac{1}{2}}C^{-\frac{1}{2}}}=\frac{C}{R}=w$

  (∵ 소비자균형에서는 무차별곡선와 예산선이 접하기 때문에)
- **비근로소득이 0인 경우 예산제약식** : $C=w(24-R)$

  (∵ 총 가용시간은 24시간이며, 소득을 모두 소비재에 지출하기 때문에)

위에서 구한 소비자균형과 예산제약식을 연립하면

$C=Rw=w(24-R)$

$\therefore\ R=12,\ C=12w$

∴ 근로소득이 0인 경우에는 임금과 상관없이 여가시간은 12시간, 노동시간은 12시간으로 일정하다. 따라서 노동공급곡선은 수직선 형태를 갖는다.

- **비근로소득이 α인 경우 예산제약식** : $C=w(24-R)+\alpha$

예산제약식과 소비자균형을 연립하면

$C=Rw=w(24-R)+\alpha$

$\therefore\ R=12+\dfrac{\alpha}{2w}$

$\therefore$ 비근로소득이 증가하면 여가시간은 증가함을 알 수 있다. 여가시간의 증가는 노동공급의 감소를 나타낸다.

- 정부의 정액소득 지원은 비근로소득을 의미하므로 정부의 정액소득 지원은 노동공급을 감소시킨다.
- 따라서 노동공급곡선은 비근로소득이 0인 경우에는 수직선 형태를 가지며, 비근로소득이 존재하는 경우에는 비근로소득이 증가함에 따라 노동공급이 감소하는 형태를 갖는다.

10

정답 모두 정답

해설

- $MU_X=\dfrac{dU}{dX}=\dfrac{1}{X}$
- $MU_Y=\dfrac{dU}{dY}=1$
- $MRS_{XY}=\dfrac{MU_Y}{MU_X}=\dfrac{\frac{1}{X}}{1}=\dfrac{1}{X}=\dfrac{P_X}{P_Y}\ \therefore\ P_X\cdot X=P_Y,\ X=\dfrac{P_Y}{P_X}$
- **예산제약식** : $P_X\cdot X+P_Y\cdot Y=M$

$P_X\cdot X=P_Y$과 예산제약식을 이용하여 Y를 구해보면

$P_Y+P_Y\cdot Y=M\ \therefore\ Y=\dfrac{M}{P_Y}-1$

(Ⅰ) $\dfrac{M}{P_Y}<1$인 경우

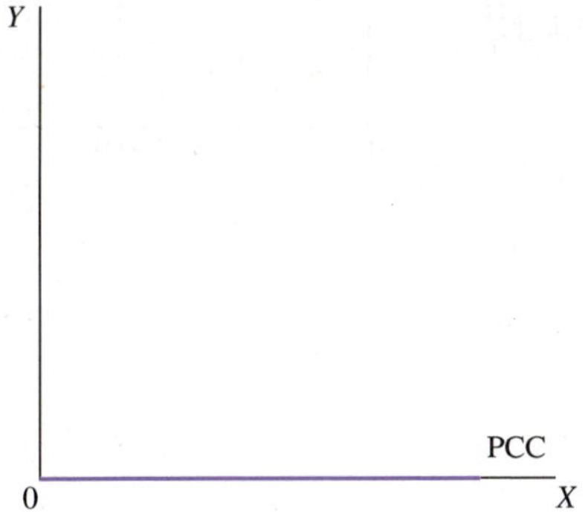

$\dfrac{M}{P_M}<1$인 경우 Y는 음수이지만 수요량은 음수가 될 수 없으므로 0의 값을 갖는다.

$\therefore$ 예산제약식은 $P_X\cdot X=M$

$\therefore\ X=\dfrac{M}{P_X}$

(Ⅱ) $\frac{M}{P_Y} \geq 1$인 경우

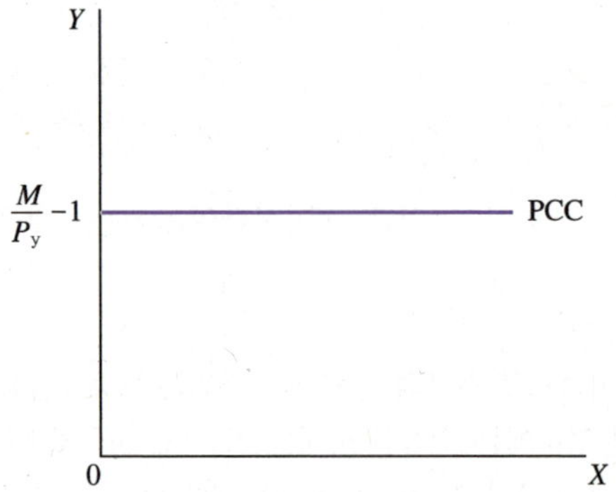

• $X = \frac{P_Y}{P_X}$

• $Y = \frac{M}{P_Y} - 1$

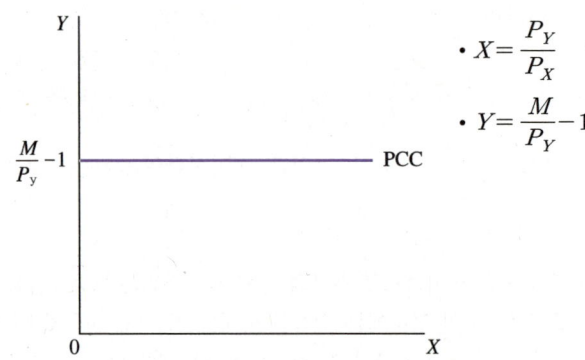

① $\frac{M}{P_Y} < 1$인 경우 X재의 수요량은 Y재 가격과는 상관이 없다.

② $\frac{M}{P_Y} < 1$인 경우 소득이 증가하면 X재의 수요량은 증가한다.

③ $\frac{M}{P_Y} < 1$인 경우 소득의 증가와 Y재의 수요량은 상관이 없다.

④ $\frac{M}{P_Y} < 1$인 경우와 $\frac{M}{P_Y} \geq 1$인 경우 모두 가격소비곡선은 수평하다.

11

정답 ③

해설 노동수요와 노동공급을 연립하면

$1,000 - 50w = 100w - 800$

$\therefore\ w = 12$

• $w = 12$를 노동수요 또는 노동공급에 대입하면 균형 고용량은 400

• 최저임금 16을 노동수요에 대입하면 노동수요량은 200

• 노동공급량이 200일 때의 임금은 10

∴ 경제적 순손실

$$= \frac{1}{2} \times (16-10) \times (400-200) = 600$$

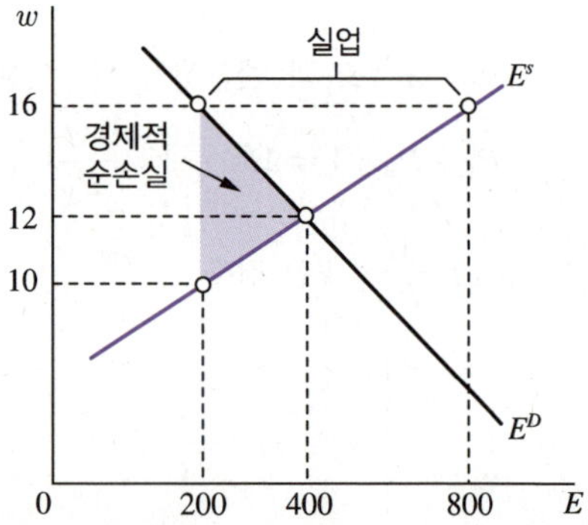

12

정답 ③

해설 생산함수 $Q=5L^{1/2}K^{1/2}$이고, 자본이 4이므로 생산함수에 자본 4를 대입하면

생산함수 $Q=10L^{1/2}$

생산함수 $Q=10L^{1/2}$ 양변을 제곱하면 $Q^2=100L$이고 이를 L에 대하여 정리하면

$L=\frac{1}{100}Q^2$

위에서 정리한 함수와 임대료 2, 임금 2를 이용하여 비용함수를 구해보면

$C=wL+rK=\left(2\times\frac{1}{100}Q^2\right)+(2\times4)=\frac{1}{50}Q^2+8$

① 총고정비용은 비용함수의 상수부분인 8이다.

② 총가변비용은 $\frac{1}{50}Q^2$이고 평균가변비용은 $\frac{1}{50}Q$이다.

③ 한계비용 $=\frac{dC}{dQ}=\frac{1}{25}Q$

④ 평균비용 $=\frac{C}{Q}=\frac{1}{50}Q+\frac{8}{Q}$

13

정답 ②

해설 역선택은 발생원인이 은폐된 특성이고, 역선택은 발생원인이 은폐된 행동이다.

14

정답 ③

해설 수요함수와 공급함수를 연립하면

$10-2Q=5+3Q$

$\therefore\ Q=1,\ P=8$

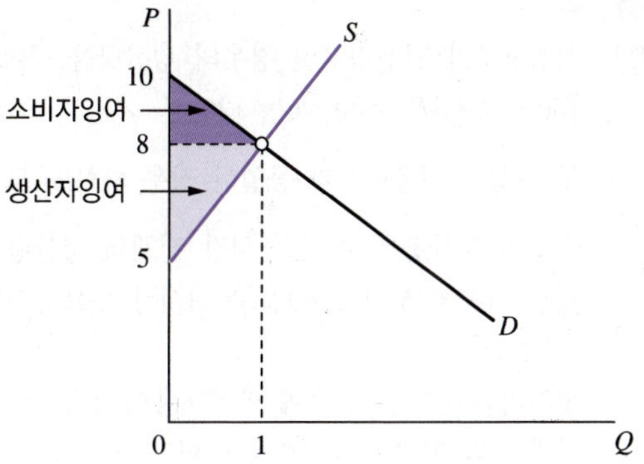

• 소비자잉여 $=\frac{1}{2}\times1\times2=1$

• 생산자잉여 $=\frac{1}{2}\times1\times3=\frac{3}{2}$

15

정답 ①

해설 • 甲의 수요함수 : $P_{甲}=1-Q$

• 乙의 수요함수 : $P_{乙}=1-\frac{1}{2}Q$

• 시장 전체의 수요함수 : $P=(1-Q)+\left(1-\frac{1}{2}Q\right)=2-\frac{3}{2}Q$

사회적 최적 공기질을 구하기 위해 한계비용과 시장 전체의 수요함수를 연립하면

$2-\frac{3}{2}Q=Q$

$\therefore\ Q=\frac{4}{5}$

16

정답 ③

해설 • $MU_X=\frac{dU}{dX}=\alpha X^{\alpha-1}Y^{1-\alpha}$

• $MU_Y=\frac{dU}{dY}=(1-\alpha)X^{\alpha}Y^{-\alpha}$

• $MRS_{XY}=\frac{MU_X}{MU_Y}=\frac{\alpha X^{\alpha-1}Y^{1-\alpha}}{(1-\alpha)X^{\alpha}Y^{-\alpha}}=\frac{\alpha}{1-\alpha}\left(\frac{Y}{X}\right)=\frac{2\alpha}{1-\alpha}=4,\ \therefore\ \alpha=\frac{2}{3}$

17

정답 ④

해설 시장구조가 완전경쟁일 경우의 생산량을 구해보면

$150-Q=MC=30,\ Q=120$

두 기업의 비용함수가 동일한 경우 쿠르노 모형에서의 각 기업의 생산량은 완전경쟁의 $\frac{1}{3}$이므로 각 기업의 생산량은 40이며 시장 전체의 생산량은 80이 된다.
시장 전체의 생산량 80을 복점시장 수요함수에 대입하면 가격은 70이 된다.

고정비용이 없는 경우에 한계비용이 일정하면 한계비용과 평균비용이 동일하게 된다.
따라서 각 기업의 평균비용과 한계비용 모두 30으로 동일하기에 가격에서 평균비용을 차감한 단위당 초과이윤은 모두 40으로 동일하다.

$\therefore$ A, B 이윤 = 생산량 × 단위당 초과이윤 = 40 × 40 = 1,600

18

정답 ①

해설 • 甲의 기대이윤 = (1,000억원 × 0.1) + (−20억원 × 0.9) = 82억원
• 乙에게 권리매도시 이윤 = 100억원

乙에게 권리매도시 이윤이 甲의 기대이윤이보다 크기 때문에 乙에게 권리매도함으로써 100억원의 이윤을 얻을 것이다.

19

정답 ②

해설 **시장 전체의 수요곡선** : $P=(20-Q)+(40-Q)+(60-Q)=120-3Q$

시장 전체의 수요곡선과 한계비용을 연립하여 공공재의 최적공급량을 구해보면
$120-3Q=90$
$\therefore\ Q=10$

20

정답 ②

해설 A의 자본 $K=40$을 단기총비용함수에 대입하면 $STC=3K+12Q^2K^{-1}=120+\frac{3}{10}Q^2$이다.

• $MC=\frac{dSTC}{dQ}=\frac{3}{5}Q$

최적생산량을 구하기 위해 한계비용과 가격을 연립하면
$\frac{3}{5}Q=3,\ \therefore\ Q=5$

• 총수입 $= P\times Q=5\times 3=15$
• 총비용 $=120+\frac{3}{10}\times 5^2=127.5$
• 이윤 = 총수입 − 총비용 $=15-127.5=-112.5$

21

정답 ②

해설 $\text{통화승수}=\frac{\text{현금예금비율}+1}{\text{현금예금비율}+\text{지급준비율}}=\frac{0.6+1}{0.6+0.2}=2$

22

정답 ④

해설 외부충격으로 화폐수요가 증가할 경우 통화량을 일정하게 유지하고자 한다면 이자율이 상승하고, 이자율을 일정하게 유지하고자 한다면 통화량이 증가하기 때문에 통화량과 이자율 동시에 만족시키는 것은 어렵다.

① 화폐수요함수가 명목국민소득만의 함수로 이자율에 영향을 받지 않는다면 화폐수요함수는 수직선 형태로 중앙은행은 통화량 변동을 통해 이자율을 조정할 수 없다.

② 화폐수요가 이자율에 민감할수록 LM곡선은 완만해지기 때문에 통화량 조절을 통한 경기안정화 정책의 유효성은 낮아진다.

③ 중앙은행은 기준금리를 통해 명목이자율에 영향을 주지만 장기적으로 실질이자율을 통제하기는 힘들다.

23

정답 ③

해설 총지출$= C+I+G+NX = 3{,}000 + 0.5(2{,}000 - Y) + 1{,}500 + 2{,}500 + 200$

$= 6{,}200 + 0.5Y = Y$

$\therefore\ Y = 12{,}400$

잠재생산량은 12,000인데 국민소득이 12,400이므로 국민소득이 400만큼 초과한 상태이다. 따라서 국민소득을 400만큼 감소시켜야 한다.

- 정부지출승수 $= \dfrac{1}{1-c} = \dfrac{1}{1-0.5} = 2$
- 정부지출승수가 2이므로 국민소득을 400만큼 감소시키기 위해선 정부지출을 200만큼 감소시켜야 한다.

24

정답 ③

해설 $\dfrac{M^d}{P} = \dfrac{M^s}{P}$

$5{,}000 - 5{,}000i = \dfrac{8{,}000}{2} = 4{,}000$

$\therefore\ i = 0.2 = 20\%$

$\therefore$ 실질이자율 = 명목이자율 − 기대인플레이션 $= 20\% - 10\% = 10\%$

25

정답 ④

해설 • A경제의 지급준비율 $= 0.4 - 2r = 0.4 - (2\times 0.1) = 0.2$

• 통화승수 $= \dfrac{\text{현금예금비율}+1}{\text{현금예금비율}+\text{지급준비율}} = \dfrac{0.2+1}{0.2+0.2} = 3$

• 통화공급량 = 통화승수 × 본원통화 = $3\times 100 = 300$

통화공급량과 화폐수요함수를 연립하면

$300 = 0.5Y - 10r = 0.5Y - (10\times 0.1)$

$\therefore\ Y = 602$

26

정답 ③

해설 • 1인당 생산함수 : $y = 2\sqrt{k}$

• 감가상각 존재시 균제상태

$sf(k) = (n+d)k$

$0.2\times 2\sqrt{k} = (0.05+0.05)k$

$\therefore\ k = 16$

• $k = 16$을 1인당 생산함수에 대입하면 $y = 2\sqrt{16} = 8$

• 자본 1단위당 산출량 $= \dfrac{y}{k} = \dfrac{8}{16} = 0.5$

27

정답 ④

해설 • 경제활동인구 = 생산가능인구×경제활동참가율 = 4,000만명×0.75 = 3,000만명

• 2019년 취업자수 = 경제활동인구 − 실업자수 =3,000만명−500만명 = 2,500만명

• 2019년 취업자에서 실업자로 바뀌는 수=2,500만명×0.04 = 100만명

• 2019년 실업자에 취업자로 바뀌는 수=500만명×0.2 = 100만명

• 2019년 취업자에서 실업자로 실업자에서 취업자로 변경되는 수는 동일하다. 따라서 2020년 초 취업자수와 실업자수는 2019년과 동일하다.

• 2020년 초 실업자수 = 500만명

• 2020년 초 취업자수 = 2,500만명

• 2020년 초 실업률 $= \dfrac{\text{실업자수}}{\text{취업자수}+\text{실업자수}} = \dfrac{500\text{만명}}{2{,}500\text{만명}+500\text{만명}} \fallingdotseq 0.167$

28

정답 ①

해설 ① 만기수익률 $= \frac{\text{액면가}-\text{구입가격}}{\text{구입가격}} = \frac{100\text{원}-95\text{원}}{95\text{원}} \fallingdotseq 0.0526$

② 만기수익률 $= \frac{\text{연이자}}{\text{구입가격}} = \frac{5\text{원}}{100\text{원}} = 0.05$

③ 만기수익률 $= \frac{\text{연이자}}{\text{구입가격}} = \frac{5\text{원}}{100\text{원}} = 0.05$

④ 만기수익률 $= \frac{\text{연이자}}{\text{구입가격}} = \frac{5\text{원}}{100\text{원}} = 0.05$

29

정답 ④

해설 기대인플레이션이 상승하면 채권 수요는 감소하고, 실물자산에 대한 수요는 증가한다. 채권 수요 감소는 채권 가격 하락으로 이어진다.

30

정답 ②

해설 균형재정승수 = 정부지출승수 + 조세승수 $= 5 + (-4) = 1$

① 정부지출승수 $= \frac{1}{1-\alpha} = \frac{1}{1-0.8} = 5$

조세승수 $= -\frac{\alpha}{1-\alpha} = -\frac{0.8}{1-0.8} = -4$

③·④ $\beta = 0$으로 투자는 이자율에 영향을 받지 않는다. 따라서 통화량 증가로 인한 이자율이 하락이 투자에 영향을 주지 않는다. 그러므로 통화량이 증가해도 생산은 불변이다.

31

정답 ④

해설 ①·③ 호황기에 대출을 늘리면 경기가 과열되는 현상이 발생되는데 이를 억제하기 위해선 은행의 자기자본비율을 높이거나 대손충당금 적립의무를 높여 대출을 억제하여야 한다.

②·④ 불황기에 대출을 축소하면 경기가 위축되는 현상이 발생되는데 이를 억제하기 위해선 LTV(Loan-to-Value)를 높여주거나 은행 자산에 은행세(bank levy)를 낮춰 대출 규모를 크게 해주어야 한다.

32

정답 ③

해설 $Y = C + I + G + (X - M)$

$(X - M) = (Y - T - C) + (T - G) - I = S_P + S_G - I$

(단, Y는 국민소득, C는 소비, I는 투자, G는 정부지출, X는 수출, M은 수입, S_P는 민간저축, S_G는 정부저축)

민간저축이 증가하였다면 순수출 증가로 재정수지는 악화된다.

① 민간저축과 정부저축의 합인 국민저축이 증가하면 순수출의 증가로 자본수지는 악화된다.

② 민간저축이 증가하였다면 순수출 증가로 자본유출이 증가한다.

④ 재정수지 악화, 즉 순수출 증가시 민간저축에 변화가 없다면 정부저축의 증가 또는 투자 감소로 이뤄져 경상수지는 악화될 것이다.

33

정답 ②

해설

• 경제성장률$\left(\dfrac{\Delta Y}{Y}\right) = 2\%$, 자본의 성장 기여율 $= 80\%$

• $\alpha\dfrac{\Delta K}{K}$ = 경제성장률×자본의 성장 기여율 $= 2\% \times 80\% = 1.6\%$

• $\alpha\dfrac{\Delta K}{K} = 0.4 \times \dfrac{\Delta K}{K} = 1.6\%$, $\therefore \dfrac{\Delta K}{K} = 4\%$

34

정답 ②

해설 ㄱ. (×) 재화가 질적으로 개선되는 경우 재화 가격이 상승하더라도 품질 개선에 따른 가격 효과로 인해 실질적인 재화 가격의 상승은 크지 않다. 하지만 소비자물가지수는 품질 개선에 따른 가격 효과를 반영하지 못하므로 생활비용이 과대평가될 가능성이 있다.

ㄴ. (○) 특정 재화 가격이 상승하여 소비재 사이의 대체가 발생한다고 해도 소비자물가지수는 구입량이 기준연도로 고정되었다고 가정하는 라스파이레스 방식으로 가격효과를 제대로 반영하지 못하기 때문에 생활비용이 과대평가된다.

ㄷ. (×) 가중치가 매년 바뀌어 현실의 물가 동향을 잘 파악할 수 있는 장점을 가지고 있는 물가지수는 파셰방식으로, 파셰방식은 GDP디플레이터 계산에 이용된다.

35

정답 ②

해설 합리적 기대를 가정하여 예측하는 경우 체계적 오류는 발생하지 않지만 예측오류는 발생하게 된다. 예측오류가 발생하여 인플레이션이 기대인플레이션보다 큰 경우 실업률이 잠재실업률보다 작은 상황이 발생하게 된다.

① 적응적 기대를 가정하는 경우에는 단기적으로 경제상황을 정확히 예측하지 못하는 오류를 범하지만 장기적으로 경제상황을 정확히 예측하게 된다. 따라서 장기에는 적응적 기대 하에서 필립스 곡선이 수직선 형태로 통화율 증가율의 변화가 인플레이션에만 영향을 줄 뿐 실물경제에는 영향을 주지 못한다. 따라서 장기에 적응적 기대하에서는 화폐의 초중립성이 성립한다고 할 수 있다.

③ 합리적 기대 하에서 통화정책이 예상 가능한 경우에는 단기적으로도 실업률을 낮출 수 없고 물가상승만 가져온다. 따라서 합리적 기대 하에서 통화정책이 예상 가능한 경우에는 화폐의 초중립성이 성립한다.

④ 적응적 기대를 가정하는 경우 단기에는 사람들이 인플레이션을 정확하게 예상하지 못하는 예측오차가 발생하므로 필립스 곡선이 우하향 형태를 갖는다. 따라서 적응적 기대를 가정하는 경우 단기에는 인플레이션과 실업률이 상충(trade off)관계가 존재함을 알 수 있다.

36

정답 ③

해설 A와 B의 수익률 사이의 상관계수가 +1이면 분산투자의 위험 감소 효과가 없다.

① 기대수익율 $=\left(\frac{1}{2}\times 3\%\right)+\left(\frac{1}{2}\times 5\%\right)=4\%$

② A와 B의 수익률 사이의 상관계수가 +1이 아니면 분산투자의 위험 감소 효과가 발생하여 헤지(hedge) 투자가 가능하다.

④ 두 금융상품의 위험(표준편차)는 2%로 동일하지만 기대수익률은 금융상품 B가 5%로 금융상품 A보다 더 크므로 위험회피 투자자는 금융상품 A보다 B에 더 높은 비중으로 투자를 할 것이다.

37

정답 ④

해설 구매력평가설은 물가가 신축적인 장기에 환율의 움직임을 설명하는 이론인 반면에 이자율 평형조건은 국가간 자본이동이 완전히 자유로운 경우에 국내투자수익률과 해외투자수익률이 동일해지는 과정에서 환율의 단기적인 움직임을 설명해주는 이론으로 두 이론의 접근 차이로 인해 이자율 평형조건을 따르는 환율은 구매력평가설이 제시하는 균형 환율에 수렴한다고 단정하기 어렵다.

① 이자율 평형조건은 국내와 해외 금융자산이 완전대체재임을 가정한다.

②·③ 이자율 평형조건의 관계식에 의하면 국내 이자율은 해외 이자율과 환율의 기대상승률의 합으로 국내 이자율이 높으면 환율의 기대상승률이 증가하여 국내 통화가치는 하락한다. 또한 관계식에 의해 국내 이자율과 해외 이자율의 차이는 환율의 기대상승률(기대 환율 변화율)이 된다.

38

정답 ③

해설 국내 통화량(M)과 국내 화폐유통속도(V)가 일정할 경우 국내 국민소득(Y)이 증가하면 국내 물가수준(P)은 감소하므로 구매력 평가설에 따른 환율은 하락함을 알 수 있다.

① 화폐교환방정식에 의하면 이자율의 변화는 국내 물가수준에 영향을 주지 않으므로 구매력 평가설에 따른 환율에 영향을 주지 않는다.

② 국내 통화량(M)이 증가하면 국내 물가수준(P)이 상승하므로 구매력 평가설에 따른 환율이 상승한다.

④ 국내 화폐유통속도(V)가 상승하면 국내 물가수준(P)이 상승하므로 구매력 평가설에 따른 환율이 상승한다.

39

정답 ②

해설
- 명목이자율 = 실질이자율 + 기대 인플레이션
- 세전 명목이자율 = 4%+6% = 10%
- 세후 명목이자율 = 세전 명목이자율×(1−이자소득세율)
  = 10%×(1 − 20%) = 8%
- 세후 기대실질이자율 = 세후 명목이자율−기대 인플레이션
  =8% − 6% = 2%

40

정답 ④

해설 한계효용이 체증하는 효용함수를 가진 투자자는 위험선호 성향을 가진 투자자이며 위험선호 성향을 가진 투자자의 위험-기대수익 평면에 표시한 무차별 곡선은 우하향 형태를 갖는다.

① 한계효용이 체감하는 효용함수를 가진 투자자는 위험회피 성향의 투자자이다.

② 한계효용이 일정한 효용함수를 가진 투자자는 위험 중립성향을 가진 투자자로 기대수익에 따른 의사결정과 기대효용에 따른 의사결정이 동일하다.

③ 위험 프리미엄은 불확실한 자산을 확실한 자산으로 교환할 때 지불할 용의가 있는 금액으로 기대수익에서 확실성등가를 차감하여 계산한다.

TIP 위험선호자, 위험중립자, 위험기피자의 효용함수 및 무차별곡선

위험선호자, 위험중립자, 위험기피자의 효용함수

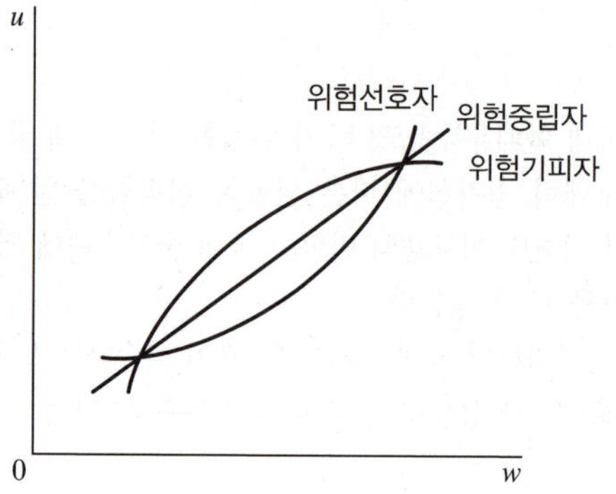

위험선호자, 위험중립자, 위험기피자의 무차별곡선

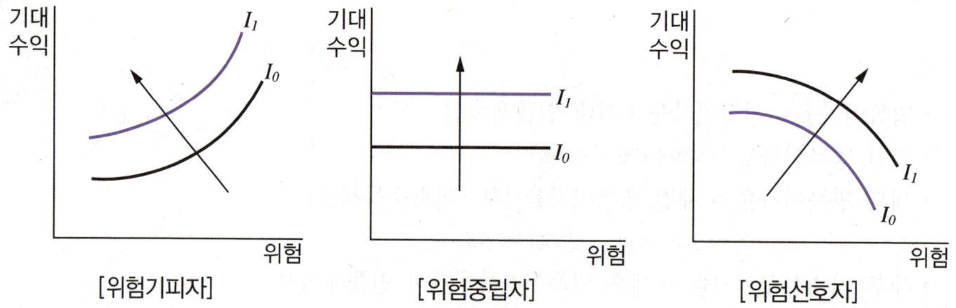

2021년 제44회 보험수학

정답 및 해설

정답 CHECK

01	02	03	04	05	06	07	08	09	10	11	12	13	14	15	16	17	18	19	20
③	④	②	②	②	④	④	③	②	②	③	①	①	③	④	②	④	②	②	②
21	22	23	24	25	26	27	28	29	30	31	32	33	34	35	36	37	38	39	40
①	④	③	①	④	③	①	①	③	②	③	④	②	③	①	①	④	②	①	③

문제편 152p

01

정답 ③

해설 모든 자연수 n에 대하여 중근을 가지므로

$\left(\sqrt{a_n}\right)^2-4\left(\frac{1}{2}a_{n+1}-\frac{1}{4}\right)=0$

$a_n-2a_{n+1}+1=0$

여기서 $\lim_{n\to\infty}a_n=\alpha$라 하면

$\alpha-2\alpha+1=0$

$\therefore\ \alpha=1$

02

정답 ④

해설 분모에 3대입시 분모의 값은 0이다.

분모가 0일 경우 극한값이 수렴하기 위해선 분자도 3 대입시 0이 되어야 한다.

$\therefore\ 3^3-27a+54=0$

$\therefore\ a=3$

$a=3$ 대입 후 로피탈 정리에 의해 극한값을 계산하면

$\lim_{x\to3}\frac{x^3-27x+54}{(x-3)^2}=\lim_{x\to3}\frac{3x^2-27}{2(x-3)}=\lim_{x\to3}\frac{6x}{2}=9=b$

$\therefore\ b-a=9-3=6$

03

정답 ②

해설 로피탈 정리에 의해 계산하면

$$\lim_{x\to 0}\frac{1}{x}\ln\frac{e^x+e^{2x}+e^{3x}+\cdots+e^{nx}}{n}=\lim_{x\to 0}\frac{\ln\frac{e^x+e^{2x}+e^{3x}+\cdots+e^{nx}}{n}}{x}$$

$$=\lim_{x\to 0}\frac{\frac{\frac{e^x+2e^{2x}+3e^{3x}+\cdots+ne^{nx}}{n}}{\frac{e^x+e^{2x}+e^{3x}+\cdots+e^{nx}}{n}}}{1}=\lim_{x\to 0}\frac{e^x+2e^{2x}+3e^{3x}+\cdots+ne^{nx}}{e^x+e^{2x}+e^{3x}+\cdots+e^{nx}}$$

$$=\frac{\frac{n(n+1)}{2}}{n}=\frac{n+1}{2}=20$$

$\therefore\ n=39$

04

정답 ②

해설

$$\lim_{n\to\infty}4n\cdot a_n=\lim_{n\to\infty}4n\left(\sqrt{4n^2+3}-2n\right)=\lim_{n\to\infty}\frac{4n\left(\sqrt{4n^2+3}-2n\right)\left(\sqrt{4n^2+3}+2n\right)}{\sqrt{4n^2+3}+2n}$$

$$=\lim_{n\to\infty}\frac{4n(4n^2+3-4n^2)}{\sqrt{4n^2+3}+2n}=\lim_{n\to\infty}\frac{12n}{\sqrt{4n^2+3}+2n}=3$$

05

정답 ②

해설

$$\lim_{n\to\infty}\frac{1}{n}\sum_{k=1}^{n}\left(e^{\frac{k}{n}}+1\right)=\int_0^1(e^x+1)dx=\left[e^x+x\right]_0^1=(e+1)-(1+0)=e$$

06

정답 ④

해설

- $f(-2)=\int_{-2}^{-2}\left(\frac{1}{e^t+1}\right)dt=0$
- $f'(x)=\frac{1}{e^x+1}=[f(x)+1]'$
- $\int_{-2}^{a}\frac{\ln\{f(x)+1\}}{e^x+1}dx=\int_{-2}^{a}\ln\{f(x)+1\}\cdot\frac{1}{e^x+1}dx=\int_{-2}^{a}\ln\{f(x)+1\}\cdot\{f(x)+1\}'\,dx$

$$=[\ln\{f(x)+1\}\cdot\{f(x)+1\}]_{-2}^{a}-\int_{-2}^{a}\frac{\{f(x)+1\}'}{\{f(x)+1\}}\cdot\{f(x)+1\}dx$$

$$=[\ln\{f(a)+1\}\cdot\{f(a)+1\}]-[\ln\{f(-2)+1\}\cdot\{f(-2)+1\}]-[f(x)+1]_{-2}^{a}$$

$$=3\ln3-[\{f(a)+1\}-\{f(-2)+1\}]$$

$$=3\ln3-2$$

07

정답 ④

해설

- $f'(x)=x+|x-1|=\begin{cases}2x-1\ , & x\geq 1\\ 1\ , & x<1\end{cases}$
- $f(x)=\begin{cases}x^2-x+C_1\ , & x\geq 1\\ x+C_2\ , & x<1\end{cases}$
- $f(0)=0\ \therefore\ C_2=0$
- $f(x)$는 연속함수 $\therefore$ $f(1)$에서의 구간값은 동일
- $1^2-1+C_1=1\ \therefore\ C_1=1$
- 구해진 C_1과 C_2를 포함한 $f(x)$를 구하면 $f(x)=\begin{cases}x^2-x+1\ , & x\geq 1\\ x\ , & x<1\end{cases}$

$$\int_0^2 f(x)dx=\int_0^1 x\,dx+\int_1^2 x^2-x+1\,dx=\left[\frac{1}{2}x^2\right]_0^1+\left[\frac{1}{3}x^3-\frac{1}{2}x^2+x\right]_1^2$$

$$=\left(\frac{1}{2}-0\right)+\left\{\left(\frac{8}{3}-2+2\right)-\left(\frac{1}{3}-\frac{1}{2}+1\right)\right\}=\frac{7}{3}$$

08

정답 ③

해설 $t=0$에서 $t=6$까지 실제로 움직인 거리 : S

$$S=\int_0^6 |v(t)|dt=\int_0^3 (15-5t)dt+\int_3^6 (5t-15)dt=\left[15t-\frac{5}{2}t\right]_0^3+\left[\frac{5}{2}t^2-15t\right]_3^6$$

$$=\left(45-\frac{45}{2}\right)+\left\{(90-90)-\left(\frac{45}{2}-45\right)\right\}=22.5+22.5=45$$

09

정답 ②

해설 $g(p)={}_{100}C_2 p^2(1-p)^{98}$

양변에 밑이 e인 로그를 취하면

$\ln g(p)=\ln {}_{100}C_2+\ln p^2+\ln(1-p)^{98}$

위 식을 p에 대하여 미분 후 0이 되는 p값을 구하면

$$\frac{d}{dp}\ln g(p)=\frac{2}{p}-\frac{98}{1-p}=0$$

$$\therefore\ p=\frac{1}{50}$$

10

정답 ②

해설 선별진료소가 운영되는 지역의 주민수를 1,000명이라 하면

- COVID-19에 걸린 주민수 $=1{,}000\times0.001=1$(명)
- 진단 키트에 의해 COVID-19에 걸린 주민이 COVID-19에 걸렸다고 진단할 가능성
  $=1\times0.98=0.98$
- 진단 키트에 의해 COVID-19에 걸리지 않은 주민이 COVID-19에 걸렸다고 진단할 가능
  $=999\times0.04=39.96$

∴ COVID-19에 걸렸다고 진단받은 사람이 실제 COVID-19에 걸렸을 확률

$$=\frac{0.98}{0.98+39.96}=\frac{0.98}{40.94}\fallingdotseq0.024$$

11

정답 ③

해설 전체 생산량이 1,000개일 경우

- A 기업의 생산량 $=1,000 \times 0.25 = 250$(개)
- A 기업의 불량품 $=250 \times 0.05 = 12.5$(개)
- B 기업의 생산량 $=1,000 \times 0.35 = 350$(개)
- B 기업의 불량품 $=350 \times 0.03 = 10.5$(개)
- C 기업의 생산량 $=1,000 \times 0.40 = 400$(개)
- C 기업의 불량품 $=400 \times 0.02 = 8$(개)

∴ 무작위로 추출한 제품이 불량품이라면, 이것이 기계 B가 생산한 제품일 확률

$$= \frac{10.5}{12.5+10.5+8} \fallingdotseq 0.339$$

12

정답 ①

해설 보험금 청구 건수가 매 시간마다 평균 1건의 포아송분포를 따르므로 4시간 동안의 보험금 청구는 평균 4건이 된다.

$$\therefore\ P(X=x) = \frac{e^{-4} \cdot 4^x}{x!}$$

$$P(X \geq 3) = 1 - P(X=0) - P(X=1) - P(X=2)$$
$$= 1 - \frac{e^{-4} \cdot 4^0}{0!} - \frac{e^{-4} \cdot 4^1}{1!} - \frac{e^{-4} \cdot 4^2}{2!} = 1 - e^{-4} - 4e^{-4} - 8e^{-4}$$
$$\fallingdotseq 0.7619$$

13

정답 ①

해설

- 확률변수 N은 평균이 λ인 포아송분포 $\therefore\ P(N=n) = \frac{e^{-\lambda} \cdot \lambda^n}{n!}$

$$E(N) = E(N \mid N<1) \cdot P(N<1) + E(N \mid N \geq 1) \cdot P(N \geq 1)$$

$$\lambda = E(N \mid N \geq 1) \cdot P[1 - P(N=0)] = E(N \mid N \geq 1) \cdot \left(1 - \frac{e^{-\lambda} \cdot \lambda^0}{0!}\right)$$

$$\therefore\ E(N \mid N \leq 1) = \frac{\lambda}{1-e^{-\lambda}}$$

$$\therefore\ \lim_{\lambda \to 0} E[N \mid N \geq 1] = \lim_{\lambda \to 0} \frac{\lambda}{1-e^{-\lambda}} = \lim_{\lambda \to 0} \frac{1}{e^{-\lambda}} = 1 (\because \text{ 로피탈 정리})$$

14

정답 ③

해설 • 앞면 : H, 뒷면 : T라 하면

• 처음 두 번 동전의 앞면, 뒷면 경우에 따른 조건부 기대치를 구해보면

$$\begin{cases} P(HH) & \rightarrow E(N|HH)=2 \\ P(HT) & \rightarrow E(N|HT)=2+E(N) \\ P(TH)+P(TT)=P(T) & \rightarrow E(N|T)=1+E(N) \end{cases}$$

$$\begin{aligned} E(N) &= P(HH)\cdot E(N|HH)+P(HT)\cdot E(N|HT)+P(T)\cdot E(N|T) \\ &= \left(\frac{1}{4}\times 2\right)+\left[\frac{1}{4}\times(2+E(N))\right]+\left[\frac{1}{2}\times(1+E(N))\right] \end{aligned}$$

$\therefore\ E(N)=6$

15

정답 ④

해설 조건을 정리하면 다음과 같다.

- $X_A \sim N(425,\ 30^2)$
- $X_B \sim N(412,\ 16^2)$
- $Corr(X_A,\ X_B)=0.5$

위 조건을 이용하여 모의고사에서 B가 A보다 높은 점수를 받을 확률을 구해보면

- $Y=X_B-X_A$
- $E(Y)=E(X_B)-E(X_A)=412-425=-13$
- $Var(Y)=Var(X_A)+Var(X_B)-2Cov(X_A, X_B)$
  $=30^2+16^2-2\times 0.5\times 30\times 16=676=26^2$

$\therefore\ Y \sim N(-13,\ 26^2)$

$\therefore\ P(Y>0)=P\left(Z>\dfrac{0-(-13)}{26}\right)=P(Z>0.5)=0.5-0.192=0.308$

16

정답 ②

해설 평균이 100이고, 분산이 25인 정규분포를 X, 모집단을 $\overline{X}$라 하면

- $X \sim N(100,\ 25)$
- $\overline{X} \sim N(100,\ \frac{25}{16})$

표본평균 $\overline{X}$의 표본분포에서 제10백분위수(percentile)를 x_{10}이라 하면

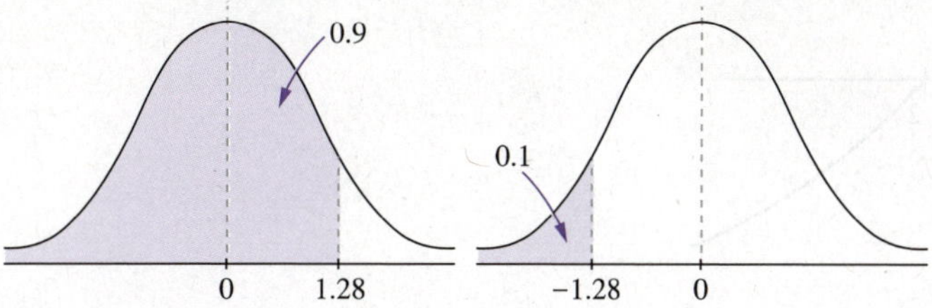

$$P\left(N < \frac{x_{10}-100}{\frac{5}{4}} = -1.28\right) = 0.1$$

$$\therefore\ x_{10} = 100 + \left(-1.28 \times \frac{5}{4}\right) = 98.4$$

17

정답 ④

해설

- $M_X(t) = \frac{1}{8} + \frac{3}{8}e^t + \frac{3}{8}e^{2t} + \frac{1}{8}e^{3t}$
- $M_X'(t) = \frac{3}{8}e^t + \frac{6}{8}e^{2t} + \frac{3}{8}e^{3t}$
- $M_X''(t) = \frac{3}{8}e^t + \frac{12}{8}e^{2t} + \frac{9}{8}e^{3t}$
- $E(X) = M_X'(0) = \frac{3}{8} + \frac{6}{8} + \frac{3}{8} = \frac{12}{8} = \frac{3}{2}$
- $E(X^2) = M_X''(0) = \frac{3}{8} + \frac{12}{8} + \frac{9}{8} = \frac{24}{8} = 3$

$$\therefore\ Var(X) = E(X^2) - E(X)^2 = 3 - \left(\frac{3}{2}\right)^2 = \frac{3}{4}$$

18

정답 ②

해설 $Y=-\ln(U-1)$라 하면 해당 함수의 그래프는 다음과 같다.

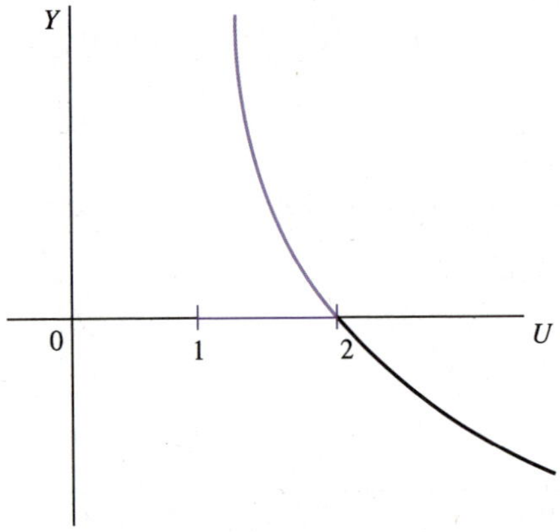

해당 그래프에서 임의의 y에 해당하는 U의 값을 u일 경우 u는 다음과 같다.

$y=-\ln(u-1)$

$1+e^{-y}=u$

위에서 구한 y, u를 이용하여 $F(y)=P(Y\le y)$를 구하면

$F(y)=P(Y\le y)=P(1+e^{-y}\le U\le 2)=2-(1+e^{-y})=1-e^{-y}$

[$\because U$는 구간 (1, 2)에서 정의된 균등분포]

$\therefore -\ln(U-1)$는 평균이 1인 지수분포임을 알 수 있다.

지수분포의 확률밀도함수 $f(x)$는 양수 전체에서 정의되어야 하는데 ①·③·④번 함수는 양수 전체에서 정의되지 않는다.

① $Y=\ln(U-1)$

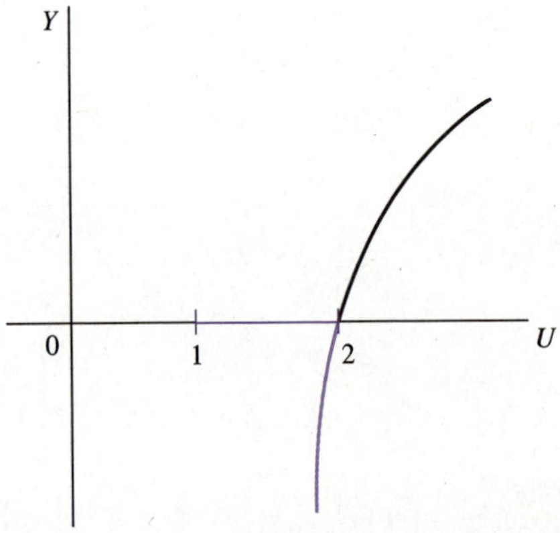

③ $Y=e^{U-1}$

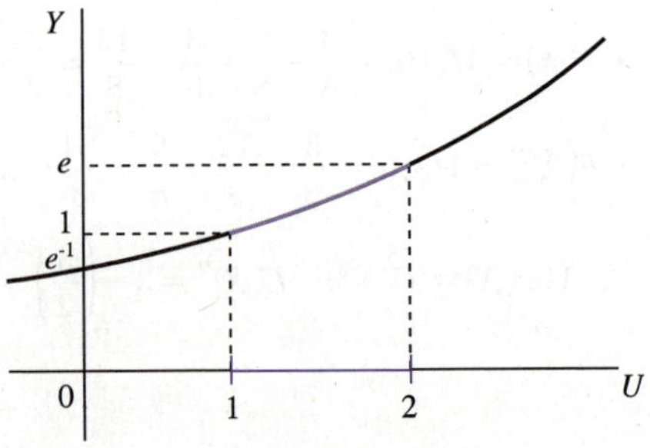

④ $Y=e^{1-U}$

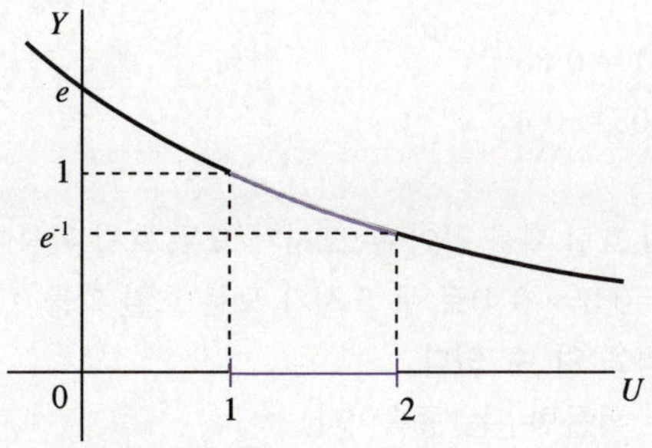

TIP 지수분포

확률변수 X의 확률밀도함수 $f(x)$가

$$f(x)=\begin{cases}\lambda e^{-\lambda x}, & x\geq 0\\ 0, & x<0\end{cases}$$

로 주어질 때, X는 모수가 λ인 지수분포(exponential distribution)를 따른다고 한다.

(1) 기댓값

지수분포의 확률밀도함수는 $f(x)=\begin{cases}\lambda e^{-\lambda x}, & 0\leq x\\ 0, & 0>x\end{cases}$ 이다.

$$E(X)=\int_0^\infty x\lambda e^{-\lambda x}dx=\left[-xe^{-\lambda x}\right]_0^\infty-\int_0^\infty -e^{-\lambda x}dx=\int_0^\infty e^{-\lambda x}dx=\left[-\frac{1}{\lambda}e^{-\lambda x}\right]_0^\infty=\frac{1}{\lambda}$$

(2) 분 산

$$E(X^2)=\int_0^\infty x^2\lambda e^{-\lambda x}dx=\lambda\int_0^\infty x^2e^{-\lambda x}dx$$

$$=\lambda\left\{\left[x^2\left(-\frac{1}{\lambda}e^{-\lambda x}\right)\right]_0^\infty-\int_0^\infty\left(-\frac{1}{\lambda}e^{-\lambda x}\cdot 2x\right)dx\right\}$$

$$=\lambda\frac{2}{\lambda}\int_0^\infty xe^{-\lambda x}dx=\frac{2}{\lambda}\int_0^\infty x\lambda e^{-\lambda x}dx=\frac{2}{\lambda}\cdot E(X)=\frac{2}{\lambda}\cdot\frac{1}{\lambda}=\frac{2}{\lambda^2}$$

$$\therefore Var(X)=E(X^2)-E(X)^2=\frac{2}{\lambda^2}-\left(\frac{1}{\lambda}\right)^2=\frac{1}{\lambda^2}$$

(3) 지수분포의 분포함수 $F(x)$

$$F(x)=P(X\leq x)=\int_0^x\lambda e^{-\lambda x}dx=\left[-e^{-\lambda x}\right]_0^x=1-e^{-\lambda x}$$

19

정답 ②

해설
- B 도시의 날씨가 흐릴 확률 = 0.05+0.2+0.1 = 0.35
- A 도시의 날씨가 흐릴 확률 = 0.15+0.2+0.05 = 0.4
- 두 도시가 모두 흐릴 확률 = 0.2

만약 A 도시와 B 도시가 독립이라면 두 도시의 흐릴 확률 곱이 두 도시가 모두 흐릴 확률이 되어야한다. 그런데 두 도시의 흐릴 확률의 곱은 0.14(=0.35×0.4)로 두 도시가 모두 흐릴 확률 0.2가 아니므로 두 도시의 확률변수는 독립이 아닌 종속임을 알 수 있다.

① A 도시의 날씨가 맑을 확률은 35%이며, 두 확률변수는 종속이다.
③ A 도시의 날씨가 흐릴 때, B 도시의 날씨는 맑을 확률이 15%이며, 두 확률변수는 종속이다.
④ B 도시에 비가 올 때, A 도시에도 비가 올 확률은 10%이며, 두 확률변수는 종속이다.

20

정답 ②

해설
- $f_{X|Y}(x|y)=\dfrac{f(x,y)}{f_Y(y)}=\dfrac{kxy^2}{\int_0^y kxy^2dx}=\dfrac{kxy^2}{\left[\dfrac{k}{2}x^2y^2\right]_0^y}=\dfrac{kxy^2}{\dfrac{k}{2}y^4}=\dfrac{2x}{y^2}$
- $E[X^2|Y=y]=\int_0^y x^2\cdot f_{X|Y}(x|y)dx=\int_0^y x^2\cdot\dfrac{2x}{y^2}dx=\dfrac{\left[\dfrac{2}{4}x^4\right]_0^y}{y^2}=\dfrac{\dfrac{1}{2}y^4}{y^2}=\dfrac{y^2}{2}$

21

정답 ①

해설

$$\delta_t{}'=\frac{1}{5}\frac{2(1+t^2)-2t\cdot 2t}{(1+t^2)^2}=\frac{1}{5}\frac{2(1+t)(1-t)}{(1+t^2)}=0$$

$\therefore\ t=1,\ -1$

그러나 시간은 음수가 될 수 없기에 이력이 최대가 되는 시점은 $t=1$이다.

$t=1$에서의 잔액을 구하면

$$e^{\int_0^1\delta_t dt}=e^{\int_0^1\frac{1}{5}\left(\frac{2t}{1+t^2}\right)dt}=e^{\frac{1}{5}[\ln 1+t^2]_0^1}=e^{\frac{1}{5}\ln 2}=2^{\frac{1}{5}}=\sqrt[5]{2}$$

22

정답 ④

해설 조건에 의하면 n은 짝수이기에 $n=2k$라 두고 시간선을 그려보면 다음과 같다.

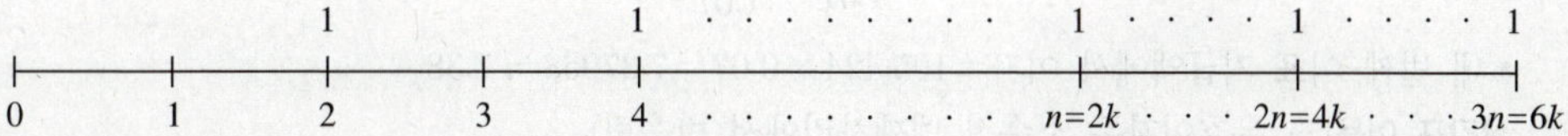

• 가입 후 n년 동안 수령하는 지급액의 현가 합

$$=v^2+v^4+\cdots+v^n=v^2+v^4+\cdots+v^{2k}=\frac{v^2(1-v^{2k})}{1-v^2}=x$$

• 가입 후 $2n$년 동안 수령하는 지급액의 현가 합

$$=v^2+v^4+\cdots+v^{2n}=v^2+v^4+\cdots+v^{4k}=\frac{v^2(1-v^{4k})}{1-v^2}=\frac{v^2(1-v^{2k})(1+v^{2k})}{1-v^2}=x(1+v^{2k})=y$$

$\therefore\ 1+v^{2k}=1.5(\because\ y=1.5x)$

$\therefore\ v^{2k}=0.5$

$\therefore$ 연금의 마지막 지급액의 현가$=v^{3n}=v^{6k}=(v^{2k})^3=0.5^3=0.125$

23

정답 ③

해설

$$100=C\cdot a_{\overline{3}|i=10\%}=C\frac{1-\left(\frac{1}{1.1}\right)^3}{0.1}\fallingdotseq 2.487C$$

$\therefore\ C\fallingdotseq 40.21$

24

정답 ①

해설

• 세 번째 이자지급 후 채권의 현가$=\dfrac{10}{1.07}+\dfrac{110}{1.07^2}\fallingdotseq 105.424$

• 네 번째 이표 지급액에서 이자$=105.424\times 0.07=7.37968\fallingdotseq 7.38$

별해 **상각표 이용**(※ 유효이자는 소수점 넷째자리에서 반올림)

매입채권(bond purchased at premium) 현가$=10a_{\overline{5|}i=7\%}+100v^5_{i=7\%}\fallingdotseq 112.3$

시 점	표면이자(10%)	유효이자(7%)	상각액	상각후 금액
0				112.3
1	10	7.681	2.139	110.161
2	10	7.711	2.289	107.872
3	10	7.551	2.449	105.423
4	10	7.380	2.620	102.803
5	10	7.197	2.803	100

25

정답 ④

해설

	0	1	2	3	······	9	10
A	10	9	8	7	······	1	0
B		10×0.07	9×0.07	8×0.07	······	2×0.07	1×0.07

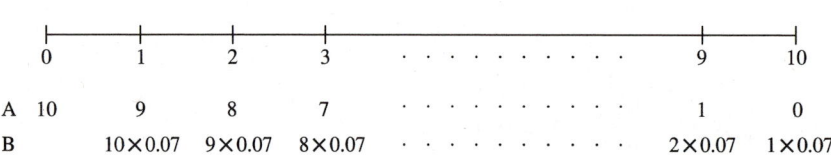

10년 후 B의 종가$=10\times 0.07\times(1.05)^9+9\times 0.07\times(1.05)^8+\cdots+2\times 0.07\times(1.05)+1\times 0.07$

$$=0.07(Ds)_{\overline{10|}i=0.05}=\frac{0.07\{10(1.05)^{10}-s_{\overline{10|}0.05}\}}{0.05}$$

26

정답 ③

해설

• $\mathring{e}_{40}=30=\dfrac{w-40}{2}$, $\therefore\ w=100$

• $Var[T(60)]=\dfrac{(100-60)^2}{12}\fallingdotseq 133.3$

27

정답 ①

해설

$$\mathring{e}_{90}=\int_0^4 {}_tp_{90}\,dt=\int_0^4 \frac{l_{90+t}}{l_{90}}dt=\frac{1}{l_{90}}\int_0^4 l_{90+t}\,dt$$

$$=\frac{1}{1,100}\left[\int_0^1 l_{90+t}\,dt+\int_0^1 l_{91+t}\,dt+\int_0^1 l_{92+t}\,dt+\int_0^1 l_{93+t}\,dt\right]$$

$$=\frac{1}{1,100}\left[\frac{1}{2}(1,100+900)+\frac{1}{2}(900+650)+\frac{1}{2}(650+350)+\frac{1}{2}(350+0)\right]$$

$$\fallingdotseq 2.23$$

28

정답 ①

해설

$$\lim_{h\to 0+}\frac{{}_hq_x}{h}=\lim_{h\to 0+}\frac{\frac{l_x-l_{x+h}}{l_x}}{h}=-\lim_{h\to 0+}\frac{l_{x+h}-l_x}{h}\cdot\frac{1}{l_x}=-\frac{l_x'}{l_x}=\mu_x$$

29

정답 ③

해설 X의 분포에서 제3사분위수(quartile) 값을 A라 하면 $F_X(A)=0.75$

$$\therefore\ s_X(A)=\left(1-\frac{A}{100}\right)^2=0.25$$

$$\therefore\ A=50$$

30

정답 ②

해설

- $\mu_x=\frac{-l_x'}{l_x}=-\frac{d}{dx}\ln l_x=kx,\ \therefore\ l_x=e^{-\frac{1}{2}kx^2}$

- ${}_{10}q_{20}=1-\frac{l_{30}}{l_{20}}=1-\frac{e^{-\frac{1}{2}k\cdot 900}}{e^{-\frac{1}{2}k\cdot 400}}=1-e^{-250k}=0.1,\ \therefore\ e^{-250k}=0.9$

- $\mu_x^*=\frac{-l_x^{*\prime}}{l_x^*}=-\frac{d}{dx}\ln l_x^*=\frac{5}{6}kx,\ \therefore\ l_x^*=e^{-\frac{5}{12}kx^2}$

- ${}_{20}q_{20}^*=1-\frac{l_{40}^*}{l_{20}^*}=1-\frac{e^{-\frac{5}{12}k\cdot 1600}}{e^{-\frac{5}{12}k\cdot 400}}=1-e^{-500k}=1-0.9^2=0.19$

31

정답 ③

해설 ① 계산기수로 양변을 표시하면

- $_{n|}A_x = \frac{M_{x+n}}{D_x}$
- $v^2 \cdot {}_2p_x \cdot {}_{n-2|}A_{x+2} = \frac{D_{x+2}}{D_x} \cdot \frac{M_{x+n}}{D_{x+2}} = \frac{M_{x+n}}{D_x}$

$\therefore\ {}_{n|}A_x = v^2 \cdot {}_2p_x \cdot {}_{n-2|}A_{x+2}\ (n \geq 2)$

② 실질이자율, 명목이자율, 이력, 명목할인율, 할인율의 크기관계는 다음과 같다.

$i > i^{(m)} > \delta > d^{(m)} > d$

위 관계를 이용하여 현가와 종가의 크기를 비교하면

- $a_{\overline{n|}} < a_{\overline{n|}}^{(m)} < \bar{a}_{\overline{n|}} < \ddot{a}_{\overline{n|}}^{(m)} < \ddot{a}_{\overline{n|}}$
- $s_{\overline{n|}} < s_{\overline{n|}}^{(m)} < \bar{s}_{\overline{n|}} < \ddot{s}_{\overline{n|}}^{(m)} < \ddot{s}_{\overline{n|}}$

$\therefore$ 위 현가의 대소관계에 의해 $a_x < a_x^{(2)} < \bar{a}_x < \ddot{a}_x^{(3)} < \ddot{a}_x$의 대소관계는 옳음을 알 수 있다.

③ ${}_tV_{x:\overline{n|}}^1 = P_{x:\overline{n|}}^1 \cdot \ddot{a}_{x+t:\overline{n-t|}} - A_{x+t:\overline{n-t|}}^{\ 1}$ (∵ 장래법에 의해 계산)

$\therefore\ {}_tV_{x:\overline{n|}}^1 \neq P_{x+t:\overline{n-t|}}^{\ 1} \cdot \ddot{a}_{x+t:\overline{n-t|}}$

④ $A_x = 1 - d\ddot{a}_x \Rightarrow \frac{1}{\ddot{a}_x} = d + \frac{A_x}{\ddot{a}_x} = d + P_x$

32

정답 ④

해설

- $Z = \begin{cases} 0 & ,t < 2 \\ v^2 & ,t \geq 2 \end{cases}$
- $E(Z) = v^2 \cdot {}_2p_x = \frac{55}{64}v^2$
- $E(Z^2) = (v^2)^2 \cdot {}_2p_x = v^4 \cdot {}_2p_x = \frac{55}{64}v^4$
- $Var(Z) = E(Z^2) - E(Z)^2 = \frac{55}{64}v^4 - \left(\frac{55}{64}v^2\right)^2 = \frac{55}{64}v^4\left(1 - \frac{55}{64}\right) = \frac{9}{64} \cdot \frac{55}{64}v^4$
- $E(Z) = 9\,Var(Z)$

$\frac{55}{64}v^2 = 9 \cdot \frac{9}{64} \cdot \frac{55}{64}v^4$

$v^2 = \left(\frac{8}{9}\right)^2$

$\therefore\ v = \frac{1}{1+i} = \frac{8}{9}$

$\therefore\ i = \frac{1}{8} = 0.125 = 12.5\%$

33

정답 ②

해설

- $Z=\begin{cases} v^{k+1}, & k=0,1,2,\cdots,19 \\ 0, & k \geq 20 \end{cases}$

- $E(Z)=\sum_{k=0}^{19} v^{k+1} \cdot {}_{k|}q_{40}=\sum_{k=0}^{\infty} v^{k+1} \cdot {}_{k|}q_{40}-v^{20} \cdot {}_{20}p_{40} \sum_{k=0}^{\infty} v^{k+1} \cdot {}_{k|}q_{60}$

  $=A_{40}-v^{20} \cdot {}_{20}p_{40} \cdot A_{60}=0.16-(0.6)^2 \cdot 0.9 \cdot 0.37$

  $=0.04012$

- $E(Z^2)=\sum_{k=0}^{19} (v^{k+1})^2 \cdot {}_{k|}q_{40}=\sum_{k=0}^{\infty} (v^{k+1})^2 \cdot {}_{k|}q_{40}-(v^{20})^2 \cdot {}_{20}p_{40} \sum_{k=0}^{\infty} (v^{k+1})^2 \cdot {}_{k|}q_{60}$

  $={}^2A_{40}-(v^{20})^2 \cdot {}_{20}p_{40} \cdot {}^2A_{60}=0.05-(0.6)^4 \cdot 0.9 \cdot 0.18$

  $=0.0290048$

- $Var(Z)=E(Z^2)-E(Z)^2=0.0290048-0.04012^2 \fallingdotseq 0.027$

34

정답 ③

해설

$$A_x \cdot P_{x:\overline{n}|}+(1-A_x) \cdot P_x=A_x \cdot \frac{A_{x:\overline{n}|}}{\ddot{a}_{x:\overline{n}|}}+d\ddot{a}_x \cdot \frac{A_x}{\ddot{a}_x}=A_x \cdot \frac{1-d\ddot{a}_{x:\overline{n}|}}{\ddot{a}_{x:\overline{n}|}}+dA_x$$

$$=\frac{A_x}{\ddot{a}_{x:\overline{n}|}}-dA_x+dA_x={}_nP_x$$

35

정답 ①

해설 연납평준순보험료를 P라 하면

- 수입현가 : $P\ddot{a}_{20:\overline{5}|}$
- 지출현가 : $A^1_{20:\overline{5}|}+P(IA)^1_{20:\overline{5}|}+A_{20:\overset{1}{\overline{5}|}}$

수지상등원칙에 의해 연납평준순보험료를 구해보면

$P\ddot{a}_{20:\overline{5}|}=A^1_{20:\overline{5}|}+P(IA)^1_{20:\overline{5}|}+A_{20:\overset{1}{\overline{5}|}}$

$\therefore\ P=\dfrac{A^1_{20:\overline{5}|}+A_{20:\overset{1}{\overline{5}|}}}{\ddot{a}_{20:\overline{5}|}-(IA)^1_{20:\overline{5}|}}=\dfrac{0.299+0.328}{3.362-0.766} \fallingdotseq 2.242$

36

정답 ①

해설 평준순보험료를 P라 하면

- 수입현가 : $P\bar{a}_{x:\overline{10|}}$
- 지출현가 : $b_t\bar{A}^{1}_{x:\overline{10|}}$

$$\bar{a}_{x:\overline{10|}}=\int_0^{10} v^t\,{}_tp_x\,dt=\int_0^{10} e^{-\delta t}e^{-\mu t}dt=\int_0^{10} e^{-0.03t}e^{-0.02t}dt=\int_0^{10} e^{-0.05t}dt$$
$$=\left[\frac{1}{-0.05}e^{-0.05t}\right]_0^{10}=\frac{e^{-0.5}}{-0.05}-\frac{e^0}{-0.05}=7.87$$

$$b_t\bar{A}^{1}_{x:\overline{10|}}=\int_0^{10} 100e^{0.03t}\cdot v^t\,{}_tp_x\mu_{x+t}\,dt=\int_0^{10} 100e^{0.03t}e^{-0.03t}e^{-0.02t}\cdot 0.02dt$$
$$=2\int_0^{10} e^{-0.02t}dt=2\left[\frac{1}{-0.02}e^{-0.02t}\right]_0^{10}=2\left(\frac{e^{-0.2}}{-0.02}-\frac{e^0}{-0.02}\right)=18.13$$

수지상등의 원칙에 의해 평준순보험료를 구해보면

$P\bar{a}_{x:\overline{10|}}=b_t\bar{A}^{1}_{x:\overline{10|}}$

$7.87P=18.13$

$\therefore\ P\fallingdotseq 2.304$

37

정답 ④

해설 평준순보험료 P를 구해보면

$$P=\frac{100A^{1}_{x:\overline{3|}}}{\ddot{a}_{x:\overline{3|}}}=\frac{100\left(vq_x+v^2{}_{1|}q_x+v^3{}_{2|}q_x\right)}{1+vp_x+v^2{}_2p_x}=\frac{100\left(vq_x+v^2{}_1p_x\,q_x+v^3{}_2p_x\,q_{x+2}\right)}{1+vp_x+v^2{}_2p_x}$$
$$=\frac{100\left[(0.95\times0.1)+(0.95^2\times0.9\times0.15)+(0.95^3\times0.9\times0.85\times0.2)\right]}{1+(0.95\times0.9)+(0.95^2\times0.9\times0.85)}$$
$$\fallingdotseq 13.67$$

- ${}_2L=\begin{cases}100v-P & ,t\le 1\\ -P & ,t>1\end{cases}$
- $E({}_2L)=(100v-P)q_{x+2}+(-P)p_{x+2}=[(95-13.67)\times0.2]+[(-13.67)\times0.8]$
  $=5.33$
- $E({}_2L^2)=(100v-P)^2q_{x+2}+(-P)^2p_{x+2}=[(95-13.67)^2\times0.2]+[(-13.67)^2\times0.8]$
  $=1{,}472.4089$
- $Var({}_2L)=E({}_2L^2)-E({}_2L)^2=1{,}472.40879-5.33^2\fallingdotseq 1{,}444$

38

정답 ②

해설 제k보험연도 말에 사망시 사망보험금 $(11-k)$를 지급하므로 제10보험연도 말에 사망시 사망보험금은 1, 제6보험연도 말에 사망시 사망보험금은 5가 된다.

평준순보험료가 P일 경우 책임준비금과 평준순보험료의 관계식을 이용하면

• ${}_9V+P=vq_{x+9}+vp_{x+9}\cdot{}_{10}V=v(\because {}_{10}V=1,\ q_{x+9}+p_{x+9}=1)$

$0.67+P=0.95$

$\therefore\ P=0.28$

• ${}_5V+P=5vq_{x+5}+vp_{x+5}\cdot{}_6V$

$0.14+0.28=(5\times0.95\times0.05)+(0.95\times0.95\times{}_6V)$

$0.42=0.2375+0.9025\cdot{}_6V$

$\therefore\ {}_6V\fallingdotseq0.202$

39

정답 ①

해설 • $\ddot{a}_x=1+vp_x\cdot\ddot{a}_{x+1}=1+0.95\cdot0.99\cdot\ddot{a}_{x+1}$

$\therefore\ \ddot{a}_{x+1}=\dfrac{\ddot{a}_x-1}{0.9405}$

• ${}_tV=1-\dfrac{\ddot{a}_{x+t}}{\ddot{a}_x}$ 공식을 이용하되 사망보험금이 1,000이므로 우변에 1,000을 곱해서 계산

• ${}_1V=1{,}000-1{,}000\dfrac{\ddot{a}_{x+1}}{\ddot{a}_x}=1{,}000-1{,}000\dfrac{\ddot{a}_x-1}{0.9405\ddot{a}_x}=19$

$\therefore\ \ddot{a}_x\fallingdotseq12.925$

40

정답 ③

해설
- 30세 동갑인 한 부부가 각각 앞으로 20년간 생존할 확률이 60%라는 것은 30세 동갑인 한 부부가 앞으로 20년간 사망할 확률이 40%라는 것이다.
- 10년 안에 사망할 확률이 10%이다.
- 20년간 사망할 확률이 40%인데 10년 안에 사망할 확률이 10%라면 30세에서 10년 생존 후 10년 내에 사망할 확률 즉, 40세에서 50세 사이에 사망할 확률은 30%가 된다.
- 40세에서 50세 사이에 사망할 확률이 30%라는 것은 40세에서 50세까지 생존할 확률이 70%라는 것이다.
- 두 사람 중 적어도 한 사람이 40세에서 50세 사이에 사망할 확률은 둘 다 40세에서 50세까지 생존할 확률의 여사건을 고려하여 계산하면 된다.

∴ 두 사람 중 적어도 한 사람이 40세에서 50세 사이에 사망할 확률 $= 1 - 0.7^2 = 0.51$

2021년 제44회
회계원리

정답 및 해설

정답 CHECK

01	02	03	04	05	06	07	08	09	10	11	12	13	14	15	16	17	18	19	20
①	③	②	③	②	①	④	③	③	②	③	④	③	②	④	①	①	②	②	④
21	22	23	24	25	26	27	28	29	30	31	32	33	34	35	36	37	38	39	40
③	④	④	③	①	④	①	④	③	①	②	①	②	④	③	④	①	②	③	②

문제편 167p

01

정답 ①

해설 • 매출원가=기초상품 + 매입 − 기말상품
=₩100,000 +₩368,000 − ₩120,000 = ₩348,000
• 매출총이익=매출액 − 매출원가 − 매입운임 − 매출할인
=₩1,000,000 − ₩348,000 − ₩15,000 − ₩50,000 = ₩587,000

02

정답 ③

해설 • 매출원가=(200개×₩100/개)+(600개×₩110/개)=₩86,000
• 기말재고자산=기초재고자산+매입−매출원가
=₩20,000+₩77,000+₩12,000−₩86,000=₩23,000

03

정답 ②

해설 매출원가=기초재고+매입−기말재고−평가손실 환입
=₩25,000+₩100,000−₩30,000−(₩5,000−₩2,000)=₩92,000

04

정답 ③

해설 • 당기 매입채무=당기 말 매입채무−전기 말 매입채무+당기 매입채무 현금지급액
=₩18,000+₩150,000=₩168,000

• 매출원가=전기 말 재고자산+매입(당기 매입채무)−당기 말 재고자산
=−₩30,000+₩168,000=₩138,000

• 당기 매출액$=\dfrac{\text{매출원가}}{1-\text{매출총이익률}}=\dfrac{₩138,000}{1-0.2}=₩172,500$

05

정답 ②

해설 기계장치의 취득원가

$=(\text{구입비용}\times\dfrac{\text{기계장치 공정가치}}{\text{토지 공정가치}+\text{기계장치 공정가치}})+(\text{채권 구입비용}-\text{채권 공정가치})$

$=(₩800,000\times\dfrac{₩400,000}{₩600,000+₩400,000})+(₩85,000-₩70,000)$

=₩335,000

06

정답 ①

해설 ② 경영진이 의도하는 방식으로 가동될 수 있는 장소와 상태에 이른 후에는 원가를 인식하지 않는다.
③ 초기 가동손실은 유형자산 원가로 인식하지 않는다.
④ 재배치 또는 재편성하는 과정에서 발생하는 원가는 인식하지 않는다.

07

정답 ④

해설 토지 재평가로 20x4년 당기순이익이 ₩1,000 증가한다.

20x1년	재평가 손실 ₩10,000	토지 ₩10,000
20x2년	토지 ₩4,000	재평가 이익 ₩4,000
20x3년	토지 ₩5,000	재평가 이익 ₩5,000
20x4년	토지 ₩6,000	재평가 이익 ₩1,000 재평가 잉여금 ₩5,000

08

정답 ③

해설

20x1년 기계장치 감가상각비=(₩1,000,000×3.63)×$\frac{1}{4}$=₩907,500

09

정답 ③

해설

20x1년	현금 ₩500,000	매출 ₩500,000
	제품보증비용 ₩25,000	제품보증충당부채 ₩25,000
	제품보증충당부채 ₩7,600	현금 ₩7,600
20x2년	현금 ₩600,000	매출 ₩600,000
	제품보증비용 ₩30,000	제품보증충당부채 ₩30,000
	제품보증충당부채 ₩15,300	현금 ₩15,300

① 20x1년 손익계산서의 제품보증비용은 ₩25,000이다.
② 20x1년 말 재무상태표의 제품보증충당부채는 ₩17,400이다.
④ 20x2년 말 재무상태표의 제품보증충당부채는 ₩32,100이다.

10

정답 ②

해설 재무정보가 과거 평가에 대해 피드백을 제공한다면(과거 평가를 확인하거나 변경시킨다면) 확인가치를 갖는다.

① 중립적 서술은 재무정보의 선택이나 표시에 편의가 없는 것으로 이용자들이 재무정보를 유리하게 또는 불리하게 받아들일 가능성을 높이기 위해 편파적이 되거나, 편중되거나, 강조되거나, 경시되거나 그 밖의 방식으로 조작되지 않아야 된다.
③ 중립성은 신중을 기함으로써 뒷받침된다. 신중성은 불확실한 상황에서 판단할 때 주의를 기울이는 것이다. 신중을 기한다는 것은 자산과 수익이 과대평가(overstated)되지 않고 부채와 비용이 과소평가(understated)되지 않는 것을 의미한다. 신중을 기하는 것이 비대칭의 필요성(예 자산이나 수익을 인식하기 위해서는 부채나 비용을 인식할 때보다 더욱 설득력 있는 증거가 뒷받침되어야 한다는 구조적인 필요성)을 내포하는 것은 아니다.
④ 이용자들이 미래 결과를 예측하기 위해 사용하는 절차의 투입요소로 회계정보가 사용되는 역할은 회계정보의 목적적합성(예측가치)과 관련이 높다.

11

정답 ③

해설 현금 ₩158,000 자본금 ₩100,000
[=(20×₩8,000) - ₩2,000] 주식발행초과금 ₩5,8000

∴ 증가한 자본 총액=자본금 ₩100,000+주식발행초과금 ₩5,8000=₩158,000

12

정답 ④

해설
- 20x1년 자기주식 처분이익=₩100,000−(₩150,000×0.5)=₩25,000
- 20x1년 말 자본총계
  =20x0년 말 자본 총액+20x1년 자기주식 처분+20x1년 자기주식 처분이익+20x1년 당기순이익
  =₩1,600,000+(₩150,000×0.5)+₩25,000+₩85,000=₩1,785,000

13

정답 ③

해설
- 진행률

구 분	20x1년	20x2년
누적 발생 공사원가	₩300,000	₩800,000
추정 총공사원가	₩1,500,000	₩1,600,000
진행률	20%	50%

- 연도별 손익

구 분	20x1년	20x2년
당기 말 누적수익	₩2,000,000×20% =₩400,000	₩2,200,000×50% =₩1,100,000
전기 말 누적수익	–	₩400,000
당기 공사수익	₩400,000	₩700,000

14

정답 ②

해설 새롭거나 개선된 재료, 장치, 제품, 공정, 시스템이나 용역에 대한 여러 가지 대체안을 제안, 설계, 평가, 최종 선택하는 활동은 연구단계에 대한 설명이다.

TIP 개발단계 및 연구단계

개발단계
- 생산이나 사용 전의 시제품과 모형을 설계, 제작, 시험하는 활동
- 새로운 기술과 관련된 공구, 지그, 주형, 금형 등을 설계하는 활동
- 상업적 생산 목적으로 실현가능한 경제적 규모가 아닌 시험공장을 설계, 건설, 가동하는 활동
- 신규 또는 개선된 재료, 장치, 제품, 공정, 시스템이나 용역에 대하여 최종적으로 선정된 안을 설계, 제작, 시험하는 활동

연구단계
- 새로운 지식을 얻고자 하는 활동
- 연구결과나 기타 지식을 탐색, 평가, 최종 선택, 응용하는 활동
- 재료, 장치, 제품, 공정, 시스템이나 용역에 대한 여러 가지 대체안을 탐색하는 활동
- 새롭거나 개선된 재료, 장치, 제품, 공정, 시스템이나 용역에 대한 여러 가지 대체안을 제안, 설계, 평가, 최종 선택하는 활동

15

정답 ④

해설 계약상 현금흐름의 수취와 금융자산의 매도 둘 다를 통해 목적을 이루는 사업모형의 경우 금융자산을 당기손익-공정가치로 측정으로 분류한다.

16

정답 ①

해설 확정급여제도의 재측정요소는 기타포괄손익으로 재분류 할 수 있다.

17

정답 ①

해설 총 이자비용이 표시이자 총액보다 큰 상황은 할인발행인 경우로 사채의 장부가액이 매년 증가한다.
② 할인발행의 경우에는 사채발행가액이 액면가액보다 작다.
③ 할인발행의 경우에는 표시이자율이 유효이자율보다 작다.
④ 할인발행의 경우에는 사채의 이자비용이 매년 증가한다.

18

정답 ②

해설 20x1년 자본화할 차입원가$=(₩120,000\times\frac{9}{12}\times0.05)+(₩80,000\times\frac{6}{12}\times0.1)=₩8,500$

19

정답 ②

해설
- 확정급여채무 = 기초금액 ₩110,000 + 당기근무원가 ₩30,000 − 퇴직금 지급 ₩20,000 + 이자수익 ₩11,000=₩131,000
- 사외적립자산 = 기초금액 ₩100,000 − 퇴직금 지급 ₩20,000 + 기여금 ₩15,000 + 이자수익 ₩10,000=₩105,000

∴ 순확정급여부채 = 확정급여채무 − 사외적립자산
=₩131,000 − ₩105,000 = ₩26,000

20

정답 ④

해설 20x1년 당기순이익에 미치는 영향=−(₩20,000−₩15,000)−(₩24,000−₩13,000)+₩28,000
=₩12,000

21

정답 ③

해설
- 발행금액=(₩1,000,000×8%×2.4869)+(₩1,000,000×0.7513)=₩950,252
- 20x1년 이자비용=₩950,252×10%=₩95,025

22

정답 ④

해설
- 발행금액=(₩100,000×10%×2.5771)+(₩100,000×0.7938)=₩105,151

시 점	유효이자	표시이자	차금상각액	상각후 원가
20x1년 초				105,151
20x1년 말	8,412	10,000	1,588	103,563
20x2년 말	8,285	10,000	1,715	101,848

- 상환손익=(₩101,848+₩10,000)−₩90,000=₩11,848

23

정답 ④

해설 • 사채발행비용=(₩100,000×5%×2.4869)+(₩100,000×0.7513)=₩87,565

시 점	유효이자	표시이자	차금상각액	상각후 원가
20x1년 초				87,565
20x1년 말	8,757	5,000	3,757	91,322
20x2년 말	9,132	5,000	4,132	95,454
20x3년 말	9,546	5,000	4,546	100,000

행사시	현 금[1)]	₩70,000	자본금[2)]	₩17,500
	신주인수권대가[3)]	₩8,705	주식발행초과금	₩61,205

1) 현금=₩100,000×70%=₩70,000

2) 자본금=$\frac{₩100,000}{₩2,000}$×₩500×70%=₩17,500

3) 신주인수권대가 = (₩3,757+₩4,132+₩4,546)×70%=₩8,705

24

정답 ③

해설

대손충당금

대 손	₩7,500	기 초	₩20,000
		대손채권 회수	₩3,000
기 말	₩58,500	대손상각비	₩43,000
계	₩66,000	계	₩66,000

25

정답 ①

해설

20x2년 1월 1일	손상차손 ₩300 금융자산평가손실 ₩200	FCOCI 금융자산 ₩500
	현금 ₩9,500 처분손실 ₩200	FCOCI 금융자산 ₩9,500 금융자산평가손실 ₩200

∴ 당기손이익에 미치는 영향 : ₩200 감소

26

정답 ④

해설 20x3년 포괄손익계산서의 당기손익=20x3년 2월 1일 처분가액(공정가치)−20x2년 말 공정가치

=₩1,100,000 − ₩1,200,000 = −₩100,000

∴ 20x3년 포괄손익계산서의 당기손익은 ₩100,000 손실

27

정답 ①

해설

20x1년 말	감가상각비1) ₩60,000	감가상각누계액 ₩60,000
20x2년 말	감가상각비2) ₩36,000	감가상각누계액 ₩36,000
20x3년 말	감가상각비3) ₩8,000	감가상각누계액 ₩8,000

1) 감가상각비=₩150,000×40%=₩60,000

2) 감가상각비=(₩150,000−₩60,000)×40%=₩36,000

3) 감가상각비=(₩150,000−₩60,000−₩36,000−₩14,000)× $\frac{1}{5}$ =₩8,000

28

정답 ④

해설 무상증자가 있을 때 유통기간의 산정은 무상증자일자로 하지 않고 기존 주식일자로 한다.

29

정답 ③

해설 ① 재화의 판매와 용역 제공에 따른 현금유입 - 영업활동

② 단기매매목적으로 보유하는 계약에서 발생하는 현금유입 - 영업활동

④ 리스이용자의 리스부채 상환에 따른 현금유출 - 재무활동

30

정답 ①

해설

• 매출채권회전율= $\frac{\text{매출액}}{\text{평균매출채권}} = \frac{₩36,000}{₩6,000} = 6$

• 매출채권회수기간= $\frac{\text{360일}}{\text{매출채권회전율}} = \frac{\text{360일}}{6} = \text{60일}$

31

정답 ②

해설
- 직접재료비 = ₩44,000 + ₩66,000 − ₩20,000 = ₩90,000
- 총제조원가 = ₩90,000 + ₩600,000 = ₩690,000
- 제품제조원가 = ₩47,000 + ₩690,000 − ₩30,000 = ₩707,000
- 매출원가 = ₩20,000 + ₩707,000 − ₩58,000 = ₩669,000

32

정답 ①

해설

AQ × AP (실제발생원가)	AQ × SP (변동예산 1)	SP × SQ (변동예산 2)
₩62,500	₩60,000[1)]	₩50,000[2)]

가격차이 ₩2,500(불리)

능률차이 ₩10,000(불리)

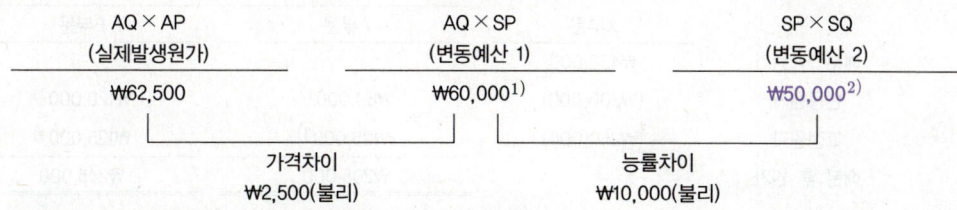

1) ₩62,500−₩2,500=₩60,000
   ₩60,000=₩50/시간×1,200시간
2) (1,200시간÷1.2)×₩50/시간=₩50,000

33

정답 ②

해설
- 평균법으로 20x1년 가공원가 완성품환산량 계산시
  =20,000단위+(5,000단위×0.8)
  =24,000단위

- 선입선출법으로 20x1년 가공원가 완성품환산량 계산시
  =[6,000단위×(1−0.4)]+(20,000단위−6,000단위)+(5,000단위×0.8)
  =21,600단위

∴ 평균법이 2,400단위 더 크다

34

정답 ④

해설 A에 배부되는 결합원가=[A 판매가액×(1−균등매출총이익률)]−A 추가가공원가
=[(500단위×₩60/단위당)×(1− 0.2)]−₩8,000=₩16,000

35

정답 ③

해설

	X부문	제조부문 A부문	제조부문 B부문
배분 전 원가	₩450,000		
변동원가	(₩200,000)	₩80,000 1)	₩120,000 2)
고정원가	(₩250,000)	₩125,000 3)	₩125,000 4)
배분 후 원가		₩205,000	₩245,000

• 변동원가는 실제사용량 기준으로 배분

1) ₩200,000×0.4=₩80,000

2) ₩200,000×0.6=₩120,000

• 고정원가는 최대사용가능량 기준으로 배분

3) ₩250,000×0.5=₩125,000

4) ₩250,000×0.5=₩125,000

36

정답 ④

해설 저점 : 4월, 고점 : 1월

x : 변동비, y : 고정비

저점 : ₩430,000=x×100+y

고점 : ₩170,000=x×20+y

∴ x=₩3,250 , y=₩105,000

∴ 120단위 제조원가=(₩3,250×120)+₩105,000=₩495,000

37

정답 ①

해설 • 공헌이익=판매가격−변동원가=₩50−₩35=₩15

• 공헌이익률 $= \frac{\text{공헌이익}}{\text{판매가격}} = \frac{₩15}{₩50} = 30\%$

② 손익분기점 판매량 $= \frac{\text{고정원가}}{\text{공헌이익}} = \frac{₩75,000}{₩15} = 5,000$

③ 고정원가 10% 감소시 순익분기점 판매량 $= \frac{₩67,500}{₩15} = 4,500$

→ 고정원가 10% 감소시 순익분기점 판매량 10% 감소

④ 안전한계=매출액−손익분기점 매출액=₩255,000−(₩50×5,000)=₩5,000

38

정답 ②

해설

• 고정간접원가 배부율 $= \frac{₩10,000}{1,000\text{시간} - (450\text{단위} \times 2\text{시간/단위})} = ₩100/\text{시간}$

• 고정간접원가 예산=₩100/시간×1,000시간=₩100,000

∴ 고정제조간접원가 예산(소비)차이는 ₩20,000(불리)

39

정답 ③

해설 영업이익 증가분=(₩700−₩520)×9,000=₩1,620,000

40

정답 ②

해설 관련범위 내에서 단위당 고정원가는 생산량이 증가함에 따라 감소한다.

MEMO

2022년 제45회

보험계리사 1차 기출문제 정답 및 해설

제1과목	보험계약법, 보험업법 및 근로자퇴직급여보장법
제2과목	경제학원론
제3과목	보험수학
제4과목	회계원리

2022년 제45회

보험계약법, 보험업법 및 근로자퇴직급여보장법 정답 및 해설

정답 CHECK

01	02	03	04	05	06	07	08	09	10	11	12	13	14	15	16	17	18	19	20
②	④	②	①	②	③	④	③	④	④	②	②	②	①	③	②	②	③	①	①
21	22	23	24	25	26	27	28	29	30	31	32	33	34	35	36	37	38	39	40
①	③	②	④	③	④	④	①	②	④	②	④	④	①	①	③	②	③	④	③

문제편 184p

01

정답 ②

해설 **15세 미만자**, 심신상실자 또는 심신박약자의 사망을 보험사고로 한 보험계약은 무효로 한다(상법 제732조). 따라서 만 15세인 미성년자를 피보험자로 하는 사망보험계약은 그의 서면동의를 받은 경우에는 유효이다(상법 제731조).

① 상법 제646조

③・④ 상법 제639조 제3항

02

정답 ④

해설 보험계약은 청약과 승낙이라는 당사자 쌍방의 의사표시의 합치만으로 성립하며, 보험계약자가 보험자에게 보험료의 전부 또는 제1회 보험료를 지급하는 것은 보험자의 책임개시요건에 불과할 뿐이다(상법 제650조 제1항).

① 보험계약의 의사표시에는 아무런 형식을 요하지 않으므로 **불요식계약성**을 가진다.

② 보험자가 보험계약자로부터 보험계약의 청약과 함께 **보험료 상당액의 전부 또는 일부의 지급을 받은 때**에는 다른 약정이 없으면 30일 내에 그 상대방에 대하여 낙부의 통지를 발송하여야 한다(상법 제638조의2 제1항).

③ 보험자가 청약에 대한 낙부통지의무를 부담하는 경우 정해진 기간 내에 낙부의 통지를 해태한 때에는 **승낙한 것으로 본다**(상법 제638조의2 제2항).

03

정답 ②

해설 보통거래약관의 내용은 개개 계약 체결자의 의사나 구체적인 사정을 고려함이 없이 평균적 고객의 이해가능성을 기준으로 하되 약관거래단체 전체의 이해관계를 고려하여 **객관적, 획일적으로 해석**하여야 하고, 고객 보호의 측면에서 약관내용이 명백하지 못하거나 의심스러운 때에는 약관 작성자에게 불리하게 제한해석하여야 한다(대법원 1996.6.25. 선고 96다12009 판결).

① 약관의 규제에 관한 법률 제4조

③ 대법원 1991.12.24. 선고 90다카23899 전원합의체 판결

④ 보험약관을 해석함에 있어서 신의성실의 원칙을 준수하기 위해 약관조항의 내용을 일정한 범위로 축소하거나 제한하여 해석해야 한다(축소해석의 원칙).

04

정답 ①

해설 보험자는 보험계약이 성립한 때에는 지체 없이 보험증권을 작성하여 보험계약자에게 교부하여야 한다. 그러나 **보험계약자가 보험료의 전부 또는 최초의 보험료를 지급하지 아니한 때에는 그러하지 아니하다**(상법 제640조 제1항).

② 상법 제640조 제2항

③ 상법 제641조

④ 상법 제642조

05

정답 ②

해설 보험계약자의 대리인과 보험계약을 체결한 경우 **그 대리인에게 보험약관을 설명함으로써 족하다**(대법원 2001.7.27. 선고 2001다23973 판결).

① 상법 제638조의3 제1항, 제646조의2 제1항

③ 대법원 1998.11.27. 선고 98다32564 판결

④ 보험자는 **보험계약을 체결할 때**에 보험계약자에게 보험약관을 교부하고, 그 약관의 중요한 내용을 설명하여야 한다(상법 제638조의3 제1항).

06

정답 ③

해설 고지의무위반과 보험사고발생 사이에 인과관계가 인정되지 아니하는 경우에도 **보험자는 고지의무위반을 이유로 보험계약을 해지할 수 있고**, 다만, 보험금 지급의무만을 부담하게 된다(서울중앙지법 2004.10.28. 선고 2004나21069 판결 : 확정).

① 상법 제651조

② 상법 제655조 단서

④ 보험자 및 보험계약의 체결 또는 모집에 종사하는 자는 보험계약의 체결에 있어서 보험계약자 또는 피보험자에게 보험약관에 기재되어 있는 보험상품의 내용, 보험료율의 체계 및 보험청약서상 기재 사항의 변동사항 등 보험계약의 중요한 내용에 대하여 구체적이고 상세한 명시·설명의무를 지고 있으므로, 보험자가 이러한 보험약관의 명시·설명의무에 위반하여 보험계약을 체결한 때에는 그 약관의 내용을 보험계약의 내용으로 주장할 수 없고, 보험계약자나 그 대리인이 그 약관에 규정된 고지의무를 위반하였다 하더라도 이를 이유로 보험계약을 해지할 수 없다(대법원 1996.4.12. 선고 96다4893 판결).

07

정답 ④

해설 상법 제651조(고지의무위반으로 인한 계약해지)의 규정에 의하여 보험계약이 해지된 경우 보험자는 보험수익자를 위하여 적립한 금액을 보험계약자에게 지급하여야 한다(보험적립금반환의무, 상법 제736조). 보험자에 대하여 보험료의 전부 또는 일부의 반환을 청구할 수 있는 경우는 보험계약의 전부 또는 일부가 무효인 경우에 보험계약자와 피보험자가 선의이며, 중대한 과실이 없는 때이다(상법 제648조).

① 상법 제647조

② 상법 제648조

③ 상법 제649조 제3항

08

정답 ③

해설 보험사고의 발생으로 보험자가 보험금액을 지급한 때에도 보험금액이 감액되지 아니하는 보험의 경우에는 보험계약자는 그 사고발생 후에도 보험계약을 해지할 수 있다(상법 제649조 제2항).

① 상법 제649조 제1항

② 상법 제649조 제1항

④ 상법 제649조 제3항

09

정답 ④

해설 보험계약을 체결할 당시 당사자 사이에 미리 보험가액에 대해 합의를 한 기평가보험이나 신가보험 등은 실손보상 원칙의 예외에 해당한다.

- 기평가보험에서는 보험가액이 사고발생시의 가액을 초과하더라도 사고발생시의 가액을 기준으로 하여 손해액을 산정하지 아니하고, 계약된 금액을 기준으로 손해액을 산정하므로 실손보상 원칙의 예외가 인정된다.
- 신가보험은 신품가액에 의하여 손해를 보상하는 계약으로서(상법 제676조 제1항 단서) 피보험자가 신구교환차익을 얻으므로 실손보상 원칙에 어긋나지만, 이는 공서양속과 보험의 본래 목적에 위배되지 않으므로 예외적으로 인정하고 있다.

① 실손보상원칙의 구현을 위한 손해보험제도에는 피보험이익제도(상법 제668조), 보험자대위(상법 제681조, 제682조), 타보험조항(other insurance clause) 등이 있다.

② 보험가액은 보험사고가 발생하였을 경우 피보험자가 입을 가능성이 있는 손해(= 피보험이익)를 금전적으로 평가한 것으로서 보험회사가 보상하여야 할 "법률상 보상의 최고한도액"이므로, 실제 지급되는 보험금은 보험가액을 초과할 수 없다.

③ 상법 제682조 제1항 본문은 "손해가 제3자의 행위로 인하여 발생한 경우 보험금을 지급한 보험자는 그 지급한 금액의 한도에서 그 제3자에 대한 보험계약자 또는 피보험자의 권리를 취득한다"라고 하여 보험자대위에 관하여 규정하고 있다. 위 규정의 취지는 피보험자가 보험자로부터 보험금액을 지급받은 후에도 제3자에 대한 청구권을 보유・행사하게 하는 것은 피보험자에게 손해의 전보를 넘어서 오히려 이득을 주게 되는 결과가 되어 손해보험제도의 원칙에 반하게 되고 또 배상의무자인 제3자가 피보험자의 보험금 수령으로 인하여 책임을 면하게 하는 것도 불합리하므로 이를 제거하여 보험자에게 이익을 귀속시키려는데 있다(대법원 2019.11.14. 선고 2019다216589 판결).

10

정답 ④

해설 수 개의 손해보험계약이 동시 또는 순차로 체결된 경우에 그 보험금액의 총액이 보험가액을 초과한 때에는 상법 제672조 제1항의 규정에 따라 보험자는 각자의 보험금액의 한도에서 연대책임을 지고, 이 경우 각 보험자의 보상책임은 각자의 보험금액의 비율에 따르는 것이 원칙이라 할 것이나, **이러한 상법의 규정은 강행규정이라고 해석되지 아니하므로, 각 보험계약의 당사자는 각개의 보험계약이나 약관을 통하여 중복보험에 있어서의 피보험자에 대한 보험자의 보상책임 방식이나 보험자들 사이의 책임 분담방식에 대하여 상법의 규정과 다른 내용으로 규정할 수 있다**(대법원 2002.5.17. 선고 2000다30127 판결).

① 대법원 2005.4.29. 선고 2004다57687 판결
② 대법원 1996.5.28. 선고 96다6998 판결
③ 대법원 1989.11.14. 선고 88다카29177 판결

11

정답 ②

해설 보험자가 벼락 등의 사고로 특정 농장 내에 있는 돼지에 대하여 생긴 보험계약자의 손해를 보상하기로 하는 손해보험계약을 체결한 경우, 농장 주변에서 발생한 벼락으로 인하여 그 농장의 돈사용 차단기가 작동하여 전기공급이 중단되고 그로 인하여 돈사용 흡배기장치가 정지하여 돼지들이 질식사하였다면, **위 벼락사고는 보험계약상의 보험사고에 해당하고 위 벼락과 돼지들의 질식사 사이에는 상당인과관계가 인정된다**(대법원 1999.10.26. 선고 99다37603, 37610 판결).

① 보험자가 보상해야 할 손해는 화재와 상당인과관계가 있는 모든 손해를 포함한다. 화재보험 표준약관에서는 화재에 따른 직접손해뿐만 아니라, **화재진압과정에서 발생하는 소방손해**, 화재에 따른 피난손해를 보상한다(화재보험 표준약관 제3조 제1항).
③ 대법원 2003.4.25. 선고 2002다64520 판결
④ 대법원 1990.2.13. 선고 89누6990 판결

12

정답 ②

해설 보험가액 10억원 건물에 대해 보험료의 절감을 위해 보험금액을 5억원으로 정하고(일부보험에 해당), 특약으로 1차 위험담보조항(실손보상 특약)을 내용으로 화재보험계약을 체결하였으므로, 보험(가입)금액 한도 내에서 실손보상한다.

따라서 보험목적물에 4억원의 손해가 발생하였으므로, 4억원을 전액 보상한다.

13

정답 ②

해설 보험증권에 그 준거법을 영국의 법률과 관습에 따르기로 하는 규정과 아울러 감항증명서의 발급을 담보한다는 내용의 명시적 규정이 있는 경우, 이는 영국 해상보험법 제33조 소정의 명시적 담보에 관한 규정에 해당하고, 명시적 담보는 위험의 발생과 관련하여 중요한 것이든 아니든 불문하고 정확하게(exactly) 충족되어야 하는 조건(condition)이라 할 것인데, 해상보험에 있어서 감항성 또는 감항능력이 '특정의 항해에 있어서의 통상적인 위험에 견딜 수 있는 능력(at the time of the insurance able to perform the voyage unless any external accident should happen)'을 의미하는 상대적인 개념으로서 어떤 선박이 감항성을 갖추고 있느냐의 여부를 확정하는 확정적이고 절대적인 기준은 없으며, 특정 항해에 있어서의 특정한 사정에 따라 상대적으로 결정되어야 하는 점 등에 비추어 보면, **부보선박이 특정 항해에 있어서 그 감항성을 갖추고 있음을 인정하는 감항증명서는 매 항해시마다 발급받아야 비로소 그 담보조건이 충족된다**(대법원 1996.10.11. 선고 94다60332 판결).

① 선박이 발항 당시 감항능력을 갖추고 있을 것을 조건으로 하여 보험자가 해상위험을 인수한다는 취지임이 문언상 명백하므로, **보험사고가 그 조건의 결여 이후에 발생한 경우에는 보험자는 조건 결여의 사실, 즉 발항 당시의 불감항 사실만을 입증하면 그 조건 결여와 손해발생(보험사고) 사이의 인과관계를 입증할 필요 없이 보험금 지급책임을 부담하지 않게 된다**(대법원 1995.9.29. 선고 93다53078 판결).

③ 워런티(warranty) 위반시 보험자의 보험금 지급의무가 위반일로부터 장래를 향해 자동적으로 면책된다는 기존의 법리를 폐지하고, **위반일로부터 치유될 때까지 한시적으로 정지시키는 것으로 변경**되었다.

④ **워런티 위반과 보험사고발생 사이에 인과관계를 요구하는 조건이 신설**되어 보험계약자가 워런티의 불이행과 보험사고발생 사이에 인과관계가 없었음을 증명한 때에 보험자는 보험금 지급책임이 있다.

TIP 워런티(warranty)

워런티란 보험계약자가 어떤 특정한 일이 행해지거나 행해지지 않을 것 또는 어떤 조건이 충족될 것이라고 약속하거나 특정한 사실 상태의 존재를 긍정하거나 부정하는 것을 의미한다.

14

정답 ①

해설 약관에 정하여진 사항이라고 하더라도 거래상 일반적이고 공통된 것이어서 고객이 별도의 설명 없이도 충분히 예상할 수 있었던 사항이거나 **이미 법령에 의하여 정하여진 것을 되풀이하거나 부연하는 정도에 불과한 사항이라면, 그러한 사항에 대하여서까지 사업자에게 설명의무가 있다고 할 수는 없다**(대법원 2014.7.24. 선고 2013다217108 판결 / 대법원 2019.1.17. 선고 2016다277200 판결).

② 대법원 2002.3.29. 선고 2000다13887 판결

③ 대법원 2002.6.28. 선고 2000다21062 판결

④ 소손해면책은 손해액이 면책한도액 이하인 경우 보험자가 보상하지 않는 반면, 그 손해가 면책한도액을 초과하는 경우 보험자는 손해의 전부를 보상해야 한다.

15

정답 ③

해설 불법행위로 인한 손해배상청구권의 단기소멸시효의 기산점이 되는 민법 제766조 제1항의 '손해 및 가해자를 안 날'이라고 함은 손해의 발생, 위법한 가해행위의 존재, 가해행위와 손해의 발생과의 사이에 상당인과관계가 있다는 사실 등 불법행위의 요건사실에 대하여 현실적이고도 구체적으로 인식하였을 때를 의미한다. 나아가 피해자 등이 언제 위와 같은 **불법행위의 요건사실을 현실적이고도 구체적으로 인식한 것으로 볼 것인지는 개별적 사건에 있어서의 여러 객관적 사정을 참작하고 손해배상청구가 사실상 가능하게 된 상황을 고려하여 합리적으로 판단하여야 한다**(대법원 2010.5.27. 선고 2010다7577 판결).

① 대법원 2005.10.7. 선고 2003다6774 판결

② 대법원 1993.7.13. 선고 92다39822 판결

④ 대법원 1993.6.22. 선고 93다18945 판결

16

정답 ②

해설 상해의 결과로 피보험자가 사망한 때에 사망보험금이 지급되는 상해보험에서 보험계약자가 보험수익자를 단지 피보험자의 '법정상속인'이라고만 지정한 경우, 특별한 사정이 없는 한 그와 같은 지정에는 장차 상속인이 취득할 보험금청구권의 비율을 상속분에 의하도록 하는 취지가 포함되어 있다고 해석함이 타당하다. 따라서 보험수익자인 상속인이 여러 명인 경우, **각 상속인은 특별한 사정이 없는 한 자신의 상속분에 상응하는 범위 내에서 보험자에 대하여 보험금을 청구할 수 있다**[대법원 2017.12.22. 선고 2015다236820(본소), 2015다236837(반소) 판결].

① 타인을 위한 생명보험계약은 보험계약자가 생명보험계약을 체결하면서 자기 이외의 제3자를 보험수익자로 지정한 계약을 말하며, **보험계약자와 보험수익자가 서로 다르다**는 특징이 있다.

③ 보험수익자의 지정에 관한 상법 제733조는 상법 제739조에 의하여 상해보험에도 준용되므로, 결국 상해의 결과로 사망한 때에 사망보험금이 지급되는 상해보험에 있어서 보험수익자가 지정되어 있지 않아 위 법률규정에 의하여 피보험자의 상속인이 보험수익자가 되는 경우에도 보험수익자인 **상속인의 보험금청구권은 상속재산이 아니라, 상속인의 고유재산으로 보아야 한다**(대법원 2004.7.9. 선고 2003다29463 판결).

④ 별도로 보험수익자를 지정하지 않는 경우 보험수익자는 **피보험자의 법정상속인으로 한다.** 법정상속인이라 함은 피상속인의 사망에 의하여 **민법에서 정한 상속의 순위**(1순위 : 피상속인의 직계비속·배우자, 2순위 : 피상속인의 직계존속·배우자, 3순위 : 피상속인의 형제자매, 4순위 : 피상속인의 4촌 이내의 방계혈족)에 따라 상속받는 자를 말한다.

17

정답 ②

해설 피보험자 등의 제3자에 대한 권리의 양도가 법률상 금지되어 있다거나, 상법 제729조 전문 등의 취지를 잠탈하여 피보험자 등의 권리를 부당히 침해하는 경우에 해당한다는 등의 특별한 사정이 없는 한, 상법 제729조 전문이나 보험약관에서 보험자대위를 금지하거나 포기하는 규정을 두고 있다는 사정만으로 피보험자 등이 보험자와의 다른 원인관계나 대가관계 등에 기하여 **자신의 제3자에 대한 권리를 보험자에게 자유롭게 양도하는 것까지 금지된다고 볼 수는 없다**(대법원 2007.4.26. 선고 2006다54781 판결).

① 상법 제729조

③·④ 인보험계약에서는 보험목적물의 멸실이 있을 수 없으므로 잔존물대위가 인정되지 않지만, 상해보험계약의 경우 당사자 간에 별도의 약정이 있는 경우에는 피보험자의 권리를 해하지 않는 범위 안에서 제3자에 대한 보험대위(청구권대위)가 인정될 수 있다(상법 제729조 단서).

18

정답 ③

해설 보험계약자가 지정권을 행사하기 전에 보험사고가 생긴 경우에는 **피보험자 또는 보험수익자의 상속인을 보험수익자로 한다**(상법 제733조 제4항).

① 보험수익자의 지정·변경권은 보험자의 동의를 요하지 않고 보험계약자의 일방적 의사표시만 있으면 되므로 **형성권이며, 단독행위**이다(대법원 2020.2.27. 선고 2019다204869 판결).

② 상법 제733조 제2항

④ 상법 제733조 제3항

19

정답 ①

해설 가. 피보험자가 욕실에서 페인트칠 작업을 하다가 평소 가지고 있던 고혈압 증세가 악화되어 뇌교출혈을 일으켜 장애를 입게 된 보험사고는 보험계약에서 정한 우발적인 외래의 사고가 아니므로 **보험금 지급대상에서 제외된다**(대법원 2001.7.24. 선고 2000다25965 판결).

나. 피보험자가 만취된 상태에서 건물에 올라갔다가 구토 중에 추락하여 발생한 보험사고는 보험약관상의 **급격성과 우연성은 충족**되고, 피보험자가 술을 마신 외부의 행위에 의하여 초래된 것이어서, 이는 외부적 요인에 해당한다고 할 것이고, 따라서 위 사고는 보험약관에서 규정하고 있는 **'외래의 사고'에 해당**하므로 보험계약에 따른 보험금 지급의무가 있다(대법원 1998.10.13. 선고 98다28114 판결).

다. 자동차상해보험계약에서 보험사고가 보험계약자, 피보험자 또는 보험수익자의 고의로 인한 경우만 면책으로 하며, 중대한 과실로 해석되는 음주운전, 무면허운전 등으로 인하여 생긴 때에는 **보험자는 보험금을 지급할 의무가 있다**(상법 제732조의2 제1항, 대법원 1998.10.20. 선고 98다34997 판결).

라. 보험사고발생시의 상황에 있어 피보험자에게 안전띠 미착용 등 법령위반의 사유가 존재하는 경우를 보험자의 면책사유로 약관에 정한 경우에도 그러한 **법령위반행위가 보험사고의 발생원인으로서 고의에 의한 것이라고 평가될 정도에 이르지 아니하는 한 상법규정들에 반하여 무효이므로, 보험자는 보험금을 지급할 의무가 있다**(대법원 2014.9.4. 선고 2012다204808 판결).

20

정답 ①

해설 단체보험 계약자 회사의 직원이 퇴사한 후에 사망하는 보험사고가 발생한 경우, 회사가 퇴사 후에도 계속 위 **직원에 대한 보험료를 납입하였더라도 퇴사와 동시에 단체보험의 해당 피보험자 부분이 종료되는데 영향을 미치지 아니한다**(대법원 2007.10.12. 선고 2007다42877 판결). 즉 피보험자격은 종료된다.

② 상법 제735조의3 제2항

③ 상법 제735조의3에서 단체보험의 유효요건으로 요구하는 '규약'의 의미는 단체협약, 취업규칙, 정관 등 그 형식을 막론하고 단체보험의 가입에 관한 단체내부의 협정에 해당하는 것으로서, 반드시 당해 보험가입과 관련한 상세한 사항까지 규정하고 있을 필요는 없고, 그러한 종류의 보험가입에 관하여 대표자가 구성원을 위하여 일괄하여 계약을 체결할 수 있다는 취지를 담고 있는 것이면 충분하다 할 것이지만, 위 규약이 강행법규인 상법 제731조 소정의 피보험자의 서면동의에 갈음하는 것인 이상 취업규칙이나 단체협약에 근로자의 채용 및 해고, 재해부조 등에 관한 일반적 규정을 두고 있다는 것만으로는 이에 해당한다고 볼 수 없다(대법원 2006.4.27. 선고 2003다60259 판결). 즉 **보험가입에 관하여는 별다른 규정이 없는 경우에는 피보험자의 동의를 받아야 한다.**

④ 단체생명보험의 경우 단체(회사)의 대표자가 구성원의 복리후생을 위하여 보험료를 부담하고 보험계약을 체결하므로 **'타인의 생명보험계약' 형태가 일반적**이다.

21

정답 ①

해설 한국은행은 전문보험계약자에 해당한다(보험업법 제2조 제19호 나목).

> **TIP 보험회사의 동의에 의하여 일반보험계약자로 될 수 있는 자 (보험업법 제2조 제19호 단서, 동법 시행령 제6조의2 제1항)**
>
> 전문보험계약자 중 **대통령령으로 정하는 자**가 일반보험계약자와 같은 대우를 받겠다는 의사를 보험회사에 서면으로 통지하는 경우 보험회사는 정당한 사유가 없으면 이에 동의하여야 하며, 보험회사가 동의한 경우에는 해당 보험계약자는 일반보험계약자로 본다.
>
> 1. **지방자치단체**
> 2. **주권상장법인**
> 3. 대통령령으로 정하는 금융기관에 준하는 외국금융기관(동법 시행령 제6조의2 제2항 제15호)
> 4. 법률에 따라 설립된 기금(기술보증기금과 신용보증기금에 따른 기금은 제외한다) 및 그 기금을 관리・운용하는 법인(동법 시행령 제6조의2 제3항 제15호)
> 5. **해외 증권시장에 상장된 주권을 발행한 국내법인**(동법 시행령 제6조의2 제3항 제16호)
> 6. 그 밖에 보험계약에 관한 전문성, 자산규모 등에 비추어 보험계약의 내용을 이해하고 이행할 능력이 있는 자로서 금융위원회가 정하여 고시하는 자(동법 시행령 제6조의2 제3항 제18호)

22

정답 ③

해설 금융위원회는 예비허가를 받은 자가 예비허가의 조건을 이행한 후 본허가를 신청하면 허가하여야 한다(보험업법 제7조 제4항). 지문 중 "**본허가의 요건을 심사한다**"는 내용이 잘못된 내용이다.

① 보험업법 제7조 제3항

② 보험업법 제7조 제2항

④ 보험업법 제4조 제5항

23

정답 ②

해설 주식 금액 또는 주식 수의 감소에 따른 자본금의 실질적 감소를 하려면 **미리 금융위원회의 승인을 받아야 한다**(보험업법 제18조 제2항, 동법 시행령 제23조의2). 즉 사전 승인을 받아야 한다.

① 보험업법 제18조 제1항

③ 보험업법 제18조 제3항, 제141조 제2항

④ 보험업법 제18조 제3항, 제151조 제3항

24

정답 ④

해설 ④ 보험업법 제31조, 제145조

① 상호회사는 기금의 총액을 300억원 미만으로 하거나 **설정하지 아니할 수 있다**(보험업법 제20조 제2항).

② 주식회사의 조직변경은 **출석한 주주의 의결권의 3분의 2 이상의 수와 발행주식 총수의 3분의 1 이상의 수**로써 하여야 한다(보험업법 제21조 제2항, 상법 제434조).

③ 주식회사의 보험계약자는 조직변경에 따라 해당 **상호회사의 사원이 된다**(보험업법 제30조).

25

정답 ③

해설 ③ 보험업법 제125조 제3항

① 보험회사가 그 업무에 관한 공동행위를 하기 위하여 다른 보험회사와 상호협정을 체결(변경하거나 폐지하려는 경우를 포함한다)하려는 경우에는 대통령령으로 정하는 바에 따라 **금융위원회의 인가**를 받아야 한다(보험업법 제125조 제1항).

② 금융위원회는 공익 또는 보험업의 건전한 발전을 위하여 특히 필요하다고 인정되는 경우에는 보험회사에 대하여 협정의 **체결·변경 또는 폐지를 명하거나 그 협정의 전부 또는 일부에 따를 것을 명할 수 있다**(보험업법 제125조 제2항).

④ 금융위원회는 상호협정 체결을 위한 신청서를 받았을 때에는 그 내용이 보험회사간의 공정한 경쟁을 저해하는지와 보험계약자의 이익을 침해하는지를 심사하여 그 **인가 여부를 결정하여야 한다**(보험업법 시행령 제69조 제2항).

26

정답 ④

해설 금융기관보험대리점 등 중 다음 각 호의 어느 하나에 해당하는 자는 소속 임직원이 아닌 자로 하여금 모집을 하게 하거나, 보험계약 체결과 관련한 상담 또는 소개를 하게하고 상담 또는 소개의 대가를 지급할 수 있다(보험업법 시행령 제26조 제1항).

1. **「여신전문금융업법」에 따라 허가를 받은 신용카드업자**(겸영여신업자는 제외한다)
2. 「농업협동조합법」에 따라 설립된 조합(「농업협동조합법」 제161조의12에 따라 설립된 농협생명보험 또는 농협손해보험이 판매하는 보험상품을 모집하는 경우로 한정한다)

27

정답 ④

해설 법인이 아닌 보험대리점 및 보험중개사는 등록한 날부터 (**2년**)이 지날 때마다 (**2년**)이 된 날부터 (**6개월**) 이내에 보험업법에서 정한 기준에 따라 교육을 받아야 한다(보험업법 시행령 제29조의2 제2항).

28

정답 ①

해설 다. 변액보험계약에 **최저로 보장되는 보험금**이 설정되어 있는 경우에는 그 내용을 기재해야 한다(보험업법 시행령 제42조 제1항 제2호).

라. **다른 보험회사 상품과 비교한 사항은 보험안내자료에 기재해서는 안 된다**(보험업법 시행령 제42조 제2항 제3호).

TIP 보험안내자료의 기재사항(보험업법 제95조 제1항)

모집을 위하여 사용하는 보험안내자료에는 다음 각 호의 사항을 명백하고 알기 쉽게 적어야 한다.

1. 보험회사의 상호나 명칭 또는 보험설계사·보험대리점 또는 보험중개사의 이름·상호나 명칭
2. 보험 가입에 따른 권리·의무에 관한 주요 사항
3. 보험약관으로 정하는 보장에 관한 사항
4. **보험금 지급제한 조건에 관한 사항** (가)
5. **해약환급금에 관한 사항** (나)
6. 「예금자보호법」에 따른 예금자보호와 관련된 사항
7. 그 밖에 보험계약자를 보호하기 위하여 대통령령으로 정하는 사항(동법 시행령 제42조 제3항)
   - **보험금이 금리에 연동되는 보험상품의 경우 적용금리 및 보험금 변동에 관한 사항** (마)
   - 보험금 지급제한 조건의 예시
   - **보험안내자료의 제작자·제작일, 보험안내자료에 대한 보험회사의 심사 또는 관리번호** (바)
   - 보험 상담 및 분쟁의 해결에 관한 사항

29

정답 ②

해설 ② 보험업법 시행령 제43조 제6항 제2호

① 전화·우편·컴퓨터통신 등 통신수단을 이용하여 모집을 하는 자는 보험업법에 따라 모집을 할 수 있는 자이어야 하며, **금융위원회로부터 별도로 이에 관한 허가를 받아야 하는 것은 아니다**(보험업법 제96조 제1항).

③ 사이버몰을 이용하여 모집하는 자가 보험약관 또는 보험증권을 전자문서로 발급하는 경우에는 보험계약자가 해당 문서를 수령하였는지를 확인하여야 하며, **보험계약자가 서면으로 발급해 줄 것을 요청하는 경우**에는 서면으로 발급해 주어야 한다(보험업법 시행령 제43조 제5항 제3호).

④ 보험회사는 보험계약을 청약한 자가 전화를 이용하여 청약의 내용을 확인·정정 요청하거나 청약을 철회하려는 경우에는 **상대방의 동의를 받아 청약 내용, 청약자 본인인지를 확인**하고 그 내용을 음성녹음을 하는 등 증거자료를 확보·유지하여야 한다(보험업법 시행령 제43조 제6항).

30

정답 ④

해설 '자회사와의 주요거래 상황을 적은 서류'는 보험회사가 **자회사의 사업연도가 끝난 날부터 3개월 이내**에 금융위원회에 제출하여야 하는 서류이다(보험업법 제117조 제2항, 동법 시행령 제60조 제2항 제2호).

TIP 보험회사가 자회사를 소유하게 된 날부터 15일 이내에 금융위원회에 제출하여야 하는 서류 (보험업법 제117조 제1항, 동법 시행령 제60조 제1항)

1. 정 관
2. 업무의 종류 및 방법을 적은 서류
3. 주주현황
4. 재무상태표 및 포괄손익계산서 등의 재무제표와 영업보고서
5. 자회사가 발행주식 총수의 100분의 10을 초과하여 소유하고 있는 회사의 현황

31

정답 ②

해설 금융위원회는 보험회사(그 소속 임직원을 포함한다)가 보험업법 또는 보험업법에 따른 규정·명령 또는 지시를 위반하여 보험회사의 건전한 경영을 해치거나 보험계약자, 피보험자, 그 밖의 이해관계인의 권익을 침해할 우려가 있다고 인정되는 경우 또는 「금융회사의 지배구조에 관한 법률」 별표 각 호의 어느 하나에 해당하는 경우(제4호에 해당하는 조치로 한정한다), 「금융소비자 보호에 관한 법률」 제51조 제1항 제4호, 제5호 또는 같은 조 제2항 각 호 외의 부분 본문 중 대통령령으로 정하는 경우에 해당하는 경우(제4호에 해당하는 조치로 한정한다)에는 금융감독원장의 건의에 따라 다음 각 호의 어느 하나에 해당하는 조치를 하거나 **금융감독원장으로 하여금 제1호의 조치를 하게 할 수 있다**(보험업법 제134조 제1항).

1. **보험회사에 대한 주의·경고 또는 그 임직원에 대한 주의·경고·문책의 요구**
2. 해당 위반행위에 대한 시정명령
3. 임원(「금융회사의 지배구조에 관한 법률」 제2조 제5호에 따른 업무집행책임자는 제외한다)의 해임권고·직무정지
4. 6개월 이내의 영업의 일부정지

32

정답 ④

해설 **해산결의의 인가신청(보험업법 시행규칙 제35조)**

보험회사는 해산결의의 인가를 받으려면 인가신청서에 다음 각 호의 서류를 첨부하여 금융위원회에 제출하여야 한다.

1. 주주총회 의사록(상호회사인 경우에는 사원총회 의사록)
2. 청산 사무의 추진계획서
3. 보험계약자 및 이해관계인의 보호절차 이행을 증명하는 서류
4. 「상법」 등 관계 법령에 따른 절차의 이행에 흠이 없음을 증명하는 서류
5. 그 밖에 금융위원회가 필요하다고 인정하는 서류

33

정답 ④

해설 **보험계리사 등의 업무(보험업법 시행규칙 제44조)**

보험계리사, 선임계리사 또는 보험계리업자의 업무는 다음 각 호와 같다. 다만, 제5호의 업무는 보험계리사 및 보험계리업자만 수행한다.

1. 기초서류 내용의 적정성에 관한 사항
2. 책임준비금, 비상위험준비금 등 준비금의 적립에 관한 사항
3. 잉여금의 배분·처리 및 보험계약자 배당금의 배분에 관한 사항
4. 지급여력비율 계산 중 보험료 및 책임준비금과 관련된 사항
5. **상품 공시자료 중 기초서류와 관련된 사항**
6. 계리적 최적가정의 검증·확인에 관한 사항

34

정답 ①

해설 보험회사는 선임계리사가 사임하려는 경우 선임계리사의 사임 의사와 그 사유를 이사회에 제출해야 한다. 이 경우 이사회는 선임계리사의 의견을 들을 수 있다(보험업법 시행규칙 제45조).

② 보험업법 시행규칙 제45조
③ 보험업법 제184조 제6항
④ 보험업법 제184조 제7항 제1호

35

정답 ①

해설 보험회사는 그 영업을 양도·양수하려면 **금융위원회의 인가**를 받아야 한다(보험업법 제150조).

② 보험업을 경영하려는 자는 보험종목별로 **금융위원회의 허가**를 받아야 한다(보험업법 제4조).
③ 보험금액을 삭감하기로 정하는 경우에 보험계약을 이전하려는 보험회사는 주주총회 등의 결의가 있었던 때부터 보험계약을 이전하거나 이전하지 아니하게 될 때까지 그 자산을 처분하거나 채무를 부담하려는 행위를 하지 못한다. 다만, 보험업을 유지하기 위하여 필요한 비용을 지출하는 경우 또는 자산의 보전이나 그 밖의 특별한 필요에 따라 **금융위원회의 허가**를 받아 자산을 처분하는 경우에는 그러하지 아니하다(보험업법 제144조 제1항).
④ 보험회사가 「자산재평가법」에 따른 재평가를 한 경우 그 재평가에 따른 재평가적립금은 같은 법 제28조 제2항 각 호에 따른 처분 이외에 **금융위원회의 허가**를 받아 보험계약자에 대한 배당을 위하여도 처분할 수 있다(보험업법 제122조).

36

정답 ③

해설
- 무주택자인 근로자가 주거를 목적으로 「민법」 제303조에 따른 전세금 또는 「주택임대차보호법」 제3조의2에 따른 보증금을 부담하는 경우. 이 경우 근로자가 하나의 사업에 근로하는 동안 **1회**로 한정한다(근로자퇴직급여보장법 시행령 제3조 제1항 제2호).
- 근로자가 **6개월** 이상 요양을 필요로 하는 다음 각 목의 어느 하나에 해당하는 사람의 질병이나 부상에 대한 의료비를 해당 근로자가 본인 연간 임금총액의 **1천분의 125**를 초과하여 부담하는 경우(근로자퇴직급여보장법 시행령 제3조 제1항 제3호)
- 퇴직금 중간정산을 신청하는 날부터 거꾸로 계산하여 **5년** 이내에 근로자가 「채무자 회생 및 파산에 관한 법률」에 따라 파산선고를 받은 경우(근로자퇴직급여보장법 시행령 제3조 제1항 제4호)

∴ 빈 칸 숫자의 합 = 1 + 6 + 125 + 5 = 137

37

정답 ②

해설

가. (×) 근로자를 사용하는 모든 사업 또는 사업장(이하 "사업"이라 한다)에 적용한다. 다만, 동거하는 친족만을 사용하는 사업 및 가구 내 고용활동에는 적용하지 아니한다(근로자퇴직급여보장법 제3조).

나. (○오) 사용자는 퇴직하는 근로자에게 급여를 지급하기 위하여 퇴직급여제도 중 하나 이상의 제도를 설정하여야 한다. 다만, 계속근로기간이 1년 미만인 근로자, 4주간을 평균하여 1주간의 소정근로시간이 15시간 미만인 근로자에 대하여는 그러하지 아니하다(근로자퇴직급여보장법 제4조 제1항).

다. (×) 퇴직급여제도를 설정하는 경우에 하나의 사업에서 급여 및 부담금 산정방법의 적용 등에 관하여 차등을 두어서는 아니 된다(근로자퇴직급여보장법 제4조 제2항).

라. (×) 사용자가 퇴직급여제도를 설정하거나 설정된 퇴직급여제도를 다른 종류의 퇴직급여제도로 변경하려는 경우에는 근로자의 과반수가 가입한 노동조합이 있는 경우에는 그 노동조합, 근로자의 과반수가 가입한 노동조합이 없는 경우에는 **근로자 과반수(이하 "근로자대표"라 한다)의 동의**를 받아야 한다(근로자퇴직급여보장법 제4조 제3항).

마. (○) 법률 제10967호 근로자퇴직급여보장법 전부개정법률 시행일 이후 새로 성립(**합병 · 분할된 경우는 제외**한다)된 사업의 사용자는 근로자대표의 의견을 들어 사업의 성립 후 1년 이내에 확정급여형퇴직연금제도나 확정기여형퇴직연금제도를 설정하여야 한다(근로자퇴직급여보장법 제5조).

바. (○) 사용자가 설정되거나 변경된 퇴직급여제도의 내용을 변경하려는 경우에는 근로자대표의 의견을 들어야 한다. 다만, **근로자에게 불리하게 변경하려는 경우에는 근로자대표의 동의를 받아야 한다**(근로자퇴직급여보장법 제4조 제4항).

38

정답 ③

해설 가. (○) 근로자퇴직급여보장법 제19조 제1항 제6호
나. (○) 근로자퇴직급여보장법 제19조 제1항 제6호
다. (○) 근로자퇴직급여보장법 제19조 제1항 제6호
라. (○) 근로자퇴직급여보장법 제19조 제1항 제6호
마. (×) 확정기여형퇴직연금규약이 아닌 확정급여형퇴직연금규약에 포함될 사항
바. (○) 근로자퇴직급여보장법 제19조 제1항 제7호
사. (○) 근로자퇴직급여보장법 제19조 제1항 제7호

TIP 근로자퇴직급여보장법 제19조(확정기여형퇴직연금제도의 설정)

① 확정기여형퇴직연금제도를 설정하려는 사용자는 제4조 제3항 또는 제5조에 따라 근로자대표의 동의를 얻거나 의견을 들어 다음 각 호의 사항을 포함한 확정기여형퇴직연금규약을 작성하여 고용노동부장관에게 신고하여야 한다.
1. 부담금의 부담에 관한 사항
2. 부담금의 산정 및 납입에 관한 사항
3. 적립금의 운용에 관한 사항
4. 적립금의 운용방법 및 정보의 제공 등에 관한 사항
4의2. 사전지정운용제도에 관한 사항
5. 적립금의 중도인출에 관한 사항
6. **제13조 제1호부터 제3호까지 및 제6호부터 제10호까지의 사항**
7. 그 밖에 확정기여형퇴직연금제도의 운영에 필요한 사항으로서 **대통령령으로 정하는 사항**

② 제1항에 따라 확정기여형퇴직연금제도를 설정하는 경우 가입기간에 관하여는 제14조를, 급여의 종류, 수급요건과 급여 지급의 절차 · 방법에 관하여는 제17조 제1항, 제4항 및 제5항을, 운용현황의 통지에 관하여는 제18조를 준용한다. 이 경우 제14조 제1항 중 "제13조 제3호"는 "제19조 제6호"로, 제17조 제1항 중 "확정급여형퇴직연금제도"는 "확정기여형퇴직연금제도"로 본다.

TIP 근로자퇴직급여보장법 제13조(확정급여형퇴직연금제도의 설정)

확정급여형퇴직연금제도를 설정하려는 사용자는 제4조 제3항 또는 제5조에 따라 근로자대표의 동의를 얻거나 의견을 들어 다음 각 호의 사항을 포함한 확정급여형퇴직연금규약을 작성하여 고용노동부장관에게 신고하여야 한다.
1. **퇴직연금사업자 선정에 관한 사항**
2. **가입자에 관한 사항**
3. **가입기간에 관한 사항**
4. 급여수준에 관한 사항
5. 급여 지급능력 확보에 관한 사항
6. **급여의 종류 및 수급요건 등에 관한 사항**

7. 제28조에 따른 운용관리업무 및 제29조에 따른 자산관리업무의 수행을 내용으로 하는 계약의 체결 및 해지와 해지에 따른 계약의 이전(移轉)에 관한 사항
8. 운용현황의 통지에 관한 사항
9. 가입자의 퇴직 등 급여 지급사유 발생과 급여의 지급절차에 관한 사항
10. 퇴직연금제도의 폐지·중단 사유 및 절차 등에 관한 사항
10의2. 부담금의 산정 및 납입에 관한 사항
11. 그 밖에 확정급여형퇴직연금제도의 운영을 위하여 대통령령으로 정하는 사항

TIP 근로자퇴직급여보장법 시행령 제10조(확정기여형퇴직연금규약의 규정 사항)

① 법 제19조 제1항 제7호에서 "대통령령으로 정하는 사항"이란 다음 각 호의 사항을 말한다.
1. 운용관리업무 및 자산관리업무의 수행에 대한 수수료의 부담에 관한 사항
2. 가입자에 대한 교육의 방법 및 절차 등에 관한 사항

② 제1항 제1호에 따른 수수료는 사용자가 부담한다. 다만, 법 제20조 제2항에 따라 가입자가 스스로 부담하는 추가 부담금에 대한 수수료는 가입자가 부담한다.

③ 삭제 〈2022.4.13.〉

39

정답 ④

해설 가. (○) 근로자퇴직급여보장법 제24조 제2항 제1호

TIP 근로자퇴직급여보장법 제24조(개인형퇴직연금제도의 설정 및 운영 등)

① 퇴직연금사업자는 개인형퇴직연금제도를 운영할 수 있다.

② 다음 각 호의 어느 하나에 해당하는 사람은 개인형퇴직연금제도를 설정할 수 있다.
1. 퇴직급여제도의 일시금을 수령한 사람
2. 확정급여형퇴직연금제도, 확정기여형퇴직연금제도 또는 중소기업퇴직연금기금제도의 가입자로서 자기의 부담으로 개인형퇴직연금제도를 추가로 설정하려는 사람
3. 자영업자 등 안정적인 노후소득 확보가 필요한 사람으로서 대통령령으로 정하는 사람

③ 제2항에 따라 개인형퇴직연금제도를 설정한 사람은 자기의 부담으로 개인형퇴직연금제도의 부담금을 납입한다. 다만, 대통령령으로 정하는 한도를 초과하여 부담금을 납입할 수 없다.

④ 개인형퇴직연금제도 적립금의 운용방법 및 운용에 관한 정보제공에 관하여는 제21조 및 제21조의2부터 제21조의4까지를 준용한다. 이 경우 "확정기여형퇴직연금제도"는 "개인형퇴직연금제도"로 본다.

⑤ 개인형퇴직연금제도의 급여의 종류별 수급요건 및 중도인출에 관하여는 대통령령으로 정한다.

나. (○) 근로자퇴직급여보장법 시행령 제17조 제1호
다. (○) 근로자퇴직급여보장법 시행령 제17조 제2호 가목
라. (○) 근로자퇴직급여보장법 시행령 제17조 제4호
마. (○) 근로자퇴직급여보장법 시행령 제17조 제5호

TIP **근로자퇴직급여보장법 시행령 제17조(개인형퇴직연금제도의 설정 대상)**

법 제24조 제2항 제3호에서 "자영업자 등 안정적인 노후소득 확보가 필요한 사람으로서 대통령령으로 정하는 사람"이란 다음 각 호의 사람을 말한다.
1. 자영업자
2. 법 제4조 제1항 단서에 따라 퇴직급여제도가 설정되어 있지 아니한 다음 각 목의 어느 하나에 해당하는 근로자
   가. 계속근로기간이 1년 미만인 근로자
   나. 4주간을 평균하여 1주간의 소정근로시간이 15시간 미만인 근로자
3. 법 제8조 제1항에 따른 퇴직금제도를 적용받고 있는 근로자
4. 「공무원연금법」의 적용을 받는 공무원
5. 「군인연금법」의 적용을 받는 군인
6. 「사립학교교직원연금법」의 적용을 받는 교직원
7. 「별정우체국법」의 적용을 받는 별정우체국 직원

40

정답 ③

해설 가. (×) 고용노동부장관으로 하여금 퇴직연금사업을 다른 사업자에게 이전할 것을 **명할 수 있다**(근로자퇴직급여보장법 제36조 제2항).

나. (×) 퇴직연금사업자에 대한 주의, 그 **임원에 대한 주의** 또는 그 직원에 대한 주의·견책·감봉·정직·면직의 요구를 할 수 있다(근로자퇴직급여보장법 제36조 제3항 제1호).

다. (○) 근로자퇴직급여보장법 제36조 제3항 제2호

라. (×) **금융감독원장**은 퇴직연금사업자의 업무 및 재산상황 등을 **검사**할 수 있다(근로자퇴직급여보장법 제36조 제4항)

마. (○) 근로자퇴직급여보장법 제36조 제3항 제4호

2022년 제45회 경제학원론

정답 및 해설

정답 CHECK

01	02	03	04	05	06	07	08	09	10	11	12	13	14	15	16	17	18	19	20
③	①	④	②	①	④	④	③	③	①	④	③	④	④	①	②	④	②	③	②
21	22	23	24	25	26	27	28	29	30	31	32	33	34	35	36	37	38	39	40
③	②	①	②	②	④	④	②	④	③	②	③	①	④	④	③	②	②	②	④

문제편 200p

01

정답 ③

해설
- 소득에 대해 정액세(lump-sum tax) u 부과 : $M-u$($\because$ 소득이 u만큼 감소)
- X에 대해 단위당 종량세(quantity tax) t 부과 : P_X+t($\because$ X재 가격이 t만큼 증가)
- Y에 대해 단위당 보조금(subsidy) s를 지급 : P_Y-s($\because$ Y재 가격이 s만큼 감소)

위에서 변경된 계산식을 이용하여 예산제약선을 구해보면

$(P_X+t)X+(P_Y-s)Y=M-u$

02

정답 ①

해설 $u(X, Y)=\sqrt{X+Y} \rightarrow Y=-X+u^2$

$\therefore$ 무차별곡선의 기울기는 −1이다. 즉, 무차별곡선은 우하향의 직선이다.

$$\text{예산선}=-\frac{P_X}{P_Y}=-\frac{2}{1}=-2$$

무차별곡선이 우하향 직선인 경우에 무차별곡선의 기울기가 예산선보다 완만하면 소비자균형은 항상 Y축에서 이뤄진다. 따라서 소비자는 소득 전부를 재화 Y를 구매하는데 사용한다. 즉 재화 X는 구매하지 않는다.

03

정답 ④

해설

- $\frac{P_X}{P_Y}=\frac{4}{3}$
- $MRS_{XY}=\frac{MU_X}{MU_Y}=\frac{12}{9}=\frac{4}{3}$
- $\frac{P_X}{P_Y}=MRS_{XY}$($\therefore$ 현재 효용이 극대화)

04

정답 ②

해설 가격체계 P_1에서 소비묶음 A와 B 모두 구입이 가능한 상황에서 A를 구입하였고, 가격체계 P_2에서 소비묶음 A와 B 모두 구입이 가능한 상황에서 B를 구입한 것은 소비의 일관성이 없으므로 약공리에 위배된다.

① 가격체계 P_3에서는 소비묶음 A, B, C 모두 구입 가능하다. 그런데 C를 구매하였으므로 소비묶음 C는 A 또는 B보다 직접 현시선호되고 있음을 알 수 있다.

③ 가격체계 P_2에는 소비묶음 A와 B만 구입 가능하고 C는 구입이 불가능하다. 하지만 가격체계 P_3에서는 소비묶음 A, B, C 모두 구입 가능하다. 따라서 가격체계 P_2에서 소비묶음 B를 구매한 이후에 가격체계 P_3에서 소비묶음 C는 구매하는 것은 현시선호의 약공리를 위배하지 않는다.

④ 가격체계 P_3에서는 소비묶음 A, B, C 모두 구입 가능한 반면에 가격체계 P_1에서 소비묶음 A, B만 구입 가능하다. 따라서 가격체계 P_3에서 소비묶음 C를 구매한 이후에 가격체계 P_1에서 소비묶음 A를 구해한는 것은 현시선호의 약공리를 위배하지 않는다.

05

정답 ①

해설

- $AC=\frac{c}{Q}=10Q+\frac{1,000}{Q}$
- 평균비용(AC)을 최소화하는 생산량을 구하기 위해 평균비용(AC)를 미분한 후 0이 되는 생산량 Q를 구해보면

  $\frac{dAC}{dQ}=10-\frac{1,000}{Q^2}=0$

  $\therefore\ Q=10$

06

정답 ④

해설
- $MP_L = \frac{dQ}{dL} = 2L$
- $MP_K = \frac{dQ}{dK} = 8K$
- $MRTS_{LK} = \frac{MP_L}{MP_K} = \frac{2L}{8K} = \frac{L}{4K}$

⇒ 한계기술대체율이 체증하면 등량곡선이 원점에 대해 오목한 형태이므로 구석해가 발생한다.

- $\frac{w}{r} = \frac{20}{80} = \frac{1}{4}$

생산량 $Q=100$에서의 등량곡선과 자본 대비 노동의 가격비 곡선을 이용하면

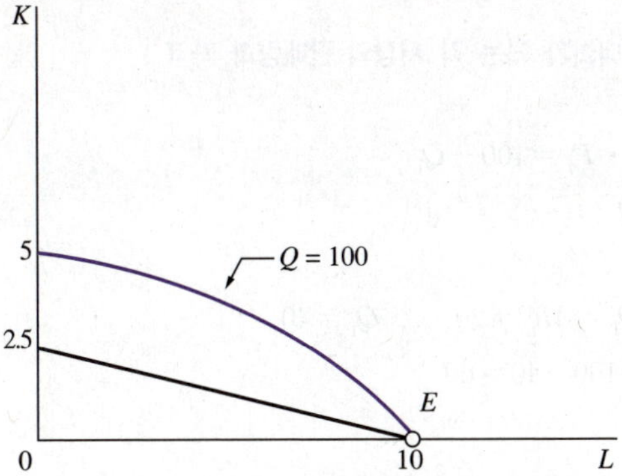

따라서 노동과 자본의 최적 투입량은 생산자균형 E점인 노동 10단위와 자본 0단위를 투입하는 지점에서 이뤄진다.

07

정답 ④

해설
ㄱ. (○) A기업은 가격이 10보다 높은 경우에 B기업은 가격이 15보다 높은 경우에 공급하게 되므로 가격이 10보다 낮다면 두 기업 모두 공급하지 못한다.

ㄴ. (○) 가격이 15인 경우 A기업의 공급량은 5이고, B기업의 공급량은 0이므로 시장 공급량은 5이다.

ㄷ. (○) 가격이 15보다 높으면 두 기업의 공급량은 모두 0보다 크다. 따라서 두 기업 모두 공급하게 된다.

08

정답 ③

해설 • 독점기업 A가 직면한 시장수요곡선이 $Q_d = 10P^{-3}$이므로 수요의 가격탄력성(ϵ)은 3으로 일정

• $MC = \frac{dc}{dQ} = 2$

• 독점기업의 이윤극대화 조건 : $MR = MC$

• $MR = MC = P\left(1 - \frac{1}{\epsilon}\right) = P\left(1 - \frac{1}{3}\right) = 2, \therefore P = 3$

$\therefore$ 이윤극대화 생산량 $= 10 \times 3^{-3}$

09

정답 ③

해설 **분리 공급시 이윤극대화가 되는 각 시장의 판매량과 가격**

첫 번째 시장

• $Q_1 = 100 - P_1 \rightarrow P_1 = 100 - Q_1$

• $MR_1 = 100 - 2Q_1$

• $MC = 20$

• $MR_1 = 100 - 2Q_1 = MC = 20, \therefore Q_1 = 40$

• $P_1 = 100 - Q_1 = 100 - 40 = 60$

두 번째 시장

• $Q_2 = 100 - 2P_2 \rightarrow P_2 = 50 - \frac{1}{2}Q_2$

• $MR_2 = 50 - Q_2$

• $MC = 20$

• $MR_2 = 50 - Q_2 = MC = 20, \therefore Q_2 = 30$

• $P_2 = 50 - \frac{1}{2}Q_2 = 50 - \left(\frac{1}{2} \times 30\right) = 35$

통합 공급시 동일가격으로 설정할 경우 시장의 판매량과 가격

• 시장의 수요함수 $= (100 - P) + (100 - 2P) = 200 - 3P, \therefore P = \frac{200}{3} - \frac{1}{3}Q$

• $MR = \frac{200}{3} - \frac{2}{3}Q$

• $MC = 20$

• $MR = \frac{200}{3} - \frac{2}{3}Q = MC = 20, \therefore Q = 70$

• $P = \frac{200}{3} - \frac{1}{3}Q = \frac{200}{3} - \left(\frac{1}{3} \times 70\right) \fallingdotseq 43.3$

따라서 분리 공급시 공급량과 통합 공급시 공급량은 70으로 동일함을 알 수 있다.

10

정답 ①

해설 노동 10을 투입할 때, 한계생산량과 평균생산량이 같은 경우는 다음 그림의 A 경우이다.

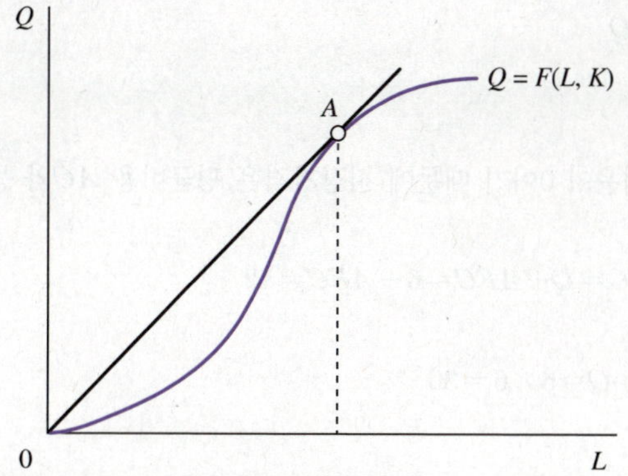

한계생산량과 평균생산량이 같은 지점인 노동 투입량 10에서 평균생산량이 극대이므로 노동 투입량이 감소되거나 증가될시 평균생산량은 감소하게 된다.

11

정답 ④

해설 ① 노동 투입량 1의 총생산량 − 노동 투입량 0의 총생산량 = 180 − 0 = 180

② 노동 투입량 1의 총생산량 + 노동 투입량 2의 한계생산량 = 180 + 140 = 320

③ 노동 투입량 2의 총생산량 ÷ 2 = 320 ÷ 2 = 160

④ 노동 투입량 3의 총생산량 − 노동 투입량 2의 총생산량 = 420 − 320 = 100

12

정답 ③

해설 을이 내기를 거절할 경우의 효용 $= \sqrt{36} = 6$

① 효용함수가 아래쪽으로 오목한 형태이므로 을은 위험을 회피(risk − averse)하는 태도를 가지고 있음을 알 수 있다.

② 내기에 대한 을의 효용 $= \left(\sqrt{49} \times \frac{2}{3}\right) + \left(\sqrt{25} \times \frac{1}{3}\right) = \frac{14}{3} + \frac{5}{3} = \frac{19}{3}$

④ 내기를 수락할 경우 효용이 거절시 효용보다 크므로 을은 내기를 수락한다.

13

정답 ④

해설 완전경쟁시장의 시장가격은 한계비용과 같다.

$P = 12 = MC = 2Q$

$\therefore\ Q = 6$

완전경쟁시장은 이윤이 0이기 때문에 시장가격은 평균비용 AC와 동일하다. 따라서 평균비용 AC는 12이다.

$AC = AVC + AFC = Q + AFC = 6 + AFC = 12$

$\therefore\ AFC = 6$

$\therefore\ TFC = AFC \times Q = 6 \times 6 = 36$

14

정답 ④

해설 아래 선택된 대안이 차이가 있음에 알 수 있듯이 콩도르세의 역설(Condorcet Paradox), 즉 투표의 역설은 나타난다.

① 영국과 프랑스에 투표시 갑과 병은 영국, 을은 프랑스를 선택하므로 영국과 프랑스 투표시 영국이 선택된다. 선택된 영국과 독일을 투표하게 되면 갑은 영국을, 을과 병은 독일을 선택하게 되어 독일이 다수결로 결정된다.

② 독일과 프랑스에 투표시 갑과 을은 프랑스, 병은 독일을 선택하므로 독일과 프랑스 투표시 프랑스가 선택된다. 선택된 프랑스와 영국을 투표하게 되면 갑과 병은 영국을, 을은 프랑스를 선택하게 되어 영국이 다수결로 결정된다.

③ 독일과 영국에 투표시 갑은 영국, 을과 병은 독일을 선택하므로 독일이 선택된다. 선택된 독일과 프랑스를 투표하게 되면 갑과 을은 프랑스를, 병은 독일을 선택하게 되어 프랑스가 다수결로 결정된다.

TIP 콩도르세의 역설(Condorcet Paradox)

다수결이 만능이 아니라는 사실을 보여주는 예로 프랑스 대혁명 시대의 정치가이자 수학자인 콩도르세(Nicolas de Condorcet)가 발견한 역설로 투표의 역설이라고 한다.

15

정답 ①

해설 버트란드(Bertrand) 모형의 균형가격은 한계비용과 같으므로 두 기업의 균형가격은 20이 된다.

균형가격 20일 경우 생산량을 구해면

$P=56-2Q$

$20=56-2Q$

$\therefore\ Q=18$

두 기업이 동일한 균형가격인 경우 두 기업의 생산량은 동일하므로 기업 A의 생산량은 9가 된다.

16

정답 ②

해설

- X재 시장의 수요함수 : $P=\frac{100}{3}-\frac{1}{3}Q$
- X재 시장의 공급함수 : $P=\frac{1}{2}Q$
- 수요함수와 공급함수를 이용하여 생산량과 가격을 구해보면

$\frac{100}{3}-\frac{1}{3}Q=\frac{1}{2}Q$

$\therefore\ Q=40,\ P=20$

- 수요의 가격탄력성$=-\frac{dQ}{dP}\cdot\frac{P}{Q}=3\times\frac{20}{40}=\frac{3}{2}$
- 공급의 가격탄력성$=\frac{dQ}{dP}\cdot\frac{P}{Q}=2\times\frac{20}{40}=1$

∴ 조세부담은 탄력성 크기에 의해 결정되는데 탄력성이 클수록 조세부담의 크기는 작다. 수요의 가격탄력성이 공급의 가격탄력성보다 더 크다. 따라서 조세부담의 크기는 소비자보다는 공급자가 더 크다.

①·③·④ 조세부담시 소비자가 지급하는 가격은 상승하고, 생산자가 받는 가격은 낮아진다. 또한 거래량은 과세 이전보다 감소한다.

17

정답 ④

해설 $2 < \alpha < 4$일 때 기업 A와 B 모두 고가요금제를 선택하는 전략이 기업의 보수를 더 크게 하므로 고가요금제를 선택하는 것이 우월전략이 된다. 하지만 두 기업이 단합하여 저가요금제를 선택하게 되면 두 기업이 모두 우월전략을 선택한 것보다 보수는 더 크게 되므로 우월전략이 파레토 효율적이라 할 수 없다.

①·② $0 < \alpha < 2$일 때 각 기업은 상대방 기업이 저가요금제를 선택하면 자신은 고가요금제를 선택하고 상대방 기업이 고가요금제를 선택하면 자신은 저가요금제를 선택한다. 따라서 두 기업은 모두 우월전략이 존재하지 않으며, 내쉬균형은 (고가요금제, 저가요금제), (저가요금제, 고가요금제) 2개가 존재한다.

③ $2 < \alpha < 4$일 때 기업 B는 기업 A가 어떤 전략을 선택하든 고가요금제를 선택하는 것이 보수가 더 크게 되므로 고가요금제를 선택하는 것이 우월전략이다.

18

정답 ②

해설
- 비례세(proportional tax)는 소득이 많고 적음에 상관없이 평균세율이 일정한 세율이다.
- 누진세(progressive tax)는 소득이 많을수록 평균세율이 높아지는 조세로 한계세율이 평균세율보다 높다.
- 역진세(regressive tax)는 소득이 많을수록 평균세율이 낮아지는 조세로 평균세율이 한계세율보다 높다.

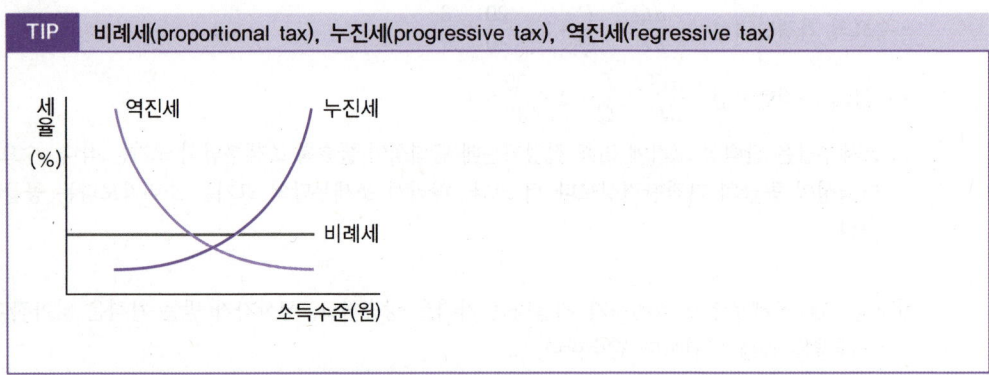

TIP **비례세(proportional tax), 누진세(progressive tax), 역진세(regressive tax)**

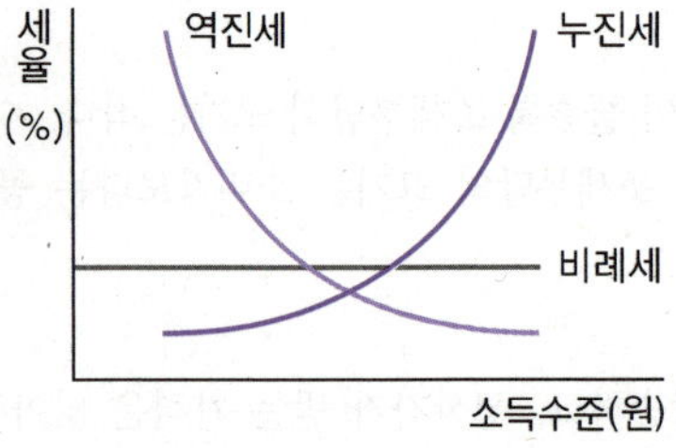

19

정답 ③

해설 ㄱ. (×) 롤즈(J. Rawls)의 사회후생함수는 저소득의 효용에 의해 사회후생이 결정되므로 고소득층에서 저소득층으로 소득을 재분배하면 사회후생이 증가한다. 따라서 개인의 분배와 상관있다.

ㄴ. (×) 개인 효용의 합에 의해 결정되는 것은 공리주의 사회후생함수이다.

ㄷ. (○) 롤즈(J. Rawls)의 사회후생함수는 L자 형태로 레온티에프 함수와 같은 형태이다.

ㄹ. (○) 롤즈(J. Rawls)의 사회후생함수는 극단적인 평등주의적 가치관을 내포하고 있다.

20

정답 ②

해설

- $L = 400 - 10MRP_L \rightarrow MRP_L = 40 - \frac{1}{10}L$
- $L = 20W \rightarrow W = \frac{1}{20}L$
- $TFC_L = W \times L = \frac{1}{20}L \times L = \frac{1}{20}L^2$
- $MFC_L = \frac{dTFC_L}{dL} = \frac{1}{10}L$

$MRP_L = MFC_L$로 두고 균형고용량을 구해보면

$40 - \frac{1}{10}L = \frac{1}{10}L$

$\therefore\ L = 200$

위에서 구한 균형고용량 $L = 200$을 노동공급함수에 대입하면 $W = 10$이 된다.

최저임금 15는 균형고용량에 구한 임금 10보다 더 높으므로 최저임금 15를 한계요소비용 MFC_L로 두고 고용량을 구해보면

$MRP_L = MFC_L$

$40 - \frac{1}{10}L = 15$

$\therefore\ L = 250$

21

정답 ③

해설 통화승수$= \frac{1}{c + z(1-c)} = \frac{1}{0.2 + 0.25(1-0.2)} = 2.5$

$\therefore$ 통화승수가 2.5이므로 중앙은행이 10조원의 본원통화를 증가기키면 통화량은 25조원($= 2.5 \times 10$조원) 증가한다.

22

정답 ②

해설 • 미국 국채에 투자한다는 것은 미국 국채의 명목이자율과 환율 상승률의 합이 국내 국채의 명목이자율보다 크다는 의미이다.

• 미국 국채 명목이자율 2% + 환율상승률 ≥ 우리나라 국채 명목이자율 3%

∴ 환율상승률 1% 이상이 되어야 한다. 즉 원화가 1% 이상 평가절하 되어야 한다.

23

정답 ①

해설 IS곡선과 LM곡선을 r에 대해 정리하면 다음과 같다.

• IS곡선 : $r=30-\frac{1}{50}Y$

• LM곡선 : $r=12-\frac{6}{P}+\frac{1}{250}Y$

위에서 구한 IS곡선과 LM곡선 연립하여 Y에 대해 정리하면 AD곡선이 된다.

$$30-\frac{1}{50}Y=12-\frac{6}{P}+\frac{1}{250}Y$$

$$\frac{3}{125}Y=18+\frac{6}{P}$$

$$Y=750+\frac{250}{P}$$

위에서 구한 AD곡선 $Y=750+\frac{250}{P}$ 양변에 1.2를 곱하면 $1.2Y=900+\frac{300}{P}$이 된다.

24

정답 ②

해설 이자율이 0인 경우 은퇴까지 노동자 A가 30년간 매년 4,000만원의 소득을 얻을 경우 총 소득의 현재가치는 12억원(= 4,000만원 × 30)이다.

총 소득의 현재가치 12억원에서 부채 2억원을 차감하면 노동자 A가 사용가능한 금액은 10억원이 된다. 사용가능한 금액 10억원을 잔여 생애기간 50년 동안 매년 균등하게 지출한다면 노동자 A는 매년 2,000만원(= 10억원 ÷ 50) 사용할 수 있다.

25

정답 ②

해설 • 현금잔고수량설에 의한 화폐수요함수 : $M^d = kPY$

갑의 화폐수요를 구해보면
• 갑의 소득 : 120
• 갑의 마샬 k : 0.3
∴ 갑의 화폐수요 : $M^d_{갑} = 0.3 \times 120 = 36$

을의 화폐수요를 구해보면
• 을의 소득 : 80
• 을의 마샬 k : 0.4
∴ 을의 화폐수요 : $M^d_{을} = 0.4 \times 80 = 32$

갑과 을의 소득과 화폐수요를 이용하여 경제 전체의 마샬 k(Marshallian k)를 구해보면
• 경제 전체 소득 : 200(= 120 + 80)
• 경제 전체 화폐수요 : 68(= 36 + 32)
∴ 경제 전체의 마샬 k(Marshallian k)$= \frac{68}{200} = 0.34$

26

정답 ④

해설 • 생산가능인구(15세 이상의 인구) = 경제활동인구 + 비경제활동인구
• 경제활동인구 = 취업자 + 실업자
• 고용률 $= \frac{\text{취업자수}}{\text{생산가능인구}} \times 100$
• 실업률 $= \frac{\text{실업자수}}{\text{경제활동인구}} \times 100$

실업자가 이전과 동일한 상황에서 경제활동인구가 감소하였으므로 실업률은 상승한다.

① 생산가능인구의 크기가 변화가 없는 상황에서 비경제활동의 인구가 증가하였다는 것은 경제활동인구의 감소를 의미하며, 이는 경제활동 참가율의 하락을 나타낸다.
② 생산가능인구가 변화가 없는 상황에서 비경제활동인구가 50만명 증가하였다는 사실은 경제활동인구가 50만명 감소하였다는 의미가 된다. 경제활동인구 중 취업자가 50만명 감소하였으므로 실업자는 이전과 동일함을 알 수 있다.
③ 생산가능인구가 동일한 상황에서 취업자수가 감소하였으므로 고용률은 감소한다.

27

정답 ④

해설 • 정부지출(G) = 조세(T) − 재정수지$(T-G)$ = 10,000 − 2,000 = 8,000

• $GDP = Y = C + I + G$ = 80,000 + 15,000 + 8,000 = 103,000

• 민간저축$(S_P) = (Y-T)-C$ = (103,000 − 10,000) − 80,000 = 13,000

28

정답 ②

해설 ㄱ. (×) 1달러가 1,050원에서 1,100원으로 환율이 상승하여 달러 표시 외채를 가진 한국 기업의 상환 부담이 증가하였다.

ㄴ. (○) 과거에는 1달러가 1,050원, 100엔으로 1엔이 10.5원이었으나 현재는 1달러가 1,100원, 110엔으로 1엔이 10원으로 과거에 비해 엔화가치가 하락하여 부품을 한국에서 수입하는 일본 기업의 생산비가 상승하였다.

ㄷ. (○) 1달러가 1,050원에서 1,100원으로 환율이 상승하여 미국 제품의 가격이 상승하여 한국에 수출하는 미국 제품의 가격 경쟁력이 하락하였다.

ㄹ. (×) 1달러가 100엔에서 110엔으로 10엔 상승하여 미국에 수출하는 일본 제품의 달러 표시 가격이 하락하였다.

29

정답 ④

해설 **예상 물가상승률이 3%인 경우**

• 이자소득세 = 이자소득세율 × 명목이자율 = 0.25 × 4% = 1%

• 세후 명목이자율 = 명목이자율 − 이자소득세 = 4% − 1% = 3%

• 세후 실질이자율 = 세후 명목이자율 − 예상 물가상승률 = 3% − 3% = 0%

예상 물가상승률이 6%인 경우

명목이자율을 x%라 하면

• 이자소득세 = 이자소득세율 × 명목이자율 = 0.25 × x% = 0.25x%

• 세후 명목이자율 = 명목이자율 − 이자소득세 = x% − 0.25x% = 0.75x%

• 세후 실질이자율 = 세후 명목이자율 − 예상 물가상승률 = 0.75x% − 6% = 0%

∴ 명목이자율 = 8%

30

정답 ③

해설

[기회비용]

구 분	X재	Y재
A국	$\frac{100시간}{50시간}=2$	$\frac{50시간}{100시간}=0.5$
B국	$\frac{20시간}{40시간}=0.5$	$\frac{40시간}{20시간}=2$

A국은 Y재에 대한 기회비용이 B국보다 낮고, B국은 X재에 대한 기회비용이 A국보다 낮으므로 Y재는 A국이, X재는 B국이 특화해야 한다.

A국이 Y재를 특화하면 생산가능한 생산량은 20(= 1,000시간 ÷ 50시간)개, B국이 X재를 특화하면 생산가능한 생산량은 50(= 1000시간 ÷ 20시간)개이다.

각 국의 교환비율이 1 : 1이므로 10개씩 교환을 하게되면 A국은 X재와 Y재 각각 10개씩 소비가 가능하며, B국은 X재 40개, Y재 10개를 소비할 수 있다.

31

정답 ②

해설

- 표면이자율 $= \frac{이자}{액면가} = \frac{8만원}{100만원} = 8\%$
- 경상수익률 $= \frac{이자}{채권가격} = \frac{8만원}{90만원} \fallingdotseq 8.9\%$
- 만기수익률(r)

$$채권가격 = \frac{이자}{1+r} + \frac{액면가}{1+r}$$

$$90만원 = \frac{8만원}{1+r} + \frac{100만원}{1+r}$$

$\therefore$ 만기수익률(r) = 20%

32

정답 ③

해설 2021년 실질 GDP는 2021년 재화의 수량과 가격의 곱의 합으로 구한다.
2021년 실질 GDP = (105 × 12) + (110 × 11) = 2,800

33

정답 ①

해설 • 생산함수 : $Q=L^{0.5}K^{0.5}$

• 1인당 생산함수 : $y=f(k)=k^{0.5}=\sqrt{k}$

• 감가상각이 있을 경우 균제상태에서의 관계식 : $sf(k)=(n+d)k$ (s : 저축률, n : 인구증가율, d : 감가상각률)

ㄱ・ㄴ (○) 감가상각이 있을 경우 균제상태의 관계식을 이용해 k를 구하면 다음과 같다.

$0.1\sqrt{k}=0.1k$, $\therefore\ k=1$

$k=1$을 1인당 생산함수에 대입하면 1인당 생산함수의 값은 1이다. 저축률이 10%이므로 저축은 0.1, 소비는 0.9가 된다.

ㄷ. (×) 저축률이 20%로 상승할 경우 감가상각이 있을 경우 균제상태의 관계식을 이용해 k를 구하면 다음과 같다.

$0.2\sqrt{k}=0.1k$, $\therefore\ k=4$

위에서 구한 $k=4$를 1인당 생산함수에 대입하면 1인당 생산함수의 값은 2가 된다.
저축률이 20%이므로 저축은 0.4, 소비는 1.6이 된다.

ㄹ. (×) 저축률이 20%로 상승할 경우 1인당 산출량은 2배 증가하고, 자본은 4배 증가한다.

34

정답 ④

해설 케인즈가 제시한 소비함수는 절대소득가설로 절대소득가설에 의하면 소비는 현재의 소득에 의존한다.

TIP 절대소득가설

1. 가 정
   ① 소비의 독립성
   소비는 자신의 소득에 의해 결정되며, 타인의 소비행위와는 독립적이다.
   ② 소비의 가역성
   소득이 증가하면 소비가 증가하고, 소득이 감소하면 소비가 감소한다.

2. 내 용
   ① 소비는 현재의 소득에 의존한다.
   ② 한계소비성향은 0과 1 사이의 값을 갖는다..
   ③ 소득이 증가함에 따라 평균소비성향은 감소한다.

3. 소비함수
   $C=C_0+cY$ (C : 소비, C_0 : 기초소비, c : 한계소비성향, Y : 소득)

35

정답 ④

해설 은행의 초과지급준비금의 증가하게 되면 통화승수의 감소로 통화공급이 감소한다.

① 본원통화량이 증가하면 통화공급이 증가한다.

② 재할인율이 인하되면 예금은행의 차입이 증가한다. 예금은행의 차입은 본원통화를 증가시키며 본원통화의 증가는 통화공급을 증가시킨다.

③ 현금 - 예금 비율의 하락하게 되면 통화승수가 증가하여 통화공급이 증가한다.

36

정답 ③

해설 단기필립스곡선은 정부지출이 증가하면 단기필립스곡선 상에서 좌상방으로 이동하며 장기필립스곡선은 자연실업률 수준에서 수직선이므로 정부지출이 증가해도 장기필립스곡선은 이동하지 않는다. 따라서 정부지출 증가시에는 단기 및 장기필립스곡선이 이동하지 않는다.

① 자연실업률이 상승하면 단기 및 장기필립스곡선은 오른쪽으로 이동한다.

② 수입 원유가격이 하락하면 단기필립스곡선이 왼쪽으로 이동하지만 장기필립스곡선은 이동하지 않는다.

④ 예상 인플레이션이 하락하면 단기필립스곡선이 왼쪽으로 이동하지만 장기필립스곡선은 이동하지 않는다.

37

정답 ②

해설
- 화폐수량설 교환방정식 : $MV = PY$
- 화폐수량설 교환방정식 증가율 : $\frac{\Delta M}{M} + \frac{\Delta V}{V} = \frac{\Delta P}{P} + \frac{\Delta Y}{Y}$

물가상승률이 통화량 증가율보다 낮다는 의미는 $\frac{\Delta M}{M} > \frac{\Delta P}{P}$ 이다. 따라서 위에 서술한 화폐수량설 교환방정식 증가율 공식이 성립하기 위해선 산출량 증가율이 화폐유통속도 증가율보다 커야 한다. 산출량 증가율이 화폐유통속도 증가율보다 커지기 위해선 산출량이 증가하거나 화폐유통속도가 감소해야 한다.

38

정답 ②

해설 화폐의 중립성은 "통화량의 변화는 명목변수에만 영향을 주지만 실질변수에는 영향을 주지 못한다"는 이론으로 총공급곡선이 수직으로 도출되는 경우를 설명하는데 이용된다.

① 상대가격 착각 이론은 생산자는 재화가격이 상승한 경우에 재화가격이 상승한 이유가 물가상승 때문인지 재화의 상대가격 상승 때문인지 판단할 수 없는 상황에서 재화의 상대가격 상승으로 재화가격이 상승하였다고 착각하여 생산량을 증가시킨다는 이론으로 단기총공급곡선이 우상향하는 이유를 설명한다.

③ 임금의 경직성 이론은 명목임금이 경직적인 상황에서 물가가 상승하면 실질임금은 하락한다. 실질임금의 하락으로 기업이 고용량을 늘려 생산량을 증가시킨다는 이론으로 단기총공급곡선이 우상향하는 이유를 설명한다.

④ 가격의 경직성 이론은 수요증가로 물가가 상승할 때 기업이 가격조정 없이 생산량을 증가시키는 경우를 설명하는 이론으로 단기총공급곡선이 우상향하는 이유를 설명한다.

39

정답 ②

해설 문제에서 주어진 오쿤(Okun)의 법칙에 의하면 실업률이 4%에서 5%로 1% 증가하게 되면 성장률과 잠재성장률의 차인 실질 GDP는 2% 감소하게 된다.

$$\therefore \text{ 희생률(sacrifice ratio)} = \frac{\text{실질}\,GDP\text{ 감소율}}{\text{인플레이션(물가상승률) 하락률}} = \frac{2\%}{2\%} = 1$$

40

정답 ④

해설 • 채권 실질수익률 = 채권 수익률 8% − 물가상승률 3% = 5%

• 화폐 실질수익률 = 화폐 명목수익률 0% − 물가상승률 3% = −3%

∴ 채권 실질수익률과 화폐 실질수익률의 차이 = 5% − (−3%) = 8%

2022년 제45회 보험수학

정답 및 해설

정답 CHECK

01	02	03	04	05	06	07	08	09	10	11	12	13	14	15	16	17	18	19	20
③	④	②	②	③	④	①	②	④	③	①	②	①	②	③	④	①	④	③	④
21	22	23	24	25	26	27	28	29	30	31	32	33	34	35	36	37	38	39	40
④	①	③	②	②	③	④	③	③	④	①	①	①	③	③	①	②	③	④	④

문제편 215p

01

정답 ③

해설 $|3^x-3|$은 x가 1일 때 0의 값을 갖는다. x가 1보다 작을 땐 $|3^x-3|$은 0에서 3사이에서 값이 형성되고 x가 1보다 클 때에는 0에서 ∞ 사이에서 값이 형성된다. 따라서 서로 다른 두 실근을 가질 k의 범위는 $0<k<3$이다.

02

정답 ④

해설 분모에 $x=0$을 대입하면 분모는 0의 값을 갖는다. 분모가 0일 때 극한값이 존재하기 위해선 분자도 $x=0$ 대입시 0의 값을 가져야 한다.

분자에 $x=0$ 대입시 0의 값을 갖게 하는 a를 구해보면

$\ln(a+3\cdot0)=\ln a=0$

$\therefore\ a=1$

$a=1$ 대입 후 로피탈 정리를 이용해 극한값을 구해보면

$$\lim_{x\to0}\frac{\ln(1+3x)}{x^2+x}=\lim_{x\to0}\frac{\frac{3}{1+3x}}{2x+1}=\frac{3}{1}=3$$

$\therefore\ b=3$

03

정답 ②

해설 극한값이 존재하기 위해선 분모가 0일 때 분자도 0이어야 한다.

따라서 분모에 $x=2$ 대입시 분모가 0이므로 분자도 $x=2$ 대입시 0이어야 한다.

분자에 $x=2$ 대입시 분자가 0이 되는 $f(2)$를 구해보면

$e^2f(2)-6=0$

$\therefore\ f(2)=\dfrac{6}{e^2}$

분자와 분모 모두 $x=2$ 대입시 0이므로 로파탈 정리를 이용해 극한값을 구하는 과정을 통해 $f'(2)$를 구해보면

$$\lim_{x\to2}\frac{e^xf(x)-6}{x-2}=\lim_{x\to2}\frac{e^xf(x)+e^xf'(x)}{1}=e^2f(2)+e^2f'(2)=e^2\frac{6}{e^2}+e^2f'(2)=3e$$

$\therefore\ f'(2)=\dfrac{3e-6}{e^2}$

$\therefore\ f(2)+f'(2)=\dfrac{6}{e^2}+\dfrac{3e-6}{e^2}=\dfrac{3e}{e^2}=\dfrac{3}{e}$

04

정답 ②

해설 역함수 $g(x)$를 구해보면

$x=\ln(e^y+1)$

$e^x=e^y+1$

$\therefore\ y=\ln(e^x-1)=g(x)$

- $f'(x)=\dfrac{(e^x+1)'}{e^x+1}=\dfrac{e^x}{e^x+1}$
- $g'(x)=\dfrac{(e^x-1)'}{e^x-1}=\dfrac{e^x}{e^x-1}$

$\therefore\ \dfrac{1}{f'(a)}+\dfrac{1}{g'(a)}=\dfrac{e^a+1}{e^a}+\dfrac{e^a-1}{e^a}=\dfrac{2e^a}{e^a}=2$

TIP $\ln f(x)$ 미분

$[\ln f(x)]'=\dfrac{f'(x)}{f(x)}$

05

정답 ③

해설 • $f(1)=\sqrt{(2\cdot1-1)^3}=1$

• $f'(x)=3(2x-1)^{\frac{1}{2}}$

• $f'(1)=3$

$h'(x)=[(g\circ f)(x)]'=f'(x)\cdot g'[f(x)]$

$h'(1)=f'(1)\cdot g'[f(1)]=3\times g'(1)=9$

$\therefore\ g'(1)=3$

06

정답 ④

해설 $\int_0^{\ln5}\frac{e^x}{e^x+e^{-x}}dx=\int_0^{\ln5}\frac{e^{2x}}{e^{2x}+1}dx=\left[\frac{1}{2}\ln\left(e^{2x+1}\right)\right]_0^{\ln5}=\frac{1}{2}\ln13$

07

정답 ①

해설 • $f'(x)=1$

• $\int_1^e\frac{f(t)}{t}dt=[f(t)\cdot\ln t]_1^e-\int_1^e f'(t)\cdot\ln t dt=f(e)-\int_1^e\ln t dt$

$=f(e)-\left\{[t\ln t]_1^e-[t]_1^e\right\}=f(e)-1$

• $f(e)=e-[f(e)-1]$

$\therefore\ f(e)=\frac{e+1}{2}$

08

정답 ②

해설

$f(x)=\int_1^x(1-\ln t)dt$

$f'(x)=1-\ln x$

$f'(x)=0$이 되는 x는 e이다.

따라서 $x=a=e$에서 극대값이 존재한다.

$x=a=e$의 극대값을 구해보면

$f(e)=\int_1^e(1-\ln t)dt=[t]_1^e-\{[t\cdot\ln t]_1^e-[t]_1^e\}=e-2=b$

$\therefore\ a-b=e-(e-2)=2$

09

정답 ④

해설

공비가 r일 경우 산술평균 : $M_n=\sum_{k=1}^{n}er^k\cdot\frac{1}{n}$

$a_0=e,\ a_n=a_0\times r^n=e^3$

$\therefore\ r^n=e^2$

$$\lim_{n\to\infty}M_n=\lim_{n\to\infty}\sum_{k=1}^{n}er^k\cdot\frac{1}{n}=\lim_{n\to\infty}\sum_{k=1}^{n}e(r^n)^{\frac{k}{n}}\cdot\frac{1}{n}=e\int_0^1(r^n)^x dx=e\int_0^1 e^{2x}dx$$
$$=e\left[\frac{1}{2}e^{2x}\right]_0^1=\frac{e}{2}(e^2-1)$$

10

정답 ③

해설

$$F(x)=\int F'(x)dx=\int\frac{\ln x}{(x+1)^2}dx=-\frac{\ln x}{x+1}-\int\frac{1}{x(x+1)}dx$$
$$=-\frac{\ln x}{x+1}-\int\frac{1}{x(x+1)}dx=-\frac{\ln x}{x+1}+\ln x-\ln(x+1)+C$$

$F(1)=-\frac{\ln 1}{2}+\ln 1-\ln 2+C=-\ln 2$

$\therefore\ C=0$

$\therefore\ F(x)=-\frac{\ln x}{x+1}+\ln x-\ln(x+1)$

$\therefore\ F(e)=-\frac{\ln e}{e+1}+\ln e-\ln(e+1)=\frac{e}{e+1}-\ln(e+1)$

11

정답 ①

해설

던진 횟수	확 률
1	$\frac{1}{6}$
2	$\frac{5}{6}\times\frac{1}{6}$
3	$\left(\frac{5}{6}\right)^2\times\frac{1}{6}$
⋮	⋮

$$E(N)=\left(1\times\frac{1}{6}\right)+\left(2\times\frac{5}{6}\times\frac{1}{6}\right)+\left[3\times\left(\frac{5}{6}\right)^2\times\frac{1}{6}\right]+\cdots$$

$$\frac{5}{6}E(N)=\left(1\times\frac{5}{6}\times\frac{1}{6}\right)+\left[2\times\left(\frac{5}{6}\right)^2\times\frac{1}{6}\right]+\left[3\times\left(\frac{5}{6}\right)^3\times\frac{1}{6}\right]+\cdots$$

$$E(N)-\frac{5}{6}E(N)=\frac{1}{6}E(N)=\left(\frac{1}{6}\right)+\left(\frac{5}{6}\times\frac{1}{6}\right)+\left[\left(\frac{5}{6}\right)^2\times\frac{1}{6}\right]+\cdots=\frac{\frac{1}{6}}{1-\frac{5}{6}}=1$$

$\therefore\ E(N)=6$

12

정답 ②

해설

$$P(B^c|A)=\frac{P(A)-P(A\cap B)}{P(A)}=0.05$$

$\therefore\ P(A\cap B)=0.19$

$$P(B|A^c)=\frac{P(B)-P(A\cap B)}{P(A^c)}=\frac{0.39-0.19}{0.8}=0.25$$

13

정답 ①

해설

$$P(X|Y=2)=\begin{cases}\dfrac{\frac{1}{8}+\frac{1}{4}}{\frac{1}{8}+\frac{1}{4}+\frac{1}{4}}=\dfrac{3}{5} & ,x=1\\[2ex] \dfrac{\frac{1}{4}}{\frac{1}{8}+\frac{1}{4}+\frac{1}{4}}=\dfrac{2}{5} & ,x=2\end{cases}$$

$$E[X|Y=2]=1\times\frac{3}{5}+2\times\frac{2}{5}=\frac{7}{5}$$

14

정답 ②

해설

확률변수 X는 평균이 2인 지수분포의 적률생성함수 : $M_X(t)=\dfrac{\frac{1}{2}}{\frac{1}{2}-t}=\dfrac{1}{1-2t}$

$Y=3X+1$일 때, Y의 적률생성함수 : $M_{3X+1}(t)=e^t\dfrac{1}{1-2\cdot 3t}=\dfrac{e^t}{1-6t}$

TIP 지수분포의 적률생성함수

X가 지수분포를 할 때, X의 확률밀도함수는 다음과 같다.

$$f(x)=\begin{cases}\lambda e^{-\lambda x} & ,x>0\\ 0 & ,x\le 0\end{cases}$$

X의 적률생성함수 $M_X(t)$를 구하면

$$M_X(t)=\int_0^\infty e^{tx}\lambda e^{-\lambda x}dx=\lambda\int_0^\infty e^{-(\lambda-t)x}dx=\frac{\lambda}{\lambda-t}\ \ (t<\lambda)$$

TIP $aX+b$의 적률생성함수

$aX+b$의 적률생성함수를 구하면 다음과 같다.

$$M_{aX+b}(t)=E\left[e^{t(aX+b)}\right]=E\left(e^{atX}\cdot e^{bt}\right)=e^{bt}\cdot E\left(e^{atX}\right)=e^{bt}\cdot M_X(at)$$

15

정답 ③

해설 확률변수 X와 Y는 서로 독립이므로 X와 Y의 적률생성함수는 $0.2e^{-t}+0.5+0.3e^{t}$로 동일하다.
따라서 X의 적률생성함수는 $M_X(t)=0.2e^{-t}+0.5+0.3e^{t}$이다.

적률생성함수 정의에 의해 $P(X=-1)=0.2$, $P(X=0)=0.5$, $P(X=1)=0.3$임을 알 수 있다.
$\therefore\ P(X\geq 0)=P(X=0)+P(X=1)=0.5+0.3=0.8$

TIP 적률생성함수

확률변수 X의 적률생성함수 $M_X(t)$는 다음과 같이 정의된다.

$$M_x(t)=E(e^{tX})=\begin{cases}\sum_x e^{tx_i}p(x_i) & (\text{이산형})\\ \int_{-\infty}^{\infty} e^{tx}f(x)dx & (\text{연속형})\end{cases}$$

TIP 서로 독립인 X와 Y의 합의 적률생성함수

서로 독립인 X와 Y의 합의 적률생성함수는 다음과 같다.
$M_{X+Y}(t)=E\left[e^{t(X+Y)}\right]=E(e^{tX}\cdot e^{tY})=E(e^{tX})E(e^{tY})\ M_X(t)\cdot M_Y(t)$
따라서 서로 독립인 확률변수의 합의 적률생성함수는 각 적률생성함수의 곱과 같다.

16

정답 ④

해설 $\max(X, Y)>\frac{1}{2}$일 경우와 확률은 다음과 같다.

X	Y	확 률
$X>\frac{1}{2}$	$Y>\frac{1}{2}$	$\frac{3}{4}\times\frac{3}{4}=\frac{9}{16}$
$X>\frac{1}{2}$	$Y\leq\frac{1}{2}$	$\frac{3}{4}\times\frac{1}{4}=\frac{3}{16}$
$X\leq\frac{1}{2}$	$Y>\frac{1}{2}$	$\frac{1}{4}\times\frac{3}{4}=\frac{3}{16}$

$\therefore\ P\left[\max(X, Y)>\frac{1}{2}\right]=\frac{9}{16}+\frac{3}{16}+\frac{3}{16}=\frac{15}{16}$

17

정답 ①

해설 $Y=\min(X,4)=\begin{cases}x & ,0<x<4 \\ 4 & ,x>4\end{cases}$

$$E(Y^2)=\int_0^4 x^2\cdot\frac{1}{5}dx+\int_4^5 4^2\cdot\frac{1}{5}dx=\frac{64}{15}+\frac{16}{5}\fallingdotseq 7.47$$

18

정답 ④

해설

- $f_{XY}(x>3,y>3)=\int_3^\infty\int_3^\infty 2e^{-(x+2y)}dxdy=\int_3^\infty\left[-2e^{-x}\cdot e^{-2y}\right]_3^\infty dy$

$$=\int_3^\infty 2e^{-3}\cdot e^{-2y}dy$$

$$=e^{-3}\left[-e^{-2y}\right]_3^\infty=e^{-9}$$

- $f_{XY}(y,x>3)=\int_3^\infty 2e^{-(x+2y)}dx=2e^{-2y}\left[-e^{-x}\right]_3^\infty=2e^3\cdot e^{-2y}$

- $E[Y|X>3,Y>3]=\int_3^\infty y\frac{f_{XY}(y,x>3)}{f_{XY}(x>3,y>3)}=\int_3^\infty y\frac{2e^{-3}\cdot e^{-2y}}{e^{-9}}dy=2e^6\int_3^\infty ye^{-2y}dy$

$$=2e^6\left\{\left[-\frac{1}{2}ye^{-2y}\right]_3^\infty-\int_3^\infty-\frac{1}{2}e^{-2y}dy\right\}$$

$$=2e^6\left\{\frac{3}{2}e^{-6}+\frac{1}{2}\left[\left(-\frac{1}{2}e^{-2y}\right)\right]_3^\infty\right\}$$

$$=3.5$$

19

정답 ③

해설 확률변수 X는 평균인 1인 포아송분포 $\therefore\ P(X=x)=\frac{1^x\cdot e^{-1}}{x!}$

확률변수 Y는 평균인 2인 포아송분포 $\therefore\ P(Y=y)=\frac{2^y\cdot e^{-2}}{y!}$

확률변수 Z는 평균인 3인 포아송분포 $\therefore\ P(Z=z)=\frac{3^y\cdot e^{-3}}{z!}$

$X+Y+Z\le 1$인 경우는 (0, 0, 0), (1, 0, 0), (0, 1, 0), (0, 0, 1)이다.
각 경우의 확률을 구하면

$$P(X=0,Y=0,Z=0)=\frac{e^{-1}}{0!}\times\frac{e^{-2}}{0!}\times\frac{e^{-3}}{0!}=e^{-6}$$

$$P(X=1,Y=0,Z=0)=\frac{e^{-1}}{1!}\times\frac{e^{-2}}{0!}\times\frac{e^{-3}}{0!}=e^{-6}$$

$$P(X=0,\ Y=1,\ Z=0)=\frac{e^{-1}}{0!}\times\frac{2e^{-2}}{1!}\times\frac{e^{-3}}{0!}=2e^{-6}$$

$$P(X=0,\ Y=0,\ Z=1)=\frac{e^{-1}}{0!}\times\frac{e^{-2}}{0!}\times\frac{3e^{-3}}{1!}=3e^{-6}$$

$$\therefore\ P(X+Y+Z\le 1)=e^{-6}+e^{-6}+2e^{-6}+3e^{-6}=7e^{-6}$$

20

정답 ④

해설 확률변수 X는 구간 $(0,2)$에서 균등분포이므로 $f(x)=\frac{1}{2}$이다.

$Y=X^2+1$의 확률밀도함수를 $f_Y(y)=g(y)$라 하면 다음이 성립한다.

$$\int_0^y g(x)dx=\int_0^{\sqrt{y-1}}\frac{1}{2}dx=\left[\frac{1}{2}x\right]_0^{\sqrt{y-1}}=\frac{1}{2}\sqrt{y-1}$$

$$\therefore\ \frac{d}{dy}\int_0^y g(x)dx=f_Y(y)=g(y)=\frac{1}{4\sqrt{y-1}}$$

21

정답 ④

해설 평균이 1인 지수분포 X의 확률밀도함수 : $f_X(x)=e^{-x}$

평균이 2인 지수분포 Y의 확률밀도함수 : $f_Y(y)=\frac{1}{2}e^{-\frac{1}{2}y}$

$Z=X+Y$의 확률밀도함수 $f_Z(z)$를 구해보면

$$f_Z(z)=\int_{-\infty}^{\infty}f_X(z-y)f_Y(y)dy=\int_0^z e^{-(z-y)}\cdot\frac{1}{2}e^{-\frac{1}{2}y}dy=\frac{1}{2}e^{-z}\left[2e^{\frac{1}{2}y}\right]_0^z=e^{-\frac{z}{2}}-e^{-z}$$

22

정답 ①

해설 $$PV=100\ddot{a}_{\overline{5|}i=5\%}+100\cdot\left(\frac{1}{1.05}\right)^5\cdot\ddot{a}_{\overline{5|}i=4\%}=100\left(\frac{1-0.7835}{\frac{0.05}{1.05}}+0.7835\times\frac{1-0.8219}{\frac{0.04}{1.04}}\right)$$

$$=817.45751$$

23

정답 ③

해설

$$s_{\overline{2|}}s_{\overline{n|}} - \ddot{s}_{\overline{n-1|}} = \frac{(1+i)^2-1}{i} \cdot \frac{(1+i)^n-1}{i} - \frac{(1+i)^n-(1+i)}{i}$$
$$= \frac{(1+i)^{n+2}-(1+i)^n-(1+i)^2+1}{i^2} - \frac{i(1+i)^n-i(1+i)}{i^2}$$
$$= \frac{(1+i)^n[(1+i)^2-1-i]+[1-(1+i)^2+i(1+i)]}{i^2}$$
$$= \frac{i[(1+i)^{n+1}-1]}{i^2} = \frac{(1+i)^{n+1}-1}{i} = s_{\overline{n+1|}}$$

24

정답 ②

해설 $\sum_{t=0}^{5} v^t a_{\overline{9-t|}}$: 1시점에서 6시점까지 1씩 증가하면 지급 후 7시점에서 9시점까지는 6씩 지급

25

정답 ②

해설 매년 말 상환하는 일정금액을 R이라 하면

$Ra_{\overline{10|}} = 100$

$$R = \frac{100}{a_{\overline{10|}}} = \frac{100}{\frac{1-v^{10}}{i}} = \frac{900i}{5} = 180i$$

처음 5년간 상환된 원금의 총합 $= R(v^{10}+v^9+v^8+v^7+v^6) = R\frac{v^6(1-v^5)}{1-v} = R\frac{v^5(1-v^5)}{i}$

$$= 180i \times \frac{\frac{2}{3}\times\left(1-\frac{2}{3}\right)}{i} = 40$$

26

정답 ③

해설 시간가중 방식으로 평가한 연수익률이 10%임을 활용하여 추가납입 X를 구하면

$$1.1 = \frac{70}{70} \times \frac{140-X}{70+X}$$

$\therefore\ X = 30$

$X=30$을 이용하여 달러가중 방식으로 평가한 연수익률 구하면

$$i = \frac{(140-30)-70-30}{70+\left(30\times\frac{4}{12}\right)} = \frac{10}{80} = 0.125 = 12.5\%$$

27

정답 ④

해설

$$\lim_{h\to 0+}\frac{{}_{k|h}q_x}{h}=\lim_{h\to 0+}\frac{\int_k^{k+h}{}_tp_x\,\mu_{x+t}dt}{h}={}_kp_x\mu_{x+k}$$ (∵ 로피탈 정리)

28

정답 ③

$$q_x=\frac{d_x}{l_x}=0.1$$

$\therefore\ d_x=0.1l_x$

$${}_{0.2|0.3}q_x=\frac{l_{x+0.2}-l_{x+0.5}}{l_x}=\frac{(l_x-0.2d_x)-(l_x-0.5d_x)}{l_x}=\frac{0.3d_x}{l_x}=\frac{0.3\times 0.1l_x}{l_x}=0.03$$

29

정답 ③

해설

$$q_{[80]+1}=q_{[81]+1}$$

$$\frac{l_{[80]+1}-l_{82}}{l_{[80]+1}}=\frac{l_{[81]+1}-l_{83}}{l_{[81]+1}}$$

$$\frac{950-900}{950}=\frac{920-l_{83}}{920}$$

$\therefore\ l_{83}\fallingdotseq 871.579$

$$\therefore\ {}_{1|}q_{[80]+1}=\frac{l_{82}-l_{83}}{l_{[80]+1}}=\frac{900-871.579}{950}\fallingdotseq 0.02992$$

30

정답 ④

해설

$$A_{x:\overline{10|}}=A_{x+2:\overline{8|}}\cdot v^2{}_2p_x+A^{1}_{x:\overline{2|}}$$

$$=0.7\times(0.95^2\times 0.96\times 0.94)+[(0.95\times 0.04)+(0.95^2\times 0.96\times 0.06)]$$

$$\fallingdotseq 0.66$$

31

정답 ①

해설 $\bar{A}_{40} = \bar{A}^{1}_{40:\overline{10|}} + {}_{10}E_{40} \cdot \bar{A}_{50}$

$$= \int_0^{10} v^t\, {}_tp_{40}\mu_{40+t}dt + v^{10}\, {}_{10}p_{40} \int_0^{\infty} v^t\, {}_tp_{50}\mu_{50+t}dt$$

$$= \int_0^{10} e^{-0.02t} \cdot e^{-0.02t} \cdot 0.02dt + e^{-0.2} \cdot e^{-0.2} \int_0^{\infty} e^{-0.02t} \cdot e^{-0.03t} \cdot 0.03dt$$

$$= 0.02\left[-\frac{1}{0.04}e^{-0.04t}\right]_0^{10} + 0.03e^{-0.4}\left[-\frac{1}{0.05}e^{-0.05t}\right]_0^{\infty}$$

$$= 0.567$$

32

정답 ①

해설 $Z = b_t \cdot v^t = e^{0.01t} \cdot e^{-0.03t} = e^{-0.02t},\ t > 0$

$$E(Z) = \int_0^{\infty} e^{-0.02t} \cdot {}_tp_x\mu_{x+t}dt = \int_0^{\infty} e^{-0.02t} \cdot e^{-0.02t} \cdot 0.02dt$$

$$= 0.02\left[-\frac{1}{0.04}e^{-0.04t}\right]_0^{\infty} = \frac{1}{2}$$

$$E(Z^2) = \int_0^{\infty} (e^{-0.02t})^2 \cdot {}_tp_x\mu_{x+t}dt = \int_0^{\infty} e^{-0.04t} \cdot e^{-0.02t} \cdot 0.02dt$$

$$= 0.02\left[-\frac{1}{0.06}e^{-0.06t}\right]_0^{\infty} = \frac{1}{3}$$

$$Var(Z) = E(Z^2) - E(Z)^2 = \frac{1}{3} - \left(\frac{1}{2}\right)^2 = \frac{1}{12}$$

33

정답 ①

해설

$${}_3V_x = 1 - \frac{\ddot{a}_{x+3}}{\ddot{a}_x} = 1 - \frac{10}{12} = \frac{1}{6}$$

34

정답 ③

해설 $P(Z \le 0.5) = 1 - P(Z > 0.5) = 1 - \int_{0.5}^{1} \frac{1}{40} \cdot \frac{1}{0.05z}dz = 1 - \frac{1}{2}[\ln z]_{0.5}^{1}$

$$= 1 - \left(\frac{1}{2} \times 0.6931\right) = 0.65345$$

TIP *De Movre* **사망법칙의 확률밀도함수**

$T \sim U(0, w-x)$, $f_T(t) = \dfrac{1}{w-x}$ 이므로

$$f_Z(z) = f_T\left(\frac{\ln z}{\ln v}\right)\left|\frac{d}{dz}\left(\frac{\ln z}{\ln v}\right)\right| = \frac{f_T\left(\dfrac{\ln z}{-\delta}\right)}{\delta z} = \frac{1}{w-z}\cdot\frac{1}{\delta z},\ Z \in \left(v^{w-x}, 1\right)$$

35

정답 ③

해설 $v\ddot{a}_{x:\overline{n|}} - a_{x:\overline{n-1|}} = v\ddot{a}_{x:\overline{n|}} - \left(\ddot{a}_{x:\overline{n|}} - 1\right) = 1 - d\ddot{a}_{x:\overline{n|}} = A_{x:\overline{n|}}$

36

정답 ①

해설

$$\bar{a}_{50} = \bar{a}_{50:\overline{20|}} + {}_{20}E_{50}\cdot\bar{a}_{70} = 12 + v^{20}{}_{20}p_{50}\cdot\int_0^\infty v^t\cdot{}_tp_{70}dt$$

$$= 12 + \left(e^{-0.05}\right)^{20}\cdot 0.8\int_0^\infty e^{-0.05t}\cdot e^{-0.03t}dt = 12 + 0.29432\left[-\frac{1}{0.08}e^{-0.08t}\right]_0^\infty$$

$$= 15.679$$

37

정답 ②

해설

$$_{10|}\ddot{a}_x = \ddot{a}_x - \ddot{a}_{x:\overline{10|}} = \frac{1-A_x}{d} - \frac{1-A_{x:\overline{10|}}}{d} = \frac{1-0.15}{\dfrac{0.05}{1.05}} - \frac{1-0.62}{\dfrac{0.05}{1.05}} = 9.87$$

38

정답 ③

해설 $n+1$년 양로보험의 현재가치를 Z라 하면

$$Z = \begin{cases} v^{k+1} & ,0 \le k < n+1 \\ v^{n+1} & ,k \ge n+1 \end{cases}$$

$E(Z) = A_{x:\overline{n+1|}}$

$E(Z^2) = {}^2A_{x:\overline{n+1|}}$

$Var(Z) = E(Z^2) - E(Z)^2 = {}^2A_{x:\overline{n+1|}} - \left(A_{x:\overline{n+1|}}\right)^2$

위에서 구한 $Var(Z)$을 이용하여 Y의 분산을 구해보면

$$Y=\begin{cases} \ddot{a}_{\overline{k+1|}}-1=\dfrac{1-v^{k+1}}{d}-1 & ,0 \le k < n+1 \\ \ddot{a}_{\overline{n+1|}}-1=\dfrac{1-v^{n+1}}{d}-1 & ,k \ge n+1 \end{cases}$$

$$Var(Y)=Var\left(\frac{1-Z}{d}-1\right)=\frac{{}^2A_{x:\overline{n+1|}}-\left(A_{x:\overline{n+1|}}\right)^2}{d^2}=\frac{0.58-(0.75)^2}{\left(\dfrac{0.05}{1.05}\right)^2} \fallingdotseq 7.72$$

39

정답 ④

해설 ${}_{1|}q_x = p_x q_{x+1} = (1-q_x)q_{x+1} = 0.98q_{x+1} = 0.03$

$$\therefore\ q_{x+1}=\frac{0.03}{0.98}$$

$$\therefore\ p_{x+1}=\frac{0.95}{0.98}$$

매년 지급하는 보험료를 P라 하면

- 수입현가 : $P\ddot{a}_{x:\overline{2|}}$
- 지출현가 : $2P \cdot A_{x:\overline{2|}}^{\ \ \ 1} + 1{,}000A^1_{x:\overline{2|}}$

수지상등원칙에 의해 보험료 P를 구하면

$$P=\frac{1{,}000A^1_{x:\overline{2|}}}{\ddot{a}_{x:\overline{2|}}-2A_{x:\overline{2|}}^{\ \ \ 1}}=\frac{1{,}000\left(vq_x+v^2{}_{1|}q_x\right)}{(1+vp_x)-2v^2{}_2p_x}$$

$$=\frac{1{,}000\left[(0.9\times0.02)+(0.9^2\times0.03)\right]}{(1+0.9\times0.98)-\left(2\times0.9^2\times0.98\times\dfrac{0.95}{0.98}\right)} \fallingdotseq 123.32$$

40

정답 ④

해설

$$P=\frac{1{,}000A_{40:\overline{30|}}}{\ddot{a}_{40:\overline{20|}}}=\frac{1{,}000\left(1-d\ddot{a}_{40:\overline{30|}}\right)}{\ddot{a}_{40:\overline{20|}}}=\frac{1{,}000\left[1-(0.05\times13.9)\right]}{11.9} \fallingdotseq 25.63$$

$${}_{10}V=1{,}000A_{50:\overline{20|}}-25.63\ddot{a}_{50:\overline{10|}}=1{,}000\left(1-d\ddot{a}_{50:\overline{20|}}\right)-(25.63\times7.5)$$

$$=1{,}000\left[1-(0.05\times11.5)\right]-192.225=232.775$$

2022년 제45회 회계원리

정답 및 해설

정답 CHECK

01	02	03	04	05	06	07	08	09	10	11	12	13	14	15	16	17	18	19	20
③	②	②	②	②	④	①	①	①	④	②	③	④	④	②	④	①	②	①	④
21	22	23	24	25	26	27	28	29	30	31	32	33	34	35	36	37	38	39	40
③	②	①	③	①	②	③	③	④	④	②	③	②	③	③	①	④	④	③	①

문제편 229p

01

정답 ③

해설 20x3년 당기순이익에 미치는 영향 = [₩1,000 × (1.05)²] − ₩500 = ₩602.5 ≒ ₩603

02

정답 ②

해설 20x1년 말 재무상태표에 표시될 반환재고회수권
= [(개당 원가 ₩400 × 100개) × 0.15] − (회수원가 ₩200 + 손상차손 ₩300)
= ₩5,500

03

정답 ②

해설 (주)한국이 상품 판매와 관련하여 인식할 수익
= 수령액 ₩6,000 − 경비용역 공정가치 ₩2,000 = ₩4,000

04

정답 ②

해설

대손충당금

대 손	₩60	기 초	₩50
		현 금	₩16
기 말	₩65 1)	대손상각비	₩59

1) [(₩1,000 − ₩60) + (₩5,000 − ₩4,640)] × 0.05 = ₩65

05

정답 ②

해설 현금 및 현금성자산 = 당좌예금 + 우편환증서 + 배당지급통지표 + 지점 전도금

= ₩2,000 + ₩1,000 + ₩2,000 + ₩2,000 = ₩7,000

06

정답 ④

해설 만기금액 = ₩100,000 + (₩100,000 × 9%) = ₩104,500

할인료 = ₩104,500 × 12% × 5/12 = ₩5,225

실수금 = ₩104,500 − ₩5,225 = ₩99,275

장부가액 = ₩100,000 + (₩100,000 × 9% × 1/12) = ₩100,750

∴ 매출채권 처분손실 = ₩100,750 − ₩99,275 = ₩1,475

07

정답 ①

해설 기타포괄손익에 인식되는 순확정급여부채(자산)의 재측정요소는 후속기간에 당기손익으로 재분류되지 아니한다.

08

정답 ①

해설 양도자가 매도한 금융자산을 재매입시점의 공정가치로 재매입할 수 있는 권리를 보유하고 있는 경우만 금융자산의 양도자가 소유에 따른 위험과 보상의 대부분을 이전하는 경우에 해당하고 나머지 보기는 보유하는 경우에 해당한다.

TIP 양도자가 소유에 따른 위험과 보상의 대부분을 이전하는 경우

① 금융자산을 아무런 조건 없이 매도한 경우
② 양도자가 매도한 금융자산을 재매입시점의 공정가치로 재매입할 수 있는 권리를 보유하고 있는 경우
③ 양도자가 매도한 금융자산에 대한 콜옵션을 보유하고 있거나 양수자가 해당 금융자산에 대한 풋옵션을 보유하고 있지만, 해당 콜옵션이나 풋옵션이 현재까지 깊은 외가격 상태이기 때문에 만기 이전에 해당 옵션이 내가격 상태가 될 가능성이 매우 낮은 경우

TIP	양도자가 소유에 따른 위험과 보상의 대부분을 보유하는 경우

① 양도자가 매도 후에 미리 정한 가격으로 또는 매도가격에 양도자에게 금전을 대여하였더라면 그 대가로 받았을 이자수익을 더한 금액으로 양도자산을 재매입하는 거래의 경우
② 유가증권대여계약을 체결한 경우
③ 시장위험 익스포저를 양도자에게 다시 이전하는 총수익 스왑 체결과 함께 금융자산을 매도한 경우
④ 양도자가 매도한 금융자산에 대한 콜옵션을 보유하고 있거나 양수자가 해당 금융자산에 대한 풋옵션을 보유하고 있으며, 해당 콜옵션이나 풋옵션이 현재까지 깊은 내가격 상태이기 때문에 만기 이전에 해당 옵션이 외가격 상태가 될 가능성이 매우 낮은 경우
⑤ 양도자가 발생 가능성이 높은 신용손실의 보상을 양수자에게 보증하면서 단기 수취채권을 매도한 경우

09

정답 ①

해설 20x1년 1월 1일 사채발행가액 = (₩10,000 × 2.4018) + (₩100,000 × 0.7118)
= ₩95,198
20x1년 12월 31일 상각후원가 = ₩95,198 + [(₩95,198 × 0.12) − ₩10,000]
= ₩96,622
20x1년 12월 31일 회수가능액 = ₩100,000 × 0.7972 = ₩79,720
20x1년 인식할 손상차손 = 20x1년 12월 31일 상각후원가 − 20x1년 12월 31일 회수가능액
= ₩96,622 − ₩79,720 = ₩16,902

10

정답 ④

해설 취득시 주식 1주 가격 = ₩100,000 ÷ 10 = ₩10,000
20x1년 당기순이익 = (₩13,200 − ₩10,000) × 5 = ₩16,000
※ 주식 처분손익은 당기손익으로 인식하지 않는다.

11

정답 ②

해설 20x1년도 이자지급으로 인한 현금유출액
= 포괄손익계산서에 인식된 이자비용 ₩1,200 − 미지급이자 증가분 ₩200 + 선급이자 증가분 ₩60
= ₩1,060

12

정답 ③

해설 건물 관련 거래 20x1년 투자활동 현금흐름(순액)에 미치는 영향
= [감가상각누계액(기말감가상각누계액 – 기초감가상각누계액) ₩100 + 건물처분이익 ₩100] – [건물(기말 – 기초) ₩400 + 건물감가상각비 ₩700] = ₩900 유출

13

정답 ④

해설 **적격자산을 취득하기 위한 목적으로 특정하여 차입한 자금에 한하여**, 회계기간 동안 그 차입금으로부터 실제 발생한 차입원가에서 당해 차입금의 일시적 운용에서 생긴 투자수익을 차감한 금액을 자본화가능차입원가로 결정한다.

14

정답 ④

해설 보고기업은 단일의 실체이거나 어떤 실체의 일부일 수 있으며, 둘 이상의 실체로 구성될 수도 있다. 그러나 보고기업이 반드시 법적 실체일 필요는 없다.

15

정답 ②

해설 기계장치의 취득원가 = 구입가격 + 복구비용의 현재가치 + 운반비 및 설치비 + 시운전비
= ₩100,000 + ₩15,000 + ₩20,000 + ₩20,000
= ₩155,000

16

정답 ④

해설 ① ₩400,00 × 0.82270 = ₩329,080
② ₩329,080 × 5% = ₩16,454
③ (₩1,000,000 × 1/5) + (₩329,080 × 1/4) = ₩282,270
④ (₩1,000,000 + ₩329,080) – (₩200,000 + ₩282,270) = ₩846,810

17

정답 ①

해설 자산의 사용을 포함하는 활동에서 창출되는 수익에 기초한 감가상각방법은 적절하지 않다. 그러한 활동으로 창출되는 수익은 일반적으로 자산의 경제적 효익의 소비 외의 요소를 반영한다. 예를 들어, 수익은 그 밖의 투입요소와 과정, 판매활동과 판매 수량 및 가격 변동에 영향을 받는다. 수익의 가격 요소는 자산이 소비되는 방식과 관계가 없는 인플레이션에 영향을 받을 수 있다.

18

정답 ②

해설 20x2년 말 동 업무용 차량의 장부금액
= (차량 취득비용 + 취득세 + 등록세) × (1 − 2/5)
= (₩1,000,000 + ₩300,000 + ₩200,000) × (1 − 2/5)
= ₩900,000

19

정답 ①

해설 20x1년 인식할 재평가잉여금은 ₩100,000이다.

20x1년 초	무형자산	₩3,000,000	현금	₩3,000,000
20x1년 말	감가상각액	₩300,000	감가상각누계액	₩300,000
20x1년 말	감가상각누계액	₩300,000	무형자산	₩200,000
			재평가잉여금	₩100,000

20

정답 ④

해설 주식발행초과금 = ₩150,000 − (₩5,000/주 × 10주) = ₩100,000

21

정답 ③

해설 • 사채발행비 고려 전 발행가액 = (₩70,000 × 4.3295) + (₩1,000,000 × 0.7835)
= ₩1,086,565

• 사채발행비 고려 후 발행가액 = ₩1,086,565 − ₩100,000 = ₩986,565
• 20x1년 1월 1일 사채할인발행차금 = ₩1,000,000 − ₩986,565 = ₩13,435
• 회사가 인식할 총 이자비용 = (₩1,000,000 × 0.07 × 5) + ₩13,435 = ₩363,435
• 유효이자율

$$₩986,565 = \frac{₩70,000}{(1+i)} + \frac{₩70,000}{(1+i)^2} + \frac{₩70,000}{(1+i)^3} + \frac{₩70,000}{(1+i)^4} + \frac{₩1,070,000}{(1+i)^5}$$

$\therefore\ i \neq 5\%$

22

정답 ②

해설 공과금 미지급분 ₩200,000 부채증가, 20x1년 선수수익 처리분 ₩200,000 부채감소 → 따라서 부채변동 없음

① 선급비용 처리한 20x1년분 임차료 ₩900,000으로 자산 ₩900,000 감소
③ 선급비용 처리한 20x1년분 임차료 ₩900,000과 누락된 공과금 ₩200,000으로 비용 ₩1,100,000 증가
④ 선수수익 중 ₩500,000에 40%는 20x1년 수익으로 인식함으로 수익 ₩200,000 증가

23

정답 ①

해설 기존 차입자와 대여자가 실질적으로 다른 조건으로 채무상품을 교환한 경우에 최초의 금융부채를 제거하고 새로운 금융부채를 인식한다. 이와 마찬가지로, 기존 금융부채(또는 금융부채의 일부)의 조건이 실질적으로 변경된 경우(채무자의 재무적 어려움으로 인한 경우와 그렇지 아니한 경우를 포함)에도 최초의 금융부채를 제거하고 새로운 금융부채를 인식한다.

24

정답 ③

해설 기업은 기업 스스로부터 경제적 효익을 획득하는 권리를 가질 수는 없다. 따라서 기업이 발행한 후 재매입하여 보유하고 있는 채무상품이나 지분상품(예 자기주식)은 기업의 경제적 자원이 아니다.

TIP 경제적 효익을 창출할 잠재력을 지닌 권리

1. 다른 당사자의 의무에 해당하는 권리
   ① 현금을 수취할 권리
   ② 재화나 용역을 제공받을 권리
   ③ 유리한 조건으로 다른 당사자와 경제적 자원을 교환할 권리. 이러한 권리에는 예를 들어 현재 유리한 조건으로 경제적 자원을 구매하는 선도계약 또는 경제적 자원을 구매하는 옵션이 포함된다.
   ④ 불확실한 특정 미래사건이 발생하면 다른 당사자가 경제적 효익을 이전하기로 한 의무로 인해 효익을 얻을 권리
2. 다른 당사자의 의무에 해당하지 않는 권리
   ① 유형자산 또는 재고자산과 같은 물리적 대상에 대한 권리. 이러한 권리의 예로는 물리적 대상을 사용할 권리 또는 리스제공자산의 잔존가치에서 효익을 얻을 권리가 있다.
   ② 지적재산 사용권

25

정답 ①

해설 충당부채는 과거의 사건의 결과로 **현재의무가 존재**하여야 하며, 해당 의무를 이행하기 위하여 경제적 효익이 있는 **자원을 유출할 가능성이 높아야 한다**.

TIP 충당부채 인식요건

충당부채는 다음의 요건을 모두 충족하는 경우에 인식한다.
① 과거사건의 결과로 현재의무가 존재한다.
② 해당 의무를 이행하기 위하여 경제적 효익이 있는 자원을 유출할 가능성이 높다.
③ 해당 의무를 이행하기 위하여 필요한 금액을 신뢰성 있게 추정할 수 있다.

26

정답 ②

해설
- 매출원가 = 매출액 × 매출원가율 = ₩800,000 × 60% = ₩480,000
- 기말재고 = 기초재고 + 당기 매입재고 − 매출원가

  = ₩30,000 + ₩500,000 − ₩480,000 = ₩50,000
- 재고자산회전율 = $\frac{\text{매출원가}}{\text{평균재고자산}} = \frac{₩480,000}{(₩30,000 + ₩50,000)\ /\ 2} = 12$
- 재고자산회전기간 = $\frac{\text{360일(연간 일수)}}{\text{재고자산회전율}} = \frac{\text{360일}}{12} = \text{30일}$

27

정답 ③

해설 리스부채 = ₩1,000,000 × 4.3295 = ₩4,329,500

28

정답 ③

해설
- 기말재고(매가) = 기초재고(매가) + 당기매입(매가) − 매입환출(매가) − 순인하(매가) − 종업원할인 − 매출 + 매출환입(매가) = ₩42,000 + ₩295,000 − ₩5,000 − ₩12,000 − ₩5,000 − ₩220,000 + ₩15,000 = ₩110,000
- 원가율 = $\frac{\text{기초재고(원가) + 당기매입(원가) − 매입환출(원가)}}{\text{기초재고(매가) + 당기매입(매가) − 매입환출(매가) − 순인하(매가)}}$

  $= \frac{₩26,000 + ₩168,000 - ₩2,000}{₩42,000 + ₩295,000 - ₩5,000 - ₩12,000} = 0.6$
- 기말재고(원가) = 기말재고(매가) × 원가율 = ₩110,000 × 0.6 = ₩66,000

29

정답 ④

해설
- 총자산회전율 = $\frac{\text{매출액}}{\text{총자산}} = \frac{\text{매출액}}{₩120,000} = \text{2.5(회)}$

  ∴ 매출액 = ₩300,000
- 매출원가 = 매출액 × (1 − 매출총이익률) = ₩300,000 × (1 − 0.3) = ₩210,000
- 기말재고 = 기초재고 + 당기매입 − 매출원가

  = ₩30,000 + ₩320,000 − ₩210,000 = ₩140,000

30

정답 ④

해설 재고자산 장부금액 = (300개 × ₩500/개) + (500개 × ₩400/개) = ₩350,000

31

정답 ②

해설 연간 예산직접노무시간 = ₩10,000 ÷ [(₩8,200 − ₩200) ÷ 800시간] = 1,000시간

32

정답 ③

해설 제조간접원가 배부율 산정

작업준비 : ₩1,800 ÷ 120회 = ₩15/회

조립 : ₩4,000 ÷ 400시간 = ₩10/시간

검사 : ₩2,500 ÷ 500시간 = ₩5/시간

포장 : ₩4,000 ÷ 200단위 = ₩20/단위

활동원가 금액 = (₩15/회 × 작업준비횟수) + (₩10/시간 × 30시간) +(₩5/시간 × 40시간) + (₩20/단위 × 20단위) = ₩1,050

∴ 작업준비횟수 = 10회

33

정답 ②

해설 직접재료원가의 기말재공품 완성품환산량 = 1,000단위 × 80% = 800단위

직접재료원가의 원가 = 800단위 × ₩10/단위 = ₩8,000

가공원가의 기말재공품 완성품환산량 = 1,000단위 × 60% = 600단위

가공원가의 원가 = 기말재공품 원가 − 직접재료원가의 원가

= ₩20,000 − ₩8,000 = ₩12,000

∴ 완성품환산량 단위당 가공원가 = ₩12,000 ÷ 600단위 = ₩20/단위

34

정답 ③

해설

AQ × AP	AQ × SP	SQ × SP
40 × ₩30 = ₩1,200	40 × ₩25 = ₩1,000	48 × ₩25 = ₩1,200

₩200 불리　　₩200 유리

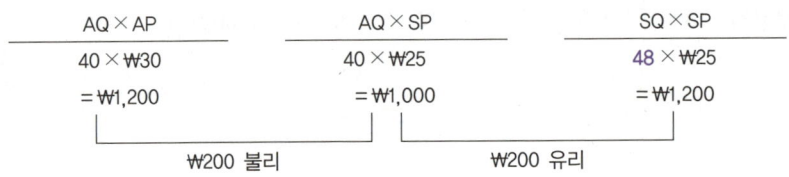

∴ (주)한국의 20x1년 실제 제품생산량 = 48 ÷ 2 = 24단위

35

정답 ③

해설 전부원가 영업이익 − 변동원가 영업이익
= (고정제조원가 ÷ 생산량) × (생산량 − 판매량)
= (₩3,200 ÷ 생산량) × (생산량 − 300단위)
= ₩800

∴ 생산량 = 400단위

36

정답 ①

해설 60단위 추가 생산시 증가하는 직접재료원가 = ₩10,000 × 3 = ₩30,000

노무원가 학습곡선에 따른 노무시간 및 직접노무원가

생산량	단위당 노무시간	누적 노무시간	직접노무원가
20단위	5시간(= 100시간 ÷ 20)	20단위 × 5시간/단위 = 100시간	100시간 × ₩100/시간 = ₩10,000
40단위	4시간(= 5시간 × 0.8)	40단위 × 4시간/단위 = 160시간	160시간 × ₩100/시간 = ₩16,000
80단위	3.2시간(= 4시간 × 0.8)	80시간 × 3.2시간/단위 = 256시간	256시간 × ₩100/시간 = ₩25,600

60단위 추가 생산시 증가하는 직접노무원가 = ₩25,600 − ₩10,000 = ₩15,600

60단위 추가 생산시 증가하는 변동제조간접원가 = (₩25,600 − ₩10,000) × 0.5 = ₩7,800

∴ 60단위 추가로 생산하는 경우 발생하는 제조원가 = ₩30,000 + ₩15,600 + ₩7,800 = ₩53,400

37

정답 ④

해설 제품 X, 제품 Y, 제품 Z의 매출수량비율이 1 : 2 : 3이므로 제품 X의 매출수량을 x, 제품 Y의 매출수량을 $2x$, 제품 Z의 매출수량을 $3x$라 하면

손익분기점 매출액 = 고정원가 = ₩4,000
= [(₩50 − ₩20) × x] + [(₩30 − ₩10) × $2x$] + [(₩20 − ₩10) × $3x$]
= ₩100x

∴ x = X의 매출수량 = 40(개)
∴ 제품 Z의 손익분기점 판매수량 = 40 × 3 = 120(개)
∴ 제품 Z의 손익분기점 매출액 = ₩20 × 120 = ₩2,400

38

정답 ④

해설 **(주)민국의 제안을 수용함으로 발생하는 증감비용**
(단위당 직접재료원가 + 단위당 직접노무원가 + 단위당 변동제조간접원가 + 단위당 공통 제조간접원가 배부액 50%) × 100 = (₩40 + ₩20 + ₩10 + ₩15) × 100 = ₩8,500

(주)민국의 제안을 수용함으로 발생하는 증분비용
(주)민국 이온발생기 구입비용 = ₩90 × 100 = ₩9,000

∴ (주)한국이 (주)민국의 제안을 수용하여 이온발생기를 외부에서 조달시 ₩500 불리

39

정답 ③

해설 잔여이익 = 영업이익 − (영업자산 × 최저 필수수익률)
= [₩8,000 + (₩10,000 × 12%)] − [(₩20,000 + ₩5,000) × 20%]
= ₩4,200

40

정답 ①

해설 원가기획(Target Costing)은 **제품의 기획, 설계 단계를 중심**으로 영업, 개발, 생산, 생산기술, 구매자재, 회계 등 사내 관련 부서들의 업무를 연결시켜 원가발생 원류로 돌아가는 VE 기번 등을 활용, 종합적 원가절감을 시도하는 원가관리 기법이다.

MEMO

2023년 제46회

보험계리사 1차 기출문제 정답 및 해설

제1과목	보험계약법, 보험업법 및 근로자퇴직급여보장법
제2과목	경제학원론
제3과목	보험수학
제4과목	회계원리

2023년 제46회

보험계약법, 보험업법 및 근로자퇴직급여보장법 정답 및 해설

정답 CHECK

01	02	03	04	05	06	07	08	09	10	11	12	13	14	15	16	17	18	19	20
①	③	②	①	②	③	③	④	①	④	④	②	③	②	③	③	③	③	④	①
21	**22**	**23**	**24**	**25**	**26**	**27**	**28**	**29**	**30**	**31**	**32**	**33**	**34**	**35**	**36**	**37**	**38**	**39**	**40**
②	③	④	④	③	④	③	④	④	②	④	①	④	①	③	③,④	③	④	①	③

문제편 248p

01

정답 ①

해설 소급보험이란 보험계약이 체결되기 이전의 어느 시점부터 보험기간이 시작되는 것으로 소급하여 정한 보험을 말한다(상법 제643조). 즉 보험자의 책임개시 시기를 보험계약 체결 이전으로 소급시키는 보험을 말한다. 이처럼 소급보험이 되려면 보험기간의 시기를 보험계약의 성립 시기 이전으로 소급하여 정한다는 계약 당사자 사이의 약정이 있어야 한다. 보험자의 책임은 **최초의 보험료를 지급받은 때부터 개시하는 것이 원칙이므로**(상법 제656조), 소급보험의 경우도 보험계약이 체결되었다고 하더라도 **보험자의 소급적 책임개시를 위해서는 보험료의 지급이 있어야 한다**.

② 보험자의 책임은 당사자간에 다른 약정이 없으면 최초의 보험료의 지급을 받은 때로부터 개시한다(상법 제656조).

③ 상법 보험편의 규정은 당사자간의 특약으로 보험계약자 또는 피보험자나 보험수익자의 불이익으로 변경하지 못한다. 그러나 재보험 및 해상보험 기타 이와 유사한 보험의 경우에는 그러하지 아니하다(상법 제663조).

④ 보험계약은 청약과 승낙이라는 당사자 쌍방의 의사표시의 합치만으로 성립하고, 그 의사표시에는 특별한 방식이 필요 없으며, 아무런 급여를 요하지 않으므로 불요식 낙성계약이다.

02

정답 ③

해설 보험계약자 측이 입원치료를 지급사유로 보험금을 청구하거나 이를 지급받았으나, 그 입원치료의 전부 또는 일부가 필요하지 않은 것으로 밝혀진 경우, 입원치료를 받게 된 경위, 보험금을 부정 취득할 목적으로 입원치료의 필요성이 없음을 알면서도 입원을 하였는지 여부, 입원치료의 필요성이 없는 입원일수나 그에 대한 보험금 액수, 보험금 청구나 수령 횟수, 보험계약자 측이 가입한 다른 보험계약과 관련된 사정, 서류의 조작 여부 등 여러 사정을 종합적으로 고려하여 보험계약자 측의 부당한 보험금 청구나 보험금 수령으로 인하여 **보험계약의 기초가 되는 신뢰관계가 파괴되어 보험계약의 존속을 기대할 수 없는 중대한 사유가 있다고 인정된다면 보험자는 보험계약을 해지할 수 있고, 위 계약은 장래에 대하여 그 효력을 잃는다**(대법원 2020.10.29. 선고 2019다267020 판결).

① 피보험자동차의 양도에 관한 통지의무를 규정한 보험약관은 거래상 일반인들이 보험자의 개별적인 설명 없이도 충분히 예상할 수 있었던 사항인 점 등에 비추어 **보험자의 개별적인 명시·설명의무의 대상이 되지 않는다**(대법원 2007.4.27. 선고 2006다87453 판결).

② 상법 제680조 제1항 본문은 "보험계약자와 피보험자는 손해의 방지와 경감을 위하여 노력하여야 한다"라고 정하고 있다. 위와 같은 피보험자의 손해방지의무의 내용에는 손해를 직접적으로 방지하는 행위는 물론이고 간접적으로 방지하는 행위도 포함된다. 그러나 **그 손해는 피보험이익에 대한 구체적인 침해의 결과로서 생기는 손해만을 뜻하는 것이고, 보험자의 구상권과 같이 보험자가 손해를 보상한 후에 취득하게 되는 이익을 상실함으로써 결과적으로 보험자에게 부담되는 손해까지 포함된다고 볼 수는 없다**(대법원 2018.9.13. 선고 2015다209347 판결).

④ 보험계약자가 피보험자의 상속인을 보험수익자로 하여 맺은 생명보험계약이나 상해보험계약에서 피보험자의 상속인은 피보험자의 사망이라는 보험사고가 발생한 때에는 보험수익자의 지위에서 보험자에 대하여 보험금 지급을 청구할 수 있고, 이 권리는 보험계약의 효력으로 당연히 생기는 것으로서 상속재산이 아니라 **상속인의 고유재산**이다. 이때 **보험수익자로 지정된 상속인 중 1인이 자신에게 귀속된 보험금청구권을 포기하더라도 그 포기한 부분이 당연히 다른 상속인에게 귀속되지는 아니한다**. 이러한 법리는 단체보험에서 피보험자의 상속인이 보험수익자로 인정된 경우에도 동일하게 적용된다(대법원 2020.2.6. 선고 2017다215728 판결).

03

정답 ②

해설 "계약자 또는 피보험자가 손해통지 또는 보험금청구에 관한 서류에 고의로 사실과 다른 것을 기재하였거나 그 서류 또는 증거를 위조 또는 변조한 경우에는 피보험자는 손해에 대한 보험금청구권을 잃게 된다"고 규정하고 있는 화재보험 약관조항의 취지는 보험자가 보험계약상의 보상책임 유무의 판정, 보상액의 확정 등을 위하여 보험사고의 원인, 상황, 손해의 정도 등을 알 필요가 있으나, 이에 관한 자료들은 계약자 또는 피보험자의 지배·관리영역 안에 있는 것이 대부분이므로 피보험자로 하여금 이에 관한 정확한 정보를 제공하도록 할 필요성이 크고, 이와 같은 요청에 따라 피보험자가 이에 반하여 **서류를 위조하거나 증거를 조작하는 등으로 신의성실의 원칙에 반하는 사기적인 방법으로 과다한 보험금을 청구하는 경우에는 그에 대한 제재로서 보험금청구권을 상실하도록 하려는데 있다**. 다만, 위와 같은 약관조항을 문자 그대로 엄격하게 해석하여 조금이라도 약관에 위배하기만 하면 보험자가 면책되는 것으로 보는 것은 **본래 피해자 다중을 보호하고자 하는 보험의 사회적 효용과 경제적 기능에 배치될 뿐만 아니라 고객에 대하여 부당하게 불리한 조항이 된다는 점에서 이를 합리적으로 제한하여 해석할 필요가 있으므로, 위 약관조항에 의한 보험금청구권의 상실 여부는 그 취지를 감안하여 보험금청구권자의 청구와 관련한 부당행위의 정도 등과 보험의 사회적 효용 내지 경제적 기능을 종합적으로 비교·교량하여 결정하여야 한다**(대법원 2009.12.10. 선고 2009다56603, 56610 판결). 즉 판례는 피보험자가 보험금을 청구하면서 사실과 다른 서류를 제출하거나 보험목적물의 가치를 다소 높게 신고한 경우에는 보험금청구권을 상실하지 않는다고 보고 있다.

① 피보험자가 보험금을 청구하면서 실손해액에 관한 증빙서류 구비의 어려움 때문에 구체적인 내용이 일부 사실과 다른 서류를 제출하거나 **보험목적물의 가치에 대한 견해 차이 등으로 보험목적물의 가치를 다소 높게 신고한 경우 등까지 이 사건 약관조항에 의하여 보험금청구권이 상실되는 것은 아니라고 해석함이 상당하다** 할 것이다(대법원 2007.6.14. 선고 2007다10290 판결).

③ 독립한 여러 물건을 보험목적물로 하여 체결된 화재보험계약에서 피보험자가 그중 일부의 보험목적물에 관하여 실제 손해보다 과다하게 허위의 청구를 한 경우에 허위의 청구를 한 당해 보험목적물에 관하여 위 약관조항에 따라 보험금청구권을 상실하게 되는 것은 당연하다. 그러나 만일 위 약관조항을 피보험자가 허위의 청구를 하지 않은 다른 보험목적물에 관한 보험금청구권까지 한꺼번에 상실하게 된다는 취지로 해석한다면, 이는 **허위 청구에 대한 제재로서의 상당한 정도를 초과하는 것으로 고객에게 부당하게 불리한 결과를 초래하여 신의성실의 원칙에 반하는 해석이 되므로, 위 약관에 의해 피보험자가 상실하게 되는 보험금청구권은 피보험자가 허위의 청구를 한 당해 보험목적물의 손해에 대한 보험금청구권에 한한다고 해석함**이 상당하다(대법원 2007.2.22. 선고 2006다72093 판결).

④ 보험자에게 보험약관의 명시·설명의무가 인정되는 것은 어디까지나 보험계약자가 알지 못하는 가운데 약관에 정하여진 중요한 사항이 계약 내용으로 되어 보험계약자가 예측하지 못한 불이익을 받게 되는 것을 피하고자 하는데 그 근거가 있다고 할 것이므로, 보험약관에 정하여진 사항이라고 하더라도 거래상 일반적이고 공통된 것이어서 보험계약자가 별도의 설명 없이도 충분히 예상할 수 있었던 사항이거나 **이미 법령에 의하여 정하여진 것을 되풀이하거나 부연하는 정도에 불과한 사항이라면 그러한 사항에 대하여서까지 보험자에게 명시·설명의무가 인정된다고 할 수 없다**(대법원 1998.11.27. 선고 98다32564, 32567 판결). 즉 상법 제638조의3 제1항에 "보험자는 보험계약을 체결할 때에 보험계약자에게 보험약관을 교부하고 그 약관의 중요한 내용을 설명하여야 한다"고 규정하고 있으므로, 문제의 약관조항은 설명의무의 대상이라고 할 수 없다.

04

정답 ①

해설 상법에 의하면 사망보험의 경우에도 보험의 일반원칙에 따라서 보험계약자나 피보험자 및 보험수익자의 '고의'로 인하여 발생한 보험사고에 대하여는 보험자의 면책이 인정되기 때문에, 원칙적으로 피보험자의 자살은 보험자의 책임발생 사유가 되지 않는다(상법 제732조의2). 다만 '생명보험표준약관' 제5조에 의하면, **보험계약의 보장개시일부터 2년이 지난 후에 자살한 경우에는 보험금을 지급하도록 규정하고 있다.** 따라서 보험자의 책임이 개시된 시점부터 2년이 경과한 이후 자살에 대하여 보험자는 보상책임을 진다.

판례 **서울고법 2015.11.13. 선고 2014나2043005 판결**

甲이 乙 보험회사와 체결한 보험계약의 재해사망특약 약관에서 보험금을 지급하지 아니하는 보험사고로 '피보험자가 고의로 자신을 해친 경우'를 규정하면서 단서에서 '특약의 보장개시일로부터 2년이 경과된 후에 자살한 경우에는 그러하지 아니하다'(이하 '자살 면책제한조항'이라 한다)고 규정하고 있는데, 甲이 보장개시일로부터 2년이 지난 후 아파트 옥상에서 투신하여 사망한 사안에서, 약관은 원칙적으로 고의에 의한 자살은 특약에서 정한 보험사고인 '재해'에 해당하지 않는다고 정하면서도 예외적으로 자살 면책제한조항을 둠으로써 피보험자가 특약의 보장개시일로부터 2년이 경과된 후 자살한 경우는 특별히 보험사고에 포함시켜 재해사망보험금 지급사유로 본다고 해석하는 것이 합리적이고 약관 해석에서 작성자 불이익의 원칙에도 부합하므로, 乙 보험회사는 甲의 상속인들에게 재해사망보험금을 지급할 의무가 있다.

② 보험사고가 전쟁 기타의 변란으로 인하여 생긴 때에는 당사자간에 다른 약정이 없으면 보험자는 보험금을 지급할 책임이 없다(상법 제660조).

③ 손해보험에서 보험목적의 성질, 하자 또는 자연소모로 인한 손해는 보험자가 이를 보상할 책임이 없다(상법 제678조).

④ 보험자는 보험계약을 체결할 때에 보험계약자에게 보험약관을 교부하고 그 약관의 중요한 내용을 설명하여야 한다(상법 제638조의3 제1항). 약정면책사유는 보험계약자 측에서 보험계약을 체결할 때 알아야 할 중요한 내용에 해당하므로, 원칙적으로 보험자가 설명해야 할 의무가 있다.

05

정답 ②

해설 보험기간 중에 보험계약자, 피보험자 또는 보험수익자의 고의 또는 중대한 과실로 인하여 사고발생의 위험이 현저하게 변경 또는 증가된 때에는 보험자는 그 사실을 안 날부터 1월 내에 보험료의 증액을 청구하거나 계약을 해지할 수 있다(상법 제653조). 즉 **상법 제653조에 따라 보험자에게 통지해야 하는 것은 아니다.**

① 상법 제652조 제1항 소정의 통지의무의 대상으로 규정된 '사고발생의 위험이 현저하게 변경 또는 증가된 사실'이라 함은 그 변경 또는 증가된 위험이 보험계약의 체결 당시에 존재하고 있었다면 보험자가 보험계약을 체결하지 아니하였거나 적어도 그 보험료로는 보험을 인수하지 아니하였을 것으로 인정되는 사실을 말하는 것이다(대법원 2004.6.11. 선고 2003다18494 판결).

③ 상법 제653조

④ 보험기간 중 보험계약자 또는 피보험자가 사고발생의 위험이 현저하게 변경되거나 증가된 사실을 안 경우 즉시 보험회사에 알려야 한다(상법 제652조 제1항 전단).

피보험자의 직종에 따라 보험금 가입한도에 차등이 있는 생명보험계약에서 피보험자가 위험이 현저하게 증가된 직종으로 변경한 경우 상법 제653조상의 위험의 현저한 변경·증가에 해당하므로 보험자는 그 사실을 안 날부터 1월 내에 보험료의 증액을 청구하거나 계약을 해지할 수 있다.

06

정답 ③

해설 **이미 보험사고가 발생하였기 때문에 보험자는 보험사고발생의 통지의무를 해태한 보험계약자에게 보험료의 증액을 청구하거나 계약을 해지할 수 없다.**

① 보험사고발생의 통지의무자는 손해보험의 경우에는 보험계약자 또는 피보험자이며, 인보험의 경우에는 보험계약자 또는 보험수익자이다. 통지의무자가 수인인 경우에는 그중 1인만 통지하면 의무를 이행한 것으로 본다.

② 보험계약자 또는 피보험자나 보험수익자가 통지의무를 해태함으로 인하여 손해가 증가된 때에는 보험자는 그 증가된 손해를 보상할 책임이 없다(상법 제657조 제2항).

④ 상법 제658조

07

정답 ③

해설 고지의무(告知義務)를 위반한 사실 또는 위험이 현저하게 변경되거나 증가된 사실이 보험사고발생에 영향을 미치지 아니하였음이 증명된 경우에는 보험금을 지급할 책임이 있으므로 **보험자는 보험사고발생 시까지의 보험료를 청구할 수 있다**.

① 보험자는 고지의무를 위반한 사실과 보험사고의 발생 사이의 인과관계를 불문하고 상법 제651조에 의하여 고지의무위반을 이유로 계약을 해지할 수 있다(대법원 2010.7.22. 선고 2010다25353 판결).

② 고지의무(告知義務)를 위반한 사실 또는 위험이 현저하게 변경되거나 증가된 사실이 보험사고발생에 영향을 미치지 아니하였음이 증명된 경우에는 보험금을 지급할 책임이 있다(상법 제655조 단서).

④ 보험계약자 측의 고지의무위반과 보험계약의 보험사고 사이에 인과관계가 존재하는지 여부에 관하여 원칙적으로 보험금의 지급을 청구하는 보험계약자 측이 보험금 지급의무의 발생요건인 인과관계가 존재하지 아니한다는 점을 입증할 책임이 있다고 할 것이나, **입증책임의 분배에 관하여 당사자 사이에 약관 등에 의하여 이를 미리 정하여 둔 경우에는 특별한 사정이 없는 한 그 입증책임계약은 유효하므로 이에 따라야 한다**(서울중앙지법 2004.10.28. 선고 2004나21069 판결).

08

정답 ④

해설 보험계약자가 타인의 생활상의 부양이나 경제적 지원을 목적으로 보험자와 사이에 타인을 보험수익자로 하는 생명보험이나 상해보험 계약을 체결하여 보험수익자가 보험금청구권을 취득한 경우, 보험자의 보험수익자에 대한 급부는 보험수익자에 대한 보험자 자신의 고유한 채무를 이행한 것이다. 따라서 **보험자는 보험계약이 무효이거나 해제되었다는 것을 이유로 보험수익자를 상대로 하여 그가 이미 보험수익자에게 급부한 것의 반환을 구할 수 있고**, 이는 타인을 위한 생명보험이나 상해보험이 제3자를 위한 계약의 성질을 가지고 있다고 하더라도 달리 볼 수 없다(대법원 2018.9.13. 선고 2016다255125 판결).

① 보험계약자는 위임을 받거나 위임을 받지 아니하고 특정 또는 불특정의 타인을 위하여 보험계약을 체결할 수 있다(상법 제639조 제1항).

② 타인을 위한 손해보험계약의 경우, 보험계약자도 제3자에 해당하는지에 대해 보험계약자는 보험료 지급의무를 진다는 점을 들어 제3자가 될 수 없다는 견해(부정설)도 있으나, 청구권대위는 사고발생을 야기한 자의 면책방지도 그 취지로 하므로 보험계약자가 과실로 사고를 발생시킨 경우 보험계약자라 해서 예외가 될 수 없다는 점에서 제3자에 해당한다는 견해(긍정설)가 있다. 이에 대한 **대법원 판례는 보험계약자는 비록 보험계약 당사자로서 보험료 지급의무를 지지만, 사고발생자의 면책방지라는 보험자대위규정의 취지와 타인을 위한 손해보험계약에서는 피보험자의 이익이 보험계약의 목적이 되는 것이므로, 보험계약자가 당연히 제3자의 범위에서 제외되는 것은 아니라고 하였다**.

판례 **대법원 1990.2.9. 선고 89다카21965 판결**

타인을 위한 손해보험계약은 타인의 이익을 위한 계약으로서, 그 타인(피보험계약자)의 이익이 보험의 목적이 되는 것이지 여기에 당연히(특약 없이) 보험계약자의 보험이익이 포함되거나 예정되어 있는 것은 아니라 할 것이므로, 피보험이익의 주체가 아닌 보험계약자는 비록 보험자와의 사이에서는 계약 당사자이고 약정된 보험료를 지급할 의무자이지만 그 지위의 성격과 보험자대위규정의 취지에 비추어 보면 **보험자대위에 있어서 보험계약자와 보험계약자 아닌 제3자와를 구별하여 취급하여야 할 법률상의 이유는 없는 것이며, 따라서 타인을 위한 손해보험계약자가 당연히 제3자의 범주에서 제외되는 것은 아니다.**

③ 손해보험계약의 경우에 보험계약자가 그 타인에게 보험사고의 발생으로 생긴 손해의 배상을 한 때에는 보험계약자는 그 타인의 권리를 해하지 아니하는 범위 안에서 보험자에게 보험금액의 지급을 청구할 수 있다(상법 제639조 제2항).

09

정답 ①

해설 피보험자가 경영하는 사업에 관한 책임을 보험의 목적으로 한 때에는 **피보험자의 대리인 또는 그 사업감독자의 제3자에 대한 책임도 보험의 목적에 포함된 것으로 한다**(상법 제721조).

② 상법 제696조 제2항

③ 상법 제720조 제1항

④ 상법 제686조

10

정답 ④

해설 상법 제680조 제1항에 규정된 '손해방지비용'은 보험자가 담보하고 있는 보험사고가 발생한 경우에 보험사고로 인한 손해의 발생을 방지하거나 손해의 확대를 방지함은 물론 손해를 경감할 목적으로 행하는 행위에 필요하거나 유익하였던 비용을 말하는 것이고, 같은 법 제720조 제1항에 규정된 '방어비용'은 피해자가 보험사고로 인적·물적 손해를 입고 피보험자를 상대로 손해배상청구를 한 경우에 그 방어를 위하여 지출한 재판상 또는 재판 외의 필요비용을 말하는 것으로서, 위 두 비용은 서로 구별되는 것이므로, **보험계약에 적용되는 보통약관에 손해방지비용과 관련한 별도의 규정을 두고 있다고 하더라도, 그 규정이 당연히 방어비용에 대하여도 적용된다고 할 수는 없다**(대법원 2006.6.30. 선고 2005다21531 판결).

① 상법 제680조 제1항

② 상법 제680조 제1항이 규정한 손해방지비용이라 함은 보험자가 담보하고 있는 보험사고가 발생한 경우에 보험사고로 인한 손해의 발생을 방지하거나 손해의 확대를 방지함은 물론 손해를 경감할 목적으로 행하는 행위에 필요하거나 유익하였던 비용을 말하는 것으로서, 이는 **원칙적으로 보험사고의 발생을 전제로 하는 것**이므로, 보험사고발생 이전에 손해의 발생을 방지하기 위해 지출된 비용은 손해방지비용에 포함되지 않는다(대법원 2002.6.28. 선고 2002다22106 판결).

③ 보험사고발생시 또는 보험사고가 발생한 것과 같게 볼 수 있는 경우에 **피보험자의 법률상 책임 여부가 판명되지 아니한 상태에서 피보험자가 손해확대방지를 위한 긴급한 행위를 하였다면 이로 인하여 발생한 필요·유익한 비용도 상법 제680조 제1항의 규정에 따라 보험자가 부담하여야 한다**(대법원 2003.6.27. 선고 2003다6958 판결).

11

정답 ④

해설 포괄적 예정보험은 일정한 기간 동안 일정한 조건에 따라 정해지는 다수의 선적화물에 대해 포괄적 · 계속적으로 체결하는 적하보험계약이다. 보험자의 연간 보상액을 미리 설정하고, **실제로 선적할 때마다 그 명세를 보험자에게 통지하여 그 금액만큼 감액해 나가는 적하보험계약**을 말한다.

① 예정보험이란 보험증권에 기재할 보험계약의 내용의 일부 또는 전부가 계약 당시에 확정되어 있지 않은 보험계약을 말한다. 예정보험은 보험계약의 예약과는 다르며, 이미 성립된 독립적인 보험계약이다. 우리 상법은 예정보험에 관한 일반규정을 두고 있지 않다.

② 상법 제704조 제1항

③ 상법 제704조 제2항

12

정답 ②

해설 자동차를 매수하고 소유권이전등록을 마치지 아니한 채 자동차를 인도받아 운행하면서 매도인과의 합의 아래 매도인을 피보험자로 한 자동차종합보험계약을 체결하였다면, **그 매수인은 자동차종합보험계약의 약관에 따른 기명피보험자의 승낙을 얻어 자동차를 사용 또는 관리 중인 자, 즉 승낙피보험자에 해당된다**(대법원 1994.6.14. 선고 94다15264 판결).

① 렌터카 회사로부터 차량을 빌린 경우 렌터카 회사는 기명피보험자이고, 차량을 빌린 사람은 승낙피보험자이다.

③ 자동차종합보험 보통약관에서 피보험자를 보험증권에 기재된 기명피보험자, 기명피보험자의 승낙을 얻어 피보험자동차를 사용 · 관리 중인 승낙피보험자 등으로 열거하여 규정하고 있는 경우 **승낙피보험자는 기명피보험자로부터의 명시적 · 개별적 승낙을 받아야만 하는 것이 아니고 묵시적 · 포괄적인 승낙이어도 무방**하나, 그 승낙은 기명피보험자로부터의 승낙임을 요하고, 기명피보험자로부터의 승낙인 이상 승낙피보험자에게 직접적으로 하건 전대를 승낙하는 등 간접적으로 하건 상관이 없다(대법원 1993.1.19. 선고 92다32111 판결).

④ 차량 매수인이 매도인의 승낙을 얻어 기명피보험자를 매도인으로 하고 주운전자를 매수인으로 하여 보험회사와 사이에 체결한 자동차종합보험계약이 유효하게 성립하였다 하더라도, **매도인이 차량에 대한 운행지배 관계 및 피보험이익을 상실한 것으로 인정되는 경우에 있어서는 매수인을 약관에 정한 기명피보험자의 승낙을 얻어 자동차를 사용 또는 관리 중인 자로 볼 수 없고**, 매도인이 매수인에게 차량을 인도하였을 뿐 아니라 당해 차량사고 이전에 그 소유명의까지 이전해 주었다면, 특별한 사정이 없는 한 매도인은 사고 당시 차량에 대한 운행지배 및 피보험이익을 상실한 것으로 보아야 한다(대법원 1996.7.30. 선고 96다6110 판결).

13

정답 ③

해설 보험계약자의 고의 또는 중과실로 인한 보험사고의 경우 보험자의 면책을 규정한 상법 제659조 제1항은 **보증보험의 경우에는 특별한 사정이 없는 한 그 적용이 없다**(대법원 1998.3.10. 선고 97다20403 판결).

① 보증보험계약의 보험자는 보험계약자가 피보험자에게 계약상의 채무불이행 또는 법령상의 의무불이행으로 입힌 손해를 보상할 책임이 있다(상법 제726조의5). 보증보험은 손해보험계약의 성질을 갖기 때문에 보상금액은 다른 손해보험과 마찬가지로 보험금액의 한도 내에서 결정된다.

② 보증보험계약의 주계약이 통정허위표시로서 무효인 때에는 보험사고가 발생할 수 없는 경우에 해당하므로 그 보증보험계약은 무효이다. 이때 보증보험계약이 무효인 이유는 보험계약으로서의 고유한 요건을 갖추지 못하였기 때문이므로, 보증보험계약의 보험자는 주계약이 통정허위표시인 사정을 알지 못한 **제3자에 대하여도 보증보험계약의 무효를 주장할 수 있다**(대법원 2010.4.15. 선고 2009다81623 판결).

④ 피보험자가 정당한 이유 없이 사고발생을 통지하지 않거나 보험자의 손해조사에 협조하지 않음으로써 손해가 증가된 때에는 보험자는 그 사실을 입증하여 증가된 손해에 대한 책임을 면할 수 있다.

14

정답 ②

해설 피보험자가 무보험자동차에 의한 교통사고로 인하여 상해를 입었을 때에 손해에 대하여 배상할 의무자가 있는 경우 보험자가 약관에 정한 바에 따라 피보험자에게 손해를 보상하는 것을 내용으로 하는 무보험자동차에 의한 상해담보특약(이하 '무보험자동차특약보험'이라 한다)은 상해보험의 성질과 함께 손해보험의 성질도 갖고 있는 손해보험형 상해보험이므로, 하나의 사고에 관하여 여러 개의 무보험자동차특약보험계약이 체결되고 보험금액의 총액이 피보험자가 입은 손해액을 초과하는 때에는 손해보험에 관한 **상법 제672조 제1항(중복보험)이 준용되어 보험자는 각자의 보험금액의 한도에서 연대책임을 지고, 이 경우 각 보험자 사이에서는 각자의 보험금액의 비율에 따른 보상책임을 진다**(대법원 2016.12.29. 선고 2016다217178 판결)

① 피보험이익이란 보험의 목적에 대하여 보험사고의 발생 여부에 따라 피보험자가 가지게 되는 경제적 이익 또는 이해관계를 의미하며, 보험계약의 목적이라고도 한다.

③ 상법상 생명보험에서는 피보험이익 및 보험가액은 존재하지 않기 때문에 초과·중복·일부보험 문제는 발생하지 않는다.

④ 상법은 손해보험에 관하여 피보험이익을 인정(상법 제668조)하지만, 인보험에서는 보험의 목적이 사람이기 때문에 피보험이익을 인정하지 않는다.

15

정답 ③

해설 상해보험의 경우 보험금은 보험사고발생에 의하여 바로 그 지급조건이 성취되고, **보험자와 보험계약자 또는 피보험자 사이에 피보험자의 제3자에 대한 권리를 대위하여 행사할 수 있다는 취지의 약정이 없는 한, 피보험자가 제3자로부터 손해배상을 받더라도 이에 관계없이 보험자는 보험금을 지급할 의무가 있고, 피보험자의 제3자에 대한 권리를 대위하여 행사할 수도 없다**(대법원 2002.3.29. 선고 2000다18752 판결).

① 상법 제729조 본문에서 "보험자는 보험사고로 인하여 생긴 보험계약자 또는 보험수익자의 제3자에 대한 권리를 대위하여 행사하지 못한다"고 규정함으로써 인보험에서는 **보험자대위를 원칙적으로 금지**하고 있다.

② 자기신체사고 자동차보험은 피보험자가 피보험자동차를 소유·사용·관리하는 동안에 생긴 피보험자동차의 사고로 인하여 상해를 입었을 때에 약관이 정하는 바에 따라 보험자가 보험금을 지급할 책임을 지는 것으로서 인보험의 일종이기는 하나, 피보험자가 급격하고도 우연한 외부로부터 생긴 사고로 인하여 신체에 상해를 입은 경우에 그 결과에 따라 정해진 보상금을 지급하는 보험이어서 그 성질상 상해보험에 속한다고 할 것이므로, 그 **보험계약상 타 차량과의 사고로 보험사고가 발생하여 피보험자가 상대차량이 가입한 자동차보험 또는 공제계약의 대인배상에 의한 보상을 받을 수 있는 경우에 자기신체사고에 대하여 약관에 정해진 보험금에서 위 대인배상으로 보상받을 수 있는 금액을 공제한 액수만을 지급하기로 약정되어 있어 결과적으로 보험자대위를 인정하는 것과 같은 효과를 초래한다고 하더라도, 그 계약 내용이 위 상법 제729조를 피보험자에게 불이익하게 변경한 것이라고 할 수는 없다**(대법원 2001.9.7. 선고 2000다21833 판결).

④ 상법 제729조 전문이나 보험약관에서 보험자대위를 금지하거나 포기하는 규정을 두고 있는 것은, 손해보험의 성질을 갖고 있지 아니한 인보험에 관하여 보험자대위를 허용하게 되면 보험자가 보험사고발생시 보험금을 피보험자나 보험수익자(이하 '피보험자 등'이라고 한다)에게 지급함으로써 피보험자 등의 의사와 무관하게 법률상 당연히 피보험자 등의 제3자에 대한 권리가 보험자에게 이전하게 되어 피보험자 등의 보호에 소홀해질 우려가 있다는 점 등을 고려한 것이므로, 피보험자 등의 제3자에 대한 권리의 양도가 법률상 금지되어 있다거나 상법 제729조 전문 등의 취지를 잠탈하여 피보험자 등의 권리를 부당히 침해하는 경우에 해당한다는 등의 특별한 사정이 없는 한, **상법 제729조 전문이나 보험약관에서 보험자대위를 금지하거나 포기하는 규정을 두고 있다는 사정만으로 피보험자 등이 보험자와의 다른 원인관계나 대가관계 등에 기하여 자신의 제3자에 대한 권리를 보험자에게 자유롭게 양도하는 것까지 금지된다고 볼 수는 없다**(대법원 2007.4.26. 선고 2006다54781 판결).

16

정답 ③

해설 상법 제731조, 제734조 제2항의 취지에 비추어 보면, 보험계약자가 피보험자의 서면동의를 얻어 타인의 사망을 보험사고로 하는 보험계약을 체결함으로써 보험계약의 효력이 생긴 경우, 피보험자의 동의 철회에 관하여 보험약관에 아무런 규정이 없고 계약 당사자 사이에 별도의 합의가 없었다고 하더라도, **피보험자가 서면동의를 할 때 기초로 한 사정에 중대한 변경이 있는 경우에는 보험계약자 또는 보험수익자의 동의나 승낙 여부에 관계없이 피보험자는 그 동의를 철회할 수 있다**(대법원 2013.11.14. 선고 2011다101520 판결).

① 피보험자의 서면동의는 계약 성립 전에는 철회할 수 있지만, 일단 서면으로 동의하여 계약의 효력이 생긴 후에는 임의로 철회할 수 없다.

② 보험수익자와 보험계약자의 동의가 있으면 철회할 수 있다. 생명보험표준약관에서는 "사망을 보험금 지급사유로 하는 계약에서 서면으로 동의를 한 피보험자는 계약의 효력이 유지되는 기간에는 언제든지 서면동의를 장래를 향하여 철회할 수 있다"고 규정하고 있다.

④ 보험계약의 체결시 피보험자의 동의가 흠결되면, 해당 보험계약은 확정적 무효로 해석한다.

17

정답 ③

해설 둘 이상의 보험수익자 중 일부가 고의로 피보험자를 사망하게 한 경우 보험자는 **다른 보험수익자에 대한 보험금 지급책임을 면하지 못한다**(상법 제732조의2 제2항).

① 사망을 보험사고로 한 보험계약에서는 사고가 보험계약자 또는 피보험자나 보험수익자의 중대한 과실로 인하여 발생한 경우에도 보험자는 보험금을 지급할 책임을 면하지 못한다(상법 제732조의2 제1항).

② 피보험자를 살해하여 보험금을 편취할 목적으로 체결한 생명보험계약은 사회질서에 위배되는 행위로서 무효이고, 따라서 피보험자를 살해하여 보험금을 편취할 목적으로 피보험자의 공동상속인 중 1인이 상속인을 보험수익자로 하여 생명보험계약을 체결한 후 피보험자를 살해한 경우, 다른 공동상속인은 자신이 고의로 보험사고를 일으키지 않았다고 하더라도 보험자에 대하여 보험금을 청구할 수 없다(대법원 2000.2.11. 선고 99다49064 판결).

④ 자신이 유발한 교통사고로 중상해를 입은 동승자를 병원으로 후송하였으나, **동승자에 대한 수혈을 거부함으로써 사망에 이르게 한 경우, 수혈거부가 사망의 유일하거나 결정적인 원인이었다고 단정할 수 없다면 수혈거부 행위가 사망의 중요한 원인 중 하나이었다는 점만으로는 보험회사가 보험금의 지급책임을 면할 수 없다**(대법원 2004.8.20. 선고 2003다26075 판결).

18

정답 ③

해설 상해보험은 피보험자가 보험기간 중에 급격하고 우연한 외래의 사고로 인하여 신체에 손상을 입는 것을 보험사고로 하는 인보험으로서, 일반적으로 외래의 사고 이외에 피보험자의 질병 기타 기왕증이 공동원인이 되어 상해에 영향을 미친 경우에도 사고로 인한 상해와 그 결과인 사망이나 후유장해 사이에 인과관계가 인정되면 보험계약 체결시 약정한 대로 보험금을 지급할 의무가 발생하고, 다만, **보험약관에 계약 체결 전에 이미 존재한 신체장해, 질병의 영향에 따라 상해가 중하게 된 때에는 그 영향이 없었을 때에 상당하는 금액을 결정하여 지급하기로 하는 내용이 있는 경우에는 지급될 보험금액을 산정함에 있어서 그 약관조항에 따라 피보험자의 체질 또는 소인 등이 보험사고의 발생 또는 확대에 기여하였다는 사유를 들어 보험금을 감액할 수 있다**(대법원 2005.10.27. 선고 2004다52033 판결).

① 甲 보험회사가 乙과 체결한 보험계약 중 상해사망 담보는 피보험자인 乙이 보험기간 중 상해사고로 사망한 경우 보험가입금액을 지급하는 것을 보장 내용으로 하고, 면책약관으로 '선박승무원, 어부, 사공, 그 밖에 선박에 탑승하는 것을 직무로 하는 사람(이하 이들을 통틀어 '선박승무원 등'이라고 한다)이 직무상 선박에 탑승하고 있는 동안 상해 관련 보험금 지급사유가 발생한 때에는 보험금을 지급하지 않는다'는 내용을 규정하고 있는데, 乙이 선박에 기관장으로 승선하여 조업차 출항하였다가 선박의 스크루에 그물이 감기게 되자 선장의 지시에 따라 잠수장비를 착용하고 바다에 잠수하여 그물을 제거하던 중 사망한 사안에서, 위 면책약관은 선박의 경우 다른 운송수단에 비하여 운행과정에서의 사고발생 위험성이나 인명피해 가능성이 높은 점을 고려하여 규정된 것으로, '선박승무원 등이 직무상 선박에 탑승하고 있는 동안'을 면책사유로 정하고 있을 뿐 특정한 행위를 면책사유로 정하고 있지 않고, 이러한 면책약관의 문언이나 목적, 취지 등을 종합하여 보면, 선박승무원 등이 선박에 탑승한 후 선박을 이탈하였더라도 선박의 고장 수리 등과 같이 선박 운행을 위한 직무상 행위로 일시적으로 이탈한 경우로서 이탈의 목적과 경위, 이탈 거리와 시간 등을 고려할 때 전체적으로 선박에 탑승한 상태가 계속되고 있다고 평가할 수 있는 경우에는 면책약관이 적용될 수 있으며, 위 사고는 **선원인 乙이 선박에 탑승하고 있는 동안 발생한 선박의 고장 혹은 이상 작동을 점검·수리하기 위하여 선장의 지시에 따라 일시적으로 선박에서 이탈하여 선박 스크루 부분에서 작업을 하다가 발생한 것으로 전체적으로 乙이 직무상 선박에 탑승하고 있는 동안 발생한 사고라고 할 것이므로 면책약관이 적용된다고 볼 여지가 충분하다**(대법원 2023.2.2. 선고 2022다272169 판결).

② 피해자가 부상을 입은 때로부터 상당한 기간이 지난 뒤에 후유증이 나타나 그 때문에 수상시에는 의학적으로도 예상치 아니한 치료방법을 필요로 하고 의외의 출비가 불가피하였다면 위의 치료에 든 비용에 해당하는 손해에 대하여서는 그러한 사태가 판명된 시점까지 손해배상청구권의 시효가 진행하지 아니하고, 따라서 **후유장해의 발생으로 인한 손해배상청구권에 대한 소멸시효는 후유장해로 인한 손해가 발생한 때로부터 진행된다고 할 것이고, 그 발생시기는 소멸시효를 주장하는 자가 입증하여야 한다**(대법원 1992.5.22. 선고 91다41880 판결).

④ 교통사고로 인한 피해자의 후유증이 그 사고와 피해자의 기왕증이 경합하여 나타난 것이라면, 그 사고가 후유증이라는 결과발생에 대하여 기여하였다고 인정되는 정도에 따라 그에 상응한 배상액을 부담케 하는 것이 손해의 공평한 부담이라는 견지에서 타당하고, 법원은 **그 기여도를 정함에 있어서 기왕증의 원인과 정도, 기왕증과 후유증과의 상관관계, 피해자의 연령과 직업, 그 건강상태 등 제반 사정을 고려하여 합리적으로 판단하여야 할 것이다**(대법원 1992.5.22. 선고 91다39320 판결).

19

정답 ④

해설 상법상 생명보험과 상해보험 같은 인보험에 관하여는 보험자의 면책사유를 제한하여 비록 중대한 과실로 인하여 생긴 것이라 하더라도 보험금을 지급하도록 규정하고 있는 점이나, 인보험이 책임보험과 달리 정액보험으로 되어 있는 점에 비추어 볼 때 인보험에 있어서의 무면허 면책약관의 해석이 책임보험에 있어서의 그것과 반드시 같아야 할 이유가 없으며, 무면허운전의 경우에는 면허 있는 자의 운전이나 운전을 하지 아니하는 자의 경우와 달리 보험사고발생의 가능성이 많을 수도 있으나, 그 정도의 사고발생 가능성에 관한 개인차는 보험에 있어서 구성원간의 위험의 동질성을 해칠 정도는 아니고, 또한 **무면허운전이 고의적인 범죄행위이기는 하나, 그 고의는 특별한 사정이 없는 한 무면허운전 자체에 관한 것이고 직접적으로 사망이나 상해에 관한 것이 아니어서 그로 인한 손해보상을 해준다고 하여 그 정도가 보험계약에 있어서의 당사자의 선의성·윤리성에 반한다고는 할 수 없으므로**, 인보험에 해당하는 상해보험에 있어서의 **무면허운전 면책약관이 보험사고가 전체적으로 보아 고의로 평가되는 행위로 인한 경우뿐만 아니라 과실(중과실 포함)로 평가되는 행위로 인한 경우까지 포함하는 취지라면 과실로 평가되는 행위로 인한 사고에 관한 한 무효라고 보아야 한다**(대법원 1998.3.27. 선고 97다27039 판결).

① 상법 제732조의2, 제739조, 제663조의 규정에 의하면 사망이나 상해를 보험사고로 하는 인보험에 관하여는 보험사고가 고의로 인하여 발생한 것이 아니라면 비록 중대한 과실에 의하여 생긴 것이라 하더라도 보험금을 지급할 의무가 있다고 할 것인데, 음주운전에 관하여 보면, 음주운전의 경우는 술을 먹지 않고 운전하는 자의 경우에 비하여 보험사고발생의 가능성이 많음은 부인할 수 없는 일이나 그 정도의 사고발생 가능성에 관한 개인차는 보험에 있어서 구성원간의 위험의 동질성을 해칠 정도는 아니라고 할 것이고, 또한 음주운전이 고의적인 범죄행위이기는 하나 그 고의는 특별한 사정이 없는 한 음주운전 자체에 관한 것이고 직접적으로 사망이나 상해에 관한 것이 아니어서 그 정도가 결코 그로 인한 손해보상을 가지고 보험계약에 있어서의 당사자의 신의성·윤리성에 반한다고는 할 수 없으므로, **상해보험 약관 중 "피보험자가 음주운전을 하던 중 그 운전자가 상해를 입은 때에 생긴 손해는 보상하지 아니한다"고 규정한 음주운전 면책약관이 보험사고가 전체적으로 보아 고의로 평가되는 행위로 인한 경우뿐만 아니라 과실(중과실 포함)로 평가되는 행위로 인한 경우까지 보상하지 아니한다는 취지라면 과실로 평가되는 행위로 인한 사고에 관한 한 무효라고 보아야 한다**(대법원 1998.3.27. 선고 97다48753 판결).

② 사망을 보험사고로 한 보험계약에서는 사고가 보험계약자 또는 피보험자나 보험수익자의 중대한 과실로 인하여 발생한 경우에도 보험자는 보험금을 지급할 책임을 면하지 못한다(상법 제732조의2). 상법 제739조(준용규정)에서 상해보험에 관하여는 제732조(15세 미만자 등에 대한 계약의 금지)를 제외하고 생명보험에 관한 규정을 준용한다고 규정하고 있고, 상법 제739조의3(질병보험에 대한 준용규정)에서 질병보험에 관하여는 그 성질에 반하지 아니하는 범위에서 생명보험 및 상해보험에 관한 규정을 준용한다고 규정하고 있으므로 상법 제732조의2(중과실로 인한 보험사고 등) 조항은 상해보험계약과 질병보험계약에도 준용된다.

③ 사망 또는 상해를 보험사고로 하는 인보험계약의 보험자는 상법 제732조의2 및 제739조에 따라 보험사고가 고의로 인하여 발생한 것이 아니라면 비록 중대한 과실에 의하여 생긴 것이라 하더라도 보험금을 지급하여야 하고, 같은 법 제663조는 당사자간의 특약으로 위 각 규정을 보험계약자 또는 피보험자나 보험수익자에게 불이익하게 변경하지 못하도록 되어 있으므로, **사망 또는 상해를 보험사고로 하는 인보험계약의 약관이 피보험자의 무면허운전을 면책사유로 규정하고 있는 경우 그 무면허운전 면책약관이 전체적으로 보아 고의 또는 고의에 준하는 행위로 인한 경우뿐만 아니라 중과실을 포함한 과실로 평가되는 행위로 인한 경우까지 면책된다는 취지라면, 그 보험계약의 무면허운전 면책약관은 그 사고가 피보험자의 고의 또는 고의에 준하는 행위로 인한 것이 아닌 과실(중과실 포함)로 평가되는 행위로 인한 사고에 관한 한 같은 법 제732조의2, 제739조 및 제663조에 반하여 무효이다**(서울지법 1995.8.3. 선고 95가합9025 판결).

20

정답 ①

해설 보험계약자가 다수의 계약을 통하여 보험금을 부정 취득할 목적으로 보험계약을 체결하여 그것이 민법 제103조에 따라 선량한 풍속 기타 사회질서에 반하여 무효인 경우 보험자의 보험금에 대한 **부당이득반환청구권은 상법 제64조를 유추적용하여 5년의 상사 소멸시효기간이 적용된다고 봄이 타당하다**(대법원 2021.7.22. 선고 2019다277812 전원합의체 판결).

② 상법은 보험료반환청구권에 대하여 2년간 행사하지 아니하면 소멸시효가 완성한다는 취지를 규정할 뿐(제662조) 소멸시효의 기산점에 관하여는 아무것도 규정하지 아니하므로, 소멸시효는 민법 일반 법리에 따라 객관적으로 권리가 발생하고 그 권리를 행사할 수 있는 때로부터 진행한다. 그런데 상법 제731조 제1항을 위반하여 무효인 보험계약에 따라 납부한 보험료에 대한 반환청구권은 특별한 사정이 없는 한 보험료를 납부한 때에 발생하여 행사할 수 있다고 할 것이므로, 위 **보험료반환청구권의 소멸시효는 특별한 사정이 없는 한 각 보험료를 납부한 때부터 진행한다**(대법원 2011.3.24. 선고 2010다92612 판결).

③ 보험료채권의 지불확보의 방법으로 수표가 수수되었을 경우에는 수표금채권과 보험료채권은 표리의 관계에 있어 전자 권리의 **소송상 청구는 보험료채권의 소멸시효 중단의 효력이 있다고 해석함이 정당하다**(대법원 1961.11.9. 선고 4293민상748 판결).

④ 심판대상조항이 보험금청구권의 소멸시효 기산점을 명시하지 않은 결과 원칙적으로 보험사고가 발생한 때로부터 2년이 경과하면 소멸시효가 완성한다고 하더라도, 이는 객관적 사유에 의해 권리관계를 명확하고 신속하게 확정함으로써 안정적이고 효율적으로 보험재정을 운용하기 위한 것으로서 합리적인 이유가 있으며, 소멸시효 중단 또는 정지 규정이나 법원의 해석 등을 통하여 구체적인 사안에서 나타날 수 있는 불합리한 결과를 보완할 수 있다.

따라서 **심판대상조항에 규정된 소멸시효기간이 지나치게 단기간이거나 불합리하여 국민의 보험금청구를 현저히 곤란하게 만들거나 사실상 불가능하게 한다고 볼 수 없으므로, 심판대상조항이 입법형성의 한계를 넘어 재산권을 침해한다고 볼 수 없다**(헌법재판소 2022.5.26. 선고 2018헌바153 전원재판부 결정).

TIP 보험금청구권의 소멸시효

상법은 보험금청구권에 관하여 단기소멸시효제도를 두고 있다. 구 상법 제662조에 따르면, 보험금청구권과 보험료 또는 적립금의 반환청구권은 2년간, 보험료의 청구권은 1년간 행사하지 아니하면 소멸시효가 완성한다. 위 상법 제662조는 1962.1.20. 법률 제1000호로 상법이 제정될 때부터 같은 내용으로 존속하다가, 2014.3.11. 법률 제12397호로 상법이 개정될 때 보험금청구권 및 보험료 또는 적립금의 반환청구권의 소멸시효가 2년에서 3년으로, 보험료청구권의 소멸시효가 1년에서 2년으로 연장되었다.

21

정답 ②

해설 "대통령령으로 정하는 기준에 따라 제3보험의 보험종목에 부가되는 보험"이란 질병을 원인으로 하는 사망을 제3보험의 특약 형식으로 담보하는 보험으로서 다음 각 호의 요건을 충족하는 보험을 말한다(보험업법 시행령 제15조 제2항).

1. **보험만기는 80세 이하일 것**
2. **보험금액의 한도는 개인당 2억원 이내일 것**
3. **만기시에 지급하는 환급금은 납입보험료 합계액의 범위 내일 것**

22

정답 ③

해설 **주식회사의 이사**는 조직변경에 관한 사항을 보험계약자 총회에 보고하여야 한다(보험업법 제27조).

① 보험업법 제25조 제1항
② 보험업법 제26조 제1항
④ 보험업법 제28조 제2항

23

정답 ④

해설 금융위원회는 외국보험회사국내지점이 다음 각 호의 어느 하나에 해당하는 사유로 해당 외국보험회사국내지점의 보험업 수행이 어렵다고 인정되면 공익 또는 보험계약자 보호를 위하여 영업정지 또는 그 밖에 필요한 조치를 하거나 청문을 거쳐 보험업의 허가를 취소할 수 있다(보험업법 제74조 제2항).

1. **이 법 또는 이 법에 따른 명령이나 처분을 위반한 경우**
2. 「금융소비자 보호에 관한 법률」 또는 같은 법에 따른 명령이나 처분을 위반한 경우
3. **외국보험회사의 본점이 그 본국의 법령을 위반한 경우**
4. **그 밖에 해당 외국보험회사국내지점의 보험업 수행이 어렵다고 인정되는 경우**

24

정답 ④

해설 **금융기관보험대리점이 될 수 있는 자(보험업법 제91조 제1항)**

1. **「은행법」에 따라 설립된 은행**
2. **「자본시장과 금융투자업에 관한 법률」에 따른 투자매매업자 또는 투자중개업자**
3. **「상호저축은행법」에 따른 상호저축은행**
4. 그 밖에 다른 법률에 따라 금융업무를 하는 기관으로서 대통령령으로 정하는 기관(동법 시행령 제40조 제1항)
   - 「한국산업은행법」에 따라 설립된 한국산업은행
   - 「중소기업은행법」에 따라 설립된 중소기업은행
   - 「여신전문금융업법」에 따라 허가를 받은 신용카드업자(겸영여신업자는 제외한다)
   - **「농업협동조합법」에 따라 설립된 조합 및 농협은행**

25

정답 ③

해설 보험회사의 임원 중 대표이사・사외이사・감사 및 감사위원은 보험모집을 할 수 없다(보험업법 제83조 제1항 제4호).

① 보험업법 시행령 제34조 제1항
② 보험업법 시행령 제31조 제1항 제2호
④ 보험업법 제83조 제2항

26

정답 ④

해설 보험중개사는 보험계약의 체결을 중개할 때 그 중개와 관련된 내용을 대통령령으로 정하는 바에 따라 장부에 적고 보험계약자에게 알려야 하며, 그 **수수료에 관한 사항을 비치하여 보험계약자가 열람할 수 있도록 하여야 한다**(보험업법 제92조 제1항).

① 보험업법 제89조의2 제1항 제3호
② 보험업법 제89조 제3항
③ 보험업법 제90조 제2항 제1호

27

정답 ③

해설 보험약관 또는 보험증권을 전자문서로 발급하는 경우에는 보험계약자가 해당 문서를 수령하였는지를 확인하여야 하며, **보험계약자가 서면으로 발급해 줄 것을 요청하는 경우에는 서면으로 발급하여야 한다**(보험업법 시행령 제43조 제5항 제3호).

① 보험업법 제96조 제2항 제1호
② 보험업법 시행령 제43조 제1항
④ 보험업법 시행령 제43조 제6항

28

정답 ④

해설 **국외여행, 연수 또는 유학 등 국외체류 중 발생한 위험을 보장하는 보험계약은 제외된다**(보험업법 시행령 제42조의5 제1항 제3호).

① 보험업법 제95조의5 제1항, 동법 시행령 제42조의5 제1항
② 보험업법 제95조의5 제1항
③ 보험업법 시행령 제42조의5 제2항

29

정답 ④

해설 보험회사의 신설 등으로 상호협정의 구성원이 변경되는 사항은 "대통령령으로 정하는 경미한 사항"에 해당되므로 공정거래위원회와의 사전협의 사항이 아니다(보험업법 제125조 제3항 단서, 동법 시행령 제69조 제3항 제1호).

① 보험업법 제125조 제1항

②·③ 보험업법 제125조 제2항

30

정답 ②

해설 금융위원회는 보험회사가 제127조 제2항에 따라 기초서류를 신고할 때 필요하면 「금융위원회의 설치 등에 관한 법률」에 따라 설립된 **금융감독원의 확인**을 받도록 할 수 있다(보험업법 제128조 제1항).

① 보험업법 제127조 제2항 제1호

③ 보험업법 제127조의2 제1항

④ 보험업법 제128조 제2항

31

정답 ④

해설 보험회사가 보험요율산출의 원칙을 위반한 경우, **금융위원회는 대통령령으로 정하는 바에 따라 기초서류의 변경을 권고할 수 있다**(보험업법 제127조의2 제1항).

TIP 보험요율산출의 원칙(보험업법 제129조)

보험회사는 보험요율을 산출할 때 객관적이고 합리적인 통계자료를 기초로 대수(大數)의 법칙 및 통계신뢰도를 바탕으로 하여야 하며, 다음 각 호의 사항을 지켜야 한다.

1. **보험요율이 보험금과 그 밖의 급부(給付)에 비하여 지나치게 높지 아니할 것**
2. **보험요율이 보험회사의 재무건전성을 크게 해칠 정도로 낮지 아니할 것**
3. 보험요율이 보험계약자간에 부당하게 차별적이지 아니할 것
4. **자동차보험의 보험요율인 경우 보험금과 그 밖의 급부와 비교할 때 공정하고 합리적인 수준일 것**

32

정답 ①

해설 금융위원회는 보험회사의 파산 또는 보험금 지급불능 우려 등 보험계약자의 이익을 크게 해칠 우려가 있다고 인정되는 경우에는 **보험계약 체결 제한**, **보험금 전부 또는 일부의 지급정지** 또는 그 밖에 필요한 조치를 명할 수 있다(보험업법 제131조의2).

33

정답 ④

해설 보험회사는 해산한 후에도 **3개월 이내**에는 보험계약 이전을 결의할 수 있다(보험업법 제148조 제1항).

① 보험업법 제140조 제1항, 제139조

② 보험업법 제141조 제1항

③ 보험업법 제141조 제3항

34

정답 ①

해설 보험 관련 정보의 수집・제공 및 통계의 작성은 **보험요율산출기관의 업무에 해당**한다(보험업법 제176조 제3항 제2호).

TIP 보험협회의 업무(보험업법 제175조 제3항)

1. 보험회사간의 건전한 업무질서의 유지

1의2. **제85조의3 제2항(보험설계사에 대한 보험회사의 불공정한 모집위탁행위 금지)에 따른 보험회사 등이 지켜야 할 규약의 제정・개정**

2. 보험상품의 비교・공시 업무
3. 정부로부터 위탁받은 업무
4. 제1호・제1호의2 및 제2호의 업무에 부수하는 업무
5. 그 밖에 **대통령령으로 정하는 업무**(동법 시행령 제84조) 〈2023.6.27. 개정〉
   - 법 제194조 제1항 및 제4항에 따라 위탁받은 업무
   - 다른 법령에서 보험협회가 할 수 있도록 정하고 있는 업무
   - 보험회사의 경영과 관련된 정보의 수집 및 통계의 작성업무
   - **차량수리비 실태 점검업무**
   - **모집 관련 전문자격제도의 운영・관리 업무**
   - 보험설계사 및 개인보험대리점의 모집에 관한 경력(금융위원회가 정하여 고시하는 사항으로 한정한다)의 수집・관리・제공에 관한 업무
   - 보험가입 조회업무
   - 설립 목적의 범위에서 보험회사, 그 밖의 보험 관계 단체로부터 위탁받은 업무
   - 보험회사가 공동으로 출연하여 수행하는 사회 공헌에 관한 업무
   - 「보험사기방지특별법」에 따른 보험사기행위를 방지하기 위한 교육・홍보 업무
   - 「보험사기방지특별법」에 따른 보험사기행위를 방지하는데 기여한 자에 대한 포상금 지급 업무

35

정답 ③

해설 손해사정업자가 이 법을 위반하여 손해사정업의 건전한 경영을 해친 경우, 금융감독원장의 건의에 따라 다음 각 호의 어느 하나에 해당하는 조치를 하거나 금융감독원장으로 하여금 제1호의 조치를 하게 할 수 있다(보험업법 제192조 제2항, 제134조 제1항 준용).

1. 보험회사에 대한 주의·경고 또는 그 임직원에 대한 주의·경고·문책의 요구
2. 해당 위반행위에 대한 시정명령
3. 임원(「금융회사의 지배구조에 관한 법률」 제2조 제5호에 따른 업무집행책임자는 제외한다)의 해임권고·직무정지
4. 6개월 이내의 영업의 일부정지

① 보험업법 제192조 제1항
② 보험업법 제131조 제1항 제4호
④ 보험업법 제191조

36

정답 ③, ④

해설 가·나 (×) "중소기업퇴직연금기금제도"란 중소기업(**상시 30명 이하의 근로자를 사용하는 사업에 한정**한다. 근로자의 안정적인 노후생활 보장을 지원하기 위하여 둘 이상의 **중소기업 사용자 및 근로자가 납입한 부담금 등으로 공동의 기금을 조성·운영하여 근로자에게 급여를 지급하는 제도**를 말한다(근로자퇴직급여보장법 제2조 제14항).

다. (○) 근로복지공단은 중소기업퇴직연금기금을 중소기업퇴직연금기금 운용계획 및 지침에 따라 관리·운용해야 한다(근로자퇴직급여보장법 시행령 제16조의4 제2항).

라. (△) 근로자퇴직급여보장법 제7조

TIP 근로자퇴직급여보장법 제7조(수급권의 보호)

① **퇴직연금제도(중소기업퇴직연금기금제도를 포함한다. 이하 이 조에서 같다)의 급여를 받을 권리는 양도 또는 압류하거나 담보로 제공할 수 없다.**

② **제1항에도 불구하고 가입자는 주택구입 등 대통령령으로 정하는 사유와 요건을 갖춘 경우에는 대통령령으로 정하는 한도에서 퇴직연금제도의 급여를 받을 권리를 담보로 제공할 수 있다.** 이 경우 제26조에 따라 등록한 퇴직연금사업자[중소기업퇴직연금기금제도의 경우 「산업재해보상보험법」 제10조에 따른 근로복지공단(이하 "공단"이라 한다)을 말한다]는 제공된 급여를 담보로 한 대출이 이루어지도록 협조하여야 한다.

마. (○) 근로자퇴직급여보장법 제23조의5 제1항 제4호

TIP 근로자퇴직급여보장법 제23조의5(중소기업퇴직연금기금표준계약서의 기재사항 등)

① 공단은 다음 각 호의 사항을 기재한 계약서(이하 "중소기업퇴직연금기금표준계약서"라 한다)를 작성하여 고용노동부장관의 승인을 받아야 한다.
1. 제13조 제2호, 제3호, 제6호 및 제8호부터 제10호까지의 사항
2. 제19조 제1항 제1호부터 제3호까지 및 제5호의 사항
3. 제23조의3에 따른 중소기업퇴직연금기금의 관리·운용 업무에 관한 사항
4. 적립금 운용현황의 기록·보관·통지 업무에 관한 사항
5. 계좌의 설정 및 관리, 부담금의 수령, 적립금의 보관 및 관리, 급여의 지급 업무에 관한 사항
6. 그 밖에 중소기업퇴직연금기금제도의 운영을 위하여 대통령령으로 정하는 사항

② 공단은 제1항에 따라 승인받은 중소기업퇴직연금기금표준계약서를 변경하는 경우에는 고용노동부장관의 승인을 받아야 한다. 다만, 변경하는 내용이 사용자 및 가입자에게 불리하지 아니한 경우에는 고용노동부장관에게 신고함으로써 중소기업퇴직연금기금표준계약서를 변경할 수 있다.

③ 제1항 및 제2항에 따른 승인 또는 변경승인의 방법 및 절차 등에 필요한 사항은 대통령령으로 정한다.

37

정답 ③

해설 가. (○) 근로자퇴직급여보장법 제20조 제1항

나. (○) 근로자퇴직급여보장법(이하 '퇴직급여법'이라고 한다)의 입법 취지와 확정기여형퇴직연금제도 관련 규정 내용, 확정기여형퇴직연금제도와 퇴직금제도의 관계 등을 종합하면, 퇴직급여제도 중 확정기여형퇴직연금제도가 설정된 사업 또는 사업장에서 사용자가 퇴직한 가입자에 대하여 가입기간 동안 매년 납입한 부담금이 연간 임금총액의 12분의 1(부담금의 액수를 연간 임금총액의 12분의 1을 넘는 금액으로 정한 경우에는 그 금액)에 미치지 못하는 경우, 가입자인 근로자는 특별한 사정이 없는 한 퇴직일로부터 14일이 지난 후에는 사용자에게 직접 정당한 부담금액과 이미 납입된 부담금액의 차액 및 그에 대한 퇴직급여법에서 정한 지연이자를 지급할 것을 청구할 수 있을 뿐, 퇴직금제도에 따라 평균임금의 재산정을 통해 계산하는 방식으로 추가 퇴직금의 지급을 청구할 수는 없다고 보아야 한다(대법원 2022.3.17. 선고 2018다244877 판결).

다. (○) 근로자퇴직급여보장법 제21조 제2항

라. (×) 근로자퇴직급여보장법 제21조의2 제1항

마. (×) 사전지정운용방법으로 적립금을 운용하는 가입자는 언제든지 근로자퇴직급여보장법 제21조 제1항에 따라 적립금의 운용방법을 스스로 선정할 수 있다(근로자퇴직급여보장법 제21조의3 제5항).

TIP 근로자퇴직급여보장법 제21조의2(사전지정운용제도의 설정)

① 운용관리업무를 수행하는 퇴직연금사업자는 사전지정운용방법에 **다음 각 호 중 하나 이상의 운용유형을 포함하여** 고용노동부장관의 승인을 받아야 한다.

1. 적립금의 원리금이 보장되는 운용유형
2. 「자본시장과 금융투자업에 관한 법률」 제229조에 따른 집합투자기구의 집합투자증권으로서 투자설명서상 다음 각 목의 어느 하나에 해당하는 운용내용이 운용계획에 명시되는 등 대통령령으로 정하는 요건을 충족하는 운용유형
   가. 투자목표시점이 사전에 결정되고 운용기간이 경과함에 따라 투자위험이 낮은 자산의 비중을 증가시키는 방향으로 자산배분을 변경하거나 위험수준을 조절하는 운용내용
   나. 투자위험이 상이한 다양한 자산에 분산투자하고 금융시장 상황 및 각 집합투자재산의 가치변동 등을 고려하여 주기적으로 자산배분을 조정함으로써 집합투자재산의 위험을 관리하고 장기 가치 상승을 추구하는 운용내용
   다. 단기금융상품 등에 투자하여 집합투자재산의 손실가능성을 최소화하고 단기 안정적인 수익을 추구하는 운용내용
   라. 「사회기반시설에 대한 민간투자법」 등 관련 법령에 따라 국가 및 지방자치단체가 추진하는 공공투자계획, 관련 사업 및 정책에 따른 사회기반시설사업 등에 투자하는 등 고용노동부령으로 정하는 요건을 충족하는 운용내용
   마. 그 밖에 대통령령으로 정하는 운용내용

38

정답 ④

해설 **법률 제10967호 근로자퇴직급여보장법 전부개정법률 시행일 이후** 새로 성립(합병·분할된 경우는 제외한다)된 사업의 사용자는 근로자대표의 의견을 들어 사업의 성립 후 1년 이내에 확정급여형퇴직연금제도나 확정기여형퇴직연금제도를 설정하여야 한다(근로자퇴직급여보장법 제5조). 따라서 2012년 7월 25일 이전에 설립된 사업의 경우에는 확정급여형퇴직연금제도나 확정기여형퇴직연금제도를 설정하지 아니하고 종전의 퇴직금제도를 운영하여도 상관없다.

① 근로자퇴직급여보장법 제4조 제1항 단서 위헌소원에서 헌법상 '근로조건 법정주의'(헌법 제32조 제3항) 및 평등원칙에 위반되지 않는다고 판결이 나왔지만 일부 반대 의견도 있다.
② 근로자인 피보험자는 고용보험법이 적용되는 사업에 고용된 날에 피보험자격을 취득한다(고용보험법 제13조 제1항). 따라서 근로자의 근로기간은 2022년 1월 3일부터 2023년 3월 31일까지로 계속근로기간이 1년 이상이고, 4주간을 평균하여 1주간의 소정근로시간이 15시간 이상인 근로자이므로 사용자는 근로자에게 급여를 지급하기 위하여 퇴직급여제도 중 하나 이상의 제도를 설정하여야 한다(근로자퇴직급여보장법 제4조 제1항).
③ 근로자퇴직급여보장법 제6조

판례 근로자퇴직급여보장법 제4조 제1항 단서 위헌소원(전원재판부 2015헌바334, 2021.11.25.)

가. 인간의 존엄성을 보장하는 근로조건의 보장은 근로자를 두텁게 보호하는 것뿐만 아니라 사용자의 효율적인 기업경영 및 기업의 생산성이라는 측면과 조화를 이룰 때 달성 가능하고, 이것이 헌법 제32조 제3항이 근로조건의 기준을 법률로 정하도록 한 취지이다.

사용자가 모든 근로자에 대하여 퇴직급여 지급의무를 부담하는 것은 근로자의 노후 생계보장이라는 목적을 달성하지도 못한 채 사용자가 감당하기 어려운 경제적 부담만을 가중시켜 오히려 근로조건을 악화시키는 부작용을 초래할 우려가 있다. 퇴직급여제도는 사회보장적 급여의 성격과 근로자의 장기간 복무 및 충실한 근무를 유도하는 기능을 갖고 있으므로, 해당 사업 또는 사업장에의 전속성이나 기여도가 낮은 일부 근로자를 한정하여 사용자의 부담이 요구되는 퇴직급여 지급대상에서 배제한 것이 입법형성권의 한계를 일탈하여 명백히 불공정하거나 불합리한 판단이라 볼 수는 없다.

소정근로시간이 1주간 15시간 미만인 이른바 '초단시간근로'는 일반적으로 임시적이고 일시적인 근로에 불과하여, 해당 사업 또는 사업장에 대한 기여를 전제로 하는 퇴직급여제도의 본질에 부합한다고 보기 어렵다. 소정근로시간이 짧은 경우에는 고용이 단기간만 지속되는 현실에 비추어 볼 때에도, '소정근로시간'을 기준으로 해당 사업 또는 사업장에 대한 전속성이나 기여도를 판단하도록 규정한 것 역시 합리성을 상실하였다고 보기도 어렵다. 따라서 심판대상조항은 헌법 제32조 제3항에 위배되는 것으로 볼 수 없다.

나. 위 가.에서 살펴본 바와 같이 심판대상조항이 퇴직급여제도의 설정에 있어 초단시간근로자를 그 적용대상에서 배제함으로써 초단시간근로자를 통상의 근로자 또는 그 외 단시간근로자와 달리 취급한 것에는 합리적 이유가 있다. 퇴직급여제도가 적용되는 범위가 확대되고 있는 등 근로자를 보호하기 위한 입법개선 노력이 있어 왔고, 입법자가 법적 가치의 상향적 구현을 단계적으로 추구하는 과정에서 사용자와의 이해관계를 조정하기 위한 그 나름의 합리적 이유를 확인할 수 있으므로, 이를 입법재량을 벗어난 자의적인 재량권 행사라고 보기는 어렵다. 따라서 심판대상조항은 평등원칙에 위배되지 아니한다.

재판관 이석태, 재판관 김기영, 재판관 이미선의 반대의견

가. 현행법상 퇴직급여는 사업에 대한 공로의 유무나 다과에 관계없이 지급되고 퇴직자가 안정된 수입원을 갖고 있는지 여부와 관계없이 지급된다는 점에서 본질적으로 후불임금의 성질을 지닌 것으로, 초단시간근로자 역시 해당 사업이나 사업장에 근로를 제공한 근로자임에도 불구하고 그 반대급부인 임금의 성격을 갖는 퇴직급여의 지급대상에서 이들을 배제하는 것은 그 정당성을 인정하기 어렵다. 또한, 퇴직급여제도는 노후생활보장 및 실업보험 기능을 목적으로 도입된 것으로 초단시간근로자라고 하여 이러한 보호가 필요하지 않다고 볼 수 없음은 명백하다. 퇴직급여제도의 공로보상적 성격을 일부 인정한다 하더라도 '소정근로시간'은 사업 또는 사업장에 대한 전속성이나 기여도를 평가할 수 있는 합리적이고 단일한 기준이라고 평가하기 어려워서 이것만을 기준으로 그 공로를 가늠하는 것은 합리적인 기준이라고 보기 어렵다.

실제 근로시간이 아닌 '소정근로시간'을 기준으로 퇴직급여의 지급대상에서 배제하는 것은 근로관계의 실제를 도외시하는 것이고, '근로자와 사용자 사이에 정한 근로시간'이라는 규정방식은 사용자 주도성이 매우 강해 일자리 쪼개기 등의 편법적 행태를 방지할 수 없다. 초단시간근로자라 하더라도 근로시간을 기준으로 산정한 비율에 따라 퇴직급여액을 결정하는 방법으로 퇴직급여액에 대한 비례성을 담보할 수 있으므로 초단시간근로자를 퇴직급여제도의 적용대상에 포함시킨다 하더라도 사용자에게 심대한 수준의 영향을 미친다고 보기 어렵다. 따라서 심판대상조항은 인간의 존엄에 상응하는 근로조건에 관한 기준을 갖추지 못한 것으로서 헌법 제32조 제3항에 위배되어 근로의 권리를 침해한다.

나. 퇴직급여의 후불임금적 성격, 사회보장적 기능에 비추어 볼 때 퇴직급여제도의 적용 여부에 있어 소정근로시간에 따른 본질적 차이가 있다고 보기 어렵고, 퇴직급여의 공로보상적 성격에 비추어 보더라도 소정근로시간이 그 합리적 기준이 될 수 없다. 특히 '기간제 및 단시간근로자 보호 등에 관한 법률'에서는 통상근로자와 단시간근로자 사이의 차별적 처우를 금지하고 있고(제8조 제2항 참조), 근로기준법 제18조 제1항은 단시간근로자의 근로조건에 대하여 비례 보호의 원칙을 규정하고 있는데, 소정근로시간만을 기준으로 단시간근로자들 간에 퇴직급여 적용 여부에 차별을 두는 데에 합리적 이유를 찾아보기 어렵다. 따라서 심판대상조항은 퇴직급여제도의 적용 여부에 있어 1주 동안의 소정근로시간이 15시간 미만인 근로자와 15시간 이상인 근로자를 합리적 근거 없이 차별 취급하고 있으므로, 평등권을 침해한다.

TIP	근로자퇴직급여보장법 제6조(가입자에 대한 둘 이상의 퇴직연금제도 설정)

① 사용자가 가입자에 대하여 확정급여형퇴직연금제도 및 확정기여형퇴직연금제도를 함께 설정하는 경우 제15조 및 제20조 제1항에도 불구하고 확정급여형퇴직연금제도의 급여 및 확정기여형퇴직연금제도의 부담금 수준은 다음 각 호에 따른다.

1. 확정급여형퇴직연금제도의 급여 : 제15조에 따른 급여수준에 확정급여형퇴직연금규약으로 정하는 설정 비율을 곱한 금액
2. 확정기여형퇴직연금제도의 부담금 : 제20조 제1항의 부담금의 부담 수준에 확정기여형퇴직연금규약으로 정하는 설정 비율을 곱한 금액

② 사용자는 제1항 제1호 및 제2호에 따른 각각의 설정 비율의 합이 1 이상이 되도록 퇴직연금규약을 정하여 퇴직연금제도를 설정하여야 한다.

39

정답 ①

해설 퇴직금의 개인형퇴직연금제도 계정 등으로의 이전에 대한 예외사유는 근로자가 50세가 아닌 55세 이후에 퇴직하여 급여를 받는 경우이다.

TIP	근로자퇴직급여보장법 시행령 제3조의2(퇴직금의 개인형퇴직연금제도 계정 등으로의 이전 예외 사유)

① 법 제9조 제2항 단서에서 "근로자가 55세 이후에 퇴직하여 급여를 받는 경우 등 대통령령으로 정하는 사유가 있는 경우"란 다음 각 호의 경우를 말한다.

1. 근로자가 55세 이후에 퇴직하여 급여를 받는 경우
2. 급여가 고용노동부장관이 정하여 고시하는 금액 이하인 경우
3. 근로자가 사망한 경우
4. 「출입국관리법 시행령」 제23조 제1항에 따라 취업활동을 할 수 있는 체류자격으로 국내에서 근로를 제공하고 퇴직한 근로자가 퇴직 후 국외로 출국한 경우
5. 다른 법령에서 급여의 전부 또는 일부를 공제하도록 한 경우

② 제1항 제5호의 사유로 급여에서 일부를 공제한 경우 남은 금액은 근로자가 지정한 개인형퇴직연금제도의 계정 또는 법 제23조의8에 따른 계정(이하 "개인형퇴직연금 계정 등"이라 한다)으로 이전해야 한다.

40

정답 ③

해설 연금제도 설계 및 연금 회계처리 업무는 확정급여형퇴직연금제도를 설정할 때에만 해당하고, 확정기여형퇴직연금제도를 설정할 때에는 해당되지 않는다.

① 근로자퇴직급여보장법 제26조 제1호
② 근로자퇴직급여보장법 제27조 제1항 제1호
④ 근로자퇴직급여보장법 제31조 제10항

TIP 근로자퇴직급여보장법 제28조(운용관리업무에 관한 계약의 체결)

① 퇴직연금제도를 설정하려는 사용자 또는 가입자는 퇴직연금사업자와 다음 각 호의 업무(이하 "운용관리업무"라 한다)를 하는 것을 내용으로 하는 계약을 체결하여야 한다. 다만, 제1호의2의 업무는 확정기여형퇴직연금제도를 설정할 때에만 해당하고, 제2호의 업무는 확정급여형퇴직연금제도를 설정할 때에만 해당한다.
1. 사용자 또는 가입자에 대한 적립금 운용방법 및 운용방법별 정보의 제공
1의2. 사전지정운용제도의 설정 및 운영에 관한 업무
2. 연금제도 설계 및 연금 회계처리
3. 적립금 운용현황의 기록・보관・통지
4. 사용자 또는 가입자가 선정한 운용방법을 제29조 제1항에 따른 자산관리업무를 수행하는 퇴직연금사업자에게 전달하는 업무
5. 그 밖에 운용관리업무의 적절한 수행을 위하여 대통령령으로 정하는 업무

② 제1항에 따라 운용관리업무를 수행하는 퇴직연금사업자는 대통령령으로 정하는 일부 업무를 인적・물적 요건 등 대통령령으로 정하는 요건을 갖춘 자에게 처리하게 할 수 있다.

2023년 제46회 경제학원론 정답 및 해설

정답 CHECK

01	02	03	04	05	06	07	08	09	10	11	12	13	14	15	16	17	18	19	20
①	③	④	①	②	②	②	④	①	②	②	③	④	③	④	①	①	④	①	③
21	22	23	24	25	26	27	28	29	30	31	32	33	34	35	36	37	38	39	40
④	③	①	②	②	③	②	②	③	①	①	②	③	①	②	③	④	④	③	④

문제편 265p

01

정답 ①

해설 X재 구입액=6(X재 단위당 가격)×9(X재 구입 개수)=54

Y재 구입액=90(갑의 소득)−54(X재 구입액)=36

Y재 가격=36(Y재 구입액)÷4(Y재 구입 개수)=9

∴ 예산제약식$=6X+9Y=90$ or 예산제약식$=2X+3Y=30$

02

정답 ③

해설 $U(X, Y)=X^2+6XY+9Y^2=(X+3Y)^2$

문제에서 제시된 효용함수는 2차 동차 선형효용함수로 효용함수가 선형효용함수인 경우 두 재화는 완전대체재이다.

두 재화가 완전대체제인 경우의 무차별곡선은 우하향 형태의 직선이 된다.

03

정답 ④

해설 ① 문제에서 제시된 효용함수는 선형효용함수가 아니므로 두 재화는 완전대체재가 아니다.

②·③·④ $U(X, Y)=\max\{4X-Y, 4Y-X\}$에서 $4X-Y>4Y-X$이면 $X>Y$가 된다. 따라서 $X>Y$이면 $U(X, Y)=4X-Y$가 된다. 반대로 $4X-Y<4Y-X$이면 $X<Y$가 된다. 따라서 $X<Y$이면 $U(X, Y)=4Y-X$가 된다.

$X>Y$인 경우 $U(X, Y)=4X-Y$이므로 X재 소비가 많을수록 Y재 소비가 적을수록 효용함수의 크기는 증가한다.

$X<Y$인 경우 $U(X, Y)=4Y-X$이므로 Y재 소비가 많을수록 X재 소비가 적을수록 효용함수의 크기는 증가한다.

따라서 갑은 두 재화 X, Y 크기에 따라 재화가 많은 것을 선호할 수도 선호하지 않을 수도 있다.

04

정답 ①

해설 갑의 한계대체율을 구해보면

$U_{갑}(X, Y) = XY$

$$MU_X = \frac{dU_{갑}(X, Y)}{dX} = \frac{d(XY)}{dX} = Y$$

$$MU_Y = \frac{dU_{갑}(X, Y)}{dY} = \frac{d(XY)}{dY} = X$$

$$\therefore \text{ 갑의 한계대체율} = MRS_{XY}^{갑} = \frac{MU_X}{MU_Y} = \frac{Y}{X}$$

을의 한계대체율을 구해보면

$$U_{을}(X, Y) = -\frac{1}{(10+2XY)}$$

$$MU_X = \frac{dU_{을}(X, Y)}{dX} = \frac{d\left[-\frac{1}{(10+2XY)}\right]}{dX} = \frac{2Y}{(10+2XY)^2}$$

$$MU_Y = \frac{dU_{을}(X, Y)}{dY} = \frac{d\left[-\frac{1}{(10+2XY)}\right]}{dY} = \frac{2X}{(10+2XY)^2}$$

$$\therefore \text{ 을의 한계대체율} = MRS_{XY}^{을} = \frac{MU_X}{MU_Y} = \frac{\frac{2Y}{(10+2XY)^2}}{\frac{2X}{(10+2XY)^2}} = \frac{Y}{X}$$

갑과 을의 한계대체율은 동일하므로 갑과 을의 선호는 동일함을 알 수 있다. 따라서 두 사람의 소득이 같을 경우 두 사람의 X재 수요는 동일하다.

05

정답 ②

해설 갑의 효용함수 $U(X, Y) = \min\{X+2Y, 2X+Y\}$는 레온티에프 효용함수의 변형 함수로 무차별곡선이 꺾어진 형태로 도출되는데 무차별곡선의 꺾어진 점을 찾아보면

$X+2Y = 2X+Y$

$X = Y$

∴ 무차별곡선은 원점을 통과하는 45도 선상에서 꺾어진 형태이다.

Y재가 X재보다 더 많이 소비될 경우 효용함수를 구해보면 $U(X, Y) = 2X+Y$이다.
위 효용함수를 Y에 대해 정리하면 $Y = 2X - U(X, Y)$로 무차별곡선의 기울기는 2이다.

무차별곡선과 예산선의 기울기$\left(\frac{P_X}{P_Y}\right)$는 동일하므로 예산선의 기울기가 2가 되기 위해선 Y재 가격은 0.5가 된다.

따라서 X재 10단위와 Y재 20단위의 재화를 선택한 갑의 소득을 구해보면
갑의 소득 $=(1\times10)+(0.5\times20)=20$이 된다.

06

정답 ②

해설 효용함수 $U(X, Y)=XY$를 미분하여 각 재화의 한계효용을 구해보면
$MU_X=\frac{dU}{dX}=Y,\ MU_Y=\frac{dU}{dY}=X$

각 재화의 한계효용을 이용하여 한계대체율을 구해보면 $MRS_{XY}=\frac{MU_X}{MU_Y}=\frac{Y}{X}$이다.

소비자균형에서는 무차별곡선과 예산선이 접하므로 한계대체율(MRS_{XY})과 두 재화의 상대가격비 $\left(\frac{P_X}{P_Y}\right)$가 일치한다. 따라서 다음의 계산이 성립한다.

$$MRS_{XY}=\frac{Y}{X}=\frac{P_X}{P_Y}$$

$$P_X\cdot X=P_Y\cdot Y \cdots\cdots (\text{I})$$

위에서 구한 식 (Ⅰ)를 예산제약식에 대입하여 X재 수요함수를 구해보면

$$P_X\cdot X+P_Y\cdot Y=M$$

$$P_X\cdot X+P_X\cdot X=M$$

$$2P_X\cdot X=M$$

$$\therefore X\text{재 수요함수 : } X=\frac{M}{2P_X}$$

동일한 방법으로 Y재 수요함수를 구해보면 $Y=\frac{M}{2P_Y}$이 된다.

두 재화 각각 가격이 상승했을 때 수요의 변화를 확인해 보면 모두 수요가 감소함을 알 수 있다. 따라서 두 재화는 모두 정상재이다.

두 재화 모두 정상재이므로 X재 가격이 상승하면 상대적으로 비싸진 X재 대신 Y재를 선택할 것이므로 대체효과에 의해 X재의 수요는 감소하고 Y재의 수요는 증가하게 된다.

Y재 수요함수 $Y=\frac{M}{2P_Y}$를 보게되면 X재 가격과 Y재 수요는 관련이 없으므로 X재 가격 상승으로 인한 가격효과로 Y재 수요는 변하지 않는다.

07

정답 ②

해설 시장수요함수 $Q = Q_{갑} + Q_{을} + Q_{병} = (440-11P)+(120-3P)+(360-9P) = 920-23P$

시장수요의 가격탄력성이 1임을 이용하여 시장가격을 구해보면

시장수요의 가격탄력성$= -\frac{dQ}{dP} \times \frac{P}{Q} = -(-23) \times \frac{P}{920-23P} = 1$

$23P = 920 - 23P$

$46P = 920$

$\therefore \ P = 20$

08

정답 ④

해설 물품세가 부과될 경우 단위당 조세액이 2배가 되면 자중손실(deadweight loss)은 세율의 제곱인 4배로 커진다.

09

정답 ①

해설 생산함수 $Q = L + 2K$를 K에 대해 정리하면 $K = -\frac{1}{2}L + \frac{1}{2}Q$이다.

위에 식으로부터 등량곡선이 기울기가 $\frac{1}{2}$인 우하향 직선임을 알 수 있다.

따라서 등비용선 기울기가 $\frac{1}{2}$보다 작을 경우

전부 노동에만 투입하게 되므로 총비용 $C = wL + rK = wL$이 된다.
생산함수에 $K=0$을 대입하면 $Q = L$이 되므로 비용함수는 $C = wL = wQ$가 된다.

반대로 등비용선 기울기가 $\frac{1}{2}$보다 클 경우

전부 자본에만 투입하게 되므로 총비용 $C = wL + rK = rK$이 된다.

생산함수에 $L=0$을 대입하면 $Q = 2K$가 되므로 비용함수는 $C = rK = \frac{1}{2}rQ$가 된다.

기업은 위에서 구한 방법들 중에서 비용이 가장 적은 방법을 택할 것이므로 비용함수는 다음과 같다.

$$C = \min\left\{wQ, \frac{1}{2}rQ\right\} = \min\left\{w, \frac{1}{2}r\right\}Q$$

10

정답 ②

해설 생산함수 $Q(L, K) = L^{0.5}K^{0.5}$을 L과 K에 대해 각각 미분하여 MP_L과 MP_K를 구해보면

$$MP_L = \frac{dQ}{dL} = 0.5L^{-0.5}K^{0.5},\ MP_K = \frac{dQ}{dK} = 0.5L^{0.5}K^{-0.5}$$

위에서 구한 MP_L과 MP_K을 이용하여 한계대체율($MRTS_{LK}$)을 구해보면

$$MRTS_{LK} = \frac{MP_L}{MP_K} = \frac{0.5L^{-0.5}K^{0.5}}{0.5L^{0.5}K^{-0.5}} = \frac{K}{L}$$

등량곡선과 등비용곡선이 접하는 점에서 생산량이 극대화되므로 이 점에서 생산량을 최소의 비용으로 생산할 수 있으므로 $MRTS_{LK} = \frac{K}{L} = \frac{w}{r} = \frac{3}{6}$이 된다.

$\therefore\ L = 2K$

11

정답 ②

해설 단기비용함수 $C(Q) = Q^3 - 8Q^2 + 64Q + 50$을 총가변비용과 총고정비용으로 분리하면
총가변비용 $TVC = Q^3 - 8Q^2 + 64Q$, 총고정비용 $TFC = 50$

완전경쟁시장에서 생산량이 양(+)이 되기 위해선 가격이 최소평균가변비용보다 높아야 한다.

총가변비용 $TVC = Q^3 - 8Q^2 + 64Q$을 Q로 나누어 평균가변비용 AVC를 구해보면

$$AVC = \frac{TVC}{Q} = \frac{Q^3 - 8Q^2 + 64Q}{Q} = Q^2 - 8Q + 64$$

최소평균가변비용을 구하기 위해 평균가변비용을 Q에 대하여 미분한 후 0이 되는 생산량을 구해보면

$$\frac{dAVC}{dQ} = 2Q - 8 = 0,\ \therefore\ Q = 4$$

평균가변비용이 최소가 되는 생산량 $Q = 4$의 평균가변비용을 구해보면
$AVC(Q = 4) = 4^2 - (8 \times 4) + 64 = 48$

그러므로 완전경쟁시장에서 생산량이 양(+)이 되기 위해선 시장가격은 48보다 커야 한다.

12

정답 ③

해설

- $MP_L = \frac{dQ}{dL} = 4L^{-0.5}$
- $VMP_L = MP_L \times P = 4L^{-0.5} \times 24 = 96L^{-0.5} = 8$, $\therefore\ L = \left(\frac{96}{8}\right)^2 = 144$

13

정답 ④

해설 독점기업의 이윤극대화 생산량은 이윤에 대한 일정비율에 해당하는 이윤세를 부과해도 변하지 않는다. 생산량에 변화가 없으므로 가격에 대한 변화도 없다.

14

정답 ③

해설 지역 1의 수요함수 $Q_1 = 7{,}000 - 700P_1$을 P_1에 대해 정리하면 $P_1 = 10 - \frac{1}{700}Q_1$이다. 따라서 지역 1의 한계수입은 $MR_1 = 10 - \frac{1}{350}Q_1$이다.

마찬가지로 지역 2의 수요함수 $Q_2 = 1{,}200 - 200P_2$를 P_2에 대해 정리하면 $P_2 = 6 - \frac{1}{200}Q_2$이고 지역 2의 한계수입은 $MR_2 = 6 - \frac{1}{100}Q_2$가 된다.

독점기업 A의 한계비용은 2로 일정하므로 이윤극대화 조건 $MR = MC$를 이용하여 각 지역의 이윤극대화 생산량 및 가격을 구해보면

지역 1의 경우 $MR_1 = 10 - \frac{1}{350}Q_1 = 2 = MC$이므로 $Q_1 = 2{,}800$이 된다.

$Q_1 = 2{,}800$을 지역 1의 수요함수에 대입해 지역 1의 가격을 구해보면 $P_1 = 6$이 된다.

지역 2의 경우 $MR_2 = 6 - \frac{1}{100}Q_2 = 2 = MC$이므로 $Q_2 = 400$이 된다.

$Q_2 = 400$을 지역 2의 수요함수에 대입해 지역 2의 가격을 구해보면 $P_2 = 4$가 된다.

따라서 P_1은 P_2보다 2 높음을 알 수 있다.

15

정답 ④

해설

		을	
		야 구	축 구
갑	야 구	(3, 2)	(0, 0)
	축 구	(0, 0)	(2, 3)

갑과 을 모두 상대방의 전략에 따라 자신이 선택하는 전략이 달라지게 되므로 우월전략균형(dominant strategy equilibrium)은 존재하지 않으며 상대방과 동일한 종목을 선택할 때 보수가 크게 되므로 순수전략 내쉬균형(Nash equilibrium in pure strategies)은 (야구, 야구)와 (축구, 축구) 두 개가 된다.

16

정답 ①

해설 완전경쟁시장인 경우

$P = 20 - Q = 8 = MC$

$\therefore\ Q = 12,\ P = 8$

스타겔버그 모형의 복점인 경우

선도 기업(Stackelberg leader)의 생산량은 완전경쟁시장의 $\frac{1}{2}$ 이므로 선도 기업의 생산량은 6이고, 추종 기업(Stackelberg follower) 생산량은 완전경쟁시장의 $\frac{1}{4}$ 이므로 추종 기업의 생산량은 3이 된다.

버트란드(Bertrand) 모형의 복점인 경우

가격은 완전경쟁시장과 동일하고 두 기업의 생산량은 완전경쟁시장의 생산량의 $\frac{1}{2}$ 씩 나누어 가지므로 개별기업의 생산량은 6이 된다.

독점기업의 경우

$P = 20 - Q$

$MR = 20 - 2Q$

$MR = 20 - 2Q = 8 = MC$

$\therefore\ Q = 6,\ P = 14$

17

정답 ①

해설 꾸르노모형인 경우 두 기업의 한계비용이 동일하면 각 기업의 생산량은 완전경쟁의 $\frac{1}{3}$로 동일하지만 한계비용이 다른 경우에는 한계비용이 낮은 기업이 한계비용이 더 높은 기업보다 더 많이 생산하게 된다.

두 기업의 한계비용이 $MC_A = \frac{dC_A}{dQ} = 3$, $MC_B = \frac{dC_B}{dQ} = 3$으로 동일하기에 두 기업의 생산량은 같다.

②·③ 고정비용은 한계비용에 영향을 주지 않으므로 기업의 생산량과 관련이 없다.

④ 두 기업이 담합하게 되면 시장구조가 독점되므로 꾸르노모형보다 생산량이 더 적게 된다.

18

정답 ④

해설

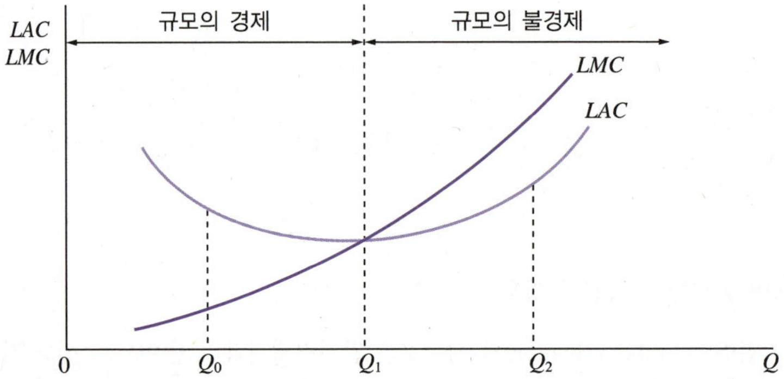

위 그래프에서 확인한 것처럼 규모의 경제는 장기평균비용곡선이 우하향하는 구간에서 나타난다.

$$LTC(Q) = Q^3 - 12Q^2 + 20Q$$

$$LAC(Q) = \frac{LTC(Q)}{Q} = \frac{Q^3 - 12Q^2 + 20Q}{Q} = Q^2 - 12Q + 20$$

장기평균비용이 최소가 되는 생량을 구하기 위해 장기평균비용을 미분한 후 0이 되는 생산량을 구해보면

$$\frac{dLAC(Q)}{dQ} = 2Q - 12 = 0$$

$$\therefore\ Q = 6$$

$Q=6$인 경우 장기평균비용이 최소가 되므로 규모의 경제가 나타나는 구간은 $0 < Q \leq 6$이 된다.

19

정답 ①

해설 완전경쟁시장의 단기균형인 경우 개별기업의 수요곡선은 주어진 가격수준에서 수평선으로 $P = AR = MR$이 성립한다.

이윤극대화 조건이 $MR = MC$이므로 완전경쟁시장의 단기균형인 경우 $P = AR = MR = MC$가 성립한다.

20

정답 ③

해설

효용함수 $U=C_1C_2$이므로 C_1과 C_2의 한계효용은 $MU_{C_1}=\frac{dU}{dC_1}=C_2$, $MU_{C_2}=\frac{dU}{dC_2}=C_1$이다.

C_1과 C_2의 한계효용을 이용하여 한계대체율 $MRS_{C_1C_2}$을 구해보면 $MRS_{C_1C_2}=\frac{MU_{C_1}}{MU_{C_2}}=\frac{C_2}{C_1}$이 된다.

주어진 제약조건하에서 소비자의 효용이 극대화된 상태를 소비자균형이라 하는데 소비자균형에서는 예산선과 무차별곡선이 접하므로 $MRS_{C_1C_2}=\frac{C_2}{C_1}=(1+r)$, $\therefore\ C_2=C_1(1+r)$이 된다.

현재 시장이자율은 10%로 위에서 구한 한계대체율 $MRS_{C_1C_2}=\frac{C_2}{C_1}=(1+r)$에 시장이자율 10%를 대입해 효용이 극대화되는 한계대체율을 구해보면
효용이 극대화되는 한계대체율 : $MRS_{C_1C_2}=(1+r)=(1+0.1)=1.1$

위에서 구한 식 $C_2=C_1(1+r)$을 예산제약식에 대입하면

$$C_1+\frac{C_2}{1+r}=100+\frac{220}{1+r}$$

$$C_1+\frac{C_1(1+r)}{1+r}=100+\frac{220}{1+r}$$

$$2C_1=100+\frac{220}{1+r}$$

$$\therefore\ C_1=50+\frac{110}{1+r},\ C_2=\left(50+\frac{110}{1+r}\right)(1+r)=50(1+r)+110$$

$r=0.1$인 경우 C_1, C_2를 구해보면

$$C_1=50+\frac{110}{1+0.1}=150,\ C_2=50(1+0.1)+110=165$$

$r=0.2$인 경우 C_1, C_2를 구해보면

$$C_1=50+\frac{110}{1+0.2}\fallingdotseq 141.67,\ C_2=50(1+0.2)+110=170$$

시장이자율이 10%($r=0.1$)에서 20%($r=0.2$)로 상승하면 1기 소비 C_1은 감소하지만 2기 소비 C_2는 증가한다. 또한 시장이자율이 10%($r=0.1$)와 20%($r=0.2$)인 경우 모두 1기 소비가 1기 소득보다 커 갚은 차입자가 된다.

21

정답 ④

해설

각 재화 생산의 기회비용

구 분	X재	Y재
A국	10 ÷ 8 = 1.25	8 ÷ 10 = 0.8
B국	4 ÷ 1 = 4	1 ÷ 4 = 0.25

A국의 X재 1단위와 교환되는 B국의 Y재는 X재 생산의 기회비용인 1.25단위 ~ 4단위에서 결정되며, B국의 Y재 1단위와 교환되는 A국의 X재는 Y재 생산의 기회비용인 0.25단위 ~ 0.8단위에서 결정된다.

22

정답 ③

해설 $Y = C + I + G$

$5{,}000 = [240 + 0.75(5{,}000 - 1{,}000) - 10r] + (1{,}000 - 20r) + 1{,}000 = 5{,}240 - 30r$

$\therefore\ r = 8$

$r = 8$을 소비함수와 투자함수에 대입해 민간소비와 투자를 구해보면

$C = 240 + 0.75(Y - T) - 10r = 240 + 0.75(5{,}000 - 1{,}000) - (10 \times 8) = 3{,}160$

$I = 1{,}000 - 20r = 1{,}000 - (20 \times 8) = 840$

23

정답 ①

해설 법정지급준비금 = 요구불예금 × 법정지급준비율 = 5,000만원 × 8% = 400만원

초과지급준비금 = 지급준비금 – 법정지급준비금 = 1,000만원 – 400만원 = 600만원

24

정답 ②

해설 $S_D + K_I = I$

$(1{,}200 + 1{,}000r) + (-400 + 2{,}500r) = 1{,}600 - 500r$

$4{,}000r = 800$

$\therefore\ r = 0.2 = 20\%$

25

정답 ②

해설 총소득 = 5,000만원/년 × 40년 = 20억원

부채 = 5억원

∴ 순소득 = 총소득 − 부채 = 20억원 − 5억원 = 15억원

생애주기가설에 따르면 순소득을 잔여 생애기간동안 일정하게 소비하므로 갑은 매년 2,500만원(= 15억원 ÷ 60년)을 소비한다.

은퇴시점까지 소비액 = 2,500만원/년 × 40년 = 10억원

은퇴시점 순자산 = 순소득 − 은퇴시점 소비액 = 15억원 − 10억원 = 5억원

26

정답 ③

해설 비용인상 인플레이션이 발생시 물가를 낮추려다보면 실질GDP가 감소하고 실질GDP를 높이려다 보면 물가가 상승하는 현상이 발생하게 되어 비용인상 인플레이션은 경기안정화 정책을 어렵게 만든다.

① 인플레이션이 예상되면 명목이자율의 상승으로 화폐보유 기회비용이 상승하게 되어 화폐보유를 줄이게 된다. 화폐보유가 줄어들면서 금융기관 방문 증가로 인한 거래비용이 증가하는데 이를 구두창 비용이라 한다.

② 프리드먼(M. Friedman)은 인플레이션과 통화공급 사이에 밀접한 연관성이 있으며 통화 증가율에 기반하여 경제성장률을 조절하면 인플레이션을 피할 수 있다면서 인플레이션은 언제나 화폐적 현상이라고 하였다.

④ 예상하지 못한 인플레이션이 발생하면 화폐가치의 하락으로 고정이자를 지급받는 채권소유자를 불리하게 만든다.

27

정답 ②

해설

시장이자율이 연 4%인 경우 영구채권의 현재가치 = $\frac{120\text{만원}}{0.04}$ = 3,000만원

시장이자율이 연 3%인 경우 영구채권의 현재가치 = $\frac{120\text{만원}}{0.03}$ = 4,000만원

그러므로 시장이자율이 연 3%으로 하락하게 되면 영구채권의 현재가치는 1,000만원 증가한다.

28

정답 ②

해설

2001년 기준 2023년 물가지수 = $\frac{160}{40}$ = 4

2023년 연봉을 2001년 기준으로 환산한 연봉액 = $\frac{5000\text{만원}}{4}$ = 1,250만원

29

정답 ③

해설 무위험 이자율 평가이론에 의하면 양국가의 이자율 차이$(i-i_f)$는 선물환 프리미엄 혹은 디스카운트 $\left(\frac{f_t-e_t}{e_t}\right)$와 동일하다(단, i : 국내 명목이자율, i_f : 미국에서의 명목이자율, e_t : 현물환율, f_t : 선물환율).

선물환 프리미엄 혹은 디스카운트 = $\frac{f_t-e_t}{e_t}$ = $\frac{1{,}200\text{원}-1{,}000\text{원}}{1{,}000\text{원}}$ = 0.2

양국가의 이자율 차이 $i-i_f=0.2$로 한국의 무위험 이자율은 미국의 무위험 이자율보다 20% 높다.

30

정답 ①

해설

$$Y=C+I+G+(X-M)$$
$$(X-M)=(Y-T-C)+(T-G)-I=S_P+(T-G)-I$$

①·④ 수입액이 수출액을 초과하면 순수출은 (−)가 된다. 경상수지(순수출)와 자본수지를 합하면 항상 0이 되는데 경상수지(순수출)이 적자이므로 자본수지는 흑자가 된다. 자본수지가 흑자라는 것은 순자본유입이 발생하였다는 것이다.

② $Y=C+I+G+(X-M)$에서 $(X-M)<0$이므로 $Y<C+I+G$가 된다.

③ $(X-M)=(Y-T-C)+(T-G)-I=S_P+(T-G)-I<0$이므로 국내투자가 국내저축보다 크다.

31

정답 ①

해설 2020년 명목GDP = (3 × 150) + (3 × 200) = 1,050

2020년 실질GDP = (2 × 150) + (1 × 200) = 500

2020년 GDP디플레이터 = $\frac{1{,}050}{500}$ × 100 = 210

32

정답 ②

해설 소비자물가지수는 물가변화를 과대평가한다.

TIP 소비자물가지수가 물가변화를 과대평가하는 이유

1. **소비자의 대체가능성을 무시**
   일반적으로 소비자는 상대적으로 가격이 많이 오른 제품의 구입을 줄이고 가격이 적게 오른 제품의 구입을 늘리는데 소비자물가지수는 라스파이레스방식으로 작성하기에 가격인상 여부와는 상관없이 기준연도와 동일한 제품을 구입함을 가정하고 물가지수를 작성한다. 따라서 소비자가 느끼는 것보다 더 크게 생계비가 증가한 것으로 소비자물가지수는 계산된다.

2. **신제품의 등장**
   신제품의 등장으로 인한 소비자의 선택폭 확장은 소비자들이 더 적은 비용으로 물품을 구입할 수 있게 한다. 하지만 소비자물가지수의 대상품목이 조정되기 전까지는 신제품이 소비자물가지수의 대상품목에 포함되지 않아 신제품 등장으로 인한 생계비 하락은 소비자물가지수에 반영되지 않는다.

3. **제품의 품질 개선**
   시간이 지날수록 제품의 품질은 개선된다. 소비자물가지수가 이러한 품질 개선 부분을 반영하려고 하지만 모든 제품의 품질 개선 부분을 완벽하게 반영하는 것은 불가능하다. 따라서 품질 개선 부분을 반영하지 못한 소비자물가지수는 물가변화를 과대평가하고 있다고 할 수 있다.

33

정답 ③

해설 ① 총생산함수 K 지수값 0.3이 자본소득분배비율이므로 총생산량이 200인 경우 자본에 귀속되는 소득은 60(= 200 × 0.3)이 된다.

② 총생산 증가율 = (노동소득분배비율 × 노동투입량 증가율) + (자본소득분배비율 × 자본투입량 증가율)
= (0.7 × 3%) + (0.3 × 5%) = 3.6%

③·④ A국의 총생산함수는 $Y = AL^{0.7}K^{0.3}$으로 1차 동차함수이다. 1차 동차함수는 규모에 대한 수익불변으로 $A = 10$일 경우 노동과 자본 투입량이 각각 2% 증가하면 총생산량도 2% 증가한다.

34

정답 ①

해설 교육을 통한 인적자본 축적이 이뤄지면 생산성이 향상되고 생산성 향상으로 생산량이 증가하게 된다.

② 내생적 성장이론(endogenous growth theory)에 의하면 기술진보율은 외생적으로 주어지는 것이 아니라 모형 안에서 내생적으로 결정된다.

③ 내생적 성장이론(endogenous growth theory)에 의하면 중앙은행의 통화정책은 경제성장에 영향을 주지 않는다.

④ 내생적 성장이론(endogenous growth theory)에 의하면 자본에 대한 수확체감의 법칙이 성립하지 않기에 수렴가설도 성립하지 않는다.

35

정답 ②

해설 교환방정식 : $MV=PY$

2011년 명목GDP=1,500조원=$MV=3M$, ∴ $M=500$조원

2021년 명목GDP=1,800조원=$MV=3M$, ∴ $M=600$조원

∴ 2011년 대비 2021년의 통화량 변화는 100조원 증가

36

정답 ③

해설 ㄱ·ㄴ (○) 솔로우 성장모형에 의하면 인구증가율이 감소하거나, 저축률이 높아지면 1인당 자본량이 증가하여 균제상태에서 1인당 국민소득이 증가한다.

ㄷ (○) 솔로우 성장모형의 생산함수는 요소대체가 가능한 1차 동차함수를 가정한다. 1차 동차함수는 자본에 대한 수확체감법칙이 성립한다.

ㄹ (×) 황금률은 경제성장률을 극대화하는 조건이 아닌 1인당 소비가 극대화 되는 균제상태이다.

37

정답 ④

해설

실질환율$(\epsilon)=\dfrac{e\times P_f}{P}$ (e : 명목환율, P_f : 해외물가, P : 국내물가)

실질환율을 증가율 형태로 나타내면

$$\frac{d\epsilon}{\epsilon}=\frac{de}{e}+\frac{dP_f}{P_f}-\frac{dP}{P}=8\%+6\%-4\%=10\%$$

즉, 실질환율은 10% 증가하였다.

실질환율이 상승하였다는 것은 한국 제품의 상대가격이 하락하였다는 것을 의미하므로 한국의 수출은 증가하게 된다.

38

정답 ④

해설 ㄱ. (○) 항상소득가설에 의하면 소비는 항상소득의 일정비율이다. 이를 관계식으로 나타내면 소비함수는 $C=kY_P$(C : 소비, $0<k<1$, Y_P : 항상소득)이다. 소비함수를 실제소득(Y)로 나누어 평균소비성향 APC를 구해보면 $APC=\dfrac{C}{Y}=k\left(\dfrac{Y_P}{Y}\right)$가 된다. 평균소비성향 관계식으로부터 평균소비성향은 실제소득 대비 항상소득의 일정비율에 의해 결정됨을 확인할 수 있다.

ㄴ. (×) 리카르도 대등정리(Ricardian equivalence theorem)에 의하면, 현재의 조세인하로 처분가능소득이 증가하였다 하더라도 미래의 조세증가를 대비하기 위해 증가한 처분가능소득을 모두 저축하므로 현재소비는 변하지 않는다.

ㄷ. (×) 생애주기가설에 의하면 소비는 현재소득이 아닌 평생소득에 의해 결정된다.

ㄹ. (○) 상대소득가설은 소비의 습관성으로 소득 증가로 인해 증가된 소비는 소득이 감소해도 줄이기 어렵다는 소비의 비가역성과 소비는 자신의 소득 이외에 사회적 의존관계가 있는 다른 사람들의 소비행위에도 영향을 받는다는 상호의존성을 가정한다.

39

정답 ③

해설 15세 이상의 인구(생산가능인구)를 x라 하면

경제활동인구 = 50% × x = $0.5x$

취업자수 = 40% × x = $0.4x$

실업자수 = 경제활동인구 − 취업자수 = $0.5x - 0.4x = 0.1x$

실업률 = $\dfrac{0.1x}{0.5x} = 0.2$ = 20%

별해 관계식을 이용해 문제를 해결하면

고용률 = 경제활동참가율×(1−실업률)

실업률 = 1 − (고용률 ÷ 경제활동참가율) = 1 − (0.4 ÷ 0.5) = 0.2 = 20%

40

정답 ④

해설 신고전학파 이론에 의하면 자본의 한계생산물이 자본 1단위당 비용보다 작을 때 기업은 자본량을 감소시킨다.

TIP 신고전학파 투자이론 vs Tobin−q 이론

구 분	신고전학파 투자이론	Tobin−q 이론
자본의 한계생산물 증가	자본재 구입시 이윤 증가로 투자가 증가한다.	기업의 이윤증대로 주가가 상승한다. 주가 상승으로 q값이 커져 투자가 증가한다.
자본재의 가격하락	자본의 사용자비용 하락으로 투자가 증가한다.	실물자본의 대체비용 감소로 q값이 커져 투자가 증가한다.
실질이자율 하락	자본의 사용자비용 하락으로 투자가 증가한다.	채권수익률의 하락으로 주식에 대한 수요가 증가하여 주가가 상승하게 되어 q값이 커져 투자가 증가한다.

2023년 제46회 보험수학

정답 및 해설

✓ 정답 CHECK

01	02	03	04	05	06	07	08	09	10	11	12	13	14	15	16	17	18	19	20
①	①	②	④	①	④	①	②	②	①	①	④	①	④	③	④	④	③	①	②
21	22	23	24	25	26	27	28	29	30	31	32	33	34	35	36	37	38	39	40
③	②	③	①	④	③	③	④	①	③	③	②	②	①	④	②	④	④	②	③

문제편 279p

01

정답 ①

해설 원 $x^2+y^2=8$의 기울기가 1인 접선의 방정식 : $y=x\pm4\sqrt{2}$

$\therefore$ 원 $x^2+y^2=8$이 서로 다른 두 점에서 만나기 위한 k값은 $|k|<4$이다.

TIP 기울기가 m인 접선의 방정식

구 분	표준형 방정식	기울기가 m인 접선의 방정식
원	$x^2+y^2=r^2$	$y=mx\pm r\sqrt{m^2+1}$
포물선	$y^2=4px$	$y=mx+\frac{p}{m}$
타 원	$\frac{x^2}{a^2}+\frac{y^2}{b^2}=1$	$y=mx\pm\sqrt{a^2m^2+b^2}$
쌍곡선	$\frac{x^2}{a^2}-\frac{y^2}{b^2}=1$	$y=mx\pm\sqrt{a^2m^2-b^2}$

02

정답 ①

해설

$$\lim_{x\to0}(1+4x-6x^2)^{(3/x)}=\lim_{x\to0}(1+4x-6x^2)^{\frac{1}{4x-6x^2}\times\frac{3(4x-6x^2)}{x}}=\lim_{x\to0}(1+4x-6x^2)^{\frac{1}{4x-6x^2}\times(12-18x)}=e^{12}$$

TIP e의 정의

① $\lim_{x\to0}(1+x)^{\frac{1}{x}}=e$

② $\lim_{x\to\infty}\left(1+\frac{1}{x}\right)^x=e$

03

정답 ②

해설

- $\frac{\partial z}{\partial x}=y+1$로 함수 z를 추정하면 $z=xy+x+c$(※ c는 임의의 y함수)
- $\frac{\partial z}{\partial y}=x+y$로 함수 z를 추정하면 $z=xy+\frac{1}{2}y^2+d$(※ d는 임의의 x함수)
- 위에서 구한 함수 z 추정식으로 함수 z를 유추하면 $z=\frac{1}{2}y^2+xy+x+e$(※ e는 임의의 상수)
- $x=t^2$, $y=1-t$를 함수 z에 대입하면 $z=\frac{1}{2}(1-t)^2+t^2(1-t)+t^2+e$

$\therefore\ \frac{dz}{dt}=-3t^2+5t-1$

04

정답 ④

해설

x와 y를 바꾸어 정의하면 곡선 $y=\frac{1}{2}x^2-\frac{5}{2}$와 직선 $y=x+5$이 된다.

곡선과 직선의 접점은 $(-3,2)$, $(5,10)$

곡선과 직선의 닫힌 영역의 면적 $=\int_{-3}^{5}\left\{(x+5)-\left(\frac{1}{2}x^2-\frac{5}{2}\right)\right\}dx$

$$=\left[-\frac{1}{6}x^3+\frac{1}{2}x^2+\frac{15}{2}x\right]_{-3}^{5}=\frac{128}{3}$$

05

정답 ①

해설 $$\int_0^1\int_x^1 \frac{1}{1+y^2}dydx=\int_0^1\int_0^y \frac{1}{1+y^2}dxdy=\int_0^1\left[\frac{x}{1+y^2}\right]_0^y dy=\int_0^1 \frac{y}{1+y^2}dy$$
$$=\left[\frac{1}{2}\ln(1+y^2)\right]_0^1=\frac{1}{2}\ln2$$

06

정답 ④

해설 $$\int_0^{2\pi}\int_0^3\{9-(rcos\theta)^2-(rsin\theta)^2\}rdrd\theta=\int_0^{2\pi}\int_0^3(9r-r^3)drd\theta=\int_0^{2\pi}\frac{81}{4}d\theta=\frac{81}{2}\pi$$

07

정답 ①

해설 $$\sum_{x=0}^{\infty}\frac{1}{x^2+5x+4}=\sum_{x=0}^{\infty}\frac{1}{(x+1)(x+4)}=\frac{1}{3}\sum_{x=0}^{\infty}\left(\frac{1}{x+1}-\frac{1}{x+4}\right)=\frac{1}{3}\left(1+\frac{1}{2}+\frac{1}{3}\right)=\frac{11}{18}$$

08

정답 ②

해설

$$최단거리=\frac{|(5\times2)+(1\times3)+(-1\times4)+(-1)|}{\sqrt{5^2+1^2+(-1)^2}}=\frac{8}{3\sqrt{3}}$$

TIP 직선과 점 사이의 거리

1. 2차원 : 직선 $Ax+By+c=0$과 점 (x_1, y_1) 사이의 거리
$$d=\frac{|Ax_1+By_1+c|}{\sqrt{A^2+B^2}}$$
2. 3차원 : 평면 $Ax+By+cZ+D=0$과 점 (x_1, y_1, z_1) 사이의 거리
$$d=\frac{|Ax_1+By_1+Cz_1+D|}{\sqrt{A^2+B^2+C^2}}$$

09

정답 ②

해설
- $\Pr(N=0)=\Pr(N=1)$
- $\Pr(N=2)=\Pr(N=1)$
- $\Pr(N=3)=\frac{1}{2}\Pr(N=2)$
- $\Pr(N=4)=\frac{1}{3}\Pr(N=3)=\frac{1}{2}\cdot\frac{1}{3}\Pr(N=2)$

$\Pr(N=0)=X$라 할 경우 전체 확률의 합이 1임을 활용하면

$X+X+X+\frac{1}{2}X+\frac{1}{2\cdot 3}X+\cdots=1$

$X\left(1+1+1+\frac{1}{2}+\frac{1}{2\cdot 3}+\cdots\right)=1$

$X(e+1)=1$

$\therefore\ X=\frac{1}{e+1}\left(\because\ e=\sum_{x=0}^{\infty}\frac{1}{x!}=\frac{1}{0!}+\frac{1}{1!}+\frac{1}{2!}+\cdots\right)$

10

정답 ①

해설
- $E(X)=\left.\frac{dM_X(t)}{dt}\right|_{t=0}=-\left.\left(\frac{1}{1+t}\right)^2\right|_{t=0}=-1$
- $E(X^2)=\left.\frac{d^2M(t)}{dt^2}\right|_{t=0}=2\left.\left(\frac{1}{1+t}\right)^3\right|_{t=0}=2$
- $E(X^3)=\left.\frac{d^3M(t)}{dt^3}\right|_{t=0}=-6\left.\left(\frac{1}{1+t}\right)^4\right|_{t=0}=-6$

$\therefore\ E[(X-2)^3]=E(X^3-6X^2+12X-8)=-38$

11

정답 ①

해설
$\Pr\left(X+\frac{10}{X}>7\right)=\Pr(X^2-7X+10>0)=\Pr[(X-5)(X-2)>0]=\Pr(X<2)+\Pr(X>5)$

$=\frac{2}{10}+\frac{5}{10}=\frac{7}{10}$

12

정답 ④

해설

• $f(1,1)=f(2,2)=\frac{2}{9}$

• $f(2,1)=\frac{4}{9}$

• $f(1,2)=\frac{1}{9}$

$\therefore\ E\left[\frac{X}{Y}\right]=\left(\frac{1}{1}\times\frac{2}{9}\right)+\left(\frac{2}{1}\times\frac{4}{9}\right)+\left(\frac{1}{2}\times\frac{1}{9}\right)+\left(\frac{2}{2}\times\frac{2}{9}\right)=\frac{25}{18}$

13

정답 ①

해설

• $E(XY)=\int_0^1\int_0^y xy\cdot 6x\,dxdy=\int_0^1[2x^3y]_0^y dy=\int_0^1 2y^4 dy=\left[\frac{2}{5}y^5\right]_0^1=\frac{2}{5}$

• $Cov(X, Y)=E(XY)-E(X)E(Y)=\frac{2}{5}-\left(\frac{1}{2}\times\frac{3}{4}\right)=\frac{1}{40}$

14

정답 ④

해설

$$\begin{aligned}\Pr(X+Y<1)&=\int_0^1\int_0^{1-y}e^{-(x+y)}dxdy=\int_0^1 e^{-y}\cdot[-e^{-x}]_0^{1-y}dy\\&=\int_0^1 e^{-y}(1-e^{y-1})dy=\int_0^1(e^{-y}-e^{-1})dy\\&=[-e^{-y}-ye^{-1}]_0^1=1-2e^{-1}\end{aligned}$$

15

정답 ③

해설

$$S=\int_1^2 \frac{1}{x}dx=[\ln x]_1^2=\ln 2$$

a가 1보다 큰 경우

$$2S=\int_1^a \frac{1}{x}dx=[\ln x]_1^a=\ln a=2\ln 2=\ln 4$$

$\therefore\ a=4$

a가 1보다 작은 경우

$$2S=\int_a^1 \frac{1}{x}dx=[\ln x]_a^1=-\ln a=\ln a^{-1}=\ln 4$$

$\therefore\ a=\frac{1}{4}$

따라서 모든 양수 a값의 곱은 $1\left(\because\ 4\times\frac{1}{4}=1\right)$

16

정답 ④

해설

$$\int_1^3\left\{\frac{f(x)}{f'(g(x))}+\frac{g(x)}{g'(f(x))}\right\}dx=\int_1^3\{f(x)g'(x)+g(x)f'(x)\}dx=[f(x)g(x)]_1^3=1-9=-8$$

TIP 역함수의 미분법

미분가능한 함수 $f(x)$, $g(x)$에 대하여 $f(x)$는 $g(x)$의 역함수일 경우 $f(g(x))=x$이다.
$f(g(x))=x$의 양변을 x에 대하여 미분하면
$f'(g(x))g'(x)=1$
$\therefore\ g'(x)=\frac{1}{f'(g(x))}$ [단, $f'(g(x))\neq 0$]

17

정답 ④

해설

- $E(X)=\left.\frac{dM_X(t)}{dt}\right|_{t=0}=a=6$
- $E(X^2)=\left.\frac{d^2M(t)}{dt^2}\right|_{t=0}=a^2+2b$
- $Var(X)=E(X^2)-E(X)^2=a^2+2b-a^2=2b=6$

$\therefore\ b=3$

$\therefore\ a+b=6+3=9$

18

정답 ③

해설

- $f(x_1, x_2) = f(x_1) \times f(x_2) = e^{-x_1} \times e^{-x_2} = e^{-x_1-x_2}$ (∵ 서로 독립)
- $\Pr(X_1 < X_2) = \int_0^\infty \int_0^{x_2} e^{-x_1-x_2} dx_1 dx_2 = \int_0^\infty e^{-x_2}\left[-e^{-x_1}\right]_0^{x_2} dx_2 = \int_0^\infty e^{-x_2}(1-e^{-x_2}) dx_2$

$$= \int_0^\infty e^{-x_2} - e^{-2x_2} dx_2 = \left[-e^{-x_2} + \frac{1}{2}e^{-2x_2}\right]_0^\infty = \frac{1}{2}$$

- $\Pr(X_1 < 2X_2) = \int_0^\infty \int_0^{2x_2} e^{-x_1-x_2} dx_1 dx_2 = \int_0^\infty e^{-x_2}\left[-e^{-x_1}\right]_0^{2x_2} dx_2 = \int_0^\infty e^{-x_2}(1-e^{-2x_2}) dx_2$

$$= \int_0^\infty e^{-x_2} - e^{-3x_2} dx_2 = \left[-e^{-x_2} + \frac{1}{3}e^{-3x_2}\right]_0^\infty = \frac{2}{3}$$

$$\therefore \Pr(X_1 < X_2 | X_1 < 2X_2) = \frac{\Pr(X_1 < X_2)}{\Pr(X_1 < 2X_2)} = \frac{\frac{1}{2}}{\frac{2}{3}} = \frac{3}{4}$$

19

정답 ①

해설

$$F_Y(y) = \Pr(Y \le y) = \Pr(\ln X < y) = \Pr(X \le e^y) = \int_0^{e^y} x \cdot e^{-\frac{1}{2}x^2} dx = \left[-e^{-\frac{1}{2}x^2}\right]_0^{e^y} = 1 - e^{\frac{1}{2}e^{2y}}$$

$$\therefore f_Y(y) = \frac{d}{dy}F_Y(y) = \frac{d}{dy}\left(1 - e^{\frac{1}{2}e^{2y}}\right) = e^{2y - \frac{e^{2y}}{2}}$$

20

정답 ②

해설

$$\Pr(X > 2) = 1 - \Pr(X \le 2, Y \le 5) = 1 - \frac{1}{250}\left[(20 \times 2 \times 5) - (2^2 \times 5) - (2 \times 5^2)\right] = \frac{12}{25}$$

21

정답 ③

해설

$$\text{듀레이션}=\frac{v+\left[v\{2(1.05v)+3(1.05v)^2+4(1.05v)^3+\cdots\}\right]}{v+\left[v\{1.05v+(1.05v)^2+(1.05v)^3+\cdots\}\right]}=\frac{v+483v}{v+21v}=22$$

- $v=\dfrac{1}{1+i}=\dfrac{1}{1.1}$

- $A=2(1.05v)+3(1.05v)^2+4(1.05v)^3+\cdots$

$(1.05v)A=2(1.05v)^2+3(1.05v)^3+4(1.05v)^4+\cdots$

$$\therefore (1-1.05v)A=2(1.05v)+(1.05v)^2+(1.05v)^3+(1.05v)^4+\cdots$$
$$=(1.05v)+(1.05v)+(1.05v)^2+(1.05v)^3+(1.05v)^4+\cdots$$
$$=(1.05v)+\frac{1.05v}{1-1.05v}$$

$$\therefore A=\frac{1.05v+\dfrac{1.05v}{1-1.05v}}{1-1.05v}=483$$

- $1.05v+(1.05v)^2+(1.05v)^3+\cdots=\dfrac{1.05v}{1-1.05v}=21$

22

정답 ②

해설

A가 받는 금액의 현재가치$=X\cdot a_{\overline{n|}}=X\cdot\dfrac{1-v^n}{i}=0.45X\cdot a_{\overline{\infty|}}=\dfrac{0.45X}{i}$, $\therefore\ v^n=0.55$

C가 받는 금액의 현재가치$=Xv^{2n}\cdot a_{\overline{\infty|}}=\dfrac{Xv^{2n}}{i}=(0.55)^2\cdot\dfrac{X}{i}=0.3025\cdot a_{\overline{\infty|}}$

∴ C가 받는 금액의 현재가치가 전체 영구연금의 현재가치에서 차지하는 비중$=30.25\%$

23

정답 ③

해설

- $\dfrac{a_{\overline{5|}}}{a_{\overline{6|}}}=\dfrac{\dfrac{1-v^5}{i}}{\dfrac{1-v^6}{i}}=\dfrac{1-v^5}{1-v^6}$

① $\dfrac{a_{\overline{2|}}+a_{\overline{3|}}}{2a_{\overline{3|}}}=\dfrac{\dfrac{1-v^2}{i}+\dfrac{1-v^3}{i}}{2\dfrac{1-v^3}{i}}=\dfrac{2-v^2-v^3}{2(1-v^3)}\neq\dfrac{1-v^5}{1-v^6}$

② $\dfrac{a_{\overline{2|}}+a_{\overline{3|}}}{1+a_{\overline{3|}}+s_{\overline{2|}}}=\dfrac{\dfrac{1-v^2}{i}+\dfrac{1-v^3}{i}}{1+\dfrac{1-v^3}{i}+\dfrac{(1+i)^2-1}{i}}=\dfrac{2-v^2-v^3}{i-v^3+(1+i)^2}\neq\dfrac{1-v^5}{1-v^6}$

③ $\dfrac{a_{\overline{2|}}+s_{\overline{3|}}}{a_{\overline{3|}}+s_{\overline{3|}}}=\dfrac{\dfrac{1-v^2}{i}+\dfrac{(1+i)^3-1}{i}}{\dfrac{1-v^3}{i}+\dfrac{(1+i)^3-1}{i}}=\dfrac{(1+i)^3-v^2}{(1+i)^3-v^3}=\dfrac{(1+i)^3(1-v^5)}{(1+i)^3(1-v^6)}=\dfrac{1-v^5}{1-v^6}$

④ $\dfrac{1+a_{\overline{2|}}+s_{\overline{2|}}}{1+a_{\overline{3|}}+s_{\overline{2|}}}=\dfrac{1+\dfrac{1-v^2}{i}+\dfrac{(1+i)^2-1}{i}}{1+\dfrac{1-v^3}{i}+\dfrac{(1+i)^2-1}{i}}=\dfrac{i-v^2+(1+i)^2}{i-v^3+(1+i)^2}\neq\dfrac{1-v^5}{1-v^6}$

24

정답 ①

해설

$$s_{\overline{5|}}=e^{\int_1^5\frac{1}{15-t}dt}+e^{\int_2^5\frac{1}{15-t}dt}+e^{\int_3^5\frac{1}{15-t}dt}+e^{\int_4^5\frac{1}{15-t}dt}+e^{\int_5^5\frac{1}{15-t}dt}$$

$$=e^{[-\ln(15-t)]_1^5}+e^{[-\ln(15-t)]_2^5}+e^{[-\ln(15-t)]_3^5}+e^{[-\ln(15-t)]_4^5}+e^{[-\ln(15-t)]_5^5}$$

$$=\frac{14}{10}+\frac{13}{10}+\frac{12}{10}+\frac{11}{10}+\frac{10}{10}=\frac{60}{10}=6$$

25

정답 ④

해설 6개월 이율을 j, 연이율을 i라 하면

$$\frac{Q_{20}}{Q_1}=\frac{120}{30}=4=(1+j)^{19},\ \therefore\ j=0.0758$$

$$i=(1+j)^2-1\,(1.0758)^2-1=0.15734567 \fallingdotseq 15.7\%$$

26

정답 ③

해설

- $\mathring{e}_x=\int_0^\infty {}_tp_x\,dt=\int_0^\infty e^{-\mu t}dt=\left[-\frac{1}{\mu}e^{-\mu t}\right]_0^\infty=\frac{1}{\mu}=45,\ \therefore\ \mu=\frac{1}{45}$
- $\bar{A}_x=\int_0^\infty v^t\,{}_tp_x\mu_{x+t}\,dt=\int_0^\infty e^{-\delta t}e^{-\mu t}\mu\,dt=\mu\left[-\frac{1}{\mu+\delta}e^{-(\mu+\delta)t}\right]_0^\infty=\frac{\mu}{\mu+\delta}=\frac{1}{4},\ \therefore\ \delta=\frac{3}{45}$
- $\bar{A}_{x:\overline{10|}}=\bar{A}^1_{x:\overline{10|}}+\bar{A}_{x:\overline{10|}}^{\ \ 1}=\int_0^{10}v^t\,{}_tp_x\,\mu_{x+t}\,dt+v^{10}\,{}_{10}p_x=\int_0^{10}e^{-\delta t}e^{-\mu t}\mu\,dt+e^{-10(\mu+\delta)}$

$$=\mu\left[-\frac{1}{\mu+\delta}e^{-(\mu+\delta)t}\right]_0^{10}+e^{-10(\mu+\delta)}=\mu\left(\frac{1-e^{-10(\mu+\delta)}}{\mu+\delta}\right)+e^{-10(\mu+\delta)}$$

$$=\frac{1-0.4111}{4}+0.4111=0.558325$$

27

정답 ③

해설

- $P_{x:\overline{5|}}=\frac{A_{x:\overline{5|}}}{\ddot{a}_{x:\overline{5|}}}=0.0724,\ \therefore\ A_{x:\overline{5|}}=0.0724\,\ddot{a}_{x:\overline{5|}}$
- $P_{x:\overline{5|}}^{\ \ 1}=\frac{A_{x:\overline{5|}}^{\ \ 1}}{\ddot{a}_{x:\overline{5|}}}=0.0702,\ \therefore\ A_{x:\overline{5|}}^{\ \ 1}=0.0702\,\ddot{a}_{x:\overline{5|}}$
- $A^1_{x:\overline{5|}}=A_{x:\overline{5|}}-A_{x:\overline{5|}}^{\ \ 1}=0.0724\,\ddot{a}_{x:\overline{5|}}-0.0702\,\ddot{a}_{x:\overline{5|}}=0.0022\ddot{a}_{x:\overline{5|}}$
- $P({}_{5|}\ddot{a}_x)=\frac{{}_{5|}\ddot{a}_x}{\ddot{a}_{x:\overline{5|}}}=0.8,\ \therefore\ {}_{5|}\ddot{a}_x=0.8\,\ddot{a}_{x:\overline{5|}}$
- $\ddot{a}_{x+5}=\frac{{}_{5|}\ddot{a}_x}{A_{x:\overline{n|}}^{\ \ 1}}=\frac{0.8\ddot{a}_{x:\overline{5|}}}{0.0702\ddot{a}_{x:\overline{5|}}}\fallingdotseq 11.396$
- $A_{x+5}=1-d\ddot{a}_{x+5}=1-\left(\frac{0.05}{1.05}\times 11.396\right)\fallingdotseq 0.457$
- $A_x=A^1_{x:\overline{5|}}+A_{x:\overline{5|}}^{\ \ 1}\,A_{x+5}=0.0022\ddot{a}_{x:\overline{5|}}+(0.0702\times 0.457)\,\ddot{a}_{x:\overline{5|}}=0.0342814\,\ddot{a}_{x:\overline{5|}}$
- ${}_5P_x=\frac{A_x}{\ddot{a}_{x:\overline{5|}}}=\frac{0.0342814\ddot{a}_{x:\overline{5|}}}{\ddot{a}_{x:\overline{5|}}}=0.0342814 \fallingdotseq 0.0343$

28

정답 ④

해설 (가), (나), (다), (라) 모두 옳은 공식이다.

29

정답 ①

해설 $A_{[30]:\overline{3|}}^{1}=vq_{[30]}+v^2p_{[30]}q_{[30]+1}+v^3{}_2p_{[30]}q_{[30]+2}$

$=v\frac{l_{[30]}-l_{[30]+1}}{l_{[30]}}+v^2\frac{l_{[30]+1}-l_{[30]+2}}{l_{[30]}}+v^3\frac{l_{[30]+2}-l_{33}}{l_{[30]}}$

$=\left(0.9\times\frac{1,000-910}{1,000}\right)+\left(0.9^2\times\frac{910-900}{1,000}\right)+\left(0.9^3\times\frac{900-860}{1,000}\right)$

$=0.11826 \fallingdotseq 0.118$

30

정답 ③

해설 ${}_4p_0=e^{-\int_0^4\frac{1}{3+t}dt}=e^{-[\ln(3+t)]_0^4}=e^{(\ln3-\ln7)}=e^{\ln\frac{3}{7}}=\frac{3}{7}$

31

정답 ③

해설 $i=4\%$일 때

$A_{30:\overline{2|}}^{1}=vq_{30}+v^2{}_1p_{30}{}_1q_{30}=\left(\frac{1}{1.04}\times0.03\right)+\left[\left(\frac{1}{1.04}\right)^2\times0.97\times0.06\right]\fallingdotseq 0.0827$

$\ddot{a}_{30:\overline{2|}}=1+v_1p_{30}=1+\left(\frac{1}{1.04}\times0.97\right)\fallingdotseq 1.933$

보험금$=25.75\ddot{a}_{30:\overline{2|}}\div A_{30:\overline{2|}}^{1}=(25.70\times1.933)\div0.0827\fallingdotseq 601$

$i=5\%$일 때

$A_{30:\overline{2|}}^{1}=vq_{30}+v^2{}_1p_{30}{}_1q_{30}=\left(\frac{1}{1.05}\times0.03\right)+\left[\left(\frac{1}{1.05}\right)^2\times0.97\times0.06\right]\fallingdotseq 0.08136$

$\ddot{a}_{30:\overline{2|}}1+v_1p_{30}=1+\left(\frac{1}{1.05}\times0.97\right)\fallingdotseq 1.924$

연납평준순보험료$=601A_{30:\overline{2|}}^{1}\div\ddot{a}_{30:\overline{2|}}=(601\times0.08136)\div1.924\fallingdotseq 25.414$

32

정답 ②

해설 ${}_5V = 1{,}000A_{x+5} - P\ddot{a}_{x+5} = 398 - 25.43\,\ddot{a}_{x+5} = 77.27$

$\therefore\ \ddot{a}_{x+5} \fallingdotseq 12.61$

$$d = \frac{1-A_{x+5}}{\ddot{a}_{x+5}} = \frac{1-0.398}{12.61} \fallingdotseq 0.0477$$

$v = 1 - d = 1 - 0.0477 = 0.9523$

${}_4V + P = 1{,}000vq_{x+4} + vp_{x+4} \cdot {}_5V$

${}_4V = 1{,}000vq_{x+4} + vp_{x+4} \cdot {}_5V - P$

${}_4V = (1{,}000 \times 0.9523 \times 0.008) + (0.9523 \times 0.992 \times 77.27) - 25.43 \fallingdotseq 55.18$

33

정답 ②

해설 $$\ddot{a}_{30:\overline{3}|} = 1 + vp_{30} + v^2\,{}_2p_{30} = 1 + \left(\frac{1}{1+i}\right)(1-q_{30}) + \left(\frac{1}{1+i}\right)^2(1-q_{30})(1-q_{31})$$

$$= 1 + \left(\frac{1}{1.05} \times 0.9\right) + \left[\left(\frac{1}{1.05}\right)^2 \times 0.9 \times 0.87\right] \fallingdotseq 2.567$$

34

정답 ①

해설 $A_{40:\overline{5}|} = 1 - d\ddot{a}_{40:\overline{5}|} = 1 - d\left(a_{40:\overline{5}|} + 1 - v^5\right) = 1 - 0.95\left[3.8 + 1 - (1-0.05)^5\right] \fallingdotseq 0.7987$

$\therefore\ {}_5E_{40} = A_{40:\overline{5}|} - A^{1}_{40:\overline{5}|} = 0.7987 - 0.06 = 0.7387$

35

정답 ④

해설 $l_{10} = t$라 하면

$l_{11} = t - 70$

$l_{12} = 0.98(t - 70) = 810$

$\therefore\ l_{10} = t \fallingdotseq 896.53$

$$\therefore\ {}_2p_{10} = \frac{l_{12}}{l_{10}} = \frac{810}{896.53} \fallingdotseq 0.9035$$

36

정답 ②

해설

$$_{4|5}q_{40} = {}_4p_{40}\,{}_5q_{44} = {}_4p_{40}(1-{}_5p_{44}) = \frac{76}{80}\times\left(1-\frac{71}{76}\right) = \frac{5}{80} = \frac{1}{16}$$

- $_4p_{40} = e^{-\int_0^4 \frac{1}{80-t}dt} = e^{-[-\ln(80-t)]_0^4} = \frac{76}{80}$
- $_5p_{44} = e^{-\int_0^5 \frac{1}{76-t}dt} = e^{-[-\ln(76-t)]_0^5} = \frac{71}{76}$

37

정답 ④

해설 (가), (나), (다), (라) 모두 옳은 공식이다.

38

정답 ④

해설

- 지출현가 $= 1{,}000vq_x + 1{,}500v^2\,{}_{1|}q_x + 2{,}000v^2\,{}_2p_x$

  $= (1{,}000\times0.95\times0.1) + (1{,}500\times0.95^2\times0.9\times0.1) + (2{,}000\times0.95^2\times0.9^2)$

  $= 1{,}678.88754$
- 수입현가 $= P\ddot{a}_{x:\overline{2|}} = P(1+vp_x) = P[1+(0.95\times0.9)] = 1.855P$

$\therefore\ P = \frac{1{,}678.88754}{1.855} \fallingdotseq 905.06$

$\therefore\ {}_1V = (1{,}500vq_{x+1} + 2{,}000vp_{x+1}) - P = [(1{,}500\times0.95\times0.1) + (2{,}000\times0.95\times0.9)] - 905.06$

$= 947.44$

39

정답 ②

해설

$$A_{40:\overline{10|}} = 1 - d\ddot{a}_{40:\overline{10|}} = 1 - d(a_{40:\overline{9|}}+1) = 1 - \left(\frac{0.05}{1.05}\right)(5.30+1) = 0.7$$

$\therefore\ A^{1}_{40:\overline{10|}} = A_{40:\overline{10|}} - {}_{10}E_{40} = 0.7 - 0.45 = 0.25$

40

정답 ③

해설 • $p_x = 1 - q_x = 1 - 0.01 = 0.99$

• $p_{x+1} = 1 - \frac{{}_{1|}q_x}{p_x} = 1 - \frac{0.02}{0.99} = \frac{0.97}{0.99}$

• ${}_2p_x = p_x \times p_{x+1} = 0.99 \times \frac{0.97}{0.99} = 0.97$

• $p_{x+2} = 1 - \frac{{}_{2|}q_x}{{}_2p_x} = 1 - \frac{0.03}{0.97} = \frac{0.94}{0.97}$

• ${}_3p_x = {}_2p_x \times p_{x+2} = 0.97 \times \frac{0.94}{0.97} = 0.94$

• 지출현가$= 1{,}000A^{\ 1}_{x:\overline{3|}} + 3P\,{}_3E_x = \left(1{,}000vq_x + 1{,}000v^2\,{}_{1|}q_x + 1{,}000v^3\,{}_{3|}q_x\right) + 3Pv^3\,{}_3p_x$

$$= \left[\left(1{,}000 \times \frac{1}{1.05} \times 0.01\right) + \left\{1{,}000 \times \left(\frac{1}{1.05}\right)^2 \times 0.02\right\} + \left\{1{,}000 \times \left(\frac{1}{1.05}\right)^3 \times 0.03\right\}\right]$$

$$+ \left[3P \times \left(\frac{1}{1.05}\right)^3 \times 0.94\right]$$

$$\fallingdotseq 53.579 + 2.436P$$

• 수입현가$= P\ddot{a}_{x:\overline{3|}} = P\left(1 + vp_x + v^2\,{}_2p_x\right) = P\left[1 + \left(\frac{1}{1.05} \times 0.99\right) + \left\{\left(\frac{1}{1.05}\right)^2 \times 0.97\right\}\right] \fallingdotseq 2.823P$

$\therefore\ P = \frac{53.579}{2.823 - 2.436} \fallingdotseq 138.447$(∵ 수지상등의 원칙)

2023년 제46회 회계원리

정답 및 해설

정답 CHECK

01	02	03	04	05	06	07	08	09	10	11	12	13	14	15	16	17	18	19	20
①	④	②	③	③	①	②	④	②	③	④	①	③	③	②	③	③	④	②	①
21	22	23	24	25	26	27	28	29	30	31	32	33	34	35	36	37	38	39	40
③	④	②	①	②	③	①	③	①	②	③	①	④	②	④	①	④	④	③	②

문제편 295p

01

정답 ①

해설 소유경영기업도 **대리인비용이 발생**하므로 외부에 회계정보를 제공할 필요가 있다.

02

정답 ④

해설 ① 기업의 위험에 변화가 없고, 투자수익률이 차입이자율보다 높은 경우, 차입을 통해서 투자규모를 확대하는 것은 기업가치 증대 측면에서 **유리하다.**

② 시장이자율이 차입금의 만기시까지 지속적인 상승이 예상될 때, 차입시점에 동일한 이자율이라면, 고정금리보다는 변동금리로 차입하는 것이 **불리하다.**

③ 시장이자율보다 회사채의 액면이자율이 **높을 때** 회사채는 할증발행되고, 할증발행차금이 인식된다.

03

정답 ②

해설
- 당기매입액 = (기말매입채무 + 매입채무 상환액) − 기초매입채무
  = (₩600 + ₩800) − ₩500 = ₩900
- 매출원가 = (기초상품재고 + 당기매입액) − 기말상품재고
  = (₩300 + ₩900) − ₩350 = ₩850

04

정답 ③

해설 일반목적재무보고서는 보고기업의 가치를 보여주기 위해 고안된 것이 아니다. 그러나 일반목적재무보고서는 현재 및 잠재적 투자자, 대여자와 그 밖의 채권자가 보고기업의 가치를 추정하는데 도움이 되는 정보를 제공한다.

05

정답 ③

해설 일관성은 한 보고기업 내에서 기간간 또는 같은 기간 동안에 기업간, 동일한 항목에 대해 동일한 방법을 적용하는 것을 말한다. 비교가능성은 목표이고 일관성은 그 목표를 달성하는데 도움을 준다.

06

정답 ①

해설 ② 경영진은 재무제표를 작성할 때 계속기업으로서의 존속가능성을 평가해야 한다. 경영진이 기업을 청산하거나 경영활동을 중단할 의도를 가지고 있지 않거나, 청산 또는 경영활동의 중단 외에 다른 현실적 대안이 없는 경우가 아니면 계속기업을 전제로 재무제표를 작성한다.

③ 재무제표는 기업의 재무상태, 재무성과 및 현금흐름을 공정하게 표시해야 한다. 공정한 표시를 위해서는 '개념체계'에서 정한 자산, 부채, 수익 및 비용에 대한 정의와 인식요건에 따라 거래, 그 밖의 사건과 상황의 효과를 충실하게 표현해야 한다. 한국채택국제회계기준에 따라 작성된 재무제표(필요에 따라 추가 공시한 경우 포함)는 공정하게 표시된 재무제표로 본다.

④ 기업은 현금흐름 정보를 제외하고는 발생기준 회계를 사용하여 재무제표를 작성한다.

07

정답 ②

해설

후속적으로 당기손익으로 재분류되지 않는 항목	• 재평가잉여금의 변동 • 당기손익-공정가치 측정 항목으로 지정한 특정부채의 신용위험 변동으로 인한 공정가치 변동금액 • 기타포괄손익-공정가치 측정 항목으로 지정한 지분상품에 대한 투자에서 발생한 손익 • 기타포괄손익-공정가치 측정하는 지분상품투자에 대한 위험회피에서 위험회피 수단의 평가손익 중 효과적인 부분 • 관계기업 및 공동기업의 재분류되지 않는 기타포괄손익에 대한 지분 • 확정급여제도의 재측정요소
특정 조건을 충족하는 때에는 후속적으로 당기손익으로 재분류되는 항목	• 기타포괄손익-공정가치로 측정되는 금융자산(채무상품)에서 발생한 손익 • 해외사업장의 재무제표 환산으로 인한 손익 • 관계기업 및 공동기업의 재분류되는 기타포괄손익에 대한 지분 • 현금흐름위험회피의 위험회피수단의 평가손익 중 효과적인 부분

08

정답 ④

해설 비용의 성격에 대한 정보가 미래현금흐름을 예측하는데 유용하기 때문에, 비용을 **기능별로** 분류하는 경우에는 추가 공시가 필요하다.

09

정답 ②

해설
- 기초실물자본 = 상품A 5개(∵ ₩500 ÷ ₩100)
- 기말자본 = ₩500(현금) + ₩150(상품A 현행원가) = ₩650
- 기말에 유지할 실물자본 = 상품A 5개 × ₩150/개 = ₩750
- 실물자본유지개념 관점에서 당기손익 = ₩650 − ₩750 = −₩100

10

정답 ③

해설 현행원가는 현행수익에 현행원가가 대응되어 수익과 비용의 대응이 이루어지며, 보유손익과 영업손익의 구분이 가능하여 재무성과를 적절히 평가할 수 있다.

11

정답 ④

해설 기업에 **특성이 비슷한 계약이 많은 경우에** 기댓값은 변동대가(금액)의 적절한 추정치일 수 있다.

12

정답 ①

해설 기업이 자산을 다시 사야 하는 의무나 다시 살 수 있는 권리(선도나 콜옵션)가 있다면, **고객은 자산을 통제하지 못한다**. 고객이 자산을 물리적으로 점유할 수 있더라도, 자산의 사용을 지시하고 자산의 나머지 효익의 대부분을 획득할 수 있는 고객의 능력이 제한되기 때문이다.

13

정답 ③

해설
- 20x1년 초 받을어음 가치 = ₩1,000 ÷ 1.06 ≒ ₩940
- 처분식 가치 = ₩940 + (₩1,000 × 0.06 × $\frac{4}{6}$) = ₩983

14

정답 ③

해설 20x1년 인식할 재고자산 평가손실 = [₩100 – (₩80 – ₩10)] × 7 = ₩210

15

정답 ②

해설 **취득원가로 계상될 금액**

- 기계장치 구입가격 : ₩1,000
- 매입과 직접 관련되어 발생한 종업원 급여 : ₩1,000
- 기계장치의 설치장소 준비원가 : ₩1,000
- 정상 작동 여부를 시험하는 과정에서 발생한 원가 : ₩1,000

∴ ₩4,000이 취득원가로 계상된다.

16

정답 ③

해설
- 국채 현재가치 = (₩400,000 × 0.06 × 2.40183) + (₩400,000 × 0.71178) = ₩342,356
- 건물의 취득원가 = ₩1,300,000 + (₩400,000 – ₩342,356) = ₩1,357,644

17

정답 ③

해설
- 20x1년 말 감가상각비 = ₩800,000 ÷ 5 = ₩160,000
- 20x1년 말 손상차손 = 장부금액 – Max(순공정가치, 사용가치)
  = (₩800,000 – ₩160,000) – Max(₩240,000, ₩231,847)
  = ₩400,000

∴ 20x1년도 포괄손익계산서의 당기손익은 ₩560,000 감소한다.

18

정답 ④

해설 어떤 유형자산 항목과 관련하여 자본에 계상된 재평가잉여금은 그 자산이 제거될 때 이익잉여금으로 직접 대체할 수 있다. 자산이 폐기되거나 처분될 때에 재평가잉여금 전부를 이익잉여금으로 대체하는 것이 그러한 경우에 해당될 수 있다. 그러나 기업이 그 자산을 사용함에 따라 재평가잉여금의 일부를 대체할 수도 있다. 이러한 경우 재평가된 금액에 근거한 감가상각액과 최초원가에 근거한 감가상각액의 차이가 이익잉여금으로 대체되는 금액이 될 것이다. **재평가잉여금을 이익잉여금으로 대체하는 경우 그 금액은 당기손익으로 인식하지 않는다.**

19

정답 ②

해설 • 특정차입금 차입원가 자본화 = ₩4,800 × 0.04 × $\frac{10}{12}$ = ₩160

• 일반차입금 차입원가 자본화 = ₩3,600 × 0.06 = ₩216

∴ 20x2년에 자본화할 차입원가 = ₩160 + ₩216 = ₩376

20

정답 ①

해설 컴퓨터로 제어되는 기계장치가 특정 컴퓨터소프트웨어가 없으면 가동이 불가능한 경우에는 그 소프트웨어를 관련된 하드웨어의 일부로 보아 **유형자산으로 회계처리한다**. 컴퓨터의 운영시스템에도 동일하게 적용한다. 관련된 하드웨어의 일부가 아닌 소프트웨어는 무형자산으로 회계처리한다.

21

정답 ③

해설 • 20x1년 1월 1일 현재가치 = (₩1,000,000 × 0.1 × 2.7232) + (₩1,000,000 × 0.8638)
= ₩1,136,120

• 20x1년 이자비용 = ₩1,136,120 × 0.05 = ₩56,806

22

정답 ④

해설 • 20x1년 1월 1일 현재가치 = (₩1,000,000 × 0.1 × 2.40183) + (₩1,000,000 × 0.71178)
= ₩951,963

• 유효이자율법에 의한 상각표

일 자	액면이자	유효이자	상각액	장부가액
20x1년 1월 1일				951,963
20x1년 12월 31일	100,000	114,236	14,236	966,199
20x2년 12월 31일	100,000	115,944	15,944	982,143

• 20x3년 1월 1일에 인식할 사채상환손익 = ₩982,143 − ₩1,000,000
= ₩17,857 상환손실

23

정답 ②

해설 20x1년 말 재무상태표에 계상할 충당부채 = 배상비용 ₩200,000 + 복구원가의 현재가치 ₩250,000
= ₩450,000

24

정답 ①

해설

구 분	사외적립자산	확정급여채무	퇴직급여
기 초	36,000	45,000	
근무원가		12,000	(12,000)
당기 말 지급	(9,000)	(9,000)	
당기 말 출현	15,000		
이자원가		4,500	(4,500)
이자수익	3,600		3,600
소 계	45,600	52,500	

- 순확정급여부채 = ₩52,500 − ₩45,600 = ₩6,900
- 20x1년 포괄손익계산서의 기타포괄손익에 미치는 영향 = ₩6,900 − ₩12,600 = − ₩5,700

25

정답 ②

해설 20x1년 기말당기손익 – 공정가치측정금융자산의 평가이익 = ₩120,000 − ₩100,000 = ₩20,000

① 20x1년 기중당기손익 – 공정가치측정금융자산의 취득원가는 ₩100,000이다.

③ 20x2년 기말당기손익 – 공정가치측정금융자산의 평가손실은 ₩25,000(= ₩120,000 − ₩95,000)이다.

④ 20x3년 처분시 당기손익은 ₩0(= ₩97,000 − ₩2,000 − ₩95,000)이다.

26

정답 ③

해설

- 취득원가 = (₩1,000,000 × 8% × 2.4018) + (₩1,000,000 × 8% × 0.7118) = ₩903,944
- 20x1년 말 장부금액 = ₩903,944 +[(₩903,944 × 12%) − ₩80,000] = ₩932,417
- 20x1년 말 금융자산평가손실 = ₩932,417 − ₩850,000 = ₩82,417(감소)

27

정답 ①

해설 • 보장수익률에 미달하게 지급된 이자 = (₩1,000,000 × 0.08) − (₩1,000,000 × 0.06)
= ₩20,000

• 상환할증금 = ₩20,000 × $(1.08)^2$ + ₩20,000 × (1.08) + ₩20,000
= ₩64,928

28

정답 ③

해설 • 매출원가 = ₩1,750,000 × (1 − 0.6) = ₩700,000

• 기초재고자산 = ₩300,000

• 기말재고자산 = 기초재고자산 + 당기매입재고자산 − 매출원가
= ₩300,000 + ₩800,000 − ₩700,000 = ₩400,000

• 평균재고자산 = (기초재고자산 + 기말재고자산) ÷ 2
= (₩300,000 + ₩400,000) ÷ 2 = ₩350,000

• 재고자산회전율 = $\frac{\text{매출원가}}{\text{평균재고자산}} = \frac{₩700,000}{₩350,000} = 2$

• 재고자산회전기간 = $\frac{360\text{일}}{\text{재고자산회전율}} = \frac{360\text{일}}{2} = 180\text{일}$

29

정답 ①

해설 주식 발행에 따른 현금유입은 재무활동 현금흐름이다.

30

정답 ②

해설 지급액이 변동리스료의 구조를 가지고 있으나, 실제 변동성이 없는 지급액은 고정리스료에 해당한다.

31

정답 ③

해설

재공품

기 초	₩1,000,000	당기제품제조원가	₩3,800,000
직접재료원가	₩1,300,000	기 말	₩1,500,000
직접노무원가	₩1,500,000		
제조간접원가	₩1,500,000		
	₩5,300,000		₩5,300,000

- 직접재료원가 = 기본원가 − 직접노무원가 = ₩2,800,000 − ₩1,500,000 = ₩1,300,000
- 제조간접원가 = 가공원가 × 0.5 = (직접노무원가 + 제조간접원가) × 0.5
  = (₩1,500,000 + 제조간접원가) × 0.5
  ∴ 제조간접원가 = ₩1,500,000
- 당기제품제조원가 = (기초재공품 + 직접재료원가 + 직접노무원가 + 제조간접원가) − 기말재공품
  = (₩1,000,000 + ₩1,300,000 + ₩1,500,000 + ₩1,500,000) − ₩1,500,000
  = ₩3,800,000

32

정답 ①

해설

- 예정배부액 = ₩200/시간 × 1,200시간 = ₩240,000
- 실제배부액 = ₩270,000
- 배부차이 = ₩30,000 과소배부

33

정답 ④

해설 활동기준원가계산에 따른 매출액순이익률이 가장 높은 고객유형은 고객유형 3이다.

분 류	고객유형 1	고객유형 2	고객유형 3
매출액	₩600,000	₩800,000	₩1,000,000
변동원가	(₩450,000)	(₩600,000)	(₩750,000)
공헌이익	₩150,000	₩200,000	₩250,000
주문활동	(₩1,800[1])	(₩3,200[3])	(₩2,000[5])
배송활동	(₩22,500[2])	(₩40,000[4])	(₩25,000[6])
순이익	₩125,700	₩156,800	₩223,000
매출순이익률	21%	19.6%	22.3%

1) 고개유형 1 주문활동 = ₩200/회 × 9회 = ₩1,800
2) 고객유형 1 배송활동 = ₩2,500/회 × 9회 = ₩22,500
3) 고객유형 2 주문활동 = ₩200/회 × 16회 = ₩3,200
4) 고객유형 2 배송활동 = ₩2,500/회 × 16회 = ₩40,000
5) 고객유형 3 주문활동 = ₩200/회 × 10회 = ₩2,000
6) 고객유형 3 배송활동 = ₩2,500/회 × 10회 = ₩25,000

34

정답 ②

해설 정상공손은 생산과정에서 불가피하게 발생하는 공손으로 정상공손원가는 완성품 또는 기말재공품에 배부한다. 즉 제조원가에 포함한다.

35

정답 ④

해설
• 결합원가
직접재료원가 + 가공원가 = ₩100,000 + ₩800,000 = ₩900,000

• 순실현가치

제품B : 8,000kg $\times \frac{3}{3+1} \times$ ₩100/kg = ₩600,000

제품C : 8,000kg $\times \frac{1}{3+1} \times$ ₩200/kg = ₩400,000

• 결합원가배분

제품B 결합원가 = ₩900,000 $\times \frac{₩600,000}{₩600,000 + ₩400,000}$ = ₩540,000

제품C 결합원가 = ₩900,000 $\times \frac{₩400,000}{₩600,000 + ₩400,000}$ = ₩360,000

36

정답 ①

해설
• 변동원가 = 전력비 ₩200,000 + 수선유지비(50%) ₩50,000 = ₩250,000
• 고정원가 = 인건비 ₩300,000 + 수선유지비(50%) ₩50,000 = ₩350,000
• 기계시간당 변동원가 = ₩250,000 ÷ 4,000시간 = ₩62.5/시간
• 4월 예상제조간접원가 = (₩62.5/시간 × 6,000시간) + ₩350,000 = ₩725,000

37

정답 ④

해설 회귀분석법은 독립변수와 이에 따라 변하는 종속변수의 선형관계를 가장 잘 나타내는 추정식을 찾아내는 통계기법으로 고저점법보다 더 정확성이 높은 방식인데 그 이유는 고저점법은 2개의 관찰지만 이용하지만 회귀분석법은 모든 관찰치를 이용하고 있기 때문이다.

TIP 원가함수의 추정방법

• **공학적 방법**
투입과 산출 사이의 관계를 계량적으로 분석하여 원가함수를 추정하는 방법

장 점	단 점
• 정확성이 높다. • 과거의 원가자료를 이용하지 않는 경우에도 사용이 가능하다.	• 제조간접원가의 추정에는 적용이 어렵다. • 시간과 비용이 많이 든다.

• **계정분석법**
분석자의 전문적 판단에 따라 계정과목에 기록된 원가를 변동원가와 고정원가로 분석하여 원가함수를 추정하는 방법

장 점	단 점
시간과 비용이 적게 든다.	• 단일기간의 원가자료를 이용하기에 비정상적인 상황이 반영될 가능성이 높다. • 분석자의 주관적 판단이 개입될 가능성이 있다.

• **산포도법**
조업도와 원가의 실제치를 도표에 점으로 표시하고 그 점들의 분포상태를 판단하여 최적의 추세선을 추정하는 방법

장 점	단 점
• 적용이 간단하고 이해하기 쉽다. • 시간과 비용이 적게 든다.	분석자의 주관적 판단이 개입될 가능성이 있다.

• **고저점법**
최고 조업도와 최저 조업도의 원가자료를 이용하여 원가함수를 추정하는 방법

장 점	단 점
• 객관적이다. • 시간과 비용이 적게 든다.	• 비정상적인 결과가 도출될 가능성이 있다. • 원가함수가 모든 원가자료를 대표하지 못한다.

38

정답 ④

해설 5번째 제품을 생산하는데 소요되는 직접노무시간 = 1,000시간 × 0.783 = 783시간

39

정답 ③

해설

$$\text{목표 판매량} = \frac{₩100,000 + ₩50,000}{₩1,000 - ₩7,000} = 500(\text{개})$$

40

정답 ②

해설

- 직접재료원가 차이분석

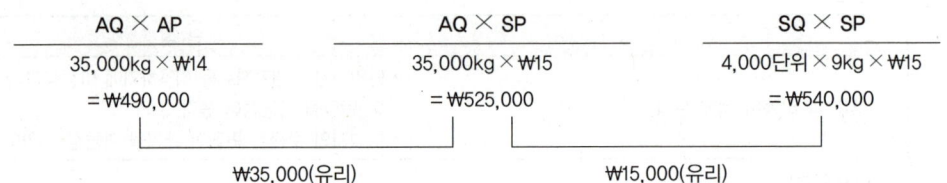

AQ × AP	AQ × SP	SQ × SP
35,000kg × ₩14 = ₩490,000	35,000kg × ₩15 = ₩525,000	4,000단위 × 9kg × ₩15 = ₩540,000

₩35,000(유리)	₩15,000(유리)

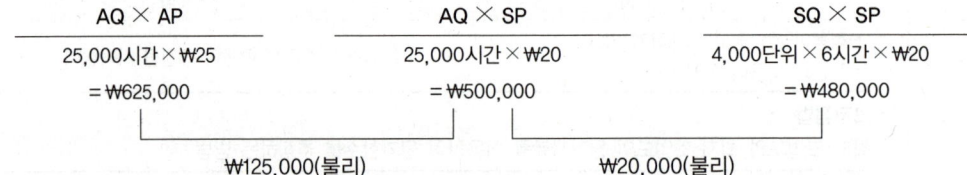

- 직접노무원가 차이분석

AQ × AP	AQ × SP	SQ × SP
25,000시간 × ₩25 = ₩625,000	25,000시간 × ₩20 = ₩500,000	4,000단위 × 6시간 × ₩20 = ₩480,000

₩125,000(불리)	₩20,000(불리)

2024년 제47회

보험계리사 1차 기출문제 정답 및 해설

제1과목	보험계약법, 보험업법 및 근로자퇴직급여보장법
제2과목	경제학원론
제3과목	보험수학
제4과목	회계원리

2024년 제47회

보험계약법, 보험업법 및 근로자퇴직급여보장법 정답 및 해설

정답 CHECK

01	02	03	04	05	06	07	08	09	10	11	12	13	14	15	16	17	18	19	20
④	②	④	③	③	③	①	④	④	①	④	④	②	③	①	③	④	③	②	③
21	**22**	**23**	**24**	**25**	**26**	**27**	**28**	**29**	**30**	**31**	**32**	**33**	**34**	**35**	**36**	**37**	**38**	**39**	**40**
②	②	③	②	④	②	③	③	①	④	②	③	②	④	④	④	②	①	②	③

문제편 314p

01

정답 ④

해설 보험계약에서 보험계약의 성립 이전의 어느 시기를 보험기간의 시기(始期)로 하는 보험을 '소급보험'이라 한다(상법 제643조).

① 보험계약자가 소급기간 내에 사고가 발생한 것을 알고서 계약을 체결한 경우에는 **그 보험계약은 무효이다**.

② 소급보험의 경우 **보험료 선급의 원칙이 적용**된다. 소급보험은 시간상으로 보험자의 책임개시 시점이 최초보험료의 지급 시점보다 선행하므로 보험료 선급의 원칙이 적용되지 않는 것처럼 생각되지만, 이 경우에도 보험자의 책임은 최초보험료의 지급이 있어야 개시되고, 최초보험료의 지급이 없으면 보험자의 책임이 개시되지 않으므로, 보험료 선급의 원칙이 적용된다고 볼 수 있다.

③ 소급보험은 보험기간이 보험계약기간보다 장기이다(**보험기간>보험계약기간**).

02

정답 ②

해설 가. 특정 질병 등을 치료하기 위한 외과적 수술 등의 과정에서 의료과실이 개입되어 발생한 손해를 보상하지 않는다는 것은 일반인이 쉽게 예상하기 어려우므로, 약관에 정하여진 사항이 보험계약 체결 당시 금융감독원이 정한 표준약관에 포함되어 시행되고 있었다거나 국내 각 보험회사가 위 표준약관을 인용하여 작성한 보험약관에 포함되어 널리 보험계약이 체결되었다는 사정만으로는 그 사항이 '거래상 일반적이고 공통된 것이어서 보험계약자가 별도의 설명 없이 충분히 예상할 수 있었던 사항'에 해당하여 **보험자에게 명시·설명의무가 면제된다고 볼 수 없다**(대법원 2013.6.28. 선고 2012다107051 판결).

나. 피보험자동차의 양도에 관한 통지의무를 규정한 보험약관은 거래상 일반인들이 보험자의 개별적인 설명 없이도 충분히 예상할 수 있었던 사항인 점 등에 비추어 **보험자의 개별적인 명시·설명의무의 대상이 되지 않는다**(대법원 2007.4.27. 선고 2006다87453 판결)

다. 정액보험인 상해보험에서는 기왕장해가 있는 경우에도 약정 보험금 전액을 지급하는 것이 원칙이고, 예외적으로 감액규정이 있는 경우에만 보험금을 감액할 수 있으므로, 위 기왕장해 감액규정과 같이 후유장해보험금에서 기왕장해에 해당하는 보험금 부분을 감액하는 것이 거래상 일반적이고 공통된 것이어서 보험계약자가 별도의 설명 없이도 충분히 예상할 수 있는 내용이라거나, 이미 법령에 정하여진 것을 되풀이하거나 부연하는 정도에 불과한 사항이라고 볼 수 없어, 보험계약자나 대리인이 내용을 충분히 잘 알고 있지 않는 한 **보험자는 기왕장해 감액규정을 명시 · 설명할 의무가 있다**(대법원 2015.3.26. 선고 2014다229917, 229924 판결).

라. 화물운송주선업 등을 영위하는 갑 주식회사가 을 보험회사와 체결한 적재물배상책임보험의 보통약관에서 '보상하는 손해'에 관하여 피보험자가 화주로부터 수탁받은 시점으로부터 수하인에게 인도하기까지의 운송 과정(차량운송 및 화물운송 부수업무) 동안에 발생한 보험사고로 수탁화물에 대한 법률상의 배상책임을 부담함으로써 입은 손해를 보상한다고 규정한 사안에서, 위 보험계약은 화물자동차 운수사업법에 따라 일정 규모 이상의 화물자동차를 소유하고 있는 운송사업자나 특정 화물을 취급하는 운송주선사업자 등이 반드시 가입하여야 하는 의무보험으로서, 보험계약자인 갑 회사로서는 보험금 지급대상이 되는 보험사고가 '차량운송 및 화물운송 부수업무'가 이루어지는 육상운송 과정 동안에 발생한 보험사고에 한정되고 수탁화물을 적재한 차량이 선박에 선적되어 선박을 동력수단으로 해상구간을 이동하는 경우에는 제외된다는 설명을 들었더라도 보험계약을 체결하였을 것으로 보이므로, **위 약관조항은 명시 · 설명의무의 대상이 되는 보험계약의 중요한 내용이라고 할 수 없다**(대법원 2016.9.23. 선고 2016다221023 판결).

마. 대한주택보증 주식회사의 보증규정과 그 시행세칙의 해당 조항에 입주자모집공고 승인으로 보증기간이 개시된 후 분양률 저조 등의 사유로 입주자모집공고 승인이 취소되어 보증서를 반환하는 경우 보증계약을 해지하고, 입주자모집공고 승인 취소일을 기준으로 잔여 보증기간에 대한 보증료를 환불한다는 내용을 규정하고 있는데, 아파트 건설사업주체인 甲 주식회사 등이 대한주택보증 주식회사와 주택분양보증계약을 체결하면서 계약에 따른 채무를 보증하기 위하여 주택분양보증채무약정을 체결하고 보증료를 지급한 후 관할 관청으로부터 입주자모집공고 승인을 받았으나 입주자모집을 공고하지 않았고, 그 후 위 승인이 취소되자 대한주택보증 주식회사를 상대로 이미 지급한 보증료 전액의 반환을 구한 사안에서, 상법 제649조는 보험사고가 발생하기 전에 보험계약자가 언제든지 계약의 전부 또는 일부를 해지할 수 있고, 이러한 경우 당사자 사이에 다른 약정이 없으면 미경과보험료의 반환을 청구할 수 있도록 정하고 있는데, 위 해당 조항은 이를 풀어서 규정한 것으로 볼 수 있고, 위 해당 조항은 분양보증계약에서 입주자모집공고 승인이 이루어지고 보증기간이 개시된 이후에 승인이 취소됨에 따라 계약의 목적을 달성하기 어려워 계약의 해지를 인정할 만한 상당한 이유를 구체적으로 예시하고, 해지의 효과로서 보증료의 반환범위를 잔여 보증기간에 대한 보증료만 반환하도록 정한 것인데, 이는 거래상 일반적이고 공통된 것으로 계약 상대방인 甲 회사 등이 대한주택보증 주식회사의 설명 없이도 충분히 예상할 수 있었던 사항에 해당하므로, **위 해당 조항은 약관의 중요한 내용이 아니어서 설명의무의 대상으로 볼 수 없다**(대법원 2018.10.25. 선고 2014다232784 판결).

바. 연금보험에서 향후 지급받는 연금액은 당해 보험계약 체결 여부에 영향을 미치는 중요한 사항이므로, 연금보험계약의 체결에 있어 보험자 등은 보험계약자 등에게, 수학식에 의한 복잡한 연금계산방법 자체를 설명하지는 못한다고 하더라도, **대략적인 연금액과 함께 그것이 변동될 수 있는 것이면 그 변동가능성에 대하여 설명하여야 한다**(대법원 2015.11.17. 선고 2014다81542 판결).

03

정답 ④

해설 생명보험계약에 있어서 고지의무위반을 이유로 한 해지의 경우에는 계약의 상대방 당사자인 보험계약자나 그의 상속인(또는 그들의 대리인)에 대하여 해지의 의사표시를 하여야 하고, **타인을 위한 보험에 있어서도 보험금 수익자에게 해지의 의사표시를 하는 것은 특별한 사정(보험약관상의 별도기재 등)이 없는 한 효력이 없다**(대법원 1989.2.14. 선고 87다카2973 판결).

① 보험자가 서면으로 질문한 사항은 중요한 사항으로 추정한다(상법 제651조의2).

② 보험계약자나 피보험자가 보험계약 당시에 보험자에게 고지할 의무를 지는 상법 제651조에서 정한 '중요한 사항'이란, 보험자가 보험사고의 발생과 그로 인한 책임부담의 개연율을 측정하여 보험계약의 체결 여부 또는 보험료나 특별한 면책조항의 부가와 같은 보험계약의 내용을 결정하기 위한 표준이 되는 사항으로서, 객관적으로 보험자가 그 사실을 안다면 계약을 체결하지 않든가 적어도 동일한 조건으로는 계약을 체결하지 않으리라고 생각되는 사항을 말한다. 보험자가 고지의무위반을 이유로 보험계약을 해지하기 위해서는 보험계약자 또는 피보험자가 고지의무가 있는 사항에 대한 고지의무의 존재와 그러한 사항의 존재에 대하여 이를 알고도 고의로 또는 중대한 과실로 인하여 이를 알지 못하여 고지의무를 다하지 않은 사실이 증명되어야 한다. 여기서 '중대한 과실'이란 **고지하여야 할 사실은 알고 있었지만 현저한 부주의로 인하여 그 사실의 중요성의 판단을 잘못하거나 그 사실이 고지하여야 할 중요한 사실이라는 것을 알지 못하는 것을 말한다**(대법원 2011.4.14. 선고 2009다103349, 103356 판결).

③ 고지의무위반(상법 제651조)으로 인하여 해지하는 경우 보험자는 보험수익자를 위하여 적립한 금액을 보험계약자에게 지급하여야 한다(상법 제736조 제1항).

04

정답 ③

해설 ③ 상법 제652조 제2항

① 보험계약의 당사자가 특별한 위험을 예기하여 보험료의 액을 정한 경우에 보험기간 중 그 예기한 위험이 소멸한 때에는 보험계약자는 그 후의 **보험료의 감액을 청구할 수 있다**(상법 제647조).

② 손해보험계약에서 보험금액이 보험가액을 현저하게 초과하거나 보험가액이 보험기간 중에 현저하게 감소된 경우 **보험자 또는 보험계약자**는 보험료와 보험금액의 감액을 청구할 수 있다(상법 제669조 제1항, 제3항).

④ 보험사고가 발생하기 전에는 보험계약자는 언제든지 계약의 전부 또는 일부를 해지할 수 있다. **보험료의 감액은 장래에 대하여서만 그 효력이 있다**(상법 제649조 제1항, 제669조 제1항).

05

정답 ③

해설 ③ 상법 제639조 제3항

① 타인을 위한 보험계약에 있어서 피보험자는 직접 자기 고유의 권리로서 보험자에 대한 보험금지급청구권을 취득하는 것이므로 특별한 사정이 없는 한 **피보험자는 보험계약자의 동의가 없어도 임의로 권리를 행사하고 처분할 수 있다**(대법원 1992.11.27. 선고 92다20408 판결).

② 타인을 위한 손해보험의 경우 그 타인의 위임이 없는 때에는 **보험계약자는 이를 보험자에게 고지하여야 한다**(상법 제639조 제1항).

④ 타인을 위한 인보험(상해보험)에서 **보험수익자는 그 지정행위 시점에 반드시 특정되어 있어야 하는 것은 아니고**, 보험사고 발생시에 특정될 수 있으면 충분하므로, 보험계약자는 이름 등을 통하여 특정인을 보험수익자로 지정할 수 있음은 물론 '배우자' 또는 '상속인'과 같이 보험금을 수익할 자의 지위나 자격 등을 통하여 **불특정인을 보험수익자로 지정할 수도 있다**(대법원 2006.11.9. 선고 2005다55817 판결).

06

정답 ③

해설 ③ 상법 제638조의2 제1항 단서

① 보험자가 보험계약자로부터 보험계약의 청약과 함께 보험료 상당액의 전부 또는 일부를 받은 경우에 그 청약을 승낙하기 전에 보험계약에서 정한 보험사고가 생긴 때에는 **그 청약을 거절할 사유가 없는 한 보험자는 보험계약상의 책임을 진다**(상법 제638조의2 제3항).

② 청약의 경우에는 상법 제638조의2 제2항(승낙의제)은 적용되지 않는다. 즉 약관상 청약철회규정을 둔 경우에 보험계약자가 청약을 철회하면 보험자는 **낙부통지의무를 부담하지 않는다**.

④ 승낙기간의 경과로 보험자의 승낙이 의제되기 위해서는 보험계약자와 보험자간에 **상시 거래관계가 없는 경우를 요건으로 한다**(상법 제638조의2 제2항).

상시 거래관계가 있는 경우 상법 제53조에서는 "상인이 상시 거래관계에 있는 자로부터 그 영업부류에 속한 계약의 청약을 받은 때에는 지체 없이 낙부의 통지를 발송하여야 한다. 이를 해태한 때에는 승낙한 것으로 본다(승낙의제)"고 규정하고 있다.

07

정답 ①

해설 '갑'과 '을' 보험회사가 체결한 보험계약의 약관에서 '이륜자동차를 계속적으로 사용하게 된 경우'를 보험계약 후 알릴의무의 대상으로 규정하는 조항을 두고 있는데, 위 약관 조항에 대한 '을' 회사의 명시·설명의무가 면제되는지 문제된 사안에서, '갑'이 "이륜자동차를 계속적으로 사용하게 된 경우는 사고발생의 위험이 현저하게 변경 또는 증가된 경우에 해당하여 '을' 회사에 통지하여야 하고, 이를 이행하지 않을 경우 계약이 해지될 수 있다"는 사정까지 예상할 수는 없었고, **위 약관 조항의 내용이 단순히 법령에 의하여 정하여진 것을 되풀이하거나 부연하는 정도에 불과하다고 보기도 어려우므로, 위 약관 조항에 대한 '을' 회사의 명시·설명의무는 면제되지 않는다**(대법원 2021.8.26. 선고 2020다291449 판결).

② 원고가 보험회사인 피고를 상대로 후유장해 보험금 지급사유인 '심한 추간판탈출증'에 해당하는 보험금의 지급을 구한 사건에서, 장해분류표 '총칙'의 정의 조항과 '장해분류별 판정기준' 중 추간판탈출증과 관련한 여러 조항을 포함하여 약관의 전체적인 논리적 맥락 속에서 '심한 추간판탈출증'을 정한 약관 조항의 의미를 살펴보면, '추간판을 2마디 이상 수술'한 것만으로도 그에 해당하는 것으로 규정하고 있다고 해석할 여지는 없고, '추간판을 2마디 이상 수술하고 하지의 현저한 마비 또는 대소변의 장해가 있는 경우'에 '심한 추간판탈출증'에 해당한다고 일의적으로 해석할 수밖에 없다는 이유로, 약관 조항의 뜻이 명백하지 않은 경우라고 보아 **피보험자인 원고에게 유리하게 원고가 '추간판을 2마디 이상 수술'하였다는 사정만으로 '심한 추간판탈출증'에 해당한다고 판단한 원심을 파기환송한 사안**이다(대법원 2021.10.14. 선고 2018다279217 판결).

③ 보험계약자가 다수의 계약을 통하여 보험금을 부정 취득할 목적으로 보험계약을 체결하여 그것이 민법 제103조에 따라 선량한 풍속 기타 사회질서에 반하여 무효인 경우 보험자의 보험금에 대한 **부당이득반환청구권은 상법 제64조를 유추적용하여 5년의 상사 소멸시효기간이 적용된다고 봄이 타당하다**(대법원 2021.7.22. 선고 2019다277812 전원합의체 판결).

④ 객실을 비롯한 숙박시설은 특별한 사정이 없는 한 숙박기간 중에도 고객이 아닌 숙박업자의 지배 아래 놓여 있다고 보아야 한다. 그렇다면 임차인이 임대차기간 중 목적물을 직접 지배함을 전제로 한 임대차 목적물 반환의무 이행불능에 관한 법리는 이와 전제를 달리하는 숙박계약에 그대로 적용될 수 없다. **고객이 숙박계약에 따라 객실을 사용·수익하던 중 발생 원인이 밝혀지지 않은 화재로 인하여 객실에 발생한 손해는 특별한 사정이 없는 한 숙박업자의 부담으로 귀속된다고 보아야 한다**(대법원 2023.11.2. 선고 2023다244895 판결).

08

정답 ④

해설 **대법원 2022.8.25. 선고 2019다229202 전원합의체 판결**

보험자는 이른바 임의비급여 진료를 받은 피보험자들에게 지급한 보험금에 대하여 해당 진료비를 받은 병원을 상대로 **채권자대위소송을 통해 부당이득반환을 받을 수 없다**(다수의견).

대법원 2022.8.25. 선고 2019다229202 전원합의체 판결에서 대법원은 대위청구를 각하하였다.

[다수의견]

피보험자가 임의비급여 진료행위에 따라 요양기관에 진료비를 지급한 다음 실손의료보험계약상의 보험자에게 청구하여 진료비와 관련한 보험금을 지급받았는데, 진료행위가 위법한 임의비급여 진료행위로서 무효인 동시에 보험자와 피보험자가 체결한 실손의료보험계약상 진료행위가 보험금 지급사유에 해당하지 아니하여 보험자가 피보험자에 대하여 보험금 상당의 부당이득반환채권을 갖게 된 경우, 채권자인 보험자가 금전채권인 부당이득반환채권을 보전하기 위하여 **채무자인 피보험자를 대위하여 제3채무자인 요양기관을 상대로 진료비 상당의 부당이득반환채권을 행사하는 형태의 채권자대위소송에서 채무자가 자력이 있는 때에는 보전의 필요성이 인정된다고 볼 수 없다.** 구체적인 이유는 다음과 같다.

(가) 채무자인 피보험자가 자력이 있는 경우라면, 특별한 사정이 없는 한 채권자인 보험자가 채무자의 요양기관에 대한 부당이득반환채권을 대위하여 행사하지 않으면 자신의 채무자에 대한 부당이득반환채권의 완전한 만족을 얻을 수 없게 될 위험이 있다고 할 수 없다. 나아가 피보전채권인 보험자의 피보험자에 대한 부당이득반환채권과 대위채권인 피보험자의 요양기관에 대한 부당이득반환채권 사이에는 피보전채권의 실현 또는 만족을 위하여 대위권리의 행사가 긴밀하게 필요하다는 등의 밀접한 관련성을 인정할 수도 없다. 만약 채무자인 피보험자의 자력이 있는데도 보전의 필요성을 인정한다면, 이는 채권자인 보험자에게 사실상의 담보를 취득하게 하는 특권을 부여하고, 법적 근거 없이 직접청구권을 인정하는 위험을 야기하며, 다른 채권자보다 우선하여 보험자의 채권만족이 실현되어 채권자평등주의에 기반한 민사집행법 체계와 조화를 이루지 못할 우려가 있다.

(나) 보험자가 요양기관의 위법한 임의비급여 진료행위가 무효라는 이유로 자력이 있는 피보험자의 요양기관에 대한 권리를 대위하여 행사하는 것은 피보험자의 자유로운 재산관리행위에 대한 부당한 간섭이 될 수 있다.

[대법관 김재형, 대법관 박정화, 대법관 안철상, 대법관 이동원, 대법관 이흥구의 반대의견]

요양기관의 피보험자에 대한 진료행위가 위법한 임의비급여 진료행위에 해당하는 경우 그 계약은 효력이 없다. 이러한 경우 보험자가 피보험자에 대하여 갖는 보험금 상당의 부당이득반환채권과 피보험자가 요양기관에 대하여 갖는 진료비 상당의 부당이득반환채권 사이에는 밀접한 관련성이 있다. 채권자인 보험자가 자신의 부당이득반환채권을 보전하기 위하여 채무자인 피보험자를 대위하여 제3채무자인 요양기관을 상대로 진료비 상당의 부당이득반환채권을 청구하는 채권자대위권 행사는 채권의 현실적 이행을 위한 유효·적절한 수단으로서 채무자의 자유로운 재산관리행위에 대한 부당한 간섭에 해당한다고 볼 수 없다. 따라서 **채무자의 자력 유무와 관계없이 채권자대위권 행사요건인 보전의 필요성이 인정된다고 봄이 타당하다.**

TIP **임의비급여 진료 사건에서 보험자의 채권자대위권 행사 가부 (대법원 2022.8.25. 선고 2019다229202 전원합의체 판결)**

[사실관계]
원고 보험사는 다수의 보험계약자들과 실손의료보험계약을 체결하였다. 피고 병원은 위 실손의료보험계약의 피보험자들에게 임의비급여 진료행위에 해당하는 진료를 하고 진료비를 지급받았다. 원고 보험사는 실손의료보험계약의 보험계약자 또는 피보험자의 청구에 따라 피보험자에게 진료비에 해당하는 보험금을 지급하였다.
그런데 이러한 임의비급여 진료행위는 기존 대법원 판결에 따라 무효에 해당하므로, 원고 보험사는 피고 병원에 대하여 채권자대위 소송을 제기하였는데, 이는 피보험자들에 대한 보험금상당의 부당이득반환채권을 피보전채권으로 피보험자들을 대위하여 피고 병원을 상대로 진료비 상당의 부당이득반환을 구하는 채권자대위 소송이다.

[2심법원의 판단]
이 사건 채권자대위소송의 경우에 피보전채권이 금전채권이지만 채무자의 무자력 요건을 엄격하게 적용할 필요가 없는 경우에 해당하므로 원고청구를 인용하였다. 즉 보험사의 의료기관에 대한 부당이득 반환청구를 인용하였다.

[다수의견]
채권자인 보험자가 금전채권인 부당이득반환채권을 보전하기 위하여 채무자인 피보험자를 대위하여 제3채무자인 요양기관을 상대로 진료비 상당의 부당이득반환채권을 행사하는 형태의 채권자대위소송에서 채무자가 자력이 있는 때에는 보전의 필요성이 인정된다고 볼 수 없다. 즉 원고 보험사의 청구를 받아들이지 아니한다.

[소수의견]
채권자인 보험자가 금전채권인 부당이득반환채권을 보전하기 위하여 채무자인 피보험자를 대위하여 제3채무자인 요양기관을 상대로 진료비 상당의 부당이득반환채권을 행사하는 형태의 채권자대위소송에서 채무자의 자력 유무와 관계없이 채권자대위권 행사요건인 보전의 필요성이 인정된다고 봄이 타당하다. 즉 원고 보험사의 청구를 받아들이는 것이 합당하다.

① '갑'이 '을' 보험회사와 체결한 영업용 자동차보험계약의 피보험차량인 트럭의 적재함에 화물을 싣고 운송하다가 비가 내리자 시동을 켠 상태로 운전석 지붕에 올라가 적재함에 방수비닐을 덮던 중 미끄러져 상해를 입은 사안에서, 위 사고는 전체적으로 피보험차량의 용법에 따른 사용이 사고발생의 원인이 되었으므로 보험계약이 정한 보험사고에 해당하는데도, '갑'이 차량 지붕에서 덮개작업을 한 것은 차량 지붕의 용법에 따라 사용한 것이 아니고, 방수비닐이 차량의 설비나 장치에 해당하지 아니한다는 이유 등으로 위 사고를 '갑'이 **차량을 소유, 사용, 관리하는 동안 생긴 사고에 해당하지 아니한다고 본 원심판결에 법리오해 등의 잘못이 있다고 한 사례**이다[대법원 2023.2.2. 선고 2022다266522 판결].

② 임대차 목적물이 화재 등으로 인하여 소멸됨으로써 임차인의 목적물 반환의무가 이행불능이 된 경우에, 임차인은 이행불능이 자기가 책임질 수 없는 사유로 인한 것이라는 증명을 다하지 못하면 목적물 반환의무의 이행불능으로 인한 손해를 배상할 책임을 지며, **화재 등의 구체적인 발생 원인이 밝혀지지 아니한 때에도 마찬가지이다**. 또한 이러한 법리는 임대차 종료 당시 임대차 목적물 반환의무가 이행불능 상태는 아니지만 반환된 임차 건물이 화재로 인하여 훼손되었음을 이유로 손해배상을 구하는 경우에도 동일하게 적용된다[대법원 2017.5.18. 선고 2012다86895(본소), 2012다86901(반소) 전원합의체 판결].

③ 임차 외 건물 부분이 구조상 불가분의 일체를 이루는 관계에 있는 부분이라 하더라도, 그 부분에 발생한 손해에 대하여 임대인이 임차인을 상대로 채무불이행을 원인으로 하는 배상을 구하려면, 임차인이 보존·관리의무를 위반하여 화재가 발생한 원인을 제공하는 등 화재 발생과 관련된 임차인의 계약상 의무위반이 있었고, 그러한 의무위반과 임차 외 건물 부분의 손해 사이에 상당인과관계가 있으며, **임차 외 건물 부분의 손해가 의무위반에 따라 민법 제393조에 의하여 배상하여야 할 손해의 범위 내에 있다는 점에 대하여 임대인이 주장·증명하여야 한다**[다수의견 ; 대법원 2017.5.18. 선고 2012다86895(본소), 2012다86901(반소) 전원합의체 판결].

09

정답 ④

해설 ① 하나의 사고에 관하여 여러 개의 무보험자동차특약 보험계약이 체결되고 그 보험금액의 총액이 피보험자가 입은 손해액을 초과하는 때에는 손해보험에 관한 상법 제672조 제1항이 준용되어 **보험자는 각자의 보험금액의 한도에서 연대책임을 지고**, 이 경우 각 보험자 사이에서는 각자의 보험금액의 비율에 따른 보상책임을 진다.

위와 같이 **상법 제672조 제1항이 준용됨에 따라 여러 보험자가 각자 보험금액 한도에서 연대책임을 지는 경우 특별한 사정이 없는 한 그 보험금 지급책임의 부담에 관하여 각 보험자 사이에 주관적 공동관계가 있다고 보기 어려우므로, 각 보험자는 그 보험금 지급채무에 대하여 부진정연대관계에 있다.** 이때 피보험자는 여러 보험자 중 한 보험자에게 그 보험금액 한도에서 보험금 지급을 청구할 수 있고, 그 보험자는 그 청구에 따라 피보험자에게 보험금을 지급한 후 부진정연대관계에 있는 다른 보험자에게 그 부담부분 범위 내에서 구상권을 행사할 수 있다(대법원 2024.2.15. 선고 2023다272883 판결).

②·③·④ 하나의 사고에 관하여 여러 개의 무보험자동차에 의한 상해담보특약이 체결되고 그 보험금액의 총액이 피보험자가 입은 손해액을 초과하는 때에는 손해보험에 관한 상법 제672조 제1항이 준용되어 보험자는 각자의 보험금액의 한도에서 연대책임을 지고, 이 경우 각 보험자 사이에서는 각자의 보험금액의 비율에 따른 보상책임을 진다. 이러한 경우 **중복보험자 중 1인이 단독으로 피보험자에게 보험약관에서 정한 보험금 지급기준에 따라 정당하게 산정된 보험금을 지급하였다면 상법 제672조 제1항에 근거하여 다른 중복보험자를 상대로 각자의 보험금액의 비율에 따라 산정한 분담금의 지급을 청구할 수 있다.** 그리고 **이러한 청구권은 상법 제729조 단서에 근거하여 당사자 사이에 다른 약정이 있어 피보험자의 권리를 해하지 아니하는 범위 안에서 피보험자에 대한 배상의무자를 상대로 행사할 수 있는 보험자대위에 의한 청구권과 별개의 권리이므로, 그 중복보험자는 각 청구권의 성립 요건을 개별적으로 충족하는 한 어느 하나를 먼저 행사하여도 무방하고 양자를 동시에 행사할 수도 있다.** 따라서 **보험금을 단독으로 지급한 중복보험자가 다른 중복보험자로부터 분담금 전부 또는 일부를 지급받아 만족을 얻었다고 하더라도 피보험자에 대한 배상의무자를 상대로 보험자대위에 의한 청구권을 행사할 수 있고**, 다만, 그 범위는 보험약관에 따라 정당하게 산정되어 지급된 보험금 중 그 보험금에서 위와 같이 만족을 얻은 부분을 제외한 나머지 금액의 비율에 상응하는 부분으로 축소된다고 봄이 타당하다(대법원 2023.6.1. 선고 2019다237586 판결).

10

정답 ①

해설 피보험이익이 없다면 보험계약은 당연무효가 되므로 특별한 사정이 없는 한 신의칙위반이라고 볼 수 없다.

② 피보험이익은 적어도 사고발생시에는 확정할 수 있어야 한다. 즉 총괄보험의 경우, 집합된 물건을 일괄하여 보험의 목적으로 한 때에는 그 목적에 속한 물건이 보험기간 중에 수시로 교체된 경우에도 보험사고 발생시에 현존하는 물건은 보험의 목적에 포함된 것으로 한다(상법 제687조).

③ 보험계약이 무효가 되는 경우라면 보험자는 반대의 특약이 있는 경우라도 보험료를 반환할 필요가 없다(민법 제746조). 다만, 보험계약자·피보험자의 선의이거나 중대한 과실이 없는 경우에는 반환을 청구할 수 있다.

④ 피보험이익은 보험계약 체결 당시에 이미 확정되거나, 보험사고의 발생시까지 확정되어야 한다. 이익은 확정될 수 있다면 현재의 이익뿐 아니라, 장래의 이익이나 조건부이익 등을 보험계약의 목적으로 할 수 있다.

11

정답 ④

해설 비율보험은 보험자의 손해보상한도가 보험가액의 일정한 비율로 정해진 보험을 말한다. 비율보험은 보험가액의 일정한 비율로 보험금액이 되는 전액보험이라는 점에서 일부보험과 구별된다.

① 상법 제674조

② 전손의 경우에는 당사자가 약정한 보험금액의 전액이 지급되지만, 분손의 경우에는 손해액에 부보비율을 곱하여 산출되는 금액을 지급한다.

③ 보험의 목적의 물가 상승으로 보험금액이 보험가액에 미달하는 자연적 일부보험의 경우는 손해액의 일부만이 보험자의 보상액이 되므로 당사자 사이에 분쟁이 발생할 소지가 있다.

12

정답 ④

해설 보험자가 위부를 승인하지 아니한 때에는 피보험자는 위부의 원인을 증명하지 아니하면 보험금액의 지급을 청구하지 못한다(상법 제717조).

① 보험의 목적이 전부 멸실한 경우에 보험금액의 전부를 지급한 보험자는 그 목적에 대한 피보험자의 권리를 당연히 취득하는데, 이를 '잔존물대위'라 한다(상법 제681조).

② 잔존물대위는 목적물에 대한 권리이전의 효과가 법률상 당연히 발생하지만, 보험위부는 피보험자의 특별한 의사표시가 있어야 하며, 단독행위로서 형성권에 해당한다.

③ 보험위부는 피보험자가 보험목적에 대한 모든 권리를 보험자에게 위부하고 보험자에 대하여 보험금액의 전부를 청구할 수 있는 해상보험 특유의 제도이다. 원칙적으로 잔존물대위와 보험위부는 모두 손해보험에서만 인정된다.

13

정답 ②

해설 ② 상법 제703조

① 선박이 정당한 사유없이 보험계약에서 정하여진 항로를 이탈한 경우에는 **보험자는 그때부터 책임을 지지 아니한다**. 선박이 손해발생 전에 원항로로 돌아온 경우에도 같다(상법 제701조의2).

③ 항해 도중에 불가항력으로 보험의 목적인 적하를 매각한 때에는 **보험자는 그 대금에서 운임 기타 필요한 비용을 공제한 금액과 보험가액과의 차액을 보상하여야 한다**. 매수인이 대금을 지급하지 아니한 때에는 보험자는 그 금액을 지급하여야 한다(상법 제709조 제1항, 제2항).

④ 보험자는 보험의 목적의 안전이나 보존을 위하여 지급할 특별비용을 **보험금액의 한도 내에서 보상할 책임이 있다**(상법 제694조의3).

14

정답 ③

해설 피해자가 피보험자로부터 배상을 받지 못한 상태에서 보험자가 보험금을 임의로 지급한 경우에 **보험자는 피보험자에게 보험금을 지급했다는 사실을 가지고 직접청구권을 가지는 피해자에게 대항할 수 없다**. 따라서 보험자는 피해자가 피보험자로부터 배상을 받기 전에는 상법 제724조 제1항의 규정을 이유로 피보험자의 보험금 지급청구를 거절할 수 있다.

15

정답 ①

해설 ①·④ 보험자가 생명보험계약을 체결함에 있어 다른 보험계약의 존재 여부를 청약서에 기재하여 질문하였다면 이는 그러한 사정을 보험계약을 체결할 것인지의 여부에 관한 판단자료로 삼겠다는 의사를 명백히 한 것으로 볼 수 있고, 그러한 경우에는 **다른 보험계약의 존재 여부가 고지의무의 대상이 된다**고 할 것이다. 그러나 그러한 경우에도 보험자가 다른 보험계약의 존재 여부에 관한 고지의무위반을 이유로 보험계약을 해지하기 위하여는 보험계약자 또는 피보험자가 그러한 사항에 관한 고지의무의 존재와 다른 보험계약의 존재에 관하여 이를 알고도 고의로 또는 중대한 과실로 인하여 이를 알지 못하여 고지의무를 다하지 않은 사실이 입증되어야 할 것이다. 그러나 그러한 경우에도 보험자가 다른 보험계약의 존재 여부에 관한 고지의무위반을 이유로 보험계약을 해지하기 위하여는 **보험계약자 또는 피보험자가 그러한 사항에 관한 고지의무의 존재와 다른 보험계약의 존재에 관하여 이를 알고도 고의로 또는 중대한 과실로 인하여 이를 알지 못하여 고지의무를 다하지 않은 사실이 입증되어야 할 것이다**(대법원 2001.11.27. 선고 99다33311 판결).

② 생명보험계약 체결 후 다른 생명보험에 다수 가입하였다는 사정만으로 상법 제652조 소정의 사고발생의 위험이 현저하게 변경 또는 증가된 경우에 해당한다고 할 수 없다(대법원 2001.11.27. 선고 99다33311 판결).

③ 보험계약 체결 당시 다른 보험계약의 존재 여부에 관하여 고지의무가 인정될 수 있는 것과 마찬가지로 보험계약 체결 후 동일한 위험을 담보하는 보험계약을 체결할 경우 이를 통지하도록 하고, 그와 같은 통지의무의 위반이 있으면 보험계약을 해지할 수 있다는 내용의 약관은 유효하다고 할 것이다(대법원 2001.11.27. 선고 99다33311 판결).

16

정답 ③

해설 보험수익자(丙)가 보험존속 중에 사망한 때에는 보험계약자(甲)는 다시 보험수익자(丙)를 지정할 수 있다. 이 경우에 **보험계약자(甲)가 지정권을 행사하지 아니하고 사망한 때에는 보험수익자(丙)의 상속인을 보험수익자로 한다**(상법 제733조 제3항).

① 상법 제733조 제2항

② 상법 제733조 제3항

④ 상법 제733조 제4항

17

정답 ④

해설 상법 제731조 제1항에 의하면 타인의 생명보험에서 피보험자가 서면으로 동의의 의사표시를 하여야 하는 시점은 '보험계약 체결시까지'이고, 이는 강행규정으로서 이에 위반한 보험계약은 무효이므로, **타인의 생명보험계약 성립 당시 피보험자의 서면동의가 없다면 그 보험계약은 확정적으로 무효가 되고, 피보험자가 이미 무효가 된 보험계약을 추인하였다고 하더라도 그 보험계약이 유효로 될 수는 없다**(대법원 2006.9.22. 선고 2004다56677 판결).

① 타인의 사망을 보험사고로 하는 보험계약에는 보험계약 체결시에 그 타인의 서면에 의한 동의를 얻어야 한다는 **상법 제731조 제1항의 규정은 강행법규로서 이에 위반하여 체결된 보험계약은 무효이다**(대법원 1996.11.22. 선고 96다37084 판결).

② 상법 제731조 제1항의 입법취지에는 도박보험의 위험성과 피보험자 살해의 위험성 외에도 피해자의 동의를 얻지 아니하고 타인의 사망을 이른바 사행계약상의 조건으로 삼는 데서 오는 공서양속의 침해의 위험성을 배제하기 위한 것도 들어있다고 해석되므로, 상법 제731조 제1항을 위반하여 피보험자의 서면동의 없이 타인의 사망을 보험사고로 하는 보험계약을 체결한 자 스스로가 무효를 주장함이 **신의성실의 원칙 또는 금반언의 원칙에 위배되는 권리 행사라는 이유로 이를 배척한다면, 그와 같은 입법취지를 완전히 몰각시키는 결과가 초래되므로 특단의 사정이 없는 한 그러한 주장이 신의성실 또는 금반언의 원칙에 반한다고 볼 수는 없다**(대법원 1996.11.22. 선고 96다37084 판결).

③ 타인의 사망을 보험사고로 하는 보험계약의 체결에 있어서 보험모집인은 보험계약자에게 피보험자의 서면동의 등의 요건에 관하여 구체적이고 상세하게 설명하여 보험계약자로 하여금 그 요건을 구비할 수 있는 기회를 주어 유효한 보험계약이 체결되도록 조치할 주의의무가 있고, 그럼에도 보험모집인이 위와 같은 설명을 하지 아니하는 바람에 **위 요건의 흠결로 보험계약이 무효가 되고 그 결과 보험사고의 발생에도 불구하고 보험계약자가 보험금을 지급받지 못하게 되었다면 보험자는 보험업법 제102조 제1항에 기하여 보험계약자에게 그 보험금 상당액의 손해를 배상할 의무가 있다**(대법원 2007.9.6. 선고 2007다30263 판결).

18

정답 ③

해설 보험약관에서 '피보험자 등의 고의에 의한 사고'를 면책사유로 규정하고 있는 경우 여기에서의 '고의'라 함은 자신의 행위에 의하여 일정한 결과가 발생하리라는 것을 알면서 이를 행하는 심리 상태를 말하는 것으로서 그와 같은 내심의 의사는 이를 인정할 직접적인 증거가 없는 경우에는 사물의 성질상 고의와 상당한 관련성이 있는 간접사실을 증명하는 방법에 의하여 입증할 수밖에 없고, 무엇이 상당한 관련성이 있는 간접사실에 해당할 것인가는 사실관계의 연결상태를 논리와 경험칙에 의하여 합리적으로 판단하여야 할 것임은 물론이지만, 보험사고의 발생에 기여한 복수의 원인이 존재하는 경우, 그중 하나가 **피보험자 등의 고의행위임을 주장하여 보험자가 면책되기 위하여는 그 행위가 단순히 공동원인의 하나이었다는 점을 입증하는 것으로는 부족하고 피보험자 등의 고의행위가 보험사고 발생의 유일하거나 결정적 원인이었음을 입증하여야 할 것이다**(대법원 2004.8.20. 선고 2003다26075 판결).

①·② 상법 제659조 제1항 및 제732조의2의 입법 취지에 비추어 볼 때, 사망을 보험사고로 하는 보험계약에서 자살을 보험자의 면책사유로 규정하고 있는 경우, 그 **자살은 사망자가 자기의 생명을 끊는다는 것을 의식하고 그것을 목적으로 의도적으로 자기의 생명을 절단하여 사망의 결과를 발생케 한 행위를 의미하고, 피보험자가 정신질환 등으로 자유로운 의사결정을 할 수 없는 상태에서 사망의 결과를 발생케 한 경우는 포함되지 않는다**(대법원 2011.4.28. 선고 2009다97772 판결).

④ 보험계약의 보통보험약관에서 '피보험자가 고의로 자신을 해친 경우'를 보험자의 면책사유로 규정하고 있는 경우 **보험자가 보험금 지급책임을 면하기 위하여는 위 면책사유에 해당하는 사실을 입증할 책임이 있는 바**, 이 경우 자살의 의사를 밝힌 유서 등 객관적인 물증의 존재나, 일반인의 상식에서 자살이 아닐 가능성에 대한 합리적인 의심이 들지 않을 만큼 명백한 주위 정황사실을 입증하여야 한다(대법원 2002.3.29. 선고 2001다49234 판결).

19

정답 ②

해설 단체보험의 경우 보험수익자의 지정에 관하여는 상법 등 관련 법령에 별다른 규정이 없으므로 **보험계약자는 단체의 구성원인 피보험자를 보험수익자로 하여 타인을 위한 보험계약으로 체결할 수도 있고, 보험계약자 자신을 보험수익자로 하여 자기를 위한 보험계약으로 체결할 수도 있을 것이며**, 단체보험이라고 하여 당연히 타인을 위한 보험계약이 되어야 하는 것은 아니므로 보험수익자를 보험계약자 자신으로 지정하는 것이 단체보험의 본질에 반하는 것이라고 할 수 없다(대법원 1999.5.25. 선고 98다59613 판결).

① **피보험자가 보험사고 이외의 사고로 사망하거나 퇴직 등으로 단체의 구성원으로서의 자격을 상실하면 그에 대한 단체보험계약에 의한 보호는 종료**되고, 구성원으로서의 자격을 상실한 종전 피보험자는 보험약관이 정하는 바에 따라 자신에 대한 개별계약으로 전환하여 보험 보호를 계속 받을 수 있을 뿐이다(대법원 2007.10.12. 선고 2007다42877, 42884 판결).

③ 단체의 규약으로 피보험자 또는 그 상속인이 아닌 자를 보험수익자로 지정한다는 명시적인 정함이 없음에도 **피보험자의 서면동의 없이 단체보험계약에서 피보험자 또는 그 상속인이 아닌 자를 보험수익자로 지정하였다면 그 보험수익자의 지정은 구 상법 제735조의3 제3항에 반하는 것으로 효력이 없고**, 이후 적법한 보험수익자 지정 전에 보험사고가 발생한 경우에는 피보험자 또는 그 상속인이 보험수익자가 된다(대법원 2020.2.6. 선고 2017다215728 판결).

④ 단체보험 계약자 회사의 직원이 퇴사한 후에 사망하는 보험사고가 발생한 경우, **회사가 퇴사 후에도 계속 위 직원에 대한 보험료를 납입하였더라도 퇴사와 동시에 단체보험의 해당 피보험자 부분이 종료되는데 영향을 미치지 아니한다**(대법원 2007.10.12. 선고 2007다42877, 42884 판결).

20

정답 ③

해설 책임보험에서 피보험자가 제3자로부터 배상청구를 받았을 때에는 지체 없이 보험자에게 그 통지를 발송하여야 한다. 피보험자가 **통지를 게을리하여 손해가 증가된 경우 보험자는 그 증가된 손해를 보상할 책임이 없다**(상법 제722조 제1항, 제2항).

① 상법 제657조 제1항

② 상법 제657조 제2항

④ 상법 제723조 제1항

21

정답 ②

해설 전문보험계약자 중 **대통령령으로 정하는 자**가 일반보험계약자와 같은 대우를 받겠다는 의사를 보험회사에 서면으로 통지하는 경우 보험회사는 정당한 사유가 없으면 이에 동의하여야 하며, 보험회사가 동의한 경우에는 해당 보험계약자는 일반보험계약자로 본다(보험업법 제2조 제19호 단서). "대통령령으로 정하는 자"란 다음 각 호의 자를 말한다(동법 시행령 제6조의2 제1항).

1. **지방자치단체**
2. 주권상장법인
3. 보험업법 시행령 제6조의2 제2항 제15호에 해당하는 자(대통령령으로 정하는 금융기관에 준하는 외국금융기관)
4. 보험업법 시행령 제6조의2 제3항 제15호, 제16호 및 제18호에 해당하는 자
   - 법률에 따라 설립된 기금(기술보증기금과 신용보증기금은 제외한다) 및 그 기금을 관리·운용하는 법인(제15호)
   - 해외 증권시장에 상장된 주권을 발행한 국내법인(제16호)
   - 그 밖에 보험계약에 관한 전문성, 자산규모 등에 비추어 보험계약의 내용을 이해하고 이행할 능력이 있는 자로서 금융위원회가 정하여 고시하는 자(제18호)

22

정답 ②

해설 **소액단기전문보험회사가 모집할 수 있는 보험상품의 종류(보험업법 시행령 제13조의2 제1항 제1호)**

1. 생명보험상품 중 제1조의2 제2항 제1호에 따른 보험상품 : **생명보험계약 (가)**
2. 손해보험상품 중 제1조의2 제3항 제6호, 제9호부터 제11호까지, 제13호 또는 제14호에 따른 보험상품
   - **책임보험계약 (마)**
   - 도난보험계약
   - 유리보험계약
   - **동물보험계약 (바)**
   - 비용보험계약
   - 날씨보험계약
3. 제3보험상품 중 제1조의2 제4항 제1호 또는 제2호에 따른 보험상품
   - 상해보험계약
   - **질병보험계약 (사)**

23

정답 ③

해설 **대통령령으로 정하는 금융 관련 법령에서 정하고 있는 금융업무(보험업법 시행령 제16조 제1항)**

다음 각 호의 어느 하나에 해당하는 업무를 말한다.

1. 「**자산유동화에 관한 법률**」**에 따른 유동화자산의 관리업무**
2. 「**주택저당채권유동화회사법**」**에 따른 유동화자산의 관리업무** 〈2023.5.16. 삭제〉
3. 「**한국주택금융공사법**」**에 따른 채권유동화자산의 관리업무**
4. 「전자금융거래법」 제28조 제2항 제1호에 따른 전자자금이체업무[같은 법 제2조 제6호에 따른 결제중계시스템(이하 "결제중계시스템"이라 한다)의 참가기관으로서 하는 전자자금이체업무와 보험회사의 전자자금이체업무에 따른 자금정산 및 결제를 위하여 결제중계시스템에 참가하는 기관을 거치는 방식의 전자자금이체업무는 제외한다]
5. 「**신용정보의 이용 및 보호에 관한 법률**」**에 따른 본인신용정보관리업**

24

정답 ②

해설 **금지 또는 제한되는 자산운용(보험업법 제105조)**

보험회사는 그 자산을 다음 각 호의 어느 하나에 해당하는 방법으로 운용하여서는 아니 된다.

1. 대통령령으로 정하는 업무용 부동산이 아닌 부동산(**저당권 등 담보권의 실행으로 취득하는 부동산은 제외한다**)의 소유 (가)
2. 제108조 제1항 제2호에 따라 설정된 특별계정을 통한 부동산의 소유
3. 상품이나 유가증권에 대한 투기를 목적으로 하는 자금의 대출
4. 직접·간접을 불문하고 해당 보험회사의 주식을 사도록 하기 위한 대출
5. 직접·간접을 불문하고 정치자금의 대출
6. 해당 보험회사의 임직원에 대한 대출(**보험약관에 따른 대출 및 금융위원회가 정하는 소액대출은 제외한다**) (마)
7. 자산운용의 안정성을 크게 해칠 우려가 있는 행위로서 대통령령으로 정하는 행위

25

정답 ④

해설 보험회사는 재무제표 또는 월간업무보고서 등 제출서류를 대통령령으로 정하는 바에 따라 전자문서로 **제출할 수 있다**(보험업법 제118조 제3항).

①·② 보험업법 제118조 제1항

③ 보험업법 제118조 제2항

26

정답 ②

해설 자본감소의 결의를 할 때 주식 금액 또는 주식 수의 감소에 따른 자본금의 실질적 감소를 하려면 미리 **금융위원회의 승인을 받아야 한다**(보험업법 제18조 제1항, 동법 시행령 제23조의2).

① 보험업법 제18조 제1항

③ 보험업법 제18조 제3항, 제141조 제2항

④ 보험업법 제18조 제3항, 제151조 제3항

27

정답 ③

해설 외국보험회사국내지점은 그 외국보험회사의 본점이 휴업하거나 영업중지한 경우에는 그 사유가 발생한 날부터 **7일 이내**에 그 사실을 금융위원회에 알려야 한다(보험업법 제74조 제1항 제3호, 제74조 제3항).

① 보험업법 제74조 제1항 제1호

② 보험업법 제76조 제2항

④ 보험업법 제77조 제1항

28

정답 ③

해설 보험설계사가 교차모집을 하려는 경우에는 교차모집을 하려는 보험회사의 명칭 등 금융위원회가 정하여 고시하는 사항을 적은 서류를 **보험협회에 제출해야 한다**(보험업법 시행령 제29조 제1항).

① 보험업법 시행령 제27조 제1항

② 보험업법 제84조 제1항

④ 보험업법 시행령 제29조의2 제1항

29

정답 ①

해설 **보험계약의 체결 또는 모집에 관한 금지행위(보험업법 제97조 제3항 제1호)**

보험계약의 체결 또는 모집에 종사하는 자가 기존보험계약이 소멸된 날부터 (**1개월**) 이내에 새로운 보험계약을 청약하게 하거나 새로운 보험계약을 청약하게 한 날부터 (**1개월**) 이내에 기존보험계약을 소멸하게 하는 행위를 한 경우에는 기존보험계약을 부당하게 소멸시키거나 소멸하게 하는 행위를 한 것으로 본다. 다만, 보험계약자가 기존 보험계약 소멸 후 새로운 보험계약 체결시 손해가 발생할 가능성이 있다는 사실을 알고 있음을 자필로 서명하는 등 대통령령으로 정하는 바에 따라 본인의 의사에 따른 행위임이 명백히 증명되는 경우에는 그러하지 아니하다.

30

정답 ④

해설 **간단손해보험대리점의 준수사항(보험업법 시행령 제33조의2 제4항)**

1. 소비자에게 재화 또는 용역의 판매·제공·중개를 조건으로 보험가입을 강요하지 아니할 것
2. 판매·제공·중개하는 재화 또는 용역과 별도로 소비자가 보험계약을 체결 또는 취소하거나 보험계약의 피보험자가 될 수 있는 기회를 보장할 것
3. 단체보험계약(보험계약자에게 피보험이익이 없고, **피보험자가 보험료의 전부를 부담하는 경우만 해당한다**)을 체결하는 경우 사전에 서면, 문자메세지, 전자우편 또는 팩스 등의 방법으로 다음 각 목의 사항이 포함된 안내자료를 피보험자가 되려는 자에게 제공할 것
   가. 제42조의2 제1항 제1호부터 제11호까지에서 규정한 사항
   나. 단체보험계약의 피보험자에서 제외되는 방법 및 절차에 관한 사항
   다. 제2호에 따라 소비자에게 보장되는 기회에 관한 사항
   라. 보험계약자 등 소비자 보호를 위하여 금융위원회가 정하여 고시하는 사항
4. 재화·용역을 구매하면서 동시에 보험계약을 체결하는 경우와 보험계약만 체결하는 경우간에 보험료, 보험금의 지급조건 및 보험금의 지급규모 등에 차이가 발생하지 아니하도록 할 것
5. 제32조 제2항에 따라 등록한 간단손해보험대리점의 경우에는 인터넷 홈페이지[이동통신단말장치에서 사용되는 애플리케이션(Application) 및 그 밖에 이와 비슷한 응용프로그램을 통하여 가상의 공간에 개설하는 장소를 포함한다]를 통해서만 다음 각 목의 행위를 할 것
   가. 보험을 모집하는 행위
   나. 단체보험계약을 위하여 피보험자로 이루어진 단체를 구성하는 행위

31

정답 ②

해설 위원회의 위원은 **금융감독원 상품담당 부서장**(가), **보험협회의 상품담당 임원**(나), **보험요율산출기관의 상품담당 임원**(다) 및 보험협회의 장이 위촉하는 다음 각 호의 사람으로 구성한다(보험업법 시행령 제68조 제3항).

1. 보험회사 상품담당 임원 또는 선임계리사 2명
2. 판사, 검사 또는 변호사의 자격이 있는 사람 1명
3. 소비자단체에서 추천하는 사람 2명
4. 보험에 관한 학식과 경험이 풍부한 사람 1명

따라서 당연직 위원은 가, 나, 다 **3명**이다.

32

정답 ③

해설 **보험회사에 대한 제재(보험업법 제134조 제1항)**

금융위원회는 보험회사(그 소속 임직원을 포함한다)가 이 법 또는 이 법에 따른 규정·명령 또는 지시를 위반하여 보험회사의 건전한 경영을 해치거나 보험계약자, 피보험자, 그 밖의 이해관계인의 권익을 침해할 우려가 있다고 인정되는 경우에는 금융감독원장의 건의에 따라 다음 각 호의 어느 하나에 해당하는 조치를 하거나 **금융감독원장으로 하여금 제1호의 조치를 하게 할 수 있다.**

1. **보험회사에 대한 주의·경고 또는 그 임직원에 대한 주의·경고·문책의 요구**
2. 해당 위반행위에 대한 시정명령
3. 임원(「금융회사의 지배구조에 관한 법률」 제2조 제5호에 따른 업무집행책임자는 제외한다)의 해임권고·직무정지
4. 6개월 이내의 영업의 일부정지

33

정답 ②

해설 ② 보험업법 제176조 제7항

① 보험요율산출기관은 보험회사가 적용할 수 있는 순보험요율을 산출하여 금융위원회에 **신고할 수 있다**(보험업법 제176조 제4항).

③ 보험요율산출기관은 이 법 또는 이 법에 따른 명령에 특별한 규정이 없으면 「민법」 중 **사단법인에 관한 규정을 준용한다**(보험업법 제180조).

④ 보험요율산출기관이 그 업무와 관련하여 정관으로 정하는 바에 따라 보험회사로부터 수수료를 받을 수 있다(보험업법 제176조 제8항). **금융위원회의 승인사항이 아니다.**

34

정답 ④

해설 보험회사가 선임계리사를 선임한 경우에는 **금융위원회의 해임 요구가 있는 때에는** 그 선임일이 속한 사업연도의 다음 사업연도부터 연속하는 3개 사업연도가 끝나는 날까지 그 **선임계리사를 해임할 수 있다**(보험업법 제184조 제4항 제4호).

① 보험업법 제181조의2 제1항

② 보험업법 제181조의2 제4항

③ 보험업법 제192조 제1항

35

정답 ④

해설 **보험계리사 등의 업무(보험업법 시행규칙 제44조)**

보험계리사, 선임계리사 또는 보험계리업자의 업무는 다음 각 호와 같다. 다만, **제5호의 업무는 보험계리사 및 보험계리업자만 수행한다**.

1. 기초서류 내용의 적정성에 관한 사항
2. 책임준비금, 비상위험준비금 등 준비금의 적립에 관한 사항
3. 잉여금의 배분·처리 및 보험계약자 배당금의 배분에 관한 사항
4. 지급여력비율 계산 중 보험료 및 책임준비금과 관련된 사항
5. **상품 공시자료 중 기초서류와 관련된 사항**
6. 계리적 최적가정의 검증·확인에 관한 사항

36

정답 ④

해설 가. (○) 근로자퇴직급여보장법 제2조 제15호

나. (×) 운용관리업무를 수행하는 퇴직연금사업자는 **고용노동부장관의 승인을 받아** 사전지정운용방법을 변경할 수 있다(근로자퇴직급여보장법 제21조의3 제6항).

다. (○) 근로자퇴직급여보장법 제21조의2 제3항

라. (×) 운용관리업무를 수행하는 퇴직연금사업자는 사전지정운용방법에 적립금의 안정적 수익을 보장하는 운용유형을 **반드시 포함시킬 필요는 없다**.

마. (×) 사전지정운용방법을 제시받은 사용자는 사업 또는 사업장 단위로 사전지정운용방법을 설정하여 **근로자 대표의 동의를 받아** 확정기여형퇴직연금규약에 반영하여야 한다(근로자퇴직급여보장법 제21조2 제5항).

TIP 사전지정운용제도의 설정(근로자퇴직급여보장법 제21조의2)

① 운용관리업무를 수행하는 퇴직연금사업자는 사전지정운용방법에 다음 각 호 중 하나 이상의 운용유형을 포함하여 고용노동부장관의 승인을 받아야 한다.
1. 적립금의 원리금이 보장되는 운용유형
2. 「자본시장과 금융투자업에 관한 법률」 제229조에 따른 집합투자기구의 집합투자증권으로서 투자설명서상 다음 각 목의 어느 하나에 해당하는 운용내용이 운용계획에 명시되는 등 대통령령으로 정하는 요건을 충족하는 운용유형
가. 투자목표시점이 사전에 결정되고 운용기간이 경과함에 따라 투자위험이 낮은 자산의 비중을 증가시키는 방향으로 자산배분을 변경하거나 위험수준을 조절하는 운용내용
나. 투자위험이 상이한 다양한 자산에 분산투자하고 금융시장 상황 및 각 집합투자재산의 가치변동 등을 고려하여 주기적으로 자산배분을 조정함으로써 집합투자재산의 위험을 관리하고 장기 가치 상승을 추구하는 운용내용
다. 단기금융상품 등에 투자하여 집합투자재산의 손실가능성을 최소화하고 단기 안정적인 수익을 추구하는 운용내용
라. 「사회기반시설에 대한 민간투자법」 등 관련 법령에 따라 국가 및 지방자치단체가 추진하는 공공투자계획, 관련 사업 및 정책에 따른 사회기반시설사업 등에 투자하는 등 고용노동부령으로 정하는 요건을 충족하는 운용내용
마. 그 밖에 대통령령으로 정하는 운용내용

② 퇴직연금사업자가 제1항에 따라 고용노동부장관의 승인을 받고자 하는 경우 퇴직연금 관련 전문가로서 퇴직연금 및 자산운용에 관한 학식과 경험이 풍부하다고 인정되는 사람을 포함하는 등 고용노동부령으로 정하는 요건에 따라 구성된 고용노동부장관 소속 심의위원회의 사전심의를 받아야 한다.

③ 운용관리업무를 수행하는 퇴직연금사업자는 사전지정운용방법을 사용자에게 고용노동부령으로 정하는 방법에 따라 제시하여야 한다.

④ 제1항 제2호에 따른 운용유형은 손실가능성과 예상수익이 중・장기적으로 합리적 균형을 이루고 수수료 등의 비용이 예상되는 수익에 비해 과다하여서는 아니 된다.

⑤ 제3항에 따라 사전지정운용방법을 제시받은 사용자는 사업 또는 사업장 단위로 사전지정운용방법을 설정하여 근로자 대표의 동의를 받아 확정기여형퇴직연금규약에 반영하여야 한다.

37

정답 ②

해설 확정급여형퇴직연금제도에 따른 가입기간은 퇴직연금제도의 설정 이후 해당 사업에서 근로를 제공하는 기간으로 한다. 해당 퇴직연금제도의 설정 전에 해당 사업에서 제공한 근로기간에 대하여도 가입기간으로 할 수 있다. 이 경우 제8조 제2항에 따라 퇴직금을 미리 정산한 기간은 제외한다(근로자퇴직급여보장법 제14조).

① 근로자퇴직급여보장법 제2조 제8호
③ 근로자퇴직급여보장법 제15조
④ 근로자퇴직급여보장법 제16조 제4항

38

정답 ①

해설 상시 10명 미만의 근로자를 사용하는 사업의 경우 사용자가 **개별 근로자의 동의를 받거나 근로자의 요구에 따라** 개인형퇴직연금제도를 설정하는 경우에는 해당 근로자에 대하여 퇴직급여제도를 설정한 것으로 본다(근로자퇴직급여보장법 제25조 제1항).

② 근로자퇴직급여보장법 제25조 제2항 제2호

③ 근로자퇴직급여보장법 시행령 제18조 제1항 제1호

④ 근로자퇴직급여보장법 시행령 제17조 제6호

39

정답 ②

해설 적립금운용위원회의 위원장은 해당 사업에서 퇴직연금업무를 담당하는 **임원**으로 한다(근로자퇴직급여보장법 시행령 제9조의2 제2항).

① 근로자퇴직급여보장법 제18조의2 제1항

③ 근로자퇴직급여보장법 시행령 제9조의2 제5항

④ 근로자퇴직급여보장법 제18조의2 제2항

40

정답 ③

해설 가. (×) 둘 이상의 퇴직연금사업자와 모집업무 위탁계약을 체결하는 행위를 하여서는 아니 된다(근로자퇴직급여보장법 시행령 제30조 제1항 제4호).

나. (○) 근로자퇴직급여보장법 제31조

다. (○) 근로자퇴직급여보장법 시행령 제27조 제1호

라. (×) 모집업무를 위탁한 퇴직연금사업자 또는 가입예정인 사용자 등을 대리하여 계약을 체결하는 행위를 하여서는 아니 된다(근로자퇴직급여보장법 시행령 제30조 제1항 제6호).

마. (×) 사용자 또는 가입자의 적립금 운용방법에 대한 지시를 대리하는 행위를 하여서는 아니 된다(근로자퇴직급여보장법 시행령 제30조 제1항 제9호).

TIP 퇴직연금제도 모집인의 준수사항(근로자퇴직급여보장법 시행령 제30조)

① 법 제31조 제7항 제2호에 따라 퇴직연금제도 모집인은 다음 각 호의 어느 하나에 해당하는 행위를 하여서는 아니 된다.

1. 퇴직연금제도 모집인 외의 명칭을 사용하거나 다른 퇴직연금제도 모집인의 명의를 이용하여 모집업무를 수행하는 행위
2. 허위 사실에 근거하여 모집업무를 수행하거나 그 내용을 사실과 다르게 알리거나 중요한 사항을 알리지 않는 행위
3. 제27조에 따른 모집업무의 위탁범위를 벗어나서 업무를 수행하는 행위
4. 둘 이상의 퇴직연금사업자와 모집업무 위탁계약을 체결하는 행위
5. 모집업무를 수행하면서 알게 된 정보 등을 자기 또는 제3자의 이익을 위하여 이용하는 행위
6. 모집업무를 위탁한 퇴직연금사업자 또는 가입예정인 사용자 등을 대리하여 계약을 체결하는 행위
7. 퇴직연금제도를 설정하였거나 설정하려는 사용자 또는 가입자로부터 금전·증권, 그 밖에 재산상의 가치가 있는 것을 받는 행위
8. 퇴직연금제도를 설정하였거나 설정하려는 사용자, 가입자 또는 이들의 이해관계인에게 법 제33조 제4항 제2호에 따른 특별한 이익을 제공하거나 제공할 것을 약속하는 행위
9. 사용자 또는 가입자의 적립금 운용방법에 대한 지시를 대리하는 행위
10. 그 밖에 사용자와 가입자를 보호하고 건전한 거래질서를 유지하기 위하여 고용노동부장관이 정하여 고시하는 행위

② 법 제31조 제7항 제2호에 따라 퇴직연금제도 모집인은 모집업무를 수행하는 경우 자신이 모집업무를 위탁받은 자라는 사실을 나타내는 표지 또는 증표를 사무실에 게시하거나 상대방에게 내보여야 하고, 모집업무를 위탁한 퇴직연금사업자의 명칭 등 사용자와 가입자를 보호하고 건전한 거래질서를 유지하기 위하여 필요한 사항으로서 고용노동부장관이 정하여 고시하는 사항을 미리 사용자 등에게 알려야 한다.

③ 금융위원회는 제1항 각 호 및 제2항에 관한 세부 기준을 고용노동부장관과 협의하여 정하고 고시하여야 한다.

2024년 제47회 경제학원론

정답 및 해설

✓ 정답 CHECK

01	02	03	04	05	06	07	08	09	10	11	12	13	14	15	16	17	18	19	20
④	①	③	②	②	④	③	②	②	②	①	④	③	②	①	③	①	②	③	③
21	22	23	24	25	26	27	28	29	30	31	32	33	34	35	36	37	38	39	40
①	④	②	②	④	③	③	①	②	①	④	①	④	③	④	③	①	④	③	④

문제편 332p

01

정답 ④

해설 $Y-3=\frac{9-3}{1-4}(X-4)$

$2X+Y=11$

TIP 두 점 (x_1, x_2)과 (y_1, y_2)를 지나는 직선의 방정식

$$y-y_1=\frac{y_2-y_1}{x_2-x_1}(x-x_1)$$

02

정답 ①

해설 후방굴절 노동공급곡선은 임금이 일정수준 이상으로 상승할 경우 오히려 노동공급량이 감소하는 형태를 나타내는 노동공급곡선으로 노동시장에서 임금이 균형임금보다 높게 유지되는 요인이라 할 수 없다.

② 최저임금은 균형임금보다 높게 설정되어야 의미가 있다. 만약 균형임금보다 낮게 설정되면 최저임금 설정이 노동시장에 아무런 영향을 미치지 않기 때문이다.

③ 시장지배력이 있는 노동조합이 있으면 노동자와 기업 사이의 계약에서 노동자가 더 유리한 위치에 있기 때문에 노동자에게 지급되는 임금은 균형임금보다 높게 된다.

④ 효율임금(efficiency wages)은 노동자들의 생산성을 높은 수준으로 유지하기 위해 시장의 균형임금보다 높은 임금을 지급하는 것을 말한다.

03

정답 ③

해설 개인 i의 수요곡선이 $P_i = 12 - Q_i$이므로 10명으로 이루어진 마을 공공재 시장수요곡선은 $P = 120 - 10Q$이 된다.

공공재 한계비용은 비용함수를 Q에 대해 미분한 값으로 $MC = \frac{dC(Q)}{dQ} = 2Q$이다.

위에서 구한 마을 공공재 수요곡선과 한계비용을 이용해 공공재 최적생산량을 구해보면

$P = MC$

$120 - 10Q = 2Q$

$\therefore\ Q = 10$

04

정답 ②

해설 중고차 보증제도는 역선택의 해결 방안이다.

05

정답 ②

해설 독점기업의 제1급 가격차별이 이뤄질 경우 시장구조가 완전경쟁일 때와 일치하므로 자원배분이 파레토 효율적이 된다.

① 공공재를 시장에 맡겨두면 공급되지 않거나 과소공급되는 현상이 발생한다.

③ 생산기술이 규모에 대한 수익 체증인 경우 자연독점이 발생하게 되어 과소생산이 이뤄진다.

④ 민간기업의 생산활동에서 긍정적 외부효과가 발생하게 되면 과소생산이 이뤄진다.

06

정답 ④

해설 갑국이 을국보다 재화 모두 더 많이 생산할 수 있으므로 갑국은 을국에 비해 두 재화 생산에 있어 절대우위가 있다.

비교우위를 확인하기 위해 각 나라별 재화 생산의 기회비용을 구해보면
[갑국의 각 재화의 생산의 기회비용]

- X재 생산의 기회비용 $= \frac{100}{120} = \frac{5}{6}$
- Y재 생산의 기회비용 $= \frac{120}{100} = \frac{6}{5}$

[을국의 각 재화 생산의 기회비용]

- X재 생산의 기회비용 $= \frac{80}{80} = 1$
- Y재 생산의 기회비용 $= \frac{80}{80} = 1$

기회비용이 낮은 재화 생산에 비교우위를 가지므로 갑국은 X재 생산에, 을국은 Y재 생산에 비교우위를 갖는다.

07

정답 ③

해설
- 시장수요곡선과 시장공급곡선을 연립하여 균형가격을 구해보면
  $20-3P=5+2P$
  $\therefore\ P=3$
- 균형가격 $P=3$을 시장수요곡선과 시장공급곡선에 대입하면 균형거래량 $Q=11$이 된다.
- 정부가 실시하고자 하는 가격하한제 가격 $P=4$를 시장수요곡선과 시장공급곡선에 대입하면 수요량은 8, 공급량은 13으로 계산되어 5만큼 초과공급이 발생한다.
- 가격하한제 실시로 거래량은 8단위로 감소한다.
- 자중손실 $= \frac{1}{2} \times \frac{5}{2} \times 3 = \frac{15}{4}$

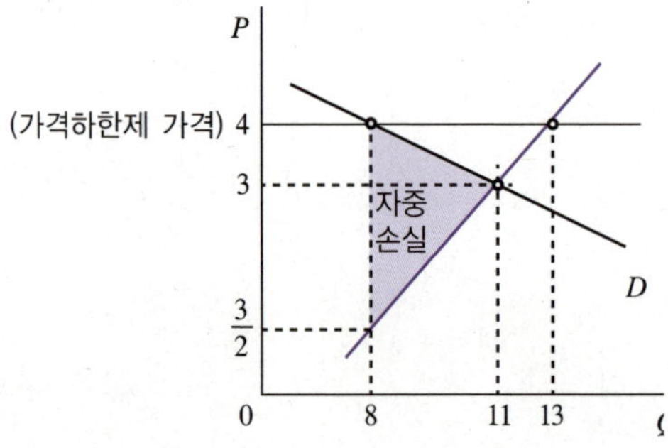

08

정답 ②

해설

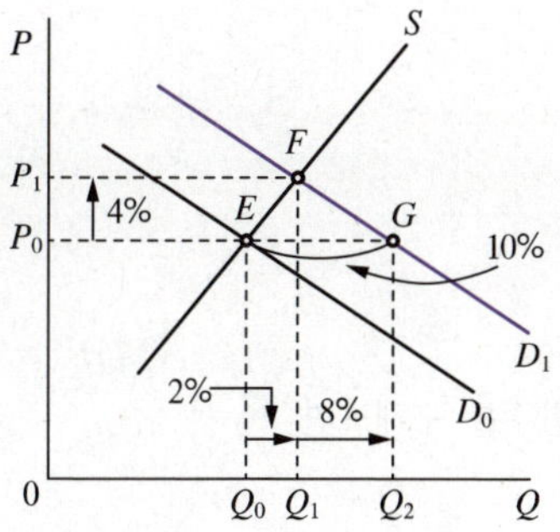

- 사과시장의 최초 균형 : E
- 사과수요의 소득탄력성이 2이므로 소득이 5% 증가하면 사과수요는 10% 증가한다.
- 사과수요가 10% 증가하면 사과의 수요곡선이 우측으로 이동하게 되어 최초의 균형가격 P_0에서 초과수요가 발생해 가격이 상승하게 된다.
- 수요의 가격탄력성이 2, 공급의 가격탄력성이 0.5이므로 가격이 1% 상승하면 수요량은 2% 감소하고 공급량이 0.5% 증가하므로 소득 5% 증가로 발생한 사과수요 10%의 초과수요 중 2.5%는 상쇄된다.
- 가격 1% 상승으로 초과수요 2.5%가 상쇄되므로 10% 초과수요를 상쇄하기 위해선 가격이 4% 상승해야 한다.

09

정답 ②

해설

- $MU_X = \dfrac{dU}{dX} = 10X,\ MU_Y = \dfrac{dU}{dY} = 4Y$
- $MRS_{XY} = \dfrac{MU_X}{MU_Y} = \dfrac{10X}{4Y} = \dfrac{5X}{2Y}$
- 위에서 구한 한계대체율이 무차별곡선상에서 우하방으로 이동할 경우 X재 소비는 증가하고 Y재 소비는 감소하게 되어 한계대체율이 체증함을 알 수 있다. 따라서 무차별곡선이 원점에 대해 오목한 형태가 된다.
- 무차별곡선이 원점에 대해 오목한 형태인 경우에는 소득 전부를 X재 또는 Y재만 구입하는 경우에 효용극대화가 이루어진다.
- 소득 전부를 X재만 구입하면 $\dfrac{27}{16}$단위를 구입할 수 있고 이때의 효용은 $14.24\left[=5\times\left(\dfrac{27}{16}\right)^2\right]$이다.
- 소득 전부를 Y재만 구입하면 $\dfrac{27}{10}$단위를 구입할 수 있고 이때의 효용은 $14.58\left[=2\times\left(\dfrac{27}{10}\right)^2\right]$이다.
- 소득 전부를 X재만 구입하는 경우보다 Y재만 구입할 경우 효용이 더 크므로 갑은 Y재만을 선택한다.

10

정답 ②

해설
- 효용함수 $U(X, Y) = XY$
- $MU_X = \frac{dU}{dX} = Y,\ MU_Y = \frac{dU}{dY} = X$
- $MRS_{XY} = \frac{MU_X}{MU_Y} = \frac{Y}{X} = \frac{P_X}{P_Y}$ (∵ 소비자균형조건)
- $P_X \cdot X = P_Y \cdot Y \cdots$ ①
- 위에서 구한 ①번식을 예산제약식에 대입하여 X재 수요함수를 구해보면

$P_X \cdot X + P_Y \cdot Y = m$

$P_X \cdot X + P_X \cdot X = m$

$2P_X \cdot X = m$

$\therefore X = \frac{m}{2P_X}$

11

정답 ①

해설 [X, Y의 가격이 각각 5, 1일 때]
- $(X, Y) = (6, 3)$인 경우 소요되는 금액$= (5 \times 6) + (1 \times 3) = 33$
- $(X, Y) = (5, 7)$인 경우 소요되는 금액$= (5 \times 5) + (1 \times 7) = 32$
- $(X, Y) = (6, 3)$인 경우 소요되는 금액이 $(X, Y) = (5, 7)$인 경우보다 더 큼에도 $(X, Y) = (6, 3)$인 경우를 선택하였다는 사실을 알 수 있다.

[X, Y의 새로운 가격 P_X, P_Y일 때]
- 새로운 가격 P_X, P_Y인 경우에 $(X, Y) = (5, 7)$를 선택하였다는 것은 $(X, Y) = (6, 3)$인 경우는 구입불가능이어야 한다. 즉 $(X, Y) = (6, 3)$인 경우 소요되는 금액이 $(X, Y) = (5, 7)$인 경우 소요되는 금액보다 더 커야 한다.
- $(X, Y) = (6, 3)$인 경우 소요되는 금액$= 6P_X + 3P_Y$
- $(X, Y) = (5, 7)$인 경우 소요되는 금액$= 5P_X + 7P_Y$
- $6P_X + 3P_Y > 5P_X + 7P_Y \rightarrow P_X > 4P_Y$

12

정답 ④

해설 기업 A의 생산함수 $Q=[\min(L, 3K)]^{1/2}$을 양변제곱하면 $Q^2=\min(L, 3K)$이 된다. 따라서 생산자균형에서는 $Q^2=L=3K$ 관계가 항상 성립한다.

위에서 구한 관계식을 이용하여 비용함수를 구해보면

$$C=wL+rK=(1\times Q^2)+\left(1\times\frac{1}{3}Q^2\right)=\frac{4}{3}Q^2$$

13

정답 ③

해설 [S기술을 사용하는 기업]

$$C_S(Q)=1{,}000+600Q-40Q^2+Q^3$$

$$TVC_S(Q)=600Q-40Q^2+Q^3$$

$$AVC_S(Q)=\frac{TVC_S(Q)}{Q}=600-40Q+Q^2$$

평균가변비용이 최소가 되는 생산량을 구하기 위해 평균가변비용을 Q에 대해 미분 후 0이 되는 생산량을 구해보면

$$\frac{dAVC_S(Q)}{dQ}=-40+2Q=0,\ \therefore\ Q=20$$

$Q=20$을 S기술을 사용하는 기업의 평균가변비용함수에 대입하면 200으로 가격보다 높다. 최소평균가변비용이 가격보다 높기에 S기업은 조업을 중단해야 한다.

[T기술을 사용하는 기업]

$$C_T(Q)=200+145Q-10Q^2+Q^3$$

$$TVC_T(Q)=145Q-10Q^2+Q^3$$

$$AVC_T(Q)=\frac{TVC_T(Q)}{Q}=145-10Q+Q^2$$

평균가변비용이 최소가 되는 생산량을 구하기 위해 평균가변비용을 Q에 대해 미분 후 0이 되는 생산량을 구해보면

$$\frac{dAVC_T(Q)}{dQ}=-10+2Q=0,\ \therefore\ Q=5$$

$Q=5$를 T기술을 사용하는 기업의 평균가변비용함수에 대입하면 120으로 가격보다 낮다. 최소평균가변비용이 가격보다 낮기에 T기업은 생산을 지속한다.

14

정답 ②

해설 이윤 $= \pi = TR - TC$

$$= P \cdot Q - w \cdot L$$

$$= [1 \times (60L - L^2)] - \left[\left(\frac{25}{L} + 4\right) \times L\right]$$

$$= -L^2 + 56L - 25$$

이윤이 최소가 되는 투입량을 구하기 위해 위에서 구한 이윤함수를 L에 대해 미분 후 0이 되는 투입량을 구해보면

$$\frac{d\pi}{dL} = -2L + 56 = 0$$

$$\therefore\ L = 28$$

15

정답 ①

해설 수요곡선이 우하향직선이고 한계비용이 일정한 경우 독점기업에 단위당 일정액의 종량세 부과시 단위당 절반만큼 소비자에게 전가된다. 따라서 단위당 10의 종량세 부과로 독점기업의 가격은 5 인상된다. 가격 5 인상으로 생산량은 15만큼 감소(∵ 수요곡선의 기울기 −3)한다.

16

정답 ③

해설 각 기업의 비용함수를 이용하여 한계비용을 구해보면

[기업 A]

$C_A(Q_A) = 2Q_A + 500$

$MC_A(Q_A) = 2$

[기업 B]

$C_B(Q_B) = 2Q_B + 400$

$MC_B(Q_B) = 2$

두 기업의 한계비용은 동일하다. 따라서 꾸르노 균형(Cournot equilibrium)에서 기업 A, B의 생산량은 동일하다.

17

정답 ①

해설 임금의 변동은 노동수요곡선을 이동시키는 것이 아니라 노동수요곡선상에서 변동이 이뤄진다.

18

정답 ②

해설 두 기업 모두 자신이 인하를 선택하였을 경우 상대방은 더 큰 보수를 가져갈 전략이 있으므로 인하는 두 기업의 열등전략이다. 열등전략 인하를 제외한 보수행렬을 구해보면 다음과 같다.

		기업 B	
		유 지	인 상
기업 A	유 지	(5, 5)	(10, 0)
	인 상	(0, 10)	(30, 30)

위 보수행렬에서 상대방이 유지를 선택할 경우 자신도 유지를 선택해야 보수가 더 크게 되고, 상대방이 인상을 선택할 경우 자신도 인상을 선택해야 보수가 더 크게 되므로 이 게임의 내쉬균형은 (유지, 유지), (인상, 인상)이 된다.

19

정답 ③

해설 [X재 생산 노동시간 1시간, Y재 생산 노동시간 3시간인 경우]

- X재 생산 : 2개, Y재 생산 : 9개
- 효용$=2\times9=18$

[X재 생산 노동시간 2시간, Y재 생산 노동시간 2시간인 경우]

- X재 생산 : 4개, Y재 생산 : 6개
- 효용$=4\times6=24$

[X재 생산 노동시간 3시간, Y재 생산 노동시간 1시간인 경우]

- X재 생산 : 6개, Y재 생산 : 3개
- 효용$=6\times3=18$

위에서 계산한 효용의 크기를 비교하면 X재 생산 노동시간 2시간, Y재 생산 노동시간 2시간인 경우에 가장 큰 효용을 얻게 되므로 X재 생산량은 4개가 된다.

20

정답 ③

해설 이윤이 극대가 되는 광고비를 구하기 위해 각 편의점 이윤함수를 미분한 후 0이 되는 값을 구하면

- $\dfrac{d\pi_X}{dx} = 45 + y - 4x = 0$
- $\dfrac{d\pi_Y}{dy} = 75 + x - 4y = 0$

위에서 구한 식을 연립하여 x, y를 구해보면 $x = 17$, $y = 23$이 된다.
따라서 편의점 X의 광고비는 편의점 Y보다 작다.

21

정답 ①

해설 직장이 없고 구직활동을 하지 않던 사람이 새로 구직활동을 시작하면 비경제활동인구에서 경제활동인구 중 실업자로 변경되어 경제활동참가율과 실업률이 모두 높아진다.

② 취업자였던 사람이 실직한 후 더 이상 구직활동을 하지 않으면 취업자에서 비경제활동인구로 변경되어 경제활동참가율은 낮아지지만 실업률은 높아진다.

③ 취업자였던 사람이 실직한 후 구직활동을 시작하면 취업자에서 실업자로 변경되어 경제활동참가율에는 변화가 없지만 실업률은 높아진다.

④ 구직활동을 하던 사람이 구직을 단념하고 구직활동을 하지 않게 되면 경제활동인구 중 실업자에서 비경제활동인구로 변경되어 경제활동참가율과 실업률 모두 낮아진다.

22

정답 ④

해설 *GDP*디플레이터는 명목*GDP*를 실질*GDP*로 나누어 계산되므로 *GDP*디플레이터가 상승하였다면 실질*GDP* 증가율이 *GDP*디플레이터 상승률보다 높아야 한다.

① 소비자물가지수나 생산자물가지수가 일정하게 고정되어 있는 재화군의 가격 변동을 측정하는데 비하여 *GDP*디플레이터는 실제로 매년 무엇이 생산되었는가에 따라 *GDP*디플레이터에 포함되는 재화군이 변동한다.

② *GDP*디플레이터에는 수입품가격이 제외되지만 소비자물가지수에는 수입품가격이 포함되어 산출된다.

③ 근원물가지수는 예상치 못한 일시적 외부충격(예 석유파동, 이상기후 등)에 의한 물가변동을 제거하고 난 후의 경제의 기본적인 동향을 반영한 물가상승률을 말하며, 소비자물가지수 대상품목 중에서 곡물 이외의 농산물과 석유류 가격변동분을 제외한 상황에서 근원물가지수를 측정하게 된다.

23

정답 ②

해설 국민소득(Y)은 소비(C) 1,000, 민간고정투자 180과 민간재고투자를 합한 총투자(I) 250, 정부소비지출(G) 150, 수출(X) 500을 합한 금액에서 수입(M) 400을 차감한 값으로 1,500이 된다.

$Y=C+I+G+(X-M)=1,000+250+150+(500-400)=1,500$

민간저축(S_P)은 국민소득(Y)에서 조세수입(T) 100에서 이전지출(TR) 50을 차감한 순조세($T-TR$)와 소비(C) 1,000을 차감한 450이 된다.

$S_P=Y-T'-C=1,500-(100-50)-1,000=450$

정부저축(S_G)은 조세(T) 100에서 정부소비지출(G) 150, 이전지출(TR) 50, 정부투자지출(I_G) 50을 차감한 -150이 된다.

$S_G=T-G-TR-I_G=100-150-50-50=-150$

국민저축(S)은 민간저축(S_P)과 정부저축(S_G)의 합으로 300이 된다.

$S=S_P+S_G=450-150=300$

따라서 국민저축률은 국민저축(S) 300을 국민소득(Y) 1,500으로 나눈 값으로 20%가 된다.

24

정답 ②

해설 ㄱ. (○) 현금보유비율 높아지면 통화승수는 작아진다.

ㄴ. (×) 재할인 대출이 증가하면 본원통화는 증가하나 통화승수는 변하지 않는다.

ㄷ. (○) 요구불예금에 대한 지급준비율보다 저축성예금에 대한 지급준비율이 낮을 때, 저축성예금/요구불예금 비율이 높아지면 지급준비율이 낮아지므로 통화승수는 커진다.

ㄹ. (×) 공개시장매입은 본원통화는 증가하나 통화승수는 변하지 않는다.

25

정답 ④

해설 문제 조건 총공급($\overline{Y}$)이 고정되어 있는 경제는 고전학파 모형이다. 고전학파 모형에서 정부지출이 x만큼 증가하면 정부저축이 x만큼 감소하므로 총저축도 x만큼 감소한다. 반면 조세를 x만큼 감면하게 되면 민간의 가처분소득 증가 x보다 더 작게 민간소비가 증가하게 되어 민간저축이 증가하게 된다. 따라서 정부지출 x를 증가시키는 경우가 조세를 x만큼 감면하는 경우보다 총저축의 감소가 더 커 이자율이 더 큰 폭으로 상승한다.

①·②·③ 정부지출이 증가하면 정부저축이 감소하게 된다. 정부저축의 감소는 대부자금의 공급이 감소하는 현상이 발생하게 되는데 대부자금의 공급이 감소하게 되면 이자율이 상승하게 되어 민간소비와 민간투자가 감소하는 구축현상이 발생한다.

26

정답 ③

해설

$$\text{국채 A의 가격} = \frac{1{,}000\text{만원} + (1{,}000\text{만원} \times 0.05)}{1 + 0.03} \fallingdotseq 1{,}019.4\text{만원}$$

27

정답 ③

해설 재고증가분(= 연말 재고 − 연초 재고)은 재고투자로 계상된다.

28

정답 ①

해설 한계소비성향(c) 0.5, 비례세율(t) 0.2, 유발투자계수(i) 0.4, 한계수입성향(m) 0.2이므로

$$\text{정부지출승수} = \frac{1}{1-c(1-t)-i+m} = \frac{1}{1-0.5(1-0.2)-0.4+0.2} = 2.5$$

29

정답 ②

해설

- $\frac{\text{요구불예금}}{\text{민간보유현금}} = \frac{\text{요구불예금}}{50\text{조원}} = 5$, $\therefore$ 요구불예금 = 250조원
- $\text{초과지급준비율} = \frac{\text{초과지급준비금}}{\text{요구불예금}} = \frac{5\text{조원}}{250\text{조원}} = 2\%$
- 실제지급준비율(z) = 법정지급준비율 + 초과지급준비율 = 8% + 2% = 10%
- $\text{현금 − 예금비율}(k) = \frac{\text{현금통화}}{\text{예금통화}} = \frac{50\text{조원}}{250\text{조원}} = 0.2$
- $\text{통화승수} = \frac{k+1}{k+z} = \frac{0.2+1}{0.2+0.1} = 4$

30

정답 ①

해설 ㄱ (○) · ㄴ (×) 투자가 이자율에 탄력적으로 반응할수록 IS곡선은 완만해지므로 확장적 통화정책의 총수요 증가효과가 커지지만 확장적 재정정책의 총수요 증가효과는 작아진다.

ㄷ (○) · ㄹ (×) 화폐수요가 이자율에 탄력적으로 반응할수록 LM곡선은 완만해지므로 확장적 재정정책의 총수요 증가효과가 커지지만 확장적 통화정책의 총수요 증가효과는 작아진다.

31

정답 ④

해설 *IS*곡선에 의하면 양(+)의 지출충격이 발생하면 총생산갭이 증가한다. 단기총공급곡선에 총산생산갭 증가를 반영하게 되면 인플레이션율이 상승하게 된다.

①·② 중앙은행 금리준칙에서 고정된 기대인플레이션율에서 목표인플레이션율을 높이면 실질이자율은 하락하게 된다. *IS*곡선에 실질이자율 하락을 반영하게 되면 총생산갭은 증가하게 된다. 단기총공급곡선에 총생산갭 증가를 반영하면 인플레이션이 상승하게 된다.

③ 통화정책의 신뢰성이 높아 기대인플레이션율이 목표인플레이션율과 같다면 목표인플레이션이 변화되면 기대인플레이션도 동일하게 변화될 것이므로 총생산갭에는 변화가 없다. 따라서 디스인플레이션 정책의 경기침체 효과는 없다.

32

정답 ①

해설

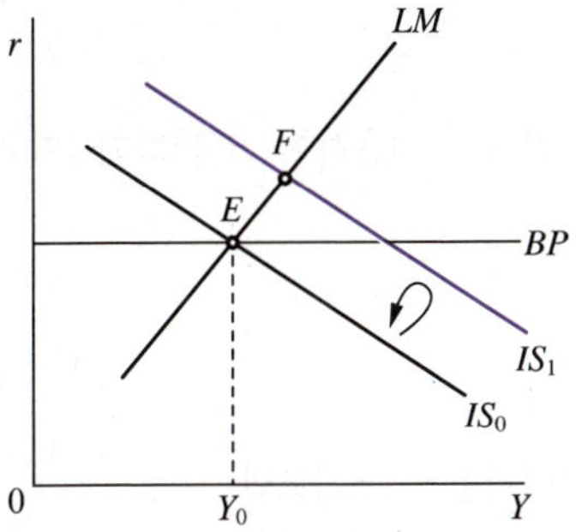

[확대재정정책]

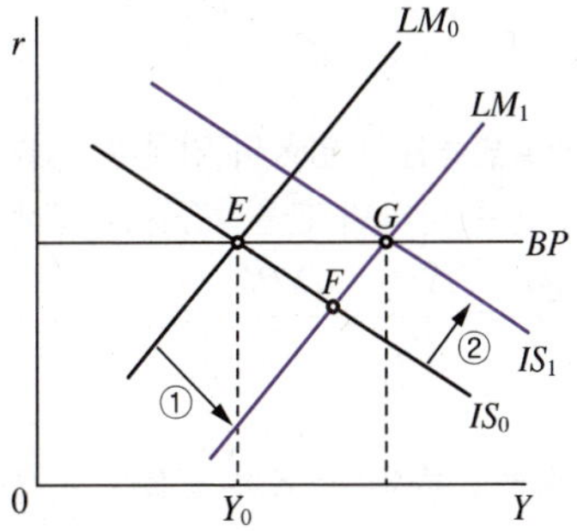

[확대통화정책]

ㄱ · ㄴ (○) 정부지출 증가 → *IS*곡선 우측이동 → 이자율 상승 → 자본유입 → 외환공급 증가 → 환율 하락(국내 통화가치 상승) → 순수출 감소 → *IS*곡선 좌측이동

ㄷ · ㄹ (×) 통화량 증가 → *LM*곡선 우측이동 → 이자율 하락 → 자본유출 → 외환수요 증가 → 환율 상승(국내 통화가치 하락) → 순수출 증가 → *IS*곡선 우측이동

33

정답 ④

해설 균제상태(steady state)에서는 $sf(k)=dk$이 성립하므로

$0.4\times k^{\frac{1}{2}}=0.1\times k$

$\therefore\ k=16$

- $y=1\times 16^{0.5}=4$
- $MP_K=\dfrac{dy_t}{dk}=\dfrac{1}{2\sqrt{k}}=\dfrac{1}{8}=0.125$
- 균제상태(steady state)에서는 $MP_k=r$이 성립하므로 실질이자율은 12.5%
- 저축률을 0.5로 높이면 1인당 저축 및 투자가 증가하므로 1인당 자본량과 1인당 생산량이 증가하고 이로써 1인당 소비도 증가하게 된다.

34

정답 ③

해설 화폐수량설 $MV=PY$를 증가율로 나타낸 $\dfrac{\Delta M}{M}+\dfrac{\Delta V}{V}=\dfrac{\Delta P}{P}+\dfrac{\Delta Y}{Y}$을 이용하여 각 국의 물가상승률을 구해보면

A국 : $10\%+0\%=\dfrac{\Delta P_A}{P_A}+5\%,\ \therefore\ \dfrac{\Delta P_A}{P_A}=5\%$

B국 : $8\%+0\%=\dfrac{\Delta P_B}{P_B}+4\%,\ \therefore\ \dfrac{\Delta P_B}{P_B}=4\%$

환율변동률이 양국의 양국의 인플레이션율 차이와 같음을 이용하여 B국 화폐 1단위당 A국 화폐의 양으로 나타낸 환율상승률을 구해보면

$\dfrac{\Delta e}{e}=\dfrac{\Delta P_A}{P_A}-\dfrac{\Delta P_B}{P_B}=5\%-4\%=1\%$

양국의 투자수익률이 같음을 이용하여 A국의 명목이자율을 구해보면

$i_A=i_B+\dfrac{\Delta e}{e}=6\%+1\%=7\%$

35

정답 ④

해설 유동성선호이론에서 단기금리가 경기순응적인 경우에 경기가 호황이면 투자자금에 대한 수요가 증가하여 단기금리가 상승하지만 경기가 침체인 경우에는 투자자금에 대한 수요 감소로 단기금리가 하락하게 된다. 따라서 미래에 단기금리가 하락할 것으로 예상되면 수익률곡선이 우하향하게 되고 이때 미래에 경기침체가 예상된다.

① 기대이론에서는 장기금리는 각 기간의 단기금리를 평균한 값으로 결정된다. 따라서 장기금리 변동성이 단기금리 변동성보다 작다.

② 유동성선호이론에서는 장기금리는 각 기간의 단기금리의 평균에 유동성 프리미엄을 더한 값으로 결정되는데 현재의 단기금리가 매우 높아 미래 단기금리가 큰 폭으로 하락할 것이 예상되면 각 기간의 단기금리의 평균이 현재의 단기금리보다 크게 낮아지므로 단기금리 평균에 유동성 프리미엄을 더한 장기금리가 현재의 단기금리보다 낮아질 수 있는데 이 경우에 수익률곡선이 우하향 형태가 된다.

③ 기대이론에서 미래에 단기금리가 하락할 것으로 예상되는 경우 현재의 단기금리와 미래의 단기금리를 평균한 장기금리가 현재의 단기금리보다 낮아 수익률곡선이 우하향 형태가 된다.

36

정답 ③

해설 해외은행으로부터 국내 기업의 차입은 자본수지 흑자 요인이다.

① 상품수지 적자 요인이다.

② 본원소득수지 적자 요인이다.

④ 국제수지에 영향을 주지 않는다.

37

정답 ①

해설 총생산함수를 증가율로 나타내어 문제를 풀어보면

$$\frac{\Delta Y}{Y_t}=\frac{\Delta z}{z_t}+0.2\left(\frac{\Delta K}{K_t}\right)+0.8\left(\frac{\Delta h}{h_t}\right)+0.8\left(\frac{\Delta L}{L_t}\right)$$

$$3\%=\frac{\Delta z}{z_t}+(0.2\times1\%)+(0.8\times1\%)+[0.8\times(-0.5\%)]$$

$$\therefore\ \frac{\Delta z}{z_t}=2.4\%$$

38

정답 ④

해설 ①·④ 유동성함정에서는 화폐수요의 이자율탄력성이 무한대이므로 LM곡선이 수평선으로 도출된다. LM곡선이 수평선이면 확장적 통화정책을 실시하더라도 국민소득이 증가하지 않아 생산증가 효과를 기대할 수 없다.

② 인플레이션율이 명목이자율보다 높은 경우 실질금리는 음(−)이 된다.

③ 유동성함정에서는 채권가격이 하락할 것이라는 기대로 채권 대신 화폐보유를 무한대로 늘린다. 즉, 화폐수요가 무한대가 된다.

39

정답 ③

해설 효율적 시장가설은 합리적 기대 가설을 가정한다.

① 합리적 기대는 현재시점에서 이용가능한 모든 정보를 활용하여 미래를 예견하는 것을 말한다.

② 합리적 기대는 체계적 오차를 발생하지 않지만 불완전 정보로 완전 예견은 불가능하다.

④ 합리적 기대하에서 예측 가능한 통화정책은 효과가 없다.

40

정답 ④

해설

- 실업률 $= \dfrac{\text{실직률}}{\text{구직률} + \text{실직률}} = \dfrac{0.05}{0.75 + 0.05} = 0.0625$
- 실업자수 = 경제활동인구 × 실업률 = 10,000명 × 0.0625 = 625명
- 취업자수 = 경제활동인구 − 실업자수 = 10,000명 − 625명 = 9,375명

2024년 제47회 보험수학

정답 및 해설

정답 CHECK

01	02	03	04	05	06	07	08	09	10	11	12	13	14	15	16	17	18	19	20
④	②	②	③	③	①	①	③	④	①	④	②	②	①	④	②	③	③	①	②
21	**22**	**23**	**24**	**25**	**26**	**27**	**28**	**29**	**30**	**31**	**32**	**33**	**34**	**35**	**36**	**37**	**38**	**39**	**40**
①	③	②	④	④	②	④	①	④	③	④	①	④	④	①	③	③	③	②	②

문제편 348p

01

정답 ④

해설 $\log_2 x + \log_x 8 = 4$

$$\frac{\log_2 x}{\log_2 2} + \frac{\log_2 8}{\log_2 x} = \frac{(\log_2 x)^2 + 3}{\log_2 x} = 4$$

$$(\log_2 x)^2 - 4(\log_2 x) + 3 = 0$$

위 식에서 $\log_2 x = X$라 하면

$$X^2 - 4X + 3 = 0$$
$$(X-1)(X-3) = 0$$
$$\therefore\ X = 1,\ X = 3$$

따라서 $\log_2 x = 1$인 경우 $x = 2$가 되고, $\log_2 x = 3$인 경우 $x = 8$이 된다.
그러므로 모든 해의 합은 10이 된다.

02

정답 ②

해설 $\lim_{x \to 0}\frac{\ln(x^2+ax+b)}{x^2+x}$이 극한값을 갖기 위해선 분모가 0이므로 분자도 0이어야 한다.

따라서 분자 x에 0을 대입하면 $\ln b$가 되는데 이 값이 0이 되므로 b는 1이 된다.

$\lim_{x \to 0}\frac{\ln(x^2+ax+1)}{x^2+x}$을 로피탈 정리를 이용하여 a를 구해보면

$$\lim_{x \to 0}\frac{\ln(x^2+ax+1)}{x^2+x}=\lim_{x \to 0}\frac{\frac{2x+a}{x^2+ax+1}}{2x+1}=a=1$$

$\therefore\ a+b=1+1=2$

03

정답 ②

해설 $x=0$에서 미분 가능하기 위해선 $x=0$에서 연속이어야 하고, 미분계수가 동일해야 한다.

- $x=0$에서 연속

  $-(0)^2+a\times 0=e^0+b$

  $\therefore\ b=-1$

- 미분계수가 동일

  $(-2\times 0)+a=e^0$

  $\therefore\ a=1$

따라서 a와 b를 곱한 값은 -1이 된다.

04

정답 ③

해설 $\frac{x^2}{9}+\frac{y^2}{4}=1$을 미분한 후 $\left(\frac{3}{\sqrt{2}}, \sqrt{2}\right)$를 대입하여 기울기를 구해보면

$$\frac{2x}{9}+\frac{2y \cdot y'}{4}=0$$

$$y'=\frac{4x}{-9y}=\frac{4\times\frac{3}{\sqrt{2}}}{-9\times\sqrt{2}}=-\frac{2}{3}$$

05

정답 ③

해설 $x=\sqrt{2}\sin\theta$라 하면 θ의 범위는 $\frac{\pi}{4}\le\theta\le\frac{\pi}{2}$이다.

$x=\sqrt{2}\sin\theta$을 θ에 대해 미분하면 $\frac{dx}{d\theta}=\sqrt{2}\cos\theta$이고, 이 식은 $dx=\sqrt{2}\cos\theta\, d\theta$로 변형이 된다.

$$\int_1^{\sqrt{2}}\sqrt{2-x^2}\,dx=\int_{\frac{\pi}{4}}^{\frac{\pi}{2}}\sqrt{2-(\sqrt{2}\sin\theta)^2}\cdot\sqrt{2}\cos\theta\, d\theta=2\int_{\frac{\pi}{4}}^{\frac{\pi}{2}}\cos^2\theta\, d\theta=2\int_{\frac{\pi}{4}}^{\frac{\pi}{2}}\frac{1+\cos2\theta}{2}d\theta$$

$$=\left[\theta+\frac{1}{2}\sin2\theta\right]_{\frac{\pi}{4}}^{\frac{\pi}{2}}=\frac{\pi}{2}-\left(\frac{\pi}{4}+\frac{1}{2}\right)=\frac{\pi-2}{4}$$

06

정답 ①

해설 $t=\ln x$라 하면 t의 범위는 $\ln a\le t\le 2\ln a$가 된다.

$t=\ln x$를 x에 대해 미분하면 $\frac{dt}{dx}=\frac{1}{x}$이고, 이 식은 $dt=\frac{1}{x}dx$로 변형이 된다.

$$\int_a^{a^2}\frac{1}{x\ln x}dx=\int_{\ln a}^{2\ln a}\frac{1}{t}dt=[\ln t]_{\ln a}^{2\ln a}=\ln\frac{2\ln a}{\ln a}=\ln 2$$

TIP 치환적분법

$g(x)=t$인 경우

$$\int f[g(x)]\cdot g'(x)dt=\int f(t)\frac{dx}{dt}dt=\int f(x)dx$$

07

정답 ①

해설

$$\lim_{n\to\infty}\sum_{k=1}^{n}\frac{n+k}{3n^2+2kn+k^2}=\lim_{n\to\infty}\sum_{k=1}^{n}\frac{1+\frac{k}{n}}{3+2\cdot\frac{k}{n}+\left(\frac{k}{n}\right)^2}\cdot\frac{1}{n}=\int_0^1\frac{x+1}{x^2+2x+3}dx$$

$x+1=t$라 하면 t의 범위는 $1\le t\le 2$가 된다.

$x+1=t$를 x에 대해 미분하면 $\frac{dt}{dx}=1$이고, 이 식은 $dt=dx$로 변형이 된다.

$$\int_1^2\frac{t}{t^2+2}dt=\left[\frac{1}{2}\ln(t^2+2)\right]_1^2=\frac{1}{2}(\ln6-\ln3)=\frac{1}{2}\ln2$$

08

정답 ③

해설

$$\int_0^x(x-t)\{f(t)\}^2dt=e^x+x^2-1$$

$$\int_0^x\frac{d}{dx}[(x-t)\{f(t)\}^2]dt=\frac{d}{dx}(e^x+x^2-1)$$

$$\int_0^x\{f(t)\}^2dt=e^x+2x$$

$$\frac{d}{dx}\int_0^x\{f(t)\}^2dt=\frac{d}{dx}(e^x+2x)$$

$$\{f(x)\}^2=e^x+2$$

$\therefore\ f(0)=\sqrt{3}$ [$\because$ 함수 값이 양수인 함수 $f(x)$]

09

정답 ④

해설

$$f'(x)=\frac{[(x-1)^2(x^2+1)^3]\left(e^x\sqrt{x^4+2}+\frac{2e^x\cdot x^3}{\sqrt{x^4+2}}\right)-[2(x-1)(x^2+1)^3+6x(x^2+1)(x-1)^2](e^x\sqrt{x^4+2})}{[(x-1)^2(x^2+1)^3]^2}$$

$\therefore\ f'(0)=3\sqrt{2}$

10

정답 ①

해설

$$\lim_{h\to0}\left(\frac{1+nh}{1+2nh}\right)^{\frac{1}{h}}=\lim_{h\to0}e^{\left[\frac{\ln(1+nh)-\ln(1+2nh)}{h}\right]}=e^{\lim_{h\to0}\frac{\ln(1+nh)-\ln(1+2nh)}{h}}$$

$$=e^{\left[\lim_{h\to0}\frac{n}{1+nh}-\frac{2n}{1+2nh}\right]}\ (\because \text{로피탈 정리})$$

$$=e^{(n-2n)}=e^{-n}$$

$\therefore\ a_n=e^{-n}$

$$\therefore\ \sum_{n=1}^{\infty}a_n=\sum_{n=1}^{\infty}e^{-n}=\frac{e^{-1}}{1-e^{-1}}=\frac{1}{e-1}$$

11

정답 ④

해설

$$\int_0^\infty kxe^{-x^2}dx=k\left[-\frac{1}{2}e^{-x^2}\right]_0^\infty=k\times\frac{1}{2}=1$$

$\therefore\ k=2$

$$\therefore\ P(X>1)=\int_1^\infty 2xe^{-x^2}dx=\left[-e^{-x^2}\right]_1^\infty=e^{-1}$$

12

정답 ②

해설

A 상자에서 뽑힌 두 개의 공이 모두 붉은 공이거나 푸른 공일 확률 $=\frac{2}{4}\times\frac{1}{3}=\frac{1}{6}$

$\therefore$ 처음 A 상자에서 뽑힌 두 개의 공이 같은 색이었을 확률 $=\frac{1}{6}+\frac{1}{6}=\frac{1}{3}$

13

정답 ②

해설

$$E(X)=\frac{1}{2}\left(\frac{0+2}{2}\right)+\frac{1}{2}\left(\frac{1+5}{2}\right)=\frac{1}{2}+\frac{3}{2}=2$$

14

정답 ①

해설

$$M'(t)=10\left(\frac{1}{3}e^{2t}+\frac{1}{3}e^{t}+\frac{1}{3}\right)^{9}\cdot\left(\frac{2}{3}e^{2t}+\frac{1}{3}e^{t}\right)$$

$$E(X)=M'(0)=10\times 1^{9}\times 1=10$$

$$M''(t)=90\left(\frac{1}{3}e^{2t}+\frac{1}{3}e^{t}+\frac{1}{3}\right)^{8}\cdot\left(\frac{2}{3}e^{2t}+\frac{1}{3}e^{t}\right)^{2}+10\left(\frac{1}{3}e^{2t}+\frac{1}{3}e^{t}+\frac{1}{3}\right)^{9}\cdot\left(\frac{4}{3}e^{2t}+\frac{1}{3}e^{t}\right)$$

$$E(X^2)=M''(0)=90+\left(10\times\frac{5}{3}\right)=\frac{320}{3}$$

$$\therefore\ Var(X)=E(X^2)-E(X)^2=\frac{320}{3}-10^2=\frac{20}{3}$$

15

정답 ④

해설 $Var(X)=E(X^2)-E(X)^2=E(X^2)-0=4$ ($\because$ 평균이 0)

$\therefore\ E(X^2)=4$

$$첨도=\frac{\dfrac{\sum_{i=1}^{n}(X_i-\overline{X})^4}{n}}{Var(X)^2}-3=0$$

$$\frac{\sum_{i=1}^{n}(X_i-\overline{X})^4}{n}=3\times Var(X)^2=3\times 4^2=48=E(X^4)$$ ($\because$ 평균이 0이므로 $\overline{X}=0$)

$$\therefore\ Var(X^2)=E(X^4)-E(X^2)^2=48-4^2=32$$

16

정답 ②

해설

$$E(Y|X>0)=\left[\frac{\left(0\times\frac{1}{8}\right)+\left(0\times\frac{2}{8}\right)+\left(1\times\frac{3}{8}\right)+(0\times 0)}{\frac{1}{8}+\frac{2}{8}+\frac{3}{8}+0}\right]=\frac{1}{2}=0.5$$

17

정답 ③

해설 $\min(X, Y)=1$이 되기 위해선 $X=1$일 때 Y는 0을 제외한 모든 수이어야 하며, $Y=1$일 때 X는 0을 제외한 모든 수이어야 한다.

$X=1$일 $\min(X, Y)=1$이 되는 확률을 구해보면

$$\frac{1^1\cdot e^{-1}}{1!}\times\left(1-\frac{1^0\cdot e^{-1}}{0!}\right)=e^{-1}-e^{-2}$$

$Y=1$일 $\min(X, Y)=1$이 되는 확률을 구해보면

$$\frac{1^1\cdot e^{-1}}{1!}\times\left(1-\frac{1^0\cdot e^{-1}}{0!}\right)=e^{-1}-e^{-2}$$

위 두 경우에서 $(1,1)$이 중복되므로 위 두 경우의 확률 합에서 $(1,1)$의 확률을 차감하여 $P[\min(X, Y)=1]$를 구해보면

$$P[\min(X, Y)=1]=(e^{-1}-e^{-2})+(e^{-1}-e^{-2})-\left(\frac{1^1\cdot e^{-1}}{1!}\times\frac{1^1\cdot e^{-1}}{1!}\right)=2e^{-1}-3e^{-2}$$

18

정답 ③

해설

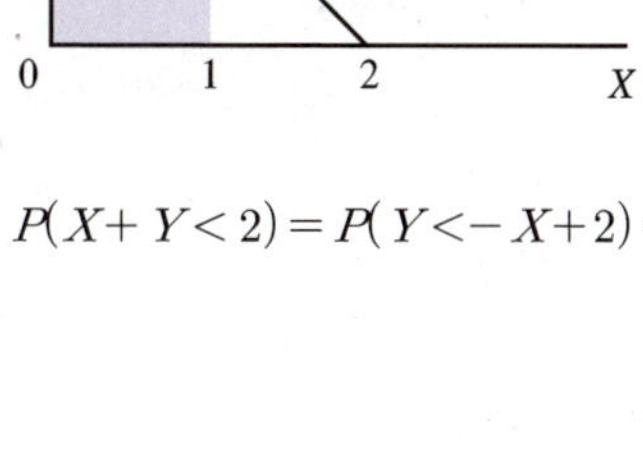

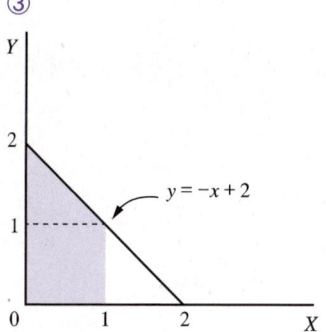

$$P(X+Y<2)=P(Y<-X+2)=\frac{1.5}{2}=\frac{3}{4}$$

19

정답 ①

해설

- $E(X)=\int_{-1}^{0} pxdx+\int_{0}^{1}(1-p)xdx=-\frac{1}{2}p+\frac{1}{2}(1-p)=\frac{1}{2}-p$
- $E(X^2)=\int_{-1}^{0} px^2dx+\int_{0}^{1}(1-p)x^2dx=\frac{1}{3}p+\frac{1}{3}(1-p)=\frac{1}{3}$
- $Var(X)=E(X^2)-E(X)^2=\frac{1}{3}-\left(\frac{1}{2}-p\right)^2=-p^2+p+\frac{1}{12}=\frac{1}{4}$

$-p^2+p+\frac{1}{12}=\frac{1}{4}$을 정리하면 $p^2-p+\frac{1}{6}$으로 p값들의 곱은 $\frac{1}{6}$이 된다.

20

정답 ②

해설

- $f_X(x)=e^{-x}$, $x \geq 0$
- $f_Y(y)=e^{-y}$, $y \geq 0$

$$
\begin{aligned}
P(|X-Y|>1) &= P(Y>X+1)+P(Y<X-1) \\
&= \int_{0}^{\infty}\int_{x+1}^{\infty} f_X(x)f_Y(y)\,dydx+\int_{1}^{\infty}\int_{0}^{x-1} f_X(x)f_Y(y)\,dydx \\
&= \int_{0}^{\infty}\int_{x+1}^{\infty} e^{-x}e^{-y}dydx+\int_{1}^{\infty}\int_{0}^{x-1} e^{-x}e^{-y}dydx \\
&= \int_{0}^{\infty} e^{-x}e^{-x-1}dx+\int_{1}^{\infty} e^{-x}(1-e^{-x+1})dx \\
&= \frac{1}{2e}+\frac{1}{e}-\frac{1}{2e}=\frac{1}{e}
\end{aligned}
$$

21

정답 ①

해설

$f(x)=\frac{1}{3}$ ($\because$ 균등분포)

$F(y)=F(Y\leq y)=F(X^2\leq y)=F(-\sqrt{y}\leq X\leq \sqrt{y})=F(\sqrt{y})-F(-\sqrt{y})$

$f(y)=\frac{1}{2\sqrt{y}}f(\sqrt{y})+\frac{1}{2\sqrt{y}}f(-\sqrt{y})=\left(\frac{1}{2\sqrt{y}}\times\frac{1}{3}\right)+\left(\frac{1}{2\sqrt{y}}\times\frac{1}{3}\right)=\frac{1}{3\sqrt{y}}$

$\therefore\ f(0.5)=\frac{1}{3\sqrt{\frac{1}{2}}}=\frac{\sqrt{2}}{3}$

22

정답 ③

해설 $f_{x_i}(x)=n[1-F_X(x)]^{n-1}\cdot f_X(x)=n(e^{-x})^{n-1}\cdot e^{-x}=ne^{-nx}$

$$E(e^{-Y})=\int_0^\infty e^{-y}\cdot ne^{-ny}dy=\int_0^\infty ne^{-(n+1)y}dy=\frac{n}{n+1}\int_0^\infty (n+1)e^{-(n+1)y}dy=\frac{n}{n+1}$$

$n=5$이므로 $E(e^{-Y})=\frac{5}{6}$

23

정답 ②

해설

- $a(7)=e^{-\int_0^7 \frac{1}{10-t}dt}=e^{[-\ln(10-t)]_0^7}=\frac{3}{10}$
- $a(1)=e^{-\int_0^1 \frac{1}{10-t}dt}=e^{[-\ln(10-t)]_0^1}=\frac{9}{10}$

$\therefore$ $t=1$에서 이 원금의 가치$=\dfrac{2\times\frac{3}{10}}{\frac{9}{10}}=\frac{2}{3}$

24

정답 ④

해설

- $\frac{a_{\overline{4|}}}{s_{\overline{2|}}}=\left(\frac{1}{a_{\overline{2|}}}-i\right)a_{\overline{4|}}=\frac{a_{\overline{4|}}}{a_{\overline{2|}}}-ia_{\overline{4|}}=\frac{1-v^4}{1-v^2}-(1-v^4)=\frac{(1+v^2)(1-v^2)}{1-v^2}-(1-v^4)=v^2+v^4$
- 0시점에서의 가치$=10a_{\overline{4|}}+10a_{\overline{4|}}^{(2)}+5\frac{a_{\overline{4|}}}{s_{\overline{2|}}}$

$\therefore$ $c_1+c_2+c_3=10+10+5=25$

25

정답 ④

해설

$$\text{듀레이션}=\frac{\left[1\times5\times\left(\frac{1}{1.05}\right)\right]+\left[3\times10(1.05)^2\times\left(\frac{1}{1.05}\right)^3\right]+\left[4\times5(1.05)^3\times\left(\frac{1}{1.05}\right)^4\right]}{\left[5\times\left(\frac{1}{1.05}\right)\right]+\left[10(1.05)^2\times\left(\frac{1}{1.05}\right)^3\right]+\left[5(1.05)^3\times\left(\frac{1}{1.05}\right)^4\right]}$$

$=2.75$

26

정답 ②

해설 연수익률$=\left(\frac{110}{100}\times\frac{140}{110+20}\right)-1 \fallingdotseq 0.1846=18.46\%$

27

정답 ④

해설 대출원금을 L이라 할 경우

$$I_5=89.75=0.05\left[L(1.05)^4-200s_{\overline{4|}}\right]=0.05\left[L(1.05)^4-200\times\frac{(1.05)^4-1}{0.05}\right]$$

$\therefore\ L \fallingdotseq 2{,}186$

$$I_3=0.05\left[L(1.05)^2-200s_{\overline{2|}}\right]=0.05\left[2{,}186\times(1.05)^2-200\times\frac{(1.05)^2-1}{0.05}\right]\fallingdotseq 100$$

28

정답 ①

해설 $\frac{100}{s_{\overline{4|}0.03}}+(100\times0.05)=\frac{100}{\frac{1.1255-1}{0.03}}+5 \fallingdotseq 28.90$

29

정답 ④

해설

- 비흡연자의 사력$=\frac{-\frac{d}{dt}\left(1-\frac{t}{100-x}\right)^2}{\left(1-\frac{t}{100-x}\right)^2}=\frac{-2\left(1-\frac{t}{100-x}\right)\left(-\frac{1}{100-x}\right)}{\left(1-\frac{t}{100-x}\right)^2}=\frac{2}{100-x-t}$
- 흡연자의 사력$=2\times\frac{2}{100-x-t}=\frac{4}{100-x-t}$
- 나이가 40세인 흡연자가 금연하지 않을 경우 20년 후 생존할 확률

  $=e^{-\int_0^{20}\frac{4}{60-t}dt}=e^{4[\ln 60-t]_0^{20}}=\left(\frac{2}{3}\right)^4 \fallingdotseq 0.198$
- 나이가 40세인 흡연자가 금연하지 않을 경우 20년 이내에 사망할 확률$=1-0.198=0.802$

30

정답 ③

해설
- $l_{42}=l_{43}+d_{42}=684+171=855$
- $l_{41}=\dfrac{l_{42}}{1-q_{41}}=\dfrac{855}{1-0.1}=950$
- ${}_1p_{40}=\dfrac{l_{41}}{l_{40}}=\dfrac{950}{1{,}000}=0.95$
- ${}_2p_{40}=\dfrac{l_{42}}{l_{40}}=\dfrac{855}{1{,}000}=0.855$

$$\therefore\ e_{40:\overline{2}|}={}_1p_{40}+{}_2p_{40}=0.95+0.855=1.805$$

31

정답 ④

해설

$$q_{[90]}=\frac{1}{2}q_{90}=\frac{1}{2}\times\frac{1}{10}=\frac{1}{20}$$

$$\therefore\ p_{[90]}=1-q_{[90]}=1-\frac{1}{20}=\frac{19}{20}$$

$$\therefore\ e_{[90]}=p_{[90]}(1+p_{91}+{}_2p_{91}+\cdots+{}_9p_{91})=\frac{19}{20}\left(\frac{9}{9}+\frac{8}{9}+\frac{7}{6}+\cdots+\frac{1}{9}\right)=\frac{19}{20}\times5=4.75$$

32

정답 ①

해설

$$E[K^*]=\sum_{k=0}^{19}20\cdot\frac{1}{60}+\sum_{k=20}^{59}k\cdot\frac{1}{60}=\frac{20}{3}+\left[\frac{40(20+59)}{2}\right]\cdot\frac{1}{60}=\frac{99}{3}=33$$

33

정답 ④

해설

$${}_{30|}\bar{A}_{40}={}_{30}E_{40}\cdot\bar{A}_{70}=v^{30}\cdot{}_{30}p_{40}\cdot\frac{\bar{a}_{\overline{30}|}}{100-70}=e^{-1.5}\cdot\frac{30}{60}\cdot\frac{\frac{1-e^{-1.5}}{0.05}}{30}\fallingdotseq 0.0578$$

34

정답 ④

해설

$$(IA)^{1}_{x:\overline{10|}}=\sum_{k=0}^{9}(k+1)v^{k+1}\cdot {}_{k|}q_x=vq_x+2v^2{}_{1|}q_x+3v^3{}_{2|}q_x+\cdots+10v^{10}{}_{9|}q_x$$

$$=(0.95)(0.03)+2(0.95)^2(0.97)(0.03)+3(0.95)^3(0.97)^2(0.03)+\cdots+10(0.95)^{10}(0.97)^9(0.03)$$

$$=A$$

- $(0.95)(0.97)A$

  $=(0.95)^2(0.97)(0.03)+2(0.95)^3(0.97)^2(0.03)+3(0.95)^4(0.97)^3(0.03)+\cdots+10(0.95)^{11}(0.97)^{10}(0.03)$
- $A-(0.95)(0.97)A$

  $=(0.95)(0.03)+(0.95)^2(0.97)(0.03)+(0.95)^3(0.97)^2(0.03)+\cdots+(0.95)^{10}(0.97)^9(0.03)-10(0.95)^{11}(0.97)^{10}(0.03)$

$\therefore\ A$

$$=\frac{(0.95)(0.03)+(0.95)^2(0.97)(0.03)+(0.95)^3(0.97)^2(0.03)+\cdots+(0.95)^{10}(0.97)^9(0.03)-10(0.95)^{11}(0.97)^{10}(0.03)}{1-(0.95)(0.97)}$$

$$\fallingdotseq 0.981$$

35

정답 ①

해설

- $Z=v^t,\ t\geq 0$
- $P(Z\geq 0.9)=P(v^t\geq 0.9)=P\left(t\leq \frac{\ln 0.9}{\ln v}\right)=P\left(t\leq \frac{-0.105}{-0.05}\right)=P(t\leq 2.1)={}_{2.1}q_x$
- ${}_{2.1}q_x=1-{}_{2.1}p_x=1-(p_x)(p_{x+1})({}_{0.1}p_{x+2})=1-(1-q_x)(1-q_{x+1})(1-0.1q_{x+2})$

  $=1-(0.9)(0.8)(0.97)=0.3016$

36

정답 ③

해설

- $A_x=vq_x+vp_xA_{x+1}=(0.9)(1-0.95)+(0.9)(0.95)(0.25)=0.25875$
- $d=1-v=1-0.9=0.1$
- $\ddot{a}_x=\frac{1-A_x}{d}=\frac{1-0.25875}{0.1}=7.4125$

37

정답 ③

해설

$$Y=\begin{cases}\bar{a}_{\overline{10}|} & ,t<10\\ \bar{a}_{\overline{t}|} & ,t\geq 10\end{cases}$$

$$P(Y>10)=P(\bar{a}_{\overline{t}|}>10)=P\left(\frac{1-e^{\delta t}}{\delta}=\frac{1-e^{0.05t}}{0.05}>10\right)=P\left(\frac{\ln 0.5}{-0.05}<t\right)$$

$$=e^{-0.02\left(\frac{\ln 0.5}{-0.05}\right)}=\left(\frac{1}{2}\right)^{0.4}$$

38

정답 ③

해설

- $\sum_{k=0}^{\infty}{}_{k|}q_x=\sum_{k=0}^{\infty}c(0.95)^k=\frac{c}{1-0.95}=1,\ \therefore\ c=0.05$
- $A_x=\sum_{k=0}^{\infty}v^{k+1}\cdot{}_{k|}q_x=\sum_{k=0}^{\infty}\left(\frac{1}{1.03}\right)^{k+1}\cdot 0.05(0.95)^k$

  $=\left(\frac{0.05}{1.03}\right)\left(\frac{1}{1-\frac{0.95}{1.03}}\right)=\frac{0.05}{0.08}=0.625$
- $\ddot{a}_x=\frac{1-A_x}{d}=\frac{1-0.625}{\frac{0.03}{1.03}}=12.875$

$$\therefore\ 1{,}000P_x=1{,}000\frac{A_x}{\ddot{a}_x}=1{,}000\left(\frac{0.625}{12.875}\right)\fallingdotseq 48.54$$

39

정답 ②

해설

- $P_{x:\overline{10|}} = \dfrac{A_{x:\overline{10|}}}{\ddot{a}_{x:\overline{10|}}} = 0.079$, $\therefore\ A_{x:\overline{10|}} = 0.079\ddot{a}_{x:\overline{10|}}$

- $A_{x:\overline{10|}} = 1 - d\ddot{a}_{x:\overline{10|}} = 1 - 0.05\,\ddot{a}_{x:\overline{10|}} = 0.079\ddot{a}_{x:\overline{10|}}$, $\therefore\ \ddot{a}_{x:\overline{10|}} = \dfrac{1}{0.129}$

- $P^1_{x:\overline{10|}} = \dfrac{A^1_{x:\overline{10|}}}{\ddot{a}_{x:\overline{10|}}} = 0.008$, $\therefore\ A^1_{x:\overline{10|}} = 0.008\ddot{a}_{x:\overline{10|}} = \dfrac{0.008}{0.129}$

- $A_{x:\overset{1}{\overline{10|}}} = A_{x:\overline{10|}} - A^1_{x:\overline{10|}} = 0.079\ddot{a}_{x:\overline{10|}} - 0.008\ddot{a}_{x:\overline{10|}} = 0.071\ddot{a}_{x:\overline{10|}} = \dfrac{0.071}{0.129}$

- $P({}_{10|}\ddot{a}_x) = \dfrac{{}_{10|}\ddot{a}_x}{\ddot{a}_{x:\overline{10|}}} = \dfrac{A_{x:\overset{1}{\overline{10|}}}\cdot\ddot{a}_{x+10}}{\ddot{a}_{x:\overline{10|}}} = \dfrac{0.071\ddot{a}_{x:\overline{10|}}\cdot\ddot{a}_{x+10}}{\ddot{a}_{x:\overline{10|}}} = 0.071\ddot{a}_{x+10} = 0.825$, $\therefore\ \ddot{a}_{x+10} = \dfrac{0.825}{0.071}$

- $\ddot{a}_x = \ddot{a}_{x:\overline{10|}} + A_{x:\overset{1}{\overline{10|}}}\ddot{a}_{x+10} = \dfrac{1}{0.129} + \dfrac{0.071}{0.129}\cdot\dfrac{0.825}{0.071} = \dfrac{1.825}{0.129}$

- $A_x = 1 - d\ddot{a}_x = 1 - 0.05\cdot\dfrac{1.825}{0.129} = \dfrac{0.03775}{0.129}$

- $A_{x+10} = \dfrac{A_x - A^1_{x:\overline{10|}}}{A_{x:\overset{1}{\overline{10|}}}} = \dfrac{\dfrac{0.03775}{0.129} - \dfrac{0.008}{0.129}}{\dfrac{0.071}{0.129}} = \dfrac{0.02975}{0.071} \fallingdotseq 0.419$

40

정답 ②

해설

- $\bar{a}_x = \displaystyle\int_0^\infty \bar{a}_{\overline{t|}}\,{}_tp_x\,\mu_{x+t}\,dt = \int_0^\infty \frac{1-v^t}{\delta}e^{-\mu t}\mu dt = \frac{\mu}{\delta}\int_0^\infty e^{-\mu t} - e^{-(\delta+\mu)t}\,dt$

$$= \frac{\mu}{\delta}\left[-\frac{e^{-\mu t}}{\mu} + \frac{e^{-(\delta+\mu)t}}{\delta+\mu}\right]_0^\infty = \frac{0.03}{0.06}\left[-\frac{e^{-0.03t}}{0.03} + \frac{e^{-0.09t}}{0.09}\right]_0^\infty = \frac{1}{2}\left(\frac{1}{0.03} - \frac{1}{0.09}\right) = \frac{1}{0.09}$$

- $\bar{A}_x = \displaystyle\int_0^\infty v^t\,{}_tp_x\,\mu_{x+t}\,dt = \int_0^\infty e^{-\delta t}e^{-\mu t}\mu dt = \mu\left[-\frac{e^{-(\delta+\mu)t}}{\delta+\mu}\right]_0^\infty = 0.03\left[-\frac{e^{-0.09t}}{0.09}\right]_0^\infty = \frac{1}{3}$

- $\bar{P} = \dfrac{\bar{A}_x}{\bar{a}_x} = 0.03$

- $Z = v^t$,$t \geq 0$

- ${}_0L = v^t - \bar{P}\bar{a}_{\overline{t|}}$,$t \geq 0$

- $Var(Z) = Var(v^t)$

- $Var({}_0L) = Var(v^t - \bar{P}\bar{a}_{\overline{t|}}) = Var\left(v^t - \bar{P}\dfrac{1-v^t}{\delta}\right) = Var\left[v^t\left(1+\dfrac{\bar{P}}{\delta}\right) - \dfrac{\bar{P}}{\delta}\right] = \left(1+\dfrac{\bar{P}}{\delta}\right)^2 Var(v^t)$

$\therefore\ \dfrac{Var({}_0L)}{Var(Z)} = \left(1+\dfrac{\bar{P}}{\delta}\right)^2 = \left(1+\dfrac{0.03}{0.06}\right)^2 = 1.5^2 = 2.25$

2024년 제47회 회계원리

정답 및 해설

정답 CHECK

01	02	03	04	05	06	07	08	09	10	11	12	13	14	15	16	17	18	19	20
③	④	②	③	②	①	①	④	③	①	②	①	③	④	③	④	①	③	④	④
21	22	23	24	25	26	27	28	29	30	31	32	33	34	35	36	37	38	39	40
①	②	④	③	②	②	①	①	②	④	④	③	②	②	③	①	③	④	①	④

문제편 364p

01

정답 ③

해설 ① 연결재무제표(consolidated financial statements)는 단일의 보고기업으로서의 지배기업과 종속기업의 자산, 부채, 자본, 수익 및 비용에 대한 정보를 제공한다.

② 비연결재무제표는 지배기업의 자산, 부채, 자본, 수익 및 비용에 대한 별도의 정보를 제공한다.

④ 연결재무제표는 지배기업과 종속기업의 현재 및 잠재적 투자자, 대여자와 그 밖의 채권자가 지배기업과 종속기업에 유입될 미래현금흐름에 대한 전망을 평가하는데 유용하다.

02

정답 ④

해설 ① 기업은 현금흐름 정보를 제외하고는 발생기준 회계를 사용하여 재무제표를 작성한다.

② 전체 재무제표(비교정보를 포함)는 적어도 1년마다 작성한다. 보고기간 종료일을 변경하여 재무제표의 보고기간이 1년을 초과하거나 미달하는 경우 재무제표 해당 기간뿐만 아니라 보고기간이 1년을 초과하거나 미달하게 된 이유와 재무제표에 표시된 금액이 완전하게 비교가능하지는 않다는 사실을 추가로 공시한다.

③ 매입채무 그리고 종업원 및 그 밖의 영업원가에 대한 미지급비용과 같은 유동부채는 기업의 정상영업주기 내에 사용되는 운전자본의 일부이다. 이러한 항목은 보고기간 후 12개월 후에 결제일이 도래한다 하더라도 유동부채로 분류한다.

03

정답 ②

해설
- 복구원가의 현재가치 = ₩1,000,000 × 0.86261 = ₩862,610
- 취득원가 = ₩4,000,000 + ₩300,000 + ₩500,000 + ₩862,610 = ₩5,662,610

04

정답 ③

해설
- 20x1년 감가상각비 = (₩1,000,000 − ₩100,000) × $\frac{4}{10}$ = ₩360,000
- 20x1년 재평가 전 장부금액 = ₩1,000,000 − ₩360,000 = ₩640,000
- 20x1년 말 장부금액 증가율 = (₩672,000 − ₩640,000) ÷ ₩640,000 = 0.05 = 5%
- 20x1년 말 재무상태표에 표시될 감가상각누계액 = ₩360,000 × (1 + 0.05) = ₩378,000

05

정답 ②

해설

생산량비례법 = (₩1,500,000 − ₩300,000) × $\frac{25,000개}{100,000개}$ = ₩300,000

연수합계법 = (₩1,500,000 − ₩300,000) × $\frac{5}{15}$ × $\frac{6}{12}$ = ₩200,000

※ 생산량비례법의 경우 25,000개가 6개월의 생산량으로 월할상각하지 않으나, 연수합계법은 내용연수를 기초로 한 감가상각방법으로 월할상각해야 한다.

06

정답 ①

해설

매출원가 = 기초재고자산 + 당기매입액 − 기말재고자산
= ₩450,000 + [₩2,500,000 + ₩150,000(재고자산 매입 관련 운임)] − ₩300,000
= ₩2,800,000

※ 재고자산 판매 관련 보관료와 재고자산 보관창고 화재보험료는 재고자산의 취득원가가 될 수 없기에 당기매입액에 포함되지 않는다.

07

정답 ①

해설
- 기초재고 = ₩0
- 당기매입 = ₩4,000,000
- 기말재고 = 1,450개 × Min(₩500/개, ₩490/개) = ₩710,500
- 당기비용 = (기초재고 + 당기매입) − 기말재고
  = ₩4,000,000 − ₩710,500 = ₩3,289,500
- 당기순이익 = ₩8,000,000 − ₩3,000,000 − ₩3,289,500 = ₩1,710,500
- 영업이익 = ₩1,710,500 + [(1,500개 − 1,450개) × ₩500/개 × (1 − 0.6)]
  = ₩1,720,500

08

정답 ④

해설
① 재고자산의 취득원가는 매입원가, 전환원가 및 재고자산을 현재의 장소에 현재의 상태로 이르게 하는데 발생한 기타 원가 모두를 포함한다.
② 통상적으로 상호 교환될 수 없는 재고자산 항목의 원가와 특정 프로젝트별로 생산되고 분리되는 재화 또는 용역의 원가는 개별법을 사용하여 결정한다.
③ 재고자산은 외부에서 매입하여 재판매하기 위해 보유하는 상품, 토지와 그 밖의 자산을 포함한다. 재고자산은 완제품이나 생산중인 재공품도 포함하며, 생산에 투입될 원재료와 소모품도 포함한다.

09

정답 ③

해설

항 목	(주)한국	대한은행
수정 전 금액	₩2,500,000	₩2,550,000
(1) 은행미기입예금		₩150,000
(2) 회사미기입예금	₩200,000	
(3) 회사미기입출금수수료	(₩150,000)	
(4) 은행미기입출금		(₩200,000)
(5) 부도수표	(₩300,000)	
(6) 회사미기입예금	₩250,000	
조정 후 금액	₩2,500,000	₩2,500,000

- (주)한국 조정금액 합계 = ₩200,000 − ₩150,000 − ₩300,000 + ₩250,000 = ₩0
- 대한은행 조정금액 합계 = ₩150,000 − ₩200,000 = (−) ₩50,000

10

정답 ①

해설 잔액이 차변에 있다는 것은 계정과목이 자산 또는 비용이라는 것이다. 현재 원장을 보면 계정과목의 증가와 감소가 빈번함을 알 수 있다. 비용은 일반적으로 증가만 존재하기에 해당 계정과목은 자산임을 유추할 수 있기에 자산에 해당하는 상품이 정답이 된다.

11

정답 ②

해설

감가상각비 = $(₩6,000,000 \div 5) \times \frac{8}{12}$ = ₩800,000

※ 감가상각의 개시일은 가동준비가 완료되어 사용가능한 3월 1일이며, 감가상각의 종료일은 제품 미판매에 따른 기계장치의 가동이 중지된 10월 1일이다.

12

정답 ①

해설

- 20x1년 장기미수금 현재가치 = ₩4,000,000 × 0.78353 = ₩3,134,120
- 20x1년 유형자산 처분손익 = ₩3,134,120 − ₩3,000,000 = ₩134,120

13

정답 ③

해설

- (주)한국 무형자산 처분손익 = 특허권 ₩750,000 − 저작권 ₩800,000 = (−) ₩50,000
  ※ (주)대한이 소유한 특허권의 공정가치가 (주)한국이 소유한 저작권의 공정가치보다 더 명백하므로 특허권은 ₩850,000이 아닌 ₩750,000이 된다.
- (주)대한 무형자산 처분손익 = 저작권 ₩750,000 − 특허권 ₩850,000 = (−) ₩100,000
  ※ 저작권은 제공자산의 공정가치로 ₩750,000이 된다.

14

정답 ④

해설 1월 말 재무상태표상 재고자산 = 매입원가 ₩8,000 − 판매원가 ₩4,000 = ₩4,000

① 1월 순이익 = 매출 ₩10,000 − 매출원가 ₩4,000 − 급여 ₩2,000 = ₩4,000

② 1월 말 재무상태표상 부채총계 = 차입금 ₩3,000 + 매입채무 ₩4,000 + 미지급 급여 ₩2,000 = ₩9,000

③ 1월 말 재무상태표상 자본총계 = 자본금 ₩5,000 + 이익잉여금 ₩4,000 = ₩9,000

15

정답 ③

해설 거래가격의 후속 변동은 계약 개시시점과 같은 기준으로 계약상 수행의무에 배분한다. 따라서 계약을 개시한 후의 개별 판매가격 변동을 반영하기 위해 거래가격을 다시 배분하지는 않는다.

16

정답 ④

해설 매출총이익 = (₩20,000 × 1.4641) − ₩17,000 = ₩12,282

17

정답 ①

해설
- 상품권 선수금 1매 금액 = ₩450,000 ÷ 5 = ₩90,000
- 20x1년 수익 = 매출 = (₩90,000 × 3) − ₩20,000 = ₩250,000
- 20x1년 말 부채 = 상품권 기말선수금 = ₩90,000 × 2 = ₩180,000

18

정답 ③

해설 20x2년 당기손익에 미치는 영향 = ₩118,000 − ₩110,000 = ₩8,000

19

정답 ④

해설
- 손상 후 현재가치(20x1년 말, 10%) = ₩2,000,000 × 0.8265 = ₩1,653,000
- 이자수익(20x2년도) = ₩1,653,000 × 10% = ₩165,300

20

정답 ④

해설 금융자산 처분시점에서의 수수료만 당기순이익에 반영되므로 20x2년 당기손익에 미치는 영향은 거래원가 ₩300이 감소된다.

21

정답 ①

해설 • 20x1년 초 사채 현재가치 = (₩1,000,000 × 12% × 2.4869) + (₩1,000,000 × 0.7513)
= ₩1,049,728

• 총 이자비용 = [₩1,000,000 + (₩1,000,000 × 12% × 3)] − ₩1,049,728
= ₩310,272

22

정답 ②

해설 • 20x2년 초 사채 현재가치 = (₩1,200,000 × 0.8929) + (₩1,100,000 × 0.7972) = ₩1,948,400

• 20x2년에 인식할 이자비용 = ₩1,948,400 × 12% = ₩233,808

23

정답 ④

해설 예상되는 자산 처분이 충당부채를 생기게 한 사건과 밀접하게 관련되었더라도 예상되는 자산 처분이익은 충당부채를 측정하는데 고려하지 않는다.

24

정답 ③

해설 이익분배제도 및 상여금제도에 따라 기업이 부담하는 의무는 종업원이 제공하는 근무용역에서 발생하는 것이며 주주와의 거래에서 발생하는 것이 아니다. 따라서 이익분배제도 및 상여금제도와 관련된 원가는 이익배당이 아니라 당기비용으로 인식한다.

25

정답 ②

해설 • 사외적립자산 증가 = ₩17,000 − ₩9,200 = ₩7,800

• 확정급여부채 증가 = ₩23,000 − ₩10,000 = ₩13,000

• 현금 출연금 = ₩7,600

• 20x1년 총포괄손익에 미치는 영향 = ₩7,800 − (₩13,000 + ₩7,600) = (−) ₩12,800

26

정답 ②

해설

• 평균지출액 = ₩6,000 × $\frac{10}{12}$ + ₩15,000 × $\frac{4}{12}$ = ₩10,000

• 자본화이자율 = $\frac{₩960}{₩12,000}$ = 0.08 = 8%

• 일반차입금 = Min[₩10,000 × 8% = 800, ₩960] = ₩800

• 특정차입금 = ₩0

• 20x1년에 자본화할 차입원가 = 일반차입금 + 특정차입금 = ₩800

27

정답 ①

해설

• 20x1년 초 신주인수권부사채 현재가치
= (₩1,000,000 × 4% × 2.6730) + (₩1,000,000 × 0.8396) = ₩946,520

• 상환할증금 현재가치 = ₩1,000,000 × 5% × 0.8396 = ₩41,980

• 신주인수권대가 = ₩1,000,000 − (₩946,520 + ₩41,980) = ₩11,500

28

정답 ①

해설

• 20x1년 당기순이익 = 매출액 − 매출원가 − 감가상각비
= ₩2,000,000 − ₩1,400,000 − ₩300,000 = ₩300,000

• 이익잉여금 잔액 = 이익잉여금 기초잔액 − 배당금 지급액 + 20x1년 당기순이익
= ₩450,000 − ₩100,000 + ₩300,000 = ₩650,000

29

정답 ②

해설 재무활동으로 인한 순현금흐름
= 신주발행 ₩700,000 − 배당금 지급 ₩50,000 + 단기차입금 차입 ₩600,000 − 사채 상환 ₩800,000
= ₩450,000

30

정답 ④

해설

- $\text{매출채권회전율} = \frac{\text{매출액}}{\text{연평균 매출채권}} = \frac{₩300,000}{₩50,000} = 6$
- $\text{재고자산회전율} = \frac{\text{매출원가}}{\text{연평균 재고자산}} = \frac{₩200,000}{₩40,000} = 5$
- $\text{매출채권회수기간} = \frac{360\text{일}}{\text{매출채권회전율}} = \frac{360\text{일}}{6} = 60\text{일}$
- $\text{재고자산회전기간} = \frac{360\text{일}}{\text{재고자산회전율}} = \frac{360\text{일}}{5} = 72\text{일}$
- 영업주기 = 매출채권회수기간 + 재고자산회수기간 = 60일 + 72일 = 132일

31

정답 ④

해설 ① 제조원가를 구성하는 항목의 발생행태에 따라 변동비와 고정비로 분류할 수 있다.

②·③ 기초원가는 직접재료원가와 직접노무원가를 합한 금액이다. 직접노무원가와 제조간접원가를 합한 금액은 가공원가 또는 전환원가이다.

32

정답 ③

해설 기초재공품 + 직접재료원가 + 직접노무원가 + 제조간접원가 = 당기제품제조원가 + 기말재공품

기초재공품 + 기본원가 + 가공원가 − 직접노무원가 = 당기제품제조원가 + 기말재공품

₩300,000 + ₩2,000,000 + ₩1,800,000 − 직접노무원가 = ₩2,500,000 + ₩400,000

∴ 직접노무원가 = ₩1,200,000

제조간접원가 = 가공원가 − 직접노무원가

= ₩1,800,000 − ₩1,200,00 = ₩600,000

33

정답 ②

해설 제조간접원가 예정배부율 = (₩360,000 − ₩10,000) ÷ 500 = ₩700

34

정답 ②

해설 $[2,000\text{단위} \times (1-x)] + 4,000\text{단위} + (4,000\text{단위} \times 0.8) = 8,600\text{단위}$

$\therefore x = 0.3 = 30\%$

35

정답 ③

해설
- 순실현가치 C = (₩10/단위 × 120단위) − ₩200 = ₩1,000
- 순실현가치 A = (₩50/단위 × 300단위) − ₩3,000 = ₩12,000
- 순실현가치 B = (₩40/단위 × 250단위) − ₩2,000 = ₩8,000

- A에게 할당 될 원가 = (₩10,000 − ₩1,000) × $\frac{\text{순실현가치 A}}{\text{순실현가치 A + 순실현가치 B}}$

  = ₩9,000 × $\frac{₩12,000}{₩12,000 + ₩8,000}$ = ₩5,400

- B에게 할당 될 원가 = (₩10,000 − ₩1,000) × $\frac{\text{순실현가치 B}}{\text{순실현가치 A + 순실현가치 B}}$

  = ₩9,000 × $\frac{₩8,000}{₩12,000 + ₩8,000}$ = ₩3,600

- A의 총원가 = ₩5,400 + ₩3,000 = ₩8,400
- A의 단위당 원가 = ₩8,400 / 300단위 = ₩28/단위

- A의 매출 = ₩50/단위 × 250단위 = ₩12,500
- A의 매출원가 = ₩28/단위 × 250단위 = ₩7,000
- A의 매출총이익 = 매출 − 매출원가 = ₩12,500 − ₩7,000 = ₩5,500

36

정답 ①

해설 단계배부법은 배부순서에 따라 배부금액이 다르게 계산되지만 배부 총 금액은 변하지 않는다.

TIP 부문원가의 배부

보조부분 상호간의 용역수수 관계에 의한 배분방법

1. 직접배부법
   ①보조부문 상호간의 용역수수 관계를 완전히 무시하고 보조부문의 상대적 비율에 따라 보조부문원가를 제조부문에만 배부하는 방법
   ②보조부문 상호간의 용역수수가 별로 중요하지 않을 경우 비교적 쉽게 적용
2. 단계배부법
   ①보조부문원가의 배부순서를 정하여 그 순서에 따라 단계적으로 보조부문원가를 다른 보조부문과 제조부문에 배부하는 방법
   ②배부순서를 합리적으로 결정하는 것이 매우 중요하며 다음의 기준을 적용
   ㉠ 다른 보조부문에 대한 용역제공비율
   ㉡ 용역을 제공하는 상대보조부문의 수
   ㉢ 보조부문원가의 금액크기
   ③배부순서가 타당하게 결정되면, 단계배부법은 직접배부법보다 훨씬 더 정확한 원가배부방법
   ④보조부문 상호간의 용역수수 관계를 완전히 인식하지 못하므로 어느 정도의 부정확성은 항상 존재하며, 배부순서가 적절하지 못할 경우에는 직접배부법보다도 오히려 더 부정확한 배부방법이 될 수 있음
3. 상호배부법
   ①보조부문 상호간의 용역수수 관계를 완전히 고려하여 보조부문원가를 다른 보조부문과 제조부문에 배부하는 방법
   ②이론적으로 가장 타당하지만 다소 복잡

보조부분 원가행태에 의한 배분방법

1. 단일배율법
   ①변동원가와 고정원가의 구분 없이 모두 보조부문 원가를 하나의 기준에 따라 배분하는 방법
   ②간편한 방법이지만 부문원가에 대한 최적의사결정이 이뤄지지 않을 수 있다는 단점 존재
2. 이중배부율법
   ①변동원가와 고정원가를 구분하여 각각 다른 배분기준으로 원가를 배분하는 방법
   ②변동원가는 조업도에 따라 변동되는 원가이므로 실제사용량 기준으로 고정원가는 조업도와 무관하게 일정하게 발생하는 원가이므로 최대사용량 기준으로 배분

37

정답 ③

해설 변동원가계산 적용시 기말제품 단위당 제품원가 = ₩900 − (₩360,000 ÷ 4,000) = ₩810
변동원가계산 적용시 기말제품재고액 = (4,000단위 − 3,700단위) × ₩810/단위 = ₩243,000

38

정답 ④

해설 4월 예상 기초재고액 = ₩700,000 × (1 − 0.3) × 0.4 = ₩196,000

4월 예상 매출원가 = ₩700,000 × (1 − 0.3) = ₩490,000

4월 예상 기말재고액 = ₩600,000 × (1 − 0.3) × 0.4 = ₩168,000

4월 예상 상품매입액 = 4월 예상 기말재고액 + 4월 예상 매출원가 − 4월 예상 기초재고액

= ₩168,000 +₩490,000 − ₩196,000 = ₩462,000

39

정답 ①

해설 적시생산시스템은 안전재고 수준을 낮게 설정한다.

40

정답 ④

해설 사내대체시 단위당 변동판매관리비 ₩15 절감할 수 있다.

∴ 단위당 최소사내대체가격 = ₩150 − ₩15 = ₩135

MEMO

2025년 제48회

보험계리사 1차 기출문제 정답 및 해설

제1과목	보험계약법, 보험업법 및 근로자퇴직급여보장법
제2과목	경제학원론
제3과목	보험수학
제4과목	회계원리

2025년 제48회

보험계약법, 보험업법 및 근로자퇴직급여보장법 정답 및 해설

정답 CHECK

01	02	03	04	05	06	07	08	09	10	11	12	13	14	15	16	17	18	19	20
③	②	②	④	④	②	③	④	③	②	④	①	③	④	②	①	④	①	②	③
21	22	23	24	25	26	27	28	29	30	31	32	33	34	35	36	37	38	39	40
①	④	③	①	②	①	②	③	③	①	④	③	②	④	④	④	②	①	③	③

문제편 386p

01

정답 ③

해설 무역보험은 한국무역보험공사가 운용하므로 민영보험이 아닌 공영보험이며, 상법에 대한 특별법인 무역보험법에서 정한 규정이 적용되기 때문에 원칙적으로 상법 제4편의 적용이 배제된다. 다만, **무역보험법에 특별한 규정이 없다면, 일반법인 상법 제4편의 규정이 적용된다.**

① 상법 제663조에 규정된 '보험계약자 등의 불이익변경금지원칙'은 **보험계약자와 보험자가 서로 대등한 경제적 지위에서 계약조건을 정하는 이른바 기업보험에 있어서의 보험계약 체결에 있어서는 그 적용이 배제된다**(대법원 2005.8.25. 선고 2004다18903 판결). 즉 가계보험과 기업보험의 구분은 보험계약자 등의 불이익변경금지에 관한 상법 제663조를 적용하는데 실익이 있다.

② **상법 제4편의 규정은 그 성질에 반하지 아니하는 범위에서 상호보험, 공제, 그 밖에 이에 준하는 계약에 준용한다**(상법 제664조). 즉 공제제도는 실제로 보험사업과 같은 기능을 하는 유사보험의 일종이므로 특별한 사정이 없는 한 보험계약에 관한 상법의 규정을 준용할 수 있다(대법원 2001.4.10. 선고 99다67413 판결).

④ 선주상호보험은 선주상호보험조합법에 따라 상호부조를 목적으로 선주상호보험조합이 운영하는 상호보험이므로, 보험 관계의 성질에 반하거나 특칙이 없는 한 **상법 제4편이 준용된다**(상법 제664조).

02

정답 ②

해설 보험계약은 보험자와 보험계약자의 의사의 합치만으로 성립하고, 그 성립요건으로서 특별한 요식행위를 요하지 않는 '불요식 낙성계약'이다. 즉 보험계약은 당사자 사이의 의사합치에 의하여 성립되는 낙성계약으로서 **별도의 서면을 요하지 아니한다**(대법원 1996.7.30. 선고 95다1019 판결).

① 보험자가 보험계약자의 청약에 대한 낙부통지의무가 있음에도 불구하고 그 의무를 해태한 때에는 당해 청약에 대하여 승낙한 것으로 본다(상법 제638조의2 제2항).

③ 보험자가 보험계약자로부터 보험계약의 청약과 함께 보험료 상당액의 전부 또는 일부를 받은 경우에 그 청약을 승낙하기 전에 보험계약에서 정한 보험사고가 생긴 때에는 그 청약을 거절할 사유가 없는 한 보험자는 보험계약상의 책임을 진다. 그러나 인보험계약의 피보험자가 신체검사를 받아야 하는 경우에 그 검사를 받지 아니한 때에는 보험자의 승낙 전에 보험사고가 발생하더라도 보험자는 보험계약상의 책임을 지지 않는다(상법 제638조의2 제3항).

④ 보험자가 보험계약자로부터 보험계약의 청약과 함께 보험료 상당액의 전부 또는 일부의 지급을 받은 때에는 다른 약정이 없으면 30일 내에 그 상대방에 대하여 낙부의 통지를 발송하여야 한다(상법 제638조의2 제1항). 따라서 보험계약자가 청약 이후 보험료의 전부나 일부를 지급하지 아니한 경우에 보험자는 다른 약정이 없는 한 낙부통지의무를 부담하지 않는다.

03

정답 ②

해설 고지의무위반사실과 보험사고발생과의 인과관계가 부존재하다는 점에 관한 입증책임은 **보험계약자 측에 있다**(대법원 1992.10.23. 선고 92다28259 판결).

① 보험계약 당시에 보험계약자 또는 피보험자가 고의 또는 중대한 과실로 인하여 중요한 사항을 고지하지 아니하거나 부실의 고지를 한 때에는 보험자는 일정 기간 안에 그 계약을 해지할 수 있다(상법 제651조). 여기서 중대한 과실이란 현저한 부주의로 중요한 사항의 존재를 몰랐거나 중요성 판단을 잘못하여 그 사실이 고지하여야 할 중요한 사항임을 알지 못한 것을 의미하고, 그와 같은 과실이 있는지는 보험계약의 내용, 고지하여야 할 사실의 중요도, 보험계약의 체결에 이르게 된 경위, 보험자와 피보험자 사이의 관계 등 제반 사정을 참작하여 사회통념에 비추어 개별적·구체적으로 판단하여야 하고, **그에 관한 증명책임은 고지의무위반을 이유로 보험계약을 해지하고자 하는 보험자에게 있다**(대법원 2013.6.13. 선고 2011다54631, 4648 판결).

③ 보험약관의 중요한 내용에 해당하는 사항이라 하더라도 보험계약자나 그 대리인이 그 약관의 내용을 충분히 잘 알고 있다는 점에 대하여도 **이를 주장하는 보험자 측에 증명책임이 있다**(대법원 2001.7.27. 선고 99다55533, 판결).

④ 상법 제638조의2 제3항에 의하면 보험자가 보험계약자로부터 보험계약의 청약과 함께 보험료 상당액의 전부 또는 일부를 받은 경우(인보험계약의 피보험자가 신체검사를 받아야 하는 경우에는 그 검사도 받은 때)에 그 청약을 승낙하기 전에 보험계약에서 정한 보험사고가 생긴 때에는 그 청약을 거절할 사유가 없는 한 보험자는 보험계약상의 책임을 지는 바, 여기에서 청약을 거절할 사유란 보험계약의 청약이 이루어진 바로 그 종류의 보험에 관하여 해당 보험회사가 마련하고 있는 객관적인 보험인수기준에 의하면 인수할 수 없는 위험상태 또는 사정이 있는 것으로서 통상 피보험자가 보험약관에서 정한 적격 피보험체가 아닌 경우를 말하고, 이러한 **청약을 거절할 사유의 존재에 대한 증명책임은 보험자에게 있다**(대법원 2008.11.27. 선고 2008다40847 판결).

04

정답 ④

해설 손해보험에 있어서 보험계약자에게 다수의 보험계약의 체결사실에 관하여 통지하도록 규정하는 취지는 부당한 이득을 얻기 위한 사기에 의한 보험계약의 체결을 사전에 방지하고 보험자로 하여금 보험사고발생시 손해의 조사 또는 책임의 범위의 결정을 다른 보험자와 공동으로 할 수 있도록 하기 위한 것일 뿐, 보험사고발생의 위험을 측정하여 계약을 체결할 것인지 또는 어떤 조건으로 체결할 것인지 판단할 수 있는 자료를 제공하기 위한 것이라고는 볼 수 없으므로, 손해보험에 있어서 다른 보험계약을 체결한 것은 상법 제652조 및 제653조의 통지의무의 대상이 되는 사고발생의 위험이 현저하게 변경 또는 증가된 때에 해당되지 않는다(대법원 2003.11.13. 선고 2001다49630 판결). 따라서 **동일한 보험목적에 대하여 체결된 다른 보험계약의 존재는 손해보험에서는 고지의무의 대상이 되는 중요한 사항에 해당되지 않는다.**

① 보험계약자나 피보험자가 보험계약 당시에 보험자에게 고지할 의무를 지는 상법 제651조에서 정한 '중요한 사항'이란, 보험자가 보험사고의 발생과 그로 인한 책임부담의 개연율을 측정하여 보험계약의 체결 여부 또는 보험료나 특별한 면책조항의 부가와 같은 보험계약의 내용을 결정하기 위한 표준이 되는 사항으로서, 객관적으로 보험자가 그 사실을 안다면 그 계약을 체결하지 않든가 적어도 동일한 조건으로는 계약을 체결하지 않으리라고 생각되는 사항을 말하고, 어떠한 사실이 이에 해당하는가는 보험의 종류에 따라 달라질 수밖에 없는 사실인정의 문제로서 보험의 기술에 비추어 객관적으로 관찰하여 판단되어야 한다(대법원 1997.9.5. 선고 95다25268 판결).

② 지입차주가 승합차를 렌터카 회사에 지입만 하여 두고 독자적으로 운행하여 일정 지역을 거점으로 통학생들을 등·하교시켜 주는 여객유상운송에 제공한 경우, 그 운행형태는 고지의무의 대상이 되는 중요한 사항에 해당하지 않을 뿐 아니라 이를 고지하지 않은 것에 중대한 과실이 없다(대법원 1996.12.23. 선고 96다27971 판결).

③ 보험자가 서면으로 질문한 사항은 보험계약에 있어서 중요한 사항에 해당하는 것으로 추정되고(상법 제651조의2), 여기의 서면에는 보험청약서도 포함될 수 있으므로, 보험청약서에 일정한 사항에 관하여 답변을 구하는 취지가 포함되어 있다면 그 사항은 상법 제651조에서 말하는 '중요한 사항'으로 추정된다(대법원 2004.6.11. 선고 2003다18494 판결).

05

정답 ④

해설 고의라 함은 자신의 행위에 의하여 일정한 결과가 발생하리라는 것을 알면서 이를 행하는 심리 상태를 말하고, 여기에는 **확정적 고의는 물론 미필적 고의도 포함된다**고 할 것이다(대법원 2010.1.28. 선고 2009다72209 판결).

① 자동차운전자가 자동차대여업자로부터 자동차를 대여받음에 있어 도로교통법 제77조에 의하여 운전하는 때에 반드시 지녀야 할 운전면허증이나 이에 갈음하는 증명서가 아닌 운전면허증 사본을 제시한다는 것은 극히 이례적인 일이라고 할 것이므로 자동차대여업자로서는 조금만 주의를 기울여 그 원본이나 주민등록증의 제시를 요구하는 등의 방법으로 확인하였더라면 쉽게 그 진위를 가려볼 수 있었을 것인데도 이를 태만히 한 것은 중대한 과실에 속한다고 볼 수 있다(대법원 1994.8.26. 선고 94다4073 판결).

② 중대한 과실이란 통상인에게 요구되는 정도의 상당한 주의를 하지 아니하더라도 약간의 주의를 한다면 손쉽게 위법, 유해한 결과를 예견할 수 있는데도 불구하고 만연히 이를 간과함과 같은 거의 고의에 가까운 현저한 주의를 결여한 상태를 의미한다고 할 것이다(대법원 2008.6.12. 선고 2007다83700 판결).

③ 피보험자가 사고 당시 심신미약의 상태에 있었던 경우, 사고로 인한 손해가 '피보험자의 고의로 인한 손해'에 해당하지 아니하여 보험자가 면책되지 아니한다(대법원 2001.4.24. 선고 2001다10199 판결).

06

정답 ②

해설 보험계약자 또는 피보험자가 고지의무를 위반함으로써 보험계약 성립시 고지된 위험과 보험기간 중 객관적으로 존재하게 된 위험에 차이가 생기게 되었다는 사정만으로는 보험기간 중 **사고발생의 위험이 새롭게 변경 또는 증가되었다고 할 수 없다**(대법원 2024.6.27. 선고 2024다219766 판결).

① 화재보험에 있어서는 피보험 건물의 구조와 용도뿐만 아니라 그 변경을 가져오는 증·개축에 따라 보험의 인수 여부와 보험료율이 달리 정하여지는 것이므로 화재보험계약의 체결 후에 건물의 구조와 용도에 상당한 변경을 가져오는 증·개축공사가 시행된 경우에는 그러한 사항이 계약 체결 당시에 존재하고 있었다면 보험자가 보험계약을 체결하지 않았거나 적어도 그 보험료로는 보험을 인수하지 않았을 것으로 인정되는 사실에 해당하여 상법 제652조 제1항 및 화재보험보통약관에서 규정한 통지의무의 대상이 된다고 할 것이다(대법원 2000.7.4. 선고 98다62909,62916 판결).

③ 보험모집인은 특정 보험자를 위하여 보험계약의 체결을 중개하는 자일 뿐 보험자를 대리하여 보험계약을 체결할 권한이 없고 보험계약자 또는 피보험자가 보험자에 대하여 하는 고지나 통지를 수령할 권한도 없으므로, 보험모집인이 통지의무의 대상인 '보험사고발생의 위험이 현저하게 변경 또는 증가된 사실'을 알았다고 하더라도 이로써 곧 보험자가 위와 같은 사실을 알았다고 볼 수는 없다(대법원 2006.6.30. 선고 2006다19672,19689 판결).

④ 자동차보험에 있어서는 피보험자동차의 용도와 차종뿐만 아니라 그 구조에 따라서도 보험의 인수 여부와 보험료율이 달리 정하여지는 것이므로 보험계약 체결 후에 피보험자동차의 구조가 현저히 변경된 경우에는 그러한 사항이 계약 체결 당시에 존재하고 있었다면 보험자가 보험계약을 체결하지 않았거나 적어도 그 보험료로는 보험을 인수하지 않았을 것으로 인정되는 사실에 해당하여 상법 제652조 소정의 통지의무의 대상이 된다(대법원 1998.11.27. 선고 98다32564 판결).

07

정답 ③

해설 가. (○) 계속보험료가 약정한 시기에 지급되지 아니한 때에는 보험자는 상당한 기간을 정하여 보험계약자에게 최고하고 그 기간 내에 지급되지 아니한 때에는 그 **계약을 해지할 수 있다**(상법 제650조 제2항).

나. (○) 보험계약 당시에 보험계약자 또는 피보험자가 고의 또는 중대한 과실로 인하여 중요한 사항을 고지하지 아니하거나 부실의 고지를 한 때에는 보험자는 그 사실을 안 날로부터 1월 내에, 계약을 체결한 날로부터 3년 내에 한하여 **계약을 해지할 수 있다**(상법 제651조).

다. (×) 초과보험이 보험계약자의 사기로 인하여 체결된 때에는 그 계약은 무효로 한다(상법 제669조 제4항).

라. (○) 보험계약자 또는 피보험자가 위험변경증가 통지의무를 해태한 때에는 보험자는 그 사실을 안 날로부터 1월 내에 한하여 **계약을 해지할 수 있다**(상법 제652조 제1항).

마. (○) 선박미확정의 적하예정보험에서 보험계약자가 선박의 명칭 등에 관한 통지의무를 해태한 때에는 보험자는 그 사실을 안 날부터 1월 내에 **계약을 해지할 수 있다**(상법 제704조 제1항).

08

정답 ④

해설 보험금액의 총액이 보험가액을 초과하는 중복보험일 경우 보험자는 각자의 보험금액의 한도에서 연대책임을 진다. 보험가액 20억원의 가옥이 전소하였으므로 손해액 20억원에 대하여 B보험회사가 파산하여 무자력이 된 경우,

A보험회사는 20억원×16억원/20억원 = 16억원,

C보험회사는 20억원×10억원/20억원 = 10억원의 한도 내에서 연대책임을 진다.

① 甲이 C보험회사를 기망하여 보험에 가입한 경우, 甲과 C보험회사 사이의 보험계약만 무효가 되므로, C보험회사는 **그 사실을 안 때까지 납입받은 보험료를 반환해야 하는 것이 아니라 보험료를 청구할 수 있다**(상법 제672조 제3항).

② 甲이 B보험회사에게 20억원을 청구한 경우, B보험회사는 자신의 보험금액의 한도에서 연대책임을 지므로 **일단 14억원을 보상**하고, B보험회사의 분담금액인 7억원을 초과하는 금액에 대해서는 **A보험회사와 C보험회사에게 각각 구상할 수 있다.**

- A보험회사의 분담금액 = 20억원×16억원/40억원 = 8억원
- B보험회사의 분담금액 = 20억원×14억원/40억원 = 7억원
- C보험회사의 분담금액 = 20억원×10억원/40억원 = 5억원

③ 중복보험에 의한 수개의 보험계약을 체결한 경우에 보험자 1인에 대한 권리의 포기는 다른 보험자의 권리의무에 영향을 미치지 아니하므로(상법 제673조), **손해액 20억원에 대하여 A보험회사 : B보험회사 : C보험회사 = 8 : 7 : 5의 비율로 보상할 책임이 있다.** 따라서 甲이 A보험회사에 대한 권리를 포기하였으므로, A보험회사의 분담금액 8억은 받지 못하고, B보험회사는 분담금액 7억원, C보험회사는 분담금액 5억원에 대해 책임을 진다.

문제의 지문처럼 손해액 20억원에 대하여 B보험회사와 C보험회사가 7 : 5의 비율로 보상하면,

- B보험회사의 분담금액 = 20억원×7/12 ≒ 11.67억원
- C보험회사의 분담금액 = 20억원×5/12 ≒ 8.33억원

으로 된다.

09

정답 ③

해설 '손해방지비용'이란 보험자가 담보하고 있는 보험사고가 발생한 경우에 보험사고로 인한 손해의 발생을 방지하거나 손해의 확대를 방지함은 물론 손해를 경감할 목적으로 하는 행위에 필요하거나 유익하였던 비용을 말하는 것으로서, 원칙적으로 보험사고의 발생을 전제로 한다. 누수 부위나 원인은 즉시 확인하기 어려운 경우가 많고, 그로 인한 피해의 형태와 범위도 다양하다. 또한 누수와 관련하여 실시되는 방수공사에는 누수 부위나 원인을 찾는 작업에서부터 누수를 임시적으로 막거나 이를 제거하는 작업, 향후 추가적인 누수를 예방하기 위한 보수나 교체 작업 등이 포함된다. 따라서 방수공사의 세부 작업 가운데 누수가 발생한 후 누수 부위나 원인을 찾는 작업과 관련된 탐지비용, 누수를 직접적인 원인으로 해서 제3자에게 손해가 발생하는 것을 미리 방지하는 작업이나 이미 제3자에게 발생한 손해의 확대를 방지하는 작업과 관련된 공사비용 등은 손해방지비용에 해당할 수 있다[대법원 2022.3.31. 선고 2021다201085(본소), 2021다201092(반소) 판결].

① 보험계약자와 피보험자가 **고의 또는 중대한 과실**로 손해방지의무를 위반한 경우에는 보험자는 손해방지의무위반과 상당인과관계가 있는 손해, 즉 의무위반이 없다면 방지 또는 경감할 수 있으리라고 인정되는 손해액에 대하여 배상을 청구하거나 지급할 보험금과 상계하여 이를 공제한 나머지 금액만을 보험금으로 지급할 수 있으나, 경과실로 위반한 경우에는 그러하지 아니하다(대법원 2016.1.14. 선고 2015다6302 판결).

② 손해방지비용이라 함은 보험자가 담보하고 있는 보험사고가 발생한 경우에 보험사고로 인한 손해의 발생을 방지하거나 손해의 확대를 방지함은 물론 손해를 경감할 목적으로 행하는 행위에 필요하거나 유익하였던 비용을 말하는 것으로서, 이는 원칙적으로 보험사고의 발생을 전제로 하는 것이나, **보험사고가 발생한 것과 같게 볼 수 있는 상태가 생겼을 때에도 그 때부터 피보험자의 손해방지의무는 생겨난다고 보아야 한다**(대법원 2003.6.27. 선고 2003다6958 판결).

④ 상법 제680조에 규정된 피보험자의 손해방지의무의 내용에는 손해를 직접적으로 방지하는 행위는 물론이고 간접적으로 방지하는 행위도 포함된다고 할 것이나, 그 '손해'는 피보험이익의 구체적인 침해의 결과로서 생기는 손해만을 의미하는 것으로 보아야 할 것이고, **보험자의 대위권 또는 구상권과 같이 보험자가 손해보상 후에 취득하게 되는 이익을 상실하게 됨으로써 결과적으로 보험자에게 부담되는 손해까지도 포함되는 것으로 보기는 어렵다**(서울고등법원 1999.2.3. 선고 98나36360 판결).

10

정답 ②

해설 가. (×) 배상책임보험에서 피보험자의 업무에 종사하는 피용자는 '제3자'가 아닌 '피보험자'로 인정하고 있다. 즉 상법 제682조의 보험자대위는 보험사고로 인한 손해가 제3자의 행위로 인하여 생긴 경우에 보험금액을 지급한 보험자가 보험계약자 또는 피보험자의 그 제3자에 대한 권리를 취득하는 제도이므로 보험계약의 해석상 보험사고를 일으킨 자가 '제3자'가 아닌 '피보험자'에 해당될 경우에는 보험자는 그 보험사고자에 대하여 보험자대위권을 행사할 수 없다(대법원 1993.6.29. 선고 93다1770 판결).

판례 **부산고등법원 2009.4.14. 선고 2008나18260 판결**

사용관계를 이유로 사용자에 대하여 상법 제682조의 보험자대위를 행사하기 위해서는, 적어도 사용자가 피용자의 손해발생 행위에 개입하여 그 행위를 지시·관리·감독하는 등 스스로의 행위로 손해발생에 독자적으로 기여하거나(작위), 손해발생의 기여에 있어 작위와 동일시 할 수 있을 정도로 피용자에 대한 지휘나 감독을 현저히 태만히 한 경우(부작위)와 같은 사정이 있어야 한다.

나. (×) 자동차보험의 기명피보험자를 위하여 자동차를 운전하는 자는 '운전피보험자'로 제3자에서 제외된다.

다. (×) 자동차보험의 기명피보험자로부터 승낙을 얻어 자동차를 사용·관리하는 자는 '승낙피보험자'로 제3자에서 제외된다.

라. (×) 건물 소유자의 화재보험에서 그 소유자와 생계를 같이 하는 형제는 제3자에 포함되지 않는다(대법원 2007.10.26. 선고 2005다49027 판결).

마. (○) 건물 소유자의 화재보험에서 그 건물의 임차인은 '제3자'에 해당하므로 임차인의 과실로 화재가 발생한 경우, 임차인은 보험자대위의 대상이 될 수 있다.

바. (○) 건물 임차인이 건물 소유자를 위한 화재보험계약을 체결한 경우 그 임차인은 보험계약자로서 보험회사는 보험사고가 발생한 경우에 보험계약자인 임차인이 그 건물의 소유자에 대하여 손해배상책임을 지는지 여부를 묻지 않고 그 건물의 소유자에게 보험금을 지급하기로 하는 제3자를 위한 보험계약을 체결하였다고 본다(대법원 1997.5.30. 선고 95다14800 판결).

판례 **대법원 2015.1.29. 선고 2013다214529 판결**

건물의 임차인이 임차건물을 보험목적으로 하여 가입한 화재보험(이하 '임차인 화재보험'이라고 한다)과 건물의 소유자가 건물을 보험목적으로 하여 가입한 화재보험(이하 '소유자 화재보험'이라고 한다)이 소유자를 피보험자로 하는 중복보험의 관계에 있는 경우, 임차인의 책임 있는 사유로 임차건물에 화재가 발생하여 소유자 화재보험의 보험자가 소유자에게 건물에 관한 보험금을 지급하였다면, 소유자 화재보험의 보험자로서는 임차인 화재보험의 보험자로부터 상법 제672조 제1항에 따라 중복보험 분담금을 지급받았다고 하더라도 상법 제682조에 따라 임차인에 대하여 보험자대위에 의한 청구권을 행사할 수 있다.

11

정답 ④

해설 보험자는 화재의 소방 또는 손해의 감소에 필요한 조치로 인하여 생긴 손해를 보상할 책임이 있다(상법 제684조).

① 집합된 물건을 일괄하여 보험의 목적으로 한 때에는 피보험자의 가족과 사용인의 물건도 보험의 목적에 포함된 것으로 한다. 이 경우에는 그 보험은 그 가족 또는 사용인을 위하여서도 **체결한 것으로 본다**(상법 제686조).

② 집합된 물건을 일괄하여 보험의 목적으로 한 때에는 그 목적에 속한 물건이 보험기간 중에 수시로 교체된 경우에도 보험사고의 발생시에 **현존한 물건은 보험의 목적에 포함된 것으로 한다**(상법 제687조).

③ 양도담보권자는 양도담보 목적물이 소실되어 양도담보 설정자가 보험회사에 대하여 화재보험계약에 따른 보험금청구권을 취득한 경우에도 담보물 가치의 변형물인 화재보험금청구권에 대하여 양도담보권에 기한 물상대위권을 행사할 수 있다(대법원 2009.11.26. 선고 2006다37106 판결). 따라서 양도담보권자는 양도담보의 목적물이 화재로 소실된 경우, 양도담보 설정자의 화재보험금청구권에 대하여 **압류 및 추심명령으로 추심권을 행사할 수 있다**.

12

정답 ①

해설 적하를 보험에 붙인 경우에는 보험기간은 하물의 선적에 착수한 때에 개시한다. 그러나 출하지를 정한 경우에는 그 곳에서 운송에 착수한 때에 개시한다(상법 제699조 제2항).

② 하물(荷物)의 선적에 착수한 후에 보험계약이 체결된 경우, 보험기간은 **그 계약이 성립한 때에 개시한다**(상법 제699조 제3항).

③ 보험계약의 체결 당시 선박이 확정되지 않았을 경우에도 **독립된 보험계약**으로서 선박미확정의 적하 예정보험계약을 체결할 수 있다. 즉 예정보험은 '보험계약의 예약'이 아니라 '독립된 보험계약'이다.

④ 보험계약 체결시 보험가액을 미리 정하지 않은 경우, **선적한 때와 곳의 적하의 가액**과 선적 및 보험에 관한 비용을 보험가액으로 한다(상법 제697조).

13

정답 ③

해설 선박이 보험사고로 인하여 심하게 훼손되어 이를 수선하기 위한 비용이 수선하였을 때의 가액을 초과하리라고 예상될 경우 선장이 지체 없이 다른 선박으로 적하의 운송을 계속한 때에는 피보험자는 그 적하를 **위부할 수 없다**(상법 제712조).

① 상법 제711조 제1항, 제2항

② 상법 제714조 제2항

④ 상법 제717조

14

정답 ④

해설 특별한 기간의 약정이 없는 한 보험자는 피보험자로부터 제3자에 대한 채무확정의 통지를 받은 때 **통지를 받은 날로부터 10일 내**에 보험금액을 지급하여야 한다(상법 제723조 제1항, 제2항).

① 제3자는 피보험자가 책임을 질 사고로 입은 손해에 대하여 보험금액의 한도 내에서 보험자에게 직접 보상을 청구할 수 있다. 그러나 보험자는 피보험자가 그 사고에 관하여 가지는 항변으로써 제3자에게 대항할 수 있다(상법 제724조 제2항).

② 책임보험계약에서 피보험자(가해자)가 제3자(피해자)에게 손해배상책임을 지는 사고가 생긴 경우, 피보험자는 제3자에게 손해배상금을 지급한 후 그 지급금액의 범위 내에서 보험자에게 보험금을 청구하는 경우가 많겠지만, 제3자의 보험자에 대한 직접청구권은 상법 제724조에 의하여 발생하고 피해자인 제3자의 가해자인 피보험자에 대한 손해배상청구권은 민법 제750조, 제756조, 자배법 등에 의하여 발생하기 때문에, 각각 발생의 법적 근거가 다르다. 따라서 양 청구권은 별개 독립한 것으로서 병존하며, 제3자는 그중 하나의 청구권을 임의로 선택하여 행사할 수 있다.

③ 상법 제724조 제2항에 의하여 피해자에게 인정되는 직접청구권의 법적 성질은 보험자가 피보험자의 피해자에 대한 손해배상채무를 병존적으로 인수한 것으로서 피해자가 보험자에 대하여 가지는 손해배상청구권이고 피보험자의 보험자에 대한 보험금청구권의 변형 내지는 이에 준하는 권리는 아니다. 이러한 피해자의 직접청구권에 따라 보험자가 부담하는 손해배상채무는 보험계약을 전제로 하는 것으로서 보험계약에 따른 보험자의 책임 한도액의 범위 내에서 인정되어야 한다는 취지일 뿐, **법원이 보험자가 피해자에게 보상하여야 할 손해액을 산정하면서 자동차종합보험약관의 지급기준에 구속될 것을 의미하는 것은 아니다**(대법원 2019.4.11. 선고 2018다300708 판결). 따라서 보험약관의 보험금 지급기준이 보험자의 책임한도액을 정한 것이 아니라 보험금 지급기준에 불과한 경우에는 보험자는 직접청구권을 행사하는 제3자에게 이 약관조항을 이유로 대항할 수 없다.

15

정답 ②

해설 야간에 소형화물차를 운전하던 자가 편도 1차로의 도로상에 미등이나 차폭등이 꺼진 채 우측 가장자리에 역방향으로 불법주차된 덤프트럭을 지나쳐 가다가 덤프트럭 뒤에서 길을 횡단하려고 갑자기 뛰어나온 피해자를 충격하여 상해를 입힌 사안에서, 위 덤프트럭 운전자의 불법주차와 위 교통사고 사이에 상당인과관계가 있다(대법원 2005.2.25. 선고 2004다66766 판결). 따라서 불법주차된 덤프트럭 뒤에서 길을 횡단하려고 갑자기 뛰어나온 피해자를 주행 중인 자동차가 충격하여 상해를 입힌 경우, **덤프트럭 운전자의 불법주차는 운행성이 인정된다**.

① 자동차에 타고 있다가 사망하였다 하더라도 그 사고가 자동차의 운송수단으로서의 본질이나 위험과는 전혀 무관하게 사용되었을 경우까지 자동차의 운행 중의 사고라고 보기는 어렵다(대법원 2000.1.21. 선고 99다41824 판결). 따라서 추운 겨울에 승용차의 시동을 켜놓고 잠을 자다가 뒷좌석 부근에서 발화된 화재로 사망한 사고는 운행 중의 사고에 해당하지 않는다.

③ 구급차로 환자를 병원에 후송한 후 구급차에 비치된 들것(간이침대)으로 환자를 하차시키던 도중 들것을 잘못 조작하여 환자를 땅에 떨어뜨려 상해를 입게 한 경우, 이는 자동차의 운행으로 인하여 발생한 사고에 해당한다(대법원 2004.7.9. 선고 2004다20340, 20357 판결).

④ 인부가 정차 중인 화물차량에 통나무를 내려놓는 충격으로 인하여 지면과 적재함 후미 사이에 걸쳐 설치된 발판이 떨어지는 바람에 발판을 딛고 적재함으로 올라가던 다른 인부가 땅에 떨어져 입은 상해는 운행 중 사고에 해당하지 않는다(대법원 1993.4.27. 선고 92다8101 판결).

16

정답 ①

해설 상법 제731조 제1항은 타인의 사망을 보험사고로 하는 보험계약에 있어서 도박보험의 위험성과 피보험자 살해의 위험성 및 선량한 풍속 침해의 위험성을 배제하기 위하여 마련된 강행규정인 바, 제3자가 타인의 동의를 받지 않고 타인을 보험계약자 및 피보험자로 하여 체결한 생명보험계약은 보험계약자 명의에도 불구하고 실질적으로 타인의 생명보험계약에 해당한다(대법원 2010.2.11. 선고 2009다74007 판결). 따라서 보험자의 직원으로 근무하며 영업실적을 올리려고 자신의 배우자의 동의 없이 그를 보험계약자이자 피보험자로 하고 동료 직원으로 하여금 배우자를 대신하여 서명하게 하여 체결한 생명보험계약은 **타인의 생명보험계약에 해당한다**.

② 타인의 생명보험계약에서 사망보험금 청구권을 피보험자가 아닌 자에게 양도하는 경우에는 피보험자의 서면동의를 얻어야 한다(상법 제731조 제1항).

③ 타인의 사망을 보험사고로 하는 보험계약에 있어 피보험자인 타인의 동의는 각 보험계약에 대하여 개별적으로 서면에 의하여 이루어져야 하고 포괄적인 동의 또는 묵시적이거나 추정적 동의만으로는 부족하나, 피보험자인 타인의 서면동의가 그 타인이 보험청약서에 자필 서명하는 것만으로 의미하지는 않으므로, 타인으로부터 특정한 보험계약에 관하여 서면동의를 할 권한을 구체적·개별적으로 수여받았음이 분명한 사람이 권한 범위 내에서 타인을 대리 또는 대행하여 서면동의를 한 경우에도 그 타인의 서면동의는 적법한 대리인에 의하여 유효하게 이루어진 것이다(대법원 2006.12.21. 선고 2006다69141 판결).

④ 15세 미만자, 심신상실자 또는 심신박약자의 사망을 보험사고로 한 보험계약은 무효로 한다(상법 732조). 따라서 보험계약자가 15세 미만인 타인의 사망을 보험사고로 하는 보험계약을 체결하는 경우 그 타인의 서면동의가 있더라도 그 보험계약은 무효이다.

17

정답 ④

해설 인보험계약의 보험자는 보험사고로 인하여 생긴 보험계약자 또는 보험수익자의 제3자에 대한 권리를 대위하여 행사하지 못한다. 그러나 **상해보험계약의 경우에 당사자간에 다른 약정이 있는 때에는 보험자는 피보험자의 권리를 해하지 아니하는 범위 안에서 그 권리를 대위하여 행사할 수 있다**(상법 제729조).

① 공동불법행위자의 1인을 피보험자로 하는 보험계약의 보험자가 보험금을 지급하고 상법 제682조에 의하여 취득하는 피보험자의 다른 공동불법행위자에 대한 구상권은 피보험자의 부담 부분 이상을 변제하여 공동의 면책을 얻게 하였을 때에 다른 공동불법행위자의 부담 부분의 비율에 따른 범위에서 성립하는 것이고(대법원 2006.2.9. 선고 2005다28426 판결), 공동불법행위자들과 각각 보험계약을 체결한 보험자들은 각자 그 공동불법행위의 피해자에 대한 관계에서 상법 제724조 제2항에 의한 손해배상채무를 직접 부담하는 것이므로, 이러한 관계에 있는 보험자가 그 부담 부분을 넘어 피해자에게 손해배상금을 보험금으로 지급함으로써 공동불법행위자들의 보험자들이 공동면책되었다면 그 손해배상금을 지급한 보험자는 다른 공동불법행위자들의 보험자들이 부담하여야 할 부분에 대하여 직접 구상권을 행사할 수 있다(대법원 1998.9.18. 선고 96다19765 판결).

② 보험계약자인 채무자의 채무불이행으로 인하여 채권자가 입게 되는 손해의 전보를 보험자가 인수하는 것을 내용으로 하는 보증보험계약은 손해보험으로, 형식적으로는 채무자의 채무불이행을 보험사고로 하는 보험계약이나 실질적으로는 보증의 성격을 가지고 보증계약과 같은 효과를 목적으로 하므로, 민법의 보증에 관한 규정, 특히 민법 제441조 이하에서 정한 보증인의 구상권에 관한 규정이 보증보험계약에도 적용된다(대법원 1997.10.10. 선고 95다46265 판결).

③ 보험자가 피보험자에게 보험금을 지급하면 보험자대위의 법리에 따라 피보험자가 보험사고의 발생에 책임이 있는 제3자에 대하여 가지는 권리는 지급한 보험금의 한도에서 보험자에게 당연히 이전되고(상법 제682조), 이는 재보험자가 원보험자에게 재보험금을 지급한 경우에도 마찬가지이다. 따라서 재보험관계에서 재보험자가 원보험자에게 재보험금을 지급하면 원보험자가 취득한 제3자에 대한 권리는 지급한 재보험금의 한도에서 다시 재보험자에게 이전된다(대법원 2015.6.11. 선고 2012다10386 판결).

18

정답 ①

해설 보험약관에서 '피보험자 등의 고의에 의한 사고'를 면책사유로 규정하고 있는 경우 여기에서의 '고의'라 함은 자신의 행위에 의하여 일정한 결과가 발생하리라는 것을 알면서 이를 행하는 심리 상태를 말하는 것으로서 그와 같은 내심의 의사는 이를 인정할 직접적인 증거가 없는 경우에는 사물의 성질상 고의와 상당한 관련성이 있는 간접사실을 증명하는 방법에 의하여 입증할 수밖에 없고, 무엇이 상당한 관련성이 있는 간접사실에 해당할 것인가는 사실관계의 연결상태를 논리와 경험칙에 의하여 합리적으로 판단하여야 할 것임은 물론이지만, **보험사고의 발생에 기여한 복수의 원인이 존재하는 경우, 그 중 하나가 피보험자 등의 고의행위임을 주장하여 보험자가 면책되기 위하여는 그 행위가 단순히 공동원인의 하나이었다는 점을 입증하는 것으로는 부족하고 피보험자 등의 고의행위가 보험사고발생의 유일하거나 결정적 원인이었음을 입증하여야 할 것이다**(대법원 2004.8.20. 선고 2003다26075 판결).

② 둘 이상의 보험수익자 중 일부가 고의로 피보험자를 사망하게 한 경우 보험자는 다른 보험수익자에 대한 보험금 지급책임을 부담한다(상법 제732조의2 제2항).

③ 사망보험계약에서 보험사고가 보험계약자 또는 피보험자나 보험수익자의 중대한 과실로 인하여 발생한 경우 보험자는 면책되지 않는다(상법 제732조의2 제1항).

④ 이러한 면책사유를 둔 취지는 피보험자의 정신질환으로 인식능력이나 판단능력이 약화되어 상해의 위험이 현저히 증대된 경우 그 증대된 위험이 현실화되어 발생한 손해는 보험보호의 대상으로부터 배제하려는 데에 있고 보험에서 인수하는 위험은 보험상품에 따라 달리 정해질 수 있는 것이어서 이러한 면책사유를 규정한 약관조항이 고객에게 부당하게 불리하여 공정성을 잃은 조항이라고 할 수 없으므로, 만일 **피보험자가 정신질환에 의하여 자유로운 의사결정을 할 수 없는 상태에 이르렀고 이로 인하여 보험사고가 발생한 경우라면 위 면책사유에 의하여 보험자의 보험금 지급의무가 면제된다**(대법원 2014.4.10. 선고 2013다18929 판결).

19

정답 ②

해설 보험수익자 변경권의 법적 성질과 상법 규정의 해석에 비추어 보면, 보험수익자 변경은 상대방 없는 단독행위라고 봄이 타당하므로, 보험수익자 변경의 의사표시가 객관적으로 확인되는 이상 그러한 의사표시가 보험자나 보험수익자에게 도달하지 않았다고 하더라도 보험수익자 변경의 효과는 발생한다(대법원 2020.2.27. 선고 2019다204869 판결).

① 타인의 사망을 보험사고로 하는 보험계약에는 보험계약 체결시에 그 타인의 서면에 의한 동의를 얻어야 한다(상법 제731조 제1항). 또한 이 규정은 보험수익자의 지정 또는 변경에도 준용(상법 제734조 제2항)하므로, 타인의 사망보험에서 보험수익자를 지정 또는 변경하려면 그 타인의 서면동의를 얻어야 한다.

③ 보험수익자가 보험존속 중에 사망한 때에는 보험계약자는 다시 보험수익자를 지정할 수 있다. 이 경우에 보험계약자가 지정권을 행사하지 아니하고 사망한 때에는 보험수익자의 상속인을 보험수익자로 한다(상법 제733조 제3항).

판례 **대법원 2025.2.20. 선고 2022다306048, 2022다306055, 2022다306062 판결**

생명보험에서 보험계약자는 보험수익자를 지정·변경할 권리를 가지고 있고(상법 제733조 제1항), 지정된 보험수익자(이하 '지정 보험수익자'라 한다)가 보험존속 중 사망한 경우 보험계약자는 다시 보험수익자를 지정할 수 있되 보험계약자가 지정권을 행사하지 아니하고 사망하거나 보험계약자가 지정권을 행사하기 전에 보험사고가 생긴 때에는 지정 보험수익자의 상속인을 보험수익자로 한다(상법 제733조 제3항, 제4항). 상법 제733조 제3항, 제4항은 보험계약자가 재지정권을 행사하지 못하여 보험수익자에 흠결이 생긴 경우 보험계약자가 지정 보험수익자에게 보험금청구권을 취득하도록 한 원래의 의사를 우선 고려하고자 하는 취지이다.
이러한 상법 제733조 제3항, 제4항의 법 문언과 규정 취지를 고려하면, 지정 보험수익자 사망 후 보험계약자가 재지정권을 행사하기 전에 보험계약자가 사망하거나 보험사고가 발생하고, 보험계약자 사망 또는 보험사고발생 당시 지정 보험수익자의 상속인이 생존하고 있지 아니한 경우에는 그 상속인의 상속인을 비롯한 순차 상속인으로서 보험계약자 사망 또는 보험사고발생 당시 생존한 자가 보험수익자가 된다고 봄이 타당하다. 또한 보험수익자가 되는 상속인이 여럿인 경우 그 상속인들은 법정상속분 비율로 보험금청구권을 취득한다.

④ 보험계약자가 보험수익자 지정권을 행사하지 아니하고 사망한 때에는 피보험자를 보험수익자로 하고 보험계약자가 보험수익자 변경권을 행사하지 아니하고 사망한 때에는 보험수익자의 권리가 확정된다(상법 제733조 제2항).

20

정답 ③

해설 정액보험형 상해보험의 경우 보험계약자가 보험수익자를 지정한 결과 피보험자와 보험수익자가 일치하지 않게 되었다고 하더라도, 그러한 이유만으로 **보험수익자 지정행위가 무효로 될 수는 없다**(대법원 2006.11.9. 선고 2005다55817 판결).

① 상해보험은 피보험자가 보험기간 중에 급격하고 우연한 외래의 사고로 인하여 신체에 손상을 입는 것을 보험사고로 하는 인보험으로서, **일반적으로 외래의 사고 이외에 피보험자의 질병 기타 기왕증이 공동 원인이 되어 상해에 영향을 미친 경우에도 사고로 인한 상해와 그 결과인 사망이나 후유장해 사이에 인과관계가 인정되면 보험계약 체결시 약정한 대로 보험금을 지급할 의무가 발생하고**, 다만 보험약관에 계약체결 전에 이미 존재한 신체장해, 질병의 영향에 따라 상해가 중하게 된 때에는 그 영향이 없었을 때에 상당하는 금액을 결정하여 지급하기로 하는 내용이 있는 경우에는 지급될 보험금액을 산정함에 있어서 그 약관 조항에 따라 피보험자의 체질 또는 소인 등이 보험사고의 발생 또는 확대에 기여하였다는 사유를 들어 보험금을 감액할 수 있다(대법원 2005.10.27. 선고 2004다52033 판결).

② '급격하고도 우연한 외래의 사고'를 보험사고로 하는 상해보험에 가입한 피보험자가 술에 취하여 자다가 구토로 인한 구토물이 기도를 막음으로써 사망한 경우, 보험약관상의 급격성과 우연성은 충족되고, 나아가 보험약관상의 '외래의 사고'란 상해 또는 사망의 원인이 피보험자의 신체적 결함, 즉 질병이나 체질적 요인 등에 기인한 것이 아닌 외부적 요인에 의해 초래된 모든 것을 의미한다고 보는 것이 상당하므로, **위 사고에서 피보험자의 술에 만취된 상황은 피보험자의 신체적 결함, 즉 질병이나 체질적 요인 등에서 초래된 것이 아니라 피보험자가 술을 마신 외부의 행위에 의하여 초래된 것이어서 이는 외부적 요인에 해당한다**고 할 것이고, 따라서 위 사고는 위 보험약관에서 규정하고 있는 '외래의 사고'에 해당하므로 보험자로서는 수익자에 대하여 위 보험계약에 따른 보험금을 지급할 의무가 있다(대법원 1998.10.13. 선고 98다28114 판결).

④ 사고의 우발성과 외래성 및 상해 또는 사망이라는 결과와 사이의 인과관계에 관해서는 **보험금 청구자에게 그 증명책임이 있다**(대법원 2010.5.13. 선고 2010다6857 판결).

21

정답 ①

해설 보험업의 허가를 받으려는 자는 신청서에 다음 각 호의 서류를 첨부하여 금융위원회에 제출하여야 한다. 다만, **보험회사가 취급하는 보험종목을 추가하려는 경우에는 제1호의 서류는 제출하지 아니할 수 있다**(보험업법 제5조).

1. **정 관**
2. 업무 시작 후 3년간의 사업계획서(추정재무제표를 포함한다)
3. 경영하려는 보험업의 보험종목별 사업방법서, 보험약관, 보험료 및 해약환급금의 산출방법서(이하 "기초서류"라 한다) 중 대통령령으로 정하는 서류
4. 제1호부터 제3호까지의 규정에 따른 서류 이외에 대통령령으로 정하는 서류

22

정답 ④

해설 금융위원회는 보험회사가 하는 부수업무가 다음 각 호의 어느 하나에 해당하면 그 부수업무를 하는 것을 제한하거나 시정할 것을 명할 수 있다(보험업법 제11조의2 제3항).

1. **보험회사의 경영건전성을 해치는 경우 (가)**
2. **보험계약자 보호에 지장을 가져오는 경우 (나)**
3. **금융시장의 안정성을 해치는 경우 (다)**

23

정답 ③

해설 주식회사는 그 조직을 변경하여 **상호회사로 할 수 있다**(보험업법 제20조 제1항).

① 보험업법 제18조 제1항
② 보험업법 제18조 제2항
④ 보험업법 제21조 제1항

24

정답 ①

해설 보험계약자나 보험금을 취득할 자는 피보험자를 위하여 적립한 금액을 **다른 법률에 특별한 규정이 없으면** 주식회사의 자산에서 우선하여 취득한다(보험업법 제32조 제1항).

② 보험업법 제32조 제2항
③ 보험업법 제33조 제1항
④ 보험업법 제33조 제2항

25

정답 ②

해설 상호회사의 사원은 보험료의 납입에 관하여 상계(相計)로써 **회사에 대항하지 못한다**(보험업법 제48조).

① 보험업법 제46조
③ 보험업법 제47조
④ 보험업법 제49조

26

정답 ①

해설 보험업법 또는 「금융소비자 보호에 관한 법률」에 따라 벌금 이상의 형을 선고받고 그 집행이 끝나거나(집행이 끝난 것으로 보는 경우를 포함) 집행이 면제된 날부터 **2년이 지나지 아니한 자는 보험설계사가 될 수 없다**(보험업법 제84조 제2항 제3호).

② 보험업법 제84조 제2항 제10호

③ 보험업법 제84조 제2항 제4호

④ 보험업법 제84조 제2항 제6호

27

정답 ②

해설 보험안내자료에는 보험회사의 장래의 이익 배당 또는 잉여금 분배에 대한 예상에 관한 사항을 적지 못한다. 다만, **보험계약자의 이해를 돕기 위하여 금융위원회가 필요하다고 인정하여 정하는 경우**에는 그러하지 아니하다(보험업법 제95조 제3항).

① 보험업법 제95조 제2항

③ 보험업법 제95조 제1항 제1호

④ 보험업법 제95조 제1항 제3호의2

28

정답 ③

해설 전산시스템의 구축·운영에 관한 비용은 **보험회사가 부담한다**(보험업법 제102조의7 제3항).

① 보험업법 제102조의7 제1항

② 보험업법 제102조의7 제2항

④ 보험업법 제102조의7 제4항

29

정답 ③

해설 보험업법 제111조 제4항

① 보험회사는 직접 또는 간접으로 그 보험회사의 **대주주(그의 특수관계인인 보험회사의 자회사는 제외한다)가 다른 회사에 출자하는 것을 지원하기 위한 신용공여의 행위를 하여서는 아니 된다**(보험업법 제111조 제1항 제1호).

② 보험회사는 그 보험회사의 대주주에 대하여 대통령령으로 정하는 금액 이상의 신용공여를 하거나 그 보험회사의 대주주가 발행한 채권 또는 주식을 대통령령으로 정하는 금액 이상으로 취득하려는 경우에는 미리 이사회의 의결을 거쳐야 한다. **이 경우 이사회는 재적이사 전원의 찬성으로 의결하여야 한다**(보험업법 제111조 제2항).

④ 보험회사는 해당 보험회사의 대주주가 발행한 주식에 대한 의결권을 행사하는 행위를 하였을 때에는 **7일 이내**에 그 사실을 금융위원회에 보고하고 인터넷 홈페이지 등을 이용하여 공시하여야 한다(보험업법 제111조 제3항 제3호).

30

정답 ①

해설 **자산운용 제한에 대한 예외 사유(보험업법 제107조 제1항)**

1. 보험회사의 자산가격의 변동 등 **보험회사의 의사와 관계없는 사유로 자산상태가 변동된 경우**
2. **보험회사에 적용되는 회계처리기준(「주식회사 등의 외부감사에 관한 법률」 제5조 제1항 제1호에 따른 회계처리기준을 말한다)의 변경으로 보험회사의 자산 또는 자기자본 상태가 변동된** 경우
3. 다음의 어느 하나에 해당하는 경우로서 금융위원회의 승인을 받은 경우
   가. **보험회사가 재무건전성 기준을 지키기 위하여 필요한 경우**
   나. **「기업구조조정 촉진법」에 따른 출자전환 또는 채무재조정 등 기업의 구조조정을 지원하기 위하여 필요한 경우**
   다. 그 밖에 보험계약자의 이익을 보호하기 위하여 필수적인 경우

31

정답 ④

해설 **공시사항(보험업법 제124조 제1항, 동법 시행령 제67조 제1항)**

보험회사는 보험계약자를 보호하기 위하여 필요한 사항으로서 **대통령령으로 정하는 사항**을 금융위원회가 정하는 바에 따라 즉시 공시하여야 한다.

1. **재무 및 손익에 관한 사항 (가)**
2. **자금의 조달 및 운용에 관한 사항 (나)**
3. **법 제123조 제2항(재무건전성의 유지)**, 제131조 제1항(금융위원회의 명령권), 제134조(보험회사에 대한 제재) 및 「금융산업의 구조개선에 관한 법률」 제10조(적기시정조치), 제14조(행정처분)**에 따른 조치를 받은 경우 그 내용 (라)**
4. **보험약관 및 사업방법서, 보험료 및 해약환급금, 공시이율 등 보험료 비교에 필요한 자료 (다)**
5. 그 밖에 보험계약자의 보호를 위하여 공시가 필요하다고 인정되는 사항으로서 금융위원회가 정하여 고시하는 사항

32

정답 ③

해설 금융위원회는 상호협정의 체결・변경 또는 폐지의 인가를 하거나 협정에 따를 것을 명하려면 미리 공정거래위원회와 **협의하여야 한다**(보험업법 제125조 제3항).

① 보험업법 제125조 제1항
② 보험업법 제125조 제1항 단서, 동법 시행령 제69조 제3항 제1호
④ 보험업법 제125조 제2항

33

정답 ②

해설 금융위원회는 보험약관과 보험안내자료(이하 "보험약관 등"이라 한다)에 대한 보험소비자 등의 이해도를 평가하기 위해 평가대행기관을 **지정할 수 있다**(보험업법 제128조의4 제2항).

① · ③ 금융위원회는 보험소비자와 보험의 모집에 종사하는 자 등 대통령령으로 정하는 자(이하 "보험소비자 등"이라 한다)를 대상으로 보험약관 등에 대한 이해도를 평가하고 그 결과를 대통령령으로 정하는 바에 따라 공시할 수 있다(보험업법 제128조의4 제1항).

④ 보험소비자와 보험의 모집에 종사하는 자 등 이해도 평가의 대상자에는 보험요율산출기관의 장이 추천하는 보험 관련 전문가 1명이 포함된다(보험업법 시행령 제71조의6 제4호).

34

정답 ④

해설 **조사대상 및 방법 등(보험업법 제162조 제1항)**

금융위원회는 다음 각 호의 어느 하나에 해당하는 경우에는 **보험회사, 보험계약자, 피보험자, 보험금을 취득할 자, 그 밖에 보험계약에 관하여 이해관계가 있는 자**(이하 "관계자"라 한다)에 대한 조사를 할 수 있다.

1. 이 법 및 이 법에 따른 명령 또는 조치를 위반한 사실이 있는 경우
2. **공익 또는 건전한 보험거래질서의 확립을 위하여 필요한 경우**

35

정답 ④

해설 손해보험회사는 「예금자보호법」 제2조 제8호의 사유로 손해보험계약의 제3자에게 보험금을 지급하지 못하게 된 경우에는 즉시 그 사실을 **보험협회 중 손해보험회사로 구성된 협회(이하 "손해보험협회"라 한다)의 장에게 보고하여야 한다**(보험업법 제167조 제1항).

① 보험업법 제165조

② 보험업법 제166조, 동법 시행령 제80조 제1항 제16호

③ 보험업법 제166조 단서

36

정답 ④

해설 **퇴직연금제도 수급권의 담보제공 사유 등(근로자퇴직급여보장법 시행령 제2조 제1항)**

근로자퇴직급여 보장법 제7조 제2항 전단에서 "주택구입 등 대통령령으로 정하는 사유와 요건을 갖춘 경우"란 다음 각 호의 어느 하나에 해당하는 경우를 말한다.

1. **무주택자인 가입자가 본인 명의로 주택을 구입하는 경우**

1의2. 무주택자인 가입자가 주거를 목적으로 「민법」 제303조에 따른 전세금 또는 「주택임대차보호법」 제3조의2에 따른 보증금을 부담하는 경우. 이 경우 가입자가 하나의 사업 또는 사업장(이하 "사업"이라 한다)에 근로하는 동안 1회로 한정한다.

2. 가입자가 6개월 이상 요양을 필요로 하는 다음 각 목의 어느 하나에 해당하는 사람의 질병이나 부상에 대한 의료비(「소득세법 시행령」 제118조의5 제1항 및 제2항에 따른 의료비를 말한다)를 부담하는 경우
   가. 가입자 본인
   나. 가입자의 배우자
   다. 가입자 또는 그 배우자의 부양가족(「소득세법」 제50조 제1항 제3호에 따른 부양가족을 말한다)

3. 담보를 제공하는 날부터 거꾸로 계산하여 5년 이내에 가입자가 「채무자 회생 및 파산에 관한 법률」에 따라 파산선고를 받은 경우

4. **담보를 제공하는 날부터 거꾸로 계산하여 5년 이내에 가입자가 「채무자 회생 및 파산에 관한 법률」에 따라 개인회생절차개시 결정을 받은 경우**

4의2. 다음 각 목의 어느 하나에 해당하는 사람의 대학등록금, 혼례비 또는 장례비를 가입자가 부담하는 경우
   가. 가입자 본인
   나. 가입자의 배우자
   다. 가입자 또는 그 배우자의 부양가족

5. 사업주의 휴업 실시로 근로자의 임금이 감소하거나 재난(「재난 및 안전관리 기본법」 제3조 제1호에 따른 재난을 말한다. 이하 같다)으로 피해를 입은 경우로서 고용노동부장관이 정하여 고시하는 사유와 요건에 해당하는 경우

37

정답 ②

해설 ①·② "중소기업퇴직연금기금제도"란 중소기업(상시 30명 이하의 근로자를 사용하는 사업에 한정한다) **근로자의 안정적인 노후생활 보장을 지원하기 위하여** 둘 이상의 중소기업 사용자 및 근로자가 납입한 부담금 등으로 공동의 기금을 조성·운영하여 근로자에게 급여를 지급하는 제도를 말한다(근로자퇴직급여보장법 제2조 제14호).

③ 중소기업의 사용자는 제23조의5에 따른 중소기업퇴직연금기금표준계약서에서 정하고 있는 사항에 관하여 **근로자대표의 동의를 얻거나 의견을 들어 공단과 계약을 체결함으로써** 중소기업퇴직연금기금제도를 설정할 수 있다(근로자퇴직급여보장법 제23조의6 제1항).

④ 사전지정운용제도에 관한 사항은 DC(확정기여형퇴직연금)규약에 포함될 내용으로 중소기업퇴직연금기금제도와는 관계가 없다.

38

정답 ①

해설 사용자에게 지급의무가 있는 퇴직금, 제15조에 따른 확정급여형퇴직연금제도의 급여, 제20조 제3항에 따른 확정기여형퇴직연금제도의 부담금 중 미납입 부담금 및 미납입 부담금에 대한 지연이자, 제23조의7 제1항에 따른 중소기업퇴직연금기금제도의 부담금 중 미납입 부담금 및 미납입 부담금에 대한 지연이자, 제25조 제2항 제4호에 따른 개인형퇴직연금제도의 부담금 중 미납입 부담금 및 미납입 부담금에 대한 지연이자(이하 "퇴직급여 등"이라 한다)는 사용자의 총재산에 대하여 질권 또는 저당권에 의하여 담보된 채권을 제외하고는 조세·공과금 및 다른 채권에 우선하여 변제되어야 한다. 다만, 질권 또는 저당권에 우선하는 조세·공과금에 대하여는 그러하지 아니하다(근로자퇴직급여보장법 제12조 제1항).

② 사용자는 퇴직하는 근로자에게 급여를 지급하기 위하여 퇴직급여제도 중 하나 이상의 제도를 설정하여야 한다. 다만, 계속근로기간이 1년 미만인 근로자, **4주간을 평균하여 1주간의 소정근로시간이 15시간 미만인 근로자**에 대하여는 그러하지 아니하다(근로자퇴직급여보장법 제4조 제1항).

③ 확정급여형퇴직연금제도의 급여 수준은 가입자의 퇴직일을 기준으로 산정한 일시금이 계속근로기간 1년에 대하여 **30일분 이상**의 평균임금이 되도록 하여야 한다(근로자퇴직급여보장법 제15조).

④ 퇴직연금제도의 급여를 받을 권리는 그 전액에 관하여 양도 또는 압류하거나 담보로 제공할 수 없다. 다만, 일정한 사유와 요건을 갖추면 담보로 제공할 수 있다. 민사집행법은 제246조 제1항 제4호에서 퇴직연금 그 밖에 이와 비슷한 성질을 가진 급여채권은 그 1/2에 해당하는 금액만 압류하지 못하는 것으로 규정하고 있으나, 이는 '근로자퇴직급여 보장법'(이하 '퇴직급여법'이라고 한다)상 양도금지 규정과의 사이에서 일반법과 특별법의 관계에 있으므로, **퇴직급여법상 퇴직연금채권은 그 전액에 관하여 압류가 금지된다고 보아야 한다**(대법원 2014.01.23. 선고 2013다71180).

39

정답 ③

해설 근로자퇴직급여보장법 제32조 제5항 제1호
① 근로자퇴직급여보장법 제32조 제4항 제1호
② 근로자퇴직급여보장법 제32조 제2항
④ 근로자퇴직급여보장법 시행령 제33조 제2호

TIP 사용자의 책무(근로자퇴직급여보장법 제32조)

① 사용자는 법령, 퇴직연금규약 또는 중소기업퇴직연금기금표준계약서를 준수하고 가입자 등을 위하여 대통령령으로 정하는 사항에 관하여 성실하게 이 법에 따른 의무를 이행하여야 한다.
② 확정급여형퇴직연금제도 또는 확정기여형퇴직연금제도를 설정한 사용자는 매년 1회 이상 가입자에게 해당 사업의 퇴직연금제도 운영 상황 등 대통령령으로 정하는 사항에 관한 교육을 하여야 한다. 이 경우 사용자는 퇴직연금사업자 또는 대통령령으로 정하는 요건을 갖춘 전문기관에 그 교육의 실시를 위탁할 수 있다.
③ 제2항에 따른 교육 내용 및 방법 등에 필요한 사항은 대통령령으로 정한다.
④ 퇴직연금제도를 설정한 사용자는 다음 각 호의 어느 하나에 해당하는 행위를 하여서는 아니 된다.
1. 자기 또는 제3자의 이익을 도모할 목적으로 운용관리업무 및 자산관리업무의 수행계약을 체결하는 행위
2. 그 밖에 퇴직연금제도의 적절한 운영을 방해하는 행위로서 대통령령으로 정하는 행위

⑤ 확정급여형퇴직연금제도 또는 퇴직금제도를 설정한 사용자는 다음 각 호의 어느 하나에 해당하는 사유가 있는 경우 근로자에게 퇴직급여가 감소할 수 있음을 미리 알리고 근로자대표와의 협의를 통하여 확정기여형퇴직연금제도나 중소기업퇴직연금기금제도로의 변경, 퇴직급여 산정기준의 개선 등 근로자의 퇴직급여 감소를 예방하기 위하여 필요한 조치를 하여야 한다.
1. 사용자가 단체협약 및 취업규칙 등을 통하여 일정한 연령, 근속시점 또는 임금액을 기준으로 근로자의 임금을 조정하고 근로자의 정년을 연장하거나 보장하는 제도를 시행하려는 경우
2. 사용자가 근로자와 합의하여 소정근로시간을 1일 1시간 이상 또는 1주 5시간 이상 단축함으로써 단축된 소정근로시간에 따라 근로자가 3개월 이상 계속 근로하기로 한 경우
3. 법률 제15513호 근로기준법 일부개정법률 시행에 따라 근로시간이 단축되어 근로자의 임금이 감소하는 경우
4. 그 밖에 임금이 감소되는 경우로서 고용노동부령으로 정하는 경우

TIP 사용자의 금지행위(근로자퇴직급여보장법 시행령 제33조)

법 제32조 제4항 제2호에서 "대통령령으로 정하는 행위"란 다음 각 호의 행위를 말한다.
1. 운용관리업무 또는 자산관리업무를 수행하는데 필요한 다음 각 목의 자료를 고의로 누락(자료를 제공하지 않는 경우를 포함한다)하거나 거짓으로 작성하여 퇴직연금사업자에게 제공하는 행위
   가. 단체협약, 취업규칙, 근로계약서, 급여명세서 등 부담금 산정 및 법 제16조에 따른 급여 지급능력 확보 여부 등을 확인하는데 필요한 자료
   나. 그 밖에 급여지급 등 운용관리업무 및 자산관리업무의 수행에 필요한 자료
2. 퇴직연금사업자에게 약관 등에서 정해진 부가서비스 외의 경제적 가치가 있는 서비스의 제공을 요구하거나 제공받는 행위
3. 퇴직연금사업자에게 계약 체결을 이유로 물품 등의 구매를 요구하거나 판매하는 행위
4. 퇴직연금사업자에게 확정되지 않은 운용방법의 수익을 확정적으로 제시할 것을 요구하거나 제공받는 행위
5. 삭제 〈2023.12.12.〉

40

정답 ③

해설 **가입자에 대한 정보 제공(근로자퇴직급여보장법 시행령 제13조의2)**

① 법 제21조의3 제1항 제3호에서 "대통령령으로 정하는 사항"이란 다음 각 호의 사항을 말한다.

1. 사전지정운용방법에 관한 다음 각 목의 사항
   가. **사전지정운용방법의 위험등급, 손실가능성 및 과거 수익률**
   나. **수수료 등 가입자가 부담하는 비용에 관한 사항**
   다. **예금자 보호 한도 등 가입자의 보호에 관한 사항**
   라. **사전지정운용방법의 적용에 따른 퇴직연금자산의 위험도 변경 가능성**
   마. 사전지정운용방법의 승인일자 등 승인에 관한 사항
2. 법 제21조의3 제6항에 따라 사전지정운용방법이 변경될 수 있다는 사실과 그 절차

② 제1항 각 호의 사항에 관한 세부적인 내용은 고용노동부장관이 정하여 고시한다.

③ **법 제21조의3 제1항**에 따른 정보 제공은 다음 각 호의 어느 하나에 해당하는 방법으로 해야 한다.

1. 우편 발송
2. 서면 교부
3. 정보통신망에 의한 전송
4. 그 밖에 제1호부터 제3호까지의 방법에 준하는 방법으로서 당사자가 합의한 방법

TIP 사전지정운용제도의 운영(근로자퇴직급여보장법 제21조의3)

① 운용관리업무를 수행하는 퇴직연금사업자는 사전지정운용제도를 설정한 사업의 가입자에게 다음 각 호의 사항에 관한 정보를 대통령령으로 정하는 바에 따라 제공하여야 한다.
1. 해당 사전지정운용방법의 자산배분 현황 및 위험·수익 구조
2. 제2항부터 제5항까지에 관한 사항
3. 그 밖에 사전지정운용제도의 운영에 관한 사항으로서 대통령령으로 정하는 사항

② 가입자는 제1항에 따라 정보를 제공받은 사전지정운용방법 중 하나를 본인이 적용받을 사전지정운용방법으로 선정하여야 한다. 다만, 제21조의2 제1항 제2호의 운용유형만 사전지정운용방법으로 선정하는 경우에는 같은 호 가목 또는 나목의 운용내용이 포함되어야 한다.

③ 운용관리업무를 수행하는 퇴직연금사업자는 가입자가 다음 각 호에 해당하는 때에 운용방법을 스스로 선정하지 아니하는 경우 가입자에게 사전지정운용방법에 따라 적립금이 운용됨을 통지하여야 한다.
1. 가입자가 확정기여형퇴직연금제도에 가입하였을 때
2. 가입자가 제21조 제1항에 따라 스스로 선정한 적립금 운용방법의 기간 만료일부터 4주가 지났을 때

④ 가입자가 제3항에 따른 통지를 받은 후 2주 이내에 운용방법을 스스로 선정하지 아니할 경우 운용관리업무를 수행하는 퇴직연금사업자는 해당 가입자의 적립금을 사전지정운용방법으로 운용한다. 이 경우 가입자가 스스로 운용방법을 사전지정운용방법으로 선정한 것으로 본다.

⑤ 사전지정운용방법으로 적립금을 운용하는 가입자는 언제든지 제21조 제1항에 따라 적립금의 운용방법을 스스로 선정할 수 있다.

⑥ 운용관리업무를 수행하는 퇴직연금사업자는 고용노동부장관의 승인을 받아 사전지정운용방법을 변경할 수 있다. 이 경우 해당 사전지정운용방법에 따라 운용되는 가입자의 적립금은 가입자에 대한 통지 등 대통령령으로 정하는 절차를 거쳐 변경된 사전지정운용방법에 따라 운용할 수 있다.

⑦ 사전지정운용방법의 운용현황 및 수익률의 공시, 해지방법의 고지, 승인취소 및 그에 따른 적립금의 이전, 그 밖에 사전지정운용제도의 운용을 위하여 필요한 사항은 대통령령으로 정한다.

2025년 제48회 경제학원론

정답 및 해설

정답 CHECK

01	02	03	04	05	06	07	08	09	10	11	12	13	14	15	16	17	18	19	20
②	②	④	③	①	②	③	③	②	②	③	①	①	④	①	③	④	③	②	④
21	**22**	**23**	**24**	**25**	**26**	**27**	**28**	**29**	**30**	**31**	**32**	**33**	**34**	**35**	**36**	**37**	**38**	**39**	**40**
①, ③	②	③	④	모두 정답	①	②	①	④	③	③, ④	④	②	①	④	②	④	④	③	③

문제편 404p

01

정답 ②

해설 $\frac{MU_x}{P_x}=\frac{1.4\text{만원}}{2\text{천원}}=7>\frac{MU_y}{P_y}=\frac{1.8\text{만원}}{3\text{천원}}=6$

∴ X재의 가격 대비 한계효용이 Y개 가격 대비 한계효용보다 더 크므로 X재를 더 많이 구매하고 Y재를 더 적게 구매한다.

02

정답 ②

해설 효용함수 $U(X, Y)=X^2+Y^2$은 원의 방정식 형태로 원점에 대해 오목하면서 원점을 통과하는 45°선을 기준으로 대칭 형태인 상황에서 $\frac{P_X}{P_Y}=\frac{5}{7}$이므로 소비자균형은 X축에서 이루어진다. 따라서 소득 전부를 X재 구입에 지출하게 되므로 X축이 소득소비곡선이 된다.

03

정답 ④

해설

기회비용

구 분	생 선	옥수수
A	$\frac{2}{5}$ 단위	$\frac{5}{2}$ 단위
B	$\frac{1}{3}$ 단위	3단위

① 생선 생산에 필요한 노동투입시간은 A가 B보다 더 많기에 B는 생선 생산에 절대우위가 있다.

② A에게 생선 1단위 생산의 기회비용은 옥수수 $\frac{2}{5}$ 단위이다.

③ 옥수수에 대한 기회비용이 적은 A는 옥수수 생산에 비교우위가 있고, 생선에 대한 기회비용이 적은 B는 생선 생산에 비교우위가 있다.

04

정답 ③

해설 기펜재(Giffen goods)는 소득효과가 대체효과보다 크다.

① 기펜재(Giffen goods)는 열등재에 해당한다.

② 가격이 상승할 때 수요가 증가하므로 수요곡선은 우상향한다.

④ 엥겔곡선(Engel curve)은 소득 수준에 따른 재화의 수요량 변화를 나타내는 곡선으로 기펜재(Giffen goods)의 경우 소득 증가시 수요량이 감소하므로 엥겔곡선(Engel curve)이 우하향하게 된다.

05

정답 ①

해설 • A와 B의 수요의 가격탄력성 비교 : A가 B보다 더 탄력적이다.
• B와 C의 수요의 가격탄력성 비교 : B가 C보다 더 탄력적이다.

따라서 수요의 가격탄력성의 크기는 $A > B > C$가 된다.

TIP 수요곡선이 우하향 직선일 경우 수요의 가격탄력성

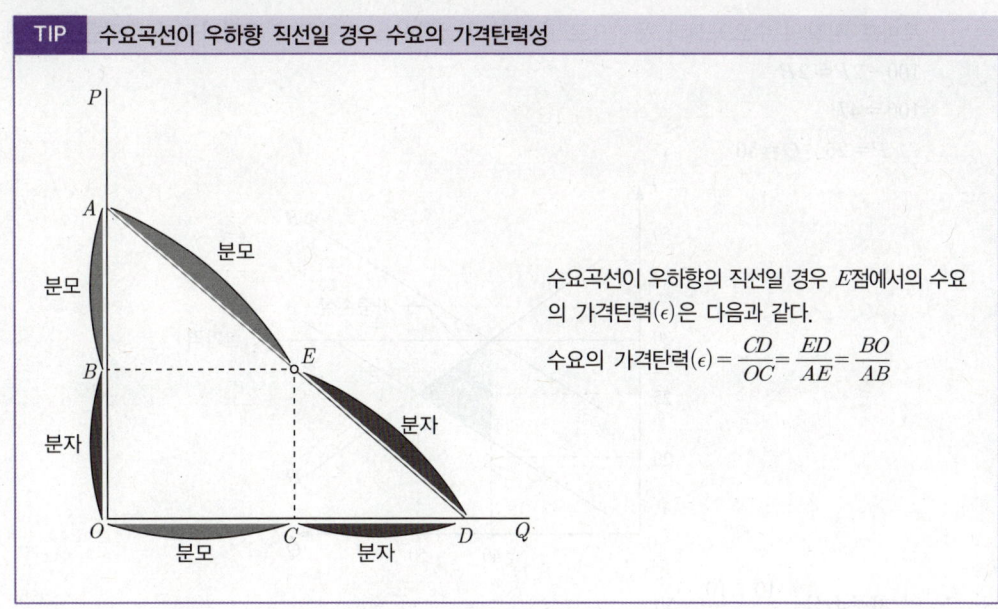

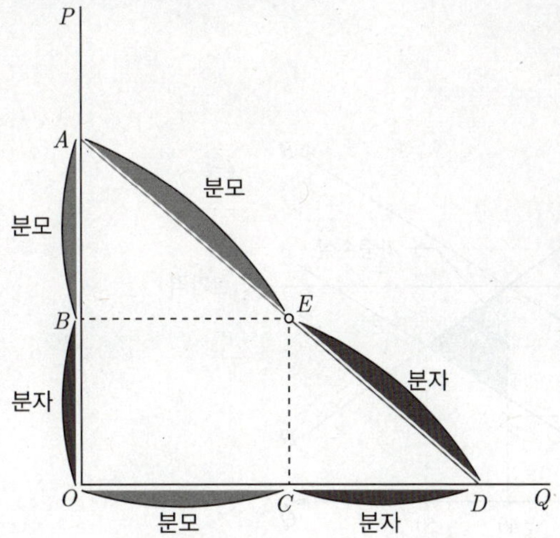

수요곡선이 우하향의 직선일 경우 E점에서의 수요의 가격탄력(ϵ)은 다음과 같다.

수요의 가격탄력(ϵ) $= \dfrac{CD}{OC} = \dfrac{ED}{AE} = \dfrac{BO}{AB}$

06

정답 ②

해설
- 토마토 시장의 수요곡선 : $Q_d = 100 - 2P$
- 토마토 시장의 공급곡선 : $Q_s = 2P - 20$
- 풍년으로 인한 변경된 공급곡선 : $Q_s' = 2P - 20 + 20 = 2P$

토마토 시장의 수요곡선과 풍년으로 변경된 공급곡선을 연립하여 균형가격과 수량을 구하면

$100 - 2P = 2P$

$100 = 4P$

$\therefore\ P = 25,\ Q = 50$

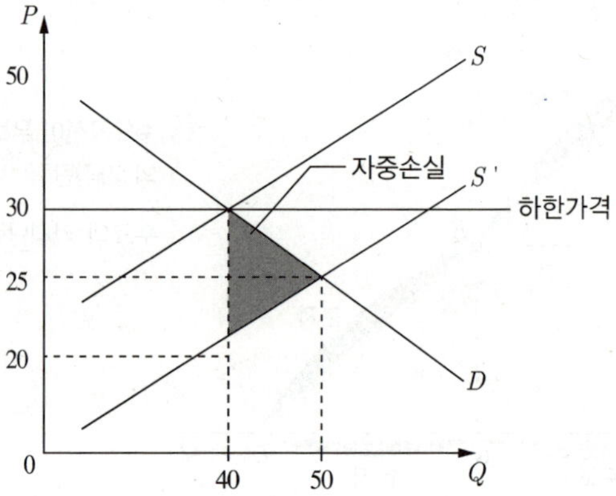

$\therefore$ 자중손실$= \dfrac{10 \times 10}{2} = 50$

07

정답 ③

해설
- 최대 지불용의 보험료 = 공정보험료 + 위험프리미엄
- 기대소득 $= (0.8 \times 1{,}600) + (0.2 \times 400) = 1{,}360$
- 기대효용 $= (0.8 \times \sqrt{1{,}600}) + (0.2 \times \sqrt{400}) = 36$
- 확실성등가 $= 36^2 = 1{,}296$
- 위험프리미엄 = 기대소득 − 확실성등가 $= 1{,}360 - 1{,}296 = 64$
- 공정보험료 = 무사고시 소득 − 기대소득 $= 1{,}600 - 1{,}360 = 240$

$\therefore$ 최대 지불용의 보험료 = 공정보험료 + 위험프리미엄 $= 240 + 64 = 304$

08

정답 ③

해설 위험회피적(risk averse)인 효용함수는 원점에 대해 오목한 형태이다. 원점에 대해 오목한 형태의 효용함수는 효용함수를 두 번 미분했을 때 그 값이 0보다 작은 경우이다.

① $U(X)=\sqrt{e^X} \rightarrow U'(X)=\frac{1}{2}\sqrt{e^X} \rightarrow U''(X)=\frac{1}{4}\sqrt{e^X}>0$

② $U(X)=3X \rightarrow U'(X)=3 \rightarrow U''(X)=0$

③ $U(X)=\ln X^3 \rightarrow U'(X)=\frac{3}{X} \rightarrow U''(X)=-\frac{3}{X^2}<0$

④ $U(X)=X-\sqrt{X} \rightarrow U'(X)=1-\frac{1}{2}X^{-\frac{1}{2}} \rightarrow U''(X)=\frac{1}{4}X^{-\frac{3}{2}}>0$

09

정답 ②

해설

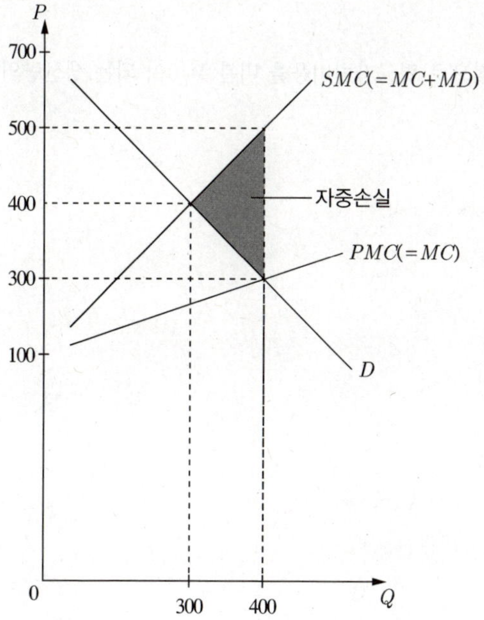

한계비용곡선과 시장수요곡선을 연립하면

$0.5Q+100=700-Q$

$1.5Q=600$

$\therefore\ Q=400,\ P=300$

사회적 비용과 시장수요곡선을 연립하면

$0.5Q+(0.5Q+100)=700-Q$

$2Q=600$

$\therefore\ Q=300,\ P=400$

$\therefore$ 자중손실$=100\times200\times\frac{1}{2}=10{,}000$

10

정답 ②

해설 ① $x>30$일 때, 기업 A와 기업 B 모두 가격인하시 보수가 더 크기에 (가격인하, 가격인하)가 유일한 내쉬균형이다.

②·③ $20<x<30$일 때, 기업 B는 가격인하시 보수가 가격인상시 보수보다 크기에 가격인하라는 우월전략이 존재한다. 하지만 기업 A는 우월전략이 존재하지 않는다. 기업 B가 우월전략인 가격인하를 선택할 경우 기업 A는 가격인상을 선택하게 되므로 내쉬균형은 (가격인상, 가격인하)가 된다.

④ $x<20$일 때, 기업 A와 기업 B 모두 우월전략이 존재하지 않고 내쉬균형 또한 존재하지 않는다. 왜냐하면 모든 조합에서 한 기업이 전략을 변경할 유인이 존재하기 때문이다.

11

정답 ③

해설
- $TC=2Q^3-4Q^2+8Q+100$
- $TVC=2Q^3-4Q^2+8Q$
- $AVC=2Q^2-4Q+8$

단기조업중단가격은 평균가변비용의 최저점으로 평균가변비용을 미분 후 0이 되는 생산량의 평균가변비용의 가격이다.

$$\frac{dAVC}{dQ}=4Q-4=0$$
$$\therefore\ Q=1$$

$Q=1$일 때 평균가변비용을 구해보면

$AVC=(2\times 1^2)-(4\times 1)+8=6$

∴ 단기조업중단가격은 6이 된다.

12

정답 ①

해설 **변경 전**
- $Q(L,K)=LK$
- $MP_K=\frac{dQ}{dK}=L,\ MP_L=\frac{dQ}{dL}=K$
- $MRTS_{LK}=\frac{MP_L}{MP_K}=\frac{K}{L}$
- $MRTS_{LK}=\frac{w}{r}$ (∵ 등량곡선의 기울기 = 등비용곡선의 기울기)

$$\therefore\ \frac{K}{L}=\frac{w}{r}=\frac{5}{20}$$

$\therefore\ L=4K$

위에서 구한 관계식 $L=4K$를 생산함수에 대입하면
$Q(L,K)=LK=4K^2$

256개를 생산할 경우
$Q(L,K)=4K^2=256$
$\therefore\ K=8,\ L=32$

노동(L)이 5이고 자본(K)이 20이므로
$TC=wL+rK=(5\times 32)+(20\times 8)=320$

변경 후

- $Q(L,K)=L^2K^2$
- $MP_K=\dfrac{dQ}{dK}=2L^2K,\ MP_L=\dfrac{dQ}{dL}=2LK^2$
- $MRTS_{LK}=\dfrac{MP_L}{MP_K}=\dfrac{2LK^2}{2L^2K}=\dfrac{K}{L}$
- $MRTS_{LK}=\dfrac{w}{r}$ ($\because$ 등량곡선의 기울기 = 등비용곡선의 기울기)

$\therefore\ \dfrac{K}{L}=\dfrac{w}{r}=\dfrac{5}{20}$
$\therefore\ L=4K$

위에서 구한 관계식 $L=4K$를 생산함수에 대입하면
$Q(L,K)=L^2K^2=16K^4$

256개를 생산할 경우
$Q(L,K)=16K^4=256$
$\therefore\ K=2,\ L=8$

단위당 비용이 노동(L)이 5이고 자본(K)이 20이므로
$TC=wL+rK=(5\times 8)+(20\times 2)=80$
※ 총비용 계산시 투자비용은 제외하였다. 투자비용을 고려한다고 하더라도 총비용은 280으로 변경 전보다 적다.

13

정답 ①

해설 $MRS_{XY}^{A} + MRS_{XY}^{B} = 12 + 13 > MRT_{XY} = 20$

∴ 소비자는 소비에 있어 X재 더 선호하기에 X재를 늘리고 Y재를 줄여야 한다.

14

정답 ④

해설 $Q = Q_A + Q_B = (12 - 2P) + (9 - P) = 21 - 3P$

가격이 4일 때 생산량을 구하면

$Q = 21 - (3 \times 4) = 9$

가격이 2일 때 생산량을 구하면

$Q = 21 - (3 \times 2) = 15$

$$∴ \text{시장수요의 가격탄력성} = -\frac{\Delta Q}{\Delta P} \times \frac{\frac{P_1 + P_2}{2}}{\frac{Q_1 + Q_2}{2}} = \frac{6}{2} \times \frac{\frac{2+4}{2}}{\frac{15+9}{2}} = 3 \times \frac{3}{12} = \frac{3}{4}$$

즉, 시장수요의 가격탄력성은 비탄력적이다.

15

정답 ①

해설
- $P = 100 - (Q_A + Q_B)$
- $TC_B = MC \times Q_B = 20Q_B$
- $\pi_B = (P \times Q_B) - TC_B = \{[100 - (Q_A + Q_B)] \times Q_B\} - 20Q_B = -Q_B^2 + 80Q_B - Q_A \cdot Q_B$

π_B의 극대를 알기 위해 Q_B에 대해 미분하면

$\frac{d\pi_b}{dQ_B} = -2Q_B + 80 - Q_A = 0$

$∴ \ Q_B = 40 - 0.5Q_A$

위에서 구한 $Q_B = 40 - 0.5Q_A$를 가격함수에 대입하면

$P = 100 - (Q_A + Q_B) = 100 - [Q_A + (40 - 0.5Q_A)] = 60 - 0.5Q_A$

$MR = 60 - Q_A = 20$ ($\because MR = MC$)

$∴ \ Q_A = 40, \ Q_B = 20$

$∴ \ P = 100 - (Q_A + Q_B) = 100 - (40 + 20) = 40$

16

정답 ③

해설 독점기업 A의 한계비용은 2이므로 가변비용은 $2Q$가 된다. 따라서 독점기업 A의 총비용은 가변비용과 총고정비용을 합한 $TC = 2Q + 50$이 된다.

$TR = P \times Q = (8 - 0.04Q) \times Q = -0.04Q^2 + 8Q$

$MR = \frac{dTR}{dQ} = -0.08Q + 8$

독점기업의 이윤극대화 생산량은 $MR = MC$일 때 이므로

$MR = MC$

$-0.08Q + 8 = 2$

$\therefore \ Q = 75$

이윤극대화 생산량을 총비용과 총이익에 대입해 독점기업 A의 이윤을 구하면

$\pi = TR - TC = [(-0.04 \times 75^2) + (8 \times 75)] - [(2 \times 75) + 50] = 175$

17

정답 ④

해설 본인부담금 $= 16{,}000 \times 0.4 = 6{,}400$으로 그 중 절반 3,200은 민영건강보험에서 부담하고 절반 3,200은 국민이 부담한다.

지출부분을 구해보면 문제 조건에서 정부는 의료비 부담을 완화하기 위한 공적건강보험에 의료비 보장에 필요한 재원은 보험료로 충당한다고 했으므로 정부가 부과하는 보험료 부분인 9,600만큼 보험료를 지출한다고 볼 수 있다.

수입부분을 구해보면 문제조건에서 명확한 수입부분에 대한 내용을 명시하고 있지 않아 정확한 계산을 구하기는 어렵지만 앞서 계산한 본인부담금 6,400 또는 국민이 부담하는 3,200 어떤 값을 적용해도 적자 2,000은 구할 수 없는 상황으로 ④번 보기 지문이 옳지 않은 지문임을 알 수 있다.

① 수요곡선 $Q = 200 - P$과 공급곡선 $P = 100$을 연립하면 $Q = 100$, $P = 100$이다.

$\therefore$ 총의료비 $= P \times Q = 100 \times 100 = 10{,}000$

② 국민이 부담하하는 의료비의 60%를 보장해 주기 때문에 이를 반영한 수요곡선을 구해보면 $Q = 200 - (1 - 0.6)P = 200 - 0.4P$이 된다.

변경된 수요곡선을 P에 대해 정리하면 $P = 500 - 2.5Q$

변경된 수요곡선과 공급곡선을 연립하면 $Q = 160$, $P = 100$이다.

수요가 100에서 160으로 증가하여 총의료비는 10,000에서 16,000으로 6,000이 증가하게 된다.

③ 정부가 부과하는 보험료 $= 1{,}6000 \times 0.6 = 9{,}600$

18

정답 ③

해설 **소득 재분배 이전**

$U_A = \sqrt{I_A} = \sqrt{100} = 10$

$U_B = \sqrt{I_B} + 0.5\,U_A = \sqrt{625} + (0.5 \times 10) = 30$

소득 재분배 이후

$U_A = \sqrt{I_A} = \sqrt{(100+96)} = 14$

$U_B = \sqrt{I_B} + 0.5\,U_A = \sqrt{(625-96)} + (0.5 \times 14) = 30$

공리주의 기준 : $U = U_A + U_B$

- 소득 재분배 이전= $U_A + U_B = 10 + 30 = 40$
- 소득 재분배 이후= $U_A + U_B = 14 + 30 = 44$

롤스(Rawls)주의 기준 : $\mathrm{Min}(U_A, U_B)$

- 소득 재분배 이전 = $\mathrm{Min}(U_A, U_B) = \mathrm{Min}(10, 30) = 10$
- 소득 재분배 이후 = $\mathrm{Min}(U_A, U_B) = \mathrm{Min}(14, 30) = 14$

위에 계산한 결과를 보면 공리주의 기준과 롤스(Rawls)주의 기준 모두 소득 재분배 이후 효용이 소득 재분배 이전보다 더 증가하게 되었으므로 둘 다 소득 재분배가 바람직함을 알 수 있다.

19

정답 ②

해설 적정 오염 감소량은 $MB = MC$일 때 성립한다.

$40 - Q = 10 + Q$

$\therefore\ Q = 15$

$Q = 15$일 때 한계비용을 구해보면 $MC = 10 + 15 = 25$가 된다.

따라서 오염을 배출하는 기업이 오염을 감소시키고자 할 때 한계비용 25가 되는 감소하는 오염의 수량을 구해보면

$MC = 10 + \frac{5}{4}Q = 25$

$\therefore\ Q = 12$

20

정답 ④

해설 • $TC(Q)=50Q-8Q^2+Q^3$

• $AC(Q)=\frac{TC(Q)}{Q}=50-8Q+Q^2$

• $MC(Q)=\frac{dTC(Q)}{dQ}=50-16Q+3Q^2$

• $MC'(Q)=\frac{dMC(Q)}{dQ}=-16+6Q$

①·② $Q=3$일 때 $AC=35$, $MC=29$, $MC'=2$
AC가 MC보다 더 크기에 규모의 경제임을 알 수 있으며, $MC'=2$ 양수로 한계비용은 증가추세에 있음을 알 수 있다.

③·④ $Q=5$일 때 $AC=35$, $MC=45$, $MC'=14$
AC가 MC보다 더 작기에 규모의 불경제임을 알 수 있으며, $MC'=14$ 양수로 한계비용은 증가추세에 있음을 알 수 있다.

21

정답 ①, ③

해설 ① 정부의 이전지출이 없을 경우 국민소득의 처분측면에서 국민소득은 소비, 민간저축, 조세로 구성된다.
② 총투자는 국내저축에서 순수출을 차감한 값과 일치한다.
③ 경상수지는 국내저축(= 민간저축 + 정부저축)에서 투자를 차감한 값으로 경상수지가 흑자일 경우 국내저축이 투자보다 크게 된다.
④ 경상수지는 국내저축(= 민간저축 + 정부저축)에서 투자를 차감한 값으로 재정수지(= 조세 − 정부지출)가 흑자로 정부저축이 양이 되더라도 민간저축과 투자의 크기에 따라 경상수지는 흑자일수도 적자일수도 있다.

22

정답 ②

해설

2024년 실질임금 $= \frac{\text{명목임금}}{\text{소비자물가지수}} = \frac{600}{150} = 4$

2023년 명목임금을 x라 하면

2023년 실질임금 $= \frac{4}{0.98} = \frac{x}{100}$

$\therefore\ x \fallingdotseq 408.16$

23

정답 ③

해설 화폐시장이 아닌 실물시장에서의 수요와 공급에 의해 결정된다.

① 고전학파는 장기적으로 명목변수인 통화량이 실질변수인 실질GDP에 영향을 주지 않는다는 화폐의 중립성에다 화폐유통속도가 일정하다는 가정하에 통화량과 물가가 비례 관계에 있다는 화폐수량설을 주장했다.

② 세이의 법칙은 공급이 스스로 자신의 수요를 창출한다는 말로 생산된 만큼 소비가 이뤄진다는 것이다. 따라서 균형국민소득은 잠재GDP와 일치하게 된다.

④ 고전학파는 모든 가격변수는 완전 신축적임을 가정한다. 따라서 시장의 불균형은 일시적이며, 항상 완전고용에 도달한다고 여긴다.

24

정답 ④

해설 $Y = C + I + G$

$5{,}000 = [500 + 0.6(5{,}000 - 600)] + (2{,}160 - 100r) + 1{,}000$

$5{,}000 = 6{,}300 - 100r$

$\therefore\ r = 13\%$

25

정답 **모두 정답**

해설
- $Y = C + I + G = [500 + 0.6(Y - T)] + 200 + 100,\ \therefore\ Y = 1{,}700$
- 잠재적 국민소득수준 $Y^* = 2{,}500$을 달성하기 위해 국민소득을 800 증가시켜야 한다.
- 정부지출승수$= \dfrac{1}{1-c} = \dfrac{1}{1-0.6} = 2.5$
- 국민소득 800 증가시키키 위해 정부지출 $320\left(=\dfrac{800}{2.5}\right)$을 증가시켜야 한다.

26

정답 ①

해설 재정정책은 LM곡선이 수평일수록, IS곡선이 수직일수록 더 큰 영향을 미친다.

② 한계소비성향이 클수록 더 큰 영향을 미친다.

③ 금리변화에 대한 화폐수요의 민감도(화폐수요의 이자율탄력성)이 클수록 LM곡선은 수평에 가까워진다.

④ 소득변화에 대한 화폐수요의 민감도(화폐수요의 소득탄력성)가 작을수록 LM곡선은 수평에 가까워진다.

27

정답 ②

해설 IS곡선의 기울기는 투자의 이자율 탄력성이 클수록, **한계소비성향이 클수록**, **유발투자계수가 클수록**, 세율이 작을수록, 한계수입성향이 작을수록 평탄(완만)해진다.

28

정답 ①

해설 ㄱ. (○) 단기총공급충격 발생시 단기총공급곡선이 좌측으로 이동하게 되어 물가상승과 경기위축이 동시에 발생한다. 이 경우 거시경제정책을 시행한다 하더라도 물가안정과 경기안정을 모두 추구할 수 없다.

ㄴ. (×) 기술진보와 같은 장기총공급충격 발생시 단기 및 장기총공급곡선이 모두 우측으로 이동한다. 총공급곡선이 우측이동하는 경우에는 정부의 적절한 통화정책과 재정정책으로 경기안정과 물가안정을 동시에 추구할 수 있다.

ㄷ. (×) 수요충격 발생으로 인한 총수요곡선의 이동은 정부가 시행하는 통화정책과 재정정책으로 원래 위치로 이동시킬 수 있다. 따라서 거시경제정책으로 경기안정과 물가안정을 동시에 추구할 수 있다.

29

정답 ④

해설 $Y=C+I+G=[100+0.5(Y-0)]+(70-10r)+0$

$0.5Y=170-10r=170-10(4+0.5\pi)$

$Y=260-10\pi$

위에서 구한 $Y=260-10\pi$와 문제 조건의 $Y=10+40\pi$를 연립하면 $\pi=5$, $Y=210$이 된다.

30

정답 ③

해설 부정적인(negative) 수요충격과 부정적인 단기총공급충격이 동시에 발생하였기에 단기총수요와 단기총공급 모두 감소하게 되고 이로써 총생산은 감소한다. 문제 조건에서 이력현상(hysteresis)은 발생하지 않는다고 하였기에 감소한 단기총공급은 다시 증가하게 된다.
단기총수요의 변화없이 단기총공급만 증가하였기에 인플레이션율은 하락하고 생산량은 초기 균형 수준으로 돌아가게 됨을 알 수 있다.

31

정답 ③, ④

해설 ① 본원통화(reserve base)란 중앙은행의 창구를 통하여 시중에 나온 지폐나 주화로 중앙은행의 1차적 인 화폐공급으로서 중앙은행이 발행한 것이므로 중앙은행의 통화성 부채이다. 본원통화는 현금통화와 지급준비금으로 구성되므로 지급준비금은 중앙은행의 부채이다.

② 본원통화는 화폐발행액과 중앙은행의 지급준비예치금으로 구성되므로 화폐발행액은 중앙은행의 부채이다.

③ 본원통화는 화폐발행액과 중앙은행의 지급준비예치금으로 구성된다.

④ 시중은행이 보유하고 있는 시재금은 중앙은행의 부채이다.

32

정답 ④

해설
- 1년 만기 국채수익률 = 4%
- 2년 만기 국채수익률 = 5%

  1년 뒤 1년 만기 국채 기대수익률을 x라 하면 $\frac{4\%+x}{2}=5\%$, $\therefore\ x=6\%$
- 3년 만기 국채수익률 = 6%

  2년 뒤 1년 만기 국채 기대수익률을 y라 하면 $\frac{4\%+6\%+y}{3}=6\%$, $\therefore\ y=8\%$

33

정답 ②

해설 ㄱ. (○) 불황기를 대비하기 위해 호황기에 경기대응 완충자본금(countercyclical capital buffer)을 늘린다.

ㄴ. (×) 담보할인율(haircuts)이 높으면 은행에서 돈을 빌릴 수 있는 액수가 낮아지기 때문에 불황기에는 담보할인율(haircuts)을 낮춰야 한다.

ㄷ. (○) 시중은행의 비예금성 부채에 대해 은행세(bank levy)를 부과하게 되면 은행의 과도한 차입을 방지할 수 있기에 호황기에 시중은행의 비예금성 부채에 대해 은행세(bank levy)를 부과해야 한다.

ㄹ. (×) 호황기에 과도한 대출을 막기 위해 소득 대비 부채상환 비율(debt service to income ratio)을 낮춰야 한다.

34

정답 ①

해설 예상되지 못한 정부의 갑작스러운 정책은 단기적으로는 효과를 나타낼 수 있으나 장기적으로 효과가 없다.

② 전통적으로 케인즈학파는 소비성향, 투자성향, 한계수입성향 등이 일정하다고 가정하고 정책분석을 하고 있지만 정부 정책이 변화하면 경제주체들의 기대가 변하여 소비성향, 투자성향 등이 변하게 된다. 따라서 정부 정책 변화에 따른 경제주체의 행동 변화를 고려하지 않는 거시경제모형으로는 정책효과를 분석할 수 없다는 것이 루카스 비판의 내용이다.

③ 새고전학파의 기본가정은 시장청산, 가격신축성, 합리적 기대이다.

④ 대표적 새고전학파 이론인 실물경기변동이론은 화폐의 중립성을 가정한다. 하지만 통화량이 증가하면 생산성이 증가하게 되는데 이를 새고전학파는 통화공급이 실물부분의 변화에 내성적으로 반응하기 때문이라 설명한다.

TIP 화폐의 중립성

통화증가율이 상승하면 실질변수는 전혀 변하지 않고 인플레이션율만 동일하게 높아지는 현상

35

정답 ④

해설 ① $MP_k = n + g + \delta$의 기본식에서 인구성장률(n)과 기술진보율(g)이 0%라고 하였으므로 사실상 $MP_k = \delta$와 같다. 즉 자본의 한계생산성(MP_K)은 자본 감가상각률 δ와 일치한다.

② 생산에서 저축을 뺀 값이 곧 소비이다. 1인당 생산함수가 주어져 있으므로 1인당 생산에서 1인당 저축을 빼면 1인당 소비가 나온다. 이때 1인당 소비는 황금률 수준에서 극대화되므로 옳다.

③·④ 황금률 수준보다 작을 때 저축률을 올리면 1인당 자본량이 증가한다. 이는 현재 자본량이 황금률 수준(황금률 자본량)보다 적다는 뜻이므로 소비가 최대가 아니고, 따라서 저축을 더 해도 된다는 뜻이다.

36

정답 ②

해설 L_t / Y_t의 성장률 = 노동의 성장률 − 총생산의 성장률 $= n - (n+g) = -g$

37

정답 ④

해설 경제제도의 변화는 총요소생산성에 변화를 가져온다.

①·② 생산성은 외생적으로 주어진 모형이므로 자본과 노동의 부존 상태와는 관련이 없다. 따라서 자본과 노동이 2배 증가해도 총요소생산성에는 변화가 없다.

③ 기술진보는 총요소생산성을 높이는 요인이 된다.

38

정답 ④

해설 실물경기변동이론은 경기변동의 주요 원인으로 총공급 측면을 강조한다.

① 소비, 투자, 고용 등은 경기와 같은 방향으로 움직여 경기순응적이다.

② 경기가 좋거나 경제 상황이 안정적일 때 신용스프레드는 축소되는 경향을 보이며, 경기가 나빠지거나 경제 상황이 불안정해질 때 신용스프레드는 확대되는 경향을 보인다. 따라서 신용스프레드는 경기역행적이다.

③ 소비변동성 퍼즐은 일반적으로 경제 성장(*GDP*)이 변동할 때 소비지출도 함께 변동해야 하는데, 실제로는 소비지출의 변동폭이 *GDP* 변동폭보다 더 크게 나타나는 현상을 말한다.

39

정답 ③

해설 국내 항공사가 외국인에게 항공권을 판매하는 것은 경상수지 중 서비스수지 흑자요인이다.

① 직접투자에 관한 내용이다.

② 경상수지 적자요인이다.

④ 본원소득수지 적자요인이다.

40

정답 ③

해설 ① 미국이 고정환율제도인지 변동환율제도인지에 따라 순수출과 총소득의 변화는 달라진다.

② 상대국이 보복조치를 취할지 여부는 알 수 없다.

③·④ 미국이 관세를 부과하면 수입 감소로 인해 순수출이 증가하게 된다. 순수출의 증가하게 되면 *IS*곡선이 오른쪽으로 이동하므로 이자율이 상승한다. 이자율 상승으로 자본유입이 이루어져 외환의 공급이 증가하게 된다.

변동환율제의 경우에는 자본유입으로 외환의 공급이 증가하게 되면 환율이 하락하게 되는 이는 순수출 감소로 이루어 진다. 순수출 감소로 IS곡선이 왼쪽으로 이동하게 되므로 결국 순수출 및 총소득에 영향을 주지 않는다. 반면 고정환율제의 경우에는 외환의 공급이 증가하게 되면 환율 하락의 압력이 발생하게 되는데 이때 중앙은행은 환율을 일정하게 유지하기 위해 외환 매입을 통한 통화량을 증가시켜 환율을 일정하게 유지 시킨다. 통화량 증가로 *LM*곡선이 오른쪽으로 이동하게 되어 국민소득이 증가하게 된다.

2025년 제48회
보험수학

정답 및 해설

정답 CHECK

01	02	03	04	05	06	07	08	09	10	11	12	13	14	15	16	17	18	19	20
③	①	②	①	③	①	①	①	②	④	②	②	④	②	③	④	①	②	④	④
21	22	23	24	25	26	27	28	29	30	31	32	33	34	35	36	37	38	39	40
③	②	③	④	모두 정답	①	②	①	④	①	②	④	④	②	③	④	②	④	③	③

문제편 419p

01

정답 ③

해설 $\log_{35}(n^2-12n+35)<1$이므로 $0<n^2-12n+35<35$이다.

Ⅰ. $0<n^2-12n+35$를 만족하는 n 구하기

$0<n^2-12n+35$

$0<(n-7)(n-5)$

$\therefore\ n<5$ and $n>7$

Ⅱ. $n^2-12n+35<35$를 만족하는 n 구하기

$n^2-12n+35<35$

$n(n-12)<0$

$\therefore\ 0<n<12$

위에서 구한 공통의 $n=1,\ 2,\ 3,\ 4,\ 8,\ 9,\ 10,\ 11$

$\therefore$ 모든 자연수 n의 합$=1+2+3+4+8+9+10+11=48$

02

정답 ①

해설 $f(x)=f^{-1}(x)$을 만족하는 함수는 $f(x)=\dfrac{1}{x}$일 경우이다.

$f(x)=\dfrac{1}{x}$일 경우 $f^{-1}(x)=\dfrac{1}{x}$, $\therefore\ f(x)=f^{-1}(x)$

03

정답 ②

해설

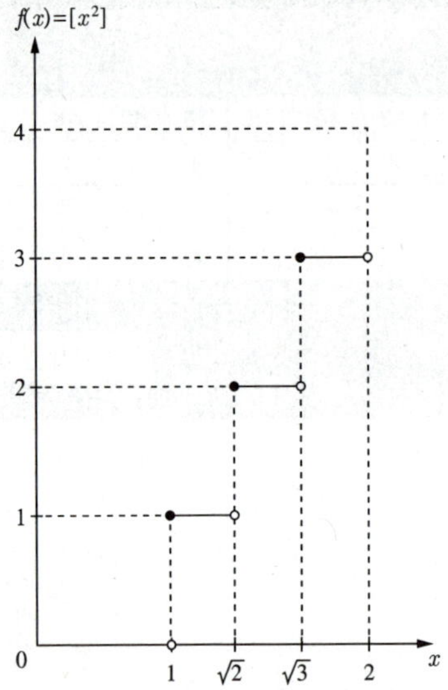

$$\int_0^2 [x^2]\,dx = \int_0^1 0\,dx + \int_1^{\sqrt{2}} 1\,dx + \int_{\sqrt{2}}^{\sqrt{3}} 2\,dx + \int_{\sqrt{3}}^{2} 3\,dx$$
$$= (\sqrt{2}-1) + 2(\sqrt{3}-\sqrt{2}) + 3(2-\sqrt{3})$$
$$= 5-\sqrt{2}-\sqrt{3}$$

04

정답 ①

해설 $x=\sqrt{2\sqrt{2\sqrt{2\cdots}}}$, $x>0$라 하면

$x=\sqrt{2x}$

$x^2=2x$

$\therefore\ x=2$

05

정답 ③

해설 $y^2=2x$

$2y\dfrac{dy}{dx}=2$

$\therefore\ \dfrac{dy}{dx}=\dfrac{1}{y}$

$y^2=2x$의 최단거리가 성립하는 점을 (a,b)라 할 경우

점 (a,b)와 $\{(x,y)\}$의 한 점 $(1,4)$의 기울기(m)를 구해보면

기울기$(m)=\dfrac{b-4}{a-1}$

$y^2=2x$의 점 (a, b)에서의 접선의 기울기(m')를 구해보면

기울기$(m')=\dfrac{1}{b}$

최단거리에서는 위에서 구한 두기울기가 수직이 되므로 두 기울기의 곱은 -1이 된다.

$$m\times m'=\frac{b-4}{a-1}\times\frac{1}{b}=-1$$

$-ab+b=b-4$

$\therefore\ ab=4,\ 2a=b^2$

$\therefore\ a=2,\ b=2$

$\therefore$ 최단거리$=\sqrt{(2-1)^2+(2-4)^2}=\sqrt{5}$

06

정답 ①

해설 $f(x)=e^{2x+1}$, $\therefore\ f(-1)=e^{-1}$

$f'(x)=2e^{2x+1}$, $\therefore\ f'(-1)=2e^{-1}$

$f''(x)=4e^{2x+1}$, $\therefore\ f''(-1)=4e^{-1}$

$$\begin{aligned}\therefore\ f(x)&=f(-1)+f'(-1)(x+1)+\frac{f''(-1)}{2!}(x+1)^2+\cdots\\&=e^{-1}+2e^{-1}(x+1)+\frac{4e^{-1}}{2!}(x+1)^2+\cdots\\&=\sum_{n=0}^{\infty}\frac{2^n(x+1)^n}{en!}\end{aligned}$$

07

정답 ①

해설 최댓값과 최소값을 구하기 위해 미분 후 0이 되는 값을 구해보면

$f'(x) = 6x^2 - 6x = 0$

$\therefore\ x = 0,\ 1$

- $f(-2) = [2\times(-2)^3] - [3\times(-2)^2] - 5 = -33$
- $f(0) = -5$
- $f(1) = 2 - 3 - 5 = -6$
- $f(2) = (2\times 2^3) - (3\times 2^2) - 5 = -1$

따라서 최댓값 $f(2) = -1$, 최소값 $f(-2) = -33$

$\therefore\ f(2) + f(-2) = (-1) + (-33) = -34$

08

정답 ①

해설 $\int_a^b h(3x)dx = \left[\frac{1}{3}f(3x)\right]_a^b = \frac{1}{3}[f(3b) - f(3a)]$

09

정답 ②

해설 $\frac{d}{dx}f(x) = x\sqrt{x} = x^{\frac{3}{2}}$

$\therefore\ f(x) = \frac{2}{5}x^{\frac{5}{2}} + c$

$f(1) = \frac{2}{5} + c = 2,\ \therefore\ c = 1.6$

$\therefore\ f(x) = \frac{2}{5}x^{\frac{5}{2}} + 1.6$

$\therefore\ f(2) = \frac{2}{5}(2)^{\frac{5}{2}} + 1.6 = 3.8624$

10

정답 ④

해설 $_6C_5 \cdot (3x)^5\left(\frac{a}{x}\right) = (6\times 3^5 \times a)x^4 = 54x^4$

$\therefore\ a = \frac{1}{27}$

11

정답 ②

해설 각 학생이 적어도 한 개의 모자를 받도록 나누어 주어야 하므로 한명당 하나씩 받은 상황에서 남은 3개를 세 명의 학생에게 나누어 주는 경우의 수를 구하면 된다.

Ⅰ. 한명당 하나씩 받는 경우 : 1가지
Ⅱ. 한명이 2개 다른 한명이 1개를 받는 경우 : 6가지
Ⅲ. 한명이 3개 모두 받는 경우 : 3가지
∴ 총 경우의 수는 10가지

12

정답 ②

해설 $\frac{d}{dx}F(x) = f(x) = \frac{1}{9}(4x - x^2)$

$\frac{d}{dx}f(x) = \frac{1}{9}(4-2x) = 0$

$\therefore\ x = 2$

13

정답 ④

해설 한 해에 국내로 상륙하는 태풍의 개수 평균이 2인 포아송 분포를 X라 하면
두 해 동안 국내로 상륙하는 태풍은 평균이 4인 포아송 분포는 $Y = X + X$가 된다.

$P(Y \geq 2) = 1 - P(Y=0) - P(Y=1) = 1 - e^{-4} - 4e^{-4} = 1 - 5e^{-4} = 0.9083$

14

정답 ②

해설 • 인공위성 발사가 성공할 확률$(p)=0.25$

• 인공위성 발사가 실패할 확률$(q)=1-0.25=0.75$

$$Var(X)=\frac{q}{p^2}=\frac{0.75}{0.25^2}=12$$

15

정답 ③

해설

$$E[e^{tx}]=\int_0^\infty e^{tx}\cdot 0.6e^{-x}\,dx+e^0\cdot \Pr(X=0)=\int_0^\infty 0.6e^{(t-1)x}\,dx+0.4$$

$$=\left[\frac{0.6}{t-1}e^{(t-1)x}\right]_0^\infty+0.4=0.4-\frac{0.6}{t-1}=0.4-\frac{3}{5(t-1)}$$

16

정답 ④

해설

$$P(X|X>5)=\frac{f(x)}{P(X>5)}=\frac{\frac{1}{10}}{\frac{1}{2}}=\frac{1}{5}$$

따라서 $Y=X|X>5$라 하면 Y는 $(0,5)$에서 연속균일분포를 이룬다.

$$\therefore\ Var(X|X>5)=\frac{(5-0)^2}{12}=\frac{25}{12}$$

17

정답 ①

해설 $P(X \geq 3.4) = 0.5$이므로 확률변수 X의 평균은 3.4

$$P(X \leq 3.9) + P(Z \leq -1) = P\left(Z \leq \frac{3.9-3.4}{\sigma}\right) + P(Z \leq -1) = 1$$

$$\frac{3.9-3.4}{\sigma} = -(-1) = 1$$

$$\therefore \ \sigma = 0.5$$

따라서 확률변수 $\overline{X}$는 평균이 3.4, 분산이 $\left(\frac{0.5}{\sqrt{25}}\right)^2 = 0.1^2$인 정규분포

$$\therefore \ P(\overline{X} \geq 3.65) = P\left(Z \geq \frac{3.65-3.4}{0.1}\right) = P(Z \geq 2.5) = 0.5 - 0.4938 = 0.0062$$

18

정답 ②

해설

- $P(X < 0.5) = \int_0^{0.5} 2x\,dx = [x^2]_0^{0.5} = 0.25$
- $P[\max(X_1, X_2) \geq 0.5] = 1 - P[\max(X_1, X_2) < 0.5] = 1 - P(X_1 < 0.5) \cdot P(X_2 < 0.5)$
  $= 1 - (0.25)^2 = 0.9375$

19

정답 ④

해설 $$E(XY) = \int_0^1 \int_x^{3x} (xy)(xy)\,dydx = \int_0^1 \left[\frac{1}{3}x^2y^3\right]_x^{3x} dx = \int_0^1 \frac{26}{3}x^5 dx = \frac{26}{3}\left[\frac{1}{6}x^6\right]_0^1 = \frac{13}{9}$$

20

정답 ④

해설 $X_1 = Y$, $X_2 = X$라 하면

$$P(Y > 2X) = \int_2^{\infty} \int_1^{\frac{y}{2}} f(xy)\,dxdy = \int_2^{\infty} \int_1^{\frac{y}{2}} f(x)f(y)\,dxdy \ \ (\because \text{ 독립})$$

$$= \int_2^{\infty} \int_1^{\frac{y}{2}} (3x^{-4})(3y^{-4})\,dxdy = \int_2^{\infty} 3y^{-4}[-x^{-3}]_1^{\frac{y}{2}} dy = \int_2^{\infty} 3y^{-4} - 24y^{-7}\,dy$$

$$= [-y^{-3} + 4y^{-6}]_2^{\infty} = \frac{1}{8} - \frac{4}{64} = \frac{1}{16}$$

21

정답 ③

해설 $F_Y(y) = P(Y \le y) = P(X^2 \le y) = P(-\sqrt{y} \le X \le \sqrt{y})$

$$= \int_0^{\sqrt{y}} xe^{\frac{-x^2}{2}} dx = \left[-e^{-\frac{x^2}{2}}\right]_0^{\sqrt{y}} = 1 - e^{\frac{-y}{2}}$$

$$\therefore\ F_Y(2) = 1 - e^{-1} = 1 - \frac{1}{2.718} \fallingdotseq 0.632$$

22

정답 ②

해설

$$a(t) = e^{\int_0^t \frac{2s}{s^2+4} ds} = e^{[\ln(s^2+4)]_0^t} = \frac{t^2+4}{4}$$

- $a(2) = \dfrac{2^2+4}{4} = 2$
- $a(3) = \dfrac{3^2+4}{4} = \dfrac{13}{4}$

$$\therefore\ d_3 = \frac{a(3) - a(2)}{a(3)} = \frac{\frac{13}{4} - 2}{\frac{13}{4}} = \frac{5}{13}$$

23

정답 ③

해설

$$a(t) = e^{\int_0^t \frac{1}{5+s} ds} = e^{[\ln(5+s)]_0^t} = \frac{5+t}{5}$$

- $a(1) = \dfrac{5+1}{5} = \dfrac{6}{5}$
- $a(2) = \dfrac{5+2}{5} = \dfrac{7}{5}$
- $a(3) = \dfrac{5+3}{5} = \dfrac{8}{5}$

$$\therefore\ 7Ds_{\overline{3|}} = 7Da_{\overline{3|}} \cdot a(3) = 7a(3) \times Da_{\overline{3|}} = 7a(3) \times \left[\left(3 \times \frac{1}{a(1)}\right) + \left(2 \times \frac{1}{a(2)}\right) + \left(1 \times \frac{1}{a(3)}\right)\right]$$

$$= 7 \times \frac{8}{5} \times \left[\left(3 \times \frac{5}{6}\right) + \left(2 \times \frac{5}{7}\right) + \left(1 \times \frac{5}{8}\right)\right] = 51$$

24

정답 ④

해설

$$a_{\overline{n|}}^{(m)}=\frac{1}{m}\left(v^{\frac{1}{m}}+v^{\frac{2}{m}}+\cdots+v^{n-\frac{1}{m}}+v^{n}\right)=\frac{1}{m}\sum_{t=1}^{mn}v^{\frac{t}{m}}$$

① $a_{\overline{n|}}^{(m)}=\frac{1}{m}\left(v^{\frac{1}{m}}+v^{\frac{2}{m}}+\cdots+v^{n-\frac{1}{m}}+v^{n}\right)=s_{\overline{1|}}^{(m)}\left(v+v^{2}+\cdots+v^{n-1}+v^{n}\right)=s_{\overline{1|}}^{(m)}a_{\overline{n|}}$

25

정답 모두 정답

해설 만기가 제시되지 않아 해당 문제 오류로 모두 정답 처리됨

26

정답 ①

해설 2년 후 시점에서 향후 1년 동안의 선도이자율을 ${}_2f_3$이라 하면

$$0.921010\times\frac{1}{1+{}_2f_3}=0.878817$$

$\therefore\ {}_2f_3 \fallingdotseq 0.04801$

27

정답 ②

해설

${}_tp_x=\frac{l_{x+t}}{l_x}$와 같은 것은 ${}_{t+u}q_x-{}_tq_x+{}_{t+u}p_x$이다.

$${}_{t+u}q_x-{}_tq_x+{}_{t+u}p_x=\frac{l_x-l_{x+t+u}}{l_x}-\frac{l_x-l_{x+t}}{l_x}+\frac{l_{x+t+u}}{l_x}=\frac{l_{x+t}}{l_x}$$

① ${}_{t|u}q_x-{}_{t+u}p_x=\frac{l_{x+t}-l_{x+t+u}}{l_x}-\frac{l_{x+t+u}}{l_x}=\frac{l_{x+t}-2l_{x+t+u}}{l_x}\neq\frac{l_{x+t}}{l_x}$

③ ${}_tq_x-{}_{t+u}q_x+{}_tp_{x+u}=\frac{l_x-l_{x+t}}{l_x}-\frac{l_x-l_{x+t+u}}{l_x}+\frac{l_{x+t+u}}{l_{x+u}}\neq\frac{l_{x+t}}{l_x}$

④ ${}_tq_x-{}_{t+u}q_x-{}_tp_{x+u}=\frac{l_x-l_{x+t}}{l_x}-\frac{l_x-l_{x+t+u}}{l_x}-\frac{l_{x+t+u}}{l_{x+u}}\neq\frac{l_{x+t}}{l_x}$

28

정답 ①

해설

$$_3p_{x+5} = \frac{_8p_x}{_5p_x} = \frac{1-{_8q_x}}{1-{_5q_x}} = \frac{1-0.8}{1-0.5} = \frac{2}{5} = 0.40$$

29

정답 ④

해설

$$_{0.2}q_{50.6} = \frac{l_{50.6}-l_{50.8}}{l_{50.6}} = \frac{_{0.6}p_{50}-{_{0.8}p_{50}}}{_{0.6}p_{50}} = \frac{_{0.8}q_{50}-{_{0.6}q_{50}}}{1-{_{0.6}q_{50}}} = \frac{0.8q_{50}-0.6q_{50}}{1-0.6q_{50}} = 0.10$$

$\therefore\ q_{50} \fallingdotseq 0.3846$

30

정답 ①

해설

$$_3q_{[70]+1} = 1-{_3p_{[70]+1}} = 1-\frac{l_{74}}{l_{[70]+1}} = 1-\left(\frac{l_{[70]+2}}{l_{[70]+1}}\times\frac{l_{73}}{l_{[70]+2}}\times\frac{l_{74}}{l_{73}}\right)$$

$$= 1-[(1-q_{[70]+1})\times(1-q_{[70]+2})\times(1-q_{73})]$$

$$= 1-[(1-0.008)\times(1-0.012)\times(1-0.022)]$$

$$= 0.04146612$$

31

정답 ②

해설

$$_{10|}A_x = v^{10}{_{10}p_x}\sum_{k=0}^{\infty}v^{k+1}{_{k|}q_{x+10}} = {_{10}p_x}\sum_{k=0}^{\infty}{_{k|}q_{x+10}} = {_{10}p_x}$$

32

정답 ④

해설 모두 맞는 보기 지문

33

정답 ④

해설

$A_{35} = A^{1}_{35:\overline{15|}} + A_{35:\overline{15|}}^{\ \ \ \ 1} \cdot A_{50}$

$0.32 = 0.25 + (0.39-0.25)\cdot A_{50}$

$\therefore\ A_{50} = 0.5$

34

정답 ②

해설 $i=0.05$일 때

$$\ddot{a}_{60:\overline{3|}}=\frac{1-A_{60:\overline{3|}}}{d}=\frac{1-0.86545}{\frac{0.05}{1+0.05}}=2.82555$$

$$\ddot{a}_{60:\overline{3|}}=1+vp_{60}+v^2{}_2p_{60}=1+vp_{60}+v^2p_{60}p_{61}$$

$$=1+\left[\left(\frac{1}{1.05}\right)\times(1-0.01)\right]+\left[\left(\frac{1}{1.05}\right)^2\times(1-0.01)\times p_{61}\right]=2.82555$$

$\therefore\ p_{61}\fallingdotseq 0.983$

$i=0.045$일 때

$$\ddot{a}_{60:\overline{3|}}=1+vp_{60}+v^2{}_2p_{60}$$

$$=1+\left[\left(\frac{1}{1.045}\right)\times(1-0.01)\right]+\left[\left(\frac{1}{1.045}\right)^2\times(1-0.01)\times 0.983\right]$$

$\fallingdotseq 2.839$

$$\therefore\ A_{60:\overline{3|}}=1-d\ddot{a}_{60:\overline{3|}}=1-\left[\left(\frac{0.045}{1+0.45}\right)\times 2.839\right]\fallingdotseq 0.8777464$$

35

정답 ③

해설 모든 $i\geq 0$에 대한 대소관계는 다음과 같다.

$a_x\leq a_x^{(m)}\leq \bar{a}_x\leq \ddot{a}_x^{(m)}\leq \ddot{a}_x$

36

정답 ④

해설 피보험자 (30)이 최초 10년 동안은 10을, 이후 10년 동안은 20을, 마지막 10년 동안은 30의 연금을 기시급으로 받는 것과 동일한 형태인 30년간 20을 받고 최초 10년은 10을 반환하고 마지막 10년은 10을 추가로 받는 모형인 4번 보기 지문이 정답이다.

37

정답 ②

해설
- $A_x=A^1_{x:\overline{n|}}+A_{x:\overset{1}{\overline{n|}}}A_{x+n}=A^1_{x:\overline{n|}}+(0.35\times 0.4)=0.3,\ \therefore\ A^1_{x:\overline{n|}}=0.16$
- $A_{x:\overline{n|}}=A^1_{x:\overline{n|}}+A_{x:\overset{1}{\overline{n|}}}=0.16+0.35=0.51$

$$a_{x:\overline{n|}}=\ddot{a}_{x:\overline{n|}}-1+A_{x:\overset{1}{\overline{n|}}}=\frac{1-A_{x:\overline{n|}}}{d}-1+0.35=\frac{1-0.51}{\frac{0.05}{1+0.05}}-1+0.35=9.64$$

38

정답 ④

해설

$$\ddot{a}_{x:\overline{3|}}=\frac{1,000A^{\,1}_{x:\overline{3|}}}{1,000P^{1}_{x:\overline{3|}}}=\frac{152.85}{56.05}≒2.727$$

$$\ddot{a}_{x:\overline{3|}}=1+vp_x+v^2p_xp_{x+1}=1+\left(\frac{1}{1.06}\times0.975\right)+\left[\left(\frac{1}{1.06}\right)^2\times0.975\times p_{x+1}\right]=2.727$$

$\therefore\ p_{x+1}≒0.93$

$$A_{x:\overline{3|}}=1-d\ddot{a}_{x:\overline{3|}}=1-\left(\frac{0.06}{1+0.06}\times2.727\right)≒0.8456$$

$$A_{x:\overline{3|}}=A^{\,1}_{x:\overline{3|}}+A_{x:\overset{\,1}{\overline{3|}}}=0.15285+A_{x:\overset{\,1}{\overline{3|}}}=0.8456$$

$\therefore\ A_{x:\overset{\,1}{\overline{3|}}}=0.69275$

$$A_{x:\overset{\,1}{\overline{3|}}}=v^3{}_3p_x=v^3p_xp_{x+1}p_{x+2}=\left[\left(\frac{1}{1.06}\right)^3\times0.975\times0.93\times p_{x+2}\right]=0.69275$$

$\therefore\ p_{x+2}≒0.9099$

39

정답 ③

해설 연납평준순보험료를 P라 하면

- 지출현가$=1,000A^{\,1}_{75:\overline{15|}}+15P\cdot A_{75:\overset{\,1}{\overline{15|}}}$
  $=[1,000\times(0.70-0.11)]+(15P\times0.11)=590+1.65P$
- 수입현가$=P\cdot\ddot{a}_{75:\overline{15|}}=P\times\dfrac{1-A_{75:\overline{15|}}}{d}=P\times\dfrac{1-0.70}{0.04}=7.5P$

수지상등원칙에 의해 연납평준순보험료를 구하면

$590+1.65P=7.5P$

$\therefore\ P≒100.855$

40

정답 ③

해설

- ${}_tV_x=1-\dfrac{\ddot{a}_{x+t}}{\ddot{a}_x}=1-\dfrac{1.1}{\ddot{a}_x}=0.5,\ \therefore\ \ddot{a}_x=2.2$
- $P_x=\dfrac{A_x}{\ddot{a}_x}=\dfrac{1-d\ddot{a}_x}{\ddot{a}_x}=\dfrac{1-2.2d}{2.2}=\dfrac{4}{11},\ \therefore\ d≒0.09091$

$$\therefore\ i=\frac{d}{1-d}=\frac{0.09091}{1-0.09091}≒0.1$$

2025년 제48회 회계원리

정답 및 해설

정답 CHECK

01	02	03	04	05	06	07	08	09	10	11	12	13	14	15	16	17	18	19	20
①	①	②	④	④	③	②	④	③	①	②	③	③	①	③	③	④	②	①	①
21	22	23	24	25	26	27	28	29	30	31	32	33	34	35	36	37	38	39	40
④	②	②	④	④	②	③	①	④	②	②	④	①	③	④	③	②	①	③	②

문제편 434p

01

정답 ①

해설 기업의 회계정보(예 이익, 자산, 부채 등)는 주가에 영향을 미치며, 주가 변동은 회계정보를 기반으로 투자자들의 기대나 평가가 반영된 결과로 자본시장에서 기업의 주가는 회계정보와 유의한 관련이 있다.

02

정답 ①

해설 복식부기는 각 단계에서 오류 발생 가능성을 낮추도록 설계되었다. 차변과 대변의 합이 항상 동일해야 한다는 원칙(대차평균의 원리) 때문에 오류를 쉽게 발견하고 수정할 수 있으며, 분개와 전기 과정을 통해 거래를 명확하게 기록하고, 기록의 신뢰성을 확보하여 재무 상태를 정확하게 반영한다.

② 각 거래가 두 번 기록되고, 분개장과 원장간의 상호 검증 시스템을 통해 오류를 방지하고 장부 조작을 억제하기 위해 복식부기는 분개장과 원장의 분리 등 업무 분장으로 인해 장부 조작이 어렵도록 설계되었다.

③ 복식부기는 재화의 발생과 원천을 동시에 기록하는 방식으로, 장부 유지 관리에 더 많은 노력이 필요하다. 하지만 정확하고 신뢰할 수 있는 회계정보를 제공하고, 오류 검증 기능이 뛰어나다는 장점이 있어 기업의 재무 관리에 필수적인 역할을 한다.

④ 복식부기는 시점별 재무상태 파악과 기간별 성과 검증을 가능하게 하여 경영의사결정에 유용하다. 복식부기는 거래 발생시점에서 자산, 부채, 자본, 수입, 비용 등 모든 계정의 증감과 관련된 정보를 동시에 기록하기 때문에 특정 시점의 재무상태를 명확하게 파악할 수 있다. 또한, 기간별 손익계산서, 현금흐름표 등을 통해 경영성과를 분석하고, 경영전략 수립 및 의사결정에 활용할 수 있다.

03

정답 ②

해설 기업은 재무제표 이용자들의 정보요구에 기초하여 적절한 자본개념을 선택하여야 한다. 따라서 재무제표 이용자들이 주로 명목상의 투하자본이나 투하자본의 구매력 유지에 관심이 있다면 재무적 개념의 자본을 채택하여야 한다. 그러나 이용자들의 주된 관심이 기업의 조업능력 유지에 있다면 실물적 개념의 자본을 사용하여야 한다.

04

정답 ④

해설 **발생기준 회계**는 거래와 그 밖의 사건 및 상황이 보고기업의 경제적 자원 및 청구권에 미치는 영향을, 비록 그 결과로 발생하는 현금의 수취와 지급이 다른 기간에 이루어지더라도, 그 영향이 발생한 기간에 보여준다. 이것이 중요한 이유는 보고기업의 경제적 자원과 청구권 그리고 기간 중 변동에 관한 정보는 그 기간의 현금 수취와 지급만의 정보보다 기업의 과거 및 미래 성과를 평가하는데 더 나은 근거를 제공하기 때문이다.

05

정답 ④

해설 일부 현상은 본질적으로 복잡하여 이해하기 쉽지 않다. 그 현상에 대한 정보를 재무보고서에서 제외하면 그 재무보고서의 정보를 더 이해하기 쉽게 할 수 있다. 그러나 그 보고서는 불완전하여 잠재적으로 오도할 수 있다.

06

정답 ③

해설 **재무상태표에 필수적으로 구분 표시해야 하는 항목**

자 산	부채 및 자본
1. 유형자산	1. 매입채무 및 기타채무
2. 투자부동산	2. 충당부채
3. **무형자산**	3. 금융부채
4. 금융자산	4. 이연법인세부채
5. **지분법에 따라 회계처리하는 투자자산**	5. 법인세에서 정의된 당기 법인세와 관련한부채
6. 생물자산	6. 매각예정으로 분류된 처분자산집단에 포함된 부채
7. **재고자산**	7. **자본에 표시된 비지배지분**
8. 매출채권 및 기타채권	8. 지배기업의 소유주에게 귀속되는 납입자본과 적립금
9. 현금 및 현금성자산	
10. 매각예정비유동자산과 중단영업에 따라 매각예정으로 분류된 자산과 매각예정으로 분류된 처분자산집단에 포함된 자산의 총계	
11. 이연법인세자산	
12. 법인세에서 정의된 당기 법인세와 관련한 자산	

07

정답 ②

해설 재평가잉여금의 변동은 자산이 사용되는 후속 기간 또는 자산이 제거될 때 재분류조정될 수 없다.

08

정답 ④

해설 자본의 각 구성요소별로 다음의 각 항목에 따른 변동액을 구분하여 표시한 기초시점과 기말시점의 장부금액 조정내역

1. 당기순손익
2. 기타포괄손익
3. 소유주로서의 자격을 행사하는 소유주와의 거래(소유주에 의한 출자와 소유주에 대한 배분 그리고 지배력을 상실하지 않는 종속기업에 대한 소유지분의 변동을 구분하여 표시)

09

정답 ③

해설
- 기초자본 = ₩1,000
- 기말자본 = ₩1,200 + (10개 × ₩30/개) = ₩1,500
- 당기순이익 = 기말자본 − 기초자본 = ₩1,500 − ₩1,000 = ₩500

10

정답 ①

해설 다음 기준 중 어느 하나를 충족하면, 기업은 재화나 용역에 대한 통제를 기간에 걸쳐 이전하므로, 기간에 걸쳐 수행의무를 이행하는 것이고 기간에 걸쳐 수익을 인식한다.

1. 고객은 기업이 수행하는 대로 기업의 수행에서 제공하는 효익을 동시에 얻고 소비한다.
2. 기업이 수행하여 만들어지거나 가치가 높아지는 대로 고객이 통제하는 자산(예 재공품)을 기업이 만들거나 그 자산 가치를 높인다.
3. 기업이 수행하여 만든 자산이 기업 자체에는 대체 용도가 없고, 지금까지 수행을 완료한 부분에 대해 집행 가능한 지급청구권이 기업에 있다.

11

정답 ②

해설 • 기초재고자산 = ₩200(기말) + ₩1,500(매출원가) − ₩1,400(매입) = ₩300

• 재고자산회전율 = $\frac{\text{매출원가}}{\text{평균재고자산}} = \frac{₩1,500}{(₩300 + ₩200) \div 2}$ = 6회

• 재고자산보유기간 = $\frac{360\text{일}}{\text{재고자산회전율}} = \frac{360\text{일}}{6\text{회}}$ = 60일

• 매출 = 매출원가 × 1.2 = ₩1,500 × 1.2 = ₩1,800

• 기말매출채권 = ₩100(기초) + ₩1,800(매출) − ₩1,600(현금회수) = ₩300

• 매출채권회전율 = $\frac{\text{매출액}}{\text{평균매출채권}} = \frac{₩1,800}{(₩100 + ₩300) \div 2}$ = 9회

• 매출채권회수기간 = $\frac{360\text{일}}{\text{매출채권회전율}} = \frac{360\text{일}}{9\text{회}}$ = 40일

• 영업순환주기 = 재고자산보유기간 + 매출채권회수기간 = 60일 + 40일 = 100일

12

정답 ③

해설 • 보통주 자본금 = ₩500/주 × 40주 = ₩20,000

• 우선주 자본금 = ₩200/주 × 50주 = ₩10,000

구 분	우선주	보통주	합 계
누적(2회)	₩1,000	–	₩1,000
당 기	₩10,000 × 5% = ₩500	₩1,000	₩1,500
완전참가	₩7,500 × $\frac{1}{3}$ = ₩2,500	₩7,500 × $\frac{2}{3}$ = ₩5,000	₩7,500
합 계	₩4,000	₩6,000	₩10,000

∴ 우선주 1주당 배당금액 = $\frac{\text{우선주 배당금}}{\text{우선주 주식수}} = \frac{₩4,000}{50\text{주}}$ = ₩80

13

정답 ③

해설 보험계약마진은 보험계약집합 자산 또는 부채 장부금액의 구성요소로서 집합 내 보험계약에 따라 보험계약서비스를 제공하면서 인식하게 될 미실현이익으로 정의된다.

14

정답 ①

해설 ₩150,000(보관 중인 재고자산) + [₩40,000 × (1 − 0.7)](적송품) + ₩17,000(선전지조건구매) = ₩179,000

15

정답 ③

해설 20x1년 말에 인식할 원재료 평가손실 = ₩47,000 − ₩40,000 = ₩7,000

※ 철근을 이용하여 생산하는 제품K는 원가 이상으로 판매가 예상되므로 철근은 평가손실을 인식하지 않는다.

16

정답 ③

해설
- 기말재고매가 = 기초재고매가 + 당기매입매가 − 매출액
  = ₩240,000 + ₩230,000 − ₩192,000 = ₩278,000
- 원가율
  - 기초재고 원가율 = $\frac{\text{기초재고원가}}{\text{기초재고매가}} = \frac{120,000}{240,000} = 0.5 = 50\%$
  - 기초재고 잔여분 원가 = (₩240,000 − ₩192,000) × 0.5 = ₩24,000
  - 당기매입 원가율 = $\frac{\text{당기매입원가}}{\text{당기매입매가}} = \frac{138,000}{230,000} = 0.6 = 60\%$
  - 당기매입분 원가 = 230,000 × 0.6 = ₩138,000
- 기말재고원가 = 기초재고 잔여분 원가 + 당기매입분 원가
  = ₩24,000 + ₩138,000 = ₩162,000

17

정답 ④

해설 **연구활동의 사례**
- 새로운 지식을 얻고자 하는 활동
- 연구 결과나 기타 지식을 평가 및 최종 선택하는 활동
- 재료, 장치, 제품, 공정, 시스템이나 용역에 대한 여러 가지 대체안을 탐색하는 활동

개발활동의 사례
- 생산이나 사용 전의 시제품과 모형을 제작하는 활동
- **새로운 기술과 관련된 공구, 지그, 주형, 금형 등을 설계하는 활동**
- 상업적 생산목적으로 실현가능한 경제적 규모가 아닌 시험공장을 설계, 건설, 가동하는 활동
- 최종적으로 선정된 안을 설계, 제작, 시험하는 활동

18

정답 ②

해설 잔존가치 = ₩100,000 × 0.1 = ₩10,000

∴ 기계장치의 20x5년 말 감가상각누계액 = 취득원가 − 잔존가치

= ₩100,000 − ₩10,000 = ₩90,000

① 기계장치의 20x4년 감가상각비 = (₩100,000 − ₩69,750) × 0.45 ≒ ₩13,613

③ 차량운반구의 20x4년 감가상각비 = (₩50,000 − ₩5,000) × 1/4 = ₩11,250

④ 차량운반구의 20x5년 말 감가상각누계액 = ₩15,000 + ₩11,250 + ₩11,250 = ₩37,500

19

정답 ①

해설 ₩16,300(대여금) + ₩13,000(미수금) = ₩29,300

20

정답 ①

해설 A회사 지분법주식의 장부금액 = ₩10,000 − (₩5,000 × 0.2) + (₩4,000 × 0.2)

= ₩9,800

21

정답 ④

해설 20x2년 초 전환사채 전환으로 증가하는 주식발행초과금의 최대 금액

= (₩1,000,000 − ₩80,000 + ₩120,000 + ₩60,000) × 0.6 − (60주 × ₩5,000/주)

= ₩360,000

22

정답 ②

해설
- 20x1년 초 현재가치 = (₩40,000 × 2.7232) + (₩1,000,000 × 0.8638) = ₩972,728
- 유효이자 = ₩972,728 × 0.05 × 3/12 = ₩12,159
- 액면이자 = ₩40,000 × 3/12 = ₩10,000
- 상각액 = ₩12,159 − ₩10,000 = ₩2,159
- 발행금액 = ₩972,728 + ₩2,159 = ₩974,887

23

정답 ②

해설 제품보증충당부채 = (₩650,000 × 0.03) − ₩11,500 = ₩8,000

24

정답 ④

해설 확정급여제도(DB형)에서 보험수리적 가정의 변동에 따른 위험은 종업원이 아니라 회사가 부담한다.

25

정답 ④

해설 법인세비용 = ₩31,600 + ₩12,000 + ₩7,800 = ₩51,400

26

정답 ②

해설 20x1년에 외화매출채권과 관련하여 인식할 외환 관련 손익
= [$200 × (₩1,020/$ − ₩1,000/$)] + [$300 × (₩970/$ − ₩1,000/$)]
= ₩5,000 손실

27

정답 ③

해설
- 금융리스채권 = (₩200,000 × 3.79) + (₩40,000 × 0.62) = ₩782,800
- 이자수익 = ₩782,800 × 0.1 = ₩78,280

28

정답 ①

해설 오류수정 후 당기순이익 = ₩300,000 − ₩60,000 − ₩40,000 = ₩200,000

29

정답 ④

해설 장기대여금의 대여 및 회수는 투자활동으로 인한 현금흐름이다.

30

정답 ②

해설 • 투자활동 순현금흐름 = 유형자산 취득 (−)₩700,000 + 기계장치 처분 ₩400,000
= (−)₩300,000

• 재무활동 순현금흐름 = 유상증자 ₩350,000 + 단기차입금 ₩400,000 − 배당금 지급 ₩300,000
= ₩450,000

31

정답 ②

해설 • 당기총제조원가 = ₩60,000 ÷ 0.2 = ₩300,000

• 기초재공품 = 당기총제조원가 × 0.15 = ₩300,000 × 0.15 = ₩45,000

• 기말재공품 = 기초재공품 × 1.5 = ₩45,000 × 1.5 = ₩67,500

• 당기제품제조원가 = 기초재공품 + 당기총제조원가 − 기말재공품
= ₩45,000 + ₩300,000 − ₩67,500 = ₩277,500

32

정답 ④

해설 20x1년 제조간접원가 예산액 = (₩2,000,000 + ₩200,000) ÷ 0.8 = ₩2,750,000

33

정답 ①

해설 ㄷ. (×) 활동기준원가계산에서는 제품의 생산수량과 직접적인 관계가 없는 비단위기준 원가동인을 사용한다.

ㄹ. (×) 활동기준원가계산은 전통적인 간접원가 배부방법에 비해 더 많은 노력을 들여 인과관계를 반영하는 배부기준을 찾는다.

34

정답 ③

해설 x를 품질검사 시점으로 두면 정상공손원가 = 800단위 × ₩150x이다.

기말재공품에 배분된 정상공손원가 ₩22,500

$$= \text{정상공손원가} \times \frac{\text{기말재공품}}{\text{당기완성품} + \text{기말재공품}} = \text{정상공손원가} \times \frac{1{,}500\text{단위}}{2{,}500\text{단위} + 1{,}500\text{단위}}$$

∴ 정상공손원가 = ₩60,000

정상공손원가 = ₩60,000 = 800단위 × ₩150x

∴ x = 0.5 = 50%

35

정답 ④

해설 • 재료의 실제 사용량

AQ × SP	SQ × SP
실제사용량 × ₩200 = ₩1,140,000	1,000단위 × 6kg × ₩200 = ₩1,200,000

능률차이
₩60,000(유리)

∴ 실제사용량 = 5,700kg

• 원재료 물량의 흐름

직접재료 월말 재고 = 월초 재고 + 당월 매입 − 실제사용량
= 600kg + 5,800kg − 5,700kg = 700kg

36

정답 ③

해설 x = 학습률

$(50 + 78) = (50 \times x^2) \times 4$

∴ x = 0.8 = 80%

37

정답 ②

해설 단위당 판매가격 = 영업이익 ÷ (판매량 − 손익분기점 판매량)
= ₩8,000,000 ÷ (12,000단위 − 10,000단위) = ₩4,000/단위

손익분기점 = 손익분기점 판매량 × 단위당 판매가격
= 10,000단위 × ₩4,000/단위 = ₩40,000,000

5월 손익분기점 판매량 = 손익분기점 ÷ 단위당 판매가격
= ₩40,000,000 ÷ (₩4,000/단위 + ₩1,000/단위) = 8,000단위

38

정답 ①

해설 3월 매출액 = ₩40,000 ÷ (1− 0.9) = ₩400,000
4월 매출액 = ₩200,000 ÷ (1− 0.6) = ₩500,000

5월에 매출채권 회수로 인한 현금유입액
= (₩800,000 × 0.6) + (₩500,000 × 0.3) + (₩400,000 × 0.07)
= ₩480,000 + ₩150,000 + ₩28,000
= ₩658,000

39

정답 ③

해설 매월 광고비 증가가 없을 경우 영업이익
[(₩500/단위 − ₩300/단위) × 800단위] − ₩70,000 = ₩90,000

매월 광고비 증가시 판매량 증가분
₩60,000 ÷ ₩500/단위 = 120단위

매월 광고비 증가시 영업이익
[(₩500/단위 − ₩300/단위) × (800단위 +120단위)] − (₩70,000 + ₩20,000) = ₩94,000

∴ 매월 광고비 증가시 영업이익 ₩4,000 증가

40

정답 ②

해설 **B사업부 요청이 없을 경우 영업이익**

[(₩6,000/단위 − ₩4,000/단위) × 16,000단위] − ₩3,000,000 = ₩29,000,000

B사업부 요청이 있을 경우 A사업부가 요구해야 할 최소한의 단위당 대체가격

A사업부가 요구해야 할 최소한의 단위당 대체가격 = x

[(₩6,000/단위 − ₩4,000/단위) × 12,000단위] + [(x − ₩4,000/단위) × 8,000단위] − ₩3,000,000 = ₩29,000,000

∴ x = ₩5,000/단위

참고도서 및 사이트

- 보험업법, 박소연 저, 배움, 2025
- 보험업법, 김광준 저, 고시아카데미, 2024
- 보험법, 박세민 저, 박영사, 2025
- 보험계약법, 박후서 저, 배움, 2025
- 보험계약법, 오세창 저, 손사에듀, 2021
- 보험계약법, 윤길용, 이용욱 저, 고시아카데미, 2019
- 근로자퇴직급여보장법, 박후서 저, 배움, 2024
- 최신보험수리학, 오창수 · 김경희 저, 박영사, 2023
- 보험수리 총정리 Note, 서강범 저, 미래보험교육원, 2008
- 보험계리사 일반수학, 이수각 저, 미래보험교육원, 2024
- 보험수학 Perfect 정리, 서수리 저, 미래보험교육원, 2018
- 확률론 입문, 김종호 · 김주환 · 이기성 저, 교우사, 2014
- 2025 유지원 중급회계, 유지원 저, FTA관세무역연구원, 2024
- IFRS 재무회계, 이승준 · 이주삼 저, 와이낫출판, 2021
- 경제학 연습 (미시편), 정병열 저, 세경북스, 2022
- 경제학 연습 (거시편), 정병열 저, 세경북스, 2022

- 법제처 www.moleg.go.kr
- 보험연수원 www.in.or.kr
- 보험개발원 www.kidi.or.kr
- 한국손해사정사회 www.kicaa.or.kr
- 한국보험계리사회 www.actuary.or.kr
- 금융감독원 www.fss.or.kr
- 보건복지부 www.mohw.go.kr
- 고용노동부 www.moel.go.kr
- 근로복지공단 www.kcomwel.or.kr

2026 시대에듀 보험계리사 1차 7개년 기출문제해설 한권으로 끝내기

개정8판1쇄 발행	2025년 10월 10일(인쇄 2025년 08월 29일)
초 판 발 행	2019년 04월 05일(인쇄 2019년 02월 27일)
발 행 인	박영일
책 임 편 집	이해욱
편 저	김명규 · 류건식 · 김창영
편 집 진 행	서정인
표지디자인	김도연
편집디자인	장성복 · 윤준하
발 행 처	(주)시대고시기획
출 판 등 록	제10-1521호
주 소	서울시 마포구 큰우물로 75 [도화동 538 성지 B/D] 9F
전 화	1600-3600
팩 스	02-701-8823
홈 페 이 지	www.sdedu.co.kr
I S B N	979-11-383-9761-2 (13320)
정 가	40,000원(1권 · 2권 포함)

의심은 실패보다 더 많은 꿈을 죽인다.

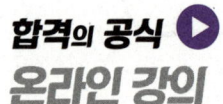

- 카림 세디키 -

손해사정사

현직 손해사정사의 이론중심 전략강의로 단기간 합격을 보장합니다.

1차 시험 이렇게 공부하라!

회독과 반복	선택과 집중	정답과 오답
생소한 개념, 어려운 용어 **반복적으로 학습**	**자신있는 과목에 집중**하여 평균 점수 올리기	오답을 놓치지 않고 **따로 정리하여 오답확률↓**

시대에듀 합격 전략 커리큘럼과 함께하면 1차 합격! 아직 늦지 않았습니다.

기본이론
기본 개념 확립을 위한 핵심이론 학습

문제풀이
단원별 문제풀이로 문제해결능력 향상

기출문제해설
최근 기출문제 분석으로 출제 포인트 집중학습

핵심 3단계 구성으로
한방에 끝내는 합격 이론서

1차 한권으로 끝내기

핵심이론 + 기본유형문제 + 기출분석문제

기본개념을 요약한 실전핵심 NOTE
최신 개정법령을 반영한 핵심이론
시험에 출제될 가능성이 높은 기본유형문제
대표 문제만 엄선한 기출분석문제 100選

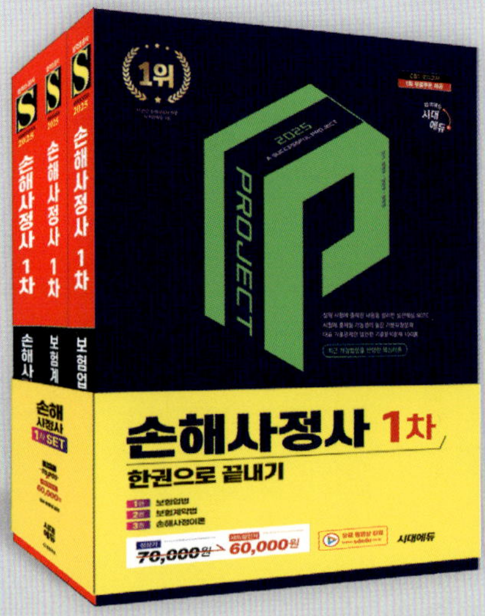

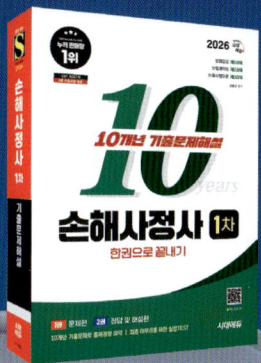

합격의 공식
시대에듀
모든 자격증·공무원·취업의 합격정보
시작하라
대박합격
합
격
YouTube 합격 구독과 좋아요! 정보 알림설정까지!